2018年度国家出版基金资助项目

中国生态工业系统与循环经济发展战略研究

（上卷）

主编 王静康

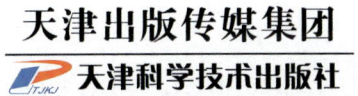
天津出版传媒集团
天津科学技术出版社

图书在版编目(CIP)数据

中国生态工业系统与循环经济发展战略研究 / 王静康主编. -- 天津：天津科学技术出版社, 2018.9
　　ISBN 978-7-5576-5786-4

　　Ⅰ. ①中… Ⅱ. ①王… Ⅲ. ①生态工业-循环经济-经济发展战略-研究-中国 Ⅳ. ①F424.1

　　中国版本图书馆 CIP 数据核字(2018)第 228301 号

中国生态工业系统与循环经济发展战略研究
ZHONGGUO SHENGTAI GONGYE XITONG YU XUNHUAN JINGJI FAZHAN ZHANLÜE YANJIU

策划编辑：	蔡　颢　李啟华　孟祥刚
责任编辑：	刘　颖　布亚楠　吴　顿　侯　萍　刘　磊
	张建锋　傅雪莹　王朝闻　韩　瑞
责任印制：	兰　毅
出　　版：	天津出版传媒集团
	天津科学技术出版社
地　　址：	天津市西康路 35 号
邮　　编：	300051
电　　话：	(022) 23332372
网　　址：	www.tjkjcbs.com.cn
发　　行：	新华书店经销
印　　刷：	北京盛通印刷股份有限公司

开本 889×1194　1/16　印张 133　插页 6　字数 3 500 000
2018 年 9 月第 1 版第 1 次印刷
定价：800.00 元(共三卷)

作者简介

王静康，中国工程院院士，天津市授衔专家，我国化学工业领域著名专家，中国化学工程工业结晶技术的开拓者和奠基人之一，现任国家工业结晶工程技术研究中心名誉主任，国家结晶科学与工程国际联合研究中心主任，国家工业结晶技术研究推广中心主任，天津大学教授、博士生导师。其攻关成果多次被列入国家重大科技成果推广计划。她带领团队连续承担并完成了国家下达的重大科技攻关及科技支撑计划项目，以及省部级攻关和"产学研"合作项目，国家及地方基金资助项目等110项。王静康教授在我国循环经济和绿色化工研究方面有突出的贡献。2015年主持了建设生态城市和绿色工业园区国际研讨会。发表的论文有《可持续发展与现代化工科学》《绿色化学科学与工程及生态工业园区建设进展》《绿色化学化工与和谐社会的发展》等，获国内外相关领域专家高度评价。

李正名，中国工程院院士，南开大学讲席教授、博士生导师，有机化学与农药化学家。1953年获美国欧斯金大学学士学位，1956年获南开大学化学系硕士学位。曾任南开大学元素有机化学研究所所长、国家重点实验室主任、化学学院副院长、农药国家工程研究中心主任、国家自然科学基金委化学部有机化学组组长、教育部长江学者化学化工评审组组长、中国工程院化工冶金材料学部常委、天津市科学技术协会副主席等职。长期从事有机合成，农药化学、生物活性分子设计及构效规律研究。承担国家"六五"到"十三五"期间国家科技攻关、国家"863计划"、国家"973计划"、国家自然科学重点基金等项目，获得良好成绩，均通过国家验收。曾获全国科技大会奖、国家自然科学二等奖、国家科技进步一等奖、国家技术发明二等奖、化工部科技进步一等奖等20项国家与部级奖项。还获中国农药工业协会杰出成就奖、建国60周年中国农药工业突出贡献奖、日本农药学会外国科学家奖、国家有突出贡献中青年专家、天津市劳动模范等23项个人奖项。

王志，天津大学化工学院教授，天津市膜科学与海水淡化技术重点实验室主任。长期研究用于海水淡化及气体分离的膜与膜过程，主持或作为骨干参加国家自然科学基金、国家海洋公益性行业科研专项、国家"863计划"、国家"973计划"、天津市科技支撑计划等重点项目30余项，担任国际期刊《膜科学》编委，在《自然材料》《德国应用化学》《先进材料》等国际知名期刊发表论文170余篇，被引用3000余次。

冯亚青，天津大学化工学院教授、博士生导师。1993年获奥地利维也纳技术大学博士学位，长期从事精细化工领域教学、科研工作。获国家教学成果一等奖2项，教育部高等学校科学研究优秀成果科技进步一等奖1项、二等奖1项。获全国三八红旗手称号、全国女职工建功立业岗位标兵称号、第六届中国十大女杰提名奖、第四届国家教学名师奖。

陶建华，天津大学力学系教授、博士生导师，第八、九、十届全国政协委员。1981—1982年赴荷兰和丹麦留学。在国内最早用数值模拟为60余项国内外重大海岸、海洋工程服务。20世纪90年代后承担了以渤海为背景的重大课题研究，如：国家"863计划"渤海项目、世界银行全球环境基金资助项目"渤海水资源、水环境战略研究"和国家科技支撑计划"天津人工岸线的污染控制"等。1999年任天津大学环境科学与工程研究院院长。2003年获原国家环保总局和香港"地球之友"颁发的"地球奖"，2006年出版专著《水波的数值模拟》。

袁希钢，天津大学教授，天津大学化学工程研究所所长，化学工程联合国家重点实验室天津大学分室主任。1982年毕业于天津大学化工系，获学士学位；1986年和1988年在法国图卢兹国立理工学院（INPT）化学工程学院分别获硕士和博士学位。中国系统工程学会过程系统工程专业委员会副主任委员，英国化学工程师学会会士，欧洲化学工程联合会流体分离委员会委员。在国内外出版学术专著4部。专长：化学工程、化工传质与分离工程、化工过程系统工程。

编者名单

主　编

　　王静康　天津大学化工学院

副主编

　　李正名　南开大学化学学院
　　王　志　天津大学化工学院
　　冯亚青　天津大学化工学院
　　陶建华　天津大学机械工程学院
　　袁希钢　天津大学化工学院

编　委（按姓氏笔画排列）

上　卷

　　王国庆　天津大学管理与经济学部
　　王静康　天津大学化工学院
　　冯亚青　天津大学化工学院
　　冯亚凯　天津大学化工学院
　　司省厂　天津大学管理与经济学部
　　刘　翔　天津大学环境学院
　　刘金兰　天津财经大学
　　闫喜龙　天津大学化工学院
　　李祥高　天津大学化工学院
　　张　宝　天津大学化工学院
　　张时佳　天津大学环境学院
　　张诺诺　三峡大学材料与化工学院
　　陈立功　天津大学化工学院
　　陈志坚　天津大学化工学院
　　周　艳　天津大学药学院

周逍雅　天津大学管理与经济学部
贾启君　天津大学材料学院
晏佳莹　三峡大学材料与化工学院
殷可欣　天津大学管理与经济学部
龚俊波　天津大学化工学院
鲁逸人　天津大学环境学院

中　卷

王　侃　天津商业大学管理学院
刘长根　天津大学机械工程学院
袁希钢　天津大学化工学院
袁德奎　天津大学机械工程学院
聂红涛　天津大学海洋科学与技术学院
陶建华　天津大学机械工程学院

下　卷

王　志　天津大学化工学院
王宇新　天津大学化工学院
王纪孝　天津大学化工学院
王海英　南开大学化学学院
毛国柱　天津大学环境科学与工程学院
白宏涛　南开大学环境科学与工程学院
乔志华　天津工业大学化学与化工学院
李正名　南开大学化学学院
李保安　天津大学化工学院
张　文　天津大学化工学院
赵　颂　天津大学化工学院
贾晓强　天津大学化工学院
黄　俊　天津大学环境科学与工程学院
解利昕　天津大学化工学院

序

生态工业系统是推进传统产业生态转型和结构重组的重要方法，它的完善和发展对帮助我国推进绿色发展、建立健全绿色低碳循环发展的经济体系有重要的促进作用，对我国把握新一轮科技革命和产业变革的机遇，走好新时代新型工业化道路具有十分重要的意义。

作为新中国工业结晶技术的奠基人之一，天津大学王静康院士一直非常关注国家生态工业系统与循环经济发展战略研究，希望通过科学、创新的研究方法，设计出符合中国国情的生态工业系统，进而更好地推进生态文明建设。为此，王静康院士与李正名院士、冯亚青教授、袁希钢教授、王志教授、陶建华教授共同努力，完成了《中国生态工业系统与循环经济发展战略研究》这本著作，并获得了2018年度国家出版基金的支持。著作按照国家"十三五"规划中对工业结构升级与布局优化研究的要求，进一步明确了生态工业系统和循环经济的概念，明晰了现代生态工业园的规划设计方法，聚焦海岸带生态工业系统和沿海城市循环经济发展并开展了相关研究，值得高校师生、科技工作者和产学研合作团队等学习参考。

这本著作凝聚了多位科学家的智慧和心血，希望广大读者在汲取科学知识的同时，学习他们勇立潮头、引领创新的科学精神并发扬光大，为建设富强民主文明和谐美丽的社会主义现代化强国贡献力量。

是为序。

钟登华

天津大学校长

前　言

国家"十三五"规划指出，绿色是永续发展的必要条件和人民对美好生活追求的重要体现。必须坚持节约资源和保护环境的基本国策，坚持可持续发展。而生态工业系统的建立是绿色发展的重要标志，生态工业园则是实现生态工业体系的重要途径，也是我国可持续发展的必经之路。同时，发展生态工业园是"一带一路"建设的重要组成部分。环境保护部、外交部、国家发展改革委和商务部联合发布了《关于推进绿色"一带一路"建设的指导意见》，意见提出，鼓励环保企业开拓沿线国家市场，引导优势环保产业集群式"走出去"，借鉴我国的国家生态工业示范园区建设标准，探索与沿线国家共建生态环保园区的创新合作模式。生态工业园区"走出去"有利于促进中国与"一带一路"沿线国家之间的政策沟通、设施联通、贸易畅通、资金融通、民心相通，是建设"一带一路"、构建人类命运共同体的重要路径。

生态工业园区以生态工业理论为指导，着力于园区内生态链和生态网的建设，最大限度地提高资源利用率，遵循的是"回收—再利用—设计—生产"的循环经济模式。它仿照自然生态系统物质循环方式，使上游生产过程中产生的废物成为下游生产的原料，达到相互间资源的最优化配置。

我国从1999年开始积极推进绿色低碳发展，全力进行生态工业园区的建设。在中央和各级政府的大力支持下，截至2017年，我国通过验收批准的生态工业园为48家，正在建设的达到了45家。这些生态工业园区中的企业通过各系统之间中间产品、产品和废物的相互交换，使园区内的资源得到最佳配置、废物得到有效利用、环境污染降低到较低水平，改善了生态环境。实践证明，生态工业园区在推进绿色发展、循环发展、低碳发展中取得了明显成效，是未来我国工业发展的必经之路。《中国生态工业系统与循环经济发展战略研究》一书正是在这样的背景下应运而生的，一经提出就得到了广大同道、专家们的大力支持与协助，特别荣幸的是，本书邀请到中国工程院院士，天津大学党委副书记、校长钟登华教授为本书作序。

本书分为上、中、下三卷，分别对生态工业系统的基本概念，生态工业园的规划、建设、设计，中国典型海岸带生态工业系统发展现状、现状评估和压力分析，海岸带工业园区对海洋生态环境的影响，海岸带流域的污染控制、水质改善方法和策略，以及我国工业循环经济发展的总体思路与政策措施,规划环境影响评价等进行了详细深入的阐述。全书由浅入深,包罗万象,其内容既可供生态工业系统的建设者深入学习,又可供生态环境领域学者了解工业园周边环境特别是海岸带生态环境现状,以及控制污染和保护生态环境的方法策略。本书内容充实,涵盖领域广泛,对国内外研究、实践中的经典案例和成果进行了详尽的阐述与点评,为读者进一步学习和研究提供了良好的指引,相信能对每位生态工业和循环经济相关领域的研究者和实践者提供全方位的指导与帮助。

在本书的筹备和编写过程中,我们获得了大量来自各领域专家的建议和指导,正是他们的无私帮助,保证了本书的顺利完成,我向他们表示由衷的感谢。同时,感谢各位副主编、编委的辛勤工作,感谢天津科学技术出版社编辑们的不懈努力,并由衷地感谢为本书出版付出辛勤劳动的每一位参与者!

本书涉及的知识领域广泛,专业性强,为本书的编写工作增加了难度。虽然编者始终谨慎落笔,仔细求证,但由于水平有限,书中难免存在疏漏和错误,望广大读者予以批评和指正。

王静康

2018 年 8 月

目 录

上 卷

第一篇 生态工业系统 ········· 1

第一章 生态工业系统的基本概念 ········· 3
- 第一节 工业生态学原理 ········· 3
- 第二节 生态工业系统的特点、分类 ········· 6
- 第三节 生态工业系统的标志及评价指标 ········· 7
- 第四节 生态工业系统的发展状况 ········· 10
- 第五节 生态工业系统建设 ········· 13

第二章 国外生态工业园研究 ········· 16
- 第一节 概述 ········· 16
- 第二节 美国生态工业园 ········· 23
- 第三节 加拿大生态工业园 ········· 28
- 第四节 丹麦生态工业园 ········· 30
- 第五节 日本生态工业园 ········· 32
- 第六节 其他国家的生态工业园 ········· 38
- 第七节 结论 ········· 45

第三章 国内生态工业示范园区 ········· 48
- 第一节 概述 ········· 48
- 第二节 国家生态工业示范园区的规划 ········· 52
- 第三节 国家生态工业示范园区管理办法 ········· 55
- 第四节 部分生态工业示范园区的进展 ········· 64

参考文献 ········· 73

第二篇 地理、资源环境与生态工业系统 ········· 77

第一章 地理环境与生态工业系统 ········· 79
- 第一节 地理环境对生态工业系统的要求 ········· 79
- 第二节 水环境与生态工业系统 ········· 143

第三节　土地环境与生态工业系统 ································· 162
第四节　大气环境与生态工业系统 ································· 187
第五节　社会环境与生态工业系统 ································· 224

第二章　资源环境与生态工业系统 ································· 243
第一节　资源环境对生态工业系统的要求 ·························· 243
第二节　石油资源与生态工业系统 ································· 251
第三节　海洋资源与生态工业系统 ································· 262
第四节　矿产资源与生态工业系统 ································· 268
第五节　再生资源与生态工业系统 ································· 278

第三章　中国资源环境与生态工业系统的案例 ···················· 294
第一节　华东资源环境与生态工业系统的案例 ····················· 297
第二节　华南资源环境与生态工业系统的案例 ····················· 306
第三节　华北资源环境与生态工业系统的案例 ····················· 329
第四节　西北资源环境与生态工业系统的案例 ····················· 354

第四章　天津滨海新区资源环境与生态工业系统 ···················· 366
第一节　南港工业区 ··· 367
第二节　空港经济区 ··· 375
第三节　临港经济区 ··· 383
第四节　化工生态园区 ··· 392
第五节　其他生态工业园区 ······································· 399

参考文献 ·· 407

第三篇　生态工业系统中的企业 ·· 415

第一章　概述 ·· 417
第一节　生态工业系统在国家发展战略中的定位 ·················· 417
第二节　企业在生态工业系统中的要求 ··························· 427
第三节　生态工业系统中企业的定位与作用 ······················· 433
第四节　我国生态工业系统中的企业现状 ························· 436

第二章　生态工业系统中的企业分类 ································ 447
第一节　生态工业系统中的各类型企业简介 ······················· 447
第二节　产业链中企业之间的关系分析 ··························· 448

第三章　国外生态工业系统与化工企业 ······························ 451
第一节　美国化工生态园区 ······································· 451
第二节　日本化工生态园区 ······································· 454
第三节　欧盟化工生态园区 ······································· 456

第四章　中国生态工业系统与化工企业 ······························ 459
第一节　万州盐气化工园区 ······································· 461

	第二节 江苏化工园区	461
	第三节 南阳化工园区	463
	第四节 天津南港工业区	464
	第五节 贵港国家生态产业园区	465
	第六节 鲁北化工生态产业园区	466
参考文献		467

第四篇　生态工业园建设与设计 …… 471

第一章　生态工业园规划 …… 473
- 第一节　概述 …… 473
- 第二节　生态工业园区建设必要性分析 …… 474
- 第三节　生态工业园区建设总体设计 …… 474
- 第四节　园区主导行业生态工业发展规划 …… 476
- 第五节　资源循环利用和污染控制规划 …… 477
- 第六节　重点支撑项目及其投资与效益分析 …… 479
- 第七节　生态工业园区建设保障措施 …… 480

第二章　生态工业园建设评价 …… 483
- 第一节　经济指标 …… 483
- 第二节　生态环境指标 …… 485
- 第三节　生态网络指标 …… 487
- 第四节　管理指标 …… 488
- 第五节　环境保护指标 …… 490
- 第六节　信息公开指标 …… 494

第三章　生态工业园建设展望 …… 495
- 第一节　欧盟生态工业园区发展趋势 …… 497
- 第二节　日本生态工业园区建设现状及展望 …… 501
- 第三节　美国生态工业园区建设现状及展望 …… 505
- 第四节　韩国生态工业园区建设现状及展望 …… 509
- 第五节　中国生态工业园区的发展趋势及展望 …… 513

参考文献 …… 515

第五篇　绿色化学科学与工程类生态工业园区规划系统工程 …… 517

- 第一章　概述 …… 519
- 第二章　绿色化学科学与工程进程 …… 531
- 第三章　绿色化学科学与工程类生态工业园区发展动态 …… 543

第四章 国内绿色化学科学与工程类生态工业园区建设进展 ··· 585
第五章 结论 ··· 613
参考文献 ··· 614

附录 ··· 615

附录一 中华人民共和国国民经济和社会发展第十三个五年规划纲要 ··· 617
附录二 京津冀协同发展规划纲要 ··· 678
附录三 国家创新驱动发展战略纲要 ··· 683
附录四 中华人民共和国安全生产法 ··· 692
附录五 关于加快推进生态文明建设的意见 ··· 715
附录六 中华人民共和国大气污染防治法 ··· 724
附录七 生态环境监测网络建设方案 ··· 737
附录八 河北雄安新区规划纲要 ··· 740
附录九 中华人民共和国清洁生产促进法 ··· 756

中 卷

第六篇 中国典型海岸带的生态工业系统 ··· 761

第一章 概述 ··· 763
第一节 海岸带的定义和特征 ··· 763
第二节 海岸带的重要性 ··· 765
第二章 国内外海岸带流域治理与海洋环境保护研究进展 ··· 767
第一节 国外海岸带管理和保护研究进展 ··· 767
第二节 国内海岸带管理和保护研究进展 ··· 769
第三章 海岸带开发对海洋生态环境的影响 ··· 771
第一节 人类对海岸带的开发利用 ··· 771
第二节 人类活动对海岸带环境的影响 ··· 772
第四章 我国海岸带开发现状 ··· 775
第一节 我国海岸带资源开发 ··· 775
第二节 我国海岸带资源开发面临的问题 ··· 776
第五章 渤海海岸带生态工业系统建设的必要性 ··· 781
第一节 渤海海岸带生态工业系统建设的重要意义 ··· 781
第二节 人类活动对渤海的影响 ··· 782

参考文献 ········· 784

第七篇 渤海湾天津海岸带生态环境现状评估和压力分析 ········· 787

第一章 环渤海区域自然环境和社会经济概况 ········· 789
第一节 自然环境概况 ········· 789
第二节 社会经济概况 ········· 790
第三节 自然资源概况及其开发利用 ········· 797
第四节 人类活动对渤海湾的环境压力 ········· 799

第二章 海域非污染损害变化趋势分析及评价 ········· 801
第一节 非污染损害影响因子变化趋势分析 ········· 801
第二节 非污染损害导致的生境及生态变化分析 ········· 810
第三节 小结 ········· 816

第三章 海域污染损害变化趋势分析及评价 ········· 817

第四章 天津近岸海域污染时空特征总体分析 ········· 836
第一节 调查区域与数据 ········· 836
第二节 天津近岸海域污染状况评价 ········· 836
第三节 天津近岸海域水环境时间变化特征 ········· 839
第四节 天津近岸海域水环境空间分布特征 ········· 842
第五节 小结 ········· 844

第五章 天津近岸海域生态环境评价 ········· 845
第一节 海岸带生态环境指标体系选择 ········· 845
第二节 海岸带生态环境评估技术方法 ········· 848
第三节 海岸带生态环境评价结果 ········· 854

参考文献 ········· 868

第八篇 渤海湾天津海岸带社会经济环境协调状况分析 ········· 869

第一章 海岸带综合管理模型研究进展 ········· 871
第一节 海岸带管理模型研究进展 ········· 871
第二节 海岸带管理模型分类 ········· 872

第二章 典型海岸带环境—生态—经济系统模型 ········· 875
第一节 概述 ········· 875
第二节 污染负荷模型 ········· 876
第三节 水动力学模型 ········· 883
第四节 水质响应模型 ········· 889
第五节 经济计量模型 ········· 894
第六节 资源利用模型 ········· 896

第七节　海岸带生态功能模型 …………………………………………… 899
　　　第八节　生境修复效益模型 ……………………………………………… 904
　第三章　天津城区子系统生态健康评价 ………………………………………… 906
　　　第一节　生态系统健康评价方法研究 …………………………………… 906
　　　第二节　天津城市生态系统指标体系 …………………………………… 911
　　　第三节　天津城区子系统健康综合分析 ………………………………… 913
　　　第四节　结论与讨论 ……………………………………………………… 918
　第四章　天津近岸海域子系统生态健康评价 …………………………………… 919
　　　第一节　天津近岸海域环境质量状况 …………………………………… 919
　　　第二节　天津近岸海域子系统指标体系构建 …………………………… 920
　　　第三节　数据来源 ………………………………………………………… 922
　　　第四节　结果与分析 ……………………………………………………… 923
　　　第五节　结论与讨论 ……………………………………………………… 929
　第五章　天津区域生态系统健康协同发展研究 ………………………………… 930
　　　第一节　模型介绍 ………………………………………………………… 930
　　　第二节　天津区域生态系统健康协同发展评价 ………………………… 932
　参考文献 ……………………………………………………………………………… 934

第九篇　渤海湾天津人工岸线的污染控制、水质改善方法和策略 ………… 937

　第一章　渤海湾典型海岸带污染现状调查和控制规划分析 …………………… 939
　第二章　天津近海水交换特性及其对污染物分布的影响 ……………………… 944
　第三章　天津近海排污总量控制优化 …………………………………………… 948
　参考文献 ……………………………………………………………………………… 981

第十篇　国外典型海域的生态环境保护研究前沿和管理 …………………… 983

　第一章　美国切萨皮克湾环境保护与公众参与 ………………………………… 985
　　　第一节　切萨皮克湾简介 ………………………………………………… 985
　　　第二节　切萨皮克湾的四大污染问题 …………………………………… 986
　　　第三节　切萨皮克湾水域环境与生态保护的基本做法 ………………… 989
　　　第四节　美国海洋保护区项目 …………………………………………… 991
　　　第五节　美国建立海洋保护区的依据 …………………………………… 992
　　　第六节　美国海洋保护区的管理和国际交流 …………………………… 994
　　　第七节　结论和建议 ……………………………………………………… 994
　第二章　日本濑户内海环境污染和修复 ………………………………………… 997
　第三章　欧洲北海环境污染、治理和管理 ……………………………………… 1004

  第一节 北海环境概况 1004
  第二节 《应对北海油污合作协议》 1005
  第三节 《防止倾倒废物和其他物质污染海洋公约》 1006
  第四节 《防止陆源物质污染海洋公约》 1007
  第五节 《保护东北大西洋海洋环境公约》 1008
  第六节 欧盟《海洋战略框架指令》 1008
  第七节 欧盟《水框架指令》 1012
 第四章 欧洲芬兰湾海洋环境保护与管理 1015
  第一节 芬兰湾海洋环境特征 1015
  第二节 芬兰湾海洋环境保护面临的主要挑战 1015
  第三节 芬兰湾的海洋环境保护和管理措施 1017
 参考文献 1020

第十一篇 我国近岸海洋生态环境保护研究前沿与管理对生态工业系统的影响 1023

 第一章 概述 1025
  第一节 国际海洋环境保护立法概述 1025
  第二节 国际海洋环境保护立法发展 1026
 第二章 国际海洋环境保护对我国海洋环境法规的影响 1029
  第一节 我国海洋环境保护法律体系 1029
  第二节 国际公约对我国《海洋环境保护法》的影响 1030
 第三章 发达国家的海水标准和基准体系 1033
  第一节 海水水质标准和海水水质基准的概念 1033
  第二节 日本海洋环境质量标准体系 1033
  第三节 美国海水水质基准及标准体系 1035
 第四章 我国现行海水水质标准存在的问题 1036
  第一节 我国海水水质标准存在的问题 1036
  第二节 国外经验启示和对策分析 1038
 第五章 渤海典型海岸带生态工业系统的建设路径 1041
  第一节 渤海海岸带的产业规划布局与循环经济发展 1041
  第二节 管理体制与法律法规建设 1042
  第三节 监测体系与基础研究 1043
  第四节 试点与示范 1044
 参考文献 1045

第十二篇 现代物流与综合运输基础在生态工业系统中的作用与现状 1047

第一章　概述 ... 1049
第一节　引言 ... 1049
第二节　现代物流的演化过程 ... 1051
第三节　现代物流的主要内容 ... 1057

第二章　现代物流技术 ... 1065
第一节　流动技术 ... 1065
第二节　节点技术 ... 1077
第三节　辅助技术 ... 1089

第三章　现代物流经济 ... 1105
第一节　经济分析 ... 1105
第二节　产业政策 ... 1121

第四章　现代物流系统 ... 1127
第一节　物流系统分析 ... 1127
第二节　物流应用系统 ... 1134

第五章　现代物流管理 ... 1167
第一节　现代采购管理 ... 1167
第二节　仓储配送管理 ... 1188
第三节　供应链管理 ... 1210

第六章　综合运输基础 ... 1231
第一节　运输基础与运载概述 ... 1231
第二节　合理运载与综合运输 ... 1245
第三节　运载工具的技术性能 ... 1256
第四节　运载方式的分析 ... 1285
第五节　货物运输组织与管理 ... 1298

参考文献 ... 1315

附录 ... 1317
附录一　中华人民共和国海洋环境保护法 ... 1319
附录二　海水水质标准 ... 1329

下　卷

第十三篇　循环经济总论 ... 1335
第一章　循环经济定义 ... 1337
第一节　循环经济产生与发展的背景 ... 1337
第二节　循环经济的内涵 ... 1343
第三节　循环经济的理论框架和基本原理 ... 1346

第四节 循环经济相关理论 ·· 1356

第二章 循环经济发展模式 ·· 1371
第一节 企业内部的循环经济模式 ·· 1371
第二节 工业园区模式 ·· 1376
第三节 循环型社会模式 ·· 1391

第三章 循环经济与工业生态 ·· 1407
第一节 工业生态的内涵与特点 ·· 1407
第二节 工业生态系统分析技术 ·· 1409
第三节 循环经济理论与工业生态技术研究 ·· 1416

参考文献 ·· 1423

第十四篇 世界典型国家循环经济发展状况 ·· 1425

第一章 北美洲循环经济发展状况 ·· 1427
第一节 美国循环经济发展状况 ·· 1427
第二节 加拿大循环经济发展状况 ·· 1433
第三节 墨西哥循环经济发展状况 ·· 1442

第二章 亚洲循环经济发展状况 ·· 1446
第一节 日本循环经济发展状况 ·· 1446
第二节 以色列循环经济发展状况 ·· 1453
第三节 中国循环经济发展状况 ·· 1457
第四节 新加坡循环经济发展状况 ·· 1466

第三章 欧洲循环经济发展状况 ·· 1470
第一节 俄罗斯循环经济发展状况 ·· 1470
第二节 德国循环经济发展状况 ·· 1479
第三节 法国循环经济发展状况 ·· 1497

第四章 大洋洲循环经济发展状况 ·· 1500
第一节 澳大利亚循环经济发展状况 ·· 1500
第二节 新西兰循环经济发展状况 ·· 1508

参考文献 ·· 1511

第十五篇 世界典型沿海城市循环经济发展状况 ································ 1515

第一章 大西洋沿岸城市循环经济发展状况 ·· 1517
第一节 纽约循环经济发展状况 ·· 1517
第二节 鹿特丹循环经济发展状况 ·· 1530
第三节 巴黎循环经济发展状况 ·· 1543

第二章　印度洋沿岸城市循环经济发展状况 — 1558

- 第一节　德班循环经济发展状况 — 1558
- 第二节　孟买循环经济发展状况 — 1570
- 第三节　吉布提循环经济发展状况 — 1582
- 第四节　珀斯循环经济发展状况 — 1590
- 第五节　科伦坡循环经济发展状况 — 1603

第三章　太平洋沿岸城市循环经济发展状况 — 1611

- 第一节　休斯敦循环经济发展状况 — 1611
- 第二节　洛杉矶循环经济发展状况 — 1622
- 第三节　东京循环经济发展状况 — 1634

参考文献 — 1649

第十六篇　中国循环经济发展状况 — 1653

第一章　东部城市循环经济发展状况 — 1655

- 第一节　大连市循环经济发展状况 — 1655
- 第二节　日照市循环经济发展状况 — 1661
- 第三节　上海市循环经济发展状况 — 1668
- 第四节　苏州市循环经济发展状况 — 1677
- 第五节　舟山市循环经济发展状况 — 1685
- 第六节　天津市循环经济发展状况 — 1692

第二章　中部城市循环经济发展状况 — 1700

- 第一节　武汉市循环经济发展状况 — 1700
- 第二节　长沙市循环经济发展状况 — 1710
- 第三节　界首市循环经济发展状况 — 1717
- 第四节　娄底市循环经济发展状况 — 1729

第三章　西部城市循环经济发展状况 — 1741

- 第一节　成都市循环经济发展状况 — 1741
- 第二节　贵阳市循环经济发展状况 — 1748
- 第三节　青海柴达木地区循环经济发展状况 — 1755

参考文献 — 1765

第十七篇　中国工业循环经济发展的总体思路与政策措施 — 1767

第一章　发展循环经济的总体思路 — 1769

- 第一节　发展循环经济的指导思想、主要原则和近期目标 — 1769
- 第二节　发展循环经济的基本途径和重点 — 1771
- 第三节　发展循环经济的主要措施 — 1772

第二章　工业循环经济发展机构 ... 1777
第一节　政策法规 ... 1777
第二节　发展协会 ... 1788
第三节　研究机构 ... 1793

第三章　工业循环经济发展专项领域 ... 1795
第一节　产业循环经济发展 ... 1795
第二节　园区循环化发展 ... 1805
第三节　资源再生利用发展 ... 1808
第四节　再制造产业发展 ... 1812

第四章　雄安新区循环经济发展研究 ... 1822

参考文献 ... 1827

第十八篇　规划环境的影响与评价 ... 1829

第一章　规划环境影响评价概述 ... 1831
第一节　规划环境影响评价 ... 1831
第二节　规划环境影响评价工作程序 ... 1834

第二章　中国规划环境影响评价实践 ... 1835
第一节　规划环境影响评价法律规章 ... 1835
第二节　规划环境影响评价理论研究进展 ... 1841
第三节　规划环境影响评价实践进展 ... 1844

第三章　规划环境影响评价技术方法研究 ... 1851
第一节　规划环境影响评价技术方法研究应用现状 ... 1851
第二节　规划环境影响评价的具体方法及应用 ... 1853
第三节　专项规划环境影响评价方法应用 ... 1869

第四章　规划环境影响评价主要技术方法的应用 ... 1886
第一节　指标体系分析方法在规划环境影响评价中的应用 ... 1886
第二节　情景分析法在城市发展规划能源评价中的应用 ... 1915
第三节　系统动力学在水资源承载力研究中的应用 ... 1922
第四节　第二代法规空气质量模型在规划环境影响评价中的应用 ... 1934
第五节　噪声地图法在规划环境影响评价中的应用 ... 1944
第六节　生态学评价方法在规划环境影响评价中的应用 ... 1950
第七节　循环经济分析方法在规划环境影响评价中的应用 ... 1962
第八节　费用效益分析方法在规划环境影响评价中的应用 ... 1970
第九节　低碳分析方法在规划环境影响评价中的应用 ... 1977

第五章　规划环境影响评价技术方法应用案例——以天津滨海新区规划环境影响评价为例 ... 1988

  第一节 评价技术路线 …………………………………………………… 1988
  第二节 评价内容和思路 …………………………………………………… 1990
  第三节 主要评价方法应用 ………………………………………………… 1992

第六章 规划环境影响评价有效性研究 ……………………………………… 2008
  第一节 规划环境影响评价有效性内涵 …………………………………… 2008
  第二节 规划环境影响评价有效性研究 …………………………………… 2008
  第三节 规划环境影响评价有效性评估标准 ……………………………… 2010
  第四节 规划环境影响评价有效性评估方法与框架 ……………………… 2011
  第五节 规划环境影响评价有效性案例分析 ……………………………… 2013
  第六节 结论 ………………………………………………………………… 2019

第七章 中国规划环境影响评价的问题与展望 ………………………………… 2020
  第一节 规划环境影响评价开展中的主要问题 …………………………… 2020
  第二节 规划环境影响评价发展方向 ……………………………………… 2022

第八章 工业生态系统监督保障——以天津滨海新区为例 …………………… 2025
  第一节 工业生态系统监督保障概述 ……………………………………… 2025
  第二节 国内外先进工业园区经验 ………………………………………… 2031
  第三节 滨海新区工业生态系统发展分析 ………………………………… 2037
  第四节 滨海新区工业生态系统监督保障建议 …………………………… 2044

参考文献 …………………………………………………………………………………… 2051

附录 ……………………………………………………………………………………… 2057
 附录一 中华人民共和国环境影响评价法 …………………………………… 2059
 附录二 中华人民共和国环境噪声污染防治法 ………………………………… 2064
 索引 ………………………………………………………………………………… 2069

第一篇

生态工业系统

第一章 生态工业系统的基本概念

第一节 工业生态学原理

一、工业生态学概述

生态工业的学科基础是工业生态学（industrial ecology，简称 IE）。一般认为，工业生态学起源于 20 世纪 80 年代末罗伯特·弗罗斯彻（Robert Frosch）等模拟生物的新陈代谢过程和生态系统的循环再生过程所开展的"工业代谢"研究。1990 年，美国国家科学院与贝尔实验室共同组织了首次"工业生态学"论坛，对工业生态学的概念、内容和方法及应用前景进行了全面系统的总结，基本形成了工业生态学的概念框架。

工业生态学是一门研究社会生产活动中自然资源从源、流到汇的全代谢过程，组织管理体制以及生产、消费、调控行为的动力学机制、控制论方法及其生命支持系统相互关系的科学。生态工业是按生态经济原理和知识经济规律组织起来的基于生态系统承载能力、具有高效的经济过程及和谐的生态功能的网络型、进化型工业。它通过两个或两个以上的生产体系或环节之间的系统耦合使物质和能量实现多级利用、高效产出或持续利用。生态工业的组合、孵化及设计原则主要有横向耦合、纵向闭合、区域整合、柔性结构、功能导向、软硬结合、自我调节、增加就业、人类生态和信息网络。

生态工业园是实现生态工业和工业生态学的重要途径。它通过正确设计工业园区内物流和能源，模拟自然生态系统，形成企业间共生网络，使一个企业的废物成为另一个企业的原材料，实现企业间能量及水等资源的梯级利用。

生态工业指仿照自然界生态过程物质循环的方式来规划工业生产系统的一种工业模式。在生态工业系统中，各生产过程不是孤立的，而是通过物质流、能量流和信息流互相关联，一个生产过程的废物可以作为另一个过程的原料加以利用。生态工业追求的是系统内各生产过程从原料、中间产物、废物到产品的物质循环，实现资源、能源、投资的最优利用。

生态工业园是生态工业的实践，是既包含若干工业企业，又包含农业、居民区等在内的区域系统。在生态工业园内的各企业内部实现清洁生产，减少废物源；各企业之间实现废物、能量和信息的交换，完善资源利用和物质循环，使得区域对外界的废物排放趋于零，所以这一区域系统被称为生态工业园。

在 20 世纪发展起来的工业生态学和循环经济理论是生态工业园的理论基础。工业生态学专门审视工业体系与生态圈关系，是一种充分体现综合性和一体化的新思维。它强调用生态学的理论和方法研究工业生产，把工业生产视为一种类似于自然生态系统的封闭体系。其中，一个单元产生的废物或副产品是另一个单元的"营养物"和投入原料，这样，区域内彼此靠近的工业企业就可以形成一个相互依存、类似于生态食物链的生态工业系统。

循环经济是物质闭环流动型经济的简称。它以物质、能量梯次和闭路循环使用为特征,是以"资源—产品—再生资源"为主的物质流动经济模式。它改变了传统工业经济高强度地开采和消耗资源、高强度地破坏生态环境的物质单向流动模式,即"资源—产品—废物",使环境保护和经济增长得到了有机的结合。

生态工业园综合地运用了工业生态学和循环经济理论,把经济增长建立在环境保护的基础上,体现了人与自然和谐相处的思想,是21世纪经济可持续发展的一种重要模式。

继清洁生产的研究和发展之后,工业生态学在国外作为一门独立的前沿学科引起了政府、大学和大公司的高度重视,有关的理论和工业实践呈迅速发展的势头。它是一门研究人类工业系统和自然环境之间相互作用、相互关系的学科,是一门新兴的交叉学科,自诞生以来,其理论研究与实践活动已经取得了长足的进步。工业生态学通过人工过程对开放系统的运作规律进行干预和改变。在一般的开放系统中,资源和资金经过一系列的运作最终变成废物、垃圾;而工业生态学研究的就是如何把开放系统变成循环的封闭系统,使废物转变为新的资源并加入新一轮的系统运行过程中。

二、发展历程

工业生态学的概念最早是在1989年的《科学美国人》(Scientific American)杂志上由通用汽车研究实验室的罗伯特·弗罗斯彻(Robert Frosch)和尼古拉斯·格罗皮乌斯(Nicholas E. Gallopoulous)提出的。他们的观点是:"为什么我们的工业行为不能像生态系统一样?在自然生态系统中,一个物种的废物也许就是另一个物种的资源。而为何一种工业的废物就不能成为另一种工业的资源?如果工业也能像自然生态系统一样,就可以大幅减少原材料需要和环境污染,并能缩短废物、垃圾的处理过程。"

其实,弗罗斯彻和格罗皮乌斯的思想只是对更早观点的发展,这些观点包括巴克敏斯特·富勒(Buckminster Fuller)和他的学生提出的节约理论,以及其他同时代人,如艾莫里·洛温斯(Amory Lovins)和落基山学院(Rocky Mountain Institute)的学者,提出的相似观点。

"工业生态学"这一专有名词最早是由哈利·泽维·伊万(Harry Zvi Evan)在1973年于波兰华沙召开的一次欧洲经济理事会的小型研讨会上提出的。随后,伊万在《国际劳工回顾》杂志上发表了相关文章。伊万把工业生态学定义为对工业运行的系统化分析,这一分析引入了许多新的参数:技术、环境、自然资源、生物医学、机构和法律事务以及社会经济学因素。

工业生态学具有以下特征及趋势。

1)工业生态学领域开始社群化,已经出现了两大子群,即专注于物质流分析的分会和专注于生态工业发展的分会。同时,工业生态学学会还设有学生专区。

2)发达国家占据工业生态学领域的主导地位,且欧、美、日三足鼎立的格局日益明显。其中,美国强于概念体系、理论构建和全球视野,欧洲强于大项目主导和系统实践,日本则主要着眼于亚洲视角。

3)工业生态学的理论基础和学科体系仍然比较模糊。社会物质代谢和生态工业发展成为学科的主体,但前者偏于还原视角,后者理论构建不足。

4)应用性在加强。生态工业园区、城市代谢、节能减排与气候变化等都成为工业生态学应用的热点领域。

三、研究领域

工业生态学是生态工业的理论基础。工业生态学把整个工业系统作为一个生态系统来看待,认为工业系统中的物质、能源和信息的流动与储存不是孤立的简单叠加关系,而是可以像在自然生态系统中那样循环运行,它们之间相互依赖、相互作用、相互影响,形成复杂的、相互连接的网络系统。

工业生态学通过供给链网(类似食物链网)分析和物料平衡核算等方法分析系统结构变化,进行功能模拟和产业流(输入流、产出流)分析来研究生态工业系统的代谢机理和控制方法。工业生态学的思想包含了"从摇篮到坟墓"的全过程管理系统观,即产品的整个生命周期不应对环境和生态系统造成危害。产品的生命周期包括原材料采掘、原材料生产、产品制造、产品使用以及产品用后处理。系统分析是产业生态学的核心方法。在此基础上发展起来的工业代谢分析和生命周期评价是工业生态学中普遍使用的有效方法。工业生态学以生态学的理论观点考察工业代谢过程,即从取自环境到返回环境的物质转化全过程,研究工业活动和生态环境的相互关系,以研究调整、改进当前工业生态链结构的原则和方法,建立新的物质闭路循环,使工业生态系统与生物圈兼容并持久地生存下去。

四、研究现状

工业生态学不会孤立地把工业化系统(如某一个工厂、某一个产业、某个国家,甚至是全球经济)从生物圈中分离出来,而是把它当作整个系统的一个特殊案例,只不过这一案例是基于资本的环境,而不是自然环境。既然自然系统可以没有浪费,那么我们也可以依照自然系统使工业系统实现可持续发展。

与更为常规的节能或者节约资源的目标相同,工业生态学要求严格按照需求经济的原则重新定义消费和生产之间的关系,这也是自然资本主义的4个目标之一。这种理论不鼓励那种源自对未来无知态度的"不涉及道德的消费"行为,它运用政治经济学的观点去评价自然资源,更依赖于指导性、教育性资源去设计和维护每个单一的工业系统。

工业生态学领域的科学理论发展相当迅速。1997年的《工业生态学期刊》(Journal of Industrial Ecology)、2001年的《国际工业生态学学会》(International Society for Industrial Ecology)以及2004年的《工业生态学发展》(Progress in Industrial Ecology)杂志共同使工业生态学在国际科学界占有了重要的一席之地。

传统的工业经济活动是一种从环境中调入原材料而将大量多余的副产品以废物的形式排放到环境中去的开放的经济活动,无法实现环境与经济的协调发展。针对这种开放的经济活动及其对自然环境的影响,工业生态学家通过比拟生物新陈代谢过程和生态系统的结构与功能(特别是物质流与能量流运动规律),提出了生态工业系统。生态工业系统指在一定的区域或范围内,由制造业企业和服务业企业组成,通过企业间物质循环和能量流动的功能流(物质流、能量流、信息流和价值流)相互作用、相互联系而形成的生态工业体系。生态工业系统把工业经济活动视为一种类似于自然生态系统的循环体系,其中一个企业产生的废物(或副产品)作为下一个企业的"营养物"(原料),形成企业"群落"(工业链)。因此可以说,生态工业系统是一个循环体系,其物质流与能量流可多层次循环利用,而使生态工业系统的损耗不断减少,遵循耗散结构原理,实现系统良性循环。生态工业是一种根据工业生态学基本原理建立的,符合生态系统环境承载力、物质和能量高效组合利用,以及工业生态功能稳定、协调的新型工业组合。

生态工业的基本特征是,它要求综合运用生态规律、经济规律和一切有利于工业生态经济协调发展的现代科学技术。

1)生态工业从宏观上使工业经济系统和生态系统耦合,协调工业的生态、经济和技术关系,促进工业生态经济系统的人流、物质流、能量流、信息流和价值流的合理运转和系统的稳定、有序、协调发展,建立宏观的生态工业系统的动态平衡。

2)生态工业在微观上做到工业生态资源的多层次物质循环和综合利用,提高工业生态经济子系统的能量转换和物质循环效率,建立微观的工业生态经济平衡,从而实现工业的经济效益、社会效益和生态效益的同步提高,走上可持续发展的道路。

第二节 生态工业系统的特点、分类

一、生态工业系统的特点

(一) 物质循环和能量流动

生态工业系统使经济活动组织成"资源—产品—再生资源"反复循环流动的过程,实现物质闭路循环和能量多级利用。一个企业产生的废物经过处理总可以找到合适的去处,即生态工业系统通过建立"生产者—消费者—分解者"的"工业链",形成互利共生网络,使物质循环和能量流动畅通,使物质和能量得到充分利用。整个生态工业系统基本上不产生废物或只产生很少的废物,实现工业废物低排放甚至零排放。但生态工业系统要维持稳定和有序,需要外部生态系统输入物质和能量。

(二) 企业动态演化

生态工业系统"工业群落"中的企业都有一个"生存期",每个企业都遵循或服从"适者生存"和"优胜劣汰"的进化法则。企业在生态工业系统中生存时间的长短取决于社会的各种限制因素、企业的生存能力以及对社会环境的适应性等方面因素的叠加作用。在市场经济体制下,企业可通过购买或出让排污权而自由进入或退出工业生态系统:当企业的经济实力、生产技术水平、治污工艺水平等处于落后状态时,在总量控制目标下,它可按"逆行演替"退出该生态工业系统;反之,当一个企业的经济实力、生产技术水平、治污工艺水平等处于先进状态时,它可通过购买排污权,按"顺行演替"进入该生态工业系统。

(三) 生态工业系统的脆弱性

在生态工业系统中,任何一个企业的生产经营状况都会影响与其相互联系的企业。如果一家企业的原料主要来源于另一家企业产生的废料,那么当提供废料的企业因无法预料的偶发因素而影响到生产并因此无法提供足够的或质量有保证的废料时,这家企业就会陷于瘫痪。这种企业间联系渠道的单一性,导致生态工业系统具有脆弱性。要想稳定维持生态工业系统,企业就要随时寻找自己的原料被利用的可能性以及用其他厂家废料作为原料的可能性,并保证这种可能性变成现实且能持续运行。

(四) 生态工业系统的双重性

生态工业系统的双重性指生态工业系统不仅受到生态学规律的约束,同时还受到市场经济规律的制约。一个生态学上合理而经济学上不合理的生态工业系统是无法生存的。市场调节对生态工业系统中企业的荣衰、成败以及整个系统的稳定起着决定性的作用。因此,一个稳定运行的生态工业系统必然具有经济学原理和生态学原理相结合的完美性。为此,在提高生态工业系统运行效率方面,人的主动性应发挥积极作用。企业应运用当代环境伦理道德观使企业在保证整个生态工业系统的生态效率的前提下追求经济效益,决不能仅仅为追求本企业的经济效益而损害系统的整体利益。

二、生态工业系统的分类

对于生态工业系统的发展模式,国内外学者持不同的见解。欧内斯特·洛伊认为生态工业系统的发展大致可以分为两条路径:在特定工业园区内构建企业群落或者在城市以上范围的区域内建立产业链。施拉布和阿尔弗雷德提出了生态工业系统的两种发展模式:企业之间建立物资和能量交换的共生关系,或者在企业、社区、政府等多方之间建立物质流、能量流、信息流、人流等方面的合作关系。兰伯特和波恩斯认为生态工业系统大多被定位在生态工业园上,而生态工业园最初专指那些大型重工业企业之间建立资源交换关系的企业联合体(industrial complexes），后来扩展到由各种中小型企业组成的混合工业园上（mixed industrial parks），同时强调在德国和奥地利较为盛行的虚拟生态工业园（virtual eco-industrial park）也是生态工业系统的一种形式。清华大学的李有润教授则认为，生态工业系统可以在企业内部的不同工艺流程间建立，或者在联合企业构成的"企业群落"内建立，或者是在包含若干工业企业以及农业、居民区等的区域系统内建立。不难看出，国内外学者对生态工业系统的分类主要依据两个维度：一是系统组成要素，如不同的工艺流程、不同行业或者区域各利益相关者；二是地域空间，如工业园区或者城市等行政区域。洛伊从地域空间的角度对具有不同地理位置关系的企业合作形式进行分类；兰伯特和波恩斯在此基础上增加了对企业特征的考虑，尤其对工业联合体和混合工业园两种路径的演化特征做了详细的分析，对实践具有一定的指导意义；施拉布、阿尔弗雷德和李有润则将系统要素扩展到企业、社区、政府等多个层面，将生态工业系统的内涵做了进一步的深化，为区域可持续发展战略的研究奠定了一定的基础。如表1-1-1所示。

表1-1-1 生态工业系统的分类

作者	年份	主要观点	分类角度
洛伊	1997	①由在特定工业园区边界内的一系列企业组成 ②由在城市或更大范围区域内的若干产业组成	地域空间
施拉布	2001	工业共生，即由毗邻企业建立的物质、能量循环网络，忽视循环再利用以外的其他环保手段、经济和社会效益以及社会其他利益相关者的参与	系统要素
阿尔弗雷德	2002	可持续网络，指在特定区域内不同利益相关者为社会可持续发展的共同目标建立的资源且有组织的合作关系系统	系统要素
兰伯特和波恩斯	2002	①由少数毗邻的大型重工业企业构成的工业联合体 ②由若干家不同产业的中小企业构成的混合工业园 ③覆盖整个行政区域的副产品循环网络	系统要素、地域空间
李有润	2003	①企业内部 ②一个由若干企业构成的"企业群落" ③一个包含若干工业企业、农业、居民区等在内的区域系统	系统要素、地域空间

第三节 生态工业系统的标志及评价指标

一、生态工业系统的标志

生态工业园应使人们在各种社会经济活动中所耗费的活劳动和物化劳动获得较大的经济成果的同时，保持生态系统的动态平衡。其具体标志为：高效率的转换系统，即生态工业园的各项活动在其自然物质—经济物质—废弃物的转换过程中，应是自然物质投入少、经济物质产出多、废弃物排放少。生态工业园通过发展高新技术使工业生产尽可能少地消耗能源和资源，通过高新技术提高物质的转换与再生和能量的多层次分级利用，在满足经济发展的前提下，使生态环境得到保护。因此，高新技术产业用地比重应占工业园的30%以上。这是使工业园具有高效率的转换系统必需的基础条件之一。

（一）高效率的支持系统

生态工业园应有现代化的基础设施作为支持系统，为生态工业园的物质流、能量流、信息流、价值流和人流的运动创造必需的条件,从而使工业园在运行过程中,减少资源损耗和对生态环境的污染。工业园支持系统包括如下几项。

1)道路交通系统。

2)信息传输系统。

3)物资和能源(主副食品、原材料、水、电、天然气及其他燃料等)的供给系统。

4)商业、金融、生活等服务系统。

5)各类废弃物处理系统。

6)各类防灾系统等。

(二)高水平的环境质量

生态工业园对生产和生活中产生的各种污染和废弃物,都能按照各自的特点予以充分的处置,使各项环境要素质量指标达到较高的水平。

(三)多功能的绿地系统

生态工业园的绿地普及应达到联合国有关组织的标准——绿地覆盖率达到50%,居民人均绿地面积达90 m^2,居住区内人均绿地面积为28 m^2。这样才能维持工业园区生态系统的平衡。绿地系统还应具备多种功能,包括防护功能(保护水体等)、调节功能(调节空气、水体、温度、湿度等)、美化功能、休闲功能(提供娱乐、休闲场所)、生产功能(成为绿色食品生产区和花卉苗木生产基地等)。

(四)高质量的人文环境系统

生态工业园应具有高质量的人文环境系统,包括较高的教育水平和人口素质水平,良好的社会风气和社会秩序,丰富多彩的精神文化生活,发达的医疗条件和祥和的社区环境,以及自觉的生态环境意识。只有这样,生态工业园才能吸引人才、留住人才。

(五)高效的管理系统

生态工业园应具备高效的园区管理系统,对园区内的各个方面,如人口、资源、社会服务、就业、治安、防灾、城镇建设、环境整治等,实施高效率的管理,促进工业园的健康运行。

二、生态工业系统的评价指标

生态工业系统是依据生态学、经济学、技术科学以及系统科学的基本原理与方法来经营和管理工业经济活动并以节约资源、保护生态环境和提高物质综合利用为特征的现代工业发展模式,是由社会、经济、环境3个子系统组合而成的有机整体。生态工业系统需要确立合理的目标,而系统评价指标体系的设计以及在此基础上的综合评价就是为系统确立目标服务,并为系统的发展指明方向。

(一)指标体系设计的原则

为了客观、全面、科学地对生态工业系统进行评价,在建立评价指标体系时,应遵循如下原则。

(1)动态性与静态性相统一的原则

生态工业系统既是一个目标,又是一个过程。作为一个系统,它是不断发展变化的,是动态与静态的统一。

(2)全面性与主要性相结合的原则

生态工业系统作为一个有机整体,是各种要素综合作用的结果。指标体系要尽可能全面反映系统发展的各个方面;同时要考虑指标量化以及数据取得的难易程度和可靠性,选择某一方面或某一领域的主要指标和综合指标,注重主要性、实用性和可操作性。

(3)系统性与层次性相结合的原则

生态工业系统是一个复杂的大系统。它由不同层次、不同要素组成。它的各个子系统之间、各组成要素之间以及子系统与组成要素之间,既相互联系,又相对独立,体现出系统性与层次性。

(4)科学性与可比性相结合的原则

指标和数据的选取、计算必须以公认的科学理论(统计理论、管理与决策科学的理论等)为依据,综合考虑社会、经济和环境3个方面发展的持续性与协调性,并对指标体系在时间、地点和运用范围等方面的可比性予以充分重视。

(5)引导性原则

指标体系的设计和评价的实施,目的在于引导系统走向可持续发展的目标,因而指标及其权重应体现与该评估对象总体战略目标相一致的政策引导性,以规范和引导该评估对象未来发展的行为和方向。

(二) 指标选择和设置的方法

用指标体系去描述综合性的目标，其基本目的在于寻求一组具有典型代表意义、能全面反映综合目标各个方面要求的特征指标。综合目标作为一种定性的概念，必须分解为较为具体的目标（一般称为"准则"），以建立与定量指标的联系。这些准则从某一侧面反映了被描述对象的系统结构特征和综合目标对它的要求。尽管它们仍然是定性的，但相对而言，它们与定量指标间的相关关系较综合目标更为直接和简单，因而更便于进行研究和判断。准则与具体定量指标之间的相关关系，可能表现为以下几种情况。

1) 准则的某一方面的数量水平可直接用统计指标加以定义，其合理性已得到了实践的检验。如用基尼系数来反映社会成员收入差异的程度。

2) 指标与所要描述的准则在某个方面存在相关规律，通过实证研究和理论分析已形成较成熟的理论。如用恩格尔系数来反映社会成员的平均收入水平。

3) 人们对定量指标与准则间的相关关系只是一种经验上的判断，尚未发现精确的定量规律。人们一般采取经验方法（如调查、专家咨询等）与定量分析相结合，选取指标的一些主要相关因素，并研究这些因素与准则的关系，从而确定是否将该因素作为该准则的一个描述指标。

A.经济指标。经济指标既要反映当前经济发展水平，又要反映经济发展潜力。经济发展水平可用GDP年平均增长率、人均GDP、经济投入产出比、万元GDP综合能耗、万元GDP新鲜水耗、万元工业产值废水、废气、固体废物排放量等指标表示。经济发展潜力可用高新技术产业在第二产业中所占比重、科技投入占GDP的比例和科技进步对GDP的贡献率等指标来描述。

B.生态环境指标。生态环境指标包括环境保护、生态建设和生态环境改善潜力等方面。环境保护方面包括大气、水、噪声环境质量，工业废水、废气、固体废物排放达标率，废水、废气、固体废物处理率，废水、废气、固体废物减排率，工业废物综合利用率和危险废物安全处置率等。生态建设方面包括清洁能源所占比例、人均公共绿地面积、园区绿地覆盖率和地下水超采率等。生态环境改善潜力用环保投资占GDP的比重来表示。

C.生态网络指标。生态网络指标是生态工业园的特征指标，反映物质集成、能量集成、水资源集成、信息共享和基础设施共享的效果。它包括重复利用、柔性结构和基础设施建设等方面。

重复利用方面包括水资源、原材料、能源的重复利用。重复利用率越高，说明园区功能发育得越完善。柔性结构体现园区的抗风险能力，包括产品种类、原材料的可替代性等。产品种类越多，原材料来源越广泛，园区抗击市场风险的能力越强。基础设施建设以人均道路面积来衡量。

D.管理指标。管理指标包括政策法规制度、管理与意识等。政策法规制度包括促进园区建设的地方政策法规的制定与实施，园区内部管理制度的制定与实施，企业管理制度的制定与实施。管理与意识包括开展清洁生产的企业所占比例、规模以上企业ISO14001认证率、生态工业培训情况和信息系统建设情况等。

第四节　生态工业系统的发展状况

一、发展现状

生态工业园的目标是在最小化参与企业的环境影响的同时提高其经济效益。这类方法包括对园区内的基础设施和园区企业（新加入企业和原有经过改造的企业）的绿色设计、清洁生产、污染预防、能源有效使用及企业内部合作。生态工业园要为附近的社区寻求利益以确保发展的最终结果是积极的。比较成功的生态工业园的例子是丹麦的卡伦堡（Kalunborg）工业共生体，卡伦堡工业共生体已成为区域不同产业之间连接的模板。生态工业园是我国继经济技术开发区、高新技术开发区之后的第三代产业园区。它与前两代的最大区别是：以生态工业理论为指导，着力于园区内生态链和生态网的建设，最大限度地提高资源利用率，从工业源头上将污染物排放量减至最低，实现区域清洁生产。与传统的"设计—生产—使用—废弃"生产方式不同，生态工业园遵循的是"回收—再利用—设计—生产"的循环经济模式。它仿照自然生态系统物质循环方式，使不同企业之间形成共享资源和互换副产品的产业共生组合，使上游生产过程中产生的废物成为下游生产的原料，达到资源的最优化配置。

西方国家在20世纪八九十年代已经开始生态工业园建设的探讨和实践。

二、丹麦

一般认为，生态工业园的雏形是工业共生体。丹麦的卡伦堡工业共生体就是工业共生体的成功典范。卡伦堡生态工业园是世界上最早也是最著名的生态工业园，其主体企业是发电厂、炼油厂、制药厂、石膏板生产厂。卡伦堡生态工业园以这4家企业为核心，通过贸易方式利用其他企业生产过程中产生的废物和副产品，不仅减少了废物产生量，降低了废物处理的费用，还产生了较好的经济效益，形成了经济发展与环境保护的良性循环。

三、美国

美国生态工业园的发展也较早。20世纪70年代初，在美国国家环境保护局和总统可持续发展委员会的支持下，美国就开始研究生态工业园的概念、设计原则、方法等。在1994年，总统可持续发展委员会指定了4个社区作为生态工业园区的示范点，即马里兰州的巴尔的摩、弗吉尼亚州的查尔斯角港、得克萨斯州的布朗斯维尔和田纳西州的查塔诺加。这4个示范点对生态工业园的设想和侧重点各不相同。美国政府大力支持生态工业园的发展，美国国家环境保护局和能源部一直探讨建立生态工业园的可能性。总统可持续发展委员会还成立了一个特别工作组，专门研究如何将生态工业园从理论的模型引入具体的实践中去。截止到2005年，美国已有近20个生态工业园。

四、加拿大

截止到2005年，加拿大有40多个生态工业园，其中9个被认为具有很强的生态工业发展的可能性，其中涉及的核心工业组合有蒸汽发生器、造纸厂、包装业；化学工业、发电、苯乙烯、聚氯乙烯、生物燃料；发电、钢铁、造纸厂、刨花板厂等多种组合。

五、我国生态工业园的发展状况

我国生态工业园起步较晚，到2015年，已经通过验收26家，正在建设59家国家生态工业示范园区，如南海国家生态工业示范园区、广西贵港国家生态工业(制糖)示范园区等，都处于逐步走向完善和成熟的阶段。

(一)南海国家生态工业示范园区

南海国家生态工业示范园区是我国第一个全新规划、实体与虚拟结合的生态工业示范园区，包括核心区的环保科技产业园区和虚拟生态工业园区。其主导产业定位为高新技术环保产业，包括环境科学咨询服务、环保设备与材料制造、绿色产品生产、资源再生等4个主导产业群。该园区以循环经济和生态工业理论为指导理念，以环保产业为主导产业，将制造业、加工业等传统产业纳入生态工业链体系；重点培育设备加工、塑料生产、建筑陶瓷、铝型材和绿色板材等5个主导产业生态群落。生态工业系统类似于自然生态系统，12个企业组成一个"生产—消费—分解"闭合的循环。

(二)广西贵港国家生态工业(制糖)示范园区

广西贵港国家生态工业(制糖)示范园区是我国第一个循环经济试点。该园区是以上市公司——贵糖(集团)股份有限公司为核心，以蔗田系统、制糖系统、酒精系统、造纸系统、热电联产系统、环境综合处理系统为框架建设的生态工业(制糖)示范园区。该园区的6个系统分别有产品产出，各系统之间通过中间产品和废物的相互交换而相互衔接，形成一个较完整的闭合生态工业网络。园区内资源得到最佳配置，废物得到有效利用，环境污染减少到最低水平。园区内主要生态链有两条：一是甘蔗—制糖—废糖蜜—制酒精—酒精废液制复合肥—回到蔗田；二是甘蔗—制糖—蔗渣造纸—制浆黑液碱回收。此外，园区还有制糖业(有机糖)—低聚果糖，制糖滤泥—水泥等较小的生态链。这些生态链相互间构成横向耦合关系，并在一定程度上形成网状结构。物流中没有废物概念，只有资源概念，各环节实现了充分的资源共享，变污染负效益为资源正效益。

(三)包头国家生态工业(铝业)示范园区

包头国家生态工业(铝业)示范园区主要以循环经济和生态工业理论为指导，以铝电联营为核心，以铝业为龙头，以电厂为基础，重点发展电力、电解铝、铝深加工、铝合金铸件和建材等相关产业。该系统通过产品和废物之间相互交换而形成工业生态链，可使园区资源得到最佳配置，废物得到有效回收利用，环境污染可以降到最低，经济效益得到大幅度提高，最终实现区域经济跨越式发展。这是我国以高载能企业为核心的第一个生态工业园区建设规划。

园区主要有发电和制铝两大产业系统。在发电系统中，电厂直供电实现热电联产，园区所在地东河区实现集中供热，可拆除全部小锅炉，还市民以蓝天。电厂粉煤灰可生产建材，园区生活污水和工业废水处理后可作为电厂的冷却水，电厂蒸汽用于加气混凝土的高压蒸汽养护等。在铝业系统中，碳素、电解铝、铝深加工、铝合金铸造、精铝等上下游的产业系统，形成铝的产业链。园区建设能加快淘汰现有的自焙电解槽工艺，降低污染物排放。电力和铝业在各自系统中进行物质循环和能量梯级利用，两大系统之间通过电力和废水(中水回用)形成互利共生的横向耦合关系，从而在园区构建起以铝电联营系统为中心的较为稳定的生态工业网状结构。该园区内有包头铝业集团、东恒热电有限责任公司、长征建材有限公司和一些加工铸造企业，还引入了一些新的企业。园区引入循环经济和工业生态学理念，改造现有的高耗能、高污染产业，开发高技术、高附加值产业，盘活传统的冶金、机械、电力、稀土工业，从而带动配套产业的发展，不仅为包头的经济发展注入新的活力，还为我国面临竞争压力的铝业发展提供可持续发展的思路。

(四)长沙黄兴国家生态工业示范园区

长沙黄兴国家生态工业示范园区基本上为

全新规划型的生态工业园区,既是我国第一个多产业的生态工业园,也是我国中部地区的第一个生态工业园。该园区将主导产业定位为高新技术产业,包括电子信息产业、新材料产业、生物制药产业、环保产业等类,突出电子信息产业的核心地位,重点发展新材料产业和生物制药产业,适度发展环保产业等特色产业。该园区可以立足长沙地区,弥补湖南省高新技术产业供给和市场需求之间的巨大缺口,并逐步向华中地区辐射与扩展,最终走向国际市场。短期内,整个园区要达到废物零排放是困难的,但该园区可以在园区内先期进行零排放单元试点,如建立远大空调城零排放单元和园区垃圾循环处理单元。基于县域循环经济理念,该园区可发展与推广一些产业生态链,如利用太阳能蔬菜大棚—沼气—猪舍—厕所,无公害蔬菜—净菜加工—超市,草—牛—牛粪—茶叶—茶加工等现有生态农业模式,积极发展生态农业。另外,该园区结合该县的工业、农业和园区内的企业,便可以构成一个大的生态产业集合。

(五)新疆石河子国家生态工业(造纸)示范园区

新疆石河子国家生态工业(造纸)示范园区立足于石河子垦区的特色资源,综合考虑第一、第二和第三产业的有机结合和生态化发展,以从沙漠、盐碱地人工种植芨芨草为开端,以对芨芨草的综合利用构建生态链,依托天宏造纸厂,以种植、造纸、养殖、畜产品加工、污水处理、生态旅游六大系统,带动种植、造纸、养殖、畜产品加工、生态旅游五大产业,力求达到既改造沙漠和盐碱地,又合理开发和有效利用自然资源,保护生态环境和发展经济相协调的目标。

芨芨草本是沙漠里生长的一种很不起眼的野草,生境适应性强,喜生长在生态环境严酷的地区,耐盐碱、耐旱、耐土壤贫瘠,不仅能够在含碱量3%以上的盐碱地成活,还具有改良土壤、降低盐碱含量的作用。种植过芨芨草的土地可以种植棉花、甜菜。芨芨草的木素含量、纤维含量均高于其他草类原料,容易蒸煮和漂白,是造纸的优良原材料。用芨芨草做造纸原料,吨浆省碱22%,吨浆省氯30%,细浆获得率提高12%,从而降低造纸废水处理的碱回收成本。同时,芨芨草开花前粗蛋白、胡萝卜素含量丰富,是营养丰富的牲畜饲料。芨芨草作为造纸原料,造纸产生的废水可浇灌农田,草叶添加精饲料可以作为饲料。园区规划在石河子辖区内种植6.67万hm^2芨芨草。6.67万hm^2芨芨草每年产芨芨草秆50万t,芨芨草叶50万t;50万t芨芨草秆经过蒸煮可以得到23万t芨芨草浆,可造纸30万t;50万t芨芨草叶添加部分精饲料可以供3万头奶牛、1万头肉牛、27.4万只羊食用。在该园区中,六大系统的副产品及其废物都能资源化、梯级使用。养殖系统中产生的排泄物回用于种植系统,提高土壤的肥力,改良新疆贫瘠的土壤特性。由于芨芨草适合种植在盐碱地和荒漠土壤中,因此芨芨草的种植又可以改善弃耕的盐碱地,促进荒漠土地生态功能的恢复。各产业系统通过芨芨草、水肥代谢等连接起来,系统之间存在上下游的物质代谢关系,形成比较稳固的产业链。由于各系统间具有特殊关系,每个系统的原料供给相对得到保障以及产品具有多元化,因此,整个园区的安全性和抗外界风险能力得到提高。该园区采取绿色工艺,尽量不让有毒、有害物质进入物质循环流动中。该园区的建设能够促进石河子垦区采用达到农田灌溉水质标准的水浇灌芨芨草,采用无氯漂白工艺来造纸,以保证后续的饲料加工、畜产品加工等生产的一系列产品和整个园区的生态安全。循环经济及生态工业的发展,对于调整、优化西部地区的产品及产业结构,推动西部地区的生态环境建设具有较好的示范和先导作用。

第五节 生态工业系统建设

一、生态工业系统核心内容

(一) 生态效率

生态工业系统研究的核心问题之一是如何应用系统核心理论和方法提高生态工业系统的生态效率。生态效率指在提供有价格竞争优势的、满足人类需求和保证生活质量的产品和服务的同时，逐步降低产品和服务生命周期的生态影响和资源强度。生态效率是一个技术与管理概念，关注最大限度地提高能源和物料投入的生产力，以降低单位产品的资源消耗和污染物排放，实现物质和能源利用效率的最大化和废物产量的最小化，并提高效率、降低费用和增强竞争力。其主要研究内容是物质集成和能量集成。

(1) 物质集成

生态工业系统的物质集成既要研究单个企业从原料到产品的一个或多个生产过程的物质集成，实现环境与经济综合优化目标；又要研究多个企业间的物质集成，即研究一个企业产生的废物如何作为另一个企业的原料，在各企业间实现物质最大限度的利用，达到生态工业系统对外的零排放。为此，生态工业园需要对各企业内部的各个生产过程进行物质转化集成研究，采用环境友好的反应路径、集成方法和反应器网络综合方法，实现废物在各生产环节最大限度的循环利用。

(2) 能量集成

生态工业系统的能量集成主要研究生态工业系统内能量的有效利用，不仅包括企业内部各个生产过程的能量有效利用以及各个生产过程的能量传递，还包括各企业间能量的高效交换，即一个企业多余的能量如何作为另一个企业的热源加以利用。

(二) 支撑技术体系

生态工业系统的健康有序发展，除了要培育成熟、完善的市场机制外，还需要一系列的绿色技术体系来支撑。绿色技术主要包括预防污染的减废或无废工艺技术和绿色产品技术，同时包括必要的治理污染的末端技术，主要有清洁生产和生命周期分析技术。这些是绿色技术体系的核心。清洁生产技术包括清洁生产和清洁的产品，不仅要实现生产过程的无污染或少污染，而且生产出来的产品在使用和最终报废处理过程中不会对环境造成损害。生命周期分析技术对生态工业系统内各企业的产品及其生产过程进行生命周期分析，包括从原料、工艺、产品到消费回收等工业生态全过程的环境影响分析；研究如何应用有限的、不确定的数据，方便地做出客观的生命周期评价，以及工业生态过程的物质和能量平衡、工业生态指标体系的建立等。

(1) 废物资源化技术

研究和开发废物资源化工艺，进行环境友好的工艺替代，如原料、催化剂的无害化技术，产品可降解技术，材料生产中的"非物质化"技术等。

(2) 污染治理技术

污染治理技术即传统意义上的环境工程技术。其特点是不改变生产系统或工艺程序，只在生产过程的末端通过净化废物实现污染控制。

(3) 再循环和重复利用技术

这是生态工业系统重要的技术载体，包括资源重复利用技术、能源综合利用技术、废物回收综合利用技术、产品替代技术等。如进行水的重复利用技术研究，尽量减少对水的需求和最大限度地减少进入水处理系统和生态系统的废水量；同时研究能源替代和物质回收技术，围绕企业废物和副产品开发重复利用的新工艺使生态工业系统提高交换废物与材料的能力；主要是研究如何把废物变成可用于其他企业或用途的转化和分离技术。

(4)信息管理和决策支持技术

生态工业系统的建立和完善需要大量的信息支持，如企业的生产、经营状况，市场信息，新的可利用的清洁生产工艺等。为此，生态工业系统应利用互联网技术，将这些信息有序地组织和建立为一个信息管理系统，并在此基础上进一步建立生态工业系统仿真和决策支持，对系统内不同成员间的物质流和能量流组合进行研究，对整个系统的生态技术做出估计，并进行环境经济多目标规划。

(5)制度创新技术

研究可促进生态工业系统进步的创新制度，即如何在市场规则、财务制度、法律法规方面做出相应的调整，可以使生态工业思想贯穿于整个生产和生活过程。

二、生态工业系统建设的原则、基础和对策

(一)原则

(1)企业共生原则

仿照自然生态系统食物链和食物网，使一家企业的废物输出变成另一家企业的原材料输入，形成"共生工业链"，实现系统物质流和能量流综合协同的封闭循环。

(2)环境优化原则

通过对生态工业系统的物流和能源分析，运用生命周期理论进行评估，达到降低生产成本、降低消费过程中资源和能源的消耗及减少污染物的产生和排放的目的。积极采用清洁生产技术，无害或低害的新工艺、新技术，大力降低原材料和能源消耗，尽可能把环境污染排放消除在生产过程中，从而实现少投入、高产出、低污染。

(3)协调发展原则

生态工业系统应充分体现经济和环境协调发展以及环境促进经济发展的思想，把结构性污染治理和产业结构调整结合起来；把削减粗放型生产模式产生的大量污染和促进企业采用高新技术改造传统行业结合起来；把控制小规模企业生产的大量污染和推动企业资产重组结合起来；把生态建设和推动经济活动结合起来。

(二)基础

(1)健全的环保产业体系

企业要有一种以上的环保出口产品，且该产品生产达到相当大的规模，至少有一家其他企业利用该出口产品的主要废物。企业需要一家或多家专门的卫星企业，以使第一层次出口产品的废物转化成有用原材料，并转化成可上市商品或可供处置的最终废物。

(2)先进的绿色技术体系

技术体系包括清洁生产和生命周期分析技术、废物资源化技术、污染治理技术、再循环和重复利用技术、信息管理和决策支持技术、制度创新技术。体系应建立一种可靠的组织机构和运行机制，以确保各参与企业之间技术经济层面上的长期密切合作。

(三)对策

(1)建立生态工业系统技术支撑体系

许多工业生态链和闭路循环系统的建立都需要经济合理的技术支撑。企业需要权衡回收和利用副产品和废物发生的费用与购买新原料和简单处置废物发生的费用，一旦后者的费用低于前者的费用，企业就会选择购买新原材料和简单处置废物。因此，企业首先要借助现代高新技术，对一些关键的资源回收利用技术、生态无害化技术、循环物质性能稳定技术以及闭路循环技术进行攻关，提高这些生态技术的可得性和经济合理性。

(2)建立物质闭路循环，促进污染零排放

企业应在产品的设计过程引入体现生态工业系统自然循环的理念——物质的闭路循环。这种闭路循环从技术经济合理的角度是有限度的，因为工业闭路循环的物质性能具有螺旋形递减的规律，所以会降低产品的质量，且过高的闭路循环成本会显著增加企业的生产成本，降低企业产品的市场竞争力。这就要求企业寻找

高新技术，使物质成分和性能在多次循环利用过程中保持稳定。生态工业系统的最高目标是使所有物质都能循环利用，而且向环境中排放的污染物极小，甚至为零排放。从环境友好的角度，企业的能源和物质要全部做到物尽其用，要建立内部的资源回收系统，以满足资源回收，对生产过程中产生的所有产出物进行循环利用。重新利用废物资源，有步骤地回收利用生产和消费过程中产生的废弃物或副产品，是生态工业学得以产生和发展的最直接动因，这是一种生态工业链的行为。相对污染零排放和闭路循环利用而言，资源重新利用在技术上比较容易解决。资源重新利用是工业生态系统建设的核心措施。生态工业系统应实现产品与服务的非物质化。生态工业系统中非物质化是指通过小型化、轻型化，使用循环材料和部件，以及提高产品寿命，实现资源的投入产出率或生产率最大化，即在相同或者更少的物质基础上获取最多的产品和服务；或者在获取相同的产品和服务功能时，实现物质和能量的投入最小化。为此，企业可通过延长产品的使用寿命，降低资源的流动速度，从而达到物质的减量化要求；或者减少资源的流动规模，达到资源的集约化使用。

积极开展生态工业园示范点建设，加强生态工业园的生态管理，通过开展生态工业园试点取得经验，是我国建立生态工业体系的重要步骤。一是选择典型企业和大型企业进行单个企业的生态工业试点，主要通过产品生态设计、污染零排放、清洁生产等措施进行；二是选择一批现有的工业园区，根据工业生态学原理进行生态结构改造，建立废物交换系统、企业间的闭路循环和生态链以及虚拟生态工业园，基本实现园区的污染零排放；三是选择一批准备或正在建设的工业园区，按照工业生态学的原理进行规划和设计，使其起到生态工业示范园区的作用。在试点工作的基础上，我国要全面发展生态工业体系。生态工业园是生态工业发展的最佳组合模式，而管理模式的选择将直接影响园区的生态工业特性。为此需建立3个层次的生态工业园生态管理体系：第一个层次是产品层次，要求园区企业尽可能根据产品生命周期分析、生态设计和环境标志产品要求，开发和生产低能耗、低消耗、低污染或无污染、经久耐用、可维修、可再循环和能够进行安全处置的产品；第二个层次是企业层次，园区的企业尽可能在企业本身实现清洁生产和污染零排放，同时建立环境管理体系；第三个层次是园区层次，建立园区水平上的环境管理体系、园区计划、园区废物交换系统，制定园区的生态信息公告制度等。园区通过实行不同层次的生态管理，树立良好的环境或生态形象，为生态工业系统的可持续发展提供生态保障。

第二章 国外生态工业园研究

第一节 概 述

一、国外生态工业园产生背景

18世纪中期,工业革命自英国发起后,机器生产代替了手工制造,人类生产力获得巨大的解放;同时,工业革命为人类带来了前所未有的物质文明和空前的繁荣。世界各地(尤其是工业化迅速发展的国家),建设工业园的热情高涨。为促进工业的集聚并加速区域经济发展,工业园区应运而生。虽然,工业园在降低基础设施成本、提高综合效益、刺激地区经济发展等方面发挥了重要作用,但是伴随而来的则是环境污染、能源消耗等问题。联合国环境规划署和世界银行的调查表明,全世界只有很少的工业园具有较强的环境管理能力和科学的工业园环境规划。为了解决工业园所造成的环境污染问题,生态工业园(eco-industry park,EIP)得以产生和蓬勃发展。当前,全球的生态工业园超过12 000个。国外对生态工业园的研究起步较早,主要对生态工业园的定义、生态工业园内企业的组织环境优势及实践做了较为详细的研究。

(一) EIP 概念提出及发展

EIP 在20世纪90年代初提出后,成为可持续发展理念走向实践的重要方向之一。关于EIP 的探讨和实践已在许多西方国家展开。EIP 的建立和发展是建立在工业园区基础上的。关于EIP 的定义尚无定论,但本质上,各种定义均强调EIP 的环境成本的削减和内部成员的合作。因此,EIP 内企业之间、企业与社区和政府之间在副产品交流和管理方面都存在密切的合作。各企业同在园区内,地域上邻近,它们通过对废物的减量化促进资源利用效率的提高,改善环境品质。因此,不同于传统的工业园区仅仅强调经济利润的最大化,EIP 强调的是经济、环境和社会功能的协调和共进。

早在20世纪90年代初,一些学术论文和会议报告中开始出现"生态工业园"(EIP)的概念。美国靛青发展研究所于1992年首次提出"生态工业园"的概念,从生态工业园所要达到的目标来阐释生态工业园的内涵,得到了学术界的普遍认可,即生态工业园是一个由制造业企业和服务业企业组成的群落,通过在管理包括能源、水和材料这些基本要素在内的环境与资源方面的合作,实现生态环境与经济的双重优化和协调发展,获取更大的社会效益、环境效益和经济效益。1994年,美国环境保护机构(EPA)授权有关研究单位对 EIP 的概念做进一步探讨和充实,并进行个案研究。其生态工业园的定义是:生态工业园是一种由制造业和服务业所组成的产业共同体,它们通过联合来共同管理环境与物资流动(包括能量、水和资源),从而致力于提高环境与经济绩效。通过联合运作,产业共同体可以取得比单个企业通过个体的最优化所取得的效益之和更大的效益。1995年,科特提出"EIP 是一个工业系统，它保存着自然和经济资源；并减少生产、物质、能量、风险和处理的成本与责任；改善运作效率、质量、工人的健康和公共形象；而且它还提供由废物利用和销售而获利的机会"。与此同时，洛伊、莫里斯和赫尔姆斯等学者也给出了EIP的定义，他们强调EIP内的合作机制，认为EIP是制造业和服务业的共同体，通过环境与资源管理方面的合作，这些制造业和服务业追求增强的环境和经济绩效。产业共同体通过合作寻求集体利益，这一利益大于每个企业使其各自利益最优化时实现的利益总和。1997年，皮埃尔提出EIP遵循工业生态原则、污染防护和可持续设计，与非环状运作相比，EIP可以减少原材料的使用，减少污染，提高系统能源效率，减少废弃物，提高产出和市场价值。2002年，柯金虎提出EIP是对工业生态学的具体运用，是指在一个园区范围内，各企业进行合作，以使资源得到最优化利用，特别是相互利用废料。

（二）生态工业园产生的经济背景

在工业革命早期，由于缺乏环境保护意识和工业污染处理技术，因此不少发达国家选择先污染后治理或边污染边治理的道路。但事实证明，治理污染的成本远远超出了预期，例如美国1990年用于污染治理的费用高达1 200亿美元，占GDP的28%。1950年以来，随着新国际劳动分工的形成和发展以及工业生产的全球化，工业化带来的工业污染等问题在众多发展中国家迅速增加，且远远超出了发达国家当年的势头。例如，在中国的600多个城市中，大气环境质量符合国家一级标准的城市不到1%。总体来看，全球的环境污染仍在继续发展，生态破坏的范围仍在扩大，环境污染和生态破坏已成为全球共同关注的核心问题之一。

（三）可持续发展理念的产生促进生态工业园发展

随着工业对生态环境的负面影响增加，可持续发展的理念被提出并接受。世界各国陆续开展了生态工业园的建设实践。生态工业园成为实现可持续发展的重要途径或重点领域。

从能源消耗种类分析，工业文明社会的能源主要是煤、天然气和石油等不可再生资源。由此可见，工业文明的百年进程，对全球经济、资源、环境等问题产生了直接的影响。工业的发展成为促进经济发展的主导力量，但它对能源、环境的影响亦如同"多米诺骨牌效应"：经济发展导致能源消耗的增长，能耗增长带来的是环境的污染和生态的恶化。三者之间的相互关联，有其不同的相互影响路径：一条路径是随着经济的增长，能源需求量加大，从而造成环境污染加剧；另一条路径，即伴随着经济的发展，工业对能源需求量降低，从而使环境得以改善。迫于世界性的能源紧张和环境的压力，人类只有通过第二条路径，从自身发展模式上寻找解决问题的途径。据统计，世界能源年消耗总量从1980年的2.99×10^{17} kJ上升到2005年的4.88×10^{17} kJ，年平均增速为1.98%，低于同期世界经济的增长速度。虽然能源消耗的增长慢于世界经济的增长，但由于地球资源有限，从人类的开发能力和开发强度看，有限的资源已逐步走向枯竭。据《中国能源报告（2006）》数据显示，我国石油、天然气和煤炭的可使用年限分别为18年、30年和59年。世界石油、天然气和煤炭的平均可使用年限分别为46年、61年和81年。能源的消费对经济发展有很大的影响，但是，这种依赖大量能源消耗的经济快速增长背后隐藏着一些深刻的危机，那就是环境的污染和资源的枯竭对人类未来发展的威胁。国际能源机构的数据表明：2005年美国是世界上二氧化碳排放量最大的国家，中国列第二位，俄罗斯、日本和印度分别列第三、第四和第五位。2005年全球二氧化碳排放量比1980年的排放量增长了53.78%，年均递增1.74%，与能耗的增长基本同步；2000—2005年，二氧化碳排放量年均增长率为3.4%。

对环境的忧虑迫使人类不得不重新审视原有的发展模式。民间的自下而上的环境运动起步较早，但作用有限。1972年6月，联合国在斯德哥尔摩召开了人类历史上第一次"人类与环境会议"，讨论通过了著名的《人类环境宣言》。这标志着环保运动由群众活动上升为政府行为。1992年的里约热内卢联合国环境发展大会上，102位国家元首和政府首脑共同签署了《环境和发展里约宣言》和《21世纪议程》。这标志着可持续发展已经成为全世界各国的共识。人们把经济、社会、人口、资源和环境作为一个复合的大系统来研究，并认识到目前的发展不能以牺牲未来的发展机会为代价。

(四) 经济发展对绿色消费的需求推动生态工业园发展

在绿色运动席卷全球的同时，绿色消费观念出现并持续增长。1997年，国际绿色产品贸易额达4 260亿美元，世界绿色产品市场每年以近10%的速度增长，大大高于同期世界经济的增长速度。绿色消费日益成为人们的主流消费。资料显示，77%的美国人表示企业的绿色形象会影响他们的购买欲望；94%的意大利人表示在采购商品时会考虑绿色因素；82%的德国人在超级市场购物时会考虑环保问题。

(五) 法律法规的规范推动生态工业园发展

各国政府相继制定了保护环境的法律法规，对企业治污提出了硬性要求。同时，一些国际性的保护环境的法规相继出台，如《联合国气候变化框架公约》《关于消耗臭氧层物质的蒙特利尔议定书》《生物多样性公约》等。国际贸易条约中的环保内容增加，"绿色贸易壁垒"在国际贸易中也不断提高。这些国际、国内的法规对企业"清洁生产"提出了限制性的规范与要求。

二、国外生态工业园建设的目的及意义

(一) 工业园发展模式的探索

生态工业园是利用工业生态学及系统工程学的理论和思想来规划和运行的工业园。它不仅强调园区内各企业内部实现清洁生产、减少废物源，同时强调企业之间、园区与周边区域之间的联系、合作和参与，通过物质、能量、信息等的交流形成各成员间相互受益的网络，不同企业之间形成共享资源的网络和互换副产品的产业共生组合，使上游生产过程中产生的废物成为下游生产的原料。这样，园区内部的工业企业以及区外的部分企业之间就可以形成一个相互依存、类似于自然生态食物链过程的生态工业系统，从而大幅度地降低园区企业的物耗、能耗水平，提高废物资源化利用率，削减污染物的排放浓度和排放量，改善区域生态环境质量，最终实现经济、社会和环境的协调共进。可见，生态工业园是最具有可持续发展理念、资源节约效益，并能体现环境友好的工业园，是有着发展前途的工业园。

(二) 缓解经济与资源矛盾的有效途径

生态工业园遵循的是"生产—消费—回收—再利用"的循环经济发展模式，是一种新型的物质交换方式。它要求在企业内部、区域层面上实施物质减量化、再利用和资源化，并与自然生态系统的物质循环相衔接，在更大限度上形成物质良性循环。园区内不同企业间通过有计划的物质和能量交换，寻求能源和原材料消耗以及废物产生的最小化。生态工业园区内企业之间以及区内企业与周边地区其他企业之间相互合作，有效共享信息资源、物质资源、基础设施。这样可以降低单一企业的信息搜寻、物流方面的费用，也提高了基础设施的利用效率，降低了每个企业承担的成本，使生态效益和经济效益得到统一。从资源利用角度讲，生态工业园着力于园区内生态链和生态网的建设，彻底转变了传统经济模式下粗放型的资源利用方式，建立起开放型的资源转化、流动过程，通过产业链条的延伸、系统之间的复合共生，实现了资源的集约利用、高效利用、循环利用，从而减轻了经济发展对资源的依赖程度，提高了资源的保障能力，缓解了自然资源的供给压力。从环境治理角度讲，生态工业园采用全过程控制的污染防治战略，通过实施区域清洁生产，从生产源头上减少有毒有害原料的使用，避免污染物的产生；通过建立动脉产业与静脉产业耦合共生的生态产业链网，实现废物在整个系统内部的资源化利用，将产生的污染物尽可能地回收利用，提高废物的资源化利用率；通过建立园区共享的污染治理设施，实现污染的大幅度削减，尽可能地

降低园区生产对区域环境的影响，实现区域环境质量的持续改善。

（三）调整老式工业园结构的重要支撑

生态工业园客观上要求对传统产业结构进行调整、优化和升级，由传统的"线性"联系的产业结构向"环形"方式转变，由以动脉产业为主向动脉、静脉产业协调发展方向转变，通过整体规划引导园区的产业向着高科技、高效益、低消耗、低排放的方向发展。在项目引进中，生态工业园更加注重产业关联性、科技先进性、环境友好型，大力发展战略性新兴产业、高新技术产业、静脉产业、现代服务业，推动产业结构的升级和优化。生态工业园鼓励并推动企业之间加强物质、能量、信息的集成共享，持续进行生产工艺、技术、装备的改造和提升，不断优化生产过程控制和管理，强调源头削减、全过程控制以及废物回收利用，早日走上科技含量高、经济效益好、资源消耗低、环境污染少、人力资源优势得到充分发挥的新型工业化道路。

（四）提高工业园商业竞争力的有效途径

在微观层面上，生态工业园内的企业聚集在一起形成共生体系，通过共享信息、网络、供应商、分销商、市场、资源和支持系统等关键要素，降低单个企业的交易费用、生产成本，为企业带来显著的经济效益；通过水、废气、能量和资源的循环利用，降低投入成本，减少废物排放量，从而降低废物收集和处置的成本，提升环境承载能力，为园区赢得更大的环境发展空间。从中观层面看，生态工业园理念鼓励可持续性、创新性、技术革新以及知识共享，它既可应用于新发展的产业园，也适用现在产业园的创新再发展。同时，生态工业园可提高企业的绝对产能，提高技术效率，使整个企业网络和网络中的每个企业都从中获益。在宏观层面或更大的区域范围内，更大的价值在于生态工业园采用一种系统的视角，而不是狭隘地把精力集中在某个特定的问题上。系统方法的应用使得更多的整体计划和战略目标得以实现，能够为园区打造良好的发展平台，争取更多的政策支持，吸引优质投资、高端项目入驻，从而形成经济、环境良性协调发展的态势，显著提升园区的竞争力。

三、国外生态工业园的特点

全球生态工业园以每年倍增的速度发展。这不仅是因为它们具有好的环境效益，而且因为与其他企业相比，生态工业园中的企业具有独特的市场竞争优势。这种竞争优势主要包括成本优势和标歧立异两个方面。在市场经济条件下，企业如果能够在较长的时间段内持续生产较低成本的产品，企业就具备了成本优势。生态工业园中企业的最大优势之一，是它们之间可以相互利用废物，同时获得环境效益和经济效益。相互利用废物，不仅大大降低了产生污染企业的治污费用，而且使可利用这些废物的其他企业获得了廉价的原料，这样可使企业通过相互利用废物而节约成本。生态工业园是工业生态思想的具体体现，洛伊和沃伦指出，生态工业园最本质的特征在于其产业内部和产业之间的合作以及与周边资源的有机结合。生态工业园组成的重要因素是系统、合作、企业间互相作用、效率、资源和环境，这些显然是传统工业园难以同时具备的特点。生态工业园通常都具有明确的主题，然而，并不仅仅围绕单一主题而设计、运行。在设计、运行的同时，生态工业园还需要考虑社会等因素。标歧立异是企业利用一种独特的东西，来提高顾客对该企业的忠诚度，从而使顾客对价格的敏感性下降，来获得竞争优势。标歧立异的最终目的是获得溢价。在生态工业园中，企业实行绿色生产，生产工艺本身即形成了标歧立异。与其他企业相比，生态工业园中的企业更容易取得绿色产品标志和绿色注册商标，通过绿色营销建立消费者易于识别的产品绿色品质和绿色形象。因此，标歧立异是生态工业园中企业核心竞争力的重要组成部分。在国际贸易对环保要求不断提高的条件下，生态工业园中企业生产的产品更容易绕过有关环保的非关税壁垒，从而使企业获得更广阔的市场，特别是更容易进入欧美发达国家的市场。生态工业园通过毒物替代、二氧化碳吸收、材料交换和废物统一处理等措施来减少环境影响或生态破坏,但生态工业园不单纯是环境技术公司或绿色产品公司的集合。园区通过共生网络实现能量效率最大化;通过回用、再生循环材料进行可持续发展。生态工业园是通过社会供求关系网络形成的,并不是定位为单一的副产物或废物交换模式。因为具有完善的环境基础设施,园区内的企业和整个社区的环境状况会得到持续改善。生态工业园拥有规范的运行体系,从而在一定范围内鼓励成员适应整体运行目标。园区应用减废、减污的经济型设备和便于能量与物质交换的信息管理系统,从而准确定位生态工业园及其成员的市场,同时吸引那些能适应生态工业政策、符合园区发展的企业。

资源循环流动是生态工业园的另一个主要特点。因为工业园内企业所需的原材料较多,耗能多,而相对应的产品数量和体积较小,因此产生的废物多,所以需要内部企业对"排出物"进行再次利用,从而形成工业生态链。园区内部、企业之间的合作及与周边资源的有机结合,遵循"设计—生产—回收—再利用"的经济模式,同时仿照自然生态系统物质循环方式,使园区企业间形成一个互相依存、类似于生态食物链的生态工业系统,从而实现资源的高效、持续利用,即以"自然耦合"的方式实现环境污染的零排放。

系统协调稳定性是生态工业园的关键特征。这是因为生态工业系统柔性强,具有长期运作的潜力和较强的自我稳定性。企业间通过多种方式形成稳定、健康的产业链,从而构成相互交织的生态链、多样化的联系渠道、开环和闭合循环共存的复杂生态链网。此外,企业之间的合作与协调多以市场经济为导向,政府和有关部门的协调作用较小,因此政府和部门的宏观调控影响较微弱。

基础设施共享是生态工业园的基础特征。园区内道路、供水、供电、垃圾处理、污水处理等基础设施为各个企业所共享,这样既提高了基础设施的利用率,也降低了每个企业承担的成本。同时,企业相对集中,与之相关的物质流、能量流、信息流、人力资源、生产能力等也相应集中,可以降低企业的信息搜寻成本、物流成本等,使企业相互之间可以开展更加广泛的绿色合作。

经济高效是生态工业园的本质特征。工业园区通过物料循环、能源梯级利用和提高效率,降低了生产成本。支持性服务和公共设施的共享为工业园区降低了运营成本。生态工业园遵循生态链原则,设计生态工业园必须首先考虑园区企业间在物质和能量的使用上形成类似自然生态系统的生态链或食物链,只有这样才能实现物质与能量的封闭循环和废物最少化。园区企业间是否具备市场规范的供需关系以及供需规模、供需的稳定性均是影响生态工业园发展的重要因素。废物、副产品的供需关系影响到园区的废物再生水平,因此,生态工业园设计的关键是成员企业类别、规模和位置上的匹配。同时,生态工业园应符合多样性与进化性原则。园区成员组成和相互间的联系要多样化,而且要有创新性,不能一成不变,这样才能保证工业生态系统的平衡和稳定发展。在园区建设中,园区可以引进不同的产品、生产过程和企业,利用它们对资源和能源需求的差异,实现优势互补,形成灵活、高效的合作关系。此外,园区发展也是一个动态过程。随着人们对资源和环境问题认识的不断深入,以及技术、经济条件的不断改善,园区必然会有成员的调整、淘汰和更新,成员间的合作关系也需要经过一段时间的磨合和适应。

生态工业园具有空间组织和联系的高效性原则。在追求经济成本和环境成本优势的市场里,仅仅是地域上的邻近已不足以确保现代企业的竞争力。生态工业园的设计在于形成高效的工作系统,园区所有成员(包括企业、政府和社区之间)有着紧密、高效的合作与交流关系。园区通道和管道应靠近副产物、废物或能量的供应者和利用者。在保证物资、能量流通的同时保证信息交流的顺畅。

经济、社会、环境和谐的多功能性原是生态工业园的本质特点之一。经济、社会和环境的和谐是可持续发展的基础，是工业生态学的基本目标。因此，生态工业园必须兼备经济、社会和环境的多种功能和多重效益，以实现工业生态学的主旨。

系统开放性是生态工业园的另一个典型特征。生态工业园区作为一个大系统，与周边地区、外部环境之间存在物质、能量和信息的交换。在生态工业系统内部，各个子系统也通过边界与其他的子系统进行资源交换、信息交换、物质交换和能量交换等。这种开放性贯穿于工业活动的全过程，如果停止，系统运行也就停止。

环境质量良好是生态工业园存在的内在特征。园区运用清洁生产工艺，从而实现外部污染零排放。对天然资源的循环利用，即通过综合规划使产业主体和环境协调发展，从根本上解决发展经济和保护环境的矛盾。生态工业系统整体性通常会与成员个体性统一。生态工业园既追求工业园整体乃至整个区域的经济和环境效益，也追求成员自身的经济效益和环境绩效。这就需要保证系统整体性和成员个体性的统一；从操作、运行和管理上，使物质和能量流动以及信息交流在整个园区内形成快捷、顺畅的网络；而成员个体间以市场原则进行联系以体现个性。现今，生态工业园区研究不再仅限于工业园区，而是扩展到社区、城市的更大范围中，并超越了学科界限。这是综合了环境、经济、区域规划等不同领域的结果。因此，指导层次不同，实践活动方向不同。

总体来说，国外的生态工业园正逐步走向成熟，区内成员的多样性、复杂性使生态工业园更加完善。当然，许多生态工业园的成员和有关部门已经意识到自身的不足，正进一步加大对体系的宏观调控，实现真正意义上的经济、社会、环境协调发展的可持续性。

四、国外生态工业园发展趋势

早期的生态工业系统只是对自然生态系统的模拟，园区中的生产者、消费者和分解者的角色全部由单一的企业来承担。图1-2-1显示的就是这种早期工业园区的模式，其显著优势在于，这类工业园拥有环境稳定性。前一个环节企业生产过程中产生的废物由下一个环节的企业作为原材料或其他材料使用，由充当还原者角色的企业专门进行废水、废气和固体废物处理。最终实现在废物处理过程中对其周边环境污染减小的目标。

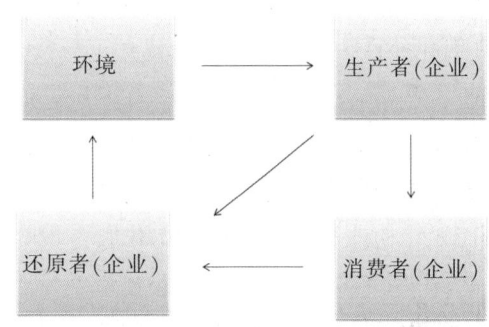

图1-2-1　早期生态工业园模式

随着工业系统逐渐发展为复杂系统，工业园区内部的联系方式增多。生态工业园逐渐走向成熟，当然，在生态工业园成熟的过程中还会出现许多过渡的形式。在成熟的生态工业园内，每个企业不再只是简单地充当一个角色。它们既可以是生产者和消费者，也可以是分解者和还原者。企业之间相互利用废料，打破了原来简单的单向线性模式，进而形成了多向流动的非线性结构。企业生产中产生的废料在循环中完全被消化，因此不需要专门的污染处理企业。与早期生态工业园相比，成熟的生态工业园除具有环境稳定性之外，还具有较高的市场稳定性。因为，此种工业园内生产的各个环节，均有多个企业处理废物，也不再受每一个企业的局限。即使某一企业因市场原因而停产，也不会造成整个园区系统的破坏。

1989年9月，弗罗斯彻和格罗皮乌斯发表了题为"制造业的战略"的文章，"工业生态学"的概念被正式提出。随着"生态工业园"(EIP)概念的提出以及清洁生产、绿色工业和生态工业等意识的风行，人们开始意识到EIP不仅能大大减少工业体系对环境的干扰，而且在降低工业园整体成本、提高园内企业效益方面也大有优势,关于国外生态工业园的研究综述逐渐增多。研究综述内容涉及生态工业园的生态系统性质,生态工业园的历史发展,生态工业园中的能量传递、物质循环和协同,生态工业园的设计与操作,生态工业园的案例研究,生态工业园与环境保护的关系,生态工业园的外观指标,生态工业园与经济增长,生态工业园中的土地利用,生态工业园的规划实践,生态工业园的发展政策等。

生态工业园中,能量交换的目的是减少能耗和原材料的使用,降低污染,建立可持续发展经济。

设计生态工业园最主要的路径是企业之间通过共享网络交换材料、水和能量。起初,Yoon提出了两种主要的优化用水系统的方法:运用概念图片设计的方法和数学建模优化的方法。Chew整合设计了几种生态工业园内部水循环系统的方法,但是,如何设计生态工业园中的水循环系统,则是一件非常困难的事情,因为企业排出的废水经常会伴随着多种污染。对比关于生态工业园中用水系统的大量研究,关于生态工业园中能源方面的研究相对很少。然而同用水系统一样,生态工业园的节能系统同样可用概念图片设计和数学建模优化两种方法分析。生态工业园中材料的交换系统可通过商品、废弃物和价值产品来实现。然而,在生态工业园中,一个企业产生的废弃物可以用作另一个企业的原料。但材料共享系统最大的难题是,这些再次利用的材料来自于不同的公司,而关于物质交换优化的研究相对较少。工业园中的企业通过协商方式相互利用对方生产过程中产生的废弃物或副产品,作为自己生产中的原料或者替代部分原料,从而建立了一种和谐、复杂的互利互惠的合作关系,产生了显著的环境和经济效益。

世界上有许多包含物质交换和废物循环利用的共生体项目和计划,例如日本的井底瘦(Kokubo)工业园。该工业园所在区域没有工业垃圾处理系统,垃圾需要运输到其他地区处理,使得交通运输成本增加。该工业园区内的23家企业为了节约垃圾处理成本,建立了企业间废物交换系统,实现了垃圾的资源化利用,节省了大量的运输、处理费用。

1994年,美国总统可持续发展委员会计划开展建设包括马里兰州的费尔菲尔德(Fairfield)、弗吉尼亚州的查尔斯角港(Cape Charles)、得克萨斯州的布朗斯维尔(Brownsville)、田纳西州的查塔诺加(Chattanooga)等在内的4个生态工业园示范区,经过多年的发展,美国已拥有20余个生态工业园。

欧盟国家的生态工业园建设较早、内容丰富、方式灵活,其生态工业园分为规划建设与自发形成两大类,形式多样,各有重点。欧盟众多成员国之间的生态工业园范围差异较大,小至一个企业内部的物质交换,大至几万人的小城市和一个镇的生态工业。有的注重企业之间物质的交换,有的注重能源的节约以及新能源的利用,有的注重生态材料的利用。欧洲民众环保意识强烈,地方居民参与度高。欧洲生态工业园的发展动机侧重点不同。如丹麦卡伦堡工业共生体的最初目的是通过废物交换降低成本,以获取较大的经济利益。法国提出环境调控计划行动标志,强调对园区的环境管理,而不是各产业之间的相互合作和相互作用。欧盟成员国受本国与欧盟双重环境政策法规的影响。欧洲生态工业园注重管理。欧盟六国(西班牙、芬兰、葡萄牙、荷兰、瑞典、德国)的研究机构或政府制订专门的计划,指导欧盟生态工业园的规划和发展。

此外,韩国的釜山,加拿大的伯恩赛德、多伦多等地也建立了多个生态工业园。

在发展中国家,泰国、印度尼西亚、印度和菲律宾等国都开展了生态工业园项目。泰国在其工业园管理局的领导下,致力于把全国的29个工业园全部改造为生态工业园,德国技术援助公司(GTZ)参与了这项庞大的改造项目。印度尼西亚的生态工业园位于雅加达市郊区,致力于研究建立物质交换网络的可能性。印度在纳罗达工业区兴建以制糖业为主题的生态工业园。菲律宾的生态工业园项目得到了联合国开发计划署的资助,被称为 PRIME 项目，首先在 5 个工业园进行生态化改造，然后这 5 个生态工业园组成一个生态产业网络，合作开发区域性的副产品交换，并评估围绕这一主题建立区域性资源回收系统和企业孵化器的可行性。

据不完全估算，截止到 2001 年上半年，国外主要生态工业园项目分布比例为美国 40%，加拿大 30%，日本 8%，其他国家 22%。这些工业园的实践经历反映出国外现代生态工业园发展的一些趋势。

第二节　美国生态工业园

一、美国生态工业园产生背景

美国是工业生态学的发源地。1989 年 9 月，罗伯特·弗罗斯彻在《科学美国人》杂志发表《可持续发展工业战略》一文，提出了"工业生态学"概念。之后，苏伦在其《工业生态学》一书中通过卡伦堡工业共生体实例，说明了工业生态学对建设生态工业园的指导意义。1996 年 8 月，美国总统可持续发展委员会召集的特别工作组提出，生态工业园是商务群体、商业、企业之间在相互合作的同时，也与当地社区合作，以有效地共享资源（信息、材料、水、能源、基础设施和天然环境），产生经济效益和环境质量效益，给企业和当地社会带来资源、财富。

为推动生态工业园区建设，美国总统可持续发展委员会建立了生态工业园特别工作组。1996 年，美国已有 17 个项目宣布是生态工业园。1997 年，随着第一份生态学杂志在美国的创刊，工业生态学的内涵更加丰富，这使工业生态学具有了更强的指导实践的功能。有了理论基础和成功案例，美国康奈尔大学的一些学者提出了建设生态工业园的构想。同年 10 月，美国国家科学基金和 Lucent 科技基金筹集了 10 项基金（共计 120 万美元）来资助工业生态学研究。在一系列规划和示范园区的带动下，1999 年美国环境署又制订资助 2 个生态工业园区计划。经过不断发展，美国的生态工业园区已超过 20 个。这些园区建设资金来源于联邦工程基金、社区投资组织、环境融资组织、环境组织和银行系统。这些园区涉及生物能源的开发、废物处理、清洁工业、固体和液体废物的再循环等多种行业，并且各具特色。同时，网络中有许多关于融资方式的数据库，可供融资查询。建设生态工业园的目的是提高低收入地区的经济发展水平，在美国形成了一个庞大的关于生态工业的咨询体系。创建生态工业园的构想得到了政府和工业界支持。

在宏观层面，美国生态工业园的管理主体包括政府和私人部门，包括城市政府、城镇政府或它们的开发组织、地方经济发展公司、私人产业和其他的社会组织。在微观层面，园区管理主体涉及物业管理者和社区管理者两个利益主体。物业管理者多为生态工业园的开发者，主要是保持生态工业园的商业绩效，保持园区的稳定以及园区对于进驻企业的吸引力，同时，为社区和进驻企业提供一些具体的服务。社区管理者是维持社区企业的凝聚力，主要是沟通企业间的创新性项目，有效利用社区内企业的资源，降低社区内企业的成本等。在管理实践中，物业管理者和社区管理者各司其职。但由于物业管理公司优先关注的是园区投资者的利益，而社区管理机构关注的则是整个社区的健康发展和各个成员单位的利益，为协调不同主体的利益，一些生态工业园在组织建设时，通过物业管理和社区管理机构互设代表来解决这些问题。表 1-2-1 显示的是美国各州生态工业园分布情况。

表 1-2-1 美国各州生态工业园分布情况

EIP	地理位置	特征
查尔斯角港	弗吉尼亚州	可持续技术,天然海岸
费尔菲尔德	马里兰州巴尔的摩	转型工业,废物利用,环境技术
布朗斯维尔	得克萨斯州	废物交换和营销的区域
河岸	佛蒙特州柏林敦	城市环境中的农业工业园,生物能源,废物处理
查塔诺加	田纳西州	内城和原有公共制造设施的再开发,环境技术,绿色区域
绿色协会	明尼苏达州明尼阿波利斯	内城,小规模绿色产业孵化器,废物再利用
普拉兹堡	纽约州	大型军事基础的再开发,资源和废物管理,国际快递服务
东海岸	加利福尼亚州奥克兰	以资源再生为基础的园区
伦敦德里	新汉罕布什尔州	小规模以社区为基础的园区
特棱顿	新泽西州	现有工业区再开发,清洁工业
西瓦诺	亚利桑那州	商贸、住宅一体化,环境产业,自然特色
富兰克林	卡罗莱那州	可更新能源和环境技术的商贸联合体
雷蒙	华盛顿州	幼树森林里的新园区,固体和液体废物循环
遮阴边	马里兰州	现有设施革新,小规模环境和技术产业
斯卡吉特县	华盛顿州	环境工业,有体系和中心支持

随着技术进步和社会发展,生态工业园的建设也会出现相应的变化。美国生态工业园呈现出新的发展趋势。根据以往经验,生态工业园可分为现有改造型、全新规划型和虚拟园区。现有改造型是指对现有的企业进行适当的技术改造,在区域成员间建立起废物和能量转换的关系。美国的每个生态工业园都有其典型例子,但向虚拟园区发展的趋势非常明显。虚拟园区不要求所有的成员都在同一地区,园区内企业与园区外企业共同构成一个不受地域限制的共生体系。有些园区利用现代信息技术,通过各种信息系统,首先在各电脑的终端建立成员之间的物质、能源交换关系,再进行实质性的交换,这就使得园区内的企业不但可以与园区内的企业交换,并且它也具有无可比拟的优越性。首先,它使园区内企业的交换对象多元化,从而减少了园区内的合作伙伴发生变化对企业造成损害的风险。其次,虚拟园区可以省去新建一个工业园区所需的昂贵购地费用,完全解决了生态工业园的融资瓶颈问题。最后,有的企业迁移非常困难,但它对园区其他企业的贡献非常大,建立了虚拟园区后,它可以不通过迁移的方式就能方便地与其他企业进行物质和能量的交换。美国现在典型的虚拟园区就是布朗斯维尔生态工业园。

各国工业园的建立都有一定的历史。从园区物流网络看,若将其改建为在空间聚集的园区有很大的局限性。利用信息技术,借助于计算机模型和数据库,在网络上建立园区成员间的物流联系,成员进退园区灵活,不但节省了一般建园所需的昂贵费用,更重要的是增加了园区网络的复杂性,使网络的稳定性增强。因此虚拟园区是在园区建设中一个不可忽视的选择。由于生态工业园大多数都是由传统工业园区改造而成的,因而其项目与传统工业园的基础相关。传统的工业园的战略重点是通过企业合作而使企业获益,如高新技术和生物技术领域的企业联盟。在联盟中,企业之间的彼此靠近可以使相应的服务和产品供应链更好地发挥功能。

美国现有工业园大多是因地制宜利用当地自然景观发展起来的,如查尔斯角港的天然海岸特色,河岸的城市环境中的农业生态工业园区,查塔诺加的生物能源、废物处理,绿色协会的小规模绿色产业孵化和废物再利用,富兰克林的可更新能源和环境技术等。同时,美国对绿色粮食作物、水果和蔬菜的需求迅猛增加,许多知名超市以销售绿色食品为一大特色,对美国来说,建立农业生态园区非常有潜力。于是,资源回收工业园、绿色石油化工工业园、可更新能源生态工业园建设受到投资者青睐。

美国的生态工业园建设注重经济发展、环境保护与社区的协调发展,强调生态工业园的建设应与所在社区的经济发展紧密相连。为此,园区管理者会考虑如何让外来跨国公司和本土企业平衡发展,以满足各类企业需要;园区管理者吸引当地精英和重要团体参与生态工业园建设,通过教育、培训以及各种研讨会等方式,向各方代表介绍相关知识,寻求各方支持;生态工业园开发者和管理者为社区提供了更多服务,如提供就业机会,带动当地相关产业发展等;一些环境保护项目由生态工业园和周边社区共同参与,如在企业、商店、大学、社区学院和中学进行减少温室气体排放方面的竞赛;园区管理机构和企业员工共同参加当地的植树活动等。

长期以来,美国环保政策的重点是解决分散在各地的企业排放污染问题。美国政府针对不同的环境问题制定了不同的法律,并由相关部门来管理污染物排放问题。但这种分散治理的方案并没有真正解决问题,只是将污染从一种媒体转移到另一种媒体,如从空气排放转成固体排放,最后送到垃圾场处理。分散治理还常常造成各部门之间的管理混乱,造成诸多不便,使管理成本大幅度上升。鉴于上述弊端,在生态工业园建设中,美国政府开始注重将发展政策和环保政策有机地结合起来,鼓励企业成为改善环境绩效的积极参与者,而不是简单地遵守各项环保法律和法规。

总的来看,美国的EIP还处于探索与尝试阶段。因EIP的创建需要大量的资金投入,受到环境、资源、技术多方面的制约,故所需时间较长。

二、美国生态工业园建设特点

总体来看,美国的生态工业园还处于初级发展阶段。20余个生态工业园中,有4个是示范区,尽管有进驻者,但发展不完善;有的生态工业园还处于规划阶段,没有进驻者。美国生态工业园地域分布较均衡,东部有弗吉尼亚州的查尔斯角港、马里兰州的费尔菲尔德等;南部有得克萨斯州的布朗斯维尔等;西部有华盛顿州的雷蒙、斯卡吉特县,加利福尼亚州的奥克兰等;中部有田纳西州的查塔诺加。各地区根据该区的特点,在建设生态工业园时因地制宜。根据建设要求,各生态工业园制定相应的发展目标:有的强调治理环境污染,如查塔诺加;有的加快经济发展,增加就业机会,如查尔斯角港等。生态工业园建设和规划内容包括园址选择和底层设计。在园址选择方面,根据各个地区的特点,美国开发、设计了3类地域的生态工业园建设模式。

(1)未开发区建设模式

在这里,园区投资者可以自由选择建设方式和规划方案,如全新规划的乔克托生态工业园。

(2)改造建设模式

该模式即通过调整建设,将传统工业园转变为生态工业园。该模式要求传统工业园的企业均要参与生态工业园区,以清除以前留下的污染,从根本上解决环境问题。属于改造建设模式的有巴尔的摩生态工业园和特棱顿生态工业园等。

(3)治理被污染地区模式

这里是指被遗弃或闲置的企业所在地。查塔诺加曾经是美国污染最严重的城市,自建立生态工业园以后,城市环境已有较大改善。众议院和参议院的法案明确支持在黑土地区域实施生态工业发展战略。在生态工业园的建设中,地方政府、州政府和联邦政府扮演着不同的角色。地方政府主要负责生态工业园的具体开发事宜。州政府负责的范围要广一些,包括通过改变州的规章制度和税收政策以及建立州际办公室使园可以跨州发展。联邦政府负责的范围则更广,如通过修订联邦立法等鼓励园区开发,促进技术开发和转让,支持不同区域间的信息共享。

三、美国生态工业园

(一)马里兰州费尔菲尔德工业园

巴尔的摩市东南部的费尔菲尔德工业园聚集了以生产石油和有机化学产品的工业企业,因而被视为一种"碳"经济聚集体。巴尔的摩的EIP是通过大学的环境研究所和当地经济发展部门合作共同开发的。这两个机构携手对费尔菲尔德工业园进行更新改造,其目的主要是对巴尔的摩的企业进行整合。这为有机化合物的进一步循环创造了很大机会,这同时是生态工业园倡导者依然坚信巴尔的摩会成为工业发展的一个模板的理由之一。由于当地的石油、化工企业生产产生的废弃物,会对周边环境造成很大负担,因此该园区通过扩大污染治理工程、整合创新环境技术、扩大商务网络等改善环境。运用工业生态学原理改造现有的工业企业组成和结构是费尔菲尔德EIP的基本思路。这样一方面可以帮助现有成员进一步发展和扩大,另一方面招募那些适合于这种碳经济模式、环境绩效显著的废物交易公司。这些措施有助于创造就业机会,实现经济的实质性增长而不产生新的环境影响。截至2000年,共有13家企业投资入驻该生态工业园,投资总额达9 500万美元。费尔菲尔德工业园希望招募那些适合于生态循环的加工业(如化工厂、胶片公司)、环保技术公司、物料和废弃物处理企业。巴尔的摩开发公司(BDC)根据本地的地理条件,提出开环式生态工业园发展理念,通过废料交换实现这一理念。然而,生态工业园发展尚处于开始阶段,为了更好地发展,它必须吸引更多的企业入驻和扩展,同时加强企业间的环境意识。

(二)弗吉尼亚州查尔斯角港生态工业园

该可持续发展生态工业园被认为是美国的第一个生态工业园。园区占地500 hm^2,位于弗吉尼亚州北安普顿县的查尔斯角港(Cape Chales)。该地区是一个经济发展落后和失业率高的地区。该园区于1996年正式投入运行,区内包括工业区、海岸沙丘生境保护区,还有一些废水处理湿地。它是北安普顿县的可持续发展行动战略的一个组成部分,是当地为促进经济发展,增加就业,开发兼备利润、资源、效率、污染预防的新一代工业园。工业园区旨在建立一种有利于经济发展、人类生活、自然资源和文化资源的发展模式。园区致力于创造就业和培训机会,保护和加强自然资源与文化资源,使资源得到节约和高效率的使用,以及发展和利用工业生态学原理进行实践,支持私人工商企业和工业发展,以恢复当地经济活力。北安普顿县期望通过这一项目可以最大限度地提高和持续利用其资产(包括高产土地、清洁水、自然资源和文化资源)。该地区主要依赖6种关键产业,包括农业、海产品与水产养殖业、旅游业、艺术品加工业、手工艺品制造业与土特产买卖产业。园区内入驻的第一家企业是一家来自瑞士的研究将太阳能转化为电力的光电池公司。

(三)得克萨斯州布朗斯维尔生态工业园

虚拟型的布朗斯维尔生态工业园位于美国与墨西哥交界的布朗斯维尔。由于地理位置特殊,这个园区是美国与墨西哥边境一个重要的交通枢纽,其范围因此也扩展到与布朗斯维尔相邻的墨西哥马塔莫罗斯。入驻该工业园区的企业包括热电厂、炼油厂、沥青厂、板材厂、塑料加工厂、纺织厂等。园区主要通过交换热电厂产生的蒸汽,将蒸汽输送到炼油厂,炼油厂产生的热和硫输送到板材厂,而沥青厂则循环使用其产生的废沥青,纺织厂将废塑料传给塑料制造商。规划者将该园区建设成了一座虚拟生态工业园,使不在同一区域的企业通过废物交换也可以联系在一起。这样,各企业间能够相互共享物质与能源而不必进行搬迁。虚拟生态工业园的优点是将新招募工业企业与现有企业互补和增强废物交换。园区可不断增加新成员来担当工业生态网的"补网"角色,如引入的热电站,废油、废溶剂回收厂等。这种模式更具可复制性。这有助于园区实现以创造就业机会为头等优先、伴随着实质性经济增长而无新环境影响的目标。该计划实施者要求园区采取积极性战略来招收高技能、高素质工作人员,形成报酬高、效益好的EIP。图1-2-2显示该生态工业园的整体结构。

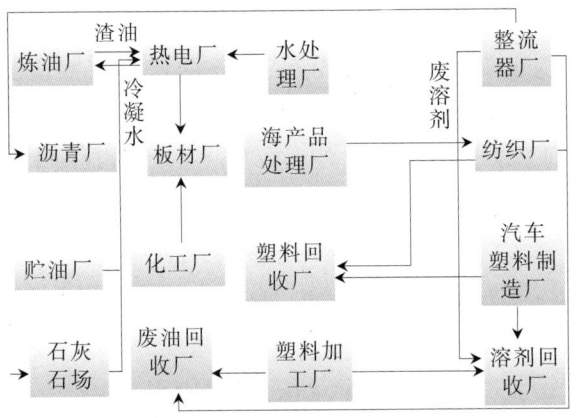

图1-2-2 布朗斯维尔生态工业园

(四) 田纳西州查塔诺加生态工业园

查塔诺加曾经是"美国污染最严重的城市"。旧工业区中的杜邦尼龙公司推行以回收旧尼龙线头为核心的企业零排放改革政策，不仅减少了污染，而且带动了环保技术产业的发展，使得这个老工业区有了新的发展空间。因此近30年来，这个城市发生了巨大的转变。大约在1995年，查塔诺加开始考察开发生态工业园的可能性。后来该项目成为美国总统可持续发展委员会的示范项目。查塔诺加生态工业园的主要建设目标如下。

1）在原安克玻璃厂旧址上建立一个占地 5.26 hm^2 的公园，公园周围是一个居住着低收入者的居民区。

2）在查塔诺加闹市区以外的一片绿地建绿地公园，该公园占地约 300 hm^2，拟作为一个工作社区。

3）在原志愿部队弹药厂旧址上建生态工业园区，占地约 2 700 hm^2。园区重新开发包括仓储业、流通业、工业活动、蛋类孵化或菌种培育、技术教育中心等工业。

4）在原中南工商区建环境技术联合企业，占地约 40 hm^2，包括推广、实现零排放的工业企业、蛋类孵化或菌种培育、居民住宅、社区露天体育场和城市生态中心等。

查塔诺加生态工业园的主要特点是通过重新利用老工业企业的工业废弃物，减少污染，增进效益。这种革新方式对老工业区改造很有借鉴意义，并且更能适应老工业密集的大型城市。查塔诺加生态工业园规划还与区域可持续发展规划联系在一起，而且准备了一系列生态工业园发展方案，包括那些混合了工业、服务、旅游和住宅等多用途的方案。而今，旧钢铁铸造车间已变成一个用太阳能处理废水的生态车间，而旁边是一个利用循环废水的肥皂厂，紧邻的是急需肥皂厂副产物作为原料的另一家工厂，这样就可以建立起一个完整的生态工业网络。不过，这种生态工业园的局限性也很明显。首先，企业内部推行生态工业革新，这就要求企业具有相当的规模。对中小型企业来说，废弃物的回收利用很可能是不经济的。其次，虽然企业内部在协调各个生产单元方面具有一定的优势，但是由于工业生态系统中的大量物质循环往往需要跨行业的协作，因此不是某个企业单独可以胜任的。再次，老工业企业在技术上具有更大的惰性，许多根本性的改革设想往往遇到更大的技术障碍。最后，老工业区的生态化改造往往需要借助较为严格的环境立法以迫使生产企业在环保技术方面投入更多的资金。综上所述，查塔诺加生态工业园仍处于发展阶段，一系列有利于推行生态园发展的政策需要尽快制定并实施起来。

(五) 全新规划型乔克托生态工业园

美国全新规划型的乔克托生态工业园建立于俄克拉荷马州，它是美国典型的全新规划型园区。园区充分利用俄克拉荷马州大量的废旧轮胎资源，采用高温分解技术得到炭黑、塑化剂和废热等产品，并进一步衍生出不同的产品链。这些产品链与辅助废水处理系统一起构成了一张工业生态网。其特点是基于园区所在地丰富的特定资源，采用废物资源化技术构建核心工业生态链，进而扩展成工业共生网络。乔克托生态工业园以回收到的废旧塑料品作为原料，直接供给塑料制造公司；对废旧轮胎先进行抽去其中钢丝的处理，然后粉碎成橡胶颗粒。钢丝集中处理后，可作为钢材厂使用的钢材，进而再利用。橡胶颗粒通过传动带输送到联邦循环技术公司，进行再次高温热分解，得到塑化剂和炭黑。塑化剂经管道输送到塑料制造公司,经加工处理后成为可用的塑料。塑料再经管道,穿过一条街送到两家公司。一家公司以此再生资源生产塑料标牌,另一家用来生产彩色胶片。炭黑以浆的形式经管道送到碳处理装置,生产供激光复印机和传真机使用的墨粉。炭黑和塑化剂又经管道送到另一家公司,以此生产小型硬胶轮胎。这种轮胎已广泛用于割草机、三轮车和军车。空染料盒进行回收处理,装满染料后可再利用。轮胎公司生产产生的热量可以输送到无土栽培植物大棚做暖气。城镇废水处理后有4个用途:①供给轮胎粉碎公司、塑料制造公司、网板印刷公司、彩色胶片公司做冷却水;②供给水池,作为其他用途的备用水(如消防用水),同时制造喷泉、瀑布等人工景点,且循环使用;③供给无土栽培植物大棚,调配成植物生长营养液;④作为园区土地灌溉用水。乔克托园区所有新建筑选址充分考虑到当地的自然景观,使两者和谐一致。同时,园区强调建筑物要整齐,在风格和外观颜色方面保持一致。为了实现环境美化、节约土地和减少公司之间的原材料输送成本,园区的电话线、电力线全埋在地下,多数原材料也通过地下管道输送。除此以外,在城市环境中的河岸农业工业园中还可以利用生物能源。

第三节　加拿大生态工业园

一、加拿大生态工业园产生背景

自1995年以来,生态工业园项目已在加拿大安大略省多伦多的波特兰工业区展开。这一工业区汇集了有着废物和能量交换潜力的多种制造和服务行业。一项对集共生、能量再循环为一体的生态工业园可能性的研究表明,加拿大的40个工业园区中有9个被认为具备很强的生态工业发展的可能性。表1-2-2显示了加拿大部分生态工业园的分布和产业特征情况。

二、加拿大生态工业园特点

加拿大生态工业园中涉及的核心工业多数是蒸汽发生器、造纸、包装业、化学工业、发电、苯乙烯、聚氯乙烯、生物燃料、钢铁、刨花板、热电站、石油提炼、水泥,等等。除此之外,加拿大还有几个工业园区,存在着一些有限的生态工业系统的共生体,它们多数存在于石油冶炼、合成橡胶厂、石化工厂、蒸汽发电站之间。这些共生体如果可以在更多的企业之间建立联系,则是很有潜力的。

三、加拿大生态工业园

(一)伯恩赛德生态工业园

伯恩赛德生态工业园位于加拿大东部,是加拿大最大的工业园,在园区760 hm²的区域上兴建了各种商业公司。园区里主要聚集了小型或微型企业,涉及了数十个不同行业。园区发展迅速,环境和经济效益明显,具有很强的代表性。伯恩赛德生态工业园由达尔胡大学环境学院负责园区内部生态效率中心的维护和管理,由当地政府和园区企业负责提供融资支持,在大学科研力量的帮助下开展物质流和能量流的优化工作,并促进企业之间的副产品交换及其他合作。其主要目的在于向伯恩赛德生态工业园内的工商企业提供有关废物最少化、污染预防和清洁生产的信息。废物评价是该中心的工作重点之一,每个废物评价都考察了一家公司的投入、工艺、产出和废料,以确定可以借鉴的更高效地利用材料和削减废物的途径。1995年,该园区建立了伯恩赛德清洁生产中心。其基本作用是推动伯恩赛德的1 200多家公司实现"绿色化",主要包括:通过审计推动

表 1-2-2 加拿大生态工业园

园区位置	产业特征
不列颠哥伦比亚省温哥华	火力发电厂,纸浆厂,包装厂,工业厂
萨斯喀彻温省萨斯喀彻温堡	化学品,动力生产,苯乙烯,聚氯乙烯,生物燃料
安大略省苏圣玛丽	动力生产,钢铁厂,纸浆,胶合板,工业园
安大略省楠蒂科克	供热站,炼油厂,钢铁厂,水泥厂,工业园
安大略省康沃尔	能源,纸浆厂,化学品,食品,电子设备,塑料,混凝土构件
魁北克省东蒙特利尔	石化产业,精炼厂,压缩空气,石膏板,金属精炼,沥青
纽宾士域省圣约翰	发电厂,纸浆厂,炼油厂,啤酒厂,制糖厂,工业园
新斯科舍省图佩尔角	纸浆厂,造纸厂,构件厂,炼油厂

物质和能量的节约;为公司成员寻求高效的资源使用技术;通过废物审计帮助减少包装废物;确定公司成员间可能的物质和能量的联系;创造废物交换增进相互间的工业生态学关系。经过近10年的发展,园区各企业之间已基本建立工业共生网络关系,能量的梯次流动和废物的循环利用在园区内已普遍出现。园区有36家印刷厂,21家油漆涂料及分销公司,19家化工企业,20家计算机组装与维修企业,32家汽车修理设备厂,17个金属加工公司。与这些企业公司的原材料来往的都是同样的小型公司。尽管这些企业都是同一行业的,在减少废物原料排放上有很多相似之处,但是在原料、产品和副产品上有很大区别。供应商和客户之间通过协商可以保证有较高质量的供货。在大型规模的公司群方面,园区应该包括家具制造公司、塑料薄膜和纸板制造公司、电信公司。工业园区还涵盖各种各样的业务,例如餐饮服务、保健服务、通信、建筑、零售和运输部门。园区内已有和潜在的依存关系有:园区内的一家公司回收瓦楞板;一家包装公司回收包装计算机的聚苯乙烯;多家回收和再利用的公司,业务涉及彩色胶片、打印机色带上色、轮胎翻新和家具上光等。企业之间可以建立化工物质交换关系,它们都制造、供应和销售化工物品。但也有学者认为,由于一整套一致和可靠的物流数据信息的可用性问题,园区设计的流程图没能付诸实践,致使该园区的物流并非流畅,因此,工业园区混合材料和能源的交换中数据的获取相对困难,这些被看作是导致园区发展遇到瓶颈的主要因素之一。

(二)阿尔伯塔工业园

加拿大的阿尔伯塔工业园是一个全球性的石油化工和化学产品产业集群。它是一个地区型的工业园区。2006年7月,该园区计划建立一个以网络为基础的地理信息系统,以方便园区企业间建立关系和提高效率。该园区得到了加拿大政府的规划指导,同时获得500万美元的资金扶持,这是加拿大工业园首次获得政府的支持。从实践角度来看,网络地理信息系统的建设,对该生态工业园的发展意义重大。它解决了生态工业园发展中地理区域这一因素的制约问题,为生态工业园向虚拟园的方向发展提供了技术上的支持,从而,扩大了生态工业园在地理空间上的范围。

(三)布鲁斯能源中心

在安大略省的布鲁斯能源中心,以安大略氢核电站为核心组织,其建立目的是利用园区产生的巨大的废热和蒸汽。这些地域邻近的工厂,利用核电厂的废热进行诸如脱水、浓缩、蒸馏、水解和环流供暖等过程。当然,工业园区内的合作并不局限于上述工厂,但是一些工厂难以实现地域上的邻近,这在一定程度上使得这种合作受到了限制。

第四节　丹麦生态工业园

一、丹麦生态工业园产生背景

卡伦堡是丹麦一个仅有2万居民的工业小镇,位于北海海滨,哥本哈根以西100 km左右。丹麦卡伦堡生态工业园创建于20世纪70年代,是世界上第一个生态工业园。它的建立是基于不同的独立商业伙伴之间的合作协议。卡伦堡生态工业园有丹麦最大的燃煤火力发电厂阿斯内斯火力发电厂,丹麦最大的炼油厂斯塔托伊尔炼油厂,丹麦最大的制药公司诺和诺德制药公司,以及大型的济普洛克石膏板厂、土壤修复公司等。截至2000年,卡伦堡工业共生体系主要由6家大型企业和10余家小型企业组成,它们通过工厂企业等产生的废弃物联系在一起,形成了举世瞩目的工业共生系统。

二、丹麦生态工业园特点

循环经济工业园把经济增长建立在环境保护和资源高效利用的基础上,其作用直接影响到循环经济的宏观发展及向微观的渗透。卡伦堡工业共生体系的形成是一个自发的过程,是在商业基础上逐步形成的,所有企业都从中受益。其成功在于具有明确的循环经济工业园区的产业定位。

卡伦堡生态工业园具有明确的循环经济工业园区的结构模式。园区内多家企业间相互以废弃物作为原料和能源,形成产业链(或称为"工业联合体")。园区内企业的组建模式是由污染物产生企业、大学或研究机构、政府共同出资组建并按照市场运作独立经营,专业从事该领域废弃物再生产利用或提高资源利用率,可实行内外资并举。相关科研机构、高校、中介机构、环保企业和人才集聚,为园区提供技术、信息、政策和法律等服务。卡伦堡生态工业园的成功经验中很重要的一条就是政府提供了较好的保障,主要包括法律保障、规划保障、税收政策保障、产业政策保障和园区内基础设施建设保障。卡伦堡生态工业园成功发展的条件之一就是技术先进,尤其是废弃物资源化利用技术的先进性。

卡伦堡生态工业园运转的驱动力之一就是园区内企业的生态道德和社会责任。而企业生态道德的确立,归根结底还是要考虑到自身效益的提升。卡伦堡工业共生体的主要特征是由几个既不相同又能直接互补的大企业组成。这种成员的组成提供了在能源、生产原料和副产物的流动上形成具有高效率、低耗费生态链的可能。同时,卡伦堡工业共生体的核心成员距离较近,这对利用管道输送能源及材料非常重要。此外,卡伦堡工业共生体广泛地构建在不同成员之间已有的密切关系基础上。这种亲近关系使企业成员间在各个层次的日常接触都比较频繁和容易,也方便了合作和决策。然而,卡伦堡生态工业园作为世界上第一个生态工业园,也存在一些问题。第一,共生体成员之间的联系是缺乏弹性的,企业成员种类和数量有限。副产物和废物交换运输的设施也是固定的,难以承受物料性质和组成的改变。共生体的某一部分有所变化,会打破整个体系的平衡。为了维护共生体的稳定性,园区必然限制体系规模的扩大并且缺少灵活性。第二,共生体中存在经济方面的不合理性,比如,市民使用的由市政府提供的供暖和燃气比从外面引入的天然气贵,但是为了避免对市政府提供的远距离供暖造成致命的竞争,卡伦堡市没有引入天然气管道。因此,我们不能把卡伦堡共生体模式绝对理想化。

当然,卡伦堡生态工业园作为丹麦具体制

度、特定资源和企业背景下的产物,其产生的驱动力仍然值得探讨研究。卡伦堡生态工业园的第一个驱动力来自制度创新。在制度安排上,政府对于污染排放实行强制执行的高收费政策,迫使污染物排放成为成本要素,与此同时,对于减少污染排放则给予利益激励。例如,对于各种污染废弃物按照数量征收废弃物排放税,而且排放税逐步提高,迫使企业少排放污染物。为了防止企业在追求利益的动机驱动下,采取隐瞒危险废弃物、规避废弃物排放税而给社会造成巨大的危害,对于危险废弃物免征排放税,采取申报制度,由政府组织专门机构进行处理。这是卡伦堡生态工业园模式产生的基本原因。第二个驱动力来自于企业经济效益和长期发展。卡伦堡地区水资源缺乏,地下水很昂贵,发电厂的冷却水若直接排放,则不仅会导致水资源供给短缺,使得当地其他企业无水可用,发展受限,而且需交纳污水排放税。因此,其他企业主动与发电厂签订协议,利用发电厂产生的冷却水和余热。在卡伦堡,加工废水重新利用的成本比缴纳污水排放税可以节约50%,比直接取用新地下水的成本可以节约约75%。因此,水的循环利用成为最早循环利用的生产要素。发电厂的粉煤灰用于制造水泥的原料也是一样。发电厂把粉煤灰送到水泥厂做原料,可以免缴污染物排放税,水泥厂用粉煤灰做原料可以减少原料成本。两家企业都可以获得经济效益。这是卡伦堡生态工业园存在并发展的核心。第三个驱动力来自于企业的生态道德和社会责任。卡伦堡的制药厂利用制药产生的有机废弃物制造有机肥料,供周围农场免费使用;而企业从使用其有机肥的农场收购农产品做原料。这使得制药厂与农场之间成为循环经济联合体,实现了污染物的零排放。这是制药企业追求社会形象和生态道德的成果。

三、丹麦生态工业园

20世纪60年代初,卡伦堡生态工业园的火力发电厂和炼油厂开始了工业生态方面的探索。园区内所有企业通过彼此利用废物,建立一种和谐、复杂的互利互惠的工业共生体。这一方面实现了废弃物的最小化排放乃至零排放;另一方面,合作企业降低了生产成本,获得了直接的经济效益。

卡伦堡工业共生体见图1-2-3。

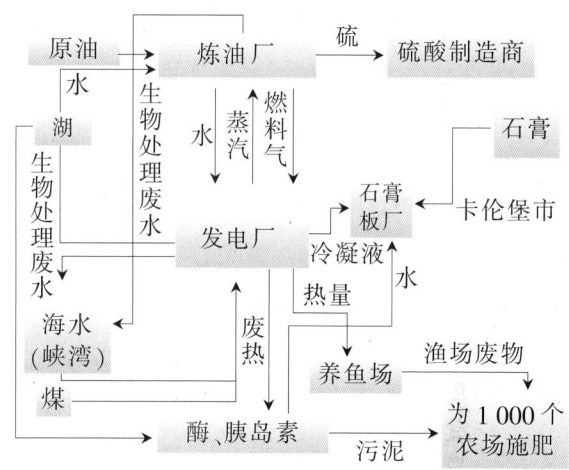

图1-2-3 丹麦卡伦堡生态共生体系

由图1-2-3可见,发电厂为工业园区的核心,对蒸汽和热量进行了多级使用。发电厂为炼油厂提供其所需蒸汽的40%,并为制药厂提供工艺蒸汽,热电联产比单独生产提高燃料利用率30%。发电厂同时为卡伦堡市的家庭提供热能,大量减少了烟尘排放;它的部分冷却水还被输送到养鱼场,该养鱼场年产200 t鲑鱼,鲑鱼适合在温度较高的水中生长。发电站的脱硫设备每年生产20万 t石膏,这些石膏被卖给石膏板厂,同时,卡伦堡市政回收站回收石膏也卖给石膏板厂,减少了石膏板厂的天然石膏用量,也减少了卡伦堡固体填埋量。发电厂每年产生3万 t粉煤灰,被水泥厂回收利用。发电厂的脱硫设备用于降低炼油气中的硫含量,产生了副产品——硫代硫酸铵。每年,这种副产品被用于生产约2万 t液体化肥,相当于丹麦的年消耗量。制药厂用原材料土豆粉、玉米淀粉发酵生产所产生的废渣、废水,经杀菌消毒后被约600户农民用作肥料,从而减少高肥料用量。其胰岛素生产过程中产生的残余物——酵母被用来喂猪,每年有80万头猪使用这种产品喂养。制药厂的肥料代替了约2万 hm²土地上石灰与部分商业肥料的使用。

炼油厂多余的可燃气体通过管道输送到石膏板厂和发电厂供生产使用。石膏板厂从发电厂获得20万t石膏，代替在石膏板制作过程中天然石膏的使用。污泥是卡伦堡市政水处理厂的主要残余物，这些污泥被微生物公司用来做生物恢复过程的养料。园区中的微生物公司是一家专门利用微生物恢复被污染土壤的公司。共生企业通过对水的循环利用，每年能节约190万m^3地下水和100万m^3地表水。共生企业每年减少的油类消费量多是通过制药厂与炼油厂使用发电厂生产过程中的蒸汽实现的，通过这一过程，油耗量可减少2万t。每年，发电厂中煤和油的燃烧产生8万t灰烬，被用于基础建设和水泥行业。卡伦堡生态工业园每年减排二氧化碳17.5万t，二氧化硫1.02万t。制药厂、发电厂和卡伦堡市政府在废水处理上的合作，相应减少了对周边水域的环境压力。废品处理公司收集所有共生体企业的废物，并利用垃圾沼气发电，每年还提供5万~6万t可燃烧废物。它可获得11.3万t废纸并经过质检后出售；1.7万t碎石与混凝土经压缩和分类后用于不同类型地面；11.5万t公园的废弃物用于区域土壤的改善；1.4万t金属经过清洗后出售再利用；1.18万t玻璃出售给玻璃生产企业。由上述各项收益大致得出卡伦堡每年可节约资金150万美元，已累计节约资金7 000万到1亿美元。此外，园区内有一支十分精干的管理队伍，在各厂之间进行协调、组织、结算、监督工作，还对新的废物利用项目给予资金和技术支持，使物质流、能量流和信息流优化配置，使循环生产得以有序进行。

第五节　日本生态工业园

一、日本生态工业园产生背景

日本的现代工业是从1901年安装了第一座近代高炉的国营八幡炼铁厂（现在的新日铁的前身）建成开始的。20世纪50年代，在日本政府经济政策的鼓励下，依靠进口中国的铁矿石和煤炭资源，北九州市大力发展重工业，迅速成为日本著名的四大工业基地之一。北九州市在重工业方面取得了迅猛的发展，为日本经济的高速增长贡献了巨大的力量。20世纪60年代的日本实现了经济的高速发展，特别是钢铁、机械、化工等重工业起到了带头作用。为了早日实现现代化，缩短与发达国家的距离，日本政府采取了"生产优先"的经济政策，片面地注重工业化发展，忽略了环境保护，最终带来了前所未有的公害。20世纪世界著名的"八大环境公害事件"之中有4起发生在日本，如水俣病事件、四日市哮喘病事件、米糠油事件、骨痛病事件，因此那时的日本戴上了"公害大国"的帽子。环境问题不仅给日本带来了难以处理的社会问题，而且成为日本经济持续发展的瓶颈，使日本经济呈现衰弱的趋势。日本国土面积狭小，工业区与居民住宅区相毗邻，所以环境污染非常严重。北九州市也不例外。北九州市洞海湾附近的城山地区有很多大型工厂。1965年，该地区的年平均降尘量达到80 t/月，最高时高达108 t/月，创下了日本的最高纪录。1969年，北九州市还拉响了烟雾报警，是日本第一座发布烟雾报警的城市。北九州市身受大气污染所害，在被称为"公害聚集地"的城山地区，由于大气污染日益严重，许多市民患哮喘病。洞海湾属于封闭性水域，大量未经处理的工厂废水和市民排放的生活污水流入海湾，导致洞海湾的水质污浊，并且污染迅速恶化。根据1966年的调查，洞海湾内的溶解氧量为0 mg/L，而化学需氧量则高达36 mg/L，洞海湾一时被称为"死海"。面对日益严重的环境污染，日本开始重视生态工业园的建设，而北九州市走在了其他城市的前面，率先采取了防治公害的对策。在治理公害的过程中，地区政府、企业、居民开展了联合行动。这种联合行动在现在的城市建设和地区环境建设中发挥着极大的作用。日本已经建设了10个生态城镇项目，并大力发展生态工业园，较为著名的项目包括山梨生态工业园和藤泽生态工业园。日本政府很早就认识到生态工业园作为实现可持续发展的重要作用，并在全国上下推行了各种各样的生态工业园项目，至少有100个生态工业园项目正在运行和开发。零排放是日本生态工业园规划的一项特色。日本的大多数零排放项目都是尝试推动以零废物产生为最终目标的工业共生网络。

二、日本生态工业园特点

日本生态工业园以建设资源循环型社会为目标，在发挥地区产业优势的基础上，大力培育和引进环保产业，严格控制废物排放，强化循环再生。日本生态工业园建设以地方自治体为主，国家和地方政府共同辅助和管理，企业、研究机构、行政部门积极参与，形成了产、学、官一体化的园区管理和运作模式。日本生态工业园区建设和管理主要由环境省和经济产业省共同负责，实行双重管理体制。环境省负责废弃物的处理工作；而经济产业省主要从产业方面进行管理，负责对可回收资源(如铁、废塑料等)的管理工作。日本从1997年就开始规划和建设生态工业园并把它作为建设循环型社会的重要举措。日本生态工业园发展的特点主要表现为以下几个方面。

1)根据日兴研究中心的研究，日本的环境产业可分为3类：保全型环境产业、服务型环境产业和循环利用型环境产业(即静脉产业)。在这些环境产业中，静脉产业占有重要位置。静脉产业是日本建设循环型社会的重点，是21世纪最有发展前途的产业。静脉产业是生态工业园的主体，这是日本生态工业园最显著的特点。生态工业园都以废弃物再生利用为主要内容，相关设施有40多个，所回收、循环利用的废弃物多达几十种。这些废弃物包括了量大面广的一般废弃物和产业废弃物，如PET瓶、废木材、废旧塑料、废旧家电、办公设备、报废汽车、荧光灯管、废旧纸张、废轮胎和橡胶、建筑混合废物、泡沫聚苯乙烯等。据日本环境省估计，在包括废纸在内的再生材料方面，日本全国1997年的市场规模是37 451亿日元，到2010年扩大到88 506亿日元。根据日本环境省2003年的调查，2000年，日本环境产业废弃物循环利用领域的市场规模和雇佣规模分别为约21万亿日元和57万人。全日本静脉产业的产值为48万亿日元（约合3万亿人民币），从业人数达136万人。日本循环经济市场规模不断扩大，根据循环型社会基本计划，到2010年，循环经济市场规模和雇佣规模达到1997年的2倍，全日本静脉产业的产值达到67万亿日元，从业人数达170万人。日本作为实践循环经济最为成熟和成功的国家，其环境产业在亚洲和世界范围内占有重要地位，其环保产品及环境服务市场经过多年的发展已具有相当的规模。如果不包括生产过程和研究与开发活动中的清洁技术的环境产业，仅对污染防治设备、垃圾处理和回收设备、污水处理设备、新能源和节能设备进行估算，1999年就达200亿美元以上；2000年后，日本环保市场以4%的速度增长；到2010年达到354亿美元。如果包括洁净技术和产品，则日本的环保产值要高得多。现在，日本在绿色汽车和运输服务设备的生产方面已经走在世界前列，节能产品和生物技术也是日本环境产业发展的对象。

2)生态工业园的建设以法律法规为支撑。这是日本生态工业园最大的特点。在生态工业园内实施的再生利用项目，都是在相关再生法律、法规的框架下实施的。有法律的支持，生态工业园的废弃物再生利用事业才能有序、稳步地走上良性的轨道规范地发展。生态工业园内利用的废弃物大部分属于个别再生法规定的范围。例如，一般废弃物中的废弃家电、废旧汽车、废容器等分别被《家电再利用法》《汽车再利用法》和《容器包装再利用法》所覆盖。建筑混合废物等产业废弃物的再生利用，则要遵循《建筑再利用法》等相关法律的规定。

3）生态工业园内开辟专门的实验研究区域研究废弃物处理技术、再利用技术和环境污染物合理控制技术,为企业开展废弃物再生、循环利用提供了技术支持。例如,北九州生态工业园中具体的实验项目包括废纸再利用、填埋再生系统的开发、封闭型最终处理场、完全无排放型最终处理场、最终处理场早期稳定化技术开发、废弃物无毒化处理系统,以及豆腐渣等食品化技术、食品垃圾生物质塑料化等多项实验研究。

4）园区建设重点突出、特色分明。从总体上看,日本生态工业园内的产业活动都是以废弃物再生利用为主,但从利用的废弃物种类看,园区之间依然存在差别,即各园区都有自己的方向。另外,同一类型的废弃物再生事业也可能在不同的生态工业园区实施。例如,秋田县、宫城县、北海道和北九州市的4个生态工业园均布局了家电再生利用设施。后一种情况表明:日本所规划、建设的生态工业园是具有地域性的,即首先考虑不同地区建设生态工业园的产业技术基础,同时也考虑废弃物资源的空间分布特征。

5）民众广泛参与性。生态工业园是一个多功能载体,除进行常规的产业活动外,还是一个地区环境事业的窗口。例如,北九州生态工业园内除有各项废弃物再生利用设施外,还开展以下工作:举办以市民为主的环境学习;举办与环境相关的研修、讲座;接待考察团;支援实验研究活动;园区环境综合管理;展示环境、再生使用技术和再生产品;展示、介绍市内环境产业。

日本生态工业园的审批由两省共同负责。各地方自治体围绕某一主题提出生态工业园建设详细计划,并报送环境省和经济产业省。环境省和经济产业省对地方自治体呈报的规划进行联合审查和批准,得到两省认可后才能进入园区建设实施阶段。在现有园区的40个静脉产业设施中,环境省主要资助生态工业园区的软硬件设施建设和科学研究与技术开发;经济产业省主要资助硬件设施建设,与3R[减量化(reduce)、再利用(reuse)、再循环(recycle)]相关技术的研发及生态产品开发等;个别设施项目由两省共同承担。对全国现有23个园区的40多个静脉产业企业,经济产业省给予20%左右的经费支持,环境省约给予30%。随着技术成熟,两省支持经费在减少,如经济产业省由最多时一年80亿日元,到2003年降至15亿日元。由此可见,日本经济部门负有对新建企业进行资金援助的主要责任,而环境部门除对入园企业给予一定的经费资助外,在园区环境管理、废弃物回收和处理指导等方面起主要作用。入园企业的技术水平在同行业中必须具有先进性、领先性,方能取得国家和地方政府的资金援助。国家对入园企业的补助经费,一般占企业建设经费总额的一半左右。各地方政府对入园企业也有少量补贴,但补助金额多少不等。例如,北九州市政府对入园企业的补助费用占企业总投资的2.5%。国家和地方政府的补助经费主要用于新建工厂的土地占用、厂房建设及主要设备购置。以北九州生态工业园区为例,该园区已投资502亿日元,其中,国家投入100亿日元,市政府投入58亿日元,民间投入300亿日元,已建成16家研究机构和21家生产企业。地方环保部门对生态工业园的管理,一是对企业排污进行监控;二是为企业合理利用资源提供信息和技术指导,并对入园企业进行审批,还帮助入园企业办理相关手续;三是对符合条件的企业予以补助;四是负责向社会和市民公开信息。

日本循环型社会发展目标有3个主要指标:物资生产率、再利用和再使用率、最终处置量。这3个指标也通常用在对生态工业园绩效评价体系里。通过上述3个指标,我们可以分析日本循环经济生态产业园所取得的经济绩效。同1990年的8%相比,2000年的再使用率为10%,2010年的再使用率为14%,比1990年增加80%,比2000年约增加40%。由于日本经济的快速发展和人口的剧增,废弃物排放量一直居高不下,导致最终填埋场日趋饱和,因此日本对废弃物的最终处理问题极为重视。日本在2010年的最终填埋量比1990年减少75%,与2000年相比减少了一半。可以看出,日本的物资生产率、再使用率在逐步提高,废弃物的最终处理数量则呈现出下降的趋势,证明了循环经济是低投入、高效率、高产出、低排放的环境友好型经济,说明日本实施循环经济取得了很好的经济、社会绩效,也证明了日本所采取的循环经济发展模式是有效的。

三、日本生态工业园

(一)藤泽生态工业园

藤泽生态工业园是由日本的EBARA公司和零排放研究机构(ZERI)以及日本国际贸易、工业部合作启动的。藤泽生态工业园集工业、商业、农业、生活和娱乐等为一体,成为多功能的共同体。该园区由零排放中心、环境诊所和后勤中心支撑,包括能源保护、可更新能源、废物转化、太阳温室、利用湿地的废水处理、废水再利用、将灰和其他废物转变成水泥和陶器、物质的再利用和循环等。EBARA公司成立于1912年,主要生产精密泵、涡轮机、真空机、空调设备以及污水和固体废物处理装置、洗涤装置。为满足环境工程公司由末端治理技术向减少废物和降解废物转化的要求,ERABA公司决定实施零排放计划,把藤泽工业区变成完全意义上的生态工业园。该公司把园区内700户居民、商业设施和工业制造区集成为一个零排放的、自身可持续的生态工业园,包括居民、工业、零售业、农业、公共服务与基础设施、研究与开发、运动与娱乐和自然区域。园区的零排放目标通过应用EBARA公司开发的各种废物转化新技术实现。园区内的基础设施保证所有的工厂、住户、零售商店和农业区完全循环利用废物,在内部废物循环利用和再使用的基础上建立起闭合的物质回路。这一过程的核心企业是净水厂、污水处理厂和发电厂。

园区内采用的主要技术及其在系统内的主要作用如下。

1)流化床气化燃烧和处理系统把工业和民用废物、农业废物、污水和塑料转化为具有商业价值的气体,如氨气、甲烷和氢气,并在燃烧过程中为发电厂供热。

2)处理系统去除并回收气体中的氧气和二氧化碳,而后者可用于生产农业肥料。

3)使用的太阳能光电池系统和风能涡轮发电机,可用于发电和加热水。

4)集中提取固体废物并集中处理,余下的中水可用于冲洗厕所,浇灌草坪、花园,淤泥经过处理成为农业上使用的混合肥料。

5)热交换泵利用贮存的污水进行降温、加热。

6)燃料电池技术把废物气化和燃烧产生的甲烷和氧气通过化学反应转化为电能。

7)水系统由一系列的屋顶集水处和贮存箱构成,各种可供使用的水贮存于公共自然区域。

8)使用高效绝缘建筑材料,每个房屋单元安装真空污水处理系统以降低水消耗。

9)这个项目使用的技术估计可能降低能源消耗40%,水消耗30%,废物排放减少95%,二氧化碳排放减少30%。

(二)酿造工业群落

在日本,啤酒酿造企业最早在其制造过程中采用零排放概念,并实施全面计划以达到这一目标。许多酿造企业实现了酒瓶和容器的循环使用、降低二氧化碳排放、节能和提高资源利用效率,同时对废物料进行分类,如麦芽饲料、多余的酵母、淤泥和过滤的沉淀物,以及其他可以被其他工业再利用的副产品。到1998年,日本主要的4个酒厂已把其全部37个国内工厂都变成了零废物排放工厂。项目实施固然是因为受到了公众压力的驱动,更为关键的是,酿造工业的副产品可大量用于其他工业。可以看出,日本现有的以生态工业园为特点的物料交换或废物再利用链是一个社会、经济、环境和政治因素相互作用的集合体。这些因素促使政府部门、工业和商业企业寻求降低它们对原始资源的依赖性以及减少废物处理和生产成本的新途径。生态工业项目以及降低排放和把废物转化为可再使用产品的新技术的发展,正被逐渐看作是提高日本商业和工业竞争优势的来源之一。

(三)井底瘦生态工业园

井底瘦生态工业园主要由电子生产商和零部件制造商构成。园区位于山梨县辖区,那里没有工业废物处理设施，园区产生的所有废物必须运送到其他辖区处理。1975年起，井底瘦开始采取各种废物再循环措施逐步创建生态工业园。井底瘦生态工业园由该区域内各个承租公司的主动行为演化而来，形成一个合作体。合作体最初是为处理有关工业园管理和社区公共利益的问题而创建的，之后为减少废弃物同时获得经济利益而形成井底瘦生态工业园。1994年，合作体开始在生态工业园建设目标中考虑环境因素，并成立了重点研究工业废物处理问题的研究小组，首先分析各承租商产生了什么样的废物，然后讨论为减少废物处理费用和环境保护而进行的废物再循环和副产品利用的潜力。研究小组发现纸张是所有承租商产生最多的废物，因此，作为第一步，园区建立了废纸收集和循环利用系统。集中收集和分类的废纸在附近的一个公司被循环再生。工业园从这个公司买进大量的再循环纸张，希望通过成为该纸厂的主要客户而保证该纸厂的生产实现经济规模，同时节省自己的用纸成本，实现双赢。1996年，研究小组又开发了一个将再循环木材碎片和塑料用于生态工业园内部电力生产的项目。项目得到了当地政府的资助。生态工业园还实施了一项食物堆肥计划，堆肥所使用的食物是园区内2 500名雇员每天集体用餐的副产品，堆肥产生的混合肥料卖给附近的农民，再从这些农民手里购买食物。园区还寻求废油、废酸和淤泥的再使用，目标是成为一个实现零排放的生态工业园。井底瘦生态工业园的大多数企业从事轻工业，没有单独的大型企业，如发电厂或炼油厂。该园区的实践表明，即使缺少像其他生态工业园区布置的典型的核心企业，园区仍可以发展生态工业项目。

（四）水泥工业群落

太平洋水泥公司是日本最大、历史最悠久的水泥生产商。公司一直积极追求不使用直接资源和直接燃料并最终成为零排放企业。该公司周围有100多种工业企业，其中与太平洋水泥公司建立共生关系的企业有发电、化工、炼钢、有色金属、造纸、汽车制造、民用废物和炼油工业等。公司在东京和千叶县规划了两个生态水泥厂。生态水泥厂使用民用废物焚化后产生的飞尘和污泥做初级原料。东京的工厂每年使用430万人产生的废物生产出16万t水泥，千叶县的工厂每年使用250万人产生的废物生产出10万t水泥。该公司开发的一项新技术是把废塑料，包括聚氯乙烯（PVC）和其他工业废物变成原料和燃料。另一项技术是通过在水泥窑内高温加热分解飞尘中的二噁英，通过湿法精炼技术提炼出重金属并循环利用于有色金属工业。日本水泥工业是发达国家中生产每吨水泥耗费能源最少的。

（五）北九州生态工业园

北九州生态工业园位于响滩东部地区，是由循环利用专用港等组成的。该园区是市政府开辟的专用土地，长期出租给企业，扶持中小型企业在环保领域内发展，由汽车再生区域和新技术开发区域组成。它属于综合环保联合企业开展有关环保产业企业化项目的区域，通过各个企业的相互协作，推进区域内零排放型产业联合企业化，成为资源循环基地。园区中的汽车再生区域由分散在城区内的7家汽车拆解工厂集中在一起，并且已取得"全国再资源化认定"资格，系中小企业基础建设机构的高级化项目。园区中主要的静脉设施有：塑料瓶再生项目、办公设施再生项目、汽车再生项目、家电再生项目、荧光灯管再生项目、医疗器具再生项目、建筑混合废物再生项目、有色金属综合再生项目。通过企业、行政部门及大学的密切协作，该生态工业园将开展尖端废弃物处理技术与再生利用技术进行验证性研究的机构集中在一起，成为环境相关技术的开发基地。研究机构包括：福冈大学资源循环、环境控制系统研究所，新日本制铁株式会社北九州环境技术中心，九州工业大学生态工业园区验证研究中心，北九州生态工业园中心废物研究设施。研究包括：复合金属再生利用验证研究、废物清洗系统验证研究、最终填埋场早期稳定化技术验证研究、污染土壤净化技术、有关生物塑料验证研究、高灵敏度光催化剂型泥炭成形研究、有关食品残渣的验证研究、废弃纤维增强复合材料船的高级利用技术研究、填埋再生系统的开发、封闭型最终处理场、完全无排放型最终处理场、废弃物无毒化处理系统等多项实验研究。北九州生态工业园除了开展实证研究、废弃物的再生利用外，还开展许多的社会活动和国际技术交流，组织市民开展环保学习，接受来自世界各地的研修人员，成立北九州国际人才库，派遣专家，举办研讨会和环保讲座，接待考察团，召开国际会议，展示环境、再生技术和再生产品以及展示和介绍北九州市市内环境产业和生态工业园等。该园区为了实现综合环保企业零排放目标而建设复合核心设施，该设施对于园区内的企业所排放出来的以再生残渣、汽车碎屑等为主的工业废弃物进行合理处理，将其熔融物质变成再生资源，同时利用其产生的热量进行发电，提供给园区内的企业。新技术开发区域有食用油再生项目、清洗剂和有机溶剂再生项目、塑料油化再生项目等。响滩东部区主要有废木材和废塑料再生项目、风力发电项目、打印机墨盒再使用项目、饮料容器再生项目、弹球游戏机再生项目、办公设备再使用项目、废纸再生项目（将废旧纸张进行精制，生产出面巾纸。将其生产过程中产生的造纸污泥加工成炼铁用的发泡制剂）。循环专用港有机而统一地完善了循环利用设施与港湾设施，如停泊设施、货物处理设施和保管设施、港口公路等，建设成本较低的静脉产业物流网络。

日本现有的生态工业园的建设基本上是以静脉产业为主，但是，日本生态工业园也在走开发利用自然资源的传统产业的道路，即类似我国正在开展的生态工业园建设，开展产业与产业、产业与居民之间资源、能源的循环利用，发展环境友好产品和环境服务产业。

（六）生态城项目

在亚洲，日本是最早关注产业与生态关系的国家之一，较为著名的是生态城镇项目。其内容是中央政府给地方政府提供技术和资金上的支持以建立生态城镇，在该区域通过各种循环利用和工业共生努力促进实现整个地区的零废物排放。1997 年，国际贸易组织和日本工业省（MITI）资助并发起了日本生态城项目。该项目主要目标是鼓励工业社区发展和建立相应的环境安全社区体系。该项目的发展源于废物管理危机。由于日本的废物处理设施和垃圾堆放场地几乎耗尽，所以日本正在面临严重的废物管理危机。该计划通过开拓环保产业，试图改变这一危机，从而促进当地企业和社区的可持续发展。地方政府可以使用 MITI 资金来发展和实施区域发展计划，以吸引那些积极推动循环利用的公司。此项目最具特色的是资金可以提供给那些发展新环境技术以促进区域零排放并落户于生态城的私人企业。中央政府通过促进环境友好型企业的发展，减少废物处理、自然消耗和减轻环境负担而获益。这个项目也促进了那些有利于日本经济和贸易发展的高科技环境产业。

日本有 10 个得到批准的生态城项目，包括札幌市、北海道地区、千叶县地区、岐阜市、大牟田市、秋田辖区、莺池市、北九州市、川崎市等。川崎市拥有日本最大的工业园区，该工业区建立于 1902 年，位于川崎沿海地区，拥有超过 50 家重工业企业。其最大企业是由炼油厂、钢铁制造厂、发电和化工生产企业构成的。川崎市临近东京，人口众多，20 世纪 70 年代，该区被认为是日本污染最严重的地区之一。那段时间，该地区哮喘病病人人数急剧增加，当地居民对川崎市政府和工业企业提起公诉。严重的环境问题导致了几个工厂的倒闭和当地经济的停滞。为了解决这一状况，川崎市政府决定推行环境友好型项目以恢复当地的经济发展。市政府和当地企业采取了大量的措施把该地区发展成环境友好型工业区。措施包括在企业间建立循环系统和物料再利用系统、限制污染物排放、严格实行根除污染的法规、提供和推行后勤支持和开发开展公共教育等。川崎市的优势在于它具有完整的基础设施，包括港口、铁路、运河和能源供应设施，这些设施对资源型企业的发展是必不可少的。此外，该地区是工业密集型地区，不仅有大型工厂，而且有数量众多的中小型企业。由于有这些高度一体化的基础设施和公共企业,因此川崎市可以建立一个有竞争力的资源循环再生系统。川崎生态工业园现有的一些工艺技术就包括使用焚化厂的灰底做原料制造安全的生态水泥。园区中产生的废油可以用于加热砖窑,废弃电器配件可以成为钢材原材料。目前已有7家零排放企业搬进园区。该生态工业园作为资源回收社区的中心,园区内的各企业不仅可以降低排放,而且可以有效利用园区内其他企业的排放物或回收各种废物使其成为可再利用资源。园区内各企业还可以通过合作来优化能源使用,以提高能源利用效率。川崎生态工业园是政府与地方企业共同努力的结果,它已经成了一个通过把发展环境技术与促进副产品使用作为重点发展的工业区的成功典范。

第六节 其他国家的生态工业园

一、澳大利亚生态工业园

1994年,昆士兰商业部、产业与区域发展部(DBIRD)以及国家发展部的前身(DSD),共同建立了一个土地规划部门和物业服务公司。其主要作用是提供工业集中地。土地规划部可以授权解决市场的选址、地方政府规划和区域发展计划。这样可以使工业规划和工业发展制度得到更好的建立。该部门提倡共享基础设施的使用并集中企业产生协同作用。该部门的目标是让规划者和开发商摒弃分离的概念,用基础产品控制替代生产过程控制。20世纪60年代,昆士兰政府在卡罗尔公园批准了一个超过662 hm^2 的项目,该项目的主要工作是,在布里斯班市西部建造一个大规模的工业园区,以吸引大型制造业企业和发展聚集装配工业。然而,由于1980年其国家工业结构调整和经济国际化,澳大利亚工业被挖空,这导致制造业用地需求减少。在1980年至1990年期间,由于过高的劳动力成本,澳大利亚多数的制造商面临倒闭。但是,一些小规模制造业对贮存用地的需要保持稳定,致使DSD积极寻求并推进更多的整合和集结工业的方法以促进工业发展。1997年,DSD评估了在布里斯班国际机场附近建造能源工业园的可能性,但由于种种原因,该项目并没有实施。1997年,昆士兰的整合规划法产生,使得卡罗尔工业园的经济发展、土地规划、基础设施规划、环境管理和工业废物的利用得到了新的提升。1998年,国家发展部和私人开发商协同规划发展了拥有37 hm^2 土地面积的Synergy生态工业园。1998年底,Synergy生态工业园基金开始发展并管理Synergy生态工业园。Synergy生态工业园是澳大利亚第一个整合发展的生态工业园项目。国家和政府的支持,对该生态工业园的城市规划、服务和基础设施以及社区咨询的发展起到至关重要的作用。Synergy生态工业园所在区域在食品生产加工过程中占有优势。

布里斯班西部拥有澳大利亚最肥沃的种植农业用地。为发挥该地区这一潜在的优势,合适的地理位置以及工业服务机构是迫切需要的。卡罗尔工业园,对食品加工来说,是一个显而易见的好选择。它拥有污水处理能力,同时它地处运输要道。此外,食品和饮料行业需要高强度的劳动力,布里斯班西部地区具有高失业率,而且这里的劳动力也适合食品饮料行业。为了Synergy生态工业园的建设和发展,该生态工业园基金单位开始将在食品和饮料行业的有潜力的投资者引入园区。Synergy生态工业园发展的第一步就是建立该工业园的基金单位,该单位主要用于监管工业园项目的建设和市场管理。对土地建筑物进行规划,是该生态工业园发展的第二步。土地可以从国家发展部采购,而制造商可以建立自己的工厂。生态工业园建设的最重要内容是发展仓储设施。这个设施使得工业园中的制造商通过付费获得比其自己建造更安全的仓储空间。基金单位创建了框架协议，促使制造商合理地利用共享空间。生态工业园建设的理念是降低运营成本。中央仓库的建立为企业提供了共享空间，而且更好地控制了车流，制造商可以通过付费进行贮藏使用。先进的物流管理系统为中央仓库的顺利运行提供了支持。通过该系统，制造商可获得买入、卖出产品的信息。

二、英国国家工业共生项目

英国国家工业共生项目(NISP)是英国第一个国家层面的生态工业发展项目，也是世界上第一个国家范围内的工业共生项目。该项目的主要执行者是国际增效有限公司(International Synergies Ltd)。该公司通过与地区政府的联系，免费为企业提供废物再利用项目。项目开展中所获得的收益，由当地政府从垃圾处理税中划出专款给予该公司。同时，也有其他多个组织给该公司提供资金。如今，此类项目分布于英国各地，已有70多个实践者参与其中。由于在减少二氧化碳的排放、减低成本、提高废物的利用、增加就业机会等方面获取了显著的经济效益及社会效益，2005年该项目获得政府600万英镑的专项拨款。为了帮助项目的顺利实施，以及参与企业履行承担的社会责任，NISP设立专门的机构为企业提供帮助，机构主席由环境经济学家保罗·埃金斯教授担任，另外还有来自政府机构的代表，更重要的是有专门的商业顾问团给企业提供指导。参与的企业多达4 000多家。它们来自众多行业，有小的私人企业，也有大的跨国公司。

三、意大利生态工业园

意大利生态工业园区发展较晚，第一个生态工业园出现于20世纪90年代初期。意大利共有30多个科技园，其中，南部13个，北部和中部近20个。1998年，意大利国家法律引入了生态工业区(APEAs)的概念，意大利的布西化学工业园(BCS)是一个古老的工业园，其历史可以追溯到20世纪初。2008年，一项新的生态工业园项目在此地开始实施，BCS被分为5个部分：基础化工业、农药业、硅酸盐业、发电和配电产业。几年来，BCS中的所有公司都陆续选择加入了该项目。其中，硅酸盐企业多数采用二级辅料作为原材料，BCS中的企业通过电能分配、蒸汽和水源脱钙使用，联系在一起。尤其是BCS中的循环电厂是通过涡轮增压动力站，连接到交流发电机，回收蒸汽发生器、蒸汽轮机和水冷凝器。BCS每年的平均用电量约130 MW。发电厂每年生产超过860 MW的电，该发电厂还为周边地区提供299 t蒸汽和798 m³软化水等。表1-2-3显示BCS生态工业园中几种产物的年产量以及最终用途。

表1-2-3 BCS生态工业园产物

产物	类型	产量/(t/a)	最终用途
基础化合物(过氧化氢、碳酸钠)	产品	280 000	原料
基础化合物(氢氧化钠、盐酸、硅酸钠)	产品	10 565	原料
硅	副产品	2 300	二级原料
催化剂	副产品	3.6	材料修复、循环利用
沉淀物	废品	5.5	降解物
电解物	废品	319	材料修复、循环利用
废水	废品	57	循环利用

意大利的生态工业园各有特点：有些园区主要从事研究开发和技术转让工作，有些园区则坚持开发与生产并重政策。由于各地的环境条件不同，因此各园区的技术、产业发展领域和为企业所提供的各种服务业务各不相同。以下是几种不同类型的工业园。

(1) 研究开发型园区

最有代表性的是的里亚斯特园区。该园区基础科研条件较好，科研实力较强。园区内有先进的同步辐射加速器，还有一些物理、表面与晶体技术、生物医学设备、生物高分子等高水平的研究实验室，国际理论物理中心、国际理论化学与应用化学中心、国际遗传工程与生物技术等3个研究中心也位于园区之内。大企业还在园区内建立了软件、空间光学、传感器开发实验区。这些机构接受工业界的委托从事研究开发，促成和发展了一批生物技术领域的高技术企业。为改变意大利南部地区经济落后状况，意大利科研部门联合南方预算部门于1990年联合签署协议，在意大利南部地区实施生态工业园项目，并于1993年开始实施，逐步在南方落后地区建立了13个工业园区。自1996年开始，国家已对此项目中的50个高技术开发项目提供了资金支持。这些项目已基本完成，对南方地区高新技术产业的发展起到了积极的推动作用。

(2) 产业结构调整型园区

这类园区是由当地政府、研究机构和企业支持建立的，旨在调整当地工业结构，开发新产品。企业与研究机构合办中试基地，1995年在南方新建的光电技术研究开发基地——OPTEL，是由4家大企业联合出资、国家研究委员会以其科研成果入股的企业。这种中试基地型的企业是意大利公立和私营方面研究力量相结合的重要尝试。OPTEL公司开发出的行业共性光电技术成果，可以再向周围其他公司转移、辐射，使高技术成果实现商品化。

(3) 协会型园区

典型代表位于都灵的三角区，是由菲亚特集团出资，联合STET集团、奥利维蒂集团、SIP、意大利中小企业协会、意大利银行、工会组织、大学和研究机构共同建立的跨地区的协会型工业园区。它是通过协会形式，在面积为1.34万km^2的旧工业发达区内，联合各方面的力量，并围绕生态工业园选定项目工作进行研究。

(4) 民营生态工业园

位于米兰的圣·拉法埃勒生物医学科技园区是意大利第一个私营园区，由RAF科技园区股份公司于1993年创办。RAF公司联合了23家单位，为进入该园区的企业提供物业管理、实验设备、技术转让、人才培训、国际会议、企业"孵化"、产品销售等一条龙服务。

意大利的工业园区并没有明确地将高新技术生态工业园区与一般意义上的工业园区分离开来。总体来讲，意大利工业园区可分为两类。一类是那些并非经过政府规划自然发展起来的工业园区，它们没有明显的或固定的区域界限，区内企业主体是中小企业，主要从事针织、服装、丝绸、皮革、石材、玻璃、首饰等传统行业的生产活动。这类工业园区主要集中于意大利北部地区，在南部地区分布较少。其主要特点是"一区一业"，区内上百甚至上千家中小企业从事单一产业的产品生产。另一类是由中央或地方政府规划的工业园区。在工业比较发达的北部地区，每个城市一般都有自己规划的工业园区，由当地政府、工商企业联合投资开发基础设施，并组成专业团队对园区进行管理，鼓励企业到园区从事工业开发和生产工作。每个大区都建立了一个或多个金融机构或服务中心支持工业园区发展，为园区内的企业提供投资和技术咨询等方面的服务。在经济欠发达的南部地区，工业园区大多由中央或地方政府、商会、工业协会、金融机构共同投资兴办。园区内有良好的基础设施和服务机构，企业可以购买或租借现成的厂房。意大利工业部在南方的200多个工业园区投资兴建基础设施。由于历史的原因，意大利的产业结构是中小企业占主导地位的传统型工业经济，加上多年来意大利政府对研究开发的投入仅占国内生产总值的1.1%左右，远远低于其他发达国家水平和欧洲平均水平，因此，意大利高新技术产业相对薄弱,高新技术产品的出口份额较小,远不如低技术密集型产品(如丝绸、服装、家具、陶瓷面砖和皮革制品等)和中技术密集型产品(如汽车、化工材料、橡胶、塑料、有色金属、非电子设备等)在出口方面表现出色。意大利是世界第三大贸易顺差国家,1998年出口额为2 423亿美元,进口额为2 155亿美元,顺差额为267亿美元。但其高技术产品在国际贸易方面总体表现为逆差。尽管如此,意大利高技术产业发展还是出现了快速上升趋势。其高技术主要集中在航空航天、通信技术、办公自动化、机器人、电子元件、电气设备、科学仪器、医药等领域。其中,在卫星通信技术、GPS定位系统、高性能并行计算机、智能机器人、先进材料、生物制药等方面,意大利具有较强的科研实力,产业化水平较高。在发展高新技术产业方面,意大利政府通过国家研究计划和各类基金给予支持。国家研究计划由大学科研部管理,旨在促进国家重要行业中带有战略性和创新性的技术开发,支持传统产业和新兴产业。国家研究机构和大学必须与企业合作,才能获得资金支持。国家研究计划由意大利国家研究委员会管理和组织实施,由意大利科研部管理,意大利银行负责具体运作,主要解决重要的经济和园区技术问题。产业创新基金由意大利工业部管理,主要支持研究成果商品化(包括设计、研制和工业化试产)项目,其目的是开发新的先进技术、工艺和产品或改进已有产品和工艺。对企业提供的资助一般不超过项目总经费的35%。在项目执行阶段拨付80%,其余20%的经费在项目结束后拨付。资助方式一般为贴息贷款,若企业符合一些条件,则还可申请将50%的贷款变赠款。

意大利政府还提出信息化社会发展计划,其目的是推动信息技术的开发、支持网络基础设施的建设。意大利政府还具体制订了"国家信息技术研究计划"。可以预见,随着该项目科研计划的逐步实施,意大利信息技术的科研水平和产业化进程必将得到迅速提高和迅猛发展。在高新技术产业服务体系建设方面,意大利政府一直积极鼓励和支持科技服务机构和组织的发展,当前已取得良好的效果。意大利政府通过支持创新创业中心,形成了高新技术产业发展的支撑服务体系和网络。由欧盟第四框架计划中的创新计划支持建立的创新创业中心,是为欧洲企业服务的科技中介机构。欧洲共有53个该中心,意大利已建立了7个。该中心由大学科研部负责协调和管理,其主要任务是建立欧洲企业技术合作和技术转让网络,帮助企业进入欧洲技术市场,促进欧盟高技术成果向各国企业扩散。可以说,创新技术中心是企业和科研单位之间进行技术成果转化的桥梁。

与此同时,为推进生态工业建设,政府还建立了一些创新中介中心,此中心是一种为创业者创建新企业服务的机构,也是高新技术产业的"孵化器"。在意大利现有的园区中,共建有14个这类中心,其主要作用是在当地"孵化"新企业,推动企业的技术进程,为区域企业之间建立经济、技术、金融合作关系,为促进企业与大学、科研单位的合作,创造条件,提供机会。

四、韩国生态工业园

自2013年2月起,韩国工业政策在韩国商务部、能源产业资源部的支持下,得到了彻底改变。韩国制定了《促进工业结构环境友好法》,基于这一法案,韩国工业部建立了清洁生产制度体系(CP)。同时,环境管理系统成为实现这一体系的工具。该体系包括:支撑体系,清洁生产、传递和传播体系,环保体系,环境管理体系。其中,清洁生产、传递和传播体系,可通过转让处理技术,促进国际项目合作,使生态工业园区得到发展。其中的部分项目实际上是几个工业园区的集群。最终,这一举措鼓励韩国504个工业园转型成为生态工业园。韩国EIP项目是一个20年的长期项目,项目分为3部分。EIP项目的504个工业园和35个大型国家工业园占韩国工业用地总量的2/3(约66 635 hm²)。第一阶段的发展计划(2006—2010),将两个工业园区作为试点,将其转变成为生态工业园。一种高效节能的副产品交换网络得以运用到产业当中。同时,在污水和废物处理体系中安装污染监测系统。此外,综合环境管理系统对园区中的基础设施进行详细分析。第二阶段(2011—2015),加深其他20个工业园区对工业园设计概念的理解。这有助于环境管理体系的传播和维持,从而成为影响经济增长的关键因素。一个整合共享、购买和公共运输的系统得以建立,该系统用来扩大基础设施,同时使工业园具有能够聚集投资企业的能力。第三阶段(2016—2025),将弥补早期阶段设想的缺陷,改造现有的系统。专家委员会对现有性能指标进行分析评估,对工业园中缺少的组件和基础设施进行再次设计,最终实现工业园零排放的目标。韩国生态工业园模式的特点是产生企业间内部交换网络,在环境管理体系下通过副产品交换网络,将个人和集体聚集在一起。在此框架下,韩国国家清洁生产中心(KNCPC)与韩国产业公司将在不同阶段扮演主要角色,从而对生态工业园实施战略监督并提供发展计划。

五、德国生态工业园

德国是世界上实施循环经济最早、发展水平最高的国家之一。德国的双轨制回收系统(DSD)是循环经济的创新和亮点,是循环经济实践和运行机制的典型模式。DSD完全是市场经济条件下自发萌生的一个民间组织,其最初由95家生产商、销售商于1990年底自发组建,已拥有19 150个会员单位。DSD是针对消费后的废物所形成的循环经济模式,实施以来成果显著,已成为循环经济的标志性运作模式和各国争相学习的模范。DSD的具体管理工作由3人组成的董事会执行,最高机构为12人组成的监事会,分别由包装制品厂商、产品生产厂商、分销商及废物管理部门中的各3名代表组成。此外,还有一个由政界、工商界、科研机构与消费者组织代表组成的顾问委员会,负责DSD与各类社会团体及媒体的协调工作。其主要经营方式是由双方达成协议后,产、销方付费,DSD出让许可证,表明使用方已向其交纳了委托回收费用,凡有DSD专有标志的废弃物,其回收就全部由DSD负责。德国双轨制系统对包装垃圾的处理前提条件是公民自觉自愿将印有DSD专有标志的一次性包装垃圾进行分类、投放。同时,法律对所有包装产品的生产厂商和分销商做出强制性规定,要求各生产商对其产品包装负责,并责成从事运输、代理、销售、包装的企业以及批发商回收他们所使用过的包装物,如果做不到,也可选择将回收责任委托给社会或私人回收机构。最后,德国将包装垃圾的回收处理变为一种股份制公司的市场行为,通过"谁产生,谁负责"的方式促进市场化。DSD先后与500多家私人及地方废品回收公司签约,由其完成必要的回收和分选工作;并与900家地方政府达成协议,形成了一个不受地域经济限制的回收模式,且影响不断扩大,此类合作既促进了其自身业务的发展与生产进步,又解决了产品销往国际市场的问题。DSD是一家非营利性组织,其活动经费完全来源于其专用标志的许可使用费用。凡是印有DSD专有标志的包装生产者或包装灌装者都要向双轨制系统公司支付许可证费,交纳的许可证费用来资助包装的回收和分选。DSD专有标志的许可使用费用征收标准基于以下3点:包装物的重量、成分和体积。对于成分复杂或难自然分解的包装物,收费较高;包装物越重、体积越大,收费越高。这首先就激励了生产厂商,为了降低成本,不断减少包装用材,或者改变材料组合,使用环境友好型材料和可回收利用材料。例如,淘汰作为辅助包装的纸盒,金属罐和玻璃容器的减量化等。这些做法在资源保护方面发挥了巨大的作用。欧洲已有十几个国家认同DSD回收体系。表1-2-4显示DSD专有标志在欧洲被采纳的情况。DSD自正式运行以来,极大地促进了德国包装废弃物的回收利用。截至2000年底,DSD已经回收了34 000万t包装废弃物,这些废弃物经处理后返回了生产链,实现了再循环。

表 1-2-4 加入 DSD 回收体系的欧洲国家

国家	加入时间
德国	1990
奥地利	1993
法国	1993
比利时	1994
卢森堡	1995
西班牙	1996
葡萄牙	1997
爱尔兰	1998
拉脱维亚	2000
捷克	2000
挪威	2000

六、印度生态工业园

(一) 特普尔城

特普尔城位于印度南部，是生产棉织物的中心。城内约有 30 万人，其年总产值约 7 亿美元。大部分的出口产品为其带来了可观的外汇收入。该地区水资源稀缺，纺织物印染过程中需要大量水，从而在此过程中产生大量废水，致使该地区附近几乎没有任何淡水资源，生产用水一般会用卡车从距城外 50 km 处运来。城中的中央废水处理厂开发了一个耗资 3 000 万美元的项目，此项目的目的是处理生产废水。然而，由于缺少脱盐系统，因此经中央废水处理厂处理后的废水仍不可使用。特普尔城使用资源流分析方法，使当地的企业家们意识到每年花在买水上的费用超过 700 万美元；另外，每年废水处理设备的维护成本也是一个很大的负担。在此研究基础上，一家私人企业开发了一种循环水系统，可安装在每个染色设备上。系统把从染色设备中排放的废热应用在循环过程中。同时，研究表明：因为纺织厂产生的废渣中含有大量的纺织物和废纸，所以废渣的发热值较高。纺织厂产生的废渣可用来取代城中使用的部分稀缺木材。

(二) 豪拉铸造厂

位于印度东部加尔各答郊区的豪拉地区有着近 500 个铸造厂，由于周边空气污染严重，因此引起了当地人的广泛重视。对铸造厂和该地区的详细调查表明：豪拉的铸造工业适合使用焦炉气代替天然气的新技术。这是因为印度东部地区是重要的产煤区，并且由于存在着许多独立的焦炉，所以该地区很容易获得焦炉气。最终，铸造厂重新选址，搬到临近焦炉的地方。

(三) 泰米尔纳德邦皮革工业

泰米尔纳德邦是印度的皮革中心，由于皮革业繁荣，该地区的水资源极度匮乏。因为发达国家对环境进行严格的监控，所以一些发达国家的商家更愿意从这里购买熟皮制品，这对该地区的皮革业发展起到了促进作用。皮革工业的用水量极大，每吨皮革制品需要 3 万~5 万 L 水来处理。由于用水量大，不少皮革企业面临着来自当地政府部门控管的压力。许多企业已认购了集中废水处理装置。然而，由于处理皮革的废水含盐量较高，因此处理后的废水仍旧不可以使用。从长远看，该地区需要找到一个替代方法。一种选择是可从工业生态学角度考虑，将整个工业移至海边，在那里可以使用海水；海水在使用前进行脱盐处理，含盐废水经处理后倾入海中。脱盐过程较昂贵，为了减少脱盐成本，可建一个热电厂，利用其废热脱盐；脱盐过程中的沉淀物也可焚化，产生的热量也可用于脱盐过程。

(四) 塞沙叶造纸及制板公司

该公司以造纸厂起家，为了保证原料的按时供应又建设了一个糖厂，糖厂的甘蔗渣废弃物可用作造纸原料。糖厂的糖蜜可用在酿酒厂生成酒精。为了保证甘蔗的按时供应，公司组织该地区农民种植甘蔗，并与他们达成协议，买回他们的甘蔗并负责给他们供应水。部分耕种用水就是处理过的制造过程中产生的废水。公司也利用甘蔗残渣和其他可燃农业废弃物作为能量来源。这个例子可看作是一个农业、工业的生态综合体。

(五) 纳罗达工业园区

纳罗达工业园区建立于 1966 年，是世界上最早的工业园之一，园区拥有 700 个公司，包括化学、制药、染料中间体、工程、纺织以及食品制造业等。纳罗达工业协会 (NIA) 成员中，该工业区公司占 80%。该地区还建立了一家慈善医院、一家银行、一个公共废水处理厂,同时种植了3万棵树。纳罗达工业园通过NIA、印度工业联盟和凯泽斯劳滕大学的研究者们共同研究管理,建立了一个污染防治结合发展的生态工业网络。当地大学对工业园区的477家企业进行调查,收集关于物料、水及能源利用方面的原始资料,并利用地理信息系统(GIS)对数据进行分析。园区确认项目的主题如下。

1)废酸项目中,4家化学公司收集回收生产中产生的废硫酸,用来生产硫酸铁。同时,一家新的循环公司建立,其目的是为其他公司提供废物处理的新技术,其他公司支付通常废物处理费的1/2用作循环再利用的费用,此外,这个新公司提供10个新的岗位就业机会。

2)化学品硫酸钙项目,始于一家公司发现其产生的副产品可用于生产水泥,而不必付出运输费用和垃圾掩埋费用。通过信息交流渠道,其他3家有相同副产品的公司也加入进来。这些公司建立了后勤机构和用于干燥的场地以处理它们的共同副产品;每月循环使用300 t,而不是将副产品倒入垃圾场。

3)铁沉淀项目是由染料和染料中间体公司共同发起建立的项目,这些公司产生大量含铁氧化物和有害杂质。通过共享网络,这个清洁生产的项目被相同工业中所有公司所熟知并应用。

4)园区中的食品公司规模不大,却有大量的废弃物,因此这些公司进行了关于对发酵过程利用废弃物方法的可行性研究。

5)制陶工业的15个公司进行了第五个项目,通过清洁生产确保进料的纯度。这些公司共同投资了一个实验室,以开展相关项目的研究。纳罗达工业园内的企业通过一个生态工业网络中心来传播和共享它们的经验。

七、菲律宾生态工业园

PRIME是私营部门参与环境管理的英文缩写,也是菲律宾贸易与工业部投资局和联合国开发计划署合作开展的工业环境项目。位于菲律宾南部马尼拉的5个生态工业园是亚洲最早的生态工业试验园,其建立目标是尝试建立一个副产品交换和资源循环网络系统。该项目起始于1998年,由联合国开发计划署提供资金,其中包括一个在巴塘省的石化企业。菲律宾国家石油公司运行的生态工业园位于巴塘省,这个园区管理组制定的战略是成为一个包括区域副产品交换的生态工业区、一个绿色化学企业孵化基地和开展园区范围内的环境影响评估。该环境评估是菲律宾首个将园区(包括其财产)作为整体进行环境许可的评估。PRIME项目的工作计划是工业生态部门通过工业园区管理人员与工业园区企业协会和其他政府部门协商探讨来制定的。在1999年6月的一次项目研讨会上,每一个项目组都提出了行动计划,阐述了其项目投资的内容,并且都表示愿意负责企业的副产品的数据收集。在2000年,园区企业研讨会吸引了70个参与者,他们围绕特定的副产品(如废油、废水、包装材料)开展工作。在拉古纳省已经有4个园区开始展开共同工作来处理辖区企业产生的废渣问题。PRIME项目成员已与企业合作实行资源回收系统,包括处理企业中产生的副产品。

八、泰国生态工业园

泰国进行了28个园区的绿色工业园试点项目,已有5个园区完成生态工业园的发展计划。它们成为实验基地,它们的经验被推广到泰国所有的园区。绿色工业园区包括麦普塔普特(Map Ta Phut)石化工业园区,拥有汽车、电子工厂的东海岸工业园区,安美德纳康(Amata Nakorn)工业园区,以汽车和电子为重点的工业园区。实验基地中既有老园区也有新园区,包括了泰国的各类型工业。负责人对园区的副产品交换、资源回收、清洁生产和连接园区的工厂及园区外工厂的生态工业网等做出了发展计划。园区负责人考虑在园区中建立以下支撑系统:完整的回收系统、副产品和废物交换系统、生态工业园服务培训系统、网络管理服务系统、一个商业化的孵化器基地以及信息管理和医疗卫生系统。园区和工厂负责人以及研发产品、废物循环利用的人员需要研发出新技术来处理资源回收系统中出现的大量无用副产品，他们也需要得到提高能源效率方面的指导。此项目是一项长期的计划，它拥有有效的应急事故管理体系，以帮助解决园区建设中产生的问题。

第七节 结　　论

生态工业园是在环境污染和生态破坏的压力下，人类社会基于发展的理念，在对绿色消费的需求和制度管理等方面发生转变的背景下产生的。其基本的理论基础也来自环境和生态学，尽管如此，生态工业园并非仅注重生态效益，成熟生态工业园中的企业还具有成本和标歧立异等方面的特点优势。

生态工业园规划实质上是一种区域规划。它是一个开放系统，对其进行规划时要受到内外环境及其他多种因素的影响，必须充分考虑到规划本身具有的综合性、战略性和动态性，这样才能使生态工业园的建设顺利进行。

规划和建设生态工业园必须充分发挥政府主导作用。一方面，单个企业或民间投资建设生态工业园区的能力有限，规模不可能很大，稳定性和积极性也不强，客观上需要政府的支持。另一方面，随着生态工业园区地域的逐渐扩大，涉及的主体会越来越多，在行政区域上必然会有所交叉，为避免矛盾和在矛盾出现时予以及时协调，必须有政府介入。另外，从公共管理角度看，环境保护属于公益性质，建设生态工业园的根本目的正是保护环境和节约能源，介入公益事务是政府的职责。政府鼓励民间规划发展是生态工业园的发展基础，民间规划是通过市场调节发现问题和改正问题的试错过程。民间规划方式有利于企业根据自身需求以及市场形势灵活地与外界进行物质交换活动。在民间规划中，政府、非政府公共部门以及科研部门不占主导地位，只承担间接管理、协调和咨询服务等职责。政府应鼓励生态工业园区主题多元化：依靠技术进步，建设以环境技术产业、生物科技产业、电子产业为主题的生态工业园；因地制宜、利用当地自然景观发展生态工业园；适应市场需求，建立以农业为主题的生态工业园等。企业自发形成的生态工业园，由各企业派出代表组成管理机构，同时配合当地政府协调各种公共事务；由政府规划的生态工业园归当地政府管理；各方融资建设的生态工业园由融资方代表组成管理机构。另外，随着生态工业园范围的扩大，当地居民会愈来愈多地参与到生态工业园的建设中来，居民参与园区管理也将成为趋势。

必须强调的是，生态工业园的建设是一个长期的动态过程，其规划应采用动态规划方法，重视规划过程的循环，保证规划有一定的弹性，并随时在实践的基础上对规划进行必要的修订与补充。生态工业园的规划内容丰富，包括选址、土地使用、景观设计、园区基础组织、单个设施和共享支持服务等。有效的能源利用是削减费用和环境负担的主要策略。在生态工业园中，不仅单个企业寻求各自的电能、蒸汽或热水等使用效率的最大化，而且企业相互间会实现所谓的"能量层叠"，如在多数国家的生态工业园中，蒸汽在工厂与同一地区家庭用户间的连接。另外，在许多区域，生态工业园的基础设施可以使用风能和太阳能等可再生能源。废物可作为潜在的原料或副产品，在生态工业园的成员间相互利用或推销给园外的其他单位使用。不论对成员个体或整个社区，园区都应当优化所有物质的使用和减少有毒物质的使用。生态工业园基础设施应当能为成员提供中间产品转移的功能，提供库存场所和普通毒物的处理设施。因此，生态工业园可定位在多家资源再生公司的附近，在其外围形成资源循环、再利用和再加工的格局。同能量一样，对于水资源的使用应当实现"水层叠"，但必须经过预处理。整个生态工业园所需用水的大部分应当在基础设施中流动和层叠，这样有利于提高水循环使用效率。而且生态工业园在设计时应当考虑建立具有收集和使用雨水功能的设施。

生态工业园要求具有较传统工业园更为复杂的管理和支持系统，以管理与支持各单位之间副产物的交换，帮助其适应生态工业系统的变化(如生产者或消费者的迁出)。它应具有同区域副产物交换场所的联系和本区域范围内的远程通信系统；还应包括培训中心、自助餐厅、日常保健中心、普通供给定购办公室或运输后勤办公室等，园区企业可以通过这些服务的共享来进一步节省开支；园区应当建设成为可维持的和易于重新组合以适应条件变化的模式。园区应从景观管理和设计的基本原则入手，对生态工业园的土地使用、建筑、基础设施、视觉效果、环境质量、绿化、土壤、水文、景观、照明、交通和周边环境等多方面加以考虑和设计。国外的生态工业项目或者是众多从事环境保护产品或绿色产品生产的企业的集合体，或者是以某个环保主题为主线的众多企业构成的企业社区，或者是以某类副产品交换为主题的诸企业结成的企业联盟，有的还不是真正意义上的生态工业园。因此，在今后生态工业园的规划与开发中，我们必须严格遵循工业生态学、循环经济学、可持续规划和建筑等领域的原理，并结合本地区生态系统特点，及时学习世界最新经验并吸取其教训，使生态工业园的建设真正为园区各成员(包括企业、政府、社区)带来环境、经济和社会的综合效益。在规划建设生态工业园区时，我们应注意以下几点。首先，要通过资源消耗强度与污染物排放强度等指标考核入园企业的环境友好程度。其次，要在产业资源环境支撑分析的基础上，对园区内企业之间的物质、能量、信息的循环流通进行系统科学的规划。最后，任何规划都是为实践服务的，生态工业园区规划也要注重规划的可操作性与实施效果，进行预先评估以识别规划实施的不确定性与风险性，将规划任务做详细分解并落实到实体部门，这样才能保证实现预期的工业园生态化目标。

在日本，生态工业园区的建设和管理主要由环境省和经济产业省共同负责，实行双重管理制，通过政府部门间的协同以及推行一系列操作性极强的规章制度，使生态工业园区建设顺利进行。

我国在生态工业园的建设与管理方面，不但要加强环保部门与政府其他部门的协同，而且还要注重其管理方式与管理内容。政府在工业园生态化过程中的作用是不可忽视的，政府不是要代替企业或市场来规划物质循环利用圈，而是要建立并实施规范经济个体行为的政策，制定政策激励手段来引导市场行为、价格等。其作用的发挥主要表现在财政与税收等方面，它们能直接提供环境物品以及环境监督职能。如建设支持生态工业园中企业发展的一些公共设施，包括信息中心、技术中心、环境中心、道路交通、垃圾填埋场、能源中心(电、热、气)等。公共设施是为了提高生态工业园内企业的资源和生态效率而建设的一些基础设施。这些设施的存在，为企业节省了大量开支，成为吸引企业进驻生态工业园的一个重要因素，也是构成企业生物群落的基础。根据卡伦堡生态工业园的案例，我们可以总结出自主实体共生模式的特点及规律：所有的合作都是在双方协商基础上达成的；每个合作项目对参与的公司在经济上都是有吸引力的，换句话说，项目应具备很好的商业意义；如果没有公司的核心商业机会，不论其环保性多么诱人，都不会被付诸实施。每个参与者都应尽力确保风险最小。每个公司都独立评估其自身业务，不存在全系统绩效的综合评估，而且他们认为这会较难达到。同时，卡伦堡副总裁认为，卡伦堡之所以能够成功在于产业必须不同并彼此适合；必须是商业上正确且有利可图的安排；发展必须是自愿的，与规章部门有密切合作关系；从运输经济性上考虑，参与者间的距离必须较短；卡伦堡各家工厂的经理们都彼此认识。当然，自主实体的工业共生模式也存在许多潜在的危险和障碍：该共生系统中某个环节上的企业关闭，可能造成该链条上的大批企业无法运转，严重时可能会使整个共生体瘫痪，因此，系统的可靠性和安全性是生态工业园建设过程中一个非常重要的问题。在实际生产中，一家公司的废物并不一定都能用于另一家企业。为了使一种废料成为有用资源，它必须在数量上是充足的，而且必须是可分离的和有价值的，要使这些条件同时得到满足，并非是轻而易举的事情，对小企业来说更是如此。可用资源的不灵活性是该共生系统中所存在的另一个潜在问题。由于一家企业的废物是另一家企业的原材料，因而下游企业的产量必须依靠上游企业的废物产量水平来决定，而且容易受产量波动的影响。为了解决这个问题，废物使用企业有时必须建立一套能确保连续生产的安全机制，但安装诸如此类的后备系统必然产生额外费用；企业之间的相互连接可能会造成一些专有信息的扩散，使竞争者易于模仿本企业，对本企业造成不利。

第三章 国内生态工业示范园区

受丹麦建立的第一个生态工业园——卡伦堡生态工业园的启发，人们逐渐对工业发展的认识有了质的变化。许多国家工业园得以完善发展。发达国家的生态工业园得到长足的发展之后，到20世纪末时，在亚洲的一些国家，如中国、泰国、印度尼西亚、菲律宾等，生态工业园也得到进一步的发展。

1999年以来，在中国经济快速增长带来的环境压力及国际环保新思潮的影响下，原国家环境保护总局将发展循环经济、建设生态工业园作为实现区域可持续发展、经济和环境"双赢"的一个重要举措，在全国不同地区和行业进行了循环经济和生态工业试点，通过试点探索适合中国国情的发展生态工业和循环经济的路线，为今后在更大范围内全面推进循环经济发展积累经验，创造条件。各地都积极地发展循环经济，其中，以生态工业园为载体的循环经济运作比较成熟。因此，我国建设了一大批具有前瞻性的生态工业园，如贵港国家生态工业（制糖）建设示范园、苏州生态工业园、曹妃甸生态工业园、南海国家生态工业园。迄今为止，我国已经批准的生态工业示范园为26家，而正在建设的达到了59家，其中包括制糖、煤炭、制铝、酿酒等行业，为国家实践循环经济发展打下了坚实的基础。

第一节 概 述

一、国内生态工业园实践现状

我国生态工业园起步于20世纪末，相对较晚，以广西贵港最早，现今以天津泰达、苏州高新区、新疆石河子等为代表的工业园建设极大地推动了我国生态工业园的探索实践。在我国，最具权威性的工业园是国家生态工业示范园。原国家环境保护总局从1999年开始启动了生态工业示范园建设试点工作，并在"十五"期间确立了一批国家级的生态工业示范园。截至2004年底，国家生态工业园主要有贵港国家生态工业（制糖）建设示范园、包头国家生态工业（铝业）建设示范园、南海国家生态工业建设示范园暨华南环保科技产业园等十几个国家生态工业示范园。

原国家环境保护总局于2006年首次发布生态工业园标准，从2006年9月1日起，我国生态工业园依照相关标准进行建设、管理和验收。由中国环境科学研究院编制的《北京经济技术开发区（BDA）国家生态工业示范园区规划大纲》于2006年10月通过评审。2006年12月，原国家环境保护总局同意绍兴袍江工业区创建国家生态工业示范园。2006年11月，"生态工业园建设与发展国际研讨会"在天津经济技术开发区召开，推动了滨海新区循环经济与生态工业园的深入发展，并为全国提供改变经济增长模式、实现经济与环境"双赢"的可资借鉴的实践模式。我国主要生态工业示范区建设状况如下。

(一) 贵港国家生态工业(制糖)示范区

广西贵港有限公司是工业园区内的龙头企业,贵糖集团下属企业组成的这个共生体包括:制糖厂、酿酒厂、纸浆厂、造纸厂、碳酸钙厂、水泥厂、发电厂及蔗田等。贵糖集团运作的是复合实体共生模式,在公司的统一决策下,将各分公司用副产品为纽带联结起来,实现集团公司整合资源。

(二) 南海国家生态工业园区

南海国家生态工业园区是以环保产业为主导的生态园区。建设初期,该园区有选择地引进12个"核心园区"环保企业和7个"虚拟园区"现有企业作为园区工业生态系统的成员,共构成5个相互共生的工业生态群落,形成3条闭合循环工业链和9条生态工业链条,建立包括产品、企业和园区3个层次的生态管理体系。

(三) 黄兴国家生态工业园区

湖南省长沙市黄兴国家生态工业园区将主导产品定位为高新技术产业,包括电子信息产业、新材料产业、生物制药产业、环保产业4类,园区发展对生态环境具有潜在影响,特别是对"高新技术污染"给予高度关注。园区初步发展园区内的33家企业和园区外虚拟的10多家企业,构建12条主要的工业生态链,在园区内先期进行零排放单元试点。

(四) 包头国家生态工业(铝业)示范园区

先前包铝集团、东恒热电公司、长征建材厂和一些加工铸造企业基本是独立经营的,没有形成整体优势。而且包铝所在地东河区有很多企业零散分布在居民生活区和商业区,区域功能不够明确。园区主要有发电和制铝两大产业系统,现在两大系统之间通过电力和废水(中水回用)形成互利共生的横向耦合关系,从而在园区构建起以铝电联营系统为中心的较为稳定的生态工业网状结构。园区电厂直供电投产后,东河区实现集中供热,可拆除全部采暖小锅炉,电厂粉煤灰可生产建材,园区生活污水和工业废水处理后,可回用作为电厂的冷却水,从而实现物质的循环使用和资源、能源的梯级利用。

(五) 石河子国家生态工业(造纸)示范园区

新疆石河子国家生态工业(造纸)示范园区立足于石河子垦区的特色资源,综合考虑第一、第二和第三产业的有机结合和生态化发展,以从沙漠、盐碱地人工种植芨芨草为开端,以对芨芨草的综合利用构建生态链。

总体上看,我国已经创建或建设成的生态工业园多为专业型或资源型生态工业园,且多为新建型生态工业园,主要有两种类型。一种是具有行业特点的生态工业园区,主要在制糖、造纸、化工、钢铁、冶金等行业开展了试点。这些园区通过各系统之间中间产品、产品和废物的相互交换,使园区内资源得到最佳配置、废物得到有效利用、环境污染降低到较低水平、经济效益大幅度提高,进而拉动地区经济的发展。另一种是具有区域特点的生态工业园,包括对现有经济技术开发或高新技术开发区进行生态化改造的工业园区以及新规划建设的生态工业园区,如天津经济技术开发区、大连经济技术开发区、苏州高新区等。

二、国内生态工业园发展特点

我国生态工业园的实践起步虽晚,但其发展态势已成为我国区域经济发展、新型工业化进程中的新亮点。在仅仅几年的发展中,我国生态工业园发展呈现出以下特点。

(1) 官方重视

在中国目前的体制环境下,政府在生态工业园发展中担当重要责任,政府的高度重视是生态工业园快速发展的最有力支持。我国国家领导人都高度重视循环经济的发展以及生态工业园的建设,地方政府也对生态工业园给予了高度的重视,这在各地的领导讲话中体现得最为明显和集中。同时,我国循环经济园区的规划大部分都成立了由所在市县一把手牵头的规划管理领导小组。

(2) 示范带动

我国生态工业园的建设不同于其他国家的显著特点就在于,在整体部署上,我国采取的是典型示范、以点带面的战略。由园区自愿申报，经过国家环保部门论证通过后挂牌确认。从积极角度来看，该方式一方面使我国的生态工业园一开始就在规划上处于较高的起点；另一方面，为我国生态工业园及循环经济的发展积累了丰富的经验、教训，也为国家循环经济政策的制定提供了依据和现实基础。

(3) 超越发展

生态工业园是我国继经济技术开发区、高新技术开发区之后的第三代工业园建设模式。它运用工业生态理论，寻求企业间的关联度，进行产业链接，建立相关企业间的生态平衡关系，以实现环境与经济的可持续发展。它是两类开发区建设更高层次的升华和优化。当然，我国生态工业园与发达国家存在一定差异。与发达国家相比，无论是生态工业园建设的道路选择，还是微观层面上的运行机制，均有一定特点。

三、我国工业园实践亟待解决的问题

国内的工业园区是随着我国经济体制改革和对外开放发展起来的一种相对独立的区域，它的发展带动了其他区域的发展，成为我国目前经济发展的活跃点。按照工业园的行业性质来划分，我国各类工业园区可以分为：经济技术开发区、高新技术产业开发区、保税区、出口加工区、边境经济合作区、旅游度假区、台商投资区和综合开发区等类型。它们已成为我国改革发展的重要推动力和区域经济发展的重要载体。但同时，工业园区也带来诸多问题亟待解决，归纳起来主要有以下几点。

1) 开发区发展建设出现"过热""过滥"现象。伴随着国家级工业园的不断设置以及"工业园效应"的逐步显现，省级及县市级工业园得到较快发展。在发展建设过程中，一些省、市、县脱离了本地区发展的实际需求来设计工业园的布局和规模。有的省、市、县超出能力兴办工业园，不顾本身基础设施的负担程度、内部资金配套能力和对外招商引资的把握程度，随意划地，盲目设立工业园，从而使全国的开发区数量、规模迅速扩大，进而导致了大规模的资源浪费。

2) 部分工业园竞争力比较脆弱。由于工业园区的规划建设者在园区发展的指导思想上的错位，尤其是在单纯追求数量增加这一简单思维模式的影响下，园区规划建设者对园区厂商持续竞争力和区域特色产业优势的培育没有给予应有的关注。例如，国内的许多工业园实际上是若干孤立厂商的"扎堆"，在技术上和组织上都没有形成任何竞争优势，这直接导致了国内现阶段大部分工业园的竞争力非常薄弱，影响了工业园区的持续发展。

3) 部分工业园对当地环境造成了破坏。工业园本质上是一种工业的积聚，随着园区经济总量的扩大和功能的完备，其资源和能源的消耗必将增加，势必会加重环境污染和生态破坏程度，因此生态环境保护面临的压力日益增大。一些高新技术产业，其污染更是具有隐蔽性、滞后性和积累性等，所以亟待寻求有效的办法来加以控制。

上述问题的存在，迫切需要在循环经济思想的指导下，运用生态产业理论，在继续增强现有工业园既有竞争力的前提下，着重加强对其进行生态化改造。

四、对我国生态工业园建设的建议

鉴于以上问题，为站在更高的起点上推进生态工业园创建工作，需要在以下几个方面不断加强。按照产业生态学要求，严把企业入园关，不断完善生态产业链。在工业共生体系中，上游企业提供的物质、能量或信息恰好为下游企业所需要，上游企业的副产品排放恰好是下游企业所需要的某种原料。按照生态工业理念，通常被限制的污染性项目的废物在生态工业系统中可能是中间产品或副产品。因此，生态工业园中的工业共生产业链要实现工业剩余物的充分利用。对上游企业而言，必须具备纷繁复杂的剩余物，从而形成多条食物链以满足不同企业的需求；而对于下游企业,则要求其具有非常专业的经营能力和技术,这也是企业努力的方向。

1)从生态工业园整体规划角度而言,生态工业园需结合自身的特点,真正按照链条状特征安排企业的业务流程,使得各个环节既相互联系,又具有处理资金流、信息流、物流和技术流的自我组织能力,使得生态企业的供、产、销体系形成一条价值流通链。"十二五"期间是我国经济社会向"两型"转变的重要时期,生态工业园创建工作的推进对经济和社会转型起到了积极的促进作用。因此,在生态工业园创建中,要根据生态工业园建设规划的工业共生总体要求对入园的企业进行严格筛选。园区管理部门须全面审核企业原料来源、种类、数量以及能源等生产资料的使用情况和废弃物的产生种类、产生量等信息,保证新引进企业或项目能够适应当前园区的产业链耦合关系。其他下游企业可根据情况调整自己的生产策略,且对园区现有产业网不会造成较大的冲击,符合园区环境质量控制的总体要求。同时,管理部门应将企业科技创新能力与清洁生产能力作为重要考核指标,以确保生态工业园区的可持续发展。

2)创造有利于促进生态工业园创建的良好政策和体制环境。从生态工业园的发展历程看,生态工业园的建设与发展依赖于政府所提供的发展环境,因此完善、适宜的政策体系能够降低园区企业之间产业链对接的交易成本,规范和有助于区域统筹协调发展。对此,国家应尽快建立和完善资源综合利用、生态工业园建设的法律法规,并制定与之相适应的实施细则,使其更具可操作性。从国家层面到地方层面,各级政府要与时俱进地研究并建立有效的行政管理体制和机制,在政策上对生态工业园的规划进行审查和监督,通过财政、税收、投资和技术援助等各项手段对园区中补链项目、基础设施建设项目或对污染物有明显削减的项目予以重点支持,以促进循环型生态工业产业的形成和发展。

3)将循环经济和低碳经济纳入未来生态工业园区的发展战略中。根据国家出台的《中华人民共和国循环经济促进法》,制定和完善在生态工业园中推进循环经济发展的政策措施。发挥各个生态工业园中现有试点企业的示范效应,推广先进技术和经验,着重指导推动企业在清洁生产审核、ISO14001认证、工业用水重复利用、资源循环利用、技术推广上实现新的突破,在生态工业园创建过程中努力打造一批循环经济示范项目。园区通过加强绿色招商,加快产业优化升级,完善生态产业链,大力发展环保产业和资源综合利用产业。同时,园区积极开展国内外循环经济技术的交流与合作,学习吸收其他地区在资源综合利用产业上的成功经验,结合园区发展状况,形成资源综合利用的特色产业。为全面贯彻落实科学发展观,积极应对全球气候变化,打破我国能源资源瓶颈,提升国家综合竞争力,促进资源节约型和环境友好型社会的建设,国家生态工业示范园领导小组办公室决定自2010年起,要求国家生态工业示范园建设单位在国家生态工业示范园建设规划编制、年度总结、绩效评估和考核验收中纳入发展低碳经济的内容并提出具体要求。按照循环经济和低碳经济理念、工业生态学原理,以低能耗、低排放、低污染为基础,通过产业优化、技术创新、管理升级等措施,提高能源利用效率和改善能源结构;根据各园区特点从低碳产业、低碳生产、低碳产品、低碳生活等方面着手,通过国家生态工业示范园试点工作,积极探索园区和工业集聚区减少碳排放的有效途径。

生态工业园建设规划的调整和修订应明确发展低碳经济、实现碳减排的具体目标,根据产业结构、节能减排要求等,提出各园区发展低碳经济的个性化指标,进一步把发展低碳经济纳入行业生态化发展方案、污染控制方案、基础设施建设方案和能源综合利用方案中,通过深入分析园区碳减排的潜力和主要环节,加强物质流和能量流的设计,提出具体可行的技术路线、措施和重点支撑项目,保证实现碳减排目标。另外,我国还要在技术创新、能力建设和机制建设等方面补充和完善发展低碳经济的政策和途径,进一步加强和保障低碳经济发展;通过培育市场机制来推进低碳经济的发展,建立国内有影响的碳交易市场,率先形成碳市场服务体系。

4)将"十二五"减排指标、重金属污染、持久性有机污染物污染的监督检查作为重点工作,加大执法力度,查处违法排污。工业的能耗和排放在整个国民经济中占有相当大的比重,"十二五"期间我国进一步深化节能减排,完成向"资源节约型和环境友好型"社会的转变,为此,生态工业园区必须与时俱进,紧跟国家发展要求,将"十二五"新增的污染物减排指标(氨氮和氮氧化物)纳入生态工业园区规划和日常管理中,增强污染物指标控制能力,全面推行节能减排。"十二五"期间,中央财政以百亿元为单位增加对重金属污染防治的投资。环保部门会同有关部门制定重金属污染防治的考核办法。该办法参照节能减排的考核办法,明确地方政府为责任主体,要求各地要把重金属污染防治成效纳入经济社会发展综合评价体系,并作为政府领导干部综合考核评价和企业负责人业绩考核的重要内容。因此,生态工业园的创建,也应密切配合国家重金属污染防治规划,全面排查涉铅、镉、汞、铬和类金属砷等重金属污染企业及周边区域环境隐患,查清重金属污染情况,确定重点防控的区域、行业和企业,切实预防重金属污染危害群众健康和生态环境;建立较为完善的重金属污染防治体系、事故应急体系以及环境风险评估体系,科学有效地控制重金属污染。持久性有机污染物防治也是"十二五"环保4个重要领域之一。作为持久性有机污染物生产、使用和排放大国,我国还面临着有效控制再生有色金属生产、烧结和电弧炼钢、废物焚烧等二噁英排放重点行业二噁英减排的压力,面临着防范历史遗留含持久性有机污染物的废物和污染场地对环境和健康风险的挑战。因此,在未来的生态工业园创建中,我国还需要针对辖区内工业生产中持久性有机污染物污染现状进行全面的调查、分析和评估,并提出相应的持久性有机污染物防治对策,以求从管理层面制定和实施持久性有机污染物污染防治政策。

5)逐步建立科技支撑平台。从中央到地方各级政府再到园区管理部门,应高度重视科技创新在生态工业园建设与发展中的带动作用,鼓励生态工业园内的企业进行技术创新,使用可再生能源,大力发展不同产业、不同生产环节的低碳技术,推广先进的资源节约和替代技术、能量梯级利用技术、延长产业链和相关产业链接技术、有毒有害原材料替代技术及回收处理、绿色再制造技术,将技术创新广泛应用于农业、工业、建筑、交通等领域,形成带动革新的技术支撑平台。

污染性项目,在生态工业园区内外以及不同生态工业园内的生态内涵可能有所不同,应根据具体情况灵活界定。政策上的障碍更是亟待解决的问题。因此,我国应在当前的技术经济条件下,寻找定量评价生态工业园的有效方式,以此实现在政府和社会的推动下,各个园区根据各自的具体情况,积极地确定节能减排的有效方案。

第二节 国家生态工业示范园区的规划

产业生态化是经济可持续发展的必然趋势和选择。传统的经济增长模式是不断地从自然环境中攫取各种物质资源和能源,扩大经济规模,满足人类日益增长的物质需求和提高人类的生活水平,同时持续不断地把各种废弃物返回自然环境。这种单一的物质循环模式忽视了经济结构内部各产业之间的有机联系和共生关系,忽视了社会经济系统和自然生态系统间的物质、能源和信息的传递、迁移、循环等规律,致使资源枯竭和生态环境持续恶化。

人类的工业化进程已经使生态环境和自然资源等人类生存所需要的基本资源严重短缺,

环境所承受的生产和消费中所产生的各种废弃物也已经远远超过了其自净能力,导致人类赖以生存的生态环境不断恶化。频发的全球性生态灾难使人类意识到必须尊重自然规律,改变原来无限索取的思维模式,保证人类生存的基本条件,使人类经济活动的规模不超过自然环境的承载能力,实现产业和生态环境的和谐相处,走产业生态化之路。产业生态化成为工业化进程的转折和经济发展追求的目标。人工产业系统向生态性特征的回归是确保经济可持续发展的必然趋势和选择。

一、产业生态化的内涵和实质

在自然生态系统中,一种生物体产出的废物,正好是另一种生物体的生活原料,并没有废物和垃圾,也无所谓浪费。如果人类学会以生物的方式进行生产,把产业链当作生态链,把一种产业生产的废料用作另一种产业的原料,相关产业形成良性运行的微观机制,那么人类的生产活动也可以成为最经济的生产活动。采取生态学的立场,并以生物的方式进行生产,向自然界学习如何进行生产的智慧,这是产业生态学的核心观念。

循环经济(Cyclic Economy)即物质闭环流动型经济,是指在人、自然资源和科学技术的大系统内,在资源投入、企业生产、产品消费及其废弃的全过程中,把传统的依赖资源消耗的线性增长的经济,转变为依靠生态型资源循环发展的经济。要求模仿大自然的整体、协同、循环和自适应功能去规划、组织和管理人类社会的生产、消费、流通、还原和调控活动,这是一类融自生、共生和竞争经济为一体,具有高效的资源代谢过程、完整的系统耦合结构的网络型、进化型复合生态经济。

产业生态化是依据工业生态学和循环经济理论,模拟生物的方式进行生产,把产业链当作生态链,在自然生态系统承载能力内,对特定地域空间内的产业系统、自然系统与社会系统进行耦合优化,以实现资源的合理和充分利用,消除环境破坏,协调自然、社会与经济的持续发展。

产业生态化的实质是将人造系统纳入自然生态系统的运行模式中,逐步实现由传统的线性(开放)系统向循环(封闭)系统,即"资源—产品—再生资源"的转变。产业生态化要求人类社会充分遵循复合生态系统规律,通过不断提高生态效率减少人类生产和生活各项活动的生态环境影响。

人类社会赖以生存的自然系统是一个由社会、经济和自然3个相互作用、相互依赖的子系统共同构成的庞大复合生态系统。其中,自然子系统以生物结构及物理结构为主线,以生物环境的协同共生及环境对人类生活的支持、缓冲及净化为特征,它是复合生态系统的自然物质基础;社会子系统以人口为中心,包括年龄结构、智力结构和职业结构等,通过产业系统把它们组建成高效的社会组织;经济子系统和物质的输入输出、产品的供需平衡以及资金积累速率与利润,是促进社会进步和环境保护的必要条件。复合生态系统的结构融合、功能统一、动力机制联动、演化形式协同以及人类对其本身角色多重性的认同是矛盾对立统一的、复杂的、曲折的发展过程。人类在反思自己行为生态后果的基础上达到对于自身在复合生态系统中角色多重性的认同,是实现结构融合、功能统一、动力机制联动和演化形式协同的关键。

生态效率被界定为经济价值增加量同环境损害指数的比率,表现如下。

1)在资源投入不增加甚至减少的条件下实现经济增长。

2)在经济产出不变甚至增加的条件下,向环境排放的废弃物或对生态环境的破坏大大减少。

生态效率=产品或服务的价值生态影响
=价值的增加/环境影响的增加

其中,生态影响指的是资源、能源的使用,废弃物的排放等。

对产业而言,生态效率可看作企业在生产过程中投资、科技发展和资源利用等朝着产品附加值最大化以及资源消耗、废物污染最小化方向发展的指标。

二、产业生态化的实现途径

产业生态化是21世纪全新的产业发展模式,也是一种生态型循环经济。基于产业发展的现状与产业发展需求,产业生态化的实现途径可从以下3个方面思考。

1)传统产业的生态转型。
2)创建和推广新兴的生态产业模式。
3)完善产业生态化的技术支撑和制度体制。

(一)逐步实施传统产业的生态转型

传统产业往往以经济增值为导向,投资者追求高的经济回报,同时产生巨大的外部不经济性,产业结构单一化、大型化,以刚性的链式结构为主,对于环境影响的控制以末端治理为主,是一种高投入、消耗型、不可持续的发展模式。因此,在传统产业的基础上,通过有效的规划、管理与技术手段,逐步实现传统产业生态化能有效地推动经济与环境、社会的可持续发展。这可以通过以下4个方面得以实现。

1)提高资源利用效率,减少生产过程的资源和能源消耗。
2)延长和拓宽生产技术链,开展清洁生产,污染在企业内处理,减少排放。
3)对废旧产品全面回收、循环利用,以回收来衔接线性"生产—消费—废弃"模式的两端,形成物质闭路循环的经济增长模式。
4)对生产企业无法处理的废弃物集中回收、处理,减少废弃物向自然环境的排放。

(二)创建和推广新兴的生态产业模式

在产业发展不断推进的过程中,各国都在创建和推广新兴的生态产业,从最初规划阶段到建设、运转阶段,始终坚持生态产业的模式,将自然生态环境的运转模式运用到产业系统中。建立资源能源循环系统,可通过不同层面的循环模式得以展现。

如表1-3-1所示,小循环是指企业层面通过生态设计、清洁生产和回收利用等实现物质与能量循环,在保证生产与经济效益的同时兼顾生态效益;中循环是指在区域层面的物质与

表1-3-1 生态产业不同层面的循环模式

循环层面	建立层面	主要内容
小循环	企业层面	选择典型企业,通过产品生态设计、清洁生产等措施进行生态工业试点
中循环	区域层面	在区域层面,通过企业间的物质集成、能量集成和信息集成,在企业间形成共生关系,建立生态工业园
大循环	社会层面	在社会层面,重点进行循环型城市和省区的建立,最终建成循环经济型社会

能量循环,利用产业生态学原理,通过企业间的物质集成、能量集成和信息集成,形成企业共生关系,实现原材料和能源最大化利用;大循环则是指在政府支持下,运用循环经济理念,发展回收利用技术和渠道,将原本的废弃物回收并资源化,形成"资源—原料—产品—废料—再生资源"的循环或深化产业链,使废弃物能再循环和资源化利用,完成"垃圾过剩"和"资源短缺"到"变废为宝"的转变,即实现在社会和国家甚至更广泛的区域层面的物质和能量循环,通过重点进行循环型城市和省区的建立,最终建成循环经济型社会。

(三)完善产业生态化的技术支撑和制度体制

技术创新是产业生态化转型的活力源泉,技术的生态化是产业生态化的重要保证;通过技术与设备的革新,实现产业内排放的废弃物等产业"外部效应"在产业链中"内部化",进而实现产业资源的循环利用,达到废弃物的零排放。

从产业生态最初的理论形成到生态产业集群雏形建立的过程来看,政府支持并非生态产业形成的主导力量。但在产业生态化的发展过程中,政府同时扮演着监督者与管理者、消费者与服务提供者的多重角色,可以为企业提供信息服务、制定规则,通过制定激励机制引导产业朝着环境友好和资源节约的方向发展。有利于生态技术创新的制度包括:①将技术的生态效益作为国家对创新技术的重要考察指标;②在我国现行科技法规中增加促进生态技术的相应条款,使科技向生态科技转化;③通过完善环境

税费制度、扩大资源补偿征收范围、提高收费标准等手段限制污染物的排放和资源的开发力度；④给予生态产业更多的优惠政策以降低生态产品价格和服务价格等经济手段，具有更强的灵活性与市场适应性，如环保投资公司和政策性银行应优先向生态产业提供贷款资金，支持有发展前景的生态产业以发行股票和债券等方式进行筹资，地方政府可设立生态环保发展基金，资助生态产业的发展，健全环境风险投资机制等。

第三节　国家生态工业示范园区管理办法

第一章　总　则

第一条　为贯彻落实《中华人民共和国环境保护法》《中华人民共和国循环经济促进法》和《中华人民共和国清洁生产促进法》等法律法规和《中共中央　国务院关于加快推进生态文明建设的意见》，促进工业领域生态文明建设，推动工业园区实行生态工业生产组织方式和发展模式，促进工业园区绿色、低碳、循环发展，规范国家生态工业示范园区建设管理工作，制定本办法。

第二条　本办法所称生态工业是指综合运用技术、经济和管理等措施，将生产过程中剩余和产生的能量和物料，传递给其他生产过程使用，形成企业内或企业间的能量和物料高效传输与利用的协作链网，从而在总体上提高整个生产过程的资源和能源利用效率、降低废物和污染物产生量的工业生产组织方式和发展模式。

第三条　本办法所称国家生态工业示范园区是指依据循环经济理念、工业生态学原理和清洁生产要求，符合《国家生态工业示范园区标准》（以下简称《标准》）和其他相关要求，并按规定程序通过审查，被授予相应称号的新型工业园区。

第四条　本办法适用于国家生态工业示范园区的申报、创建、验收、命名、监督等管理工作。省级生态工业园区创建活动可参照本办法执行。

第五条　国家生态工业示范园区建设协调领导小组（以下简称：领导小组）由环境保护部、商务部和科学技术部组成。领导小组负责国家生态工业示范园区（以下简称：示范园区）的批准建设、命名和综合协调工作。领导小组下设办公室（以下简称：办公室），由环境保护部科技标准司、商务部外国投资管理司和科学技术部高新技术发展及产业化司组成，办公室设在环境保护部科技标准司，负责示范园区建设管理工作。适时召开领导小组工作会议，定期召开办公室年度工作会议。

各省、自治区、直辖市环保、商务和科技行政主管部门按职责分工，负责辖区内示范园区的建设和管理工作。

第二章　申报与创建

第六条　本办法所指示范园区是具有法定边界和明确的区域范围，具备统一的区域管理机构或服务机构（以下统称：园区管理机构），由省级以上人民政府批准成立的各类工业园区。

商务、科技等国家行政主管部门管理的各类工业园区创建和申报示范园区，应分别符合相应部门的管理要求。

园区管理机构负责示范园区的申报、创建和管理工作。

第七条　示范园区的创建活动实行自愿申报、自主创建、注重过程、注重实效的原则。重点推进国家级经济技术开发区、国家高新技术产业开发区、发展水平较高的省级工业园区或其他特色园区，积极开展示范园区创建活动。

第八条　开展创建活动的工业园区应编制国家生态工业示范园区建设规划和技术报告（以下统称"建设规划"）。建设规划应参照《生态工业园区建设规划编制指南》（HJ/T409-2007）

编写。园区管理机构可自行或委托第三方机构编制建设规划。建设规划应对照《标准》明确园区验收考核指标，以及重点支撑项目。

所有考核指标所需基础数据，在建设规划中注明数据合法来源，基础数据在建设规划论证时备查并作为验收依据存档。

第九条 拟开展示范园区创建工作的工业园区，向园区所在地省级环境保护、商务、科技行政主管部门提交示范园区创建申请，经三部门同意后，由省级环境保护行政主管部门报办公室，创建申请材料一式三份，包括：

(一)园区创建推荐书(格式见附1)。

(二)园区管理机构出具的示范园区创建申请。

(三)园区管理机构出具的环境守法承诺书。

主要内容包括：一是承诺有效贯彻执行了国家和地方有关环境保护的法律、法规、制度及各项政策，未发生严重污染环境事件，或重、特大突发环境事件；二是承诺重点污染源稳定排放达标；三是承诺所有企业完成国家或地方重点污染物总量控制指标；四是承诺具有完善的环境风险管理制度和环境应急保障措施。承诺时间段为申请创建之日前三年内。

(四)工业园区规划环境影响评价完成情况证明：提交符合工业园区规划范围的规划环境影响报告书和审查意见。对于申请时规划范围的规划环评已经超过5年的，应提交跟踪评价的相关文件。

(五)示范园区建设规划和技术报告。

第十条 办公室每半年集中组织开展示范园区建设规划的专家论证工作。

第十一条 示范园区建设规划通过论证后，领导小组成员单位联合发文批准工业园区开展示范园区建设。

通过论证的建设规划原则上应由工业园区所在地人民政府审议后颁布实施。建设规划未通过论证的园区管理机构可对建设规划修改完善后重新申请论证。

第十二条 在创建工作中，建设规划内容发生重大调整的，管理机构应及时做出调整说明，并通过所在地省级环境保护行政主管部门向办公室报告。办公室认为有必要的，可要求工业园区停止创建工作，并重新申请论证。

需要说明并报备的建设规划调整情况包括：

(一)建设规划指标及预期指标值调整；

(二)建设规划重点支撑项目调整(项目内容、建设期限、投资方式等)；

(三)园区管理机构调整(机构性质、管辖范围等)。

第十三条 园区管理机构应加强档案管理，创建工作相关资料将作为技术核查、考核验收和复查的基本依据。

第三章 验收与命名

第十四条 按照建设规划完成创建工作，符合本办法各项要求，达到《标准》和《建设规划》目标的工业园区，由园区管理机构按要求编制示范园区验收申请材料(格式见附2)，报省级环境保护行政主管部门审查通过后，向办公室提出验收申请。

省级环境保护行政主管部门应征求省级商务、科技等行政主管部门的意见。

第十五条 对符合要求的申请，办公室于接到申请之日起30个工作日内组织核查组到工业园区进行技术核查。核查内容为：

(一)示范园区批准建设以来是否发生严重污染环境事件，或重、特大突发环境事件；

(二)评价指标数据支撑材料是否全面、完整、真实；

(三)指标计算方法正确性和结果的准确性；

(四)示范园区创建重点支撑项目的真实性与运行有效性；

(五)年度评价报告内容、数据与验收申请材料的一致性；

(六)已报备的建设规划调整说明的合理性。

第十六条 办公室在技术核查结束后向工业园区反馈核查意见；对技术核查中发现的问题，工业园区应立即整改，整改到位后向办公室提交整改后的验收材料以及对整改内容的说明。

办公室在60个工作日内组织专家组对通过技术核查的工业园区进行验收。工业园区所在地环保、商务和科技行政主管部门参与验收工作。

对于建设成效较为突出且验收材料准备较完善的工业园区，可将技术核查与验收合并开展。

第十七条 验收工作结束后，办公室在环境保护部政府网站等媒体公示通过验收、拟命名的工业园区相关信息，同时公布举报电话和邮箱，接受社会公众监督。公示时间为15个自然日。

公示期间若收到与示范园区创建相关举报信息，由办公室委托省级环境保护行政主管部门会同相关部门调查核实。经核实，举报信息属实且导致示范园区建设验收结果不能成立的，不予命名。

第十八条 办公室将公示结果无异议的工业园区名单及相关材料报领导小组审批。通过审批的工业园区，由领导小组成员单位联合发文予以命名。

获得命名的工业园区按规范的规格样式自行制作标牌（要求见附3）。

第十九条 未通过第十五条、第十六条、第十七条规定审查的工业园区，园区管理机构应认真整改后按照第十四条规定向办公室重新申请验收。自获得批准建设起满5年没有通过验收的工业园区视为创建未完成，不再列入建设园区名单。如继续创建，应按照本办法第二章要求重新申请创建。

第四章　监督与管理

第二十条 获得命名的工业园区应采取有效措施，在建设和发展过程中，保持生态工业发展水平，保证评价指标数据统计、分析体系正常运行。

获批开展示范园区建设和获得命名的工业园区每年应对生态工业建设绩效进行自评价，形成年度评价报告，内容要求见附4，于次年5月底前报送办公室。年度评价报告中应按本办法和《标准》中的各项要求填写对照考核表。

第二十一条 自获得示范园区命名之日起，每3年开展一次复查。复查采取抽查方式，由办公室组织实施，提出拟复查名单并发布。

第二十二条 复查工作主要包括：

（一）听取园区管理机构对示范园区建设工作汇报；

（二）审核示范园区建设达标情况；

（三）检查示范园区建设工作的档案资料；

（四）现场评估，对重点企业和重点内容进行现场走访，核实相关数据和情况；

（五）形成并通报复查意见。

第二十三条 复查结果由办公室统一发布。对通过复查的示范园区，予以确认；未通过复查的，限期整改。

第二十四条 领导小组对有以下情况的示范园区撤销称号；处于建设阶段的园区，从批准建设园区中除名。出现下列（一）和（二）情形的，三年内不得再次申请创建。

（一）发生严重污染环境事件，或重、特大突发环境事件的；

（二）存在数据、资料弄虚作假的；

（三）复查未通过，且整改后仍达不到要求的；

（四）不能按时按要求提交年度评价报告的；

（五）发生重大变化，不再符合《标准》及相关要求，园区管理机构主动提出申请的；

（六）其他经核实并认定有必要的。

第二十五条 园区管理机构应指定或专门设立职能部门承担示范园区创建、申报和示范阶段的相关工作，形成长效机制，确保示范园区稳定运行。

第二十六条 办公室向社会公众公开示范园区名单和获批开展示范园区建设的工业园区名单、基本信息、论证结果、验收结果、年度评价报告、示范园区撤销通报以及相关信息动态等。

获批开展示范园区建设的工业园区应向社会公众公开建设目标、任务、内容、进展及成效，污染减排成效和环境质量改善状况等相关信息。同时积极配合环保、商务和科技等三部门推广园区创建的成功经验和有益做法，发布相关数据和信息；积极参加相关培训、交流、产业对接活动，加强园区间的交流、合作和互鉴。

第五章　其他事项

第二十七条 办公室负责征集、遴选专家，组建示范园区工作专家库。专家库实行动态管理，适时更新，为示范园区的建设和管理工作提供技术支持。办公室成员单位可推荐有关专家充实到专家库,推动专家组成更加多元化。

专家应认真履责,严格把关,并提出建设性意见。来自承担工业园区第三方机构的专家应回避该园区的各项论证检查工作。

第二十八条 领导小组成员单位探索建立和完善促进园区生态化发展的激励机制和政策体系。鼓励批准建设的园区探索购买第三方服务为园区验收、复查和监督管理工作提供技术支撑。

第二十九条 第三方机构在相关技术咨询工作中对数据、资料弄虚作假的,在环境保护部网站公开该机构名称,且该机构三年内不得参与示范园区相关技术咨询服务工作。

第三十条 办公室工作人员和相关专家在示范园区管理过程中,应廉洁自律,遵守廉政相关规定。

第三十一条 办公室开展示范园区管理工作所需经费纳入财政预算,并按相关规定管理。

第三十二条 各级地方人民政府有关部门及环境保护行政主管部门应出台具有针对性的扶持政策,对处于建设阶段的工业园区和

已命名的示范园区建设污染防治基础设施、资源能源综合利用项目、生态工业链项目等优先审批立项,并设立专项基金给予补贴或实施税收优惠。加大示范园区科技创新扶持力度,鼓励建立有利于循环经济、节能环保产业发展等方面技术创新平台。

第六章 附 则

第三十三条 本办法自发布之日起实施,原办法废止。

附 1 国家生态工业示范园区创建推荐书

一、园区基本情况			
园区所在地:	省(自治区、直辖市) 市(区)		
通信地址			
邮政编码		成立时间	
园区类型	经济技术开发区 □	高新技术产业开发区 □	
	保税区 □	出口加工区 □	
	边境经济合作区 □	其他 □	
二、园区管理机构情况			
园区管理机构性质	政府□ 政府派出机构□ 企业□		
园区管理机构负责人	姓 名		
	职 务		
	电 话		
园区生态工业示范工作职能部门	部门名称		
	部门负责人		
	电 话		
	传 真		
三、园区生态工业建设规划编制情况			
建设规划编制情况	编制时间		
	编制单位		

续表

四、省级商务行政主管部门意见
签名　　　　　盖章　　　　　年　月　日
五、省级科技行政主管部门意见
签名　　　　　盖章　　　　　年　月　日
六、省级环境保护行政主管部门意见
签名　　　　　盖章　　　　　年　月　日

附 2　　国家生态工业示范园区验收申请表

一、园区基本情况				
园区所在地：	省(自治区、直辖市)　　市(区)			
通信地址				
邮政编码		成立时间		
园区类型	经济技术开发区 □		高新技术产业开发区 □	
	保税区　　　　 □		出口加工区 □	
	边境经济合作区 □		其他 □	
二、园区管理机构情况				
园区管理机构性质	政府□	政府派出机构□	企业□	
园区管理机构法定代表人(或主要负责人)	姓　名			
	职　务			
	电　话			

续表

续表

负责园区生态工业工作的职能部门	部门名称	
	部门负责人	
	部门负责人电话	
	联系人	
	联系人电话	
	传　真	
	邮　箱	
三、园区创建国家生态工业示范园区工作情况		
获得创建批准时间		
建设规划是否经所在地人民政府批准实施	是□	否□
四、省级环境保护行政主管部门意见(盖章)		

附　园区验收报告提纲

一、园区概况

1. 基本情况(包括园区成立时间、发展概况、地理位置、主要资源条件、管理机构情况、生态工业园区建设历程等内容)。

2. 经济状况(描述园区经济、工业发展水平,具体数据要包括近三年园区总产值、地区生产总值,工业增加值,经济发展速度等)。

3. 环境现状(描述园区整体的环境质量、污染源情况、污染排放情况、环境风险情况、环境管理情况)。

二、评价目的和依据

1. 评价目的

通过收集园区经济发展、资源能源利用、生态工业链构建、污染物排放、环境风险防控和预警体系建设、管理机构建设等资料,评价园区与国家生态工业示范园区标准的符合性。

2. 评价区域范围

为园区法定边界内的区域,附示意图说明。

3. 评价期限

明确园区的考核时段为建设规划基准年至验收年。

4.评价依据

《国家生态工业示范园区管理办法》和《国家生态工业示范园区标准》中的各项要求。

三、标准符合性评价

1.标准中评价指标达标情况分析，根据建设规划选定的必选和可选指标，对照标准指标值要求，逐项分析各指标的达标情况，详列考核时段内各指标的数据采集方法、数据来源、计算过程、原始数据清单，分析重点工程项目、具体工作、措施与指标达标的逻辑关系和支撑性。

2.园区整体达标情况总结(应对照标准列表逐项说明园区各指标的数值和达标情况)。

四、国家生态工业示范园区建设规划完成情况总结

1.说明建设规划编制时间、范围、通过论证时间等基本情况。

2.建设规划方案完成情况。对照建设规划，分别阐述园区主导行业生态工业链构建情况，节能减排和污染控制情况和宣传教育等保障措施完成情况。

3.建设规划目标完成情况。逐项分析建设规划目标(指标)完成情况，及对于建设规划目标指标做出调整的说明。

4.建设规划重点项目落实情况。逐项阐述园区建设规划重点项目完成情况，及对建设规划重点项目调整的说明，是否有替代项目等，重点阐明项目完成对指标提升的意义。

5.规划环评及审查意见的落实情况。

6.分析建设规划实施给园区带来的经济、环境、生态、社会效益分析。

五、建设特点和经验总结

总结园区在国家生态工业示范园区建设过程中的典型做法和措施、体制机制创新和突破、经济社会环境协调发展成果和效益，包括在生态工业链网构建与完善、主要污染物污染控制、环境风险防控和预警体系建设以及生态工业关键项目引进和实施以及园区管理机制的完善等方面的内容，提炼建设生态工业园区过程中可供其他园区借鉴的经验。

六、园区建设存在问题和下一步计划

总结园区在国家生态工业示范园区建设过程中存在的问题，有针对性地提出下一步的工作计划。

附3　　国家生态工业示范园区标牌规格

材质：黄铜板材
规格：长 500mm，宽 300mm，厚 40mm
文字颜色：黑色
字体：黑体
示意图：

国家生态工业示范园区

中华人民共和国环境保护部　　中华人民共和国商务部　　中华人民共和国科学技术部
年　月　日

示意图中时间为领导小组成员单位联合发文命名的日期。

附4　国家生态工业示范园区建设年度评价报告体例

一、国家生态工业示范园区建设主要工作回顾

对汇报年国家生态工业示范园区建设开展的主要工作加以回顾总结，回顾政府、企业、第三方机构以及公众在生态工业园区建设中发挥的作用和具体的行为，总结国家生态工业示范园区建设规划完成情况，包括生态工业链网构建与完善、主要污染物污染控制以及生态工业关键项目引进和实施以及园区管理机制的完善等内容。

二、建设主要成果

从资源能源利用效率和生态效率提升、环境质量改善以及园区整体发展等方面，总结国家生态工业示范园区建设取得的主要成果，并填写对照考核表。考核表数据全部填报，其中自选指标注明是否为考核指标，格式见附表。

三、建设中存在的问题和制约因素

园区在发展过程中遇到的问题和当前限制园区发展主要的制约因素。对于未验收园区应根据目前园区与国家生态工业示范园区标准要求之间存在的差距，分析存在差距的主要原因。

四、下一阶段工作计划

根据园区发展现状和存在的问题，提出下一年度国家生态工业示范园区建设的目标、任务和工作内容。

附：对照考核表（表内指标需全部填报数据，选择为考核指标的考核其达标情况）

国家生态工业示范园区对照考核表

园区名称：　　　　　　　　　　　　　　　　　填报时间：　　年　月　日

分类	序号	指标	单位	要求	是否为考核指标	建设规划基准年值	当年现状值
经济发展	1	高新技术企业工业总产值占园区工业总产值比例	%	≥30	是/否		
	2	人均工业增加值	万元/人	≥15	是/否		
	3	园区工业增加值三年年均增长率	%	≥15	是/否		
	4	资源再生利用产业增加值占园区工业增加值比例	%	≥30	是/否		
产业共生	5	建设规划实施后新增构建生态工业链项目数量	个	≥6	是/否		
	6	工业固体废物综合利用率[1]	%	≥70	是/否		
	7	再生资源循环利用率[2]	%	≥80			
资源节约	8	单位工业用地面积工业增加值	亿元/km²	≥9	是/否		
	9	单位工业用地面积工业增加值三年年均增长率	%	≥6	是/否		
	10	综合能耗弹性系数	—	当园区工业增加值建设期年均增长率>0，≤0.6 当园区工业增加值建设期年均增长率<0，≥0.6	必选		

考 核 指 标

分类	序号	指标	单位	要求	是否为考核指标	建设规划基准年值	当年现状值
资源节约	11	单位工业增加值综合能耗[1]	t标准煤/万元	≤0.5	是/否		
	12	可再生能源使用比例	%	≥9	是/否		
	13	新鲜水耗弹性系数	—	当园区工业增加值建设期年均增长率>0,≤0.55 当园区工业增加值建设期年均增长率<0,≥0.55	必选		
	14	单位工业增加值新鲜水耗[1]	m³/万元	≤8	是/否		
	15	工业用水重复利用率	%	≥75	是/否		
	16	再生水(中水)回用率	%	缺水城市达到20%以上 京津冀区域达到30%以上 其他地区达到10%以上	是/否		
环境保护	17	工业园区重点污染源稳定排放达标情况	%	达标	必选		
	18	工业园区国家重点污染物排放总量控制指标及地方特征污染物排放总量控制指标完成情况	—	全部完成	必选		
	19	工业园区内企事业单位发生特别重大、重大突发环境事件数量	—	0	必选		
	20	环境管理能力完善度	%	100	必选		
	21	工业园区重点企业清洁生产审核实施率	%	100	必选		
	22	污水集中处理设施	—	具备	必选		
	23	园区环境风险防控体系建设完善度	%	100	必选		
	24	工业固体废物(含危险废物)处置利用率	—	100	必选		
	25	主要污染物排放弹性系数	—	当园区工业增加值建设期年均增长率>0,≤0.3 当园区工业增加值建设期年均增长率<0,≥0.3	必选		
	26	单位工业增加值二氧化碳排放量年均削减率[1]	%	≥3	必选		
	27	单位工业增加值废水排放量[1]	t/万元	≤7	是/否		
	28	单位工业增加值固废产生量[1]	t/万元	≤0.1	是/否		
	29	绿化覆盖率	t/万元	≥15	必选		
信息公开	30	重点企业环境信息公开率	%	100	必选		
	31	生态工业信息平台完善程度	%	100	必选		
	32	生态工业主题宣传活动	次/年	≥2	必选		

注1:园区中某一工业行业产值占园区工业总产值比例大于70%时,该指标的指标值为达到该行业清洁生产评价指标体系一级水平或公认国际先进水平。 注2:第4项指标无法达标的园区不选择此项指标作为考核指标。

第四节　部分生态工业示范园区的进展

一、苏州生态工业示范园区

随着苏州经济的快速发展，外来人口的大量增加，生活垃圾的产生量越来越大，现有的垃圾填埋场已不能满足城市发展的需要。苏州位于我国外向型经济十分活跃的长三角地区，土地资源十分紧缺，大量的生活垃圾填埋需要大量的土地，苏州市现有的土地资源已难以满足城市生活垃圾的处理需求。苏州市通过光大静脉产业示范园区（以下简称"园区"）的建设，可构建以生活垃圾焚烧发电为核心的生态产业链，减少生活垃圾的最终填埋量，延长七子山垃圾填埋场的使用年限，提高生活垃圾处理处置过程中的环境友好性和技术水平，缓解苏州市土地紧张的压力。同时，园区通过废旧汽车拆解与综合利用和废旧铅蓄电池再生利用等相关项目的实施和基础设施的完善，实现园区内物质、能源的集约利用和梯级利用；实现基础设施和信息的共享；防止废物资源化过程中的二次污染。

（一）园区建设规划背景

园区位于苏州市吴中区木渎镇七子山垃圾场北侧、宝带西路南侧。园内项目总投资约15亿元，由中国光大国际有限公司根据项目情况分期投入，于2005年7月签约并揭牌，其目标是建成全国第一个集中处置城市工业、生活垃圾的环保产业园。至2008年12月底，园区已经建成投产项目包括生活垃圾焚烧发电、沼气发电、垃圾渗滤液处理、余热综合利用和危险废物填埋场。在建项目包括市政污泥处置、垃圾焚烧灰渣资源化利用、垃圾分拣与处理中心、餐厨垃圾资源化、农村固体废物资源化、固体废物焚烧、工业固体废物回收利用、含铜和含镍污泥资源化利用、医疗废物处理与处置和逆向物流（再生资源物流）中心。其中，生活垃圾焚烧发电厂已于2006年6月正式建成投产发电，一期规划为1 000 t/d，二期工程于2009年10月正式投产运行，处理规模为1 000 t/d。沼气发电项目将收集生活垃圾填埋场产生的沼气用于发电，发电设备位于生活垃圾焚烧发电厂内，与生活垃圾发电厂共用上网线路，2006年7月已投产发电，年上网电量1 500万 kW·h。工业固体废物安全处置中心包括安全填埋场和综合利用厂，其中安全填埋场服务于整个苏州市，首期规划10万 m³，最终规模60万 m³。渗滤液处理厂集中处理生活垃圾焚烧厂、生活垃圾填埋场以及园区内其他渗滤液，日处理能力为1 200 t。

（二）园区建设规划

1. 规划范围和期限

园区规划核心区面积为3.2 km²，包括宝带西路以南至七子山（1.4 km²）以及原有的七子山垃圾填埋场和七子山村移民后的区域（1.8 km²）；辐射范围包括整个苏州市、苏南地区乃至长三角地区。规划期限为2008—2020年，其中，基准年为2008年，近期为2009—2012年，中期为2013—2020年。

2. 总体目标

园区的建设围绕"一个目标，坚持两个准则，通过三个核心体系的建设，实现4个方面的提升"。"一个目标"即将园区建设成为集生产、研发、改善环境、环保宣传等多位一体的现代化静脉产业类生态工业园区。"两个准则"即要以环境综合整治、生态修复和确保环境安全、改善当地人居环境质量为基本准则；园区的建设要强调技术创新、理念创新，要强调生态文明建设以及资源节约型和环境友好型社会的建设，规划的目标要高、科技含量要高。

"三个体系"即静脉产业生产体系的构建，重点涉及生活垃圾资源化利用、废旧汽车拆解与综合利用、废旧蓄电池的综合利用、餐厨垃圾资源化利用、危险废物处理处置、医疗废物处置、生态修复和逆向物流等；研发体系的建设，主要涉及用于各种固体废物减量化、再利用、资源化和无害化的新技术，污染土壤修复的新技术，各种回收材料的深加工技术，材料测试技术的研发及孵化项目的引进和建设，使园区成为引领苏州静脉产业发展的产学研基地；保障体系的建设，包括组织机构建设、政策措施保障、环境监控手段等，建立健全园区发展静脉产业的保障体系，确保园区建设和运行的顺利实施。"四个提升"即提升园区的建设水平，提升园区的技术研发能力，提升园区的管理能力和提升园区的试点和示范作用。

（三）园区产业发展规划框架

园区产业发展规划框架如图1-3-1所示。园区的规划建设以生产区为核心、以研究开发区为技术依托、以管理服务区为保障、以环保宣传教育基地为窗口，通过对生活垃圾的资源化利用、工业危险废物的处理处置、废旧汽车拆解、废旧蓄电池再生利用、市政污泥处置、农村固体废物资源化利用、餐厨垃圾资源化利用、生态修复和逆向物流等项目的实施，实现园区内外产品和废物的交换，能量、水和信息系统的高度集成；通过技术研发和引进，提升园区的技术水平；通过园区基础设施共享、宣传教育以及保障措施，为园区的建设和发展搭建稳定平台，最终使园区内资源得到最佳配置，废物得到有效利用，环境污染降低到最低水平，经济效益大幅度提高，当地人居和生态环境得到改善。园区规划建设中，到中期（2020年），生活垃圾、餐厨垃圾、污泥、工业危险废物和工业固体废物资源化利用，废旧汽车拆解与综合利用，废旧铅酸蓄电池再生利用以及医疗废物处理处置等项目将逐步入驻园区。在园区处理处置的固体废物包括生活垃圾、废旧汽车、废旧铅酸蓄电池、餐厨垃圾、污泥、危险废物、工业固体废物和医疗废物等。经过固体废物资源化过程之后，上述固体废物中的大部分转化为其他生产过程的原材料，剩余的部分作为废物被安全填埋或一般填埋。

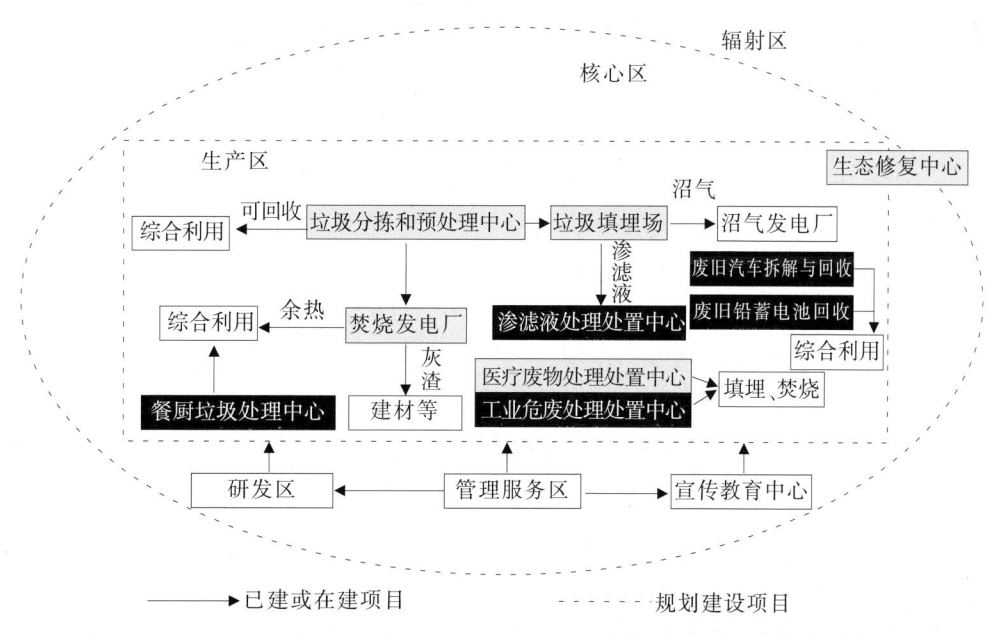

图1-3-1 园区产业发展规划框架

(四) 环境风险管理和污染控制

园区的环境风险源主要集中于危险废物回收与处理过程，垃圾填埋产生沼气的泄漏，同时医疗垃圾处置企业运行过程中可能涉及有害微生物、菌类、病毒类、生物制剂等，其潜在的环境风险和生物安全风险必须受到足够重视。同时，园区产业高度聚集带来的特征污染物环境累积影响也逐渐显现，落实防范风险的措施，对提高区域环境生态安全管理尤为重要。园区产生的污染主要来源于生活垃圾资源化项目产生的废物、废旧汽车拆解、危险废物收集与处置、餐厨垃圾资源化利用、医疗废物处置等项目产生的固体废物污染，以及大气污染、水污染及土壤污染、园区产生的生活污水和生活垃圾等。为了防止园区在建设和运行过程中给周边环境造成二次污染，相应部门从固体废物、废水、废气、噪声和土壤5个方面制订了相应的污染控制方案。

(五) 保障体系建设

静脉类生态工业示范园区的规划和建设，必须依靠完善的保障体系。在实施园区的规划和建设工作中，管理部门需提供优质服务，充分发挥管理部门的宏观指导、总体协调、组织支持等多方面的作用，并通过实施有力措施，有效发挥管理部门和企业各方面的力量，推进园区生态化建设和发展。建立园区目标责任制，加强各部门间的合作，落实工作责任，强化组织保障，做到层层有责任，逐级抓落实。园区保障体系建设包括5个方面：①组织机构保障，包括成立建设领导小组，组织机构的职能分工，设立企业环境可持续发展监督机构，发挥中介机构行业协会的作用和成立园区可持续发展咨询委员会；②环境保障体系，包括园区环境监测和监管能力建设，环境准入制度，环境企业孵化器，环境信息公告计划，企业和产品的环境管理；③政策措施保障，包括经济政策，技术保障，人才培养和引进政策以及园区信息平台建设；④环境监控，包括建立和完善园区环境管理信息系统，完善园区环境监控体系和推行环境影响后评价制度；⑤其他措施，包括回收体系建设，公众参与，生态文化建设，基础设施建设和宣传，教育和国际交流。

(六) 结语

园区建设规划以循环经济、生态工业和静脉产业理论为指导，通过生活垃圾资源化利用、废旧汽车拆解与综合利用等相关项目的实施和基础设施的完善，实现园区内物质、能源的集约利用和梯级利用；实现基础设施和信息的共享；防止废物资源化过程中的二次污染；大力开展废物资源化利用的关键技术的引进、转化、集成和研发；以实现区域环境综合整治和生态修复为根本，把园区建设与苏州静脉产业发展产学研基地建设相结合，重点发展与周边产业相协调的逆向物流和资源再生等环境服务业，构建支撑静脉产业发展的信息交易平台，形成环境教育和技术研发的基地，使园区成为集生产、研发、改善环境、环保宣传等多位一体的现代化静脉产业类型的生态工业园区。该园区的建设将带动和促进江苏省与整个华东地区乃至全国静脉产业的发展，将为静脉产业园区的建设(特别是城市生活垃圾资源化利用)提供模板和示范基地。

二、曹妃甸生态工业示范园区

(一) 曹妃甸环境友好型工业园区建设概况

曹妃甸工业园区是国家"十一五"期间投资最大的项目集群，园区位于唐山市以南渤海湾西岸的曹妃甸岛。依据总体规划，到2020年，园区将建成深水矿石、原油码头和北煤南运码头以及首钢钢铁基地。

曹妃甸工业园区是"十一五"期间河北省重点发展的循环经济示范园区。园区在规划初期，坚持"园区发展环保先行"的科学发展理念，按照国家要求对开发区进行环境影响评价，园区各行业拟建项目均采用清洁生产工艺，尽力发展循环经济；园区充分考虑污水对海洋污染的问题，合理制订污水工程规划，采用雨污分流排水体制，雨水就近自流排放，生产、生活污水经处理后，集中深海排放，充分体现了环境友好型临港生态工业园区建设的特点；为实现污染物零排放的目标，在建设港口、钢铁等主导产业的基础上，同时规划实施了资源综合利用和工业废弃物重复利用项目,包括焦油深加工、矿渣超细粉工程及海水淡化工程。以上均为曹妃甸建设环境友好型临港生态工业园区奠定了坚实的基础。

(二)建设环境友好型临港工业园区的主要途径

曹妃甸工业园区的建设为环境友好型临港生态工业园区提供了典型范例。

1. 在政府层面上,加强环境监督管理,树立新的政绩观

(1)建立先进的环境监测预警体系

陆源污染物和海上流动污染源是海洋环境的天敌,建立完善的陆源污染物排海监督管理系统和海上流动污染源控制体系,可全面反映环境质量状况和趋势,准确预警各类环境突发事件,是防止海洋环境污染的基础和重要保障。

(2)控制工业园区陆源污染

首先,按照排污总量控制要求对工业区进行全面规划,对工业区的引进项目,从生产工艺的先进性、燃料结构、能耗物耗水平、产污、排污水平方面进行综合审查,严格把关;其次,要做好新建项目的环境管理工作,对企业的"三同时"落实情况进行监督,对已进区而没有履行环保手续的项目,督促其进行环保验收与后评估,建立一套完整的进区企业环境管理档案;再次,严格按排污申报登记和排污许可证制度,监督企业的排污状况;最后,对工业区的各项污染物集中治理设施日常运行状况进行监管,确保其正常稳定运行。

(3)加强海上流动污染源的控制

首先,完善港口船舶废弃物接收处理设施,努力实现船舶油类污染物零排放;其次,建立海上石油勘探开发含油污水的处理系统及应急响应系统,港口全面配备溢油应急设备,降低溢油入海量;再次,加强对渔船的监督管理,降低渔船排污入海量;最后,加强海上倾废区的监督管理和执法监察,对海上倾废活动实施跟踪监测。

(4)树立新的政绩观

政府部门必须建立一套新的政绩观考核标准,淡化单一的对GDP增长速度和增长数量的追求,代之以注重人与自然的和谐,注重"人口、资源、环境、发展"四位一体为考核指标的政绩考核标准。同时,政府必须在工业区不断培育环境友好的文化氛围,树立尊重自然的价值观和道德观,通过教育、文学、艺术和科学技术等支持和协助,广泛开展环境友好型基础教育,通过广播、电视等新闻媒体向社会和家庭普及环境友好知识,使环境友好型社会的理念成为全社会共同奉行的价值观。

2. 在企业层面上,推行清洁生产和发展循环经济

曹妃甸工业园区全面推行清洁生产技术,以主导产业之一的钢铁工业为例,归结为5个环节,各环节的关系是:产品的设计是整个钢铁清洁生产的基础;资源的开发水平与程度是清洁生产实现的前提条件;钢铁产品的制造过程是整个清洁生产的关键;排放物无害化、资源化处理是钢铁行业清洁生产的必要补充;产品的"绿色度"则是清洁生产水平的衡量标准。根据清洁生产的基本概念和曹妃甸工业区的具体生产情况,曹妃甸工业区钢铁工业主要采用了以下几种清洁生产技术:烧结工序清洁生产技术、炼铁工序清洁生产技术、炼钢工序清洁生产技术、炼焦工序清洁生产技术及综合结构性清洁生产技术等,以从源头控制钢铁工业污染物的排放。

最大限度地把废物全部实现资源化,实现"产品—废物—产品"的不断循环运行,是循环经济的重要环节。曹妃甸工业区在规划之初,就采用了循环经济这一理论。如利用钢铁生产产生的高炉煤气、转炉煤气和焦炉煤气来发电和供给居民作为微污染燃料,回收的余热和高炉煤气余压可以发电和采暖,发出的电除用于本企业外,还可以进行海水淡化,如果淡化 1 m^3 水需要 4 $kW·h$ 电,就高炉煤气余压发电一项就可以淡化水 2.071 亿 m^3,极大地缓解了水资源匮乏的现状。又如,用氨-硫酸铵烟气脱硫工艺将烧结机头烟气中的二氧化硫与焦炉煤气中的氨化合生成硫酸铵化肥,用于农业生产,同时又解决了烧结机烟气所含二氧化硫对大气环境的污染。曹妃甸工业园区循环经济具体体现在以下

几个方面:钢铁企业煤气回收利用;二氧化碳的回收;钢铁工业废水梯级、循环利用;钢铁企业固体显热回收;钢铁工业固体废物的资源再生与回收利用;海水淡化及浓盐水的循环利用;电厂粉煤灰综合利用等。

3.在个人层面上,积极主动地选择绿色消费,提高环保意识

公众在消费时选择未被污染或者有助于公众健康的绿色产品,大力倡导适度消费、公平消费和绿色消费,在消费过程中注重对垃圾的处置,不造成环境污染,引导公众转变消费观念,在崇尚自然、追求生活舒适的同时,注重环保、节约资源和能源。园区通过环境友好的消费选择,带动环境友好产品和服务的生产;同时,通过生产技术与工艺的改进,不断降低环境友好产品的成本,形成绿色消费与绿色生产之间的良性互动。园区在建设初期,充分发挥新闻媒体的舆论监督和导向作用,克服将创建环境友好型工业园区的责任和义务推到企业和政府身上的落后思想,鼓励公众选择环保行为,积极参与海洋环境保护。

由于海洋环境的流动性,海洋环境保护尤其受到国际国内各界的广泛关注。曹妃甸工业园区作为我国"十一五"期间重点发展的新兴工业园区,在园区企业、政府和居民的共同努力下已向建设环境友好型工业园区的目标迈出了关键的一步。曹妃甸作为我国循环经济的示范点,为近岸海域环境保护和环境友好型临港生态工业园的发展起到了良好的示范作用。

三、长沙黄兴国家生态工业示范园区

湖南省长沙黄兴工业园区以循环经济和生态工业的理念为指导,以高新技术产业为主导产业,高标准、高起点地建立国家生态工业示范园区,对探索和实践循环经济与生态工业发展模式起到积极的作用,对提升湖南省高新技术产业发展水平、促进区域可持续发展具有重要的意义。黄兴国家生态工业示范园区基本上为一全新规划型的生态工业园,既是我国第一个多产业的生态工业园,也是我国中部地区的第一个生态工业园。

已经过专家论证的黄兴国家工业示范园区建设规划表明以下几点。

1)园区将主导产业定位为高新技术产业,包括电子信息产业、新材料产业、生物制药产业、环保产业等,突出电子信息产业的核心地位,重点发展新材料产业和生物制药产业,高度发展环保产业等特色产业,这样可以立足长沙地区,弥补湖南省高新技术产业供给和市场需求之间的巨大缺口,并逐步向华中地区辐射与扩展,最终走向国际市场。

2)园区发展对生态环境具有潜在的影响,特别是对"高新技术污染"应该给予高度关注。园区的生态环境问题如果处理不当,就会损害园区及其周边的生态环境,降低当地居民的生活质量,减弱区域可持续发展的健康态势。

3)园区的景观生态规划,一是合理开发利用环境资源,适当保留丘陵和湖泊,保护当地的生物多样性,建立起景观生态安全格局,突出中亚热带植被特色,以园区内的自然组分作为生态环境质量的控制组分来建设,维持和恢复生态过程及格局的连续性和完整性;二是以提高生态环境质量为重点,通过绿化设计、水土保持、生态道路建设和生态住宅建设等手段,促进工业园区结构布局、组织功能与自然景观的协调一致,实现园区生态环境的良性循环,创造独特的生态工业园形象。

4)园区建设规划将初步发展园区内33家企业和园区外虚拟的10多家企业,构建12条主要的工业生态链,今后还可以逐步丰富园区的工业生态链网。整个工业生态系统包括电子信息、新材料、生物制药、环保产业等不同行业。它们可以各自形成相对独立的工业生态群落,通过物质流、能量流和信息流相互连接在一起,构成多种物质能量链接的生态链网络,基本形成生态工业雏形。

5)短期内,要达到整个园区的废物零排放是困难的,但可以在园区内先期进行零排放单元试点，如建立远大空调城零排放单元和园区垃圾循环处理单元。

6) 基于县域循环经济理念，值得发展与推广一些产业生态链，如利用"太阳能蔬菜大棚—沼气—猪舍—厕所""无公害蔬菜—净菜加工—超市""草—牛—牛粪—茶叶—茶加工"等现有模式，积极发展生态农业。另外，园区结合该县的工业、农业和园区内的企业，便可以构成一个大的生态产业集合。

7) 园区建设初期，生态工业系统以远大空调等几家现有企业为基础，依据市场机制进行绿色招商，从而进一步丰富、完善和发展。通过工业生态支持系统、园区绿色管理系统和绿色招商系统，园区的工业生物多样性可以逐渐丰富，园区将按照产业化、绿色化、生态化的发展道路，逐步建设成为一个充分体现循环经济的国家生态工业示范园区。

四、贵港国家生态工业(制糖)示范园区

广西贵港国家生态工业(制糖)示范园区既是我国第一个国家生态工业示范园区，也是国内最典型的一个案例。该园区以贵糖(集团)股份有限公司为核心，以蔗田、制糖等6个系统为框架，并通过盘活、优化、提升、扩展等步骤，逐步完善园区。

贵港国家生态工业(制糖)示范园区由如下6个系统组成。

(1) 蔗田系统

蔗田系统负责向园区提供高产、高糖、安全、稳定的甘蔗，保障园区制造系统有充足的原料供应。

(2) 制糖系统

制糖系统通过制糖新工艺改造、低聚果糖技改，生产出普通精炼糖以及高附加值的有机糖、低聚果糖等产品。

(3) 酒精系统

酒精系统通过能源酒精工程和酵母精工程，有效利用甘蔗制糖副产品——废糖蜜，生产出能源酒精和高附加值的酵母精等产品。

(4) 造纸系统

造纸系统充分利用甘蔗制糖的副产品——蔗渣，生产出高质量的生活用纸及文化用纸和高附加值的羧甲基纤维素钠(CMC)等产品。

(5) 热电联产系统

热电联产系统通过使用甘蔗制糖的副产品——蔗髓替代部分燃料煤，热电联产，供应生产所必需的电力和蒸汽，保障园区整个生产系统的动力供应。

(6) 环境综合处理系统

环境综合处理系统为园区制造系统提供环境服务，包括废气、废水的处理，生产水泥、轻钙、复合肥等副产品，并提供回用水以节约水资源。

这6个系统关系紧密，通过副产物、废弃物和能量的相互交换和衔接，形成了比较完整的闭合工业生态网络。"甘蔗—制糖—酒精—造纸—热电—水泥—复合肥"这样一个多行业综合性的链网结构，使得行业之间优势互补，达到园区内资源的最佳配置、物质的循环流动、废弃物的有效利用，并将环境污染减少到最低水平，大大加强了园区整体抵御市场风险的能力。这种以生态工业思路发展制糖工业的做法，为我国制糖工业结构调整、解决行业结构性污染问题开辟了一条新路。

五、南海国家生态工业示范园区

广东南海国家生态工业示范园区是一个全新虚拟型的生态工业园区。其主导产业定位为高新技术环保产业，包括环境科技咨询服务、环保设备与材料制造、绿色产品生产、资源再生等4个主导产业群。园区工业生态系统以19家企业为基础，依据市场机制进行绿色招商从而使园区进一步完善与发展。依据工业生态链形成的特点，园区规划将19家企业按照所处的建设位置不同划分为核心区和虚拟区两个层次，按照在整个工业生态系统中所起的作用不同，划分为生产者、消费者、补链消费者、分解者4种。

核心区12家企业,共生产14大类的产品,分为5个生产者、3个消费者、1个补链消费者和3个分解者。同时,在生态链的构建中,园区首先根据其核心产业定位,确定环保科研服务公司、环保仪器仪表厂、可降解塑料厂、绿色板材加工厂和溴化锂生产厂为核心企业。

通过对核心企业进行分析,园区根据上下游关系、技术可行性和经济可行性以及环境友好的要求,规划出如下工业生态链。

1)环保仪器仪表在制造中和消费后,会产生废旧金属和废聚苯乙烯塑料,将废金属与计算机厂的废旧金属合并回收,经重新加工成零部件,返回仪器仪表厂使用。

2)废旧聚苯乙烯塑料与降解塑料厂的废塑料合并,供应给绿色胶合剂、活性炭和化学添加剂的生产,其中的绿色胶合剂可供给板材加工厂使用,化学添加剂返回到塑料厂使用,而活性炭则供应给废水处理厂。

3)废塑料还能与园外来的塑料废弃物一起作为降解塑料厂和合成纤维厂的原料,进行物质的闭路循环。

4)绿色板材厂的树皮等废弃物能够生产胶合剂,返回板材加工厂使用;木屑等废物能生产活性炭,应用到废水处理厂。

5)活性炭生产所产生的废硫酸经处理可与铝型材厂产生的铝渣生产硫酸铝型净水剂,并应用到园区的废水处理厂。

6)园区废水经处理可再用于环保仪器制造的清洗,然后可用作陶瓷生产的磨石用水。

7)溴化锂生产厂生产的溴化锂可应用于空调中,采用集中供热提供的热量进行制冷,在园区内为新型空调器的应用起到示范作用。

8)线路板厂生产的线路板产品可供计算机厂和仪器仪表厂使用,其废水经分类处理回收,可再用于其他用水单元。

9)将园内企业的不可回收的废塑料、废木材进行焚烧,回收热量,进行集中供热,满足活性炭、板材和塑料等厂家生产的用能需要。

六、鲁北国家生态工业示范园区

鲁北化工作为"首批循环经济示范单位"已列入国家"十一五"规划。鲁北国家生态工业园区建设,以循环经济和生态工业理论为指导,以稳定农业化工、优化海洋化工、扩充氯碱化工、延伸煤化工、培植石油化工为产业发展方向,加强清洁生产审计、ISO14001体系建设、工业生态支持中心、绿色园区工程等绿色管理和现代管理基础建设。园区以合成氨节点相对脆弱、海水利用部分关联薄弱为系统改善主要目标,以合成氨工程扩建及后续清洁燃料二甲醚生产、重油催化热裂解生产乙烯丙烯及后续关联吃氯项目、海水利用链条扩建、造纸原料林基地建设为工程建设切入点。到2005年,鲁北集团投资33亿元,建设结构协调耦合工程、系统优化网络工程、总量扩张强化工程等3大类11个项目,最终将鲁北国家生态工业示范园区建设成为磷铵硫酸水泥综合联产、海水一水多用、热电联产、煤化工、石油化工、林纸一体化的系统工程。2015年前后,生态工业园规模效益凸现,园区生态环境明显改善,成为技术先进、知识密集、管理文明、环境友好、结构和谐的世界知名生态工业园区。

鲁北国家生态工业示范园区主要由三大部分组成。

一是磷铵、硫酸、水泥联产。磷矿经粉磨与硫酸反应得到磷酸,排出废渣磷石膏,磷酸与气态氨进行中和反应制得磷铵,废渣磷石膏与焦炭、黏土等辅助材料配制成生料,分解、煅烧与锅炉炉渣粉末生产水泥,二氧化硫窑气经净化、干燥、转化与水化合吸收制得硫酸,硫酸循环利用作为生产磷铵的原料。

二是海水一水多用。海水(2~5°Bé)首先用来养殖鱼、虾、蟹、贝等海产品;中度卤水(12~15°Bé)用二氧化硫和氯气做原料提取溴素,并生产溴系列产品;卤水在26.5°Bé时,结晶得海盐并进行深加工;排出的苦卤继续利用,提取硫酸钾、氯化镁等产品。

三是清洁发电与盐、碱联产。热电厂以劣质煤和煤矸石为原料，采用循环流化床燃烧海水直流式冷却技术发电，电和蒸汽用于总公司生产，排放的炉渣用作水泥混合材；离子膜烧碱工程利用百万吨盐场丰富的卤水资源和自备电力，不经传统的制盐、化盐工艺，直接通过管道把卤水输入到氯碱装置，进行氯碱产品的生产。

七、沱牌酿酒生态工业园

酿酒工业属生物产业的范畴，它大体经历了作坊酒、工业酒、品牌酒3个阶段，并向文化酒和生态酒迈进。与之相适应的是，市场要求酿酒工业尽快向满足人们优质、低度、营养、保健和适应社会环保的方向发展，即建立工业生态园，实现酿酒工业的生态发展。酿酒工业生态园是指模拟生态系统的功能，建立起系统内的"生产者—消费者—还原者"的工业生态链，以低消耗、低（无）污染、工业发展与生态环境协调发展并形成良性循环为目标的酿酒工业生态园。在生产中，尽量减少粮食等原辅材料的耗用，以传统技艺同现代科技相结合，优化生产工艺和减轻工人劳动强度，把生产过程中产生的废水、废渣、废气经过深加工再资源化，从而减少或消除对环境的污染。

在这方面，作为国家名酒酿造企业之一的沱牌公司做出了大量开创性工作，并取得了显著成效。

传统的酿酒供热方法是以土灶直接燃煤提供热源酿酒，无消烟除尘设备，这样不仅浪费能源，而且会对地区大气造成污染。针对这一现状，沱牌公司在20世纪80年代就建成了动力车间，先后购买1台2 t锅炉、25台4 t锅炉、2台10 t锅炉，集中供热，现装机容量1.2万 kW·h 的热电厂工程正在建设之中。真正实现了烤酒车间的无污染生产，使工人劳动强度大大降低。同时，公司还成立了废水处理车间。公司另将生产过程中的废纸箱、玻璃碴分别返回其合资子公司和控股公司——四川天华印务公司和沱牌玻璃厂再利用，基础性的"三废"治理工作上了新台阶。

具体到酿酒工艺生产流程，绿色原料入窖发酵蒸馏生产沱牌系列酒，同时产生酒糟、炭渣、窖泥和废水。酒糟生产饲料和生物活性有机肥（该项技术为国内首创专利成果），饲料用于牛、猪、鸭等的养殖（其中，沱牌公司5万头优质肉牛项目已正式启动，年可消耗鲜酒糟15万t），动物排泄物和其他下脚料作为有机肥料或沼气发酵原料，产生沼气用作酿酒热源，而牛、猪、鸭制品及园区内种植的名贵中药材等用作生物制药原料；肥料用于生态农业，植物提供无污染酿酒原材料。炭渣制砖，用于园区建设。90%的回收水处理后用于辅助生产，剩余10%的废水进行再处理，达到GB/8978—88标准后，作为排放水和园区绿化灌溉用水。如此良性循环，达到生态平衡。

从创建到成型，经过10余年的发展，沱牌由一个仅有56万元固定资产、26个窖池、连年亏损的手工作坊式小酒厂通过滚雪球式发展壮大为一个具有全国知名度的国家大型一档企业。总资产近20亿元，主要生产资料窖池1.5万余口，大型不锈钢和陶瓷储酒罐总容量达30万t，从粮食储存（美国GSI公司10万t自动控温控湿除杂金属粮仓）、制曲（4万t、8万m²环保型标准化车间）、水处理（美国产60 t/h水处理设备2台）、制瓶（德国合资7万t优质轻量玻瓶生产线），到15万t自动化灌装中心产品出厂，全部使用自动化封闭式生产。公司下属子分公司24个，形成了以酒业为支柱，兼营制药、包装、饲料、建筑、商贸、科技开发等产业，融科工贸为一体的跨地区、跨行业、多元化、高效益、集约化经营的企业集团。

园区建设也取得了巨大成效。办公区、生产区、生活区规划合理，并以柳树、桃树、楠木、香樟、银杏等高大经济林木形成的绿色屏障加以分隔，使具有沱牌质量特色的自然界有益酿酒微生物得以在园区内充分地富集和繁殖。园区土质肥沃，气候四季温和，湿润的外部环境与园区内的自然小气候形成了创建酿酒工业生态园得天独厚的天时地利环境。园区内公路宽敞,沱牌广场气势恢宏,草坪丛茂,亚热带植物点缀其间。园区建有大型楼顶花园,垂直绿化与平面绿化相结合。园区占地约333.33 hm²,其中绿化总面积已达66.67 hm²。新建了新世纪花园小区、乡村别墅、实验小学(含幼儿园),整个园区白天掩映在绿荫丛中,到了夜晚,以表现"回旋天地,润泽人间"沱牌理念的大型霓虹灯标识尽收眼底。一座欣欣向荣的现代化酒城,为员工的生产、生活、办公创造了一个优美舒适的自然生态环境。

参考文献

[1] JARRETT H. Environmental quality in a growing economy[M]. Baltimore: The Johns Hopkins University Press, 1996.

[2] 汤慧兰,孙德生.工业生态系统及其建设[J].中国环保产业论坛,2003(2):14-16.

[3] LAMBERT A J D, BOONS F A. Eco-industrial parks: stimulating sustainable development in mixed industrial parks[J]. Technovation, 2002, 22:471-484.

[4] 胡山鹰,李有润,沈静珠.生态工业系统集成方法及应用[J].环境保护,2003(1):16-19.

[5] 郭莉,苏敬勤.生态工业系统研究述评与展望[J].中国地质大学学报(社会科学版),2004,4(3):19-23.

[6] 左晓利,李慧明.生态工业园理论研究与实践模式[J].科技进步与对策,2012,29(7):23-27.

[7] 杨咏.生态工业园区述评[J].经济地理,2000,20(4):31-35.

[8] 王虹.生态工业园运行机制与评价体系研究[M].北京:中国环境科学出版社,2008.

[9] 秦丽杰.吉林省生态工业园建设模式研究[D].长春:东北师范大学,2008.

[10] 薛德升,闫小培,张成智.生态工业园:理论基础、发展阶段与竞争优势[J].城市规划,2006,30(8):47-51.

[11] 周宏春.将环保产业培育成我国的一个新的经济增长点[J].中国软科学,1998(9):11-17.

[12] 刘志彪,姜付秀.基于无形资源的竞争优势[J].管理世界,2003(2):71-77.

[13] 朱竹林,刘志迎.企业绿色经营模式探析[J].合肥工业大学学报:社会科学版,1999(1):26-30.

[14] 崔志杰,谢锋.生态工业园理论与实践教程[M].北京:中国环境科学出版社,2011.

[15] 杨青山,徐效坡,王荣成.工业生态学理论与城市生态工业园区设计研究:以吉林省九台市为例[J].经济地理,2002,22(5):585-588.

[16] YOO C K, LEE T Y, KIM J, et al. Integrated water resource management through water reuse network design for clean production technology: State of the art[J]. Korean Journal of Chemical Engineering, 2007, 24(4):567-576.

[17] CHEW I M L, FOO D C Y, TAN R R. Flow-rate targeting algorithm for interplant resource conservation network. Part 2: Assisted Integration Scheme[J]. Industrial & Engineering Chemistry Research, 2010, 49(14):6456-6468.

[18] LOWE E A. Creating by-product resource exchanges: strategies for eco-industrial parks[J]. Journal of Cleaner Production, 1997, 5(1):51-65.

[19] BOIX M, MONTASTRUC L, AZZARO-PANTEL C, et al. Optimization methods applied to the design of eco-industrial parks: a literature review[J]. Journal of Cleaner Production, 2015, 87:303-317.

[20] 熊艳.生态工业园发展研究综述[J].中国

地质大学学报(社会科学版),2009,9(1):63-76.

[21] 钟书华.工业生态学与生态工业园区[J].科技管理研究,2003,23(1):58-60.

[22] 朱蓓,王焰新,肖军.生态工业园的发展与规划[J].中国地质大学学报(社会科学版),2005,5(3):47-51.

[23] 文娱,钟书华.美国生态工业园区建设的特点及发展趋势[J].科技管理研究,2006,26(1):92-94.

[24] 邓南圣,吴峰.国外生态工业园研究概况[J].安全与环境学报,2001,1(4):24-27.

[25] 罗宏,孟伟,冉圣宏.生态工业园区:理论与实证[M].北京:化学工业出版社,2004.

[26] 林健,吴妍妍.日本生态工业园探析:以北九州生态工业园区为例[J].华东森林经理,2008,22(1):53-57.

[27] 吉野敏行.资源循环型社会的经济学[M].台中:东海大学出版社,1996.

[28] 范连颖.日本循环经济的特点及发展现状[J].现代日本经济,2006(1):50-54.

[29] 王崇梅.以静脉产业为主导的日本生态工业园循环经济模式研究[J].科技进步与对策,2010,27(3):12-14.

[30] 李娜,周瑞红.日本发展生态工业园的实践及启示[J].经济纵横,2008(3):91-93.

[31] 吕颖.日本循环经济的发展模式及其对中国的启示[D].西安:西北工业大学,2007.

[32] 刘国涛.循环经济绿色产业法制建设[M].北京:中国方正出版社,2004.

[33] ROBERTS B H. The application of industrial ecology principles and planning guidelines for the development of eco-industrial parks: an Australian case study[J]. Journal of Cleaner Production,2004,12(8-10):997-1010.

[34] 梁洪波.意大利科技园区和工业园区简介[J].全球科技经济瞭望,2000(12):50-51.

[35] TADDEO R,SIMBOLI A,MORGANTE A. Implementing eco-industrial parks in existing clusters:Findings from a historical Italian chemical site[J]. Journal of Cleaner Production,2012,33:22-29.

[36] KO S C.Eco-Industrial Park (EIP) Initiatives Toward Green Growth: Lessons from Korean Experience[M]//OH D S, PHTLIPS F,Technopolis London:Springer,2014:357-369.

[37] 穆紫.播撒"绿点"营造绿洲:德国Duales公司及其"绿点"回收体系[J].国外塑料,2002(1):31-33.

[38] 杨慧民.德国发展循环经济的经验及其对辽宁老工业基地的启示[J].辽宁科技参考,2007,27(2):35-38.

[39] 国家环境保护局科技标准司.循环经济和生态工业规划汇编[M].北京:化学工业出版社,2004.

[40] 段宁,乔琦,孙启宏,等.循环经济理论与生态工业技术[M].北京:中国环境科学出版社,2009.

[41] 张春艳,韩宝平,赵钰,等.生态工业园的研究进展与发展状况[J].能源与环境,2007(4):23-26.

[42] 王瑞贤,罗宏,彭应登.国家生态工业示范园区建设的新进展[J].环境保护,2003(3):35-37.

[43] 吴志军.我国生态工业园区发展研究[J].当代财经,2007(11):66-72.

[44] 宋马林.我国生态工业园发展现状及存在的主要问题[J].中国环保产业,2008(12):26-28.

[45] 靳敏,邢李志,赵俊娜.产业生态化与生态工业园建设[J].环境保护与循环经济,2011,31(12):4-10.

[46] 欧阳朝斌,万年青,乔琦,等.静脉产业类生态工业示范园区建设规划研究[J],环境保护与循环经济,2010(1):37-39.

[47] 刘春玲,陈胜.环境友好型临港生态工业园区建设研究:以曹妃甸工业园区为例[J].特区经济,2007(11):64-65.

[48] 佘崇林.鲁北化工集团循环经济模式研究：法定许可证制度的产生及其发展[J].现代商贸工业,2007,19(3):16-17.

[49] 李东方.中国第一个酿酒工业生态园区创建[J].酿酒科技,2000(1):15-16.

第二篇

地理、资源环境与生态工业系统

第一章 地理环境与生态工业系统

第一节 地理环境对生态工业系统的要求

一、环境的基本概念及特性

(一) 环境的概念

1. 环境的定义

"地理环境即自然环境,通常指存在于人类社会周围的自然界。"法国地理学家列克留(E. Reclews)于1876年提出的这个概念,一直沿用到现在。从内涵上讲,地理环境除包括属于自然存在的自然环境以外,还应包括部分人化自然和人工环境;从外延上看,地理环境作为人类周围的自然界也不是无限的自然,它只能是自然界的一个有限部分,即地球表层。地理学界有人倾向于把地理环境理解或定义为一定社会所处的地理位置以及与此相联系的各种自然条件的总和,包括气候、土地、河流、湖泊、山脉、矿藏以及动植物资源等。地理环境是能量的交错带,位于地球表层,即岩石圈、水圈、土壤圈、大气圈和生物圈相互作用的交错带上,其厚度为10~30 km。

2. 环境要素

环境要素是指构成人类环境整体的各个相对独立的、性质不同而又服从整体演化规律的基本物质组分,也称环境基质。环境要素分为自然环境要素和社会环境要素,但通常是指自然环境要素。自然环境要素又包括非生物环境要素(如水、大气、阳光、岩石、土壤等)以及生物环境要素(如动物、植物、微生物等)。各环境要素之间相互联系、相互依赖和相互制约。不同的环境要素组成环境的结构单元,环境结构单元又组成环境整体或称环境系统。例如,由多样性的生物体组成生物群落,所有的生物群落构成生物圈。

3. 环境质量

环境质量是环境素质好坏的表征,是用定性和定量的方法对具体的环境要素所处的状态的描述。环境质量好坏的界定只有参照环境质量标准,通过环境质量评价的结果来实现。环境质量对人类的生存与发展影响重大。随着社会的进步及人们生活水平的提高,人们对环境质量的要求也越来越高。

4. 环境容量

环境容量是在人类生存和自然生态系统不致受害的前提下,某一环境所能容纳的污染物的最大负荷量,或一个生态系统在维持生命机体的再生能力、适应能力和更新能力的前提下,承受有机体数量的最大限度。环境容量是一种重要的环境资源。某区域内的大气、水、土地等都有承受污染物的最高限值,这一限值的大小与该区域本身的组成、结构及其功能有关。如果污染物存在的数量超过最大容纳量,这一区域环境的生态平衡和正常功能就会遭到破坏。环境容量是一个变量,通过人为地调节控制环境的物理、化学及生物学过程,改变物质的循环转化方式,可以提高环境容量,改善环境的污染情况。环境容量按环境要素可细分为大气环境容量、水环境容量、土壤环境容量等,此外还有人口环境容量和城市环境容量等。

5.环境污染

环境污染是指人类活动产生的有害物质或因子进入环境,引起环境系统的结构和功能发生变化,危害人体健康和生物生命活动的现象。这些有害因子包括化学物质、放射性物质、病原体、噪声、废热等。当大环境中的数量和浓度达到一定程度时,有害因子可危害人类健康,影响生物正常生长和生态平衡。环境污染是各种污染因素本身及相互作用的结果。同时,环境污染还受社会评价的影响而具有社会性。它的特点可归纳为以下几个方面。

(1)时间分布性

污染物的排放量和污染因素的强度随时间而变化。例如,工厂排放污染物的种类和浓度往往随时间而变化。河流的潮汛和丰水期、枯水期的交替,都会使污染物浓度随时间而变化。气象条件的改变会造成同一污染物的污染浓度在同一地点的不同时间内相差高达数十倍。交通噪声的强度随不同时间内车流量的变化而变化。

(2)空间分布性

污染物和污染因素进入环境后,随着水和空气的流动而被稀释扩散。不同污染物的稳定性和扩散速度与污染物性质有关;因此,不同空间位置上污染物的浓度和强度分布是不同的。因此,根据污染物的时间、空间分布特点,科学地制订监测计划(包括网点设置、监测项目、采样频率等),然后对监测数据进行统计分析,才能得到较全面而客观的评价。

(3)污染物含量的复杂性

不同污染物的毒理效应不同,同一种污染物在不同的条件下,其毒性也存在一定差异。有害物质引起毒害的量与其无害的自然本底值之间存在一界限(放射性和噪声的强度也有同样情况),所以,污染因素对环境的危害有一阈值。对阈值的研究,是判断环境污染及污染强度的重要依据,也是制定环境标准的科学依据。

(4)污染因素作用的综合性

从传统毒理学观点来看,多种污染物同时存在对人或生物体的影响有以下几种情况。

1)单独作用。机体中某些器官只是由于混合物中某一组分造成危害,没有因污染物的共同作用而加深危害的,称为污染物的单独作用。

2)相加作用。混合污染物各组分对机体的同一器官的毒害作用彼此相似,且偏向同一方向。当这种作用等于各污染物毒害作用的总和时,称为污染的相加作用。如,大气中的二氧化硫和硫酸气溶胶之间、氯和氯化氢之间,当它们在低浓度时,其联合毒害作用即为相加作用,而在高浓度时则不具备相加作用。

3)相乘作用。混合污染物各组分对机体的毒害作用超过个别毒害作用的总和,称为相乘作用。如,二氧化硫和颗粒物之间、氮氧化物和一氧化碳之间,就存在相乘作用。

4)拮抗作用。两种或两种以上污染物对机体的毒害作用彼此抵消一部分或大部分,称为拮抗作用。如,动物试验表明,当食物中含有 30×10^{-6}(质量分数)甲基汞,同时又存在 12.5×10^{-6}(质量分数)硒时,甲基汞的毒性就可能得到抑制。

(二)环境的分类

环境类型的划分尚无一致的标准,根据不同的原则,类型划分也不同。人类环境由若干个规模大小不同、复杂程度有别、等级高低有序、彼此交错重叠、彼此互相转化变换的子系统组成,是一个具有程序性和层次结构的网络。环境过去一般被划分为自然环境和人工环境两种类型。近年来,环境科学家以环境要素的差异、人类对环境的作用、环境的功能、空间范围的大小等为依据,对环境做出了新的分类。

人们可以从不同的角度或以不同的原则,按照人类环境的组成和结构关系将它进行不同的分类。通常的分类原则是:环境范围的大小、环境的主体、环境的要素、人类对环境的作用以及环境的功能等。按环境的范围,由近及远,环境可分为以下几种。

(1) 聚落环境

聚落是人类聚居的地方与活动的中心。它可分为院落环境、村落环境和城市环境。

(2) 地理环境

地理环境是围绕人类的自然现象及人文现象的总体，分自然地理环境和人文地理环境。

自然地理环境位于地球的表层，即由岩石圈、水圈、土壤圈、大气圈和生物圈组成的相互制约、相互渗透、相互转化的交错带，其厚度为10~30 km。人文地理环境是指人类的社会、文化、生产、生活活动的地域组合，包括人口、民族、聚落、政治、社团、经济、交通、军事、社会行为等许多成分。它们在地球表面构成的圈层，称为人文圈或社会圈、智慧圈、技术圈。自然地理环境是自然地理物质发展的产物，人文地理环境是人类在自然地理环境的基础上进行社会、文化和生产活动的结果。因此，从大的范围来说，地理环境（特别是自然地理环境）是环境科学的重点研究对象。

(3) 地质环境

简单地说，它是指自然地理环境中除生物圈以外的部分。它能为人类提供丰富的矿物资源。

(4) 宇宙环境

环境科学中，宇宙环境是指地球大气圈以外的环境，又称星际环境。不过，此处所指的宇宙环境仅限于人类进入太空活动以后，人和飞行器（人造卫星、探测器、航天飞机等）在太阳系内飞行触及的环境。

毫无疑问，任何一个层次的环境系统都由低一级层次的各个子系统组成，而它自身又是更高级环境系统的组成部分。

(三) 环境的特性

环境系统是一个复杂的系统，各部分之间存在着紧密的联系和制约关系，同时是具有时、空、量和序变化的动态系统和开放系统。环境中的各种变化不是孤立的，往往是集多种因素于一体的综合反映。由于人类活动与环境系统存在物质、能量和信息的相互流动，因此环境具有不容忽视的特性。

1. 环境的整体性

环境是以人为中心的对人可能产生影响的各种因素组成的整体。这些因素是相互联系、相互影响、相互制约的。如，环境中的大气变化对水环境、土壤环境及生物环境都会带来相应的影响，可以说是牵一发而动全身。例如，人类燃烧的矿物质能源使二氧化碳排放量增加，进而导致温室效应加剧，相继引起全球变暖、海平面上升等一系列环境问题。因此，环境保护是全球性问题，只有人类携起手来，共同行动，人类的栖息地——地球才能得到保护。

2. 环境的区域性（变化性或差异性）

不同地区的环境呈现明显的地域差异，形成不同的地域单元，称为环境的区域性，也是由于环境中物质和能量的地域分异规律而形成的。

1) 因地球形态和运动轨迹的特点，太阳辐射在地表的辐射能量按纬度呈条带状分布，导致具有不同能量水平的环境体系按纬度方向伸展。

2) 地表组成物质的不均匀性，特别是海洋、陆地两大物质体系的存在，使地表的能量和水分进行再分配，引起环境按经线方向由海洋向内陆有规律地变化（湿润、半湿润、半干旱、干旱气候），从而使具有不同物质、能量水平按经线方向伸展的环境类型，叠加于按纬线方向伸展的环境体系之上（沿海、内陆的差异）。

3) 地貌部位不同，往往会有不同的物质能量水平，相应地有不同的大气、水文和生物状况（高山、平原），使环境类型更加复杂多样。

4) 由于科学技术水平不同、生产方式不同，因此人类对自然的开发和利用性质、程度都显示出极大的差别。自然演化和人类干预，使人类生存环境明显地具有地区差异，形成不同的地域单元，表现出强烈的区域性。

3. 环境的综合性

环境的综合性体现在两个方面。一是任何一个环境问题的产生，都是环境系统内多因素综合作用的结果，其中既有自然因素（如温度、湿度及风速）的作用，更有人为因素（如污染物的排放等）的作用，而且这些因素之间相互影响、相互制约。二是解决环境问题需要多学科的综合。在实际工作中，为了解决某一环境问题，往往需要综合所涉及的各个领域的学科，在一个总体目标或方案的构架之下，有针对性地将所涉及的各学科问题逐一解决。例如，为解决一条河流的污染问题，在调查污染物种类、性质时，要依靠环境化学、环境物理学、微生物学等学科方面的理论和知识；弄清污染危害的程度和范围以及河流本身的自净能力，需借助该河流的水文、地质资料以及生态学、土壤学、医学等方面的知识；制订治理方案，要考虑国家、地方的现行有关政策、法规和对经济发展的影响，资金筹措等经济、财政方面的因素；另外要运用系统工程学方法制订一个现实条件下的最佳方案；实施治理时还要涉及各种工程技术科学。这些都需要在进行深入研究和系统分析之后，做出综合的科学决策。

4.环境的有限性

自然环境中蕴藏着大量的物质与能量，这些资源都是有限的；另外，环境对污染物的容纳量（即环境容量）也是有限的。环境的有限性提醒人类必须改变传统的生产方式与生活方式，提高资源的利用率，尽可能少地向环境排放废物，改善人与自然之间的关系，构建和谐的人居环境，这样人类才能够持续地发展下去。

5.环境的相对稳定性

在一定的时空条件下，环境具有相对稳定性，即环境具有一定的抗干扰能力和自我调节能力。只要干扰强度不超过环境所能承受的界限，环境系统的结构与功能就能逐渐得以恢复，表现出一定的稳定性。这就要求人类的活动必须在环境的承载力范围内。

6.环境变化的滞后性

自然环境受到外界影响后，其变化及影响往往是滞后的，主要表现为：一是环境受到破坏后，其产生的后果很难及时反映出来，有些是难以预测的；二是环境一旦被破坏，所需的恢复时间较长，尤其是超过阈值以后，要想恢复则很难。这也体现了环境的脆弱性。例如，森林被砍伐后，对区域的气候、生物多样性的影响可能反映明显，但对水土保持的影响则是潜在的、滞后的。化学污染也是如此。如，日本的水俣病是在污染物排放后20年才显现出明显的危害。这种污染危害的时滞性，一是由于污染物在生态系统内的各类生物中的吸收、转化、迁移和积累需要时间，二是与污染物的性质（如半衰期的长短）等因素有关。

7.环境的不可逆性

人类的环境系统在运转过程中存在两个过程：能量流动和物质循环。后一过程是可逆的，但前一过程不可逆。因此根据热力学理论，整个过程是不可逆的。环境一旦遭到破坏，靠环境自身不能完全回到原来的状态。一般来说，小范围的环境破坏在人工帮助下可恢复其原有的生态功能；大范围的环境破坏（如全球变暖、臭氧层破坏）是很难恢复的，甚至在现有技术条件下是无法恢复的。

8.环境灾害的放大性

实践证明，某方面不引人注目的环境污染与破坏，经过环境的作用以后，其危害性或灾害性无论从深度和广度来讲都会明显地放大。如，温室气体的过量排放不仅会造成局部地区空气污染，还可能造成酸沉降，毁坏大片森林，导致大量湖泊不适宜鱼类生存；而且温室效应还会使全球气候异常，气温升高，冰雪融化，海水上涨，淹没大片陆地。

(四) 环境问题

环境问题是指由于人类活动或自然原因引起环境质量恶化或生态系统失调，对人类的生活和生产带来不利的影响或灾害，甚至对人体健康带来有害影响的现象。环境问题是人类面临的几个主要全球性问题之一。

环境问题的定义有广义和狭义之分。广义的环境问题是指因自然变化或人类活动而引起的环境破坏和环境质量变化，以及由此引发的对人类生存和发展不利的影响。依据其产生的原因，环境问题可分为原生环境问题和次生环境问题两类。由自然力引起的环境问题称为原生环境问题，也称第一环境问题，如火山喷发、地震、洪涝、干旱、滑坡等引起的环境问题。由人类的生产和生活活动引起的生态系统破坏和环境污染，反过来又危及人类自身的生存和发展的现象称为次生环境问题，也称第二环境问题。狭义的环境问题仅指人为因素导致的环境破坏和环境质量变化，即广义环境问题中的次生环境问题。

一般认为，在环境问题的历史演变过程中，自然环境及其要素自身所发生的某种改变固然在一定程度上可能导致环境状况的恶化，但环境的大多数变化主要是人为因素引起的。人们真正关注和研究的是现代环境问题，即伴随着人类的工业化进程出现的严重的、广泛的、影响深远的以至于危及人类生存的环境问题。

次生环境问题包括生态破坏、环境污染和资源浪费等方面。其中，生态破坏是指人类活动直接作用于自然生态系统，造成生态系统的生产能力显著下降和结构显著改变而引起的环境问题，如过度放牧引起草原退化、乱采滥捕使珍稀物种灭绝和生态系统生产力下降、植被破坏引起水土流失等。

环境污染是指人类活动的副产品和废弃物进入物理环境后，对生态系统产生的一系列扰乱和侵害，甚至引起环境质量恶化，反过来又影响人类自身的生活质量。环境污染不仅包括物质造成的直接污染（如工业和生活"三废"），也包括由物质的物理性质和运动性质引起的污染（如热污染、噪声污染、电磁污染和放射性污染等）。环境污染还衍生出许多环境效应，如二氧化硫造成的大气污染，除了使大气环境质量下降外，还会造成酸沉降或酸雨而导致生态系统遭到破坏。应当注意的是，原生环境问题和次生环境问题难以截然分开，其间存在着某种程度的因果关系和相互作用。

二、自然生态系统与工业生态系统

生态系统（ecosystem，简称ECO），指在一定的空间和时间范围内，在各种生物之间以及生物群落与其无机环境之间，通过能量流动和物质循环而相互作用的一个统一整体。生态系统是生物与环境之间进行能量转换和物质循环的基本功能单位。为了生存和繁衍，每一种生物都要从周围的环境中吸取空气、水分、阳光、热量和营养物质；生物在生长、繁育和活动过程中又不断地向周围的环境释放和排泄各种物质，死亡后的残体复归环境。对任何一种生物来说，周围的环境也包括其他生物。经过长期的自然演化，每个区域的生物和环境之间、生物与生物之间，都形成了一种相对稳定的结构，具有相应的功能。

生态系统的范围可大可小，相互交错。太阳系就是一个生态系统，太阳就像一台发动机，源源不断地给太阳系提供能量。地球最大的生态系统是生物圈；最为复杂的生态系统是热带雨林生态系统；人类主要生活在以城市和农田为主的人工生态系统中。生态系统是开放系统，为了维系自身的稳定，生态系统需要不断地输入能量，否则有崩溃的危险；许多基础物质在生态系统中不断循环，其中碳循环与全球温室效应密切相关。生态系统是生态学领域的一个主要结构和功能单位，属于生态学研究的最高层次。

生态系统类型众多，一般可分为自然生态系统和人工生态系统。自然生态系统还可进一步分为水域生态系统和陆地生态系统。自然生态系统中各种生物之间及它们与环境之间非常巧妙地，甚至可以说是完美地结成了一条条食物链，而链与链之间又联结成一张生态网。人工生态系统则可以分为农田、城市等生态系统。而产业生态系统属于人工生态系统的一种，有着自己特定的物质循环、能量流动以及信息传递等生态功能。自然生态系统是一个有机的整体，工业要成为高效的"社会—经济—自然"复合生态系统，其内部的物质代谢、能量流动和信息传递关系，就应该是一张环环相扣的网，而不是一条简单的链或是单个的环。链和环一旦断开，整个循环就会中止；而网上的渠道是四通八达的，一条路堵塞了，还可以从另一条道绕着走。

（一）自然生态系统的概念及分类

1.自然生态系统的概念

自然生态系统是指在一定时间和空间范围

内，依靠自然调节能力维持的相对稳定的生态系统，如原始森林、海洋等。自然生态系统为人类提供食物、木材、燃料、纤维以及药物等社会经济发展的重要组成成分。自然生态系统维持着人类赖以生存的生命支持系统，包括空气和水体的净化、缓解洪涝和干旱、土壤的产生及其肥力的维持、分解废物、生物多样性的产生和维持、气候的调节等。

2. 自然生态系统的分类

生态系统根据环境性质，可以划分为陆地、淡水、海洋等生态系统。淡水生态系统又可以分为湖泊、河流、水库等生态系统；海洋生态系统又可分为海岸、河口、浅海、大洋及海底生态系统；陆地生态系统可分为森林、草原、荒漠、山地和农田等生态系统。根据人类活动对生态系统的干预程度，生态系统又可分为自然生态系统、半自然生态系统和人工生态系统。自然生态系统是自然界中任何一个地段或范围内生物与非生物环境之间相互依存、相互制约、自我调节的错综复杂的综合体。在自然生态系统中，植物所吸收、固定的能量代谢和物质能够满足该系统内所有生物生存的需要，成为一个"自给自足"的系统，不需要人类的干预和扶持，在一定空间和时间范围内靠自己的反馈、相制处于相对稳定的状态。世界上主要自然生态系统的基本特征和功能如下。

（1）海洋生态系统

海洋面积3.6亿 km^2，占地球表面积的70%左右，平均深度3 750 m，是世界上最大、层次最厚的生态系统，在生物学方面最富于多样性。海水中含盐3%左右，具有很高的蒸发率，起着调节大气温度、湿度的重要作用。其生产者主要为浮游生物、藻类，消费者主要为各种鱼类，其中珊瑚岛以藻类和腔肠动物共生为特征，生产力最高。海洋生态系统中特别发达的浮游生物不仅为各种鱼类提供丰富的食物，并且能大量吸收二氧化碳调节大气中氧气和二氧化碳的平衡。

（2）淡水生态系统

淡水生态系统包括河流、溪流、水渠等流动水体和湖泊、沼泽、池塘、水库等静止水体。其生物类群因水的流速和水层的光亮度而不同：在急流中，生产者为藻类；缓流中除藻类外多为水生高等植物；在表水层（即光亮带），生产者为各种藻类。至于消费者，除鱼类外，急流中初级消费者多为具有特殊器官的昆虫，缓流中多为穴居昆虫幼虫。这类生态系统能量是自给的，它不仅可为人们提供丰富的水产资源，还可以通过水面的蒸发作用，调节一定范围内的大气温度、湿度，可以增加自然蓄水量，并具有防洪、排涝和抗旱的作用。

（3）草原生态系统

世界草原面积约为30亿 hm^2，占陆地面积的24%，分布于干旱和半干旱地区，雨量少（250~450 mm），并集中在夏季。初级生产者主要为草本植物，消费者除草食动物外，主要是穴居的啮齿类和其他动物，如野牛、野兔等。其生产力随雨量而变化，例如，中美洲草原地上部净生产力为338 $g/(m^2·a)$，而北美洲地上部净生产力为482~570 $g/(m^2·a)$，是发展畜牧业的主要基地。我国草原由东向西，顺次分布着森林草原地带、干旱草原地带。草原生态系统以饲草为主体，包括人工种植的饲草，大量的人工控制下的半天然和天然草地生态系统，在保护土地不受风沙侵蚀方面有着重要作用，是发展畜牧业的主要基地。

（4）森林生态系统

森林是陆地生态系统中最大的生态系统，面积约45亿 hm^2，生物现存量大。据估计，每年全球森林生态系统固定的能量占地球陆地上固定的能量的68%左右。森林生态系统有超过10万种物种，是宝贵的基因库。森林生态系统具有复杂的形态和营养结构，食物链较长，食物网较复杂，尤其是热带雨林，动植物资源最为丰富，生产力高。它们在生物圈中起着非常重要的作用，不仅提供丰富的动植物资源，而且对环境起着巨大的作用，如调节气候、增加雨量、涵养水源、保持水土、保护农田、净化空气、防止污染、减少噪声等。

我国的地理地质环境复杂多样，不适合人类居住的国土比重偏高，自然生态条件相对恶劣。占52%的国土面积是干旱、半干旱地区,90%的可利用天然草原存在不同程度的退化,沙化、盐碱化等中度以上明显退化的草原面积约占半数。我国是世界上生态脆弱型地域分布面积最大、脆弱生态类别繁多、生态脆弱性影响比较严重的国家之一,同时,部分生态脆弱型系统与我国保护国土安全、进行生态保育和恢复建设的重要的生态功能区在空间上产生重叠。我国生态脆弱型系统大多位于生态系统过渡区、自然要素的交错带,是生态问题突出、经济相对落后和人民生活贫困区,也是我国环境监管的薄弱地区。由人口压力较大、开发模式不合理造成的土地退化、水土流失、生物多样性减少等生态灾害以及日益频繁的自然灾害,使得生态脆弱型人地系统的生态环境状况日趋恶化,成为我国生态安全及社会发展的潜在危机。生态脆弱、环境恶化、自然灾害多发、经济滞后、社会贫困等不同问题错综复杂,循环累积,经济增长、脱贫致富、生态恢复重建与保育等各种区域协调与发展的任务交织叠加,使得生态脆弱型人地系统的协调发展成为关乎我国生态文明建设的重要问题,亟须在生态系统框架内进行优化调控,以实现生态脆弱地区可持续发展。

(二)工业生态系统的概念与特征

1. 生态工业的由来

(1)生态工业的产生背景

随着科学技术的发展和人类文明的不断进步,传统的工业生产在满足人们日益增长和变化的物质需求方面无疑发挥了巨大的作用。然而与此同时,人们对自然资源的任意开发和对环境的无偿利用已经造成了全球生态破坏,资源、能源的浪费与短缺,环境污染加剧等重大问题。全球几大环境问题主要有:空气质量明显下降、大气臭氧层破坏、温室效应、酸雨、水质和水体污染严重、生物多样性破坏、地球荒漠化以及与日俱增的固体废物等。资源与环境问题已经成为严重阻碍社会经济发展和生活质量提高的因素。如何正确处理工业发展与自然环境的关系,寻求能促进生态环境与经济协调发展的一种工业发展模式引起人们思考。为了实现人类社会健康可持续的发展,国内外研究者进行了大量相关的深入思考和研究。1992年,联合国"环境与发展"大会通过了《里约环境与发展宣言》《21世纪议程》等文件,提出了可持续发展战略。

人类解决环境问题大体经历了3个阶段:废弃物的末端治理、清洁生产和生态工业。"先污染,后治理"的模式是末端处理的典型代表。实践证明,这种工业发展模式有不少缺点,是不可持续的发展模式。清洁生产以经济效益最大化、资源利用高效化、废物的减量化和产品的无害化为原则,对改善环境质量、保护环境起到了积极作用。但这种模式只是针对单个企业,无法在企业之间充分利用废弃的资源和能量,不能降低资源的整体消耗水平,而且生产成本较高。20世纪90年代初,"生态工业"一词首先由一些与美国工程科学院关系密切的工程技术人员重新提出,特别是1989年美国通用汽车公司的罗伯特·弗罗斯彻(Robert Frosch)和尼古拉斯·格罗皮乌斯(Nicolas Gallopoulos)在《科学美国人》专刊上发表了《可持续工业发展战略》一文。两位作者提出工业可以运用新的生产方式,对环境的影响将大为减少,由此推出"生态工业"这一概念。在关于生态工业系统与生物生态系统类比思想的启示下,人们开始按照工业生态学的原理建立新的生态工业体系,寻求经济效益、生态效益和社会效益的统一,最终实现人类社会的可持续发展。

(2)工业生态学和生态工业的基本概念

工业过程包括原料的获得、产品加工制造、产品分配销售、产品使用、产品废弃及回收等过程,这些都会不同程度地产生污染。只注意工业生产过程(指原材料的加工和产品制造)的环境污染,而把其他过程产生的污染排除在工业污染之外,这既不合理,又增加了其他过程污染治理的难度和费用。基于工业生态学原理的生态工业是解决这类问题的有效途径。

工业生态学是专门审视工业体系与生态圈关系的,是充分体现综合性和一体化的一种新思维。它强调用生态学的理论和方法研究工业生产，把工业生产视为一种类似于自然生态系统的体系，其中一个单元产生的废物或副产品，是另一个单元的"营养物"和投入原料。这样，区域内彼此靠近的工业企业就可以形成一个相互依存、类似于生态食物链过程的工业生态系统。按艾伦比（Allenby）的定义，生态工业是指仿照自然界生态过程物质循环的方式，应用现代科技所建立和发展起来的一种多层次、多结构、多功能、变工业排泄物为原料、实现循环生产、集约经营管理的综合工业生产体系，是一种新型的工业模式。在生态工业系统中，各生产过程不是孤立的，而是通过物质流、能量流和信息流互相关联，一个生产过程的废物可以作为另一个生产过程的原料加以利用。生态工业追求的是系统内各生产过程从原料、中间产物、废物到产品的物质循环，达到资源、能源、投资的最优利用。生态工业是符合生态系统环境承载能力的、物质和能量高效组合利用的工业组合和发展形态。一个理想的生态工业系统，包括4类主要行为者：资源开采者、制造商、消费者和废料处理者。在系统中，所有物质都得到了循环往复的利用，使得不同行为主体之间的物质流远远大于出入生态工业系统的物质流，从而提高资源的使用效率，实现资源和环境的可持续发展。

(3) 生态工业是循环经济的重要形态

循环经济是物质闭环流动型经济的简称，是一种"资源—产品—再生资源—再生产品"的反馈式或闭环流动的经济形式，是人类按照自然生态系统物质循环和能量流动规律建构的经济系统，并使经济系统和谐地纳入自然生态系统的物质循环过程中，其宗旨就是保护日益稀缺的环境资源，提高环境资源的配置效率。循环经济的主要原则是3R原则，即"减量化原则（reduce）、再利用原则（reuse）、再循环原则（recycle）"。循环经济是实现可持续发展的一个重要途径，也是保护环境和削减污染的一个根本手段，符合时代发展的要求。循环经济模式的建立具有高度的综合性，它必须涵盖工业、农业和消费等各类社会活动，并需要各种新型的技术作为支持，需要法律和规章的保障。工业系统是现代社会经济系统的核心，是人类社会与自然生态系统相互作用最为强烈的一个子系统，是社会发展不可或缺的动力，它提供的产品和服务构成了现代文明生活的物质基础，所以只有通过充分发展生态工业，才能推动社会其他各个方面循环经济模式的全面建立。

生态工业是循环经济的重要形态，清洁生产、生态工业和循环经济是当今环保战略的3个主要发展方向。三者之间有共同之处，又有各自明确的理论、实践和运行方式。其共同点是提高环境保护对经济发展的指导作用，同时突破传统工业模式和环境保护观念。循环经济下的工业体系，主要从3个层次——单个企业的清洁生产、企业间共生形成的生态工业园以及产品消费后的资源再生回收——来实践3R原则。在这3个层次中，生态工业园是依据循环经济理念和工业生态学原理设计建立的一种新型工业组织形态，成为循环经济一个重要的发展形态。生态工业园是一个计划好的原材料和能源交换的工业体系，它寻求能源、原材料以及废物的最小化，通过企业间的相互合作，实现绿色技术创新，建立可持续的经济、技术、生态和社会的关系。发展生态工业，进行企业的"绿色设计"，是实现可持续发展的有效途径。

2. 生态工业的特点

从生态工业的定义中可以看出，生态工业系统区别于传统工业系统的一个重要方面是它实现了物质的生命周期全循环，即工业系统内要综合考虑产品从"摇篮"到"坟墓"到"再生"的全过程，并通过这样的过程实现物质从源到汇的纵向闭合，实现资源的永续循环利用。传统工业一般将废弃的产品或材料看成是无用的、等待处置的东西，因此来源于自然环境的原材料经过一次生产过程后，就变成了废弃物排放到环境中，这样的线性过程打破了自然界的物质平衡。工业生态学要求从产品的设计阶段起就必须考虑产品使用期结束后的再循环问题，产品的废弃物处置问题同产品的设计和加工制造过程具有同样的重要性。传统工业与生态工业的比较见表2-1-1。

表 2-1-1 传统工业与生态工业的比较

类别	传统工业	生态工业
目标	单一利用,产品导向	综合效益,功能导向
结构	链式,刚性	网状,自适应性
规模化趋势	产业单一化、大型化	产业多样化、网络化
系统耦合关系	纵向,部门经济	横向,复合生态经济
功能	产品生产,对产品销售市场负责	产品+社会服务+生态服务+能力建设,对产品生命周期的全过程负责
经济效益	局部效益高,整体效益低	综合效益好,整体效益好
废弃物	向环境排放,负效益	系统内资源化,正效益
调节机制	外部控制,正反馈为主	内部调解,正负反馈平衡
环境保护	末端治理,高投入,无回报	过程控制,低投入,正回报
社会效益	减少就业机会	增加就业机会
行为生态	被动,分工专门化,行为机械化	主动,一专多能,行为人性化
自然生态	厂内生产与厂外环境分离	与厂外相关环境构成复合生态体
稳定性	对外部依赖性高	抗外部干扰能力强
进化策略	更新换代难,代价大	协同进化快,代价小
可持续能力	低	高
决策管理机制	人治,自我调节能力弱	生态控制,自我调节能力强
研发能力	低,封闭性	高,开放性
工业景观	灰色,破碎,反差大	绿化,和谐,生机勃勃

工业系统既是人类社会系统的一个子系统,也是自然生态系统的一个子系统,是人类社会与自然生态系统相互作用最为强烈的一个了系统,它与自然生态系统的关系处理得好坏是人类社会可持续发展的核心问题。工业系统如同生物生态系统一样进行着物质、能量以及信息的流动与储存,总体来说,是建立在生物圈所提供的资源与服务的基础上的。在某种意义上,工业是生物圈的赘生物,因此在界定生态工业系统的概念时,参照生态系统的相关理论和概念是十分必要的。

作为一种人工生态系统,生态工业系统是人类通过模仿自然生态系统,按其物质循环和能量流动的规律重新构建起来的一种新型人类经济系统。它利用系统化、一体化的管理思想将经济系统纳入模拟自然生态系统,即"生产者—消费者—分解者"的产业循环链(网)体系,通过产业链形成工业共生网络系统,大大提高对自然资源和能源的利用效率,减少整体废弃物的排放及其对环境的影响。

生态工业系统发展的实质是以人为主体的生命与其环境间相互关系的协调,包括物质代谢关系、能量转换关系及信息反馈关系,以及结构、功能和过程的关系。这里的环境包括人的栖息劳作环境、区域生态环境及文化环境。它们与作为主体的人一起被马世骏称为"社会—经济—自然"复合生态系统,具有生产、生活、供给、接纳、控制和缓冲功能,构成错综复杂的人类生态关系,包括人与自然之间的促进、抑制、适应、改造关系,人对资源的开发、利用、储存、扬弃关系,以及人类生产和生活活动中的竞争、共生、隶属、乘补关系。发展问题的实质就是复合生态系统的功能代谢、结构耦合及控制行为的失调。

3. 生态工业系统的复杂性分析

生态工业系统是由社会、经济、环境3个子系统复合而成,并依据生态学、经济学、技术科学以及系统科学的基本原理与方法来经营和管理工业经济活动的一种现代工业发展模式,具有复合生态系统的结构和功能,系统中有强烈的非线性作用。

(1)开放性

生态系统耗散结构理论要求系统具有开放

性，而由于生态工业系统结构和功能的特性，导致其具有高度的开放性。工业生态学理论的主要思想是把工业系统视为一类特定的生态系统。同自然生态系统一样，工业系统是物质、能量和信息流动的特别分布，而且完整的工业系统有赖于由生物圈提供的资源和服务，这些是工业系统不可或缺的。生态工业系统的主体是工业活动，系统中的工业企业必须从外面吸收资金、原材料、劳动力等生产要素，引进生产技术，生产产品，然后它的产品被输出工业系统，输入消费市场，参与竞争。生态工业系统只有与周围环境不断进行物质、能量、信息交换，才能维持从原料的提取一直到生产、消费和最终处置等系统的整个运行过程。毫无疑问，生态工业系统并不是绝对的"闭环"，而是具有高度开放性的系统。

(2) 复杂性

工业生态学认为，工业系统是处于自然生态系统内的人类社会-经济系统中的一个子系统，要解决工业系统与自然环境系统之间的冲突(即要了解工业系统与自然生态系统之间的矛盾)，还必须解决它与社会-经济系统及其他子系统之间的各种问题。生态工业系统是由其组成要素(各企业、市政单位等)组成的具有新功能的有机整体，它具有独立要素(子系统)所不具有的性质和功能，并且不等于各个子系统的线性加和。生态工业系统中企业之间通过"资源—产品—再生资源"的物质循环利用关系建立"食物网"，各企业都不可能在不影响整体系统和其他企业的情况下发生变化；各子系统之间，不同层次的组成之间相互关联、相互制约，有复杂的、多种多样的非线性相互作用。洛伊和沃伦认为一个生态工业园的本质特征就是企业之间以及企业与环境之间的相互作用、相互影响，其他文献中也有类似的说法。此外，生态工业系统的目的是比现有的不可持续的工业系统更合理一些，给环境造成的污染更少一些，资源的利用更充分一些。它所涉及的问题极为复杂，既有自然科学的问题，也有工程技术科学的问题，还有人文与社会科学的问题。利用系统工程原理，对认识经济效益与环境效益的综合效益有很大的帮助作用，在实现生态工业与可持续发展的过程中起到关键作用。

(3) 进化性

生态工业的实现具有进化性。生态工业系统中的进化思想主要体现在更多地依靠可再生资源的持续利用以及废弃物资源和能源的开发，以达到物质的循环。随着社会科学技术与经济的发展以及全球性问题的日益明显，人们的观念也在不断更新，对资源和环境问题的认识也逐渐深入。生态工业系统必须调整自身以适应当地自然资源的再生周期，减少使用不可再生资源。当然，有时这种调整要受到技术、经济等各种因素的制约，并不是短期内能够完全实现的。此外，当系统的某一组成部分失败(破产、搬迁等)，造成部分生态链中断时，必然会有成员的更新、调整，成员间的合作关系也需要经过一段时间的磨合与适应。

(4) 多层次性

复杂系统的演化过程呈现层次结构。所谓层次结构，就是指若干要素利用相干性关系构成系统，再通过新的相干关系而构成新系统的结构关系。生态工业系统相当于由无数相关的子系统组成的整体网络，系统之间用生态工业链联系。其层次性指系统内部存在着整体与局部的关系，某个层次是由下一层次的组元之间非线性相互作用组成的，同时它与同一层次的组元一起又成为上一层次的组成部件，如图2-1-1。依据工业生态学原理，企业组元应贯彻减少原料使用和废物排放的思想以实现清洁生产，而企业群落贯彻这种思想以实现生态工业园建设，不同的园区结合则构成区域乃至全球性生态工业系统。多层次工业系统的设计思想应该是把生态工业系统设计成一个开放的系统，在不同层次、尺度进行物质流、能量流和信息流的优化分配以实现对资源无限接近合理的利用和造成无限少的环境污染，使人类可持续发展的能力更强。

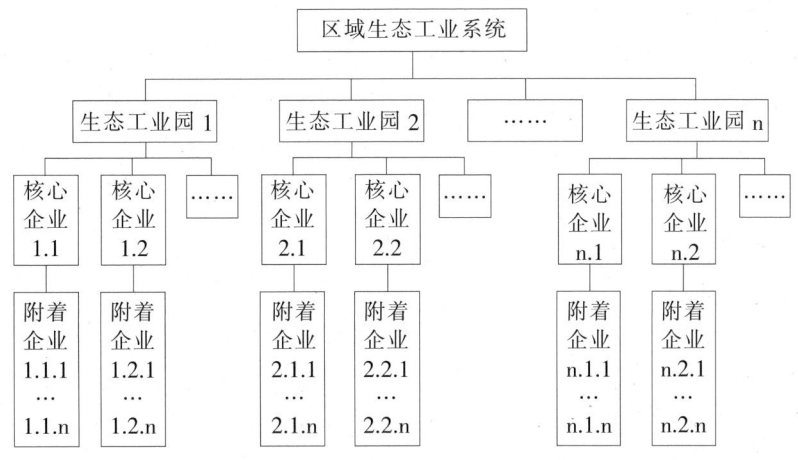

图 2-1-1 区域生态工业系统架构

三、工业生态系统的演化平衡

(一)工业发展的3种模式

人类的工业发展过程,按其物质的流动状态,一般可以分为3种形式:传统的单向直线型、末端治理型和循环经济型。

1.传统的单向直线型

传统经济是一种由"资源—产品—污染排放"构成的单向运动的线性经济,其特征是高开采、低利用、高排放。在这种经济中,人们高强度地从地球上摄取资源和能源,似乎资源和能源是取之不尽的;然后又把污染和废物大量地排放到水系、空气和土壤中,似乎地球有无限的污染承载力;对资源的利用是粗放的和一次性的,通过把资源持续不断地变成废物来实现经济的数量型增长;其结果必然导致自然资源的短缺和枯竭,并引发严重的环境污染问题,使人们的生存环境日益恶化。

2.末端治理型

随着工业化进程的加快,环境污染问题开始成为阻碍经济发展的一个重要因素。人类首先想到了减少工业污染物的释放和减低污染物对环境的危害程度。末端治理技术主要是在生产链的终点或者是在污染物排放到自然界前对其进行一系列的物理、化学、生物过程的处理,最大限度地降低污染物的危害。

3.循环经济型

循环经济在遵循自然生态系统的物质循环和能量流动规律下,重构经济系统,使其和谐地纳入自然生态系统的物质能量循环过程,以产品清洁生产、资源循环利用和废物高效回收为特征的生态经济发展形态。它要求按照自然生态系统的循环模式,将经济活动高效有序地组织成一个"资源利用—清洁生产—资源再生"接近封闭型物质能量循环的反馈式流程,保持经济生产的低消耗、高质量、低废弃,从而将经济活动对自然环境的影响破坏降到最低程度。

由以上分析可见,工业的发展模式从传统的单向直线型到末端治理型,再到循环经济模式;由"资源—产品—污染排放"构成的高开采、低利用、高排放的单环运动的线性经济转变到"资源利用—清洁生产—资源再生"接近封闭型的具有反馈式流程的高效有序的物质能量循环,经济活动及其性质发生了根本的转变,经济的发展也不断地与环境相融合,呈现出可持续发展的显著特征。

(二)传统工业发展模式的反思

工业化是18世纪工业革命以来人类社会主导的物质资料生产方式和经济发展模式。它曾极大地增进了人类的福利,创造了以巨大物质财富为特征的现代工业文明;但是全球生态危机的出现证明了传统的工业化模式的种种弊病及其发展的不可持续性。从生产与环境的关系角度看,传统工业生产方式有以下几个特征和弊病:传统工业生产方式是一种以消耗不可更新资源为主的工业化生产方式,煤、石油、天然气和其他矿产资源一直是工业各部门(特别是重工业部门）的能源和原材料的主要来源。传统工业生产方式是一种高资源耗费的工业生产方式，与低投入、低产出的传统农业相比，传统工业化的生产依赖于大量的自然资源投入，能源和原材料的耗费量十分巨大，传统工业生产方式是一种高污染的工业生产方式。传统工业生产在对自然资源的开采和加工生产的过程中，在工业品的使用过程中，都可能产生废气、废液、废渣等污染物质。传统工业生产方式基本上采用的是一种单向非循环的工业生产流程。这个过程可以简单表示为资源—加工转换产品。由于对必要的资源环境利用流程的忽视，这种方式在相当程度上加深了资源的耗费和环境的污染。传统工业生产方式正变得越来越难以为继，而传统工业生产方式延伸出的末端治理的模式也存在着不少的问题（高投资，低效益，资源、能源的再次污染和浪费，难以实施的控制标准与生产过程的割裂等），从而导致污染控制的经济性差，给企业带来沉重负担，企业没有积极性。

工业是实现本土优势资源转换的重要环节，也是物质能量代谢、污染物排放的主要产业。传统的"线性"工业模式在创造大量财富的同时，也对人类的生存环境造成了巨大的威胁。寻找一条可行的途径从根本上解决工业环境问题已经成为世界各国共同关心的课题。生态工业是基于工业生态学理论建立的，从宏观上来讲，可以实现工业经济系统和生态系统的耦合，协调工业的生态、经济和技术关系，促进工业生态经济子系统的合理运转和稳定、有序、协调和持续发展，建立宏观的生态工业系统的动态平衡；从微观上看，可以做到工业生态资源的多层次物质循环和综合利用，提高工业生态经济子系统的能量转换和物质循环效率，建立微观的工业生态经济平衡。自世界上第一个生态工业园建成后，工业生态学理论在实践层面得到越来越广泛的推广。尤其是进入20世纪90年代，人们认识到：生态工业系统不仅在减少工业体系对环境干扰方面效果明显，而且在降低成本、提高企业效益方面也大有优势。生态工业园等区域生态工业系统的建设引起了各国家的广泛关注，成为世界各国实现可持续发展的重要途径。

我国倡导发展生态工业，建设生态工业系统，是在学习和借鉴国际先进理论和实践的基础上开展起来的。这个领域的研究基础还比较薄弱，实践上也处于积极探索阶段，生态工业的发展遇到了技术、市场、法律等各方面的问题。而要推进生态工业的发展，必须要通过一定的方式体现出来，这个具体体现的方式就是生态工业系统。从系统的角度出发，提倡资源在系统范围内的循环流动，鼓励企业间副产品交换，使副产品变"废"为"宝"，克服了单个企业片面治理污染的问题，在创造经济效益的前提下提高系统范围内的环境表现和资源效率。同时，建立在一定区域范围内的生态工业系统，对于改变区域经济布局的架构方式、实现区域范围内的产业升级、实现区域经济增长具有极其重要的现实意义。因此，为了从根本上改善工业发展过程中的环境问题，提高环境资源的利用效率，发展生态工业，进而实现循环经济和区域经济增长，根据生态学、工业生态学、循环经济等理论建立区域生态工业系统，并研究其运行机制和生态效率是十分必要的。可以说，区域生态工业系统的运行机制与生态效率评价是一个来自于实际需求的具体课题，对促进生态工业在我国的良性发展与积极实践有着重大的理论和现实意义。

（三）生态工业的工业生态化模式

1.生态工业的工业生态化的特点

1）不同产业或企业间存在着物质和能量的关联和互动关系，这种关联和互动构成了各产业或企业间的工业生态链或生态网络，从而形成生态工业体系。不同企业间可以通过相互利用副产品共同提高企业的生存能力和获利能力，同时通过这种共生实现资源的节约和对环境的保护。

2）在工业生态链或工业生态网络中，物质和能量逐级传递，并实现闭路循环，不向体系外排出废物。

3）可以实现区域性的清洁生产和区域性的经济规模化发展。

4）区域内资源、信息共享，克服了线性经济发展模式之下企业的生产各自为战、信息不畅通的弊端。

5）不受地域的限制，也没有明确的地域界线。只要存在工业生态关系，这个企业无论在什么地方都可成为生态工业系统中的一个环节。

6）不单纯着眼于经济的发展，而是着眼于工业生态关系的连接，把保护环境融合于经济活动过程中，实现了环境与经济的统一和协调发展。

2．生态工业的工业生态化的方法

经济发达国家在20世纪八九十年代，已经开始了生态工业园区建设的探讨和实践。我国要因势利导，防止一哄而上、盲目行事，积极而慎重地推进生态工业示范区的建设。

(1) 做好生态工业建设的宣传引导

生态工业建设在我国还处于起步阶段。当前的重要任务之一就是积极开展生态工业的理论研究，加强宣传活动，扩大生态工业理论的影响，使政府和企业的管理者建立起生态工业的理念，从而有意识、有目标地去引导生态工业体系的建立，推动我国生态工业的发展。

(2) 加强生态工业建设的技术指导

建立生态工业体系要依托技术支持单位，预先进行资源、产业结构和发展趋势的调查分析，在此基础上做出生态工业建设的规划，并在国家和地方政府的指导下实施。今后，要进一步加强生态工业建设的技术指导，制订生态工业规划编制、生态工业示范园区建设、生态工业示范园区验收等方面的技术指南和指标体系。要使生态工业建设在规范、有序、目标明确、技术路线清楚的基础上健康发展。

(3) 建立生态工业示范园区，以点带面

选择有一定资源和产业优势，并具有一定生态工业基础的地区，进行不同类型的生态工业示范园区建设的试点。通过试点，一方面进行生态工业建设的理论和实践的探索，积累经验，为深化这项工作打下基础；另一方面，为其他区做出表率，以点带面，逐步扩大生态工业的普及面，推动生态工业的进一步发展。

3．生态工业的工业生态化的形式

推进生态工业的发展，必须要通过一定的方式体现出来，这个方式就是生态工业的载体——生态工业示范区。生态工业示范区是在过去建设经济技术开发区和高新技术开发区的基础上的一个更高层次的经济发展形式。这3种类型园区建设的目的、理论和方法是不一样的。经济技术开发区是我国在改革开放初期，在一定的区域内建立起来的劳动密集型开发区，主要侧重于经济发展"量"的扩张，以解决当时经济急需大发展的需要。高新技术开发区是为了提高经济发展的技术含量，在一定区域内建立起来的技术密集型开发区，主要侧重于经济发展"质"的提高。高新技术开发区是在经济技术开发区的基础上的进一步发展和升华。生态工业示范园区是运用工业生态的理论，寻求企业间的关联度，进行产业链接，建立起相关工业企业间的生态平衡关系，实现环境与经济的可持续发展。生态工业示范园区是在前两类开发区基础上的更高层次的升华和优化。推进生态工业的发展，要在不同的产业类别中建立生态工业示范园区，通过以点带面，逐步建立起我国的生态工业体系，形成可持续发展的循环经济模式。

4．开展生态工业的必要性与意义

随着工业化进程的不断深入，日益严重的环境污染和资源危机已对人类的生存和社会的发展构成威胁。我国长期以来"高投入、高产出、高污染、低效率"的经济发展模式使这一矛盾更加突出。生态工业是循环经济在工业上的表现形式，也是21世纪工业发展的方向，有利于工业环境问题的解决。我国已确定工业发展要"走出一条科技含量高、经济效益好、资源消耗低、环境污染少、人力资源优势得到充分发挥的新型工业化路子"。事实上，循环经济模式正是新型工业化道路的最高形式。这就要求我们树立循环经济理念，坚持生态工业导向，走出一条与以往不同的新型的工业化道路。概括地说，发展生态工业的意义与必要性如下。

1）提高资源利用率，增加经济效益。

2)转变现行工业发展模式,防治工业污染。

3)有利于调整工业结构与布局。

4)符合环境管理思想及方式的转变。

5)加速实现与国际接轨。

我国正处于经济高速发展时期,吸取先污染后治理的经验教训,根据我国的实际情况尽早在工业体系中引入生态工业的理念,将会使工业生产逐步朝着"资源—产品—再生资源"的循环模式转变,高起点地实现工业的可持续发展。根据我国的实际情况,建设生态工业体系的策略和措施如下。

1)加强生态工业的宣传和交流。

2)构建环境法规的绿色导向机制。

3)加强政府引导和支持。

4)利用经济杠杆连接不同企业。

5)逐步开展生态工业园区的建设。

四、产业生态化及其实现途径

(一)产业生态化的概念

1.产业生态化的基本内涵

实现产业生态化是为了促进产业更好地可持续发展。产业生态化转型与经济社会发展的整体目标相一致,与转变经济发展方式和调整产业结构的目标相一致。一般而言,产业是居于微观经济与宏观经济之间的一个集合概念。它是具有多样性的企业的集合,又是国民经济按某一标准划分的部分。按照三次产业分类法,全部经济活动可划分为3类:第一产业即广义的农业,包括农业、畜牧业、狩猎业、林业及渔业等,其生产部门的属性是取自于自然界;第二产业即广义的工业,包括采掘业、制造业、建筑业、运输业、通信业、电力、煤气、供水等工业部门,其特征是加工取自于自然的生产物;第三产业即广义的服务业,包括商业、金融、饮食、服务业等公共服务,以及科学、卫生、教育、政府等公共行政事业与其他公益事业等,属于无形财富的生产部门。从以上分类来看,在三次产业中对资源和环境的关系和影响最大的是第二产业,即工业。因此,研究产业的生态化,其重点也在工业的生态化。

产业生态化仍是一个新兴的研究领域。由于产业生态理论是一门在实践中产生的崭新的、方兴未艾的科学,国内外理论界对产业生态化的研究尚处于起步阶段,因此许多概念还没有公认的定义,尚未形成完善的理论框架。产业生态化的含义,可以从两方面理解。一方面,经济发展要环保,要绿色,要对传统的产业体系进行生态化改造,使原来的对环境损害比较大的经济发展方式,转化为一种资源节约型、环境友好型的发展方式。从这个意义上讲,传统意义上理解的对环境影响较大的产业经过生态化改造后也可以成为绿色经济产业,我们并不能把这样的传统产业排除在绿色经济的范畴之外。另一方面,环保事业发展要促进经济发展,工业的生态化转型可以促进工业结构合理化和高级化发展,提升产业竞争力和技术水平,最终获得更多的经济效益。

从这个意义上理解,产业生态化有两种外延:一是对传统的产业进行改造与升级等有关活动;二是要发展有利于改善环境的产业,比如节能环保产业、新能源汽车等。总之,产业生态化必须要同时取得经济效益和环境效益。

2.产业生态化的特征

产业生态化区别于以往的"高投入、高消耗、高污染、高排放、低效率"的传统粗放的发展模式,具有自身明显的特征,突出表现在以下几个方面。

(1)核心特征:提高生态效率

产业生态化理论是在资源环境问题越来越严重,人类传统的、粗放的发展模式难以为继的背景下产生的。它最根本的目的是通过减少从自然界获取资源与降低废弃物排放,实现人类产业活动与自然生态系统的良性互动。换句话说,就是用更少的资源、能源消耗和更少的废弃物排放,支撑人类社会不断发展。要实现这一目标,最根本的途径就是提高人类产业活动的生态效率,这也是产业生态化的核心要义,现有政策中的表述就是"资源节约与环境友好"。

(2)产业链特征:产业链两端延伸与网络化

发展

产业生态化表现在产业链上，就是产业链的两端延伸与网络化发展，其结果就是形成生态产业链。生态产业链是一个由不同企业组成的动态的企业联盟，具有很强的系统性。联盟内的企业模仿自然生态系统中的生产者、消费者与分解者角色分工，在市场机制下，通过以资源（主要包括原料、副产品、废弃物、信息、人才等内容）综合利用和基础设施共享为纽带形成。区别于以往的"资源—产品—废弃物"的单向线性流动，生态产业链形成"资源—产品—废弃物—再生资源"的闭路循环，使废弃物得到多次循环利用，从而减少物质原料使用量，提高资源利用效率，降低污染排放，最终实现经济效益和环境效益的双赢。

传统的产业链，绝大多数只包含大量的生产者和消费者，而分解者不足，产业生态化理论弥补了这一缺陷。同时，除了产业链回收环节的补充，向产业链高附加值端发展也是产业生态化的重要路径。

(3) 技术特征：以绿色技术为支撑

技术是产业生态化的重要支撑。产业生态化的实现是以技术创新为前提的，实现生产和消费过程的减量化、再利用和资源化都离不开技术创新。产业生态化的实现离不开绿色技术创新与发展。传统的技术路线以追求经济快速发展为目标，忽视技术可能带来的资源环境问题。要解决当前的环境问题，协调产业系统与自然生态系统之间的关系，离不开绿色技术的支撑。废弃物处理、污染治理、新能源的开发等产业生态化过程中的重大问题，无一例外都需要先进技术的支撑。离开绿色技术创新，这些就难以实现。现实中，由于产业生态化催生的企业与产业比传统产业对技术要求更高，对绿色技术依赖性更强，所以必须加大对绿色技术创新的支持。

(4) 驱动力特征：政策依赖性强

由于产业生态化具有很强的环境外部性，单纯依靠企业在市场机制下自发地进行污染治理、工艺改造等生态化转变，很难实现，因此它需要政府的引导和政策的约束。比起传统的产业发展方式，生态化的过程更需要政策的支持。我国已经将资源环境约束性指标写入经济社会的发展规划，这一举措大大促进了产业的节能减排，在很大程度上实现了生态化转型。同时，国家对环境指标的要求，为战略性新兴产业创造了巨大的市场，有力地促进了产业的发展，是环保产业等战略性新兴产业必不可少的支撑。

(二) 产业生态化的实现途径

1. 发展生态产业，建造产业生态系统

生态产业是通过运用产业生态理论对传统产业进行改造而发展起来的，是利用生态经济原理和产业生态理论组织起来的基于生态系统承载能力、具有高效的经济过程及和谐的生态功能的网络型、进化型产业。生态产业实质上是生态工程（特别是食物链）在各产业中的应用，从而形成生态农业、生态工业、生态第三产业等生态产业体系。建立一种高效的产业生态系统就要模拟自然生态系统，建立产业物流的供给网，进行物流的闭路再循环，在产业生态系统中的个体（企业）间形成一种高效的"食物网"供给关系。值得注意的是，生态产业是一种产业类型，其理论基础是产业生态学。生态产业萌发的外在压力是资源耗竭与环境恶化，崛起的内在动力是技术升级和产业升级。

生态产业区别于传统产业的一个重要方面是物质的生命周期循环，即产业系统内综合地考虑产品从"摇篮"到"坟墓"到"再生"的全过程，并通过这样的过程实现物质的从源到汇的纵向闭合，实现资源的循环利用。

生态产业的发展与产业生态系统息息相关，生态产业是通过运用产业生态理论对传统产业进行改造而发展起来的，建立产业生态系统的过程就是生态产业发展的过程，见图2-1-2。

之前，我国经济发展的资源环境代价过大，关于产业生态化的研究与实践往往偏重于资源节约与环境保护，片面地追求环境质量良好与资源存量丰富，盲目地主张限制产业发展。我国与发达国家推行产业生态化实践的背景不同，在很长一段时期内，我国的产业结构仍然以资

图 2-1-2　将传统产业改造成生态产业

源投入为主要特征,资源短缺和压缩型、复合型环境问题等矛盾将会更加凸显。因此,当前我国的产业生态化不应定位于较低的层次上,仅仅把实现物质循环与物质减量化、生态环境质量不受产业发展的影响等作为基本目标,而应以在更高的产业发展水平上实现人与自然和谐为标准。充分认识产业发展对环境影响的双重性,转变经济发展模式,致力于产业与其环境间的相互关系渐趋协调,既减少产业活动对自然生态系统的负面影响,又要以环境优化经济增长,促进产业发展与生态环境保护的动态良性互动,实现人与自然和谐发展。

2.创造良好的制度环境,强化市场运行机制

从经济学的角度来说,制度是一种与人们的经济、社会和文化行为相关的规则及权利与责任系统。要实现产业生态化,必须解决产业发展过程中的环境外部性问题,使产业发展的外部效应和环境成本内在化,并促使产业和企业的生产活动向减少环境负荷的方向转变。所以,良好的制度设计是产业生态化的制度保障。

首先,解决产业发展过程中环境问题的制度主要是环境管制。环境管制是政府设定环境质量指标,通过立法、规定等非市场途径对环境资源利用进行的直接干预。其形式多样,比如,明令禁止某些污染经营活动;要求淘汰某些污染生产工艺;规定只有非市场转让性的许可证持有者才可以生产或排污。环境管制最大的特点是能迅速地控制污染。企业必须依从政府的环境标准,从而改变生产技术、调整生产投入组合或直接投资于污染控制。

其次,为了实现产业生态化、创造良好的制度环境,还要做好政策体系的建设。我国产业生态化的政策体系建设,就是要把产业生态化和可持续发展理论植入产业政策制定和实施的全过程,把建立产业生态系统作为产业发展的目标,明确产业发展的方向。同时通过各种产业政策措施,以利益激励为主导机制,发挥企业作为产业经济活动主体、污染防治主体的积极性、自觉性,真正从源头上控制和治理污染,实现产业发展与环境保护的协调。要建立促进中国产业生态化发展的政策体系,就要充分利用经济手段和市场机制来实现经济快速增长和保护环境、节约资源等目标,尤其要强化政策的导向性和整体性。长期以来,我国环境保护,建设资源节约型、环境友好型社会,发展循环经济、产业生态化等与生态文明建设相关的举措都主要是由政府推动的,政府的目标导向与企业和公众的行为之间存在着重重屏蔽。根本原因在于,自然资源与环境容量具有较强的公共物品性质,市场机制难以自动对其合理配置发挥作用,生态环境承载力对经济系统的规模限制不能直接影响经济主体的行为。我国促使经济行为主体主动参与环境保护、循环经济等实践的制度与政策环境尚不完善,依赖"政府独奏"很难实现生态真理与经济

现实的有机融合。在完善的市场条件下，市场是稀缺资源有效配置的最佳方式、追求利益最大化的经济行为主体。依靠市场上的价格等经济信号做出最优经济决策，这种个人决策的结果，不仅能使个人效用得到最大限度的满足，而且能使社会资源投入最有价值的生产和消费中，从而在实现个人利益最大化的同时，也能实现整个社会利益的最大化。

因此，产业生态化的发展需要政府通过体制、机制创新，为整个社会营造适宜的制度环境。只有将产业生态化实践活动置于市场经济体制中，遵从经济规律，按照市场化原则来运作和实施，政府的主导推动力才能与企业的内在驱动力相结合，形成有利于产业生态化发展的合力。

3.技术创新，优化产业结构

产业生态化的技术载体是面向环境的技术，或称环境无害化技术或环境友好技术。环境无害化技术主要包括污染治理技术、废物利用技术和清洁生产技术3类，其中，清洁生产技术是核心。

为了促进中国产业生态化发展，在技术战略上，首先，应该在系统化的基础上进行技术选择。我们要认识到，技术的选择应该在系统化的基础上进行，新的技术战略不能简单地建立在就单个技术而论的基础之上，不能简单地局限于部门的技术发展视野之内，而应该在整个技术系统的层次上统筹选择。从产业生态化的角度看，人们不可能也不应该列举各种所谓清洁技术的清单，而是要把所有能减少物质消耗、封闭物质流、使能源脱碳的技术作为系统化的思考对象。

其次，技术进步战略应该是多阶段的循序渐进。产业生态化技术战略提倡的是以技术回归为特点的战略，它要求确定未来需要达到的技术目标，然后指导现有技术向既定方向实现转移。中国产业生态化的重点技术主要包括生态农业技术、能源高效利用和节约技术、绿色制造技术、新能源和可再生能源利用技术、提高资源效率和综合利用技术等。这些技术的创新和进步，能够极大地提高资源生产率，提高单位资源消耗的经济产出，使资源消耗从高增长向低增长，再向零增长转变；也可以显著地减少废弃物排放，从设计的源头就考虑材料的再利用，使污染排放量从正增长向零增长再向负增长转变，从而缓解中国经济快速发展和人们生活水平提高对生态环境和地球资源的巨大压力，实现经济与产业的可持续发展。

五、产业集群和产业代谢

(一)产业集群的概况

1.产业集群的内涵

产业集群是工业化进程中一个引人注目的特征，是各国普遍存在的经济地理现象。关于产业集群，在国内外的经济文献和相关理论的发展中出现过若干种概念和表述：主要有产业区、产业集聚、产业簇聚、聚集经济、企业集群等。这些概念相互间有紧密的联系，许多内容有先后发展的逻辑关系。上述这些概念是各学科从不同的研究角度提出来的，都属于产业集群的研究范畴。

对产业集群的研究可追溯到19世纪末的英国经济学家马歇尔的外部经济理论。而最早提出产业集群正式概念的是迈克尔·波特，他是美国战略管理学家。他在《国家竞争优势》一书中提出，产业集群是指在某一特定区域内，互相联系的、在地理位置上相对集中的企业和机构的集合，包括一批共处一个竞争环境中相互关联的产业和其他实体，它们是既相互竞争又相互合作的一种状况。后来又有一些学者对产业集群的概念提出了不同的看法或做了补充。由于各学科研究的侧重点不同，因此对产业集群研究中所使用的概念及其外延也有所区别。罗森菲尔德认为，产业集群是一个动态的现象，产业之间的相互作用是其中的关键，因此产业集群的基本概念可以被延伸。产业集群是通过集聚从而获得绩效优势的产业在地理上的集中。这是一个动态的过程，它首先是一个集中的过程，然后是在集中的基础上进行互动和竞争与合作的过程，最后还包括由于集聚所带来的绩效优势而发展和增长的过程。产业集群是相关企业通过集聚所形成的一个区域，是集中于一定区域内属于特定产业的众多具有分工合作关系的不同规模等级的企业与其发展有关的各种机构、组织等行为主体，通过纵横交错的网络关系紧密联系在一起的空间集聚体，是介于纯市场和层级制组织之间的、比市场稳定比层级组织灵活的一种新的空间经济组织形式。

从这个定义可以看出，产业集群区首先属于一个地理区域，它的范围可能是一个工业园区、一个城市，也可能是一个省、一个国家甚至多个国家组成的网络。其次，产业集群区中的企业都属于特定的行业，但是并不意味着属于某个单一的行业。恰恰相反，为了提高效率，获得绩效上的优势，这些企业之间必然存在着分工合作，集聚的企业通常向下延伸到销售渠道和客户，并横向扩展到辅助性产品的制造商以及与技能技术或投资相关的企业。这样，就形成了波特提出的两类产业集群——垂直集群和水平集群。其中，垂直集群是通过具有买卖关系的产业联结在一起的，而水平集群包括这样一些产业，它们共同分享最终产品的市场，使用共同的技术或劳动力技能，或者需要类似的自然资源。同时，产业集群区中还应该包括专业化培训、教育、信息研究和技术支持等机构。

2.产业集群的特点

产业集群是现代产业发展的一个重要特征和方向。就产业发展的角度看，产业集群具有以下共同的特点：一是在地缘上接近，特色产业具有当地社区、文化历史的烙印；二是企业间、企业与各种机构、政府间具有共生效益；三是产业要素的共享；四是产业链的互补；五是产业内知识创新速度快；六是具有良好的公用基础设施环境。产业集群内的企业同处于一个产业链上，呈现横向或纵向延伸的专业化分工格局，彼此具有紧密的共生性与互补性，使得技术、信息、人才、政策及相关产业要素等资源能够得到充分共享，知识传播与创新的速度通过产业链迅速推广，集群内企业因此而获得规模经济，并大大提高整个产业集群的竞争力。

综观世界产业集群的发展，产业集群具有根植性、共生性、互动性和柔韧性四大特性。

根植性：指深深地嵌入本地社会关系之中的经济行为。产业集群的根植性要求加强企业之间的联系和发展本地企业群。这种根植于地方社会文化的地方生产系统所具备的竞争优势，是别的区域无法仿效和复制的。

共生性：产业集群是围绕某个特定领域和产业所形成的企业集合，区内众多的企业在产业上具有关联性，能够共享诸多产业要素以及专业人才、市场、技术和信息，一些互补产业则可以产生共生效应，集群内的企业因此获得规模经济和外部经济的双重效益。

互动性：产业集群内的企业既有竞争又有合作，既有分工又有协作，彼此间形成一种互动性的关联，由这种互动形成的竞争压力、潜在压力有利于构成集群内企业持续的创新动力，并由此带来一系列的产品创新，促进产业升级的加快。

柔韧性：产业集群内聚集了大量的经济资源和众多的企业。一方面，高度聚集的资源和生产要素处于随时可以利用的状态，为产业集群内的企业提供了极大的便利，并降低了企业的交易成本；另一方面，大量企业的存在也使集群内的经济要素和资源的配置效率得以提高，达到效益的极大化。产业集群内自发形成经济资源与企业效益的良性运作，增强了集群适应外界变化和竞争的能力，使得产业集群具有一般经济形态所不可比拟的柔韧性，造就了产业集群得以持续繁荣不衰的优势。

产业集群的形式多种多样，没有统一和固定的模式，世界上的产业集群大致有以下几种形式。

一是由产业纵向关联而形成的产业集群。集群中的企业为同属于一个产业的上、中、下游企业，彼此间存在着生产过程的联系，产业链成为维系集群生存与发展的动力，每个企业都在产业链上占据合适的位置，形成一种合理的分工和协作状态。在这类产业集群中，通常还会产生为每一个生产环节提供服务的外围联系,如供电、供水、运输、社会服务和产业服务等。

二是由产业横向关联而形成的产业集群。这类集群通常以区域内某一主导产业为核心,通过企业间的横向联系,外部形成多层次的产业群体。由于这些群体之间相互享受着彼此所带来的外部经济效应,因而充满了活力。如位于美国加利福尼亚州的酒业集群就是典型的横向关联集群;它以酿酒业为主导产业;在其外围形成第二层次的辅助性产业,如葡萄种植业、酿酒设备加工业等;其第三层次是服务性产业,如专为酿酒业设置的科研机构、专业教育和人员培训、产业咨询服务机构等;在最外部则是新产业的聚集,如旅游业、中介服务、金融服务等。

三是由区位优势指向而形成的产业集群。这类集群通常是由同一产业或不同产业的众多中小企业组成,它们充分利用区位优势,如廉价劳动力集中地、信息和技术发达地、原料或燃料集中地、产品的主要市场地、交通运输枢纽地等,形成各类专业化的小型产业集群。

(二) 产业集群的影响和效应

对单一企业而言,因为规模化生产可以实现专业化分工,采用先进的技术设备和科学管理手段,从而提高生产效率,降低管理费用,实现规模经济。对产业集群而言,相关联的企业在局部空间上呈一定规模的集聚,可以共享企业的公共设施,促进知识的传播和技术创新,降低关联企业间的交易费用,从而提高产业集群的整体效率和竞争力,实现产业集群的规模经济。从本质上来说,产业集群形成的规模经济是一种空间上的外部规模经济。这种外部规模经济在企业纵向一体化时就转化为企业内部的规模经济,这也可以认为是众多企业在空间上集聚所带来的交互外部性的综合。但产业集群也可能会产生一定的负效应,需要在制定区域经济政策时加以考虑。

1. 产业集群有利于知识的传播和技术创新

存在产业集群的地方,同行业的生产厂商、供应商、重要雇主、支持性产业以及其他相关行业的厂商聚集在一起,形成了紧密的网络关系。由于地理位置接近,它们可能共有一个供应商、同一家雇主,它们的高级管理人员可能共同参加一个俱乐部,职员可能彼此是邻居,技术人员可能从一个公司流动到另一个公司。人际间的频繁接触和交往增加了经营的"透明度",使知识的传播速度达到最快,拥有的人最多,溢出的效应达到最大。

随着知识的扩散和积累,产业集群区的创新效率也得到了大大的提升。一方面,学习与知识传播的网络,积淀丰富的社会资本,提供了一个有利于创新的环境。产业集群区能集聚数量众多的相关生产企业、科研机构、商会、协会和中介机构等,为企业提供了实现创新的重要来源以及所需的物质基础。另一方面,近距离的观察和学习也增加了企业之间相互竞争的压力,使聚集区内的企业能够时刻保持创新的动力。企业间不断相互比较,促使企业不断加速技术创新。另外,通过产业集群这种组织形式,聚集区内的企业既可以发挥自身的创新活力,又可以弥补单个企业创新资源不足的缺陷。企业间的合作分散了创新风险,减少了创新的困难,也提高了创新的速度。尤其对中小企业来说,聚集区内的合作为它们的技术创新提供了一种可能而有效的组织模式。

2. 产业集群有利于提高企业的效率和竞争力

首先,产业集群能够提高企业的生产效率。作为资源的汇聚体,产业集群能使企业获得专业化的、经验丰富的雇员和供应商的支持,得到专业化的信息、技术的支持,以及享受政府或者私营部门联合提供的公共产品(如基础设施、培训计划、测试中心等)所带来的好处。产业集群的高生产率还在于其互补性业务的高质量和高效率,因为聚集区内的成员是相互依赖的,一个成员的良好表现,会增加另一个成员成功的概率。竞争的压力为在产业集群区内工作的人们提供更大的激励和驱动力。由于处于相似的生产经营环境,因此产业集群区在劳动力、市场、资金、技术等资源的获取和组合上存在互补优势,从而有利于提高产业集群区内企业的生产率。

其次,产业集群可以降低获取信息的成本。

产业集群内各企业间以及企业与各种机构间可以建立多重信息沟通渠道，包括正式渠道和各种中间机制都充当着信息桥梁的角色。此外，空间上的接近，可以大幅度降低集群内各企业的信息搜索和获取成本，可以同时提高企业所获得信息的质量和搜索效率。

第三，产业集群可以有效地降低交易费用，增进企业间合作。追求利润最大化的目标动力，可以促进产业集群内各企业实现最大限度的合作。合作规模的增大，导致合作成本减少。同时，在产业集群区内，企业之间、企业与其他经济组织之间的经济活动非常频繁，其中许多经济活动不仅仅依赖于经济交换，还依赖于相互之间的信用关系。另外，开放的信息交流环境也可以有效减少交易前后的签约、监督和再谈判等因道德风险和机会主义可能产生的交易成本。

3. 产业集群有利于相关产业的发展

产业集群区内有大量企业聚集在一起，它们不但通过共同使用公共设施，减少分散布局所需要的额外投资，而且企业之间的高度分工和协作，使整体生产效率提高，产品品质提高，实现产业集群的外部规模经济和范围经济。产业集群区的形成一般都有一个主导核心企业，通过主导核心企业的衍生、裂变、创新和被模仿而逐渐形成产业集群区。旺盛的市场需求是某个产业或企业集群的触发因子，而产业集群区的核心是产业之间、企业之间以及企业与其他机构之间的关联性和互补性。一个区域一旦有某个领域的产业或企业出现，随即与之相互关联、相互补充、相互竞争的原材料、零部件、零配件供应、产品制作、配套产品、销售渠道，甚至最终用户的上、中、下游企业及其外围支持产业体系的产业集群区，就会在空间分布上不断地趋向集中。

4. 产业集群有利于促进区域的发展

首先，产业集群有利于趋近区域生产效率的提高。区域生产效率的提高有两条路径：一是依靠产业结构升级路径，即沿着产业层次不断提升，从传统产业向高新技术产业，再从轻工业向重化工业转化；二是取决于产业集群的发展水平，即沿着全球分工体系中的价值链提升，从低附加值产品向高附加值产品、从低加工度向高加工度、从生产普通零部件到关键的核心部件。产业集群能够获得建立在专业化分工基础上的报酬递增、企业之间的互动学习和创新以及以竞争为背景的企业分工协作，因而有利于促进区域生产效率的提高。关联性厂商的聚集，不仅能提高区域内企业对供应商的谈判能力，而且使区域内自然形成了从原材料供应、配套产品支持到最终产品销售的巨大的专业产品市场。另外，高素质员工的流入，专业信息的共享，以及政府或其他公共机构在公共服务和基础设施上的大量投入，都有利于区域生产效率的提高。

第二，产业集群有利于区域内各项资源的协同整合。产业集群区的投入要素不仅涉及一般意义上的自然资源、资本和劳动力，特别强调企业家资源、人才资源的培育及其在发展中担当的作用，更要求地方政府、行业协会、金融部门与教育培训机构对产业发展的协同效应。产业集群可以将这些区域内的软、硬资源整合、优化，创造出更多的社会财富。同一个产业的企业在地理上的集中，能够使厂商更有效地得到供应商的服务，能够招聘到符合自己意图的员工，能够及时得到本行业竞争所需要的信息，能够比较容易地获得配套的产品和服务。聚集区内的企业之间保持着一种充满活力和灵活性的正式与非正式关系，构成了一种柔性生产综合体。在一个环境快速变化的动态竞争环境里，这种安排比缺乏弹性的垂直一体化安排或者远距离企业战略联盟安排更有效率。

第三，产业集群能够放大投资效应。投资表现为新行业的嵌入和原有行业生产规模的扩大。这些投资可能拉长区域产业链，增加产品附加值，提高资源利用率，使产业分工更细化，企业生产更加专业化，也可能通过进入同一行业改变原来要素市场和产品市场上的供求结构，通过价格机制拉动上游企业的生产和推动下游企业的发展，还可能吸引更多的供应商和更多的客户，从而刺激二次投入。新投入的资本也增加了对实际生产投入的需求，从而引起二次投入，促进区域相关产业与道路、交通、通信等支持性产业的扩张，同时吸纳更多的劳动力就业或使工人工资增加，引起区域消费需求的增加，通过消费拉动消费品生产部门、第三产业的扩大。这些都将扩大区域的资本总量。

5. 产业集群的负效应

产业集群对于企业和区域都有大量的正效应，但也存在着一定的负效应。

第一，产业集群可能使产业转型成本过高。西欧的很多钢铁、煤炭、造船、纺织等老工业区就是这样，地理位置靠近的产业集群区可能变成孤立的、内向的系统。因此，产业集群也可能正是造成国家或区域竞争力降低的原因。

第二，产业集群可能造成"搭便车"和创新惰性。产业集群可能使许多企业坐享知识溢出的好处，这会损害领先创新的企业的利益，从而对知识创新形成负激励，不利于区域经济素质的提高。

第三，产业集群可能使区域人口增长、能源消耗、交通扩张。人口向区域聚集的惯性和第三产业发展所带来的巨大的物质和精神诱惑力使区域加速度发展。但当聚集达到一定规模后，区域内会出现地价上涨、交通拥挤、环境污染等问题，使企业的经济效益下滑。生态胁迫又通过人口驱逐、资本排斥、资金争夺和政策干预对区域发展产生约束。此外，如果出现重大结构性和周期性的风险，产业集群区可能表现出比一般产业组织更明显的脆弱性和毁灭性。

(三) 产业集群与循环经济的相互关系

循环经济是一种新型的经济组织方式，需要在一定的地域空间上展开，也就是说，所谓的"循环"，涉及究竟要在多大的空间范围内循环起来。所以无论是评价循环经济还是探讨发展循环经济的模式，首先都要讨论循环经济的空间组织问题。

循环经济必须以实现地域化规模经济网络为前提。废弃物只有在具备一定规模时才有循环利用的经济价值，循环经济必须是以规模生产为前提。循环经济最终要由企业来实施，但如果把循环经济的空间界定为一个企业，要求企业在内部做到资源的循环利用，可能会出现只有"循环"没有"经济"的情况。作为市场的主体，这样的企业是不可能长期存在的。如果将循环经济的空间范围扩大到多个企业，这些企业在空间上相对集聚，规模的问题就可以在一定程度上得到解决。

由于外部经济、专业化分工、运输费用和要素禀赋等原因，企业集群是自发形成的。而由于资源环境等外部条件的约束，传统的企业运行方式可能会难以为继。这就需要在更高的空间层面上将这些企业以及与其相关的资源环境看作一个系统，在这个系统内通过自然资源、环境、技术、资金、信息、人才和制度等要素的生态化组织，实现该系统的可持续发展，而循环经济则是企业要素生态化组织的最基本方式。可以认为，产业集群是企业空间组织的内生化结果，而循环经济则是产业集群的内生化结果。再从另外一个方面来看，循环经济在产业层面的空间组织上，也要求企业在空间距离上相近，从而以更低的交易费用促进企业之间的物质和能量交流，确保循环经济的经济性。可见，产业集群和循环经济是互为内生的。

循环经济主要有企业、生态工业园、社会3个层面的实践模式。它通过减量化、再利用、资源化来达到资源利用最大化和废弃物排放最小化的目的。其中，减量化目标通过单一企业就可能实现，但要实现再利用和资源化，对单一企业或者分散的企业来说，成本可能会很高，这就可能会出现"只有循环、没有经济"的局面。产业集群则为循环经济的实践提供了重要途径。产业集群是在一定空间范围内，在上下游产业的每一个环节都高密度地集聚着大量的企业，由此形成的一个纵横交错的产业生态网络。产业集群可以实现规模经济和范围经济，并能共享技术和制度的溢出效应。在产业集群区发展循环经济，由传统的末端治理变为源头控制，既降低了资源消耗，又减少了废弃物排放量，还为企业带来了经济利益，有利于产业集群系统向生态化方向发展，而产业集群生态系统就是循环经济理想的功能载体和物质载体。

从另外一方面来看，产业集群虽然可能提

高市场效率和管理效率,但其本身传统的线性生产模式造成资源利用效率低下以及严重的污染问题,已经成为制约产业集群规模扩张和健康发展的瓶颈。产业集群生态化是集群发展的必然趋势,而循环经济正是实现产业集群生态化的重要途径。循环经济可以通过企业内或者不同企业间物质和能量梯级利用和循环利用来实现资源充分利用从而减少废物排放。这一过程也能提高企业的经济效益,使企业间联系更加紧密,从而促进产业集群的形成,同时可以推动产业集群的转型,提升产业集群的质量。

(四)产业集群与产业生态系统的相互关系

产业生态系统是仿照自然生态过程而构建的,是由多个企业相互关联和集聚,并形成良好的业务关系的"食物链条",类似于自然界中的食物链关系,因此这种系统结构被称为产业生态系统。从这一层面来看,产业生态系统本身就是产业集群的过程。主要表现如下。①两者都强调多样性。产业生态系统由各种不同类型的供应链成员所组成,成员的种类越多,产业生态系统就越稳定,循环的流程就越流畅。类似地,产业集群也是多个同质或者异质企业的集聚,其中还包括政府、高校、中介服务机构等的集合,只有多样性才能满足产业集群的多样性产品和服务需求,从而促进产业集群的持续发展。②渐进式的提升。产业生态发展具有一个从低级到高级的不断变化发展的过程,因为产业生态系统的构建本身有一个不断完善的过程。同样,产业集群也有一个产生、发展、成熟、衰退或者再创新的过程,这一过程需要不断根据环境的变化而改进和提升,否则不能促进产业集群的可持续发展。产业生态系统的生态性和产业集群的发展性都体现了这一特点。③地缘性。产业生态系统的构建与发展必须和它所处的当地环境相结合。所有的产业生态系统都因为其经济、社会文化和自然特点而有所不同。产业集群也一样,主要是一定地缘范围内的企业集中,因其地理环境的产业而表现出不同的产业集群内容。

另一方面,产业集群与产业生态系统也存在某些区别,产业生态系统的形成是产业集群发展的重要导向。产业生态系统更加强调产业之间的业务关联,而产业集群则没有严格意义上的产业生态系统要求。有的产业集群是许多相关企业的集中和竞争或者合作,相互之间有密切的业务往来,但不一定形成完整的产业生态链。这是因为产业生态系统结构除了要求企业之间的集中和联系,还强调企业之间的上下游关系,并形成资源的良性循环和集约利用,强调对自然环境的保护和资源的整合。产业生态系统类似闭环的循环系统,产业生态系统主要是采用"资源产品—再生资源—再生产品"的运行流程,是"低投入、低消耗、高产出、高效益"的资源循环利用模式,是产业系统与自然生态系统的和谐相处。但类似闭环则不是真正的或者完全意义的闭环,因为任何的产业生态系统总有一定的废弃物排放,资源消耗尽管减量化,但是还是存在一定的资源能源消耗,对自然环境的影响还是存在着,甚至于随着技术的发达,产品生产的加速也会加速对自然资源的开采与消耗。因此产业集群要求产业的发展必须构建产业生态系统,要求加强物质、能量、能源资源的循环利用,注重绿色和生态是重要发展导向,产业生态系统模式是产业集群的重要选择。

总之,产业生态系统比产业集群更强调产业的绿色创新,强调产业发展过程中对资源和环境等要素的考量。但是,产业生态系统与产业集群之间又有着密切的关系,主要表现在两个方面:一方面,产业集群因资源共享、生产率提高和交易成本降低而提升了产业生态效率,产业集群应构建产业生态化的发展模式;另一方面,从产业集群自身的发展趋势来看,产业生态型的、绿色创新的集群模式是今后其发展的主流和方向。产业集群发展要构建产业生态系统结构,就需要加强对资源、环境等因素的考虑和创新,即加强绿色创新。构建产业生态系统是产业集群发展的基本要求,也是实施新型工业化战略的基本举措。

(五)我国产业集群的发展现状

1. 我国产业集群的发展历程

随着我国改革开放的深入,市场经济体制

的不断完善,一些沿海发达地区、资源优势地区和政府规划的工业园区集聚了大量的相关企业,形成了我国最早的一些产业集群。纵观我国产业集群的整体发展历程,依据发展水平和所处的历史时期,大体可以分为3个阶段。

第一个阶段是产业集聚化阶段(改革开放后至20世纪90年代初)。自从党的十一届三中全会提出我国要实行改革开放以后,民营经济的合法地位得到认可,国内短期内涌现了大量的民营企业,尤其是聚集在东南沿海地带,形成了块状经济,初步完成了产业的集聚。但是这个阶段,大量企业只是集中在同一地理空间,企业间的联系较少,彼此缺少沟通与合作,呈现"集而不群"的特征。在这个时期,集聚在一块的经济板块数量较少,规模较小,集群效应不明显,主要从事出口贸易加工、轻纺、五金以及其他传统制造加工。

第二个阶段是产业集群化阶段(20世纪90年代初到2001年)。党的十四大确立了我们要完善社会主义市场经济体制的发展目标,政府出台了众多优惠政策鼓励各市场主体大力发展经济,尤其是宏观规划了一大批工业园区,鼓励相关产业入园发展。因此,国内迅速涌现了大批以某些大型企业为龙头,众多中小企业集群配套的产业集群,且集群功能逐渐完善,集群优势逐渐明显。但这个时期的产业集群仍然存在核心技术创新不足、资源消耗量大、产业链不完整和集群特色不明显等问题。这个时期的产业集群以江苏苏州的工业园为代表。该工业园具有良好的区位优势和人力资源优势,由于综合投资环节良好且邻近上海,这个时候苏州取代了东莞成为我国20世纪90年代末的高新科技的产业基地。

第三个阶段是集群调整阶段(从2002年至今)。我国政府先后出台了一系列新政策措施:2002年召开的党的十六大首次提出我国要走新型工业化道路,提出今后经济的发展目标是要转变现有的以重工业为主的经济结构,通过技术创新,大力发展高新技术产业和服务业,将经济发展由粗放式转为节约型;2005年国务院发布了《促进产业结构调整暂行规定》,该规定强调了提升自主创新能力是调整我国产业结构的关键所在;2007年政府逐步取消了553项具有"资源性、高能耗、高污染"特征商品的出口退税政策;2010年9月的国务院常务会议审议并通过了《国务院关于加快培育和发展战略新兴产业的决定》,指出我国在充分考虑当前自身新兴产业实力和国际发展趋势的基础上,应以经济社会可持续发展为重点,将新能源、新能源汽车、新一代信息技术、新材料、节能环保、生物和高端装备制造作为该阶段重点规划的七大战略新兴产业。

从以上一系列的政策可以看出,我国今后的产业发展应该是走低碳发展道路,在注重经济效益的同时还需要注重环境效益,同时要从大量从事技术含量低、经济价值低的产业链生产和服务转变为从事技术含量高、经济价值高的产业链生产和服务。我国今后产业集群的发展方向应该是由劳动密集型向高新技术型转变,完成产业升级和产业转移。这个阶段发展较好的产业集群主要有:北京的中关村高新科技产业园和很多新出现的文化创意产业集群,江浙一带的轻纺、五金等产业园,东南沿海一带的制造业加工贸易和信息产业集群,以及中部和东北部出现的工程机械和轨道交通等产业集群。

2.我国产业集群的发展现状

我国产业集群区域发展不均衡,广东、福建、浙江、江苏、山东等沿海地区的产业集群数量较多,发展水平较高;而新疆、甘肃、广西和黑龙江等地区的产业集群数量相对较少,集群经济发展水平较低。若从经济板块视角来分析,我国产业集群主要分布在东南沿海的长三角地区、珠三角地区、环渤海湾地区、东北地区、西北地区、中部地区以及西南地区7个板块。而其中,长三角地区、珠三角地区、环渤海湾地区是我国产业集群最为密集、集群效应最好、集群规模最大的地区。

首先,长三角地区的浙江产业集群主要以中小民营企业为主,产业主要集中在纺织、五金、服装等具有一定历史的传统产业。集群以传统优势型产业集群和市场带动型产业集群为主,是自发成长型产业集群模式的典型。浙江的地理条件、经商传统和当地人勇于创新的拼搏精神是其发展产业集群的重要条件,现如今有著名的宁波"奉帮裁缝"服装集群,享有"百工之乡"美誉的永康五金集群和具有"日出华舍万丈绸"的绍兴纺织集群,还有典型的义乌小商品和温州低压电器集群等。而江苏主要以苏州、无锡、常州为代表的苏南模式,即在政府主导下以集体企业、中型企业为主的自发成长型模式,同时还建立了大量的工业园区,如苏州新加坡工业园、无锡高新技术开发区、常州高新技术开发区等大批国家级开发区。所从事的行业主要是纺织、服装、机械、轻工和冶金等。另外,上海60%以上的工业总产值是由产业集群贡献的。上海已有石油化工、汽车制造、精品钢材、电子信息、生物医药、造船和装备等若干个具有较强竞争优势的大集群。

其次,珠三角地区的广州和深圳由于与香港邻近,政策支持和区位特征使得这些地区在承接国外产业转移过程中具有明显的优势。在改革开放初期,该地区主要通过"三来一补"的方式,大力发展外向型经济,涌现了许多产业转移型产业集群,同时该地区出现了多个全国产业升级示范区。若从产业关联度来看,集群有60%以上的企业是关联企业,该地区的产业集群主要集中在电子信息、电气机械及专用设备、纺织服装、食品饮料、建筑材料、金属制品等行业,其中纺织服装集群数量居各产业之首,电子信息和电气机械及专用设备分别居第二和第三位。而福建的产业集群在全省经济中占有非常重要的地位,2011年该省重点产业集群的总产值占到全省总产值的60%以上,其集群行业主要有:计算机及外部设备、纺织服装、鞋业、工艺陶瓷、石雕、水暖器材、石材、电机等。如石狮市是"中国休闲服装名城",晋江市是"中国纺织产业基地",泉州市是"中国工艺美术之都"。

再次,在环渤海湾地区,北京依靠其高校和科研机构云集的知识资源优势,不断吸引国际知名的高科技跨国企业(如微软、谷歌等)入驻,已经形成以中关村为代表的高科技产业集群,号称中国的硅谷。2011年,北京六大高端产业区经济总量占全市的1/3以上,经济贡献率高达全市的3/4,实现利润超过全市的一半。其金融、软件、商务服务、计算机、手机、企业等产业集群优势明显。而天津也依托直辖市的政策优势以及与首都邻近的地理优势,在传统的机械制造业的基础上,逐步形成了以电子信息、汽车、化工、现代冶金、医药、新能源及环保六大支柱产业为代表的优势产业和移动通信、光通信、新型电子元器件、数字视听、自主产品、生物技术产品、白色家电、绿色电池、高档印刷制品、轿车、无缝钢管制品、PVC产品等十二大产品制造基地。河北则主要是依托传统药材生产及农产品加工发展了一批自发型产业集群,同时承接来自北京和天津的产业转移而形成了一些产业配套的集群,产业集群已经涉及冶金、建材、机械制造、化工医药、农产品加工等30多个行业。另外,山东主要以传统制造业和传统服务业为主,产业集群主要集中在食品加工、机械制造等行业。

最后,东北地区是我国重工业基地之一,该地区凭借较好的工业基础和自然资源,形成了以重工业为主的一批产业集群,主要分布在装备制造、化工及石油加工、金属冶炼及压延、非金属矿物制品、矿采选、木材加工等行业。西北地区以陕西为主要代表,该省科研力量较强,装备制造等传统产业发展较好,主要有高新技术、能源化工、装备制造、农副产品加工等产业集群。西南地区的重庆在2010年末产业集群产值约占全市总产值的90%,其产业集群主要分布在汽车摩托、天然气及石油化工、新材料等行业,其中汽车是重庆第一支柱产业。中部地区武汉经济圈和长株潭经济区的产业集群发展很快。武汉是国家老工业基地,产业结构偏重工业,能源资源相对短缺,拥有钢铁、汽车、化工、造船、光电子等产业集群。当前武汉市发展新能源产业的引擎已经启动,正致力打造光电子、生物、新能源、装备制造、服务外包五大产业基地,其目标是进入全球高新技术产业发展第一梯队。长株潭在工业和服务业领域已形成了较大规模的产业集群,集群优势日趋突显,现有年产1 000亿元以上的园区2家,年产500亿~1 000亿元以上的园区1家,年产100亿~500亿元的园区14家。该经济区产业集群主要集中在装备制造业、汽车及零部件、电子信息、钢铁加工、医药化工及文化娱乐等行业。

3. 我国产业集群的主要问题

虽然我国产业集群发展速度很快,其经济贡献率越来越高,且涵盖了很多的行业,产业集群已名副其实地成为我国区域经济的重要增长极,但还存在较多问题,主要表现在以下4个方面。

(1) 现有产业集群主要分布在高碳行业

从以上对我国不同区域产业集群的行业分布情况来看,我国大部分地区都在发展装备制造、机械制造、钢铁加工、冶金、建材等重工业产业集群,且这类产业集群在我国东部、东北部、西北部、西南部和中部地区都有相当大的比重,而这类产业集群从事的这些重工业具有"高能耗、高污染、高投入"的特征。

为更直观地对比分析各行业的单位产值能耗情况,表2-1-2选取了我国产业集群主要从事的20个行业,通过计算2010年各行业总能耗和工业总产值的比值(即单位产值能耗系数)来定量比较这些行业的能耗高低。《2012中国统计年鉴》中统计2011年我国所有工业总能耗为231 101.82万t标准煤;而《2011中国统计年鉴》中统计2010年我国工业总产值为698 590.54亿元,因而2010年我国工业平均单位产值的能耗为0.33 t标准煤/万元。从表2-1-2中可以看出,煤炭开采和洗选业,石油和天然气开采业,石油加工、炼焦及核燃料加工业,化学原料及化学制品制造业,非金属矿物制品业,黑色金属冶炼及压延加工业,有色金属冶炼及压延加工业7个行业都超过了这一平均值。另外还有5个行业的单位产值能耗接近这一平均值。而据权威统计,2010年我国单位国内生产总值能耗是世界平均水平的2.2倍,主要矿产资源对外依存度逐年提高,石油、铁矿石等均已超过50%。这说

表2-1-2 我国20个行业2010年单位产值能耗情况

行业	2010年工业总产值/亿元	2010年总能耗/万t标准煤	单位产值能耗/(t标准煤/万元)
煤炭开采和洗选业	22 109.27	10 574.43	0.48
石油和天然气开采业	9 917.84	4 057.55	0.41
有色金属矿采选业	3 799.41	954.16	0.25
非金属矿采选业	3 093.54	1 026.38	0.33
农副食品加工业	34 928.07	2 644.27	0.08
食品制造业	11 350.64	1 508.52	0.13
烟草制品业	5 842.51	228.89	0.04
纺织业	28 507.92	6 204.53	0.22
石油加工、炼焦及核燃料加工业	29 238.79	16 582.66	0.57
化学原料及化学制品制造业	4 753.99	29 688.93	0.62
医药制造业	11 741.31	1 427.68	0.12
化学纤维制造业	4 953.99	1 440.91	0.29
非金属矿物制品业	32 057.26	27 683.25	0.86
黑色金属冶炼及压延加工业	51 833.58	57 533.71	1.11
有色金属冶炼及压延加工业	28 119.02	12 841.45	0.46
金属制品业	20 134.61	3 627.75	0.18
通用设备制造业	35 132.74	3 270.81	0.09
电气机械及器材制造业	43 344.41	2 121.53	0.05
通信设备、计算机及其他电子设备制造业	54 970.67	2 525.15	0.05
工艺品及其他制造业	5 662.66	1 505.08	0.27

注:工业总产值和能耗数据来自《2011中国统计年鉴》和《2012中国统计年鉴》。

明我国产业集群的主导产业普遍呈现高碳特征，这些产业集群既是我国重要的区域增长极，又是我国重要的污染源。

(2) 产业集群自主创新能力不强

我国很多产业集群来自传统产业，这些行业的进入门槛较低，对企业的规模、技术、劳动力的素质要求都不高，竞争优势主要建立在低成本、低价格的基础上。很多产业集群企业规模小，大多数以传统的家庭作坊起家，企业员工素质较低，高水平的技术人员和高级经营管理人员匮乏，而且集群企业技术装备落后，科研投入低，科研能力薄弱，管理理念和管理水平还相对落后，缺乏品牌意识，整体上集群没有核心技术，缺乏核心竞争力，多数的中小产业集群的竞争力主要源自低成本生产要素提供低价格商品而形成的竞争优势上。虽然我国有越来越多的集群企业开始重视和科研机构或集群内高校的合作，但真正的集群产学研技术创新平台仍未搭建，集群内各主体间的合作仍不够紧密，集群优势没有得到最大限度的发挥。

(3) 产业集群国际竞争能力薄弱

从全球产业集群的分工体系来分析，我国产业集群集中于生产制造环节，在设计、营销、物流等环节还很落后，同时我国的产业集群主要从事全球价值链底端的生产。我国制造业发展速度很快，很多跨国企业都进入我国，我国逐步成为世界的加工厂。这个加工厂主要从事高能耗、高排放、低价值的生产环节，而高附加值的生产环节都被欧美发达国家拿走。同时，我国产业集群普遍缺少自主品牌，尤其是自主名牌，大多产业集群的产品缺乏技术含量，产品品种单一，缺乏差异性竞争优势，导致产品严重趋同，这些都最终决定了我国产业集群的国际竞争能力薄弱。

(4) 产业集群产业链不够完善

我国产业集群产业链不完善主要体现在两个方面。一方面是由于产业集群的产业链各环节发展水平不均衡导致集群分工合作水平低。集群的主要优势之一是集群的专业化分工优势，但各环节技术水平相差悬殊导致相互能力不匹配，技术整合难度大，严重时会导致产业集群内的产业链容易中断，严重影响整个集群的生产进度；大多时候会导致集群内企业减少合作，在企业内部延伸产业链或是与集群外企业寻求合作，这将使集群成为虚无。另一方面，我国产业集群普遍存在产业链短的特征，很多产业集群是同类企业的积聚，并未充分实现企业间的合作。由于大多集群没有形成较长的完整产业链，因而集群优势不够明显。

(六) 产业代谢

"代谢"的概念最初是在 1857 年由雅克布·摩莱肖特(Jakob Moleschott)提出的，马克思将其运用到对人类社会系统的描述中。他提出"劳动首先是人和自然之间的过程，是人以自身的活动来引起、调整和控制人与自然之间的物质变换的过程"。"物质变换"一词在《资本论》的德文版中使用的就是德文"stoffwechsel"。"stoff"在德语中是物质、素材的意思，"wechsel"是交换、变换的意思，合起来就是德语的"物质代谢"一词。1988 年，罗伯特·埃尔斯(Robert U. Ayres)从代谢的角度首次提出"产业代谢"(industrial metabolism)的概念，并对产业系统与自然生态系统之间的物质、能量流动关系进行了较为系统的研究。埃尔斯认为，经济系统并不是孤立的，而是一个嵌入生态大系统的开放子系统，它通过物质流与能量流与自然生态系统连接起来，以开采自地球的高质量物质为开端，最后把这些物质以退化的形式返回到自然界中。产业是经济活动的主体，产业经济活动的物质与能量转换过程处于自然生态系统物质与能量的总交换过程中。埃尔斯定义产业代谢为：在一个基本稳定的状态下，使原料和能量通过劳动转化为最终产品和废物的一系列物质过程的统一。

"产业代谢"指的是流经产业系统的所有物质流和能量流，遵循物质守恒定律。产业代谢主要是将物质流和能量流的研究引入产业系统。产业代谢的研究对象可以是特定的污染物，在某个特定的区域内，比如工业较为发达和集中的地区，或是生态环境相对脆弱的地域，通过对特定污染物的跟踪，分析污染物在产业代谢过程中的足迹和变化过程。同时,产业代谢也可以针对具有相同特点的多种物质进行分析,比如毒性较高的重金属污染物,这些重金属物质在环境中的足迹追踪起来也相对容易。此外,产业代谢的研究也可以局限在特定的物质成分,以确定其不同形态的特性及其自然生物地球化学循环的相互影响。比如硫、碳等物质的工业代谢分析。

产业代谢是针对产业发展过程中物质、能量使用状况的分析,实际上是一种研究资源类物质输入与输出的代谢分析工具。按照物质的化学形态,资源代谢可以在不同的层面上展开。比如,如果某种元素非常稀缺或者具有明显的毒性特征,就可以作为研究对象进行元素分析。1993年,国际应用系统分析研究所首次采用元素流分析方法,研究了莱茵河全流域范围的镉、铅、锌及氮、磷等元素的代谢问题。与元素流分析相同,产业代谢也包括分子流分析,分子流分析对于自然因素和人为因素交叉而产生的代谢问题具有重要意义。第一例分子流分析是由加利福尼亚大学的莫里纳和洛兰联合开展的关于氯氟烃的大气循环研究,他们凭借这一成果获得了诺贝尔奖。研究人员在大气层中检测到了工业中用作制冷剂的氯氟烃,推断了氯氟烃在大气层高能太阳辐射的作用下最终将分解,其分解产物进而与臭氧反应,消耗平流层中的臭氧。数年后,南极大陆上空出现了臭氧空洞。

产业代谢理论是在对经济系统(特别是产业系统)与自然环境的相互作用关系的研究中逐步形成的。在产业系统中,企业与企业之间通过产品或服务建立相互关系,并通过各种工艺过程,把原料或半成品加工成产品,同时产生各种废物。因此,经济系统的运行,必然会涉及与生态系统之间的物质和能量流动。产业代谢描述了产业系统中物质、能量从采掘到加工、产品、消费,最终变为废物的全过程,分析产业系统中的物质、能量流动与全球物质循环的关系,目的是揭示经济活动纯物质的数量与质量规模,展示构成产业活动全部物质能量的流动、储存及其对环境的影响。在产业代谢的研究中,物质流分析与能流分析是最为重要的组成部分。

1. 物质流分析

20世纪80年代后期,许多学者认识到经济活动中的物质流动与自然生态环境有着紧密的关联,经济系统中的物质流动对于物质在全球范围内的循环,特别是对自然生态系统的物质和能源消耗具有重大影响。因此,许多学者认为,社会经济系统可以被看作是生态系统的子系统,经济系统中的物质流动与生态系统中的物质流动相类似,只是具有某些不同于生态系统的特征而已。物质流分析主要研究物质的流动规律及其对生态环境的影响。它是以质量守恒定律为原则,对社会经济活动中物质输入、输出、储存货及物质流动路径进行分析的一种系统工具。通过这种工具,我们可以对资源与能源消耗、经济增长与环境污染的变化关系等进行分析评价,因而物质流分析是循环经济的重要技术支撑,也是发展循环经济、实现可持续发展的核心调控手段。

物质流分析是产业代谢在资源物质领域的具体应用。对物质的生产和使用而言,资源物质的投入是一切产业经济的源头,物质的生产和使用与资源环境有着密不可分的关系。物质的开采、加工、使用及废弃的过程,一方面创造了大量的物质财富,推动了社会经济发展和人类文明的进步;另一方面消耗了大量的资源和能源,排放了大量的污染物,破坏了人类生存的自然环境。从能源、资源消费的比重以及所造成环境污染的原因上分析,资源与物质及其制品行业需要对能源短缺、资源过度消耗负主要责任。许多研究者从这一角度出发,开展了物质流分析及相关理论的研究,目的是有效地利用有限的资源,减少物质对环境的负载,在物质的生产、使用和废弃的过程中保持资源物质平衡。

(1)物质流分析类型

物质流核算可以分为国家(地区)层次物质流核算、行业层次物质流核算、企业层次物质流核算和产品层次物质流核算。

国家(地区)层次物质流核算又称为经济系

统物质流核算，是追踪进入国家或者区域经济系统的全部物质流状况。其分析的基本观点是进入经济系统的资源和能源的数量与质量，会对自然环境产生扰动，引起环境退化；从经济系统排入环境的废弃物数量与质量则会引起环境的污染。这一层次的物质流分析主要目的在于揭示特定区域内的物质流动特征、流动规律、转化效率及对环境的影响效果等，分析结果可以为区域可持续发展目标的设定提供依据。

行业层次物质流核算又称为元素流核算，主要是对特定的物质或者元素在经济系统生产和消费过程中的流向和空间分布，以及对环境的影响进行分析。世界各国关注较多的是碳、重金属、磷、氮、氯等物质和元素。

企业层面物质流核算主要是指物质流从进入企业开始到离开企业结束过程中的流向与流量，是分析企业范围内的物质使用总量对环境的影响。

产品层面物质流核算主要采用"生命周期评价"方法，对产品生命周期中的各个阶段的作用、存在方式、环境影响等做出评价。

(2) 物质类型的划分

物质流分析的物质范围广泛，可以是元素、原材料、产品，也可以是固体废物，以及向大气、水体排放的污染物等。研究人员一般将物质分为以下6种类型。

1) 非生物物质包括化石燃料含原煤、原油和天然气等，金属矿物含黑色金属、有色金属和稀有金属、非金属矿物以及建筑材料等。

2) 生物物质包括农业、林业、牧业、渔业等部门生产的生物物质。

3) 污染物包括排入自然界大气中、表土中和水体中的污染物质。

4) 耗散性物质包括耗散性使用和耗散性流失。其中，耗散性使用指农业生产中化肥、污泥和杀虫剂等农药的使用；耗散性流失是化学品事故、有害气液泄漏、基础设施腐蚀和风化等。

5) 成品及半成品是指以化石燃料、金属矿物、生物物质为基础制成的物品。

6) 隐藏流是指在资源的开采过程中伴生的、不能直接加以利用、不具有经济效益，但对自然环境具有较大影响的物质，包括开采有用的生物和非生物的物质所引起的生态报复、营建剩余土石方和营建的废弃物及水土流失等。

(3) 物质流分析方法

物质流分析的基础是质量守恒定律、生命周期评价以及投入产出分析。物质的流入量恒等于物质的流出量和物质存量。工业系统的物质流入是原材料和能源，物质流出是产品、废弃物和污染物，存量主要是半成品、生产物料和物质的循环部分。

1) 质量平衡定律。质量平衡定律是物质流分析的重要理论基础。一定时期内输入一个系统的物质质量等于同时期该系统的存储量与输出该系统的物质质量之和。对社会经济系统而言，自然环境所提供的输入物质进入该系统，经过加工、贸易、使用、回收、废弃等过程，一部分成为系统中的存储量，其他的部分作为输出返回到自然环境中。整个过程中的输入量恒等于输出量与存储量之和。

任何形式、任何层次的物质流分析都是以质量平衡定律作为基础，无论任何物质以任何形式、状态流动，其总的质量一定是守恒的。在经济系统中，无论任何物质被投入生产中，在生产过程中消耗，还是变成废物排放到环境中，实际上只是在生产中利用了物质的功能和效用，变换了物质的存在形式，但在量上，物质实际并无变化。

2) 生命周期评价。在物质流分析中，生命周期评价的方法常常用来分析在物资流动过程中不易被发现的隐藏流。基于生命周期评价的物质流分析方法，主要适用于对生物质或者非生物质原材料以及初级加工产品的研究。其研究思路是：首先选定一定数量的产品作为对象，然后沿着产品生命周期的轨迹进行观察，从某一个生命周期的起点开始一直到终点，途中经过产品的生产、制造、使用和产品报废后的回收等4个阶段，对每一个阶段的物质流入和流出量进行核算，根据获取的数据建立跟踪模型。

3) 投入产出分析。投入产出分析是研究经济体系如国民经济、地区经济、部门经济、公司或企业经济单位中各个部分之间投入与产出的相互依存关系的数量分析方法。投入是指产品生产过程中所需要的原材料、燃料、动力、固定资产折旧以及劳动力等生产性消耗；产出是指产品生产以后的分配去向。

(4)物质流分析步骤

物质流分析一般包括以下几个步骤。

1)界定对象和范围。根据研究目的选定可能造成重大影响的研究对象，然后确定要分析的物质流种类、时间和空间范围，空间范围包括地区、行业或企业。

2)分析各个环节。划分出相关环节，分别对每一环节的物质投入、产出及过程定性描述。

3)物质流核算与平衡。对各个环节的物质流入流出数据进行核算与平衡，得出物质量流向与流量数据。

4)模型分析与结果评价。对定量与定性结果进行分析评价，用于研究分析资源利用效率变化等目标。

2. 能流分析理论

作为分析社会经济代谢的科学研究方法，早期的环境经济系统代谢研究主要关注物质流分析，随着产业生态学理论与方法的不断完善，物质流分析的指标和框架也日趋完善。2001年，哈伯尔提出扩大物质流分析的研究范围，必须全面考虑社会代谢的能量问题，提出能量流分析能够全面了解社会经济系统的代谢，能量是推动系统内物质转移和转换的驱动力。2004年，哈伯尔等提出了物质和能量流核算框架，通过跟踪社会经济中的物质和能量流，并评估与之相关的生态系统变化，从而分析社会与自然系统之间的相互作用。

美国生态学家奥德姆于1996年创立了能值的科学概念和度量标准。能值是指流动或储存的能量中所包含的另一类能量的数量。各种资源、产品或劳务的能量都直接或间接来源于太阳能，因此，太阳能值被用来衡量某一能量的能值大小。任何流动或储存状态的能量所包含的太阳能的量，即为该能量的太阳能值。换言之，某种资源、产品或劳务的能值，就是其形成过程直接或间接利用的太阳能总量。能值理论和分析方法使原本难以统一度量的各种生态系统或生态经济系统的能流、物质流和其他生态流能够进行比较和分析。因此，能流分析以能值为基础，把不同种类、不同能值、不可比较的能量转化为统一标准的能值来衡量和比较研究。

能流分析研究了经济-环境系统的能量流动，通过能量输入与输出的定量分析，评估能源使用效率，研究提高能源使用的方法。在能流分析中，通常研究能源的初级输入、能源转换、最终能源使用、能源输出等内容，分析对象主要包括生物质燃料、化石燃料、能源产品、电力等。

六、产业生态学在企业层面的应用——清洁生产

(一)清洁生产概述

1. 清洁生产的发展历程

清洁生产起源于1960年的美国化学行业的污染预防审计。而"清洁生产"概念的出现，最早可追溯到1976年。当年欧共体在巴黎举行了无废工艺和无废生产国际研讨会，会上提出"消除造成污染的根源"的思想；1979年4月欧共体理事会宣布推行清洁生产政策；1984年、1985年、1987年欧共体环境规划事务委员会3次拨款支持建立清洁生产示范工程。

自1989年，联合国开始在全球范围内推行清洁生产以来，全球先后有8个国家建立了清洁生产中心，推动着各国清洁生产不断向深度和广度拓展。1989年5月，联合国环境规划署工业与环境规划中心（UNEPIE/PAC）根据UNEP理事会会议的决议，制定了《清洁生产计划》，在全球范围内推进清洁生产。该计划的主要内容之一为组建两类工作组：一类为制革、造纸、纺织、金属表面加工等行业清洁生产工作组；另一类则是组建清洁生产政策及战略、数据网络、教育等业务工作组。该计划还强调要面向政界、工业界、学术界人士，提高他们的清洁生产意识，教育公众，推进清洁生产的行动。1992年6月在

巴西里约热内卢召开的联合国环境与发展大会，通过了《21世纪议程》，号召工业提高能效，开展清洁技术，更新替代对环境有害的产品和原料，推动实现工业可持续发展。中国政府亦积极响应，于1994年提出了《中国21世纪议程》，将清洁生产列为"重点项目"之一。

自1990年以来，联合国环境规划署已先后在坎特伯雷、巴黎、华沙、牛津、首尔、蒙特利尔等地举办了6次国际清洁生产高级研讨会。1998年10月在韩国首尔举行的第五次国际清洁生产高级研讨会，出台了《国际清洁生产宣言》，包括13个国家的部长及其他高级代表和9位公司领导人在内的64位签署者共同签署了该《宣言》。参加这次会议的还有国际机构、商会、学术机构和专业协会等组织的代表。出台《国际清洁生产宣言》的主要目的是提高公共部门和私有部门中关键决策者对清洁生产战略的理解及该战略在他们中间的形象，激励对清洁生产咨询服务的更广泛的需求。《国际清洁生产宣言》是对作为一种环境管理战略的清洁生产的公开承诺。

20世纪90年代初，经济合作和开发组织（OECD）在许多国家采取不同措施鼓励采用清洁生产技术。例如在德国，将70%投资用于清洁工艺的工厂可以申请减税。在英国，税收优惠政策是导致风力发电增长的原因。自1995年以来，经合组织成员国的政府开始把它们的环境战略针对产品而不是工艺，以此为出发点，引进生命周期分析，以确定在产品寿命周期（包括制造、运输、使用和处置）中的哪一个阶段有可能削减或替代原材料投入和最有效并以最低费用消除污染物和废物。这一战略刺激和引导生产商和制造商以及政府政策制定者去寻找更富有想象力的途径来实现清洁生产和产品。

美国、澳大利亚、荷兰、丹麦等发达国家在清洁生产立法、组织机构建设、科学研究、信息交换、示范项目和推广等领域已取得明显成就。特别是进入21世纪后，发达国家清洁生产政策有两个重要的倾向：其一是着眼点从清洁生产技术逐渐转向清洁产品的整个生命周期；其二是从大型企业在获得财政支持和其他种类对工业的支持方面拥有优先权转变为更重视扶持中小企业进行清洁生产，包括提供财政补贴、项目支持、技术服务和信息等措施。

我国工业化进程起步较晚，现在仍处于加速发展阶段，加之社会的环境保护意识刚刚觉醒，几十年来由环境污染和破坏带来的恶果开始受到重视。而企业是产业的主体，未将环境保护和绿色营销纳入自身发展战略体系的企业仍为数不少，对环境问题末端治理的热情高于对清洁生产等生态工业、循环经济的关注，致使"生态设计、绿色产品、清洁生产和循环经济"的概念虽然提出，但从地方到国家均缺乏对执行不善应承担的责任的规定，尤其是中小企业中的实施力度还不够。

2. 清洁生产的定义

到目前为止，清洁生产尚没有一个统一的定义。总体说来，清洁生产属于一种生产模式，这种模式是对传统线性生产模式的否定。传统的线性生产模式可以描述为"资源生产产品废弃物"过程，这种模式通过对自然界各类资源的大量攫取来满足生产过程的需要，同时在生产过程伴随着大量污染物的产生，更为突出的是，这些污染物没有得到有效的处理就直接排入了环境当中，从而造成对资源的过度攫取与环境的灾难性破坏。针对传统线性生产模式所具有的种种弊端，学术界和实践领域提出了若干理论和解决方案来加以应对。其实在清洁生产模式提出之前，就有一种针对污染物的治理模式，即末端治理模式。末端治理并不能从根本上解决问题，因为在生产环节的末端对污染物进行处理的同时往往伴随着新的污染物的产生，况且原有的污染物也并不能完全被处理掉，这些原有的污染加上新产生的污染物使得末端治理模式的效果大打折扣。在这种情形下，清洁生产被提上了议事日程，并被广泛认同和采纳。

(1)《中华人民共和国清洁生产促进法》中清洁生产的定义

清洁生产是指不断采取改进设计，使用清洁的能源和原料，采用先进的工艺技术与设备，改善管理，综合利用等措施，从源头消减污染，提高资源利用效率，减少或者避免生产服务和产品使用过程中污染物的产生和排放，以减轻或者消除对人类健康和环境的危害。

清洁生产在不同的发展阶段或者不同的国家有不同的叫法，例如"废物减量化""无废工艺""污染预防"等。但其基本内涵是一致的，即对产品和产品的生产过程、产品及服务采取预防污染的策略来减少污染物的产生。

(2)联合国环境规划署工业与环境规划中心(UNEPIE/PAC)的定义

联合国环境规划署工业与环境规划中心综合各种说法，采用了"清洁生产"这一术语来表征从原料、生产工艺到产品使用全过程的广义的污染防治途径，给出了以下定义：清洁生产是一种新的创造性的思想，该思想将整体预防的环境战略持续应用于生产过程、产品和服务中，以增加生态效率和减少人类及环境的风险。对生产过程，要求节约原材料与能源，淘汰有毒原材料，减降所有废弃物的数量与毒性；对产品，要求减少从原材料提炼到产品最终处置的全生命周期的不利影响；对服务，要求将环境因素纳入设计与所提供的服务中。

(3)美国环保局的定义

在美国，清洁生产又称为"污染预防"或"废物最小量化"。废物最小量化是美国清洁生产的初期表述，后用"污染预防"一词代替。美国对污染预防的定义为："污染预防是在可能的最大限度内减少生产厂地所产生的废物量。它包括通过源削减(在进行再生利用、处理和处置以前，减少流入或释放到环境中的任何有害物质、污染物或污染成分的数量；减少与这些有害物质、污染物或组分相关的对公共健康与环境的危害)、提高能源效率、在生产中重复使用投入的原料以及降低水消耗量来合理利用资源。常用的两种源削减方法是改变产品和改进工艺(包括设备与技术更新、工艺与流程更新、产品的重组与设计更新、原材料的替代以及促进生产的科学管理、维护、培训或仓储控制)。污染预防不包括废物的厂外再生利用、废物处理、废物的浓缩或稀释以及减少其体积或有害性、毒性成分从一种环境介质转移到另一种环境介质中的活动。"

(4)《中国21世纪议程》的定义

清洁生产是指既可满足人们的需要又可合理使用自然资源和能源并保护环境的实用生产方法和措施，其实质是一种物料和能耗最少的人类生产活动的规划和管理，将废物减量化、资源化和无害化，或消灭于生产过程之中。同时对人体和环境无害的绿色产品的生产随着可持续发展进程的深入而日益成为今后产品生产的主导方向。

综上所述，清洁生产的定义包含了两个全过程控制：生产全过程和产品整个生命周期全过程。对生产过程而言，清洁生产包括节约原材料与能源，尽可能不用有毒原材料并在生产过程中就减少它们的数量和毒性；对产品而言，则是从原材料获取到产品最终处置过程中，尽可能将对环境的影响减到最低。

对生产过程与产品采取整体预防性的环境策略，以减少其对人类及环境可能的危害；对生产过程而言，清洁生产节约原材料与能源，尽可能不用有毒有害原材料并在全部排放物和废物离开生产过程以前，就减少它们的数量和毒性；对产品而言，则是由生命周期分析，使得从原材料取得至产品的最终处理过程中，竭尽可能将对环境的影响减至最低。

被理论界较为认同的关于清洁生产的定义就是联合国环境规划署的定义。该机构指出：所谓清洁生产，就是为了人类和环境的持续健康发展，在整个生产过程中采取综合性的、系统性环境问题预防和治理措施，这一过程跨越从原材料的提炼到产品使用寿命终了的整个阶段。联合国环境规划署对清洁生产内涵的理解是比较全面的，它改变了末端治理的片面性。与清洁生产相比，末端治理模式有头痛医头、脚痛医脚的弊病。

从生产流程和产品使用环节考察，清洁生产的内涵又可以从3个方面来理解。首先是对原材料和能源的使用要做到节约、环保，具体地分析，就是指不要用有毒原材料，原材料和能源的使用要减量化，提高原材料和能源的综合利用效率。其次，在生产过程中所产生的废弃物在被排放出去之前就要从源头上减少它们的数量和毒性，而不是等到产生之后再来末端处理。再次，在产品生产出来之后直至消费者使用的全过程中，产品消耗的各类资源要做到减量化以减少产品使用过程中对环境和消费者带来的负面影响。特别是，在服务提供过程中也应当注重对环境的保护。对清洁生产的生产流程和产品使用环节角度进行考察分析，认为清洁生产可以从宏观和微观两个层次来加以理解。从宏观层次考察，清洁生产属于一种战略思想，它可以对一个行业乃至一个区域的工业发展进行引导，以避免行业或区域内部环境绩效的下降；从微观上考察，清洁生产属于企业具体的生产模式，它对微观企业从原材料采购、生产工艺设计、产品质量控制乃至售后服务的整个流程提出了更加严重的环境要求。

3. 清洁生产的微观措施

(1) 实施产品绿色设计

企业实行清洁生产，在产品设计过程中，一要考虑环境保护，减少资源消耗，实现可持续发展战略；二要考虑商业利益，降低成本，减少潜在的责任风险，提高竞争力。具体做法是，在产品设计之初就注意未来的可修改性，容易升级以及可生产几种产品的基础设计，提供减少固体废物污染的实质性机会。产品设计要达到只需要重新设计一些零件就可更新产品的目的，从而减少固体废物。在产品设计时，还应考虑在生产中使用更少的材料或更多的节能成分，优先选择无毒、低毒、少污染的原辅材料替代原有毒性较大的原辅材料，防止原料及产品对人类和环境的危害。

(2) 实施生产全过程控制

清洁的生产过程要求企业采用少废、无废的生产工艺技术和高效生产设备；尽量少用、不用有毒有害的原料；减少生产过程中的各种危险因素和有毒有害的中间产品；使用简便、可靠的操作和控制；建立良好生产规范(GMP)、卫生标准操作程序(SSOP)和危害分析与关键控制点(HACCP)；组织物料的再循环；建立全面质量管理系统(TQMS)；优化生产组织；进行必要的污染治理，实现清洁、高效的利用和生产。

(3) 实施材料优化管理

材料优化管理是企业实施清洁生产的重要环节。选择材料，评估化学使用，估计生命周期都是提高材料管理的重要方面。企业实施清洁生产，在选择材料时要关心再使用与可循环性，具有再使用与再循环性的材料可以通过提高环境质量和减少成本获得经济与环境收益；实行合理的材料闭环流动，主要包括原材料和产品的回收处理过程的材料流动、产品使用过程的材料流动和产品制造过程的材料流动。

原材料的加工循环是自然资源到成品材料的流动过程以及开采、加工过程中产生的废弃物的回收利用所组成的一个封闭过程。产品制造过程的材料流动，是材料在整个制造系统中的流动过程以及在此过程中产生的废弃物的回收处理形成的循环过程。制造过程的各个环节直接或间接的影响着材料的消耗。产品使用过程的材料流动是在产品的寿命周期内，产品的使用、维修、保养以及服务等过程和在这些过程中产生的废弃物的回收利用过程。产品的回收过程的材料流动是产品使用后的处理过程，其组成主要包括：可重用的零部件、可再生的零部件、不可再生的废弃物。在材料消耗的4个环节里，都要将废弃物进行减量化、资源化和无害化处理，或消灭在生产过程之中，不仅要实现生产过程的无污染或不污染，而且生产出来的产品也没有污染。

4. 清洁生产的目标及意义

根据经济可持续发展对资源和环境的要求，清洁生产谋求达到两个目标：一方面是通过资源的综合利用，短缺资源的代用，二次能源的利用，以及节能、降耗、节水，合理利用自然资源，减缓资源的耗竭；另一方面就是减少废物和污染物的排放，促进工业产品的生产、消耗过程与环境相融，降低工业活动对人类和环境的风险。

清洁生产是生产者、消费者、社会三方面谋求利益最大化的集中体现，它是一种新的创造性理念,这种理念将整体预防的环境战略持续应用于生产过程、产品和服务中,以增加生态效率和减少人类及环境的风险。清洁生产是环境保护战略由被动反应向主动行动的一种转变。20世纪80年代以后,随着经济建设的快速发展,全球性的环境污染和生态破坏日益加剧,资源和能源的短缺制约着经济的发展,人们也逐渐认识到,仅仅依靠开发有效的污染治理技术对所产生的污染进行末端治理所实现的环境效益是非常有限的。如果关心产品和生产过程对环境的影响,那么依靠改进生产工艺和加强管理等措施来消除污染可能更为有效,因此清洁生产的概念和实践也随之出现了,并以其旺盛的生命力在世界范围内迅速推广。清洁生产作为全世界污染预防的可持续的战略,其主要意义如下。

(1) 清洁生产的开展能促进可持续发展

可持续发展战略强调自然资源及环境长期承载能力的重要性,影响可持续发展的关键因素之一就是清洁生产,故工业企业要积极开发清洁技术,替换有害的产品及原辅材料,提高能效。

(2) 清洁生产的开展能有效控制环境污染问题

清洁生产主张在污染产生前就进行削减,与过去被动的防治手段大有不同。这一主动行为具有效率高、容易被接受等特点,并且能从根本上控制环境污染问题。

(3) 清洁生产的开展能减轻末端治理负担

虽然相对于直接稀释排放来说,末端治理是污染控制模式发展史上的一次飞跃,但伴随着工业发展速度的加快,其弊端逐渐显露出来。例如设施及运行费用高、经济效益降低、污染物发生转移、不能彻底解决污染等。而清洁生产则克服了上述缺点,它控制着生产的全过程,以此降低污染物排放量,甚至消除污染物的产生,同时降低企业的综合费用。

(4) 清洁生产的开展能提高企业市场核心竞争力

开展清洁生产的最终目的是实现"节能、降耗、减污、增效",同时,加强企业员工的环保意识,提高企业的管理水平,树立良好形象,进而提高企业的市场核心竞争力。

(二) 清洁生产审核办法

清洁生产审核是指按照一定程序,对生产和服务过程进行调查和诊断,找出能耗高、物耗高、污染重的原因,提出减少有毒有害物料的使用、产生,降低能耗、物耗以及废物产生的方案,进而选定技术可行、经济合算及符合环境保护的清洁生产方案的过程。生产全过程要求采用无毒、低毒的原材料和无污染、少污染的工艺和设备进行工业生产;对产品的整个生命周期过程,则要求从产品的原材料选用到使用后的处理和处置不构成或减少对人类健康和环境危害。2016年5月,国家发展和改革委员会为落实《中华人民共和国清洁生产促进法》(2012年),进一步规范清洁生产审核程序,更好地指导地方和企业开展清洁生产审核,对《清洁生产审核暂行办法》进行了修订。新修订的《清洁生产审核办法》全文如下。

第一章 总 则

第一条 为促进清洁生产,规范清洁生产审核行为,根据《中华人民共和国清洁生产促进法》,制定本办法。

第二条 本办法所称清洁生产审核,是指按照一定程序,对生产和服务过程进行调查和诊断,找出能耗高、物耗高、污染重的原因,提出降低能耗、物耗、废物产生以及减少有毒有害物料的使用、产生和废弃物资源化利用的方案,进而选定并实施技术经济及环境可行的清洁生产方案的过程。

第三条 本办法适用于中华人民共和国领域内所有从事生产和服务活动的单位以及从事相关管理活动的部门。

第四条 国家发展和改革委员会会同环境保护部负责全国清洁生产审核的组织、协调、指导和监督工作。县级以上地方人民政府确定的清洁生产综合协调部门会同环境保护主管部门、管理节能工作的部门(以下简称"节能主管部门")和其他有关部门,根据本地区实际情况,组织开展清洁生产审核。

第五条 清洁生产审核应当以企业为主体,

遵循企业自愿审核与国家强制审核相结合、企业自主审核与外部协助审核相结合的原则，因地制宜、有序开展、注重实效。

第二章 清洁生产审核范围

第六条 清洁生产审核分为自愿性审核和强制性审核。

第七条 国家鼓励企业自愿开展清洁生产审核。本办法第八条规定以外的企业，可以自愿组织实施清洁生产审核。

第八条 有下列情形之一的企业，应当实施强制性清洁生产审核。

(一)污染物排放超过国家或者地方规定的排放标准，或者虽未超过国家或者地方规定的排放标准，但超过重点污染物排放总量控制指标的。

(二)超过单位产品能源消耗限额标准构成高耗能的。

(三)使用有毒有害原料进行生产或者在生产中排放有毒有害物质的。

其中有毒有害原料或物质包括以下几类。

第一类，危险废物。包括列入《国家危险废物名录》的危险废物，以及根据国家规定的危险废物鉴别标准和鉴别方法认定的具有危险特性的废物。

第二类，剧毒化学品、列入《重点环境管理危险化学品目录》的化学品，以及含有上述化学品的物质。

第三类，含有铅、汞、镉、铬等重金属和类金属砷的物质。

第四类，《关于持久性有机污染物的斯德哥尔摩公约》附件所列物质。

第五类，其他具有毒性、可能污染环境的物质。

第三章 清洁生产审核的实施

第九条 本办法第八条第(一)款、第(三)款规定实施强制性清洁生产审核的企业名单，由所在地县级以上环境保护主管部门按照管理权限提出，逐级报省级环境保护主管部门核定后确定，根据属地原则书面通知企业，并抄送同级清洁生产综合协调部门和行业管理部门。

本办法第八条第(二)款规定实施强制性清洁生产审核的企业名单，由所在地县级以上节能主管部门按照管理权限提出，逐级报省级节能主管部门核定后确定，根据属地原则书面通知企业，并抄送同级清洁生产综合协调部门和行业管理部门。

第十条 各省级环境保护主管部门、节能主管部门应当按照各自职责，分别汇总提出应当实施强制性清洁生产审核的企业单位名单，由清洁生产综合协调部门会同环境保护主管部门或节能主管部门，在官方网站或采取其他便于公众知晓的方式分期分批发布。

第十一条 实施强制性清洁生产审核的企业，应当在名单公布后一个月内，在当地主要媒体、企业官方网站或采取其他便于公众知晓的方式公布企业相关信息。

(一)本办法第八条第(一)款规定实施强制性清洁生产审核的企业，公布的主要信息包括：企业名称、法人代表、企业所在地址、排放污染物名称、排放方式、排放浓度和总量、超标及超总量情况。

(二)本办法第八条第(二)款规定实施强制性清洁生产审核的企业，公布的主要信息包括：企业名称、法人代表、企业所在地址、主要能源品种及消耗量、单位产值能耗、单位产品能耗、超过单位产品能耗限额标准情况。

(三)本办法第八条第(三)款规定实施强制性清洁生产审核的企业，公布的主要信息包括：企业名称、法人代表、企业所在地址、使用有毒有害原料的名称、数量、用途，排放有毒有害物质的名称、浓度和数量，危险废物的产生和处置情况，依法落实环境风险防控措施情况等。

(四)符合本办法第八条两款以上情况的企业，应当参照上述要求同时公布相关信息。

企业应对其公布信息的真实性负责。

第十二条 列入实施强制性清洁生产审核名单的企业应当在名单公布后两个月内开展清洁生产审核。

本办法第八条第(三)款规定实施强制性清洁生产审核的企业，两次清洁生产审核的间隔时间不得超过五年。

第十三条 自愿实施清洁生产审核的企业可参照强制性清洁生产审核的程序开展审核。

第十四条 清洁生产审核程序原则上包括审核准备、预审核、审核、方案的产生和筛选、方案的确定、方案的实施、持续清洁生产等。

第四章 清洁生产审核的组织和管理

第十五条 清洁生产审核以企业自行组织开展为主。实施强制性清洁生产审核的企业，如果自行独立组织开展清洁生产审核，应具备本办法第十六条第(二)款、第(三)款的条件。

不具备独立开展清洁生产审核能力的企业，可以聘请外部专家或委托具备相应能力的咨询服务机构协助开展清洁生产审核。

第十六条 协助企业组织开展清洁生产审核工作的咨询服务机构，应当具备下列条件。

(一)具有独立法人资格，具备为企业清洁生产审核提供公平、公正和高效率服务的质量保证体系和管理制度。

(二)具备开展清洁生产审核物料平衡测试、能量和水平衡测试的基本检测分析器具、设备或手段。

(三)拥有熟悉相关行业生产工艺、技术规程和节能、节水、污染防治管理要求的技术人员。

(四)拥有掌握清洁生产审核方法并具有清洁生产审核咨询经验的技术人员。

第十七条 列入本办法第八条第(一)款和第(三)款规定实施强制性清洁生产审核的企业，应当在名单公布之日起一年内，完成本轮清洁生产审核并将清洁生产审核报告报当地县级以上环境保护主管部门和清洁生产综合协调部门。

列入第八条第(二)款规定实施强制性清洁生产审核的企业，应当在名单公布之日起一年内，完成本轮清洁生产审核并将清洁生产审核报告报当地县级以上节能主管部门和清洁生产综合协调部门。

第十八条 县级以上清洁生产综合协调部门应当会同环境保护主管部门、节能主管部门，对企业实施强制性清洁生产审核的情况进行监督，督促企业按进度开展清洁生产审核。

第十九条 有关部门以及咨询服务机构应当为实施清洁生产审核的企业保守技术和商业秘密。

第二十条 县级以上环境保护主管部门或节能主管部门，应当在各自的职责范围内组织清洁生产专家或委托相关单位，对以下企业实施清洁生产审核的效果进行评估验收。

(一)国家考核的规划、行动计划中明确指出需要开展强制性清洁生产审核工作的企业。

(二)申请各级清洁生产、节能减排等财政资金的企业。

上述涉及本办法第八条第(一)款、第(三)款规定实施强制性清洁生产审核企业的评估验收工作由县级以上环境保护主管部门牵头，涉及本办法第八条第(二)款规定实施强制性清洁生产审核企业的评估验收工作由县级以上节能主管部门牵头。

第二十一条 对企业实施清洁生产审核评估的重点是对企业清洁生产审核过程的真实性、清洁生产审核报告的规范性、清洁生产方案的合理性和有效性进行评估。

第二十二条 对企业实施清洁生产审核的效果进行验收，应当包括以下主要内容。

(一)企业实施完成清洁生产方案后，污染减排、能源资源利用效率、工艺装备控制、产品和服务等改进效果，环境、经济效益是否达到预期目标。

(二)按照清洁生产评价指标体系，对企业清洁生产水平进行评定。

第二十三条 对本办法第二十条中企业实施清洁生产审核效果的评估验收，所需费用由组织评估验收的部门报请地方政府纳入预算。承担评估验收工作的部门或者单位不得向被评估验收企业收取费用。

第二十四条 自愿实施清洁生产审核的企业如需评估验收，可参照强制性清洁生产审核的相关条款执行。

第二十五条 清洁生产审核评估验收的结果可作为落后产能界定等工作的参考依据。

第二十六条 县级以上清洁生产综合协调

部门会同环境保护主管部门、节能主管部门,应当每年定期向上一级清洁生产综合协调部门和环境保护主管部门、节能主管部门报送辖区内企业开展清洁生产审核情况、评估验收工作情况。

第二十七条 国家发展和改革委员会、环境保护部会同相关部门建立国家级清洁生产专家库,发布行业清洁生产评价指标体系、重点行业清洁生产审核指南,组织开展清洁生产培训,为企业开展清洁生产审核提供信息和技术支持。

各级清洁生产综合协调部门会同环境保护主管部门、节能主管部门可以根据本地实际情况,组织开展清洁生产培训,建立地方清洁生产专家库。

第五章 奖励和处罚

第二十八条 对自愿实施清洁生产审核,以及清洁生产方案实施后成效显著的企业,由省级清洁生产综合协调部门和环境保护主管部门、节能主管部门对其进行表彰,并在当地主要媒体上公布。

第二十九条 各级清洁生产综合协调部门及其他有关部门在制定实施国家重点投资计划和地方投资计划时,应当将企业清洁生产实施方案中的提高能源资源利用效率、预防污染、综合利用等清洁生产项目列为重点领域,加大投资支持力度。

第三十条 排污费资金可以用于支持企业实施清洁生产。对符合《排污费征收使用管理条例》规定的清洁生产项目,各级财政部门、环境保护部门在排污费使用上优先给予安排。

第三十一条 企业开展清洁生产审核和培训的费用,允许列入企业经营成本或者相关费用科目。

第三十二条 企业可以根据实际情况建立企业内部清洁生产表彰奖励制度,对清洁生产审核工作中成效显著的人员给予奖励。

第三十三条 对本办法第八条规定实施强制性清洁生产审核的企业,违反本办法第十一条规定的,按照《中华人民共和国清洁生产促进法》第三十六条规定处罚。

第三十四条 违反本办法第八条、第十七条规定,不实施强制性清洁生产审核或在审核中弄虚作假的,或者实施强制性清洁生产审核的企业不报告或者不如实报告审核结果的,按照《中华人民共和国清洁生产促进法》第三十九条规定处罚。

第三十五条 企业委托的咨询服务机构不按照规定内容、程序进行清洁生产审核,弄虚作假、提供虚假审核报告的,由省、自治区、直辖市、计划单列市及新疆生产建设兵团清洁生产综合协调部门会同环境保护主管部门或节能主管部门责令其改正,并公布其名单。造成严重后果的,追究其法律责任。

第三十六条 对违反本办法相关规定受到处罚的企业或咨询服务机构,由省级清洁生产综合协调部门和环境保护主管部门、节能主管部门建立信用记录,归集至全国信用信息共享平台,会同其他有关部门和单位实行联合惩戒。

第三十七条 有关部门的工作人员玩忽职守,泄露企业技术和商业秘密,造成企业经济损失的,按照国家相应法律法规予以处罚。

第六章 附 则

第三十八条 本办法由国家发展和改革委员会和环境保护部负责解释。

第三十九条 各省、自治区、直辖市、计划单列市及新疆生产建设兵团可以依照本办法制定实施细则。

第四十条 本办法自2016年7月1日起施行。原《清洁生产审核暂行办法》[国家发展和改革委员会、国家环境保护总局(现生态环境部)令第16号]同时废止。

(三)清洁生产审核案例——以某矿为例

1.清洁生产审核准备阶段——筹划和组织

筹划和组织阶段的主要任务是开展宣传教育,使全体职工了解清洁生产的内涵,充分认识实施清洁生产的意义和作用,克服思想障碍,获得高层领导和职工群众的积极支持与参与。为保证清洁生产审核工作能顺利进行和实施,获得全矿职工的支持和参与,本次清洁生产审核工作采用举办学习班和分车间班组小规模讲解讨论两种方式进行。通过宣传教育，全体领导和职工了解了清洁生产的概念、目的、意义以及开展清洁生产给企业带来的经济效益等，认识到清洁生产是实施矿山可持续发展的必由之路。

为保证此次清洁生产审核工作的进行和实施，本次清洁生产审核工作分别组建了清洁生产审核领导小组和清洁生产审核技术小组，并制订了工作计划，如表2-1-3所示。

表2-1-3 清洁生产审核工作计划

步骤	主要内容	天数	启动日期	完成日期
准备阶段				
1	领导决策			
2	组建工作小组			
3	制订工作计划	5	2003-19	2003-23
4	宣传、动员和培训	10	2003-26	2004-06
5	物质准备			
审计阶段				
1	公司现状分析	10	2004-09	2004-20
2	确定审核对象	2	2004-23	2004-24
3	设置清洁生产目标	4	2004-25	2004-30
4	编制审核对象工艺流程图	5	2005-07	2005-11
5	测算物料和能量平衡	5	2005-21	2005-25
6	分析物料和能量损失原因	4	2005-28	2005-31
制订方案阶段				
1	介绍物料和能量平衡	2	2006-01	2006-04
2	提出方案	4	2006-05	2006-08
3	分类方案	4	2006 11	2006-14
4	优选方案	5	2006-15	2006-21
5	可行性分析	5	2006-22	2006-28
6	选定方案	1	2006-29	2006-29
实施方案阶段				
1	制订实施计划	7	2007-2	2007-10
2	组织实施			
3	评估实施效果			
4	制订后续工作计划			
5	清洁生产报告的编写、印刷	25	2007-11	2008-14

2.清洁生产审核阶段

审核阶段是开展清洁生产的核心阶段。其目的是在对生产现状全面调查、分析、研究的基础上确定开展清洁生产审核的对象；弄清审核对象物料和能源消耗量及污染物的产生和排放量；分析审核对象的物料和能源损失及污染物的产生和排放原因，为寻找清洁生产机会和制订清洁生产方案奠定基础。该阶段主要进行了以下工作。

(1)现状分析

该矿山主要生产车间有3个，各车间的主要功能见表2-1-4。为确定开展清洁生产的审核对象和目标，从2001年4月10日开始，对该矿生产现状进行全面调查，了解生产、经营和管理等方面的基本情况，通过对原材料使用情况、产品调查、环境保护数据和工艺流程等情况的了解，以期找出生产过程中的最薄弱环节，确定资源消耗和对环境影响最大的部位，寻找开展清洁生产能取得最大效益的机会。

(2)确定审核对象

从是否具有清洁生产潜力出发，主要考虑到物耗、能耗大的生产单元，污染物产生量和排放量较大、超标严重的环节，生产效率低下、严重影响正常生产的环节,容易出废品的环节,对操作工身体健康影响大的环节,生产工艺较落后的老大难部位,易出事故和维修量大的部位,难操作、易使生产波动的部位等因素来确定清洁生产审核对象。针对该矿山的生产实际,采用权重加和排序法确定清洁生产审核对象,其结果如表2-1-5所示。

(3)清洁生产目标的制定

根据审核对象的确定,提出本次清洁生产审核目标,见表2-1-6。

(4)提出和实施无费/低费方案

无费/低费方案的实施情况如表2-1-7所示。

表2-1-4 该矿主要生产车间功能说明

编号	车间名称	功能说明
1	采矿车间	对采场的矿石进行采掘(穿爆、装运),废石运往排土场,矿石运往钓鱼山进行初加工
2	选矿车间	对矿石进行洗碎、淘汰、球磨、过滤等的选别处理,最终获得精矿产品
3	铁运车间	负责铁矿石由采场运往选矿车间,铁精矿运往马钢冶金厂和其他的运输任务

表2-1-5 权重加和排序法确定清洁生产审核重点结果

权重因素	权重值(W)	采矿车间		铁运车间		选矿车间	
		评分(R)	得分($W \cdot R$)	评分(R)	得分($W \cdot R$)	评分(R)	得分($W \cdot R$)
废物量	10	10	100	2	20	8	80
环境影响	8	8	64	6	48	9	72
废物毒性	7	3	21	2	14	4	28
清洁生产潜力	6	6	36	3	18	10	60
车间积极性	3	7	21	7	21	9	27
发展前景	2	4	8	3	6	8	16
总分$\sum(R \cdot W)$		250		127		283	
顺序		2		3		1	

表2-1-6 该矿清洁生产审核目标

项目	短期目标	长期目标
物耗	回收利用粉精矿 30 000 t/a	—
能耗	削减选矿车间电耗5%	—
水耗	削减新水耗量8%;削减废水排放量5%	实现选矿尾矿综合利用率100%,最终达到无尾排放的目标
环境	尾矿坝干坡段扬尘抑制50%;消减尾矿排放量3万 t/a	—
经济	预计经济效益可达655万元	—

表2-1-7 无费/低费方案实施情况

方案类型	内容	实施时间	投资/元	环境效益
废物	细碎除尘器恢复运营	8月	3 000	减少破碎粉尘外排
	10 000 m³循环水池的清澈	4月	10 000	提高循环水系统能力和水质
管理	跳汰分级机进水阀维修	6月	—	减少生产用水的泄漏
	加强精矿粉外发时的管理	已实施	—	减少精矿粉的流失
职工	加强培训	在进行	—	提高职工的清洁生产意识

3.输入、输出物流测算

输入、输出物流数据的跟班调查与部分测试,结果见表2-1-8。

通过上述分析可知,该矿在废物产生和产品方面均存在一些问题,主要为:跳汰工段水耗(电耗)过大,金属流失量也大;粉尾矿(扫尾、精

表 2-1-8　选矿车间各工段输入、输出物流汇总表（年用量）

操作单元	矿物原料输入量/t	矿物物料输出量/t	
		产品	尾矿
破碎工段	928 200	928 200	—
淘汰工段	928 200	跳汰小块 208 927；中矿 485 311	233 962
球磨工段	485 311	粉精矿 312 376	172 935
精尾工段	精矿 523 383；尾矿 404 817	精矿 523 383	404 817

尾)金属品位高,回收率低;球磨工段噪声不符合卫生标准;尾矿库扬尘量大,影响周围的生态环境;尾矿库溢流水超标。

4.制订清洁生产方案阶段

(1)征集方案

本次清洁生产审核共征集到方案48个,清洁生产审核技术小组根据方案的类型、名称及可实施性分类进行了汇总,结果见表2-1-9。

(2)方案筛选

筛选方案是对征集到的清洁生产方案进行

表 2-1-9　清洁生产方案汇总表

方案类型	编号	方案名称	可实施性
加强管理	1	采场流沙架头的维护	A
	2	钓鱼山生活区锅炉卫生条件差急需整改	A
	3	细碎厂房内设有6台泡沫除尘器,但2#、3#、4#除尘器不能正常工作,建议查清原因,使之恢复正常运行	A
	4	洗矿厂房用水应设置计量设施,以节约用水	A
	5	皮带廊道内冲洗水管因疏于管理,长流水现象比较严重,应加强管理,以节约水资源	A
	6	淘汰厂房内螺旋分级机旁新水给水阀门严重漏水,建议更换阀门	A
	7	原矿分级机小叶片经常被矿石卡死,更换时间较长,影响生产	A
	8	工人技术水平参差不齐,对工艺操作参数调整不太熟练,建议对操作工人进行必要的培训	A
废物回收利用	9	回收利用废机械润滑油,减少污染	A
	10	液压油及润滑油分类回收利用	A
	11	采场排土用以修筑高速公路	D
	12	废旧钢丝绳的回收利用	A
	13	废旧钢铁及有色金属的回收利用	A
	14	细碎、跳汰流失粉矿的综合回收利用	C
	15	降低尾矿品位,提高金属回收率	C
改进工艺	16	中深孔爆破的孔底起爆技术	B
	17	洗矿和原分级溢流改进粗选作业	C
	18	3#泵站增设水封水	A
	19	SZ-4真空泵一泵两用	A
	20	洗碎工段原矿放矿闸门为手工操作,因原矿含泥量大,致使闸门易卡,影响正常生产,建议改手动闸门为电动或气动	A
	21	选矿车间2#皮带辊在原矿含泥量大时易打滑,建议尽快解决这一问题	A
	22	选矿车间原矿放料仓下集水池内含有工段打扫卫生的矿浆等,由清水泵排出易堵,建设改清水泵为渣浆泵	A
	23	细碎厂房内3台圆锥破碎机密封圈易损(有时一周要更换2~3次),更换耗时较长,影响生产。建议将破碎机密封圈由单密封改为双密封,或采取其他更有效的办法	A
	24	细碎厂房现有3台圆锥破碎机,因破碎能力有限,难以满足现有生产能力的要求,建议扩容	D
	25	因姑山矿石硬度大,含泥量大,破碎机主要部件更换周期短,是否能寻求性能更好、经济可行性较好的破碎设备	D
	26	跳汰工段属高水耗(电耗)工序,建议在改成干式磁选机时,进行必要的技术经济分析,先对部分跳汰机进行试验改造。成功后再全面铺开	C
	27	原矿分级机脱水效果不佳,造成22#、23#皮带机易打滑,建议找出其中的因果关系,以利改进	A
	28	12#皮带机头(上部为放料仓),易被矿料堵塞。清理费时费力,建议查明原因,予以改进	A
	29	跳汰工段双层筛筛分效率与处理量不相适应。影响跳汰精矿品位,建议予以改进	B
	30	磨矿分级机(一段、二段)处理能力小,分级效率差,建议应立项研究,以解决这一问题	B
	31	扫尾精品位低,约为55%,与公司总精矿品位要求59%较远。建议采用可行的技术,以提高精矿品位	C
	32	粗尾品位(约为24%)和扫尾品位(26%~27%)均偏高,影响选厂金属回收率的提高。应设专项研究,以提高金属回收率	C
	33	选矿车间每年排放尾矿总量约200万t,建议进行必要的技术论证,实现无尾排放	C

续表

方案类型	编号	方案名称	可实施性
安全环境保护	34	钟山排土场后期整治,固沙防水土流失	A
	35	排土固堤,减少排土场排土量,既保障青山河两岸的河堤安全,又延长排土场使用期限	B
	36	采场边坡绿化,防水土流失,同时净化空气	B
	37	钟山排土场部分台阶复垦利用	C
	38	空心砖厂道路沙尘消除方案	B
	39	空心砖厂生产用水水质差,须进行净化处理	B
	40	空心砖厂厂房内有害废气排放方案	B
	41	关于尾矿库植被复垦、干坡段扬尘抑制的治理方案	C
	42	姑山矿生活饮用水深度处理,保障职工饮用合格水	B
	43	选矿车间原矿放矿口(1#皮带上方)下方温度高,通风效果差,影响操作工人健康,建议设置通风设备	A
	44	洗矿振动筛正常生产时筛面噪声较大,能否将筛面改成橡胶衬里或其他可行材料,以降低噪声	B
	45	4#皮带机头目前设有除尘口,但不能正常运转,致使4#皮带通廊内粉尘浓度高,难以达标,建议予以改善	A
	46	跳汰机上方电动葫芦在维修更换8#跳汰机部分设备时,难以把设备调装到位,只能靠人工拉,存在事故隐患	A
	47	球磨机噪声大,影响操作工人人体健康,建议设置隔声操作室	B
原材料改进	48	因原矿含泥量大,影响选矿车间正常生产,能否从采场或粗中碎阶段洗掉部分原矿中的泥分	D

全面分析、划分和归类,通过权重加和排序法,优选出3~5个技术水平高、实施难度大且解决问题的紧迫性高的重点方案,供可行性分析。由清洁生产技术小组对C类的9个方案,经充分讨论确定影响方案实施的权重因素及权重值,然后分别对各方案进行独立打分。通过汇总、分析计算,按总得分排定次序,结果见表2-1-10。

(3)方案可行性分析

可行性分析是对方案进行技术、环境、经济方面的综合分析,以确定可以实施的清洁生产方案。相应的工作为方案简述、技术评估、环境评估、经济评估及推荐可实施方案。通过分析评估,推荐的可实施的方案如表2-1-11所示。

表2-1-10 清洁生产方案优选评估表

权重因素	权重(1~10)	方案序号及得分								
		14	15	17	26	31	32	33	37	41
减少环境危害	10	60	50	60	50	40	60	90	80	90
经济可行	8	64	64	56	72	48	72	32	64	64
技术可行	8	72	72	64	80	48	72	48	72	72
易于实施	6	36	30	24	36	42	48	30	42	42
节约能源	5	5	10	10	50	10	30	35	25	30
发展前景	4	36	40	32	36	28	32	32	36	36
总分		273	266	246	324	216	314	267	319	334
排序		5	7	8	2	9	4	6	3	1

表2-1-11 选定清洁生产方案表

编号	方案名称	方案类型	经济效益/万元	环境效益
1	尾矿库植被复垦、干坡段扬尘抑制	环境保护	15	生态环境得以恢复、扬尘得到抑制
2	干式磁选机替代跳汰机	改进工艺	160	减少车间水耗
3	钟山排土场部分台阶复垦利用	环境保护	30	排土场生态环境得以恢复
4	降低尾矿品位,提高金属回收率	改进工艺	150	少排尾矿1万t
5	细碎、跳汰流失粉矿的综合利用	改进工艺	300	回收利用流失粉矿量约3.6万t

5.方案实施阶段

(1)制订实施计划

对本次清洁生产审核征集到的48个方案,按已组织实施、中近期实施、长期实施分别制订方案实施行动计划,并推荐给矿方分步实施。

(2)筹措资金

根据方案的投资大小以及集团公司的整体安排,可分别进行方案的投资。在本次审核中,中低费方案均由本矿安排实施。远期方案投资较大,涉及集团公司的整体安排,由集团公司统一部署。

七、产业生态学在园区层面的应用——生态工业园

在今后相当长时期内,我国的工业化和城市化进程将会持续,而此过程中所出现的"工业—人—自然"之间发展的不和谐现象比较突出,故生态工业的建设和发展便理所当然地成为生态经济背景下的重要研究课题,且相关理论(如"两型社会"建设理论、循环经济和工业生态学理论)成为研究的热点。生态工业系统的建设与发展是推动生态工业进程、实现"两型社会"建设目标的重要切入点。生态工业的主要实践形式是生态工业园。生态工业园的定义多种多样,但其本质一样,是指一个包括经济、社会、环境和资源的地域综合体,是依据循环经济的理念和工业生态学原理设计而成的一种新型人工复合系统。它通过模拟自然生态系统建立工业系统"生产者—消费者—分解者"的循环途径和食物链网,采用生态设计、清洁生产、废物交换利用等手段使一个企业产生的副产品或废物成为另一个企业的原料,以实现物质闭路循环和能量多级利用,并共享基础设施,建立完善的信息交换系统,从而形成一个相互依存、类似于自然生态系统食物链的工业生态系统,达到物质能量利用率的最大化和废物排放的最小化,实现园区经济、社会和环境的协调发展。

(一)生态工业园的概念、特征及类型

1.生态工业园的概念

苏伦·埃克曼在他的《工业生态学》一书中提出,生态工业园概念的形成,来源于生态学与工业活动相结合而产生的新兴交叉学科工业生态学,只有借助工业生态学的有关原理组建生态工业园区,才能实现工业化社会的可持续发展。而H.佩伦伯格通过对荷兰60个生态工业园区发展政策及其经验的考察,得出了不同的观点。他认为:生态工业园概念的形成是两个方面共同作用的结果。第一个方面是由于正在改变的区位趋势导致区位市场的分化,另一个方面则是因为政府有目的地将经济与环境相结合的政策所致。欧内斯特·洛伊作为世界上第一个提出生态工业园概念的学者,对生态工业园概念有着更深刻的理解。他认为:生态工业园概念,是建立在过去十几年中所出现的十几个领域的成果和实践基础上的,这些领域包括工业生态学、清洁生产和可持续城市规划、可持续建筑及建设等。自生态工业园的概念出现以来,各个方面的专家学者给出了不同的定义。1996年10月美国总统可持续发展委员会提出了两个重要的生态工业园定义。①生态工业园是指在某一社区范围内的各企业相互协作,共同高效率地分享社区内的各种资源(信息、原料、水、能量、基础设施和自然居所),从而获得经济效益和环境质量的提高,最终实现社区内的人、经济和环境均衡发展。②生态工业园是一个经过对原材料和能量交换进行精心规划过的工业系统,在这个系统内通过尽可能少地投入能量和原料而实现废物产生的最小化,从而建立经济、生态和社会的可持续发展。

美国环保局的定义是:生态工业园是一种由制造业和服务业所组成的产业共同体,它们通过联合来共同管理环境与物资流动(包括能量、水和资源),从而致力于提高环境与经济绩效。通过联合运作,产业共同体可以取得比单个企业通过个体的最优化所取得的效益之和更大的效益。

著名研究机构——美国靛蓝发展研究所的定义是:生态工业园是通过环境管理和资源,包括能源、水与材料等方面的协作,寻求改善环境和经济行为的一个制造业和服务业的社区。由于共

同合作，整个社区寻求集体利益大于每个公司单独行为最大个别利益的总和。园区的作用在于改进园区内公司的经济行为，把对环境的影响减低到最小限度。

科特的定义是：生态工业园是一个保护自然和经济资源的工业系统，它通过降低在生产、使用原料和能源、安全保障以及加工处理过程中的成本来提高运营效率、产品质量、劳动者健康水平和公共形象，同时通过使用和销售废料来提供创造收入来源的机会。

段宁的定义是：生态工业园是实现生态工业和工业生态学的重要途径，通过园区内物流与能流的正确设计，模拟自然生态系统，形成企业间共生网络，一个企业的废物成为另一个企业的原材料，企业间能量及水等资源梯级利用。

钟书华的定义是：生态工业园是一种以追求更高物质利用率和能量转化效率，更少废物排放甚至零排放为目标的企业地域分布形式。

我国原国家环境保护总局2006年发布的生态工业园区标准中，生态工业园区的定义是：依据循环经济理念、工业生态学原理和清洁生产要求而设计建立的一种新型工业园区。它通过物流或能流传递等方式把不同工厂或企业连接起来，形成共享资源和互换副产品的产业共生组合，建立"生产者—消费者—分解者"的物质循环方式，使一家工厂的废物或副产品成为另一家工厂的原料或能源，寻求物质闭环循环、能量多级利用和废物产生最小化。

同时，学者们还对生态工业园区的特征进行了研究。苏伦·埃克曼从资源的循环运作角度描述了生态工业园区的特征：在一个园区中，各企业进行合作，以使资源得到最优化利用，特别是相互利用废料。洛伊指出生态工业园区最本质的特征在于企业间的相互作用以及企业与环境间的相互作用。对生态工业园区而言，描述得最多的是系统、合作、互相作用、效益资源与环境等，这些显然是与传统工业园区所不同的特征。

2. 生态工业园的特征

生态工业园区与传统工业园区相比，具有如下特征。

1）具有明确主题，但不仅仅围绕单一主题而设计、运行，在设计生态工业园区的同时考虑了社会。

2）通过毒物替代、二氧化碳吸引、材料交换和废物统一处理来减少环境影响或生态破坏，但生态工业园区不单纯是环境技术公司或绿色产品公司的集合。

3）通过共生和层叠实现能量效率最大化。

4）通过回用、再生和循环对材料进行可持续利用。

5）在生态工业园区定位的企业以供求关系形成网络，而不是单一的副产物或废物交换模式或交换网络。

6）具有环境基础设施，企业、园区和整个社区的环境状况得到持续改善。

7）拥有规范体系，允许一定灵活性而且鼓励成员适应整体运行目标。

8）应用减废减污的经济型设备。

9）应用便于能量与物质在密封管线内活动的信息管理系统。

10）准确定位生态工业园区及其成员的市场，同时吸引那些能填补适当位置和开展其他业务环节的企业。

洛伊和沃伦指出，生态工业园区最本质的特征在于企业间的相互作用以及企业与自然环境间的作用。对生态工业园区主要的描述是系统、合作、互相作用、效率、资源和环境，这些显然是传统工业园区难以同时具备的特征。

3. 生态工业园的类型

纵观国内外生态工业园区，它们并没有统一的模式，而是因地制宜，各具特色。我们通常可以从产业结构、原始基础、区域位置等不同的角度对其进行分类。

1）从原始基础看，可以分为现有改造型和全新规划型。现有改造型园区是对现已存在的工业企业，通过适当的技术改造，在区域内成员间建立起废物和能量的转换关系，如美国查塔诺加生态工业园区。全新规划园区是在良好规划和设计的基础上从无到有地进行建设，主要是吸引那些有"绿色制造技术"的企业入园,并创建一些基础设施,使得这些企业间可以进行废水、废热等的交换,如美国乔克托生态工业园区。

2)从产业结构看,可以划分为联合企业型与综合园区型。联合企业型园区通常以某一大型的联合企业为主体,围绕联合企业所从事的核心行业构造工业生态链和工业生态系统,典型的如美国杜邦模式、贵港国家生态工业（制糖）示范园区等。综合型园区内存在各种不同的行业,企业间的工业共生关系更为多样化。与联合企业型园区相比,综合型园区需要更多地考虑不同利益主体间的协调和配合,如丹麦的卡伦堡生态工业园区和我国浙江衢州沈家生态工业园区是综合型生态工业园区的典型。

3)从区域位置看,可以划分为实体型与虚拟型。实体型园区的成员在地理位置上聚集于同一区域,可以通过管道设施进行成员间的物质、能量交换。虚拟型园区不严格要求其成员在同一地区,由园区内和园区外的企业共同构成一个更大范围的工业共生系统。有些园区是利用现代信息技术,通过园区信息系统,首先在计算机上建立成员间的物质、能量交换联系,再付诸实施,区内企业既可彼此交换也可与区外发生联系。虚拟园区可以省去一般建园所需的昂贵购地费用,避免建立复杂的相互依赖关系和进行困难的工厂选址工作,并具有很大的灵活性,其缺点是可能要承担较贵的运输费用,如美国的布朗斯维尔生态工业园区就是虚拟园区的典型。

我国在生态工业园的规划和建设中,根据产业和行业结构特点,将生态工业园区分为行业类生态工业园区、综合类生态工业园区和静脉产业类生态工业园区3种类型。

（二）现有工业生态园存在的一些问题

对我国来说,生态工业园是继经济技术开发区(园区)和高新技术产业开发区(园区)之后在循环经济理论、产业生态学理论和清洁生产理念的基础上所建立的新型工业园区。在这类新型工业园内模拟自然生态系统中生态食物链的构成方式,生产者企业、消费者企业、分解者企业通过共生合作在园内共谋发展,企业间的这种关系也被称为共生关系。园内企业所产生的废弃物和副产品以及能量在园区系统内形成了循环与梯级利用的格局,并且园区企业共享园区的各类基础设施和公共网络资源,共同促进园区的协调发展。

我国的生态工业园处在社会主义市场经济的大环境下,是在较强的宏观调控机制下形成的。有关部门和政府站在整个园区的战略角度来协调和调控生态工业系统,从大局考虑使整个园区的经济、社会和环境效益达到最优化状态。这充分反映了社会主义市场经济的特点,体现了其优势。我国的生态工业园区的核心工业生态链复杂多样,不仅具有一般特征的生态工业园核心工业生态链,即以化工行业为主导的园区(如南海生态工业园),还有生态农业、环保企业等为主工业生态链的生态工业园(广西贵港、衢州沈家生态工业园等)。虽然我国生态工业园区发展速度很快,但仍处于起步阶段,与发达国家还存在很大差距。管理部门在协调企业利益和企业与社区利益方面的能力有限;企业有时会隐瞒自己的原料来源、数量、性质,能源的种类和消耗量以及排放物的种类和数量,信息的不对称严重影响了生态工业园能流与物流的优化。我国在生态技术方面明显落后于西方发达国家,因此我国生态工业园的发展面临严峻的技术挑战。另外,生态工业园建设的标准不完备,也制约了生态工业园的健康发展。

对我国而言,无论是普通工业园还是已被国家批准命名的生态工业园都存在生态化改造或深入改造的潜在和现实需求。而更多的传统工业园正在经历着生态化转型升级的实践。在"两型社会"建设背景下,如何稳步有序地促进工业园成功实现生态化转型的目标,促使其名副其实地达到生态工业园的标准同时满足"两型社会"建设理念对其赋予的新的要求,这是一个复杂的系统工程。然而,工业园的生态化转型中存在着一些突出的亟待解决的问题。

第一,工业园生态化改造的必要性突出,然

而内动力明显不足。工业园在前期创业中偏重对经济效益的追求而没有真正对资源的约束和环境承载力限制给予应有关注。在我国主导工业园生态化改造的核心力量始终来自园区所在地的政府部门。我国在工业经济发展中明显出现了一些严重问题,如资源的过度开采和利用、环境污染的失控。政府为了扭转这种以牺牲资源和环境为代价而换来的粗放式经济增长模式,积极鼓励已建成工业园进行生态化改造,试图使其最终按照国家颁布的生态工业园标准来运行。然而,实际情况常常是政府一边积极主张园内企业应尽生态与社会责任,一边是园内企业出于自身理性一味地追求经济产出而对负面影响视而不见,最终导致生态效率的综合水平难以有效提升。在实践中,工业园生态化改造似乎成为政府部门的一厢情愿而明显缺乏足够的园内企业的内动力。

第二,处于生态化雏形阶段的工业园内产品链和废物链的培育严重不足。在实践中,虽然有数十家得到国家批准命名的生态工业园,然而与国外一些发展成熟的生态工业园相比较,这些园区还只能算是处于雏形或培育阶段。其生态化建设实际水平还较低,一些现实问题很突出。首先,园区中的产业规划存在问题,产业之间的关联性不强。很多园区的管理者在招商引资时只重视引资的规模而没有充分考虑所引进产业之间在主营业务上彼此的匹配性和上下游的衔接性,导致园区产品链发育不健全。其次,园区内的环境改善措施不到位。企业内部的清洁生产技术、企业之间废弃物交换、能源有效利用等所需的技术手段不完善。再次,园区层面的信息集成与共享平台不健全。园内企业之间相互不了解导致了交易成本的增加和园区运行的不畅。

第三,工业园在生态化转型中各参与主体或要素间关系的协调性问题较为突出。在实践中,关系的协调性对于工业园成功实现生态化转型来说意义非同一般,同时在这方面存在的问题和隐患也很突出。按照国家环保部对生态工业园的定义,它突出了在园内企业间废弃物和副产品的相互交换和能量的梯级流动。该类园区依靠两个形式的链接才能名副其实:一种是有形物质链接即企业间资源化废弃物和副产品的相互交换,另一种是无形链接(包括企业间生态化链接技术、共同的对超越单个企业范围的生态目标的追求等)。而普通园区即使强调环境效益,也多是侧重园内单个企业内部实现节能减排或清洁生产而达不到企业之间形成副产品链接关系的层次。故相比传统园区而言,园内企业之间乃至整个园区层次各种链接与合作关系的协调性显得尤为重要。而在实践中,我国的工业园生态化改造和转型大多由政府主导。这种政府主导的方式一方面加快了传统园区改造的进程,但政府过度介入也会引起重要问题,比如被引进园的企业之前没有"一起生活"的经历,缺乏相互理解和信任,同时各自入园的主观目的不一定是生态目标,也有可能是获得入园后在政策上或经济上得到政府扶植。而欧洲很多成熟生态工业园是在市场机制作用下自发形成的,企业在共生之前往往就有很长的合作经历,故实践中,那些园区各类关系的协调性问题没有我国同类园区突出。经历生态化转型中的工业园确实出现了众多不协调的因素,这对园区环境与经济绩效的取得的负面影响已经有所体现。

理论的研究应当解决来源于实践中的问题。为了推动我国工业园成功实现生态化转型,需要重点研究工业园生态化转型的动力,以便在实践工作中找到工作着力点;需要明确确保园区成功实现生态化转型的若干机制,以便把握转型的深层次内在机理;需要从更加系统的视角对具体园区的生态效率进行测度,以便认清自身当下状况,寻求进一步发展的路径和方向。因为没有测度就没有管理。进一步说,需要认清生态化改造的具体流程及关键性控制环节。幸而生态工业园区的建设及其管理逐步走上科学化和规范化的轨道。2015年底,原国家环境保护总局发布了《国家生态工业示范园区标准》(HJ/T 274-2015),用于规范国家生态工业示范园区的建设和运行。该标准的发布不仅对各类生态工业园区的建设起到了引导作用，也为生态工业园区的管理提供了依据，为工业园区资源利用效率提高和环境质量持续改善提供了发展目标和具体指标。

（三）工业园生态化转型发展的要求

工业园区的发展总体上经历了两次创业的历程，"一次创业"中从无到有地成立了一批经济技术开发区（园区）和高新技术产业开发区（园区）。经济技术开发区以劳动力密集型企业在一定地理空间的集聚为主要特征，其产品的附加值通常不高。高新技术产业开发区的显著特征是科技型企业在园中的集聚发展。由于在"一次创业"中存在着很多问题和缺陷，所以工业园区正面临"二次创业"的问题。"二次创业"实质上就是走向内涵式发展的道路，其具体内容比较丰富，原本的核心内容就是走自主创新的道路，关注园区管理体制机制的创新等。而随着经济社会的发展，突出园区经济发展过程中的环境绩效，追求经济、环境、社会绩效的多赢局面也应该是"二次创业"的应有之义。原国家环境保护部2009年颁布的《综合类生态工业园区标准》在对生态工业园区的内涵进行界定时，认为此类园区是以一定的理论为指导而建立的，那就是循环经济理论、清洁生产理论和工业生态学理论，以这些理论为基础通过物料、能源、废弃物和副产品在园内企业间的流动来确立循环经济运行方式，在园区内企业间形成了工业共生关系，物料和能源在共生体内循环流动、逐级利用。从实际情况看，完全符合生态工业园标准的园区其实很少。即使已经被国家命名的生态工业园，其内部生态产业链（网）也有待大力完善和强化，有些甚至尚处于雏形阶段。而正在尝试生态化转型的工业园，其通往"生态工业园"的道路还很长。

进一步说，在国家提出资源节约、环境友好型社会建设的背景下，园区的发展依然要以生态化运行为基础。然而，"两型社会"建设的理念在与工业园生态化转型的理论与实践融合过程中，促使工业园原有的功能进一步强化，并且"两型"理念赋予了工业园生态化转型升级中一些新的内涵和要求。以下就"两型社会"建设理念对工业园转型升级所提出的要求进行探讨，其中有些要求属于继承和强化，有些要求则属于拓展和创新。

第一，继续发挥区域经济增长主引擎的功能。无论是"一次创业"还是"二次创业"，拉动地区经济增长、促进就业是工业园的根本任务和重要目标。对实施生态化转型的工业园而言，其使命同样是如此。如果回避了这一功能，则任何工业园都没有存在的必要。进一步说，在"两型社会"建设背景下，经历生态化转型的工业园发展也要充分彰显推动区域经济又好又快发展的作用。

第二，继续大力发展循环经济活动，提高资源的利用效率，减少废弃物的排放，达到与自然和谐相处的目的。这一点要求在工业园当初的"一次创业"中并没有很好地得到体现。也正是由于工业园在前期发展过程中出现了对资源的无节制消耗和对环境的严重破坏行为，我国才提出了对传统园区进行生态化改造的要求。循环经济活动在正经历生态化转型的工业园内应体现为3个层次。

一是在企业内部进行清洁生产方式，这是企业微观层面的循环经济行为。二是在企业之间开展物料、能源、废弃物和副产品的交换活动，促进废物的资源化利用，减少排向环境中的最终废弃物数量。三是园区与社区或其他外部经济主体的物质和能量交换，将园区之外的废弃物进行资源化处理并利用。

第三，在园区内加大对"两型"产业（或企业）发展的扶持力度，大力发展战略性新兴产业和"两型"产业。在经历转型且其内部初步拥有生态产业链之后，工业园应当适当抬高后续企业的入园门槛，着力引进技术含量高的高新技术企业，大力发展战略性新兴产业，如新材料、新能源、电子信息、生物医药等产业。这些产业所消耗的资源量本来就相对传统产业低得多，而且排放的污染物也要少得多。这样就从源头上产生了节能减排的效果。对这些产业进行发展是对工业园进行生态化改造及其长远发展过程中的新要求。

第四，加大自主创新与技术研发的力度，有效促进工业园内产业结构的升级和创新能力的增强，由此获得可持续的综合竞争优势。创新是"两型社会"建设的灵魂，没有自主性的创新，没有对重点关键共性生态化技术的原创性成果，园区的发展将缺乏后劲。因此，在"两型社会"建设背景下工业园的转型过程中，尤其要加大技术创新的力度：一是企业间要展开合作技术创新，二是园区要建立起产学研合作研发体系，借助相关高校、科研院所强大的科研实力研发出一系列促进园区内"两型"产业和循环经济发展的关键技术。

第五，实现人的全面发展。"两型社会"建设背景下不仅要促进经济、环境绩效的改善，同时也要以人为本，促进人的全面发展。具体地说，要加大人力资本的开发力度，进一步促进园区内的劳动力就业改善，为社会和谐稳定做出新的贡献。

（四）国外生态工业园建设实践

20世纪80年代，在丹麦的卡伦堡，几个大企业（如发电厂、炼油厂等）起初为节约淡水资源和能源成本而采取基于契约的工业共生方式，将一个企业在生产过程中所产生的废弃物经过适当处理后供其他企业当作原材料使用。这种工业共生模式产生了可观的资源和成本节约，同时也创造了很好的生态效益。这一工业共生现象是自发形成的，后来才受到学术界和政府机构的关注，并且卡伦堡生态工业园的发展也得到了政府的大力支持。这一发展模式迅速被其他地区工业园模仿和推广，从此，世界范围内生态工业园的建设步伐大大加快。

1.英国生态工业园实践

英国在生态工业项目的发展中走在世界的前列，它拥有世界上首个国家层面的生态工业项目及国家工业共生项目。而且这一项目的建设得到了英国政府（和当地政府）的大力支持。这个项目首先由一家公司来负责运营，这家公司的运营经费得到了政府的支持。当地政府从垃圾处理税费中提取一部分资金供给该公司运作。这家公司同时承担着该生态工业项目中的关键角色，通过向其他企业推介废物循环利用项目、清洁能源生产项目及其他一些生态化项目，国家工业共生项目得到了快速的发展。在该公司以及政府机构、当地各类社会组织的共同努力下，越来越多的优秀人才被吸引到国家工业共生项目的建设中来。参与共生项目的企业急剧增多，达到数千家之多。其中不乏一些跨国公司，也包括一大批优秀的中小企业。由于该工业共生项目在节约资源消耗、减少二氧化碳排放、降低企业生产成本、增加经济效益方面所做的突出贡献，英国政府于2005年给予其600万英镑的特别资助。在国家工业共生项目的建设和发展中，大学的生态领域知名专家教授以及社会商业中介机构给予了有力的智力支持。项目中的很多企业在发展的规划、企业间生态技术的链接以及工业园区层面信息网络系统的构建和各类基础设施的完善配套方面都离不开专家学者和商业性中介组织的大力推动。国家工业共生项目的实践中一个显著的特征就是得到了英国政府的支持，而且政府在关键的时刻直接给予项目发展的资金支持，这是推动项目快速发展的重要原因。

2.美国生态工业园建设与发展

美国政府很重视生态工业的发展，为了促进工业共生体系的形成与完善，加快生态工业园区的建设步伐，特此成立了总统可持续发展委员会。在该委员会的指导之下，全美各种类型的生态工业项目正在加快发展。见表2-1-12。总的来看，美国的生态工业园在发展过程中体现出3种不同的模式：其中最为主要的模式就是对原有老工业园区进行改造，使其演化为生态工业园；二是全新规划建设一个新的生态工业园，这一新的生态工业园建设有很多是基于某些废物资源化技术而实施的；三是通过对虚拟型生态工业园的构建来达到企业间废弃物循环利用、资源减量化的目的。

在第一类工业园区中，以查塔诺加生态工业园区最为典型。查塔诺加是一个老工业区，它原本污染严重，工业区内的各类废弃物、废水

表 2-1-12　美国代表性的生态工业项目

生态工业项目	地址	涉及行业及特点
查尔斯角港口	弗吉尼亚州	可持续技术,自然的海岸特色
费尔菲尔德	马里兰州巴尔的摩	现有工业区的转型,共生,废物再利用,环境技术
布朗斯维尔	得克萨斯州	废物交换和营销的区域或实际方法
河岸	佛蒙特州柏林敦	城市环境中的农业工业园区,生物能源,废物处理
查塔诺加	田纳西州	内城和原有军工制造设施的再开发,环境技术,绿色区域
绿色协会	明尼苏达州明尼阿波利斯	内城,小规模绿色产业孵化器,废物再利用
普拉兹堡	纽约	大型军事基础的再开发,资源和废物管理,国际快邮服务
东海岸	奥克兰	以资源再生为基础的园区,自然美化,提高能源效率
伦敦德里	新汉普	小规模的以社区为基础的园区
特棱顿	新泽西	现有工业区的再开发
西瓦诺	亚利桑那州土孙	商贸、住区一体化的新开发,环境产业,自然特色
弗兰克林	卡罗来纳州	可更新能源和环境技术的商贸联合体
雷蒙	华盛顿州	幼树森林里的新园区,固体和液体废物的循环
遮阴边	马里兰州	现有设施的革新,小规模环境和技术产业
斯卡吉特县	华盛顿州	有着支持体系和中心的新园区,环境工业

没有得到妥善的处理便直接向区内排放,给区内以及社区的生态环境造成了很严重的后果。为了根本改变这种局面,工业区积极寻求在企业内部推行清洁生产方式,同时加强企业之间的工业共生合作。其中,企业内部的清洁生产以杜邦公司对废物(尼龙线头)的回收和循环利用最为典型。杜邦公司通过努力使得企业大大降低了废弃物的直接排放。除了微观企业层面的清洁生产实践之外,企业之间也积极寻求合作。例如,其中一家肥皂厂循环利用经过太阳能处理过的污水,同时将肥皂厂所生产的副产品交付给与其相邻的另外一个企业使用,从而有效地减少了整个工业区内废水和其他有害物质的直接排放。这种企业间合作的实践从根本上转变了老工业区的原貌,使得老工业区焕然一新,实现了经济效益和生态效益双赢的结果。第二种园区类型属于全新设计规划的,它以乔克托生态工业园为典型,这个工业园在美国的俄克拉荷马州。这个园区的显著特点就是将废物资源化,当然这需要依靠相关生态化技术的大力支撑。该园区内能够利用的一种资源丰富的废旧物品就是废旧轮胎,通过相应生态化技术(如高温分解技术)从中获得一系列产品,比如塑化剂和炭黑等;基于这些技术和产品又衍生出更多的新的产品,从而组成了向纵深发展的产品链条,由此形成了生态工业网络。这类全新设计建设的新生态工业园实现将园区的废弃物变废为宝的目的,为园区乃至地区经济的发展注入了新的活力。第三类生态工业园属于虚拟型园区,它以布朗斯维尔生态工业园为代表。这种虚拟型园区内的企业事实上不在同一个地理空间范围内,它们处在不同的地方,通过便捷的交通网络和信息技术链接起来共同实现废弃物、副产品的相互交换和循环利用。通常,布朗斯维尔园区内的企业通过向园区之外寻找一家企业来作为补链企业从而实现生态产业链的延伸和完善。虚拟型工业园能充分发挥自身运营的灵活性特点,取得良好的经济和生态效果。

3.日本生态工业园建设与发展

日本是一个岛国,它的矿产资源及各类自然资源非常匮乏,在这种资源严重匮乏的条件下,日本具有发展生态工业园的强大驱动力。事实上,日本的生态工业实践通过两种具体途径来展开。一是政府大力支持生态城镇建设,通过这类城镇的建设实现城镇废弃物的零排放目标。日本的札幌市、千叶县、饭田市就是典型的生态城镇示范市。另外,日本政府还大力支持生态工业园的建设,试图通过其发展来实现资源的节约利用与污染物排放的最小化。山梨生态工业园和北九州生态工业园是日本生态工业园中的典型代表。园区通过产学研官合作模式实现工业共生,各环保企业在园区内得到了发展。日本在发展生态工业的过程中体现出一个最为显著的特点,那就是政府参与甚至是政府主导。很多生态项目都是在政府的直接推动下实施的,政府对于园区内的清洁能源项目、再生资源开发项目以及各类生态化技术的开发和推广给予了高度的重视,并采取了行之有效的政策措施。当然,另外一个显著的特点就是产学研合作,这是日本生态工业项目快速发展的重要推动力量。日本发展生态工业园区的模式非常值得亚洲邻国——尤其是我国——参考和借鉴,特别是在政府推动园区建设方面的经验对于我国加快生态工业园的建设具有非常积极的借鉴意义。

4. 加拿大生态工业园建设与发展

加拿大于1992年在波恩赛德启动了"生态系统与工业园"项目,这是对工业园生态特征与功能规律探索的初步研究。类似的研究在安大略湖的多伦多市波特兰工业区也相继启动,这一园区内也包含大量制造企业和服务企业,它们以废物和能量的交换联系为纽带相互衔接起来。加拿大拥有40个生态工业园,其中有9个被认为具有很强的生态工业发展的可能性,其中涉及的核心工业有蒸汽发生器、造纸厂、包装业;化学工业、发电、苯乙烯、聚氯乙烯、生物燃料;发电、钢铁、造纸、刨花板;热电站、石油提炼、水泥厂等多种组合(见表2-1-13)。除此之外,加拿大还有几个生态工业系统正在运转中。这些生态工业系统存在于石油冶炼厂、合成橡胶厂、石化工厂、蒸汽发电厂之间,而且在更多的企业之间建立更多的联系也是很有潜力的。

(五)国外经验对我国工业园生态化转型发展的启示

1999年以来,在中国经济快速增长带来的资源环境压力及国际环保新思潮的影响下,原国家环境保护总局将建设生态工业园作为改变经济增长模式、实现经济和环境"双赢"的一个重要举措,在全国范围内,在不同的行业和工业园区进行了生态工业园建设的试点。我国的生态工业起步较晚,但进程比较快。虽然有数十家工业园区得到原国家环境保护部正式批准命名为生态工业园,然而与国外一些发展成熟的生态工业园相比较,即使是被国家环保部正式命名的生态工业园也只能算是处于雏形或形成阶段。对国外的生态工业园实践经验进行总结和归纳,能够为我国的工业园(也包

表2-1-13 加拿大的生态工业园项目

地点	项目
不列颠哥伦比亚省温哥华	蒸汽、造纸厂、包装、工业园
萨斯喀彻温省萨斯喀彻温堡	化学品、发电厂、苯乙烯、PVC、生物燃料
安大略省苏圣玛丽	发电厂、钢厂、造纸厂、薄板厂、工业园
安大略省楠蒂科克	发电厂、炼油厂、钢厂、水泥厂、工业园
安大略省康沃尔	发电厂、造纸厂、化学品、食品、电器、塑料和混凝土产品
魁北克省比坎克尔	化学品(H_2O、HCl、Cl、$NaOH$、烷基苯)、Mg、Al
魁北克省东蒙特利尔	石化、精炼厂、压缩空气、石膏板、金属精炼、沥青
纽宾士域省圣约翰	发电厂、造纸厂、炼油厂、酿酒厂、炼糖厂等工业园
新斯科舍省图佩尔角	发电厂、纸浆与造纸、建筑板、炼油厂

括被正式命名的生态工业园）实现生态化改造、转型和升级（或者深化改造、完全意义上的转型）提供有益的启示。

第一，环境立法和生态工业发展互动。要在各个层面上发展生态工业就应当有与之配套的法律法规组成立法体系。无论是像日本那样环境战略和法规先行，随后在各层面落实，还是像德国那样先行实践，随之立法跟进，总体上讲，都需要法律和推广实践两者产生螺旋式上升互动。我国在环境立法方面虽然与西方经济发达国家相比起步较晚，但进程较快。我国已经出台了若干部环境法律法规。但是其中一个关键的问题就是如何在实践中认真执行的问题。西方发达国家在环境立法之后，通常能得到较好的贯彻执行从而获得比较满意的预期效果。在我国，各项法律不断出台，同时各类破坏环境的重大案件时有发生，有些案件的发生严重地危害了当地居民的健康和自然环境的可持续发展。因此，我国要不断完善环境法律使其形成体系，疏而不漏，更为重要的是要采取有力措施维护环境执法的权威性。

第二，政府在生态工业发展中职能定位应合理。政府主导和政府服务型模式并没有孰优孰劣之分。通过前述章节的比较分析可知，日本推崇工业园发展的政府主导模式，欧洲国家大多推崇政府服务型模式。至于到底采用什么模式，要根据具体情况（经济发展阶段、市场机制完善程度、社会文化、园区特点等）来决定。就我国而言，在工业园生态化转型或生态工业园建设初期有必要由政府主导，政府通过其拥有的强大公共资源来规划工业园生态化改造并在其改造或建设初期给予基础设施乃至资金的大力支持。待园区运营步入正常轨道之后，政府不能包办园区的一切事物，应当尽量少地干涉其日常经营活动，退居二线为园区发展提供政策、协调服务。

第三，科技创新是园区发展的灵魂。无论是哪一个国家的生态化工业园，创新始终是园区发展的灵魂。在园区创新方面，美国的生态工业园的创新工作卓有成效，其创新已经突破了技术的范围：除了在废弃物回收利用技术、清洁能源技术、资源再生技术以及共生体内生态化链接技术等方面开展持续的技术创新外，还注重园区管理体制的创新。这种全方位、多层次的立体式创新尤其值得我国工业园在采取生态化发展模式时予以借鉴。我国大多数工业园的创新能力并不强，这种现状制约了园区内产业结构的调整以及园区系统的稳定发展。在科技创新方面，政府也应该给予园区内企业适当的政策甚至资金的支持，因为这些创新除了本身具有技术风险之外，还有创新成本较大、创新收益外溢的特征。政府只有给予支持，才能充分调动企业的创新积极性。

第四，全民生态意识的强化很有必要。工业园的生态化改造或生态工业园的建设不能局限于某一特定地理空间，它必须有一个良好的社会环境。而这个社会环境的显著特征应该是民众的生态意识和生态素质的改善。政府和民间组织应该积极宣传生态建设的意义，有效提高民众对生态文明建设的理解和认同度，将生态文明建设的实践落实到生活的点点滴滴，鼓励民众购买绿色产品。这些教育和宣传可以为我国工业园的生态化改造与转型升级及其更长远的发展营造良好的社会环境。

（六）国家生态工业示范园区评价指标及建设实践

国家生态工业示范园区指依据循环经济理念、工业生态学原理和清洁生产要求，符合《国家生态工业示范园区标准》(HJ 274-2015)和《国家生态工业示范园区管理办法》及其他相关要求，并按规定程序通过审查，被授予相应称号的新型工业园区。

1. 评价指标

（1）评价指标类型

评价指标包括必选指标和可选指标，具体评价指标如表2-1-14所示。

（2）评价方法

国家生态工业示范园区应完成表2-1-14内全部必选指标和相应的可选指标，至少23项。园区根据自身发展特点自行选择适合的可

表 2-1-14　国家生态工业示范园区评价指标

分类	序号	指标	单位	要求	备注
经济发展	1	高新技术企业工业总产值占园区工业总产值比例	%	≥30	4项指标至少选择1项达标
	2	人均工业增加值	万元/人	≥15	
	3	园区工业增加值三年年均增长率	%	≥15	
	4	资源再生利用产业增加值占园区工业增加值比例	%	≥30	
产业共生	5	建设规划实施后新增构建生态工业链项目数量	个	≥6	必选
	6	工业固体废物综合利用率[1]	%	≥70	2项指标至少选择1项达标
	7	再生资源循环利用率[2]	%	≥80	
资源节约	8	单位工业用地面积工业增加值	亿元/km²	≥9	2项指标至少选择1项达标
	9	单位工业用地面积工业增加值三年年均增长率	%	≥6	
	10	综合能耗弹性系数	—	当园区工业增加值建设期年均增长率>0，≤0.6；当园区工业增加值建设期年均增长率<0，≥0.6	必选
	11	单位工业增加值综合能耗[1]	t标准煤/万元	≤0.5	2项指标至少选择1项达标
	12	可再生能源使用比例	%	≥9	
	13	新鲜水耗弹性系数	—	当园区工业增加值建设期年均增长率>0，≤0.55；当园区工业增加值建设期年均增长率<0，≥0.55	必选
	14	单位工业增加值新鲜水耗[1]	m³/万元	≤8	3项指标至少选择1项达标
	15	工业用水重复利用率	%	≥75	
	16	再生水(中水)回用率	%	缺水城市达到20%以上 京津冀区域达到30%以上 其他地区达到10%以上	
环境保护	17	工业园区重点污染源稳定排放达标情况	%	达标	必选
	18	工业园区国家重点污染物排放总量控制指标及地方特征污染物排放总量控制指标完成情况	—	全部完成	必选
	19	工业园区内企事业单位发生特别重大、重大突发环境事件数量	—	0	必选
	20	环境管理能力完善度	%	100	必选
	21	工业园区重点企业清洁生产审核实施率	%	100	必选
	22	污水集中处理设施	—	具备	必选
	23	园区环境风险防控体系建设完善度	%	100	必选
	24	工业固体废物(含危险废物)处置利用率	%	100	必选
	25	主要污染物排放弹性系数	—	当园区工业增加值建设期年均增长率>0，≤0.3；当园区工业增加值建设期年均增长率<0，≥0.3	必选
	26	单位工业增加值二氧化碳排放量年均削减率[1]	%	≥3	必选
	27	单位工业增加值废水排放量[1]	t/万元	≤7	2项指标至少选择1项达标
	28	单位工业增加值固体废产生量[1]	t/万元	≤0.1	
	29	绿化覆盖率	%	≥15	必选
信息公开	30	重点企业环境信息公开率	%	100	必选
	31	生态工业信息平台完善程度	%	100	必选
	32	生态工业主题宣传活动	次/年	≥2	必选

注1：园区中某一工业行业产值占园区工业总产值比例大于70%时，该指标的指标值为达到该行业清洁生产评价指标体系一级水平或公认国际先进水平。注2：第4项指标无法达标的园区不选择此项指标作为考核指标。

选指标。

2.指标数据的获取和计算方法

(1)指标数据的获取

园区管理机构应指定或专门设立职能部门,负责评价指标涉及数据的调查收集、汇总统计工作,并协调各关联单位开展相关工作。测算评价指标所需的相关数据,应尽量从法定统计渠道或统计文件中获取;无法获取的,园区管理机构应建立相应的数据收集统计工作机制。

(2)指标的计算方法

1)高新技术企业工业总产值占园区工业总产值比例:指园区内高新技术企业的工业总产值之和与园区工业总产值的比值。其计算公式如下:

$$\text{高新技术企业工业总产值占园区工业总产值比例}(\%) = \frac{\text{高新技术企业的工业总产值之和}(万元)}{\text{园区工业总产值}(万元)} \times 100\%$$

式中:高新技术企业是指依据《高新技术企业认定管理办法》认定的工业范畴的高新技术企业。

2)人均工业增加值:指园区内工业企业从业人员人均创造的工业增加值。其计算公式如下:

$$\text{人均工业增加值}(万元/人) = \frac{\text{园区工业增加值}(万元)}{\text{园区年末工业企业从业人数}(人)}$$

3)园区工业增加值三年年均增长率:指园区工业增加值的三年年均增长率。其计算公式如下:

$$\text{园区工业增加值三年年均增长率}(\%) = \left(\sqrt[3]{\frac{\text{当年工业增加值}(万元)}{\text{三年前工业增加值}(万元)}} - 1\right) \times 100\%$$

4)资源再生利用产业增加值占园区工业增加值比例:指园区内的资源再生利用产业增加值与园区工业增加值的比值。其计算公式如下:

$$\text{资源再生利用产业增加值占园区工业增加值比例}(\%) = \frac{\text{资源再生利用产业增加值}(万元)}{\text{园区工业增加值}(万元)} \times 100\%$$

式中:资源再生利用产业是以保障环境安全为前提,以节约资源、保护环境为目的,运用先进的技术,将生产和消费过程中产生的废物转化为可重新利用的资源和产品,实现各类废物的再利用和资源化的产业,包括废物转化为再生资源及将再生资源加工为产品两个过程。

5)建设规划实施后新增构建生态工业链项目数量:指自国家生态工业示范园区建设规划基准年以来(含基准年),园区建设规划范围内新增以构建生态工业链为目的的基本建设工程项目和设备更新及技术改造工程项目,如资源循环、梯级利用项目,配套基础设施项目和园区工业企业间资源、代谢物梯级利用项目等。项目在验收年应实现稳定运行。

6)工业固体废物综合利用率:指工业固体废物综合利用量和工业固体废物总产生量的比值。其计算公式如下:

$$\text{工业固体废物综合利用率}(\%) = \frac{\text{工业固体废物综合利用量}(t)}{\text{工业固体废物总产生量}(t)} \times 100\%$$

式中:工业固体废物综合利用量指工业园区内工业企业产生的和园区外运送至园区内的,通过回收、加工、循环、交换等方式转化为可以利用的资源、能源和其他原材料的固体废物量(含危险废物),以及当年利用往年的工业固体废物贮存量,如用作农业肥料、生产建筑材料、筑路等。工业固体废物总产生量包括园区内企业产生的工业固体废物量(含危险废物),以及园区外运送至园区内的工业固体废物量(含危险废物)。

7)再生资源循环利用率:指园区内资源再生利用产业企业对再生资源的循环利用程度,即园区内资源再生利用产业企业再生资源循环利用量与再生资源收集量的比值。其计算公式如下:

$$\text{再生资源循环利用率}(\%) = \frac{\text{园区内资源再生利用产业企业再生资源循环利用量}(t)}{\text{园区内资源再生利用产业企业再生资源收集量}} \times 100\%$$

式中:资源再生利用产业是以保障环境安全为

前提,以节约资源、保护环境为目的,运用先进的技术,将生产和消费过程中产生的废物转化为可重新利用的资源和产品,实现各类废物的再利用和资源化的产业,包括废物转化为再生资源及将再生资源加工为产品两个过程。

再生资源是指废旧金属、报废电子产品、报废机电设备及其零部件、废造纸原料(如废纸、废棉等)、废轻化工原料(如橡胶、塑料、农药包装物、动物杂骨、毛发等)、废玻璃等再生资源。

8)单位工业用地面积工业增加值:指园区内工业企业的单位工业用地面积产生的工业增加值。其计算公式如下:

$$\text{单位工业用地面积工业增加值}(\text{亿元}/\text{km}^2) = \frac{\text{园区工业增加值}(\text{亿元})}{\text{园区工业用地面积}(\text{km}^2)}$$

式中:工业用地面积指园区内工业企业按照土地利用规划作为工业用地并已投入生产的土地面积,包括工矿企业的生产车间、库房及其附属设施等的用地,以及专用的铁路、码头和道路等设施的用地,不包括露天矿用地。

9)单位工业用地面积工业增加值三年年均增长率:指园区内工业企业单位工业用地面积产生工业增加值的三年年均增长率。其计算公式如下:

$$\text{单位工业用地面积工业增加值三年年均增长率}(\%) = \left(\sqrt[3]{\frac{\text{当年单位工业用地面积工业增加值}(\text{亿元}/\text{km}^2)}{\text{三年前单位工业用地面积工业增加值}(\text{亿元}/\text{km}^2)}} - 1 \right) \times 100\%$$

10)综合能耗弹性系数:指园区工业综合能耗总量建设期年均增长率与园区工业增加值建设期年均增长率的比值。其计算公式如下:

$$\text{综合能耗弹性系数} = \frac{\text{园区工业综合能耗总量建设期年均增长率}(\%)}{\text{园区工业增加值建设期年均增长率}(\%)}$$

$$\text{园区工业综合能耗总量建设期年均增长率}(\%) = \left[\left(\frac{\text{验收年工业综合能耗总量}(t\text{标准煤})}{\text{规划基准年工业综合能耗总量}(t\text{标准煤})} \right)^{\frac{1}{\text{验收年}-\text{基准年}}} - 1 \right] \times 100\%$$

$$\text{园区工业增加建设期年均增长率}(\%) = \left[\left(\frac{\text{验收年工业增加总量}(\text{亿元})}{\text{规划基准年工业增加值总量}(\text{亿元})} \right)^{\frac{1}{\text{验收年}-\text{基准年}}} - 1 \right] \times 100\%$$

式中:综合能耗总量指园区内所有工业企业消耗的能源总和,包括煤、油、电等各种形式能源的消耗量,并按国家统计局规定的系数折算成标准煤进行统计。

11)单位工业增加值综合能耗:指园区内工业企业产生的单位工业增加值所消耗的综合能耗量。其计算公式如下:

$$\text{单位工业增加值综合能耗}(t\text{标准煤}/\text{万元}) = \frac{\text{园区工业综合能耗总量}(t\text{标准煤})}{\text{园区工业增加值总量}(\text{万元})}$$

12)可再生能源使用比例:指园区内工业企业可再生能源使用量与综合能耗总量的比值。其计算公式如下:

$$\text{可再生资源使用比例}(\%) = \frac{\text{工业企业可再生能源使用量}(t\text{标准煤})}{\text{工业企业综合能耗总量}(t\text{标准煤})} \times 100\%$$

式中:可再生能源是指在自然界中可以不断再生并有规律地得到补充或重复利用的一次能源,包括太阳能、水能、生物质能、地热能、氢能、风能、波浪能以及海洋表面与深层之间的热循环等非化石能源。使用量仅包括人们通过一定技术手段获得的,并作为商品能源使用的部分。

13)新鲜水耗弹性系数:指园区内工业企业的工业用新鲜水耗量建设期年均增长率与工业增加值建设期年均增长率的比值。其计算公式如下:

$$\text{新鲜水耗弹性系数}(\%) = \frac{\text{园区工业用新鲜水耗量建设期年均增长率}(\%)}{\text{园区工业增加值建设期年均增长率}(\%)}$$

$$\text{园区工业用新鲜水耗量建设期年均增长率}(\%) = \left[\left(\frac{\text{验收年工业用新鲜水耗总量}(m^3)}{\text{规划基准年工业用新鲜水耗总量}(m^3)} \right)^{\frac{1}{\text{验收年}-\text{基准年}}} - 1 \right] \times 100\%$$

式中：工业用新鲜水耗量指园区内工业企业的用水单元或系统取自任何水源被该企业第一次用于生产和生活的水量总和，不包括生活用水单独计量且生活污水单独排放（不与工业废水混合）的部分。

14）单位工业增加值新鲜水耗：指园区内工业企业产生单位工业增加值所消耗的新鲜水资源量。其计算公式如下：

$$单位工业增加值新鲜水耗(m^3/万元)$$
$$=\frac{园区工业用新鲜水耗总量(m^3)}{园区工业增加值总量(万元)}$$

15）工业重复用水率：指园区内工业企业在生产过程中使用的工业重复用水量与工业用水总量的比值。其计算公式如下：

$$工业重复用水率(\%)$$
$$=\frac{园区工业重复用水量(m^3)}{园区工业用水总量(m^3)}\times100\%$$

式中：园区工业重复用水量指园区内工业企业在确定的用水单元或系统内，使用的所有未经处理和处理后重复使用的水量的总和，即循环水量和串联水量的总和。循环水量指在确定的用水单元或系统内，生产过程中已用过的水，再循环用于同一过程的水量。串联水量指在确定的用水单元或系统，生产过程中产生的或使用后的水，再用于另一单元或系统的水量。

园区工业用水总量指园区内工业企业在确定的用水单元或系统内，使用的各种水量的总和，即工业用新鲜水量和工业重复用水量之和。

16）再生水（中水）回用率：指园区内再生水（中水）回用量与污水处理厂排放总量的比值。其计算公式如下：

$$再生水(中水)回用率(\%)$$
$$=\frac{园区再生水(中水)回用量(t)}{园区污水处理厂排放总量(t)}\times100\%$$

式中：再生水（中水）指对经过或未经过污水处理厂处理的集纳雨水、工业排水、生活排水进行适当处理，达到规定水质标准，可以被再次利用的水，在此指经过园区内污水处理厂处理，再经再生工艺净化处理后，达到再生水水质标准的水。回用指用于地下水回灌，工业、农业、林业、牧业、城市非饮用水，景观环境用水等用途。

17）工业园区重点污染源稳定排放达标情况：指园区内重点污染源的污染物稳定达标排放的情况。其中，重点污染源是指环境统计中的"重点调查工业企业"，按"环境统计报表制度说明"的解释界定。污染物排放稳定达标是指主要污染物及特征污染物稳定达到排放标准。

18）工业园区国家重点污染物排放总量控制指标及地方特征污染物排放总量控制指标完成情况：指园区国家重点污染物排放总量及地方特征污染物排放总量，应均不超过国家或地方的总量控制指标要求。其中，重点污染物以从建设规划基准年到验收年国家总量控制要求的污染物种类为准。

19）工业园区内企事业单位发生特别重大、重大突发环境事件数量：园区从建设规划基准年以来(含基准年)，发生特别重大或重大突发环境事件的次数。其中，特别重大、重大突发环境事件指根据《关于印发国家突发环境事件应急预案的通知》中规定的特别重大和重大突发环境事件的分级标准。

20）环境管理能力完善度：指园区环境管理能力的完善程度。以下4项内容每一项完成完善度为25%，4项均达到则完善度为100%。①园区设有环境保护职能部门；②具备明确的环境管理职能；③将园区环境保护工作纳入园区行政管理机构领导班子政绩考核内容，并建立相应的考核机制；④具备专门机构或专人负责国家生态工业示范园区建设工作。

21）工业园区重点企业清洁生产审核实施率：指园区内重点企业依法开展清洁生产审核并通过评估的总数占重点企业总数的比例。其中，重点企业是指《清洁生产审核暂行办法》中规定的，由省级环境保护行政主管部门每年发布的强制性清洁生产审核名单的企业（包括园区从建设规划基准年到验收年公布的重点企业清洁生产审核名单中的全部企业）。

计算公式如下：

$$重点企业清洁生产审核实施率(\%)$$
$$=\frac{通过清洁生产审核评估的重点企业数(个)}{园区重点企业总数(个)}\times100\%$$

22）污水集中处理设施：指园区内所有工业企业废水经预处理达到集中处理要求后进入安装有自动在线监控装置的污水集中处理设施（区内或区外）。

23）园区环境风险防控体系建设完善度：指园区环境风险防控体系建设完善程度。以下4项内容每一项完成完善度为25%，4项均达到则完善度为100%。园区管理机构应：①开展园区环境风险评估；②编制较完善的园区环境风险应急预案；③整合园区应急资源，建立综合性或者专业环境应急救援队伍，储备必要的环境应急物资和装备；④组织对环境应急预案进行专项培训，定期组织开展跨行业、综合性的应急演练。

化工、电镀、印染等园区或者上述企业较为集中的园区应在上述4项的基础上，增加⑤建立环境风险监测预警平台。每项20%，5项均达到则完善度为100%。

24）工业固体废物（含危险废物）处置利用率：指园区当年工业固体废物处置利用量（含危险废物）之和与当年工业固体废物总产生量的比值。其计算公式如下：

$$工业固体废物（含危险废物）处置利用率(\%)$$
$$=\frac{园区当年工业固体废物处置利用量(含危险废物)(t)}{园区当年工业固体废物总产生量(t)}\times100\%$$

式中：园区当年工业固体废物处置利用量（含危险废物）包括园区内以及运送至园区外进行安全处置、综合利用及安全贮存的废物量。园区当年工业固体废物总产生量包括园区内企业产生的工业固体废物量（含危险废物），以及园区外运送至园区内的工业固体废物量（含危险废物）。

25）主要污染物排放弹性系数：指园区内工业企业排放的各类主要污染物排放弹性系数的算术平均值。主要污染物指从建设规划基准年到验收年，国家政策明确要求总量减排和控制的污染物，包括化学需氧量、二氧化硫、氨氮、氮氧化合物等。某种主要污染物排放弹性系数，指园区内工业企业排放的某一种主要污染物排放总量的建设期年均增长率与工业增加值建设期年均增长率的比值。

某种污染物排放量建设期年均增长率计算公式如下：

$$某种污染物排放量建设期年均增长率(\%)$$
$$=\left[\left(\frac{验收年某种污染物排放量(t)}{规划基准年某种污染物排放量(t)}\right)^{\frac{1}{验收年-基准年}}-1\right]\times100\%$$

$$某种污染物排放弹性系数$$
$$=\frac{某种污染物排放量建设期年均增长率(\%)}{园区工业增加值建设期年均增长率(\%)}$$

$$主要污染物排放弹性系数=\left(\sum_{1}^{n}某种污染物排放弹性系数\right)/n$$

26）单位工业增加值二氧化碳排放量年均削减率：指园区内工业企业产生单位工业增加值所排放的二氧化碳量的建设期年均削减率。此处二氧化碳排放量主要包括园区内化石能源燃烧、生物质能源燃烧排放的二氧化碳量，以及电力调入调出间接排放二氧化碳量。其计算公式如下：

$$单位工业增加值二氧化碳排放量年均削减率(\%)$$
$$=\left[1-\left(\frac{验收年单位工业增加值二氧化碳排放量(t/万元)}{规划基准年单位工业增加值二氧化碳排放量(t/万元)}\right)^{\frac{1}{验收年-基准年}}-1\right]\times100\%$$

$$单位工业增加值二氧化碳排放量(t/万元)$$
$$=\frac{园区工业企业二氧化碳排放总量(t)}{园区工业增加值总量(万元)}$$

$$园区工业企业二氧化碳排放总量(t)$$
$$=化石能源燃烧二氧化碳排放量(t)$$
$$+生物质能源燃烧二氧化碳排放量(t)$$
$$+电力调入调出间接二氧化碳排放量(t)$$

二氧化碳排放量核算方法为：

A. 化石能源燃烧二氧化碳排放量：

化石能源燃烧二氧化碳排放量
=[燃料消费量(热量单位)×单位热值燃料含碳量-固碳量]×燃料燃烧过程中的碳氧化率

式中：燃料消费量=生产量+进口量-出口量-国际航海（航空）加油-库存变化；

燃料消费量(热量单位)=燃料消费量×换算系数(燃料单位热值)；

燃料含碳量=燃料消费量(热量单位)×单位燃料含碳量(燃料的单位热值含碳量);

固碳量=固碳产品产量×单位产品含碳量×固碳率。

固碳率是指各种化石燃料在作为非能源使用过程中,被固定下来的碳的比率,由于这部分碳没有被释放,所以需要在排放量的计算中予以扣除;碳氧化率是指各种化石在燃烧过程中被氧化的碳的比率,表征燃料的燃烧充分性。燃料单位热值换算系数见《综合能耗计算通则》(GB/T 2589-2008),单位热值含碳量和碳氧化率见表2-1-15。

表 2-1-15 单位燃料含碳量与碳氧化率参数

类别	名称	单位热值含碳量/(t 碳/TJ)	碳氧化率
固体燃料	无烟煤	27.4	0.94
	烟煤	26.1	0.93
	褐煤	28.0	0.96
	炼焦煤	25.4	0.98
	型煤	33.6	0.90
	焦炭	29.5	0.93
	其他焦化产品	29.5	0.93
液体燃料	原油	20.1	0.98
	燃料油	21.1	0.98
	汽油	18.9	0.98
	柴油	20.2	0.98
	喷气煤油	19.5	0.98
	一般煤油	19.6	0.98
	NGL	17.2	0.98
	LPG	17.2	0.98
	炼厂干气	18.2	0.98
	石脑油	20.0	0.98
	沥青	22.0	0.98
	润滑油	20.0	0.98
	石油焦	27.5	0.98
	石化原料油	20.0	0.98
	其他油品	20.0	0.98
气体燃料	天然气	15.3	0.99

B.生物质能源燃烧二氧化碳排放量:

生物质能源燃烧二氧化碳排放量(g)=燃料消费量(kg)×生物质燃料燃烧二氧化碳排放因子

式中:燃料消费量为秸秆、薪柴、木炭、动物粪便等生物质燃料的燃烧量;生物质燃料燃烧二氧化碳排放因子见表2-1-16。

C.电力调入调出二氧化碳间接排放量:

表 2-1-16 生物质燃料燃烧二氧化碳排放因子

生物质种类	二氧化碳排放因子/(g/kg)			
	省柴灶	传统灶	火盆火锅等	牧区灶具
秸秆	14.3	7.7		
薪柴	7.4	6.6		
木炭			16.5	
动物粪便				9.9

园区由于电力调入或调出所带来的间接二氧化碳排放量的核算方法：

电力调入(出)二氧化碳间接排放量(kg)
=调入(出)电量(kW·h)×区域电网供电平均排放因子

式中：调入电量为园区内所有工业企业消耗电量之和，调出电量为园区内火力发电厂发电的上网电量，以 kW·h 为单位；其中电力调入排放量为正号，调出排放量为负号。区域电网供电平均排放因子可由东北、华北、华东、华中、西北和南方电网内各省区市发电厂的化石燃料二氧化碳排放量除以电网总供电量获得，并以 kg/(kW·h) 为单位。本标准提供了 2010 年我国区域电网单位供电平均二氧化碳排放因子（见表 2-1-17），园区核算该指标应以国家应对气候变化战略研究和国际合作中心公开发布的区域电网供电平均排放因子的最新数据为准。

表 2-1-17　2010 年我国区域电网单位供电平均二氧化碳排放因子

电网名称	覆盖省区市	二氧化碳排放因子/[kg/(kW·h)]
华北区域电网	北京市、天津市、河北省、山西省、山东省、蒙西地区(除赤峰、通辽、呼伦贝尔和兴安盟外的内蒙古其他地区)	0.884 5
东北区域电网	辽宁省、吉林省、黑龙江省、蒙东地区(赤峰、通辽、呼伦贝尔和兴安盟)	0.804 5
华东区域电网	上海市、江苏省、浙江省、安徽省、福建省	0.718 2
华中区域电网	河南省、湖北省、湖南省、江西省、四川省、重庆市	0.567 6
西北区域电网	陕西省、甘肃省、青海省、宁夏回族自治区、新疆维吾尔自治区	0.695 8
南方区域电网	广东省、广西壮族自治区、云南省、贵州省、海南省	0.596 0

27) 单位工业增加值废水排放量：指园区工业企业产生单位工业增加值排放的工业废水量，不包括企业梯级利用的废水和园区内居民排放的生活废水。其计算公式如下：

$$单位工业增加值废水排放量(t/万元) = \frac{园区工业废水排放总量(t)}{园区工业增加值总量(万元)}$$

28) 单位工业增加值固体废物产生量：指园区内工业企业产生单位工业增加值所产生的工业固体废物量。其计算公式如下：

$$单位工业增加值固体废物产生量(t/万元) = \frac{园区工业固体废物区内产生量(t)}{园区工业增加值总量(万元)}$$

式中：工业固体废物区内产生量指园区内企业产生的工业固体废物量，不包括园区外运送至园区内的工业固体废物量。

29) 绿地覆盖率：指园区内各类绿地的总面积和园区规划范围内用地总面积的比值。其计算公式如下：

$$绿地覆盖率(\%) = \frac{园区内各类绿地的总面积(m^2)}{园区用地总面积(m^2)} \times 100\%$$

30) 重点企业环境信息公开率：指园区内，按照《企业事业单位环境信息公开办法》要求，公开环境信息的企业数量与占园区纳入重点排污单位名录的企业数量的比例。各企业环境信息应当通过园区统一的平台予以公开。其计算公式如下：

$$重点企业环境信息公开率(\%) = \frac{按照要求公开环境信息的企业数量(个)}{园区内纳入重点排污单位名录的企业数量(个)} \times 100\%$$

31) 生态工业信息平台完善度：指园区在园区管委会网站创建生态工业园区信息专栏或建立园区专门生态工业信息网站，以及该信息平台建设的完善程度。其中，生态工业信息平台是指依托于互联网技术用于发布生态工业园区建设相关信息的网络信息平台。

以下 5 项内容每一项完成完善度为 20%，5 项均达到则完善度为 100%。①定期发布生态工业园区推进和管理的各项工作信息，以及年度评价报告等；②每年发布生态工业园区创建各项指标数据和达标情况；③发布工业园区内企业在生态工业、清洁生产方面的先进技术、经验总结(主要指资源、能源高效利用等方面);④园区内废物或剩余能量产生、供需和流向信息;⑤定期公开园区内重点排污单位的相关信息,公开信息的内容和要求见《企业事业单位环境信息公开办法》。

32)生态工业主题宣传活动:指园区管理机构应对建设生态工业园区的理念进行宣传,组织开展的以生态工业园区建设为主题(包括生态工业、节能减排、循环经济、低碳环保等)的宣传活动,活动形式多样(包括讲座,发放宣传手册、宣传单,展板海报等),宣传活动每次参与人数不少于园区从业人数的千分之一。园区管理机构应把每次活动的相关材料、照片进行存档保留。

3.国家生态工业示范园区名单

表 2-1-18 列示了部分被国家环境保护部批准建设或已通过验收命名的国家生态工业园名单。然而需要指出的是,实际上这只能说明这些园区在努力进行着生态化改造工作,离最终目标的实现其实还有很长的路要走。其中,贵港国家生态工业(制糖)园区以制糖、蔗田等产业为基础在逐步构建生态产业链,试图在园内形成废弃物和副产品的物质交换循环系统,达到废弃物排放的最小化和资源重复高效利用的目的。然而即使是生态化改造历史最为悠久的贵港园区,其实际状况也并不令人满意,面临着深入生态化改造的局面。其他生态化改造的时间较短的工业园就更加需要深入持续开展这项工作,以真正实现工业园"二次创业"基础上的生态化转型。

表 2-1-18 国家生态工业示范园区名单

序号	名称	批准文号	批准时间
一、批准为国家生态工业示范园区的园区名单			
1	苏州工业园区	环发〔2008〕9 号	2008 年 3 月 31 日
2	苏州高新技术产业开发区	环发〔2008〕9 号	2008 年 3 月 31 日
3	天津经济技术开发区	环发〔2008〕9 号	2008 年 3 月 31 日
4	烟台经济技术开发区	环发〔2010〕46 号	2010 年 4 月 1 日
5	无锡新区(高新技术产业开发区)	环发〔2010〕46 号	2010 年 4 月 1 日
6	山东潍坊滨海经济开发区	环发〔2010〕47 号	2010 年 4 月 1 日
7	上海市莘庄工业区	环发〔2010〕103 号	2010 年 8 月 26 日
8	日照经济技术开发区	环发〔2010〕103 号	2010 年 8 月 26 日
9	昆山经济技术开发区	环发〔2010〕135 号	2010 年 11 月 29 日
10	张家港保税区暨扬子江国际化学工业园	环发〔2010〕135 号	2010 年 11 月 29 日
11	扬州经济技术开发区	环发〔2010〕135 号	2010 年 11 月 29 日
12	上海金桥出口加工区	环发〔2011〕40 号	2011 年 4 月 2 日
13	北京经济技术开发区	环发〔2011〕50 号	2011 年 4 月 25 日
14	广州开发区	环发〔2011〕144 号	2011 年 12 月 5 日
15	南京经济技术开发区	环发〔2012〕35 号	2012 年 3 月 19 日
16	天津滨海高新技术产业开发区华苑科技园	环发〔2012〕158 号	2012 年 12 月 26 日
17	上海漕河泾新兴技术开发区	环发〔2012〕158 号	2012 年 12 月 26 日
18	上海化学工业经济技术开发区	环发〔2013〕25 号	2013 年 2 月 6 日
19	山东阳谷祥光生态工业园区	环发〔2013〕25 号	2013 年 2 月 6 日
20	临沂经济技术开发区	环发〔2013〕25 号	2013 年 2 月 6 日
21	江苏常州钟楼经济开发区	环发〔2013〕108 号	2013 年 9 月 15 日
22	江阴高新技术产业开发区	环发〔2013〕108 号	2013 年 9 月 15 日
23	沈阳经济技术开发区	环发〔2014〕8 号	2014 年 1 月 10 日

续表

序号	名称	批准文号	批准时间
24	上海张江高科技园区	环发〔2014〕48号	2014年3月20日
25	宁波经济技术开发区	环发〔2014〕48号	2014年3月20日
26	上海闵行经济技术开发区	环发〔2014〕48号	2014年3月20日
27	徐州经济技术开发区	环发〔2014〕145号	2014年9月30日
28	南京高新技术产业开发区	环发〔2014〕145号	2014年9月30日
29	合肥高新技术产业开发区	环发〔2014〕145号	2014年9月30日
30	青岛高新技术产业开发区	环发〔2014〕145号	2014年9月30日
31	常州国家高新技术产业开发区	环发〔2014〕199号	2014年12月25日
32	常熟经济技术开发区	环发〔2014〕199号	2014年12月25日
33	南通经济技术开发区	环发〔2014〕199号	2014年12月25日
34	宁波高新技术产业开发区	环发〔2015〕101号	2015年7月31日
35	杭州经济技术开发区	环发〔2015〕101号	2015年7月31日
36	福州经济技术开发区	环发〔2015〕101号	2015年7月31日
37	上海市市北高新技术服务业园区	环科技〔2016〕106号	2016年8月3日
38	江苏武进经济开发区	环科技〔2016〕106号	2016年8月3日
39	武进国家高新技术产业开发区	环科技〔2016〕106号	2016年8月3日
40	南京江宁经济技术开发区	环科技〔2016〕106号	2016年8月3日
41	长沙经济技术开发区	环科技〔2016〕106号	2016年8月3日
42	温州经济技术开发区	环科技〔2016〕114号	2016年8月22日
43	扬州维扬经济开发区	环科技〔2016〕114号	2016年8月22日
44	盐城经济技术开发区	环科技〔2016〕114号	2016年8月22日
45	连云港经济技术开发区	环科技〔2016〕171号	2016年11月29日
46	淮安经济技术开发区	环科技〔2016〕171号	2016年11月29日
47	郑州经济技术开发区	环科技〔2016〕171号	2016年11月29日
48	长春汽车经济技术开发区	环科技〔2016〕171号	2016年11月29日
二、批准开展国家生态工业示范园区建设的园区名单			
1	国家生态工业（制糖）建设示范园区—贵港	环函〔2001〕170号	2001年8月14日
2	鲁北企业集团公司	环函〔2003〕324号	2003年11月18日
3	南昌高新技术产业开发区	环发〔2010〕45号	2010年4月1日
4	西安高新技术产业开发区	环发〔2010〕104号	2010年8月26日
5	合肥经济技术开发区	环发〔2010〕129号	2010年11月4日
6	东营经济技术开发区	环发〔2010〕149号	2010年12月25日
7	株洲高新技术产业开发区	环发〔2010〕149号	2010年12月25日
8	太原经济技术开发区	环发〔2011〕46号	2011年4月2日
9	武汉经济技术开发区	环发〔2011〕122号	2011年10月10日
10	贵阳经济技术开发区	环发〔2011〕122号	2011年10月10日
11	广州南沙经济技术开发区	环发〔2012〕64号	2012年5月30日
12	肇庆高新技术产业开发区	环发〔2012〕114号	2012年9月3日
13	青岛经济技术开发区	环发〔2013〕26号	2013年2月5日
14	天津港保税区暨空港经济区	环发〔2013〕24号	2013年2月6日
15	沈阳高新技术产业开发区	环发〔2013〕24号	2013年2月6日
16	吴江经济技术开发区	环发〔2013〕24号	2013年2月6日
17	长春经济技术开发区	环发〔2013〕41号	2013年4月9日
18	广东东莞生态产业园区	环发〔2013〕53号	2013年4月18日
19	浙江杭州湾上虞工业园区	环发〔2013〕53号	2013年4月18日

续表

序号	名称	批准文号	批准时间
20	上海市青浦工业园区	环发〔2013〕158号	2013年12月20日
21	昆山高新技术产业开发区	环发〔2013〕158号	2013年12月20日
22	赣州经济技术开发区	环发〔2013〕158号	2013年12月20日
23	乌鲁木齐经济技术开发区	环发〔2013〕158号	2013年12月20日
24	廊坊经济技术开发区	环发〔2014〕150号	2014年10月14日
25	山东茌平经济技术开发区信发工业园	环发〔2014〕150号	2014年10月14日
26	内蒙古鄂尔多斯上海庙经济开发区	环发〔2014〕150号	2014年10月14日
27	马鞍山经济技术开发区	环发〔2014〕150号	2014年10月14日
28	赣州高新技术产业园区	环发〔2014〕150号	2014年10月14日
29	张家港经济技术开发区	环发〔2014〕150号	2014年10月14日
30	珠海高新技术产业开发区	环发〔2014〕150号	2014年10月14日
31	成都经济技术开发区	环发〔2014〕150号	2014年10月14日
32	连云港徐圩新区	环发〔2014〕198号	2014年12月18日
33	芜湖经济技术开发区	环发〔2014〕198号	2014年12月18日
34	潍坊经济开发区	环发〔2014〕198号	2014年12月18日
35	昆明经济技术开发区	环发〔2015〕83号	2015年7月3日
36	上海市工业综合开发区	环发〔2015〕83号	2015年7月3日
37	蒙西高新技术工业园区	环发〔2015〕83号	2015年7月3日
38	嘉兴港区	环发〔2015〕83号	2015年7月3日
39	杭州钱江经济开发区	环发〔2015〕83号	2015年7月3日
40	杭州萧山临江高新技术产业园区	环发〔2015〕83号	2015年7月3日
41	徐州高新技术产业开发区	环发〔2015〕120号	2015年9月21日
42	锡山经济技术开发区	环发〔2015〕120号	2015年9月21日
43	吴中经济技术开发区	环发〔2015〕120号	2015年9月21日
44	天津子牙经济技术开发区	环发〔2015〕120号	2015年9月21日
45	长沙高新技术产业开发区	环发〔2015〕120号	2015年9月21日

八、地理环境与生态工业管理方案

(一)地理环境对工业生产、生活的影响

地理环境因素可以分为自然地理环境和人文地理环境。自然地理环境通过环境、资源和生态等3个方面的属性来影响人类的生产、生活和居住环境生态功能正常发挥。首先,自然地理环境可以为生产和生活提供基本条件,并且通过生态系统服务体现出其生态功能。由于自然地理环境具有地域差异性,劳动地域分工又进一步影响到产业布局,所以自然地理环境可以进一步影响到产业布局和经济地域的形成。譬如,在农牧交错带形成的生态脆弱型地区的劣势条件主要是水资源短缺和气候灾害频繁,在西南石灰岩山区形成的生态脆弱型地区的限制因子主要是水土流失和土壤贫瘠。在优势、劣势、机遇与挑战等不同条件分析基础上,我们可以对不同条件进行优化组合。对部分生态脆弱的地区而言,主导产业往往过于依赖当地的矿产资源,农业生产往往过于依赖水热环境,导致经济社会发展与资源开发、生态环境保护之间不平衡、不协调的矛盾突出,从而加剧了生态环境的脆弱性。其次,自然地理环境是限制与约束人类活动的重要因素。虽然自然地理环境具有自我调控功能,但是它对于经济活动和社会生活所产生的废弃物和污染物的容纳能力是有限的,一定地域内的自然地理环境对人口数量和经济社会活动强度的承载能力也是有限的。如

果人类活动违背了自然规律，则自然地理环境将通过不同的灾害或问题反作用于人类，从而使人类活动受到限制与约束。对于生态脆弱型的地区，生态环境脆弱、稳定性差是其明显特征。生态脆弱型地区面临着生态退化、资源短缺、环境污染等一系列问题，脆弱的本底条件成为影响人类活动的限制性因素。

人文地理环境是人类活动在自然地理环境的基础上形成的，是人类社会、文化和生产生活活动的地域组合。在文化差异影响下的价值观念、行为方式和思维方式的差异，可以影响到资源的开发利用方式、处理环境问题的态度，从而对自然地理环境产生影响，进一步影响到人与生态的和谐发展。不同区域的社会资本存量可以影响到社会成员的个体和集体行为，可以进一步形成不同类型的集体性环境观念与意识，引导不同区域呈现不同状态。社会经济基础反映区域的综合发展水平，为协调人地关系提供人力、财力、物力保证，并且随着社会发展以及需求层次推进，公众对人居环境质量的要求也逐渐提高，从而自觉改善生态环境，使人与地理环境的关系得以协调。科技进步一方面加大了人类开发自然和利用自然的广度和深度，带来自然环境的破坏；另一方面可以促进资源利用效率提高，粗放型增长带来的资源浪费和效率低下问题可以通过技术进步解决。对于生态脆弱的地区，社会经济发展水平在早期需要提高，不合理的文化导向引发人类活动的盲目与无序，技术水平的提高促进了人类对自然界开发程度的提高，导致原本脆弱的生态环境持续恶化。因此，随着社会经济发展，我国需要树立正确的文化理念，合理利用科技手段，转变发展方式，促进人与生态和谐发展。

人类活动根据合理与否可以分为有序人类活动和无序人类活动。有序人类活动可以引导人类活动方式维持在自然地理环境可承载的范围内，从而保证人与地理环境的关系处于协调状态。有序人类活动还可以通过生态修复与重建、生态补偿和污染防治等手段使遭受破坏的生态环境得到改善。其中生态恢复与重建是使已经恶化的生态系统得以改善的有效措施，可以促进生态系统服务功能得到恢复。对生态功能区、生态脆弱区、矿产资源区进行生态补偿，可以促进生态环境得到改善，实现区域内人地协调发展。针对不同类型的环境污染问题，坚持预防为主、防治结合，实现主要污染物排放总量显著减少，重点解决突出的环境问题，加强环境风险防控，建立环保基本公共服务体系以及环保工程，逐渐促进环境质量实现改善，缓解人类活动对地理环境的负面影响。

无序人类活动通过人口规模和经济规模无限制扩张导致人与地理环境的关系恶化，具体又表现为不合理的土地利用方式造成生态系统失衡，工业活动的"三废"排放，农业生产的农药、化肥使用，城市扩张占用耕地，资源与能源的开发消耗等。人类活动因素是生态脆弱的地区生态脆弱性产生的原因之一，主要表现为无序人类活动对脆弱的生态环境造成更加严重的负面影响，比如农牧交错带的过度放牧、农区的围湖造田、山区的森林砍伐、经济密集区的环境污染与资源消耗，导致原本稳定性差、敏感性强的生态环境受到的干扰作用更加明显，导致脆弱性逐渐增强。因此，生态脆弱的地区尤其需要调控人类行为，促使无序人类活动向有序人类活动转型。

(二)地理环境脆弱条件下生态工业发展案例

1.黄河三角洲地区地理环境概况

黄河三角洲地区的生态系统独具特色，处于大气、河流、海洋与陆地等地表不同要素的交接带，多种物质和动力系统在此交互影响，陆地和海洋、淡水和咸水、天然和人工等不同类型生态系统在此交错聚集，是世界上最典型的河口湿地生态系统之一，具有大规模发展湿地种植业、开展动植物良种繁育、培育生态产业链、发展生态旅游的优越条件。黄河三角洲地区湿地面积广阔，形成了中国暖温带地区最年轻、最完整和最典型的湿地生态系统，拥有黄河三角洲国家级自然保护区、滨州贝壳堤岛与湿地系统国家级自然保护区等多处湿地保护区。尽管生态环境具有特色，但由于黄河三角洲成陆时间晚，地下水位高,矿化度大,加上蒸发强烈,海水顶托和海潮侵袭,使土壤盐渍化程度较高,植被覆盖率低,旱、涝、风、沙、雹、潮等自然灾害频繁,所以该地区存在较多生态环境问题(表2-1-19)。区内土地盐碱化和荒漠化严重,盐碱化土地主要分布在黄泛平原引黄灌区和滨海平原。受沿海海风、海潮作用,在大河沿岸和沿海地区,形成了大面积荒漠。受海平面上升的影响,海水侵蚀与倒灌导

表 2-1-19　黄河三角洲地区主要生态环境问题

生态环境问题	分布区域	负面影响
土地盐碱化、荒漠化	鲁北平原、滨海地区	不利于农业开发和城镇建设
旱、涝	鲁北平原、滨海地区	不利于农业生产建设和水利建设
水资源短缺	黄三角整体区域	限制工农业生产和居民生活
风暴潮灾害	渤海沿岸	淹没陆地的部分面积
黄河入海泥沙问题	黄河口	泥沙输移范围大,建港条件差
岸线侵蚀	海岸带	岸线向陆地侵蚀
黄河尾闾摆动	黄泛区平原	土壤频繁改变其发育方向,影响项目布局
海平面上升	海岸带	海水入侵、海岸侵蚀

致东营和滨州两市沙化和盐碱化土地面积高达90%以上。由于城镇化过程的加快,建设用地规模大幅度扩张,加上基础设施网络建设,区内以生物生产过程为主的自然和农业用地不断被开发区和道路系统蚕食、分割。

(1)地理环境优势

1)资源丰富:黄河三角洲生态脆弱型地区土地资源、能源资源、矿产资源、旅游资源、海洋资源、生物资源比较丰富,丰富的资源具有转化为经济优势的巨大潜力,为经济社会发展提供了空间和物质支持,尤其重要的是丰富的资源为黄河三角洲生态脆弱型地区建立可持续发展模式提供了坚实的基础承载功能、基础生产功能和基本反馈功能,为建立可持续发展模式奠定了良好的资源基础。

2)区位条件优越:黄河三角洲生态脆弱型地区位于中国环渤海经济圈南翼、京津冀城市群与山东半岛城市群的结合部,与天津滨海新区最近距离仅80 km,与辽东半岛城市群隔海相望,是环渤海地区的重要组成部分,向西可连接广阔中西部腹地,向南可通达长江三角洲北翼,向东出海与东北亚各国邻近。优越的区位条件保证了黄河三角洲生态脆弱型地区在开放的区域中处于有利位置,便于与其他地区的交流与合作,为黄河三角洲生态脆弱型地区建立可持续发展模式奠定了区位基础。

3)形成了较好的产业基础:黄河三角洲生态脆弱型地区的经济子系统经过持续而稳定的发展,形成了石油和石油化工、盐和盐化工、纺织、造纸、机电、建筑建材、食品加工的产业体系,形成了一批竞争能力较强的支柱产业、实力雄厚的骨干企业和市场占有率高的知名品牌,良好的产业基础为黄河三角洲生态脆弱型地区建立可持续发展模式提供了生产功能、交换功能和消费功能。

(2)地理环境劣势

首先,海岸带是陆地生态环境和海洋生态环境的交错带,受潮汐影响海岸带或前进或受侵蚀,因摆动频繁而具有不稳定性特征;海陆相互影响,尤其是陆地受海洋影响的范围大,海平面上升,尤其是风暴潮发生后,海水可以顺坡度平缓的泥质海岸深入陆地,在地表淹没近海岸农田,渗入地下可造成土壤盐渍化。其次,河口是淡水生态系统和海水生态系统的交汇点,在弱潮作用下,黄河携带的巨量泥沙在入海口处大量淤积形成拦门沙,导致水流减缓并影响河海通航;河水中有机物含量高,有丰富的浮游生物,可以为海洋生物提供饵料,但是陆地河流中的污水和废水也可以对海洋造成严重污染。再次,河流生态环境和河岸生态环境交接,宽阔的

河漫滩地区，交替成为农田、牧场或洪水、凌汛的通道，两侧束水的"悬河"河堤必须严加养护，一旦溃决则危及两岸人民生命财产和油田建设；坑塘水库的边缘也是水陆交接带，由陆生植物向湿生、水生或沼生植物过渡，本区的坑塘水库主要蓄积黄河水，枯水季节抽取使用，因此库容变动很大。第四，耕地、草地、湿地生态系统相互交错，由于黄河三角洲成陆时间晚，处于不同位置的不同类型土地所处的状态不同，发育不完全，土壤肥力易退化，并且受人类垦殖活动的影响地表植被容易破坏，土壤容易发生逆向演替，进一步导致盐碱化和沙化现象滋生，地表土壤被破坏后难以恢复。第五，城乡接合部是城市系统与农村系统的交接带，属于城乡复合型生态经济耦合系统，物质交换和能量转移存在复杂的交叉关系，三角洲的中心城市东营是正在崛起的资源型城市，扩张速度较快，内部景观存在较大的变化，导致城乡过渡地带极为不稳定。最后，三角洲内部的油田矿区成为零星分布在黄河三角洲地区内部的"生态环境脆弱点"，在原油生产和加工过程中排放废弃的液体和气体，导致周边环境不断恶化，成为黄河三角洲地区的污染源，使环境的自净能力、抵抗能力和恢复能力都变得更加脆弱。由于黄河三角洲地区内部具有这种交错特征，因此它具有边缘效应，造成生态环境本底极为脆弱，生态环境不稳定、自然灾害频繁、系统敏感性强等问题明显，这是黄河三角洲地区成为生态脆弱型地区的最基本依据。

2. 黄河三角洲地区生态工业发展思路和原则

建立可持续发展模式是黄河三角洲生态脆弱型地区经济、社会、生态环境协调发展的必然选择，对于推进高效生态经济发展，改善脆弱的生态环境，实现开发建设与生态保护有机统一具有重要意义。

以社会-经济-自然复合生态系统理论、人地关系理论、可持续发展理论、生态经济理论为指导，充分借鉴已有可持续发展模式，以经济、社会和生态环境协调发展为核心，以经济新常态为引领转变经济发展的传统思维实现高效生态发展，以提升民生保障水平为动力实现社会进步与小康社会建设，以生态文明建设为契机重视生态环境保护并且改善脆弱的生态环境，以经济-社会-生态环境效益协同发展、开发与保护并重、渐进式发展与跨越式发展相结合为基本原则，充分挖掘优势、规避劣势、抓住机遇、迎接挑战，把生态环境建设与经济社会发展紧密结合起来，充分发挥政府、企业和社会的力量，构筑经济、社会、生态环境相互协调的可持续发展模式，以实现黄河三角洲生态脆弱型地区"经济优化发展、社会文明进步、生态良性循环、环境质量良好"。

(1) 经济-社会-生态环境效益协同发展原则

区域可持续发展追求区域内地区的整体协调发展，包括经济子系统、社会子系统和生态环境子系统之间的相互协调，统筹兼顾区域经济效益、社会效益和生态环境效益是黄河三角洲生态脆弱型地区可持续发展的基本要求。在黄河三角洲生态脆弱型地区建立可持续发展模式的过程中，我们不能由于生态环境脆弱且受到破坏而矫枉过正，只重视提高生态效率而忽视经济效益和社会效益，而是需要经济、社会、生态环境效益实现协同发展。

(2) 开发与保护并重原则

黄河三角洲生态脆弱型地区是典型生态脆弱型地区，应坚持生态优先，转变经济增长方式，保护生态环境，增强可持续发展能力。根据《黄河三角洲高效生态经济区发展规划》的指导思想，实现黄河三角洲生态脆弱型地区可持续发展需要坚持开发与保护并重的原则，在保护生态环境过程中实现经济社会发展，通过经济社会发展来巩固生态环境保护的成果。

(3) 渐进式发展与跨越式发展相结合原则

一方面，黄河三角洲生态脆弱型地区生态环境脆弱，在实现可持续发展过程中需要坚持渐进式发展原则，实现试点先行，典型带路，逐步推进，体现不同层次和不同发展阶段的要求；另一方面，学习发达国家和地区提供的发展循环经济的技术和管理经验，充分发挥黄河三角洲生态脆弱型地区的后发优势，实现跨越式发展。因此，黄河三角洲生态脆弱型地区可持续发展需要坚持渐进式发展与跨越式发展相结合的原则。

(4)整体推进与重点突破相结合的原则

黄河三角洲生态脆弱型地区建立可持续发展模式既具有优势，也具有劣势，既存在整体性问题，也存在局部性问题，因此，不能采取在整个区域平均用力的做法，应坚持整体推进与重点突破相结合的原则，在整体推进的同时，实行重点问题率先突破，集中力量突出抓好重点区域的可持续发展模式建设以及重点问题的集中解决，实现"重点突破，以点带面"。

3.黄河三角洲地区生态工业发展模式概述

(1)以国家战略为契机的高效生态经济模式

黄河三角洲是中国第一个以"高效生态"为功能定位的国家区域发展战略，也是山东省第一个进入国家层面的发展规划，上升为国家战略之后，黄河三角洲得到了更多的政策支持。高效生态经济是具有可持续发展理念的以典型生态系统为特征的节约集约经济发展模式。因此，以国家战略为契机的高效生态经济模式可以视为黄河三角洲可持续发展模式之一。

以国家战略为契机的高效生态经济模式需要根据"人"与"地"、经济与生态相互协调的要求，把绿色发展、循环发展和低碳发展作为建立高效生态经济模式的基本途径，通过构建高效生态产业体系，实现以高效生态农业为基础、环境友好型工业为重点、现代服务业为支撑的黄河三角洲生态脆弱型地区可持续发展的高效生态经济模式，并且实现黄河三角洲国家级高效生态经济区的建设目标。

在高效生态农业方面，可以充分发挥土地资源优势、规避水资源短缺的劣势，以现代农业和节水农业为发展方向，以绿色种植业、生态畜牧业、生态渔业为发展目标，并且鼓励发展高科技农业、城郊农业和都市农业。把发展循环经济作为环境友好型工业的突破口，逐步发展循环型高新技术产业和加强传统工业的循环型高新技术改造，在自然资源消耗大和生态环境破坏严重的行业逐步推广工业循环经济，推进产品经济向功能经济转变。在现代服务业方面，以构筑结构合理、功能完备、特色鲜明的现代服务业体系为目标，以市场化、产业化、社会化为方向，重点发展现代物流业、生态旅游业、金融保险业、商务服务业。

(2)以生态文明建设为指导的生态环境保护与资源高效利用模式

生态文明中尊重自然、顺应自然、保护自然的理念与可持续发展理念一脉相承，形成人与自然和谐发展的现代化建设新格局的要求与人地关系思想中"人"与"地"协调发展的高度一致，资源利用高效和生态环境质量改善是生态文明建设的主要目标之一。因此，以生态文明建设为指导的生态环境保护与资源高效利用模式可以对黄河三角洲的可持续发展产生积极影响。

以生态文明建设为指导的生态环境保护与资源高效利用模式需要根据生态文明的要求，以生态环境条件为基础，牢牢把握"高效生态"主线，通过加强生态建设、大力保护环境、推进资源高效利用，促进黄河三角洲生态脆弱型地区实现可持续发展。在生态建设方面，需要加强生态林、自然保护区、水源涵养区、湿地、草地和滩涂的保护，并且维护生物多样性和植物原生态，增强生态系统的服务功能；加强沿海防护林体系工程建设，构筑近海生态防护屏障；进行生态功能区划，为维护区域生态安全、资源合理利用与工农业生产优化布局提供科学依据；多渠道拓展绿化空间，提高林木覆盖率，拓展绿化空间，加强城乡园林绿化建设，构筑绿色大环境。在环境保护方面，严格执行环境保护标准和污染物排放总量控制制度，以改善和提高环境质量为目标，以强化油区污染防治为重点，以工业污染防治、城市环境保护与建设、农业与农村环境保护、海洋环境保护、危险废物控制与辐射环境保护为基本领域，实现水环境质量有明显提高，城乡空气环境质量有明显改善。在资源高效利用方面，统筹土地资源的开发利用和保护，实现土地资源集约化利用、规模化经营；加大城乡节水力度，限制发展高耗水行业，提高水资源集约利用水平；严格管理矿产资源，避免矿产资源流失；统筹协调不同行业与不同领域用海，实现沿海滩涂资源合理利用。

(3) 以供给侧结构性改革为动力的产业升级模式

与需求相比,主要包括要素供给、结构供给和制度供给的供给侧是中长期潜在经济增长的决定因素,供给侧结构性改革是用改革的办法推进结构调整,使要素实现最优配置,从而提高全要素生产率。结构供给是供给侧的重要方面,推进经济结构性改革是适应和引领经济发展新常态的重大创新。黄河三角洲生态脆弱型地区长期重化工业比重过大,产业结构性矛盾突出,以供给侧结构性改革为动力的产业升级模式是解决这一问题,实现黄河三角洲生态脆弱型地区可持续发展的有效模式。

以供给侧结构性改革为动力的产业升级模式通过加快结构调整实现产业转型升级,在产业升级的同时融入可持续发展理念,推进产业结构生态化、经济形态高级化,从而进一步促进经济体系高效运转和高度开放。黄河三角洲生态脆弱型地区产业升级尤其需要以产业布局优化、清洁绿色生产、科技创新带动为主要途径。在产业布局优化方面,应把生态环境承载力作为布局的基本依据,着力发展生态产业和临港经济,依托东营临港产业区和滨州临港产业区,发挥重大项目的集聚效应和辐射带动作用,以产业集群集聚发展带动产业的调整优化。在清洁绿色生产方面,将清洁生产理念引入产业集聚基地和产业园区的生产与建设中,对耗能量和耗水量大的企业实施清洁生产审核,从产品生命周期全过程控制资源与能源消耗,推动实现生产全过程的清洁无害化。在科技创新带动方面,应大力发展高新技术产业,包括电子信息、生物工程和新材料等产业,培育海洋生物医药、海洋功能食品、海洋工程材料、海水综合利用等海洋高技术产业,鼓励开发具有自主知识产权的核心产品。

(4) 利用综合资源优势的资源型城市转型模式

东营市是典型的资源型城市。黄河三角洲已由单纯依靠土地资源和石油资源发展为可以利用自然和人文不同类型的综合资源。黄河三角洲生态脆弱型地区的东营市是成熟型资源型城市,然而内部部分县区已进入衰退枯竭阶段,面临资源逐渐枯竭、产业结构单一、经济增长乏力、就业岗位不足、居民收入下降、生态环境恶化、地质灾害和矿难频发等问题,影响到黄河三角洲生态脆弱型地区的可持续发展。因此,需要根据时代要求,充分利用综合资源优势实现资源型城市转型。

利用综合资源优势的资源型城市转型模式,要充分利用土地资源、能源资源、矿产资源、旅游资源、海洋资源、生物资源、区位资源、政策资源等不同类型的资源,摆脱产业上对石油资源的过分依赖,通过形成合理发展机制、有序开发综合利用资源、构建多元产业体系等不同方式,实现资源型城市转型。

在形成合理发展机制方面,黄河三角洲生态脆弱型地区可以结合自身实际,形成开发秩序约束机制、资源开发补偿机制、接续替代产业扶持机制,来破解经济社会发展过程中存在的体制性、机制性矛盾,构建黄河三角洲生态脆弱型地区资源型城市转型的长效机制。在有序开发综合利用资源方面,需要加大矿产资源勘查力度,提高石油资源和天然气资源的保障能力;加强油气资源的储备与保护,建设石油资源储备体系;统筹推进油气资源开发与新型城镇化发展,依托现有城市产业园区作为后勤保障和资源加工基地,避免形成新的孤立居民点和工矿区。在构建多元产业体系方面,可以依托黄河三角洲生态脆弱型地区的产业基础,大力发展循环经济,推进资源产业向下游延伸,淘汰落后产能,提升产品档次和质量;积极发展传统优势产业和战略性新兴产业,努力培育新的支柱产业,形成新的接续替代产业。

(5) 经济新常态下优势产业壮大模式

虽然进入新常态后国内经济由高速增长向中高速增长转变,经济长期向好的基本面没有变,经济结构优化调整的前进态势没有变,但是经济发展下行压力不断加大,发展中深层次矛盾和问题逐步凸显,稳定经济增长的任务繁重。中国经济发展进入新常态,导致黄河三角洲生态脆弱型地区可持续发展既面临机遇更面临挑战。因此，在经济下行压力增大的背景下，黄河三角洲生态脆弱型地区需要利用优势产业壮大模式克服新常态带来的挑战。

黄河三角洲生态脆弱型地区的新常态下优势产业壮大模式，需要根据黄河三角洲高效生态经济区"四点四区一带"产业发展总体布局，着力围绕东营市和滨州市优势产业，促进高效生态农业、石油装备制造、汽车及零部件、轻工纺织、生态旅游和现代物流等大产业快速发展，建设全国重要的高效生态农业示范区、国家石油装备工程技术研发中心、全国重要的汽车零部件生产基地、全国重要的轻纺工业基地，具有全国影响力的黄河口休闲旅游度假区、环渤海南部的区域性物流中心。黄河三角洲生态脆弱型地区通过不断壮大优势产业，提升整体实力，克服经济增速减缓产生的压力，从而推进可持续发展。

(6) 强化区域合作自身竞争力提高模式

"一带一路"倡议、京津冀协同发展、长江经济带发展是中国今后相当长时期全面对外开放和经济合作的总体布局，也是促进区域协调发展的重要举措。国家发布环渤海地区合作发展纲要对黄河三角洲生态脆弱型地区发展具有重要意义。在周边地区竞争力逐渐增强的背景下，黄河三角洲生态脆弱型地区需要强化与周边区域的交流与合作，充分利用"一带一路"倡议和京津冀协同发展战略来提高自身的竞争力。

黄河三角洲生态脆弱型地区是环渤海地区的重要组成部分，濒临京津冀，具有广泛参与"一带一路"倡议和京津冀协同发展战略以及环渤海规划实施的区位优势，在跨区域重大基础设施建设、推进产业对接合作、构建开放型经济格局等方面具有良好的资源禀赋以及经济基础。黄河三角洲生态脆弱型地区需要高站位、宽视野，深化改革创新，积极融入国家战略，避免被边缘化，通过广泛参与全球市场竞争，积极承接北京、天津优势产业转移，在更广阔的开放平台提高自身竞争力，实现可持续发展，推动区域联动发展取得突破。

第二节 水环境与生态工业系统

一、水环境与水环境问题

水环境一般是指地表贮水体中的水本身及水体中的悬浮物、溶解物质、底泥，甚至还包括水生生物等，它是生态与环境的重要组成部分。水环境主要由地表水环境和地下水环境两部分组成。地表水环境包括海洋、河流、湖泊、沼泽、池塘、冰川等。地下水环境包括泉水、浅层地下水、深层地下水等。水是构成环境最基本的要素之一，是人类社会赖以生存和发展的最重要的资源，也是水生生物生存繁衍的基本条件。天然状态存在的水，一般作为淡水资源，水体水质较好，便于人类利用。但当人类活动污染水体后，水的组分改变，水质变差，而不适于人类使用，甚至还会对人类的生活、生产带来危害，这就产生了水环境问题。

(一) 区域水环境系统的构成及功能

水资源对区域社会及经济的发展具有很重要的作用。城市工业和生活用水、农业灌溉、水产养殖、交通航运、旅游等各项事业的发展，都必须在保护和利用好水资源的基础上进行。

区域水系是整个流域的一部分，参与整体的水循环过程，剧烈的水资源利用活动又给城市区域水系增添了人工循环系统的特性。因此，整个区域水环境系统由自然循环系统和水资源人工循环系统组成。区域水环境中城市水资源利用的人工循环系统由城市给、排水系统与处理系统组成。在这一系统的运行过程中，除了有部分水量消耗外(如被人体和产品吸收)，主要发生的是水质变化过程，即清水—污水—清水的循环过程。城市污水处理系统在该水循环中起着决定性的作用，对下游水资源的再利用有着重大影响。区域水环境系统是一个复杂而开放的生态系统，流域边界上下游的输出、输入，可通过水质、水量与整体流域和大气联系起来，生态链上任何一个环节发生问题都会引起整个系统的生态失调。

区域水环境系统的功能包括提供水源，物流和人流的运输，对流域洪水的调节，农业灌溉，生态建设，观赏旅游和水上娱乐活动，区域小气候改善，发展渔业和水产，补给地下水源，直接提供工业冷却水源及区域地表径流和污水的最终受纳体等。这些功能相互联系、相互竞争、相互促进、各有层次。

(二) 我国水环境存在的问题

我国的经济发展在近40年来取得了巨大成就，但经济的快速增长、城市的工业化和城市规模的不断膨胀也给环境造成了巨大压力。作为人类生活生产的最重要资源之一的水环境更是遭到了严重的破坏，并由此造成生态环境的持续恶化。我国水环境问题主要表现如下。

(1) 水资源总量较多，人均水量少

根据水利部《2007年中国水资源公报》，2007年，我国可通过水循环更新的地表水和地下水的多年平均水资源总量为2.525 5万亿 m^3，总水量列世界第六位。但因我国人口众多，人均水资源总量只有1 943 m^3，人均水量相对来说较少。因此，我国的水资源并不富裕，是世界上40多个缺水国之一，是"缺水大国"。

(2) 水资源在季节上分配不均匀

我国纬度较低，受季风气候的影响也比较大。冬季主要是西北季风，大部分地区处在西北内陆来的冷高压控制之下，寒冷少雨；夏季多是东南季风，暖湿海洋气团带来大量的水汽，气候温暖，雨量充沛。

(3) 水资源在空间上分配也很不均匀

我国的年降水量以东南沿海地区为最高，逐渐向西北内陆地区递减。北方松花江、辽河、海河、黄河、淮河、西北诸河等6个水资源一级区水资源总量为4 923亿 m^3，仅占全国的19.5%；南方长江(含太湖)、东南诸河、珠江、西南诸河4个水资源一级区水资源总量为2.033 2万亿 m^3，占全国的80.5%。北方六区供水量2 553亿 m^3，占全国总供水量的43.9%；南方四区供水量3 266亿 m^3，占全国总供水量的56.1%。

(4) 降水量年际变化大

我国气候受季风影响，降水量年际变化大，水资源的时间分布亦极不均匀，时而为丰水年，时而为枯水年，经常发生旱、涝及连旱连涝灾害。

(5) 江河泥沙含量高

我国西部地区是长江、黄河、珠江和众多国际河流的发源地，地形高差大，又有大面积的黄土高原和岩溶山地。自然因素加上长期的人为破坏，使很多地区水土流失严重，对当地的土地资源和生态环境造成严重的危害，也使许多江河挟带大量泥沙。黄河的高含沙量更是世界之最。我国主要江河多年平均输沙量约27亿 m^3，而流域产沙量远大于该数字。

如此大量泥沙带来很严重的灾害，如黄河下游河道、长江、洞庭湖湖区等都存在严重的淤积问题，使得防洪形势十分严峻。此外，在西南、西北、中南以及东南沿海等山区，大量泥沙还引发了崩塌、滑坡、泥石流等灾害。据国土资源部门统计：灾害覆盖面积占国土面积的44.8%，每年都有人因崩塌、滑坡、泥石流等地质灾害死亡，经济损失高达270亿元。

(6) 水环境污染严重

我国是世界上人口最多的国家，在经济社会的发展中面临着水资源的短缺、浪费以及洪涝灾害、水环境的污染和用水管理不善等诸多问题。我国各大江河水系均受到各种污染物不同程度的污染。据2008年的《中国环境公报》显示：2008年，全国地表水746个国控断面Ⅰ—Ⅲ类水质比例为47.7%，劣Ⅴ类水质比例为23.1%；全国地表水国控断面高锰酸盐指数年平均浓度为5.7 mg/L，较上年降低12.3%。七大水系Ⅰ—Ⅲ类断面比例为55%，劣Ⅴ类为20.8%；与上年相比，Ⅰ—Ⅲ类断面比例升高5个百分点，劣Ⅴ类断面比例下降3个百分点。在同一年中，全国排放了571.7亿t的废水，比2007年约增加了2.7%。其中，排放最多的是城镇生活污水，为330亿t，占到废水排放总量的57.7%，比2007年增加了6.4%；其次是工业废水，共排放了241.7亿t，占到总量的42.3%，但比2007年减少了2%。作为水体污染重要指标的化学需氧量，2008年的排放量为1 320.7万t，比2007年减少了4.4%。而且从工业废水、城镇生活污水中的化学需氧量排放量来看，分别为457.6万t和863.1万t，分别占排放总量的34.6%和65.4%，比2007年减少了10.5%和0.9%，呈下降趋势。作为水质和污染物排放重要指标的氨氮，2008年的排放总量为127万t，与2007年相比要减少4%。其中，工业氨氮和生活氨氮排放量分别为29.7万t、97.3万t，各占到排放总量的23.4%和76.6%，与2007年相比也呈下降趋势，分别减少12.9%和1%。而工业废水排放的达标率和重复利用率分别是92.4%和83.8%，比2007年提高了0.7%和1.8%，呈上升趋势。

在饮用水源方面，我国面临的主要问题有饮用水源中除了有常规污染物的污染外，还有如石油类污染物等新型物质的污染。同时饮用水的深度处理、输配送技术相对落后，已经威胁到城乡居民的饮用水安全。国务院五部委在编制《全国城市饮用水安全保障规划（2006—2020）》的调查时，按抽取设市城市及县级政府所在地城镇的要求，共抽取了全国661个城市的4.18亿人口，发现生活在水质不安全城市的共0.72亿人，生活在水量供给不足城市的共0.49亿人，在扣除其中重复计算的人数后，共计有0.99亿人生活在饮用水不安全的城市。其中的205个城市既有水源污染的问题，又有水量不足的问题。国土资源部在2005年也曾监测了158个城市的地下水水质，与上年相比，水质污染呈加重趋势的有21个城市，污染呈基本稳定趋势的有123个城市；同时监测了160个城市的地下水水位，有38个城市的水位比上年呈上升趋势，有96个城市水位基本稳定，有26个城市水位有下降的趋势。而且大多数城市的地下水化学组分有增长的势头。在局部地区无机污染和有机污染都很严重，甚至在污染物中还发现了许多如多环芳烃、氯代烃和持久性油类等致癌、致畸和致突变的毒物。我国农村饮用水水质状况更不容乐观：有3.2亿人饮水不安全，其中有1.9亿人饮用水的有害物质含量超标。污染不仅使有限的淡水资源更加匮乏，而且对公共健康造成了极大威胁。生活污水和工业废水的排放，固体垃圾的肆意堆放以及水资源的不合理开发利用，是导致我国水环境污染持续恶化、引起城市缺水和生态恶果的主要原因。

(7) 旱涝灾害频繁发生

这些年来，我国旱涝灾害频繁发生，而且集中在长江、黄河等七大流域，占到我国国土面积的80%以上。由于每个流域的中下游均是工业发达、人口密集的地区，但遭受的旱涝灾害也最为频繁。即使在一般年份，我国农田的受旱面积也约为20万km^2，所以总体而言，我国缺水造成的经济损失超过洪涝灾害的损失。尤其是20世纪60年代中期以后，我国的华北地区几乎是每一年都出现旱情，到20世纪80年代后，华北地区的降水量比20世纪50年代减少了约1/5，流域径流总量减少约40%。而同时由于经济社会的发展，生产用水量大幅增加，河水调配管理又难以统一规划，因此导致了某些流域的断流和旱情逐渐加重，对流域的生态环境造成了巨大破坏，引起许多地质环境问题。

(8) 农业节水技术引起流域的水环境退化

区域水环境中，地表水、土壤水、植物水和地下水在一定时间内的水循环形成了水资源的动态平衡，农业节水技术的应用，改变了一个区域内某一类水资源在农业上的使用数量，这可能造成灌区内生态环境用水的减少，对其造成伤害。比如喷灌节水技术采用的单行多喷头同时喷洒的作业方式，虽然在一定程度上节约了灌溉水，改善了田间的小气候，但也造成了灌溉水的飘逸蒸发损失，也使地下水的补给减少；节水渠灌使用塑料薄膜等材料虽然在很大程度上提高了有效输送率，却也使地下水的补充大大减少；稻秆还田虽然提高了土壤的蓄水、保水能力，但也造成雨水径流及降水对地下水的补给发生改变；地膜覆盖种植在土壤和大气间增加了一层阻隔,虽有效抑制了水分的散失,但其副作用是使土壤的理化特性下降以及土壤的入渗减少等。农业的节水灌溉导致原有水资源在循环过程中的时空改变,很可能会形成一个新的区域水环境生态系统。

概括起来,我国的水环境问题可用如下的8个字来概括:人多、水少、水浑、水脏。其中,水环境污染是突出特点,城市生活污水污染、工业废水排放污染和面源污染是主要原因,造成的危害也十分巨大。随着我国工业化和城镇化步伐的加快,工业生产用水量的急剧增长必会导致对水资源的过度开发使用,日益增长的城市人口也会导致城市用水量激增,而多种因素造成的复合污染,又使中国水污染恶化的状况越来越严重。因此,进一步加强水环境管理(即包括水资源开发利用、水污染防治、水环境保护在内的全面管理)已刻不容缓。

二、水资源匮乏地区生态工业发展历程

水资源是最重要的自然资源之一,它不仅是维持生态系统功能完整和良性循环的关键因素和维持人类生存和社会经济发展的基础性资源,而且是战略性经济资源,是国家综合国力的重要组成部分。然而,自20世纪60年代以来,由于人口及人均用水量的增长、生产的扩大和城市化的演进,以及人类在水资源开发利用上存在的错误认识和行为,世界范围内普遍产生了淡水资源短缺、水质下降、地下水耗竭及水生生态系统破坏等严峻问题,在很多地区,人类正在迫近或已经超过水资源的天然承载限度。对于水资源匮乏的地区,如何优化水资源利用效率,调整工业产业结构,发展生态工业成为走可持续发展的工业化道路的必然选择。下面以阿拉尔市为例介绍在水资源匮乏地区构建生态工业产业链的途径。

(一)阿拉尔市概况

1.地理环境现状

阿拉尔市位于塔克拉玛干沙漠的边缘,北依天山,南接塔里木盆地,东边是沙雅县,西边是阿瓦提县肖加克。整个市地处塔里木河平原,高差非常小,仅为1/3 000,地势坦荡,经过多年的耕种开垦,土壤已经逐渐发育成了灌耕草甸土。

2.自然资源禀赋

阿拉尔市周边地区已发现矿产79种。其中有几种资源的储备非常丰富,在整个新疆维吾尔自治区都排在前列。这几种矿产有:石油、天然气、铝土矿、萤石、刚玉、锑矿、磷矿、麦饭石、霞石正长岩、明矾石、重晶石。石灰岩是优势矿产,有储量187亿t,探明储量5.2亿t,平均品位达到53.6%;铁矿3.7亿t,磷矿、铜矿、锰矿储量分别达到0.368亿t、0.020亿t、0.011亿t。

阿拉尔市盛产粮、棉、果、蔬、畜、禽类,尤其是细绒棉、长绒棉分别是国家级重要的和最大的生产基地。此外,阿拉尔市还是新疆特色农副产品转化增值示范基地。这里光照充足,昼夜温差大,所产瓜果含糖量高。以红枣为例,含糖量达到34%。

3.水资源概况

阿克苏河、和田河、叶尔羌河在阿拉尔市交汇形成塔里木河,区域土壤由塔里木河冲积而成。市区处于塔里木河冲积平原二级阶梯上,为地下水径流排泄区,地下水埋深1.4~1.7 m,最低水位出现在1—2月,地下水位年度变化幅度为0.5~1.0 m。地下水径流缓慢,流速为0.02~0.05 m/昼夜,地下水流向自西向东,其水力坡度为0.04%~0.06%,地下水类型为河谷性冲积层潜水,属于硫酸盐类水,矿度很高,一般在1~5 g/L,普遍在3 g/L,局部高达10 g/L。

(1)地表水现状

塔里木河是阿拉尔市的主要水源。塔里木河河道漂移不定,含沙量高,多年平均含沙量为4.3 kg/m³,洪水期含沙量为6.5 kg/m³,枯水期含沙量为0.42 kg/m³。市域范围内有胜利、多浪、上游三大平原水库,总淹没面积180.1 km²,总库容3.68亿m³。

(2)地下水现状

阿拉尔市地下水属富水,有一定的地下水开采量,无明显的丰枯水期地下水位的动态变

化。地下水类型为河谷性冲积层潜水，属于硫酸盐类水。水质大部分地段较差，矿化度普遍为1~5 g/L，不适宜作为生活饮用水。

(3) 主要河渠现状

1) 塔里木河：塔里木河位于阿拉尔市中部，城区内径流长度约30 km，河床最宽处约1800 m，最窄处约400 m，是阿拉尔的主要水源。塔里木河是我国最大的内陆河，流经阿拉尔、新和、齐满等。塔里木河枯水期在每年4—5月，丰水期在7—9月，年平均径流量为49.8亿 m^3；年平均流量157.9 m^3/s；最大洪峰流量为2520 m^3/s；年平均洪峰流量为1286 m^3/s；最干枯流量为0.42 m^3/s，洪枯流量悬殊较大。

2) 其他沟渠：塔里木河两岸耕地的灌溉用沟渠和胜利水库周边的鱼塘，水渠主要有胜利水库泄洪渠、塔南一干渠、塔南二干渠、塔北二干渠、塔北一干渠支渠、东二支渠、界排等。

(4) 主要湖泊现状

阿拉尔市湖泊主要是市区内小型人工湖。

1) 西湖：西湖位于阿拉尔市西侧开发区中部，湖面面积0.1 km^2，主要用于片区二次供水。

2) 市政广场人工湖：市政广场人工湖位于阿拉尔市南侧，市政广场以南，湖面面积0.24 km^2，主要用于景观游憩。

(5) 主要水库现状

1) 胜利水库：胜利水库地处阿克苏河流域最下游的塔里木灌区，是一座灌注式平原水库，坝型为碾压式均质土坝，以灌溉为主，并兼有供水、渔业、发电等任务。胜利水库与上游水库联合运行，共同承担了塔南灌区枯水期调节灌溉任务。水库容量为1.08亿 m^3，面积为48.82 km^2。

2) 多浪水库：多浪水库位于阿拉尔市西北40 km处，距离阿克苏市74 km，连接阿拉尔市和阿克苏市的207省道横穿水库而过。水库容量0.8亿 m^3，库水来自地表水，面积为41.32 km^2。

3) 上游水库：上游水库位于阿拉尔市市域西南部，距城区58 km，是一座以灌溉为主，结合防洪，兼顾发电、养鱼及旅游的大型调节水库。水库堤坝全长23.5 km，最高8 m，坝顶宽3 m；有防洪、排沙、放水闸及宽60 m、长11 km直通和田河的明渠等配套设施，水库东西宽10 km，南北长15 km。水库面积为89.93 km^2，平均水深7~8 m，最深处达12 m，总库容为1.8亿 m^3。

(6) 主要湿地现状

新疆湿地分天然湿地和人工湿地两大类。据《新疆湿地资源调查报告》（第二次普查），阿拉尔市规划区湿地总面积为132.7 km^2，河流湿地9.3 km^2，人工湿地123.06 km^2。永久性河流2.7 km^2，库塘70.1 km^2，渠道3.8 km^2。

4.社会经济概况

阿拉尔市2015年生产总值为 2×10^{10} 元，比上年增长22.6%。其中，第一产业增加值100亿元，比上年增长16.7%；第二产业增加值58亿元，比上年增长36.6%；第三产业增加值38.7亿元，增长15.4%。三种产业结构之比为51.7:29:19.3，由此可见阿拉尔市的农业占据了经济的主导地位。人均生产总值6.5万元，比上年增长19.9%。国有及国有控股工业、交通、建筑、商业企业10家，国有及国有控股企业实现利润总额4.2亿元。全年新增固定资产136亿元，比上年增长1倍。全年社会消费品零售总额41.6亿元，比上年增长26.5%。

(二) 阿拉尔市工业园区建设概况

阿拉尔市拥有一个工业园区，于2005年启动建设，2008年被批准为自治区级经济技术开发区，2012年被批准为国家级经济技术开发区，现正式命名为国家级阿拉尔经济技术开发区。该开发区位于阿拉尔市主城区西部，塔里木河以北，北至王阿公路，南至阿塔公路，占地34.06 km^2。

国家级阿拉尔经济技术开发区采用"一区两园"的结构模式，分为食品轻纺产业开发区和化工产业开发区，食品轻纺产业开发区以农副产品加工业、轻纺工业、建材和新材料产业为主导产业，面积为9.10 km^2；化工产业开发区以纺织化工、天然气化工和氯碱化工为主导产业，面积为24.96 km^2。

1.基础设施现状

(1) 交通

对外交通5条大动脉（阿拉尔—阿克苏、阿拉尔—沙雅、阿拉尔—图木舒克、阿拉尔—玉尔衮、阿拉尔—和田）已全线贯通，距离阿克苏机场130 km、玉尔衮铁路80 km，以500 km为半径可辐射南疆三地州，国道217、省道207等5条公路交汇于此。开发区内部骨干路网已基本建成，青松路—玉阿公路和阿塔公路两条主干线连接食品轻纺产业园和化工产业园。

(2) 给水

食品轻纺产业园水源来自胜利水库，已建成2条引水管道，沿塔南干渠从胜利水库（平均流量为 0.65 m³/s）进入阿拉尔水厂，供水规模为4万 t/a。化工产业园水源来自多浪水库，通过37 km 明渠输水至化工开发区人工湖，经过沉淀后，通过加压泵站送至开发区企业。

(3) 排水

排水主干管沿南北向的中轴主干道敷设，设置提升泵站2个。纳管企业污水经预处理后排放至阿拉尔城市污水处理厂处理，日处理能力为1万 m³，其余企业排放至化工产业园海龙污水处理厂处理，日处理能力为6万 m³。

(4) 供电

阿拉尔地区主要的供应电源是位于化工产业园的盛源热电厂（装机容量 2×350 MW），开发区变电所主变容量 2×50 MVa，电压比110/10 kV，与110 kV 高压线路连接。

(5) 供热

开发区已建成盛源热电 2×350 MW 热电联产，建成蒸汽供热管网 13.7 km，蒸汽供应能力达到 220 t/h，初步搭建起了集中供热平台，部分未采用集中供热方式的企业通过自备锅炉供热。

(6) 燃气

阿拉尔市已实施气化工程，由大漠天然气公司供应，气源采用新和县英买力油田天然气，天然气沿着玉阿公路到达国家级阿拉尔经济技术开发区1号门站，然后继续沿着玉阿公路向东南7.0 km 到达2号门站。供应量为 2.57 亿 m³，通过埋设的管道进入国家级阿拉尔经济技术开发区门站，向开发区和城区供气。二期玉尔衮至阿拉尔供气管线正在建设过程中，届时年供气量将达到20亿 m³。

(7) 固体废物处理

开发区产生的生活垃圾送阿拉尔市生活垃圾填埋场填埋处理；一般工业固体废物送往工业区东北方向的沙漠腹地上的工业垃圾卫生填埋场或无害化处理场；危险废物则按照《危险废物贮存污染控制标准》《危险废物填埋污染控制标准》相关要求，送往南疆危险废物处置中心统一处置。

2. 工业产业及重点企业现状

2016年，国家级阿拉尔经济技术开发区工业总产值为 102.46 亿元，其中纺织、化工、农副产品精深加工、电力能源和建材产业分别占 38.90%、6.63%、19.08%、19.43% 和 7.74%，已初步形成以棉纺织、化工、农副产品精深加工、电力能源、非金属矿物制品为主导产业的工业发展体系。

(1) 纺织产业

具有纺、织、印染、成衣一体化棉花全产业链，以棉、麻、化纤"三纺混合"为方向，延伸了精炼油、棉浆粕、黏胶丝等产业链，初步构建了纺织产业集群。当前，安徽华茂、河南新野、山东金鲁等一批国内知名企业已落户开发区。

(2) 化工产业

以盐、煤炭、天然气为主要资源，以氯、炭、氢、酸四大工业元素为承接点，天然气化工、氯碱化工、棉化工产业的发展已初具规模。其中，已建成投产60万 t 硝基复合肥、10万 t 三聚氰胺项目一期、18万 t 合成氨、18万 t 尿素项目，形成了天然气—合成氨—硝铵、硝酸—硝基复合肥—三聚氰胺的天然气化工产业链条；已建成投产30万 t 烧碱、40万 t 聚氯乙烯、50万 t 电石一期、10万 t 烧碱、12万 t 聚氯乙烯、20万 t 电石项目，形成氯碱化工产业基础；已建成投产10万 t 棉浆粕、8万 t 差别化黏胶短纤、3.4万 t 精制棉，为传统棉浆粕、棉浆短丝、长丝产业提供了有力的支撑。

(3) 建材产业

以青松集团为龙头，水泥产业规模不断扩大，化工产业链逐渐延伸，并储备开发矿产能源。同时立足玄武岩、方解石等矿产资源，延伸了玄武岩纤维、化工纤维树脂等新材料产业链，1万 t 玄武岩纤维制品项目已投产运营。

(4) 农副产品加工产业

以特色农副产品生产基地为依托，不断延伸红枣、粮食、牛奶、肉类、马铃薯、甜叶菊等农产品精深加工产业链。已形成10万t"天山雪"米、24万t棉蛋白、1.8万t精炼油、0.7万t红枣、0.1万t辣椒色素、0.2万t白酒、8万t啤酒等农副产品加工产能，大漠枣业、南部果业等红枣加工基地已经形成，农副产品加工档次逐年提高。

(5) 能源电力产业

盛源热电公司的2×350 MW热电联产项目和220 kV输变电站已投入运行，同时110 MW太阳能电站项目投产运行。利用"发、供、调"一体化的独立电网优势，打造出了产业发展的"成本洼地"，为新型工业化提供了强力支撑。

(6) 重点企业情况

入园企业有179家（含大学生创业园），形成了一批农业产业化龙头和成规模全国知名品牌骨干企业。四川美丰、青松建化、新农开发、陕西博迪森、山东金鲁、安徽华茂、台湾飞龙、浙江洁丽雅等上市公司或知名品牌企业入驻开发区。两家上市公司青松建化、新农股份以及塔河种业被国家授予"农业产业化龙头企业"称号，并获得外贸进出口权，逐步成长为外向型、全国知名品牌企业。

3. 资源环境现状

(1) 开发区主要资源消耗情况

国家级阿拉尔经济技术开发区主要能源、资源消耗品种为煤炭、天然气、电力、蒸汽、水、石灰石、工业用粮等。2016年，开发区消耗资源煤炭103万t、天然气8 804万m^3、水2 441万m^3、电力68 196.499 kW·h，开发区清洁能源占一次能源比例为89.49%。

由表2-1-20可知，纺织产业对水资源和电力资源的消耗最大，分别占总消耗量的52.99%和51.45%；煤炭资源消耗量最大的是热电产业，占总消耗量的98.63%。因此，在构建生态工业产业链时，应充分考虑纺织产业对水资源的循环利用、对电力资源的节约利用，并重点分析热电产业的物质流、能量流。

(2) 开发区资源承载力现状

水资源承载力。阿拉尔市的生产、生活地表水源为胜利水库和多浪水库，这两座水库均为塔里木河上的大型旁引屯蓄式平原水库。开发区及市域范围的用水由一水厂及新建的二水厂承担。一水厂现有规模为3万m^2/a，远期总规模为10万m^2/a，新建二水厂供水规模为近期达到10万m^2/a，远期供水规模达到20万m^2/a。

土地资源承载力。开发区规划范围内的已建设用地、林地、果园、牧草地等地势平坦，可以直接开发利用，此部分面积为18.11 km^2，占总规划用地的53.19%。占有耕地面积11.71 km^2，约占总规划用地面积的34.39%，由于存在土地利用性质转化问题，在短期内因受到保护不得用于城市建设，应该根据规划区开发进度逐步进行置换。

天然气资源承载力。阿拉尔市正在实施气化工程，气源采用新和县英买力油田天然气，年合同供应量2.57亿m^3，通过埋设的管道进入国家级阿拉尔经济技术开发区门站，向开发区和

表2-1-20　国家级阿拉尔经济技术开发区2016年主要资源消耗一览表

工业部门分类	煤炭/t	电力/万 kW·h	天然气/万 m^3	水/万 m^3
化工产业	939	11 203.37	8 804	1 404 703
纺织产业	149 763.27	35 087.03	0	13 424 105
食品饮料产业	0	738	0	5 456 811
建材及其他产业	0	196.709	0	25 885
热电产业	883 749	16 248	0	1 877 954
合计	1 034 451.27	68 196.499	8 804	24 411 794

注：国家级阿拉尔经济技术开发区内规模较大的纺织企业为了追求经济效益，在企业内部自建了热电联产的火力发电站，因此有一定的煤炭消耗量。

城区供气。此外,和田天然气管道铺设工程途经阿拉尔市,预计一期天然气管道供给阿拉尔市的天然气为 5 亿 m^3。

(3) 开发区环境质量现状

1) 地表水环境质量。开发区周边地表水体多浪水库、胜利水库、塔里木河的各项监测指标中,除胜利水库水质所监测的氯离子、硫酸根离子超标外,其余监测因子均符合《地表水环境质量标准》(GB/3838-2002) 中 Ⅲ 类标准的要求,硫酸盐超标是当地天然地质水文条件所致。

2) 地下水环境质量。开发区各地下水监测因子中,总硬度和氯化物均出现超标,其中热电厂厂址区总硬度超标最严重,超标倍数达到 4.96 倍。此外,热电厂处地下水中二氧化硫也出现超标,超标 1.4 倍,其他监测点的各项监测值均能满足《地下水质量标准》(GB/T14848-93) 中的 Ⅲ 类标准。其地下水总硬度、氯化物和硫酸盐超标的原因,主要与当地土壤、岩性有关,由自然背景值高所致。

3) 空气环境质量。阿拉尔市及开发区空气环境质量总体良好。市区采暖期空气污染以煤烟型为主,非采暖期空气污染以沙尘为主;主要污染物为总悬浮颗粒和二氧化硫。阿拉尔市空气环境质量为优或良的天数占全年 90% 以上。

4) 声环境质量。开发区四边界的昼、夜噪声背景值均满足《声环境质量标准》(GB3096-2008) 中 2 类混合区标准的要求。在距离阿塔公路、玉阿公路 50 m 以外,可以满足《声环境质量标准》(GB3096-2008) 中 4a 类交通干线道路两侧标准。

5) 土壤环境质量。根据土壤环境质量监测结果,各监测项目检出含量均远低于标准值,符合《土壤环境质量标准》(GB15618-1995) 中二级标准的要求。

6) 生态环境质量。塔北灌区地处塔里木河北岸,工业区所在区域位于塔里木河北岸二级阶地。区域土壤主要由塔里木河冲积而成,主要为草甸土,其次为盐土,伴有少量沼泽土和风沙土,耕作区受人类活动影响则发展为灌耕草甸土。塔北灌区的农业以种植业为主,种植业以棉花为主。

(4) 开发区环境容量分析

按照"十三五"期间的总量控制指标要求,我国实施污染物排放总量控制的主要污染物是大气污染物指标二氧化硫和废水污染物指标化学需氧量。

国家级阿拉尔经济技术开发区用水取自多浪水库、胜利水库,属于塔里木河尾闾上的旁引屯蓄式平原水库。根据《中国新疆水环境功能区划》,和田河、叶尔羌河汇合口至沙雅县段为农业用水区,其现状水质为 Ⅳ 类,目标水质为 Ⅳ 类。污水处理厂处理后的废水用于生态绿化的灌溉,不排入地表水体。因此,地表水不存在接纳废水的容量问题。在开发区污水处理厂正常运行的前提下,开发区近期水污染物总量控制指标化学需氧量控制在 5 256 t/a。

(5) 开发区主要污染物特征及排放情况

食品轻纺产业园以农副产品精深加工、轻纺、仓储物流为主。农副产品精深加工的水污染物主要包括 pH 值、化学需氧量、生化需氧量、水质悬浮物、氨氮、硝酸盐氮、动植物油等;固体废物包括废弃的包装物,加工过程淘汰的农副产品和加工废渣;噪声主要来自各种生产设备噪声。轻纺包括棉纺和织造,主要以水污染为主,其次是噪声和固体废物污染;废水主要污染物为化学需氧量、水质悬浮物、色度、挥发酚、硫化物。化工产业开发区以棉化纤、能源电力、新型建材、氯碱化工、油气化工为主。电力能源的主要污染为锅炉排放大气污染物、锅炉房废水排放、锅炉灰渣及各类生产设备产生的噪声;印染废水主要污染物为化学需氧量、色度;噪声来自生产过程中制衣、纺纱设备运转产生的噪声;固体废物为各种工艺中产生的废边角料、废包装和染料的废包装袋(危险废物)。

化工的主要污染物为:生产过程中产生的废气,主要包括二氧化硫、硫化氢、烟尘、氮氧化物、甲醇、氨气、非甲烷烃等;生产过程产生的灰渣;汽化过程产生的灰水,还有冷却排污水等;各种设备产生的噪声。

由表 2-1-21 可知,2012—2014 年各项主要

表 2-1-21　近几年国家级阿拉尔经济技术开发区主要污染物排放指标　　　　　　　　单位：t

指标名称＼年份	2012 年	2013 年	2014 年	2015 年
二氧化硫排放量	358	408	918	1 023
化学需氧量排放量	547.6	624	1 068	954
氨氮排放量	82.7	94.2	161.8	116
氮氧化物排放量	340.1	387.6	870	930
工业固体废物排放量	1 721.5	1 961.8	4 414	5 231
工业废水排放量	225.2	256.7	577.5	1 017

污染物的排放量都在逐年上升，其中 2012—2013 年平均增长率为 14%，而 2013—2014 年则达到了 87.49%，二氧化硫、氮氧化物、工业固体废物和工业废水排放量的增长率高达 125%。2014—2015 年，由于国家级阿拉尔经济技术开发区进行了部分产业的循环改造，化学需氧量和氨氮排放量有所回落，但主要污染物的排放量平均增长率仍然达到了 15.75%。

随着招商引资工作的推进，入园企业迅速增多，产业规模急速扩大，污染物的排放量也剧增，然而环境对污染物的承载力是有限的，发展生态工业、循环经济成为亟待解决的问题。

4. 工业循环利用现状

(1) 产业基础

随着海升果业、大漠枣业、锦域纺织、华茂纺织、新越丝路、飞龙纺织、海龙化纤、新农棉浆、青松商品混凝土、青松化工、美丰化工、天山雪米、燕京啤酒、盛源热电等企业项目的建成投产，开发区已构建起了农副产品加工、纺织、建材、化工和电力等产业体系。各产业龙头企业带动作用强，一大批优势互补的上下游连接企业也即将进入开发区，配套服务也逐步完善。开发区已入驻企业 179 家 (含大学生创业园)，投产 65 家，具有较好的发展基础。纺织、化工等产业的上下游连接较为紧密，具有产业链延伸的良好条件，依托开发区现有的产业基础，可带动一大批项目的落地投产。

(2) 初具循环经济产业链的雏形

国家级阿拉尔经济技术开发区在成立之初就以循环经济模式进行产业布局，在企业内部、开发区范围内乃至开发区与社会层面已初步构建起循环经济产业链，产业发展基础良好。

1) 企业内部循环经济产业链。开发区从建设开始，就建立了严格的招商引资门槛，引进了一批实力较强的企业，如青松化工、新农棉浆、美丰化工等，企业在项目建设过程中也逐步融入了循环经济的理念，初步构建起了企业内部的循环产业链。以美丰化工为例，该企业现已建成 10 万 t/a 合成氨、18 万 t/a 尿素生产线，氨合成系统驰放气经膜回收工艺部分气体回收至氨合成系统循环利用，部分气体回收至燃料气系统循环利用；合成氨、尿素冷凝液热量经过回收工艺至脱盐水回收循环利用；氨罐驰放气经过无动力氨回收工艺回收其气氨至合成冷冻系统；企业产生的废水经污水处理工艺后回收用于厂区绿化和供厕所用水，由于废水中含有尿素等成分，尤其适合用于绿化提高土壤肥力。盛源、新沪等热电厂，充分回收利用冷凝水，作为锅炉的补给水，提高了循环水效率。

2) 产业间循环经济产业链。"电力—建材"循环经济产业链。开发区已有盛源热电 2×350 MW 热电联产机组，替代了开发区内部分企业原有的小锅炉，实现对开发区的集中供热，并对外输送一部分电力。同时，开发区依托青松商品混凝土、塔里木新型建材的水泥、蒸压粉煤灰砖的生产，实现对热电厂粉煤灰和脱硫石膏的综合利用，构建起了"电力—建材"循环经济产业链，实现废弃物资源的吃干榨净。

"化工—纺织—建材"循环经济产业链。开发区内青松化工一期 10 万 t 烧碱、12 万 t 聚氯乙烯已经建成投产，除了实现内部原料、水资源的循环，还与开发区内部上下游企业建立了循环链接关系。青松化工年回收利用废酸5 000 t，其主要产品烧碱及副产的液碱、次氯酸钠等供开发区内新农棉浆、利佳纤维等企业进行生产使用，有效地化解了氯碱行业氯出路难的问题，同时也降低了棉纺企业的原料成本。为聚氯乙烯配套的电石乙炔项目，产生了大量电石渣，综合利用作为建材原料。

3）开发区与社会层面的循环链接。经过多年的发展，开发区已初步建立起了与社会层面的大循环体系。开发区生产的电力送至电网，供阿拉尔市使用；开发区纺织产业产生的棉壳，制造成菌菇培养基，提供给农业生产；部分农产品加工废渣，制作成有机肥、饲料等，用于种养殖；农业生产又为开发区提供了大量的原材料，如棉花、果蔬等。同时，农业产生的棉秆等秸秆，成为开发区棉秆沼气发电的重要原料，为开发区提供一部分的能源。

(3) 初步建立了共建共享的设施

阿拉尔市政府不断加大对开发区基础设施建设的投资力度，基本实现道路、给排水、输变电线路、场地平整等"七通一平"。开发区的盛源热电（2×350 MW 机组）建成蒸汽供热管网 13.7 km，蒸汽供应能力达到 220 t/h，初步搭建起了集中供热平台。国网 220 kV 输变电线路投入运营，可实现供电能力 75 万 kW·h。开发区已建立了污水处理厂，工业污水处理厂处理能力达 6 万 m^3。

(4) 核心企业入驻，带动作用凸显

开发区以能源电力为主要支撑，形成了化工、纺织、食品、建材协同发展的产业格局。核心产业链明确，有行业内较为领先的盛源热电、青松化工、美丰化工、燕京啤酒等龙头企业，为开发区初步建立了集中供热平台，氯碱化工、天然气化工的循环经济产业链已现雏形，棉纺、食品产业链得到延伸。开发区依托核心企业的技术、市场和资金优势，能更好地为生态工业建设提供相关技术支持，并能吸引行业内上下游产业在开发区集聚，更好地促进开发区实现生态经济。

三、阿拉尔经济技术开发区生态工业产业链的构建

（一）阿拉尔市水资源供需平衡分析

1.供需现状

(1) 阿拉尔市供水能力现状

阿拉尔市地表水供水工程以水库为主，至 2016 年全市已建成水库 3 座，引水干渠 7 条，总库容 3.68 亿 m^3，其余水资源供给周边新疆生产建设兵团的团场；地下水供水工程主要以浅机井为主，供水量约占地下水总供水量的 70%，深机井及其他供水工程供水量仅占地下水总供水量的 30%，至 2015 年已有机电井 97 眼，年提水量 310 万 m^3。2016 年阿拉尔市水利工程供水总量为 2 140 万 m^3。

(2) 阿拉尔市需水量现状

城市需水总量为生活用水、工业需水和农业需水之和。2016 年阿拉尔市总需水量为 3 330 万 m^3，其中生活需水量为 800 万 m^3，农业需水量为 1 600 万 m^3，工业需水量为 930 万 m^3。由此可见，阿拉尔市的供水量已不能满足日益增长的用水需求，急需采取普及节水意识、调整水资源分配结构、合理利用水资源、提高水资源利用率、制定水资源保护与利用的相关政策等一系列措施来积极应对水资源危机。

2.平衡分析

据水文资料分析，阿拉尔市为干旱区，故认为实际供水量接近于 75% 保证率的供水量，2016 年阿拉尔市水资源供需分析见表 2-1-22。

表 2-1-22　2016 年阿拉尔市水资源供需分析表

保证率(%)	现状可供水量/万 m^3	需水量/万 m^3	供需差/万 m^3
75%	2 140	3 330	1 190

由表 2-1-22 可知，当保证率为 75% 时，阿拉尔市供水能力尚缺 1 190 万 m^3，说明供水工程的供水能力已经不能满足国民经济发展对水量的要求。通过对全市供需现状进行分析可以看出，随着社会经济的发展，在一定时期内，全市对用水的需求还会不断加大，供需矛盾会更

加突出。

3.水资源供需失衡产生的问题

阿拉尔市处于我国水资源相对匮乏的西部地区,且经济发展较为缓慢,要通过加强工业建设来带动区域经济的发展。然而,由于生产工艺的落后以及环境保护意识不足,且工业用水的重复利用率偏低,所以水资源供需矛盾日益突出。同时,水资源的短缺也从一定程度上限制了工业生产规模,进而影响城市的建设和发展。因此,只有合理配置水资源、提高水资源的重复利用率,才能缓解阿拉尔市的水资源压力,实现可持续发展。基于以上原因,针对阿拉尔市的水资源失衡现状和工业发展现状,在该地区发展生态工业迫在眉睫。

(二)工业水足迹及产值比重约束条件分析

原水消耗量和污水排放量的计算:统计国家级阿拉尔经济技术开发区内一定规模以上的企业,并按照产业进行划分,测算各产业在年度工业总耗水量中所占的比重,继而通过年度工业总耗水量折算出各产业的直接原水消耗量;直接污水排放量通过实际调研及查阅区域统计年鉴资料等获得各产业的产品名称、年产量及产品的化学需氧量排污系数,估算得到各产业的直接污水排放量。国家级阿拉尔经济技术开发区内的各企业按产业可细分为8类,分别为农副食品加工业、饮料制造业、纺织业、化学原料和化学制品制造业、化学纤维制造业、橡胶和塑料制品业、建材业和热电业。通过查阅《国家级阿拉尔经济技术开发区统计年报(2017)》,可得到各行业2016年度的总产值和增加值,数据整理结果见表2-1-23;通过查阅《国家级阿拉尔经济技术开发区统计年报》(2012—2017)各工业产业的总产值,可计算出5年内各产业产值比重的最大值和最小值。

表2-1-23　国家级阿拉尔经济技术开发区主导产业2016年水资源参数情况表

行业分类	总产值/亿元	增加值/亿元	水足迹/万 m³		产值比重/%	
			原水消耗量	污水排放量	下限	上限
农副食品加工业	11.53	1.54	21.06	12.51	15.5	27.2
饮料制造业	1.07	0.43	45.56	27.09	0.5	6.2
纺织业	23.52	4.88	289.32	248.37	4.7	32.4
化学原料和制品业	4.01	0.54	140.47	10.56	4.8	7.6
化学纤维制造业	11.86	1.2	1 053.09	12.98	0.3	16.3
橡胶和塑料制品业	3.72	0.04	3.72	0.41	2.6	9.7
建材业	5.1	3.75	2.59	1.39	4.9	8.1
热电业	11.75	2.29	187.80	154.87	3.3	18.8

(三)规划参数值设定

2020年原水消耗量和污水排放量设定为2016年的原水消耗量和污水排放量与"十三五"规划参数值的乘积,工业总产值以国家级阿拉尔经济技术开发区的"十三五"规划目标值为规划期参数值,见表2-1-24。

表2-1-24　2020年国家级阿拉尔
经济技术开发区工业规划值

年份	原水消耗量	污水排放量	工业总产值
2020	1 900万 m³	820万 m³	130亿元

(四)阿拉尔市工业行业分类

为直观地反映阿拉尔市各工业产业对工业GDP的贡献程度与耗水、污染的差异,需要对上述产业进行分类,并以此作为制订未来工业发展方案的重要依据,本文采用聚类方法中基于层次的聚类算法,此种算法具有计算方法灵活多样、能适应不同要求,有效实现对聚类对象划分的特点。

以表2-1-24中工业产业增加值作为其年经济贡献率的代表,同时将各工业产业原水消耗量和污水排放量作为不同产业耗水、污染程度的代表,采用聚类分析,指定聚类数为4,结合聚集成员表和聚类分析树形图可得图2-1-3。

由此可见,将水资源足迹与经济贡献作为分类依据,在聚类数为4的条件下,农副食品加工业等产业是一类,建材业、化学纤维制造业、

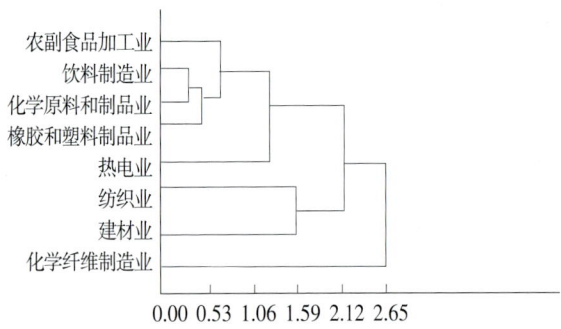

图 2-1-3 国家级阿拉尔
经济技术开发区产业聚类结果

纺织业各为一类。每种类型各有特点,对其进一步分析,可以为调整水资源分配方案、调整工业园区内的产业结构提供理论指导。

在水资源约束条件下,结合经济贡献强度,通过聚类分析将8个产业聚为4类,分别为A(农副食品加工业、饮料业、化学原料和制品业、橡胶和塑料制品业、热电业)、B(建材业)、C(化学纤维制造业)、D(纺织业)。由聚类分析结果可知,A型属于强经济贡献、强耗水、强污染,B型属于强经济贡献、弱耗水、弱污染,C型属于弱经济贡献、弱耗水、弱污染,D型属于弱经济贡献、强耗水、强污染。国家级阿拉尔经济技术开发区经济贡献与水足迹总量产业分布见表2-1-25。

表2-1-25 国家级阿拉尔经济技术开发区
经济贡献与水足迹总量行业分布表

水足迹总量\经济贡献	强	弱
强	农副食品加工业、饮料业、化学原料和制品业、橡胶和塑料制品业、热电业	纺织业
弱	建材业	化学纤维制造业

根据表2-1-25分析结果可知,为实现可持续发展,可适当增加建材业的比重,控制农副食品加工业、饮料业、化学原料和制品业、橡胶和塑料制品业、热电业、纺织业的比重,并减少化学纤维制造业的比重。与此同时,开发区应积极引导强耗水产业的技术转型,努力提高水资源的利用效率及重复利用率,并关注弱耗水产业的经济效益,以实现开发区经济和环境效益的同步提升。

(五)"关键种"企业内部生态工业产业链的构建

以阿拉尔市的经济发展现状为依据,阿拉尔市应从3个层面出发,建立阿拉尔市经济开发区企业内部生态工业产业链。第一,企业内部建立循环生产计划。企业通过引进先进的设备并且完善经营管理,先降低自己企业内部的耗水量、耗能量以及废物排出量。第二,开发区将各企业之间的工业副产品集中分析,找出其中的耦合关联,将副产品的作用发挥到最大,从而建立企业之间的生态工业产业链。第三,单单立足于现有企业很难构建一个完整的生态工业产业链,阿拉尔市政府应以经济开发区产业园的名义,吸引企业进驻,通过筛选企业,选择出能够嵌入现有工业产业链的企业,让它们成为产业链的一部分,最终完成阿拉尔市经济开发区生态工业产业链,进而推动整个地区的清洁生产以及经济的可持续发展。

国家级阿拉尔经济技术开发区内几个大型企业——美丰化工公司、海升果业公司、盛源热电公司、新越丝路公司等,应以循环经济理念和工业生态学原理为指导,积极开展清洁生产、合理进行功能布局、逐步完善现有废物代谢链,使企业向高质量、高速度、高效益、低污染、生态化方向发展。

1.美丰化工公司生态工业链建设

根据美丰化工公司的生产工艺和产污特点,为提高水资源利用率、减少污染,可加强生产系统驰放气、冷凝液的回收利用。结合周边磷矿、硫酸资源,将"天然气—合成氨—铵""硝酸—硝基复合肥—三聚氰胺"的生产工艺以闭路循环的形式设计为生态工业产业链,显著提高中水回用率。

通过在公司内部构建生态工业产业链,实现气体和固体的零排放,最终向外排放的代谢物只有水资源,并且工业污水经处理后可作为市政用水,回用于生产、生活。美丰化工生态工业产业链设计详见图2-1-4。

2.燕京啤酒公司生态工业产业链建设

根据燕京啤酒公司生产过程及产污特点,为降低污水处理压力、实现废物的零排放,可回

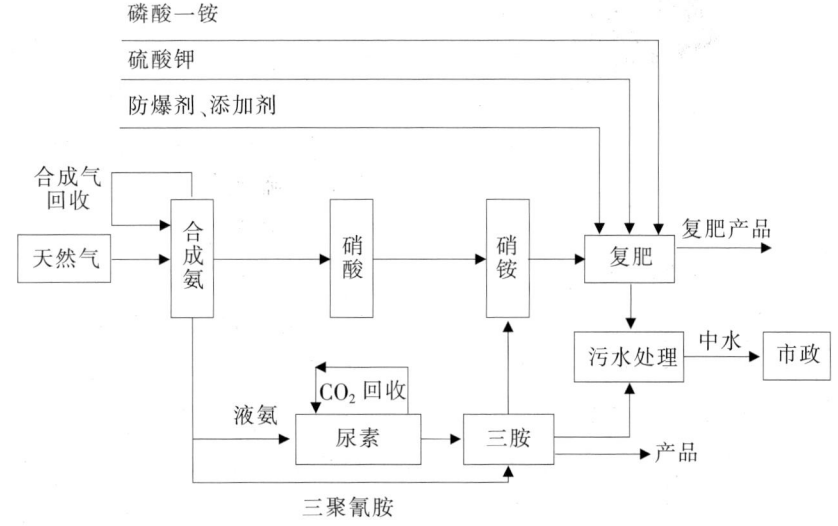

图 2-1-4　美丰化工公司生态工业产业链

收啤酒发酵副产物二氧化碳用于灌装备压工序,并可深度开发废酵母,生产酵母粉、核糖核酸、核苷酸等。燕京啤酒生态工业产业链设计详见图 2-1-5。

3.盛源热电公司废生态工业产业链建设

根据盛源热电公司生产过程及产污特点,为其设计如下生态工业产业链。

(1)工业废水→污水处理站→回用于生产、生活

盛源热电公司的废水经厂内污水处理站处理后,再返回生产过程循环使用。盛源热电公司的工业废水主要是设备冷却水、高炉冲渣水等,污染物的主要成分是悬浮物及石油类衍生物。因此,工业废水包括如下生态设计。

1)对污水处理系统进行扩能改造,处理后的中水循环使用。

2)新建废水综合处理站,对各生产工序产生的含油废水采用化学除油法进行处理,然后循环利用。

3)采用清污分流、雨污分流工艺,实现工业废水的零排放。

(2)炉渣→生产建材(主要为脱硫石膏等)

盛源热电公司的固体废弃物主要包括脱硫石膏、高炉水渣、高炉沟渣以及各种除尘灰等。因此,固体废物的生态设计包括:脱硫石膏外销给建材业作为水泥生产原料;尾渣用于生产空

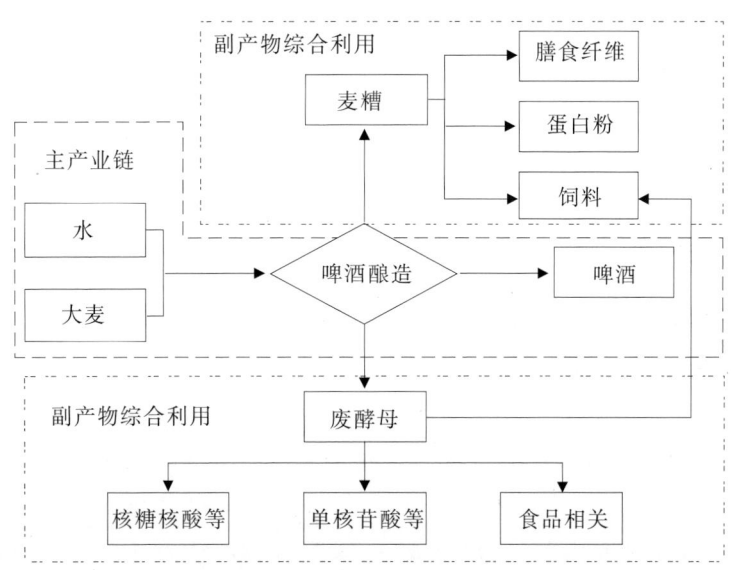

图 2-1-5　燕京啤酒公司生态工业产业链

心砖和道路铺装等；除尘灰作为燃料综合利用；少量水处理系统回收的废油外销给有资质的单位进一步处理。

(3) 烟气→除尘→粉煤灰→脱硫石膏

烟气→除尘→脱硫脱硝→硫化石灰石→脱硫石膏。

盛源热电公司的烟气生态设计如下。

1) 再次回炉作为燃料综合利用。

2) 送到厂区及其他需热企业。

3) 经除尘、脱硫脱硝等工艺处理后，形成脱硫石膏，外销建材业作为生产水泥的原料。

此外，盛源热电公司采用的是石灰石-石膏脱硫技术，产生大量的脱硫石膏，脱硫石膏主要成分与天然石膏相同，有一定的综合利用空间，但尚无法全部实现综合利用。工业园内美丰化工的合成氨生产过程中副产氨水，使用氨法脱硫效率较高，且副产品硫酸铵利用价值较高，经济效益明显。因此，可利用美丰化工副产的氨水进行烟气脱硫，有效地控制二氧化硫排放量，同时对脱硫产品硫酸铵进行综合利用，使氨留在成品里，以氮肥的形式提供肥料。

(4) 余热→供热

盛源热电公司在生产过程中能够产生各种余热蒸汽、高温废气，余热生态设计如下。

1) 改造完善现有蒸汽管网，将热量用于开发区需热企业和城市生活供热。

2) 高温废气可作为烘干原煤用气、输送煤粉用气等。

盛源热电公司的生态工业产业链设计见图2-1-6。

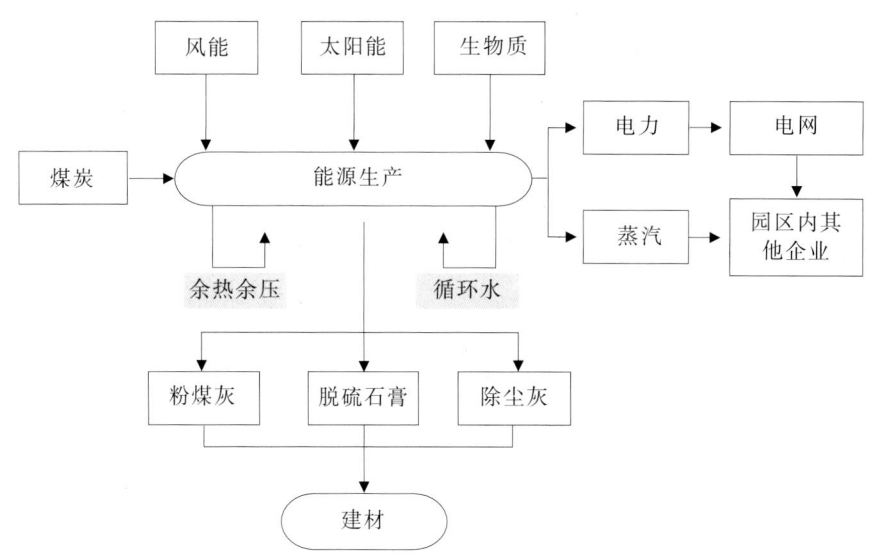

图2-1-6 盛源热电公司生态工业产业链

(六) 企业之间生态工业产业链的构建

1. 选取"关键种"企业

"关键种"理论应用于工业园中生态工业建设，就是指导设计人员选定"关键种"企业作为生态工业园的主要种群、核心企业，构筑企业共生体。这些"关键种"企业，"废物多"、能量多、横向链长，纵向联结着第二、三产业，带动和牵制着其他企业、行业发展，是开发区内的链核，具有不可替代的作用，也可反映其所在生态工业园的特征。因此选定"关键种"企业构筑企业共生体，是建设和发展生态工业的关键，应结合本地区的环境、资源和经济状况慎重选择。

由于"关键种"企业扮演着重要的角色，起到核心和引领的作用，具有较强的导向性，从一定程度上决定了开发区内的工业产业结构，因此不但要考虑经济效益，也应当重视环境效益。特别是在当前阿拉尔市水资源供需失衡的现状下，要把水资源承载力作为约束条件，合理选择"关键种"企业。

经现场考察和资料收集得出对该区域水资源足迹、生态环境和经济有关键性影响的企业为盛源热电公司和美丰化工公司。根据国家级阿拉尔经济技术开发区的发展定位、企业概况、各企业排放废弃物状况以及"关键种"理论，选取这两个企业为"关键种"企业,在此基础上构建企业之间的生态工业产业链。

2.构建主导生态产业链

开发区以能源工业为重要支撑,集中为开发区用热企业提供热能和电能,发展目标是:以化工和纺织产业为主导,提高氯碱化工为纺织工业提供烧碱、次氯酸钠等基础原料的能力,积极发展天然气化工,延伸化工产业链;打破纺织工业现有产业链过短的局面,引进优势企业延伸产业链,提高产品附加值;延伸食品饮料生产线,推进果渣、酒糟等的综合利用;充分利用建材工业的固体废物资源(如粉煤灰、脱硫石膏、污泥等),以实现环境效益和经济效益的同步提升。

根据上述情况,将国家级阿拉尔经济技术开发区内的主导生态产业链分为5类,分别为化工生态产业链、纺织生态产业链、食品加工生态产业链、能源生态产业链、建材生态产业链。围绕着水资源、物质、能量、产品的循环利用,5类生态工业产业链耦合纵伸,构成开发区生态工业系统,通过构建生态工业系统,水资源利用率显著提高,开发区整体经济效益稳步上升。

将水资源的高效利用作为发展生态工业的前提,对开发区内水资源的流向进行专项分析,详见图2-1-7。积极推进企业内部实施废水"分质处理、分质回用"及中水回用,提高企业内部中水回用率;在工业园实施污水集中处理、集中中水回用,提升水资源利用水平。

在此模式下,水资源得到合理利用,使得企

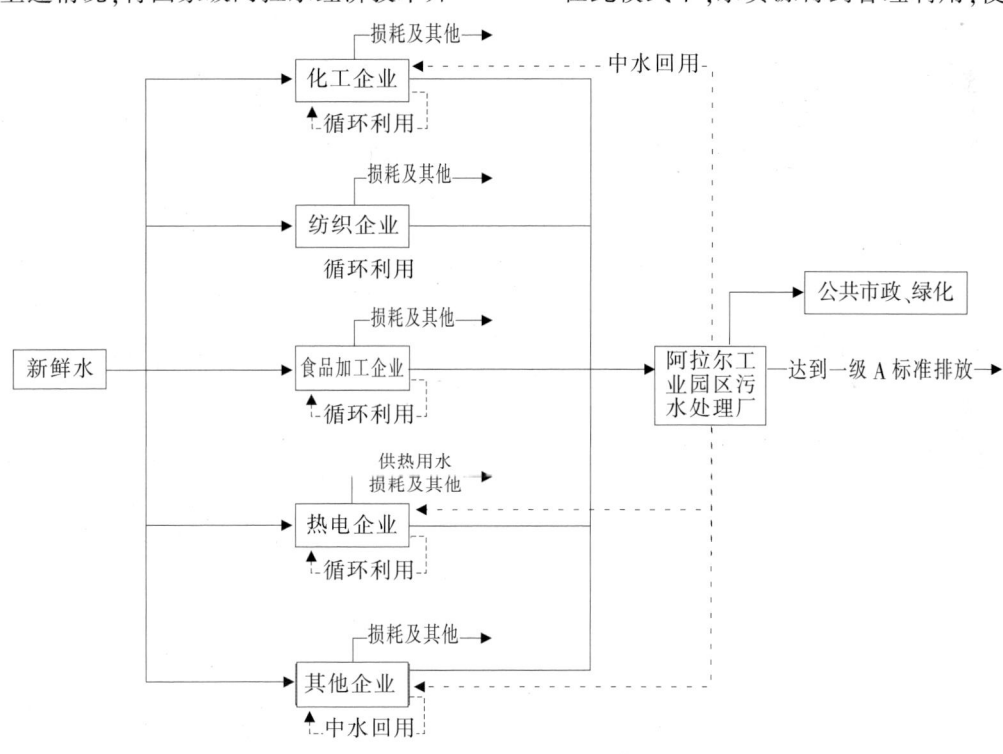

图2-1-7 水资源流向分析图

业规模受水资源约束影响变小,有利于扩大规模、提高经济效益。

(1)化工生态产业链的构建

以美丰化工等龙头企业为依托,以原盐、天然气、煤炭等地区优势资源的高效利用为核心,在现有氯碱化工、天然气化工的基础上,突出资源的高效利用和副产物、废弃物的综合利用。构建"原盐—烧碱—聚氯乙烯""石灰石—电石—乙炔—聚氯乙烯""石灰石—电石—乙炔—醋酸乙烯—聚乙烯醇""天然气—合成氨—硝基复合肥(三聚氰胺)""天然气—草酸二甲酯—乙二醇""工业废渣—建材产品"等产业链。

积极推进氯碱化工氯气、氢气、次氯酸钠等副产物的回收和综合利用,加强电石炉废气余热利用及电石渣综合利用,积极推进天然气合成氨的废气回收利用、废气回收二氧化碳、合成氨中水回用等,以减少废弃物排放。化工生态产业链详见图2-1-8。

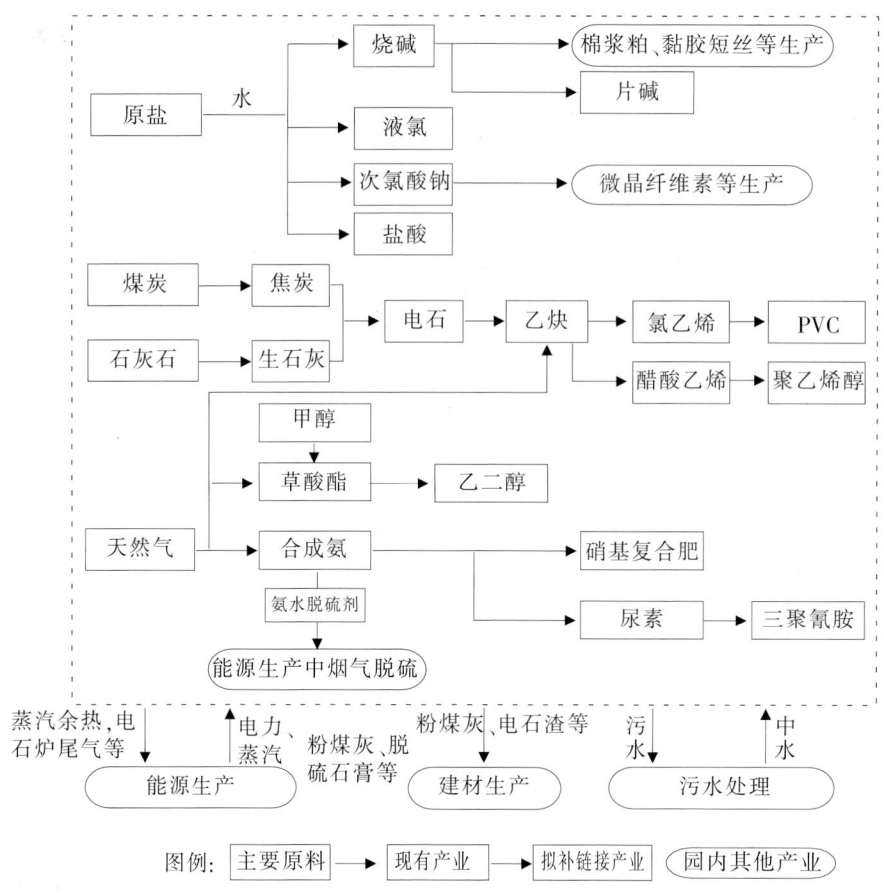

图 2-1-8 化工生态产业链示意图

(2) 纺织生态产业链的构建

依托优质棉基地，抓住国家纺织产业振兴的政策支持和承接东部纺织产业转移的机遇，发展纺织下游产业，延伸织布、印染、成衣等下游产业链，打造从短绒到黏胶纤维产业链。注重生产过程"三废"和边角料的综合利用，延伸精炼油、棉浆粕、黏胶丝等产业链。纺织生态产业链详见图 2-1-9。

(3) 食品加工生态产业链的构建

以特色农产品基地为依托，按照绿色、高效、安全和品质的定位，延长农副产品加工产业链，提高农副产品精深加工水平，提高产品附加值，降低农副产品的物流成本，提高农副产品的市场占有率。发挥聚天红果业公司、海升果业等龙头企业的带动作用，加快红枣、苹果、香梨等果品由简单的清洗包装向产品生产多元化转变，继续扩大红枣、核桃等果品加工规模。围绕红枣量大质优的优势，大力发展红枣深加工，积极延伸红枣产业链，提高红枣就地加工率。打造从畜牧养殖到畜产品精深加工产业链。

依托燕京啤酒在内地的生产基础，建立啤酒加工产业链，回收啤酒发酵副产物二氧化碳，用于灌装备压工序，深度开发废酵母，生产酵母粉、核糖核酸、核苷酸等，降低污水处理压力的同时，实现资源综合利用。食品加工生态产业链详见图 2-1-10。

(4) 能源生态产业链的构建

以能源作为整个工业园的支撑，加快实现集中供热，提高能源利用效率。坚持多种能源替代，在煤电为基础的同时发展太阳能、风能、生物质能发电，充分利用阿拉尔地区的优势资源，提高可再生能源利用率。电力蒸汽生产过程中坚持落实清洁生产，注重对余热余压及冷凝水的回收利用，加大力度脱硫脱硝，减少污染物排放。依托青松建化、青松商品混凝土、塔里木新型建材等公司，加强对电厂粉煤灰、脱硫石膏、煤渣等固体废物的综合利用，实现固体废物零

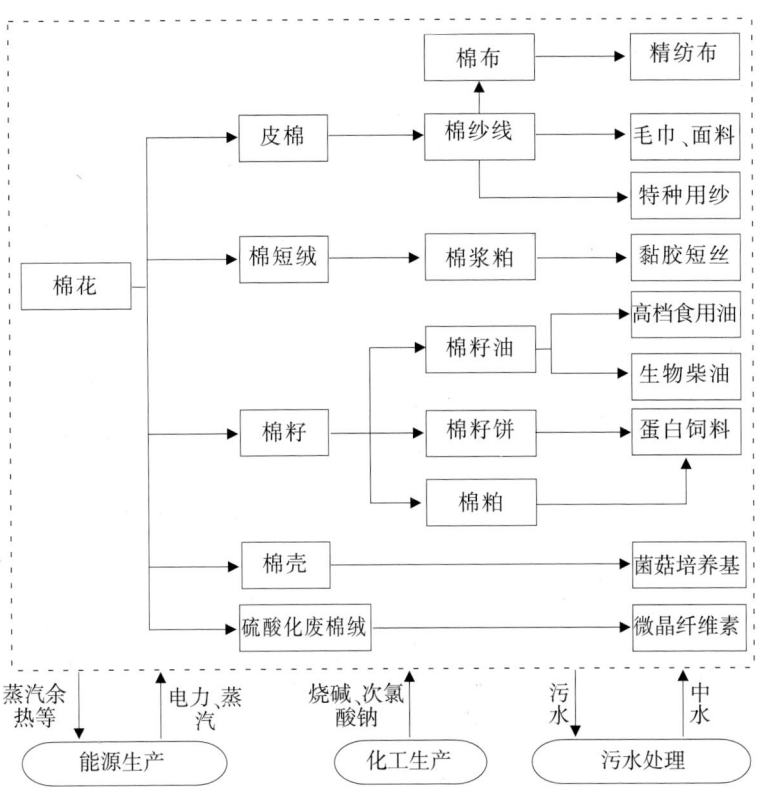

图 2-1-9 纺织生态产业链示意图

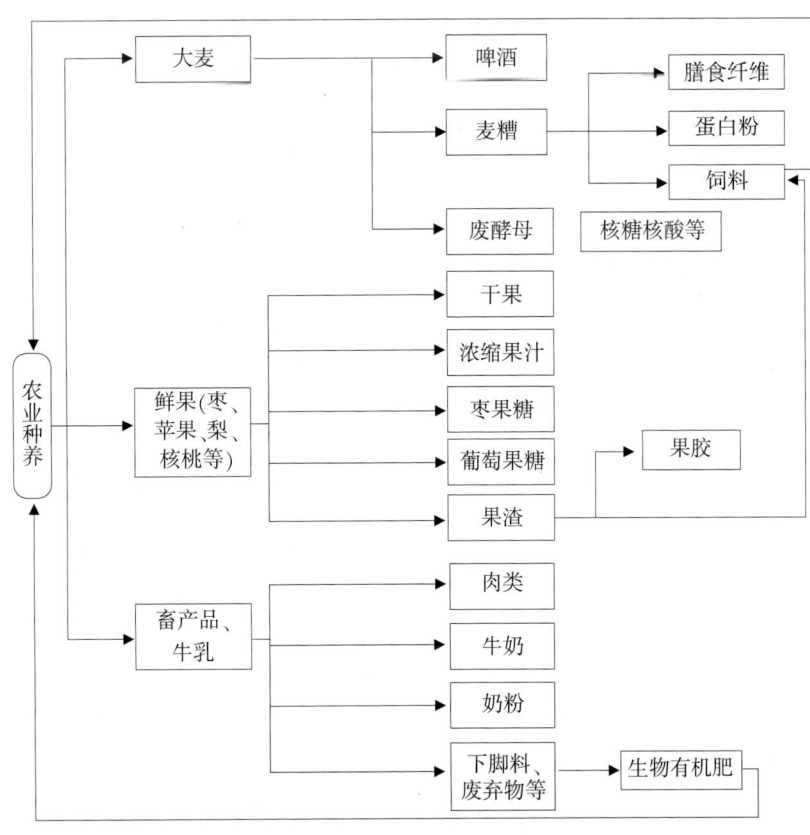

图 2-1-10 食品加工生态产业链示意图

排放,构建电力循环经济产业链。能源生态产业链详见图2-1-11。

(5)建材生态产业链的构建

依托地区丰富的玄武岩资源及玻璃熟料,

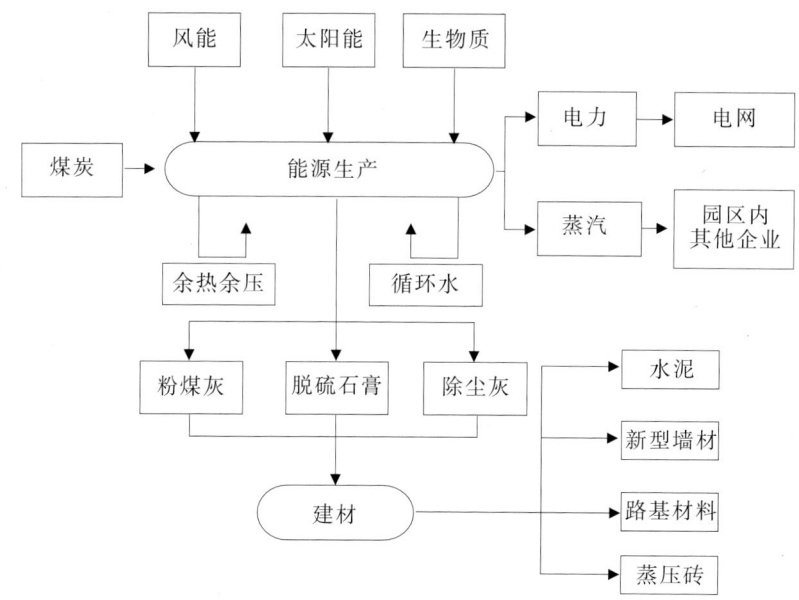

图 2-1-11　能源生态产业链示意图

生产玄武岩纤维原丝,用于拓新节能新材料公司生产单向布、网格布,作为外墙保温装饰板的主要构成部分,废丝、废玻璃碴再进一步回用。以青松建化等建材企业为核心,消纳工业园内其他产业产生的废渣如粉煤灰、脱硫石膏等,生产水泥、商品混凝土、蒸压砖等建筑材料,再进一步利用于工业园及阿拉尔市的基础设施建设工程,实现工业园工业固体废物的吃干榨净。建材生态产业链详见图2-1-12。

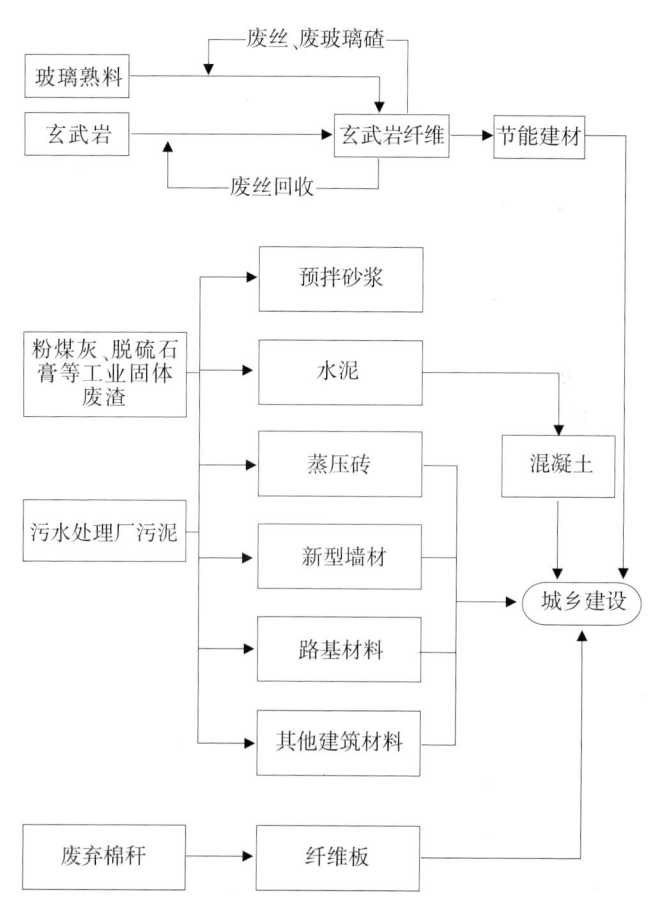

图 2-1-12　建材生态产业链示意图

(七)区域层面生态经济的建设

加强社会层面的生态经济建设,首先要大力普及环保意识,创新实践水资源节约利用的方法。同时积极发展绿色消费市场和资源回收产业,在工业生产中,产品经使用报废后,部分物质返回原工业部门,作为原料重新利用,打造"资源—产品—再生资源"的闭合回路。

1.加强宏观调控

完善制度、政策。通过宏观调控,企业深刻认识到生态环境破坏和水资源短缺给市场带来的风险,从而借助国家扶持,对生产的各个方面做出调整,以实现环境和经济的可持续发展。

2.建设信息服务业

完善水资源动态监测系统,使水资源承载力直观、可控;及时向社会发布有关节水技术、生态工业技术、相关管理政策等信息;建立废弃资源和再生资源利用交易信息网络,及时发布供求信息,建设多渠道的原料、产品及副产品的输入、输出调节信息产业链,以供政府、企业高效利用废弃资源和再生资源;引导各行业采用现代信息技术改进生产、优化管理,提高资源利用效率,建立生态经济发布平台和技术咨询服务体系。

(八)效益分析

通过构建开发区生态工业产业链,重点实施一批生态工业改造项目,带动当地经济保持较快增长,产业结构进一步优化,生态环境进一步改善,推进阿拉尔循环经济发展,经济效益、社会效益、环境效益显著。

1.经济效益分析

(1)扩大有效投资,稳定经济增长

生态工业产业链的构建进一步带动开发区周边相关产业的发展,进一步扩大有效投资,稳定经济增长。促进产业结构优化升级。围绕提高资源产出率和综合竞争力,开发区通过生态工业改造,纺织、化工、建材、能源等产业结构进一步优化,循环产业链进一步完善,开发区循环经济产业关联度进一步提高。同时,推进企业节能减排、加快开发区基础设施建设,有效改善与提升区域生态环境质量,改善投资环境,增强开发区综合竞争力。

(2)企业综合竞争力显著提升

企业构建生态工业产业链,可有效降低生产成本。一方面通过废弃物综合利用和物料闭路循环利用使企业资源利用效率明显提高;另一方面通过节能减排技术改造,企业能耗和水耗进一步降低。同时,项目实施为企业开拓新的市场领域,形成新的增长点,综合竞争力进一步增强。

2.环境效益分析

(1)污染物排放量大幅度降低

加强化工副产物、粉煤灰、电石渣等固体废弃物,实施污水集中治理和中水回用项目,提高污水排放标准,实施"煤改气"工程,推广完善集中供热,有效降低开发区污染物排放。

(2)资源依赖度进一步降低

通过一体化废弃物资源规划与管理、废物交换系统网络、废物管理及循环利用等一系列措施,有效提高各企业对废弃物的综合利用水平,在减少废弃物排放量的同时,也可有效降低经济发展对资源的需求,促进资源节约型社会的创建。

3.社会效益分析

(1)树立开发区构建生态工业产业链的典范

开发区生态工业改造在资源投入、企业生产、产品消费及其废弃物排放的全过程中,把清洁生产、资源及其废物综合利用、生态设计和可持续消费等融为一体,将传统的"资源—产品—废弃物排放"的开环式经济转变为"资源—产品—废弃物—再生资源"的闭环式经济,实现"经济活动的生态化,生态投资的效益化"。阿拉尔经济技术开发区生态工业改造带来的经济、环境、社会三位一体的效益,必然对全国其他地区发展循环经济产生良好的示范作用,从而有利于推进全国开发区生态工业改造进程。

(2)推动阿拉尔及南疆地区可持续发展

国家级阿拉尔经济技术开发区是阿拉尔市对外开放的窗口、产业集聚的中心和经济的增长极,也是阿拉尔市争取国家支持和对口支援的产业集聚地,还是南疆经济发展的重要产业示范基地。园区通过生态工业改造,在产城融合、基础设施和公共服务共建共享方面具有较大的推动作用，部分基础设施与周边区域实现了共建共享，大大推动阿拉尔产业转型升级、提升资源产出率。开发区的建设和发展推动了阿拉尔转型发展，更为南疆可持续发展起到重要的示范作用。

(3) 推进阿拉尔生态文明建设

园区生态工业改造是按照循环经济的要求，变末端治理为源头减量、全过程控制，实现开发区资源高效、循环利用和废物零排放，最大限度地减少开发区环境负荷，切实推进节能减排工作，加快推进阿拉尔循环经济发展，为阿拉尔生态文明建设奠定基础。

(4) 提升南疆地区就业水平，促进社会和谐稳定

开发区生态工业改造通过项目实施，有效拉动投资和内需，可以增加很多不同类型的工作岗位，促进当地及附近南疆各州百姓就业，改善老百姓特别是少数民族员工的收入水平，转变少数民族人民生产、生活方式，加强民族间相互了解和团结，促进融合发展，全面推动南疆地区社会和谐稳定。

第三节 土地环境与生态工业系统

一、土地环境及土地利用存在问题

(一) 土地及土地资源的特征

土地是人类赖以生存和发展的重要物质基础，是人类社会财富的源泉，是人类从事社会活动的空间载体。从经济学角度来说，土地具有很强的资产性；从资源学角度看，土地是极其宝贵的自然资源之一，有着鲜明的资源属性；从环境学角度来讲，土地是自然、人文环境的重要组成部分，发挥着极其重要的环境承载功能。可以说，人类对土地的合理利用与保护直接关系到人类的生存与发展，是人类社会可持续发展的重要保障。

土地利用的实质是借助于一系列的生物措施和工程措施，对田、水、路、林、村进行的综合整治，此过程不可避免会对项目区及其背景区域的水文、土壤、植被、大气、生物等环境要素及其生态过程产生诸多直接或间接的不利影响。如零星、闲散地的利用，田间道路和沟渠采用砂石、灰渣，简单地追求混凝土化，都将改变地表水热状况和性质，减少天然绿地面积，影响水源的涵养，使沟渠无法贮存水分以寄养水中生物，进而危及周边野生动植物的栖息场所。人们为了增加耕地面积，随意将田间道路、灌溉排水沟渠、自然水系等进行截弯取直，忽视了多种动植物栖息对环境复杂多样的要求。

1. 土地供给的有限性

土地供给通常分为自然供给和经济供给。土地自然供给指地球所能提供给人类社会利用的各类土地资源的数量，它不受任何人为因素或社会经济因素的影响，是无弹性供给。土地经济供给是土地在自然供给及自然条件允许的情况下，投入人类劳动后成为人类可直接用于生产、生活的土地供给，具有弹性。土地利用的集约度、社会发展的需求、交通运输条件和现代科学技术的发展等都会影响土地经济供给，但土地资源的自然供给仍是影响经济供给的首要因素。而土地面积的有限性和位置的固定性决定了土地资源供给的有限性和稀缺性。

2. 土地质量的区位差异性

土地质量存在着区位差异性。我们无法找到两块自然和经济性质完全相同的土地。地球上任意两块不同位置的土地，无论是土壤的自然性质，还是经济性质，都存在着差异。土地的这种差异性和土地位置的固定性，导致了土地存在价值和价格的差异，土地的适用性和利用成本也存在

差异。

3. 土地利用方向变更的困难性

任何一块土地都可能有多种用途，可生产多种产品。但改变一块土地的原有用途，在一定条件下，是相当困难的。比如，当某种农产品的价格因国内外供求关系等因素而形成明显升降时，农业生产者很难及时调整种植面积和产量。因为不同的作物有不同的生产季节，要求不同的土质、气候条件，这往往很难改变；不同作物需要的资金、技术装备的要求也不同，变更会受到生产单位经济力量的影响；而不同生产者的生产技术也会影响生产水平。

4. 土地利用的多目标耦合性

土地资源既包括自然范畴（即土地的自然属性），也包括经济范畴（即土地的社会属性），是人类的生产资料和劳动对象。作为各种资源与人类生产、生活活动的载体，土地系统的运行目的不是单一的，而是多个目标的耦合。土地系统良性循环的标志是土地利用系统协调、稳定地发展，生态效益稳定上升，经济效益稳步提高，社会公平目标和社会整体利益得到持续实现和提高。

5. 土地利用的可持续性

土地资源与其他生产资料之间的显著差异在于：只要按照自然规律，科学合理地利用土地，土地就可以得到持续利用；而其他生产资料在使用过程中都会由新变旧，都会受到磨损，直到报废。

可持续发展理念是以生态、环境、资源为基础，以经济发展为核心，以全体参与和科技进步为保证，以人的全面发展和社会的全面进步为目标，实现社会公平、人与自然和谐的一种发展理论。土地利用的现状及其变化与资源、环境以及区域社会经济的发展密切相关。研究土地利用变化的过程、原因以及未来趋势将有助于更加合理地利用土地，实现其可持续利用的目的。

（二）我国土地利用存在的问题及原因

土地作为重要的生产要素之一，是资金投入的载体，土地资源的丰富和可开发程度直接影响着资金的流向。随着人口增长、资源短缺、环境污染、气候变异等全球性问题的日趋激化，关于人类活动对全球环境变化影响的研究越来越受到重视。根据罗默的假说，各个国家都不可避免地会受到土地资源约束对经济的"增长阻尼"作用。

我国作为发展中国家，土地取得成本要比西方发达国家低很多，再加之极为廉价的劳动力成本，吸引了大量的国外流动资金，一时间建设用地需求飞速增加，农转非的土地量不断增大，大量耕地被吞噬，粮食安全问题越显突出；并且土地投机现象增多，浪费和低效利用土地情况普遍。同时，我国又是一个人口大国，绝对的资源优势平均到每个人也就变成了缺乏，而经济的发展又是以资源的消耗为动因，同时又会造成环境的破坏和污染。从中华人民共和国成立到改革开放初期，由于认识存在局限性和片面性，环境保护被长时间忽视，资源利用粗放，造成环境污染、生物多样性丧失、资源浪费、土地逆向演替、土地灾害频发，土地生态环境问题突出，盲目毁林开荒、围湖造田的现象都十分严重，破坏了土地生态环境，加剧了水土流失、土壤沙化、次生盐碱化。另外，盲目的土地开发利用容易形成结构简单、状态单一的环境，将进一步破坏生物资源的多样化，增加灾害的发生频率和强度，最终造成区域生态环境恶化。1968—1982 年的 15 年间，我国土地沙漠化面积就扩大了 270 万 hm^2，平均每年扩大 18 万 hm^2；1950—1989 年，我国平均每年洪涝面积约 800 万 hm^2，干旱面积约 2 000 万 hm^2；而 1990—2000 年平均每年洪涝面积约 1 670 万 hm^2，干旱面积约 2 270 万 hm^2；水土流失地区，每年因水力侵蚀损失的土层厚达 0.2~1.0 cm，每年流失土壤超过 50 亿 t，全国受"三废"和农药污染的耕地已占到耕地总面积的 1/5，仅 1992 年，因工业"三废"造成污染的耕地就有 400 万 hm^2。

伴随我国经济快速发展和城市化进程的不断加快，对土地利用空间和土地资源需求的不断扩大，土地供给紧缺与社会经济需求增长之间的矛盾日益凸显。由于土地资源的自然禀赋决定其供给的有限性，土地资源约束已经成为制约我国经济长期稳定持续增长的因素之一。从上述分析可见，土地生态问题的实质是经济、社会发展与土地合理利用和保护之间的矛盾，那种只追求土地利用社会经济效益而不注意土地生态系统的容受力，甚至以牺牲土地资源与环境来换取经济繁荣的做法，既违反了生态规律，也带来了严重损失。对此，我们应该认真分析土地生态问题产生的原因及其背后隐含的机理，以求为生态环境问题的解决提供借鉴。在对土地生态环境问题类型与原因进行研究的基础上，我们将土地生态环境问题的现实原因归纳为3个方面。

1. 不合理的土地利用

由生态环境问题演变历程可以看出，大多数生态环境问题都与不合理的土地利用有密切关联，它日益成为诱发生态环境问题最重要的人为因素。根据其具体层次，我们可以将其分为土地利用方式的不合理性、土地利用结构的不合理性、土地利用程度的不合理性3个方面。土地利用方式的不合理性主要表现为微观层面上利用方式不符合区域可持续发展的实际，阻碍了土地潜力的发挥，同时破坏了土地生态单元特性。土地利用结构的不合理性，是指区域土地利用结构不利于维持区域生态系统稳定，不利于系统功能结构的协调。土地利用程度的不合理性是指宏观土地利用程度超出了区域生态环境的阈值，破坏了生态系统自我调节的能力，使其系统生产力大幅度减退。土地生态环境问题的产生与发展都是上述三者积累的结果，最终通过宏观上土地利用程度的不合理来加以体现，具体表现为土地粗放利用与土地过度利用两种形式。

土地粗放利用是指在单位土地面积上投入较少的生产要素，对土地进行浅耕粗作的土地利用方式。这样容易造成资源投入不足、掠夺式经营，最终引发植被破坏、资源枯竭、环境恶化等。森林砍伐、草地退化等生态环境问题都与此有关。土地过度利用是指对土地的投入和使用强度在现有技术下已经超过了土地合理的承载能力，不仅对社会、环境产生负面的影响，而且土地的报酬也开始随投入的增加而下降的一种土地利用方式。它对生态环境的负面影响比粗放利用更大。首先，土地过度利用造成了土壤的快速退化。生产要素的超量投入，特别是化肥、农药滥用，在微观上破坏了土壤结构，造成有机质含量下降；宏观上表现为土壤退化、土壤沙化、土壤贫瘠板结等。土地过度利用必然伴随着地下水资源的超量开采，这就进一步加大了水资源危机。其次，土地过度利用极易形成水土流失。坡地种植、土地翻耕频繁、毁林开荒、过度放牧等行为均会导致水土流失；伴随土地过度利用的农用化学品大量使用，有害物质在生态环境中大量积聚，导致生态过程失衡。由此可见，土地过度利用在取得丰厚产出的同时，也带来了各种各样的资源与环境问题，最终造成了生态环境破坏与平衡失调，引发了土地生态环境问题。当然，不合理的土地利用作为生态环境问题产生的主要人为因素，其背后隐含了众多社会经济因素，如人们对人地关系认识的不足、现实社会制度的缺陷、管理措施实施的不合理等。这些都在很大程度上决定了人们关于土地利用的理念，影响了现实社会中土地利用模式，激发了生态环境问题产生的诱因。

2. 土地利用的外部性

土地利用自身的外部性也是造成土地生态环境问题的重要原因。土地利用变化环境影响的外部性，就是土地拥有者或使用者在土地利用过程中，通过对环境的作用（环境影响）而对他人或社会产生的超越主体范围之外的有利或不利影响，但这种效应不能通过市场行为得到体现。其中最明显的就是土地利用的生态效益，如林业用地会给周围区域带来调节气候、防风固沙、保持水土等方面的正效应；工业用地不仅给周围土地带来污染的空气、噪声的骚扰，而且严重地污染了地下水资源，影响了人类身体健康；交通用地既给周围人们带来土地价值的增高、交通便利、经济繁荣等正效应，也给人们带来噪声污染、环境破坏等负效应。但这种影响的成本并不需要土地使用者负担，而收益却由土地使用者获得，因而它并不能进入土地使用者的决策集，并不会必然带来土地的合理利用。但众多微观土地使用者都以这种方式进行土地利用决策时,土地利用负外部性的空间积累必然带来生态环境问题。

在林业用地区,林地所有者在砍伐森林时,并未考虑森林用地给周围区域带来的防风固沙、涵养水源、调节气体等具体效用,而只关心木材产量给他们带来的经济效益,最终难免对森林过量砍伐,引发生态环境恶化。在坡度较大的农业用地区,农民进行耕种时仅考虑耕作、大面积灌溉、化肥农药施用而带来作物产量的增高,而很少考虑频繁耕作所带来的地表土层松动引起的水土流失、大面积灌溉而引起的土地盐渍化、化肥与农药大量使用对水源的污染。在城市,人们大量用水带来了地下水的超采,工业产品大量生产导致了环境污染。所有这些,都是因土地利用外部性而引发生态环境问题的直接体现。

如果这些外部性在市场框架范围内能够得到体现,即不存在"市场失灵",土地使用者就会充分考虑土地利用自身带来负效应而引发的成本,从而约束自身的利用行为,避免土地过度使用。但现实情况并非如此,"市场失灵"现象处处可见,而产权改革的成本有时过于昂贵,因而必要的政府宏观调控就变得合情合理。其中,土地利用政策与土地利用规划管制是实现这一目标的重要手段。政府可以通过建设用地总量控制,抑制建设用地的扩张,防止生态环境压力过大、城市土地生态环境问题突出;通过分区管制在空间上抑制不合理的土地利用行为,保护对区域生态过程起关键作用的战略点,从而保障区域生态环境的整体稳定。同时,政府还可以通过颁布土地利用配套政策,使外部性内部化,从而避免外部性的激化。所有这些,都是消除土地利用外部性的重要手段。当然,土地利用外部性只是土地利用类型的本身属性,其自身并不会必然带来土地的过度使用,引发生态环境问题,只有人类活动参与,这一现象才能发生。因而,要想真正地解决土地生态环境问题,必须从人类自身出发,寻找导致人与自然不和谐的障碍因素,从而从根本上避免不合理地利用土地。

3.人类对二者关系认识的盲目性

从土地利用与生态环境关系演化的历程看,二者之间存在着复杂的、非线性的作用规律。一方面,土地利用通过改变地表物理特征,影响区域生态系统物质能量循环,从而推动生态环境的演变;另一方面,生态环境在为土地利用提供养料支撑与物质能量供给的同时,也通过土地单元特性、景观安全格局、生态环境阈值对土地利用产生重要的限制作用。二者之间协同与矛盾并立,影响与作用并存。当然,并不是所有的矛盾都会诱发危机,所有的影响都毫无约束。如在土地利用过程中,所有的土地利用类型与方式都会对生态环境产生影响,但当这些影响处于生态环境阈值范围内时,并不会导致生态环境问题;而当这些影响超越了生态环境本身的容受力时,这些影响才会导致土地生态问题。而人类也正是因为对二者关系规律的认识不清,导致了利用过程中的盲目开发、过度利用的行为,进而引发了生态危机。

在土地利用方面,人类对二者关系规律认识不清,容易产生"注重开发利用,忽视保护"的行为。具体表现为,人类在进行土地利用时,着眼于局部利益,而忽视整体功能,只追求区域经济的增长,不注重区域环境与生态支持系统的养护与维持,甚至有意耗竭区域生态支持系统功能以换取区域的经济增长;违背土地生态系统的生产潜力,过度开发或不合理地利用,使得土地生态系统抗干扰能力下降,等等。在利用调控方面,人类对二者关系规律认识不清,容易导致调控目标的模糊、调控措施的失当。例如,在土地利用规划制订过程中,何种土地利用结构有利于生态环境的保护,有利于综合效益的获取;何种土地利用方式不破坏土地单元特性,不带来生态环境污染;何种土地利用程度不超越生态环境容受力,不损害生态环境系统的稳定性等。所有这些都需要在充分把握二者相互作用的微观机理基础上,从土地利用与生态环境和谐的整体出发,制订切实可行的规划调控目标,并划定空间分区,以保证建立区域土地利用的生态环境友好型模式。可见,人类对土地利用与生态环境作用规律认识不清才是土地生态环境问题诱发的根源，不合理的土地利用行为也大都由此衍生。

我国政府越来越重视对土地资源的开发、利用和保护，连续出台《中华人民共和国土地管理法》等系列法律法规和有关土地利用的方针、政策，并在《全国土地利用总体规划纲要(1997—2010年)》的基础上，于2008年10月制定发布《全国土地利用总体规划纲要(2006—2020年)》(以下简称《纲要》)。《纲要》主要阐明规划期内国家土地利用战略，明确政府土地利用管理的主要目标、任务和政策，引导全社会保护和合理利用土地资源，是我国实行最严格土地管理制度的纲领性文件，也是各级政府和部门落实土地宏观调控和土地用途管制、规划城乡建设和各项建设的重要依据。

(三) 土地可持续利用的概念及意义

土地可持续利用是既能满足当代人和后代的需求，又不会构成危害的土地资源利用方式。土地资源可持续利用意味着土地的数量和质量要满足不断增长的人口和不断提高的生活水平而对土地的需求。从生态学意义上来说，土地可持续利用保持特定地区的所有土地均处于可用状态，并长期保持其生产力和生态稳定性；从社会-经济学意义上来说，保持特定地块特定用途，如食物安全和收入，持续利用战略研究来源；从时间上看，土地可持续利用土地可持续利用不仅着眼于眼前，更着眼于永久的未来；从空间上看，土地可持续利用不是着眼于一部分人，而是着眼于全体人类；从系统论看，土地可持续利用是在人口、资源、环境和经济协调发展战略下进行的，这就意味着土地可持续利用是在保护生态环境的同时，要促进经济增长和社会繁荣；从与传统土地利用方式的比较看，土地可持续利用更加强调土地利用的可持续性、土地利用的协调性和土地利用的公平性。

土地可持续利用是一个国家或区域土地利用的长久方向，在经济发展的同时能实现土地的持续利用是各国、各地区追求的最佳目标。土地可持续利用这一理念自20世纪提出以来，受到人们的普遍关注，人们一直探寻着实现土地可持续利用的有效途径，不断丰富着土地可持续利用的理论。循环经济的提出与发展，从一个侧面丰富了土地可持续利用理论。在土地可持续利用的研究中引入循环经济的理念，将二者有机地结合，以循环经济理念为指导对土地可持续利用进行研究，是对土地可持续利用内涵的丰富和深化。在循环经济的理念指导下构建土地可持续利用评价指标体系，不仅从土地的生产性、稳定性出发，还加入土地的可减量投入性、再利用和再循环性等度量指标，是一种全方位对土地可持续利用的考察与评价。同时，在土地可持续利用战略的制定中考虑到循环经济的因素，将土地投入的减量化、土地的再利用和再循环纳入土地可持续利用战略之中，转变土地利用的方式和传统的土地利用思想，充分考虑到土地资源的节约、集约利用与内部挖潜，从而制定相适宜的土地可持续利用战略，对土地利用相关政策措施的制定等具有理论借鉴作用和一定的指导意义。

从经济发展来看，土地是为经济发展服务的。在传统的经济发展过程中，减少土地的投入，就可能要减缓经济的增长速度，而传统的经济发展又是以牺牲资源与环境为代价的，可以说传统的经济发展与土地可持续利用有着很大的矛盾。而循环经济的提出恰恰很好地调和了二者的矛盾。为经济发展和土地可持续利用找到了很好的切合点。在土地可持续利用的研究中适当地引入循环经济的理念，将土地的可持续发展与循环经济有机地结合在一起，对经济的发展和土地的可持续利用都有着很强的实践意义。

(四) 循环经济理念对土地可持续利用的导向作用

循环经济强调环境保护和经济发展的内在统一以及促进经济增长方式的根本转变，致力于经济、社会、环境的和谐发展。土地资源是社会经济可持续发展的重要物质基础。对土地资源的可持续利用而言，循环经济是实现21世纪我国土地资源可持续利用的战略选择，对土地可持续利用具有一定的导向作用。

1. 对土地可持续利用的战略导向

土地可持续利用战略是指导协调区域人口、资源、环境与发展问题的现实需要，是实现区域可持续发展的重要前提。对全国土地利用规划、管理与决策支持，我国的土地可持续利用战略本质上应具有明显的前瞻性、引导性、针对性，应对于国家经济社会发展战略转型具有强烈适应性。未来一段时期，既是我国工业化、城镇化快速发展期，又是人口总量增长和人口老龄化的高峰期，也是全面建成小康社会的决胜期，这对我国土地的有效供给和合理高效利用提出了更严格的要求：既要保证粮食安全，又要持续地支持经济发展的需要，还不能造成土地生态功能的下降。我国必须制定出适合的土地利用战略，从战略高度协调多方的矛盾，确保既定目标的实现。循环经济理念的提出对于指导土地可持续利用战略的制定有着很强的导向作用。循环经济理念可从以下几方面对土地可持续利用战略的制定起到一定的导向作用。

（1）土地的优化配置

循环经济的提出是对传统经济发展模式的历史性变革，经济的发展不再是"资源—产品和服务—污染排放"的单向流动的线性经济，而是成为一个"资源—产品和服务—再用产品或再生资源"的反馈式流程，是从"摇篮"到"摇篮"的经济。经济的发展要依靠土地的支持，不同的经济发展模式对土地的要求也会不同。传统的经济发展模式，要求大量的建设用地的投入，同时需要有大量的土地来承载各种生产消费的废弃物，土地的优化配置仅能在有限的范围内协调各行业用地的数量和布局。而循环经济是一种物质闭路循环的内生型经济模式，讲求的是一次资源原始投入的多次循环产出。它对土地的数量要求相对较低，而对土地的布局和生态功能的保护要求较高，所以为土地的优化配置注入了更深层次的含义。一是要根据不同地区社会经济发展的阶段性差异以及国家区域发展的"非均衡"政策设计性，结合地区特点、土地资源禀赋和土地利用的主要方向来合理安排各行业土地的使用。二是要根据循环经济的"减量化原则"，以加强土地的节约、集约利用为主，减少增量建设用地的投入量。三是要注重土地的合理布局。循环经济要求在企业之间按照工业生态学的原理，建立企业与企业之间废物的输入、输出关系，形成以生态工业园为代表的新型工业组织形态。这就要求我们在建设用地布局时，要考虑到循环经济之中不同企业间的上下层次关系，合理安排工业用地的布局，以形成以高效循环为特征的生态工业园。四是要在土地配置时重点考虑土地生态功能的保护与提高，减少生态脆弱区土地的高强度利用，同时注重农业用地的用养结合和矿区用地的生态恢复。

（2）土地利用方式的转变

传统的土地利用观念将土地资源视为攫取物质财富的源泉，认为土地资源是取之不尽、用之不竭的。完全掠夺式的土地利用方式，一方面造成土地的大量浪费和粗放利用，另一方面造成土地污染、退化、沙化等土地灾害的频发。同时，传统的土地利用方式讲求的是外延型的土地利用，片面追求新增用地带来的经济效益。对建设用地的供应，主要集中在增量建设用地的供应，而对存量建设用地的挖潜考虑较少；对耕地的开垦也是过多地追求耕地面积的增加，而对中低产田的改造、耕地的集约利用的经济投入较少，同时只注重土地的利用而忽视土地生态功能的保护，对土地的持续利用造成了不利的影响。而循环经济理念的提出，有利于土地利用方式的根本转变，开展适合新形势、新环境的土地利用方式的探索。一是要以土地的减量化投入为目标，走节约、集约用地之路，从各行业用地的内部挖潜入手，变传统的外延型土地利用方式为内涵型土地利用方式。二是以土地的再利用为目的，除了提高复种指数、进行科学套作、开展土地整理复垦之外，统筹区域发展，实施生态建设，特别是生态乡村和生态城市建设是土地资源再利用的重要途径，是提高建设用地，特别是居民点用地的使用效率和使用效益的重要途径。三是出于土地再循环的考虑，在农用地利用方面，转变过去重用轻养的土地利用方式，加强农用地的用养结合，采取适当的土地耕作方式、放牧形式等，逐步提高农用地的生产性能和生态功能。在矿区用地方面，要加强土地的复垦整理，加速土地的再利用。

（3）土地资源安全

土地资源安全可理解为一个国家或地区的全部土地资源对其实现可持续发展所具有稳定的供给状态和良好的保障能力，具体包括土地资源的数量安全、质量安全和结构安全。在我国，土地资源安全主要涉及与土地资源开发利用密切相关的4个方面，即粮食安全、经济安全、生态安全和社会安全。粮食安全一直是国家安全体系的重中之重，其最直接的要求是保持一定数量和质量的耕地资源。传统的经济发展模式恰恰不利于耕地的保护：大量耕地被各类建设占用，同时农业工程的不到位和农药、地膜等的过度使用也造成了耕地质量的下降和污染。循环经济理念的提出对耕地的外部保护和内部整治都起到了十分有益的作用，使耕地保护的理念转向于数量、质量和生态的全面保护，从而有益于国家粮食安全的保障。土地经济安全是落实国家中长期经济社会发展战略的根本保证。我们应充分发挥土地参与宏观调控的闸门作用，重视建立土地资源循环经济机制，从循环经济理念出发，规范土地供应与开发行为，盘活存量土地，优化建设用地的配置机制，保障国家经济发展对土地的合理需求。土地生态安全是土地可持续利用的核心，可以说经济发展模式、土地利用方式的转变都是为更好地保障土地生态安全。循环经济的重要理论之一是生态经济理论，它本身是按生态学规律来安排实践生产的，所以循环经济本身就带有保护生态安全、提高生态功能的意义。土地社会安全肩负着保障社会稳定及其持续发展能力的重要使命，循环经济的发展一方面可以减少对农用地占用，进而减轻由于农民失地给社会带来的压力；另一方面，可以拓展就业的渠道，增加一定的就业量，减少社会的就业压力，保障土地利用的社会安全。

（4）土地规划理念的改变

土地利用规划是土地利用的"龙头"，它是对一个地区、在一定时期内土地利用超前性的计划和安排。土地利用规划的制订必须要与国家、地区的社会经济发展形势相适应。在当今社会经济发展的新时期、新形势下，我国一方面强调经济的发展与社会的和谐，另一方面强调环境的友好。落实到土地方面，简言之，就是土地利用的三效统一，即经济效益、社会效益、生态效益的统一。在土地利用规划中引入循环经济的理念，更加强调存量土地的利用和土地的生态保护，在规划中充分体现循环经济"减量化、再利用、资源化"的原则和"低消耗、低排放、高效率"的特征，以土地的高效利用和循环利用为手段，以土地的生态保护为核心，转变土地利用规划的理念，由增量用地的规划逐渐转变为以存量用地高效、循环利用为主，增量用地为辅的可持续土地利用规划。

（5）土地管理体制创新

土地利用方式的转变、土地利用规划的实施、土地先进理念的落实最终都需要土地管理手段的调控。没有适合的管理机制，再好的用地理念也难以落实。随着循环经济理念引入土地领域，在循环经济理念的引导下，土地管理体制需要改革与创新，以适应新时期、新形势对土地管理的需要。土地管理要走出以前被动管理的局面，根据循环经济的理念，设计从土地开发到土地利用过程监控及土地用途转变等全过程的土地管理体制，在土地利用的每一个节点都设计出土地管理的调控手段，以应对出现的用地问题。同时要制定与当前倡导的土地利用方式相适应的管理办法，要注重土地利用中的生态保护管理，对土地质量的退化、土地污染和土地破坏等采取必要的惩治措施；相反，对提高土地质量，保护土地生态功能的行为要进行奖励。要严格限制农用地的非农化，限制高污染行业的用地，制定与土地节约、集约、循环、复合利用密切相关的土地管理办法以有效管理土地的利用，实现土地的可持续管理。

2.对土地可持续利用的观念导向

（1）土地节约、集约利用观念

土地节约、集约利用是在土地利用中发展

循环经济的重要体现之一。根据减量化原则,要求用较少的土地要素投入来达到既定的生产或消费目的,追求的是土地的高效利用,有利于土地资源的节约与保护。在土地利用的实践中,一方面,对于建设用地,要科学地测算建设用地的需求量,严格控制建设用地规模,防止城市盲目扩张。通过内部挖潜解决一定数量的建设用地需求,从源头上减少新增建设用地的供应量,同时依据建设用地的聚集效应,集中用地布局。一是工业向园区集中,鼓励在工业集中区建立由共生企业群组成的生态工业园;二是农民住宅向村镇集中,在条件成熟的地方,有计划、有步骤地缩并农村居民点。此外,交通、水利等基础设施和国家重大工程的建设要尽量回避对耕地的占用。另一方面,对于农用地,要充分挖掘现有农用地生产潜力,大力改造中低产田,增加农用地的资金、技术投入,广开就业渠道,疏散剩余劳动力,提高农用地的集约经营水平;同时大力推广现代耕作技术、测土配肥、合理用药,走现代循环型农业之路。

(2)土地循环利用观念

土地循环利用是在土地利用中发展循环经济的关键环节。根据循环经济的思想,土地循环利用大致有两种情况:一种是原级循环,它要求土地在生产物品,完成其一次使用功能后,能保证具有持续利用的能力,依次进入下一个阶段反复利用;另一种是次级循环,这主要是指根据再利用原则,对已被破坏的土地资源采取土地整理、生态恢复等综合整治措施,逐步恢复土地的利用功能。一般来说,原级循环在减少土地消耗上达到的效率要比次级循环高得多,是循环经济追求的理想境界。

(3)土地复合利用观念

土地复合利用是土地利用中发展循环经济的有效方式之一,是循环经济再利用原则的延伸。在确保土地生态系统的结构功能和运行机制保持良性循环的前提下,适当的土地复合利用可以有效地发挥不同类型土地利用的互补性,从而实现土地利用的整体性效益。比如,在农用地方面,耕林用地的复合,林草用地的复合等;在城市用地方面,交通用地与其他用地的复合等。

(4)土地的用养结合观念

循环利用土地是一种新的发展观念和发展模式,涉及农业生产和生活的许多领域,但人们对此认识不足。传统的思维模式和发展模式还在禁锢人们的头脑,很大程度上影响了土地的循环利用,难以实现土地的用养结合。为了加快发展循环经济,实现用地与养地的结合,我国在今后土地的使用和管理中,必须引导人们摒弃传统的发展思维和发展模式,把发展观统一到全面、协调、可持续的科学发展观上来。在发展思路上彻底改变重开发、轻节约,重用地、轻养地,重外延发展、轻内涵发展,片面追求增加粮食产量、忽视资源和环境的倾向;深化对循环农业基础理论和发展模式的研究。同时,媒体应发挥宣传作用,加强循环经济的宣传与土地循环利用科普工作,把握正确的舆论导向,为土地的循环利用创造良好的社会氛围。我国应注意引导广大民众特别是农民发挥积极性,唤起全民的节约意识、环境意识、循环经济意识,引导农民自觉参与到土地循环利用的行列中来,自觉养成用地与养地相结合的良好习惯。

(5)土地的生态保护观念

实现良性循环是人类改造和利用土地资源的理想目标。只有针对土地生态系统破坏产生的原因,有的放矢,保护土地资源,才能保证土地生态系统的良性循环和持续发展。对于污染土地和退化土地:一是采用先进的科学技术手段,以生物措施和工程措施相结合,实行综合防治;二是实施有原则的生态退耕还林还草,"以防为主",不能走先破坏后治理的老路,确保在土地资源的利用过程中,土地资源的质量不被降低,实现土地资源的可持续利用。

3.对土地可持续利用的途径导向

土地可持续利用是土地利用的方向与目标,具体到土地利用的实际之中,需要有效地整合各项土地利用的具体活动,才能逐步实现土地的可持续利用。在循环经济理念的指导下,改变现有的土地利用方式,优化土地利用布局,改革土地管理模式等对土地利用向可持续方向的发展具有良好的途径导向作用。

(1) 发展循环农业

在循环经济的导向下,在农业方面大力发展循环农业,构建循环型的农业发展链条,提高农业资源的利用效率;采取合理的耕作方式,保护耕作层,测土配肥,减少化肥的使用量,利用生物等现代技术手段防治病虫害,以降低农药的使用量,减少化肥、农药对农业用地的污染与破坏;同时加大农业用地的集约水平,合理增加农业投入,不断提高生产的经济效益水平,从而通过循环农业的发展逐步实现生态农业、高效农业,实现农业用地经济效益、社会效益、生态效益的协调统一。

(2) 建设生态工业园区

循环经济是运用生态学的规律来指导人类的经济活动,在工业发展模式方面,提倡建立生态工业园区。生态工业园区是一个由制造业和服务业组成的企业生物群落,它通过包括能源、水、原材料这些基本要素在内的环境与资源方面的合作与管理,来实现生态环境与经济的双重优化和协调发展,最终使企业寻求一种比每个公司个体效益之和大得多的群体效益。其目标是使参与企业的环境负面效益最小化,同时提高它们的经济效益。按照生态保护的要求和循环产业发展的需要,整合生态园区的建设和各具体产业的布局,通过生态园区的建设与发展,一方面实现废弃物的再循环利用和减少工业废弃物的排放,有利于减少土地污染和处理废弃物对土地的占用;另一方面,按照上下游企业的原材料需求,把这些生产企业在生态园区之中合理布局,可以缩短这些企业的原料运输距离,降低企业布局不合理带来的用地浪费和环境污染,有利于土地的节约、集约利用。

(3) 加强土地的复垦整理

循环经济强调的是资源的高效利用,是一种变废为宝的发展理念。从土地领域来看,目前存在大量的污染土地、水土流失土地、沙化土地和工矿废弃土地,这些土地的利用潜力很大,但当前的利用效能很小,可以说是土地里面的"残疾地"。在循环经济理念的导向下,加大土地的整理、复垦力度,采用有效的工程、生物技术措施,一方面对污染土地、水土流失土地、沙化土地等进行综合整治,不断提高其生产性能和生态功能;另一方面,加大工矿废弃地复垦力度,变废地为可用地,逐步恢复其原有的活力,有利于区域土地的可持续利用。

(4) 优化建设用地的布局

循环经济理念追求的是资源投入的减量化、资源利用的高效化和废弃物排放的最小化。在土地利用方面,循环经济理念具体表现在建设用地的节约、集约和布局的优化。在循环经济理念的导引下,进行各行业建设用地的优化布局,可以实现整体效益的最大化,减少因布局不合理而带来的新增建设用地量。合理的建设用地布局可以实现建设用地的节约、集约利用,提高建设用地的利用效率,进而有利于控制城市用地规模的盲目扩张,调整农村居民点用地规模过大、缺乏规划的建设用地利用态势,以实现城乡用地的统筹和高效利用。

(5) 强化土地生态环境的恢复与保护

循环经济发展的基本原则就是生态环境的保护。正是因为需要协调经济发展和资源短缺、生态环境恶化的矛盾,人们才提出循环经济理念,所以循环经济为土地生态环境的恢复与保护提供了有利的条件。循环经济提倡发展循环农业,要求农用地的循环利用,而这种循环利用不是形式上的循环,而是深层次的循环,包括农用地生产性能和生态功能的持续不降低,甚至不断提高,同时减少各项生产、各种消费的废弃物排放,以减少其对土地生态环境的污染。更为重要的是,循环经济讲求的是内生型的经济发展,反映在土地利用方面,就是降低经济发展对增量建设用地的利用,提高存量土地的利用程度,这有利于对生态性用地提供保护,使区域土地生态环境不断得到恢复和提高。

二、矿区复垦土地生态工业发展历程

煤炭工业作为我国重要的能源产业,经过

几十年的高强度开采,产生了一系列的负效应:压占和破坏土地资源,造成水体、大气和土壤等环境污染,诱发地质灾害,引起生态退化等。由于对煤炭资源的过度依赖和产业结构单一等因素,煤炭型矿区正逐步面临资源枯竭的局面,因此,矿区复垦土地可持续利用和产业转型迫在眉睫。下面以平朔矿区为例介绍在矿区复垦土地发展生态工业的途径。

矿区的存在和发展依托于赋存的矿产资源,矿区能否可持续发展的根本问题之一是矿区所拥有的资源总量。矿区进行大规模、高强度的开发,并且在开采过程中损毁大量土地,产生大量的废石、废渣、废水、废气,对环境造成了严重污染。按照线性传统经济的观念,这些废物将给生态环境造成严重破坏,造成各利益主体之间的矛盾日益尖锐。此外,在濒临资源枯竭的矿区,其主导产业的衰退还将导致诸如失业人群巨大、再就业困难等一系列连锁反应。因此,矿区复垦土地可持续利用与产业转型机制的构建过程,实际上是矿区资源、生态环境、人口各利益主体重新分配的过程。

矿区废弃土地作为矿区开采的伴生物,已演化成矿区可持续发展的外化、显化表征和主要承载对象。其现实状况折射出矿区严重的环境、经济和社会问题,并且这些问题在全球范围内是无法避免的。但是从积极的视角来看,矿区废弃土地经复垦后的可持续利用存在较大优势。

(一)矿区产业结构概况及存在的问题

产业结构对企业经济增长的效率起着关键的作用。产业结构的演进主要表现为产业结构由低级向高级演进的高度化和产业结构横向演进。产业结构理论揭示了产业结构变化与经济增长的关系、产业间数量比例变化的演变规律、影响产业此消彼长的变化因素、产业间的关联效应及产业选择、结构变化效应、结构优化等问题,为调整产业结构、促进经济增长提供依据。

矿区生态系统的质量与功能的发挥取决于矿区产业结构的演变产生的生态系统破坏力与修复能力。矿区开采初期,产业结构以资源开采为主体,损毁大量土地,污染水体,产生粉尘污染,破坏原有生态系统。随着资源开采主导产业的形成,矿区生态系统承载力急剧下降,必须借助人力、经济、社会等外部资源,维持矿区经济发展。在此阶段,应以土地复垦与生态重建为基础,发展与资源开采相关的配套产业,带动周边市场发育,人口、劳动力和资本的大量流入,使矿区产业社会资源得以稳定合理地配置,完成矿区特色产业结构的转变。矿区产业结构优化升级主要表现在产业结构的高度化发展上。从发展方向上看,矿区整个产业结构存在着由第一产业(开采业)占主导依次向第二、第三产业占主导的方向演化的趋势;在产业结构内部,表现为由低技术、低附加值占优势比重向高技术、高附加值占优势比重的方向演进。

在循环经济方面,伴随着矿区资源开采产业主体地位的形成,矿区损毁了大量的土地,产生了大量的废弃物。原有生态系统很难通过自身修复能力进行恢复,只能在借助人工参与的基础上,进行土地复垦和废物利用。矿区应在循环经济的指导下,在初步土地复垦的基础上,进行产业结构调整与重组,并提高废物利用率,发展接续产业和替代产业,即矿区应遵循循环经济的3R原则,以技术创新和制度创新为动力,以优化资源利用方式、保护生态环境为核心,节约能源和资源,提高资源利用率,降低废物产生率,提高废弃物综合利用率,减少环境污染,提高矿区经济效益、社会效益、生态效益。

在可持续发展方面,我国矿区采用"重开采、轻治理"的开发模式,长时间以来,已对大面积的矿区环境造成了严重的破坏,产生了大量的废弃土地,直接阻碍了矿区的可持续发展。据统计,中型矿区土地损毁平均 1 288.69 hm²/个,大型矿区土地损毁平均 2 461.71 hm²/个,特大型矿区平均 4 903.13 hm²/个。由此可知,矿区废弃土地的再利用直接制约矿区的可持续发展。我国矿区主要存在 4 种发展模式(图 2-1-13)。在地表水土资源极度损毁、矿产资源高强度开采的情况下,矿区应在人工的诱导下,积极增加资本投入,进行土地复垦和接续、替代产业发展,建设一个稳定的矿区复合生态系统,使矿区维持高水平可持续发展。

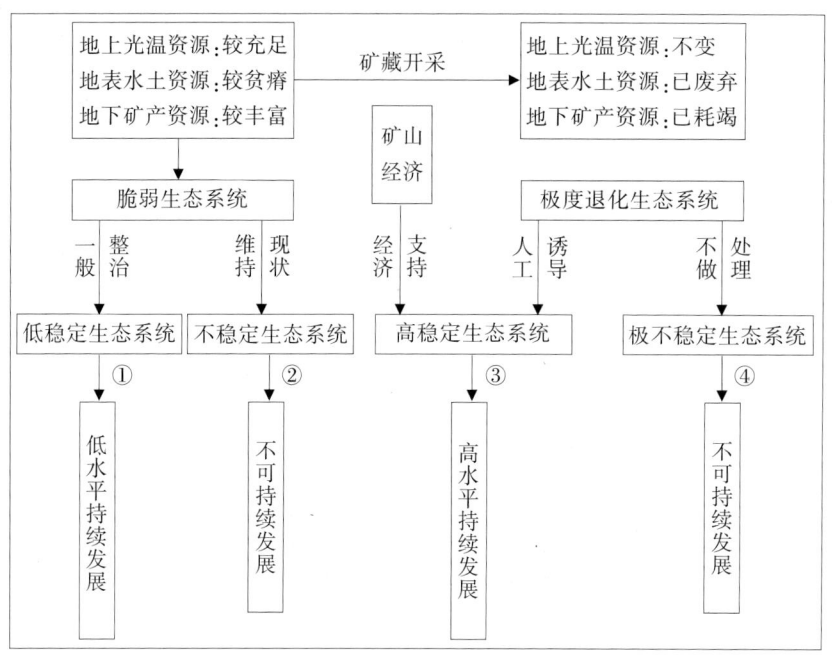

图 2-1-13 我国矿区的 4 种发展模式

在生态文明发展方面,矿区传统的单向物流、粗放型、高强度、高污染开采等一系列的经济发展方式亟待转变为经济循环流动过程。矿区应通过加快技术创新,促进产业结构优化升级;大力提高生产率和资源利用率,来协调经济发展与资源环境之间的尖锐矛盾。只有通过实施超前、高效的土地复垦和生态重建工程,资源深加工与接续、替代产业优先发展,土地复垦与矿区产业结构才能同时得到优化。矿产资源的自然禀赋性质决定它与生态环境紧密相关,矿区生态文明建设以人与自然和谐共生、持续发展为基本宗旨,能够引导和规范矿区的生产、生活和文化发展,是有效解决矿区土地损毁等生态破坏和环境污染等诸多严重的环境和资源、能源问题的必经之路。建设生态文明是当前矿区落实科学发展观、构建和谐社会的内在要求,也是矿区自身实现可持续发展的必然要求。

(二)矿区产业结构框架组成关系分析

矿区复垦土地的可持续利用与产业转型取决于矿区生态系统。矿区生态系统是由环境、经济、社会 3 个子系统在特定的时空状态下,互相关联、互相依存、互相影响的复合的半自然半人工生态系统,具有开放和动态变化的特性。其中,矿区复合生态系统构成如图 2-1-14 所示。

1. 环境——生态系统进化

矿区环境子系统包括矿区整个复合生态系统内的环境,包含了系统内部一切的因素,按照生态学分类,分为生物群落和非生物环境。生物

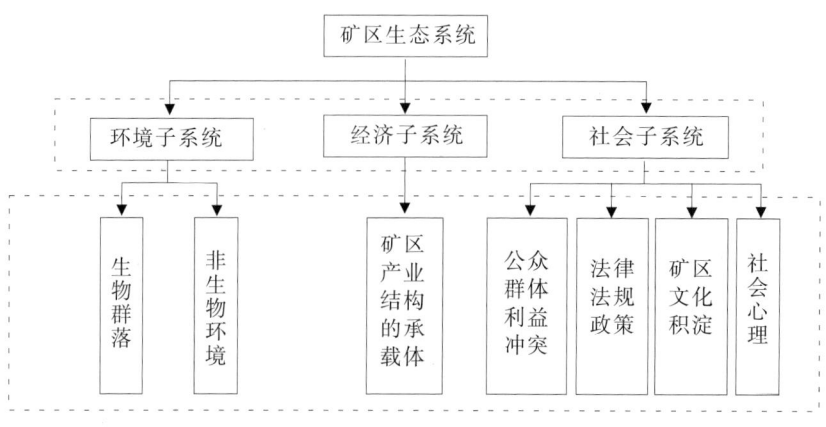

图 2-1-14 矿区复合生态系统构成图

群落由动物、植物和微生物等组成;非生物环境特指矿区内各种自然、自然-人工、人工环境。其中,自然环境包括矿区生态系统范围内的大气、土地、地质、地貌、水文、土壤等因素;人工环境包括矿区内人类活动所建设的各种人工设施及用地;自然-人工环境指人类各种活动对自然生态环境干扰后形成的自然状态和人工痕迹相互交叉的环境。从资源的角度来看,土地资源是环境子系统的核心要素。因此,矿区复合生态系统的实质是以损毁土地再利用为基础的"土地生态系统"。

(1)矿区资源开发与环境的关系

矿区矿产资源的开发过程是一个开放的"食物链"过程,不具备构成完整生态系统的充分性,因此直接造成矿区复合生态系统的不可持续性。图2-1-15反映了矿区矿产资源开发利用的过程,基本反映了矿区矿产资源开采及加工整条产业链的全过程。

矿区周边环境是矿区复合生态系统的空间物质载体,其亟待解决的问题是如何减少或消除因矿产资源开采所产生的环境负效应(即生态环境的退化和非生物环境降质)。图2-1-16反映了矿区自然生态环境恶化的过程。

(2)环境生态系统进化的特征

1)结构和谐。生态系统结构包括空间结构(不同地域或不同垂直高度上的生态系统垂直分层结构)、时间结构(昼夜相和季节相)和物种结构(生物多样性变化)。生态系统中的结构和谐包括系统整体结构与整体功能相协调、系统内部生物与环境相协调、生物群落各组分间的共生和竞争关系相辅相成,使生态系统在演进时能够节约物质和能量,降低风险,获得最大的整体功能效益。

2)物质和能量的高效利用。矿区生态系统能否健康地演变进化,取决于物质和能量能否高效利用。从物质利用的角度,生态系统某个梯级组分所产生的废弃物应作为下一梯级的原料,实现营养物质在系统中的循环利用;从能量利用的角度,能量是生态系统维系的根本基础,系统内的生命物质都尽可能提取一切可以利用的能量,实现能量的高效循环利用。

3)生物群落演替。矿区环境生态系统上的

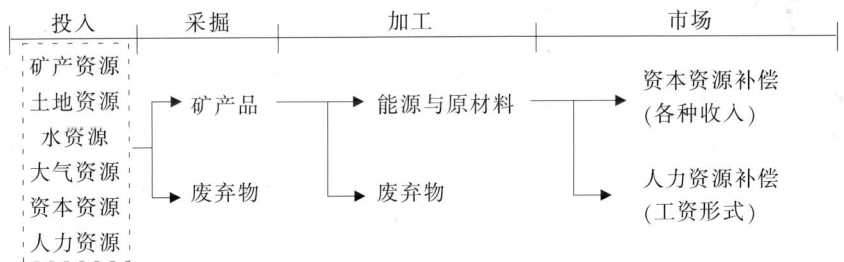

图2-1-15 矿产资源开发利用流程图

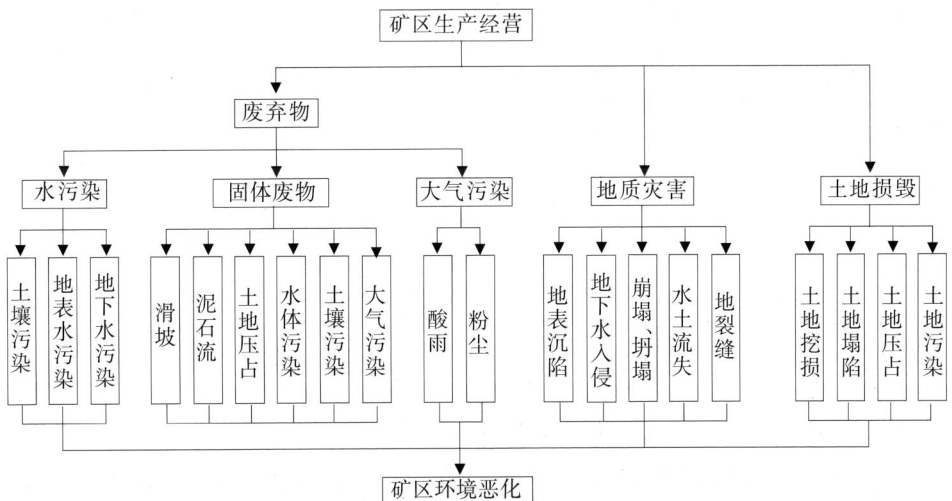

图2-1-16 矿区自然生态环境恶化示意图

生物群落演替的一般过程表现为：矿产开采产生废弃地—土地复垦与生态重建—生物侵入、定居与繁殖—环境变化（非生命成分随生命成分的变化而变化）—物种竞争出现，物种随环境变化的梯度—各物种达到竞争平衡，进入和谐共生阶段。

4）生态系统健康。健康的矿区环境生态系统整体具有一定的自我恢复能力，对于外界（自然或人为）的干扰具有一定的抗冲击和自调节能力，不仅能维持系统内部相对稳定性，而且对病虫害具有一定的抵抗能力，其演变进化总是朝着生物多样化、结构复杂化、功能完善化的方向转变。

2.经济——发展循环经济

经济子系统：矿区损毁土地是矿产资源开采的产物，它是人类扰动自然生态系统的结果。概括来讲，一方面，损毁土地在一定程度上反映了矿区的开采活动；另一方面，复垦后的土地又决定着矿区的未来发展方向。其中，复垦损毁土地的资源条件，包括区位、产业集聚程度、交通运输条件、场地及周边设施建设状况、环境质量等各因素，决定了矿区复垦土地所能承载的产业类型、模式和利用强度。

(1)矿产资源开发与发展循环经济的关系

矿区发展循环经济可以解决矿产资源开发利用过程中产业基础体系、产业循环体系以及生态保障体系的构建与优化等问题。矿区能够通过产业转型对现有矿区经济结构进行战略调整。矿区应以循环经济理念来优化经济结构布局，进一步构建产业循环体系，鼓励发展清洁生产的新型产业，加大优先培育和发展以循环经济为特征的第一、第三产业的力度，大力推进产业的生态化转型，从而有效提高矿区的综合实力和经济竞争力。

(2)发展循环经济的特征

1）微观层次。循环经济强调资源和能源消耗的3R原则，是以投入成本最小化、排出废弃物最小化、资源能源利用效率最大化、环境破坏影响最小化为特征，将清洁生产、资源与废弃物循环利用、生态设计、可持续消费融为一体。

2）中观层次。矿区应依据产业生态学原理和产业结构演进规律，以矿区复垦土地为基础，建设生态产业园，进而构建矿区各级产业内部之间物质循环的产业链，采取"资源—产品—再生资源"闭合循环的物质流动和利用网络，最终实现区域范围的资源优化配置和高效利用。

3）宏观层次。国家形成政府干预行为（相关的法律法规、政策和制度）与市场机制相结合的经济运行方式，在全社会范围内实现物质和能量的循环利用。

(三)矿区传统产业结构特征与演替规律分析

1.矿区产业结构构成分析

我国从1949年至20世纪70年代末期，实行高度集中的中央集权式经济管理模式，全国各地区矿区产业结构及其优化问题表现不突出，并且基本不受重视。改革开放以来，不同地区间的经济竞争日趋激烈，矿区产业结构的优化程度和层次高低，成为影响矿区所在地区经济发展的重要因素之一。而矿区产业结构具有动态和继承的特性，在某一特定时期内的矿区产业结构是在资源供给结构、需求结构和对外贸易结构的共同影响下，经过较长时间形成的。事实表明，矿区只有实现单一矿区产业经济向综合性矿区产业经济转变，才能实现其可持续发展。只有摆脱矿产资源开采作为主导产业因素的制约，矿区才能够承受外界不可抗拒因素的冲击。

矿区产业结构是指矿区各类产业的构成及其关系。它是在特定的社会物质生产方式和经济运行体制下，多种因素作用下形成和演进的。最初受国家计划经济体制的影响，矿区更多地强调区域利益服从整体利益和国家生产力的宏观布局，过分强调矿区的专业化功能，使矿区产业结构比较单一，主导产业在区域经济中关联效应较弱。表现为矿区的综合发展程度较低，而且结构层次低下。因此，矿区产业结构有以下特点：一是产业发展极不均衡，表现为第二产业比重过大，而第一和第三产业发展落后；二是矿区以矿产资源开采为主导产业，缺乏矿产资源深加工等延伸产业链；三是产业为劳动密集型和资金密集型产业,缺乏技术密集型产业。

矿区产业结构的形成受多种因素影响,其中,矿产资源条件直接决定着矿区产业结构的形成。矿区产业结构形成机制如图 2-1-17 所示,资源结构、投资结构和需求结构促进了矿区产业结构的形成,三大结构的变化引起矿区产业结构的演进。

2.矿区产业结构演进规律分析

产业结构是各类产业的构成及其关系。科林·克拉克和西蒙·库茨涅茨提出了三次产业分类法:第一产业(农业部门)、第二产业(工业部门)、第三产业(服务部门)。产业结构的演进包括各次产业内部结构的演进和三次产业之间结构的演进,并表现出由低级到高级、由简单到复杂不断优化的演进趋势。

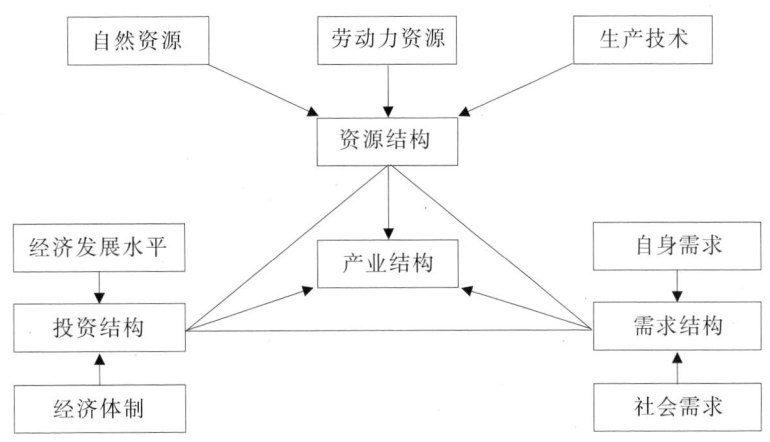

图 2-1-17　矿区产业结构形成机制示意图

(1)产业间结构演进规律

产业间结构演进主要包括两方面。第一,三次产业的 GDP 变动趋势。随着矿区经济的发展,第一产业的比重下降;第二产业的比重在前一阶段上升,后趋于稳定或缓慢下降;第三产业的比重在前一阶段缓慢上升,在后一阶段迅速上升。第二,三次产业劳动力变动趋势。第一产业劳动力就业比重不断下降,第二、第三产业劳动力就业比重逐渐上升;到一定阶段后,第二产业劳动力就业比重逐渐呈下降趋势,第三产业就业比重明显上升。

(2)产业内部结构演进规律

第二产业产业结构存在着整体素质和效率由低水平向高水平发展的趋势,并且呈现出明显的阶段性特征。

第一阶段为工业化初期,从第一产业释放的劳动力进入轻工业部门,以从事消费品生产的轻工业为主导,属于劳动密集型工业结构;第二阶段为重工业阶段,以从事原材料生产的工业为主导,属于资金密集型工业结构;第三阶段为深度加工化阶段,加工组装业逐渐取代原材料工业成为工业结构的核心。在该阶段,生产要素中的技术要素起决定性的作用,属技术密集型的工业结构,随着工业化进程的深入发展,以机械加工技术为主的技术密集型产业逐渐向高新技术产业演化。

我国矿区产业结构大多处于重工业化阶段,处于向技术密集型和高新技术支持下的工业部门转化阶段。三次产业之间的结构优化和第二产业内部结构优化的演进规律表明:在矿区经济发展过程中存在自组织作用,然而以产业结构优化为目标,国家各级政府制定的各种扶植矿区产业的政策等,是对矿区产业结构优化具有调控作用的他组织过程。

基于上述分析,矿区产业结构优化需要通过自组织和他组织的相互促进作用形成,并且矿区产业结构转型应实现 3 个转变:由粗放型、低效型向集约型、高效型转变;由劳动密集型向劳动密集与资本和知识密集相结合转变;由依靠资源消耗型的增长方式向重视生态保护、可持续发展的增长方式转变。

3. 矿区产业结构演进影响因素

矿区产业结构和状况与矿区经济发展之间存在着密不可分的联系，合理的矿区产业结构转型有利于矿区经济健康和可持续发展。在矿区经济发展中，产业结构的演进受多种因素影响。了解清楚这些影响因素，有助于正确认识产业结构现状及其变动规律和变动趋势，从而进一步明确合理的产业结构转型方向，促进矿区经济发展。

(1) 资源因素

矿产资源因素属于客观方面的原因，不同的矿区具有不同的资源禀赋。矿产资源的种类、数量和品质对矿区产业结构的形成和演进具有重要的影响，其中，矿产资源的不可再生性是矿区产业转型的主要原因。矿产资源，尤其是高品位资源储量有限，勘探、开采技术的进步只能增加开采的产量，而不能增加矿产资源的储量。矿产资源加工技术的进步只能将过去无法冶炼的低品位矿石转化为可冶炼的工业品位矿产资源，而不能将无含量的矿石转化为具有工业品位的矿产资源。另外，人力资源对矿区产业结构转型具有重要的影响。一方面，全国具备矿业研究的高校数量较少，造成矿业相关专业学生数量较少，同时有大批的科技人员流失，人才补充潜力小；并且矿区主导产业多为资金-技术密集型产业，造成矿区在高层科技人员方面存在一定的缺口。另一方面，矿区职工多为矿区周围失地的农民，他们没有受过专业培训。因此，矿区转型不仅存在缺乏培育新兴产业基础的问题，而且存在职工转业和再就业的困难。

(2) 需求因素

矿区生产矿产资源产品来满足社会需求，矿产资源产品的社会需求反过来促进矿区生产。因此，需求与需求结构的变动将引起矿区生产和生产结构的相应变动。而生产结构本质上是产业结构，因此，可以说需求结构和矿区产业结构之间存在相互影响、相互制约的关系。从短期静态的角度来看，产业结构制约着需求结构；但从长期动态的角度来考察，需求结构对产业结构有着深刻的影响。任何产业的规模扩张和收缩以及新产业的产生都是感应市场的需求而出现的。中华人民共和国成立后，矿区的大量涌现以及能源行业总量的扩张，正是为了满足经济发展和人民生活的需要。

(3) 投资因素

投资结构是指资金流向不同的产业部门而形成的投资总量的分配比例。选取不同方向的投资是改变已有产业结构的直接原因。投资新的产业将引起原有产业结构质的改变。对现有产业部门投资强度的差别，使不同产业的扩大再生产的规模不等，使产业部门发生量的变化。在早期计划经济时期，不同的矿产资源矿区内主导产业的投资主要靠国家投资，矿区积累的资本投资比例很小。改革开放以后，企业自身投资和外商投资增加，但是投资增加的数量很少。因此，我国在进行大规模经济建设的时候，为了尽快建立起较为完善的工业体系和促进国家工业布局的平衡，将对矿区投资的重点放在了矿产资源开采等上游产品的开发上，无力进行更多的投资来进行高深产品的加工，这也是造成矿区产业结构单一的重要原因之一。同时，投资结构可体现需求因素对产业结构的影响。矿区产业结构对需求因素存在一个"滞后期"，"滞后期"的长短取决于矿区新兴产业的生产、建设周期，即新兴产业的投资水平。

(4) 政策因素

政策和制度方面的人为因素，与生产要素一样，在某些方面影响着矿区产业转型发展和经济增长。政策和制度的制定都是行为主体追求总体效益的最大化，只是不同的行为主体推动制度变迁的动机、行为方式及产生的结果可能不同，但都是为了实现矿区总收益的增加。因此，政策与制度的颁布成本与收益同样起着关键的作用。

(5) 环境因素

环境因素是作用于人类的所有自然因素和社会因素的总和。生态环境是人类和生物群体相互作用，通过物质流和能量流共同构成的生物-环境复合体的总称。生态环境能为矿区产业提供最基本的生产条件和对象，如土地、森林、草原、淡水、空气、矿藏资源等,同时,它又是社会生产和生活中矿区产业废弃物的排放和自然净化场所,因此,生态环境是矿区产业发展及转型赖以存在的基础。

三、矿区传统土地复垦模式分析

受政府、企业、公众等多方利益主体的利益偏好和冲突,以及相关法规政策的滞后和缺失的影响,矿区复垦土地的可持续利用和产业转型无法兼顾与综合效益的和谐均衡。现状发展模式表现为单一的"土地复垦"和"房地产开发"两种模式。

(一)复垦土地的农业利用

针对矿产资源开发造成的矿区废弃土地,一些发达国家和地区(如欧洲、澳大利亚等)将保护生物多样性、提供公共绿地、防御自然和次生灾害等作为优先复垦目标。相比之下,长期以来受人-地矛盾等因素影响,我国将矿区废弃土地优先复垦为农业、林业、渔业等用地(约占复垦土地再利用总量的68%),极少复垦为建设、休闲娱乐等用地。这种局面,一方面源于《中华人民共和国土地管理法》《土地复垦条例》等法律法规的强制性要求;另一方面,由于在矿产资源开采的过程中,损毁了大量的耕地,废弃土地复垦为耕地已经被作为考察地方政府行政绩效和企业能否获得新用征地的先决条件。

矿区废弃土地复垦为第一产业用地(农用地)存在的问题主要表现在生态安全和技术两方面。在生态安全层面上,复垦以耕地为主的生态系统,结构相对单一,抗逆性较差,系统较脆弱,不利于矿区的生态安全;然而生物多样性的保护、次生湿地生态系统的保护、生态重建和恢复等土地生态工程措施,虽然有利于矿区生态系统的健康、稳定和安全进化,但是与损毁耕地的有关法律法规相背离。要想从根本上解决这一问题,必须尽快完善体制,实现复垦土地再利用经济、社会、生态环境"三赢"。在技术层面上,很多地方将矿区工业、生活固体废物填埋于采掘沉陷区,然而,这些废弃物容易对土壤和农作物产生二次污染。实例表明,利用煤矸石充填沉陷区,然后覆土造田的模式,即使已采用中和剂对酸性煤矸石进行中和处理,也会对土壤和农作物造成重金属污染,而未经任何处理直接充填可能会造成更严重的污染。

(二)复垦土地的房地产开发

受企业产业结构优化升级、土地制度和环保政策等影响,我国很多城市在工业化道路发展进程中都面临工业用地置换的问题。位于大中城市中心区位的高污染重工业企业,都集中搬迁到城市郊区的工业园区,其中部分主导产业衰退的中小型企业倒闭退出,而解决遗留的一系列工业废弃土地的措施之一就是进行环境综合整治和再利用。

在这种趋势影响下,我国矿区也存在着类似的发展趋势。其中,利用矿区废弃地进行房地产开发是推进矿区产业结构调整的重要措施之一,是有利于企业、地方政府和房地产开发商"三赢"的一种发展模式。但是需要注意的是,矿区废弃土地开发为房地产,一方面,它具有短期性和波动性,不能够成为矿区复垦土地可持续利用和产业转型的主导方向;另一方面,在房地产开发过程中,忽略了矿区废弃土地的遗产文化价值,使传承矿区文化积淀的建筑物遭到毁灭性破坏。因此,我国应借鉴国外对矿区废弃土地承载文化积淀的遗产进行保护再利用模式,进行建设后工业景观公园、后工业生态公园的探索和实践,对矿区复垦土地的再利用进行多方向的尝试。

四、矿区复垦土地生态工业发展规划

(一)矿区复垦土地可持续利用与产业转型载体

1.矿区生态产业园内涵

矿区生态产业园的目标是构建一个以资源开发利用为主导产业和其他相关接替产业构成的产业园。矿区生态产业园通过整合矿产和土地等资源与环境之间的关系,达到矿区生态环境与经济发展"双赢"的局面,最终使矿区获得多级多个产业的综合效益。总之,矿区生态产业园的最终目标是,最大限度地促进矿区经济增长,最大限度地减少矿区对环境的影响。

矿区生态产业园的规划需要借鉴生态学中食物链网关系,在分析矿区各产业的能量和物质流动的基础上,研究、设计以各产业为节点的产业链网状结构关系,进而构建矿区复垦土地可持续利用与产业转型模式。在构建生态产业园模式中,首先,注意清洁生产,在源头处控制污染物、废弃物的产生;其次,用上一级产业的废弃物或副产品作为下一级产业的能量和原材料,最终实现物质、能量的闭路循环利用,见图2-1-18。

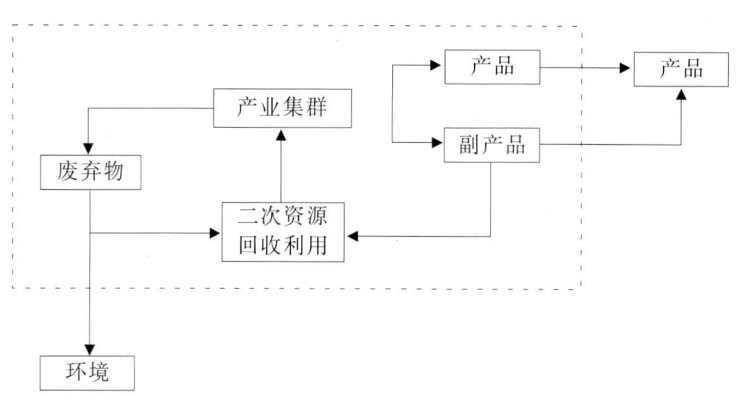

图 2-1-18　矿区生态产业园示意图

2.矿区生态产业园构建

(1)矿区生态产业园构建的优势条件

首先,矿区内矿产资源开采后,矿区内部保留有相对完善的基础设施,包括道路交通设施、储运设施、能源输配设施等;其次,矿区内部除矿产资源外,伴生资源丰富,能够进行二次利用的资源充足;再次,除矿区主导产业矿产资源开采外,各接替产业都可以组织进入生态园区内;第四,矿区内遗留的各种工业设施,都可以加以改造利用,作为接替延伸主导产业的建筑设施,节约建设成本;最后,失地农民和下岗职工经过教育再培训之后,可以为新企业储备人力资源。

(2)矿区生态产业园的构建方法

首先,矿区主导产业和各接替以及延伸产业,都要整合在拟建的矿区生态产业园中;其次,通过系统分析现存和拟引进的各企业的原材料、能源需求和所产生的副产品等各种可能的输入、输出关系,确定矿区产业转型后运营模式和技术支持,规划设计能够实现物质、能量闭合循环的生态产业链网状结构和各产业之间的网络结构;再次,搭建物质和能量利用上下游企业之间方便快捷的运输设施、交通系统和信息交流平台,避免和减少物耗和能耗;最后,制定和完善保障矿区生态产业园高效、安全运行的相关制度、管理措施和保障体系,建立可能发生风险的预警系统和应急对策等。

(二)平朔矿区产业链延伸规划设计

平朔矿区丰富的地下煤炭及煤系伴生物资源和地上的土地资源,是平朔矿区发展的根基和特有优势。深度挖掘,产业延伸,提升这些资源的利用价值,提高利用效率,整个矿区产业框架由粗放型、外延式向精益型、内涵式转变,是平朔矿区增强实力、提升核心竞争力的必然要求。

在上述基础上,平朔矿区提出"在资源鼎盛期率先打造产业接替的基础条件、规避资源枯竭后再进行转型的世界性难题"的观点,指出矿区工业-生态产业链的结构设计,是解决矿区传统经济发展方式与生态环境之间尖锐矛盾的有效途径。

矿区工业-生态产业链是指模仿自然生态系统中食物链原理,在工业生产的新陈代谢过程中,以矿区工业生产的产品、副产品及废弃物等为纽带,将不同生产过程(环节)连接在一起形成一种链状资源利用关系,以实现资源在矿区范围内的流动。不同生产过程(环节)之间的相互关联称为矿区工业-生态产业链。其中,矿区工业产业链属技术关联型产业链，这种产业链的特点是产业链下游产业通过技术手段，使上游产业生产过程中所产生的副产物变成自己的生产原料，所产出的产品物理与化学性质均发生很大变化；矿区生态产业链属资源关联型产业链，这种产业链的特点是所有的产业紧紧扣住资源组合在一起，下游产业以上游产业的资源组织生产活动。

1. 规划设计思路

矿区工业-生态产业链是矿区生态经济系统的骨架，是矿区发展循环经济的基础。在构建矿区工业-生态产业链前，应进行生态背景调查分析。生态背景调查与分析是矿区工业-生态产业链结构构建的基础和关键，它主要指的是矿区系统发展目标、社会经济环境、物流系统以及产业关联情况的调查与分析。

平朔矿区工业-生态产业链结构设计应立足于矿山能源和资源的优势，以加强煤矸石、中煤等资源综合利用为核心，减少废弃物排放；从土地复垦入手，发展种植业和养殖业，在提高土地利用效率、改善生态环境的同时，提供更多的就业机会，解决当地农民安置问题。其中要注意接替产业项目之间要有高度的关联性，在取得经济效益的同时，更加注重环境效益和资源的综合利用和高效利用，通过产业链的延伸和耦合，降低能源与资源消耗，提高资源和废弃物的综合利用率，减轻对环境的污染和影响，实现资源、能源和废弃物的高效利用。

2. 规划设计目标

矿区工业-生态产业链结构设计是结合平朔矿区地下煤炭及煤系伴生物和地上的土地资源的丰富独特优势，以及平朔已有发展基础，通过挖潜、合理进行产业链延伸，提高产品附加值，由粗放型、外延式向精益型、内涵式转变。

矿区工业-生态产业链结构设计立足于平朔矿区自然、经济和社会发展现状，根据现有矿区开采工艺现状以及土地复垦情况，生态产业发展趋势及区域性土地利用潜力与条件，遵循减量化(reduce)、再利用(reuse)、再循环(recycle)的3R原则进行矿区工业-生态产业链结构功能区划与设计。

3. 工业-生态产业链规划设计

平朔矿区工业-生态产业链设计是根据矿区土地地域性特点，遵照自然规律，实现矿区生态产业优势，构建地域性生态产业区(带)，形成适宜产业区域化、优势产品地域化、产品加工集群化的格局，按生态产业形成不同的功能区划，合理科学地规划布局，做到平面布设合理、空间设置适宜、时空安排有序，形成两类核心循环经济产业链：煤炭开采—煤矸石、中煤等—电—硅铝—建材工业的黑色工业产业链(图2-1-19)；农—林—牧—药—农产品加工—生态旅游的绿色生态产业链(图2-1-20)。矿区工业-生态产业链结构设计图见图2-1-21。

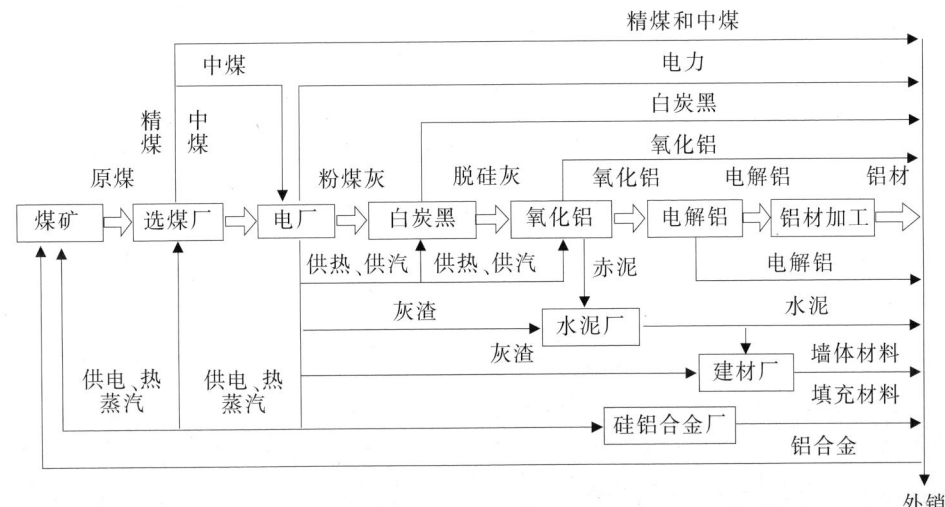

图2-1-19 工业产业链流程图

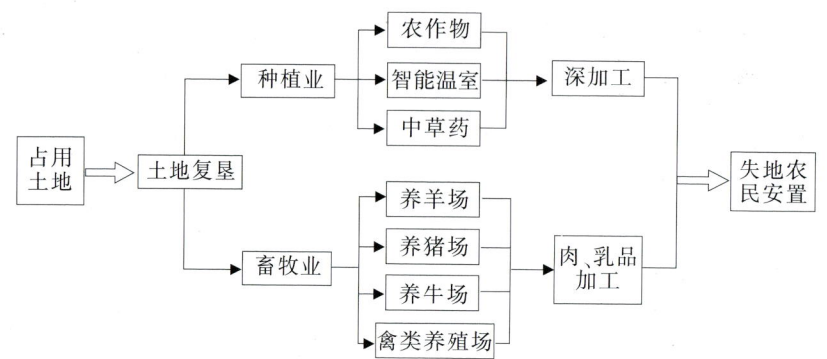

图 2-1-20 生态产业链流程图

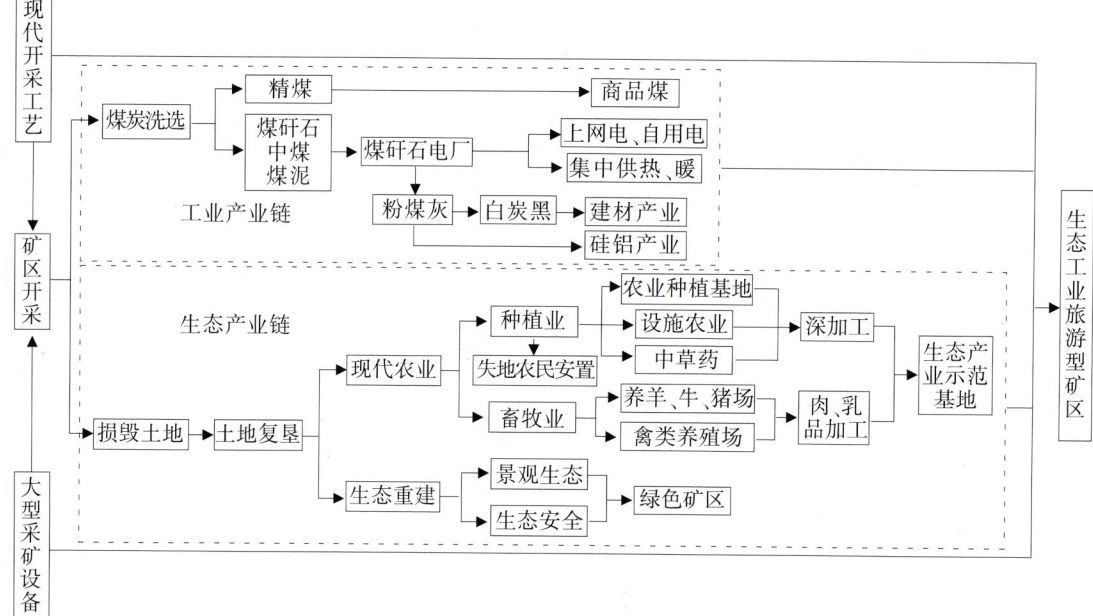

图 2-1-21 平朔矿区生态产业链结构设计循环示意图

(1)"黑色产业链"规划设计

1)煤炭产业规划:"十二五"期间,平朔矿区通过扩能改造、新建矿井、整合地方煤矿,稳步推进矿区现代化建设。目标是形成安家岭、安太堡、东露天、朔南4个区域性煤炭生产作业区(表2-1-26)。

表 2-1-26 平朔矿区 2012—2015 年煤炭产量规划目标表　　　　单位:万 t/a

序号	名称	设计能力	2010年产量	2011年产量	2012—2015年规划产量			
					2012	2013	2014	2015
一	平朔矿区	9 370	10 000	11 000	12 000	13 000	13 600	13 600
1	安太堡	2 200	2 150	2 200	2 500	2 500	2 500	2 500
2	安家岭	2 000	2 150	2 200	2 500	2 500	2 500	2 500
3	东露天	2 000		500	1 600	2 000	2 500	2 500
4	安家岭井工一矿	1 000	1 500	1 500	1 300	1 300	1 300	1 300
5	安家岭井工二矿	1 000	1 600	1 500	1 000	1 300	1 300	1 300
6	安太堡井工矿	600	1 100	1 500	1 300	1 300	1 300	1 300
7	潘家窑矿	90		100	100	100		
8	井东矿		1 500	1 300	1 300	1 300	1300	1 300
9	小回沟	300				100	300	300
10	东日升	90		100	200	300	300	300
11	北岭	90		100	200	300	300	300
二	朔南矿区	1 800					400	1 400
1	丰予井田	1 000						600
2	马营堡井田	800					400	800
	合计	11 170	10 000	11 000	12 000	13 000	14 000	15 000

2) 煤炭洗选加工产业规划:"十二五"期间,平朔矿区通过新建、改扩建选煤厂,与原煤生产同步配套。其中,原煤洗选综合回收率约为70%,煤矸石约为30%,发热量 3 348.68~4 185.85 kJ/kg。商品煤中还有部分劣质煤(发热量小于 18 836.33 kJ/kg),包括煤泥和中煤,煤泥约占原煤产量的8%,发热量约为 15 906.24 kJ/kg,中煤约占原煤产量的12%,发热量约为 18 836.33 kJ/kg。2012—1015 年煤炭洗选产量规划目标见表 2-1-27。

表 2-1-27 平朔矿区 2012—2015 年煤炭洗选产量规划目标表

年度	原煤/万 t	商品煤/万 t				煤矸石/万 t
		合计	外销煤	中煤	煤泥	
2012 年	12 000	8 400	6 000	1 440	960	3 600
2013 年	13 000	9 100	6 500	1 560	1 040	3 900
2014 年	14 000	9 800	7 000	1 680	1 120	4 200
2015 年	15 000	10 500	7 500	1 800	1 200	4 500
合计	54 000	37 800	2 700	6 480	4 320	16 200

3) 电力产业规划:平朔矿区在"十二五"规划中提出大力发展煤矸石发电,建设矸石电厂基地,充分利用洗选原煤产生的煤矸石、煤泥和中煤等低热值燃料。经过初步测算,煤矸石、中煤、煤泥按 50%:26%:24% 的比例混配,能够形成具有发热量为 11 301.80 kJ/kg 的低热值燃料,来充当矸石电厂的燃料。规划建设燃煤电厂1座,装机规模为 120 万 kW;矸石电厂 7 座,装机总规模为 837 万 kW(其中新建 740 万 kW)。矸石电厂预计共消耗煤泥、中煤、煤矸石 5 022 万 t,其中,煤泥 1 205 万 t、中煤 1 306 万 t、煤矸石 2 511 万 t。新建煤矸石电厂情况如下:中煤朔光矸石电厂——装机规模 60 万 kW,2012 年 2 台 30 万 kW 机组建成发电;中煤平朔木瓜界煤矸石电厂——装机规模 140 万 kW,2013 年 4 台 35 万 kW 机组建成发电;中煤东露天煤矸石电厂——装机规模 120 万 kW,2013 年 4 台 30 万 kW 机组建成发电;中煤安家岭煤矸石电厂——装机规模 180 万 kW,2014 年 6 台 30 万 kW 机组建成发电;中煤安太堡煤矸石电厂——装机规模 180 万 kW,2015 年 6 台 30 万 kW 机组建成发电。

4) 氧化硅、氧化铝产业规划:平朔矿区采用粉煤灰联合生产白炭黑和氧化铝工艺,采用碱液浸出法提取硅,采用碱石灰烧结法提取氧化铝,具有上下游结合(上游的废料为下游的原料)、工艺合理、加工成本低的特点(图 2-1-22)。

通过进一步完善工艺、技术、成本和管理,克服传统生产工艺上的缺点(图 2-1-23),在取得生产经验后,大面积推广实施,迅速提高粉煤

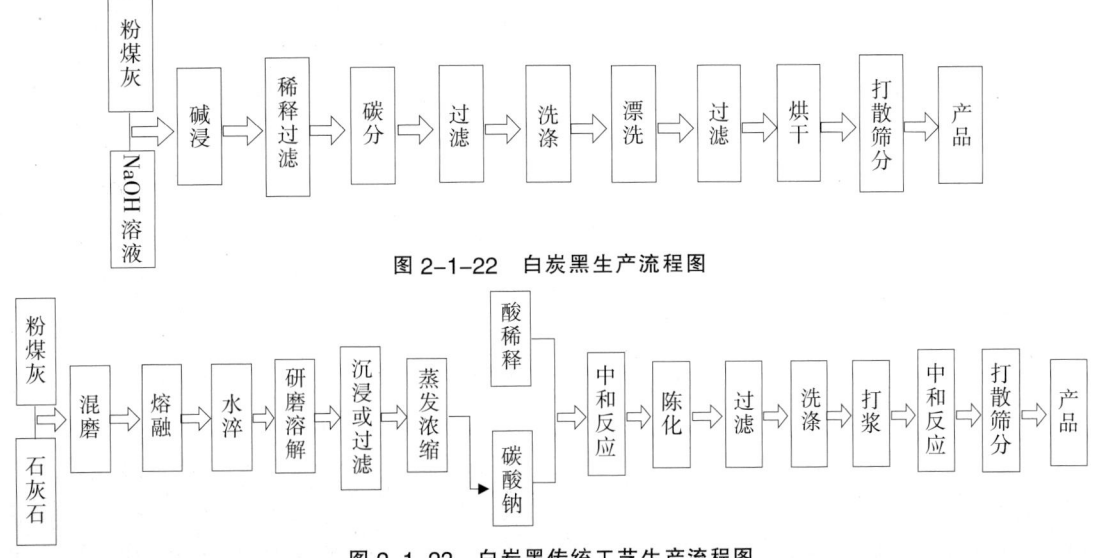

图 2-1-22 白炭黑生产流程图

图 2-1-23 白炭黑传统工艺生产流程图

灰的处理量和氧化铝、氧化硅的产品产量,最终实现规模效益。

到"十二五"末,规划处理高铝粉煤灰210万t/a,生产白炭黑46万t/a和氧化铝100万t/a;远期规划为处理高铝粉煤灰420万t/a,生产白炭黑92万t/a和氧化铝200万t/a。其中,产业循环流程图见图2-1-24。

5)建材产业规划:平朔矿区充分利用矸石

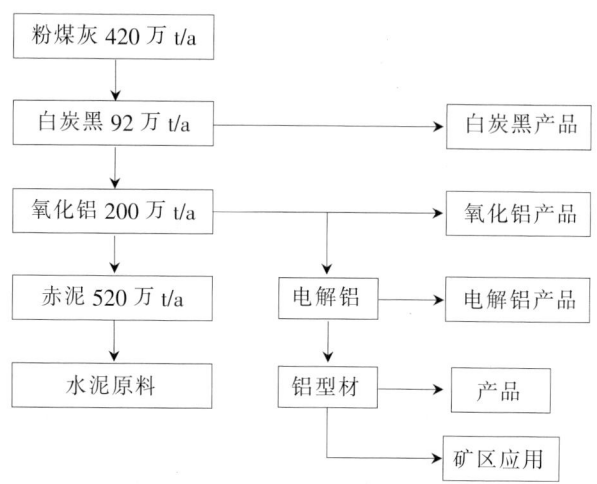

图2-1-24 白炭黑、氧化铝产业循环流程图

电厂产生的粉煤灰、洗选煤厂产生的煤矸石等工业废渣,炼制高强度、隔热性能强的粉煤灰烧结空心砖、煤矸石烧结标砖、多孔砖以及其他制品,规划生产墙体材料600万t/a。

6)其他产业规划:其他产业规划的矿坑砂岩生产石材项目、煤矸石制砖项目、特大轮胎翻新项目、胶粉项目、胶带项目、平安化肥四期项目、炸药厂项目正在积极论证和建设。需要依托矿区条件,规划更多的相关项目与上述重点产业规划同步推进,进一步提升矿区除煤炭之外的产业集群度和规模,提高产业占比。到2020年,全矿区除煤炭之外的产业产值力争占到矿区总收入的50%。煤矸石及煤泥利用率超过70%,粉煤灰利用率超过40%,塌陷地复垦治理率超过95%,安置失地人员10 000人以上。

(2)"绿色产业链"规划设计

1)生态农业:矿区现代化生态农业的方向是由资源禀赋和现代社会生活的需求所决定的;以现代工艺为依托,以现代化技术手段为支撑,充分发挥矿区资源优势达到生态、经济和社会效益的和谐统一,高产量、高效率、绿色可持续发展,是矿区现代生态农业发展的主要目标;农业产业化是现代农业发展的主要趋势和有效形式,以旱作种植农业为基础,集约化畜牧业为主体,现代加工业为龙头的产业化体系是发展循环经济、达到高效生态农业目标的主要手段。平朔矿区生态产业规划设计思路见图2-1-25,生态产业开发路线见图2-1-26。

A.功能区的划分与布局。根据矿区现有土地复垦情况,生态农业产业发展趋势及区域性土地利用潜力与条件,将矿区生态农业建设分为3个功能区,即生态保护功能区、农业开发功能区和设施生态农牧业功能区。根据矿区实际可利用的土地资源状况,既要考虑到现有可利用土地的承载力,又要考虑到农、牧资源的耦合,实现资源的分级利用和产业链的循环功能。

a.生态保护功能区:本区主要以生态工程建设为主,重点加强生态敏感区、矿区排土场边坡、塌陷修复建设及农业复垦开发区周边,建设科学规范的生态防护林带(网)。采取集中与分散空间布局方式,乔灌草相结合的模式,进行规划建设,为建设绿色矿区和发展生态农业创造条件。其中主要包括:生态防护林工程,生态防护林不低于矿区治理面积的40%,保证矿区生态环境安全;农田防护林工程,农田防护林占地为复垦农田面积的25%;道路林和矿区园林工程,防护林带和

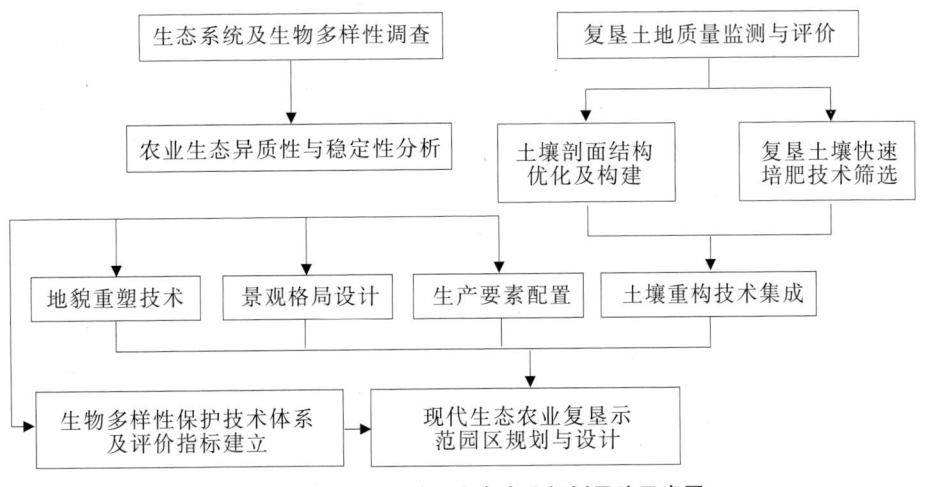

图 2-1-25　平朔矿区生态产业规划思路示意图

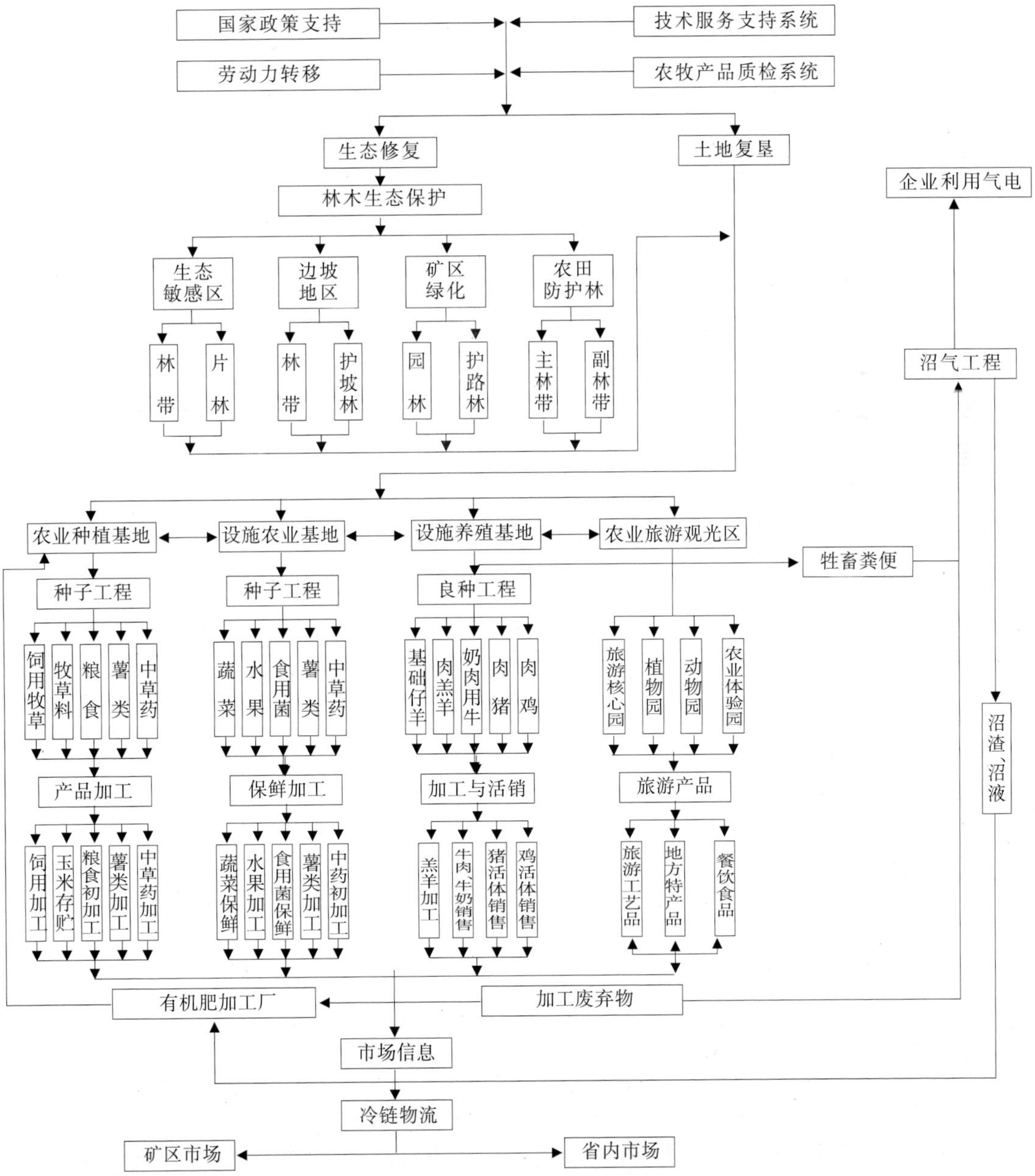

图 2-1-26　平朔矿区生态产业开发路线图

园林绿化占地为矿区面积的10%。

b.农田开发功能区:该区主要集中在安太堡内排、西扩,南寺沟和安家岭西排和内排土场。该区是矿区未来土地资源利用最大的区域,也是发展生态农业露天种植的集中区。由于矿区特有的采矿整地工艺、土地利用结构调整、农牧业产业发展的需求,该区土地种植结构处于动态变化之中。总体要求是农田开发功能区的面积维持在复垦土地面积的40%。与整地工艺不同,该区土地结构可分为自沉稳定区、农田整理区、土壤热化区、生产种植区;从种植结构上,该区可分为农作物种植区、饲草(料)种植区、中药材种植区、良种良苗引进试验区和生态林木苗圃繁育区。

c.设施生态农牧业功能区:该区主要设置在安太堡矿存留的地质采坑的南、北两侧。近期规划为300 hm²,规划建设130间节能蔬菜大棚(日光温室);80万m²现代化智能温室;年出栏10万头的标准化养猪场;3 000万只肉鸡、50万只蛋鸡养殖基地;3万只散养鸡场;农业技术支持中心;有机肥料加工厂;中药材种植基地;各项目室外工程等内容。具体生态产业划分见图2-1-27。未来的发展仍需向周边排土场扩展用地规模。本区是矿区复垦发展设施农业的核心区,也是农牧林业良种、良苗引进试验推广的示范区,是矿区复垦生态农业生产反季节蔬菜、水果、药材和猪、鸡等畜禽养殖,提高复垦土地利用率和产出率的重点区,也是矿区复垦发展生态农业的主导方向。

B.规划实施主要内容。

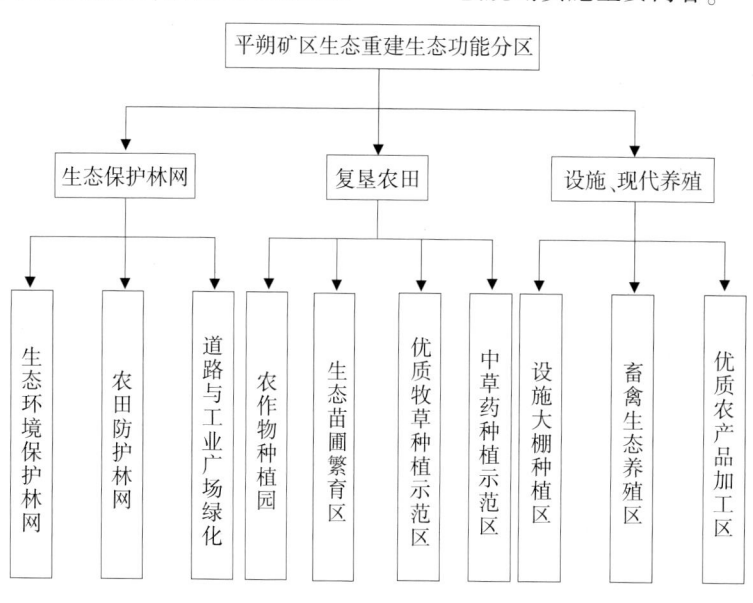

图2-1-27 平朔矿区生态产业划分

a.100座节能温室:节能温室是生态产业中的重要组成部分,也是现代生态农业的集中展示区,主要是利用保护设施解决无霜期短、冬季寒冷等自然问题,种植反季节蔬菜等时令副食品。2011年新建温室100座,位于内排已建温室的南面、地质坑的北侧以及安家岭内排。温室的设计完全按照已建设温室的参数确定,占地约需20 hm²;基本投资估计需1 300万元。

b.现代化智能温室:规划占地80 hm²,预计投资68 700万元。规划建设由4种类型温室组成:组培、育苗、立体蔬菜栽培和花卉培养温室。

c.建设30 000只生态散养鸡场:充分利用矿区大面积林地的优越条件发展生态养鸡,是实现节约化养鸡的可行办法。生态养殖充分利用野生草籽和昆虫资源,既可促进养分循环,又可起到控制林、草地害虫危害的作用,是一个促进生态系统健康运行的优选项目。该项目投资主要是围栏和必要的活动鸡舍,养殖以散养为主,每群规模控制在4 000只左右,规划区域以内排为主。投资估算:项目计划投入300万元。

d.10万头生猪养殖场:生猪养殖不是矿区生态养殖优势项目,但因生猪是餐桌上的主要肉食,有广大的消费市场,对于矿区培育绿色生态产品品牌有不可替代的示范作用,规划建设年出栏 10 万头生猪养殖项目。在核心示范区的南部建设 2 400 头存栏种猪养殖场,年提供 5 万头商品仔猪,计划占地 10 hm²,与之相配套的育肥猪场位于安太堡南排西侧;其余的育肥猪场地及设施将逐年安排建设。项目计划投入 18 000 万元。

e.3 000 万只肉鸡:平朔公司根据土地情况,拟在平朔矿区布置 10 个标准化商品鸡场,根据山东六和公司提供的资料,每个商品鸡场的规模为 220 m×145 m,约为 3.2 hm²,主要布置地点如下:安太堡矿内排 2 个,南排 1 个,西排 1 个,西扩 2 个;安家岭西排 2 个,内排 2 个。另外,在朔城区拟择优选点建设 20 个标准化商品鸡场。配套饲料厂和屠宰厂拟建在朔城区,占地面积为 8.7 hm²。项目计划投入 42 000 万元。

f.现代农业技术支持中心:规划在矿区建设区域性的现代农业技术支持中心,以服务矿区农业生态产业发展,并为周边区域农民提供农业技术支持、培训和服务。现代农业高技术产业主要有现代种子及其加工产业、高效节水旱作农业、现代工厂化设施农业、生态农业和特色农业、现代林草业、现代畜牧养殖业、农业机械化及配套机具、农业减灾防灾技术产业、农业信息技术产业等。计划投入 10 000 万元。

g.有机肥加工厂:有机肥加工厂主要针对未来养殖规模扩大后,将有大量的畜禽粪便需要加工处理,以便于循环利用。有机加工既可增加土壤的有机质,又可消除养殖带来的富营养污染,这是生态循环产业的重要一环。预计投资 5 000 万元。

h.中草药种植基地及加工建设:在 2015 年,在露天矿新建内外排土场复垦的耕地上种植 333.33 hm² 中草药材(并配套高效节水措施),为建设中草药饮片加工厂提供原材料。示范基地用于带动周边平鲁、右玉种植 6 666.67 hm² 中草药。规划投入 15 000 万元。

2)旅游规划:通过对旅游区宏观环境和微观环境的分析,发挥发展旅游业的竞争优势和比较优势;根据其支持因素和核心吸引物,制定相应的管理、政策、规划与开发等措施,扬长避短,提出持续构建和强化景区核心竞争力的创新性系统解决方案,使旅游区在未来的发展中在国内占有相对竞争优势,处于领先地位。平朔矿区旅游规划设计路线见图 2-1-28。

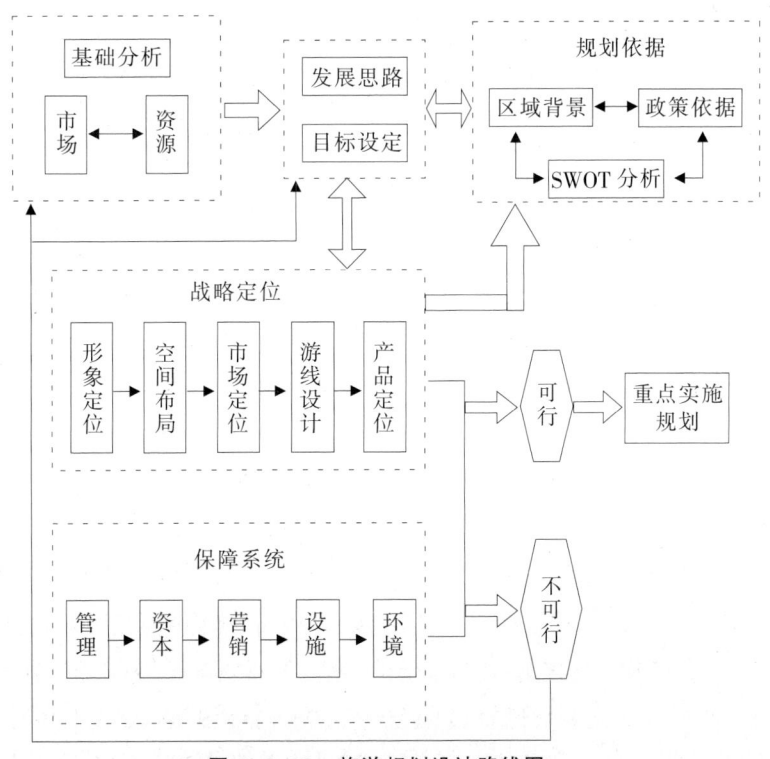

图 2-1-28　旅游规划设计路线图

根据矿区资源特色和评价、市场细分和定位可以知道,旅游区未来主要面向以下5个大类市场:山岳观光、农业旅游市场;大型煤炭企业工业旅游;复垦产学研示范基地、科普修学旅游市场;煤文化旅游市场;写生摄影艺术专项市场。伴随着我国经济社会的飞快发展和人们生活态度的转变,我国掀起一股假日经济发展的潮流。人们开始追求更多的闲暇和更丰富多彩的休闲生活,旅游业正从传统单一的观光型向观光、休闲、修学、度假、深度文化相互结合型发展。平朔矿区旅游产品体系见图2-1-29。

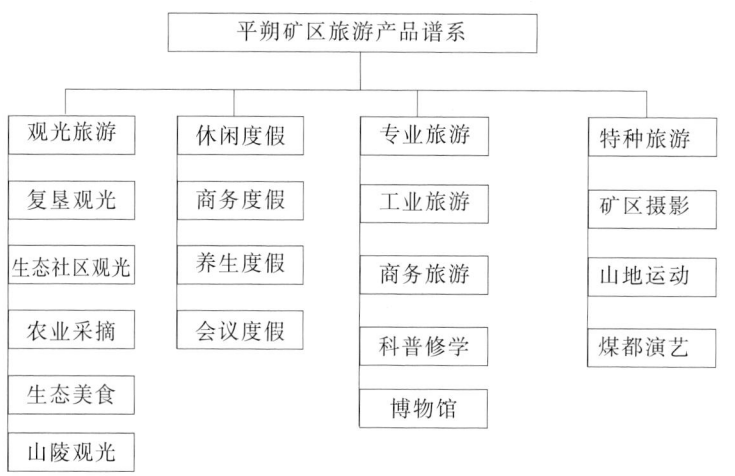

图 2-1-29 平朔矿区旅游产品体系图

4. 工业-生态产业链结构分析

(1) 纵向主导产业链

平朔矿区主要以煤炭和煤系共伴生资源的开采加工为链状纵向主导产业链。根据一般以煤炭为基础的产业链纵向延伸方式有以下几种:煤炭—电力—市场;煤炭—化工—市场;煤炭—气化—市场;煤炭—焦化—市场等。平朔矿区根据科学预测和充分论证,利用劣质煤发展煤化工产业,生产天然气、甲醇、合成油、二甲醚等清洁能源化工产品。

(2) 横向耦合共生产业链

平朔矿区以煤炭和煤系共伴生资源的开采加工为主导产业链,可以耦合出多条共生产业链。根据平朔矿区产业链结构设计图,延伸出煤矸石、煤泥—热电厂—热电;粉煤灰—硅铝产业;粉煤灰—白炭黑—建材厂—建材产品;表土、废弃物—土地复垦—现代农业—产品加工—生态旅游等多条横向耦合共生产业链。

5. 工业-生态产业链功能分析

平朔矿区工业-生态产业链结构除具有一般产业链均有的物质循环、能量流动以及信息传递功能外,还具有如下功能。

(1) 开辟了新的经济增长空间,促矿区可持续发展

矿区工业-生态产业链结构设计的实践说明:产业链的基本功能主要体现为经济效益的提高。链条中的大多数环节都有经济效益的产生。资源和能源的分级利用,经济效益的逐级增加,最终形成良性循环发展链。它的辅助功能为社会效益、环境效益的显著提高,使矿区达到经济、环境、社会"三赢"的目的。

(2) 提供矿区产业集群的基础和空间

矿区工业-生态产业链结构的构建,能够为培育和生成区域产业集群提供一个平台,促进矿区接替产业的兴起。它起到了为矿区逐步培育和生成产业集群创造基础条件,提供产业物流空间,实现矿区可持续发展的作用。

(3) 构筑矿区系统与区外经济系统协同发展平台

矿区工业-生态产业链结构的构建,可以充分利用市场配置资源的基础性作用,根据产品、服务、技术、市场、管理、信息方面的关联度,联合区域内外相关企业及各部门,形成一个自然、工业和社会的复合体。矿区系统与区外系统可

以相互补充,进行资源整合、结构调整和资产重组,并创建矿区与区外经济系统协同发展科学有效的平台。

6. 工业-生态产业链效益分析

平朔矿区在"十二五"期间,通过构建工业-生态产业链,包括煤炭产业、洗选产业、电力产业、煤化工产业、粉煤灰提取氧化铝白炭黑产业、铝材加工产业、建材产业、生态产业、物流产业、其他产业和基础设施等方面,规划投资1 406.6亿元,项目投产后,预计销售收入达到1 192.3亿元,其中新增销售收入873亿元,实现利润178亿元,缴纳各种税费191.6亿元。项目强有力地带动地方经济发展,预计地方相关产业增加产值500亿元。

通过构建工业-生态产业链,实现煤炭、水等资源的高效循环利用,年可消纳煤矸石2 254万t(占同期产生量的68.25%),对中煤、煤泥2 900万t全部进行综合利用。年可减少土地占用93.07 hm², 减少二氧化硫排放93.48万t,节能减排效果明显。

第四节 大气环境与生态工业系统

一、大气环境概念

当前,我国大气污染状况十分严重,主要表现为煤烟型污染。城市大气环境中总悬浮颗粒物浓度普遍超标;二氧化硫污染保持在较高水平;机动车尾气污染物排放总量迅速增加;氮氧化物污染呈加重趋势;全国形成多个酸雨区。

大气环境学是大气科学和环境科学两种学科交叉的分支学科。它是从人类环境的角度来研究地球大气,主要研究大气组分(组成大气的气体和气溶胶粒子)的物理和化学特性、迁移转化规律以及它们与人类活动、气象和生态系统之间的相互影响。它与气象学关系密切,但二者有区别。气象学主要研究影响天气、气候的要素(温、湿、压和风等)和现象(云、能见度、降水等)的变化规律,它并不研究大气组分(如二氧化硫、氧气、气溶胶等)的变化规律。大气环境学与空气污染气象学也有密切关系,但二者研究侧重的内容不同。空气污染气象学研究的是空气污染和气象学的相互关系。其核心是研究污染物在大气中的湍流扩散。大气环境学较全面地研究大气中污染物和非污染物的物理、化学和生物过程。

一般认为,大气是由干燥清洁的空气、水汽和悬浮的气溶胶粒子3部分组成。近地面干燥清洁空气的组成相对比较稳定。大气的主要成分是氮(N_2)、氧(O_2)、氩(Ar)和二氧化碳(CO_2)等气体,占有的体积为大气的99.99%以上,其余的气体只占0.004%左右。大气中还有一些微量气体。这些组成大气的气体,通过与地球上的植被、海洋及生物圈交换,达到动态平衡。有些微量气体,如臭气、一氧化碳、一氧化氮、二氧化氮、氨气和二氧化硫等在大气中的浓度很小,因此人类活动产生的这些气体浓度,在局部乃至洲际范围内超过大气本底值,于是就产生大气污染。大气中的水汽是变化的,在干旱地区可能低到占大气体积的0.02%,在温湿地带可高达6%。自然状态下,大气中的气溶胶粒子主要由火山、海洋的喷发和生物过程造成的。在边远地区,大气气溶胶的浓度为1~10/m³,是空气重量的10^{-9}~10^{-8}倍。云和雨滴在大气中的含量可达0.1~10 g/m³,为空气重量的10^{-4}~10^{-2}倍。

经济的高速增长和工业化、城市化的快速发展,使得世界各国煤炭、石油、天然气等能源的消耗量增长迅猛,大量有毒有害气体被排放到大气中,形成了大气污染。大气污染日益严重,范围越来越大,污染程度日益加深,已经严重影响到人们的健康和生活,并给社会带来了巨大的经济损失。

我国城市大气污染的来源如下。

(1) 工业企业是城市大气污染的主要来源

一方面，煤和石油是重要的工业燃料，燃烧后排放出有害物质进入大气。这些有害物质包括烟尘、二氧化硫、烃类、氮氧化物、一氧化碳以及重金属粉尘等；另一方面，工业企业在生产过程中还排放出烟尘废气，其有毒成分随工业企业性质不同而不同，如氯化物、氟化物、飞絮等。

(2) 交通运输排出的废气对人的身体健康危害日益严重

近几年，我国城市交通事业发展迅速，呈几何增长，数量达到了过饱和程度，导致交通拥挤、车辆尾气排放量剧增。由于车辆尾气排放高度距人们呼吸带近，能直接被人体吸收，所以虽其排放量占空气中废气的比例很小，但其危害程度不可低估。车辆尾气的主要成分为一氧化碳、氮氧化物、烃类、铅化物等，在城市交通频繁地段，常常因紫外线参与而形成光化学烟雾等二次污染物，增大城市空气污染的毒性。

(3) 生活炉灶（包括采暖锅炉）是城市大气污染的第三个来源

炉灶和采暖锅炉数量多而分散，燃烧不完全，烟囱低或者就没有烟囱，排放的废气不易稀释扩散。这些污染源又十分接近居民，对居民的危害极大。

(4) 扬尘和风沙是天然污染源

我国是一个发展中国家，城市化正在加速发展，大气污染近几年有进一步加重的趋势。城市大气环境中总悬浮颗粒物普遍超标；二氧化硫污染保持在较高水平；机动车尾气污染物排放总量迅速增加；氮氧化物污染呈加重趋势。

二、大气环境与生态工业系统

生态工业系统是依据生态学、经济学、技术科学以及系统科学的基本原理与方法来经营和管理工业经济活动，并以节约资源、清洁生产、保护生态环境和提高物质综合利用为特征的现代工业发展模式。发展完善的工业生态不只是把某个特定工厂或工业部门的废物减至最少，而且要能将产出的废物总量减至最小。

工业作为主要的物质生产领域，社会关注的焦点往往是它的积极结果：生产了多少产品，创造了多少利润，提供了多少就业机会，生活水平提高了多少。这些都是工业正面功能。工业生产还有它消极的一面。例如，工业在提供产品的同时，消耗了多少宝贵的资源；占用了多少农田；产出了多少废料；这些废料在多大程度上污染了环境、损害了居民的健康，降低了生活质量；在创造利润的同时，因污染造成了多少经济损失，这些很容易被忽视。工业部门在原材料的提取、产品制造的工艺、原材料与能源的消耗、产品的使用及最终的处置等方面都对空气有不同程度污染。全球每年排放进入大气层的气体，二氧化硫为1.6亿t，二氧化碳为57亿t，甲烷约为2亿t；排放的有害金属，铅为200万t、砷为7.8万t、汞为1.1万t、镉为5 500t，超出自然背景值的20~300倍。二氧化硫的过量排放导致酸雨发生频度增加、面积扩大。空气质量严重下降，全球有8亿人生活在空气污染的城市中。

各发达工业国家的大气污染都有一个发生、发展和演变的过程。直到1980年，大多数大气污染问题都被认为是局部的问题。人们关注的是那些在大气中寿命很短或排放量很少的污染物，在排放源以外的区域不会造成危害。直到20世纪80年代后期，随着对长寿命污染物经长距离传输造成大范围污染情况的认识，一个新的主题进入了大气污染领域：全球大气污染。全球大气污染主要是3种环境问题：酸雨、臭氧层的破坏和全球变暖。

随着工业化程度的加深，硫氧化物和氮氧化物排放量逐年递增，世界形成三大酸雨区：欧洲、北美和中国。欧洲雨水的酸度每年增加1%，瑞典、丹麦、波兰、德国、捷克等国的酸雨的pH值多为4.0~4.5；北美的酸雨已经司空见惯，其pH值为3~4；中国的酸雨主要分布在长江以南，四川、云南以东的区域，包括浙江、江西、湖南、福建、重庆的大部分地区以及长江三角洲、珠江三角洲地区。

臭氧层的损害是一个复杂的过程，这种破坏主要是由氯原子引起的。大约从1900年起，人类开始向大气排放大量的合成氯化物。随着氟利昂的开发应用，这种污染源对臭氧层的破坏日益加大。它能够稳定地到达平流层，释放出氯原子，开始对臭氧层的破坏。如果像以前一样对氟利昂的使用不加限制，继续向大气排放，100年以后，大气中的臭氧量将减少50%以上。美国和欧洲国家决定，自2000年起，停止生产氟利昂。

温室效应是地球本来就存在的情况，它使地球保持了一个适于人类生存的正常温度环境。但是人类向大气排放各类可能引起地球平均温度上升的气体，使温室效应增强，从而在全球范围内引发一系列问题。这些温室气体对全球的温室效应所起作用的比例不同，其中，二氧化碳贡献超过一半，达到55%，各类氟利昂气体约占24%，甲烷占15%，一氧化氮占6%，因此二氧化碳的增加是造成全球变暖的主要因素。

在大气污染的防控方面，控制污染源是防治大气污染危害的根本措施，同时可通过采取各种可使污染源净化的防治技术，选择有效的非工程性控制措施以及加强行政管理，制定切合实际的法律、法规和大气环境保护政策等方面来实现。

工厂企业是大气污染物的重要排放源，要控制大气污染，就需要在城市和工业区建设上进行合理布局。如，日本公害问题之所以比较突出，重要的原因之一是70%的工厂集中在2%的国土上；而瑞典则较早注意到这个问题，在工业布局上较分散，各个城市的工业比较均匀，公害问题比较小。另外，城市要有合理的功能分区。如，主导风向的上风侧为居民区，下风侧为工业区，在工业区和居民区之间则为绿化带分隔；反之，工业区和居民区混杂，则易加重大气污染危害。日本四日市在城市建设上没有合理布局，一度大气污染危害严重。在工业布局、厂址选择上还要考虑到气候条件和地形对大气污染的影响，不要把释放大量有害气体的工厂建设在不利于扩散稀释的谷地、盆地里等。

在工业上控制污染源，还可以通过改变燃料结构，开发无污染能源；改善锅炉和燃烧设备，发展煤炭加工和无烟燃烧技术；选用适宜的烟气净化技术，减少污染物的排放。工农业生产、交通运输和人类生活活动中所排放的有害气态物质种类繁多，依据这些物质不同的化学性质和物理性质，需采用不同的技术方法进行治理。常见方法如下。①吸收法：采用适当的液体作为吸收剂，使含有有害物质的废气与吸收剂接触，废气中的有害物质被吸收于吸收剂中，使气体得到净化。②吸附法：使废气与大表面多孔性固体物质相接触，将废气中的有害组分吸附在固体表面上，使其与气体混合物分离，达到净化目的。③催化法：利用催化剂的催化作用，使废气中的有害组分发生化学反应并转化为无害物或易去除物质的一种方法。④燃烧法：对含有可燃有害组分的混合气体进行氧化燃烧或高温分解，从而使这些有害组分转化为无害物质的方法。⑤冷凝法：采用降低废气温度或提高废气压力的方法，使一些易于凝结的有害气体或蒸气态的污染物冷凝成液体并从废气中分离出来的方法。

三、大气环境与生态工业园的规划和设计

(一)大气环境对生态工业园区规划影响评价

1.与项目、区域大气环境影响评价的区别

单个项目的大气环境影响评价一般只考虑项目大气污染物对局地大气环境质量的影响，通常采用稀释污染物的环保措施(例如，加高烟囱以减轻对近地面的大气污染、增大送风量降低污染物的排放浓度)。该方法虽然在一定程度上减轻了局地污染，但并未考虑到通过远距离输送会使污染范围大大增加，污染产生的影响反而更大。

由于单个项目的大气环境影响评价未能考虑大气污染物的累积效应和多个项目的协同作用，因此不能在区域整体层面结合大气环境影响来优化区域的布局、分析大气环境容量等，无法考虑和选择真正合适的环保措施，因

而不可能从大气环境保护角度对区域开发活动的合理布局和区域的可持续发展提出有利建议。此外,由于改进传统单个项目的环境影响评价方法不能够满足对区域的评价和管理,而累积效应跨越较大的时空尺度,因此,进行区域和规划的大气环境影响评价被提了出来,以考察多个开发项目对大气环境可能产生的各类效应和影响。

《开发区区域环境影响评价技术导则》要求经济技术开发区、高新技术产业开发区、保税区、边境经济合作区、旅游度假区等区域开发以及工业园区等类似区域开发都进行区域环境影响评价。区域环评在预测分析区域开发活动可能造成的环境影响的基础上,协助区域建立包括环境功能维护、环保设施建设、环境监控系统等在内的可持续发展的环境保护管理方案,并为单个建设项目进驻区域的环境可行性及环保审批提供依据。

区域的大气环境影响评价相对于单个项目的环境影响评价来说,增加了对累积影响、大气环境容量、区域大气污染物排放单元的布局调整等的分析,在一个比较宏观的层次综合考虑了多个项目对区域范围的大气环境影响的协同作用,更符合空气是一个流动整体的特点。

1)规划环评与区域开发环评的相同点在于都是对一较大范围的区域开发活动进行环境影响评价和环境可行性分析,但规划环评没有区域环评具体和有针对性,它更宏观。

2)规划环评评价的对象与相关政策密切相关,往往更为宏观;区域开发环评评价的对象为开发建设活动,更为具体和有针对性。

3)规划环评是对多个规划方案的初步筛选,侧重于规划方案的环境合理性;区域开发环评针对总体布局、选址合理性、开发规模、产业定位和环保基础设施的分析,侧重于区域开发对周围环境的影响。

4)规划环评确定评价范围不仅要考虑自然地理因素,还要考虑行政区域,环境敏感点分布,公众和相关专家、团体意见等限制因素;区域开发环评包括开发区、开发区周边地域及开发建设直接涉及的区域。

5)规划环评识别、确定相应的环境目标,对规划方案进行评价以及提出减缓措施等,都以定性分析为主;而区域开发环评以定量分析为主,需要分析确定开发区主要相关环境介质的环境容量,提出合理的污染物排放控制方案。

6)规划环评是在规划方案编制初期介入。早期介入原则是规划环评的精髓;而区域开发环评是在区域开发规划形成后介入。

7)规划编制与环评相互融合,且有彼此完善的过程。当环评专家与规划专家意见相左时,环评结论有可能要求修改规划目标或规划方案;区域开发环评往往只能对有限范围内的选择方案和环境补偿措施进行预测和评价,针对具体的环境问题提出污染控制和环境综合治理措施,很难对规划进行全面深入的研究,制订更加科学合理的替代方案。

8)规划环评强调各行业、各层面的管理者、专家以及社会公众的广泛参与,对技术复杂和环境影响深远的规划,需要从规划编制到实施的全过程参与;区域开发环评公众参与的对象主要是因可能直接受到开发区建设影响而关注开发区建设的群体和个人。

9)规划环评的评价者是规划制订者或委托研究机构;而区域开发环评的评价者是经国家环境保护部认可的取得环评资质的单位。

规划大气环境影响评价的对象是不确定的,对于规划方案要进行分析,对不同的规划方案设置不同的污染物排放情景,并且对于规划的近远期及备选方案都要进行环境影响预测分析;由于规划主要是划定区域一定时期内的发展方向及主要产业,不涉及具体的项目等,因此规划的大气环评主要以定性分析为主;根据区域大气环境质量的发展变化趋势及相关的各层次规划方案确定大气环境容量,反过来对规划提出优化调整建议等。

2. 生态园区控制大气环境污染规划设计手段

工厂企业是大气污染物的重要排放源,所以如果工业过分集中,污染物排放量大,不易扩散稀释;反之,如果工厂布置合理,大气污染物能够得到较快的扩散稀释，就有可能不造成大的污染危害。对于生态工业园区的规划设计研究，各国相继付出了不懈的努力，采取了一些行之有效的措施。美国的环境规划研究进行得十分广泛，每个州都设立了环境规划委员会。其环境规划一般都以区域性的环境规划为主，绿色社区规划的研究已形成热点。英国环境规划是从20世纪60年代末开始的，即英国西北部经济委员会组织的西北部经济规划。委员会在该规划中就开始考虑环境问题，曾提出一系列研究报告，如"烟气控制""废弃土地问题"等。他们所提出的环境目标是改善当地居民的生活质量，合理开发当地资源。日本于20世纪70年代初，对福井工业区、近畿工业区、周防滩工业区以及鹿岛工业区等地的环境规划先后进行过研究。这些研究，首先提出了各年份的环境目标。其次，研究对开发和建设所造成的环境影响进行了预测，积极开展拟建工程项目的环境影响评价研究。同时，研究采取各种污染的防治对策和措施，减少污染的排放量，以便分别达到各开发区所规定的各年度环境目标。

我国环境规划的探索始于20世纪70年代。我国的环境规划从探索到逐渐成熟，已经初步形成了一套从宏观到微观，从理论到实践，从规划到实施的环境规划体系、程序和方法。

(1) 充分利用环境容量资源，因地制宜合理地布局污染工业

相关研究报道指出，我国东北地区水平风对污染物稀释能力最大，方向性最强；西南地区稀释力最小，方向性最弱。一般平原地区稀释力及方向性均大于丘陵地区，沿海稀释力大于内陆。华北、华中、华南大部分地区应置污染源于城镇西部；唯湘江上游、资水、沅江流域到川东山区宜将污染源置于南部，福建沿海应置污染源于南部，东北大部分地区应置源于东部，辽河平原应置污染源于西部，阴山以北、大兴安岭以西应置污染源于东北部，新疆应远离山麓置污染源，青藏高原大部分地区应南北方向置污染源；横断山区沿河城市应置污染源于河谷东侧远北方；风向不定区应置污染源于远方。

(2) 根据我国风向特点安置污染工业，划分功能区

我国位于欧亚大陆东岸季风带，大部分地区属季风气候。我国季风区的风向转换特征是：①多数地方有两个盛行风带，即偏南风向和偏北风向；②往往风向相反，风频相近；③风向变化趋势一般可分为两种类型。逐步过渡型和直接交替型。

进行生态工业示范园设计时应紧密围绕当地的自然条件，对园区内的企业进行合理的布局与组织，使之既有利于生产协作，又有利于环境保护，尽量减少对居住区的污染。一般的布置原则如下。①企业间的组合有利于综合利用，化害为利，变废为宝。例如，钢铁厂与化肥厂相邻布置，可将高炉煤气供化肥厂做原料。②易产生二次污染物的企业不宜布置在一起。如氮肥厂与炼油厂过于接近，则可能导致产生光化学烟雾。③在工业区内，具有严重污染的工业应安置在远离生活居住区的一端。

(3) 从烟散角和卫生防护带要求布置工业

大气污染大多局限于一定区域，并对附近的工农业生产和居民生活产生影响。为了便于烟气向周围排放，应充分利用和发挥环境大气的自然扩散能力。根据烟散角度分析，每一种风速都有其烟散角分布规律，如图2-1-30所示，风速越大，其下风方向的烟散角越大；如一个地区工业集中，毗邻工厂排放烟气的烟散区重叠，从而产生重复污染区，将大大提高空气污染程度。重复烟污区与风速及企业间的距离有关。因此在同一工业区内不宜集中许多排放废气量大的工厂，以减少烟的重复污染。另外，分散布置不同类型的大型工厂，如大规模的钢铁联合企业、石油化工厂、炼焦厂、制药厂等，还可以防止污染物的协同效应形成二次污染源。卫生防护带是依据工业企业排放废气的卫生危害程度不同而保留的一定间隔地带。其中大多数是由城市绿地组成的绿化带，有时也由不易受污染的建筑物、构筑物，如仓库区、高压线走廊等组成。工业区和居住区之间有了一个隔离带或绿化带(尤其是绿化带)还能对局部地区的环境起到净

化作用。例如,上海金山石化厂就是按上述盛行风向、防护带等原则,利用规划手段使通常产生严重污染的化学工业受到控制,收到了良好的环境效果。这里工厂区和居住区之间由绿化带隔离,化工重点污染源火炬布置在海堤外,距厂区边缘200 m。

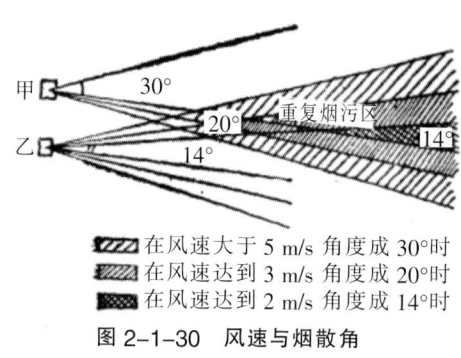

图2-1-30　风速与烟散角

(4)根据各类地形特点,合理布局污染工业

对于不同的地理环境应采取相应的规划方法。我国地质形态丰富,丘陵山地、河谷盆地交错分布。在高度不同的几级阶地区域内布设污染设施时,若该设施布设在比生活居住区更高的阶地上,夜晚冷空气沉降会把污染物带到较低的生活居住区,从而加重污染危害;而若将污染设施布设在高度比生活居住区低的阶地上,企业排出的烟气正好与生活居住区所在高度大致相同,也会加重空气污染。因此,一般将工业污染设施布设在与生活居住区同一高度的阶地上,但要使二者之间保持一定的距离,尽量避开盛行风向的影响,并要尽量将污染设施与生活居住区分散布局,以减轻污染的危害。

在城郊的工业园区规划时,应注意到城市"热岛效应"的存在。"热岛效应"会形成一种局部环流,气流从城市"热岛"上升,而在周围城郊和农村地区下降,风又从城郊四周吹向城市中心,这会把设在郊区工厂烟囱排出的污染物吹向市中心。这是城郊布局污染企业时要着重考虑的问题。国外一些城市在这方面有布局上失误的教训,如日本四日市在工业布局时没有考虑城市风的影响,结果造成了市中心污染物浓度最高的严重后果。特别是在城市处于盆地地形,四周郊区地势较高时,尤其要注意,不然会造成严重的污染问题。

(二)生态工业园区规划大气环境影响评价分析——以某石化园区为例

对生态工业园区比较完善的定义为:生态工业园区是依据循环经济理论和工业生态学原理设计而成的一种新型工业组织形态。生态工业通过正确模拟自然生态系统来设计工业园区的物流和能流,是基于生态系统承载能力、具有高效经济过程及和谐生态功能的网络进化型工业;生态工业园区是生态工业的聚集场所,它由若干企业、自然生态和居民区共同构成,彼此合作并与地方社区协调发展的一个区域性系统。其目标是通过两个或两个以上的生产体系或环节之间的系统耦合使物质和能量多级利用、高效产出或持续利用;通过废物交换、循环利用、清洁生产等手段最终实现园区的污染零排放。

1. 基础资料收集及分析

(1)大气环境质量及趋势变化分析

大气环境质量现状监测数据一般来源于区域内近年的例行监测资料。由于石化园区往往远离城区,而例行监测点一般布置在城区附近,仅依靠收集例行监测数据往往不够,因此就需要根据规划区域的污染源布局、敏感点布局、规划方案等设置监测点,进行大气环境现状监测,以分析规划区内的环境空气质量现状和变化趋势,并为确定区域的背景浓度提供依据。监测因子应选择国家和地方政府规定的重点控制污染物、规划产业类型的特征污染物及区域环境最为敏感的污染因子,应特别关注规划区现有及规划行业的特征污染因子。

通过对规划区域中的主要大气污染物进行间断或连续监测,判断区域环境空气质量是否符合环境质量功能区划的要求,明确区域大气环境本底状况和现存的大气环境问题,为区域规划大气环境影响评价提供数据支持。由于园区规划的范围较大,合理布置监测点位,才能较全面真实地反映区域的大气环境现状,才能使园区规划的大气环境影响评价立足于一个真实的基础。王颖等根据区域污染气象条件,综合考虑了开发区的功能、区内产业分布及环境敏感点分布等情况,结合规划区内外现状及规划实施后重点污染源的位置及排放高度，采用高斯模式预测最大浓度落地点，并以此作为区域大气环境监测点的布设依据，能够为后续大气污染预测提供较全面的背景值，更真实地反映规划实施对区域大气环境的影响。

随着社会经济发展，规划区域的环境空气质量也发生了变化。通过规划实施前连续多年的环境空气监测数据及区域经济数据分析出其变化的规律与趋势，推断出规划实施后的空气质量状况，再从规划实施后的环境空气监测数据中扣除，才能明确评价规划的实施对大气环境的影响。大气环境质量预测通常是指利用社会环境经济历史数据与同期的空气质量监测资料，通过不同的拟合方法推求环境变量（预测指标以外的所有可能变量）与大气环境预测指标之间的非线性关系或大气环境预测指标本身随时间的变化规律。

常用的拟合方法主要有基于灰色理论的GM(1,1)模型以及人工神经网络方法，而GM(1,1)模型具有要求数据较少、原理简单、计算量适中、结果精度较高等诸多优点，并且当GM(1,1)模型的预测结果精度不能满足要求时，可采用残差模型予以修正。利用GM(1,1)模型结合残差模型分析区域大气环境质量的趋势变化，能较好地模拟区域大气质量的变化规律。樊敏、顾兆林用基于灰色理论的GM(1,1)模型，根据2003—2007年厦门市污染物平均浓度数据拟合了2008年厦门市大气环境和污染物浓度年均值，理论预测结果与环保权威部门公布的数据有较好的吻合性。陈珊子运用灰色理论预测了潮州市的大气环境质量趋势，也取得了较好的预测结果。这说明利用灰色理论的GM(1,1)模型及其程序来预测大气环境质量变化是切实可行的。

(2) 大气污染源预测分析

规划项目的污染源包括评价区域内所有的工业源、生活源、交通源以及评价区外的重要工业污染源等。对于不同规划期的污染源数据，除考虑规划新增的污染源外，还应注意规划期内被替代和削减污染源的变化情况，以反映不同规划期排污的特点。在规划实施过程中，石化园区引进的企业存在不确定性，而且不同的企业污染排放差异很大，导致污染源预测难度较大，影响了环境预测的准确性和污染防治措施的可靠性。石化园区大气污染源预测主要是通过石化园区发展规模、资源需求规模的预测来确定常规大气污染物及石化行业大气污染物的排放规模，进行总量控制，从而为石化园区发展提供可靠的环境保护依据。

吴官胜等从石化园区发展规模预测、资源需求规模预测以及污染物排放规模预测3个方面介绍了石化园区污染源常用预测方法，并对预测方法的优缺点和适用性进行了对比分析。主观预测法有类比法和专业判断法，客观预测法有投入产出法、灰色系统理论法、神经网络法、部门分析法、线性回归法、弹性系数法、产排污系数法、环境数学模型法、情景分析法、层次分析法、系统动力学法等。每种方法各有其优缺点，适用于不同情景。适用于石化园区大气污染源分析的方法主要有类比法、线性回归法及产排污系数法等。

对石化园区污染源预测方法及适用性分析见表2-1-28。

(3) 大气环境影响识别与评价指标确定

进行规划大气环境影响评价工作时，首先应识别环境可行的规划方案实施后可能导致的主要环境影响，编制规划的大气环境影响识别表，其次结合大气环境目标，最终确定评价指标。规划的大气环境影响识别与确定评价指标的流程见图2-1-31。

规划的大气环境影响识别就是通过系统地检查拟实施规划的各项活动与大气环境要素之间的关系，识别可能的环境影响，包括环境影响因子识别、影响范围识别、时间跨度识别等。环境影响识别的方法主要有矩阵法、网络法、叠图法、清单法、情景分析法、系统流图法等。清单法的优点是使用方便，并且由于识别环境影响涉及面较广，在评价早期阶段应用时，可保证重大的影响不被忽略；缺点是建立系统而完善的核查表工作量很大，也不能清楚地反映影响的过程、成因及综合效果。矩阵法的优点是简单实

表 2-1-28 大气污染源预测方法及适用性分析

预测方法		优点	缺点	适用性
主观预测法	类比法	统计类比,减少了结果误差的概率	进行区域分析时需要资料多、工作量大	有相似行业及规模的石化园区
	专业判断法	权威性强	无法客观定量预测	缺乏数据,难以做客观预测时采用
客观预测法	人均资源消费法	计算简单、所需数据最少	精度低	中、长期粗糙预测
	分部门预测法	资源消费各部门数据越详细,预测结果越符合实际	部门划分困难,计算复杂	中、近期预测
	时间序列法	经济发展变化不大时准确	历史数据起伏大,或者对未来趋势需要研究误差或探讨转折点时误差较大	近、中期预测
	灰色系统理论	样本数量要求少,原始数据不要求有很好的统计规律,将预测数据做后验差检验,运算体系科学完备	影响因素多	近、中期预测
	神经网络法	短期预测精度高,具有局部逼近网络的优点	对预测结果没做检验,运算体系缺乏完备性	近期预测
	线性回归法	具有大量统计数据且符合统计规律时,中长期预测效果好	若无大量统计数据或统计数据不符合统计规律,则不适宜	中、长期预测
	投入产出法	利用投入产出模型进行预测	指标体系构建复杂	近期预测
	弹性系数法	计算简单、所需数据少	紧急发展趋势与过去变化大时则预测不准	中长期粗糙预测
	排污系数法	精度高、数据可信度高	排污系数涵盖的行业小类不全,不同工艺排污系数差别大	近期预测

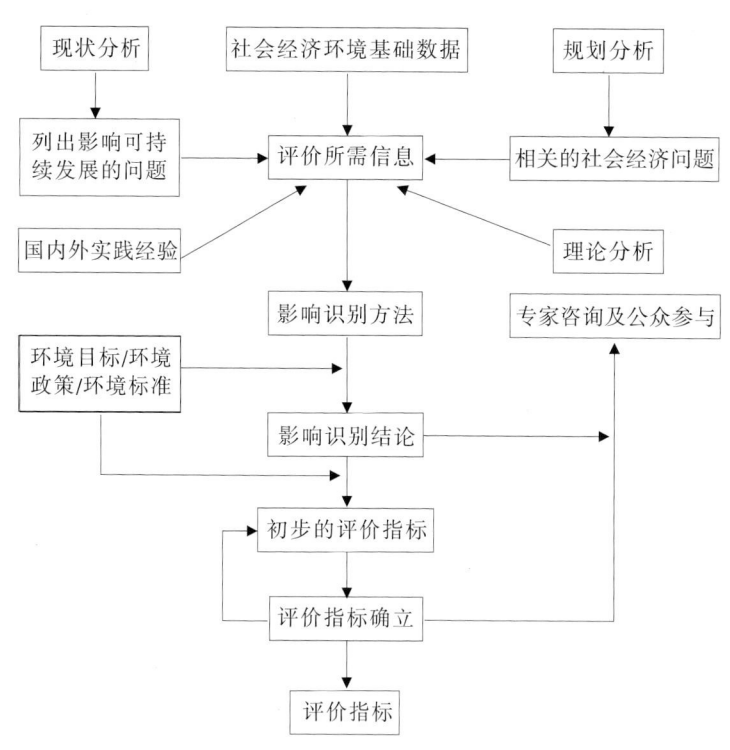

图 2-1-31 规划的大气环境影响识别与确定评价指标流程

用,成本低且内涵丰富,既可以表示多个项目的影响,又可以对多个方案进行比较;缺点是不能反映空间和时间上的变化,也不能表示因果关系,而规划环评中需要对环境随时间变化的趋势进行预测分析。叠图法能较好地显示影响的空间分布及累积影响,但是无法表达源与受体的因果关系。网络法的优点是可以识别环境影响发生的途径,便于依据因果关系分析减缓及补救措施;缺点是不容易把握实际工作的深度及重点,适合工作经验丰富的人使用。系统流图法通常是识别一个规划产生累积效应的原因和结果关系的最佳方法，但是它简单依赖并过分注重系统中的能量过程和关系，忽视了系统间物质、信息等其他联系，可能造成系统因素被忽略。情景分析法给出了降低不确定性的方法，能够对规划实施的影响进行预防，但是利用情景分析法进行环境影响识别需要大量的时间和资源，可操作性较差。

规划的大气环境影响评价指标确立时应遵循以下原则：科学性、可操作性、多样性、层次性、静态指标和动态指标相结合、完备性、简明性及敏感性。

石化园区规划的大气环境评价指标包括大气环境质量驱使力指标、状态指标和响应指标。石化园区规划环评的大气环境评价指标具体见表2-1-29。

表2-1-29　石化园区规划大气环境评价指标

准则层	质量驱使力指标	状态指标	响应指标
大气环境	万元工业产值废气排放量/(m³/万元)	区域空气质量指数平均值	机动车尾气排放达标率/%
	人均温室气体、臭氧层破坏物质年排放量/(kg/人·a)	区域主要空气污染物（二氧化硫、二氧化氮、可吸入颗粒物、总悬浮微粒）年日均或小时平均浓度/(mg/m³)	工业废气排放达标率/% 区域集中供热率/%
	万元GDP主要环境空气污染物（二氧化硫、二氧化氮）排放量/(t/万元)	区域环境空气质量达标率/%	区域煤气化率/% 烟尘控制区覆盖率/%

大气环境质量驱使力指标包括万元石化产值废气排放量(m³/万元)，人均温室气体、臭氧层破坏物质年排放量(kg/人·a)和万元GDP主要环境空气污染物（二氧化硫、二氧化氮）排放量(t/万元)。另外，为反映区域人类行为对气候变化和臭氧层破坏的影响程度，分别设置了人均温室气体、臭氧层破坏物质年排放量指标。

状态指标包括区域空气质量指数平均值、区域主要空气污染物（二氧化硫、二氧化氮、可吸入颗粒物、总悬浮微粒）年日均或小时平均浓度(mg/m³)和区域环境空气质量达标率(%)。针对区域环境空气质量存在的主要问题，人类主要采取了如下措施：工业废气和机动车尾气的治理、集中供热、煤气化和区域污染物的总量控制。

响应指标应主要反映治理实施的比例和效果，因此，响应指标包括机动车尾气排放达标率(%)、工业废气排放达标率(%)、区域集中供热率(%)、区域煤气化率(%)和烟尘控制区覆盖率(%)。

2. 大气环境影响预测与分析

(1) 污染物扩散分布预测模式分析

工业污染源排放参数对大气环境质量有直接的影响，但由于成本高和相关实验的难度大，对污染物浓度进行准确的动态时空监测并不可行，因此大气污染物扩散模式被广泛地用来模拟污染物的扩散分布情况，据此来分析评价建设活动的开展对周围环境的影响程度。国内应用于局地大气污染物扩散模拟的模型主要有AERMOD、ADMS、CALPUFF等。

AERMOD是由美国气象学会联合美国环境保护局组建法规模型改善委员会(AMS/EPA Regulatory Model Improvement Committee, AERMIC)基于最新的大气边界层和大气扩散理论开发的大气扩散模型，并作为新一代法规模型，替代原来的模型。AERMOD模型是稳态烟羽模型，它以扩散统计理论为出发点，假设污染物的浓度分布在一定程度上服从高斯分布。AERMOD模型系统的结构包括3个独立的部分：AERMOD(扩散模型)、AERMET(气象数据预处理器)和AERMAP(地形数据预处理器)。

国内外众多研究学者对AERMOD模型的适用性及准确性进行了验证分析比较。希瓦·塞拉贾·詹帕纳等讨论了模型的应用特点。阿什科·库玛尔等分别对模型1 h、3 h和24 h平均浓度预测结果进行了统计分析和模型的验证，结果显示模型对24 h平均浓度模拟效果较好，但对1 h和3 h平均浓度模拟结果偏差较大。文卡特拉姆等指出，该模式可考虑建筑物对污染源附近地区的下洗作用。国内丁峰等、杨洪斌等、王格分别用AERMOD模型模拟了污染物二氧化硫、二氧化氮、可吸入颗粒物、总悬浮微粒的扩散分布，分析了AERMOD模型在国内环境影响评价工作中的优势及不足，最大的不足表现在模型需要的气象资料在国内难以获取。

ADMS模型是基于大气边界层结构参数的物理知识和大气扩散理论的新一代大气扩散模式的代表,ADMS模型与一般高斯模型的最大区别是应用了基于边界层高度和莫宁-奥布霍夫长度的边界层结构参数的物理知识,在稳定度的分类上不采用传统的帕斯奎尔稳定度分类法,而是使用了莫宁-奥布霍夫长度和边界层高度的比值划分稳定度。扩散参数的定义将跃变式帕斯奎尔曲线或幂指数形式的扩散参数体系替代为采用连续性普适函数或无量纲表达式的形式;在不稳定条件下没有采用高斯模型,而是选择了非高斯的概率密度模型以及小风对流模型。胡刚等应用ADMS模型预测重庆某个复杂地形区域的地面细颗粒物浓度,并分别将其与导则模型的预测值与实际监测值进行了对比统计分析,得出模型对复杂地形的处理是有效的,在复杂地形上应用相比导则模型能够获得较好的预测结果。

CALPUFF由西格玛研究公司开发,是美国国家环保局长期支持开发的法规导则模型,为三维非稳态拉格朗日扩散模式系统,与传统的稳态高斯扩散模式相比,能更好地处理长距离污染物运输(50 km以上的距离范围),具有下列优势和特点:①能模拟从几十米到几百千米中等尺度范围;②能模拟一些非稳态情况下小风、环流、熏烟、地形和海岸效应,也能预测二次污染颗粒物浓度,而以高斯理论为基础的模式则不具备;③气象模型包括陆上和水上边界层模型,可利用小时网格风场作为观测数据,或作为初始猜测风场;④采用地形动力学、坡面流参数方法对初始猜测风场分析,适合于粗糙、复杂地形条件下的模拟;⑤加入了针对面源森林火灾浮力抬升和扩散处理功能模块。

CALPUFF模型一般用于评价范围大于50 km的区域的预测,例如城市范围的污染物扩散模拟。国内将该模型直接应用于环境质量模拟与环境影响评价的成熟案例不多,对于石化园区而言,园区的大气评价范围不太大,一般不需要用到CALPUFF模型;ADMS模型内嵌街道窄谷模型,适用于城市区域大气污染扩散模拟及复杂地形情况下的模拟;AERMOD适用于具有较完善气象数据、地形数据的情况。根据具体的规划方案及项目的情况选择合适的污染物扩散模型。

对于分期建设的规划及多方案规划,其预测内容包括不同规划年限、不同规划方案及替代方案下,区域大气污染的空间分布及影响大小,并核算相应规划期的环境防护距离。对于无替代方案的规划,需要预测零方案下区域大气环境质量状况。

(2)大气环境容量的核算

大气环境容量估算有多种方法,环评工作通常采用箱模型法、A-P值法、多源模型法等。

A值法模型属于箱模型,其基本原理是将总量控制区上空的空气混合层视为承纳地面排放污染物的一个箱体。污染物进入箱体后被假定为均匀混合,箱体能够承纳的污染物总量与箱体体积(等于混合层高乘以区域面积)、箱体的污染物净化能力以及对箱内污染物浓度的限度(即区域环境空气质量目标)成正比。其中,箱体高度和自净能力属于自然条件,不同地区可以根据当地的A值以及当地的环境空气质量目标来确定。A值法只规定了各区域总的允许排放量但无法具体确定每个源的允许排放量,而P值法通过排气筒的高度来控制排放率,可以控制某个固定排气筒的排放总量,但是没有控制排气筒个数,因而无法限制区域的排放总量,这样就需要将A值法与P值法结合起来分析区域的总量控制。

A-P值法首先利用A值法计算出控制区某种污染物的允许排放总量大气环境容量,然后利用P值法,确定出各个点源的允许排放量(保证所有污染源之和不超出上述允许排放总量),最后根据计算出的排放量限值及大气环境质量现状本底情况,确定出该区域可允许的排放量即大气环境容量。

多源模型即空气污染扩散模型,此类模型建立了基本的污染源、地区地形和气象条件与污染物浓度的动态响应关系,可以将某一地区内的污染物总量以浓度的形式表现出来,常用的空气污染扩散模型包括CALPUFF、ADMS、CMAQ、AERMOD等。

李莉等利用CMAQ空气质量模型建立了基于不同达标率的大气环境容量计算方法，通过调整区域的污染物排放量，并结合大气质量监测数据和环境空气质量标准，建立了不同大气污染物的达标率与环境容量之间的关系曲线。该方法确定了二氧化硫、二氧化氮、可吸入颗粒物粒在不同达标率下的大气环境容量，并能充分反映3种污染物环境容量的季节性变化特征。肖杨等利用ADMS-Urban和线性规划模型构建浓度排放量反推模型，并结合虚拟点源法，利用区域自然生态环境、污染气象特征及区域大气环境质量保护目标等资料，测算了北京市通州区的大气环境容量。

(3)大气环境风险预测与分析

工业园区生产装置、储罐设施、涉及的原辅料及中间产物，多为高温高压装置和易燃易爆物质，存在火灾、爆炸、毒物泄漏等危险，因此会有较大的风险隐患。尤其是石油化工业的原料和产品大多数为易燃、易爆和有毒、有害物质，在生产过程中多数处于高温、高压或低温、低压、负压等苛刻条件下，潜在的事故危险很大。原材料和产品储存过程中一旦发生事故，往往爆炸和火灾相互引发，会导致有害物质大量外泄，通过大气和水体扩散，造成人群危害和财产损失。对园区各个装置进行风险识别，确定重大环境风险源，再根据相关模型分析预测事故的影响范围和程度，提前做好防范工作，减轻事故发生对周围环境及人员安全的影响。

环境风险评价的重点是预测分析评估重大危险源的影响。重大危险源控制的目的不仅是预防重大事故发生，而且要做到一旦发生事故，能将事故危害控制在最低限度。重大危险源一般都涉及易燃、易爆或毒性物质，并且在一定范围内使用、生产、加工或贮存的数量超过了这些物质的安全临界值。

根据《全国环境统计公报(2001—2007年)》，每年环境污染与破坏事故次数及其影响呈上升趋势，造成的直接经济损失高达数百亿元人民币，其中大气污染事故占31%~40%，是第二大事故类型。进行大气环境风险评价时首先要辨识或确认高危险性的工业设施危险源。我国主要根据中华人民共和国国家质量监督检验检疫总局及中国国家标准化管理委员会于2009年12月1日颁布实施的《危险化学品重大危险源辨识》(GB18218-2009)来进行重大环境风险源的识别。

一般来说，重大危险源的风险分析评价包括下述几个方面。

1)辨识各类危险因素及其原因与机制。
2)依次评价已辨识的危险事件发生的概率。
3)评价危险事件的后果。
4)进行风险评价，即评价危险事件发生概率和发生后果的联合作用。
5)风险控制，即将上述评价结果与安全目标值进行比较，分析风险值是否在可接受水平，如超出可接受水平，则需进一步采取措施，降低危险水平。

最大可信事故源项是为其后的环境风险预测评价提供依据。大气环境风险事故源项参数应包括如下几个方面。

1)事故所致的泄漏状况：温度、压力、破损面积、泄漏事件(或释放率)。
2)泄漏方式、泄漏量等。
3)泄出物的理化、毒理特性。
4)泄出物向环境转移的方式、途径。
5)泄出物可能造成灾害的类型，如火灾、爆炸、毒物危害等。

我国对于突发性大气环境风险事故的研究也取得了系列成果，如刘铁民等总结了工业生产污染源发生污染事故的风险评价方法，主要包括定性评价方法(如专家评价法、安全检查法等)、定量评价方法(如风险矩阵法、可接受风险值法)、概率评价方法(如事故树、逻辑树、马尔可夫模型法)等。邵超峰等系统地研究了开展突发性大气污染事件环境风险评估与管理的主要内容及方法。刘希对化工罐区的泄漏和火灾事故进行了模拟分析，认为P-G扩散参数适用于预测液化产品的泄漏蒸发，IAEA扩散参数适用于预测火灾事故中一氧化碳、一氧化硫等伴生污染物的扩散模拟。

(4)恶臭环境影响预测与分析

对恶臭的学术研究一般方法是用动态嗅觉仪测量源强,再建立恶臭扩散模型,最后与相关标准进行比较与对照。臭气强度与臭气浓度之间的关系主要通过现场试验来建立,在此基础上设定臭气影响标准;建立合理的臭气扩散模型;最后根据公众调查、居民投诉等辅助手段对恶臭分析过程进行验证。见图2-1-32。

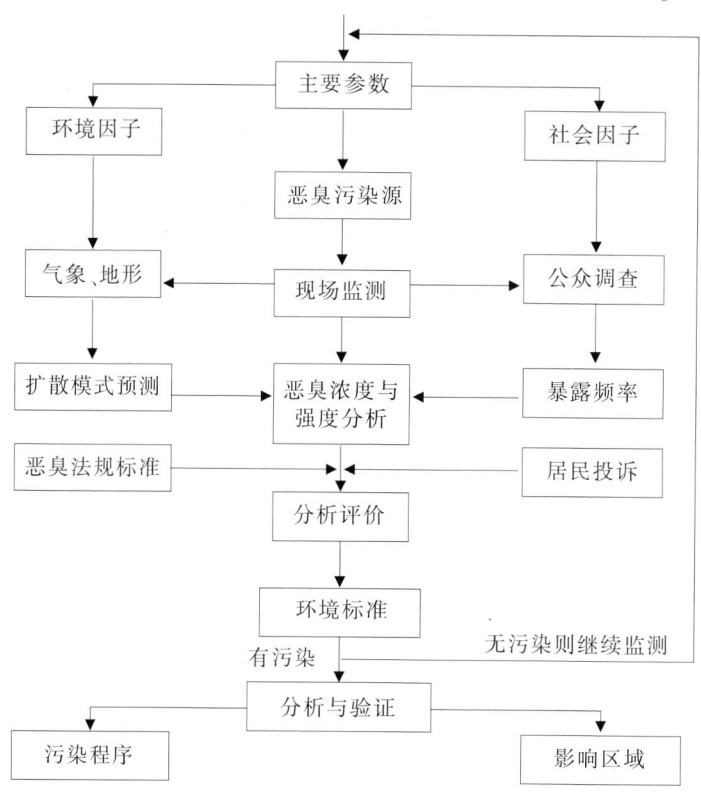

图2-1-32 恶臭的评价流程

现在一般采用的恶臭测量方法主要有两种:一是以恶臭成分测定为中心的仪器分析方法,另一种是根据人的嗅觉对恶臭气体的嗅觉响应而建立的感观测定法。前者是描述臭气对人嗅觉的刺激量,即恶臭的化学浓度;后者则描述人对臭气刺激量的感觉程度,即感觉强度是依据嗅辨员的嗅觉来判定恶臭的强弱程度。

恶臭强度和恶臭物质测量浓度之间有一定的数字关系。采用模式模拟恶臭物质测量浓度分布来分析区域的恶臭污染的分布及扩散是一个有效方法。有两种模式来描述这两者之间的关系,它们都是在浓度和强度之间建立了不同的幂及对数关系式。

1)史蒂芬公式:

$$I=K_s(C-C_0)n$$

即 $\lg(I)=n\lg(C-C_0)+\lg(K_s)$

式中:I 为臭气强度,无量纲;

K_s 为参数;

C 为臭气浓度;

C_0 为检知阈值下的臭气浓度(即一个臭气单位);

n 为 0.07~0.7,无量纲。

2)韦伯-费希纳公式:

$$I=K_w\lg(C/C_0)+const$$

式中:I 为臭气强度,无量纲;

K_w 为韦伯-费希纳参数;

C 为臭气浓度;

C_0 为检知阈值下的恶臭物质浓度;

$const$ 为与平均强度水平相关的参数,由每种恶臭物质的最佳拟合曲线得出。

由以上两个公式得出的强度与浓度的关系相差并不大,但由于韦伯-费希纳公式中的数据更易于从实验数据中得到,所以在研究臭气强度与浓度关系时,韦伯-费希纳公式得到更为广泛的应用。

通过大气污染扩散模式即可模拟出恶臭污

染物质浓度在区域的分布，再根据浓度与臭气强度的关系即可分析出恶臭的强度，从而分析出区域的恶臭影响。

(5) 温室效应分析

全球排放的温室气体含有多个种类，不同气体的温室效应的强度是不同的，分析规划产生的温室气体的量及温室效应强度来反映规划的温室效应的影响。温室气体对温室效应的贡献见表2-1-30。

表2-1-30　温室气体对温室效应的贡献

温室气体种类	对温室效应的贡献/%	大气中每年的增加量/%
二氧化碳	66	0.50
甲烷	20	0.90
氯氟烃	10	4.00
二氧化氮	4	0.25

北京大学化学与分子工程学院李玉辉等的研究，将不同的温室气体的增温效果与二氧化碳比较，如1单位的二氧化碳在1周年内形成1个单位的增温效果，则1单位的甲烷形成63个单位的增温效果，氧化亚氮形成270个单位的增温效果，氟氯烃更大，其中CFC-11形成4 500个单位的增温效果。

根据上述数据，统计规划产生的温室气体的年排放量，然后转化成以二氧化碳1周年内形成的增温效果为单位计量的增温效果，统计即可得出规划实施产生的总的增温效果，并且可以对不同的温室气体的量进行多年统计，再跟踪评价阶段分析其变化规律，控制温室效应强度高的气体的量。在经济技术可行的情况下，将温室效应强度高的气体转化成温室效应强度低的气体，可减轻人为活动造成的温室效应。

(6) 防护距离设置

工业企业卫生防护距离是指产生有害因素的生产单元(车间或工段)的边界至居住区边界的最小距离。2009年4月1日起实施的《环境影响评价技术导则——大气环境》(HJ2.2-2008)对大气环境防护距离进行了规定，在进行环境影响评价时需要计算项目的大气环境防护距离，而对于原导则规定的卫生防护距离，只是在相关行业规定的卫生防护距离法规标准未失效时仍需确定。

王栋成等对大气环境防护距离与卫生防护距离确定技术方法进行了对比研究，提出了用推荐模式（基于SCREEN3或AERSCREEN）计算各无组织源的环境空气质量最远达标距离，计算出的距离是以污染源中心点为起点的控制距离，并结合厂区平面布置图，确定控制距离范围，超出厂界以外的范围，即为项目大气环境防护区域。

丁峰等分析了用AERMOD模型计算卫生防护距离的方法，同样可以用于大气环境防护距离的计算。他们将当地全年逐时气象参数输入AERMET预处理后，与污染源参数一并输入AERMOD系统，最终输出受无组织排放面源影响，评价区域内各预测网格点的全年日均浓度最大值，并绘制成日均浓度等值线图。他们结合浓度模拟结论，确定评价区域内日均最高浓度高于《环境空气质量标准》(GB3095-1996)中二级环境质量标准并超出厂界以外的范围区域即为大气环境防护距离范围。

侯雅楠等提出的安全防护距离是考虑了环境风险的特点并参考大气环境防护距离提出来的。他们将安全防护距离设定为根据园区火灾爆炸事故、毒物泄漏事故预测影响范围，将浓度超过人体短时接触允许值的范围设定为安全防护距离。

进行规划的防护距离设置时，要综合考虑卫生防护距离、大气环境防护距离及安全防护距离，原则是分别计算出3个距离值，然后综合取最大的范围，其具体的确定流程见图2-1-33。但是各个规划实施的区域不同，周围的自然环境及局限制约因素不同，可以根据实际情况进行适当调整。

3. 某石化园区发展规划

(1) 某石化园区发展规划概述

本文选取甘肃庆阳某石化园区发展规划为例进行案例分析。

园区功能定位：该园区是庆阳市产业功能区和新的空间拓展区，是城市进一步发展的核心支撑，并引导城市建设及城市经营逐步由空

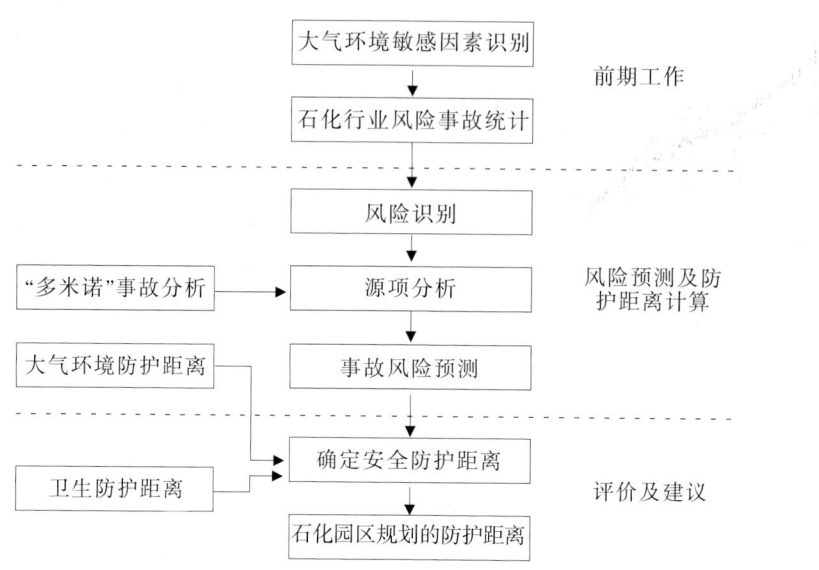

图 2-1-33 防护距离确定流程图

间扩张向产业开发和品质提升转移。

园区性质：以石油加工为主，石油化工、精细化工配套的专业石化工业园区。

园区主导产业：石油加工；石油、天然气化工；精细化工。

规划年限：2010—2020 年。

某石化工业园区产业发展规划概况见表 2-1-31。

表 2-1-31　园区产业规划一览表

	项目名称		备注
石油化工项目	炼油项目		300 万 t/a
	聚丙烯项目		最大 35 万 t/a
	环氧丙烷下游产品	聚醚多元醇	2 万 t/a
		丙二醇醚	1 万 t/a
	聚乙烯		20 万 t/a
	纯苯衍生物	苯乙烯	不应低于 20 万 t/a
		苯酚	不应低于 8 万 t/a
		己内酰胺	不低于 10 万 t/a
	聚丙烯下游产品	BOPP 薄膜	2 万 t/a
		CPP 薄膜	1 万 t/a
		聚丙烯纤维（丙纶）	0.3 万 t/a 高强丙纶工业丝，1 万 t/a 超细旦丙纶
精细化工项目	化工三剂	汽油清净节能剂	—
		柴油清净节能剂	—
		无铅汽油抗爆抗震剂	—
		柴油稳定剂	—
		柴油低温流动改进剂	—
		高效缓蚀剂	—
	丙烯酸		规划 5 万 t/a
	MTBE 下游产品	MTBE-甲基丙烯酸甲酯	—
		MMA 下游（有机玻璃）	条件成熟时
	C4 衍化产品	1,4-丁醇联产四氢呋喃	建议 5 万 t/a
		聚异丁烯	建议 1 万 t/a
	苯酚-双酚 A-环氧树脂		—

续表

项目名称		备注
其他项目	石油焦下游产品 — 石油焦基活性炭	规划 1 万 t/a
	石油焦下游产品 — 阳极炭块	规划 5 万 t/a
	沥青下游产品 — 改性沥青防水卷材冷胶粘剂	300 万 m²/a
	沥青下游产品 — 沥青基碳纤维	500 t/a
	甲醛	30 万 t/a
	聚甲醛	40 万 t/a
	多聚甲醛	20 万 t/a
	脲醛树脂	50 万 t/a
	二甲醚	—
	西二联合站轻烃厂	—
	华能热电联产项目	2×300 MW

园区用地规模及用地布局：园区规划土地利用见表2-1-32，园区的发展规划功能分区见图2-1-34。

表2-1-32 规划土地利用一览表

	序号	用地性质	用地代号	面积/hm²	占建设用地比例/%
城市建设用地	1	工业用地	M	409.88	61.83
	2	仓储用地	W	49.71	7.50
	3	对外交通用地	T	5.84	0.89
	4	道路广场用地	S	57.41	8.66
	5	市政公用设施用地	U	22.14	3.34
	6	绿地	G	117.93	17.79
	其中	公共绿地	G1	0.93	0.14
		生产防护绿地	G2	117	17.65
总计				662.91	100

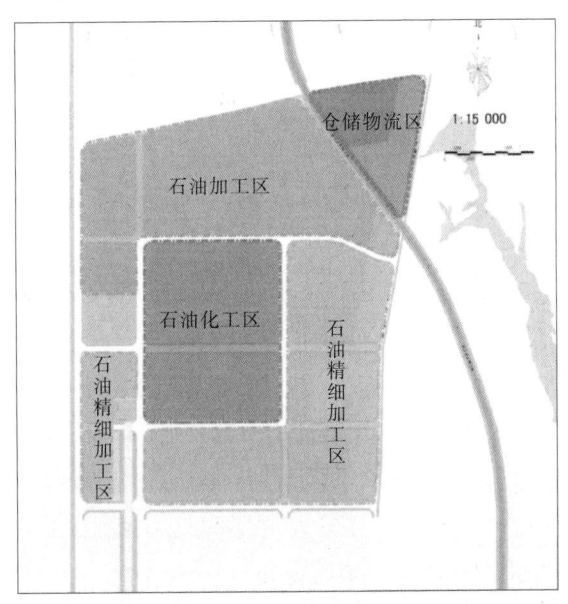

图2-1-34 石化园区功能分区图

根据拟规划园区所在地气象站多年的风向玫瑰统计图分析，园区所在地的主导风向是南风，其下风向处将会是大气污染程度较重的区域，因此建议规划将大气污染严重的企业布置在园区的北部，以减轻对园区和周围环境的影响，规划及时调整了相关内容。规划园区所在地气象站风向频率玫瑰图见图2-1-35。

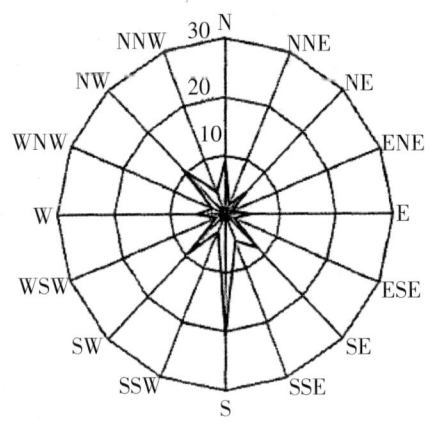

图2-1-35 规划园区所在地气象站风向频率玫瑰图

(2)规划大气评价基础资料收集与分析

1)区域污染气象：研究人员在园区开展了为期半个月的低空测风及温度低空探测补充观测，并在园区安装了一台风向、风速自动观测仪，对园区进行为期1个月的地面(米高)风向风速观测，并将观测结果与庆阳市气象站同期的地面(米高)风向风速进行分析订正。研究人员通过地理信息系统收集了地形高程信息，并形成了区域地形高程图。

A.低空风分析。表2-1-33是风向随高度变

表 2-1-33 风向随高度变化的统计结果

高度	风向频率	N	NNE	NE	ENE	E	ESE	SE	SSE	S	SSW	SW	WSW	W	WNW	NW	NNW
10 m	频率	8.25	5.15	3.09	0.0	5.15	6.19	4.12	9.28	14.87	9.28	2.06	1.03	3.09	4.1	12.06	12.37
	风速	3.33	3.32	1.18	0.0	3.03	2.51	3.58	3.64	4.44	5.74	4.86	3.18	2.09	2.10	2.7	3.53
25 m	频率	10.31	8.12	5.03	0.0	0.0	3.09	4.12	17.65	12.87	5.15	2.06	2.06	2.0	5.0	9.15	12.37
	风速	2.75	3.08	0.90	0.0	0.0	2.52	3.96	4.28	5.05	2.71	2.78	3.68	0.0	1.68	2.59	3.62
50 m	频率	8.25	6.19	0.0	0.0	0.0	2.06	1.03	19.59	36.08	3.09	2.06	2.06	2.06	1.03	3.09	13.4
	风速	3.77	2.22	0.0	0.0	0.0	0.59	0.91	4.33	5.62	4.34	4.09	1.30	2.20	0.53	2.99	3.52
100 m	频率	14.43	1.03	1.03	0.0	0.0	2.06	1.13	11.34	43.3	7.22	1.03	1.03	0.01	1.03	2.06	13.4
	风速	3.94	2.19	1.52	0.0	0.0	1.29	2.13	3.18	6.28	4.13	1.33	1.69	0.0	2.74	1.90	3.73
150 m	频率	14.43	2.06	1.03	0.0	1.03	1.03	1.03	6.19	45.36	7.22	0.0	3.09	0.0	0.0	3.09	14.43
	风速	49.1	0.95	0.39	0.0	1.12	0.91	1.90	5.14	6.66	4.82	0.0	1.02	0.0	0.0	2.45	3.45
200 m	频率	15.46	2.06	1.03	1.03	0.0	0.0	0.0	5.15	48.45	6.19	2.06	0.0	2.06	0.0	4.12	12.37
	风速	5.11	0.81	1.50	0.84	0.0	0.0	0.0	3.81	6.99	5.39	0.91	0.0	0.91	0.0	2.88	3.77
300 m	频率	23.96	1.04	0.0	3.13	0.0	1.04	1.04	5.21	42.71	11.46	1.04	0.0	0.0	0.0	3.13	6.25
	风速	4.57	7.31	0.0	0.85	0.0	1.84	1.36	4.01	7.29	7.73	5.55	0.0	0.0	0.0	1.41	3.65
400 m	频率	20.21	7.45	0.0	1.06	0.0	0.0	0.0	4.26	30.85	26.60	1.06	0.0	0.0	0.0	1.06	7.45
	风速	4.10	4.75	0.0	1.68	0.0	0.0	0.0	3.11	6.77	8.00	2.48	0.0	0.0	0.0	0.64	3.47
500 m	频率	12.22	13.33	2.22	0.0	0.0	0.0	1.11	5.56	27.78	31.11	3.33	0.0	0.0	1.11	0.0	2.22
	风速	4.90	4.55	3.09	0.0	0.0	0.0	1.33	2.18	6.40	8.15	4.5	0.0	0.0	0.59	0.0	2.03
600 m	频率	5.62	16.85	2.25	3.37	1.12	0.0	0.0	4.49	19.10	39.33	5.62	0.0	0.0	0.0	0.0	2.25
	风速	4.95	4.58	4.58	2.63	0.99	0.0	0.0	2.40	6.05	7.29	6.59	0.0	0.0	0.0	0.0	1.10
700 m	频率	6.17	7.41	9.88	2.47	0.0	0.0	1.23	3.70	14.81	43.21	8.64	0.0	0.0	0.0	1.23	1.23
	风速	4.70	4.76	3.45	2.69	0.0	0.0	1.72	2.18	5.71	6.63	6.88	0.0	0.0	0.0	1.62	2.03
800 m	频率	4.00	9.33	4.00	5.33	2.67	1.33	0.0	2.67	18.67	40.00	10.67	0.0	0.0	1.33	0.0	0.0
	风速	2.08	4.23	4.22	3.31	1.02	0.93	0.0	3.14	4.15	6.77	4.21	0.0	0.0	1.76	0.0	0.0
1 000 m	频率	0.0	4.76	11.90	4.76	0.0	4.76	4.76	0.0	11.90	30.90	19.05	4.76	2.38	0.0	0.0	0.0
	风速	0.0	3.02	2.03	1.43	0.0	1.30	0.64	0.0	1.87	3.16	3.67	3.00	3.31	0.0	0.0	0.0

化的统计结果,可见地面 10 m 风向变化范围相对比较大,主要集中在 SSW-SSE 范围和 NNW-NNE 范围;随着高度的增加,风向变化范围变窄,进一步向 S 风和 N 风集中,到 300 m 高度,风向顺时针偏转效果显现,S 风和 N 风都有约 50%偏转达到 22.5°;到 700 m 高度,风向基本上全部偏转了 22.5°,N 风部分偏转了 45°;到 1 000 m 高度,S 风也部分偏转了 45°,N 风基本上全部偏转了 45°。

B.边界层温度层结特性。边界层中气温的垂直变化对烟气的扩散、稀释及输送影响较大,并且气温的垂直变化直接影响到大气的稳定度。当大气处于不稳定状态时,气温是随高度的升高而递减的,有利于烟气的垂直扩散;当大气处于逆温即稳定状态时,气温随高度的升高而升高,烟气的垂直扩散受到抑制。但对高架排放源来说,如果这时逆温层顶高度低于有效源高,反而起到抑制污染物向地面扩散的作用,有利于降低地面污染浓度;如果逆温层顶、底高度高于烟气抬升高度,就不利于烟气的扩散,易造成地面高浓度污染。

接地逆温:把气温随高度增加和不随高度改变的气层都统计为逆温层,并按逆温层底部的高度分为接地逆温和悬浮逆温。

接地逆温是指从地表开始的逆温层。秋季该地区接地逆温出现频率为 45.6%,平均厚度为 246 m,最大厚度为 350 m,平均强度 0.29 ℃/100 m,最大强度为 2.6℃/100 m。

在一天中,接地逆温出现最多时段在夜间 21~0 时,分别占观测次数的 80%和 95%,而且此时接地逆温强度也较大,平均为 0.88~1.7 ℃/100 m,此外接地逆温厚度亦较大,在深夜 23 时到次日早晨 6 时,平均为 170~240 m。

悬浮逆温:悬浮逆温是指从某一高度上开

始的逆温层。该地区出现的悬浮逆温频率为38%。表2-1-34。为各高度上的悬浮逆温统计特征。悬浮逆温则多在300~500 m 和 700~1 000 m 高度上,频率分别为17.2%和30.8%。平均厚度最大的悬浮逆温,其底高出现在100 m 高度以下,逆温平均最大强度为0.61℃/100 m。

表 2-1-34 逆温特征统计表

项目 逆温底高/m	出现频率/%	平均厚度/m	最大厚度/m	平均强度/(℃/100 m)	平均强度/(℃/100 m)
接地逆温	45.6	246	350	0.92	2.06
<100	12.0	109	147	0.61	2.2
100~300	13.7	86	185	0.60	1.4
300~500	17.2	66	147	0.25	0.8
500~700	15.4	67	179	0.04	1.5
700~1 000	30.8	76	126	0.28	0.8
>1 000	54.9	77	137	0.33	0.6

对项目烟气扩散影响较大的逆温为出现在100~300 m 高度上的悬浮逆温,其出现频率为13.7%,其平均厚度为86 m。

C.混合层高度。根据探空曲线和地面最低、最高温度资料,采用干绝热曲线上升法计算得出该地区平均最低混合层高度和平均最高混合层高度,见表2-1-35。由表可见,该地区的混合层平均高度为620 m。

表 2-1-35 混合层高度

平均高度/m	最大高度/m	最低高度/m
620	870	306

2)地形资料分析。园区选址在庆阳董志塬的塬区上,塬区较平整,塬区外沟壑纵横深切。采用Global Mapper 系统分析了区域地形高程,高程图见图2-1-36。由图可知,园区内地形高程为海拔1 360 m 左右,地形平坦,周围5 km 范围内最高高程为海拔1 380 m,烟囱高度最低为50 m,则5 km 范围内的地形高度不超过烟囱高度,可以确定评价范围内属于简单地形。见图2-1-37。

图 2-1-36 研究区域地形高程图

图 2-1-37 研究区域立体地形图

3)环境空气质量资料分析。分冬夏两期对20 km 范围内的18个大气环境敏感点进行了环境空气质量现状监测,监测项目包括:二氧化硫、二氧化氮、总悬浮微粒、可吸入颗粒物、臭氧、苯并芘、氟化物、氨、硫化氢、苯、二甲苯、甲醛、甲苯、非甲烷总烃等14项。

评价范围内二氧化硫、二氧化氮、苯、甲苯、二甲苯等指标总体上浓度较低,均可满足《环境空气质量标准》(GB3095-1996)(2000年修改单)中的二级评价标准和其他参考标准的要求。非甲烷总烃、氨、臭氧等指标能达到评价标准要求,但是浓度变化较大,接近标准值。综合对区域的环境空气质量进行分析,该地的环境空气能够支撑规划的实施。

由于该地区之前开发有限,为农田区,因此没有进行大气环境质量的例行监测工作。对于该地的大气环境质量的变化趋势分析需要建立在多年监测数据的基础上,故借鉴该地城市的大气环境例行监测资料和相应年的经济活动数据,分析得出环境空气质量变化小,可能是由于研究区域近年的大型工业建设活动较少,区域大气排污及经济量变化不大,对大气环境质量影响小。

(3)安全防护距离设置

石化行业属于高风险行业,石化生产过程中所涉及的大多数原材料、中间产品和最终产品,以及存储、运输的物质都具有有毒、有害、易燃、易爆的性质。这些物质的大量存在,造就潜在的风险源项,容易引发火灾、爆炸、泄漏、中毒等大气环境污染事故,从而毒害人群、污染环境和破坏生态。石化园区涉及有毒物质泄漏时,根据物质泄漏及有毒蒸气释放的事故特点,采用多烟团叠加模式来预测下风向落地浓度。火灾、爆炸发生时,采用池火模型、火球模型等对影响的范围和程度进行模拟预测。

1)最大可信事故及源强。通过对规划分析后,筛选出来的园区最大可信事故见表2-1-36。

根据分析,各事故的源强见表2-1-37。

2)安全防护距离计算。

A.苯罐泄漏:根据物质泄漏及有毒蒸气释放的事故特点,采用多烟团叠加模式在气象条件下(多年平均风速2.5 m/s、B、D、F稳定度)预测了苯罐泄漏的下风向落地浓度。可以看出苯罐区发生泄漏时下风向距离,所有扩散区域内苯浓度均低于苯的半数致死浓度LD50=3 306 mg/m³(大鼠经口),半致死浓度内没有居民。根据《工业企业设计卫生标准》,苯的车间空气中有害物质的最高允许浓度为40 mg/m³,苯罐泄漏事故各稳定度条件下,事故源100 m以外的最大落地浓度均小于40 mg/m³,则安全防护距离设置为100 m。见表2-1-38。

B.硫黄回收装置泄漏:根据毒物泄漏扩散及伤害模型对假设的事故后果预测结果,在硫化氢泄漏点34.9 m的半径范围内,人员吸入有毒气体2~5 min会死亡。在硫化氢泄漏点41.1 m的半径范围内,吸入有毒气体2~5 min,会导致一半人数死亡。在硫化氢泄漏风险事故点52.5 m的半径范围内,人员吸入有毒气体6~8 min会导致严重伤害,事故发生点周围1 623.9 m的范围,硫化氢浓度超标。可通过及时疏散人群减轻危害,将安全防护距离设置为100 m。

C.催化重整装置泄漏:采用多烟团叠加模式在气象条件下(多年平均风速2.5 m/s、B、D、F稳定度)来预测下风向落地浓度。预测结果见表2-1-39。根据《工作场所有害因素职业接触限值》(GBZ 2-2002)规定,催化剂粉尘车间最高允许浓

表2-1-36 园区最大可信事故

事故区域		风险类型	危险因子	最大可信事故
炼油项目	苯罐区	中毒、爆炸	苯	出口部位管线泄漏,苯外泄
	汽油储罐	火灾、爆炸	热辐射	装卸、倒罐中设备故障,管口破裂或误操作,原油溢出,火源引起燃烧爆炸
	酸性气管线	中毒	硫化氢	管线爆裂,硫化氢外泄
	柴油加氢	爆炸、中毒	热辐射、烃类泄漏	反应器温度、压力超高,损坏设备,易燃易爆物质泄漏
	渣油裂化	爆炸、中毒	热辐射、烃类泄漏	反应器温度、压力超高,损坏设备,易燃易爆物质泄漏
	催化重整	泄漏	催化剂粉	催化剂泄漏

表2-1-37 风险事故源强

装置名称	事故类别	泄漏时间/min	泄漏量/kg	释放高度/m
苯罐	苯泄漏	10	2 130	3
原油储罐	火灾	10	324 000	—
柴油储罐	火灾	10	324 000	—
酸性气管线(硫黄回收)	硫化氢泄漏	10	470	5
柴油加氢	轻烃	10	608	—
渣油裂化	轻烃	10	646	—
催化重整	催化剂粉尘泄漏	10	45	120

表 2-1-38　苯罐泄漏事故后下风向轴线最大落地浓度

下风距离/m	大气稳定度类型					
	B		D		F	
	污染物浓度/(mg/m^3)	事故时间/min	污染物浓度/(mg/m^3)	泄漏时间/min	污染物浓度/(mg/m^3)	泄漏时间/min
85	35.687 4	4.87	38.623 5	4.85	41.325 6	4.8
100	32.902 3	5.65	38.269 6	5.63	35.872 9	5.6
200	22.251 4	6.3	35.006 5	6.25	38.034	6.2
300	14.818 9	6.94	28.206 6	6.88	34.542 6	6.81
400	10.455 2	7.59	22.737 8	7.51	30.547 8	7.41
500	7.762 9	8.24	18.631 9	8.14	26.911	8.01
600	5.876 8	8.89	15.533 9	8.76	23.777 5	8.61
700	4.599 1	9.54	13.155	9.39	21.120 2	9.22
800	3.694 7	10.18	11.293 3	10.02	18.871 3	9.82
900	3.031	10.83	9.810 1	10.65	16.961 7	10.42
1 000	2.529 5	11.48	8.609 2	11.27	15.331 1	11.02
1 200	1.847 1	12.78	6.842 8	12.53	12.695 6	12.23
1 500	1.236	14.72	5.087 3	14.41	9.953 2	14.04
2 000	0.711 1	17.96	3.397 9	17.55	7.078 8	17.05
2 500	0.448 4	21.2	2.482 1	20.68	5.534 8	20.06
3 000	0.301	24.44	1.894	23.82	4.486 8	23.07
3 500	0.211 7	27.68	1.488 4	26.96	3.732 2	26.08
4 000	0.154 6	30.92	1.195 2	30.09	3.163 4	29.1

表 2-1-39　催化重整装置泄漏事故后下风向轴线最大落地浓度

下风距离/m	大气稳定度类型					
	B		D		F	
	污染物浓度/(mg/m^3)	事故时间/min	污染物浓度/(mg/m^3)	泄漏时间/min	污染物浓度/(mg/m^3)	泄漏时间/min
85	4.685 4	5.11	5.096 2	5.04	5.016 2	5.0
100	4.171 2	5.65	4.851 6	5.63	4.547 8	5.6
200	2.820 9	6.3	4.437 9	6.25	4.821 8	6.2
300	1.878 7	6.94	3.575 9	6.88	4.379 1	6.81
400	1.325 5	7.59	2.882 6	7.51	3.872 7	7.41
500	0.984 1	8.24	2.362 1	8.14	3.411 6	8.01
600	0.745	8.89	1.969 3	8.76	3.014 4	8.61
700	0.583	9.54	1.667 7	9.39	2.677 5	9.22
800	0.468 4	10.18	1.431 7	10.02	2.392 4	9.82
900	0.384 3	10.83	1.243 7	10.65	2.150 3	10.42
1 000	0.320 7	11.48	1.091 4	11.27	1.943 6	11.02
1 200	0.224 2	12.78	0.867 5	12.53	1.609 5	12.23
1 500	0.156 7	14.72	0.644 9	14.41	1.261 8	14.04
2 000	0.090 1	17.96	0.430 8	17.55	0.897 4	17.05
2 500	0.056 8	21.2	0.314 7	20.68	0.701 7	20.06
3 000	0.038 2	24.44	0.240 1	23.82	0.568 8	23.07
3 500	0.026 8	27.68	0.188 7	26.96	0.473 1	26.08
4 000	0.019 6	30.92	0.151 5	30.09	0.401	29.1

度为5 mg/m³。各类稳定度条件下事故源100 m以外的落地浓度均低于催化剂粉尘车间最高允许浓度，100 m内超标，设置安全防护距离为100 m。

D.柴油加氢、渣油裂化等装置发生火灾事故：从表 2-1-40 可以看出，假设柴油加氢、渣油加氢装置、催化重整装置发生泄漏火灾事故，在不同的泄漏量，泄漏时间控制在 10 min 以内。若以概率为基准，火灾死亡半径分别为162 m、166 m、81 m 内；二度烧伤距离分别为198 m、203.9 m、99 m 内；造成财产损失的距离分别为273 m、278.9 m、

表 2-1-40　生产装置火灾事故的后果

项目		柴油加氢	渣油加氢	催化重整
泄漏物质		氢气、烃类	氢气、烃类	烃类
泄漏时间/min		10	10	10
泄漏量/kg		608	646	530
火球半径/m		28.08	28.47	23.4
死亡概率 50%	热辐射通量/(W/m^3)	78 287	77 488	89 566
	半径/m	162	166	81
二度烧伤	热辐射通量/(W/m^3)	51 850	51 321	59 320
	距离/m	198	203.9	99
一度烧伤	热辐射通量/(W/m^3)	22 783	22 550	26 065
	距离/m	300	307.7	150
财产损失	热辐射通量/(W/m^3)	27 473	27 450	27 793
	距离/m	273	278.9	144
无影响区域	热辐射通量/(W/m^3)	<4 000	<4 000	<4 000
	距离/m	>715	>730	>380

144 m 内。分别设置安全防护距离为 300 m、307.7 m 及 150 m。

从结果可以看出，柴油加氢裂化装置和渣油加氢裂化装置发生爆炸事故造成影响较大，主要是因为泄漏量较多及氢气的燃烧热较大。这里接受热辐射的时间，是按照火球的燃烧时间计算的，工作人员立即撤离 166 m 以外的区域可以将该区域内伤害率减至 50% 以下。

火灾会产生大量的浓烟和烟尘中带有未燃烧的烃类物质，对大气环境产生影响，应立即启动应急措施，大量地喷水，降低浓烟的温度，抑制浓烟蔓延的速度。

E. 储罐区的火灾事故：假设 1 个 20 000 m^3 原油储罐或 1 个 5 000 m^3 柴油储罐发生全面敞口火灾，罐储存量按 90% 计。单个储罐发生全面敞口火灾时，油料燃烧产生的辐射热计算结果见表 2-1-41、表 2-1-42。

从表中的数据可知，柴油罐和原油罐火灾

表 2-1-41　油罐火灾总热辐射通量

油罐类型	10 000 m^3（柴油罐）	10 000 m^3（原油罐）
热辐射通量	47 020 J/s	110 910 J/s

表 2-1-42　各类油罐火灾的伤害程度和距离

入射通量/(kW/m^3)	油罐火灾伤害距离	
	万 m^3（柴油罐）	万 m^3（原油罐）
37.5	10.0	48.5
25.0	12.2	59.4
12.5	17.3	84.0
4.0	30.6	148.6
1.6	48.4	234.9

辐射热产生严重损坏的距离分别为 12.2 m 和 59.4 m，强热辐射将对该距离内的人员产生严重伤害，设置安全防护距离分别为 30 m 和 70 m。发生火灾时，只要用水及时冷却，热辐射对邻近储罐造成严重影响的可能性很小。

在规划实施的时候，应合理安排布置，确保各装置对人群有健康影响的范围内没有居民，通过对园区装置分布规划图分析及园区周围环境踏勘，各装置安全防护距离在园区范围内，不会对园区周围居民造成影响。

(4) 防护距离设置

按照《炼油厂卫生防护距离标准》(GB8195-87)，石化园区内炼油厂规模为 300 万 t/a ≥ 250 万 t/a，长庆油田原油硫含量为

0.11%(<0.5%)，根据区域气象条件分析可知，园区所在地近五年平均风速在2~4 m/s，因此300万 t/a 炼油厂与居住区之间的卫生防护距离为1 000 m。

按照《石油化工企业卫生防护距离标准》(SH3093-1999)的要求，石化园区炼油项目的酸水汽提和硫黄回收装置的卫生防护距离为700 m、污水处理场的卫生防护距离为500 m。

另外，根据《石油化工企业卫生防护距离标准》(SH3093-1999)的要求，石化园区的其他装置设施与居住区之间的卫生防护距离一般不应小于150 m。

园区东边紧邻省道和高速公路，北边是规划的公路。炼油装置在园区北部的地块内；石油化工区位于园区中部；精细化工区布置在园区南部的地块内；污水处理厂位于工业园区西部地势最低处；仓储物流区位于园区东北角；热电联产项目位于园区西南角。因此，根据石化园区的平面总体布局、园区周边环境概况以及《炼油厂卫生防护距离标准》(GB8195-87)和《石油化工企业卫生防护距离标准》(SH3093-1999)的要求，确定该石化园区的卫生防护距离为：园区北面1 000 m、园区西面500 m、园区东面100 m、园区南面100 m。

重大危险源主要位于石油加工区和石油化工区，根据苯罐泄漏、硫黄回收装置硫化氢泄漏、催化重整装置催化剂粉尘泄漏、柴油加氢、渣油裂化等装置发生火灾事故的环境风险预测结果，环境风险事故中的半致死浓度范围及严重危害半径的距离均在园区范围内，对园区外居民影响小，故在园区外无须设置安全防护距离。但在事故发生时，根据即时监测与风险应急预案，应及时疏散周围的居民及职工。

根据园区内各企业无组织排放源强计算结果，并将各个无组织大气污染源的大气环境防护距离综合分析设置为：园区北面为园外300 m、东面100 m、西面200 m、南面50 m。

综合考虑卫生防护距离、大气环境防护距离和安全防护距离，取最大值，则以卫生防护距离的范围设置为最终的园区防护距离。为了防止园区废气无组织排放对居住区环境空气质量的影响，必须在园区与居住区之间设置绿化隔离带。在园区外围设置的绿化带主要为园区北面，设置4条40 m宽的防护林带，各防护林带间隔280 m；园区西侧，设置200 m的防护绿带；园区东侧，根据不同地块的用地性质，设置20 m宽度的防护绿地。

(5)恶臭环境影响分析

石化园区周围环境的恶臭浓度为各个恶臭源在该处的贡献浓度的叠加，通过分析叠加浓度即可判断恶臭对环境的污染程度，通过对恶臭物质的浓度进行模拟分析，从而定量分析出恶臭的影响程度。对恶臭物质氨气、硫化氢进行了24 h平均浓度预测模拟，区域的恶臭物质浓度分布图见图2-1-38、图2-1-39。

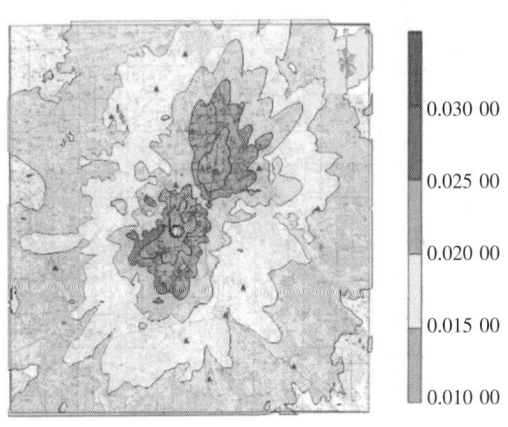

图 2-1-38　氨气小时最大贡献浓度分布图
(单位：mg/m³)

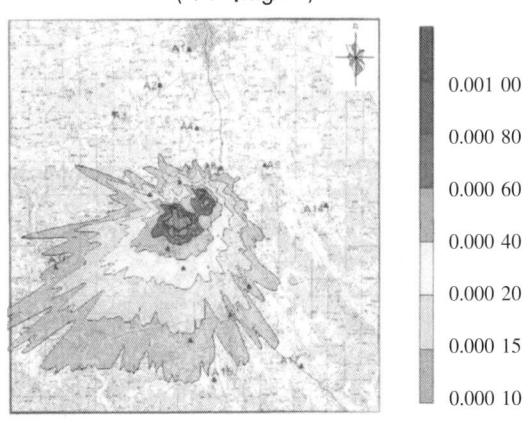

图 2-1-39　硫化氢小时最大贡献浓度分布图
(单位：mg/m³)

氨气、硫化氢在区域的最大小时浓度分别为0.039 79 mg/m³ 和 0.001 54 mg/m³，都远低于环境空气质量标准和恶臭污染物排放标准，并且根据韦伯-费希纳公式进行分析,可知臭气影响较小。

(6)温室效应

规划中排放的温室气体主要有二氧化碳和二氧化氮,主要由热电联产项目的燃煤锅炉产生,二氧化氮已经在之前做了排放量统计。二氧化碳的排放量类比与热电联产中规模、技术一样的锅炉的参数,根据上海锅炉厂引进美国燃烧工程公司技术设计和制造的300 MW的亚临界、中间再热、强制循环和燃煤汽包锅炉,在年正常工况下工作300天的燃煤量为826 t,则根据经验数据,1 t标准煤大约产生2.7 t的二氧化碳来核算,则年产生二氧化碳共有2 230 t。规划中各项目共产生二氧化氮10 810 t/a,假设其全部转化为二氧化氮,则有二氧化氮4 756 t,而1个单位的氧化亚氮能产生270个单位的增温效果,则相当于1 284 120 t的二氧化碳产生的增温效果。

综合分析,规划产生的温室效应为1 286 516 t/a的产生的增温效果。

四、株洲市清水塘工业区生态恢复模式的构建

(一)清水塘工业区概况

株洲市清水塘工业区地处长沙、株洲、湘潭结合部,是我国著名的老工业基地,地理位置优越,铁路、公路和航运发达,产业基础较好,工业实力强。但该工业区也存在产业结构不合理、生产工艺落后、环境污染和生态退化严重等瓶颈性问题,可持续发展难以为继。2007年长株潭获批建设"两型社会",清水塘工业区的发展面临困难的同时,也迎来了良好的机遇,产业转型、结构调整以及污染治理和生态恢复势在必行。

1. 区位分析

清水塘工业区地处株洲市西北部石峰区,土地面积75 km²,其中核心区16 km²。北望长沙市,南隔湘江与株洲高新区相连。清水塘核心区东以白石港为界,南濒湘江,西至武广高铁,北临湘黔铁路北线和京广铁路,有京广、浙赣、湘黔等铁路干线经过,北侧有特大型编组站——株洲北站。该区较大企业多有铁路专线与株洲北站相连,有京港澳高速、上瑞高速、国道和长株高速经过该区或邻近该区,株洲市快速环道从该区中部穿过,南濒湘江,建有铜塘港千吨级码头。核心区为石峰大桥—响石广场—建设北路—清水路—武广高铁—湘江所围合的区域。东、西、北三面环山,多为丘岗地形,地表起伏较大,地势由北向南倾斜,中心区域海拔35.40 m。盛行风向冬季为西北风,夏季为东南风,大气飘尘由西南吹向东北,被群山阻挡而形成回流,徘徊于本区上空并加剧了大气污染。气候温和,属中亚热带季风性湿润气候区,年平均气温17.5 ℃,年平均降雨量1 409.5 mm,年平均风速2.3 m/s,光、热和水资源丰富,但植被覆盖率较低,自然景观也比较差。

2. 产业发展格局

(1)产业发展总体情况

清水塘地区是株洲市工业的聚集区,产业基础扎实,生产规模庞大,企业实力雄厚,2009年人口21.5万,拥有专业技术人才3万余名,企业研发机构56家,其中国家级研发中心2个,博士后工作站3个。该区是国家"一五"和"二五"时期重点建设的老工业基地,以有色冶金和基础化工为核心产业,现为国家循环经济第二批试点地区、长株潭"两型社会"试验区株洲示范区,拥有多家大型企业。工业经济在湖南省乃至全国具有较大影响。

清水塘核心区集聚了近百家企业,其中规模以上企业23家,涉及冶炼、化工、建材、钢铁和材料等部门,以冶炼、化工和建材为大宗。2010年,全区规模以上企业实现工业总产值约177.52亿元,主营业务收入约173.06亿元,但利润总额仅约0.53亿元,总体来看经济效益甚差,多数企业经营运作欠佳。企业基本情况如表2-1-43所示。

清水塘工业区产业规模较大,支柱行业较强,企业地位较高,多为中央、省直属的大型企业,在湖南省和国内都有一定影响,形成了以冶炼、化工和建材为支柱的产业体系。株冶集团是国家最大的铅锌生产基地,锌产量居全球第9

表 2-1-43　2010 年清水塘核心区规模以上企业基本情况　　　　　　　　　　　单位：万元

单位名称	工业总工值	资产合计	主营业务收入	利润总额	主要产品
株洲冶炼集团	1 015 076	571 958	1 041 077	2 614	铅、锌、硫酸
株洲特种电焊条公司	21 550	28 660	20 898	80	电焊条、焊丝
湖南经仕集团实业	40 543	65 084	40 113	−2 098	硫酸锌、精细、铅泥、硅胶
中盐湖南株洲化工	258 901	317 491	245 662	1 398	烧碱、PVC、硫酸、钛白粉、复肥
湖南智成化工	61 954	193 380	56 933	−15 550	尿素、过氧化氢、纯碱、氯化铵
湖南海利株洲精细化工	32 648	27 646	32 278	592	呋喃粉、邻仲丁基酚、邻异丙基酚
湖南中成化工有限公司	35 863	47 108	34 301	870	保险粉、吊白块
青上化工株洲有限公司	93 630	57 939	9 260	2 452	硫酸钾、硫酸、氯化钾、盐酸
湖南昊华化工	15 329	27 078	14 225	460	杀虫双、杀虫单、杀螟丹
株洲邦化化工	2 465	3 425	2 026	−853	草甘膦、二甲酯、三氯化磷
湖南京西祥隆化工	2 550	3 280	2 417	30	五氯酚钠、盐酸
株洲福尔程化工有限公司	6 991	2 465	69 913	8	福美钠、氧化锌
株洲金源化工	7 866	4 649	8 068	−586	硝酸铅、硫酸铜
株洲旗滨集团	128 654	139 815	94 066	18 837	平板玻璃
株洲华安钢铁	6 717	2 056	6 920	−882	钢材、线材
株洲市霞湾建材	2 086	4 057	2 043	29	蒸压加气混凝土砖块
湖南隆科肥业	15 566	11 053	20 303	−455	复混(合)肥、硫酸铵
湖南容昌包装公司	9 092	4 111	8 095	90	圆柱形钢桶、塑料桶、纸桶
株洲市品和锌材料	6 395	5 143	8 764	412	锌片、铅泥
株洲众乐特种包装	4 500	2 600	4 650	−34	钢桶、纸桶
株洲金马设备制造	2 966	2 384	3 023	110	机械零部件、锌合金
湖南株洲钢铁	2 608	25 420	3 594	−2 468	螺纹钢、线材、合金钢
株洲诚廉实业	1 216	2 094	1 930	200	阴极夹、阴极条、工业手套、工业布袋
合计	1 775 166	1 548 896	1 730 559	5 256	—

位；中盐株化是湖南最大的基本化学原料生产基地，水合肼产量居全国第 1 位，液硫、氯油、氯仿产量居全国第 3 位，普钙产量居全国第 4 位，钛白粉产量居全国第 6 位，液氯、硫酸产量居全国第 7 位，盐酸、烧碱产量居全国第 10 位；智成化工是湖南大型氮肥生产基地；中成化工的保险粉产量居全球第 1 位；旗滨集团是湖南最大的玻璃生产厂家。

清水塘工业区的产业发展存在着不少问题。①产业层次不高。该地区的产业以粗加工为主，多属于高投入、高消耗、高排放的传统工业类型，重化工业所占比重较大。②经济效益有限。虽已形成冶金、化工等产业集群，但产业链不长，初级产品多，深加工环节薄弱，高科技、高附加值产品有限，一部分企业甚至处于亏损状态，市场竞争力有限。③产业技术水平有待提升。该区一部分企业拥有先进技术，但总体上仍较落后，科技含量不高，自主创新能力亟待加强。④环境污染问题突出。清水塘地区是株洲市乃至长株潭城市群环境污染最为严重的区域，大多数企业属于重污染、高能耗、大运量类型，环境治理任务异常繁重。

(2) 清水塘工业区规划

按照清水塘工业区的规划，重点发展一城两园四片，即石峰新城区，清水塘循环经济工业园和田心高科技工业园，清水塘循环经济工业片、田心先进制造业片、九郎山风景和城市绿心片、响石岭旧城改造片。其中，两个工业园是国家级工业园区,拟形成轨道交通装备制造、有色冶金、化工、建材、环保装备制造、现代物流六大产业;在空间总体结构上拟形成"一环、两带、五纵、四横"。"一环"是指由时代大道、清水路、铜霞路和响石响田路组成的主干环道;"两带"分别是指沿湘江物流带和白石港湿地公园带;"五纵"是指高铁东路、清霞路、霞湾路、响石路、红港路;"四横"是指红旗路、铁东路、清水路、铜霞路。根据《清水塘循环经济工业区发展规划》的目标,到2015年,清水塘循环经济工业区工业生产总值达800亿元,产值过100亿元的企业集团3个,过50亿元、过10亿元企业各10家,培植3.5个国际名牌、20个中国名牌。主要产业单位的产品产值的工业取水量、能耗、污染排放强度指标达到或优于全国同期同类平均水平,塑造具有国际竞争力或竞争潜力的产业和产业集群,建成与自然生态协调发展的新型循环经济工业区。到2020年,清水塘循环经济工业区将形成以化工、冶金、建材等产业为主的循环经济示范区,以交通装备制造业、环保产业和现代物流产业为主的高科技、环保型新型产业示范区,就业与居住均衡发展,届时将建成国家循环经济样板试验区。

3. 工业大气污染分析

清水塘工业区属传统的老工业基地,产业结构表现出明显的重型化特征,以有色冶炼、化工、建材、火力发电、机械为支柱产业,工业企业多属于高消耗、高排放、高污染、粗加工类型,工业"三废"排放量大,结构性污染突出,生态环境破坏严重。随着时间的积累,清水塘工业区的环境问题日益严重,不仅给当地居民的健康造成了严重危害,也对当地和附近区域的土壤、空气和水域等造成了很大的污染。

化工业和有色冶炼业向大气中排放了大量的有害气体,世界上发生过许多严重的化学烟雾事件。如伦敦的烟雾事件和美国匹兹堡南郊的多诺拉镇和日本东部海岸的四日市都发生过二氧化硫烟雾事件,造成了严重的灾难。

株洲市区空气环境污染以扬尘和煤烟型污染为主,主要污染物为可吸入颗粒物和二氧化硫。从2010年环境监测数据可知,全市工业废气排放总量1 109.4亿 m^3,清水塘占700亿 m^3,其中,二氧化硫排放量29 500 t、烟尘5 080 t、氮氧化物25 199 t、工业粉尘1 681 t、氟化物3.12 t;市区降水pH值年均为4.6,酸雨频率超过90%,废气中的锌、铅、镉等气型重金属污染物含量较高,成为株洲市主城区主要的大气污染源。2010年清水塘地区二氧化硫、二氧化氮、可吸入颗粒物浓度年均值分别达到0.060 mg/m^3、0.035 mg/m^3、0.098 mg/m^3,空气环境质量达到国家二级标准,但二氧化硫年均值仍偏高,降水值在4.00~6.58之间,pH值年均为4.69,酸雨频率为91.1%,降尘量为每月4.12 t/km^2,降尘中含有大量的铜、铅、锌、镉等重金属。所沉降的重金属元素大多直接落在作物叶面和耕地表层,且活性强,容易被作物吸收积累,对农产品品质造成严重影响。近几年的详细污染情况如表2-1-44和表2-1-45所示。

从表2-1-46至表2-1-48数据看,清水塘地区大气污染物质总体偏高,有害物质含量大,主要来自几家大型的重化工、冶炼和火力发电企业。

大气污染的主要危害表现如下。①危害动植物健康,可使动物产生疾病,甚至死亡,并诱

表2-1-44 2006—2010年株洲市区空气环境质量情况

年度	二氧化硫/(mg/m^3)	二氧化氮/(mg/m^3)	可吸入颗粒物/(mg/m^3)	空气质量级别	综合污染指数	空气质量良好天数
2006	0.081	0.030	0.106	三级	2.790	308
2007	0.074	0.030	0.103	三级	2.637	316
2008	0.076	0.035	0.101	三级	2.727	340
2009	0.060	0.033	0.100	三级	2.600	338
2010	0.060	0.035	0.098	三级	2.178	345

表 2-1-45 清水塘工业区主要大气污染物排放情况　　　　　　　　　　　　　　　　　单位:万 t

年度	二氧化硫	烟尘	工业粉尘
2005	9.53	4.57	2.41
2006	7.97	3.22	2.32
2007	5.58	3.46	1.56
2008	4.88	2.12	0.88
2009	3.6	1.2	0.45
2010	2.94	0.51	0.17

表 2-1-46　2010 年除尘重金属元素分析结果　　　　　　　　　　　　　　　　　单位:kg/(m³·月)

测点名	功能区	总铜	总铅	总锌	总镉
株冶医院	工业区	0.745	11.016	44.282	1.034
火车站	交通区	0.479	4.193	7.028	0.302
天台山庄	文教区	0.420	3.338	2.426	0.198
市监测站	混合区	0.341	2.900	9.882	0.203
市四中	混合区	0.280	2.195	5.051	0.119
大京风景区	对照区	0.163	1.660	4.381	0.063

表 2-1-47　2010 年清水塘地区废气污染物排放情况　　　　　　　　　　　　　　　　　单位:万 t

项目	污染物名称	燃料燃烧过程	工艺过程	合计
产生量	工业废气量	3 312 464.51	3 690 478.23	7 002 942.74
	烟尘	762 694.39	0	762 694.39
	二氧化硫	52 535.63	243 730.71	296 266.34
	氮氧化物	23 885.17	47.84	23 933.01
	工业粉尘	—	409 586.97	409 586.97
	氟化物	—	5.52	5.520
排放量	工业废气量	3 312 464.51	3 690 478.23	7 002 942.74
	烟尘	5 080.49	0	5 080.49
	二氧化碳	14 553.36	14 946.5	29 499.86
	氮氧化物	25 151.17	47.84	25 199.01
	工业粉尘	—	1 681.1	1 681.1
	氟化物	—	3.12	3.120

表 2-1-48　2011 年重点企业主要大气污染物产生情况

名称	废气量/t	烟尘/t	二氧化碳/t	氮氧化物/t	工业粉尘/t	氟化物/t
株冶	1 081 710	859	232 009	13.08	365 174	0
株化	1 452 737	77 780	14 649	1 286	11 409	1.32
智成	468 523	77 628	7 944	1 102	303.2	0
宏基锌业	8 000	0	128	40	400	0
海利	32 619	106.2	159.1	51.7	0	0
中成	11 340	0	102.8	0	0	0
华银	1 630 327	594 373	32 241	18 615	0	0
旗滨	281 366	735	3 791	1 457	315	4
合计	4 966 622	751 481.2	291 023.9	22 564.78	377 601.2	5.32
占全区比/%	70.5	98.5	98.2	94.3	92.2	96.4

发基因突变,导致畸形等;促使植物生理功能降,品质降低甚至死亡。②减少到达地面的太阳辐射量。大量的烟尘微粒排放,使空气变得浑浊,阻挡了太阳辐射量。据观测统计,在大工业城市,烟雾天气时,太阳光直射到地面的量只有晴朗无烟雾时的 60%。大气污染严重的城

市,长期烟雾笼罩,可能导致人和动植物因缺乏阳光而生长发育不良。③增加大气降水量。工业污染微粒中很多具有水气凝结核的作用,增加了降雨机会。④酸雨。二氧化硫经过氧化形成硫酸,酸雨能使大片森林和农作物毁坏,纸品、纺织品、皮革制品等腐蚀破碎,金属的防锈涂料变质而降低保护作用,还会腐蚀、污染建筑物。⑤增高大气温度。废气排放的同时伴随着大量废热排出,形成"热岛效应"。在全球范围内,二氧化碳的增加引起"温室效应"而导致了全球气候变暖。

(二)清水塘工业区生态恢复模式的构建

长期以来,在唯考核指标是从的理念下,其他一切决策理念和行为都会有意无意地服从和服务于考核指标。生态环境出了问题,人们往往是采取一些权宜之计,从技术等枝节上做救火式的处理,甚至是采取饮鸩止渴式的处理方式,这样一来,解决一个问题的同时,伴随着另一个或一系列的危机出现,久而久之,结构上的问题就出现了。开展生态恢复采取的措施要能弥补结构上的不足,而很多有效的方法其实就是常见的做法,只是我们没有将其应用到整个区域系统中去,甚至是视而不见。一个好的架构,就像一台高效率的机器,各组成成分都可以充分发挥各自的功能。针对清水塘提出老工业区生态恢复模式,目的就是希望能将保护环境、建设生态和发展生产融合起来,形成一个有机整体。

1.国外典型工业区生态恢复模式分析

(1)德国鲁尔工业区——多元化发展模式

鲁尔工业区是位于德国西部北莱茵-威斯特法伦州境内的一个区,介于莱茵河及其支流鲁尔河、利伯河之间,19世纪中期开始崛起,是以采煤工业起家的工业区,并以煤工业为基础发展了炼焦、电力和煤化学等工业,进而促进了钢铁工业、化学工业、机械制造业、氮肥工业和建材工业等的发展,逐步发展成为欧洲最大的煤炭开采和钢铁制造业中心之一。大批的重化工业企业在莱茵河取水,又将大量的污水排入河中,导致莱茵河污染严重,鱼类一度绝迹。同时,大量的煤炭、电力、制造和建材等企业长期从事的经营活动,使大气、水体、土壤、植被、沼泽等生态系统面临威胁,经过多年的积累,生态环境受到了不同程度的损伤,环境污染大于德国国内任何一个地区。近几十年来,鲁尔区通过对企业实行集中化和合理化改造,大力发展新兴工业和现代服务业,对传统工业进行大规模改造,规划建设生态绿网,开发旅游业和高科技产业,使得鲁尔区焕然一新。经过一个长期的过程,鲁尔区转变了产业结构,改变了单一的经济结构,缩减了煤炭、钢铁的经营规模,使矿区经济走向多元化。从20世纪60年代开始,鲁尔区围绕经济多元化发展,全面推进产业升级和环境整治,随后高科技产业和高附加值加工制造业蓬勃发展,现代服务业迅速崛起,经济步入正轨,成功完成了对老工业区的改造。主要特点如下。①对产业结构和空间布局进行大规模的调整,着力发展新兴产业和新型中小企业。②重视高科技发展,产学研结合。鲁尔区先后建立了一系列高等院校和科研机构,重视科技研发和企业改造。③提供优惠政策,改善投资环境。鲁尔区投入大量资金,改进基础设施,集中整治土地,为企业创造良好的发展环境。④推行综合治理,注重生态修复,改善生态环境。鲁尔区修建了大量风景优美、设施齐全的产业园区,完善交通网络,吸引企业落户。

鲁尔区对生态恢复的主要措施如下。①制定法律法规和执行标准,颁布了《洁净空气法案》,以建设生态城市为目标,严格遵守《欧洲环境管理系统》,限制企业废气和汽车尾气排放,关闭重污染型企业,淘汰不达标汽车,建立科学园区、发展园区、服务园区、生活园区等小区,使生活区和工厂彻底分离。②高效利用水资源,在鲁尔河上建立完整的供水系统,并设立了雨水收集处理系统,将水资源利用融入生态原则之中。③科学合理地管理和处理堆积如山的煤矸石,及时修补被破坏的土壤和植被,防止周围环境和地下水受污染。④建立自然保护区,恢复植被和群落生境,恢复与保护动植物的多样性,维护自然景观的独特性和完整性。

(2)丹麦卡伦堡循环经济工业园——循环

经济模式

卡伦堡循环经济工业园是世界上最早、运行最成功的生态工业园，在世界环境保护界知名度极高，被认为是循环经济的圣地，经常被作为显示工业生态学潜力的著名例子。在卡伦堡，内部由发电厂、炼油厂、养鱼场、制药厂、化工厂和石膏板制造厂等5个大企业和10个小型企业构成了一个交换能量和废弃物的复杂网络。如图2-1-40所示，发电厂的残余水蒸气供给提炼厂使用，提炼厂的废气供给发电厂燃烧利用，硫可供硫酸制造厂使用；发电厂将燃烧产生的多余水蒸气供应给养鱼场、制药厂和城市使用，飞灰可供水泥厂做原料，石膏可供石膏板制造厂生产石膏板；养鱼场和制药厂的沉积残余物作为肥料供给周围的农田使用；制药厂生产胰岛素产生的多余发酵粉可作为养猪的饲料。卡伦堡城市较小，布局紧凑，这些工厂之间的距离较近，为废弃物的相互使用提供了便利。该园通过输入、输出的复杂流动，维持了城市的运转，输入能量和资源，输出污染和废弃物，一个行业的废弃物可作为另一个行业的原料被消化，相对闭环的系统减少了总体上需要的资源(输入)和排放的废弃物(输出)，有利于环境健康。

（3）日本九州老工业基地——法律法规强制模式

九州工业区的形成始于明治维新时期，是日本四大工业区之一，也是世界著名的老工业基地之一。九州工业区以八幡钢铁厂为核心起家发展，到20世纪20年代，沿海聚集了大批工矿企业，奠定了以钢铁、煤炭、化工和造船为中心的重工业基地。到20世纪50年代，日本国家的产业政策和发展战略发生了改变，从此九州的钢铁工业和煤炭工业获得的支持大为减少，开始衰落。20世纪80年代开始，日本政府先后采取了一系列政策和相关配套措施，通过调整资源型产业、发展新兴产业、创立高新技术发展模式、修复环境等一系列措施，加快了对九州老工业基地的改造。经过多年的改造，九州老工业基地发生了明显变化，第三产业发展迅速，活力焕发，成为日本的高科技产业和新兴工业，重新恢复到以前的地位。

九州老工业基地环境治理较为成功，经过一系列改造，由污染最为严重的城市，变成了"生态城"和"循环型城市"的代表。主要做法如下。①以法的形式规范环境保护行为。国家先后出台了《公害对策基本法》《大气污染防治法》《水质污染防治法》和《循环型社会形成推进基本法》等十几部严格的环境保护法律。地方政府也出台了《北九州公害防治条例》和《生态工业园条例》等数个政策法规。②重视社会主体各自的责任和义务，发挥政府、企业、市民各自应有的作用，并以法律和政策加以引导，以协议的形式公布环境信息，吸引公众参与和监督。③采取环境修复与国土治理相互结合的方式，转换功

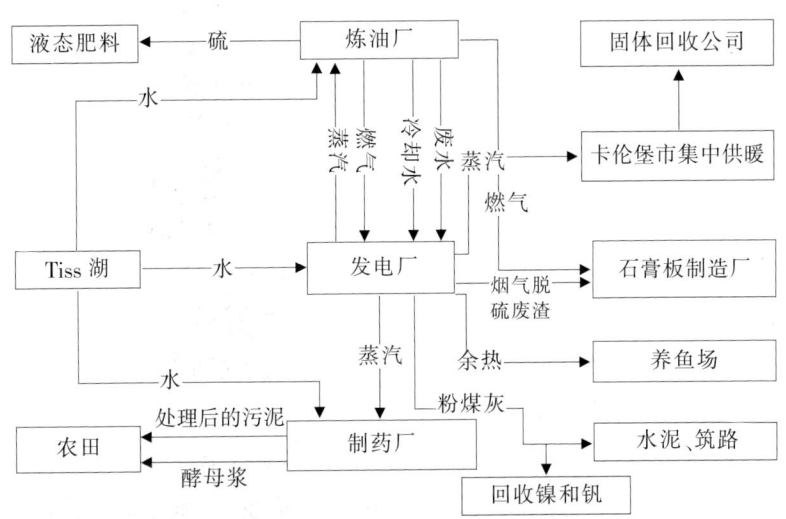

图2-1-40 卡伦堡工业共生系统

能,将"负遗产"转变成新动力。④走循环发展路线,建立生态工业园,发挥本地产业优势,强化循环再生利用,推广生态工业园示范区。

(4)美国"锈带"转型与集群模式

"锈带"是以制造业为支柱的美国中北部老工业区。20世纪七八十年代,该地区制造业趋于衰落,工厂大量倒闭,失业率迅速增加,被遗弃的工厂设备锈迹斑斑,因此被称为"锈带",包括五大湖沿岸的伊利诺伊州、印第安纳州、密歇根州、俄亥俄州、宾夕法尼亚州等地。从20世纪80年代中后期开始,"锈带"开始了艰难的产业转型,通过培育优势产业、调整工业布局、用高科技改造传统产业、开拓出口市场、发展服务业等措施,到了20世纪90年代中期基本完成转型与复兴,现已成为全美重要的现代工业基地。主要特点如下。①突出优势产业,形成产业集聚。"锈带"重点改造提升装备制造业,培育现代化的产业集群。②运用高科技改造传统制造业,并着力发展生物工程、电子信息等新兴产业。③构建出口型经济格局,加强软环境建设,瞄准发展中国家市场,尤其是亚洲市场。④顺应时代发展需求,大力发展现代服务业,实施产业结构的战略性转型。

2. 工业区生态退化主导因子分析

根据生态恢复需要,工业区生态系统应包含非生物生态系统(即环境系统)、生物生态系统和生产生态系统3个子系统,其中非生物生态系统和生物生态系统属于自然生态系统,生产生态系统指人类及其行为产生的各种经济和社会关系的总和。工业区生产生态系统中各种强度高、速度快的流运动,对自然生态系统形成了强烈的干扰,加速了逆向演替,导致生态系统结构和功能快速变化,生物多样性下降,丰盛度降低,生产力下降,土壤变质等明显,为人类提供物质和服务的水平大大降低,促使整个生态系统的循环不断恶化。

环境污染和生态破坏不是同一等级的概念。环境可以理解为人类周围自然界。环境污染是指由于人类活动或者自然原理造成的某一特定地区的自然生态的损害,严重时会造成生态破坏。而生态可以理解为生物的存在状态,现在也被赋予了"绿色、健康"的时代新含义。生态破坏是指由于人类活动或自然因素造成的生态系统上短期内不可恢复的破坏,以至于无法正常维持生态系统的稳定性。从机制上讲,环境污染是指环境中的有害物质增加,损害了环境要素的组分和结构,导致系统的自净能力下降甚至丧失,进而威胁到人类的健康;生态破坏是指环境系统的某些功能受到损害,影响到系统的正常运动,向着不利于人类健康的趋势发展。从这个机理来看,环境污染可能是造成生态破坏的原因,但生态破坏不会引起环境污染。

工业区生态系统是以人为中心和以人为主导地位的复杂生态系统,包括人类、自然环境和人工环境,人类是其中最主要的消费者,并在生态系统中占据支配地位,其余消费者、分解者等功能和作用都受到了抑制。人类活动创造的各种物质流、能量流、信息流等远超过了自然生态系统循环的各种流。当人类活动有利于改善自然生态环境时,自然生态系统的生态服务功能就产生正效益;当人类活动破坏了生态环境时,自然生态系统的生态服务功能的效益就下降,破坏严重到一定的程度时,生态服务功能就转变成负效益。

工业区生态系统与纯自然生态系统相比,人口密度高,物质和能量的流通量大、运转快、开放度高,人类生活和生产活动需要的物质与能量,必须大量从外界输入,并在短时间内转化成各种产品及大量的附属物(废弃物),进入本系统和外界系统中。所产生的大量废弃物绝大部分不能在区域内部的自然系统自然净化和分解,尤其是有毒废弃物,如重金属污染物,需要及时进行人工处理或依赖外生态系统以吸收其中的大部分,否则就会造成环境污染和生态破坏,进而降低本来就很弱的自然系统的自动调节能力,形成恶性循环。

如图2-1-41所示,投入资源进行加工生产,产出目标产品和附带产品(废弃物)。目标产品经流通、消费、转化后,部分流入外系统,部分被资源化后再次进入生产环节部分变成废弃物

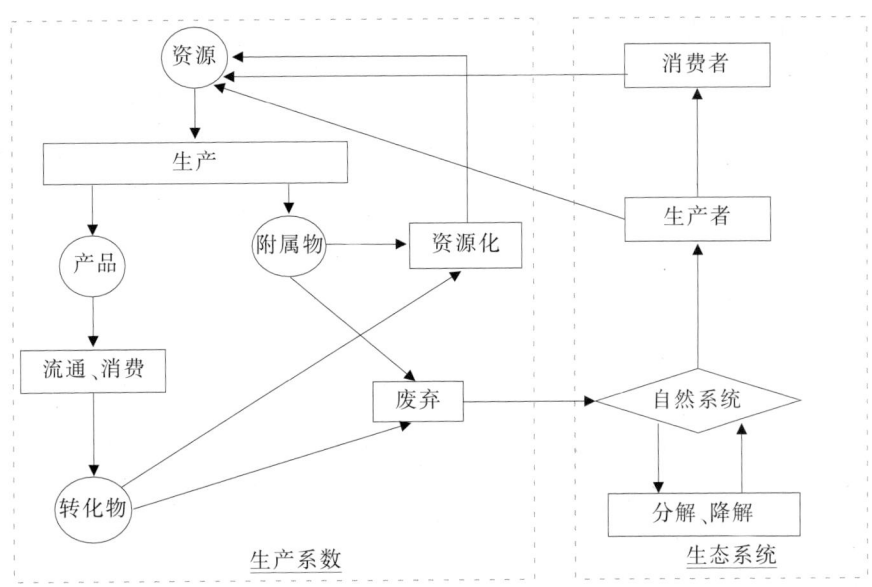

图 2-1-41　生产系统与生态系统的关系

进入自然生态系统中；附带产品部分被资源化后重新进入生产环节，部分进入自然生态系统中。废弃物进入自然生态系统后，部分被分解或降解，超过自然生态系统自净能力的部分就会在自然生态系统中堆积，对自然生态系统产生危害，从而降低了自然生态系统的服务能力，甚至导致功能完全丧失。

所以，改善生产系统和生态系统的关系，促进工业区生态系统的良性循环，在生产系统中，关键要从以下几个环节着手。①改良工艺，提高生产效率，减少资源投入。②优化产业布局，提高附带产品资源化率。③加大环保投入，开发环保新技术，提高污染处理率，减少直至阻断进入自然生态系统中的污染物，将其控制在生态阈值内。在生态系统中，关键从两个方面着手提高生态系统的生产能力和维持稳定、抵抗干扰的能力，其一是提高植被覆盖率，增加生物量；其二是优化空间结构，增加生物多样性和生态系统稳定性。

现实中，清水塘这一类型的老工业区，生产效率低，附带产品量大，且资源化率低下，直接导致自然生态系统生产力下降甚至丧失生产能力，使得整个工业区生态系统陷入恶性循环。直接表现就是工业区内植被减少，甚至消失，生物栖息地被破坏，多样性降低，为人类提供的服务和产品数量减少且质量下降，人们生活和工作的环境严重恶化；生产系统中，工艺落后、技术落伍、资源消耗大，在低转化率下，一边是大量投入，一边是浪费严重，企业利润低，甚至亏损经营，员工福利待遇低、工作环境恶劣、工作效率不高。

由此可见，工业区自然生态系统退化的主导因子是工业污染，生产系统效率低的主导因子是结构不合理和工艺技术落后。工业区生态恢复就是要采取措施，促使生产系统和生态系统良性循环，恢复自然生态系统的生产能力和功能，并保持其稳定性，鉴于工业区承担着区域发展的重要使命，还要提升生产系统的效率，并保障其可持续发展。

3. 工业区生态恢复模式的选择

(1) 工业区生态恢复存在的主要问题

1) 政策体制障碍：一方面，生态环境具有公共品的属性，使用成本低，甚至违规违法破坏生态环境所需付出的代价也很低；另一方面，我国乃至世界的人口压力大，解决如此庞大基数的人类生存必需品，所需的资源就是天文数字。长期以来，经济被视为衡量政绩的指挥棒，致使很多地方至今仍是以资源环境换经济增长，对于生态环境保护和治理政策往往还未能执行到位。据调查，很多工业区的污染企业废物处理率很低或没有处理，直接大量排放到环境中，甚至有很多重型污染企业白天生产，夜间直接将废水和固体废物排放至河流或山川中，"七彩河流"的怪现象在很多地方可见。

公众参与生态恢复的机制不健全。一方面，整体上参与意识不强；另一方面，对破坏生态行为的约束力度薄弱，起不到震慑作用，而且对于举报破坏生态或制止破坏生态的行为人的保护措施和奖励机制较为缺乏。

园区空间布局凌乱，功能区布局不合理，简单的微调难以奏效。

2）技术和方法障碍：研究生态系统状况以及变化趋势的生态系统评价模型，需要处理大量的数据，而这些数据的获取和调查分析以及建模等难度较大。

在生态系统发展过程中存在着大量的不确定性，影响到研究成果的准确性与可操作性。主要技术难点之一来自于如何减少在目标与任务解决过程中的工业区生态系统的复杂性影响。

A.工业企业、居住、商业、文化等用地与生态目标存在冲突问题，因此需要协调这些相互冲突的因素，寻求平衡。生态规划一般是通过建立评估体系来综合考虑不同影响因子在系统中的作用，例如层次分析法、主成分分析法等，但因子与系统、各因子之间的相互耦合作用考虑较少。

B.工业区生态环境的保护与恢复，涉及资源的分配问题，必须与区域经济和社会的发展协调一致，考虑多层面社会的均衡，因此其中不确定性因素很多，定量分析比较困难。

C.生态规划大多还停留在现状描述上，运用统计分析及聚类分析等统计学方法进行的定性分析上。定量分析手段和技术还非常薄弱，这也是生态规划的操作性与指导性不强的主要原因。

D.生态环境的变化趋势研究也存在大量的不确定性。区域生态环境无论是在空间格局还是物种变化上，其变化趋势都需要大量的数据支撑，尤其是历史连续数据，但由于国内在生态规划研究上起步较晚，基础比较薄弱，连续的历史数据的获取比较困难。而且由于快速的城市化，工业区域与城市渐进融为一体，受人为因素干扰太大，成为生态环境变化最剧烈的区域，生态环境也变得脆弱，缺乏时间上的累积，其变化趋势也难以预测。

国内在生态规划与生态恢复领域的研究上取得了一定的成果，但最大的问题来自于实践环节。20世纪90年代以来，虽然国内有很多省、市、地区提出建设生态省、市的目标，也相应制订了生态规划，原国家环境保护总局编制了《生态县、生态市、生态省建设指标(试行)》；一些建设的生态社区或者生态小区虽然采用了一些生态技术，例如建筑上的节能技术、中水系统、垃圾再循环等，但过于偏重于单体建筑或者某项专门技术，而缺乏从居住区层面采取生态保护、能源节约和提供的方式。

生态恢复理论与实践的脱节。生态恢复理论未能很好地指导生态恢复实践，生态恢复实践往往需要很长的时间才能看到效果，在现实中，生态恢复实践难以得到正确理论的指导，同时难以很好地验证理论的有效性。

3）生态认知的局限：人类发展过程是一个不断认识自然、改造自然和利用自然的过程，也是在这一理念的指导下，长期以来，人类没有怀疑过"向大自然宣战"和"征服大自然"等的正确性，千百年来一直在为此而努力。工业革命以来，科学技术突飞猛进，人类改造自然的能力大大提升，生产快速发展、财富急剧膨胀的同时，人类赖以生存的环境遭到了严重污染，生态平衡被打破，生存的环境还在继续恶化中。但是传统的观念和认知根深蒂固，在发展严重失衡的今天，以资源、能源和生态环境换发展的做法仍然没有得到改变，保护环境和重建生态文明在很大程度上还处于口号阶段，组织行为和个体行为都还没有真正服从于生态和真正尊重自然，离真正的生态文明还相当遥远。认知上的局限，直接或间接地导致了对生态环境破坏的执法力度打折，生态环境保护让位于物质增长，自觉保护生态环境的意识和行为较差。

(2) 工业区生态恢复原则

1）立足政策原则：工业区的发展离不开区域、国家政策的支持，反过来，工业区的发展也必须服从、服务于区域和国家，开展工业区生态恢复必须要立足于大政方针。清水塘地区应贯彻落实国家关于转方式、调结构的战略方针,履行国际环境保护职责,立足于湖南省"四化两型"的发展背景。从生态恢复的角度,清水塘地区应进行全面整治和整体提升,使其由重工业污染区向生态型新城区转型,由低水平的生产生活区向高水平的综合性新城区转型,由传统工业化向新型工业化转型,由老工业基地向循环产业园和低碳产业园转型。该区应大力发展循环经济和低碳经济,促进产业结构的转型提升。污染区域整治、生态环境恢复需要巨额投入,但城区土地的再开发又能够获得良好的经济收益,要将污染治理、生态恢复与区域开发紧密结合起来,探索一个符合老工业区的生态恢复模式。

2) 服务功能恢复原则:工业区自然生态恢复强调功能的恢复,弱化形式的恢复,对生态恢复的评价重在服务功能恢复的水平,恢复后的生态系统向经济社会系统输入有用物质和能量,接受和转化来自经济社会系统的废弃物,以及恢复直接向社会成员提供服务的能力,而不是一定要恢复到受损之前的状态。

3) 生态系统开放原则:清水塘工业区尺度较小,与周边地区及更大范围的外部系统发生着复杂的联系,自然生态系统与经济生态系统、社会生态系统关系错综复杂。研究该区域的生态恢复,需以开放的原则研究该区域与外部的关系。

4) 美学原则:景观恢复往往体现统一、对称的特点,视觉上较为美观,但会显得形式单一。工业区生态恢复目标复杂,受限制条件多,如道路、厂房和住宅等因素的限制,以及考虑生活在区域内的人们的出行是否方便、视觉审美等舒适度的实际需要,生态恢复应体现人与自然的审美关系。

5) 自然恢复与人工恢复结合的原则:有数据表明,从重度退化状态恢复到中度状态,人工恢复的效益较自然恢复的效益高;从中度退化状态恢复到轻度状态则相反,自然恢复的效益较人工恢复的效益高。一般情况下,自然恢复时间跨度长,恢复后的生态系统稳定,生物多样性丰富;人工恢复见效快,恢复后生态系统生物多

样性和生态服务功能较单一,生态系统脆弱性较强。清水塘地区的自然生态系统总体上是重度退化,甚至是极度退化,主要是由重污染所导致的,且污染源难以根治。对园区的生态恢复应结合恢复目标,采取人工恢复与自然恢复相结合的模式。

6) 经济社会协同发展原则:清水塘工业区不是单一的自然生态保护区,承载着举足轻重的经济与发展任务和社会任务,对当地的经济与社会发展意义重大。对工业区实施生态恢复,关键是要恢复健康的自然生态系统,建立良好的生态经济体系及人文生态体系。

7) 因地制宜原则:生态退化的原因、基础条件、区位条件以及恢复的目标等各不相同,开展生态恢复必须要遵循因地制宜的原则,符合立地条件,方可取得预期成效。

8) 公众参与原则:生态恢复不是单纯的自然科学问题,是涉及经济和社会的复杂问题,应得到公众的认可并积极参与其中。社会资本和人力物力的投入,是生态恢复成功实施的必要条件。

(3) 工业区生态恢复目标体系

生态恢复是一项复杂的系统工程,老工业区担负着特殊的使命,其生态恢复涉及的面更广,承载着多层目标,不仅仅是单纯的自然生态的恢复,还要考虑工业区发展经济和承担社会责任的任务。生态恢复需从长远目标出发,综合考虑生态效益、经济效益和社会效益。在恢复良好的自然生态体系的同时,实施产业转型,调整和优化产业结构,以及普及生态知识,构建生态文化,让生态意识深入大众心中,得到大众的支持并参与其中。如果生态恢复的目的和目标得不到公众社会的认可,生态恢复项目将无法开展;如果得不到公众社会的尊重进而保护它的完整性,生态恢复项目就不可能持久。但是,如果生态恢复包含的目标过于繁多则通常难以实现,因为资源和经费是有限的,现有的技术水平和管理水平也是达不到的,而且很难对恢复效果进行科学的评价。可见建立科学的目标体系是有效实施生态恢复的重要组成部分。

生态恢复目标的确定，指引着生态恢复实施的方向，决定着生态恢复所能达到的层次和水平。关于生态恢复的目标，学术界没有一致的观点，对不同的社会、文化、经济等有不同的认识和接受能力。根据清水塘工业区的实际生态情况以及该区所承担的多重任务，该区生态恢复的目标应设定为综合生态目标，即要恢复自然生态体系、建立生态经济以及生态社会发展模式的综合生态目标。

生态系统目标确定有两种方式：一是恢复到退化之前的某个时间节点的状态；二是恢复到具有某个预期功能的一种状态，并维持其平衡。如图 2-1-42 所示，生态系统的演变过程，由过去某一个时间节点的状态，即历史系统（原生态系统），受到干扰后退化为现在的状态，即现状系统（现生态系统）；为了实现生态恢复功能，施加外力，既可以将目标确定为具有预期功能的目标生态系统（预期生态系统），也可以确定为恢复到退化之前的历史系统（原生态系统）。历史系统（原生态系统）如果受到的干扰没有超过其阈值，经过一段时间的发展演变，也会演变到新的生态系统状态。一般情况下，由于原生态系统究竟是什么样子无法考证，或是即便考证了，也不一定还能符合人们的需要，所以，生态系统的恢复目标一般是确定为具有预期功能的生态系统状态水平。

建成目标可设定为"自然公园式工业区"。工业区就像建在自然公园里，人们生活和工作像在公园里一样舒适。由设定的目标来反推实现目标的步骤和措施，设计恢复方案，生态恢复目标体系如图 2-1-43 所示。目标是在清水塘地区建成高效率的循环经济产业园、高效益的商贸物流枢纽、高品质的旅游休闲观光区、高水平的生态宜居新城区，基本建成良好的自然生态体系和经济社会生态体系，打造成具有全国意义和国际影响的产业转型和生态恢复示范区，为我国老工业基地的转型提升以及生态恢复提供示范。

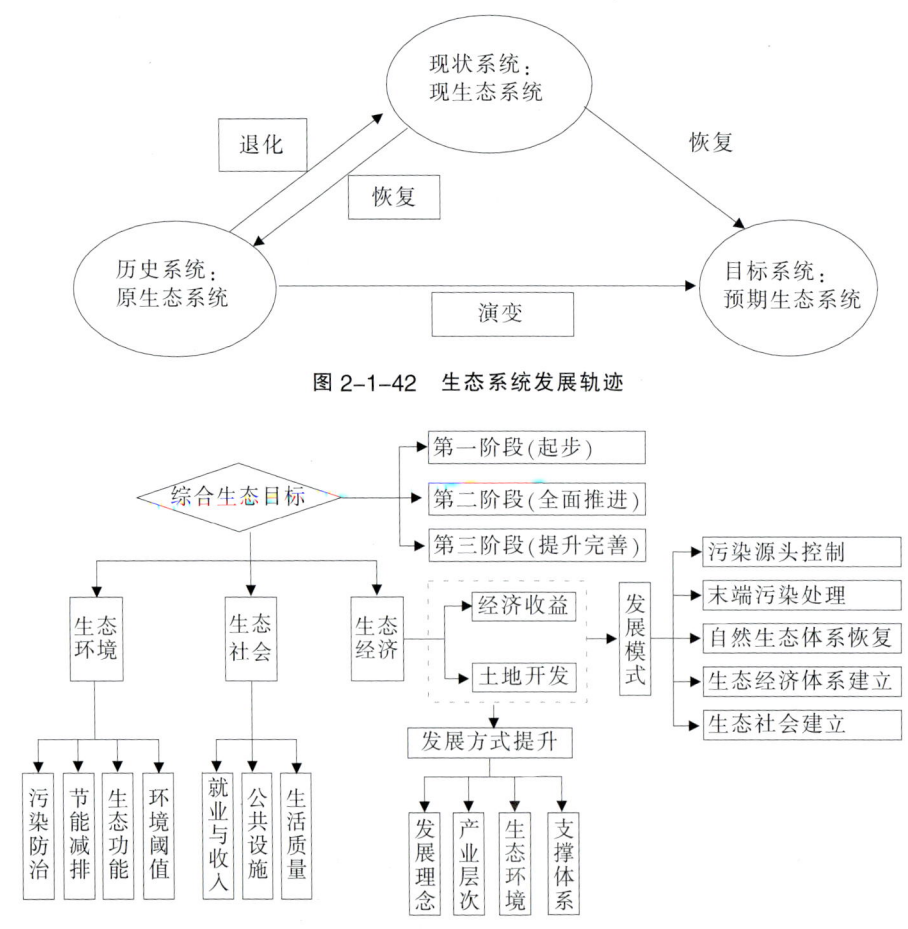

图 2-1-42　生态系统发展轨迹

图 2-1-43　工业区生态恢复综合目标体系

(三)清水塘工业区生态恢复模式应用的设计

1.总体布局

清水塘工业区生态恢复可大致划分为生态保护区(带)、植被恢复区(带)、生产活动区(带)、基础设施网和延展区(带),如图2-1-44所示。生态保护区包含区内公园、湖泊以及其他保留较好的植被和景观;植被恢复区指根据规划设计功能的需要,需增加植被覆盖的区域;生产活动区包含产业、生活和商业等区域;基础设施网包含交通、信息和水电气等设施,以及教育、医疗、科技和文化生活等市政工程和生活服务设施;延展区是为了可持续发展而设置的待开发区和与外部区域交往联络的区域,延展区还要为解决不能预见的问题或是以现在的科技暂时无法解决的问题留下缓冲的空间。工业区内各功能区或功能带并非相互独立且有明确的界限,而是相互交错,形成一个复杂网络系统。

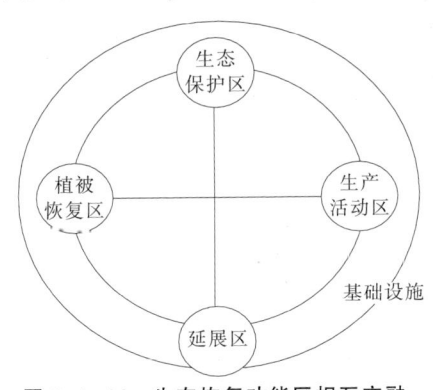

图2-1-44 生态恢复功能区相互交融

2.非生物生态系统恢复设计

(1)设计依据

1)理论依据:环境污染与生态系统的关系有一定的规律可循,环境污染会导致生态系统的退化,但生态系统的退化不一定必然引起环境污染。一方面,依据污染生态学原理,污染物在生物体内和生态系统中迁移和富集,对生态系统和生物体产生毒害效应,有些污染物会导致物种的基因突变、种群的衰亡,引起食物链的断裂和景观的破坏,对生态系统及人类都会造成影响。另一方面,生态系统和生物体在适应污染物毒性的过程中也会产生抗性,从而可利用这种抗性来研究和开展环境污染治理。

2)现实条件:清水塘工业区主要污染源是工业"三废",主要污染行业是冶金、化工、建材、火电四大行业,主要污染因子是粉尘及水体中的汞、砷、镉、铅、氨、氮等。直接污染受体是大气、水体(地表径流和地下水)以及土壤,直接表征为酸雨频度增高、空气质量下降、水质下降、土壤品质下降、生态系统基底受到污染与破坏、景观破碎化、生物多样性减少、稳定性降低以及为人类提供的服务功能减弱甚至丧失等。

(2)设计特点

针对清水塘工业区的现实条件,抓住主要因子来开展恢复模式的应用设计。清水塘工业区的污染是结构性污染,污染物量大、含有毒性污染物质多,设计生态恢复模式和实施方案要对症下药,对准主要污染物质及其分布特征,从根本上解决问题,避免治标不治本的修修补补。设计按照"ST+I"模式的思路,即源头控制(source)、末端治理(terminal)和基底质量改良(improvement)同步执行的治理模式,采取全过程措施治理环境污染问题,并将环境污染治理与生态建设和区域发展结合起来,统筹考虑。设计特别针对重金属污染和人居环境提出了技术治理与改良措施。

(3)设计内容

1)污染治理模式:清水塘工业区尚属于典型的"两高一资"的传统生产模式,经过多年的积累,在生态环境中堆积了大量的污染物质,同时还有大量的新污染物不断进入生态环境中,"老账"未结又添"新债"。所以清水塘工业区的污染治理,需要"新债""老账"一起清算,才能彻底解决环境问题,恢复生态系统的健康。工业区可采取"ST+I"治理模式,如图2-1-45所示,从源头上彻底控制污染,杜绝新的污染发生,"三废"排放严格控制在生态环境阈值内。对工业区进行全面和彻底的环境整治,搬迁有色冶炼、化工、建材、火电等行业的主要重污染型企业,关停整改一批无望、难以达标的污染型企业,对留下来的工业企业进行全面的技术改造,全面优化调整清水塘地区的产业结构和空间布局,改造提升清水塘地区的生态环境状况。对已经产生的污染实施治理与清除,防止污染继续扩散,控制生态系统功能继续退化,同时启动生态恢复工程。

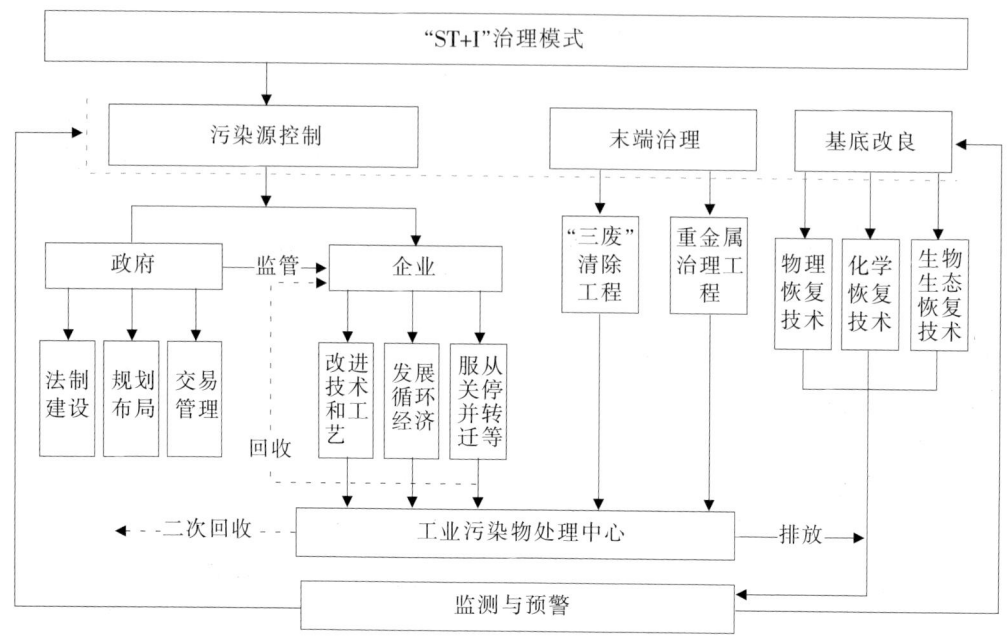

图 2-1-45 工业区"ST+I"治理模式

"ST+I"治理模式的基本做法包含如下几条。①加强法制建设，围绕区域全面治理制定地方性的法规和标准，依法行政，严格执法。②以流域为载体的区域性治理，制订流域整治规划，科学规划区域主体功能区，协调好区域内部及区内与区外的关系。③强化地方环保部门对污染企业的监督管理，明确企业的生态环境责任，普遍开放公众参与渠道。④大力发展循环经济，严格执行企业的关停并转迁，调整产业结构，积极引导企业改进技术工艺，提高资源转化效率，限制排放工业废物。⑤加大开发污染治理技术投入，建立工业污染物综合处理中心，对工业废水和工业固体废物进行集中处理和回收利用，并开展排污权交易和碳排放交易。⑥对区内土壤和湘江清水塘段采取物理、化学、生物和生态等方式进行基底改良与恢复。⑦对水质、空气质量和土壤质量，以及各种污染排放情况进行动态监测并建设预警机制和预警系统。

"ST+I"模式强调提前谋划，以主体功能区规划为约束，开展区域综合治理。老工业区的工业污染不仅破坏本地区生态和环境，对下游流域和下风下流域也造成不利影响和严重威胁。因此，前瞻性的科学谋划极为重要。清水塘工业区应借"两型社会"建设之机，以"两型理念、标本兼治、生态优先"为基本原则，根据区域承载能力、开发强度、发展潜力和城市规划，科学规划好主体功能区，彻底治理工业污染，恢复良好的生境系统，大致区划如表2-1-49所示。

表 2-1-49 清水塘工业区主题功能区划

功能区域	范围		开发方向
优化开发的区域	开发密度已较高、资源环境承载力开始减弱的区域	循环工业区核心区，位于高铁东路以东、建设路（清水路）以南、石峰大道以西、湘江以北	应改变依靠大量占用土地、大量消耗资源和大量排放污染物来实现经济快增长的模式，把提高增长质量和效益放在首位，调整产业结构，淘汰落后产能，搬迁部分污染企业，扩大植被绿化面积
重点开发的区域	资源环境承载力较强、经济和人口集聚条件较好的区域	主要位于建设路两侧及武广高铁东侧区域	在该区域积极进行旧城改造，形成响石广场城市次中心，形成白马垅、响石广场、谭家山3个商业片区，结合旧城改造，扩大植被绿化面积；大力发展桥梁机械、环保装备、新材料等高科技产业
限制开发的区域	资源环境承载力较弱、经济和人口集聚条件不好的区域	主要指石峰公园、九郎山、湘江风光带以及白石港湿地	在该区域要坚持保护优先、适度开发、点状发展的原则，加强生态修复和环境保护，因地制宜发展休闲旅游业，逐步成为株洲市或石峰区的重要生态功能区

2) 污染治理方案："ST+I"模式强调从整体上、根本上治理,彻底改变整体格局,形成长效机制。实施途径主要有3种。选择设计方案时,应开展深入研究,探索有效方法。

A.工业区循环经济改造。邓美玲提出,对于清水塘工业区的循环经济发展,可以从企业层面、产业链层面和园区大循环3个层面综合考虑,以工业区的有色冶金、基础化工和新型建材3个主要领域为重点,根据工业园区的实际情况进行循环经济的建设。所以可以考虑在保留工业园区现有的有色金属冶炼、化工、火电、建材等重污染型企业的同时,大力发展静脉产业,加快构建各类资源综合回收利用体系,加快构建各类环保设施,促进环境的综合治理。同时加快培育和发展以轨道交通装备制造业、现代机械制造业、新材料、电子信息等高精新产业,大力发展田心高科技工业园,将清水塘工业区打造成以田心高科技工业园为龙头,以有色金属循环经济工业园、化工循环经济产业园、建材循环经济工业园为重点,以国际环保产业园和国际物流园为补充的循环经济产业园。

B.重型污染企业搬迁升级,这是污染源头控制的重要举措,也是产业结构调整的必要手段之一(图2-1-46)。随着城市经济的发展和规划,我国以后会出现大量的城市中污染企业搬迁的现象,采取对区域内一部分重污染型企业进行整体搬迁,以此来减少清水塘工业区乃至周边地区的工业污染压力。但是对污染企业进行搬迁并不是解决治理污染一劳永逸的办法,应避免影响迁入地的环境质量,减轻对当地居民健康的危害。所以城市污染企业的搬迁任重道远,需要从各个方面进行综合考虑。对工业区内一部分污染严重的企业进行改造升级,加快推进清洁生产、绿色生产和循环生产,加快推进工业"三废"的循环利用和无害化处理,构建循环型企业群。由政府制定污染减排评价制度和污染防治绩效评估来推动污染企业的改造升级,并尽快淘汰落后的生产工艺。政府和相关部门可建立环境保护专项资金,资助重污染型企业实施升级改造,通过清洁生产减排污染物;并加大关键生产技术和环保技术的研发力度,尤其是冶金、化工、建材等重污染行业的清洁生产技术。

C.清水塘工业区紧靠株洲市中心城区,现有的工业企业多属于高消耗、高污染、高排放、低效益类型,改造升级难度甚大,污染危害深,直接危及株洲市乃至长株潭城市群的生态环境安全。如果采取整体搬迁,则见效快,利于清水塘整治工作的整体推进从源头上解决工业区环境污染的问题,置换土地还可二次开发,效益显著。但企业搬迁成本甚高,对地方财政收入造成不利影响,同时还可能引发诸多社会问题。如果针对企业进行升级改造,则能够避免企业外迁所造成的经济损失,在一定程度上遏制工业污染物的排放,经济投入适中,投入产出效益较好。但升级改造没有从整个工业园区考虑,会导致工业布局散乱、环境整治困难、生态难以重建等问题,直接影响到清水湖生态新城的开发建设,城区形象和投资环境难以改观,难以从根本上对工业区进行全面

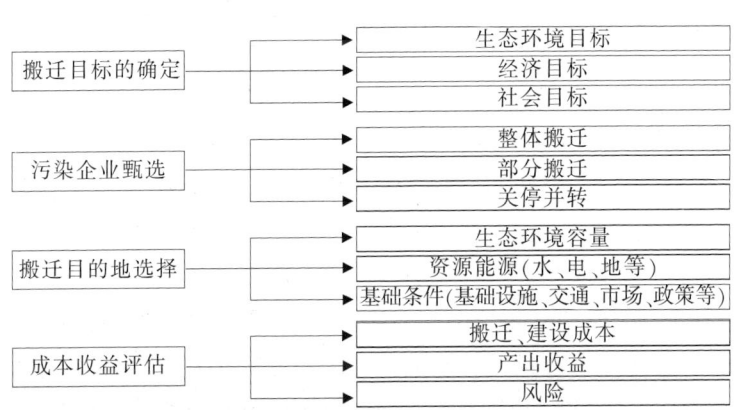

图2-1-46 重型污染企业搬迁基本流程

和彻底的整治。鉴于此,应该从工业区的整体发展统筹考虑,以建立"自然公园式工业园"为目标,搬迁清水塘工业区中主要的重污染型企业,以有色冶炼、化工、建材、火电四大行业为重点,采取生产主体异地搬迁的方式,对留下来的工业企业进行全面的技术改造,关停整改无望、难以达标的污染型企业,并全面优化调整清水塘地区的产业结构、空间布局和生态环境。在此基础上,构建循环经济产业链,创建高效率的循环经济产业园。在污染企业搬迁之后,剩余土地转型为城市新的功能用地,主要用作生态用地、商贸用地、交通物流用地和居住用地等。对工业企业排放的废水、废气和废渣,根据循环经济的原理回收有用,难以处置的先保存封闭,待技术成熟后再进行处理(图2-1-47)。

3)污染治理内容:环境污染导致生态退化,

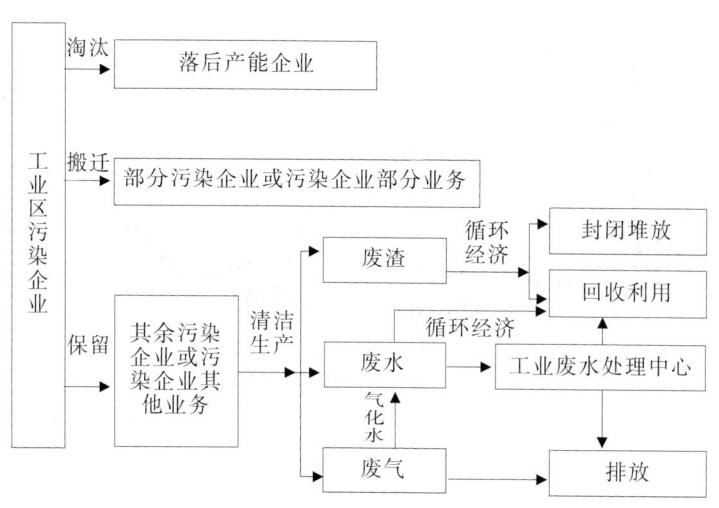

图2-1-47 清水塘工业区工业污染处置方案

甚至导致了生态系统功能的完全丧失。生态恢复的第一步就是要从源头控制污染物继续在环境中扩散,进入生态链中,并对已经产生的污染物质进行治理,彻底清除污染对生态的影响,将其严格控制在所能承受的范围和强度内。由于空气和水体流动快,且体量大,因此只要阻止源头排放,切断新污染物的进入,一般的污染可很快扩散、稀释和分解。但水体底泥受到的重金属污染难以通过水体的自净作用消除其危害和隐患。鉴于这些特点,结合生态恢复的目标,对清水塘地区的工业污染进行全面和深入的治理,以恢复生态系统基底功能。开展大规模的生态修复和环境重建,尤其是本地土壤和湘江底泥的重金属污染,有毒有害土壤的修复、置换或覆盖,湘江清水塘江段重金属污染底泥的综合治理,清水塘地区大规模的生态重建和绿化美化,构建网络化的生态隔离带和绿化防护带,种植能够吸附有毒有害物质的环境修复植物,比如蜈蚣草等。对现有的河流、山体、田园进行生态恢复和综合整治,规划建设一系列的城市生态公园,修建高品质的湘江风光带。

工业园区的大气污染控制主要包括生产工艺大气污染控制、市政设施(如电厂、供热站等)大气污染控制、道路交通大气污染控制3方面内容。生产工艺大气污染控制主要针对有毒有害气体及特征污染物,市政设施大气污染控制主要针对二氧化硫、氮氧化物、恶臭等;道路交通大气污染控制主要针对氮氧化物、扬尘等。

A.生产工艺大气污染控制:生产工艺中产生的大气污染物主要是生产过程中产生的有毒有害气体及特征污染物,如喷漆废气、有机废气、恶臭等。通常来说,工艺废气的产生量均较小,但由于其近距离接触工人,因此对工人具有较大的危害性。

对于此类废气的控制,首先从源头上可以改变燃料构成,开发新能源,在有条件的城市,发展清洁燃料,减少大气污染,逐步推广使用天然气、煤气(石油液化气),改变以煤为主的燃料构成；选用低硫燃料，对重油和煤炭进行脱硫处理，改善燃料品质，开发和利用太阳能、风能、潮汐能、地热能、核能等能源。在生产工艺环节方面，要大力推进清洁生产，改善生产工艺，降低燃料的使用量或提高燃料燃烧的热效率，都可以取得减少废气和粉尘排放的效果。对废气进行回收处理，综合利用可化害为利；采用高烟囱排放，安装必要的净化、处理装置，并制定实施严格的环境监察制度，落实环评中所提出的大气环境保护措施，减少污染物排放或保证处理达标后排放。针对使用气体原料或易挥发液体原料的生产工艺或流程，要采取有效的封闭措施，杜绝或减少生产过程中的无组织排放。针对产生有毒有害气体的生产工艺或流程，必须采用密闭容器，减少有害气体外泄。针对产生其他工艺废气的生态工艺或流程，要采用必要的喷淋、吸附等净化处理设施，减少工艺废气的产生和排放。针对有恶臭污染源的企业和生产工艺，要采取相应的防范措施，如在厂区内做好绿化，此外，还要保证留出 200 m 的防护距离，以减轻特殊气味对人群的影响。

生产工艺废气的处理方法主要分为 4 类。

a. 物理法：不改变污染物的化学性质，只是用另一种物质将其掩蔽、稀释，或者由气相转移至液相或固相。常见方法有重力除尘、离心力除尘、稀释法、冷凝法和吸附法等。

b. 化学法：采用另外一种物质与污染物进行化学反应，改变污染物的化学结构，使之转变为无毒、无害、无臭或臭味较低的物质。常见方法有燃烧法、氧化法和化学吸收法(酸碱中和法)等。

c. 生物法：主要用于净化有机废气，是在已成熟的采用微生物处理废水的基础上发展起来的。生物净化的实质是一种氧化分解过程，即附着在多孔、潮湿介质上的活性微生物以废气中有机组分作为其生命活动的能源或养分，转化为简单的无机物(二氧化碳、水)或细胞组成物质。

d. 物理化学法：主要是针对目标废气的特性，采用一系列物理和化学处理相结合的方法，运用一些特殊处理手段和非常规处理方法，对其进行深度处理，以达到高去除率和无害化的目的。应用的简单物理化学方法主要有酸碱吸收、化学吸附、氧化法和催化燃烧等几种有机结合的处理方法。在选择工艺废气的处理方法的时候，要针对废气的物理化学特点，选择处理效果好、操作简单、成本较低的方法。

B. 市政设施大气污染控制：市政设施的大气污染物主要指园区内热电厂、供热站的烟尘污染和垃圾收集处置污水处理设施的恶臭气体等。

针对热电厂、供热站的烟尘污染，要求其安装高效的脱硫除尘装置，满足污染物达标排放和总量控制的标准；针对垃圾收集处置和污水处理设施的恶臭污染，要求其采用有效的恶臭防治措施，并合理设置防护距离，减缓臭味对人群的影响；同时加强园区绿化和景观水体的建设，充分发挥绿地、水体净化空气的作用。

C. 道路交通大气污染控制：道路交通大气污染控制主要从减少排放和环境净化两方面采取措施。

减少排放可以通过道路规划建设和日常交通管理来实现。首先，合理设计园区道路，优化园区路网建设，避免断头路、尽头路，增加环路，提高交通便捷程度和机动车利用效率，从而降低污染物排放；其次，科学管理道路交通，减少道路拥堵，从而降低污染物的排放量。

环境净化主要通过道路绿化景观工程来实现改善大气环境的目标。选取具有一定净化作用的绿化植被，充分利用榆树、垂柳、丁香等植物对含硫污染物、颗粒物、有机污染物等的吸收作用，将绿化植物的景观效应、生态效应、环境效应发挥到最大。

第五节　社会环境与生态工业系统

一、社会环境概念

社会环境是一个含义较宽泛的概念，包含人类的居住环境、生活环境等。居住区是人类生存发展和不断变化的物质载体。居住区环境是与人类居住生活行为密切相关的物质实体和社会状况的统一。从总的趋势来看，人类的居住环境发展是一个不断向更高层次发展的过程。随着物质环境品质的提高，人们对社会环境品质的追求不断提高，人们也逐渐意识到一个良好的居住区需要一系列与居住区社会环境相关的要素（如健康教育、诊断、预防、护理体系和服务支援体系的建设），还需要持续有效地推动社区健康管理、保障等活动的发展，这才能让居民的生活更加健康、美好。而且居住区社会环境质量的提高对居住区社会网络结构的稳定性、健康性等有着重要的作用。城市化过程是一个受经济增长刺激和工商业发展催化的人口集聚过程。在这个过程中，由于原有的农业生态系统迅速被城镇生态系统所取代，不可避免地出现了一些不利于乡村城镇化可持续发展的负效应，包括局地气候变化、生物多样性指数下降、自然资源的过度消耗或大量浪费及城镇生态系统中有害物质种类及浓度的增加，以及由此导致的居民疾病的发生，都是生态环境恶化的体现。

城市化是人类社会发展的必然趋势，也是一个国家走向现代化的必经阶段。20 世纪以来，特别是近几十年来，在世界范围内，在城市化进程中，由于人口急剧集中、产业高度集聚、经济社会活动强度加大，产生了住房紧张、交通拥挤、资源短缺、环境污染等一系列严重的城市生态环境问题。城市化的结果，还将引起城市自然地理状况以及生态环境形态、结构、功能的变化，给资源开发、分配和利用带来巨大影响。改革开放以来，我国城市获得了迅速发展，城市化水平不断提高。然而发展与挑战并存，在城市化过程中面临的各种理论与实际问题也越来越多，越来越复杂。

面对城市化、工业化和现代化带来的环境和发展问题，如何协调经济社会环境、实现可持续发展？如何在经济发展与生态环境保护之间建立最佳平衡点、实现经济发展与环境保护的双赢？如何采取有效措施不断改善已经污染恶化的生态环境、维持生态系统的健康发展、实现生态恢复功能？转变传统的经济增长方式，把环境、经济、社会作为一个整体进行综合考虑，建立完整的城乡复合生态系统，发展可持续增长模式的循环经济，提倡绿色消费和生态文化，建设以城乡复合生态系统–循环经济–生态文化为特征的生态城市，促进生态环境与经济社会协调发展是城市发展的必然选择。

二、社会环境与生态工业系统

（一）"两型社会"、循环经济及可持续发展理论

1. "两型社会"理论

2005 年 10 月，建设资源节约型和环境友好型社会被确定为国民经济与社会发展中的一项重要任务，"两型社会"被提到了前所未有的高度。"两型社会"为我们描绘了一幅"资源节约、环境友好"的美好蓝图。"两型社会"观点的提出和践行虽然带有浓厚的"中国情结"，但是它与西方发达国家的经济转型理论、生态经济理论、可持续发展理论以及循环经济、节约型社会的构建等理论与实践具有高度的内涵互融性。"两型社会"是我国经济社会进入深层次改革发展的新标杆，是深入贯彻实施科学发展观的新成

果,它与加快经济发展方式的转变、大力发展循环经济和实施节能降耗工程等,具有理论和实践的一脉相承性。面对日趋强化的资源环境约束,必须增强危机意识,树立绿色、低碳的发展理念,以节能减排为重点,健全激励和约束机制,加快构建资源节约、环境友好的生产方式和消费模式,增强可持续发展能力。

"两型社会"是指资源节约型、环境友好型社会。资源节约型社会是指整个社会经济建立在节约资源的基础上,核心是节约资源,即在生产、流通、消费等各领域各环节,通过采取技术和管理等综合措施,厉行节约,不断提高资源利用效率,尽可能地减少资源消耗和环境代价,满足人们日益增长的物质文化需求。其内涵主要有以下几点。①资源节约型社会是一项系统的社会工程,这决定了它是一种全面的、系统的社会发展形态。②资源利用率是节约型社会建设的核心内容,而这主要依靠资源利用技术的进步和资源循环使用技术的发展。③发展资源节约型社会的前提是保证人们的生活质量,在生活中提倡适度消费和资源节约意识,以资源节约推动人们生活质量的提高。④进行资源节约型社会建设要求综合使用政治、法律、经济、行政等方面的措施,使其能够渗透到社会生产生活的各个层面。⑤资源节约型社会建设的根本目标是以最小的资源、环境代价,换取最大的经济、社会利益。随着我国经济的快速发展,经济发展与自然资源之间供求矛盾越来越明显,如何解决资源不足和经济发展的问题,在有限的资源内实现经济的可持续发展成为各级政府在经济发展中必须解决的问题。而资源节约型社会建设目标与当前我国资源保护的现实需要相适应,因此《中共中央关于制定国民经济和社会发展第十一个五年规划的建议》把发展资源节约型社会提升到国家发展战略的高度,明确提出建设资源节约型社会是"十一五"期间我国经济社会发展的重要目标。其目的就是改变我国传统的粗放型经济发展模式,探索一条适合我国国情的可持续发展之路。

环境友好型社会是一种人与自然和谐共生的社会形态,其基本的主张是在社会生产生活当中要充分考虑环境的发展需要,积极采取保护自然环境的各项措施,在人与自然之间建立起和谐的、互动的关系,在保障自然环境发展的前提下利用自然资源推动生产、消费的进步,改善人们的生产、生活条件。从中可以明显地看出,要想达到环境友好型社会建设目标,必须实现人与自然的和谐相处,在社会经济发展过程中以环境承载力为基础,在遵循自然规律的基础上发展绿色科技,倡导生态文明与环境保护,构建与自然生态环境相协调的社会经济发展体系,实现我国经济的可持续发展。

"两型社会"概念需要把握3个要点。一是转换和更新理念。"两型社会"要求从大局出发,转变政府职能,摒弃局部利益思想限制,将思想统一到"两型社会"的决策和整体部署上来,提高认识,切实做好本地区的节能、环保工作。针对相关行业和企业(尤其是那些高耗能、重污染企业),更要进一步拓宽视野,转变经营理念,将自身的发展和国家经济发展的大局联系起来,努力走节约型、环保型发展道路,避免陷入争夺能源资源和破坏环境的恶性循环中去。摒弃以牺牲资源环境为代价来谋求发展的旧思维。二是注重推进速度和质量,关键在于发展方式的不断转变。经济正处于高速增长期,量的扩张还有待充分释放,但必须转变经济发展方式,走又好又快的发展路线,注重经济发展的速度与质量齐头并进。三是要有持续推进的激情和动力。"两型社会"的发展是个持续性问题,要求落实科学发展观,生态、节约是基础。鉴于长期以来粗放发展方式根深蒂固,"两型社会"的落实必然会遇到现实困境。要做好打持久战、常态化的心理准备。

2.可持续发展理论

随着经济社会的发展,人类在利用自然资源创造财富的同时,向环境排放出大量的废弃物,破坏和改变了生态环境的结构和功能,影响了生态环境和经济社会的协调发展。社会环境和城市环境密切相关,城市生态系统是由自然、经济和社会组成的复合体,是自然生态系统和人类生态系统发展到一定阶段的结果。该系统由城市生物系统和非生物系统组成,还包括人类和社会经济要素。这些组成部分通过物质能量的生产代谢、生物化学循环以及资源供需及废物处理系统,形成一个内在联系的统一整体。

可持续发展理论是经济、社会和生态可持续的综合统一体。与传统的发展观相比,可持续发展要求在保护环境、节约资源和控制人口的前提下实现经济的发展。可持续发展的定义很多,按国际流行的解释,可持续发展是指既满足现代人的需求,又不损害后代人满足需求的能力。换句话说,可持续发展是指经济、社会、资源和环境保护的协调发展。它们是一个密不可分的系统,既达到发展经济的目的,又能保护人类赖以生存的大气、淡水、海洋、土地和森林等自然资源和环境,使我们的子孙后代能够永续发展和安居乐业。可持续发展的基础是保护自然资源和生态环境,并与资源环境的承载力相协调。经济发展是实现可持续发展的条件。可持续发展要以改善和提高人类生活质量为目标,与社会进步相适应。可持续发展承认并要求体现出环境资源的价值。环境资源的价值不仅表现在环境对经济系统的支撑上,还体现在环境对生命支撑系统不可缺少存在价值上。可持续发展认为发展与环境是一个有机整体。

可持续发展理论与经济"两型"化息息相通。美国著名生态经济学家赫曼·戴利(西方可持续发展理论中最具代表性的人物)在他的《超越增长——可持续发展的经济学》中提出了可持续发展的哥白尼式革命性的理论。书中论述了可持续发展就是要超越增长的发展,建立以福利为中心原则的质量性发展观。在可持续发展中要注重生态系统、社会系统和经济系统3方面的协同发展。见图2-1-48。国内学者刘思华在其著作《可持续发展经济学》中提出生态经济、知识经济与可持续发展的相互渗透,也深化了可持续发展的内涵,提出了在可持续发展过程中物质资本、人力资本和生态资本的统一,技术创新、制度创新和生态创新的统一,并强调创新是可持续发展的内生变量。刘冬梅在阐述可持续发展中提出了生态创新,而且把其视为可持续发展经济系统运行与发展的内在因素,并为可持续发展提出新的内涵:可持续发展就是经济发展的生态代价和社会成本最低的经济。

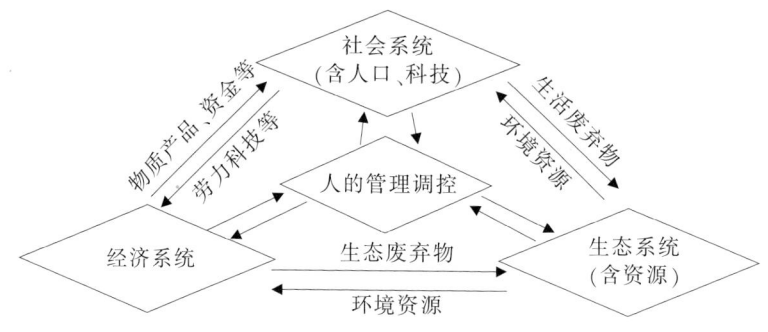

图2-1-48 可持续发展的内涵

可持续发展是从经济、社会、资源和环境的角度阐述的,而经济"两型"化的根本目标就是要达到经济的可持续发展。因此,可持续发展理论是经济"两型"化的基本指针。可持续发展与经济"两型"化既有联系,又不等同。可持续发展的核心是发展,但要求在严格控制人口数量、提高人口素质和保护环境、资源永续利用的前提下,进行经济和社会的发展。而经济"两型"化的重点是,在保证经济发展的前提下,更多地注重资源节约和环境保护。经济"两型"化很好地贯彻了可持续发展的理念,因为在经济水平落后的前提下一味地追求资源节约、环境友好,给人民群众带不来经济利益的政策是徒劳的。

3.循环经济理论

20世纪60年代,美国经济学家波尔丁首先提出了"循环经济"一词。波尔丁是在提出生态经济时提出循环经济理论的。这种经济理论认为传统的"自然资源—产品和用品—废弃物排放"经济发展模式的一个最大的弊端就是不能实现对自然资源的有效利用。社会经济发展过程中产生了很多废物，导致自然、生态受到严重的破坏。为了有效地保护生态环境，从社会经济发展的长远需要来看，循环经济理论认为在社会经济发展过程中应该遵循能量守恒转化定律，使自然资源能够在生产、消费、再生产中最大效率地流通和利用，以减少对自然资源的依赖和耗用。从这一观点来看，循环经济理论是在可持续发展的思想基础上，以生态学规律为基础，实现自然资源高效利用的过程。

循环经济模式应该说是现在最先进的一种经济发展模式。该经济发展模式充分考虑了现有经济发展模式的弊端，强调在社会经济发展过程中资源效用最大化和对生态环境的保护，其本质就是以最小的环境代价换取最大的经济效益。21世纪初，循环经济被引入我国以后就备受关注，并逐渐成为我国经济发展的一个重要目标。要大力推广循环经济，主要是由我国国情决定的。作为世界上最大的发展中国家、人口最多的国家，我国在几十年的改革开放当中取得了经济领域的巨大发展，但是在经济发展的同时，资源紧缺、生态环境破坏等问题也越来越严重，甚至已经威胁到一些人的生存。在这种情况下，如何实现经济发展从粗放型到集约型的转变，从资源高效型到资源合理利用型的转变，是我国经济发展中必须解决的一个问题。

根据生态系统原理，把社会、经济系统组成一个具有能将物质多次利用和再生循环功能的网链结构，循环经济要求运用生态学规律将人类经济活动变成"资源—产品—再生资源"的产品闭环反馈式流程和具有自适应、自调节功能的，适应生态循环的需要，与生态环境系统的结构和功能相结合的高效生态型社会经济系统。循环经济的内涵有以下3个方面。①实现社会经济系统对物质资源在时间、空间、数量上的最佳运用，即在资源减量化优先为前提下将资源最有效利用。②环境资源的开发利用方式和程度要与生态环境友好，对环境的影响尽可能小，至少要与生态环境承载力相适应，努力建设资源节约型和环境友好型社会。③在发展的同时建立和协调与生态环境之间的互动关系，实现人类与自然的相互促进、共同发展。

(二)"两型社会"背景下工业园区分析

1.新型工业化建设路径选择

(1)工业生态学与工业生产

工业系统和环境的关系是环境与可持续发展的关键一环。工业体系与自然环境之间的协调发展对人类社会的可持续发展起着举足轻重的作用。发达国家抓住这一关键问题，在研究、解决工业发展与环境保护这一矛盾的过程中，逐步形成系统、整体化的理论框架——工业生态学。可以说，生态工业园是工业生态学理论的具体实践之一。

工业生态学理论认为，社会经济系统在自然界当中并不是单独存在的。由于社会经济系统依赖于自然资源，它实际上就是生态系统的一个组成部分。也就是说，社会经济系统是生态系统的一个子系统。因此，工业、经济、人类社会的发展都必须以生态系统的发展为前提，在发展过程中必须遵守自然规律并做好生态保护工作，否则社会经济的发展必将陷入恶性循环。从工业生产的过程来看，工业生产是利用从自然界获取的各种资源生产产品，然后再将生产过程中产生的废物排入自然界的过程。这一过程的量并不是无限制的，工业生态学认为人类能够从自然界中获取的资源是有限的，而自然界对各种废物的容纳能力也是有限的。如果获取与排放两个环节都超过了自然界的承受能力，那么必然会损害自然界的发展，最终的恶果将由人类自己承受，社会经济也就谈不上可持续发展了。要想避免此结果的出现，在社会经济发展当中应该尽心及时地跟踪、分析和预测经济发展对生态自然的影响，针对过分利用和污染问题采取有针对性的措施，为社会经济的可持续发展创造良好的条件。同时要真正把社会经济系统看成生态系统的重要组成部分，要有计划、有目的，在尊重自然规律的基础上改造自然。应该尽量减少对自然资源的索取，最大限度地减少污染物的排放，在保证生态环境可持续发展的前提下实现社会经济的可持续发展。工业生态学理论指出，要想实现社会经济的可持续发展，必须使社会经济与生态环境和谐相处。在工业发展当中，应该以自然生态系统的运行模式为基础，在工业生产当中，尊重自然规律，将各类工业生产进行生产、消费、再生产的角色划分，使自然资源进入工业生产系统以后，能够在生产系统当中得到循环流动与最大限度的利用，减少工业生产对生态环境的不利影响，实现工业发展与生态环境的协调共生。

(2)新型工业化战略选择及产业结构调整

我国在进行新型工业化建设当中，在战略选择上应该立足本国国情、紧跟世界潮流。这就需要做到两点。第一，将信息化建设与工业化建设结合起来，以工业化促进信息化发展，以信息化带动工业化水平的提高，在信息化与工业化之间构建一种良好的互动关系，不断推动信息化产业与传统产业之间的结合，利用信息化逐渐改造、优化产业结构，在不断提高工业化发展水平的基础上实现信息化的发展目标。第二，要紧跟全球化的发展步伐，积极实施走出去的战略。在全球化高度发展的今天，几乎所有国家的经济在国际经济合作的联系与促进下，都依托在世界市场当中，我国也不例外。现在出口型经济已经成为我国经济的重要组成部分，在新型工业化发展道路上，必须以世界市场为背景，积极参与国家分工与合作，以此保证国内劳动生产率不断提高。

在新型工业化战略选择上，应该探索绿色核算方法，将资源消耗、环境污染和环境效益纳入社会经济发展的评价体系当中。要想达到这一目的，就应该加强环境保护执法力度。这就需要改革现有的环境执法体制，改变环境执法主体分散、执法环境混乱、知法犯法的环境执法问题。要用市场机制完善环境治理措施，在市场经济发展过程中构建自愿性产品价格形成机制，严格落实"按照谁开发谁保护、谁受益谁补偿的原则，加快建立生态补偿机制"的要求，推动生态补偿机制的构建和落实。

产业结构调整是新型工业化战略选择的必然之路。在产业结构方面要改变现在经济增长过分依赖第二产业的现状，应该将第一、第二、第三产业协调起来，使它们共同发挥在经济发展中的作用。具体来说就是要进一步巩固、发展第一产业，推动农业生产的机械化、信息化发展水平，提高土地资源综合利用率，提高农业劳动生产率；大力发展第三产业，以信息、金融、科技等现代服务业为主，打破原有的信息、金融等行业的垄断态势，放宽准入条件和限制，使人才、资金能够更多地向第三产业转移，使第三产业成为经济活动新的增长点；继续发展壮大第二产业，在第二产业的发展中应该紧跟产业发展潮流，推动电子信息、生物、航空航天、海洋、新材料、新能源等高技术产业在国内的发展水平，以新材料、生物技术、新能源技术为核心，实现第二产业的绿色发展，减少第二产业的发展对自然资源的依赖。采取上述产业调整措施，逐渐使我国经济走上高利用、高产出、高效益的新型经济发展之路。

2."两型"工业园区的内涵与特征

(1)"两型"工业园区的内涵

"两型"工业园区是遵循资源节约和环境友好的原则，依据循环经济理念而建设的一种新型园区。"两型"工业园区通过以可持续型生态园区为核心、遵循循环经济理念、以环境资源承载力为基础、以集群经济为载体、以生态经济为特征、以产业"两型"化为抓手，在经济发展中注重资源节约，在园区生态上实现环境友好，在发展方式上创造新型工业化与新型城镇化相融合的新模式，着力发展循环经济，积极推行清洁生产机制，从而实现园区企业、产业、经济、文化、社会的"两型"化。

(2)"两型"工业园区的特征

"两型"工业园区具有以下几个特征。

1)承接传统园区的区域经济主增长极功能。黄爱宝认为，资源节约型和环境友好型社会不是一般意义上的节约资源和保护环境，而是中央提出的又好又快发展的具体体现，是一种全新的经济社会发展形态。它追求经济效益、社会效益和生态效益的和谐统一。"两型"园区作为"两型社会"的重要载体，承担着区域经济发展的核心动力和主增长极的作用。

2）创新成为园区灵魂，企业成为创新主体，创新成为园区经济发展的主动力。"两型"园区通过培育创新文化、营造创新氛围、聚集创新资源、推动产学研结合、促进园区经济跨越式发展。

3）"两型"企业得到充分发展、"两型"技术得到广泛应用、"两型"产业主体地位突出。园区在引进低能耗、少污染、高产出的"两型"企业的同时，对原有传统企业通过广泛采用"两型"技术进行"两型"化改造。园区实现"产业两型化，两型产业化"，突出"两型"产业的主体地位。

4）循环经济形成体系，资源利用效率与回收利用率居领先水平。发展循环经济与建设"两型"园区一脉相承，"两型"园区以循环经济所倡导的资源高效利用和循环利用为核心，以"减量化、再利用、资源化"为原则，推进低消耗、低排放、高效率为基本特征的可持续的经济增长模式。

5）具备完善的投融资、财税、产业、招商、行政管理等体制机制引导园区向"两型"化方向发展。园区为引进工业项目制定了相应的产业门槛，力抓高端产品、关注新兴产业、突出"两型"特色，从源头上保证园区发展的"两型"化方向。同时，园区建立和完善了相应的投融资体系、财税政策等扶持机制，鼓励园内企业加大环保投入、积极应用"两型"技术、大力开发"两型"产品，通过一系列措施促进"两型"企业入园发展。

3. "两型"工业园区建设分析

(1) "两型"工业园区发展背景分析

1）国家高度重视：虽然我国在发展循环经济和"两型"工业园方面还存在很多问题和阻碍，但是党和国家已经认识到了循环经济和"两型"工业园区建设对我国经济社会发展的巨大意义，高度重视循环经济和"两型"工业园区的建设。原国家环境保护总局、国家发展改革委员会等相关部门就循环经济和生态工业园区的建设进行了深入的调查研究，召集国内这一方面的专家学者，通过研讨会、学术报告会等形式，全面总结了国内循环经济理论研究成果和实践发展经验。此外，国家清洁生产中心、政策研究中心还进行了循环经济的立法与发展模式的研究工作，为循环经济立法打下了坚实的基础。不仅如此，国内各大高校和科研单位也积极地参与到循环经济的发展研究中，如东北大学、清华大学和中国环境科学研究院成立了国家环境保护生态工业重点实验室，就循环经济发展中所需的清洁生产、新能源、生态工业体系等进行全面的、科学的研究。总之，循环经济已经成为国内经济发展的共识、今后我国社会经济发展的战略方向。

2007年12月14日，国务院同意长沙、株洲、湘潭城市群和武汉城市圈为全国资源节约型和环境友好型社会建设综合配套改革实验区，率先开展"两型社会"试点。这是国家在新的发展阶段的重大战略布局。

2）工业园区建设正在寻求突破："两型"工业园区是在循环经济产业园和生态工业园区的基础上发展起来的新型园区。生态工业园区在国外一般都是由传统的工业园区转化而来，其典型的代表是丹麦的卡伦堡工业共生体。该工业园区内的企业通过减少费用、废料管理和水资源重复利用等手段，使园区内的企业形成了紧密的、相互合作的关系。后来，当地的政府和学者意识到了这种园区共生关系的重要意义，并将其称为"工业共生体"，这也是生态工业园区的雏形。到了20世纪90年代以后，在西方国家，经济发展和环境保护问题愈发受到重视。如何在经济发展与环境保护之间找到一个平衡点成为很多政府和学者关心的热点问题，而卡伦堡工业共生体也就是在这一时期进入了研究视野。该案例成为工业生态学的经典案例和实践代表。一些学者在工业生态学的基础上以卡伦堡工业共生体为模板提出了生态工业园区的概念。其基本的主张是：通过园区内的企业之间的相互合作，在园区内建立一个类似于自然生态系统的物质、能源高效循环利用体系，来减少园区经济发展对生态环境的影响。此后，对于生态工业园区的研究也越来越深入，我国也开始了生态工业园区的建设研究。通过研究，我国学者认为生态工业园区建设是解决经济发展与生态保护之间矛盾的最佳方案，但是我国在工业园区建设上应该将自上而下与企业的自发行为充分结合起来，在借鉴西方国家发展模式的基础上探索中国特色的生态工业园区到"两型"工业园区的发展之路。

3) "两型"工业园区的实践探索：生态工业园区在我国不同行业和地区的实践为"两型"工业园区的建设奠定了实践基础。在工业园区理论研究推进的同时，各地也开始了生态工业园区的实践探索工作，通过循环经济和生态工业园区试点建设工作，为找到一条与我国国情相适应的循环经济发展之路积累经验、准备条件。这类工业园区主要有广西贵港国家生态工业(制糖)示范园区、广东南海国家生态工业示范园区、新疆石河子国家生态工业(造纸)示范园区等生态工业园区。在循环工业园区建设中，辽宁省循环经济和贵阳市循环经济生态城市建设试点工作也在风风火火地展开。这些生态工业园区建设和循环经济生态城市建设，主要是在原国家环境保护总局主持下进行的，结合了现有的理论研究成果和西方国家的发展经验，在实践当中总结了一些开创性的经验。如广东南海国家生态工业示范园区，是以高新技术产业、环保产业、新材料产业为主的国家级综合生态产业园。该园区建设围绕生态工业和循环经济的发展要求，将园区企业之间的合作作为主线，通过生产互补、废物再生、能源循环利用、环保设备生产和应用、新材料的研发形成了一个以资源高效利用为核心的工业园区发展模式，以零污染为园区经济发展的最高目标，通过最近几年的发展，园区企业在降低成本、降低能耗、降低污染、提高效益等方面进步明显，已经成为广东省最发达的工业园区之一。这些生态工业园区和循环工业园区的建设，主要作用在于探索适合我国国情的循环经济发展之路，为我国全面进行工业园区"两型"化奠定了实践基础。

(2) "两型"工业园区建设的有利条件

我国"两型"工业园区发展的有利条件主要体现在4个方面。

1) 政策保障有力：国外的生态工业园区建设多为市场经济主体自发性的行为，政策保障力度较小。而我国则不然。我国在生态工业园区政策保障方面与西方发达国家相比优势十分明显。党的十六大、党的十七大明确了我国在21世纪初期社会经济发展的基本目标，那就是经济、民主、科教、文化高度发展的社会主义小康社会、和谐社会，力争在2020年实现全面建成小康社会。衡量小康社会发展的重要指标就是可持续发展能力的增强，生态环境的高度发展，资源利用率的提高，在减少自然资源消耗的基础上实现人与自然的和谐相处。党的十七大报告首次提出"生态文明"的概念，并把以建设节约能源、资源和保护生态环境的产业结构、增长方式、消费模式为核心的生态文明作为小康社会的新要求之一。建设"两型社会"不是一般意义上的保护资源、节约资源，而是必须坚持生产发展、生活富裕、生态良好的文明发展道路，实现速度和质量相统一、经济发展与人口资源环境相协调，使人民在良好的生态环境中生产生活，实现经济社会永续发展。党的十七大以后，我党在深入总结改革开放30年发展经验的基础上，进一步提升了科学发展观的理论深度和实践效果，深刻认识当前日益严重的经济发展与自然资源之间供求矛盾的基础上，结合西方国家发展经验，高瞻远瞩地提出了"全面、协调和可持续的科学发展"，这一思想的提出为我国社会经济发展指明了方向。我们应该在社会经济发展和工业园区建设上坚持"五个统筹"原则，也就是要统筹城乡发展、统筹区域发展、统筹经济社会发展、统筹人与自然和谐发展、统筹国内发展和对外开放，深刻领悟、把握、理解科学发展观的本质和内涵，用"五个统筹"合理定位改革开放的力度、经济发展的速度、环境保护的深度，这也成为我国生态工业园区建设的重要指导思想。根据这一指导思想，我国的生态工业园区建设，应该积极改善周边生态环境，提高园区企业的资源利用率，控制和减少园区生产污染，依靠政策保障和支持，为园区企业的"两型"化发展、循环经济发展和可持续发展创造良好的条件。可以说，强有力的政策保障是我国发展生态工业园区最大的优势,利用好这一优势、发挥好这一优势,就为各地区"两型"工业园区建设奠定政策基础。

2) 发展目标明确:现在环境污染问题已经成为一个全球性的问题,因此也越来越受到国际社会的关注。而要想实现经济社会的可持续发展,良好的生态环境和可持续利用的自然资源是必须具备的要件。不仅如此,实现生态环境与资源的可持续发展的前提必须是不影响经济社会现有的发展。这就要求在今后的社会经济发展中将经济、社会和环境协调起来,在社会经济进步当中实现环境保护与资源的可持续利用的目的。但是在"两型社会"发展目标和生态工业园区建设目的上,各国却并不明确。在国外的循环经济和可持续发展经济实践过程中,发展目标并不明确,一些国家组织对发展目标做了概况。这些目标在实践当中缺乏明确的路线指引,其结果与提出的目标之间有一定的差异,没有明确的目标指引导致发达国家在生态工业园区建设上虽然起步较早,但发展速度很慢,没有达到预期的效果。但是我国则不同,虽然我国已经走上了全面的市场经济发展道路,但是能利用宏观经济调控减少市场经济滞后性、盲目性的影响。在"两型社会"和生态工业园区建设上,我国有着明显的发展目标。早在1992年,国务院发布的《中国环境与发展十大对策》就明确地提出了实施可持续发展战略,将可持续发展提高到国家战略的高度。1994年由国务院通过的《中国21世纪议程》进一步明确了这一战略的地位,并明确了我国可持续发展的目标,也就是在经济发展中大力推广清洁生产和绿色产品,通过全过程的节能、降耗等措施,推动生产方式的根本性变革,以最小的环境资源代价获得最大的社会经济效益,达到减少污染物排放和零污染的目的。

3) 建设经验丰富:虽然在"两型"工业园区之前的生态工业园区建设上,我国开始的时间比西方国家晚,我国在工业园区建设上却积累了30多年的经验。这些工业园区虽然不是生态工业园区,但是在它们长期的发展过程中,在市场经济的驱动下,或多或少会涉及生态保护方面的内容,尤其是在国家级经济开发区和高新技术开发区等发展时间比较长的工业园区,这些园区为探索生态工业园区建设积累了丰富的经验。不可否认的是,我国在工业园区发展过程中出现了许多问题,走过一些弯路,但这是发展中国家必然要经历的过程。发达国家也经历了类似的过程。对于这些弯路、曲折,我们应该以一个正确的态度来认识它,不能因为出现了一些问题就否认了工业园区在社会发展和国民经济发展上的巨大贡献。相反,我们应该认真分析这些问题形成的原因,积极寻找渠道、方法和措施来克服这些问题,从中总结出对当前正在进行的生态工业园区建设有益的一面,为生态工业园区建设的顺利进行提供经验借鉴。这一点已经开始在地方实行,如广东最近几年就开始反思原有的工业园区发展模式,以建设生态型工业园区为目标全面总结在工业园区建设上的经验教训。通过总结,广东认为:要想达到生态工业园区建设的目标,应该对原有工业园区进行生态化改造,通过引导相关产业集中、增强园区企业之间的生产互补、延长园区企业生产链等措施,逐渐改造原有的国家级经济开发区、高新技术开发区,使之能够在最短的时间内转变成生态工业园区。现在广东已经开始在东莞、广州等市,尝试老工业园区的生态转变,并且在实践当中取得了不错的效果。我国各地对生态工业园区建设的实践无疑对"两型"工业园区的建设也具有很重要的借鉴意义。

4) 理论支撑完备:工业园区建设离不开理论研究的支持。在这一方面,随着国内研究的兴盛,有关生态工业园区、循环经济产业园区建设理论研究成果也越来越多,如可持续发展理论、循环经济理论、生态工业理论、环境经济理论、效能经济理论,等等。这些理论研究受到学者的广泛重视,并产生了许多对于"两型"工业园区建设有益的成果。特别是有关生态工业理论和循环经济理论的研究,更是受到了党和政府的多方关注。其中生态工业理论是20世纪90年代初开始兴起的一个新的工业发展理论,该理论主张以生态学规律关系重新定义产业经济的发展。其观点主要表现在3个方面：第一，生态工业系统发展过程中应该强化与生物圈之间的联系，也就是实现工业生产与生物圈的共同发展；第二，生态工业学主张在工业发展过程中要构建一种类似于生物圈关系的工业系统，物质和能量能在这一系统当中循环使用；第三，生态工业学强调科技创新，利用科技创新实现由工业体系到可持续发展体系的转变。从这些观点中可以明显地看出，生态工业学的基础是自然生态系统与社会系统之间的关联性，而生态工业学中的系统观、整体观、全球观等方面的内容为"两型"工业园区建设提供了充足的理论依据，是"两型"工业园区建设的最重要的理论依据。此外，国内关于循环经济的研究也非常兴盛，从现有的研究态势来看，国内学者普遍认为循环经济是世界经济的未来发展方向，我国也必然会走上循环经济发展之路。学者对我国循环经济的发展做了有益的探索，如一些学者认为循环经济是一种"资源—产品—消费—再生资源"的发展过程中，循环经济的最大追求是资源的使用和经济发展过程中的零污染；并认为要想实现循环经济的发展目标，科技创新是关键，因为只有科技创新才能推动生产方式的根本性变革，才能实现资源的最大效用。而循环经济理论是生态工业园区建设的基础理论，国内在这一方面的研究可以说为发展"两型"工业园区准备了理论条件。

（3）"两型"工业园区建设存在的障碍

1）普通民众的群体性认识不足：虽然学术界对"两型"工业园区建设给予了广泛的关注，但是一种新生事物要想真正地发展，必须赢得群众的认可和接受。但是现在绝大多数群众根本不了解什么是"两型"工业园区，也不知道怎么去建设"两型"工业园区。不仅如此，这种困惑也在困扰着很多基层人民政府的领导。虽然提出了"两型"工业园区建设的战略，但是没有与之相配套的具体实施策略，导致"两型"工业园区在实际建设中回归了老路。因此，当前广大人民群众亟须提高对"两型"工业园区的认识，不断更新自己对工业经济发展的认知观念。

2）"两型"工业园建设的相关法律法规还不完善："两型"工业园区的建设离不开发展循环经济。在发达国家，循环经济已经成为一股潮流和趋势，有的国家还以立法的方式加以推进。2000年日本召开了一届"环保国会"，通过和修改了多项环保法规。其中，《循环型社会形成推进基本法》具有重要意义，从法制上确定了21世纪经济和社会的发展方向，提出了建立循环型经济社会的根本原则。另外，发达国家发展循环经济的经验同样告诉我们，从建立健全法律体系入手效果较好。而我国现行的环境法规，其整个体系基本上是建立在"末端治理"的基础之上，对污染预防和清洁生产等新的环境管理的战略思想体现得不够，缺乏能够体现经济、环境、社会三位一体协调发展要求的循环经济法律法规体系，包括促进循环经济发展的基本法，促进废物回收与循环利用的法规或条例。另外，我们要制定此类法律，牵扯部门太多，难度较大。

3）实施循环经济和发展"两型"产业的体制机制有待建立：在实施循环经济和发展"两型"产业过程中，一套完善的制度、指标和规范是必不可少的。但从现在各地的循环经济和生态工业园区的发展来看，我国还没有形成系统的、规范的管理办法，也没有一套科学的技术指南和规范指导其发展，导致各地在循环经济发展和生态工业园区建设上缺乏明确的建设方向。无论是政府还是企业都在摸黑前进，导致现在的循环经济建设和"两型"工业园区建设进展缓慢。这主要受制于循环经济在我国发展时间短，对它的建设研究还不完善，实践中缺乏经验。

4）缺乏鼓励和支持性政策：要想提高公众和企业参与循环经济建设的积极性，促进循环经济的形成，必须在社会发展过程中就废物回收、利用、处置等方面出台必要的经济奖励支持，体现出国家对发展循环经济的支持力度。单纯依靠环保部门的行政力量，依靠政府的各种处罚措施是很难达到循环经济发展要求的。此外，在发展循环经济和生态工业园区中，我国应该将环境管理制度建设与循环经济的发展要求紧密结合在一起,如将"两型"工业园区建设与环境影响评价制度相结合等,使其能够共同发挥作用。

5)理论研究严重滞后:在循环经济发展过程中,理论研究能够为其发展提供理论指导和支持。最近几年,在这一方面的理论研究成果可以说是层出不穷。很多学者就循环经济的发展模式、措施、政策和技术等进行了深入细致的探讨。这些研究成果对现在的循环经济和生态工业园区建设起到了一定的启示和推动作用,但是与循环经济的发展要求相比还存在很大的差距。现在对于循环经济还缺乏深度的研究,对发展循环经济所需的支撑技术、断点技术等方面的研究还处在一个初始阶段,理论研究的滞后制约了循环经济的发展。

"两型"工业园区的建设是符合我国国情的,如果能够将产业生态学和循环经济与"两型社会"理论巧妙地结合起来,我国就能走上符合国情的新型工业化发展道路。除了上述问题之外,我国发展"两型"工业园区还存在一些不利的因素。

6)各部门之间存在利益冲突:"两型"工业园区建设是一个完整的自然、社会和经济的系统,因此这个系统的发展和完善涉及社会生活的方方面面,各行各业、各部门都要参与到"两型"工业园区建设当中。但是"两型"工业园区的本质是以最小的环境资源代价取得最大的社会经济发展收益,追求的是系统的最高效、最优化,在系统优化的过程中不可能照顾到所有部门的利益,这也就意味着在"两型"工业园区建设过程中会牺牲一些部门的利益以提高园区发展的整体利益,这不可避免地导致部门之间利益冲突的加剧。部门间的利益冲突会直接影响各种政策、措施的执行,直接影响"两型"工业园区建设的进度。如何处理部门间的利益冲突,是"两型"工业园区建设中必须解决的问题。

7)行政区域的限制和约束:我国现在的行政区划地域界限非常明显,各地区在区域经济发展方面存在明显的差异,各省、市、县之间的利益冲突不断。而发展"两型"工业园区其主要目的就是既要解决区域经济发展中的经济与环境之间的矛盾问题,又要有利于促进整个区域生态环境的改善。所以,"两型"工业园区的建设很可能会牵涉区域以外的相关的工矿企业,也可能涉及有关工矿企业的跨区迁移。这就要求行政区不仅要从自身的发展来审视"两型"工业园区发展问题,更要站在区域经济发展全局的角度来推动区域循环经济发展水平。但现有的行政区划,割裂了各省、市、县之间在区域经济发展上的关联性,在一些区域内的市、县虽然在经济上具有良好的互补性,但是受到彼此之间的利益矛盾影响,很难在"两型"工业园区建设中充分合作,导致区域循环经济和"两型"工业园区建设受到一定的阻碍。

4. 工业园区"两型"化水平影响因素分析

(1)产业集聚程度

园区的产业集聚是指众多同类产业的企业或者相关产业的企业在园区内集中与聚合。而产业集群是指众多按专业化分工的同类或相关产业的企业及其在价值链上相关的支撑企业、机构,以较完善的组织方式在一定空间范围内的柔性集聚。可见,产业集聚与产业集群的本质区别就在于企业的柔性集聚,产业集群是产业集聚发展的更高级阶段。

大多数传统的工业园区内的企业在数量上有集聚,但真正按经济规律集聚成产业集群的并不多,即空间上的集中度、产业上的集聚度、组织上的集团化和经营上的集约化还不够。绝大多数工业园区是同质或异质企业的简单堆积,而不是具有互补关系企业的有机结合,对于相互之间的经济关系和废弃物的相互利用与循环利用重视不够,产品零部件在本地配套率低的问题较为突出,有的地方生态环保问题也存在隐患。园区所能发挥,最多只能是1加1等于2,而非1加1大于2。

"两型"工业园区要求园区能够大力发展"两型"产业,实现资源节约、环境友好,这就意味着生产环节需要更高的投入产出效率和更低的环境成本,园区内产业集聚程度越高,企业的协同效应就越明显。所以,产业集聚程度直接影响着"两型"化园区的效率。

通常可以用区位熵(entropy index)来测量园

区内的产业集聚程度。区位熵又称专门化率,它由哈盖特(P. Haggett)首先提出并运用于区位分析中。区位熵可以衡量某一区域要素的空间分布情况,反映某一产业部门的专业化程度,以及某一区域在高层次区域的地位和作用等。在产业结构研究中,区位熵指标主要是用来分析区域主导专业化部门的状况。计算公式为:

$$E_{ij}=\frac{q_i}{\sum_{i=1}^{n}q_i}/\frac{Q_i}{\sum_{i=1}^{n}Q_i}$$

式中:E_{ij}为某区域i部门对于高层次区域的区域熵;

q_i为某区域部门的有关指标(通常可用产值、产量、生产能力、就业人数等指标);

Q_i为高层次区域部门的有关指标;

n为某类产业的部门数量。

E_{ij}值越大,表示产业的集聚程度越高。"两型"工业园区的"两型"产业集聚程度应显著高于传统工业园区。

(2)自主创新能力

"两型"工业园区内涵表明:园区要"在发展方式上创造新型工业化与新型城镇化相融合的新模式",所以园区内部企业之间应该形成"优势互补、良性竞争"格局,园区内部企业应该真正成为技术创新的主体,企业自主创新动力很强。自主创新能力的高低直接影响园区的"两型"化水平。

测试园区的自主创新能力主要通过对园区的自主创新产出能力、自主创新支撑能力和自主创新投入能力的考查来进行。自主创新产出能力能够通过高新技术产业产值、技术市场成交额占GDP比重、工业企业新产品产值占工业总产值的比重、每百万人发明专利授权数(件)、发明专利比重来衡量;自主创新支撑能力能够通过论文篇数、科技人员人数、科技机构个数等指标来衡量;自主创新投入能力能够通过研究开发投入总量、研究开发经费投入强度等指标来衡量。

(3)公共服务平台

公共服务平台,就是在产业集中程度较高或具有一定产业优势的地区,构建为中小企业提供技术开发、试验、推广及产品设计、加工、检测、信息资源、公共服务、公共设施等的公共技术支持系统。它是一个开放的支持和服务系统,可以为本地区的工业园区、高等院校、科研机构、科技企业、政府部门以及社会公众提供系统、全面、方便、高效的相关公共服务,从而提高效率,促进当地的经济发展。

对于公共产品,由于企业无法独占其成果,因此企业生产没有积极性,导致市场提供不足,形成市场失灵,需要政府协调个人利益和社会利益。政府提出加快公共服务平台建设,不仅可以促进各类公共资源的开放和共享,降低企业发展的成本与风险,提升研究开发和产业化的能级和水平,进一步提高各类社会公共资源的使用效率,更主要的是可以推动政府管理模式的根本转变,加速工业园区的发展。

公共服务平台是园区企业发展的有效支撑,是一个开放、共享的多学科、多用户、多功能资源保障与服务系统,具有促进科技进步和社会经济发展的公益性特征。推进平台建设是政府的一项社会公益性工作。

(4)顶层设计和规划布局

顶层设计和规划布局表现为园区内各主体之间的经济、市场、技术与信息等方面的联系与合作的有效程度。"两型"园区应该根据产业分工而建立,同时,园区规划在较大程度上与城镇建设规划、土地利用规划衔接,水、电、路、气、通信、环保、物流等基础设施与城镇规划建设体系配套良好,公共资源的综合配套水平较高。园区通常能够集中有限资源突出重点、发挥优势,能够实现由招商引资向招商选资的跨越。

三、社会环境与生态工业园区的规划和设计

(一)长株潭综合配套改革试验区工业园区建设实例

1. 长株潭综合配套改革试验区基本情况

(1)基本数据

长株潭综合配套改革试验区以长株潭"3+5"城市群为基础。长株潭"3+5"城市群总面积

9.68万km²，人口4 073万，以长沙、株洲、湘潭三市为核心，1.5 h通勤为半径，辐射岳阳、常德、益阳、衡阳、娄底五市的区域。2010年，"3+5"城市群完成地区生产总值(GDP)为12 560亿元，占全省地区生产总值(GDP)的79%。长沙、株洲、湘潭三市作为城市群核心城市，沿湘江呈"品"字形分布，三市总面积2.8万km²，占全省总面积的13.3%，三市总人口1 325万，占全省总人口的19.2%。2010年，三市实现地区生产总值(GDP)6 716亿元，占全省的42%，一直是湖南发展的精华地区。

长株潭城市群经济、科技、文化等优势凸显，其优势和潜力主要表现在以下几个方面：一是拥有优良的自然生态和资源优势；二是具备便捷的高速公路、铁路、航运、城际等立体交通路网；三是拥有密集的科教和智力资源；四是具有推进市场资源优化配置的良好基础。随着中部崛起战略的深层推进，2006年，长株潭城市群被国家列为促进中部崛起重点发展的城市群之一。2007年12月14日，长株潭城市群获批成为全国资源节约型和环境友好型社会建设综合配套改革试验区。

(2)综合配套改革试验区"两型社会"建设成就

自2007年底试验区获批以来，长株潭"两型社会"建设成就斐然。一是改革建设的总体框架基本形成。编制1个改革方案和12个专项改革方案、1个区域规划和16个专项规划，为"四化两型"建设明确了行动路线图；制定了"省统筹、市为主、市场化"的推进机制；在全国率先编制了"两型社会"统计指标体系，出台了"两型"产业等6大标准，形成了从顶层设计到标准体系、到项目实施的指导推进机制。二是城市群综合承载能力不断提高。全方位规划"两型"立体交通体系，加快推进机场、航道建设，大力提升通道能级，推进信息化建设，长株潭城市群成为全国唯一的通信同号升位和三网融合试点城市群，一体化融合步伐加快。三是初步构建了"两型"现代产业体系。四是生态环境进一步改善。五是重点领域和关键环节的改革取得实质性进展。积极构建部省合作平台和机制，已有34个部委、71户中央企业在试验区实施50多项试点，成为试验区改革的重要力量和有效途径，加快推进重点领域和关键环节的改革创新，为转方式、促"两型"积累了体制机制经验。

(3)"两型"示范片区建设情况

当地政府着眼于"两型社会"建设全局，从试验区资源禀赋和实际需要出发，在环长株潭城市群范围内划定了五大示范区18个"两型社会"示范片区作为"两型社会"建设的"试验场"和"经济特区"。示范区沿湘江流域布局，以长株潭三市为核心，涵盖了益阳、常德、岳阳、娄底和衡阳五市区域，辐射湖南全省，临近湖北武汉城市群，对接珠三角地区。大河西、云龙、昭山、天易、滨湖五大示范区共有18个片区，规划总面积为3 579 km²，常住人口约271万人，分别占全省的1.7%和4.1%。2008年以来，五大示范区围绕长株潭城市群"两型社会"建设总体方案，坚持先行先试、率先突破，积极推进改革试验各项工作，示范作用不断增强，示范区建设全面起步。

2. 长沙市经济技术开发区现状分析

(1)发展的基础

随着2007年长株潭城市群获批"两型社会"综合配套改革试验区，长沙经济技术开发区也成为最早开始"两型"创建活动的工业园区。该开发区坚持以资源节约和环境友好为标准，以体制创新和技术创新为动力，以拓展规划空间和加快园区建设为基础，强力推进招商引资、引智，吸引一批重大项目、跨国公司、高新技术项目的竞相入区，带动产业结构优化升级和产业集聚，推动园区经济实力跨越式发展。

1)经济水平持续增长，综合实力大幅提升。2009年，园区实现工业总产值631亿元，是2005年的2.3倍；实现销售收入635.6亿元，是2005年的2.3倍；实现利润总额70亿元，是2005年的4.4倍；实现财政收入41.2亿元，是2005年的2.6倍，其中税收收入35亿元，是2005年的2.4倍；实现全社会固定资产投资62.8亿元，是2005年的1.6倍，如表2-1-50所示。尽管受国际金融危机不利影响，出口下滑，但2009年仍然实现出口总额6.8亿美元，与2005年比，增长了50.7%。

表 2-1-50　长沙市经济技术开发区主要经济指标

经济指标名称	2004 年	2005 年	2006 年	2007 年	2008 年	2009 年
工业总产值(现价)/万元	2 178 752	2 803 246	3 060 114	4 024 368	5 197 447	6 310 236
工业企业销售收入/万元	2 117 445	2 711 549	2 888 703	4 055 295	5 303 501	6 356 342
利润总额/万元	141 223	159 937	189 664	508 718	288 749	699 612
财政收入/万元	133 162	156 687	194 307	279 425	324 375	412 453
税收收入/万元	114 571	144 019	170 249	219 566	268 218	350 100
固定资产投资/万元	273 484	399 054	333 186	480 527	600 255	628 038
出口总额/万美元	35 094	44 963	56 776	90 599	138 756	67 773
年末全区从业人员/人	34 275	35 928	40 921	48 124	58 746	69 418

截至 2009 年底,园区从业人员总数突破了 6.9 万人,接近 2005 年的 2 倍;在园区投资的世界 500 强企业有 16 家,占全市的 2/3;工业总产值占全市比重的 29%,进出口总额占全市的 54%,上市公司 16 家,拥有年销售收入亿元以上企业 43 家,每平方千米实现工业总产值 55.2 亿元,实现税收 3.1 亿元,单位面积土地产出率在中西部处于领先水平。2009 年园区荣膺"中国最具投资潜力百强园区"第六名,在全国中部国家级经济技术开发区中排名第一(表 2-1-51)。

表 2-1-51　长沙市经济技术开发与其他开发区的综合经济实力比较

2009 年 开发区	地区生产总值 总量/亿元	地区生产总值 增速/%	工业总产值 总量/亿元	工业总产值 增速/%	实际利用外资 总量/亿元	实际利用外资 增速/%	税收 总量/亿元	税收 增速/%
长沙	300.87	17.25	631.02	21.41	1.75	13.03	35.01	30.53
天津	1 231.1	15.45	4 202.10	12.66	30.20	20.21	224.12	-5.70
昆山	964.93	14.40	3 753.44	13.14	7.90	-14.51	104.78	21.69
苏州	1 120.09	11.84	3 010.12	0.35	18.05	0.25	209.89	6.75
武汉	367.94	12.63	1 101.93	16.37	1.25	6.99	100.35	36.35
长春	502.78	20	1 222.99	17.88	8.27	18.57	46.57	26.28
合肥	369.72	18.37	1 028.66	27.27	3.36	-4.87	45.59	75.31
重庆	279.22	14.48	778.49	13.44	4.00	3.51	76.91	21.41
成都	268.90	22.95	381.89	26.97	2.51	16.66	42.5	11.64
西安	364.54	30	886.46	29.44	3.37	5.06	29.37	32.10

2)产业集群初具规模,产业结构不断优化。截至 2009 年底,园区共有工程机械企业 9 家,形成了以三一集团、中联重科、山河智能、中铁轨道为龙头,其他企业为骨干的产业集群,形成了混凝土输送泵、隧道岩石挖掘机、静力压桩机、盾构机、汽车起重机等较为健全的产品体系。全区工程机械产业产值占全省的 3/5,3 家上市公司的市值超过全国工程机械上市公司市值的 2/3。2009 年,受国家经济刺激政策的影响,在全球经济衰退的背景下,园区工程机械产业逆势上扬,总产值达到 404.8 亿元,占全园区工业总产值的 64.16%,同比增长 43.04%,连续 3 年保持了 40% 以上的增长速度。实现销售收入 404.3 亿元,同比增长 43.1%;实现税收 13 亿元,同比增长 38.1%,实现利润 53.1 亿元,同比增长 105.3%。2010 年园区被评为国家新型工业化装备制造示范基地。

园区已形成了以先进制造产业、汽车及零部件为主导,以新材料、生物化工、饮料食品、轻印包装等其他高新技术产业为补充,以现代物流为配套的"两业为主、多元推进、成龙配套"的多元产业发展新格局,并初步形成了横向成群、纵向成链的产业集群,见表 2-1-52。

3)招商引资成效明显,对外开放水平提高。

表 2-1-52　2005—2009 年长沙市经济技术开发各产业产值及结构变化

产业	年份	2005 年	2006 年	2007 年	2008 年	2009 年
	总产值/万元	2 642 078	3 023 245	4 024 552	5 197 393	6 310 235
电子电器	产值/万元	573 709	549 289	503 673	406 752	180 531
	结构	21.71%	18.14%	12.52%	7.83%	2.86%
家电制造	产值/万元	323 730	319 219	348 652	333 848	177 036
	结构	12.25%	10.56%	8.66%	6.42%	2.81%
汽车及零部件	产值/万元	497 152	463 391	627 828	713 381	949 096
	结构	18.82%	15.33%	15.60%	13.73%	15.04%
工程机械	产值/万元	799 410	1 084 987	1 767 616	2 830 313	4 048 410
	结构	30.26%	35.89%	43.92%	54.46%	64.16%
通用机械	产值/万元	49 795	64 952	82 060	106 876	127 203
	结构	1.88%	2.15%	2.04%	2.06%	2.02%
建筑用材料及制品	产值/万元	26 693	34 992	45 753	44 503	40 484
	结构	1.01%	1.16%	1.14%	0.86%	0.64%
新材料	产值/万元	85 573	153 622	209 195	232 902	220 057
	结构	3.24%	5.08%	5.20%	4.48%	3.49%
饮料食品	产值/万元	95 841	136 431	195 272	254 778	286 432
	结构	3.63%	4.51%	4.85%	4.90%	4.54%
生物化工	产值/万元	63 959	70 388	62 265	60 884	60 690
	结构	2.42%	2.33%	1.55%	1.17%	0.96%
轻印包装	产值/万元	107 974	130 934	162 880	182 353	181 694
	结构	4.09%	4.33%	4.05%	3.51%	2.88%
其他	产值/万元	18 242	16 040	19 358	30 803	38 602
	结构	0.69%	0.53%	0.48%	0.59%	0.61%

"十一五"期间，园区通过狠抓招商引资、坚持走工业兴区的道路，取得了令人瞩目的辉煌业绩。2009 年共引进项目 47 个，新批外资项目 8 个。固定资产投资 16 亿元；完成合同外资 2.85 亿美元，完成到位外资 1.75 亿美元，增长 12.9%；引进注册资本 2 000 万美元以上外资企业 4 家，投资 2 亿元以上内资项目 6 个。其中，2009 年引进的广汽菲亚特项目是该开发区近 3 年来引进的最大项目，该项目总投资达 50 亿元，达产产值超过 250 亿元。与此同时，广汽菲亚特还带入一大批与之配套的中小项目落户园区，该项目的进驻为园区打造"湖南汽车产业走廊"增添了强大的后劲。

4) 基础设施不断完善，社会事业全面进步。"十一五"期间，园区加大对土地的开发利用投资，实有土地面积 18.42 km²，已开发 15.76 km²，开发面积占总面积的 85.6%。2009 年启动基础设施建设项目 49 个，其中重大项目 29 个，完成基础设施建设投资 9 亿元（含拆迁资金），拆迁腾地 20 hm²，完善 14 条主次干道，拉通路基 8.2 km，园区 50 km² 的城市道路骨架网络初步形成。园内总供水容量达到每天 20 万 t，已建成的污水净化处理中心能够每天处理 8 万 t 的污水，高速宽带通信光缆铺设到各个角落，"无线星沙"建设实现星沙无线上网全覆盖。在完善区内公共设施建设的同时，园区着力推进区域内的"住、购、学、游"，大力发展以商住、购物、餐饮、公共交通、休闲娱乐为主的各类商业设施和文化配套设施。区内现有中高等院校 12 所，中学 2 所，小学 5 所。总投资 7 000 万元的长沙国际学校顺利开学，可有效解决外籍人员子女入学问题。

5) 服务水平不断提高，投资环境显著优化

"十一五"期间,园区致力于经济发展的软环境建设,积极深化服务体制改革,优化政策环境,提高服务水平。第一,优化办事流程,项目入区和建设审批时限由原来的177个工作日压缩到40个工作日,将172个申报资料精简到122个,园区经济发展环境不断优化。第二,区内实行"一条龙服务、一站式审批",全程代理从立项审批、工商注册、税务登记、环保、国土、规划、报建等各项手续,营造"求实、创新、勤政、高效"的行政环境,打造了现代化的服务平台。第三,创新人才制度,为企业引进各类优秀人才提供便利,如三一集团2009年共从海外引进高级人才50余名,有效地促进了企业国际化进程。第四,出台三项经费管理措施,助推高新技术企业发展。2009年10月底,出台工业发展、科技发展和知识产权三项专项资金管理办法(试行),加强对企业技术创新的引导和支持,助推园区产业发展。

与此同时,园区十分注重加强与企业的联络沟通,积极为企业排忧解难。

首先,以开展"两帮两促"为契机,通过创新集体"把脉会诊"制、专题会议机制、领导联系重点项目机制,分层、分级帮扶企业发展,帮助项目建设,共组织召开帮扶会13次,帮助企业解决各类问题98个;其中,北汽福田长沙汽车厂产销两旺,中铁轨道创造了重大项目当年动工、当年投产、当年产生效益的纪录。

其次,精心筹划解决企业资金短缺问题,筹建开发区担保公司,为企业打造融资平台,完善开发区投融资体系;召开两次银企对接会,企业共获银行授信16亿元,实际获得贷款资金12亿元、贷款贴息资金131.2万元;首开专利权质押融资先河,万容科技获质押贷款150万元。

最后,帮助企业开拓国内外市场。一是开展海关及企业出口情况相关调研,组织企业开展贸易壁垒调查;二是开展涉外案件等调研座谈会,为企业提供咨询平台,帮助企业寻求法律援助,了解涉外相关事务,规避出口业务纠纷,为企业开拓国外市场保驾护航;三是开展电子商务和最新外贸政策培训班、贸易救济与维护产业安全业务培训班,为企业开拓海外市场提供指导和支持。

(2)存在的问题

1)产业链短,本地配套能力差,关键零部件受制于人。园区产业集群的形成和初期发展带有自发性,产业链短,节点少,空间聚集得多,内部关联得少;在产业集聚带的大多数企业,起点仍然较低,规模偏小,协作配套能力偏弱;产业集群缺少专业化的大市场支撑,市场与产业的联系以及相互支撑不够,束缚了集群规模的迅速扩大。工程机械产业尽管形成了以中联重科、三一集团、山河智能为首的龙头企业群,但产业链上下延伸不足,没有形成完整的产业链和产业集群。

最突出的问题是零部件配套产业不发达和生产性服务业发展滞后,不能满足主机企业的需要,严重制约了工程机械及汽车产业的发展。以工程机械行业为例,园区的主要零部件省内配套约占10%,外省配套占28.6%,而国外配套占61.4%。零部件本地配套率很低,已有的一些本地配套企业往往规模小、抗风险能力差,并且生产的零部件质量难以保证。为保证生产进度和满足客户要求,主机企业不得不在全球范围内进行采购,特别是一些核心零部件,如工程机械发动机、主要液压元件、特种钢板等基本依靠国外进口,从而增加了采购成本,挤压了利润空间,削弱了企业竞争力。而国外供应商往往优先满足自己国内的需求,而且严格控制生产数量,抬高产品价格,使得园区主机企业订货价格高、订货周期长,很难确保货源充足。本地配套率低、核心零部件采购受制于人的问题,造成园区工程机械产业附加值不高,制约了核心竞争力的提升,威胁到供应链的安全。反观徐州工程机械的发展,不仅有全国第一的龙头企业——徐工集团,还吸引了以卡特彼勒为代表的多家跨国公司及世界著名整机与零部件制造商,形成了基础零部件和主机协调发展的产业结构特色。汽车产业发展也面临类似的问题,相关的本地配套率低并且比较分散,核心零部件基本从外地引进或从国外进口,增加了物流成本,从而降低了利润,制约了企业竞争能力的提升。

2）自主创新机制不健全，创新能力有待提高。截至2008年底，园区拥有专利授权378件，是2005年的2.2倍，建成高新技术产业孵化基地面积3万 m²，但是与发达开发区相比，创新能力还有差距。以苏州工业园区为例，截至2008年6月底，园区集聚了科技型创新企业700余家，跨国公司和国家级研发机构100多家，省级以上高新技术企业350家，专利申请年增长率达50%，其中发明专利申请占比达46%。在自主创新方面，园区存在的主要问题如下。①人才结构不合理。一般性人才多，高端人才少；传统产业人才多，新兴产业人才难求。②资金供给结构不合理。企业创新资金主要来源于自有资本。区内累计上市企业16家，不足园区企业数量的6%。③自主创新主体数量较少。科技型创新企业数量少，全区认定的高新技术企业43家，占入区企业总数的15.8%，且多数企业尚未形成自主创新机制，除三一集团、中联重科、山河智能、中铁轨道、广汽长丰等几家企业以外，其他企业拥有自主品牌数量很少。

3）产业协同性不高，结构过于单一，单极拉动风险大。区内企业之间竞争有余，合作不足，产业协同性不高。以工程机械产业为例，行业内企业间缺乏良好的竞争环境，产业协同力十分缺乏。这具体体现在人才、产品以及配套3个方面：第一，企业间为吸引人才，互挖墙脚，造成企业人力资源的极大损失；第二，产品同质发展，缺乏差异性，造成同类产品竞争，削弱了各自利润空间；第三，各自寻找自己的配套企业，同时还要求自己的配套企业绝对"忠于"自己。如面对零部件配套的难题，三家龙头企业不但不能联合起来共同应对，反而分别耗费巨资建设各自的配套园区、配套体系。中联重科在湘北的常德建设了自己的液压生产基地，三一重工则在娄底建设了自己的液压生产基地，山河智能在江苏无锡收购了一家生产液压件的企业。反观徐州等国内工程机械基地，几乎都是以一个大企业为核心，其他众企业围绕核心企业形成配套或服务，整个基地形成一种协同力和向心力。

园区产业结构过于单一，主导产业所占比重过高，以2009年的数据计算，工程机械和汽车及零部件产业工业总产值之和超过499.7亿元，占全区工业总产值接近80%，拉动全区总产值增长达27个百分点。但是，主导产业自身存在较大的风险。首先，由于核心零部件受制于人，供应链面临较为严峻的潜在风险。其次，工程机械产业面临产能过剩的潜在风险。根据有关数据，2002—2009年，中国工程机械行业的销售规模增长了近4倍——从2002年的773亿元到2009年的3 100亿元，年均增长率约为24.4%。然而不少企业成为外资零部件加工和贴牌生产企业，仅仅赚取加工费。第三，企业自身固有的经营风险。而园区除三一集团、中联重科等几家大型企业外，区内企业规模普遍偏小，缺乏资金和创业服务体系支撑，融资环境不畅，多数中小企业抗风险能力弱，短期内金融危机的不利影响仍然存在。由此可见，一旦主导产业增长受阻，园区整个产业的发展势必受到巨大的冲击。

4）公共服务平台欠缺，基础设施建设仍然比较落后。园区公共服务平台欠缺，急需加强配套与完善。尽管园区拥有一些大的品牌企业，如三一集团、中联重科、山河智能、中铁轨道等，但与工程机械相配套的社会化服务体系（如信息咨询服务、融资服务、法律服务、技术服务、人才培训、工程机械销售市场、会展服务、物流配送等）尚未建立起来，园区产业的进一步发展仍然受到制约。反观发达开发区，如苏州工业园，建立了包括科技公共服务平台在内的18个专业公共技术服务平台，与产业相配套的法律服务、技术服务、人才培训等社会化服务体系均十分完善，有效地促进了区内产业的发展壮大和企业核心竞争力的提升。此外，与沿海开发区相比，园区的基础设施建设仍然比较落后，特别是商业环境配套较差，现有商业设施不能充分满足实际需要，缺乏功能全、层次高的大型购物广场。园区数百家大中小企业积聚了强劲的消费力，区内餐饮业发达，但档次较低，中高档酒楼较少。休闲业颇为发达，但规模小，经营手段单一，经营地域零散。业态基本齐全，以中、低档为主，高档消费市场空白，已有的星沙商业步行街并未真正热起来,唯一大型购物中心为星沙通程商业广场,其主力卖场为生活超市、新一佳超市和通程电器超市,还有一个较低端的易初莲花购物广场。商圈现有商业面积与消费力不相称,特别是政务、公务、会务、商务、业务类消费以及投资开发商休闲与生活等中高档消费供给缺乏。

(二) 中小企业"两型社会"生态化发展模式构建

中小企业生态化发展的理论依据是生态经济学原理、循环经济原理、清洁生产模式、生态效率原则。企业应改变以往的"三高一低"的生产模式为"三低一高"模式,实现循环生产,尽量延伸资源加工链,达到废弃物多层次循环利用,以求实现长期节约资源、总体洁净生产的发展过程。以下从社会要素生态化、市场要素生态化、供应链要素生态化和企业内部要素生态化4个方面阐述中小企业"两型社会"生态化发展模式的构建(图2-1-49)。

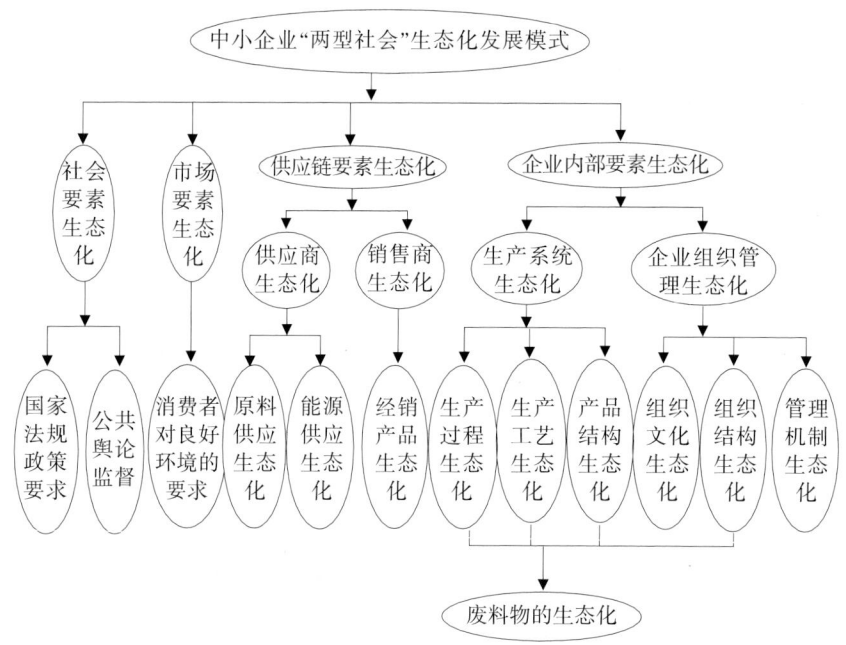

图 2-1-49　中小企业"两型社会"生态化发展模式

1. 社会要素生态化

社会要素生态化就是按照国家制定的环境保护相关法规政策的要求与公众舆论的监督,中小企业通过投入产出分析,解决企业与环境间的矛盾,确定与环境相适应的发展战略。传统的中小企业由于发展思维和方式的局限,都是从企业内部发展出发,很少考虑到企业生产活动对社会、环境的影响。多年来,中小企业的传统生产模式已经付出了高昂的环境成本。国家制定各种法规政策,旨在改变企业与公众对环境的态度,促使中小企业在环境保护问题上采取对环境无害的做法。

2. 市场要素生态化

中小企业生态化发展模式中市场要素生态化是指消费者的需要是企业市场销售策略的出发点,中小企业的一切活动始终以消费者的需要为基础。中小企业的产品不仅要从性能上满足消费者的物质需要,也要使他们在使用产品时获得心理的舒适感。随着生活水平的提高,人们对良好环境质量的需要也在提高,故而出现了对产品或服务的环保需要,它属于较高层次的心理需求。其特点和相应作用如下。一是虽然公众对环保需要的价值及环保物质产品的具体形式尚不甚清楚,但是环保需要已经包含在人类社会的需要体系之内,所以它必然影响未来市场的走向。二是环保需要和其他需要一样,是与时间、空间有关的,并受消费者的兴趣特点、所处环境条件、文化与经济背景等影响。因而，企业应对目标市场进行积极的市场调研，全面了解消费群体的需求，通过促销、广告等途径在相互制约的销售混合体内促进并满足环保需要，树立企业良好的环境形象，创造市场优势。三是环保需要在国家法规政策、新闻宣传、公众监督下，日益得到人们的认识与接受。这迫使企业不再仅以经济效益为标准，还要按照社会价值等其他标准去衡量企业的活动提供的产品或服务。鉴于此，中小企业必须改变原先追求利润最大化的经济效益至上的思想，将微观销售学扩展为宏观销售学。环保需要对中小企业经营战略方面的影响，表现为中小企业必须为符合环境保护的需要改变生产工艺，开发对环境无害的产品及包装，改用对环境无害的广告，加强废弃物管理等措施。大多数情况下，这类环保措施不可避免地增加了中小企业的成本，可能会提高产品的价格，不利于争取顾客。

3. 供应链要素生态化

中小企业生态化发展模式中供应链要素生态化就是要求企业的原料供应商必须提高供应原料的环保能力，要求经销商提供消费者对企业及其产品的环保要求信息，协助企业制定生态化企业发展战略。中小企业活动的影响范围不仅仅局限在其内部，企业的供应链也受到企业活动的制约并反过来对企业产生影响。中小企业的供应链分为两个阶段。第一，从上游供应商来说，可分为原料供应商和能源供应商。中小企业实施生态化发展模式，一方面要求企业加强同供应商的联系与交流，要求供应商提高其产品的环保能力，统一双方在满足最终用户的环保需要的问题上的认识，达到充分有效利用原材料和能源的目的；另一方面，企业在选择供应商时，应选择那些可提供与环境相适应的原材料和清洁高效能源的供应商。第二，从下游销售商来看，中小企业实施生态化发展模式时，要达到企业与环境亲和、满足企业经济效益和社会环保效益的最优化，必须要求其销售商从市场要求出发，收集和分析消费者对产品环保的要求，协助企业完善生态化发展模式。

4. 企业内部要素生态化

中小企业生态化发展模式中企业内部要素生态化主要包括：生产系统生态化和企业组织管理生态化。

首先，生产系统生态化要求从与环境协调发展的生态平衡角度出发，从环境中摄取必要的原材料与能源，充分利用，转化为与环境相适应的产品或服务。其内容包括生产过程生态化、生产工艺生态化和产品结构生态化。中小企业生产过程生态化要求做到以下4点。一是建立与环境相适应的中小企业结构。新建中小企业的厂址的选择、生产线的布置、产成品的存放、废弃物的处理都要有利于环保，有利于原料与能源的有效利用。二是中小企业在连续的生产过程中存在不能满足生态平衡的薄弱环节，尽量减少或剔除这样的环节。三是中小企业注重平衡调度各阶段的生产和加强生产过程的循环。也就是说，在中小企业组织内部的各个生产部门之间，尽量利用上一部门的废弃物、副产品和产出。四是中小企业加强生产过程中与生产结束后的废弃物管理，力争做到在企业内部消灭废弃物，实现无废生产。如果能通过技术革新或经济分析，充分利用废弃物，它将为中小企业带来不小的经济效益，也能减少给环境带来负担。

其次，中小企业组织管理生态化主要包括企业组织文化生态化、组织结构生态化与管理机制生态化。中小企业组织文化生态化要求企业在国家法规政策与社公众舆论的正确引导下，建立保护环境的绿色组织文化，企业领导层意识到未来市场对环境需要的必然要求，以及可持续发展对企业前途的重要性，然后灌输给内部组织和全体员工，企业上下都与企业的总体生态化战略一致，注重各自工作内的环保职责，并在全企业形成保护环境，创造未来的经营生产氛围。这样就将条例法规转化为渗透到员工信念和价值观中的指导工作的环境意识，企业以积极主动的态度贯彻生态化企业战略的经营与生产方针。

中小企业组织结构生态化要求企业的组织结构柔性化、网络化，满足日益增长的环境需要,使企业从产品设计、生产到市场销售的各环节对生态化发展模式做出迅速响应,并与其他企业建立网络关系,在企业间相互利用各自的废弃物、副产品与产出,以减少资源的消耗与浪费,降低污染。中小企业管理机制生态化要求企业以生态化管理为目标,制定并执行管理决策,企业所有部门担负环境责任,部门间必须更紧密地开展合作与交流。

第二章　资源环境与生态工业系统

第一节　资源环境对生态工业系统的要求

一、中国资源环境现状

自然资源就是自然界中能被人类利用的物质和能量的总称，包括全球范围内的一切要素，如土地、矿藏、海洋、生物、水利等。自然资源是人类生活和生产资料的来源，是人类经济社会发展的物质基础，也是构成人类生存环境的基本要素。生态环境是人类生产和生活的场所，也是人类生存与发展的物质基础。自然资源是生态环境的重要组成部分，而生态环境是各种自然资源构成的总体，资源与环境是人类文明和进步的重要影响因素。

在改革开放前，基于生产力不断提高、人口数量急速增加、经济社会持续发展等因素，人类对自然资源的需求量呈几何级数增长，加之对自然资源低效利用和过度开发，导致自然资源供求矛盾凸显，严重威胁人类的生存和可持续发展。例如，中国幅员辽阔，地质条件多样，是世界上矿产资源比较丰富、矿种比较齐全的少数几个国家之一，改革开放前已探明 134 种有用矿种，钨、锑、锌、钒、稀土、煤、石棉、菱镁等矿产储量居世界前列，其中钨、铝、煤、汞已探明储量居世界第一位。铅、镍、锰、铜、铁等矿产也占有重要地位。中国矿产资源虽然丰富，但是铬、铂、钾盐、金刚石等矿种还不能满足国内需要。部分矿种富矿少、贫矿多，如全国铁矿中、贫矿占 95% 以上，富矿不到 5%，富矿比例远低于俄罗斯（约 20%）、巴西（90% 以上）、澳大利亚（100%）的富矿比例。此外，中国矿产资源还存在存量结构不合理、后备探明储量不足、资源开发利用效率低、浪费严重等问题。因此，尽管中国矿产资源绝对数量充足，但是出于以上种种原因，现有矿产存量远远不能满足经济社会快速发展的需要。除此之外，中国境内的海洋、草地、河流、生物等其他自然资源都面临着相似的情况。

当然，随着经济的发展、科技的进步，我国资源环境相比于改革开放前发生了相当大的变化。根据统计数据结果显示：我国自然资源总量丰富但人均较少，伴随着中国经济社会的飞速发展，资源的生产能力显著提高，一些重要资源的探明储量逐年递增，见表 2-2-1。这就意味着我国资源的消费量越来越大，资源的需求量越来越多，但是面临的问题是资源短缺日益严重，资源的对外依存度在逐渐升高，需要进口石油、天然气等重要资源。生态环境方面，人类向环境系统排放大量的污染物，使得生态环境的承载负荷与日俱增，环境质量日益下降。由于人类对资源环境认识存在局限性、片面性，认为资源环境是无穷无尽的，可以无限满足人类生存与发展的需要；因此，人类一方面大量消耗自然资源而打破生态环境系统的平衡，另一方面将经济增长所带来的大量废弃物及有毒物质排放到环境之中，破坏了生态环境。

表 2-2-1 中国几种重要资源(累计)探明储量变化情况

	1998 年	2002 年	2006 年	2011 年	2014 年
煤炭/亿 t	10 073	10 191	11 598	13 779	14 800
石油/亿 t	3.7	10.8	20	33.7	67.8
天然气/亿 m³	19 430	23 790	26 218	30 119	47 578
铁矿石/亿 t	459	579	607	744	819

长此以往,我国的国内资源再也难以支撑传统工业文明的持续增长,我国的环境更难以支撑当前这种高污染、高消耗、低效益生产方式的持续扩张。

例如,我国现代工业是按照原生矿物资源(如铁、铜、铝矿石等)和化石资源(如煤、石油、天然气等)的开采—初级产品加工—精细产品制造—产品消费—废物弃置的单向运行模式构成的。我国已经成为世界第一资源加工消费大国,世界第二能源耗用大国。随着加入世界贸易组织(WTO),国外初级资源加工产业向我国转移的趋势进一步加剧,加之国内需要持续上升,我国将会逐步发展成为世界制造工厂。这将使我国资源匮乏、能源短缺和环境污染日益恶化,成为社会可持续发展的巨大障碍。

现代生产方式(以西方科技为基础)使用高度"浓缩"的化石资源,采取集中的生产方式,使来生产效率大大提高,人类财富大大增加,但亦存在严重的危机。

1)对石油、矿产等不可再生的化石资源,展开疯狂的掠夺性开发,将形成能源短缺和未来的能源危机。

2)过度开发及污染物过度排放行为导致的最终结果正如我们现在所看到的:生态系统和生物多样性遭到严重破坏,大量的生物物种濒临灭绝;土壤沙化导致严重的荒漠化和沙尘暴;温室气体排放,导致灾害性气候发生频率激增;空气及水体污染,严重影响人类健康。这种不可持续的发展所带来的必然结果是,人类不得不面对前所未有的生存危机。

面对这一严峻形势,人们呼唤一种遵循地球生态系统,自然与社会环境协调的生产方式,呼唤一种可持续发展的、生态化的超现代化生产模式。1992年,联合国在巴西里约热内卢召开了环境与发展大会,正式提出了"可持续发展"的概念,并将之确定为全人类未来发展的道路和模式,其核心思想就是人类社会与地球上各种生物、各种物质在太阳能的驱动下形成巨大的新的自然生态循环系统。其核心技术为资源生态利用化。

我国 2010—2014 年几种重要资源的产量、进口量及对外依存度分析见表 2-2-2、表 2-2-3、表 2-2-4。

表 2-2-2 原煤

	2010 年	2011 年	2012 年	2013 年	2014 年
产量/亿 t	32.35	38.30	36.50	39.69	38.70
消费量/亿 t	34.00	34.82	36.20	36.19	35.11
进口量/亿 t	1.65	2.08	2.90	3.27	2.91
对外依存度/%	4.42	5.43	7.11	8.13	7.61

表 2-2-3 原油

	2010 年	2011 年	2012 年	2013 年	2014 年
产量/亿 t	2.03	2.03	2.07	2.08	2.10
消费量/亿 t	4.39	4.54	4.76	4.88	5.18
进口量/亿 t	2.39	2.53	2.71	2.82	3.08
对外依存度/%	53.72	55.11	56.42	57.39	59.50

表 2-2-4 天然气

	2010 年	2011 年	2012 年	2013 年	2014 年
产量/亿 m³	945	1 025	1 077	1 210	1 329
消费量/亿 m³	1 100	1 307	1 471	1 676	1 786
进口量/亿 m³	164	300	426	530	583
对外依存度/%	11.9	21.6	28.9	31.6	32.2

二、资源生态化利用的重要性

(一) 呼唤新文明

历史有兴替,往来成古今。一部人类史就是不断以先进代替落后的社会变革史。人口稀少,狩猎采集,人与自然浑然一体,这是原始文明的客观描绘。日出而作,日落而息,男耕女织蒙惠化,麦熟雉鸣长秋稼,这是农业文明的生动写照。人口膨胀,机器轰隆,高楼林立,人流、车流、物流混杂交错,这是工业文明的典型特征。

纵观人类文明发展史,人与自然的关系经历了人类依赖自然、畏惧自然再到征服自然的变化。在原始文明时期,人类本身就是自然长期进化的结果,始终依存于自然,对自然产生的影响可以忽略不计。在农业文明时期,人类敬畏自然,主张顺天应时,生产力水平不高,生态环境状况整体较好,但由于战争、过度开发等原因,局部地区环境恶化,生态系统受到严重影响。到了工业文明时期,社会生产力得到了空前的提升,创造了前所未有的物质财富和科学文化成果,人类在改造自然的能力迅速增强的同时,走向了自然的对立面,宣称要战胜和征服自然。在这种观念的驱使下,人类开始了对自然无穷无尽的掠夺和破坏,致使资源日益枯竭,环境日趋恶化,人类自身也面临着严重的生存危机。如果没有新技术的革命性突破,如果没有新的全球资源配置体系的革新,人与自然和人与人的矛盾将会迅速激化,人类有可能越不过这次文明转型的门槛。对我国而言,如果我们继续沿着工业文明,即高污染、高消耗、低效益的发展模式走下去,将难以解决人口与资源的矛盾,将难以解决区域分化和阶层分化的矛盾,将难以解决全球环境恶化的矛盾。

可以看出,人类正处于文明演化的重要历史节点,面对资源的过度消耗,面对环境的持续恶化,我们要呼唤一种取代传统工业文明的新的生态工业文明。它将在人与自然和谐的基础上实现人与人更大的和谐。人类几千年文明史,都是以破坏自然来换取人口的增长和文明的进步,只是节奏快慢与规模大小不同而已。尤其是300多年来的工业文明发展对自然的破坏最为彻底也最为无情。迄今为止,人类的科技智慧和社会文明似乎不像是自然系统的一部分,而是与自然相对抗,这种"放纵的自由"绝对是难以维持的。难道我们就找不到一条希望之路,使人类能真正实现人与人和人与自然的双重和谐目标?虽然1972年斯德哥尔摩人类环境会议显示出了人类对环境问题的觉醒,虽然1992年里约热内卢环境与发展大会提出了可持续发展的理念,但如果没有相应的技术跟上,保护环境、走可持续发展之路只能是美好的愿望。它阻拦不住人口的持续增长和不可再生资源的持续消耗,阻拦不住人类对环境的更大的污染和破坏。幸运的是,绿色技术革命已经开始;遗憾的是,世界上许多政治家们并没有充分理解其中深远的意义。

2002年7月美国得克萨斯州举办了一场太阳能汽车赛,10辆太阳能驱动的汽车无声开动,平均时速达到56 km。不要小看了这56 km的时速,这是一场真正的绿色技术革命。100年前,历史上第一次汽车大赛也是在美国,当时最高时速也就是8 km,以至于一位观众站起来愤怒地高喊:"换马来比赛。"

几年前,德国的弗莱堡已建成世界上第一个太阳能城。城中的办公楼和住房就是太阳能发电站,房屋建筑材料使用的是太阳能电池材料。每幢太阳能房屋发出的电力供应超过房屋自身用电的5倍以上,多余的电输送到一个中心配电站,用于一些更耗能的业务。

美国能源部和斯坦福大学完成的一份报告认为,仅依赖现有的技术条件和几个州的风力,就可以满足全美的能源需要。欧洲能源委员会也完成了一份报告说,北美大平原、中国西北、东西伯利亚、阿根廷北部地区的风力加上各大洋沿海主要城市的风力可以完全满足全球能源需要。但要做到这一点需要世界各国政府的通力合作。

除了能源结构的转变外,世界循环经济也发生着日新月异的变化。工业文明所使用的化石燃料是不可回收的。但其他的钢、铜、铝等几百种材料则是可以回收的。提高原材料的循环利用水平，是资源效率与使用效率双提高的必然选择。1981年，丹麦政府制定法令，规定啤酒和软饮料只有使用"可重复使用的包装"才可上市出售。这意味着塑料和金属材料容器被禁止使用，也意味着企业必须建立起一个饮料包装回收和重复使用的系统。丹麦联合酿酒公司迅速回应了此项法令，其99%的瓶子得到回收，有些瓶子重复使用达30多次。2002年，宝马汽车回收处理再利用的部件已达到90%。2000年，一些国家的废钢回收率：德国为80%，荷兰为78%，奥地利为75%，美国为67%，而中国仅达20%。

世界循环经济的革命性发展预示着世界能源已由不可再生的稀缺资源转向可再生的丰裕资源，预示着新文明的出现和人类文明的再次转型，预示着人类可以从根本上实现人与自然、人与人的双重和谐。但同时它也意味着旧工业文明的最后一次挣扎，意味着各国可能围绕即将枯竭的自然资源展开最后一次哄抢，意味着人与自然和人与人的关系在短期内可能发生一次更大的碰撞。200多年前，当瓦特蒸汽机和珍妮纺纱机刚开始出现在英国时，没有人会想到一个全面的工业文明时代即将来临，更没有人会想到以后的两次世界大战。在我国几千年文明史中，人与自然的矛盾从未像今天这样严重，我国经济社会的持续发展、人口的持续膨胀开始愈来愈面临资源瓶颈和环境容量的严重制约。我们没有足够的资源总量来支撑高消耗的生产方式，我们没有足够的环境容量来承载高污染的生产方式。我们必须强化全民的资源环境危机意识，必须发展循环经济以提高资源使用效率，必须发展清洁生产以降低生产过程中的污染成本，必须发展绿色消费以减少消费过程对生态的破坏，必须发展新能源以实现生产方式的彻底超越。唯有如此，我国人民才能告别历史上曾出现过的种种灾难，建立起一个全新的社会，培育出一个全新的人与自然、人与人双重和谐的生态文明。

与此同时，党的十七大明确提出了建设生态文明的新要求，并将到2020年成为生态环境良好的国家作为全面建成小康社会的重要要求之一。党和国家领导人在党的十八大报告中也指出，建设生态文明，是关系人民福祉、关乎民族未来的长远大计，并要求面对资源约束趋紧、环境污染严重、生态系统退化的严峻形势，必须树立尊重自然、顺应自然、保护自然的生态文明理念，把生态文明建设放在突出地位，融入经济建设、政治建设、文化建设、社会建设各方面和全过程，努力建设美丽中国，实现中华民族永续发展。

(二) 资源利用生态化是生态文明的必然要求

人类社会的发展，当前已经进入一个新的文明，即生态文明。回顾历史，人类社会的发展是一个由低到高逐步前进的过程，随着生产力的不断提高，至今已经经历了从农业社会走向工业社会，又从工业社会走向当前的生态社会，这样相互联系的3个发展阶段。

一是农业社会阶段。人类社会的早期，由于生产力的发展，人们懂得了饲养动物和种植植物，并且开始使用一些简单的农业生产工具。由此推动了农业革命，在此基础上建立了农业社会，并产生了长时期的农业文明。这是人类社会发展的一次飞跃。

二是工业社会阶段。人类社会的生产力持续发展，18世纪，瓦特发明了蒸汽机，标志着社会生产力有了突破性的进步。这推动了工业革命。在此基础上，人类又建立了工业社会，并且形成了现代的工业文明。这是人类社会发展中的一次飞跃。这一时期，生产力迅速发展，使经济的发展达到了一个空前的高度。但是这一时期，人们在发展经济的同时没有考虑到以经济与生态协调的思想作为指导，只顾着经济带来的眼前利益，却不考虑对自然生态的影响。过度的发展，破坏了生态系统的正常运行，就使经济不能可持续发展。

三是生态社会阶段。工业社会中，迅速发展经济取得巨大成就和生态环境遭受严重破坏两者并存的事实使人们担忧，从而引起了人们对经济社会发展方向和人们发展经济所走道路的重新思考。人们终于认识到,社会经济其实并不是一个单一的经济系统,而是一个由经济系统与自然生态系统互相结合所形成的"生态经济系统",其实质是一个经济与自然的矛盾统一体。因此,它的运行也同时要受到经济规律和自然生态规律两种客观规律的制约。人们发展经济,必须重视经济与生态的协调。新时期的新矛盾,推动了生产力的继续发展,导致了"绿色技术"的出现。由此,人类社会又出现了一场新的革命,即生态革命,从而也就推动人类社会从工业社会转入21世纪的生态社会。在此基础上,一个新的生态文明建设高潮也已经到来,这也就形成了人类社会发展中的又一次更大的飞跃。

人类社会的发展进入生态时代是不以人的意志为转移的客观过程。它的建立明确要求,发展经济必须以经济与生态协调为基本特征,以经济社会的可持续发展为方向。在此基础上,当代经济发展中,就出现了一个明显的"经济生态化"的发展趋势。其特点是,人们发展经济,从经济思想到经济行为,一切都带有经济与生态结合的特色,并且明确指引着经济社会的可持续发展方向。它的这一特点体现了生态时代的基本特征,其出现也反映了生态时代的必要要求。

当前在我国的经济发展中,在"经济生态化"趋势出现的同时,也出现了一个明显的"资源利用生态化"发展趋势,并愈来愈引起人们的注意。一方面,人们看到,它的出现与"经济生态化"趋势的出现是同步的,两者都出现在新的生态时代;另一方面,两者都具有共同的生态经济内涵,即它们在经济发展中的存在和运行,都具有明显的经济与生态结合的特点,并且也都指向了经济社会可持续发展的方向。

认识"资源利用生态化"在当前我国经济中的存在和作用,首先要看到,它作为发展经济的一个重要趋势,将指引我国经济的发展走向正确的方向。我们需要深刻认识它的生态经济实质。我国长期发展经济的实践证明,人们发展经济是以自然生态系统为基础。人们发展经济所利用的一切资源(包括有生命的植物、动物、微生物资源和非生命的阳光、土、水、气、热和矿物等资源),实质都是生态系统的组成部分。自然界的生态系统是由生命系统和非生命环境系统(包括它们的各种组成要素)相互结合形成的。它们在生态系统中互相作用,不停地进行着物质循环和能量转换运动,从而维持着生态系统的平衡稳定。当人们从生态系统中利用各种自然资源发展经济时,如果取之有度,能够维持生态系统的平衡和稳定,生态系统就会源源不断地向经济系统提供各种植物、动物、微生物和矿物等"原料",从而就能实现经济的可持续发展。反之,经济的发展就不能正常继续下去。这一发展经济的规律性既表现在农业上,同时也表现在工业上。"资源利用生态化"的生态经济内涵向人们指出,它是当代"经济生态化"趋势的一个重要组成部分。它的运行和"经济生态化"一样,也指向经济社会的可持续发展。因此它的出现也明确体现了生态时代的根本要求。

我们不仅要认识"资源利用生态化"在当前我国经济中的存在和作用,也要看到,它作为发展经济的一个重要指导思想,也将为我国可持续发展经济中的一系列重大实践问题提供战略性指导。我们需要对它在发展经济过程中的基础地位和作用有一个基本的认识。在现实的经济发展中,资源是发展经济的物质基础,利用资源是人们最基本的经济活动,也是进行生产的第一个环节。用"资源利用生态化"的思想指导发展经济,首先将指导建立我国发展经济的总体战略方针,即"经济与生态协调"的方针。这样就能使人们在一切经济领域,从开始利用资源的初始环节上,就重视经济与生态的协调,并贯穿于发展生产的全过程。从而就能最大限度地避免或减少对生态环境的破坏,防止各种严重生态经济问题的产生。由此,我国经济的发展就不至于重蹈过去"先破坏,后治理"的覆辙,而是切实放在高效利用资源与保护生态环境的基础上。其次,它也指导人们解决发展经济的一系列重大战略问题和实际问题,建立和采取符合可持续发展经济需要的经济思想和各种战略措施,包括建立我国发展经济的新思维、建立合理利用资源的新方针,以及指导我国发展工业经济,建立生态工业的基本模式等。这些都将有力地推动我国经济实现经济与生态协调发展和可持续发展。

三、资源生态化利用的可行性

资源是发展经济的物质基础,合理利用资源是实现经济社会可持续发展的前提,当前人类经济社会的发展,从人与自然的关系上看,已经进入了新的生态时代。在此基础上,我国经济发展已经出现了明显的"经济生态化"发展趋势,也提出了"资源利用生态化"的要求,两者都是生态时代的必然产物。在我国工业中,工业"经济生态化"与工业"资源利用生态化"发展趋势也都已经明显地出现。"资源利用生态化"是我国国民经济发展中的一个根本性问题。它的提出,作为新时代发展经济的一个重要推动力,将指引我国国民经济和工业经济走向可持续发展的正确方向;同时,也将指引我国正确处理经济和工业经济发展中的一系列重大战略问题和实际问题,使它们沿着可持续发展的道路稳步前进。

从另一方面来看,自然生态系统所进行的化学和生化过程具有巨大的物质和能量转换能力,它不仅是人类文明存在与发展的基础,也是地球进化的物理与化学基础。

从化学化工专家的角度来看,地球的进化也是一个化学进化的过程,从无机物进化到有机物与复杂的有机生物大分子。生态平衡实质上就是化学循环过程,其本质就是生物加工过程。

这个生态系统不仅在远古时代提供人类的食物资源,在文明历史为农业社会提供衣食住行资源,而且为现代人类的生活提供大量的原料资源。

此外,推动生物系统运行的阳光能量极其丰富。据统计,人的一生食物生产所需能量为 0.15 kW/d,要达到舒适生活需要 10 kW/d,按此计算,全球 60 亿人口能量需求量为 $518×10^{12}$ kW/a,而太阳每天能提供给地球的能量远远超出这一标准:以世界上总沙漠面积 5 000 万 km^2 计,平均每天日照 583 min,以每天日照 8 h 计,接受的光能为 $60×10^{15}$ kW·h,阳光利用率按 5% 计,则有 $3 000×10^{12}$ kW·h,而 2000 年世界能量需求为 $50×10^{12}$ kW·h,阳光给予我们的局部能量为总需求的 60 倍。迄今为止,人类对光能的利用率从生产者到四级消费者逐级递减,总体利用率不到万分之一。

面对如此巨大的能量来源,我们只要充分、合理利用生物加工,就可能解决人类面临的资源与环境、食品与营养、环境与健康等重大问题,并实现可持续发展。

地球上最大的可再生资源为绿色植物,其次是动物。绿色植物直接利用阳光,将二氧化碳和水合成葡萄糖等有机物,它们是地球生态系统中的生产者。动物是以植物为食物的,它们是地球生态系统中的各级消费者,其中人类也是消费者。从食物链能量传递过程来看,每经过一个食物链环节,能量就剧烈衰减一次。因此,对人类而言,如果想得到更多能源和食物,就必须减少食物链的环节,最好能够直接利用绿色植物。因此阳光经济、农工一体化应该是人类未来追求的目标。微生物是地球生态系统中的分解者,它们是生态循环中不可或缺的一员,故对资源利用生态化具有重要作用。

综上所述,效法自然生态系统,构筑资源生态化技术,发展和创新这种技术,形成新的人类社会和自然和谐统一的生态工业和循环经济运行模式。

在我国发展经济的实践中,运用"资源利用生态化"的指导思想,不但可以为我国发展国民经济和工业建立发展经济的新思维、资源利用的新方针,而且将直接指导我国工业建立"生态工业"的基本模式,使我国工业切实沿着可持续发展的具体途径高效稳步地前进。

用生态经济学的理论指导认识这一问题,首先要看到,"资源利用生态化"的思想将指导我国工业经济走上"生态工业"的发展道路。"生态工业"是我国经济发展中的一个新事物,是工业的先进生产形式。它的产生是生态时代的需要。人类经济社会的发展进入现代，工业经济愈来愈多地出现经济与生态不协调的问题，包括生态资源的急剧损耗和工业"三废"污染的日益加重，破坏了自然生态系统的平衡，阻碍着工业经济的可持续发展。人们迫切要求有一种新的经济与生态协调的工业生产形式，来代替原有经济与生态不协调的生产形式，我国的"生态工业"就应运而生。

简单地说，"生态工业"就是能够实现经济持续发展的工业。它是以生态经济学的理论为指导，运用各种先进的科学技术，尊重经济规律和自然生态规律的作用，能够实现对自然资源的充分合理利用和对生态环境无污染或少污染的一种现代工业生产形式。它的存在具有以下两个鲜明的特点。

一是它具有当代生产力的高水平。具体来说，生态工业就是模拟生态系统的功能，建立起相当于生态系统的"生产者、消费者、还原者"的工业生态链，以低消耗、低（或无）污染、工业发展与生态环境协调为目标的工业。工业结构生态化，就是通过法律、行政、经济等的手段，把工业系统的结构规划成"资源生产""加工生产""还原生产"三大工业部分构成的工业生态链。其中，资源生产部门相当于生态工业系统的初级生产者，主要承担不可更新资源、可更新资源的生产和永续资源的开发利用，并以可更新的永续资源逐渐取代不可更新资源为目标，为工业生态生产者提供初级原料和能源；加工生产部门相当于生态系统的消费者，以生产过程无浪费、无污染为目标，将资源生产部门提供初级资源加工转换成满足人类生产生活需要的工业品；还原生产部门将各副产品再资源化，或进行无害化处理，或转化为新的工业品。

"生态工业"是人类社会的发展进入新时代的产物，与当代先进的生产力相联系。其具体表现是：第一，它继承使用了工业社会中原有的各种高水平的生产力；第二，它采用了当代新的"绿色技术"，既能够有效地利用自然资源，又能够较少破坏生态或较少产生污染。

二是它建立在经济与生态协调的基础上。它的出现体现了生态时代的基本要求，即符合实现经济与生态协调发展的需要，因此它能够指引我国工业走向可持续发展的正确方向。我国生态工业发展的实践，已经证明了它是现代高速、协调的工业生产形式，是工业发展的高级形式。因此，生态工业也代表着我国工业的发展方向。

用生态经济学的理论指导认识这一问题，同时也要看到，"资源利用生态化"的思想也将引导建立我国生态工业的基本模式。

生态工业是一种现代先进的工业生产形式。它的核心作用是能够充分合理利用自然资源，促进实现工业的可持续发展。由于在实践中，人们实行生态工业所遇到的生态系统是多种多样的，即人们利用自然资源的具体条件是多种多样的；因此在不同地区、不同条件下发展生态工业，就必须因地制宜地采取不同的模式，而不能以一种模式不分地区和条件地简单照搬。加之我国又是一个大国，不同地区的自然经济条件不同，就更加凸显了各地、各种条件下，因地制宜选择生态工业具体模式的必要性。我国遵循"自然资源利用生态化"的要求，在具体认识自然资源的生态经济特点的基础上，进行生态工业生产，已经积累了不少经验，并且找到了一些合理利用自然资源，有效发展生态工业的具体模式。概括起来有以下 4 种利用资源的基本途径，由此也形成了有效进行生态工业的 4 种主要类型。

（1）资源节约型生态工业

它的着眼点是看到资源稀缺的特点，它建立的基础是资源的有限性。概括来说，自然资源包括可再生资源和不可再生资源。前者的有限性是相对的，后者的有限性是绝对的。自然资源有限性的表现是：第一，它在特定条件下存在的数量是有限的；第二，有些资源被人们利用了，依靠自然生态系统本身的能力还可以再生，但是它的再生能力也是有限的；第三，生态系统最终能够供给人们进行生产的消费数量也是有限的。随着我国人口数量的不断扩大和资源的不断消耗，这些资源的供给就会日益稀缺。资源的稀缺性特点，要求人们发展生态工业，应十分珍惜资源，并严格注意资源的节约。这种形式的立足点是资源利用的"节流"方面，其目标是建立资源节约型生态工业经济。

(2) 资源开发型生态工业

它的着眼点是看到资源的多样性特点，与之伴随的是资源存在的地区普遍性。资源的存在依存于生态经济系统，而生态经济是系统普遍存在的，因此资源也是普遍存在的。但是各个地区的资源由于性质不同、种类不同，其组合与分布的情况也不同。因此资源各具特色。资源的普遍存在、多样存在和它们的各具特色，就为人们广泛发展生态工业，充分开发利用资源提供了条件。应当看到，资源的闲置不用，同样是对自然资源的浪费。资源的多样性特点，要求人们在发展生态工业利用资源时，注意资源的全面开发利用。其立足点是资源利用的"开源"方面，其目标是建立资源开放型生态工业经济。

(3) 资源综合利用型生态工业

它的着眼点是看到资源的共生性特点。自然生态系统具有复杂的系统结构，因此自然资源在生态系统中一般都不是以单一元素的形态孤立地存在的，而是以混合物或化合物的形态存在的。它们的存在可以是以某种资源为主，但同时又往往是多种资源的综合。这些以某种资源为主的资源，例如某种矿产资源，在许多情况下是共生的，即在一种主矿中同时伴随存在着其他一种或几种对人类有价值的金属矿石。它们可以在开采和精炼的过程中，经过一定的冶炼和分离过程，同时被人们获取，成为社会的财富。资源共生性的特点又要求人们在发展生态工业时，重视资源的综合利用，即在开采利用生产一种主产品时，力求充分利用这些共生资源，生产出其他多种对人类有用的产品。这种形式的立足点是资源利用的"深化"方面。其目标是建立资源综合利用型生态工业经济。

(4) 资源替代利用型生态工业

它的着眼点是看到资源的多用性特点，或者叫作多宜性，即一种资源可以有多种用途。例如，它可以作为生产某一种产品的原料，也可以作为生产其他产品的原料。由此引申，对人们有同一用途的产品，也可以由不同的原料（即不同的资源）生产出来。这种生态工业形式的建立，对充分利用多种资源、进一步丰富人们的生产生活有积极的意义。特别是在当前某种资源已经遭受严重破坏而变得日益稀缺时，为了保护这些资源，使它们能够休养生息，人们利用其他某些相对丰裕的资源来生产同样或相近的产品，代替满足人们的需要，其作用就更加明显。并且我们要看到，在当代科学技术日益进步的条件下，资源的利用途径和代替利用途径还会愈来愈宽广。这里，资源的多用性特点又要求人们在发展生态工业中，重视资源的代替利用。这种资源利用的"功能拓展"方面的目标是建立资源替代利用型生态工业经济。

在不同地区或不同条件下，我国因地制宜地分别采用以上4种生态工业类型，是行之有效的。扩大到一个较大地区或全国范围来看，根据各地的不同情况，因地制宜地综合采用多种形式，共同挖掘自然资源利用的更多潜力，对我国分区乃至整个国民经济实现可持续发展，所起的促进作用将更加巨大。

第二节　石油资源与生态工业系统

一、石油与天然气资源现状

(一) 石油资源现状

石油在未来相当长的一段时间内仍将是全球最重要的基础能源。根据国际能源署的预测，2030年全球石油消费量为1.05亿桶/d，未来15年，全球石油产量平均每年至少保证76.4万桶/d的增量。

现今80%的石油产量来自数十年前开发的油田，其中大部分油田将面临每年4%~6%的产量衰退；全球新发现的油田持续徘徊在低位。

国土资源部发布数据称，2014年全国石油产量2.1亿t，净增长138万t，同比增长0.7%，连续5年保持在2亿t以上。与此同时，我国2013年石油和原油表观消费量分别达到4.98亿t和4.87亿t，比2012增长1.7%和2.8%，增速较2012年下降2.8个和1.7个百分点；石油对外依存度为58.1%，与2012基本持平；成品油供需持续宽松，出口大幅增加，见图2-2-1。报告显示，2014年我国石油需求增速在4%左右，达到5.18亿t。石油和原油净进口量分别达到3.04亿t和2.98亿t，较2013年增长5.3%和7.1%，石油对外依存度达到58.8%。数据表明，我国的石油资源面临着供需缺口加大，进口依存度进一步提高的现状，这是不可否认的事实。

陆上石油资源在逐步地衰减，海洋石油资源将是未来石油产量增长的重要来源，根据数据显示，我国近海油气勘探仅仅发现30%左右，还有70%左右有待开发；海上石油资源探明率为12%左右；远低于世界平均探明率水平，整体上处于勘探的早中期阶段；特别是除渤海以外的海域，例如南海等，其勘探程度较低，不排除未来在南海等地有重大油气资源发现的可能。因此，海上石油勘探具有很大的潜质，海上石油开采将是大势所趋。

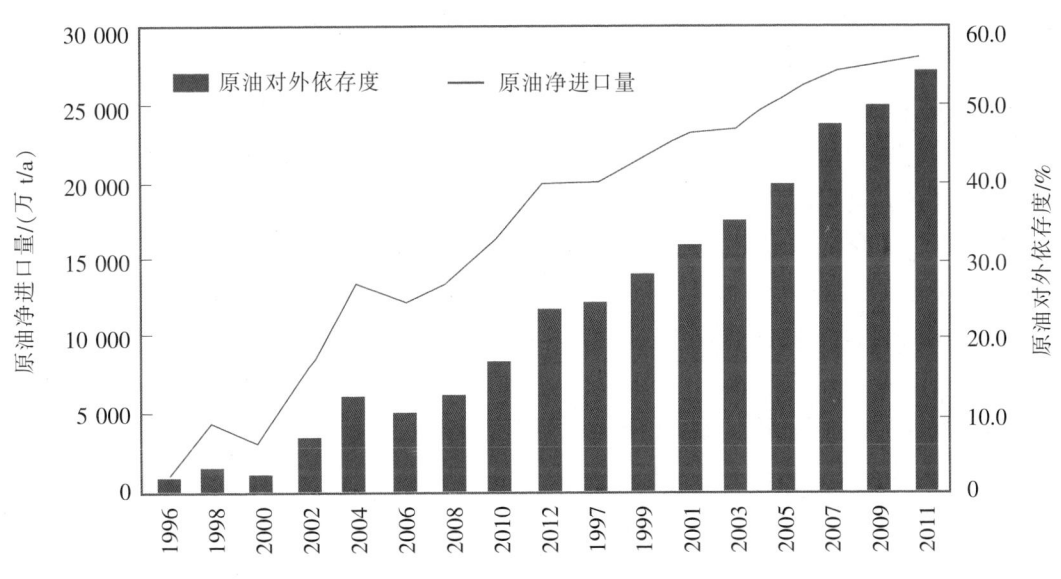

图2-2-1　1996—2012年原油进出口情况表

(二) 天然气资源现状

由于两次石油危机的产生和全球天然气工业的高速发展，天然气作为一种高效、环保、产量丰富的低碳优质能源在世界能源消耗中所占的比例日益提高，在工业生产和国民生活等各个领域中得到了广泛的应用。在世界一次能源消耗中，天然气的比例逐渐提高。从1920年起，进入能源时代的煤炭时代，煤炭能源在一次消耗中占62%，为主要消耗的能源；到1965年，可以称之为石油时代，煤炭的龙头地位被石油取代且保持至今；到1979年，世界能源消费结构中，天然气和煤炭几乎相等，各占18%，石油占54%；2000—2008年，在世界一次能源消耗结构中，天然气一直保持在24%左右；近几年，在世界一次能源消耗结构中，天然气一直保持在18%左右。中国的天然气事业处于快速发展时期。特别是随着能源紧缺、环境污染和全球变暖问题的加剧，与石油、煤炭等化石能源相比，天然气因使用安全、热值高、洁净等优势，日益获得各国能源政策制定者的青睐。我国也不例外，受美国页岩气革命成功的鼓舞，加上国内大气污染防治和应对气候变化的现实需求，我国正开启天然气大发展的新篇章。数据显示，我国的天然气消费从1990年的153亿 m^3 激增至2013年的1 616亿 m^3，到"十二五"末期，我国的天然气利用规模达到2 600亿 m^3，在能源消费结构中的比例从2011年的4%提高到8.3%左右。

在我国的天然气产量方面，我国有19个省（区、市）生产天然气。在2012年，陕西（其产量为311亿 m^3）、新疆（其产量为311亿 m^3）和四川（其产量为254亿 m^3）位于我国各省（区、市）天然气产量前三甲。2000—2012年，我国天然气年产量提高到1 067亿 m^3。2011年，我国天然气的年产量为世界第六，占世界天然气总产量的3.45%。根据BP公司和国家发展改革委能源所统计数据可知，2000—2012年，对比我国天然气产量和消耗量：2000—2007年，我国天然气的产量高于消耗量，处于供大于求阶段；在2007年，产量与消耗量基本相同，可以认为处于供求平衡；2008—2012年，我国的天然气的消耗量已经逐渐大于我国天然气的产量，并且其供求的缺口逐渐增大。见图2-2-2。

另外，天然气资源又分为常规天然气和非常规天然气，主要具有以下特点。

1. 常规天然气资源相对丰富

全国第三次油气资源评价采用相同的油气

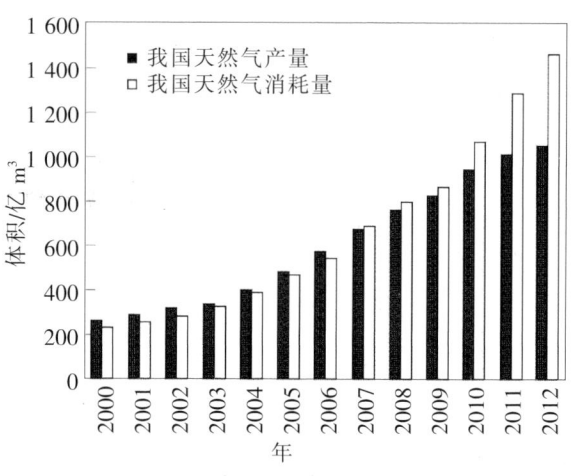

图 2-2-2 我国天然气产量和消耗量

资源评价体系、方法、规范、流程以及评价参数体系，以庞大的数据库建设做支撑，初步估算全国的常规天然气资源量约56万亿 m^3，可采资源量的22万亿 m^3。与1994年完成的全国第二轮天然气资源评价结果比较，总资源量增加约18万亿 m^3。

我国盆地的天然气资源勘探程度整体不高，其中四川、鄂尔多斯盆地资源探明率相对较高，分别为20.26%和16.33%；东海盆地的资源探明率仅为1.34%；其他盆地的资源探明率介于5%~13%之间。如表2-2-5所示。与美国等国家相比，我国天然气勘探程度低，平均资源探明率为9.64%，如表2-2-6，大体相当于美国天然气储量快速增长阶段的初期，预计我国天然气储量还将快速稳步增长。

2. 非常规天然气资源潜力大，勘探前景乐观

(1) 我国煤层气资源潜力大

我国是世界第二大煤炭、煤层气资源大国。全国五大聚煤区约有39个含煤盆地、68个含煤区；六大含煤层系煤层埋深300~1 500 m的煤层气远景资源量约为27.3万亿 m^3，为常规天然气资源量的49%，约占世界煤层气总资源量的10%。1993年以来，中国已钻煤层气井1 000余口，共探明煤层气地质储量1 023亿 m^3。我国在沁水的柿庄、潘庄和阜新开展了局部试采，取得一定的经验。总体讲，我国煤层气还处在勘探评价和开发准备阶段，资源潜力大。

(2) 我国水溶气等非常规气勘探前景乐观

我国众多的含油气盆地中，存在着大量的地层水，其中蕴藏着十分丰富的水溶气资源。张

表 2-2-5　我国主要盆地资源量数据表　　　　　　　　　　　　　　　　　　　　　　　　　　　　单位：万亿 m³

盆地	资源量	可采资源量	盆地	资源量	可采资源量
塔里木	11.34	5.86	莺歌海	2.28	0.81
四川	7.19	3.42	琼东南	1.89	0.72
鄂尔多斯	10.7	2.9	渤海湾	2.16	0.62
东海	5.1	2.48	以上小计	45.09	18.43
柴达木	2.63	0.86	其他盆地	10.8	3.6
松辽	1.8	0.76	全国合计	55.89	22.03

表 2-2-6　我国天然气资源探明程度统计表

盆地名称	盆地面积/km²	天然气资源量/亿 m³	探明地质储量/亿 m³	探明率/%
松辽	255 400	18 000	1 934.79	10.75
渤海湾	144 500	21 600	2 659.41	12.31
四川	190 000	71 900	14 567.71	20.26
鄂尔多斯	250 000	107 000	17 473.34	16.33
柴达木	121 000	26 300	2 900.35	11.03
塔里木	560 000	113 400	8 622.39	7.60
东海	240 000	51 000	685.51	1.34
琼东南	41 000	18 900	1 037.91	5.49
莺歌海	100 000	22 800	1 564.06	6.86
全国合计		558 900	53 866.58	平均 9.64

恺等认为，我国东西两大含油气区的中、新生代含油气盆地中广泛分布着水溶性天然气田。他们根据日本和其他国家水溶气田的分布规律，采用类比法预测出我国水溶气资源总量约为 38 万亿 m³。关德师认为我国水溶气资源可能在 45 万亿 m³ 以上。杨中镰等计算结果为(11.8~65.3)万亿 m³。由此可见，我国水溶气资源是极为丰富的。

此外，致密砂岩气、天然气水合物、泥页岩气、深源气也有一定的资源潜力。

我国天然气主要用于化工、工业燃料、城市燃气、发电等四大方面。

1）化工需求：在合成氨、甲醇、乙烯等生产中，利用天然气为原料，预计 2020 年，耗气将达到 322 亿 m³。

2）工业燃料需求：包括冶金、建材、机械、运输和其他工业部门燃料用天然气部分。用天然气顶替燃料油，不仅环境效益好，并且有较大的经济效益，如用 18 亿 m³ 气可顶替渣油 150 万 t，加工后，可生产柴油 100 万 t。

3）城市燃气需求：预计 2020 年，大城市气化率达 95% 以上，耗气 630 亿~710 亿 m³。

4）发电需求：预计 2020 年我国用于发电耗气将达 490 亿 m³。

二、石油开发中存在的环境问题

石油被称为"黑色黄金""经济血液"，是不可再生资源。石油开采量的扩大，不可避免地对环境造成污染，而且对环境所造成的影响是巨大的，包括陆地影响与海洋影响。其中，海洋影响包括海床的岩土破坏、海洋环境污染、原油污染、平台的废置。海上石油开采对海洋生态环境造成了严重的破坏，这一点已从成品油海洋水域运输过程的惊人污染事件中，被人们所认识。所以我们要正确认识和面对石油开采过程对生态环境的所带来的危害，并采用相对应的措施进行预防和治理。

原油主要由烃类化合物组成，有烃类"大杂烩"的称谓，其中 0.5%~5% 为氧和氮的有机化合物（非烃类）及微量重金属元素。石油中的烃大体上分为烷烃、环烷烃和芳香烃 3 类，其中芳香烃毒性最大。据检测，我国大港、大庆、胜利、任丘原油中的强致癌物苯并芘（BaP）含量分别为 1.16×10^{-6}、0.33×10^{-6}、0.48×10^{-6}、0.24×10^{-6}。苯并芘在亮煤焦油和渣油中含量高达 29×10^{-6} 和 30×10^{-6}。值得指出的是,一些非烃类化合物,它们对水有一定的亲和力,从对环境的危害来说,非烃类的毒性远比烃类明显。所以环境中石油污染物应包括烃类和非烃类两部分。它们通过扩散、蒸发渗透、乳化及物理性黏污甚至燃烧等途径,进入大气、水域、土壤,造成对生态环境的污染。

(一)石油开发对大气的污染

油田开发过程向大气中排放的各种污染物中,总烃位居首位。据科技人员在某油田测定,总烃污染负荷比最高,达 62.36%,所以,总烃是油田开发中对大气的主要污染物。曾有报道,全世界每年溢入大气中的石油烃约有 40 万 t 沉降到地球表面。油田总烃污染主要来自:钻井、采油(主要为伴生气)从井口排入大气中,以及原油储运和压缩、吸附、脱水、水处理等。油田大气中还有氮氧化物、二氧化硫、一氧化碳、硫醇、硫化氢、烟尘等有害物。它们危害人体健康和生物环境。某油田在 20 世纪 70 年代开发初期,大气污染仅凭感观性状上看就比较严重,油区浓烟滚滚,加之就地取用原油作为加热炉的燃料,使大气中污染物明显增加。这些年来,油田火灾事故也时有发生。火灾事故不但烧毁石油资源和设备,还加重了大气环境污染。图 2-2-3 为油厂向大气中排放污染物。

图 2-2-3 大气污染物排放

国际抗癌组织委员会推荐的大气中 BaP 含量标准为 1 ng/m^3;我国《环境质量报告书技术规定》推荐标准为 10 ng/m^3。据科技人员在 1986 年对某油田 4 个点大气中 BaP 的监测,最高为 7.84 ng/m^3,最低为 2.12 ng/m^3,均低于我国推荐标准,但有的油田并没有这方面的有效监测资料。这应引起有关环境管理部门和环境科学技术研究部门的重视。

(二)石油开发中的水环境污染

1. 油田"三废"对地表水的污染

落地原油通过径流污染地表水、海水等。地表水是农业生产的主要灌溉水源,一旦污染会直接造成土壤及农作物污染,作物的污染又促进家畜、家禽和人体内有毒物质的富集,在食物链中最终危及人体健康。我国《工业企业设计卫生标准》规定,石油在地面水中最高允许浓度为 0.3 mg/L。油田废水处理应严格达标排放。

2. 油田"三废"对地下水的污染

地下水是饮用水的主要来源之一。我国有的油田区周围居民掘井取用地下水为饮用水。长庆油田的采油区周围有很多居民取用地下水为人畜共饮,如果石油废物通过各种途径污染了地下水源,它对人体危害不像细菌或病毒那样来得激烈而明显,而是日积月累、潜移默化地发生作用。这种情况应引起足够的重视。

3. 石油开发中"三废"对海洋的污染

现在全世界有 100 多个国家和地区进行海洋石油勘探,其中已有 40 多个国家正在进行海上采油。我国海域石油蕴藏量十分丰富,随着国家对石油的需求量不断提高以及开发技术的升级,人们在不断开发利用海上石油的同时,严重污染了海洋环境。石油平台在开采的过程中,向海洋中排入大量的废弃物和含油污水,在不同的程度上影响了我国近海海域的自然环境。

在海上石油开采过程中,污染物破坏了底栖生物的生存环境,对其造成了一定程度不可逆的影响。钻井过程中,带有原油的泥浆会进入附近海域,改变周边海水环境。底栖动物活动性小、地区性强,很容易受到石油的侵害。石油泥浆对斑节对虾仔的毒性强,浓度大时会导致其死亡;对其他生物,如罗氏沼虾仔虾、鲵虎鱼等亦产生毒性效应。在采油过程中,会有油气泄漏。入海石油首先在重力、惯性力、摩擦力和表面张力的作用下,在海洋表面迅速扩展成薄膜,进而在风浪和海流作用下被分割成大小不等的块状或带状油膜,随风漂移扩散。漂浮在海面的油膜是海洋生物及周边野生动物的第一杀手,油膜使大气与水面隔绝,减少进入海水的氧的数量,从而降低海洋的自净能力。油膜吸收阳光中的热量,使海水温度升高,减少海水中溶解氧的浓度,对生物的生存造成严重威胁。另外,平台所有者在弃置海上石油平台时,有可能为了节省资金,往往不去拆除可能造成海洋环境污染的设备和设施,不注重海洋环境保护;在进行海上清洗或者防腐蚀作业时,作业人员没有采取有效的防止污染的措施等。

另外,海上石油泄漏对海洋环境的影响也是巨大的。1985 年海上石油产量已达 7.56 亿 t,占全世界石油总产量的 28.3%,我国有著名的渤海海上油田。据统计,在 1990 年,我国从事海洋石油勘探开发的平台为 25 个。海洋石油生产的发展,增加了污染事故的概率,全世界海上泄油事故不断发生,1970—1990 年发生泄油事故 1 000 多起,泄油量 6.9 万～27.6 万 t 之间。因人类活动,每年排入海洋的石油及其制品达 1 000 万 t 以上,其中海上油井开采与事故的石油入海量 10 万 t 以上。在海湾战争中,有 110 万桶石油被放入海域,生态学家的资料表明,近 720 km 长的海岸线被重油污染,有些地方石油渗进沙里达 35 cm,一些当地的鱼类永远消失。我国 1973—1985 年发生了 18 起溢油在 100 t 以上的事故,溢油总量达 2.15 万 t,平均每年 2 000 t。1983—1984 年间,仅青岛水域就发生了两次大油船溢油事故,分别溢油 3 347 t 和 757 t,污染海岸线分别为 230 km 和 88 km,造成 1 000 万元以上的经济损失。同时,这些事故严重污染了海洋环境,破坏了海洋生态平衡。见图 2-2-4。据实验,水中含油浓度达 0.01×10^{-6} 时,鱼类一天内就出现油臭,食用价值降低,达 20×10^{-6} 时,鱼类不能生存。石油污染对鱼苗和鱼卵的危害更大。海水含油浓度达 0.01×10^{-6} 时,畸形鱼苗可达 23%～40%;浓度达 0.1×10^{-6} 时,孵化的鱼苗都有缺陷,存活期仅 1～2 天。石油污染还会破坏海滨风景区和海滨浴场,有时还会使海面着火。海洋一旦被石油污染,

图 2-2-4 海洋石油泄漏图

要经 5～7 年,海区生物才可能重新繁殖起来。

我国已于 1982 年 8 月公布《中华人民共和国海洋环境保护法》,为贯彻此法,1983 年 12 月国务院颁布了《中华人民共和国防止船舶污染海域管理条例》和《中华人民共和国海洋石油勘探开发环境保护管理条例》。这对我国防止海洋石油污染、保护海洋环境,有十分重要的意义。

(三) 石油开发中"三废"对土壤的污染

油田土壤环境污染,主要来自钻井、洗井、试井、采油和修井过程中的落地原油或井喷及固体废物。土壤一旦遭受石油污染,便会引起多项环境要素的改变,以致危害生态环境。土壤被石油污染影响其通透性。能聚在土壤中的石油烃,绝大部分是由高分子组成的,它们黏着在植物根系上形成一种黏膜,阻碍植物根系的呼吸与吸收,引起根系腐烂。沈抚石油污水灌区和辽河下游地区土壤盆栽小麦、水稻试验结果显示,土壤中石油的平均净化率第一年为 40.67%～70.9%,第二年为 27.9%～47.8%。这说明生物作用下土壤对石油的净化大大高于土壤物理净化能力。因此采油区应种树种草,以保护土壤,石油污染的土地不应急于种粮食、蔬菜等。据报道,石油污染的土壤长出的稻米光泽较差,黏性较低;蔬菜味道不佳、易腐烂、不易保存。对落地原油和泥浆等进行回收处理,一方面可回收资源,另一方面可保护环境。甘肃省某油田周围群众收集被原油污染的土壤做燃料,灰渣做肥料。这不但影响大气质量和土壤质量,而且影响人体健康。图 2-2-5 为钻井平台工作时对土壤的污染。

图 2-2-5 石油污染物对土壤的危害

综上所述,石油资源开发业带来的环境污染,已是世界性的严重问题,各国都有一些有效的治理方法和经验。我国大多数油田污染治理效果都比较好,钻井污水外排达标率、采油污水处理回注率、井下无污染作业率均达 90% 以上,同时污油回收、落地原油回收也比较好;但有的油田管理不善,要求不严,污染概率大,事故多,从而引发的纠纷也多。油田开发区要加强管理,对油田开发区要进行长期的环境污染监测,完善污染治理措施,严格控制污染物的排放量。油田技术改造,应同时改造治理手段,并以此作为污染物的综合利用和无害化处理。

三、石油资源生态化过程

作为全球重要的不可再生资源之一,石油在我国能源利用上仍然处于很高的地位。然而我国面临着石油资源需求量逐渐增长的现状,石油资源的对外依存度也在不断提高。长此以往,一方面,石油资源的紧缺将大大限制我国经济的发展以及我国在国际上的地位;另一方面,在过去几十年,石油资源开发的过程对环境产生了不可避免的严重污染。面对这些问题,我国一定要从长远的发展角度来看,一味地大量开采以及对污染的环境采取治理是片面的,我国应大力推进生态文明建设,努力建设美丽中国。这不仅是美好愿景,更是对产业发展的客观要求。因此,石油石化产业必须树立尊重自然、顺应自然、保护自然的生态文明理念,把生态文明建设放在产业升级发展的突出位置,融入生产经营和建设的全过程,切实转变发展方式,努力建设资源节约型、环境友好型、技术创新型产业。

(一)我国石油工业生态化的战略选择及对策建议

根据系统工程原理,只有把石油工业放在中华民族发展的大背景下,才能统筹规划,制定出切实可行的生态化发展战略。"十五"期间,我国石油工业按照市场化、国际化、低成本、科技创新和持续重组战略,以及"立足国内,开拓国际,加强勘探,合理开发,厉行节约,建立储备"二十四字方针发展,就是这一思想的具体反映。在具体实践中,我国要以内涵发展为主导方式,采取保护自然环境的相对平衡的发展模式,把速度与效益有机地结合起来,通过提高科学技术水平,优化产业结构,转变经济增长方式,实现工业化、现代化和生态环境的持续优化。

在生态化过程中,企业不能以牺牲自然生态环境为代价,不能破坏人类赖以生存和发展的自然生态系统;恰恰相反,企业发展要模仿自然生态系统,在资源最优化利用的基础上,促进经济发展。这就要求各油田在开发过程中,务必将局部利益转变为系统思维,努力使油田开发与当地经济、社会、文化、人口的发展相协调,并积极参与当地的基础设施建设,特别是道路及管网建设,取得良好的区域经济效益。基于这样的认识,石油工业生态化建设的途径和建议主要包括以下几个方面的内容。

1. 统一规划,建立石油产业生态工业园

①以油气资源为龙头,建立生态工业园。根据油气资源的开采潜力,将全国划分为几个石油产业开发区,如东北石油产业开发区、西北石油产业开发区,在区内形成产业链,减少中间环节的采购、运输成本,借鉴已有工业生态园的做法,严格按照系统工程组织开发和建设,通过对整个工业生态过程的分析、监测和评价,取得最大的资源开采效益。②开采与原油进口并重。遵从效益原则,开采与原油进口并重,对于原油资

源贫乏的沿海地区，建立以进口原油为原料的南方石油产业开发区，以外向型经营模式，实现经济效益最大化。

2.采用清洁生产技术，促进生态建设

按照联合国环保组织官员 J. A. 拉德尔的定义，清洁生产即采用积极的方式从源头着手，防止对空气、水、土地的污染，减少垃圾的产生，降低环境污染的风险，减少对资源(包括能源和水)的使用。清洁生产从根本上改变资源消费和使用方式，倡导对现有生产方式的改进，从而遏制污染的形成和废物的产生。许多发达国家都在推进"清洁技术"，通过产品设计、资源选择与利用和生产过程革新来控制工业污染。

可以看出，清洁生产是实行全过程控制污染的一种形式，是一种主动的环境污染控制和治理模式，主要通过控制企业的生产工艺过程来实现减少环境污染物排放，进而达到企业生产过程中废物零排放的目的。清洁生产是以节能、降耗、减污为目标，以技术管理为手段，通过对企业生产全过程的排污审核，设计出最优的生产工艺过程，以减少和消除工业生产对人类健康与生态环境的不利影响。正因如此，清洁生产能有效地防止甚至消除污染，减少污染治理和废物处理的成本，使资源更有效和充分利用，从而提高产品和服务的市场竞争力。

石油产业实现清洁生产的途径包括：①在生产过程中，选择无毒、低毒、少污染的原材料和能源；②选择无毒、低毒、少污染的产品和生产工艺；③强化工艺、设备、原材料储运管理和生产组织过程的管理，减少因物流损失而造成的污染；④结合技改，更新落后、原料浪费大、污染严重的工艺和设备。

3.石油产业开发与生态建设并重

在政府领导下制定相应的经济政策和法律法规，加强环境教育，提高环保意识，使石油企业由追求增长转变到注重发展，由产业观念转变到生态意识，由发展局部利益转变到系统思维，由注重短期利益转变到注重长远利益，由末端治理转变到源头控制，自觉采用洁净生产技术，在石油产业开发的同时，促进生态建设。

4.强化效益观念，从粗放型向集约型发展

要逐步从粗放型向集约型发展，从数量型向质量型发展，不断提高技术含量，积极采用当代高新技术成果，对全国的油田区块统一规划，力争做到少钻井、少测井、多采油、多炼油，尽最大努力减少对环境的破坏和污染，提高油气资源开采效益。那么，如何做到"两少两多"呢？

(1)少钻井的技术途径

少钻井是为了减少钻井过程中对环境造成的人为破坏，为此还应限制钻井过程中的占地范围，把钻井对环境造成的破坏降到最小限度。同时为了能够提供国民经济发展所需要的油气资源，就要在提高单井产能上下功夫，建立重点开采区，进行集中开采。

(2)少测井的技术途径

少测井就要注重开发以提高测井时效性为核心的环保型高效测井方法、测井技术、测井仪器和测井工艺，把测井对环境造成的破坏降到最小限度。致力于开发组合型、集成化测井仪器，用尽可能少的测井次数获取尽可能多的测井参数。

(3)多采油的技术途径

多采油就要利用和开发先进的采油技术和工艺，不断提高原油的采收率，降低采收成本。

(4)多炼油的技术途径

多炼油就要在提高炼油效益方面开发新的炼油方法和工艺，充分利用开采出来的油气资源，减少最终排放物，提高油气资源的利用率。

综上所述，环保型的测井方法、测井技术和测井工艺，环保型的采油技术和工艺，环保型的炼油方法工艺，是从粗放型向集约型发展的关键所在。这些高新技术的开发成功和投入使用，必将推动我国石油工业朝着"绿色石油"的方向发展。

5.以创新驱动促进石油石化产业升级

创新是发展的动力源泉，可持续发展已成为创新的基本使命，在新的世界经济形势下，技术创新对中国石油工业的作用更加突出。为此，我国石油企业要积极以市场和需求为导向，建立高层管理者指导和参与技术创新的石油产业文化;以人为本,建立具有凝聚力、紧密协调配合的创新集体,建立重视技术创新的价值观和环境;引入竞争机制,采用多方案、多方法的应用和竞争,加快创新进程;加强与外部的科技交流和协作,广泛利用世界科技资源,推动我国石油工业的可持续发展。

(1) 加强技术创新,提高资源保障能力

在常规石油勘探开发领域,加强低渗和特低渗油藏高效开发、稠油油藏热力采油、热化学驱油、特高含水期提高水驱效果以及化学驱三次采油等技术研发,提高石油采收率。在非常规油气勘探开发领域,加大政策支持,采取项目合作和技术引进等方式,深化高含硫碳酸盐岩气藏精细描述技术等研究,加快开发形成具有自主知识产权的页岩油气选区评价、钻井完井、储层改造与高效开采等配套技术,为页岩油气的大规模开发提供有力的技术支撑。在替代能源领域,加强生物燃料和生物基化学品技术研发,突破关键技术,重点加强生物柴油、生物航煤、微藻生物柴油、纤维素乙醇、生物法丁二酸、长链二元酸、乳酸及聚乳酸等生产技术研发。

(2) 加强技术创新,提高原油利用价值

①强化分子炼油理念,建立从分子水平认识利用石油资源及其转化规律的平台,构建石油烃类的结构特征和核心化学反应规律的系统理论,开发更高效催化剂和生产工艺,实现石油烃类分子的定向转化,最优化生产目的产品;②不断拓展劣质原油加工新路线,实现劣质原油的灵活高效加工,最大量生产液体运输燃料;③优化渣油加工利用,完善现有固定床渣油加氢技术,发展浆态床、沸腾床等先进渣油加氢处理新技术,大幅提高轻质油收率;④促进焦炭或沥青整体煤气化联合循环(IGCC)技术的有效应用,提高焦炭、沥青等低价值产品的利用价值;⑤加快形成页岩油、油砂加工等非常规石油加工成套技术,满足非常规石油加工的需求。

(3) 加强技术创新,支撑油品质量升级

油品质量升级是炼油产业促进生态文明建设的重大措施。①加强超低硫、零含硫清洁油品生产工艺及催化剂的研发,加快提升成品油质量;②优化汽油调和组分,提高烷基化油和甲基叔丁基醚(MTBE)等高辛烷值汽油组分的比例;③加快开发将液化气等气相产品转化为优质液体运输燃料的生产技术。

(4) 加强技术创新,提高化工产品附加值

当前,建筑、电子、汽车、包装等行业的较快发展,正推动传统材料向高性能、低成本、复合化方向发展。为适应市场需求,必须加强技术创新。①改进聚合催化剂,提高以产品加工性能为主的综合性能和环保性;②创新聚合工艺,实现装置多功能化和高产能化;③积极发展多功能树脂基复合材料、高性能合成材料以及特种高附加值合成材料;④生产环境友好、高性能化、高功能化产品,拓宽应用领域;⑤加强催化材料发展与纳米技术、无机复合材料、离子液体以及金属氮化物和碳化物等新技术的紧密结合。

(5) 加强技术创新,促进绿色低碳发展

①加强新技术、新设备的研发与应用,包括在钻井设备、钻井工艺方面不断寻求突破,以降低钻井成本,提高钻井效益,同时使外排污水控制指标趋于自然水体。②加强测井方法、技术、仪器和工艺创新,提高测井效益。一条途径是对传统测井方法的改进和集成,另一条途径是开发新的测井方法、技术、仪器和工艺。井下测井仪要尽可能多地挖掘地质信息,地面测井仪则要尽可能充分地利用下井仪提供的信息。③加强采油新技术和工艺创新,在石油开采过程中,一方面要尽可能提高采收率,另一方面要尽可能减少含油污水造成的污染。在提高采收率方面,采油新技术的应用和采油工艺创新推动了采收率的稳步提高。聚合物驱油可提高采收率11.7%,三元复合驱油技术可提高采收率19.7%,热采可提高采收率22.1%,这些应成为重点关注的采油新技术。含油污水外排不仅造成土壤的严重污染,而且由于土壤自净能力降低,最终使污水以原生浓度进入含水层。为此,洗井污水在外排到环境中以前必须进行处理,并采取有效措施防止采出水直接外排到环境中。同时,要积极采用清洁生产节能技术,在提高油气采收率的同时,减少采出水,并将采出水和含油污水对

环境的污染限制在一定的范围、减小到最小限度。④进行炼油方法和工艺创新。炼油方法和工艺创新的关键在于开发相关的精练新技术和新工艺，通过梯级综合利用减少最终的排放物，在充分利用油气资源的基础上，提高炼油效益。⑤推广应用烟气除尘脱硫脱硝技术、挥发性有机物的回收和催化燃烧技术、恶臭污染控制技术、回收型烟气脱硫技术、细颗粒物和温室气体控制治理等技术。⑥加快开发烟道气二氧化碳捕集纯化及驱油技术，尽快成为减少排放和提高石油采收率的主导技术。⑦工业危险固体废物实现减量化、无害化和资源化处理，形成达标治理、清洁生产和循环经济的环境保护体系。⑧加快建设绿色制造工业体系，在新反应介质替代技术、高效催化技术、过程强化与先进反应分离设备、二次资源循环与环境核心技术等重点领域形成一批绿色工艺工程技术

（二）加快石油石化产业升级，促进生态工业系统建立

良好的生态环境是人和社会持续健康发展的基础。党的十八大报告提出，坚持节约资源和保护环境的基本国策，坚持节约优先、保护优先、自然恢复为主的方针，着力推进绿色发展、循环发展、低碳发展，形成节约资源和保护环境的空间格局、产业结构、生产方式、生活方式，从源头上扭转生态环境恶化的趋势，为人民创造良好生产生活环境，为全球生态安全做出贡献。生态文明建设已经成为并将在今后相当长时期成为我国所面临的一项重要战略任务。

2013年1月，《能源发展"十二五"规划》正式发布，以"能源生产和消费革命"为主基调，提出了7个方面的奋斗目标，明确了当前和今后一个时期深化能源改革、加快能源发展的主攻方向。我国首部《循环经济发展战略及近期行动计划》正式出台，明确提出了构建石油石化行业循环经济产业链可量化、可操作、可考核的奋斗目标。

2013年2月，《国家环境保护标准"十二五"发展规划》正式出台，以保护生态环境和人体健康为目标，颁布和实施了一系列更为全面和严格的国家和地方环境保护标准。2013年新版《环境空气质量标准》新增了细颗粒物平均浓度限值，收严了可吸入颗粒物的年均限值，规定了按期达标的时间表，从3月1日起，对包括石油石化行业在内的六大行业执行大气污染物特别排放限值，对能源和石化产业提出了更高要求。

2013年6月，国务院常务会议强调指出，大气污染是重大的民生问题，治理大气污染是一项复杂的系统工程，要把优化结构、强化创新驱动和保护生态环境结合起来，要用硬措施，完成硬任务。会议部署大气污染防治的10条措施：减少污染物排放，严控高耗能、高污染行业新增产能，大力推行清洁生产，加快调整能源结构，强化节能环保指标约束，推行激励与约束并举的节能减排新机制，用法律、标准"倒逼"产业转型升级，建立环渤海、长三角、珠三角等区域联防联控机制，将重污染天气纳入地方政府突发事件应急管理以及动员全民参与环境保护和监督。

为深入贯彻落实相关文件精神，一系列重点措施同时出台，主要包括：①落实目标责任，实行统一监管、分工负责，进一步明确地方政府及企业责任；②完善经济政策，主要包括增加国家财政资金和预算内投资对环保能力建设的投入，完善脱硫、脱硝和电价政策，抓紧出台脱硝设施运行管理办法，研究开征环境保护税等；③推进改革创新，不断完善管理体制和运行机制，主要包括实行排污权交易，对电、水、气等涉及民生的资源产品实行有区别的价格政策等；④加强科技支撑，主要包括加大环保技术装备研发力度，加快实施水体污染控制与治理、区域性大气污染综合防治、土壤污染修复与治理、重金属污染综合防控等重大环境科技专项等。

（三）加快产业结构调整优化，促进石油石化产业升级

石油石化工业是国民经济支柱产业，肩负着提供绿色能源和产品、保护生态环境、应对气候变化的重大使命。加快石油石化产业升级步伐，建设资源节约型、环境友好型产业，对促进我国生态文明意义重大。

（1）进一步优化产业布局

统筹资源、市场、环境三大要素,坚持"大型化、基地化、一体化、集约化"发展模式,优化炼油、石油化工产业布局。加强区域资源优化利用,充分发挥集群效应和协同效应,努力打造能源资源高效利用、企业与社会和环境和谐发展的炼油化工企业群。

(2) 有效遏制产能过剩

产能过剩不仅会带来恶性竞争、企业效益下降,更会造成资源浪费,有效遏制产能过剩势在必行。为此,建议:①要建立和完善行业准入条件,强化节能、环保、土地、安全等指标约束,严把项目准入关;②要加强对产能过剩行业的产能规模、市场需求、生产销售、新建项目、淘汰落后等信息的收集和管理,建立产能过剩行业的预测预警机制,促进行业进入良性发展轨道;③要积极培育新兴产业,促进产能过剩行业转型升级。

(3) 加快淘汰落后产能

下决心坚决淘汰能耗高、物耗高、成本高、浪费资源、污染环境的落后生产能力和设施;依靠技术进步,对耗能高、污染大的工艺和装备进行升级换代。

(4) 调整优化产品结构

加快培育和发展新能源、化工新材料等战略性新兴产业,延伸产品价值链,提升石化产品节能环保性能,增产绿色低碳产品。

(四)积极推进智能化建设,促进石油石化产业优化升级

21世纪以来,以"智能化"为主题的信息化在改造优化石油石化生产工艺、提高资源利用率、实现安全生产与清洁生产等方面做出了重要贡献,信息技术已成为支撑绿色发展的重要手段。实践证明,提升石油石化产业,必须要加快"智能化"发展,大力推进信息化与工业化深度融合,将先进的生产技术、管理模式与物联网、云平台和大数据等IT技术深度融合,实现生产运营过程的自动感知、自动分析、自动处理,协同优化生产管控,支撑石油石化产业精益生产、节能减排,促进工业产品、关键装备、能源管理的智能化和制造资源与能力协同共享,建设智能油田、智能工厂和智能销售,推动石油石化产业链向高端提升。

(1) 实现自动化

由手工操作发展到自动控制,由低级的单回路控制发展到高级复杂系统控制,由单元先进控制到区域集成优化,这是石油石化生产的基础手段。

(2) 实现数字化

借助于覆盖工业现场的感知网络快速感知与工厂相关的各类信息,实现物理制造空间与信息空间的无缝对接,拓展人们对工厂现状的了解和监测能力,这是实现精细化和智能化管控的前提。

(3) 实现可视化

将生产状态、工业视频等各类信息高度集中和融合,为操作和决策人员提供直观的工厂真实场景,确保迅速准确地掌握所有信息和快速地决策。

(4) 实现模型化

利用生产运行数据和专家知识,将石化工厂的行为和特征的知识理解固化成各类工艺、业务模型和规则,根据实际需求,调度适用的模型来适应各种生产管理活动的具体需要。

(5) 实现集成化

与现有石化生产过程的工艺过程和管理业务流程高度集成,实现石化生产各管理环节和各工序间的紧密衔接与集成,实现整体优化。

(五)大力发展循环经济,促进石油石化产业升级

发展循环经济是建设资源节约型、环境友好型社会,实现可持续发展的必然选择。石油石化工业要积极按照《循环经济发展战略及近期行动计划》的具体部署,大力发展循环经济,为实现"十二五"规划纲要中提出的资源产出率提高15%的目标做出贡献。

(1) 积极推进煤油化一体化发展

要综合考虑产品需求与绿色低碳发展,按照"宜油则油、宜煤则煤、宜气则气"的原则,加强原料互补、产品优化调和、公用系统共享,实现现代煤化工与石油化工有机统筹的绿色低碳和谐发展。

(2) 积极构建循环经济产业链

积极推进石化与钢铁等相关行业的融合发展，构建石化与钢铁行业循环经济产业链，建立石油资源、煤炭资源、铁资源、水资源循环以及固体废物再资源化循环利用的两产耦合产业体系。重点开展焦炉煤气提氢等副产品互供和综合利用，实现原、辅材料等资源一体化；开展电、气等设施共享或共建，实施公用工程一体化，实现燃气最优化利用，提高发电效率；开展蒸汽、水管网互联、互为备用，提高故障应对能力；加强化工产品深加工合作，利用焦油、焦炉煤气、粗苯等焦化副产品生产化工产品，提高资源利用价值。

(3) 加强油气资源综合开发利用

加强对非常规油气资源的开采回收，在有条件的地区运用二氧化碳驱油技术，提高油气采收率。加强油田伴生气、酸性气体等回收利用，推动油砂、油页岩利用产业化发展，加强高含硫化氢天然气中硫黄的综合利用。大力推动天然气分布式能源和大型液化天然气（LNG）接收站的冷能利用，提高天然气利用效率。

(4) 推动废渣、废气、废水资源化利用

加强废催化剂回收利用，从中提取钴、铑、钯等稀贵金属。加强炼制各环节余热余压的回收利用。加强火炬气回收，探索利用火炬气发电。提高硫黄回收率。推动稠油产出污水等采油废水深度处理回用，以及石化废水分类处理利用。

四、依托石油资源建立生态工业系统案例

例如大庆市依托自身的石油资源，开展绿色油田建设工程。其基本思路是：依据生态学和生态经济学原理，对已产生的环境问题积极进行治理和修复；重视环境保护和建设，改进生产工艺和设备，克服对环境有所损害的各种行为，并不断进行技术改造，节能降耗和广泛应用可再生的新能源，提高生产效率，达到生产发展与环境改善、经济效益与生态效益双赢的目的。按照这一基本思路，研究制订绿色油田工程建设实施方案，积极推进工程建设。这既是大庆生态城市建设的需要，也是大庆油田可持续发展的需要。实施绿色油田工程建设，首先要解决好两个问题。其一，转变"地上服从地下"的传统思想观念，树立起"地上与地下协调发展"的新理念，努力实现"地下油流不断、地上绿草连片"的新景观；其二，要有政策和基金保障。大庆油田每年向国家上缴大量的税收，这实质是大庆每年从其环境中支付出大量石油资源的结果，因此国家要有相应的政策，在上缴的利润中退还一部分基金，用作大庆油田的环境建设和可持续发展基金。这两个基本问题的解决是实施绿色油田工程建设的前提，其主要建设任务有以下几方面。①开展油田生态修复工作。因石油、石化工业生产等行为已造成的废弃土地、裸地、落地原油污染的土地和毁坏的草原植被等要采取人工生态修复措施。首先平整土地、填土、换土，然后进行植草种草，恢复原有的草原植被；对于落地原油污染的土地要采取技术治理措施。因物理措施效果不佳，化学措施又易造成二次污染，故应以生物措施为主。②加强油田地面环境的保护与管理。大庆石油企业要制定油田生态文明作业和施工的规章制度，禁止各种毁坏草原、破坏环境、污染环境的行为。因生产需要必须在草原上开沟掘土时，应在竣工后立即平整好地面，重新移植上原有的植被。实行安全文明生产，妥善处理好废水、废泥浆、废油，防止对地面的污染。石油化工企业要有配套齐全的环保装置和处理设备，排放的"三废"物质要达到环保标准，严禁有毒有害气体的泄漏和散佚。③开展油田生态工程建设。第一，油田上纵横交错、密如蛛网的油田专用公路和各种管线，严重阻碍着地表径流向泡沼的汇集，对湿地水源的供给影响很大，因此，必须要进行生态技术改造，增加桥涵建设，为地表径流向泡沼汇集设立通道。第二，开展生态公路建设。在原有公路的基础上铺设水泥微孔渗漏路面，可蓄住天上水，拦住地表水，使雨水通过这种特殊路面渗透汇集到公路两侧的雨水收集系统，用以灌溉草原、农田、林带或给湿地补给水源。由于油田公路密度大，收

集的水量相当可观,其综合效益是十分显著的。此项技术在我国已有成功应用的先例。例如,山西省7个试点县的公路集雨灌溉工程已基本建成;上海崇明岛在生态岛的建设过程中,现已建成了一条500 m长的具有集雨、消音功能的生态公路,运行效果良好。因此大庆油田开展生态公路建设,在技术上是可行的。第三,开展油田景点建设。在广阔的油田上分布着上万口油井,过去每个井场周围都是环境破坏最严重的地方。现在要对每个井场周围进行环境美化建设,平整土地、换土改土、种草种花或植树,使每个井场都建成靓丽的景点,点缀在广阔的绿色草原上。第四,开展新能源应用工程研究与探索。大庆油田采油全部靠抽油机从地下抽油,在产能同时也大量地耗能。大庆油田拥有丰富的日照和风力资源,因此,应开展太阳能与风能在油田采油生产上的应用研究,使风能与太阳能的配合应用来替代或部分替代电能,使油田工业的生产真正达到大规模节能降耗的目标。

第三节　海洋资源与生态工业系统

一、海洋资源现状

我国是一个海洋大国,拥有渤海、黄海、东海和南海四大海域,海岸带纵跨热带、亚热带和温带3个气候带,大陆海岸线长达1.84万km,加上岛屿海岸线共3.2万km。我国拥有内水和领海的海域面积37万 km^2,享有主权和管辖权的海域面积约300万 km^2。海洋资源种类繁多,包括海洋生物、石油天然气、海底固体矿产、海洋动力资源和滨海旅游资源等。我国有丰富的海洋生物资源,四大海域有海洋生物超过3 000种,其中可捕捞、养殖的鱼类约有1 700种,经济价值较大的有150多种。另外,海洋生物资源的医药利用、海水资源和海洋能源资源利用正在逐步向产业化方向推进。见图2-2-6。

(一)海洋生物资源

2011年,我国海水产品每年产量2 908万t,占全国水产品总产量的52%,其中近海捕捞1 241.9万t,海水养殖产量1 551万t,远洋捕捞114.8万t。为有效保护海洋渔业资源,我国从1999年开始实施近海捕捞产量"零增长"战略,10余年来强化了捕捞许可制度,积极引导近海捕捞生产结构调整,捕捞产品结构逐步优化。海水养殖空间不断拓展,从传统的池塘养殖、滩涂养殖、近岸养殖向离岸养殖业发展,海水养殖设施与装备水平不断提高。我国远洋捕捞作业渔场范围不断扩大,远洋船舶类型结构得到初步改善,已成为世界上重要的远洋渔业国家。

(二)海洋油气资源

2011年,我国海上油气产量超过每年5 000

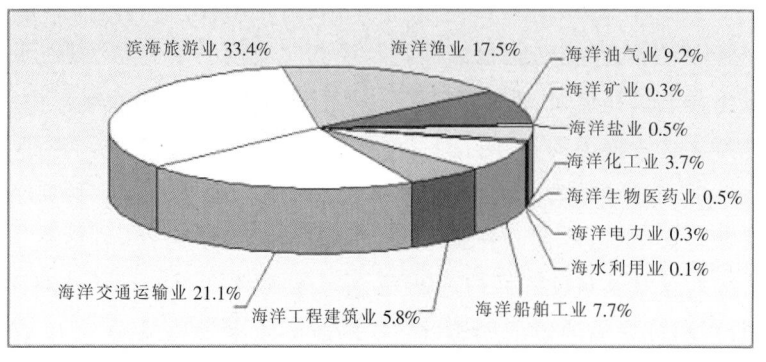

图2-2-6　海洋资源产业化分类

万 t 油气当量,占全国油气年产量的近 20%。我国陆续公布了一批深海油气资源开发招标区块,与国外石油企业合作开发,2011 年和 2012 年共公布了 54 个区块,区块总面积 28.6 万 km²。2012 年,我国首座自主设计、建造的深水半潜式钻井平台"海洋石油 981",在距离香港东南 320 km 的南海荔湾 6-1-1 井成功开钻,标志着我国油气开采向深水战略迈出了实质性的步伐。

(三) 海洋空间资源

2011 年,全国沿海港口万吨以上泊位 1 422 个,完成货物吞吐量 63.6 亿 t,货物吞吐量超过亿吨的港口增加到 17 个;完成集装箱吞吐量 1.46 亿 TEU,集装箱吞吐量超过 100 万 TEU 的港口达到 15 个。

2011 年,全国确权海域面积 185 946 hm²。从用海类型上看,渔业用海确权海域 159 745 hm²,占全国确权海域的 85.91%;交通运输用海 10 809 hm²,工业用海 10 391 hm²,分别占全国确权海域的 5.81% 和 5.59%;其他确权海域面积较小。

(四) 海水资源

我国已建和在建工程累计海水淡化能力约 69 万 t/d。已建成的产业化示范工程项目有:5 000 t/d 反渗透海水淡化工程,3 000 t/d 低温多效蒸馏海水淡化工程,1.25 万 t/d 低温多效海水淡化工程项目。引进技术、消化吸收后设计制造的设备有 3 000 t/d 和 4 000 t/d 低温多效海水淡化成套装置。全国海水直接利用已超过 600 亿 m³,随着海水利用技术的不断进步,海水直接利用从工业领域向农业领域扩大,对其他产业的支撑以及保障用水安全具有长远意义和战略意义。

(五) 海洋可再生能源

潮汐能发电是我国海洋可再生能源开发利用中最为成熟的技术,具有电站长期运行、管理和维护的经验。全国潮汐电站总装机容量为 6 000 kW,居世界第三。我国涌现出多个具有开发前景的波浪能、潮流能新技术与新装置,并已在实海况条件开展试验研究。虽然我国温差能资源蕴藏量在各类海洋能中占居首位,但温差能技术仅仅完成了实验室原理试验。此外,盐差能研究基本处于停滞状态。

二、海洋资源开发利用面临的主要问题

(一) 海洋资源不合理开发利用

由于海洋渔业开发利用过度,渔业种群再生能力下降,海洋渔业资源可持续利用受到制约。随着海洋捕捞船只数量持续大量增加,捕捞强度超过了资源再生能力。传统渔业种类消失,部分渔业种类资源枯竭,优势种更替加快,生物多样性降低,导致生态系统结构和功能改变,影响渔业资源的可持续开发利用。

大规模围填海工程消耗了大量的天然海岸线,全国超过一半的海岸线已成为人工海岸线。由于缺乏应有的统筹规划,沿海各地临港工业、交通运输业等项目一哄而上,造成临港工业、港口码头等重复建设,岸线资源粗放式管理,难以发挥我国沿海地区岸线资源的整体功能。

2011 年,我国原油进口量超过 2.5 亿 t,90% 的进口石油是通过海上船舶运输来完成的,船舶溢油风险明显增加。1973—2009 年,我国沿海共发生船舶溢油事故 2 821 起,平均每 4~5 天发生一起。此外,随着海上油气开发强度的增加,海上油气平台及输油管线的跑冒滴漏等造成的石油污染事故频繁发生,并且呈逐年递增的趋势。2011 年,渤海蓬莱 19-3 钻井平台发生溢油事故,对当地渔业及海洋生态资源带来巨大的灾难。

(二) 海洋资源开发能力不足

1. 探采能力落后

经过几十年的努力,我国的海洋油气开发能力虽然有了质的飞跃,但与发达国家相比,海洋油气的勘查与开采能力相对不足。我国近海原油探明率不足 20%,天然气探明率不足 10%,且 70% 的油气储量位于深水海域。渤海、东海、南海北部三大石油勘探区的探难度越来越大,资源规模变小、类型变差、隐蔽性变强。天然气勘探仍立足于近海浅水区,尚未获得重大发现,勘探局面尚未打破,主攻方向尚不明确。天然气

水合物调查程度较低，仅初步了解南海北部陆坡的西沙海槽、东沙海域、神狐海域和琼东南海域等4个调查区的天然气水合物资源潜力及其分布情况。

2. 装备与技术水平差距大

我国在深海工程装备及关键技术方面虽有突破性进展，如海洋油气的勘察、物探、钻井、起重、铺管等系列深水工程装备，第六代深水半潜式平台及深水工程船舶等，但是从总体上看仍不能满足我国海洋油气资源的开发需要。在全球海洋工程装备制造业中，我国产品大多为中低端。在海洋工程装备的产业结构中，海洋钻井平台及各种特殊船舶等高端产品研发、设计、工程总包、关键配套系统和设备基本由欧美垄断，韩国和新加坡在海洋油气钻井平台总装建造领域居于第二阵营。突破深海油气勘探开发的技术与设备，是海洋油气产业面临的主要挑战。

(三) 海洋资源面临环境污染

中国海域面积的主体方位大致位于亚洲大陆的中纬度和低纬度一带，从海域延展的方式来看，其海域类型基本属于封闭式的。国土面积庞大，导致我国的海域所跨气候带也较多，大致跨越了热带、亚热带和温带3个气候带。自然而然的是，我国海域内分布的有效资源也甚为广泛。自古以来，人们对于海洋资源的开发一直没有停歇，只是在改革开放到20世纪末这个阶段，无规律和无节制地开发海洋资源对于海洋环境造成了一定的破坏，也影响了海洋资源的再生长和自洁能力。

海洋环境是一个大系统，既包括海洋的水体环境，又包括海洋上方的大气环境和海洋下方的海底环境，还包括生活在其中的生物所处的生物环境。而海洋环境问题也是影响较为广泛的大问题，除了普遍的污染物进入海洋导致海洋水质和大气污染，过度捕捞和利用致使海洋生物多样性减少、海洋资源退化外，还存在不合理的开发使红树林等生态系统遭到破坏，沿海地区围海造田使湿地滩涂面积减小等情况。其中主要包括两方面的影响。

1. 人为造成的污染严重

改革开放以来，我国对于海洋资源的开发和利用就一直没有间断过。我国陆续在沿海地带建立了一系列的沿海经济开发区，为我国的经济增长和GDP的提高带来了有益的一面，与此同时，由于人为开发而造成了海洋污染也在不断地加深并呈现出日益严峻的态势。从整体分析的角度看，人为造成的海洋环境问题主要体现在以下几个方面。重金属和垃圾被随意排放。据有效统计显示，近岸海域的环境污染要远远大于远海区域，主要是人为排放造成的。大致的污染物有无机氮、重金属和石油类。分布的区域多为人口密集区和依附重工业来发展的近海区域。可以肯定的是，这些容易造成海洋环境污染的排放物大多都是来自于陆源排污。除此之外，容易造成海洋环境污染的人为原因还有无节制的捕捞而造成的海水水质状况变差等，许多近海渔民利用先天的环境和地理优势，只需要花费较小的成本便可以无节制地到近海区域进行捕捞，鱼虾等水生物的减少会导致海水的富营养化状态，间接导致海水水质变差，从而造成水生物的大量死亡。

2. 海洋赤潮灾害频发和海洋生态环境脆弱

海洋因为其固有的可再生等特殊环境而使其在不被人为破坏的前提下是拥有自我净化功能的，但随着海洋（尤其是近岸海域）的被破坏，部分海域丧失了自净的能力，海洋自净功能的丧失意味着海洋不能有效控制灾害的到来，其主要的表现是赤潮灾害的频发和生态环境的恶化及脆弱。

海洋生态环境恶化的最主要标志是海洋水生物的大量减少。原国家环境保护总局提供的对于部分海域的监控资料表明，包括锦州湾、长江口、珠江口等6个海口的生态系统均遭到破坏，海水水质处于不健康的状态，大致表现为生物群落的结构异常、海水富营养化严重和生境丧失等。导致此种现状的主要原因是人为造成的污染与破坏。这导致了海洋生态环境的脆弱，使其缺乏自净能力。

除此之外，高频发的海洋赤潮灾害现象于

近几年也日渐突出，对普通渔民们的养殖业产生了巨大的冲击和危害。赤潮发生的原因主要是海水中被排放了较多的高浓度营养物质。赤潮现象一旦发生，不仅会给海水造成大面积污染，而且对其进行整治的代价会非常大，而且其对人的生命健康也会造成很大危害，需要加以重视和改进。

三、海洋资源生态化的必要性

过度捕捞使海洋生物的数量锐减，多种海洋动植物濒临灭绝。据统计，在过去的50年内，全球人口增加了1倍多，而捕捞量却增加了近5倍。全世界17个主要渔场都已经达到或超过它们的可持续能力，其中9个渔场已处于衰退状态。全球海洋已损失了90%以上的大型海洋鱼类。同时，联合国环境规划署公布的数据显示，全球35亿人口主要依靠海洋获取食物，而这一数字在20年后可能会翻一番。然而，全球的70%以上海洋鱼类已遭到过度捕捞，不少鱼类已经灭绝。

2010年4月20日，正在墨西哥湾进行作业的"深水地平线"石油钻井机发生爆炸，共泄漏了78万 m^3 的原油，溢油面积为6 500 km^2 到18万 km^2。2010年6月，墨西哥湾沿岸的居民开始显现出不同程度的健康问题，从事故发生到2010年6月21日，已经有143例与原油污染有关的医疗案件。2011年3月，日本福岛核电站发生爆炸，大量放射性污水排入海中，导致海洋生物体内含有大量放射性物质。

近几年，随着人类对海洋的开发逐渐向更高和更深层次发展，海洋生态环境问题发生的频率逐年增高，给海洋和生活在其中的海洋生物带来的伤害也越来越大。我国环境保护部门发布的《2012中国环境状况公报》显示，2012年，监测的425个日排污水量大于100 m^3 的直排海工业污染源、生活污染源和综合排污口的污水摊放总量约为56.0亿t。各项污染物排放总量约为：化学需氧量21.8万t、石油类1 026.1 t、氨氮1.7万t、总磷2 920.9 t、汞228.5 kg、六价铬2 752.7 kg、铅4 586.9 kg、镉826.1 kg。鱼、虾、蟹等海产品是人类的主要食物来源并受到许多人的喜爱。海水受到污染，海洋环境遭到破坏，海洋生态出现问题，海洋生物发生变异，人类以这些含有大量有害物质的海产品为食，自然也会将大量有害物质摄入体内，健康怎能不受影响？世界上曾发生过多起人类因食用了含有有害物质的食物而出现健康问题甚至死亡的事件。

长期以来，一些地方政府过分强调对近海资源的开发利用，而对海洋生态环境的问题关注不够。尽管科学界一直在强调对海洋的保护，但在经济利益的驱动下，人类对海洋的掠夺式开发、破坏性开发、无节制开发、毁灭性破坏等行为熟视无睹，甚至已经到了麻木的程度。特别是在海岸带的开发方面，人们没有综合评估海岸带开发的综合代价，现在基本是在免费使用。在沿海的很多区域，围海造地已经成为海洋经济的主要来源，没有很好地从科学发展观的角度，研究由此带来的系列后果。应该说，人们对海洋的开发利用速度已经超出对海洋的规划和管理的能力，很多事件发生得太突然，超出人们的理解能力。海洋生态灾害的加剧，在很大程度上是人们对海洋无节制的开发利用的结果，在很大程度上也涉及人们如何协调陆海统筹的问题。如果继续下去，人们会受到大自然的惩罚：海洋灾害、海洋灾难、荒芜的海洋、有毒的海水、污浊的空气、疾病的传播、有毒的海产品。从近海（特别是海湾）一些发展趋势来看，陆地一些湖泊中发生的生态灾害也许会在海洋中重演。而这种状态一旦出现，长时间都无法恢复，而这种可怕的景象，也许并不遥远。生态灾害一旦发生，将会对我国沿海经济造成很大影响，对沿海区域的社会稳定造成威胁。

面对海洋资源的逐年生态恶化，以及人类的健康问题受到威胁的情况，人们基于海洋生态文明建设的角度出发，既要充分开发利用海洋资源，又要保护海洋生态环境，这样才能实现可持续发展。

结合对于海洋资源的利用，我们从以下3个方面来分析海洋资源可持续发展开发的必要性。

第一，我国建立的海洋资源可持续开发的模式属于低碳发展模式，这种模式已在各个领域运用并取得了很好的成果，低碳经济已成为我国经济中重要的一环，我国提倡的低碳经济是由于国际社会对全球资源滥采乱伐，造成资源大量的消耗并排放出大量的有害气体，使得全球环境极度恶化而提出的新理念。低碳概念也成为国际上重点关注和发展的领域。它的核心内容是发展观、技术、制度等方向上的创新。海洋资源是全球资源最为丰富的资源之一，一旦海洋系统受到严重的打击，那么人类将会面临灭顶之灾，所以合理地开发和利用海洋资源不仅能够保护众多海洋生物，还能有效地解决资源匮乏、人口膨胀、环境恶化等一系列的难题。这也说明海洋资源在开发和利用上必须要坚持可持续的发展模式。

第二，建立可持续的海洋开发低碳模式也能够增加未来我国作为国际海洋强国的竞争力。从历史角度出发，海洋是最先孕育生命的场所，加上海洋的占比占了全球面积的绝大部分，所以海洋的生态环境对全球环境的影响尤为关键，这和人类的生存和发展有必然的联系。海洋不仅孕育着众多的海洋生物，还有社会发展不可缺少的油气资源和矿产资源，所以研究海洋的水流、热能梯度、潮汐等方面对新能源的开发有直接的影响。陆地资源已不能满足人类发展的需求，为了更好地发展和生存，将目光转移到海洋是必须要走的一步。海洋领域的开发还仅仅是一小部分，海洋资源的开发可以为我国带来宝贵的财富，因此，海洋资源可持续开发和低碳模式也是我国经济高速发展所依托的根本。

第三，建立可持续的海洋开发低碳模式是功在千秋的事业，这关系到整个人类生死存亡，所以，坚持海洋资源可持续发展是人类的共同命运，也是全球社会发展的基础。我国提倡在保证当代社会健康发展的同时不损害子孙后代的利益，我们没有任何权力来剥夺和损害子孙后代享受海洋资源的权利。因此，为了海洋资源在开发上做到环保，低碳模式是必须坚持的原则，做好各方面的工作，在开发的同时利于海洋资源可持续发展，为后人谋福利。

四、海洋资源与生态工业系统

海洋是人类生存与发展的资源宝库和最后空间，发达国家的目光将从外太空转向海洋，人类社会正在以全新的姿态向海洋进军，海洋将成为国际竞争的主要领域，包括高新技术引导下的经济竞争。世界四大海洋支柱产业——海洋石油工业、滨海旅游业、现代海洋渔业和海洋交通运输业已经形成，海洋经济正在并将继续成为全球经济新的增长点。

(一) 海洋资源生态化建设的对策

2007年，我国正式把生态文明建设作为建设小康社会的奋斗目标之一。长期以来，我国的海洋经济的发展存在许多问题，大多数产业还只是对海洋资源进行初级利用。渔业比重在海洋产业结构中比重过大，很多地方存在着片面追求眼前经济利益，忽视长远的海洋生态效益的问题。因此在开发海洋资源的过程中，我们需要遵循海洋经济可持续发展的经济战略，因地制宜，调整产业结构，贯彻市场导向原则，在开采利用海洋资源，大力发展海洋经济的同时，最大限度地保护海洋生态不受损。在进行效益评估时，批判性地使用经济学专业理论，把伦理和生态哲学融入利益格局中，改变过去单一的仅重视经济指标的评估模式。既要考虑当前利益，又要兼顾长远利益。改变过去的唯经济利益的线性目标，实现传统市场经济体制转型。由"经济理性"向"生态理性"转变，把生态指标融入经济指标中，保证海洋资源的再生和长久利用。

因此，国务院批准实施了《全国海洋经济发展规划纲要》。这对于中国加快海洋资源的开发利用，促进沿海地区经济合理布局和产业调整，保障国民经济持续健康快速发展具有重要意义。中国海洋经济发展将坚持速度与效益统一，提高海洋经济总体发展水平；保障海洋经济可持续发展；坚持有进有退，调整海洋经济结构以及坚持科技兴海等指导原则。

党的十八大报告中提出"发展海洋经济"

"建设海洋强国"的目标。未来10年,是我国海洋经济发展的关键时期。深化海洋经济区域建设,成为开启建设海洋强国至关重要的一把钥匙。近两年,随着国家一系列海洋经济试点城市和发展规划的出台,我国海洋经济的战略布局加速起锚,空间布局基本成形。未来,海洋经济将成我国区域经济转型的强劲动力。但是,如何在发展中规避风险,协调解决好环境、生态与资源的可持续发展问题,值得决策者高度重视。

2011年,国务院先后批复《山东半岛蓝色经济区发展规划》《浙江海洋经济发展示范区规划》《广东海洋经济综合试验区发展规划》。2012年10月,《福建海峡蓝色经济试验区发展规划》获国务院批准。原国家海洋局的信息显示,天津市已被列入全国海洋经济发展试点城市名单之中。5省、市的"3+2"试点,将为我国海洋经济铺下战略基石。沿海各省市发展海洋经济有着各自的地方特色,相继提出建设海洋经济强省的目标。改革开放以来,东部沿海城市群实现了经济增长的"奇迹",成为我国"综合实力最强的区域"。而在劳动密集型产业逐渐向中西部转移的背景下,东部沿海地区向海洋战略性新兴产业迈进的思路逐渐明朗。海洋战略性新兴产业,以科技含量大、技术水平高、环境友好为特征,以海洋高技术为引擎的海洋新兴产业已经成为各国竞争的焦点领域。我国沿海大部分省市在海洋经济"十二五"规划中都对发展海洋战略性新兴产业给予了高度关注,如辽宁省提出2015年"海洋新兴产业产值翻两番",天津市提出建设"国家战略性新兴海洋产业基地"等。

除了制定有关海洋经济的国家级区域规划,我国还设立了首个以海洋经济为主题的国家战略层面新区,为探索海洋经济发展创造经验。2011年6月30日,国务院正式批准成立浙江舟山群岛新区,以探索发展海洋经济的新模式,为我国海洋经济发展积累经验。东部沿海地区的产业转型向海洋经济发力,是在沿海地区劳动力成本逐年上升、资源短缺、陆地环境承载能力日益紧张的现实情况下,实现经济转型升级的一条重要路径。在东部沿海地区面临经济发展和转型的双重压力下,海洋经济发展模式转变将有利于加速形成新的经济增长点,完善沿海的整体经济布局。

中国已形成环渤海、长三角、珠三角、海峡西岸、环北部湾和海南六大海洋经济区,形成大连、天津、青岛、上海、舟山、宁波、厦门、广州八大海洋产业集聚中心。未来10年,海洋新兴产业将成为海洋经济发展的新增长点。

(二)加快海洋产业经济结构升级,促进生态化建设

必须通过产业结构调整,尤其是通过构建资源节约和综合利用型产业结构优化来进一步提高资源利用效率,挖掘节能潜力,推进海洋循环经济的发展。继续淘汰和关闭浪费资源、污染环境的落后企业;用清洁生产技术改造能耗高、污染重的传统产业;改善传统产业结构,优先扶持节能、低耗、无污染的高新技术产业的发展,同时加强对传统产业的技术改造,以促进海洋产业的生态化建设。

加强海洋科学技术的研究和开发,发展海洋高新技术产业,提高海洋资源的开发和利用效率。重视循环使用海洋资源的基础理论研究、发展海洋循环经济高新技术和关键技术,形成为海洋循环经济发展服务的科技支撑体系。加强海洋科技人才的培养,开展创新研究,力争在我国有优势的领域内率先突破,推动海洋经济的快速发展,保证海洋资源和环境的可持续利用。

具体来说,要正确处理海洋开发与保护的关系,确立科学的保护海洋生态文明理念,就离不开先进海洋科技的驱动和支撑作用。首先,应该加强与海洋资源可持续利用有关的应用基础科学的研究,如资源循环利用过程、海水养殖规模、海洋资源及环境承载能力、海洋空间资源开发与综合管理的方法等。利用先进的科学手段,对海洋资源的可持续利用程度做出科学评价和预测,为海洋资源开发保护规划和政策的制定提供科学依据。其次,要提高海洋开发技术水平,加强开发海水综合利用技术、深海矿产资源开采技术、海洋生物技术、海洋空间开发利用等技术的研究,从而提高海洋资源的利用程度和利用效率，进而达到节约海洋资源的目的。再次，依靠先进的科技，提高海洋资源勘查精度，探索新的、可开发利用的海水和海洋生物、矿产、能源及空间等资源，增强海洋资源转化为现实存量的可能性，提高海洋资源的供给能力。因此，海洋科学技术必将成为推动人与自然、社会协调发展的重要驱动力，也必将促进海洋资源可持续开发与利用。

（三）积极构建不同层次的海洋生产组织体系

我国应加快海洋循环经济生产组织体系的建设。一是大力发展海洋生态企业。生态企业是发展海洋循环经济的基础和主体。在清洁生产方面，工业企业必须在产品设计、工艺采用、资源的综合利用及企业管理等方面符合循环经济发展的要求。二是积极培育再生资源回收产业，构建社会化的再生利用系统，推进循环经济和循环社会的建立。例如，要优化海洋产业规划布局，推动海洋经济科学发展。大力打造临港工业基地、滨海休闲旅游度假胜地、现代渔业基地、滨海清洁能源基地、海洋文化产业基地、海洋科技产业聚集区和海洋生态示范区，推动海洋经济发展。要完善产业布局，优化产业结构，构建蓝色经济体系，培育发展具有知识技术密集、物质资源消耗少、承载潜力大、综合效益好的海洋生物医药、海洋可再生能源、海水综合利用、海洋工程装备等战略性新兴产业。打造重要的南海渔业补给基地，建设现代渔港经济区。

五、海洋生态文明建设示范区

2013年2月16日，原国家海洋局对外公示首批国家级海洋生态文明示范区名单，包括广东珠海横琴新区在内的12个市、县（区）入选首批国家级海洋生态文明建设示范区。这12个示范区分别是山东省的威海市、日照市、长岛县；浙江省的象山县、玉环县、洞头县；福建省的厦门市、晋江市、东山县；广东省的珠海横琴新区、徐闻县、南澳县。

第四节　矿产资源与生态工业系统

一、矿产资源现状和特点

（一）我国矿产资源特点

矿产资源是我国经济社会发展的重要物质基础，现阶段矿产资源提供了我国95%以上的能源；80%以上的工业原料；70%以上农业生产资料；30%的农业用水与饮用水。

矿产资源按化学物理性质及在各经济部门的应用不同，划分为以下几类。

能源矿产：煤炭、油页岩、石油、天然气、页岩气、铀、钍、地下热水等。

金属矿产：①黑色金属矿产：铁、锰、铬、钛、钒等。②有色金属矿产：铜、铅、锌、镁、镍、钴、钨、锡、铋、汞、锑等。③贵金属矿产：金、银、铂、钯、铱、锇、铑、钌。④稀有金属矿产：铌、铍、锂、钽、锆、锶、铷、铯。⑤分散元素金属矿产：镓、铟、铊、铼、镉、铪、硒、碲。⑥稀土金属矿产：钇、镝、铈、镧、镨、钐、铕。

非金属矿产：①冶金辅助原料非金属矿产，如蓝晶石、夕线石、菱镁矿等；②化工原料非金属矿产，如硫铁矿、明矾石、重晶石、萤石、磷矿、钾盐、盐矿、硼矿等；③宝玉石非金属矿产，如金刚石、宝石、玉石；④建材非金属矿产，如高岭土、陶瓷土、膨润土、各种建筑材料岩石等；⑤气水非金属矿产，如矿泉水、地下水、二氧化碳气。

截至2011年底，全国已发现172种矿产（含页岩气），具有查明资源储量的矿产159种，其中能源矿产10种，金属矿产54种，非金属矿产92种，水气矿产3种，是全球矿产资源种类比较齐全的国家之一。

煤矿作为一种能源矿产，历史悠久，它的

开采量在我国居于首位。煤炭资源不仅丰富，而且品种齐全、分布广泛。但是其区域分布不均衡，总体特征是北多南少、西多东少，山西和西北地区最富集。其储量分布为华北地区1 930.84亿t，占57.87%；华中地区148.68亿t，占4.46%；华南地区11.25亿t，占0.34%；华东地区253.75亿t，占7.60%；东北地区144.53亿t，占4.33%；西北地区557.39亿t，占16.70%；西南地区290.35亿t，占8.70%。

我国金属矿产资源具有品种齐全、储量丰富、分布广泛的特性。矿产储存种类有54种。其中铁矿的分布最多，在我国各地已知的铁矿区有1 834处。大型和超大型铁矿区主要分布在辽宁鞍山—本溪铁矿区、冀东—北京铁矿区、河北邯郸—邢台铁矿区、山西灵丘平型关铁矿、山西五台—岚县铁矿区、内蒙古包头—白云鄂博铁矿区、山东鲁中铁矿区等地，其他地方也有分布。其次是锰矿，在全国已探明的锰矿区共有213处，主要分布在辽宁瓦房子、福建连城、湖南湘潭等地。还有其他矿产，如铬矿、钛矿、钒矿、铜矿、铅矿、锌矿、铝土矿、镁矿、镍矿、钴矿、钨矿、锡矿、铋矿、钼矿、汞矿、锑矿、铂族金属、锗矿、镓矿、铟矿、铊矿、铪矿，等等，在各地的分布不尽相同。

我国非金属矿产也具有品种很多，资源丰富，分布广泛的特性。已探明储量的非金属矿产有88种，根据用途可分为4类。第一类是冶金辅助原料类，主要矿种有菱镁矿、耐火黏土、普通萤石、白云岩、蓝晶石、红柱石、矽线石、熔剂用灰岩、铸型用砂等。第二类是化工原料类，主要矿种有磷、硫、钾盐、化工用灰岩、天然碱、钠硝石、明矾石、芒硝、重晶石、毒重石、含钾岩石、蛇纹岩、石盐、石膏等。第三类是特种类，主要矿种有金刚石、水晶、冰洲石、光学萤石等。第四种是建材及其他类，主要矿种有云母、石棉、高岭土、石墨、滑石、水泥用灰岩、水泥配料、玻璃用砂、长石、硅藻土、珍珠岩、浮石、硅灰石、蛭石、凹凸棒石、石榴子石、刚玉、玉石、宝石等。其中硫矿的探明矿区760多处，总保有储量折合硫14.93亿t，居世界第二位。其他非金属矿产资源根据不同特性分布在不同的地域。

矿产资源由于其形成的背景及本身的特性不同，我国的不同地方分布了不同的矿产资源，分布不均，这就形成我国矿产资源分布特点：矿产资源总量丰富，人均资源相对不足；矿产品种齐全配套，资源丰度不一；矿产质量贫富不均，贫矿多，富矿少；超大型矿床少，中小型矿床多；共生伴生矿多，单矿种矿床少。

我国矿产资源种类齐全，总量较大。已发现矿产171种，其中探明储量的159种，已探明的储量约占世界总量的12%，仅次于美国和俄罗斯，居世界第三位；有20多种矿产的探明储量居世界前列，其中钨、锡、锑、钛、镁等12种矿产的探明储量居世界第一位，煤、钒、钼、锂等7种矿产的探明储量居世界第二位，汞、硫、磷等5种矿产的探明储量居世界第三位；并有进一步找矿的巨大潜力。如表2-2-7所示。但是，我国矿产资源需求量大，已探明储量的保障能力不足，矿产资源利用水平低，对外依存度高，矿业开发造成的环境问题突出，资源危机矿山日趋增加，矿产资源形势十分严峻。

总的来说，我国矿产资源具有如下特点：总

表2-2-7 我国及世界别国重要矿产资源在世界中地位

矿种	中国		美国	俄罗斯	加拿大	德国
	人均储量	占世界人均/%	人均储量			
石油	1.8 t	11	14.8 t	44.2 t	22.4 t	0.55 t
天然气	1 063 m³	4.5	17 527 m³	320 733 m³	60 253 m³	548 m³
煤炭	125 t	79	913 t	772 t	288 t	77 t
铬	2.92 kg	0.5	—	27 kg	—	27.6 kg
铜	13.2 kg	18	167 kg	133 kg	333 kg	—
铝土矿	383 kg	7.3	—	1 330 kg	—	1 530 kg
铁矿石	9.88 t	42	37 t	133.3 kg	57 t	2.9 t
钨	0.95 kg	159	0.74 kg	2.37 kg	12.3 kg	—

量丰富,但人均量较少;小品种资源丰富,大宗矿产资源相对不足;资源品质较差,难利用资源多;大矿少,小矿多;成矿地质条件良好,找矿潜力大。

我国矿产资源品质较差,铁矿石平均品位为33%,比世界平均水平低近20个百分点,富铁矿资源储量仅占全国总量的1.4%;锰矿平均品位22%,不到世界商品矿石工业标准48%的一半;铝土矿几乎全部是利用难度大、成本高的硬水铝石;磷矿平均品位仅17%,且胶磷矿多。品质原因使得我国部分矿产开发成本过高,产能增长乏力。我国石油、天然气、铁、铜、铝、镍等大宗矿产资源禀赋不佳,钨、钼、锑等小品种资源和石墨、重晶石等非金属矿产比较丰富,世界排名第一。

我国人均矿产资源储量较低,人均石油、天然气储量不足世界人均的10%,铁、铜、铝、镍人均储量不足世界人均的50%,只有稀土、钨等稀散金属和石墨、重晶石等非金属资源超过了世界人均水平。

1. 矿产资源需求量大

随着工业化、城镇化步伐的加快,我国已进入人均矿产资源用量快速增长的工业化中期发展阶段。20世纪90年代以来,我国经济高速增长,GDP由1990年的1.85万亿元增加到2008年的30.07万亿元。与经济的高速增长相对应,我国主要矿产的消费也快速增长(图2-2-7)。从1990年到2006年,铝的消费增长了约12倍,粗钢增长了约7.5倍,铜增长了约5.1倍(表2-2-8)。但是,我国人口多,大部分矿产资源的人均消费量均低于世界平均水平,与发达国家相比就更

低。如我国虽然是世界第一大钢消费国,但是人均消费量仅为世界人均量的88%,不足日本人均消费量的20%;作为世界第一大铜消费国,人均铜消费量仅为世界的59%,不足美国人均消费量的14%;作为世界第二大铝消费国,人均铝消费量仅相当于世界人均水平的67%,不足美国人均消费的13%。因此,如果至2050年我国铁(钢)、铜、铝等主要矿产品的人均消费量能达到美国和日本等发达国家目前的水平,则我国对矿产资源的需求将十分巨大。较乐观地估计,我国对钢、铜、铝等主要矿产品的需求在2025年之前将继续快速增长,然后进入较平稳增长的需求状态。我国钢、铝、铜等大宗矿产品的需求总量有可能在2025年前后分别达到7亿t、1 500万t、700万t,比2008年分别增长约40%、45%、75%。

2. 已探明矿产资源的保障能力不足

与我国对矿产资源的巨大需求不相协调的是,我国已探明矿产资源尤其是大宗矿产的保障能力严重不足。我国人口多,人均资源探明储量仅为世界平均量的58%,排世界第53位。我国储量大的多为一般矿产,主要战略性矿产的储量严重偏低,如铁、铜、铝、钾盐的人均探明储量分别只占世界人均探明储量的35%、17%、11%和不到5%。据预测,我国已探明储量的45种主要矿产,到2010年可以满足需求的只有23种,到2020年仅有9种(表2-2-9)。铁、铜、铝、钾盐、锰、铬、贵金属、铀等关系国计民生和国家经济安全的大宗矿产已相当紧缺。我国铁、铜、铝、锰、铬、镍、钾盐等大宗矿产的供需缺口不断加大,2007年,它们的对外依存度已分别高达52%~97%。1990年以来,我国矿产品进出口贸易逆差不断加大(图2-2-8),2007年达到约1 000亿美元,矿产品进口额已高达我国当年进口总额的31%。大宗矿产品的需求过度依赖国外,将严重威胁我国的经济安全。因此,矿产资源的紧缺已经成为制约我国社会经济发展和国家安全的重要"瓶颈"。

3. 矿产资源利用水平低,环境问题突出

我国已有矿床的资源禀赋较差,"三多三少"的特征非常明显。贫矿多富矿少:铁矿平均品位

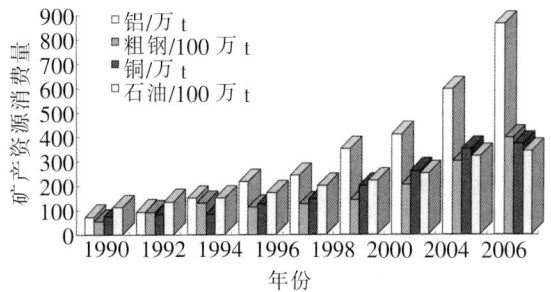

图2-2-7 1990—2006年
我国铝、粗钢、铜和石油的消费增长趋势

表 2-2-8　1990—2006 年我国铝、粗钢、铜消费增幅

年度	铝/万 t	粗钢/万 t	铜/万 t
1990	72	5 300	73
2006	865	39 600	372
增幅/倍	12.0	7.5	5.1

表 2-2-9　我国探明储量的 45 种主要矿产对 2020 年需求的保证程度

类别	矿种数	主要矿种
短缺矿产	5	铬铁矿、钴、铂、钾盐、金刚石
不能保证	21	铁、锰、铜、铅、锌、铝土矿、锡、金、银、锶、萤石、硼、重晶石、石油、铀、镍、锑、耐火材料、硫、水泥灰岩、高岭土
基本保证	10	煤、钛、钨、钼、磷、玻璃硅质原料、石材、石膏、硅藻土、石棉
可保证	9	天然气、稀土、菱镁矿、钠盐、芒硝、膨润土、石墨、滑石、硅碳石

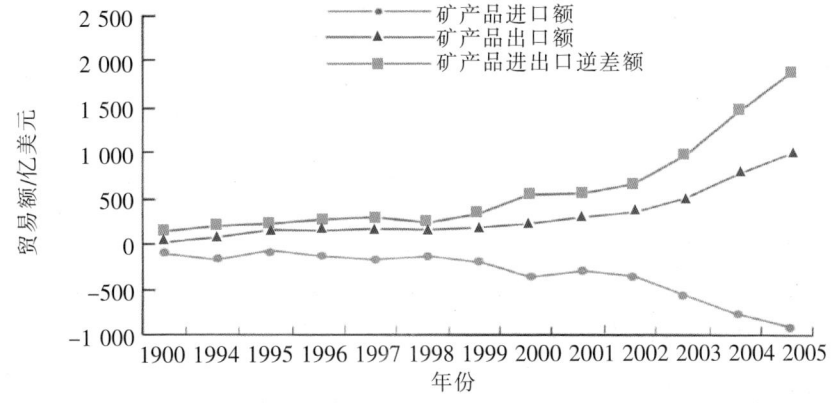

图 2-2-8　1994-2005 年我国矿产品进出口贸易逆差变化趋势

仅 33%，比铁矿石供应大国平均水平低 20%~30%；铜矿的平均品位仅 0.87%，不及世界主要生产国矿石品位的 1/3；锰矿平均品位仅 22%，不到世界商品锰矿石工业标准的一半；铝土矿几乎全为硬水铝石，三水铝石和软水铝石很少。中-小型矿床多，大型-超大型矿床少：以铜矿为例，我国迄今发现的铜矿产地共 900 余处，其中大型-超大型矿床仅约占 3%，中型矿床占 9%，小型矿床则多达 88%。共伴生矿床多，单一矿种的矿床少：约 80% 的矿床中都有共伴生元素，开发利用的 139 个矿种中，有 87 种部分或全部来源于共、伴生矿床。这种禀赋特征加上管理和科技等方面的原因，导致我国矿产资源利用领域还存在诸多严峻问题，主要表现如下。①利用水平低：矿产资源总回收率和共伴生矿产资源、综合利用率平均仅分别为 30% 和 35% 左右，比国际先进水平低 20%，资源浪费十分严重。②对环境扰动大：矿业活动形成的大量废渣截至 2006 年底，全国尾矿或固体废弃物累计存量已高达 220 亿 t，废水和废气没能得到有效利用和治理，对环境造成了严重污染。因此，我国的矿产资源利用还有很大的改进空间。

4. 资源危机型矿山日趋增多

中华人民共和国成立以来，经过近 70 年的努力，我国矿业得到长足发展，已建立起比较完善的矿业开发体系。我国有大型矿山企业 500 余个，中型矿山企业近 1 400 个。但是，经过长期开采，大批大中型矿山保有储量趋于枯竭。20 世纪末，我国 25 种主要金属矿产的 415 个大中型矿山，约 50% 面临资源危机，全国 45 种主要矿产中约有一半的资源储量消耗速度大于增长速度。针对大批大中型矿山保有储量面临严重危机的形势，努力探寻新的接替资源，具有经济社会双重效益，是当前一项极为紧迫的任务。

5. 找矿潜力巨大

除富铁矿、铬、铂族金属、金刚石、钾盐等资源前景不甚明朗外，我国其他矿产均有较大找矿前景。主要依据如下。①全球三大主要成矿域

(环太平洋成矿域、古亚洲成矿域、喜马拉雅—特提斯成矿域)在我国都有分布,说明我国具有较好的成矿地质条件。②我国已发现矿床(点)20多万处,但经过勘探评价的矿床只有2万多个,绝大多数矿床(点)有待进一步研究、评价或勘查,众多物化探异常还有待进一步查证。③我国西部地区地质矿产工作程度低,不仅其深部矿产资源前景未摸清,其地表或近地表还有巨大找矿潜力未挖掘。④我国东部地区植被和红土覆盖区广泛分布,还存在很多找矿盲区。⑤世界上一些矿业大国矿床的勘探开采深度已达2 500~4 000 m,而我国已有矿床的勘探开采深度大都小于500 m,因此已有矿山的深部和外围还有很大找矿潜力。基于以上事实,可以认为只要加强研究和勘查,在我国再发现一大批新矿床、再增加一大批新储量是完全可能的。

(二)我国矿产资源供需形势

2000年以来,中国经济快速发展,矿产资源消费迅猛增长。我国矿业产业快速发展,矿业产值从2000年的0.4万亿元增长到了2010年的4.5万亿元。

2000—2010年,我国煤炭消费量增长了2.5倍。

2000—2010年,我国粗钢消费量增长了4.3倍。

2000—2010年,我国铜消费量增长了4.0倍。

2000—2010年,我国铝消费量分别增长了4.6倍。

2011年,我国煤炭消费量34亿t。

2011年,我国原油消费量4.44亿t,进口量2.54亿t,对外依存度54%。

2011年,我国铁矿消费量10亿t(标矿),进口6.9亿t,对外依存度68.6%。

2011年,我国精炼铜消费量786万t,矿山铜产量127万t,考虑二次资源,对外依存度69%。

2011年,我国原铝消费量1 724万t,铝土矿产量3 194万t(折原铝581万t),考虑二次资源,对外依存度60%。

2000—2011年,我国共消费了283亿t煤炭、46亿t钢、1.1亿t铝和5 300万t铜,远远超过中华人民共和国成立以后50年的消费总量。

2000—2011年,中国粗钢消费量占全球的比例从16%增长到了45%、铜消费量占全球的比例从13%增长到41%、铝消费量占全球的比例从13%增长到42%。

巨量的消费需求带动了我国矿产品进口的不断增长和对外依存度的持续攀升,带动了全球矿产品价格的飙升。

2000—2010年,煤炭、铁矿石、铜、铅、锡、镍价格分别上涨了2.8倍、3.8倍、3.2倍、3.7倍、2.8倍和1.5倍。2000—2010年,我国矿产品进口总额从594.3亿美元上涨到了4 828.52亿美元,折合人民币近3万亿元。我国2010年经济发展所消耗的能源和矿产资源价值量超过7万亿元,相当于GDP总量的17.5%。

(三)资源需求趋势

2030—2035年能源需求达到40亿~45亿t油当量的顶点。

2020—2025年左右,铜需求达到1 500万t左右的顶点。

2025年前后,原铝需求达到2 800万t左右的顶点。

2011—2030年累计需求量如下。一次能源:720亿t油当量,是过去20年的3倍(石油120亿t,煤炭700亿t,天然气9万亿m³)。粗钢:129亿t,是过去20年的2.6倍。铜:2.4亿t,是过去20年的4.6倍。铝:4.8亿t,是过去20年的4.4倍。

除能源矿产外,未来10年多数矿产对外依存度将陆续下降,但对外依存绝对量仍然巨大。

总的来说,对于能源矿产,未来20年能源需求持续增长,石油、天然气供应紧张,煤炭面临清洁开采和使用问题。

铁矿石:未来几年,供需形势仍然很严峻,但2015年以后供需出现明显缓解,但国内供应能力依然不容乐观,对外依存度将长期保持在50%以上。

铅、锌、铝:未来10年需求仍将持续增长,资源储量的静态保障年限过低,已查明资源的保障能力不足。

铜、镍:未来10~15年,需求仍将不断增长,对外依存度将持续保持70%以上,形势非常严峻。

传统的优势矿产中煤炭、钨、钼、稀土和磷保障能力较强，但仍需加强全球市场控制能力。

(四)矿产资源开发对环境的影响

我国是一个资源大国，矿产资源也是我国主要能源，矿产资源的开发利用直接影响着社会经济的发展。事实证明，一些国家或地区的环境污染状况，在某种程度上和这些国家或地区的矿产资源消耗水平相一致。此外，作为一种不可再生的资源，矿产资源开发所产生的环境问题已经得到了全球的重视。西方发达国家对于矿产资源的开发和环境保护通常是一方面对矿山环境进行保护，减少污染，另一方面对矿产资源进行合理的开发利用，做好矿产资源的保护。这些都是值得我国学习和借鉴的。

1. 对大气环境的影响

矿产资源开发中对环境特别是大气环境的破坏是复杂和长期的，其破坏方式或是间接或是直接，或是化学或是物理，或是短期或是长期。矿产资源开发对大气环境的破坏主要包含以下几个方面：矿产资源开发中排放的有毒气体、粉尘以及废弃物使得矿区的大气自然状态的性质和成分发生转变(例如酸雨)，最终使得大气环境质量不断下降，酸雨等的产生会污染地表水、土壤、农作物和植被。

2. 对水环境的影响

(1)废弃排放污染

矿产资源开发和生产过程中产生的选矿废水、矿井水以及尾矿水等均为矿山废水污染。矿山废水对矿区周边的生态环境破坏极大，而且矿山废水引起的污染能够扩大到其他区域，影响范围特别广。例如，美国曾发生过选矿的尾矿池和废石堆所产生的化学及物理废水污染，其污染范围最终致使 1.4 万 km^2 的河水发生恶化。在美国的阿肯色、加利福尼亚等十几个州内，主要河流均受到金属矿山废水的污染，河水中所含的有毒元素，如砷、铜、铅等，都超过了允许标准浓度。

(2)疏干排水引起的水文地质环境问题

矿产资源开发中，部分资源需要井巷、露采，而井巷、露采的开掘会使得地下水发生变化。地下水的天然径流和排泄条件会因为矿井疏于排水而发生改变，造成矿区地下水位下降，矿区水文地质环境的恶化。如山西省因采矿而造成18个县缺水，26 万人吃水困难，超过 2 万 hm^2 水浇地变成旱地。

3. 对土地资源的影响

矿产资源开发对土地资源的破坏主要体现在采矿工程占用和破坏土地，为采矿服务的交通(公路、铁路等)设施和采矿生产过程中因堆放大量固体废物占用土地，以及因矿山开采而产生地面裂缝、变形、滑坡及地表塌陷等地质灾害。据不完全统计，我国有 13.3 万~15 万 hm^2 土地受资源开采的破坏和占用。

4. 对地貌景观以及植被的影响

矿产资源的开发对景观破坏的形式有：工业广场井架高耸、管线密布；排矸(矸石山、矸石堆)无观赏价值且污染大气、土壤和水体环境；地表下沉引起地表积水或地貌改变；建筑物倒塌、裂缝；地表水污染、河水倒灌等。露天开采可将矿区土地破坏得面目全非，原有的生态环境难以恢复。我国约有 7.07 万 hm^2 森林面积因为采矿而被破坏。根据相关调查发现，矿产资源开发大省同样也是矿山开发占用林地面积大省。此外，1.75 万 hm^2 草地面积因为矿山开发而被破坏，导致草地退化日趋严重，草地退化率由20世纪 70 年代的 16% 上升到 37%，以平均每年 67 万 hm^2 的速度递增。

5. 噪声污染

矿山噪声的来源主要有矿产资源矿山采矿机械振动(包括凿岩机、钻机、风机、空压机和电机等)、爆破、机械维修、选矿作业以及矿区运输系统。矿山噪声源数量多、分布广，普遍未采取适当的控制措施，许多设备和作业区的噪声超过 90 dB 的国家标准，对矿山工厂和附近居民造成危害。超过 140 dB 的噪声会引起耳聋，诱发疾病，并能破坏仪器的正常工作，对栖息于该地区的动物亦构成生存威胁。

6. 引发地质灾害

由于矿产资源所在地区不少为地质、地貌复杂的地区，无序地开采矿产资源极易引发山体崩塌、滑坡、泥石流、尾矿库溃坝等地质灾害，安全隐患涉及矿山及其相邻地带。

综上所述，矿产开发对矿山水环境、大气环境、土壤环境、声环境和生态环境的影响是严重的，而各种不利的环境影响最终都集中表现在对矿山生态系统的影响。研究各类污染产生的原因，提出经济、实用、高效的污染防治措施，是保障矿产资源可持续发展和生态平衡的重要任务。

作为我国经济发展的重要推动力之一，矿业为我国经济的发展做出了巨大的贡献。但是随着资源开发的不断深入，矿产资源开发过程中导致的生态环境破坏问题也愈发的严重。因此，在进行矿产资源开发时，要本着矿产资源开发与环境保护两手都要抓，两手都要硬的原则进行。要做到开发前、开发中和开发后，同时进行环境保护。开发前，做好资源勘查，开发时做到尽量少占已有的耕地、农田、植被区，及时按照规定处理生产中的废弃物。开发后做好土地资源、植被恢复，使破坏区域及时恢复绿化。

三、矿产资源与生态工业系统

(一)矿区生态工业共生

从循环经济理论本质上来说，资源循环利用是它的核心和基础，其最佳实现形式是生态工业园区。而生态工业园区的基础和实现手段是工业共生。通过工业共生，形成工业食物链(网)构筑了矿区循环经济发展的基础结构和与区域经济协调发展的平台，从而有利于实现经济效益、社会效益和生态效益协调统一。所谓矿区工业共生，是将整个生产系统视为一种类似于自然生态系统，其中一个生产环节产生的废物被当作另一个生产环节的"营养物"，各生产环节就像自然生态系统一样，利用彼此的副产物作为原料，从而实现产业与环境的协同和谐。

1. 矿区工业共生在资源上具有优势，在产业、技术上具有可能性

(1)资源上的优势

从资源开发与利用的角度来看，矿产资源采掘和加工仅仅是产业链和产品链的起点，对矿产资源的深度加工有广阔的空间，为进一步纵向共生产业链条，创造更多价值，提供资源优势。再者矿产资源的伴生矿物，矿产资源生产加工中排放的固体废物、废水、废气等，乃至受开采损害的土地都是资源，存在着巨大的潜在经济价值，具有完全的自主资源优势。

(2)共生的可能性

①矿产资源具有两重性，既可投放市场作为最终产品销售，又可以作为中间产品输送到下道工艺环节作原材料；与矿产资源共伴生的资源以及在矿产资源生产过程中伴生的次级资源也具有两重性，可以开发利用也可以废弃掉。这说明矿产资源的中间产品与最终产品难以界定，这种产业性质为矿区工业共生，构建矿区生态工业共生体提供了工艺上的可能和广阔的空间。②技术是矿区工业共生的核心。矿业行业经过"八五""九五"和"十五"期间资源综合利用的不断实践，在固体废物、废水、废气等废物利用方面积累了丰富的经验，各种新技术也日趋成熟，为矿区工业共生奠定了坚实的技术基础。

因此，从我国广大矿区对循环经济的探索和实践来看，各矿区都把构建和发展矿区生态工业园区作为循环经济实践的有效形式，主要做法是遵循3R原则，提高资源利用效率，拉长加粗资源利用链条，实施清洁生产，减少废弃物排放，获得尽可能大的经济环境和社会效益。其中拉长加粗资源利用链条所表现的就是工业共生。纵观国内外发展生态工业园区(网络)现状，也可以看出工业共生是生态工业园区的最显著表征。

在矿区生态经济系统中，矿区矿业产业是生产者，矿区外界是消费者，矿区生态环境是分解者。由于矿区在产业系统中分解者缺位，因此，不能形成真正意义上的由生产者、消费者和分解者相互联系而组成一条矿区食物链（网），也就不能像自然生态系统那样，实现真正意义上的物质循环和能量流动。通过工业共生，模拟自然生态系统的结构与功能，对矿区生态产业系统要素进行补位，培育分解者，从而构建起矿区内具有生产者、消费者、分解者相互联系矿区

工业食物链(网)。

2.工业共生有利于矿区经济、环境、社会三者的协调统一

评价21世纪经济发展的合理性,需要考虑可持续发展的3个维度,即从经济角度、社会角度与环境角度进行三维整合。按可持续发展模式的要求,在经济方面要创造更多的价值;在环境方面要减少负面影响;在社会方面要解决充分就业。矿区工业共生把经济发展、环境保护、社会就业统一起来,从三维分裂的发展走向三维整合的发展,达到"三赢"的目的。

通过工业共生,生产所需资源和能源供给的内部化,污染物的减量与资源化,新经济业态的出现,等等,为矿区开辟了新的经济增长空间。而且每个阶段的物质资源都尽量做到物尽其用,充分、有效地利用了资源,实现了资源的优化配置和资源效益的最大化。同时把传统的环境保护从生产的末端向前推进到生产的源头和生产的全过程,实现了从原材料到产品整个生命周期的有效环境管理,做到了用经济活动的形式从事环境保护,提高了环境保护的经济效益。正是由于工业共生,促进了产业链的延伸与拓宽,不仅增加了矿业系统内的从业人员数量,而且还会带动第三产业的发展,增加第三产业的服务人员数量。

3.矿区工业共生的途径

矿区工业共生的途径是:以主导产业为核心,依据矿区工业食物链(网)供给关系,向下纵向工业共生和横向环向耦合工业共生。向下纵向工业共生就是对矿产资源进行深加工;横向环向耦合工业共生就是将向下纵向工业共生的生态产业链排放出来的副产品或废弃物再度深度加工,至此形成纵横交错的矿区生态工业食物链(网)。

(1)向下纵向工业共生

向下纵向工业共生主要应用的是关键种理论。关键种理论的实质是说明关键种的存在对于维持生态系统群落的组成和多样性具有决定性作用。对于矿区,"关键种企业"就是这样一些企业。在矿区工业食物链(网)中,它们使用和传输的物质最多,能量流动的规模最为庞大,能带动和牵制其他企业、行业的发展,居于中心地位,是工业食物链(网)的"链核";它对于构筑矿区工业共生体,对矿区工业共生体的稳定和发展起着关键的、重要的作用。

矿区是以矿业开发为主的区域,矿业产业是矿区"关键种企业",而以矿业和矿业共生伴生资源的开采加工作为纵向主导产业链。以煤炭矿区为例,以煤炭资源为基础的产业链向下纵向工业共生方式有以下几种:煤炭—电力—市场;煤炭—电力—电解铝—市场;煤炭—气化—市场;煤炭—气化—化工—市场;煤炭—焦—市场;煤炭—建材—市场;煤炭—液化(煤变油)—化工—市场等。

(2)横向环向耦合工业共生

以煤炭矿区为例,根据工业食物链(网)的"加环"设计(生产环、增益环、减耗环、复合环)、食物链的"解链"设计、"加工环"设计等原理,使各种副产品资源实现共生。矿区以煤炭和煤系共生伴生资源的开采加工作为主导工业共生体,可横向耦合多条共生产业链。根据煤炭开采生产所排放的废物特征、矿区的资源条件和外部环境,有的矿区可在主导产业链的基础上,可延工业"煤矸石、煤泥—热电厂—热电""灰渣、矸石—建材厂—建材产品""煤矸石—充填复垦—土地资源""矿井排水—水处理站—供水"等多条横向环向耦合共生产业链。

可以看出,通过向下纵向工业共生和横向环向耦合工业共生,各种在业务上具有关联关系的生产过程聚集在一起,一个生产过程产生的废物是另一生产过程的生产原料,这些生产过程或产业链依照顺序形成高效率矿区工业共生体或工业食物链(网),既提高了经济效益又从根本上改善了生态环境。

(二)矿产资源生态产业升级

矿产资源产业是西部地区优势产业。我们以西部矿产资源产业升级为例进行分析。

西部矿产资源产业处于全球价值链的低端,资源浪费、环境破坏严重,对地方社会经济可持续发展没有发挥应有的贡献。鉴于西部地

区是我国重要的资源基地，西部矿产资源产业的发展直接影响着全国经济的持续增长和国家安全，因此必须要转型升级。随着国际、国内形势的变化，在全球经济一体化、国内建设和谐社会和可持续发展战略的背景下，西部矿产资源产业发展目标，是在保障国家经济建设资源安全供应的基础上，保护资源环境，促进西部地区社会经济协调发展。为了实现上述目标，西部矿产资源产业必须建立以技术创新为基础，以循环经济为纽带，与制造业、高新技术产业共生发展的生态工业园与产业集群，在维护和扩大生产能力的同时，通过产业组织变化和价值创新，提高产业效率，实现产业功能转型，是西部矿产资源产业可持续发展的基本模式。实现这种模式的具体路径如下。

1. 构建产业创新系统，积极推进产业技术创新

产业技术进步是矿产资源产业发展的基础，西部矿产资源产业的可持续发展，同样需要产业技术的创新与进步。然而，西部地区由于经济不发达、市场机制不健全、科教水平不高等因素影响，企业科技创新能力和赢利水平与东中部企业比较有明显的差距。西部地区科技创新体系很弱小，而且地方政府并未认识到科技创新重要性，没有因为经济的发展而影响政府科技投入。因此，西部矿产资源产业创新系统构建要从两方面着力。

一方面，企业是产业技术创新的主体，企业的技术创新，可以增强企业在市场中的竞争力。为此，西部矿产资源型企业要加大科技投入，围绕生产中的相关环节提升效率，切实开展相关科技活动。在企业从事科技活动过程中，要善于合作，采取联合研发合作模式。即以科研项目为依托，开展合作研究，双方在矿产资源勘探开发的新原理、新技术、新工艺等方面联合攻关；也可以专家交流互访为形式，通过双方专家对有关技术的广泛交流，在某些研究领域产生重大突破。

另一方面，政府是产业创新系统的推动者。产业创新系统的构建需要多方的物资资本、人力资本、信息资源及相应的合作机制、合适的合作形式，这些除了制定技术创新政策引导企业行为外，可以利用政府在资源、信息和信用方面的优势，发挥相应作用。如产业技术创新联盟作为产业关键技术联合攻关的一种组织形式，在政府的推动下，矿产资源产业形成了钢铁可循环流程技术创新战略联盟、新一代煤（能源）化工产业技术创新联盟、煤炭开发利用技术产业技术创新联盟被列为国家首批试点联盟，以此推动相关产业技术的升级和产业转型。

2. 产业链向精细加工环节延伸，提高产业价值链

西部矿产资源产业经历了过去几十年的粗放式发展，现状存在资源消耗严重、生产技术水平低下、产业单一、产业链短、国际竞争力较弱等问题，区域存在"资源诅咒"现象，这些不利于西部矿产资源产业的可持续发展。要改善这种局面，必须提高产品附加值，提高产业价值链，使矿产资源产业有更好的效益，有更多的技术投入，同时对地方经济产生更多的贡献。

具体做法：就是按照专业分工协作的要求，依托初级产品的优势，延长产业链，特别增加精细加工产业，提高产品的附加值。如内蒙古包头市的稀土资源非常丰富，占世界已探明储量的75%以上，过去低价出口稀土矿，导致稀土资源外流，地方经济也得不到发展。1992年，包头市建立了稀土高新区已经聚集了68家稀土企业，形成了6大产业集群，稀土矿产比重大幅度下降，深加工产品大幅度增长，在"十五"期末，稀土矿产品比重由56.5%下降为29.7%，稀土深加工产品比重由16.1%提高为33.7%。"十五"期间，累计完成稀土工业总产值143.7亿元，稀土产业得到了迅猛发展，同时使资源优势真正转化成经济优势。

3. 建立循环经济的资源型产业集群

在长期以来形成的国内分工格局中，西部地区形成了"资源高消耗、污染高排放"为特征的能源和原材料工业，然而，西部地区生态环境脆弱，这种发展模式显然是不可持续的。循环经济是以最小的资源代价发展经济，以最小的经济成本保

护环境的一种发展模式,是西部地区矿产资源产业在资源环境保护要求下的生产组织形式必然选择和地区产业结构调整的有效途径。

西部地区在矿产资源产业发展循环经济的具体做法,就是建立依托核心企业,带动相关上下游产业加入产业链,以生态工业园为载体的资源型产业集群。其中,有4个要点要注意。首先要依托大的核心企业,产业才能规模化,才有吸引力。其次,产业链上的各企业之间要建立紧密的技术经济联系,要在技术、市场、信息等方面密切合作,保障各方的受益,所形成的产业链才能稳定。再次,产业链各企业要在集群内外建立知识网络,不断创新,为产业集群的创新发展提供保障。最后,要从生态工业角度,做好园区规划。

四、矿产资源生态文明示范区

以贵阳市开阳磷煤化工(国家)生态工业示范基地为例:

贵州开阳新型工业化示范基地位于黔中腹地开阳,区位优势明显,交通较为便捷,贵开高等级公路建设通车,省道贯穿境内,川黔铁路中心支线直达金中镇,全部乡镇实现了道路硬化。

依托磷、电资源优势,磷化工已成为开阳县龙头产业。开阳磷煤化工生态工业示范基地"煤—电—磷—化"一体化的产业体系。据介绍,整个基地由金中、永温、双流、城关4个工业群落以及基地信息科研中心等部分组成,产业总投资达117亿元,其中2004—2008年完成投资43.9亿元;2009—2014年完成投资73.1亿元。示范基地共有规模以上企业33家,形成了以国有大型企业贵州开磷集团为龙头,贵州省开阳县路发化工有限公司、贵州开阳安达磷化工有限公司、贵州开阳青利天盟化工有限公司等大批民营企业为骨干的企业集群。已形成的主要产品产能包括215万t磷铵、80万t合成氨、12万t黄磷、20万t饲料级磷酸氢钙、12万t三聚磷酸钠、10万t甲酸钠、2万t甲酸等。2011年示范基地实现工业总产值230.5亿元、工业增加值48.4亿元。主体园区已开发469.34 hm^2,单位土地平均投资强度3 300万元/hm^2,平均产出强度4 844万元/hm^2,工业建筑容积率0.95,产业用地占开发面积的100%,单位工业增加值能耗1.84 t标准煤/万元,单位工业增加值用水量66.22 m^3/万元,工业固体废物综合利用率98%。

示范基地引入循环经济发展理念指导产业发展,采用先进技术推进多资源加工向纵深发展和横向耦合,构建磷、电、煤多资源共生耦合产业链网,实现废弃物资源化再利用和资源环境协调发展,不断提高资源综合利用率,打造磷、煤化工产业基地的整体优势,实现了调整产业结构,优化产业布局,壮大支柱产业,增强市场竞争能力的目的。示范基地通过规范矿产资源开采销售和减小出口,加强招商引资和技术开发,实现磷、煤化工产业集聚化发展,构建有相当规模和实力的磷化工、煤化工产业体系,做大做强地方优势产业,实现资源型产业向技术型产业转变,为解决矿业、矿工、矿山和矿城"四矿"问题探索方向,具有重要现实意义。示范基地通过政策、法规和技术体系建设,完善资源的保护性开发和市场化配置;加强循环经济和生态工业理念的宣传和普及,调动各方面的积极性,促进物质高效循环利用的机制和体制的形成;加大"产、学、研"一体化建设力度,大力提高自主研发水平;在矿山开采和工业生产的同时进行生态恢复,治理地质灾害,有计划地进行生态移民,加强城镇建设,提高城镇的物质文化水平,为西部资源型城市、工业快速健康发展积累了经验,具有示范意义。

具体来看,磷煤化工生态示范基地建设,一方面各企业遵循"减量化、再利用、再循环"的3R原则,并通过企业间的物质流、能量流和信息流互相关联,采用废物交换、循环利用、工业共生等手段有计划地进行物质和能量交换,高效分享资源,寻求资源和能源消耗最小化、废物产生最小化,以建成一个生态化的多资源产业基地。另一方面加强对地质灾害的治理力度,对不具备生活条件地区的贫困农民进行生态移民,同时提高地方的城镇化水平,努力建设可持续发展的经济、生态和社会关系。以循环经济理念为指导的生态工业和城市建设，受到政府部门和企业界多方关注。本基地的规划将包含从资源的开采、生产到高端产品加工，以及副产物和废弃物的再生循环整个过程。特别是以磷、煤多资源重化工业为主的产业基地是国内先例。围绕磷、煤两种资源建立示范基地，通过产业链的横向耦合共生和纵向延伸发展，废弃物的资源化利用，工业生态化建设与地质灾害治理、生态移民相结合，充分体现经济、社会与环境协调发展的生态思想，实现磷、煤化工产业升级、产品结构调整，完成资源型产业生态化的转型。可以考虑从热法磷酸、湿法磷酸和氯碱化工3个方向组建相应的企业集团，将现有企业按照物质流、能量流、信息流、资金流和产品线的内在要求进行整合，同时以此为基础进行招商引资，使每个方向的企业集团都涵盖从矿山开采到高附加值产品产出的整个过程。这样做，一是为了取得规模经济效益；二是为了应对国际、国内的竞争；三是为了能上市融资，以求更好地发展做好铺垫；四是有利于可持续发展和"三废"治理。

第五节　再生资源与生态工业系统

一、再生资源的发展现状

党的十八大提出将"生态文明建设"写入党章，政府将建设"美丽中国"作为重要执政目标，绿色环保的发展理念已经逐步深入人心。我国劳动人口众多，需要保持经济发展来解决就业问题，但经济发展受到的资源约束愈发趋紧，全国各地区连续的"雾霾"天气使环境保护得到了公众空前的关注。再生资源与使用原生资源相比，使用再生资源可以大量节约能源、水资源和生产辅料，降低生产成本，减少环境污染。同时，再生资源行业具有发展潜力大、提供就业机会多、对社会经济发展贡献大等特点。据统计，我国再生资源回收企业有6 700多家，已登记注册回收网点23万个，未登记注册或临时的回收网点有近60万个，回收加工处理厂5 300多家，从业人员190万人；若包括进城收废品的农民工，废旧物资回收行业的就业人数有超过1 000万。2011年，我国废钢铁、废有色金属、废弃电器电子等主要再生资源回收总量为1.62亿t，比2005年翻了将近1番；回收总价值达到5 715亿元，比2010年增长12.7%；同时节约了大量的资源、减少了对环境的污染。因此我国经济发展要突破资源瓶颈，在保持经济平稳增长的同时兼顾环境保护，实现建设"美丽中国"的目标，就必须大力发展再生资源产业。

(一) 再生资源的来源与物流方向

建筑废料、报废汽车及电子废弃物是再生资源最主要的来源。再生资源主要来源于人们生产和生活过程中产生的"废料"，这些"废料"多集中在建筑、汽车、电子产品这三大领域。由于西方国家工业化进程较早，因此这些国家建筑、汽车、电子产品等产业相对比较发达，且更新换代需求较大，由此产生的废旧物资量较多。

全球范围内再生资源由发达国家向发展中国家流动。各国工业水平的不均衡，决定了全球再生资源的物流方向。西方发达国家在全球再生资源产业链中充当着供应者的角色，而以我国为首的发展中国家则扮演了再生物资的消费者；由此再生资源在全球范围内形成了由发达国家向发展中国家流动的物流方向，若以进口量计算，则中国是全球最大的再生资源消费市场。

低品位复杂废料处理是我国优势。由于发达国家人工成本较高，因此有大量低品位废料或复杂废料在本国处理并不经济。我国拥有较低的人工成本和相对较高的劳动效率，因此低品位的废料由于具有较高的性价比更受国内市场青睐。

(二) 我国再生产业迎接"黄金十年"

进入 21 世纪以来,我国经济经过 10 多年的高速发展,人们物质生活水平有了较大的提升;根据世界银行标准,2011 年我国人均GDP已经达到中等发达国家水平。随着物质生活的改善,人们更替需求将大幅增加,从而产生大量的废旧物资;这些资源为我国再生资源产业提供了极大的发展机遇。

政策红利促进我国再生产业发展,再生产业得到了国家空前的重视,政府陆续颁布了一系列扶持政策,促使我国再生资源产业发展取得长足的进步,节约了宝贵的资源。以钢铁产业为例:2017 年全球废钢消费量为 6.2 亿 t,同比增长 10.7%。其中,转炉钢产量 12.53 亿 t,占总产量的 74.8%;电炉钢产量为 4.22 亿 t,占总产量的 25.19%(不包括中国,占总产量 42.1%);我国电炉钢产量 7 449 万 t,占总产量 9.3%。

我国再生资源产业链初步形成。我国再生资源体系已经初步形成,在原材料来源上由国内回收与海外废旧物资进口两部分组成。我国再生金属产业链的运行属于这种两种模式结合的典型。我国国内主要废有色金属回收利用量达 687 万 t,其中废铜 117 万 t、废铝 295 万 t、废铅 150 万 t、废锌 125 万 t。进口主要废有色金属实物量 690.8 万 t,其中含铜废料 437 万 t、含铝废料 250 万、含锌废料 3.8 万。

再生产业将快速发展。以再生金属为例:根据测算,按铜和铝产品使用寿命 15 年,回收率 80%计算,到 2018 年国内可回收资源回收量分别达到 140 万 t 和 356 万 t,但仍无法满足废铜及废铝需求量,仍分别有 190 万 t 废铜和 560 万 t 废铝需要进口;按铅使用寿命 5 年,回收率 80%计算,在 2018 年国内可回收资源量达到 300 万 t,可基本满足国内再生铅原料需求。

根据工信部《再生有色金属产业发展推进计划》规划,2015 年,我国再生精炼铜、再生铝和再生铅的产量分别达到260 万t、720 万 t 和 220 万 t,在有色金属总产量中占比为 40%、30%和 40%;"十二五"期间,我国再生有色金属产量仍保持两位数以上的年均复合增长,远高于同期原生有色金属增速。

废旧汽车拆解与电子废弃物处理是再生资源产业发展重点,渠道布局是关键。再生资源回收技术相对原生矿产品冶炼较为简单,因此对再生资源利用企业而言,建立废料回收渠道是其形成核心竞争力关键。从废料来源的角度,我们认为汽车拆解和电子废弃物处理是未来国内再生资源产业发展增速最快的领域,提前布局这两大产业的再生企业将获得较大先导优势。从产业分布的角度,我国已经形成了一些传统的废旧资源集散地,例如,宁波镇海、浙江台州、广东清远、天津子牙、江西丰城、湖南永兴、安徽界首、湖南汨罗、湖北荆门等。地方政府对当地废料行业进行了"圈区管理",建立了相关的再生资源产业园。未来如何在这些重点地区布局,建立自身的回收体系,是再生资源利用企业抢占市场先机的关键所在。

二、再生资源与环境保护

基于环保视角分析,可再生资源开发与利用具有以下重要性。

1. 提高生产物资利用率

在工业、农业等行业生产过程中,经常出现大量的废弃物资,而这些废弃物资当中,不乏可加以回收利用的有用资源,只是因为这些物资处于废弃状态,因此容易被人们所忽视。在实际生产过程中,如果这些可再生的废弃物资能够加以开发利用,不仅能够节省生产的物资成本费用,而且能够减少废弃物对环境的污染。

2. 符合循环经济发展要求

可再生资源的开发与利用,与循环经济发展的要求如出一辙。循环经济的发展,要求充分利用各种资源,并在资源使用后,能够妥善处理,譬如进行无害处理,或者回收利用。尽管循环经济所要求的资源回收利用技术性强,但从长远的角度来看,资源的开发与利用,不仅仅是再次发挥资源价值那么简单,而关乎整个社会环境的长久效益，属于可持续发展的辅助手段之一。

3. 提高经济发展的质量

社会经济发展综合效益的实现，需要降低物资的成本。实现可再生资源的开发和利用，能够节省经济发展的资源和减轻经济发展的环境资源负担，全面降低经济发展的成本，并全面提高经济发展的质量。工业生产和农业生产资源的需求量越来越高，而在生产期间，很多资源在没有得到充分利用的情况下，就直接以废弃物处理，经济效益的背后，事实上付出了很大的资源浪费代价，因此对资源的合理开发与利用，有利于弥补经济效益获得背后的资源亏损漏洞。

三、再生资源炼制在可持续发展中的重大意义

构成地球并有重要经济价值的元素，如金属元素铁、铜、锡、铅、钛、锰、镁、金、银、稀土元素和非金属元素磷、硫、钾、砷、碘等是十分有限的。世界主要金属矿产的静态保证年限为：铁矿石128年，铜矿32年，镍矿49年，钨矿47，钾盐276年，铝土矿19年，锌矿24年，锡矿21年，铅矿21年，金矿19年，银矿15年，锰矿4年。

而我国重要金属和非金属矿产静态保证年限则更为紧张。铁矿石不足20年，铜仅为7年，锌为16年，铝土矿仅可供开采16年，磷矿石约为50年，都远低于世界的平均水平。

而随着社会经济的快速发展，对资源的需求将持续增加。在数代人之内，原生矿物即将消耗殆尽，而人类在几十年、几百年后将如何满足子孙后代的需求，就成为一个并非遥远的重大挑战。

垃圾是21世纪地球上唯一增长的资源。原有的资源在被开采、加工和利用后，从化学元素角度考量，都不会消失的，只是被分散了。再生资源的数量是巨大的，含有用元素的丰度可能要大大高于原生矿石。如美国垃圾产业规模已达到2 400亿美元，成为从业人员达到100多万的大型产业，超过了汽车行业，回收可以再生利用的物资达到1.25亿t。见表2-2-10。

表2-2-10　2011年美国回收可再生利用物资

废旧钢铁	纸张纸板	铝	铜	轮胎
6 800万t	4 700万t	430万t	200万t	5 600万个
不锈钢	铅	玻璃	塑料	锌
140万t	130万t	350万t	30万t	21万t

垃圾炼制产业的产值为200亿美元/a，美国生产的钢有1/3是废钢回炼生产的，在北美所生产的金属和合金约有60%是由再生资源炼制的。

我国可再生资源炼制产业也在不断增加，据中华全国供销合作总社统计，"十五"期间我国回收利用再生资源总量超过4亿t。主要再生资源回收利用总值超过6 500亿元，年平均增长率超过20%。2007年回收利用再生资源1.82亿t，其中废钢铁8 392万t，废有色金属999.65万t，废纸6 021万t，其他废橡胶、废棉麻、废化纤、碎玻璃等1 300万t。

随着我国经济发展，资源消费强度逐步加大，人口增长和城市化进程加快，可再生的垃圾资源会迅速增加。据统计，2007年我国废电视产生量达到2 300万台，废洗衣机1 000万台，废电冰箱800万台。根据中国家电研究院的《废弃电工电子产品再生利用率计算方法》统计，各种家电产品可再生利用率分别为：电冰箱73%，空调机80%，洗衣机78%，CRT电视77%，台式电脑81%，将是一个巨大的可利用资源。我国资源回收利用水平与发达国家相比差距较大，还有大约20万t有色金属，1 400万t废纸及大量废塑料、废玻璃、废电池等没有得到利用，所以再生资源炼制是资源循环利用、重复利用的重要渠道。

静脉产业的重要性被许多学者论及。例如2005年发展国家人均铜的消费量136 kg/a，而世界平均消费量约35 kg/a。如果到2040年全球人均消费量也到达136 kg/a，则全球年消费铜可达到7.6亿t，而全球铜资源总量估算也只

有16亿t左右,可见没有垃圾炼制的引入,世界将无以为继。

随着原生资源的日渐短缺,再生资源的作用将逐步提升,将成为人类社会可持续发展的主要支撑点之一。

再生资源炼制是废弃物资源化,同时保护了环境。如每利用1 t废铜相当于少开采100~200 t矿石,少产生约100 t工业废渣、2 t二氧化硫和10 t二氧化碳,所节约的能源相当于3 t多标准煤。每利用1 t再生纸可以节约木材4 m³,水250 t,可节电512 kW·h和相应的二氧化碳排放。此外,回收废旧物资所减少的垃圾处理量所带来的环境和节能效益也是非常显著的。

再生资源炼制产业属于劳动密集型产业。垃圾的收集系统、分拣系统、粗加工系统需要大量劳动力。据统计,全国再生资源产业的从业人员已超过1 000万人,对缓解社会就业压力作用显著,既创造了价值,又降低了成本。再生资源产业有利于转变经济运行模式,是贯彻科学发展观、建设资源节约型和环境友好型社会的重要途径。

四、发展静脉产业的基本理念

(一) 再生资源的定义与分类

关于再生资源的定义,学术界有很多讨论和解释,一般认为有广义和狭义两类定义。

广义定义:再生资源是指在社会的生产、流通、消费等过程中,产生的不再具有原定使用价值,并以各种形态积存,但可以通过某些回收加工途径使其重新获得使用价值的各种废弃物,包括各种废料,如废钢铁、废有色金属、废塑料、废橡胶、工业废渣等。

狭义定义:再生资源是指矿产开采中遗弃的共生伴生矿种和等外矿,生产中各个环节生产的废弃物,以及消费过程中排泄的各种废物和垃圾等的统称。再生资源是生产和生活消费中排泄的各种形态的金属和非金属废料,如在制造产品过程中剩下的对本生产过程不再有用的材料等。

国外学术界对再生资源的概念进行了不少研究,有的国家已经制定相关法律进行规范。比如日本颁布的《再生资源利用促进法》对再生资源的定义是:再生资源是指伴随着一次被利用或者没被利用而被废弃的可收集物品,及在产品的制造、加工、修理、销售,或者能量供给、土地建筑和沥青路面再生等产生的副产品中,可作为原料利用或者有可能利用的物料。

我国现行法规和行政政策性文件也对再生资源的定义做了专门性规定。在《国务院关于加强再生资源回收利用管理工作的通知》中,再生资源主要是指社会生产和消费过程中产生的可以利用的各种废旧物资,其中包括企事业单位生产和建设中产生的金属和非金属边角废料、废液,报废的各种设备和运输工具,城乡居民和企事业单位出售的各种废品和旧物。

结合社会再生资源利用实践情况,再生资源主要是指广义上所包括的废旧物资。主要种类分为生产性再生资源、生活性再生资源和其他特定的废弃物品,具体描述如下。

(1) 生产性再生资源

生产过程中产生的黑色金属和有色金属废料;报废的机械设备、机动车辆等;铁路废器材;作为废弃物资处理的仓储积压产品、残次品;废柴油、机油等。

(2) 生活性再生资源

生活过程中产生的废旧金属、塑料、纸张、棉麻、玻璃、橡胶等。以包装用塑料袋为例,美国每年使用量为数百亿个,生产这些塑料所消耗的原油超过1 000万桶;英国人口约6 000万,每年塑料袋用量超过130亿个,年均每人用220多个;我国每天塑料袋使用量曾超过30亿个,生产这些塑料袋至少需要13 000 t石油。所以中国和世界上很多国家已开始有偿使用。为了减少包装用塑料袋,各国纷纷提倡使用环保购物袋。

(3) 其他特定产业废弃物品

包括废弃电子产品、电池、医疗器械等危险废弃物。

(4) 低价值废弃物

包括沥青路面含有大量沥青的沙石,建筑

废弃的砖、木料和废钢筋、水泥中的钢筋等。

(二)可再生资源产业定义与构成

再生资源产业的定义是:对人类生活、生产所产生的废弃物进行回收、处理、加工与利用后使之成为"再生资源",以及从事再生资源流通、加工利用、科技开发、信息服务和设备制造等经济活动的总和。

国内部分法规对资源再生利用产业也做了规定。2006年颁布的《静脉产业类生态工业园区标准(试行)》中对资源再生利用产业的定义为:资源再生利用产业是以保障环境安全为前提,以节约资源、保护环境为目的,运用先进的技术,将生产和消费过程中产生的废物转化为可重新利用的资源和产品,实现各类废物的再利用和资源化的产业,包括废物转化为再生资源及将再生资源加工为产品两个过程。

发展再生资源产业,对再生资源进行回收利用可节约自然资源、能源,保护生态环境。有利用实现资源与环境的协调发展,缓解资源供应紧张局面,减轻环境承载压力,扩大就业,促进国家可持续发展战略的实现。见图2-2-9。

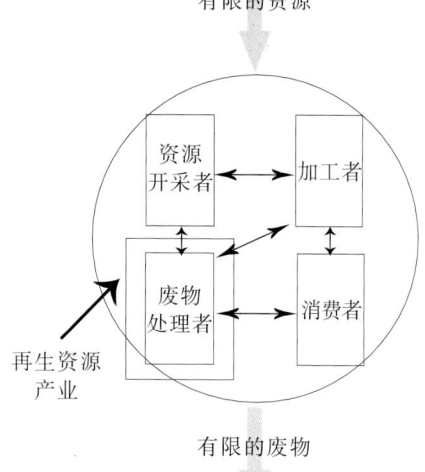

图2-2-9 再生资源产业在工业生态系统中的地位

再生资源产业的主要构成如下。

(1)再生资源回收企业

这是再生资源回收产业的主体,由各地再生资源回收公司和所属的回收网点所构成,主要任务是进行再生资源的社会回收、分类、初加工,以及贸易流通。

(2)以各类再生资源为主要原料或加工对象的加工制造企业

这是资源再生产产业的主体,主要包括有色金属重熔提炼以及有色金属材料生产企业,以废报纸、废塑料、废轮胎或废橡胶等非金属再生资源为加工利用对象的制造加工企业。

(3)再生资源拆解企业

传统的拆解对象时报废车辆和报废船舶,随着报废电子产品的不断增加,废旧电子产品的拆解也逐渐成为拆解业的一个重要组成部分。

(4)个体经营者

散布于街头巷尾的回收个体户以及垃圾堆放场所的"拾荒者",已经成为进行再生资源社会端回收的主力军。

(5)专门从事再生资源加工利用科技开发、信息咨询服务以及从事再生资源市场交易的组织和中介机构

(6)再生资源工业园区

由于园区充分发挥了流通贸易、初加工、深加工一体化的集约生产优势,因此资源利用率大大提高,已经成为再生资源产业发展的新方向。

(7)混合型再生资源加工利用企业

以自然资源和再生资源共同为生产原料的企业,如钢铁冶炼厂。

(8)再生资源回收利用的加工机械制造企业

例如金属的剪切机、压块机、打包机、废塑料、废橡胶粉碎和道路废沥青和沙石再利用等机械制造企业。这些企业的产品具有资产专用行,因而也应属于再生资源产业。

(9)再制造产业

(三)我国再生资源产业的发展历程

发展再生资源产业不仅是资源环境紧张条件下的客观需要,也是推动我国新型工业化、信息化、城镇化、农业现代化"四化"建设的重要措施。它可培育新的增长点,形成新的竞争优势。再生资源产业园区作为循环经济的中循环层面承上启下,是调整产业结构、促进新型城镇化建设的重要平台,是循环经济规模化、产业化

等有效的实现途径。

我国产业园区的发展经历了3个阶段。第一阶段(1979—1988年),孕育、准备和试验阶段,蛇口工业区是先行先试;第二阶段(1989—1992年),初步发展阶段,建立了52个国家级高新区;第三阶段(1993年到现在),快速发展阶段,产业园区类别和数量都有增加。我国已批准国家级经济技术开发区215个;国家高新技术产业开发区105个,国家级保税区31个,国家级边境经济合作区16个,国家级出口加工区63个,还有其他各类保税港区、物流园区、投资区等。再生资源产业园区作为一种新的类型加入我国园区建设队伍。国家高度重视再生资源产业园区发展,已通过循环经济示范园区、城市矿产示范基地、静脉产业园区、废旧电子信息产品回收拆解处理示范基地、再生资源集散市场等不同形式推动我国再生资源产业园区建设,而且形成了一批典型发展模式。

再生资源产业园区着眼于再生资源回收、运输、处理、利用全过程管理,按照有利于规范回收利用秩序、有利于降低回收利用成本、有利于提高回收利用效益的原则,构建完整的先进的再生资源回收利用体系,推动再生资源行业从松散的粗放型向集约型、产业型、规模型、效益型方向转化。

(1)规划布局

因地制宜,科学规划、合理布局不同类型的再生资源产业园区。

(2)三大系统

构建再生资源回收交易系统、拆解利用系统、无害化处置系统,建立社会化产业体系。

(3)五大平台

建设废旧商品物流平台、品种分类标准平台、综合利用技术平台、交易网络信息平台、行业规范监管平台。

(4)标准体系

建立起较为完善的再生资源循环经济综合标准体系,探索建立覆盖再生资源收集、储存、拆解、处理、再生利用和处置全流程的综合标准化模式。

(5)科技创新

建立起较完善的产业技术研究与开发体系,工艺、技术、设备、人才等各种要素相互匹配。

(6)发展趋势

外部与新型工业化、信息化、城镇化、农业现代化等新"四化"相衔接,内部加强链条化、共生性、网络化,扩大品种、高值利用,形成在全融合生态体系下的产业集群发展,行业价值链由企业、市场向配套资源溢出,多元业态交织互促、多元市场相互叠加的立体网格状业态。

(四)再生资源行业存在的问题及对策

税赋较重、市场低迷、成本增加;缺少技术标准和规范,自主创新研发能力不足,有些园区加工设备还比较落后;回收、处理体系不衔接;专业人才匮乏,社会融资困难;多口管理,政策的连续性、协调性和针对性较弱;园区"空心化"和产能过剩问题都是我国再生资源园区发展面临的主要问题。面对发展中遇到的问题,通过打破行政区划壁垒,合理布局再生资源产业园区;构建完整的再生资源产业链与逆向物流研究;建立再生资源产业园区国家标准;推动产学研合作,促进再生资源产业园区联盟建设;推动我国再生资源参与国际大循环等手段,将对于我国再生资源园区的建设大有裨益。具体方法如下。

第一,强化环境执法监督,继续整治污染严重的再生资源加工利用集散点。在一些再生资源回收利用集散地,尤其是在城乡接合部集散点,小作坊遍地开花,以牺牲环境为代价牟取利益。部分企业由拾荒者起家,加工利用过程粗放,设备陈旧,生产工艺落后,产生的废水、废酸、废气基本直排,对周边环境造成二次污染。同时,资源综合利用整体技术水平不高,回收组织化程度低,加工处理机械化和自动化程度低,造成资源浪费。

为此,必须加强对废旧物资集散地的宏观引导,明确地方政府责任,形成多部门联动和政策协调机制,解决推进转型升级需要的技术和资金问题,疏堵结合,规范发展,继续强化环境执法监督,防止这些地方成为"洋垃圾"集散地。

第二，统筹国内、国外废旧资源的综合利用管理，逐步改变"一废两制"状况。"一废两制"是指现行管理标准和制度对国内废料和进口废料的企业实行双重管理标准。经过十几年的发展，我国进口废料管理相关的法律法规不断健全和完善，构成了进口废物管理的法律法规体系。总体来看，全国2 603家依法领取废物进口许可证的企业废料品质普遍较高，环境管理水平较高，整个进口废料加工利用行业的环境管理规范有序。

相比而言，国内再生资源利用行业的环保门槛和资源化利用水平偏低，行业小、散、乱，尤其是废塑料、废五金、废电器等劳动密集型加工利用企业，污染防治设施简陋，技术水平落后，资源化利用率和环保标准普遍低于持进口废物许可证的企业。

为此，可借鉴对进口废物加工利用企业的管理制度和环境标准，加强对国内再生资源行业的环境监管，提高环境准入门槛，逐步与进口废物许可证加工利用企业的环境标准接轨，解决"一废两制"问题，提高国内再生资源加工利用企业的整体环境保护水平。要与其他相关部门共同研究，加强政策引导，整合国家有关废旧物质的回收体系建设和循环经济、城市矿山建设等政策资源，鼓励持有固体废物进口许可证的企业加工利用国内同类废料，充分发挥其在行业内的优势，提升行业整体环境管理水平。

第三，积极推动圈区管理，尤其在口岸地区实行优化布点，多部门联合引导行业规模化、产业化发展。为改变进口废五金、电器类废物加工利用行业小、散、乱的局面，环境保护部已会同海关总署、质检总局等部门开展了进口五金类废物圈区管理工作，引导并促进现有企业进入专门的工业园区，实现污染集中治理。截至2012年底，共有9家园区建成并运行。

要继续推动再生资源利用行业的圈区管理工作，在已有的17个试点基础上，借鉴针对进口废料加工园区的经验，将小、散、乱的再生利用企业纳入园区统一管理。一方面有利于提高企业的管理、技术水平，促进行业规模化、产业化发展；另一方面也有利于实现园区内废水、废气、废渣的统一无害化处理，提升行业整体环境保护水平，降低二次污染。

第四，与节能减排考核相结合，加速推动再生资源综合利用工作，从源头最大限度地减少废物产生。实践证明，再生资源加工利用可有效体现节能减排效果，如进口废料间接减少污染排放和能源消耗。据专家估算，2012年进口废纸约2 800万t，与原木制浆比较，废纸制浆减少化学需氧量排放约24万t，约占全行业化学需氧量总排放量的32%；进口废钢铁、废铜、废铝等金属共约1 400万t，与开采原矿冶炼比较，减少固体废物排放约9亿t，节能约1 300万t标准煤，减少二氧化硫排放8.4万t，氮氧化物排放1.1万t。

因此，再生资源回收利用率越高，节能减排效果就越好。应加强这方面的基础统计工作，核算再生利用行业所实现的节水、节能、减排化学需氧量、二氧化硫、二氧化碳以及从源头减少废物产生的量，并研究统计方法、指标数据来源等，成熟后纳入对地方政府节能减排考核体系中，以推动地方政府采取措施，从源头减量，积极发展再生资源利用行业，体现节能减排效果。

(五) 基于循环经济的资源再生产业

1. 再生资源循环经济的概念

再生资源主要指社会生产和消费过程中产生的可以利用的各种废旧物资，其中包括企事业单位生产和建设中产生的金属和非金属边角废料、废液、报废的各种设备和运输工具，城乡居民、企事业单位出售的各种废品和旧物。实现资源再生与发展循环经济在本质上是一致的。再生资源循环经济，即按照自然生态系统内部物质循环规律和方式，用绿色经济运行模式来指导人类的经济活动，利用社会生产和消费过程中产生的各种废旧物资进行循环、利用、再循环、再利用，以至循环不断的经济过程，从而把经济活动对自然的影响降到最小限度，使资源和能源得到最合理的持久的利用。

2. 循环经济与资源再生产业战略

纵观世界各国资源战略，可以分为3种类型：其一，开采原生资源战略，这是传统的工业社会普遍确立的模式;其二,"储备型"资源战略,这是经济发达国家为了保护本国仅有的资源,暂时不用或少用,花钱购买其他国家的资源,这种模式是第一种战略的另一种表现形式;其三,再生型资源战略,这是应对资源短缺,发展循环经济的模式。中国已经成为资源消耗大国,选择何种战略,是必须面对的现实问题。

物质是不灭的,世界上有多少新就有多少旧。经工业革命300年的掠夺式开采,全球80%以上可工业化利用的矿产资源已从地下转移到地上,并以"垃圾"形态堆积在我们周围,总量高达数千亿吨,并还在以每年100亿t的数量增加。其中85%"富集"在资源消耗是我们30倍的发达国家,成为一座座永不枯竭的"城市矿山"。日本、德国正是针对这一"物质存在"的改变,率先将传统的"开采—产品—废弃"的开采型资源战略,转变为"产品—废弃—再生产品"新兴的再生型资源战略,成功地用循环经济替代了不可持续的线性经济。随后,其他发达国家纷纷制定《再生法》,不惜大规模封矿、停炉进行产业转型。

据调查,几乎没有任何矿藏资源的日本,经过60年的"垃圾革命",使再生原料的自给率达到80%,基本摆脱了对矿产资源的依赖,如今已宣称自己为"资源大国"。与此同时,号称地大物博的中国,由于未能适时地改变落后的线性发展方式、向循环经济转型,经过60年的掠夺式开采,如今已沦为依赖进口矿石的国家。两种不同的结果,正是由于对资源再生的不同态度造成的。美国的资源再生产业规模也已达到2 400亿美元,超过汽车行业,成为规模最大、解决就业最多的支柱产业。

发展资源再生产业,最大的思想阻碍就是担心环境污染,实际上利用废金属、废电器、废塑料、废纸等"垃圾"(应叫再生资源)比利用矿产、石油、木材等原生资源,能耗和"三废"排放分别低80%和70%。据专家研究,利用1 t废塑料可节约4 t原油;利用1 t废纸可少砍伐17棵大树。因此,一旦形成世界上有多少新就有多少旧,有多少旧又再生多少新的国际大循环,现有的再生资源和原生资源的蓄积量足够人类循环利用1万年。

过去,人们都把废旧产品当作污染环境的"垃圾""废物",如果我们能够转变观念,从可持续发展理论和循环经济角度来看,这些"垃圾""废物"都是可以再利用的宝贵资源,它们是比埋在地下的矿产资源更有价值的"富矿"。例如,全世界每年产生废旧电器20亿台,重量超过5 000万t。日本是较早重视废旧电器循环利用的国家,早在1998年就制定了《家电回收利用法》,对包括电视、冰箱、空调、洗衣机在内的家电进行强制回收利用,家电生产企业承担回收和利用废弃家电的义务。日本在2008年回收利用率已达到了74%~90%。这些废弃家电含有重要的资源,表2-2-11 所列出的数据就是4种家用电器中所含的主要组分及重量比。

由于我国当前和未来电子电器产品的报废数量巨大,其中所含有的资源总量,尤其是不可再生资源量是非常惊人的。我国电视机、电冰箱、空调和洗衣机等家用电器正常使用寿命在10~15年,计算机的更换周期一般在3~5年,而移动电话的更换频率是半年到3年不等。根据电子电器产品的年度消费量及其趋势,可以近似预计出我国2011—2015年电子电器产品的报废量,见表2-2-12。

表2-2-11　4种家用电器中所含主要成分及重量比　　　　单位:%

组分	电视机	电冰箱	空调	洗衣机
铝	2	3	7	3
铜	3	4	17	4
铁	10	50	55	53
塑料	23	40	11	36
玻璃	57	—	—	—
其他	5	3	10	4
总计	100	100	100	100

表 2-2-12　2011—2015 年我国电子电器产品报废量　　　　单位：万台

年份	电视机	洗衣机	电冰箱	空调	计算机
2011	3 252	1 280	974	3 668	10 796
2012	3 917	2 530	1 086	2 524	16 190
2013	4 041	1 374	2 094	3 875	24 251
2014	4 251	1 673	1 242	2 992	90 491
2015	4 449	1 519	1 714	3 250	80 904

当今社会，手机已成为多数人的必备用品，随着手机用户的增加，手机更新换代步伐在加快，废旧手机数量也就越来越多。全球每年废弃的手机约有 4 亿部，其中我国有近 1 亿部。联合国环境规划署近期发布的《化电子垃圾为资源》报告预测，到 2020 年我国废弃手机数量将比 2007 年增长 7 倍。这么多废旧手机是否都通过正规渠道被回收了呢？调查显示，约四成消费者将废旧手机积存在家里，一成消费者将其送给亲友，另有五成消费者的废旧手机最终流向了街头回收手机的小摊贩。其实，废旧手机含有多种有价值的材料。

研究表明，从 1 t 废弃手机中能提取 150 g 黄金、100 kg 铜以及 3 kg 银。依照我国每年废弃 1 亿部手机估算，这些废旧手机总重量达 1 万 t，若回收处理能提取 1 500 kg 黄金、100 万 kg 铜、3 万 kg 银。但据"中国信息产业网"报道，全球废弃手机回收率约 3%，而我国还不到 1%。

没有垃圾，只有放错地方的资源。美国、日本等发达国家高消费后形成的"汽车坟墓""轮胎峡谷""钢铁城市""塑料矿山"等废旧物资，能否变成我国的再生资源？当我国的"储备型"资源战略遭遇国际市场价格上涨和他国政府阻挠所带来的挑战、考验甚至困境后，"再生型"资源战略被寄予厚望。

五、我国静脉产业发展状况与前景

（一）我国再生资源产业发展现状

我国再生资源产业发展态势较好，再生资源产业园区的建设逐渐展开。已建成的主要再生资源工业园区有：清远再生资源园区、太仓再生资源园区、宁波再生资源园区、汨罗再生资源园区、天津子牙再生资源园区、烟台再生资源园区、文安东都再生资源园区、漳州再生资源园区、台州再生资源园区、长葛再生资源园区、广西再生资源园区、永康再生资源园区、曹安再生资源园区、大周再生资源园区、贵阳废旧金属市场等。部分园区概况如下。

1. 清远再生资源园区

中国（清远）循环经济园区位于广东省清远市清城区龙塘镇和石角镇，总投资 30 亿元，建设期 5 年。2006 年初，园区内已经有 24 家铜、铝、钢材及塑料等深加工企业落户，签约项目有 10 多家。其中，清远再生资源示范基地，是循环经济产业园主要的示范项目，规划总面积 200 hm²，建设总投资超过 15 亿元，项目部建成后，年可回收拆解加工及安全处理各类废五金电器、废电机、废电线电缆及其他非金属和废塑料 300 万 t，年可产出再生工业原料价值约 500 亿元。

2. 太仓再生资源园区

江苏太仓港再生资源进口加工区（以下简称"加工区"）由太仓市人民政府开发建设，被原国家境环保护总局确定为进口废物加工圈区管理定点区。首期规划面积为 10 km²，入区项目以废钢铁、废有色金属、废塑料以及其他废稀贵金属等再生资源进口加工、综合利用为主。目标是通过 3~5 年的努力，大力引进国际再生资源加工利用知名企业和大财团入区投资，形成年产 50 万 t 以上再生塑料原料和 100 万 t 以上有色金属原料的生产规模，形成年销售额超 100 亿元，税收超亿元的新型特殊开发区和原材料生产供应基地。

3. 宁波再生资源园区

浙江省宁波再生金属资源加工园区是宁波

市镇海区人民政府兴办的监港型物流园区,坐落在宁波市镇海港区,园区总规划面积 200 hm²。园区从 2001 年 4 月开始筹建,2001 年 12 月正式破土动工,2003 年 10 月被原国家境环保护总局等有关部委列为全国进口再生资源圈区管理试点园区。园区总投资 8 亿元,截至 2004 年 9 月底,已投入资金 5.5 亿元,开发面积 131 hm²。海关国检监管区、商务管理区、员工生活区、污水固体废物处理区和 47 个生产加工区已投入使用。园区入园企业 47 家,生产工人约 11 500 人。

4.天津子牙再生资源园区

中国天津子牙环保产业园,是原国家环境保护总局确定的进口第七类废旧物资综合加工利用的 4 个示范区之一,也是中国北方唯一的规划化进口第七类废物统一管理区域。集进口废物拆解、深加工为一体的高标准环保产业园,年吞吐量 150 万 t。规划占地面积 400 hm²,首期开发 20 hm²。基础设施配套达到"五通一平",即道路、供水、供电、排水、通信和场地平整。基础工程已全部竣工,已有 20 多家企业入区建设。

据统计,2005 年我国再生资源主要品种年加工处理量约为 2 000 万 t,我国再生有色金属产量约为 320 万 t,占有色金属产量的 22%,其中再生铝 166 万 t,占铝总产量的 21%;再生铜 115 万 t,占铜产量的 30%;再生铅 24 万 t,占铅总产量的 17%。再生铝、铜、铅产量比 2004 年分别增长 14.5%、14%、20%。2005 年我国废钢利用量为 5 800 万 t,占粗铜产量的 26%(世界平均水平为 43%)。

(二)我国再生资源产业发展前景

1.可再生利用的资源量大幅度增加

随着我国经济持续高速发展,城乡居民生活水平稳步提高,废弃物品种越来越多,数量越来越大。据专家预测,从 2003 年起至今,我国迎来一个家用电器更新换代的高峰期。连续二十几年的大规模经济和城镇改造也积存下数以万计的废旧物资。由于种种原因,我国再生资源的回收利用相对滞后,资源再流失、能源再浪费、环境再污染的现象,在全国大中城市、工业生产领域等不同程度地普遍存在。

2.再生资源产品需求量巨大

根据对我国资源供需情况预测,资源缺口将逐渐增大。发展再生资源产业缓解资源约束矛盾在国际上已是成功经验。

六、再生资源生态工业模式

(一)再生资源工业总体构成

再生资源生态工业包括两大部分,即再生资源回收网络体系和再生资源再利用、资源化体系。

1.再生资源回收网络体系

2006 年,商务部率先在北京等 4 个直辖市和 20 个省会及省辖市开展再生资源回收体系建设试点工作。制定的目标是:用 5 年时间,使试点城市 90% 以上回收人员纳入规范化管理,90% 以上的社区设立规范的回收站点,90% 以上的再生资源进入制定市场进行规范化的交易和集中处理,再生资源主要品种回收率达到 80%,实现再生资源回收的产业化。

从发展再生资源生态工业和循环经济的角度考虑,再生资源回收网络体系建设是该产业生态系统的开端,但再生资源回收环境存在很多问题。比如回收站点布局不合理;扰民现象严重,危害城市管理;随意拆解,引起二次污染现象较普遍等。

回收环节主要包括再生资源的回收和集散。作为再生资源生态工业系统的前端,回收环节主要采取如图 2-2-10 所示的回收模式,实现再生资源的绿色回收。

(1)回收模式

根据国内试点城市提出的回收网络建设方案,主要措施包括:增加废物回收箱等回收设施、设置再生资源收购亭或者社区回收站、分类建设回收网点,建成统一标准、统一外形、统一样式、统一标识的绿色环保回收中心,规范流动收购车,使用封闭型车辆,统一车辆标识。对于广大农村地区再生资源的回收,主要靠流动人员。

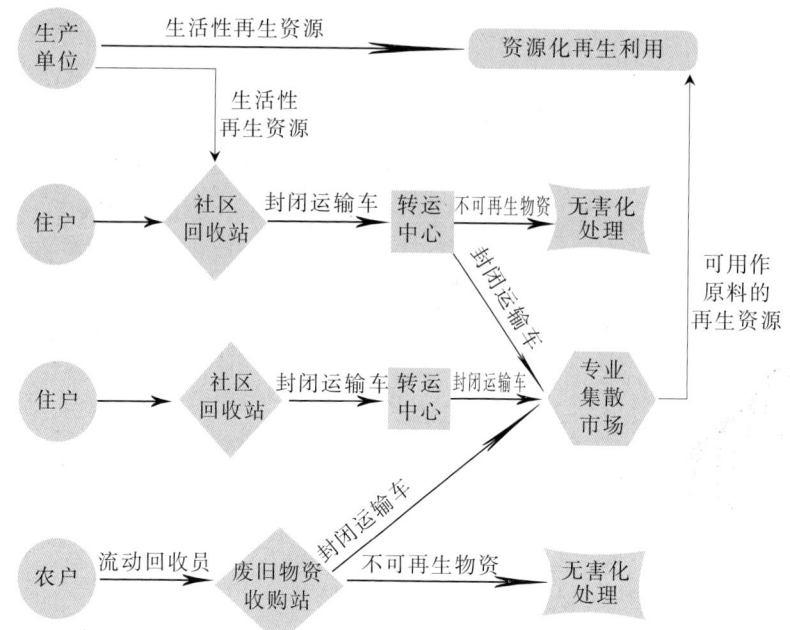

图 2-2-10 再生资源回收网络建设模式

(2) 集散模式

回收上来的再生物资通过专用车辆，被封闭运输到交易市场，流通过程不产生环境污染。当前国内交易市场急需升级改造，主要是环保设施缺少，再生物资进入交易市场后，集中、分拣、简单加工过程产生的二次污染严重。采用再生物资专业化集散交易模式，促进交易向产业化规模发展。

2. 再生资源的再利用和资源化体系

再生资源经专业集散市场，进入再生利用和资源化环节，该环节也是再生资源产业发展生态工业的核心部分。

废旧物资属于特殊废料，分解后不能随意流失，处理不当不但不能体现再生资源产业节约资源、保护环境的功能，反而会造成严重的二次污染，如城市厨余垃圾如果处理不当就可能造成污染，许多城市已禁止泔水用于猪的饲养，而统一回收利用获得很好的效果。

我国资源化利用的水平还比较低。2004年底，原国家环境保护总局办公厅发出了《关于促进对国家限制进口的可用作原料的废五金电器废电线电缆废电机圈区管理的指导意见》，提出加工利用的圈区管理方式。结合我国再生资源产业现状，再生资源的加工采用生态产业园的模式。废钢铁、废有色金属、废塑料、废纸、废旧橡胶等废料，可以直接被生产企业作为原料利用的直接用于生产企业；需要经过拆解才能再生利用的再生资源如废旧汽车、废电视、废五金电器等进入园区进行拆解加工后作为工业原料使用。

再生资源生态工业园区模式如图 2-2-11 所示，它是一种区域生态园区模式，可以保障资源再生过程的科学化、规模化和无害化。由回收网络体系回收的再生资源、收集企业和资源，生产性再生资源以及进口再生资源，除部分直接作为工业原料外，其他进入生态产业园区进行再生利用，然后作为工业原料进入钢铁工业、有色金属工业、塑料工业、橡胶工业等或生产为产品出售。园区内废旧物资的拆解和利用坚持生态理念、循环经济原则，通过模拟自然生态系统来设计园区的物流和能流，建立起产业耦合链，形成产业共生的关系，联合不同的产业和企业，使分类拆解企业、再制造企业和加工利用企业形成有机的联合体，使被拆解分类的废旧物资得到充分利用，提高资源利用效率，达到物质能量利用最大化。同时建设"三废"物质处理系统等设施，实现废物排放最小化，有利于园区的可持续发展。

以生态产业园的形式实现再生资源的资源化有利于发挥产业聚集效应和规模效应，促使再生资源的利用以产业化规模发展，形成完整、

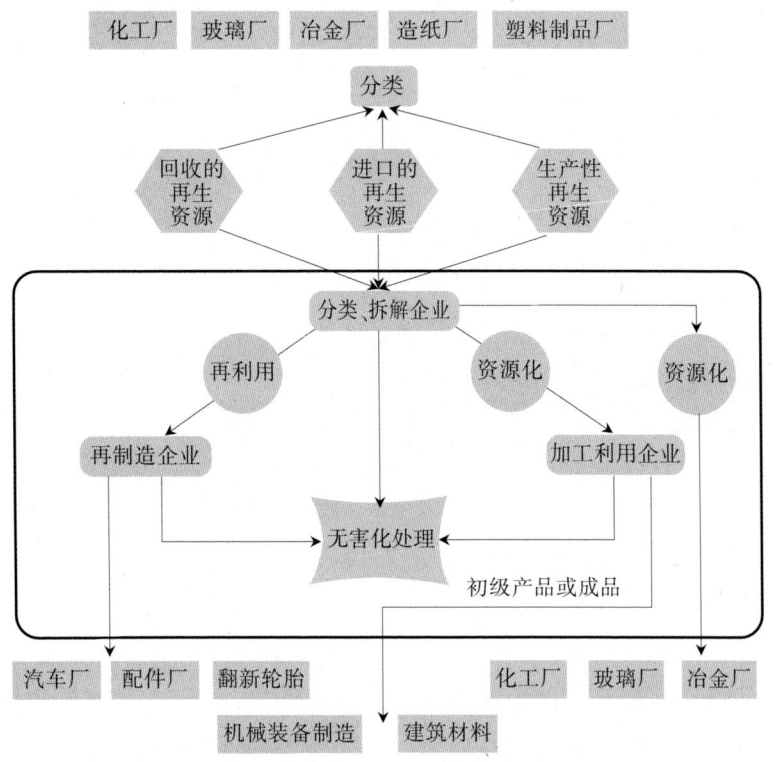

图 2-2-11 再生资源生态工业园区发展模式

完善的产业链。同回收体系相比，国内高科技利用处理体系更为缺少，因此园区建设发展过程中要注重加快技术水平升级，提升竞争力。

再生资源生态工业园区发挥的主要功能是实现废旧物资的资源化和再利用。园区发展是一个不断进化、不断升级和完善的过程：初始阶段主要从事废旧物资的拆解和简单加工，为相关工业企业提供原料，如废钢铁、废有色金属、废塑料等；发展阶段以进一步引进企业，延伸初级加工产业链为主，提供成品和半成品工业原料；成熟阶段建成完整的再利用和资源化网络体系，园区以产品输出为主，再生资源利用率达到最高，环境影响减到最小。

3.再生资源生态工业系统设计

再生资源生态工业系统设计是一项复杂的系统工程，在生态工业园区理念的基础上，系统设计必须做好物质集成、能量集成、水集成、信息共享、基础设施共享，同时加强系统管理和服务，并做到与整个社会循环系统的良性对接。

国内再生资源产业链全景式描述如下：国内主要再生资源领域包括废钢铁回收利用、废有色金属回收利用、废塑料回收利用、废纸张回收利用、废电子家电回收利用、废旧橡胶利用和垃圾回收利用。再生资源来源由国内回收和国外进口两部分组成，如图 2-2-12 所示。其中，国外进口可用作原料的固体废物主要有废钢铁、第七类废料、废有色金属、废纸或纸板、废塑料、汽车压块等。再生资源经过分类、分选、预处理、初等加工等工序，一部分材料可以直接作为再利用生产产品，如拆解的汽车零件、废钢片、废轮胎等，其他拆解主要运送到相应的生产公司，作为初级材料或者次级材料生产终端产品，如拆解出来的废钢铁、废杂铝、废杂铜等。

再生资源产业牵涉多个领域不同的行业，以园区模式发展的生产工业园属于综合加工区域；但园区内加工利用企业必须依托上游再生资源收集企业和资源拆解企业发展下游加工利用产业。从运作模式来讲，各个行业存在一定的独立性，各加工利用企业处于平等的地位，因此园区运行模式属于多中心依托型循环共生网络运行模式，中心就是各类拆解企业。

再生资源生态工业系统包括再生资源回收和加工利用系统，包含回收环节、加工环节、利

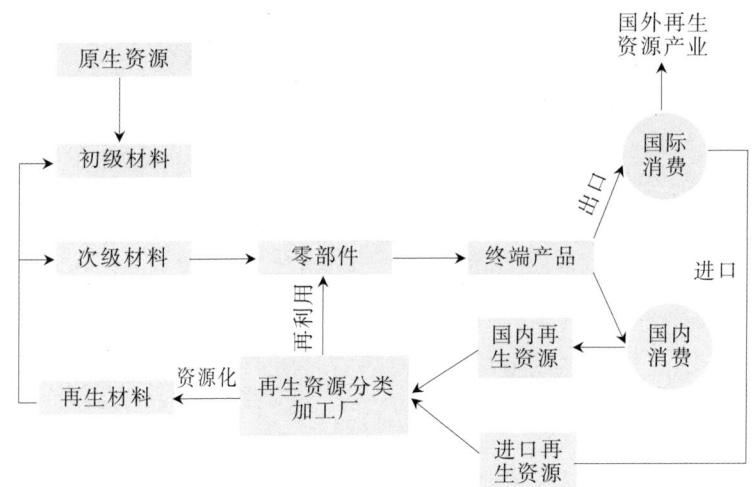

图 2-2-12 再生资源回收利用产业链

用环节。用到主要方法和技术有如下几种。

(1) 信息集成

回收系统的信息集成能及时掌握再生资源总量和各类再生资源量，清楚掌握再生资源分布和流通情况，有利于再生资源加工利用企业运营；生态工业园区内各企业间有效的物质循环和能量集成，必须使彼此了解供求信息，配备完善的信息交换系统或建立信息交换中心，就是保持园区不断发展的重要条件。园区生产的再生工业原料交易信息发布等也需要大量的信息支持。

(2) 物质集成

物质集成是再生资源产业生态工业系统的核心部分，通过产品体系规划、元素集成以及数学优化方法构建原料、产品、副产物及废物的工业生态链，实现物质的最优循环和利用；也可以应用多层面生命周期评价方法进行产品结构的优化。

(3) 公用工程的集成

主要是水、电、热的集成，主要针对再利用和资源化环节。水集成要做到节水的目标，实现水的分级利用和梯级利用。电、热集成可以归结为能量集成，使能源利用效率最大化，并可考虑使用太阳能、生物质能等新能源。

(4) 基础设施共享

设施共享是生态工业模式的特点之一，也是园区化发展的重要特征之一。它可以减少能源和资源的消耗，提高设备的使用效率，避免重复投资，降低生产成本。

(5) 产业集成

主要依托再生资源产业提供工业原料的功能，吸引相关拆解、加工利用企业聚集在一起，产生产业集聚效应，形成整体竞争优势，提高竞争力。系统在规划时应该优化产业组合，使产业实现最优配置。

(6) "三废"集成

"三废"产生情况由信息系统提供，可使相关部门掌握废物种类及特性，有针对性地处理各类废物，降低处理成本，提高处理效果。

(7) 其他方面

建设再生资源产业生态工业模式需要政策的支持，需要技术、资金、人类资源的支撑。

生态工业模式在实施过程中，对集成效果需进行分析，主要有针对产业规划设计的决策分析，提高资源利用效率的物质流分析和产业共生分析，还有生命周期分析和技术经济分析和环境影响分析等。

(二) 再生资源生态工业系统规划流程

再生资源产业生态工业系统构建具有一定的区域性，受多种内外环境和因素的影响，需要统筹考虑，兼顾区域经济发展和再生资源产业的可持续发展。图2-2-13是再生资源产业生态工业系统规划研究的流程。

1) 选定再生资源产业生态系统建设区域范围，分析区域内社会经济发展水平和产业结构特点，评估再生资源分布和产量。

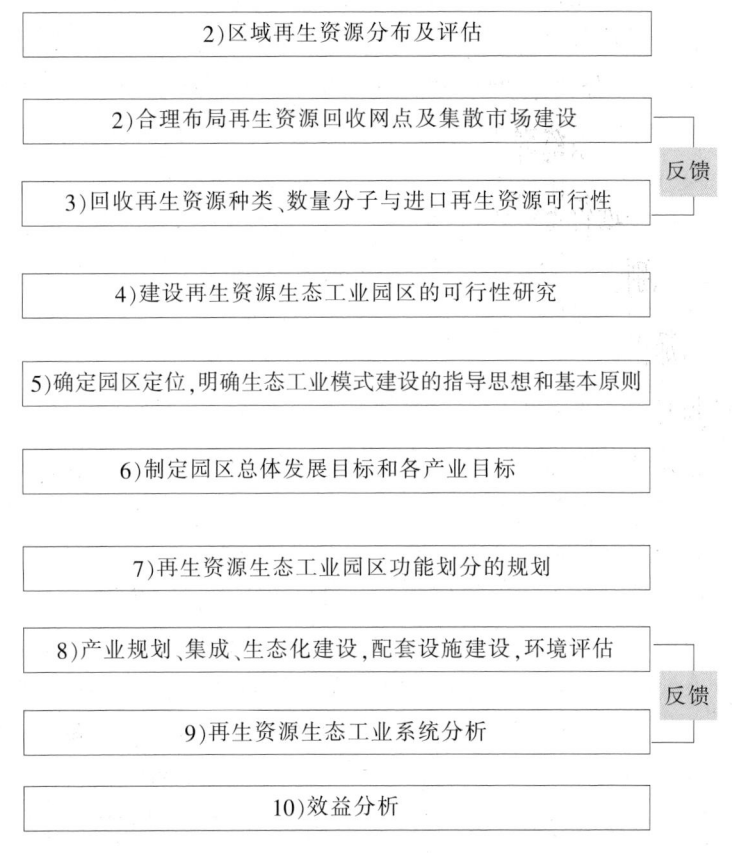

图 2-2-13　再生资源产业生态工业系统规划研究流程

2) 合理布局再生资源回收网点，建设以回收站位主体，以封闭运输车辆为物流，以专业转运中心为依托的绿色回收网络；建设再生资源集散市场，推动再生资源产业化发展。

3) 根据实际回收物质种类、数量，进一步优化网点布局，提高再生资源回收效率和资源分类回收能力；根据区位判定进口可用作原料的废旧物资进口的可行性。

4) 判定区域是否具有再生资源优势以及与再生资源共生产业的发展基础，进行区域内建设再生资源生态产业园的可行性或者与其他区域联合建设，实现再生资源的再利用、资源化。

5) 对区域内再生资源产业及国内再生资源综合利用园区建设和发展态势进行全面评估，分析园区建设的优势、不足和风险所在，确定园区定位，并明确再生资源生态工业园区建设的指导思想和基本原则。

6) 确定园区发展的总体目标，进一步分解，确定各产业的具体目标，逐步细化。

7) 根据再生资源各产业特性，合理规划各划分园区的功能分区，确定各个功能区主要发挥的作用，使再生资源产业生产效率提高，降低交易成本。

8) 本步骤是园区规划的核心内容，包括：分阶段规划产业发展，产业集成方案设计，产业生态网络构建，建设配套实施，评估园区环境影响等。

9) 再生资源生态工业系统分析，对园区产业发展环境、生态工业模式、系统优化组合进行分析，分析结果反馈给流程8)，适时调整产业发展规划和集成方案，使再生资源产业园区达到环境友好，资源利用效率不断提高的目的。

10) 对园区发展收到的经济、社会和环境效益进行分析。

(三) 环境影响识别与污染控制

再生资源生态工业系统在建设过程中应该特别注意环境保护，严格贯彻执行国家和地方的有关法律、法规、规章及各项政策，杜绝发生重大污染事故或重大生态破坏事件，环境质量达到国家或地方规定的环境功能区环境质量标准，污染物达标排放，污染物排放总量不超过总量控制指标。因此,在再生资源生态工业系统建立之前,应该对其环境影响进行识别。

环境影响识别技术通常分为以下 6 种类型:核查表法、矩阵方法、网络方法、叠覆方法、因果表法和计算机模拟方法。上述每一种方法都有其长处和短处,因此往往需要组合使用这些方法以取长补短,达到满意的识别效果。

选用再生资源产业环境识别技术时,必须满足:对再生资源生态工业系统所有可能的环境影响加以识别;对发展该产业系统可能出现的重要问题加以考虑;对必须进行评估的具体参数和相应的数据库加以识别;对可能产生环境影响的时间和空间要素加以识别;对再生资源产业引起的环境影响与其因素所产生的环境影响加以区别。

对再生资源产业引起的环境问题最好采用核查表方法。

对废气排放环境影响的核查表识别包括:再生资源资源化过程产生的废气是否严重危害周边城市;对周边农业发展的影响;是否含有对人体有害的化学品和其他燃烧物等。

对废液排放环境影响的核查表识别包括:再生资源预处理和深加工过程中排放的废液经处理后排放的技术条件;接受水体的水质及受排放水的影响情况等。

进行环境影响识别能为以后环境影响评价提出发展再生资源产业最主要和人们最关心的环境问题。控制环境影响最关键的是进行源头控制,需要对再生资源的回收、再利用、资源化环节进行分析,找出可能产生污染的环节进行控制,严格控制再生资源预处理、拆解、利用、深加工等过程产生的污染物,并建设"三废"处理设施对其进行治理,实现达标排放。

七、再生资源上市公司

(一)怡球资源

1.再生铝龙头,赢利能力出众

公司是亚洲最大的再生铝加工企业,2012 年公司销售再生铝合金 33.07 万 t,同比增长 3.04%,同期国内再生铝产量约为 480 万 t,公司产量占比约为 7%。据中国有色金属工业协会再生分会不完全统计,2012 年全国再生铝行业受国家取消增值税优惠和下游需求下降影响,行业内九成再生铝企业亏损;公司是行业内少数赢利企业之一,这主要得益于公司较高的资源回收率(92%,高于行业平均水平 4 个百分点)和管理水平。

2."绿篱行动"提高行业门槛,龙头企业议价能力增强

2012 年 2 月起,我国海关展开"绿篱行动"进一步强化对进口固体废物的有效监管,活动为期 10 个月。根据海关相关规定:进口固体废料仅可以卖给国内有资质(AQSIQ)的再利用企业,且废物进口批文不允许转借;而在此之前大部分没有进口资质的中小型企业,都是通过中间贸易商采用"包证、包批文"的方式进行生产经营。"绿篱行动"展开以来,这些的中小型拆解企业一直处于无货可拆的状态,由此造成上游原材料采购集中度提高,龙头企业议价能力明显增强。

3.产能逆势扩张,原材料供给转型提升估值

公司在 3 年内,将产能扩张至 76 万 t,较现有产能增长 138%;公司在行业景气度低点时逆势扩张,未来行业服务公司将获得超额收益。公司原材料主要来自于海外进口,但随着我国汽车工业的高速发展,国内铝废料回收量由 2008 年的 31 万 t 增长至 2012 年 120 万 t,原材料占比由 13%提升至 34%,到2015 年,国内废铝回收量达到 215 万 t,占比提升至42%。公司作为再生铝龙头企业在原材料供给本土化的趋势中,势必建设国内资源回收渠道,公司具备将资金、技术和管理优势转化为渠道优势的前景,因此其估值水平具备一定提升空间。

(二)贵研铂业

1.贵金属深加工领先企业

公司是铂系贵金属深加工企业。公司主营汽车尾气催化剂、贵金属再生资源回收、贵金属特种材料等核心业务;2012 年毛利占比分别为催化剂 51%、贵金属回收 13%、特种材料 30%。

2.汽车尾气催化剂业务是发展亮点

2009—2012年，公司汽车尾气催化剂产品销量分别为63.20万L、103.54万L、118.57万L和124.69万L，年均复合增速超过25%；催化剂产能利用率已从2009年的42%上升到2012年的85%，已打入自主品牌主流车型。公司正快速推进配股项目"新增250万L国Ⅳ/Ⅴ催化剂"的建设，项目完成后公司汽车尾气催化剂产能将扩充400万L/a，成为未来盈利的核心增长点。

3.贵金属再生资源回收业务快速增长

公司贵金属回收业务既有政策倾斜，同时可以和终端客户形成很好的闭环系统，增强客户黏性。2012年公司贵金属再生回收业务实现收入7.36亿元，同比增长70%。公司以云南易门和湖南永兴为核心，构架的国内最大的贵金属回收平台——"云南易门5 t/a贵金属回收项目"于2013年底全部达产，因此预计公司该业务未来仍将保持快速增长。

4.贵金属再生与汽车尾气催化剂完美融合

汽车尾气催化剂是铂族金属最大的消费领域，占到全球铂族金属消费的60%以上，铂和钯（应用于汽油）消费量的五成以上用于汽车尾气催化转换器，而铑（应用于柴油）的消费占比在八成以上。全球原生铂族金属八成以上的储量在南非，我国自产铂族金属几乎全部来自于再生回收，公司通过贵金属再生回收业务的发展保障了其催化剂业务的原材料供给，两项业务的完美融合为业绩增长打下了良好基础。

（三）格林美

钴镍粉体是公司的传统优势业务，盈利占比稳定在50%左右。近几年，公司逐步拓展了塑木型材、碳化钨、电解铜等业务。这几项业务受经济周期影响较大，随着需求放缓，金属价格持续低迷，制约了这些业务毛利率的增长。公司钴镍粉体和碳化钨产能已经基本释放，而塑木型材和电解铜产销量还有一定上升空间，但考虑到这两项业务占比相对较低，因此公司传统业务未来发展空间有限。

1.电子废弃物处理是新兴增长点

电子废弃物回收处理产业是公司着力打造的另一核心业务，包括荆门、武汉和江西共计13万t产能。随着废家电基金补贴的出台，现有产能满负荷运行已经常态化，2012年拆解量约为120万台，2013年拆解量达到200万台。最具可行性规划的基地有兰考、武汉毕铺和天津子牙，2014年个别基地具备投产能力，异地扩张还需要更多时间。此外，公司"废旧电路板综合利用"已经处于试生产阶段，报告期内实现效益1 955万元；项目年产黄金2.55 t、白银18 t，并伴有铂钯等金属产出。

2.销售大单助力业绩增长

2013年1季度，公司子公司凯力克钴业与湖南杉杉能源科技股份有限公司签订四氧化三钴销售合约，合同期限14个月，涉及金额约4亿元，约占2012年公司销售收入的21.15%，该订单对公司2013年业绩增长产生正面影响，帮助公司业绩实现增长。

3.提前布局废旧汽车回收与拆解领域

我国废旧汽车处理受制于相关法律法规，尚未形成产业规模。随着我国汽车保有量破亿和机动车污染的日益突出，相关政策突破指日可待。公司提前布局废旧汽车拆解产业，先后获得湖北与江西两省报废汽车的处理资质，并在江西丰城启动了报废汽车处理基地的建设；未来一旦政策面有实质性突破，公司将充分享受废旧汽车回收和拆解产业高速发展带来的收益。

第三章 中国资源环境与生态工业系统的案例

一、我国资源环境现状

(一)自然资源现状

自然资源就是自然界中能为人类利用的物质和能量的总称,包括全球范围内的一切要素,如土地、矿藏、海洋、生物、水利等。

矿产资源是人类赖以生存和发展的基础。我国幅员辽阔,地质条件多样,是世界上矿产资源比较丰富、矿种比较齐全的少数几个国家之一。我国已发现矿产 171 种,其中探明储量的矿产 158 种。稀土、钨、锡等金属矿产和许多非金属矿产储量位居世界前列。但是,我国人均矿产资源消费一直很低,35 种重要矿产资源人均占有量只有世界人均占有量的 60%,其中石油、铁矿、铝土矿分别只有世界人均占有量的 11%、44%、10%。

煤炭资源:我国煤炭储量居世界第一位。全国已探明的保有煤炭储量为 10 000 亿 t,主要分布在华北、西北地区,以山西、陕西、内蒙古等省(自治区)的储量最为丰富。

油气资源:主要蕴藏在西北地区,其次为东北、华北地区和东南沿海浅海大陆架。截至 2004 年底,我国石油探明可采储量 67.91 亿 t,待探明可采资源量近 144 亿 t,石油可采资源探明程度 32.03%,处在勘探中期阶段,近中期储量发现处在稳步增长阶段;天然气探明可采储量 2.76 万亿 m^3,待探明可采资源量 19.24 万亿 m^3,天然气可采资源探明程度仅为 12.55%,处在勘探早期阶段,近中期储量发现有望快速增长。

除陆地石油资源外,我国的海洋油气资源也十分丰富。中国近海海域发育了一系列沉积盆地,总面积近 100 万 km^2,具有丰富的含油气远景。这些沉积盆地自北向南包括渤海盆地、北黄海盆地、南黄海盆地、东海盆地、冲绳海槽盆地、台西盆地、台西南盆地、台西南盆地、台东盆地、珠江口盆地、北部湾盆地、莺歌海-琼东南盆地、南海南部诸盆地等。中国海上油气勘探主要集中于渤海、黄海、东海及南海北部大陆架。

渤海湾地区已发现 7 个亿吨级油田,其中渤海中部的蓬莱 19-3 油田是迄今为止中国最大的海上油田,又是中国第二大整装油田,探明储量达 6 亿 t,仅次于大庆油田。至 2010 年,渤海海上油田的产量将达到 5 550 万 t 油当量,成为中国油气增长的主体。

金属矿产主要为黑色金属和有色金属 2 个种类。

黑色金属:探明储量的有铁、锰、钒、钛等,其中铁矿储量近 500 亿 t,主要分布在辽宁、河北、山西和四川等省。

有色金属:凡是在世界上已发现的有色金属矿,在我国均有分布。其中,稀土的储量占世界的 80% 左右,锑矿的储量占世界的 40%,钨矿的储量则为世界其他国家储量总和的 4 倍。

铁主要分布在东北、华北和西南。铜主要分布在西南、西北、华东。铅锌矿遍布全国。钨、锡、钼、锑、稀土矿主要分布在华南、华北。金银矿分布在全国,磷矿以华南为主。

铝土矿要分布于 7 个省(市、自治区):山西、河南、广西、贵州、云南、重庆、山东,占全国总储量的 92% 左右。

另外,风能、太阳能、水能、生物质能、地热能、海洋能等非石化能源成为人类新的开发目标。据中国900多个气象台站实测资料推测,中国风能丰富,可开发风能资源超过10亿kW,居世界第一,其中陆上有2.5亿kW,沿海省份的近海离海面10 m高的风能储量约为7.5亿kW,但开发仍属空白。全国2/3以上地区年太阳辐照总量大于502万 kJ/m^2,年日照时数在2 200 h以上,陆地面积每年接受的太阳辐射能相当于24 000亿t标准煤,约为上万个三峡水电站发电量的总和。

中国节能投资公司的调查资料显示,2006年全国农村秸秆年产量为6.5亿t,2010年为7.25亿t,相当于3.5亿t标准煤;薪柴和林业废弃物资源量中,可开发量每年达到6亿t以上,折合标准煤3亿t,通过农作物秸秆直燃发电及制备乙醇汽油等生物智能的开发潜力巨大。

(二)生态环境现状

随着中国经济持续快速发展,特别是工业化进程的加快,大气环境、淡水环境、海洋环境、固体废物等方面的环境问题在我国集中体现。根据中国资源环境现状数据统计显示,由于向环境系统排放大量污染物,使得生态环境的承载负荷与日俱增,环境质量日益下降。邢颖也指出,尽管中国环保事业起步于20世纪70年代,但依然没有遏制住环境不断恶化的趋势。环境污染从看不见到看得见、从政府关注到人人自危,已经成为与每个人息息相关的生存大事。

(1)雾霾加剧

城市中的灰霾天气逐年加重。据统计,2011年,在325个地级以上城市中,空气质量超标城市的比例为11%。从2013年初开始,京津冀等北方地区日复一日地被雾霾笼罩,相关部门在空气中检测出的细颗粒物(PM2.5①),经科学数据证明,将在很大程度上导致肺癌、哮喘等疾病患者成倍增长。

(2)水体污染

一些地区地表水水质污染较重,湖泊富营养化问题十分突出,地下水超采和污染问题凸显。部分地区饮用水水源地水质安全受到威胁。

(3)土壤污染

在十一届全国人大常委会关于环境问题的专题讲座中,环境保护部原总工程师、中国环境科学学会副理事长杨朝飞指出:中国遭受重金属污染的耕地已达3 333.33万 hm^2,污水灌溉污染的耕地达216.7万 hm^2,固体废物堆存和毁田13.3万 hm^2,合计约占总耕地面积的1/5,由土壤污染派生的食品、蔬菜安全问题日益严重。

除此之外,重金属、危险废物、危险化学品和持久性有机污染物的污染问题,生态系统的退化问题,噪声污染投诉逐年上升的问题以及由环境风险引发的突发问题,时刻威胁着人们的生活甚至生命。

任何一种资源的开发和利用都给环境造成了一定的影响。能源的大量开发和利用,是造成大气和其他多种类型环境污染与生态破坏的主要原因;尽管可再生资源的利用也会对环境造成影响,但化石能源(主要是煤炭、石油、天然气)引起的环境影响是最显著的,在开采、运输、加工、利用的各个环节都会对环境产生严重影响。

在所有导致能源开发利用引起环境问题的原因中,我国的"能源利用效率低下"是核心,是问题的主要矛盾。展望今后20年,我国的能源利用效率至少要在现在的基础上再提高1倍,才能满足全面建成小康社会的需要。正视能源开发利用过程中引起的这些环境问题,积极采取各项有力措施,通过产业结构调整、产品结构调整、降低高能耗行业的比重、增加高附加值产品的比重以及居民生活用能优质化等措施,并将重点放在提高能源消费部门的能源利用效率上,最大限度地减少对环境造成的危害,努力实现我国经济、社会与生态环境的协调发展。

二、生态工业系统

生态工业系统综合地运用了工业生态学和经济生态学理论和思想,把经济增长建立在环

---

① PM2.5是指大气中直径小于或等于2.5 μm的颗粒物,也称为可入肺颗粒物。

境保护的基础上，体现了人与自然和谐相处的思想，是未来经济可持续发展的一种重要模式，所以研究生态工业园区系统有着十分重要的意义。这里，生态工业园中的"生态"已经不是狭隘的生物学概念，而是包括社会、经济、自然符合协调、持续发展的含义，是人与自然共存、共生、共荣的复合系统。2013年1月，国务院印发了《循环经济发展战略及近期行动计划》，提出"十百千"示范行动，实施十大示范工程、创建百个循环经济示范城市(县)和培育千家循环经济示范企业(园区)，为我国循环经济的发展和生态工业园区的建设提供了有力的政策条件和生存环境。

2001年，我国第一个国家级生态工业园——广西贵港国家生态工业(制糖)示范园区开始建立，随后，包括广东南海国家生态工业示范园区、山东鲁北国家生态工业园区等项目也相继开始建设。截至2014年4月，我国共批准建立85个国家级生态工业园区，其中完成建设已通过国家验收批准命名的有26个，正在建设的有59个。

根据钟佳锴等人对我国生态工业园发展现状的研究，我国生态工业园的地域分布与我国地域经济发展水平程度相协调，2011年，我国全国GDP总量为41.8万亿元，其中东部地区24.3万亿元，占比58.1%；中部地区近10万亿元，占比27.7%；西部7.6万亿元，占比18.2%。我国生态工业园的地域分布中，东部地区占据了绝大部分，在85个生态工业园中，位于东部地区的生态工业园有55个，占比达到65%。(华东地区占55个，华北地区占6个，华南地区占6个，华中占6个，东北地区占6个，西南地区占4个，西北地区占2个，见图2-3-1)

2011年，我国中西部地区GDP增长率要明显高于东部地区，随着中西部地区经济的快速增长，未来中西部地区在我国经济总量的比重将会越来越大，也意味着未来将会有更多生态工业园在中西部地区出现。东北地区未来也会是生态工业园建设的重点地域，尤其是现在资源开采进入末期，东北地区面临相当大的转型压力，急需将原有的工业园区改造成生态工业园。

虽然，中西部资源性大省具有丰富的矿产资源、煤炭资源、石油资源，并且这些资源大多处于刚刚开发阶段，其资源开发期仍然较长，为实施循环经济提供了较好的资源因素。但过度的资源开发也带来了较大的环境问题，并且由于这些省份的生态基础较为脆弱，一旦生态环境遭到破坏，生态平衡极难恢复，将造成无法挽回的影响。如何在保护当地生态环境的基础上依托当地资源优势，建立生态工业原系统，促进西部经济大开发，需要我们在实际行动之前做好完全的建设规划与预测。

在生态工业园的建设过程中，对工业生态园区进行科学规划是谋求工业系统与复合生态系统协调发展的重要内容。科学的生态工业园区规划应包含如下方面。

1)明确生态工业园区规划的目的与范围。

2)涉及生态园区规划预期要达到的经济、生态与社会目标。

3)根据生态工业园区规划的目的与目标，广泛收集生态工业园区所在区域的自然与人文资料，包括地理、地质、气候、水文、土壤、人口、交通、科技、文化等一般性资料，还包括已有工业的行业类型、数量、质量、技术、效益及对环境

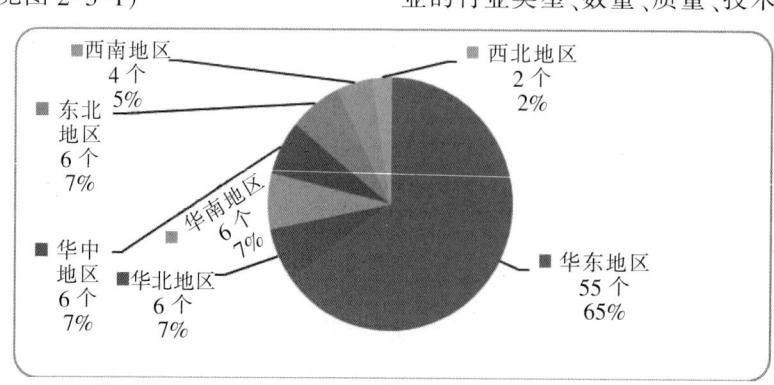

图2-3-1 中国生态工业园区域建设分布图

的影响程度。

4）根据工业规划与区域规划的特点选择园区地点，认真研究生态工业园区对当地经济、生态及社会诸方面的影响。

5）确定生态工业园区中工业企业的数量、规模、行业特色，以及工业园区内不同企业之间的"生克"关系与"生态链"等。

6）制订详细的生态工业园区阶段性计划（如年度计划）和具体的实施方案。

7）从人口、资源、环境、经济、社会等方面对生态工业园区的规划方案进行综合评价，进一步修订、完善生态工业园区的规划。

生态工业的理念已经得到党中央、国务院领导的高度重视，各级地方政府和一些大型企业不断探索生态工业的发展道路。许多大专院校、科研机构的科技工作者也在生态工业建设的理论基础、规划方法、政策支持等方面做了大量的研究工作。

本章节介绍的案例，是我国在各地推进生态工业发展的过程中遇到的一些借助当地资源优势建设生态工业园区的典型案例，希望通过对案例的分析，为我国其他资源优势地区建设生态工业园区提供有效的生态经济理论指导和经验支持。

第一节　华东资源环境与生态工业系统的案例

一、资源环境

华东为我国东部沿海至内陆一带，包括上海市、山东省、江苏省、安徽省、江西省、浙江省、福建省和台湾省8个省区。能源以煤为主，集中于鲁皖苏边区，安徽省具有一定储量的铁矿与之配合。山东矿种也较多，苏、浙、闽3省则矿产贫乏。华东海域辽阔，海洋资源丰富。华东地区相对来说属于资源匮乏区，经济发展所需资源、能源的绝大部分依靠从区域外输入，属于轻工业区，经济发展水平高，生态环境保护绩效相对于其他地区较好，而且生态工业园区的建设在全国各区也处于遥遥领先地位，占全国国家级生态工业园区建设的65%。

二、案例：鲁北国家生态工业示范园区

鲁北国家生态工业园区建设，是以循环经济和生态工业理论为指导，以稳定农业化工，优化海洋化工，扩充氯碱化工，延伸煤化工，培植石油化工为产业发展方向，加强清洁生产审核、ISO14000体系建设、工业生态支持中心、绿色园区工程等绿色管理和现代管理基础建设，以合成氨节点相对脆弱、海水利用部分关联薄弱为系统改善主要目标，以合成氨工程扩建及后续清洁燃料二甲醚生产、重油催化热裂解生产乙烯丙烯及后续关联吃氯项目、海水利用链条扩建、造纸原料林基地建设为工程建设切入点，2005年以前，投资33亿元，建设结构协调耦合工程、系统优化网络工程、总量扩张强化工程等3个大类11个项目，强化系统物种尤其是中位种之间相互关联，延伸工程代谢流程，丰富输入输出物质通道，优化系统结构，提高系统稳定度，使鲁北现有生态工业系统网化、强化、柔化、多样化，形成各系统之间中间产品、废物、能量的循环利用、紧密共生的工业生态链网，最终将鲁北国家生态工业示范园区建设成为包括磷铵硫酸水泥综合联产、海水一水多用、热电联产、煤化工、石油化工、林纸一体化在内的六大系统。2015年前后，生态工业系统规模效益凸现，园区生态环境明显改善，把园区建设成为技术先进、知识密集、管理文明、环境友好、结构和谐、系统网化的世界知名生态工业园区，创造具有广泛国际影响的生态工业园区建设和循环经济实践

的示范,带动行业和区域的可持续发展。

(一)园区简介

山东鲁北企业集团总公司(以下简称鲁北集团)前身是1977年8月创建的无棣县硫酸厂。该长从8名职工、40万元试验经费、2座黄席棚起步,发展成为拥有50亿元资产、52个成员企业、5 300名员工、占地400 km^2、横跨化工、建材、轻工、电力等10个行业的绿色化工企业。2001年,鲁北集团实现销售收入19亿元,利税3.9亿元,形成96万t硫酸、46万t磷酸二铵、72万t水泥、100万t磷复肥、6万kW热电、100万t原盐、1万t溴素、6万t氯碱的生产经营规模,跻身全国化工利税前5名和全国100家最大采盐业企业行列,成为世界上最大的磷铵硫酸水泥联产企业、全国最大的磷复肥基地和全国化肥行业经济效益最好的集团企业。

鲁北集团以石膏制硫酸联产水泥等关键链接技术的研发产业化为基础,多年来自发培育、形成了磷铵硫酸水泥联产、海水一水多用、盐碱电联产3条高度相关的生态工业链,以工业技术集成获得的生态重组优势和综合聚集效能为内在驱动力,不断推动生态工业系统的完善发展、进化演替,完成了由传统的重污染行业、"夕阳产业"到"绿色产业"的战略转变。鲁北生态工业系统结构特征与自然生态系统具有较好的可比性,已经不是传统意义上的资源——废物排放的、开放型的、线形的物质流动过程,而是整体半开放、局部封闭的准循环物质流动模式,是全世界为数不多、具有多年成功运行经验、复合实体共生、自发企业类型的工业生态系统代表。

(二)园区建设意义

鲁北生态工业系统是我国乃至世界上为数不多的、具有多年成功运行经验的典型之一,是我国企业紧密共生类型的生态工业体系的代表。建设鲁北国家生态工业示范园区,不但有利于鲁北集团自身的发展,是鲁北工业生态系统提升和完善的内在需要和必然趋势,而且可以在区域、行业更大范围内促进资源综合利用、高效利用,引导绿色化工导向和可持续发展,为我国乃至国际生态工业园区建设和循环经济发展树立典范。

在现有生态工业雏形基础上,系统总结、提炼生态工业系统建设和运行经验,依据循环经济理念和工业生态学原理,依托资源区位优势和科技产业支撑,建设鲁北国家生态工业示范园区,具有十分重要的理论和实践意义,也是充分可行的。这是鲁北生态工业系统提升和区域持续发展的内在要求,可以引导绿色化工导向和资源高效利用潮流,树立生态工业园区建设和循环经济实践的典范,促进传统工业的生态重组和生态转型,使工业生态建设不断从点到面、从理论走向实践、从自发走向自觉,建立具有中国特色的新型工业发展模式。

(三)园区建设有利条件

鲁北集团在多年来的生产实践中,依托当地的资源和区位优势,依靠绿色科技产业化,已经自发地形成了3条主要生态工业链条,具备建设国家生态工业园区的基础条件。

1.生态工业基础

鲁北集团内部各个工厂、车间,由集团统一管理,资源、能源的利用由集团统一调配,已经形成了具有密切联系的紧密型生态工业群落、复合共生实体。该园区已经通过环境管理体系的认证,正在进行清洁生产审核。生态工业基础初具规模,管理制度完善,环保意识到位,管理经验丰富,运行机制高效,综合效益明显,企业形象独特,生态文化鲜明。这是鲁北生态工业系统建立并长期运转的有利条件之一,也是建设鲁北国家生态工业示范园区的有利条件。

自1997年以来,鲁北集团开展二次创业,在鲁北科技城(现鲁北生态工业园区选址)400 km^{2}土地上开展了大规模建设,建立了省级鲁北科技专利园。2000年,滨州市人民政府批复建设成鲁北高新区,经过2年的运行,在生态科技、高新技术开发等方面已经取得了长足发展,拥有一定的科技实力和丰富的园区管理经验。2002年8月27日,山东省环保局批复同意山东鲁北企业集团总公司建设省级生态工业园,这些都为园区建设奠定了较好的基础。

2.资源区位优势

园区所在地山东省无棣县,位于山东省最

北部,濒临渤海,西北与河北省的黄骅、海兴交界,既是黄河经济带的重要组成部分,又是环渤海经济圈中重要一环,同时也是实施建设"海上山东"战略的北部要塞。

园区有较好的资源优势。园区滩涂广阔,有较长的海岸线,有取之不尽、用之不竭的海水资源,有已经建成投产的百万吨盐厂和热电厂,有已经打成并封井的80多口石油和天然气井,有西煤东运至黄骅港的下海煤,这些都为园区的建设和进一步发展提供了良好的资源基础。

3. 科技产业支撑

鲁北集团坚持"把企业建在科技创新基础上"的发展思路,先后建立了化工、建材、轻工、电子、水产、食品6个研究所,1个绿色化学研究院和高新技术攻关部,配套建成与其相衔接的6个中试基地,创建了省级和国家级企业技术中心。近几年来,技术开发投入资金超过2.8亿元,先后创造了50余项重大科研成果,并全部实现产业化,历经"六五"科技创业、"七五"成果产业化、"八五""九五"工程放大与生产技术配套联动,获12项发明与实用新型专利,超过75%的营业额和大约85%的盈利均来自于新技术的应用和产品的开发成功,走出一条起步于科研、腾飞于科技成果产业化的道路。

结合自身的科技产业优势、经济实力以及当地的资源优势,鲁北集团正在发展壮大,并正按照"国内膨胀发展、国外合资合作、创建跨国公司"三步走的战略方针,努力实现"在鲁北建设山东第二大化工基地"的目标,以科技产业优势支撑生态工业园区建设,必将实现经济效益、环境效益和社会效益的有机统一。

三、总体设计方案

(一)园区系统分析

1. 生态工业雏形

(1)磷铵硫酸水泥纵向主链

1982年6月,鲁北集团石膏制硫酸联产水泥装置投入试验性生产,首创了半水流程工艺和高饱和比、高硅酸率值,攻克了"大窑结圈"等10项技术难关。1985年6月,磷铵硫酸水泥生态工业链(以下简称"PSC")及其产业化已经基本完成。此后,经过窑外热分解等不断的技术改造和强化,PSC工业生态链日趋完善。

鲁北集团成功将30万t磷铵、40万t硫酸、60万t水泥3套生产工艺有机结合,磷铵生产过程中的磷石膏废渣全部用于制硫酸,同时联产水泥,硫酸全部返回用于磷铵生产。该纵向主链仅利用磷矿石为主要原料,避免了生产硫酸的硫铁矿以及生产水泥的石灰石矿两大矿山的开采,消除生产磷铵排放的磷石膏废渣、生产硫酸排放的硫铁矿渣2种污染,生产磷铵复肥、硫酸、水泥3种产品,有效地解决了磷石膏废渣制约磷复肥工业发展的世界性难题,又开辟了硫酸工业和水泥生产新的原料路线,磷石膏和硫酸都构成了从源到汇再到源的纵向闭合。鲁北PSC纵向生态工业株连生产流程见图2-3-2。

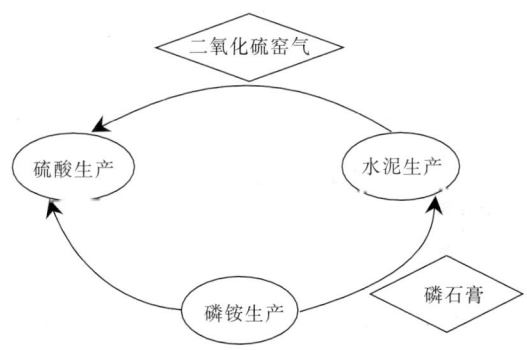

图2-3-2 鲁北PSC纵向生态工业主链生产流程

(2)海水一水多用纵向主链

为了补充PSC生产链中的原料,解决二氧化硫的排放问题,鲁北集团抓住"开发黄河三角洲"和"建设海上山东"机遇,冲破传统单一制盐模式,实施"盐、碱、化、养"一体化,多线条、深层次滚动开发,使海水在蒸发、净化过程中,通过合理的分布调节,实现理论组配,形成了多级循环利用海水资源又不污染海洋、盐石膏和苦卤,实现了废物循环利用的"一水多用"格局和综合开发利用模式。

在占地1.54万hm²的鲁北盐场、70 km²的潮间带上,鲁北集团利用3 333.3 hm²水面的初级卤水(海水),建成了孵化、育苗、放养、加工一条龙的养殖公司；海水经蒸发成为中级卤水，流动到溴素厂提取溴素(1 万 t/a)，并进行高附加值的优秀系列产品的开发；对海水的第三级利用是在 24°Bé 条件下生产副产盐石膏，盐石膏可以作为生产水泥和硫酸的原料；饱和卤水晒盐，将海盐进行深加工制成精制盐和加碘盐；部分饱和卤水直接作为离子膜烧碱的原料用于烧碱生产，建成 6 万 t 离子膜烧碱和氯产品深加工生产线；对苦卤资源进行钾、镁产品的提取加工，用来制取硫酸钾和氯化镁，苦卤"废水不废"，消除海洋污染，实现了"初级卤水养殖、中级卤水提溴、饱和卤水制盐、盐碱电联产、高级卤水提取钾镁、盐田废渣制水泥"的良性循环。鲁北海水一水多用纵向生态工业主链见图 2-3-3。

3) 盐碱电联产横向主链。鲁北集团以盐碱

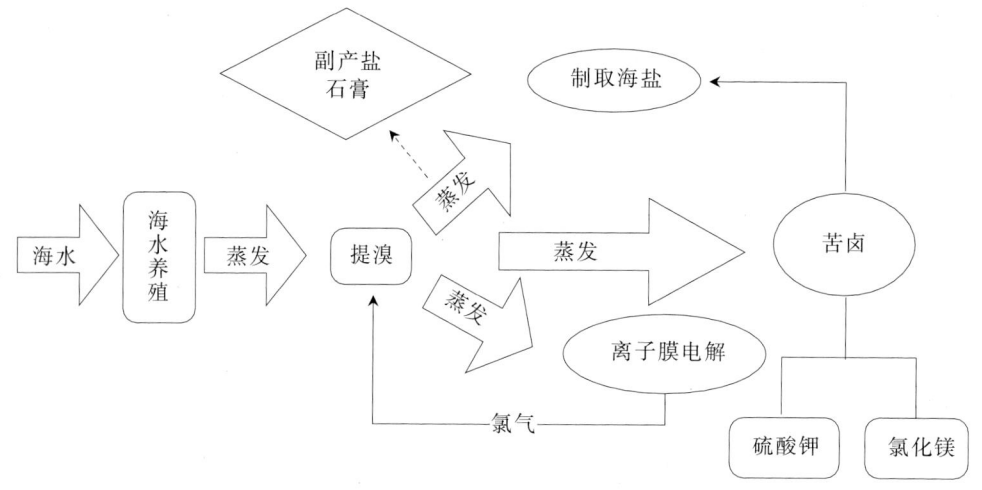

图 2-3-3　鲁北海水一水多用纵向生态工业主链

电综合联产工艺构成 PSC 产业链和海水一水多用链之间的横向耦合，沟通两大纵向链之间的热电能量流、废物流、物质流；以煤矸石、劣质煤为原料，采用循环流化床燃烧生产过热蒸汽，蒸汽冲动汽轮机旋转发电，构成热电联产；蒸汽在汽轮机内做功后，剩余蒸汽被抽出，作为烧碱厂、磷铵厂、合成氨工艺用汽和采暖用汽；以海水作为热电厂的冷却用水；饱和卤水不经传统的制盐、化盐工艺直接用于离子膜电解，余热回用；电力一部分为本厂自用，其他分别被送往 PSC 链条中各厂、碱厂、盐场、水泥厂、合成氨、"15.20.30"放大工程等；热电厂等排放的炉渣等作为混合材生产水泥。鲁北热电联产横向生态工业主链见图 2-3-4。

以一横二纵生态工业链为基本框架，构成了如图 2-3-5 所示的鲁北现状生态工业链网总图。

磷铵硫酸水泥联产、海水一水多用和热电联产 3 个系统是鲁北生态工业系统的骨架，并与氮磷钾复合肥、合成氨、盐酸等关联节点物质有机沟通系统内的物质流、能量流、非物质

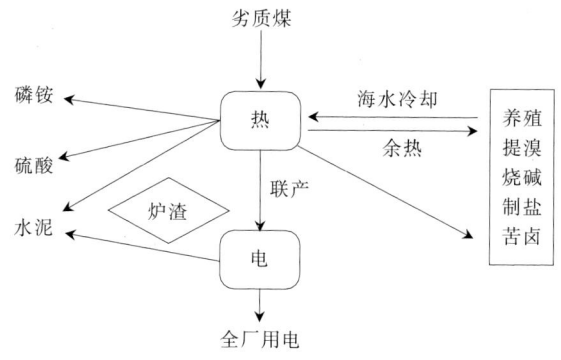

图 2-3-4　鲁北热电联产横向生态工业主链

和海水流 4 种主要关系。在鲁北生态工业系统中，以热电联产、海水冷却和余热利用、蒸汽和电的合理利用和梯级利用为中心，构成了能量流；以二氧化硫回用于海水提溴以及石膏、炉渣等回用于制硫酸联产水泥为中心，构成了各产业链之间的废物利用关系；以合成氨、硫酸、氯气为中心，构成了系统内基本的物质流，海水流则贯彻整个海水一水多用流程，共同形成了以化学紧密共生关系为主的生态工业系统。

2. 结构分析

按照系统生态学理论，考虑具有紧密关系

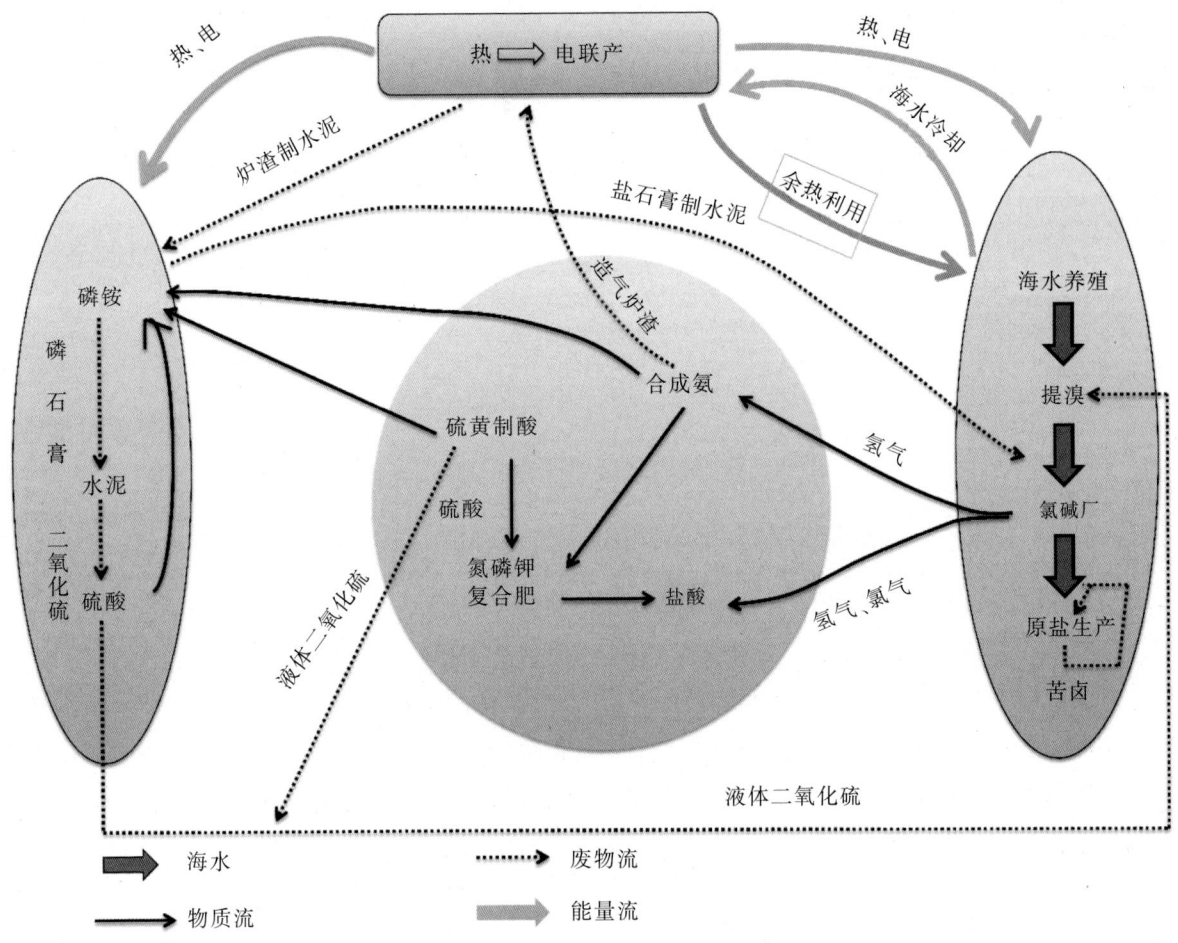

图 2-3-5 鲁北现状生态工业链网总图

的化学反应(捕食关系),根据各物种成员在鲁北工业生态系统中所处的位置和作用不同,将系统成员分为基位种、中位种、顶位种3类18种。其中,基位种主要有磷矿石、氯化钾、硫黄、烟煤、海水等5种,是工业生态系统的生产者;中位种主要有硫酸、液体二氧化硫、石膏、磷酸、合成氨、氢气和氯气等7种,中位种兼有生产者和消费者的功能;顶位种主要有硫基氮磷钾复合肥(S-NPK)、水泥、磷铵、盐酸、溴和氢氧化钠等6种,是工业生态系统的消费者。

基位种、中位种、顶位种3类不同功能的物种之间相互协调、相互作用,形成了如图2-3-6所示的鲁北生态工业系统结构,共同维持系统的稳定运行。与稳定的自然生态系统对比后发现,正是由于鲁北生态工业系统结构特征与自然生态系统具有较好的可比性,所以鲁北已经不是传统意义上的资源—废物排放的开放型、线形的物质流动过程,而是整体半开放、局部封闭的准循环物质流动模式,并可以在如下方面进一步演替进化。

1)磷铵硫酸水泥联产系统内部各物种联系较为紧密,硫酸、石膏的链接数为6,远大于氢气和氯气的链接数3,反映出海水一水多用系统内部物种联系需要加强,尤其是需要匹配与中位种氯气和氢气之间的关联物种。

2)基位种、中位种、顶位种三者的比例为 0.278:0.389:0.333;与稳定的自然生态系统中三者的比例(0.189 6:0.525 1:0.285 3)相比,鲁北生态工业系统中,经济上可行的中位种偏少。

3)被捕食物种个数与捕食者产品个数比例为0.92;与自然生态系统中的0.88相比,鲁北生态工业系统中捕食者相对较少。

4)系统内基位种—中位种、基位种—顶位种、中位种—顶位种、中位种—中位种4类链接数比例为 0.285:0.143:0.393:0.179。自然生态 0.274:0.077:0.348:0.301,中位种—中位种链接较少。

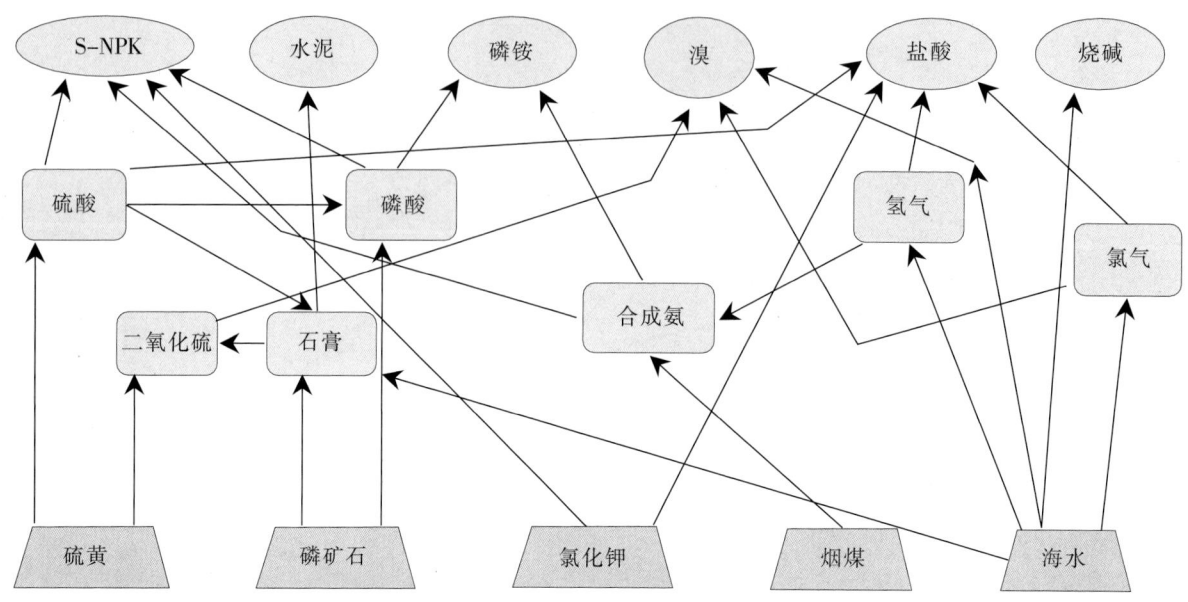

注：图中二氧化硫为液体二氧化硫；氢气由电解制得，仅限化学关系

图 2-3-6　鲁北生态工业系统结构

5）系统链节密度为 1.56，自然生态系统链节密度为 1.855 9。与自然生态系统的相比，鲁北生态工业系统中，各物种间的联系程度仍有待加强。

3. 影响程度辨识

按照鲁北工业生态系统物质通量的相互关系。得到中位种对最终产品影响关系如表 2-3-1 所示。

各中位种对 8 个最终产品的影响之和为该物种的影响值。可以看出，对鲁北工业生态系统最终产品影响最大的 3 个中间节点物质为合成氨（6.240 1）、硫酸（6.220 7）、磷酸（5.655 5）。

结合各产品销售价格，影响鲁北集团经济效益最大的中间产品为硫酸。这 3 个中间节点物质的生产和供应如果发生问题，对整个工业生态系统中水泥、磷铵、盐酸、复合肥、溴素、烧碱、硫酸、氯气的生产和整个系统的物流平衡、稳定持续运转产生严重的影响。需要采取合理可行的技术措施，提高硫黄制酸工艺对整个硫酸供给的保障程度，增加硫酸、磷酸的仓储容量，使合成氨的输入、输出平衡且多样化，减缓中位种对系统的影响程度。

4. 柔性分析

根据鲁北工业物流通量情况，按照辛普森多样性指数计算，得到主要的中位种液体二氧化硫、硫酸、石膏、氯气、氢气、合成氨、磷酸的刚度分别为 0.52、0.25、0.48、0.41、0.84、0.43、0.31。

可以看出，除氢气外，其他中位种物质具有较好的柔性，如果某一物质的某一通道受到影响，系统可以通过自身调节将相应的影响、冲击缓解、减小，有利于企业建立灵活多样、面向市场和环境调整变化的生产结构和体制。

表 2-3-1　鲁北工业生态系统中位种关系影响表

项目	水泥	磷铵	盐酸	复合肥	烧碱	溴素	硫酸	氯气
二氧化硫	0.005 1	0.013 1	0.040 2	0.013 1	0.254 7	1.000 0	0.013 1	0.254 7
石膏	1.000 0	0.530 7	0.446 9	0.530 7	0.101 3	0.401 5	0.530 7	0.101 3
硫酸	0.888 9	1.000 0	0.842 1	1.000 0	0.251 4	0.986 9	1.000 0	0.251 4
磷铵	0.907 0	1.000 0	0.694 7	1.000 0	0.207 4	0.814 1	0.824 9	0.207 4
合成氨	0.888 9	1.000 0	0.126 3	1.000 0	0.800 0	0.800 0	0.824 9	0.800 0
氢气	0.045 6	0.050 2	0.157 9	0.050 2	1.000 0	1.000 0	0.027 6	1.000 0
氯气	0.045 6	0.050 2	0.157 9	0.050 2	1.000 0	1.000 0	0.027 6	1.000 0

氢气刚度较大、柔性小,受原料和产品供应、销售、价格等方面的影响较大。应在经济技术可行的基础上,协调或新增氢气的生产,通过大力发展关联氢气产品,如有机化工、石油化工,增加氢气的利用方向,提高氢气输入、输出多样性。

根据各物质分别表现出的刚度,并按照各物质的影响程度大小将各物质的刚度转换到对硫酸的影响进行均一化,可以得到整个系统的刚度。计算出中间节点物质液体二氧化硫、硫酸、石膏、氯气、氢气、合成氨、磷酸表现的系统刚度分别为 0.006 8、0.250 0、0.254 9、0.011 3、0.023 3、0.356 4、0.258 7。可见,合成氨的输入、输出波动对鲁北生态工业系统的影响程度最大,直接影响系统的稳定性和持续运行。

(二)发展方向

根据鲁北集团实际,结合生态工业基本原理,未来鲁北生态工业系统将着力在如下几个方面寻求完善和突破。

1)合成氨节点刚度大、多样性小、对工业生态系统影响最大,而且合成氨本身在系统内输入输出没有实现平衡。因此,以合成氨扩建工程为突破口,增加合成氨生产规模,解决系统匹配问题,并结合合成氨装置气头的改造以及合成氨生产过程中副产物一氧化碳和二氧化碳的综合利用,一步合成生产清洁燃料二甲醚,带动氢气的利用,逐步介入和发展煤化工。

2)在生态工业系统结构中,海水综合利用产业链明显薄弱,因此,未来在稳定 PSC 产业链、提升产品品质的基础上,着重开展海水一水多用产业链的强化,增加海水一水多用产业规模,大力发展从卤水提溴和溴系列精细化工,围绕氢气、氯气、烧碱等中间产品的合理利用,大力发展关联吃氯项目,做到两大产业主链之间的基本匹配和海水产业链条的自身耦合。

3)以在建项目重油催化热裂解生产乙烯和丙烯项目为依托,生产聚氯乙烯和环氧丙烷,综合利用氯气,大力发展氯碱化工、石油化工、海洋化工之间的有机结合,增强系统内部尤其是海水利用分系统的稳定性。

4)结合区域环境改造和园区绿色形象工程的建设,大力开展植树造林,建设造纸原料林基地,进行盐碱地改造,逐步实施林纸一体化工程,形成鲁北工业生态系统新的产业链条。

在稳定、发展农业化工、氯碱化工、海洋化工的同时,依托资源、产业、科技基础,积极准备,鲁北国家生态工业示范园区的近期发展方向如下。

1)石油化工。依托现有产业基础,借助黄骅港码头建设,充分利用当地丰富的石油和天然气资源,通过资产重组,建设石油化工装置,进行后续产品加工和精细化学品生产,形成石油化工和有机化工产业,大力发展氯气和石油气相结合的合成树脂,形成 100 t/a 的合成树脂生产能力。环氧丙烷项目是园区氯碱工业和乙烯丙烯一体化的代表项目,还可以发展多种用途的混合料和专用料精细有机氯产品,生产氯乙烯、氯乙烷、氯甲烷、氯化聚合物(氯化橡胶、氯化聚乙烯、氯磺聚乙烯等)、聚氨酯醚多元醇、漂粉精、二氧化氯,实现产品的系列化和精细化,培育鲁北未来的经济增长点。

2)煤化工。利用黄骅港下海外运煤,进行煤气化、煤焦化技术研究,在园区发展适当规模、产品关联强的煤化工。先期生产甲醇和醋酸,启动现代煤化工生产。在建设 30 万 t 合成氨配套尿素生产装置的同时,建成 10 万 t/a 甲醇装置,开发生产甲醛、甲酸甲酯、甲酰胺、碳酸二甲酯、甲基叔丁基醚等碳一及下游产品;建成年产 20 万 t 醋酸的酸酐装置,并以此发展碳二产品;采用洁净煤发电,发展城市煤气,搞好焦油加工,配套苯、酚等产品的分离装置,发展精细化工。

3)林纸一体化。依托鲁北氯碱、热电等产业优势,结合当地原料情况,培育速生丰产林,从建设育苗基地开始,一期造林 4 万 hm^2,逐年达到 10 万 hm^2 的林场面积,形成原料林基地,相应开发新闻纸等优质品种,建设年产 50 万 t 纸浆生产装置,形成年产 70 万 t 纸的生产能力,并配套副产酒精。

另外,园区还重点引导和强化清洁生产技术、信息电子、海洋生物、新材料技术与新能源、高效节能技术等主导产业领域的发展。

(三) 系统框架

根据规划项目和发展项目，通过实施上述重点建设项目，未来鲁北生态工业系统主要有 29 个物种，其中，基位种 7 个，中位种 13 个，顶位种 9 个。

以磷铵硫酸水泥联产系统、海水一水多用系统和热电联产系统 3 个系统为基础，通过规划项目的实施，培育石油化工、煤化工以及林纸一体化 3 个系统，使园区内的物质流、能量流、废物流和海水更加完善、协调，共同构建了未来园区的整体框架。

在未来的生态工业系统中，通过扩建热电工程、热电用于林纸一体化和重油催化热裂解，完善能量流；通过扩大海水利用流程的产品生产规模，进一步提高海水的利用效率。在原有废物流和物质流的基础上，着力提高合成氨、氯气、林纸、环氧丙烷等节点物质的耦合性能，提高系统稳定程度。

新增的主要生态工业链条介绍如下。

煤化工系统：新增尿素生产链条，将一部分氨用于生产尿素，增加化肥品种的多样性；在合成氨生产过程中副产一氧化碳用来生产二甲醚；二甲醚作为一种清洁燃料，减少了传统燃料燃烧时对大气环境造成的影响；合成氨过程中产生的造气炉渣回用于热电场中的燃煤。同时，保留了副产物二氧化碳，可进一步利用以及进一步发展煤化工的基础条件。

石油化工系统：对重油进行裂解催化裂解生产乙烯和丙烯，这 2 种产品都是石油化工行业中重要的生产原料；丙烯和氯碱厂中的氯气、氢气、烧碱以及盐酸进行合成氯丙醇；采用绿色工艺将氯丙醇合成环氧丙烷，实现了原子节约；在合成环氧丙烷过程中产生的皂化废水还可回用于氯碱厂中氯气和烧碱的生产；废水蒸出的水分可以用于盐酸等生产工艺。同时，利用丙烯和乙烯以及氯气可以进一步进行多种石化产品的合成。

林纸一体化系统：氯碱厂中的氯气和烧碱用于各类纸产品的漂白；在制浆过程中产生的大量黑液可以回用；海水在经过各级利用后可用来进行造纸林的灌溉；经过处理后的工业废水也回用于造纸林的灌溉；通过种植大量造纸林改善了当地的生态环境。

另外，在园区中，其他各系统都进行了一定程度的完善。如：PSC 系统在稳定现有生产规模的前提下进一步完善技术细节，提高原料的利用效率以及磷石膏、炉渣、二氧化硫等废物的转化率；热电联产扩大规模，以保障园区内各生产环节的用电需求，并且可适当地向园区外部的生产区和居民区提供用电；进一步加强对海水的利用能力，提高烧碱、氯气、原盐、溴系列产品以及钾、镁盐的生产规模，以提高资源的利用率，实现规模匹配，其中钾镁盐可用来进一步生产多功能复合肥；扩大苦卤综合利用规模，形成规模效益；丰富化肥产品的种类，新增多功能复合肥的生产，引导生态农业的实现。

鲁北集团建设国家生态工业示范园区的同时，也对区域生态环境做出了巨大的贡献。例如通过造纸林的生物排水抑制蒸发，提高湿度、改良土壤结构、加强淋溶作用来改良盐碱地。通过采用对盐碱地施用磷石膏，盐碱地中的钠离子被石膏中的钙离子代换，起到改良盐碱地的作用。另外，石膏中还含有磷、硅、硫等微量元素，又能补充盐碱地作物的缺素症和亚铁毒害等病害，对当地的盐碱地改造做出了巨大的贡献。

(四) 建设发展目标

1. 总体目标

以循环经济和生态工业理论为指导，稳定、提升、完善现有的生态工业雏形，增加氯气、合成氨等网络节点物质柔性和耦合关联程度，扩充海水一水多用产业链，逐步发展煤化工和石油化工，实现盐化工、煤化工、石油化工的有机结合，延伸产业链条，使总量扩张、结构优化、系统稳定。

2005 年，稳定、提高、完善现有二纵一横生态工业系统，培育林纸一体化、石油化工、煤化工产业链雏形，初步建成以大型化工基地为表征的国家生态工业园区。

2015 年前后，生态工业系统规模效益凸现，园区生态环境明显改善，把园区建设成为技术先进、知识密集、管理文明、环境友好、结构和谐、系统网化的世界知名生态工业园区,创造具有广泛国际影响的生态工业园区建设和循环经济实践的示范,带动行业和区域的可持续发展。

2. 具体指标

上述总体目标可以分解为生态环境、生态管理、生态网络、经济效益、科技进步等5个方面的具体指标。

(1) 生态环境指标

园区植被覆盖率明显提高,园区绿化覆盖率不低于40%,废水、废气、废渣的治理率达到100%,园区主要污染物排放总量控制在当地政府规定的总量控制指标内和环境容量内,排放总量不随工业总产值的增加而增加。2015年,园区的整体生态环境质量进一步提高,主要污染物排放量在2005年排放水平上再下降20%。

(2) 生态管理指标

2005年,园区建设成为ISO14000环境管理体系示范区,管理水平明显提高,园区通过并实施清洁生产审核,建设生态工业支持中心,生态系统健康协调运转。2015年,通过园区带动,区域社会、经济、环境初步实现协调发展。

(3) 生态网络类指标

2005年,合成氨和氯气的柔性提高,海水产业部分的关联程度明显提高,系统结构匹配和谐;2015年初步形成石油化工、煤化工、林纸一体化的产业链条,系统的多样性和稳定性明显提高。

(4) 科技进步指标

科技及产业化水平稳步提升,技术进步水平明显提高。2005年,精细化工和高新技术及新兴产业的比重提高到50%以上,研究与发展资金投入占企业销售收入6%以上,技术进步贡献率达到65%,园区单位工业增加值能耗水平低于国家同行业平均水平30%,园区单位工业增加值水耗水平低于国家同行业平均水平30%;2015年,整体技术装备达到国际2010年左右水平,主要产品生产技术装备达到当时国际水平。园区单位工业增加值能耗水平低于国家同行业平均水平40%,园区单位工业增加值水耗水平低于国家同行业平均水平40%,园区企业废水重复使用率不低于90%。园区固体废物资源化比例不低于95%。

(5) 经济效益指标

产品规模总量增加,经济效益显著,生态工业效益得到明显体现。到2005年,年实现销售收入60亿元,利税15亿元,主要产品年生产能力:复肥200万t、磷铵46万t、硫酸100万t、水泥90万t、原盐150万t、溴素2万t、溴制品1.6万t、烧碱25万t、环氧丙烷3万t、热电16万kW·h、合成氨30万t。到2015年,年实现销售收入280亿元、利税80亿元;主要产品年生产能力:复肥200万t、磷铵50万t、硫酸100万t、水泥90万t、原盐150万t、溴素2万t、溴制品1.6万t、烧碱40万t、环氧丙烷3万t、热电30万kW·h、合成氨30万t、合成树脂100万t、纸和纸制品70万t。

(五) 规划汇编依据

本规划编制主要有以下依据。

1) 原国家环境保护总局,《国家环境保护"十五"计划和2010年目标纲要》,2000年12月。

2) 山东省环境保护局,《山东省"十五"环境保护规划》,2001年。

3) 山东省环保局,《关于山东鲁北企业集团总公司建立"国家级生态工业园"的请示》(鲁环发〔2002〕256号),2002年8月26日。

4) 山东省人民政府,《山东省国民经济与社会发展第十个五年计划纲要》,2001年。

5) 山东省滨州市人民政府,《山东省滨州市人民政府国民经济和社会发展第十个五年计划纲要》,2001年。

6) 山东省滨州市环保局,《山东省滨州市"十五"环境保护规划》,2001年。

7) 山东鲁北企业集团总公司,《"十五"发展规划及2015年远景目标》,2001年。

另外,规划编制还参考了《化肥行业"十五"计划》《石化企业"十五"计划》《造纸工业"十五"计划》《鲁北集团PSC工程竣工验收报告》以及各项目的环境影响评价材料、可行性研究报告等。

第二节 华南资源环境与生态工业系统的案例

一、资源环境

华南包括广东省、广西壮族自治区、海南省（包括南海诸岛）、香港特别行政区、澳门特别行政区，华中则包括河南省、湖南省、湖北省。区内以有色金属居优势，湖南和赣南的钨、湘中的锑、湘南、湘西的铅、锌及赣东北的铜矿在全国均负盛名。能源方面，水力蕴藏丰富，占全国的13.8%。煤则集中于河南省。广西壮族自治区、河南省的铝土矿储量也很丰富。

二、案例①：贵港国家生态工业（制糖）示范园区

贵港国家生态工业（制糖）示范园区地处贵港市中心城区，是全国第一个批准设立的循环经济试点园区，2001年8月原国家环境保护总局正式批准并对示范园区进行授牌。

贵糖集团发展了以甘蔗为龙头，造纸、酒精、轻质碳酸钙综合利用为主导的多元化生产经营模式。制糖生产过程中产生的固体废物——甘蔗渣、废糖蜜分别作为造纸、酒精的生产原料，造纸纸浆实行碱回收，酒精废液盛产甘蔗专用有机复混肥。贵糖集团已经形成了以甘蔗制糖为核心，甘蔗—制糖—废糖蜜制酒精—酒精废液制复合肥，以及甘蔗—制糖—蔗渣造纸—制浆黑碱液回收2条主线的工业生态链；此外还形成了造纸中段废水回用于锅炉除尘、脱硫、冲灰，造纸白水回收纤维后循环使用，酒精发酵过程产生的二氧化碳、轻质碳酸钙等副线工业生态链。这些工业生态链利用上游生产过程中产生的废弃物作为下游的生产原料，使废弃物得到充分利用，既节约了资源，又把污染物消除在工艺过程中，从根本上解决了工业"三废"污染问题，不但有效地治理工业污染，降低末端治理费用，而且提高了企业的经济效益和环境效益。

贵糖集团生态工业雏形的成功实践给我们的启示就是：各生产单元之间建立工业共生网络，将此产品生产过程中排放的污染物作为彼此产品的生产原料，形成工业生态链，实现生产过程物质循环利用以及污染物排放最小化，有效地保护生态环境。

（一）贵港市简介

贵港市位于广西壮族自治区东南部，是华南最大的内河港口新兴城市，也是新崛起的西江经济走廊中的一个颗明珠。

贵港市属南亚热带季风气候区，气候温和，雨量充沛。由于大部分土地位于北回归线以南，因此太阳辐射较强，光热充足。

贵港市以其优越的自然条件给甘蔗的种植和生长提供了良好的环境。全市有蔗区2.32万hm²，平均每公顷产0.23~0.27 t，是我国重要的甘蔗生产基地。充足的甘蔗资源成为贵港市的特色资源，同时也构成当地经济发展的重要基础。

贵港市制糖工业有力地拉动了当地经济的发展，贵港市形成了以制糖工业为导向的产业经济状况。

贵港市制糖企业有5家，即贵糖（集团）股份有限公司、贵港甘化股份有限公司、桂平糖厂、平南糖厂和西江糖厂。其中，贵糖集团是当地最大的制糖企业，同时也是全国规模最大、资源综合利用最好、效益比较显著的企业。

多年来，贵港以甘蔗种植业为基础，以制糖为先导，带动造纸业和酒精业。甘蔗种植业、制糖业、造纸业和酒精业已发展成为制糖工业的主要组成部分。

制糖工业及其辐射带动的产业产值在全市GDP中约占33.8%。贵港市约30%的人口从事

与制糖工业及其辐射带动的产业相关的活动。

(二)贵港国家生态工业(制糖)示范园区建设的目的与意义

1. 制糖行业面临严峻挑战

至2000年,全国糖业已连续4个榨季亏损,累计亏损额近100亿元,企业生产经营十分困难,行业陷入困境。

我国制糖工业的困难和问题,主要表现在以下几个方面。

(1)结构性污染严重

构成制糖工业的制糖、造纸、酒精等生产过程,都是我国传统的污染大户。由于绝大多数制糖企业规模小、技术水平低,综合利用水平很低。有些企业虽然采用酒精、造纸等生产工艺来处理制糖过程中产生的废物,但综合利用规模较小,不能全部利用制糖过程中产生的废物;而且多数技术水平较低,在造纸和酒精生产过程中又产生了大量很难处理的污染物,无法解决制糖工业存在的结构性污染问题,因而面临停产和被关闭的局面。

以广西为例,年入榨甘蔗超过3 000万t,甘蔗制糖过程中产生废糖蜜约100万t,蔗渣约330万t。废糖蜜绝大多数用来生产酒精,可生产20多万t酒精,同时产生酒精废液310万m^3。广西境内90%以上制糖企业产生的酒精废液只经过简单处理甚至未经处理就直接排放,而酒精废液中化学需氧量高达每升十几万毫克,对河流造成严重污染,成为当地主要的污染负荷。蔗渣用来制浆造纸,与用作燃料相比提高了蔗渣的利用价值,但是碱法制浆过程中产生大量黑液,小造纸厂或将黑液直接排放,或虽有处理措施,也是时开时断。

(2)区域性污染严重

多年来,我国制糖厂低水平重复建设,形成了数量多、规模普遍偏小、布点分散、生产集中低的局面。其中日处理糖料1 500 t以下的糖厂359家,占糖厂总数的67%;日处理糖料500 t以下的糖厂90家,占糖厂总数的17%。

在糖厂副产品综合利用方面,我国许多糖厂都存在小而全的弊端。糖厂本身规模小,其副产品综合利用的规模更小,远没有达到相关行业的合理经济规模,而且技术落后,生产效率低,质量差,消耗高,经济效益不好,所以产生的污染难以治理,环境问题非常突出。

广西糖厂星罗棋布,共有104家。平均计算,每家糖厂日处理甘蔗2 170 t。由于小糖厂分布十分分散,而它们又难以依靠自身的力量处理产生的污染,所以造成了严重的区域性污染,而且很难集中治理。

(3)制糖技术装备落后,劳动生产率低

国外多采用田间糖厂生产原料糖,原料糖送至精炼糖厂,集中精炼为品牌糖的方法,而我国大多数糖厂既生产原料糖,又生产精炼糖。国外糖厂已广泛使用了先进、高效的糖机设备,而我国,由于糖厂规模小,大大限制了大容量先进设备的采用,糖厂的技术装备水平只相当于20世纪六七十年代的水平。再加上我国糖厂管理不善,营销薄弱,使国内外糖厂的差异愈见明显。以按实物量计算和按产值计算的劳动生产率为例,我国与欧盟分别相差50倍和100倍。

(4)原料蔗生产集约化程度低,甘蔗单产和含糖分低

我国原料蔗种植分散度大,经营规模小。以广西为例,全区原料蔗生产主要靠个体农户小规模经营,3.3 hm^2以上专业户的种蔗面积仅占13%,而国外一般每个农户种植几十公顷蔗田。

制糖业与种蔗业尚未形成前向产业化链接。80%的蔗料由蔗农小生产化种植,主要依靠传统耕作,品种改良速度缓慢,品质不高;栽培方式分散落后,机械化程度低,单产和含糖分与世界先进水平相比差距很大。例如原料蔗每公顷产0.23~0.27 t,糖分含量在13%左右,而国外(例如美国、巴西、澳大利亚等)每公顷产0.8 t,糖分含量为15%。

2. 贵港市制糖工业面临的挑战

主要表现在以下5个方面。

(1)制糖工业成为贵港市最大的污染源

贵港市5家糖厂排放的工业废水接近贵港市排放总量的80%,化学需要氧量排放量占总量的80%以上,工业废气、悬浮物、烟尘和二氧化硫等污

染物排放量在总量中都占有相当大的比重。制糖工业在成为贵港市支柱产业的同时,也成为贵港市最大的污染源。

(2)制糖生产工艺落后,产品科技含量低

甘蔗制糖为传统行业,工艺水平和技术水平的更新速度十分缓慢。贵港市 5 家制糖企业中,只有贵糖集团采用碳酸法生产工艺,其余 4 家均采用亚硫酸法。亚硫酸法制糖产品含硫量高、质量不稳定、易返黄、档次低,无法适应市场上日益明显的对高质量和多元化产品的需求。

(3)产业结构不尽合理

贵港市制糖工业结构不尽合理主要表现在 3 方面:制糖企业以中小型规模为主,与市场经济要求的规模经济效益不相适应;造纸和酒精生产能力偏低;糖业与农业结合不紧密,尚未形成前向产业化链接,蔗农依靠传统耕作,小规模分散种植,单产和含糖水平与世界水平相比差距较大,原料供应还存在很大的风险。

(4)产品整体综合利用水平低

从总体上讲,贵港市制糖后向产业化发展差,产品结构单一,与多元化的市场需求不相适应。贵港市 5 家主要制糖企业中只有贵糖集团和桂平糖厂利用废弃物同时生产纸张和酒精,且桂平糖厂的生产规模还较小,其余 3 家企业只进行酒精的生产,实际综合利用的规模远远低于可供利用的废弃物数量。在综合利用产值占企业总产值的比例上,5 家企业平均水平为 17%,产业整体综合利用水平低。

(5)甘蔗种植的生态安全性差

甘蔗作为制糖生产的主要原料,其安全性至关重要。甘蔗种植的好坏直接影响整个产业的发展和工业生态系统的安全性。贵港市甘蔗种植和全国一样,与世界先进水平差距较大。主要表现在:原料单产及含糖量低;品种改良速度慢,品质不高;栽培方式分散落后;机械化程度低;还有相当一部分甘蔗旱地种植,水利等基础设施不配套,甘蔗种植靠天吃饭。由于甘蔗生产成本高,直接影响糖厂的经济效益和市场竞争力,并进而影响蔗农的种植积极性。随着甘蔗种植带的西移,如果水利等基础设施跟不上,蔗农随时都有放弃种植甘蔗的可能,一旦蔗农放弃种植甘蔗,整个制糖工业将面临灭顶之灾。

3. 建设意义

我国制糖工业的发展已经陷入困境,加入 WTO 后,我国制糖工业必将处于生死存亡的危机境地。开发一种新的发展模式,拯救我国制糖工业迫在眉睫。

20 世纪 80 年代末至 90 年代初,世界上流行以生态理念来重新规划产业的发展,北欧、北美一些国家做了很多探索,并开展了一些生态工业园的实践。20 世纪 90 年代以来,我国从生态农业和规范环境管理入手,建设生态市、生态省,实现环境与经济的协调发展,取得了可喜的进步。但在工业建设方面如何用生态的理念来发展工业经济还比较滞后。

贵港市发展制糖生态工业,不但可以解决传统制糖行业中存在的结构性污染和区域性污染问题,而且可以实现对传统行业的产业结构调整,在发展中保护环境,实现经济发展和环境保护的"双赢",符合世界经济发展趋势和潮流;在贵港市发展制糖生态工业,与其他生态市、生态省的建设一样,也是全国发展产业的一个细胞,同时也是发展生态工业的一个很好的先例,为我国区域可持续发展探索新的发展模式。

党中央、国务院于新千年之际做出了西部大开发的战略部署。生态建设和环境保护是西部大开发的根本,必须在保护生态环境的前提下发展经济,并在发展经济的基础上不断改善生态环境,做到经济和环境的协调发展。贵港市建设生态工业园区,不同企业之间可以相互利用废物资源,最大限度地提高资源的利用率,实现资源利用最大化,污染物排放最小化,从根本上解决贵港市制糖工业的结构性污染问题,大大降低全市"三废"排放量。

国务院《国民经济和社会发展第十个五年计划纲要》是我国社会主义条件下第一个绿色的经济计划,突出了经济结构调整和可持续发展 2 条主线。这 2 条主线从严格意义上来讲,就是一个绿色的生态发展观。在贵港市发展制糖生态工业,建设国家生态工业(制糖)示范园区,就是在一个地区、一个行业把绿色的"十五"计划落到实处。在绿色的生态发展的指导下,进行经济结构调整、产业结构和产品结构调整,用高新技术、环保的理念改造、提升传统产业,有利于全面提高制糖工业经济效益,拉动整个贵港市的经济发展。尤其是中国加入WTO以后,能够有效抵御进口产品的冲击,并克服绿色壁垒的限制,开拓国际绿色产业市场,带动贵港市经济,实现跨越式发展。贵港市地处广西中部,周围300 km范围内几乎包括了广西所有的糖厂。在贵港市建设国家生态工业(制糖)示范园区,可以将广西几乎所有糖厂产生的废物集中到示范园区进行集中处理、综合整治,走出区域环境综合整治的新路子。

鉴于贵糖集团在全国制糖工业中的龙头地位,贵港国家生态工业(制糖)示范园区的成功经验可以为其他糖厂所借鉴,生态工业的发展模式有望在全国制糖工业中推广,从而实现我国制糖工业的可持续发展。

制糖工业是我国的传统行业,各方面问题都比较突出。在生态工业理论的指导下,解决制糖工业的结构性污染和区域性污染问题,实现产业和产品结构调整、增强市场竞争力,积极应对入世挑战。贵港市生态工业的发展可为我国其他城市和行业推广生态工业发展模式起到很大的示范和促进作用。

(三) 贵港国家生态工业(制糖)示范园区建设框架

1. 总体框架

贵港国家生态工业(制糖)示范园区总体结构如图2-3-7所示。

贵港国家生态工业(制糖)示范园区的建设是对贵港市制糖业原有规模和结构的改造和优化,以贵糖集团当前运行的生态工业雏形为基础,从企业局部层面的资源综合利用扩展为贵港市制糖业整体的生态工业格局,通过一批重点工程的建设,不断充实和完善示范园区的骨架,形成全国规模最大、世界一流水平的制糖、造纸和酒精生产基地。通过配套的一系列政策和措施的落实,保障生态工业持续健康的发展,形成一个比较完整的多门类工业和种植业相结合的生态系统以及高效、安全、稳定的制糖工业

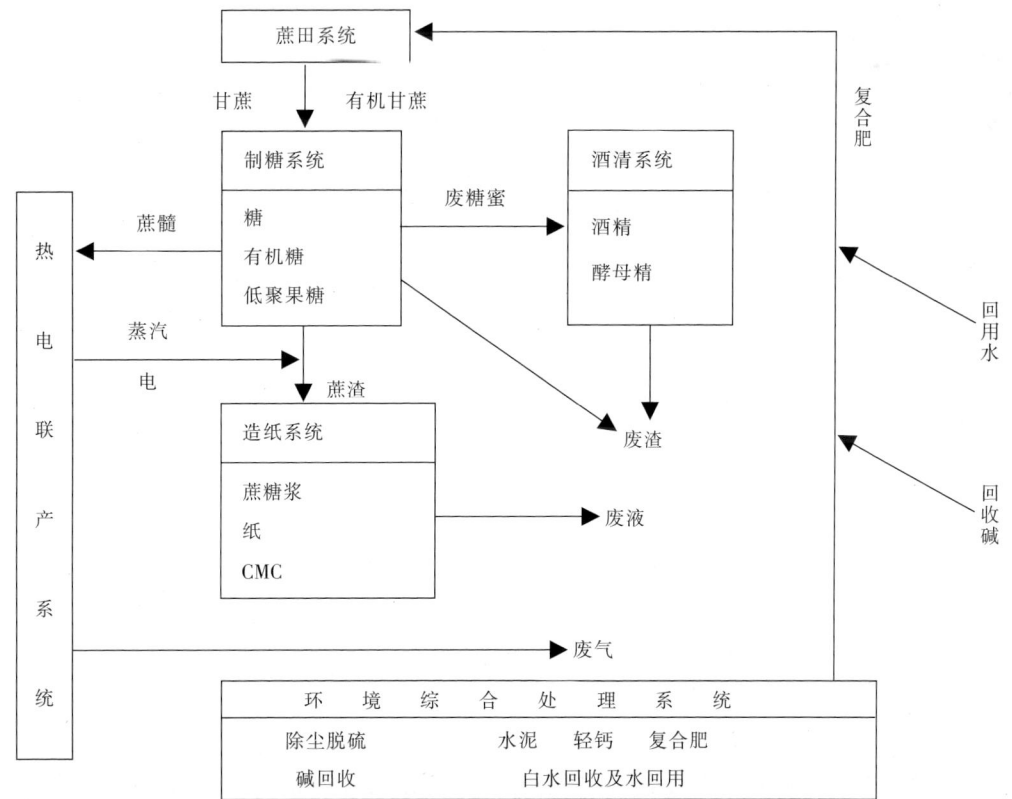

图2-3-7 贵港国家生态工业(制糖)示范园区总体结构

生态园区。

贵港国家生态(制糖)示范园区由6个系统组成,各系统内分别有产品产出,各系统之间通过中间产品和废弃物的相互交换而互相衔接,从而形成一个比较完整和闭合的生态工业网络,园区内资源得到最佳配置、废弃物得到有效利用,环境污染减少到最低水平。这6个系统分别如下。

(1)蔗田系统

建成现代化甘蔗园,通过良种良法和农田水利建设,负责向园区生产提供高产、高糖、安全、稳定的甘蔗(包括有机甘蔗),保障园区制造系统有充足的原料供应。

(2)制糖系统

通过制糖新工艺改造、低聚果糖技改,生产出普通精炼糖以及高附加值的有机糖、低聚果糖等产品。

(3)酒精系统

通过能源酒精工程和酵母精工程,有效利用甘蔗制糖副产品——废糖蜜,生产能源酒精和高附加值酵母精等产品。

(4)造纸系统

通过绿色制浆工程改造、扩大制浆造纸规模(含高效碱回收)及羧甲基纤维素钠(CMC)工程,充分利用甘蔗制糖的副产品——蔗渣,生产出高质量的生活用纸及文化用纸和高附加值的CMC等产品。

(5)热电联产系统

通过使用甘蔗制糖的副产品——蔗髓替代部分燃煤,热电联产,向制糖系统、酒精系统、造纸系统及其他辅助生产系统提供必需的电力和蒸汽,保障园区生产系统的动力供应。

(6)环境综合处理系统

通过除尘脱硫、节水工程以及其他综合利用项目,为园区制造系统提供环境服务,包括废气、废水处理,生产水泥、轻钙等副产品,进一步利用酒精系统的副产品——酒精废液制造甘蔗专用复合肥,向园区制造系统提供回用水以节约水资源。

从图2-3-7可以看出,贵港国家生态工业(制糖)示范园区充分体现了生态工业的4个主要特点,即横向耦合性、纵向闭合性、区域整合性及区域的柔性结构。

1)横向耦合性。甘蔗—制糖—蔗渣造纸生态链、制糖—糖蜜制酒精—酒精废液制复合肥生态链以及制糖(有机糖)—低聚果糖生态链这3条园区内的主要生态链,相互间构成了横向耦合的关系,并在一定程度上形成了网状结构。物流中没有废物概念,只有资源概念,各环节实现了充分的资源共享,变污染负效益为资源正效益。

2)纵向闭合性。作为"源"和"汇"的甘蔗园和以上各条工业链的有效运行,体现出园区"从源到汇再到源"的纵向闭合。甘蔗园是整个生态工业系统的起点,生产出工业生产运行所需要的主要原料,即甘蔗,由甘蔗发展出糖、纸、酒精等主要产品的生产,最后,酒精厂复合肥车间生产出的甘蔗专用肥和热电厂锅炉的部分煤灰又作为肥料回到蔗田,从而使整个园区形成纵向闭合。

3)区域整合性。园区内水资源消耗的主要环节即制糖生产中的冷凝水、凝结水回用及造纸系统脉冲白水的回用。甘蔗蔗髓作为锅炉燃料,热电厂锅炉的含硫烟气(酸性)与造纸中段废水(碱性)进行的中和反应以及园区内固体废物(如滤泥、白泥、废渣)的综合利用等,都使得园区内产生的废弃物得到最大限度的再利用,排向外界环境的污染物降至最低。更重要的是,园境内的造纸和能源酒精的生产集中了贵港市周边糖厂的16万t蔗渣和广西全境内近98%的废糖蜜,从而实现了园区内、贵港市乃至广西的区域性整合,很大程度上解决了广西制糖业的结构型污染问题。

4)柔性结构。园区内诸多的生态工业链实际上形成一个网状结构。这种结构使得园区产品的种类、生产规模等对资源供应、市场需求以及外界环境的随机波动具有较大的弹性,整体上低于市场风险的能力大大加强,园区表现出较强柔韧性。

2. 建设步骤

贵港国家生态工业(制糖)示范园区成功的

关键,是贵港制糖工业产业结构的全面调整、优化和生态工业化的形成。这种产业结构布局和格局的形成可通过4个步骤达到,即盘活、优化、提升、扩张。

(1) 盘活

现在贵港市所辖区域内5家糖厂的压榨能力达2.3万t/d,但是大量设备闲置无用,或者时开时闲。建设贵港国家生态工业(制糖)示范园区,首先要盘活这部分资产。

一是要大力发展甘蔗种植。2000—2001年榨季(以120天计),全示范区可榨276万t甘蔗,而实际仅有146万t甘蔗,缺口率达到50%。要提高甘蔗产量和含糖量(每公顷由0.27 t提升到5.33 t,含糖量由12.5%提高到14.5%),保证糖厂有蔗可榨,同时每吨糖的田间成本有望下降800~1 000元,可与国际接轨。

二是要盘活贵港市已宣布破产的桂平和平南两家糖厂,尽快建立退出机制,有效利用它们的生产能力。当前应尽快使它们依法破产,由贵糖集团接受残值,进行资产重组,使它们再次焕发活力。可分为几步走,首先由贵糖集团租赁,再过渡到兼并重组,其中要处理好贵港市本级财政与桂平、平南两地财政的利益关系。

(2) 优化

在盘活贵港市糖厂资产的基础上,进一步优化糖产品结构和制糖副产品的集中处理、综合利用,包括优化制糖、制浆造纸、能源酒精3个方面。

贵港市最优的品牌、在全国知名的品牌是"桂花牌"白砂糖。当前这个品牌的产品价格比同类产品高500元/t,贵港市在"十五"期末达到年产30万t"桂花牌"白砂糖,则利润增加15 000万元。

要重组贵港市制糖工业。以桂平、平南、西江等糖厂作为示范园区的田间糖厂,利用田间糖厂的优势来降低成本,从而赢得利润,并减少滤泥污染。将贵糖集团作为精炼糖厂,通过品牌效应赢得最大利润。

制浆造纸的优化,在于集中利用蔗渣制浆,分散造纸。贵糖集团计划"十五"期间新增年产10万t的蔗渣浆项目。示范园区内其他各糖厂的蔗渣要按照价值规律,采用市场运作,集中到贵糖集团造纸。

要集中利用废糖蜜资源生产能源酒精。示范园区计划中的20万t能源酒精项目可布点于桂平市,一方面盘活桂平糖厂资产,另一方面有效利用示范园区内外的废糖蜜资源,发挥示范园区作为广西区域资源利用中心和环境污染防治中心的作用,缓解贵港乃至广西全境制糖业的结构型污染问题。

(3) 提升

提升企业和区域的市场竞争力必须依靠高新科技和新近的环境保护理念。

采用良种良法,提高甘蔗科技含量。如引进、开发特早熟和特晚熟品种,延长榨季,增加入榨量,进而增加糖产量。

利用示范园区丰富的甘蔗资源,运用生物工程技术,生产奶牛、肉牛和羊的高级饲料。

生产有机糖,适应绿色消费潮流。

在糖、纸、酒精等产品领域发挥高新技术的优势,尤其是低聚果糖、酵母精、CMC等新产品要尽快上规模、上档次,以尽快增强企业和区域的实力。

(4) 扩张

扩张,是企业和区域竞争力的进一步提升。不仅要实现制糖生态工业园区资本的量的膨胀和质的飞跃,还要在园区企业资产重组的基础上,向园区外适度扩张。

贵港市制糖生态工业园区的建设成果之一,就是要组建一个大型糖业集团,充分发挥其资金、人才、技术优势,控制更多的原材料,抢占更大的市场,谋求更大的发展。

这种扩张的远期目标,包括有选择地与国内外制糖企业进行强强联合、战略合作,有效地控制150万t糖以上的销售,左右高级饮料食品的相应细分市场,成为中国糖王;利用贵糖集团甘蔗渣制浆的先进技术和环保优势,在广西范围内合理布点,扩大蔗渣制浆规模到90万t,并配套造纸规模到100万t,成为中国纸王;形成年产低聚果糖10万t、年产酵母精5万t、年产

CMC食品添加剂5万t的能力,成为中国这3种产品最大的生产基地。

综上所述,贵港市要以生态工业理论为指导,依托贵糖集团龙头企业作用,通过盘活、优化、提升、扩张这四大步骤,发展规模大、利润大、辐射面广的企业,增强制糖工业的市场竞争力,积极应对入世挑战,增强贵港市区域竞争力,拉动整个贵港经济的发展,解决制糖工业结构性污染问题。

在以上4个步骤中,要充分考虑以下4个方面的协作关系,即:蔗农和制糖企业之间的协作关系;不同制糖企业之间的协作关系;贵港市与周边城市之间的协作关系;贵港市财政与桂平、平南两地财政之间的协作关系。

3. "十五"建设方案

根据生态工业发展要求,"十五"期间示范园区建设重点是:完善、稳固生态工业网络,将风险降至最低;改组改造传统产业和布局,优化资源配置;扩大产品生产规模,形成全国最大的糖、纸、酒精生产基地;大力采用高新技术和先进适用技术改造传统工艺,提高产品科技含量,从而达到低投入、高产出、低污染、高效益,实现资源的优化配置和生产力的合理布局。由此,"十五"期间重点发展12个建设项目。

(1)现代化甘蔗园建设工程

主要包括:到2002年底,扩大蔗区总面积至3.33万hm^2并全部实现良种化(新台糖系列为主),在甘蔗主产区分2期建设有机甘蔗种植田,建立国家、企业、蔗农之间的契约租赁关系等。

(2)生活用纸扩建工程

利用贵港市及其周边糖厂的甘蔗渣,建设年产生活用纸10万t(包括高档生活用纸5万t和普通生活用纸5万t)的甘蔗渣造纸生产线,配备黑液碱回收、白水回收和综合废水处理设施。

(3)能源酒精技改工程

利用贵港市及其周边糖厂的废糖蜜以及直接利用甘蔗汁,年产能源酒精20万t,副产有机复合肥118万t、轻质碳酸钙8万t、杂醇油400t。

(4)有机糖技改工程

利用有机甘蔗做原料,根据原国家环境保护总局有机食品发展中心《有机产品认证标准》的要求,年产有机糖10万t。

(5)低聚果糖生物工程

利用蔗糖或赤砂糖、糖蜜、酒精废液、糖浆以及清汁等中间制品做原料,年产低聚果糖5万t。

(6)绿色制浆技改工程

在原传统漂白工程CEH的基础上,采用高效高白度过氧化氢漂白新技术对280 t/d漂白蔗渣浆生产线进行技术改造,漂白后纸浆白度可从原有的78%左右提升至86%以上,生产纸张质量可大大提高。

(7)蔗髓热电联产技改工程

建设一台12 MW、配套75 t/h蔗髓、煤粉双燃料中参数锅炉的双抽汽式中参数汽轮发电机组。

(8)节水工程

设置8 000 m^3贮水池,将制糖厂喷射器抽真空冷却水、热电厂发电机组冷却器冷却水、酒精厂和能源酒精工程的蒸馏冷凝水送往8 000 m^3贮水池喷淋冷却后,循环利用。造纸系统白水脉冲回收再利用,每小时可节约新鲜用水2 000 t。污水处理站三沉池出水用作轻质碳酸钙厂水膜除尘器用水,除尘水循环利用。

(9)制糖新工艺改造工程

在原有双碳酸法蔗汁澄清工艺基础上对澄清系统和煮糖系统进行改造,可提高糖的品质,并大大减少滤泥排放量及其有机物含量,增加其碳酸钙含量,使之能直接用于水泥熟料烧制。

(10)酵母精生物工程

利用甘蔗废糖蜜生产药用酵母和酵母深加工产品(酵母抽提物等),建设年产酵母抽提物1万t的生产线。

(11)CMC工程

以制糖甘蔗渣为原料,年产CMC 1万t。

(12)贵港市发展生态工业能力的建设

主要包括:制定贵港市发展生态工业的政策措施,人员培训,出国考察学习发达国家建设生态工业园区的经验,建设贵港市发展生态工业信息系统网络。

(四) 关键政策和措施

1. 加快结构型污染治理，推动糖业重组

加快贵港市制糖工业结构调整，利用甘蔗渣资源，实现糖纸结合；利用废糖蜜资源，建设能源酒精重点工程，走规模经济的发展道路。

及时抓住我国糖业调整的良好机遇，按照现代企业制度，通过产权改革和资产重组，实现优势互补，资源优化，保证区域内甘蔗生产、制糖、综合利用等方面均达到最佳。对陈旧设备、管理不善、资产负债率高、亏损严重、扭亏无望的制糖企业坚决实施破产关停，并采取有效措施，防止其变向生产和死灰复燃。

实习专业化分工，甘蔗制糖区分田间糖厂和精炼糖厂；制浆造纸实行集中制浆，分散抄纸；酒精生产集中由贵糖集团或重组后的桂平糖厂实施。

2. 强化甘蔗园区生态建设，保障制糖"第一车间"

甘蔗对于制糖生态工业示范园区建设的重要性是不言而喻的。市政府有关部门一定要强化甘蔗安全意识，既要稳定甘蔗种植，又要稳定蔗糖生产。通过采取有力的政策措施，完善"公司+农户"的甘蔗种植机制，应用科技手段提高甘蔗单产和含糖量，一方面帮助蔗农提高收入，另一方面帮助企业降低制糖生产成本。

3. 制定相关经济刺激政策，推动贵港市糖业持续发展

对甘蔗渣造纸、能源酒精的发展和现代化甘蔗园区的水利建设，市财政部门给予一定的财政支持。

甘蔗渣造纸与能源酒精等都是综合利用、变废为宝的项目。税务部门要按照国家鼓励资源综合利用的税收优惠政策，基于免征增值税的优惠，并确保优惠政策落到实处。

对于能源酒精示范项目，要充分利用国家相关政策。财政机构要通过财政拨款，金融机构要通过优惠信贷，支持制糖工业示范园区示范工程重点项目建设。税务部门对于生态产业示范工程重点项目的土地使用税实行税收减免优惠。

环保部门要制定明确的规章，鼓励生态产业的发展。排污收费使用构成中污染防治基金或环保补助资金的部分，要优先用于制糖工业示范园区示范工程中的综合利用和工业生态项目建设。

4. 严格环境执法，加强区域环境综合整治

对于超标排污企业，环保部门一定要坚决执行国家有关法规，该关停的必须关停，该限期治理的必须限期治理。

要加大执法力度，提高执法效果，严格查处破坏环境的违法行为，严格依法保护环境。

严格环境监理工作，在征收企业排污费时，要按照国家有关政策、规章要求将达标企业和不达标企业区分开来，以鼓励企业进行污染治理，鞭策排放不达标企业。

要加强区域环境综合整治。政府要制定相关政策，包括允许、引导和鼓励将这些小糖厂的废糖蜜和甘蔗渣等废弃物集中到附近的大型企业，进行酒精生产和造纸。废糖蜜和甘蔗渣可以作为生产原料，根据市场规则进行交易，小糖厂在解决环境污染的同时，还能获得一定的经济利益。

环保部门严格环境执法，鼓励各地糖厂把废糖蜜和甘蔗渣根据市场规则与示范园区进行交易，充分利用示范园区所锻造的区域资源综合利用中心技术和能力，一方面解决各地糖厂难以分散解决的糖业区域性污染问题，另一方面扶持示范园区建设与运行，保障其资源综合利用的原料供应。

示范园区建设涉及的工程项目本身是为环境保护服务的，故在其立项、实施和运行中要严格控制，更不能造成新的污染和破坏。

5. 争取上级政府的大力支持

进行制糖工业的结构调整，大力发展造纸工业与能源酒精等重点项目，需要国家发展改革委、国家经贸委等经济综合部门和自治区政府的全力支持。希望原国家环境保护总局把示范工程中的能源酒精技改项目向国家发展改革委推荐，建议国家发展改革委把糖蜜能源酒精生产基地定在贵糖集团，以推动贵港市乃至广西制糖工业的发展。

希望国家、自治区政府各有关部门协调立场,对于资源浪费和污染严重的企业,坚决实行整改和关闭;对于综合利用好、生态效益明显的企业,要坚决保护和扶持。

建议广西壮族自治区人民政府结合产业结构调整和企业重组下发正式文件,支持贵港市对效益差、污染严重的企业(如小酒精、小造纸)严格限产或关闭,并将废糖蜜、甘蔗渣集中到贵糖集团处理。对技术水平落后、规模小、没有相应的环保措施的企业,建议广西壮族自治区人民政府不再批准新建。

争取将贵港市制糖工业示范园区示范工程建设列入西部大开发生态建设重点项目,争取从西部大开发的生态建设资金及相关优惠政策中获得支持。

6. 建设贵港国家生态工业(制糖)示范园区重点工程

示范园区建设设计工程项目多,影响范围广,市政府各有关部门要将它视为贵港市生态产业的重大举措,进行支持和落实。

要积极争取广西壮族自治区人民政府和原国家环境保护总局的支持和指导,力争把它作为国家级的生态工业园区示范工程来立项建设。同时还要积极争取自治区和国家有关部门的相关政策支持。

7. 加强生态工业的能力建设

建立贵港市生态工业培训体系,形成制度、专人落实、资源落实,开展系统培训。在企业和企业集团建立环境管理体系的基础上,贵港国家生态工业(制糖)示范园区在时机成熟时可以进一步建立园区的环境管理体系,通过PDCA反馈循环持续改进园区总体的生态效率和环境绩效。建立贵港市生态产业发展的信息系统,提高贵港市生态产业的运行和管理效率,加强贵港市与外界的信息交流,改进和提高贵港市内部的信息交流,从而不断为贵港市生态产业的发展提供新的信息和注入新的活力。

8. 加强生态产业领域的科研、宣传和国际交流

要力争将贵港市制糖工业生态工业园区示范工程重点项目列入国家"十五"攻关科技计划,吸引国内外知名专家参与攻关、研究,并尽快将研究成果成功转化为生产力。要力争将贵港市制糖工业生态工业园区示范工程重点项目纳入西部大开发重点科研项目。

通过各种媒介,大力宣传贵港市发展生态工业的必要性和意义,增强公众生态工业意识,教育广大群众自觉参与建设生态工业的实践,支持政府采取有效的政策措施。要鼓励公众监督企业的环境行为,积极探索公众参与的形式,逐步形成强有力的公众参与制度。

加强国际交流和合作。充分利用各种国际合作机会,与国际组织和有关国家进行相关领域的合作,提高贵港市生态工业发展的可持续能力。

(五)投资与效益

1. 建设投资

示范园区建设共有12个建设项目,其中现代化甘蔗园区建设工程、蔗髓热电联产技改工程、节水工程为在建项目;生活用纸扩建工程、低聚果糖生物工程、能源酒精技改工程、CMC工程以及生态工业能力建设等为新建工程项目。据初步估算,示范园区工程建设总投资为364 784.7万元,其中建设资金276 046.3万元,占总投资的75.7%;流动资金88 748.4万元,占总投资的24.3%(表2-3-2)。

在资金筹措方面,向银行申请贷款252 457.9万元;利用增发新股等市场手段自筹110 786.8万元;其余1 550万元申请政府拨款,3条筹资渠道分别占总投资的69.2%、30.37%和0.43%。

2. 效益

(1)经济效益

1)贵港市新增甘蔗产值4.59亿元,蔗农收入水平大大提高。

2)制糖行业新增产品销售收入55.7亿元,其中糖、纸、酒精等主要产品分别新增20.6亿元、8.7亿元和17.9亿元,共计47.2亿元。

3)制糖行业新增利润近9.2亿元(其中糖、纸、酒精主要产品新增利润8.4亿元),较2000年制糖行业利润0.96亿元增加8.24亿元,经济

表 2-3-2　示范园区工程建设总投资　　　　　　　　　　　　单位：万元

工程名称	建设资金	流动资金	总投资	状态
现代化甘蔗园建设工程	3 000	10 242	13 242	在建
生活用纸扩建工程	144 910	11 065	155 975	新建
能源酒精技改工程	79 811	34 653.9	114 464.9	新建
有机糖技改工程	12 170	2 000	14 170	新建
低聚果糖生物工程	13 256.2	24 498	37 754.2	新建
绿色制浆技改工程	2 876.8	257.2	3 134	新建
蔗髓热电联产技改工程	3 034.3	432.26	3 466.6	在建
节水工程	236		236	在建
制糖新工艺改造工程	1 752	300	2 052	新建
酵母精生物工程	7 000	1 000	8 000	新建
CMC 工程	8 000	4 000	12 000	新建
生态工业能力建设		300	300	
合计	276 046.3	88 748.4	364 794.7	
其中：新建	269 776	78 074.1	347 850.1	

实力大大增强。

4）制糖行业将新增各项税金近 7.5 亿元，为地方财政做出重大贡献。

5）至 2005 年，贵港市制糖行业肢体产品销售收入达到 72.0 亿元，整体实现利税总值 18.9 亿元（其中税金 8.7 亿元，利润 10.2 亿元），制糖行业在贵港市经济发展中的核心地位更加巩固。

（2）环境效益

1）化废为宝，节约资源。20 万 t 燃料酒精生产每年可节约玉米 60 万 t，而且重要的是以废糖蜜为原料可直接把当地资源优势发展成为经济优势。20 万 t 蔗渣造纸每年可避免 60 万~66 万 m³ 木材的消耗，这对于当地森林资源的保护以及生态环境的保护都具有重要意义。除此以外，对造纸脉冲水的回用每年可减少新鲜水 1 584 万 t 的消耗和污染，这对郁江流域水资源的保护以及饮水资源的安全都具有重要意义。

2）大大减少污染物排放数量，极大程度地解决广西结构性污染问题。示范园区集中广西全境 93% 左右的废糖蜜进行能源酒精的集中生产，同时产生的酒精废液用于生产复合肥料，使广西境内 93% 左右的酒精废液不再向外界环境排放。据初步估计，每年直接减少 13.4 万 t 的有机物对水体的污染。对贵港市而言，2000 年制糖工业整体排放化学需氧量 7.4 万 t，按酒精废液排放化学需氧量占总化学需氧量的 30%~40% 的平均数据计算，每年直接减排化学需氧量 2.2 万~3.0 万 t，制糖行业在 2000 年水平上平均化学需氧量削减量将在 35% 以上，这对当地主要河流（即郁江、鲤鱼江、浔江）水质的根本改善起到至关重要的作用。

3）发展生态农业，实现甘蔗种植的可持续发展。现代化甘蔗园的建设使当地传统的农业生产方式向生态的、有机的生产方式转换，减少不可再生资源的消耗，控制和减轻农村面源污染，保护和恢复农业生态环境，促进甘蔗种植的可持续发展。

（3）社会效益

1）为全国制糖工业发展探索绿色经济发展道路。贵港市制糖工业以生态工业理念为指导思想进行产业结构调整和资源优化配置，以彻底根除结构性污染，提高企业科技创新能力和抗衡市场冲击的能力，在全国范围内第一个走向生态工业发展道路。

2）提高贵港市在广西乃至全国的科技和经济地位。示范园区采用高新技术和先进适用技术改造传统工业,生产出低聚果糖、低硫糖及酵母精等高附加值产品。贵港市制糖工业无论从产品生产规模或产品科技含量来看,都有可能成为全国范围内的"四王",即糖王、纸王、低聚果糖王、酵母精王。示范园区通过制糖工业整体技术水平的提高,提高其在贵港市经济发展中的科技贡献率,使贵港市成为以高新科技为龙头的新兴城市,成为广西甚至全国经济发展和投资的黄金地带。

3)贵港市社会经济的全面发展和人民生活水平的提高。贵港市制糖工业的发展带动起相关第一、二、三产业的发展,三类产业之间以制糖为核心形成一个紧密的网络,加强了全面的联系,出现全面的发展,并不断地催生出新的行业和机遇。社会经济呈现出长期、稳定的发展给当地人民带来最大的利益,对全市人民生活水平的提高和迈向现代化小康生活步伐的加快发挥极大的作用。

4)能源安全。能源安全问题已受到国家高度重视。自1993年开始,我国已成为石油净进口国,能源需求增长率为每年3.5%,此后20年内这个数字增加了1倍。随着中国汽车消费的增加,石油消耗大于供给的矛盾日益突出,且因其为不可再生资源,全世界石油必有耗竭的一天。示范园区瞄准未来能源危机的出现,利用制糖过程中产生的废糖蜜制取酒精而后进一步与汽油混合,以减少汽油的消耗量,降低对石油资源的依赖性,为我国能源安全问题提供一条经济上可行且来源可靠的解决途径。

三、案例②:南海国家生态工业示范园区

为了迎接21世纪全球循环经济和绿色经济的新浪潮,广东省人民政府决定以环保产业为主导产业,在广东省佛山市南海区建立南海国家生态工业示范园区暨华南环保科技产业园。2001年,原国家环境保护总局领导先后视察了华南环保科技产业园区,并提出了建设南海国家生态工业示范园区的要求。为此,广东省人民政府于2001年7月成立了南海国家生态工业示范园区暨华南环保科技产业园建设领导小组,并于2001年9月编制完成了《南海市建立南海国家生态工业示范园区暨华南环保科技产业园建设规划纲要》。2001年10月18日,原国家环境保护总局在广东南海主持召开了规划纲要论证会,会议一致同意《规划纲要》及其附件《南海市建立南海国家生态工业示范园区暨华南环保科技产业园建设初步可行性研究报告》通过评审。

南海国家生态工业示范园区建设的指导思想是,以循环经济和生态工业理念为先导,以大环境保护产业为主导产业,以华南环保科技产业园为依托,立足华南地区,辐射港、澳、台地区,面向国际,提升广东省环保产业发展水平,促进广东省的经济结构调整和珠江三角洲地区的可持续发展,市场化滚动发展,高标准、高起点建设我国第一个全新型国家生态工业示范园区,引导全社会循环经济和绿色经济的实现。园区将实施绿色招商制度,积极发展环境科技资讯服务、环保设备与材料生产、绿色产品生产、资源再生等主导环保产业,丰富园区工业生态群落,最终建设成为一个充分体现循环经济、以第三代工业园为表征、以华南环保科技产业园为核心区、包括资源回收园和零排放园以及虚拟园的国家生态工业示范园区。

(一)园区简介

园区建立于广东省佛山市南海区丹灶镇中心城区西北部。

南海区处于广东省中部、珠江三角洲腹地,东连广州市区,西与三水、高明交界;南邻顺德,与鹤山、新会隔西江相望,北与花都、三水相交,中部与佛山市区环形接壤。河流纵横,沃野平旷,气候温和,雨量充沛,环境得天独厚。有较好的工业基础,交通便利,信息发达,基础设施完善,综合实力居全国同级城市前列,是广东省乃至全国的投资热点之一,区位优势明显。

拟建场址用地条件良好,规划用地已全部征用为工业区用地,地形较为方整,无农田保护区和需要保护的建筑文物,易于开发建设和形

成整体的工业环境。地貌呈完全自然状态，无污染，周边基础设施齐全，水、电、气以及宽频网等线路可与周边市政主管线接驳，实现了"五通一平"，可以依托南海信息市建设的优势条件，建设数字化工业园区。

南海国家生态工业示范园区包括环保科技产业园区(核心区)和虚拟生态工业园区(虚拟区)。

环保科技产业园区规划范围 6.67 km²(其中一期 2.63 km²)。

虚拟生态工业园区主要由与核心区有生态工业关系的企业构成，主要为南海现有支柱产业铝型材、陶瓷、塑料加工等企业，从而体现园区对传统产业的改造和提升作用，使园区的示范作用扩大到区域和整个社会。虚拟园区范围可以根据需要，辐射到整个珠江三角洲地区。

(二) 园区建设有利条件

1998 年，全球环保产业的市场规模已经达到 6 000 亿美元。经济发达国家环保产业占国民经济比例较大，特别是美国、德国、日本、加拿大等，环保产业已经成为这些国家的主导产业之一，如美国环保产业产值已经占到 GDP 的 2% 以上(其中年收入的 74% 来自服务)，规模已经超过造纸、炼油、航空业，与汽车制造业相当。在 2010 年，美国环保产业产值达到 18 000 亿美元。

"九五"期间，我国环保产业一直保持着较高的增长速度，年均增长率达到 15% 以上，高于我国同期国民经济的增长速度。2000 年，全国环保产业总产值 1 080 亿元，占全国工业总产值的 0.77%，其中环保设备、资源综合利用和环境服务分别占环保产业产值的 27.8%、63% 和 9.2%。

2000 年，广东省环保产业年总产值 176.93 亿元，占全省工业总产值的 3.27%，从业人员 21.941 万人，企事业单位 1 564 家。广东省环保产业以资源综合利用为主，综合利用年产值占 75%，环保产业主要集中在经济发达的珠江三角洲，有一定的环保科研、技术开发力量，环保产品和技术发展快、潜力大。

2005 年，广东省环保产业产值达到 330 亿元左右。按照 2005 年全国环保产业产值占 GDP 的平均比例 1.5% 推算，2005 年广东省环保产业产值达到 240 亿元左右。按照环保产业市场需求与环保投资之间比例，广东具有 250 亿元左右的环保产业市场需求。

华南环保科技产业园区立足广东，弥补广东省内环保产业供给和市场需求之间的巨大缺口，并逐步向华南地区、港澳台以及东南亚地区辐射和扩展，最终走向国际市场。

(三) 园区建设意义

1. 促进循环经济理论实践

世界范围内经济发展与生态环境之间的矛盾日益尖锐，可持续发展已经成为世界发展模式的主要潮流。20 世纪 90 年代，以日本和德国为代表的发达国家提出了循环经济 (或循环型社会) 的发展模式，并通过法律的形式予以实施。相对传统经济模式而言，循环经济是物质闭环流动型经济，是以物质和能量梯次使用为特征、建立在物质不断循环利用基础上的经济发展模式，在环境方面表现为低排放甚至零排放。从企业层次废物排放最小的实践，到区域工业生态系统内企业间副产品或废弃物的相互交换，再到产品消费过程中和消费过程后物质和能量的循环，都属于循环经济的范畴。

我国人口多，资源相对不足，结构性污染严重，传统经济发展模式下经济发展与资源、环境之间的矛盾日益突出。因此，走循环经济的发展道路，对我国来说尤为重要。佛山市建立南海国家生态工业示范园区暨华南环保科技产业园 (以下简称"园区") 是我国第一个以循环经济为指导理念建设的环保科技产业园区，它的建设无疑大大促进了循环经济理论在我国的实践。

2. 树立生态工业园区建设示范

生态工业是 20 世纪 60 年代以来从污染治理、污染预防、环境管理、清洁生产、生态效率逐步递进的，人类不断追求经济与环境协调发展的最新努力。进行生态工业园区示范、倡导走循环经济发展模式是我国资源环境现状的现实要求和必然选择，是未来工业系统进化和发展的方向，是实现循环经济和区域可持续发展的有效可行途径。

南海园区是我国第一个全新规划型和虚拟

型相结合的生态工业建设示范园区。在园区规划建设阶段,以3R原则为指导实施生态工业示范,使不同企业之间形成共享资源和互换副产品的产业共生组合,将传统"资源—产品—废物"单向流动线型经济模式转变为"资源—产品—再生资源"循环经济模式,系统内各生产过程从原料、中间产物、废物到产品实现物质循环和最优配置,提高园区整体的资源、能源利用效率和生产技术水平,最大限度地减少废物排放、提高企业经济绩效,达到区域协调最优,增强园区的国际竞争力。

3. 打造华南环保产业生长极

环保产业是为全社会工业生态体系和循环经济发展提供物质和技术基础的产业。华南地区是我国经济最发达地区,环保市场需求巨大,经济结构正处于工业化向现代化转型的关键时期。根据环境库兹涅茨曲线,广东省存在发展环保产业的巨大需求。

基于华南地区经济发展水平和环境保护需求,以市场为导向,立足于高起点、跨越式发展,建设华南国家环保科技产业园,打造华南环保产业生长极,形成区域产业发展的"吸引子",立足广东,辐射华南,面向东南亚乃至全世界,形成环保产业的规模优势、技术优势和区位优势,全面提升广东省、华南地区乃至全国的环保产业水平,有助于形成合理布局的全国环保产业网络,并对周围地区和其他地区工业企业产生较强的吸引辐射效应和改造提升作用,这也是实现我国环保产业集约化、规模化发展,缩小与发达国家差距的一个突破口。

4. 提高华南发展的可持续性

生态工业园区是第三代工业园区,也是我国经济技术开发区、高新技术开发区等工业园区改造和发展的方向。园区建设可以将环保产业这一朝阳产业转变为支柱产业,并成为华南经济发展战略的一个重要组成部分,同时,也有助于把环保技术、生态工业引入传统工业改造,辐射一个区域产业的改造、升级,有利于加速区域绿色经济、生态经济的形成,使产业结构向资源利用合理化、废物减量化、生产过程无害化的方向调整,有助于提高华南产业技术水平和结构协调性,加快区域经济整体协调优化、战略转变的步伐,可为广东省正在实施的"蓝天碧水工程计划"及全国"十五"的环境保护提供物资和技术支持,对提高华南经济发展的可持续性起到不可替代的作用。

(四) 园区规划

1. 主导产业群落选配

国际环保产业迅速发展的同时,绿色设计、绿色产品、清洁生产技术,包括各种节能型、环保型的建筑材料及其制品、能源替代、有毒有害材料替代、可降解塑料及其制品,以及范畴广泛的各种废物回收及再利用等"间接环保"产业在迅速增长,发展前景更加广阔。在2010年,其规模已达到或超过"直接"的环保产业。

基于我国现有环保产业发展主要集中在环保产品生产和"三废"综合利用的现实,并考虑到广东省现有环保产业中资源综合利用的优势,结合环保产业需要突出加强的科技资讯产业实际,按照适度增加污染预防性产业、适当扩展环保产业内涵等国际环保产业发展趋势,将园区主导产业定位为高新技术环保产业,具体发展方向包括环境科技咨询服务、环保设备与材料制造、绿色产品生产、资源再生等4个主导产业群。

园区环境科技咨询服务产业是提升园区技术水平的关键基础,具体包括环境工程设计、环境影响评价、环境审计、企业环境会计、清洁生产审核、ISO14000环境管理体系认证、环境标志认证、环境工程设计与技术咨询服务、环保设施运营、环境科技开发、环保技术交易、环境保险、环境教育培训等。

环保设备与材料是环保产业的重要物质支撑,包括大气、水、噪声、固体废物等污染治理设备核心部件生产,以及环境监测仪器、环境药剂、环境修复和净化材料等。

园区以孵化为基础进行绿色产品的原创性生产,主要产品包括环境友好型的绿色建材、可降解塑料、绿色胶黏剂等。

园区资源再生企业作为工业生态系统的分

解者进行建设,重点发展附加值较高、技术含量高的资源再生深度加工产业,如合成纤维厂、陶瓷吸声材料厂等,形成资源再生利用示范区。传统的资源综合利用与物资回收企业为虚拟区企业。

2. 园区建设方案

根据园区的建设原则和发展目标,南海国家生态工业示范园区分期建设产业、管理和居住区三大功能区。第一期重点建设以4个产业组团为主的产业区,实行土地综合有效利用开发,初步形成良好的生态景观格局。

(1) 功能分区与布局

园区第一期建设遵循用地红线走向布置园区道路,以保证环保科技产业园用地尽可能方整。园区划分为产业区、管理区、居住区3个功能区(图2-3-8)。

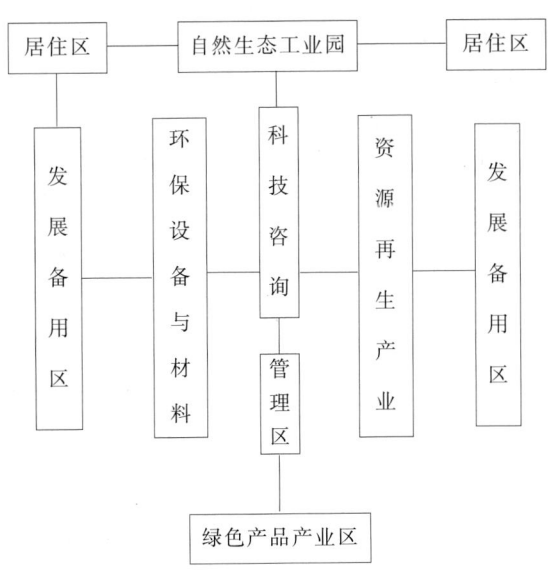

图2-3-8 园区功能分区与产业布局

西北部利用园区道路划出居住区以及独立的自然生态保护区域,园区西部、南部、东部用地划为生产产业区,园区中间为管理区和环境科技咨询产业区。

产业区可具体划分为环境科技咨询服务区、环保设备和材料制造区、绿色产品生产区和资源再生区4个产业组团。其中,环保设备和材料制造、绿色产品生产、资源再生3个生产产业构成园区的生产区。生产区规划于园区东西南部组团内。环境科技咨询服务区由教育培训中心、科技研发中心、工程咨询中心、环境科技孵化器、工业生态孵化器5个部分构成,集中布设在园区的景观生态走廊上。管理区位于产业园中部组团入口附近,包括管理中心、信息网络中心、博览贸易中心3个部分。管理中心为环保投资公司办公场所,为园区生产、生活提供必要的保障。博览交易中心为园区与外界的物流提供有形的和无形的平台。信息网络中心为园区内部以及园区内外信息交流提供通道。

居住区规划于北部山坡地,结合生态公园布置,依托现有的自然形态进行改造建设,按照绿色住宅、生态住宅的要求,达到"住中有绿,绿中有住"的要求。

(2) 总体建设方案规划

1) 土地开发方案。园区用地主要分为工业用地、仓储用地、居住用地、研发用地、绿化用地管理配套用地等,第一期具体方案如表2-3-3所示。

2) 分期开发方案。园区统一规划,成片开发,分期建设。开发建设期分两期,开发总规模为 6.67 km²。一期(2000—2005年) 开发建设 2.63 km²,主要通过引进技术、企业和管理方式,初步形成园区产业发展雏形和生态工业雏形。根据园区发展状况,二期(2006年以后) 开发 4.04 km²,在一期开发基础上向东西方向延伸扩大,完成 6.67 km² 的产业园区开发,主要以虚拟园区的形式,利用良好的政策环境进一步拓展企业和产业园的发展空间,达到国家生态工业示范园区的建设目标和指标要求。

本规划主要考虑一期开发规划和开发项目。

3) 景观生态格局构造。园区建设形成1个核心轴线、2个景观生态走廊、3个景观节点、4个绿化组团方式的景观生态系统结构。

1个核心轴线:在园区中心地带建设管理中心和环境科技咨询产业,建设以写字楼为主,是园区中央景观轴线和生态建设的轴向,园区生产企业沿核心轴线两侧布置,为园区的产业渗透方向。

2个景观生态走廊:一是沿核心轴线进行景观生态设计和建设,依托自然山地和现有水域

表 2-3-3　园区第一期建设优先项目(核心区)

项目(产品)名称	投资/万元	生产规模	产值/万元	原料与能源	废物	产业类型	生态性质
科研开发机构 技术服务机构 教育培训机构	5 000		30 000			环境科技资料服务	生产者
饮用水深度净化装置	10 000		14 000	金属零件、聚苯乙烯塑料、电子元件和线路板	废金属、废塑料	环保设备材料	生产者
机动车尾气净化器	5 000		8 000				
自动检测仪器	9 000	2 000 t	12 000				
溴化锂制冷剂	750	1 850 t	4 600	LiOH、溴素	少量逸散溴	绿色产品	生产者
人造板、中空纤维、装饰用木质板材	20 000	30 000 m³	18 000	原木、板材、胶黏剂	树皮、木屑、刨花	绿色产品	生产者
可降解塑料袋和地膜	1 200	2 000 t	4 000	废塑料、降解母料		绿色产品	生产者
可降解热收缩膜	2 200	2 000 t	7 000	聚丙烯、降解母料			
木质活性炭	1 500	3 000 t	1 800	板材厂的木质废料、塑料厂的废塑料和纸厂废木素	废硫酸等	环保设备与材料	消费者
胶合板用胶黏剂,其他用途的胶黏剂	2 000	3 000 t	2 800	塑料厂的废塑料、板材厂的木质废料、仪器设备厂的废聚苯乙烯		绿色产品	消费者
铝盐净水剂,用于水处理	1 200	30 000 t	6 000	五金加工厂和铝型材厂的废铝和盐铝、回收的废硫酸		环保设备与材料	消费者
添加剂,用于塑料制品厂	200	500 t	850	塑料加工废料		绿色产品	补链消费者
消音材料和吸附材料,满足有关建筑需要	600	4 000 t	1 000	经初步处理后的陶瓷生产废料		资源再生	分解者
精炼金属	1 000		2 500	经初步处理后的金属废弃物		资源再生	分解者
多孔和远红外中空涤纶短纤维,用于服装、家居用品等生产	1 200	3 000 t	8 400	经初步处理后的废涤纶长丝、废 PET 瓶、塑料加工边角料		资源再生	分解者
	60 850		120 950				

构筑,建设中央绿化广场和人工河流,铺设步行道路;二是沿园区高压线路走向,建设防护绿化带,构成园区的第二条景观生态走廊。

3 个景观节点:在 2 条景观生态走廊的交汇处(中央绿化广场中心)、园区管理中心中部门户、园区北部生态公园分别建设景观节点,使之成为景观轴线的重点内容和园区景观生态的闪光点。

4 个绿化组团:依据环保设备与材料生产区、绿色产品生产区、资源再生生产区、居住区的特征,构筑服务不同功能的景观生态系统,形成园区 4 个风格不同的绿化组团,由中央主绿轴向各地块穿插、浸透,从而构成"园中有绿、绿中有园"的特色绿色景观。

3. 工业生态系统框架设计

根据园区内环保产业的核心定位,结合南海具体的产业结构和已有的基础设施,确定工业生态系统结构成员,以物质集成、能量集成、信息集成为技术,以具体的物质生态链和远程的信息生态链相结合,构建虚实结合的高科技环保生态工业园区、全新规划型和虚拟型生态工业园区相结合的第三代工业园区。

(1) 工业生态系统结构设计

本规划以园区内初步确定的12家环保企业，以及虚拟区现有的陶瓷厂、铝型材厂、塑料厂、造纸厂、计算机厂、线路板厂、物资回收公司7个企业作为园区生态系统的结构成员，并以这19家企业为基础建立生态工业系统的雏形。工业生态系统的构成、丰富和完善在园区建设过程中通过市场机制进行绿色招商，因地制宜地逐步形成。

按照在整个工业生态系统中的作用不同，比照自然生态系统，生态工业系统的成员可以分为资源生产(生产者)、加工生产(消费者)和还原生产(分解者)3种类型，核心区12家企业可以视为5个生产者(环保科研服务企业、环保仪器设备厂、绿色板材厂、可降解塑料厂、溴化锂制冷剂厂)、3个消费者(活性炭厂、净水剂厂、绿色胶黏剂厂)、1个补链消费者(塑料添加剂厂)和3个分解者(五金加工厂、合成纤维厂、陶瓷吸声材料厂)。

(2) 工业生态系统集成

系统集成是在区域范围内实现生态工业的方法，综合考虑区域系统的生态流、能量流和信息流，通过共享信息和公共基础设施，考虑区域范围内企业、社区自然之间的物质交换和能量利用，建立高效率、低消耗的可持续发展的区域工业生态系统。

以废物"减量化、再利用、资源化"为指导原则，物质集成可从3个层次来体现生态工业的思想：在企业内部，注重清洁生产，达到物质和能量的循环；在成员间，注重通过物质、能量和信息的交换，构成生态链，做到物质和能量的充分利用；在园区外，充分利用物质需求信息，构建虚拟生态园区使园区在整个经济循环过程中发挥链接作用，拓展物质和能量循环的空间(见图2-3-9)。

园区建设完善的信息交换平台，包括信息的收集、处理、共享和发布。园区中环保科研服务企业，将其以信息为载体的技术产品，作为一种特殊的信息传入园区总体信息系统。见图2-3-10。

(3) 工业生态链网设计

各企业通过物质、能量、废水和信息的集成交换，构成了整体生态工业系统核心企业与相应的附属企业构成工业生态群落，各群落又通过废物交换、能量利用和公用工程集成共享有机地联系在一起，构成了多种物质能量链接的生态链网络结构(图2-3-11)，包括9个主要生态工业链条。

1) 环保仪器仪表在制造中和消费后，会产生废旧金属和废聚苯乙烯塑料，将废金属与计算机厂的废旧金属合并回收，经重新加工成零部件，返回仪器设备厂使用。

2) 废旧聚苯乙烯塑料与可降解塑料厂的废塑料合并，供应绿色胶黏剂、活性炭和化学添加剂的生产，其中的绿色胶黏剂可供给绿色板材厂使用，塑料添加剂返回到塑料厂使用，而活性炭则供应给废水处理厂。

3) 废塑料还能与园外来的塑料废弃物一起作为降解塑料厂和合成纤维厂的原料，进行物质的闭路循环。

4) 绿色板材厂的树皮等废弃物能够生产胶黏剂，返回绿色板材厂使用；木屑等废物能生产活性炭，应用到废水处理厂。

5) 生产活性炭产生的废硫酸经处理可与铝型材厂产生的铝渣生产硫酸铝型净水剂，并应用到园区的废水处理厂。

6) 园区废水经处理可再用于环保仪器设备的清洗，然后可用作陶瓷生产的磨石用水。

7) 溴化锂制冷剂厂生产的溴化锂可用于制冷系统中，采用集中供热提供的热量进行制冷，在园区内为新型空调器的应用起到示范作用。

8) 线路板厂生产的线路板产品可供计算机厂和仪器仪表厂的使用，其废水经分类处理回收，可再用于其他用水单元。

9) 将园内企业不可回收的废塑料、废木材(经多次回收利用已无法再用或材料已受污染无回用价值)进行焚烧，回收热量，进行集中供热，满足活性炭、板材和塑料等厂家生产的用能需要。

在上述生态链中，有3条属于闭合循环的

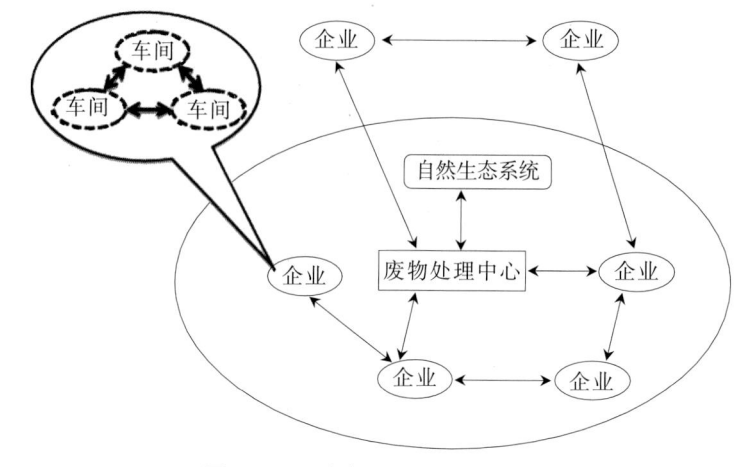

图 2-3-9　生态工业园区层次结构

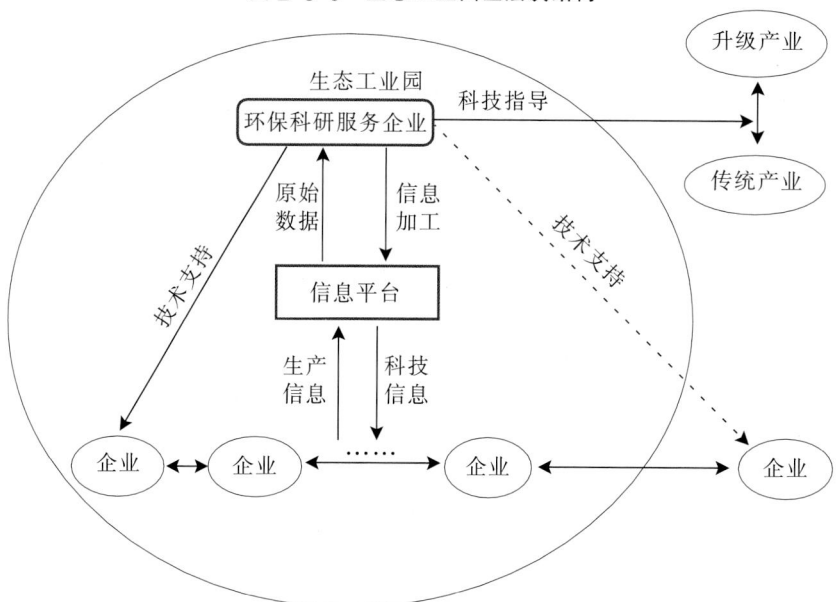

图 2-3-10　生态工业园区总体信息系统

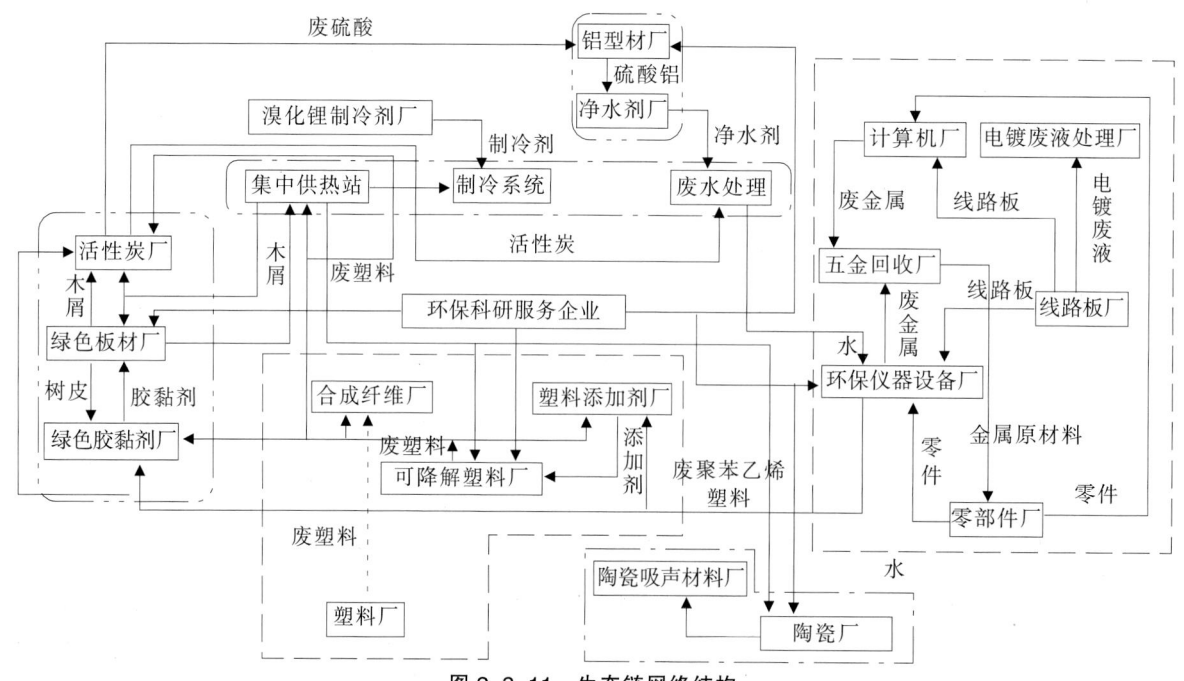

图 2-3-11　生态链网络结构

生态链,与自然生态系统的循环方式非常相似,能够最大限度地利用物质资源:①环保仪器设备厂产品在消费后报废进行拆解,可再利用的零件返回供维修用或回到企业供生产用,不可再利用的零件经五金加工厂回炼成金属原材料,重新生产零件供给仪器设备厂;②可降解塑料厂生产中产生的废塑料进入塑料添加剂厂,经改性生产增韧剂,返回可降解塑料厂生产使用;③绿色板材厂在生产过程中,产生的树皮、木屑等,用来生产版采用胶黏剂,返回板材厂生产使用。

整个工业生态系统包括设备加工、塑料生产、建筑陶瓷、铝型材和绿色板材等五大行业,各自形成相对独立、彼此共生的工业生态群落。

塑料制品在消费后经回收,能够再生生产涤纶短纤维,供应服装和家具行业,用作衬垫和填充物;可以加入一定的添加剂,生产胶黏剂和绿色涂料;可以经改性,生产弹性体,最后形成添加剂,再回用于塑料制品企业;可以经塑炼构成建筑管材,生产复合建筑材料;最后还可以通过降解形成活性炭、低分子量的燃料油和化工原料。见图2-3-12。

板材生产企业的副产物和废物可以作为原料供给其他企业生产,构成了完整的工业生态群落:以碎料黏合或刨花重新压制生产复合板材,属于材料循环利用;将其用于制造纸浆,供给造纸企业用,属化学再循环;用锯屑生产活性炭,属于废弃物的循环;而用于焚烧供热则属回收热能循环。见图2-3-13。

在环保仪器设备制造过程中,通常会有废金属产生,主要有钢铁、铜和铝等,应加以回收并循环利用。在零部件生产和设备制造过程首先强调绿色制造技术,充分利用原材料,减少废金属的产生。为在使用后便于回收,采用可拆卸设计,对于可再利用的零件,从零部件生产厂、设备制造企业和用户3个层面上进行再使用;对于不可再利用的废零件则与其他行业产生的废金属进入金属加工厂,进行熔炼,重新生产各种

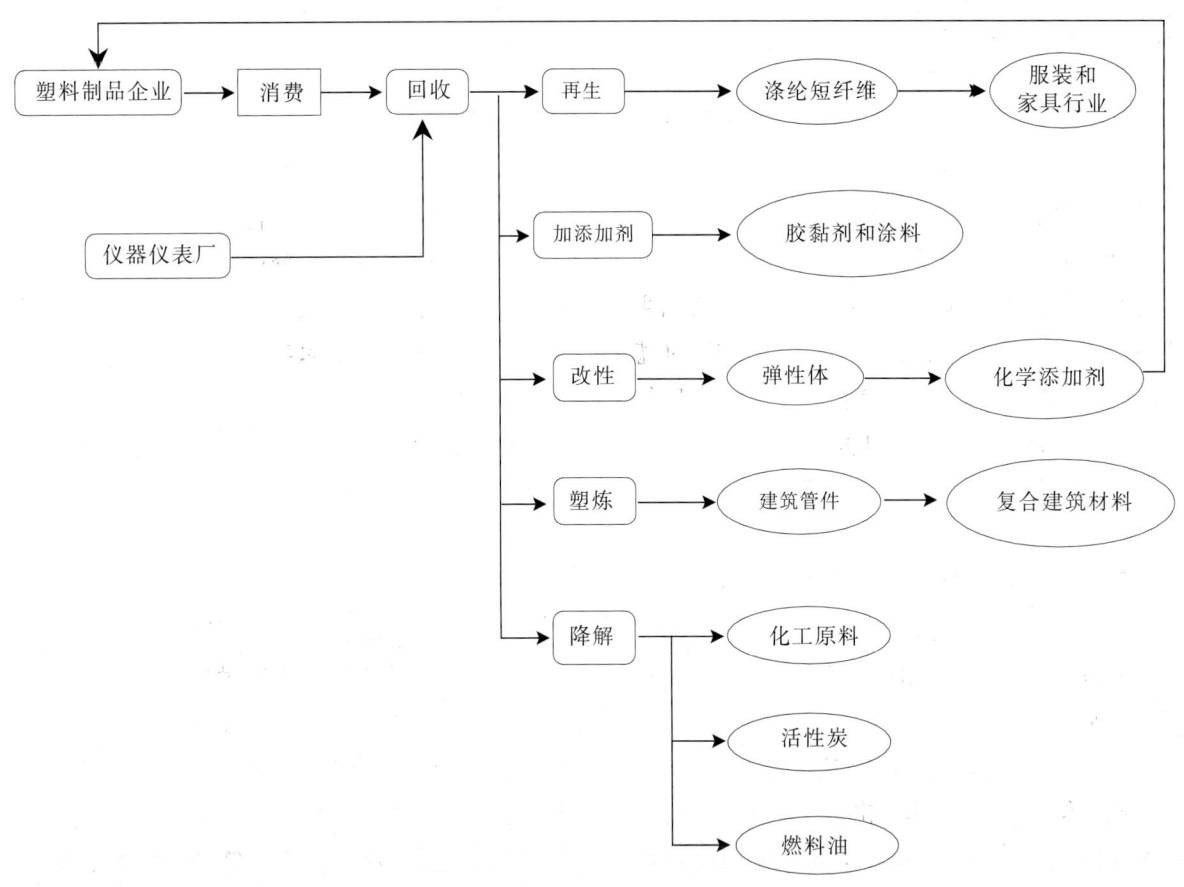

图2-3-12 塑料生产工业生态链

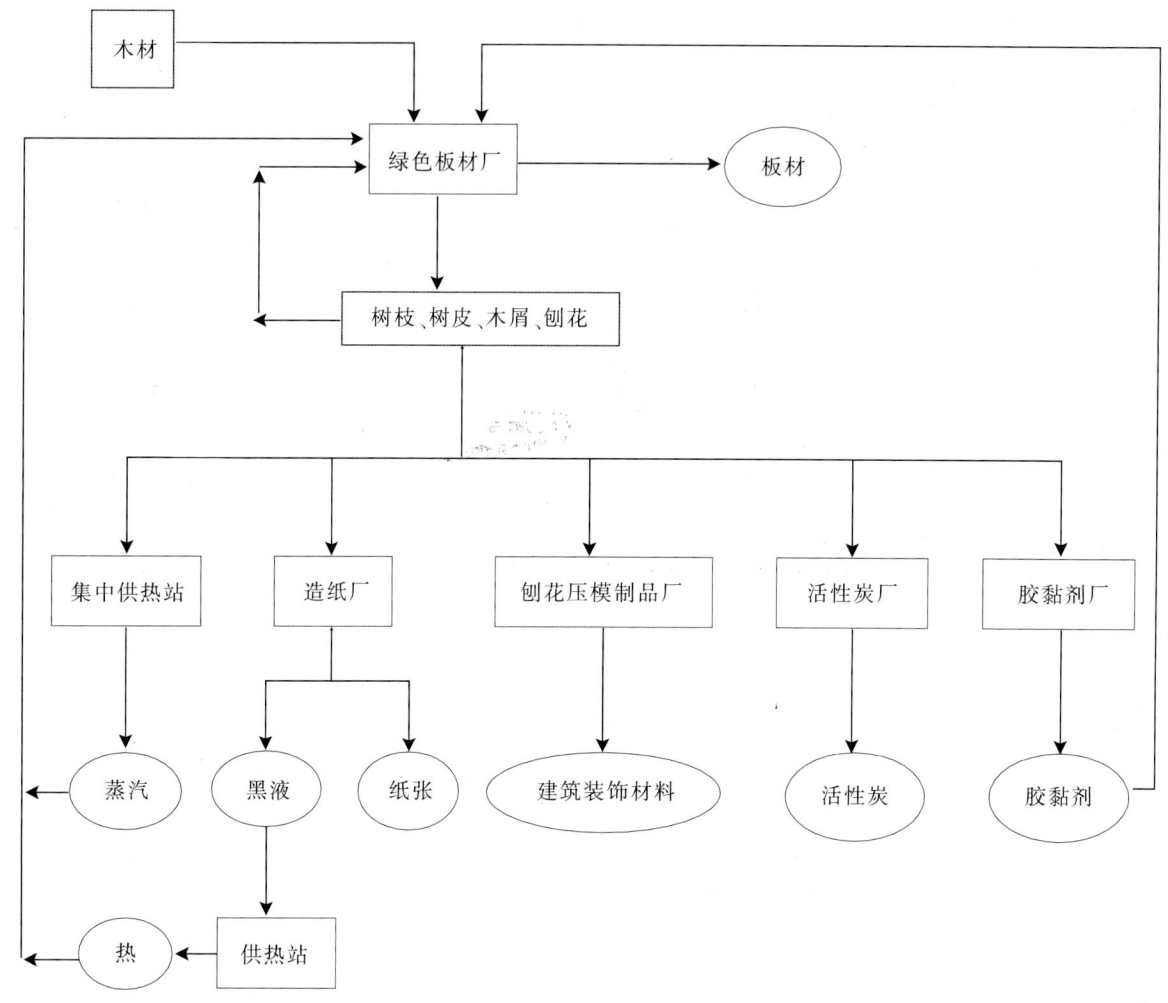

图 2-3-13 板材加工工业生态链

零件和金属制品。见图 2-3-14。

针对陶瓷生产中的废料和污泥,园区开发出若干个下游产品,以实现物质的循环。废品主要可用作吸音材料、吸附材料、透水材料、过滤材料、助熔剂以及自身循环利用;污泥则可用作助熔剂和建材材料等。见图 2-3-15。

铝型材厂产生的副产物主要有金属屑和边角废料、碱蚀废渣和废水。金属屑和边角废料全部由厂家回炉;碱蚀处理废渣是以偏铝酸盐形式结成的块状废渣,含铝量高,主要用于净水剂的生产;净水剂又可应用于园区的污水净化中,促进废水的集成使用。

当然,以上规划链条主要从本地的资源、技术、产业等优势出发,体现出生态工业的理念,具体的链条选择还应根据园区的建设情况和市场需求等进行调整。

(五)园区生态管理方案设计

园区生态管理按照分区、分类进行实行生态化和绿色化管理,通过园区、企业和产品不同层次的环境管理框架体系的设计和实施,强化园区的环境管理,为工业生态体系的持续运转提供基础保障,树立园区的环境形象,并引导全社会循环经济的实现。

1. 园区功能生态分区

(1)分类管理

园区分类生态管理是由园区的环境管理方针和目标、园区的生态管理对象和不同的环境管理方法组成的三维系统。针对不同的生态管理对象,分别设定其生态管理目标,采用不同的环境管理办法。见图 2-3-16。

在园区的层次上,生态管理战略和措施主要包括:园区 ISO14000 环境管理体系、绿色基

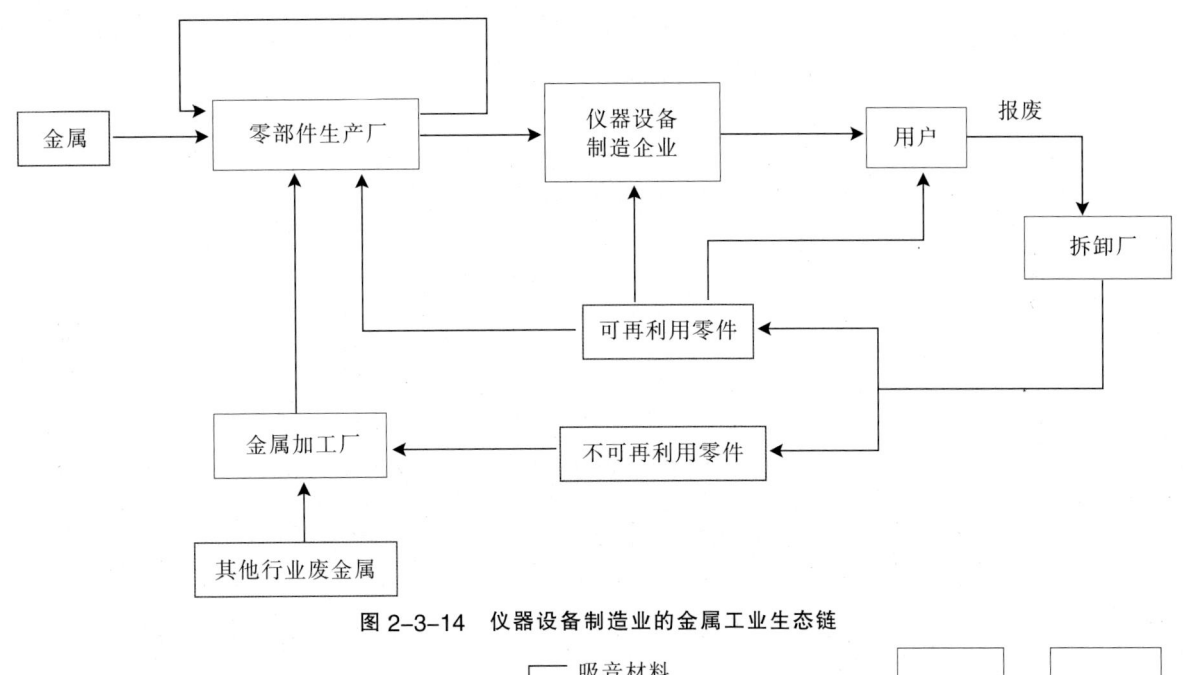

图 2-3-14 仪器设备制造业的金属工业生态链

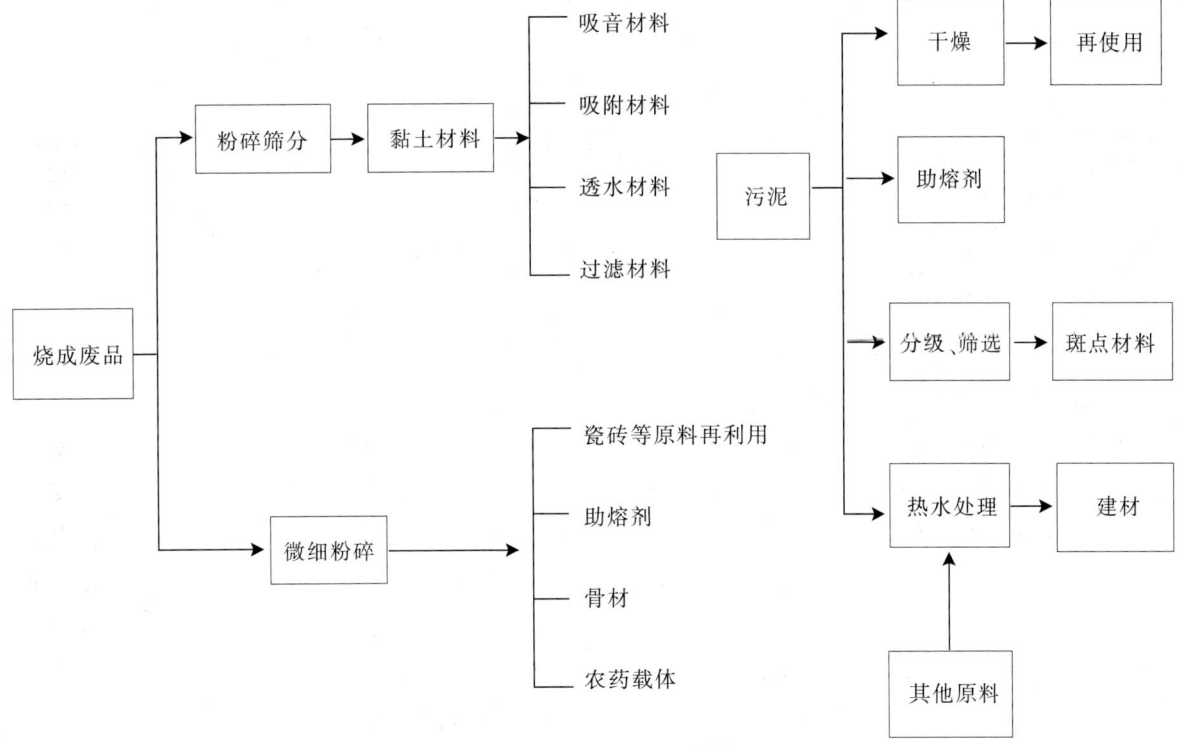

图 2-3-15 陶瓷废料和污泥的循环再生

础设施建设、废物交换系统、地区级紧急事故意识和准备计划和生态公告等。

在企业层次上,生态管理主要包括:企业ISO14000 环境管理体系、清洁生产、废物最小化、资源可回收利用等。

在园区企业的产品层次上,积极推行产品环境标志、产品生命周期管理等手段。

(2) 分区管理

基于园区自然地理状况和产业总体布局,按照原区生态管理对象的不同,将园区划分为保护保留区、开发监管区、过度缓冲区三区。

保护保留区:严禁从事工业生产活动,严禁建设以生产、居住为主要目的的工程建筑,对现有植被和自然生态系统严加保护,防止生态环境的破坏和生态功能的退化,组织重建与恢复。

开发监管区:切实加强生态环境监管,防止开发过程中出现大的生态生态环境破坏,按照

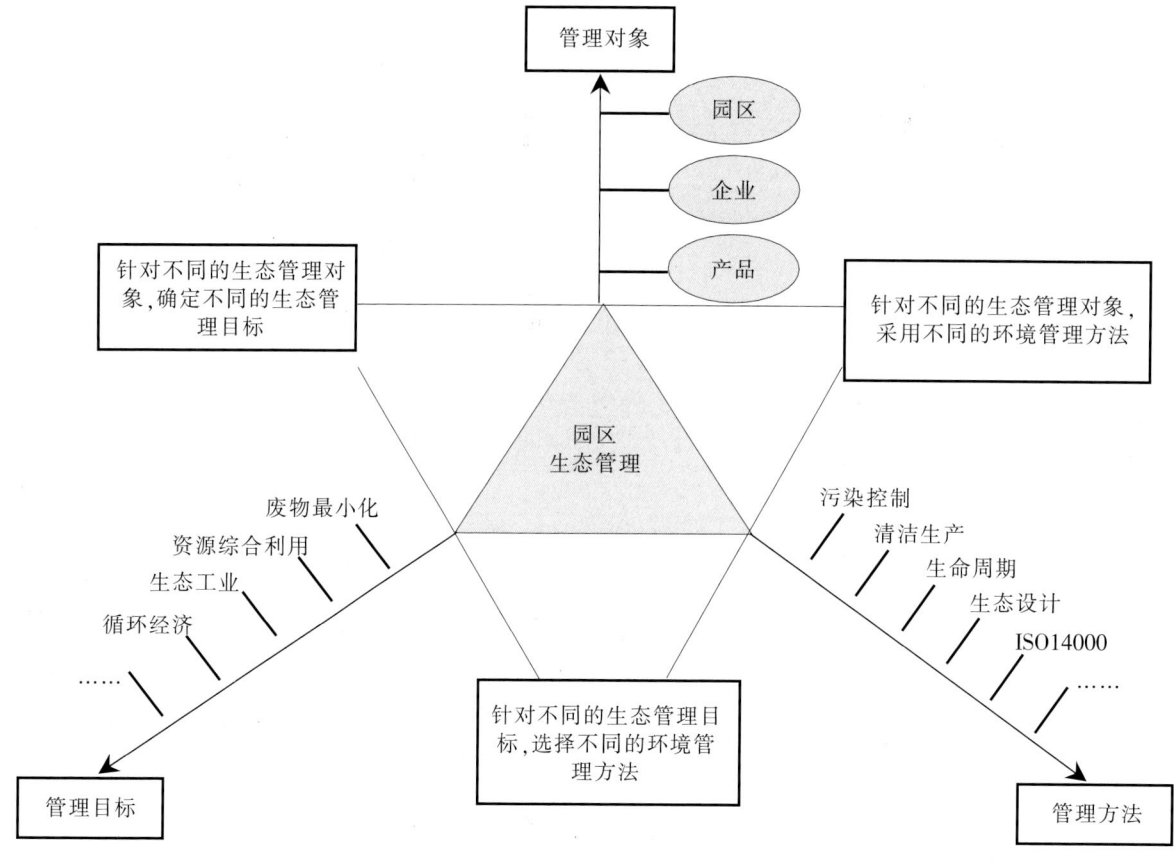

图 2-3-16　园区生态管理框架体系

区域环境容量资源合理布局,建设各种生态环境工程设施,保证区域生态环境质量。

过度缓冲区:为相邻生态系统之间,如不同构造地形地貌交接过渡带,不同利用方式的交接过渡带,功能分区之间预留的隔离缓冲区域。过度缓冲区应加强各项生态环境建设措施,防止侵占。

2. 园区生态管理

(1)园区 ISO14000 环境管理体系

园区管理机构建立环境管理体系,必须以环境保护法律法规为依据,以 ISO14000 系列标准为指南,以区域环境综合整治为基础,以建立一个经济快速发展、资源利用合理、生态良性循环、环境质量好、优美洁净的绿色园区为目标,结合本地环境保护工作实际,积极推选清洁生产和全过程控制,实现环境、经济与社会的可持续发展。

(2)基础设施建设绿色化

园区内绿色基础设施的建设是体现园区生态管理水平的一个方面。园区的绿色基础设施包括支持园区及园区内企业运行的设施,包括能源的生产和供应、运输、供水、污水处理、照明、建筑和通信。在建设园区时,将这些基础设施按照环境友好的原则进行设计,选用新型绿色建材,形成优美、清洁、宁静、舒适、和谐的环境,使其更有效地为园区及园区内各企业进行各项服务,同时也可以通过减少水的消耗、工业废水和固体废物再利用、提高能源效率来实现降低基础建设设施的成本。

(3)APELL 计划

建立地区级紧急事故意识和准备(APELL)系统,旨在提高公众对恶性环境污染事故的了解和认识,组织制订应急计划,以对付工业事故造成的环境紧急事件,确保地区内人民的生命安全,减少财产损失,保护生态环境。

园区 APELL 计划的组织机构由当地的政府部门、事故隐患企业和园区三方领导,以及园区居民代表组成。同时,当地政府的消防、警察和军队、医疗、救护、环保、交通、红十字会、通信等部门也参与应急救助计划,并承担相应责任。

(4) 园区生态公告计划

为促进园区企业加强环境管理，提高企业和产品形象以及市场竞争能力，在园区建立园区生态公告计划。园区生态公告计划分为2个层次：第一个层次是整个园区的生态管理公告，如园区大气、水、土壤环境质量和污染状况等；第二个层次是园区企业的生态行为或环境行为公告，即对园区企业的污染排放、企业的生态形象、产品绿色标志等进行公告。园区的生态公告计划重点为园区企业的生态行为公告。

(5) 废物交换系统

园区建设区域性质的废物交换网络，发布区域企业副产品和废弃物产生、原辅材料需求信息，为园区内外、企业之间的废弃物交换提供网络虚拟平台，起到公共服务作用，其功能和生产行为包括资源的再利用、循环、再生、产品营销和废物的终极利用。园区在废物交换系统的基础上，根据条件建立园区废物处理中心。

3. 企业生态管理

(1) 企业ISO14000环境管理体系

从主要污染因子管理、能源管理、污染治理、资源回收利用、相关方管理、环境监测、信息管理、紧急事故的预防与处理等方面入手，建立企业环境管理体系，提高企业管理水平，减少企业在生产及过程中各项活动造成的环境污染，最大限度地节约资源，有效提高整个园区的综合竞争实力。在园区第一期建设期间，重点开展出口型企业的ISO14000环境管理体系认证。

(2) 清洁生产

企业对组织的生产、产品或提供服务全过程的重点或优先环节、供需产生的污染进行定量检测，找出高物耗、高能耗、高污染的原因，实行污染预防分析和评估，有的放矢地提出对策、制订方案、减少和防止污染物的产生，实现企业内部的物耗、能耗削减，提高资源回收利用率，以实现园区的环境管理目标。在园区第一期建设期间，重点开展设备加工、塑料生产、建设陶瓷、铝型材和绿色板材等五大行业的清洁生产。

4. 产品生态管理

(1) 产品生命周期

针对当今市场上产品的使用周期越来越短所带来的大量浪费与严重污染而提出绿色在制造工程中的概念，在企业层次上以延长产品寿命周期设计和管理为指导，以优质、高效、节能、节材、环保为目标，以先进技术和产业化生产为手段来修复或改造报废产品的一系列技术设施或工程活动。在园区第一期建设期间，重点开展1~2个产品的生命周期管理试点。

(2) 产品生态设计

在产品开发阶段就考虑环境因素，从产品的整个生命周期减少对环境的影响，最终引导产生一个更具有可持续性的生产和消费系统。生态设计可降低成本、减少环境方面的投入、减少企业潜在的责任风险、提高产品质量、刺激市场需求。在园区第一期建设期间，重点开展1~2个产品的生态设计试点。

(3) 产品环境标志

园区内企业产品按照可申请环境标志的要求进行管理，产品的环境特性受到比普通产品更为严格的标准约束。这有利于企业节约能源、减少原材料消耗、综合利用资源、提高经济效益、引导消费选择。园区的生态工业孵化器，为园区企业提供产品环境标志认证的咨询服务。

(六) 关键政策和措施

环保产业是一个政策引导型的产业，生态工业园区建设示范对政策具有更强的依赖性。南海园区建设是一个非常有意义的探索性工作，综合性强，涉及面广，必须通过建立和完善市场机制下的激励政策以及管理和服务等运作模式，从政策、措施和管理等多方面给予引导、支持和保障，才能保证园区建设和发展的顺利进行。

1. 加强组织领导，争取政府强力支持

加强项目实施的组织领导，由当地领导牵头并任组长，成立由省市有关部门相关人员参加的园区建设领导小组，负责协调项目的立项、规划、建设等工作，及时研究、解决园区建设和发展中遇到的新问题，协调各方利益，积极支持园区的建设和发展，争取国家、省、地方以及有关部门强有力的支持。

园区的管理机构是一个政企协调性的管理机构,主要有2部分组成:一是广东华南环保投资股份有限公司下属的管理部门,负责园区建设和发展;二是依托所在地政府的部分现有管理部门。

园区采用经济、技术、行政等多种管理方式,实行环境监督,搞好环境服务,将环境管理体系融入园区行政管理架构,将环境因素融入日常办事程序,引导企业环境行为,实施绿色管理。

2. 实行绿色招商,丰富工业生态链网

园区对入园企业进行绿色招商评价,高起点、高标准和高层次地引进绿色企业,使园区的布局和构成符合园区总体规划和发展方向。

园区是一个开发式的结构,园区招商引资并不局限于本规划初步拟议的12个项目,只要符合园区发展方向和绿色招商指标,都可以通过市场机制资源实施。同时,园区根据现有生态工业系统建设需求和市场机制有选择地进行主题招商,鼓励发展补链企业和高新技术的资源再生企业,致力构建多产品、多链条的生态工业网状结构,以增强生态工业园区柔性,保证生态工业系统运行。

3. 依靠科技进步,积极发展循环经济

设立环境科技风险基金,加大财政对园区高新技术、环保产业风险投资、科技研发的投入和支持力度。制定优惠政策和奖励机制,解决园区引进人才户口、子女入学等问题,设立博士后工作站,吸引国内外优秀人才在园区进行短期或长期的科研和技术开发。鼓励环境科技企业为生产企业减少废物产生及其综合利用、节能降耗等方面提供技术咨询和服务,进行非物质化和功能经济导向,促进循环经济的推行。

4. 实施优惠政策,提升产业发展水平

制定发展环保产业和生态工业、循环经济的扶持政策和措施,通过财政、税收、管理等手段,限制传统的污染行业发展,鼓励环保产业、高新技术产业和生态工业型产业在园区发展,提升产业发展水平。

对园区重点建设工程和关键项目的土地使用实行税收减免。鼓励和优先推荐华南环保投资股份有限公司以及园区企业在国内外证券市场上市,进入资本市场,实现滚动开发。根据园区企业的"生态表现",开展基于污染物排放总量控制的排污交易,对园区生态工业系统建设有贡献的企业实行信贷优惠。对园区企业在各种环境咨询服务资质、产品应用方面给予扶持,鼓励技术开发与技术创新。

5. 建设数字园区,强化生态工业孵化

依托南海信息市优势,优先建设以环保产业网、废物交换系统、远程教育网、园区内部局域网为主体的数字园区系统,充分发挥信息在园区管理、企业间信息交流、企业技术支持、建设虚拟园区等方面的重要作用,实现园区环境咨询服务网络化,促进园区物质和能量的有效利用,保障整个园区(包括虚拟园区在内)高效协调运转。

园区建设生态工业孵化器,为入园企业进行工业生态性评估、与现有的企业相容性评估,为园区企业的工业生态改造、构筑工业生态链条、维持工业生态系统健康运转提供技术支付,有针对性地提出园区补链企业需求,担负将企业和园区建设成为生态工业系统的任务。

6. 加强宣传教育,建立国际交流平台

加强宣传教育,提高领导和公众对南海生态工业园区建设意义的认识,增强公众生态工业意识,倡导园区生态文化,提高园区的知名度,形成全社会支持园区发展的良好氛围,扩大园区建设的示范意义。

积极通过产品推介、合作研究、联合开发等方式,大力开展国际环境科技和生态工业领域的交流与合作,提高园区的国际知名度。借鉴国际经验,提高园区建设发展水平。

(七) 投资与效益

南海国家生态工业示范园区是我国第一个根据循环经济和生态工业思想进行规划、设计、建设和运营的工业园区。园区的建设发展产生了显著的经济效益、环境效益和社会效益。

1. 建设投资

园区组建广东华南环保投资有限公司,先

期投入启动资金5亿元,2005年前完成动态投资30亿元,到2010年投资50亿元。

2. 预期效益

在建设第一期初期(1~2年),园区不会有显著的经济效益,主要是积蓄能量、积累经验、招商引资。建设第一期后期(3~5年),企业规模迅速扩大,园区进入建设成熟期,园区作为环保高新技术成果实现商品化、产业化,环保企业实现规模化、高科技化的重要纽带,作为我国环保产业走向世界、国际环保技术进入中国的桥梁,取得了良好的经济效益、环境效益和社会效益。

(1) 经济效益

环保产业是市场需求较大的朝阳产业,核心园区规划12家近期入园企业,生产环保仪器设备、绿色产品、环境材料、资源再生等14类产品,总投资约6亿元,年产值约12亿元,整个核心园区产值达到30亿元。

应用生态工业和循环经济的理念,有利于企业降低成本,减少排放,增加企业的市场竞争力,为企业带来显著的经济效益:如采用木材废料和废旧聚苯乙烯塑料生产绿色胶黏剂,产品成本下降42%~59%;在活性炭生产中,利用木材和塑料废料为原料,其生产成本较传统的氯化锌法单位生产成本每吨下降1 000元,充分回收炭化和活化过程的余热,并将热量梯级利用,单位产品能耗降低1/3,生产中洗涤工段采用多级逆流洗涤工艺,以提高回收酸的浓度,节省用水,提高洗涤效率,并将回收酸用于净水机的生产,仅此2项每年可创造经济效益240多万元。

(2) 环境效益

园区的工业生态系统的建设,能大大降低自然资源的需求,减少了对自然的废物排放和环境负荷,收到良好的环境效益。例如,园区一期生产1 800 t溴化锂制冷剂,每减少使用1 t氟利昂,可保护12 000 t臭氧不受破坏。与分散供热相比,集中供热的锅炉热效率从原来的30%~40%上升至70%~80%,可节约煤、气、油等能源约25%,节电约20%,节省各用户投资30%~40%,占地面积减少40%~50%,粉尘排放量减少30%左右。园区集中供热系统的余热采用溴化锂制冷机进行制冷,每年节电约25 GW·h,节约开支成本约100万元。

(3) 社会效益

园区建设的社会效益集中体现在,满足社会对环保产品和绿色产品的需求,倡导绿色消费和循环经济生产生活方式,树立生态工业示范,提升改造传统产业,探索区域经济可持续发展道路,引导全社会层次循环经济和绿色经济的实现。

第三节 华北资源环境与生态工业系统的案例

一、资源环境

华北包括京津冀和山西、内蒙古,属于全国的富煤区,内蒙古和山西名列前茅,河北次之。3省(区)的煤炭和石油探明储量分别占全国的1/2和1/3。铁矿储量大,与煤配套好。内蒙古的稀土矿驰名世界。铝土矿在山西和内蒙古分布广泛。

二、案例①:包头国家生态工业(铝业)示范园区

进入21世纪,走新型工业化道路,推行循环经济,建立生态工业园的大潮在我国兴起。但怎样建设生态工业园,各地有不同的做法,是一个值得探讨的问题。发挥各地优势,构建各具特色的生态工业园不失为一条有效的途径。我国

幅员辽阔，地区间差别较大，因此在不同地区或不同主体行业发展生态工业园，应分析不同区域的产业特点，充分利用当地资源优势，提出不同的推进策略和具有针对性的要求，从而形成各具特色的生态工业园区。包头国家生态工业（铝业）示范园区就是依托当地的资源优势、区位优势、产业优势等比较优势，构建起了富有特色的生态工业园的雏形。包头国家生态工业（铝业）示范园区的建设也为我国传统工业园可持续发展带来了新的思路。

（一）包头地区概况

包头市地处内蒙古自治区中西部，属黄河中上游，总土地面积 27 768 km²。年均降水量175~400 mm。年均蒸发量为 2 100~2 700 mm，常年主导风向为西北风，平均风速 3.4 m/s。全市现有耕地 4 058.3 km²，森林 710 km²，草地 20 710 km²。

包头市水力资源 5.47 亿 m³，主要包括当地地表水、地下水和过境的黄河水。现有的中小型水库 10 座，总库容 9 901 万 m³。

包头市设区、旗、县 9 个：昆都仑区、青山区、东河区、九原区 4 个市区；石拐和白云鄂博 2 个矿区；土默特右旗、固阳县和达茂旗 3 个农牧业旗县区。2001 年全市总人口 206.2 万人，其中非农业人口 127.3 万人，农业人口 78.9 万人，全市人口平均密度 74.5 人/km²。

2001 年，包头建成区面积 161 km²。城区自来水综合生产能力 97.6 万 m³/d，年供水总量 23 626 万 m³，供水管道长度 1 384 km，自来水普及率 99.99%。年供热总量蒸汽 67 万 t。污水年排放量 11 674 万 m³，年处理量 4 710 万 m³，污水处理率 40.35%，排水管道长度810 km。城区绿化覆盖面积 5 265 hm²，人均公共绿地 8.02 m²，建成区绿地覆盖率31.06%。垃圾粪便无害化处理率 89.98%。

包头市具有良好的公路和铁路运输条件，城市道路长度 699 km，道路面积 906 万 m²。110 国道、呼包、包银、包西、包太公路和京包、包兰、包神、包白、包石等铁路为包头的客运和货运提供了保障。包头市现有 4D 级机场 1 座，已开通空中航线 10 余条。

包头市是我国的主要能源、原材料生产基地，也是门类比较齐全的综合性工业城市，是内蒙古中西部地区的经济中心。2001 年国内生产总值 248.1 亿元，有工业企业 21 212 个，工业总产值 278.39 亿元。

（二）园区建设的有利条件和意义

1. 有利条件

(1) 建设园区的区位优势

1) 资源条件。

A. 煤：包头及周边地区煤炭储量十分丰富，可为园内电厂提供充足的优质煤。

B. 水：园内紧临黄河，附近的磴口水厂距离园区超过2 km，日供水能力 5 万 t，取水口、管道设施、净水装置完全，可供给园区工业用水和生活用水。包头市地下水可利用资源量为 1.07 亿 m³，有地下水井 574 眼，抽取地下水量可达 3 432 万 m³/a。

C. 天然气：包头市靠近鄂尔多斯市境内的苏里格气田和陕西长庆气田，从长庆到呼和浩特的天然气输配管道已经开工建设，天然气马上就要进入包头，可为园区提供优质的清洁燃料。

2) 交通条件。包头市地理位置优越，交通运输便利。京包、包兰等铁路线在此交汇，是我国西北地区重要的铁路交通枢纽。包头机场为 4C 级标准。2000 年包头市公路里程超过 3 000 km，境内除 110 国道和 210 国道通过之处，省道和县道也纵横交错。

园区中间有包兰铁路通过，园区北侧有 110 国道穿过，交通十分便利。

3) 场址条件。拟建园区主要是包铝集团的现有生产用地、原长征建材厂用地，空地和荒地比较多，无任何建筑物，不需拆迁，不占农田，土地易于平整。长征建材厂已停产，现有用地和部分厂房可被园区内拟建粉煤灰建材企业使用；其轻轨铁路保存良好，现成可用，不需投资再建厂区铁路专用线。

(2) 包铝集团的支撑作用

包头铝业（集团）有限责任公司始建于1958年，是中华人民共和国成立后建设的第一家电解铝企业，在全国铝业中以一流的管理、一流的技术人才著称，是全国 500 家最大工业企业和十大铝厂之一,是国家重点扶持的520家国有企业之一。经过60年的建设和发展,生产规模不断扩大,产品质量进一步提高。集团公司共有职工8 619人,占地面积449万 m^2;拥有资产总额为19.61亿元,净资产为8.78亿元。总生产能力为年产原铝11.5万t,碳素制品6.3万t,铝型材0.3万t。主要产品有"包铝"牌重熔用铝锭、稀土铝应用合金、6063铝合金挤压用圆铸锭、电工圆铝杆、铸造铝合金锭以及各种铝电解用碳素制品和各种型号的铝合金建筑型材等48个品种。

包铝集团生态工业园区的建设,形成园区最主要的产业链和核心部分,对于园区的稳定发展具有重大意义。

(3)建设园区的政策优势

在西部大开发中,内蒙古作为少数民族自治区,除享受《国务院关于实施西部大开发若干政策措施的通知》制定的统一政策和其他相关政策之外,还可根据自治区实际,制定更为优惠的政策。

国家产业政策鼓励发展铝电联营,通过降低铝电成本,提高铝厂的经济效益,以建立大型化、集团化、专业化的铝业企业。

除执行国家政策,对粉煤灰、废铝等的综合利用实行税收优惠外,地方政府对园区和入园区企业在磴口水厂利用、土地租赁、建材厂现有设施等方面可给予优惠政策。

2. 建设意义

包头国家生态工业(铝业)示范园区的建设,可以盘活包头市的地方传统企业和面临困境的建材企业,优化城市经济结构、空间布局,实现区域环境的综合整治,提升包铝集团等大型国有企业的技术水平和竞争实力,在园区企业间资源有机配置的基础上,向园区外适度扩张,从而形成包头市新的经济增长点。

(1)包头市建成经济强市的需要

为了实现"把包头市建设成为我国西部地区一个经济强市"的战略目标,中共包头市委九届二次全会(扩大)会议做出了"解放思想、大胆构筑、努力加快建设经济强市步伐"的战略部署。

包头市是我国重要的能源、原材料生产基地,工业行业门类齐全。改革开放以来,包头市社会经济得到快速发展,但近几年来由于包头市长期实施计划经济,国有企业"等、靠、要"思想根深蒂固,市场经济意识差;缺少更多的一流企业家以及催生一流企业家的外部环境;一些企业苦于融资困难、市场运作不力,产品竞争力不强;经济结构不合理等原因导致包头市经济发展速度趋于减缓。

包头市经济要得到快速发展,必须利用西部大开发的良好机遇,充分发挥其资源优势和区位优势,积极发展地方特色经济,从观念和机制上进行变革,重新焕发传统老工业基地的活力。因此需要改变传统的工业发展途径,探索新的发展模式,培育新的经济增长点。基于工业生态学和循环经济理念建立生态工业园,改造现有的高能耗、高污染产业,开发高技术、高附加值的产品,盘活传统的冶金、机械、电力、稀土工业,从而带动配套产业的发展,为包头市经济发展注入新的活力的必由之路。

(2)东河区城市环境综合整治的需要

由于历史原因,东河区有很多工业企业零散地分布在居民生活区和商业繁华地区,工商业相互交织、区域功能不够明确的问题对经济发展产生的制约和障碍日趋明显。进一步明确城区内各区域的功能,合理调整城区的经济分布迫在眉睫。

为了实现东河区"退二进三"的经济结构调整的战略,将东河区现有的"二产"全部从城区撤至城市外围地区,取而代之的是在城区大力发展以商贸和服务业为主的"三产"。包头市正在进行东河区总体发展框架规划的编制。总体规划援引东河区原有的组团式布局,将城区分为东河区中心区和包头国家生态工业(铝业)示范园区。东河中心区规划分成4个功能区:金融商贸服务区(中、西部)、北梁生态旅游区(北部)、南海生态旅游度假区(南部)和区级行政管理中心。生态工业园区接纳由城区退出的企业,为实施"退二进三"战略构建平台。

随着东城区的发展,城区环境的综合整治及供热需求不断增加,东河区需要发展城区集中供热以取代现有分散供热的小型采暖锅炉。根据包头市政府城市供热规划和东河区的发展情况,2005年集中供热面积达到650万 m²,2010年集中供热面积要求达到950万 m²。扩大东恒热电公司的供热能力势在必行,随之而增加的供电能力也为生态工业园区的建设提供了能源基础。

(3)建设地方强势企业的需要

包铝集团要最终实现建设成亚洲最大的合金铝生产基地的目标,迫切需要解决电价过高的瓶颈,加紧部分陈旧的铝电解自焙槽工艺的技术改造以及进一步提高合金铝产品的比重,提高产品的质量和附加值。同时,丰富上游产品链。采取多种形式,密切其与原料、生产机械加工等上游供应商的联系。特别是可以结合东河区的旧城改造,对区内现有的部分铝的上游产品生产企业进行重组,带动这些企业更稳定地发展。

东恒热电公司为了长期持续地发展,迫切需要稳定的用户。包铝集团电解铝生产耗能高,受电电压等级高,电流消耗平稳且负荷率高。在生态工业园区建设中,包铝集团和东恒热电公司完全能够根据自身发展的现状,兼顾各自现有和长远的利益,成立跨行业的企业集团,建立铝电联营机制。通过铝电联营,实行直供,解决制约电解铝发展的瓶颈问题,同时电厂也有了稳定的用户,从而实现跨产业的"双赢"。这种发展模式既符合国家的产业政策,也有利于企业的健康发展,可带动整个地区经济的持续快速增长,为落实国家的西部大开发战略做出重大的贡献。

位于东河区的长征建材厂是包头市以生产黏土砖和玻化墙地砖为主的地方中型国有企业。受国家的产业发展政策、原材料和市场等因素的影响,该企业已连续数年亏损,处于非常艰难的境地。企业急需寻找一条挣脱困境的光明之路,建设生态工业园区,为此类建材企业利用电厂产生的煤粉灰废物资源,建设较大规模的煤粉灰的建材生产线,生产水泥、烧结砖、砌块和其他高附加值的建材产品创造条件,是盘活建材企业的一个良好契机。

包铝集团、东恒热电公司、长征建材厂和东河区旧城的一些加工铸造企业基本上是孤立地独立经营,没有形成整体优势。利用生态工业的理念,可将四者有机地整合,形成稳定的生态产业链。同时,根据生态工业学基本原理,研究、设计和实施关键的链接技术,逐步拓展形成生态产业链网,可为东河经济的跨越式发展和包头"经济强市"目标提供原动力。

(三)园区规划

1. 园区总体设计

(1)功能分区和总体框架

包头国家生态工业(铝业)示范园区以铝电联营为核心,以铝业为龙头企业,以电厂为基础,通过各系统之间中间产品、产品或废物的相互交换而形成工业生态链(网),使园区内资源得到最佳配置、废物得到有效利用、环境污染降至最低水平、经济效益大幅度提高,进而拉动地区经济的发展。

园区拟分为以下三大功能区。

1)核心区:以铝电联营为基础,发展电力、电解铝、铝深加工、铝合金铸件、稀土高新和建材等相关产业。

2)拓展区:主要是核心区的延伸。近期配合东河旧城改造,吸纳东河区实施"退二进三"战略中搬迁的部分铸造行业企业和高载能企业入区。

3)辐射区:充分发挥园区的生态工业功能和辐射作用,利用园区的发展拉动其他产业和地区的发展,促进包头合格内蒙古自治区的产业结构调整和提升。

园区总体框架见图2-3-17。

(2)空间布局

根据当地的地理、地质条件,考虑当前的土地利用现状,包头国家生态工业(铝业)示范园区的建设以包铝集团现状用地和东恒热电公司拟新建厂址为基准,综合考虑上下游产业链的关系、生产环境要求、环境保护需要进行空间布局。

1)核心区:核心区位于包兰区以北,110国道以南,毛其来村以西,河北村以东,核心区总面

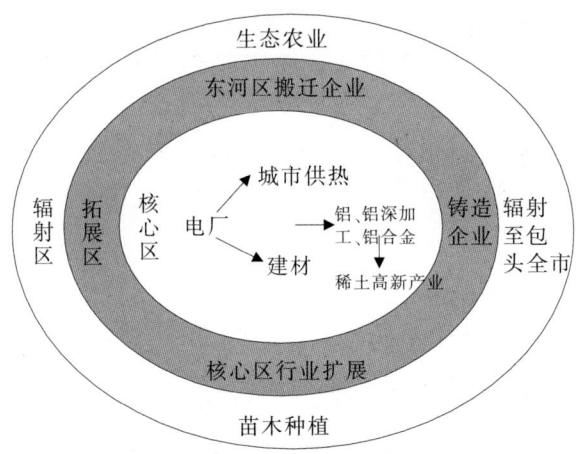

图 2-3-17　生态工业园区总体框架

积 16.2 km²，其中工业用地面积为 7.92 km²，公用设施(行政区)面积 0.49 km²，居住区面积 0.96 km²，其他用地(绿地、道路等) 6.83 km²。

2)拓展区。拓展区包括黄河二道坝以北，包兰铁路以南，毛其来村以西，河北村以东的范围，面积约为 3.6 km²。

3)辐射区。黄河二道坝以南、黄河大坝以北的核心区和拓展区向南延伸的地有 13.44 km²，其中开辟 23.3 hm² 用于苗圃种植，为园区和包头其他地区提供绿化林木。此外可以利用电厂的余热，在其中发展反季节蔬菜、瓜果和花卉。

生态工业园区的影响可辐射到包头市全境。因而，辐射区没有明确的空间限制。

(3)核心空间布局

在园区核心区中，东恒热电公司拟新建厂址的确定要综合考虑各方面的因素。第一，要考虑东河区城市供热的需要，选址在有效的供热半径(热水网有效供热半径为 10 km²)以内。第二，要考虑城市大气环境保护和未来发展不能离城市居民区太近。第三，要考虑到与生态工业园区的关系，位置尽量靠近该园区的主要用电企业。地址已经初步确定在包铝集团四期工程西侧的臭水井地区。其他功能区依据园内的布局原则进行布局。

1)包铝集团用地:位于园区北面沿 110 国道的中部。面积 4.49 km²。

2)东恒热电公司新址:位于包铝集团四期工程西侧的臭水井地区。面积为 1.27 km²。

3)铝合金铸件区:靠近包铝集团电解铝车间，位于包铝集团三期电解铝车间以南，四期电解铝车间以东，园区小岛和水面以北。面积 0.74 km²。

4)铝深加工区:靠近包铝集团电解铝车间，位于铝合金铸造区以东，包兰铁路以北。面积 1.31 km²。

5)建材区:主要是以消化电厂粉煤灰为主的建材生产企业，位于包铝集团住宅用地以南的长征建材厂用地，可利用长征建材厂的轻轨等基础设施。面积 1.04 km²。

6)稀土高新产业区:位于包铝集团居住用地以东，毛其来村以西，该区主要用于招商引资，面积 0.46 km²。

7)工业备用地:位于建材区和铝深加工区之间，面积 0.59 km²。

8)行政区:位于电厂以西的园区西北部，面积 0.58 km²。

以上各区面积包括本区内的隔离带和道路用地。园区占地面积明细见表 2-3-5，其中各分区的面积已经减去了所在区的隔离带、道路用地。

(4)产业发展规划

1)铝行业。我国已经成为世界上重要的铝生产和消费大国，仅次于美国和俄罗斯。2000 年国内电解铝生产能力达到约 300 万 t，消费量为 350 万 t 左右，进口量为 50 万 t。所以必须大力发展铝行业。包铝集团的原铝生产能力在全国排名第六，为包头市地方经济发展做出过巨大贡献。但是包铝集团面临工艺装备、技术指标落后，能耗高，生产效率低，污染严重的困境。因此，包铝集团要发展，必须抓紧一、三期电解铝的改造，采用先进的大型预焙槽工艺替代原有的小电解槽，全面提升技术装备水平，实现"三废"达标排放，达到清洁生产的要求，以满足国家环保和产业政策的要求。已经完成一期技改工程(即电解四公司)前期 4.8 万 t/a 项目工程，需加紧筹建后期 5.2 万 t/a 电解铝工程和 12 万 t/a 配套炭阳极建设项目。到 2003 年上半年，包铝集团形成年产原铝 21.5 万 t 的生产能力。到 2005 年，原铝年产生产力达到 30 万 t。

炭阳极制品是预焙槽电解铝生产的重要原料，也是制约铝工业发展的关键环节。我国电解

表 2-3-5　园区占地面积明细

序号	分区		面积/km²
核心区	工业用地	电厂	1.11
		包铝四期	1.68
		包铝三期	0.62
		包铝一、二期	0.73
		合金铸造区	0.72
		铝深加工区	1.26
		建材区	0.93
		稀土高新产业区	0.37
		备用地	0.5
		小计	7.92
	居住用地		0.96
	公共设施(行政)用地		0.49
	公共绿地		2.2
	防护绿地		2.58(铁路两侧 1.35,隔离带 1.23)
	道路用地		1.22
	铁路用地		0.83
	核心区总面积		16.2
拓展区			3.6
合计			19.8

槽 60%的自焙槽已有 1/3 改造成预焙槽,电解铝按每吨铝锭消耗 600 kg 阳极计算,槽阳极块的需求量增加到 30 万 t/a。而且炭阳极产品外销获利丰厚。包铝集团正在筹划建设年产 12 万 t 碳素的生产项目,具有很好的市场前景。到 2003 年上半年,包铝集团具备年产碳素制品 8 万 t 的生产能力。到 2005 年,碳素产品的年生产力达到 20 万 t。

原铝附加值较低,在国际市场上竞争力较弱。包铝集团的原铝在其生产产品中比重仍较大。需在适度保持电解铝规模的前提下,加大产品结构调整力度,将拳头产品 A356 合金、电工圆铝杆、铝合金棒材等做大、做好、做强,同时加速发展附加值高的中间合金以及下游延伸产品。充分发挥包头地区稀土资源和技术优势,以及现有技术设备能力,把附加值高的合金产品作为产品结构调整的主导方向,加快精铝及板、带、箔等延伸项目实施进度,进一步提高铝制品的附加值,从而为铝工业的发展建立一个新的平台,不断增强企业核心竞争力。在保持现有合金产品占铝系列产品比重 78%的基础上,进一步提高合金产品的比重,用 3 年左右时间,使合金铝产品比重稳定在 85%以上。通过以上努力,逐步将生态工业园区建设成国家乃至亚洲最大的铝及铝合金生产、铸造、加工基地。

在国外,废铝再生不仅解决铝工业生产中的固体废物的排放,而且可以获得丰厚的利润,在园区建设过程中,配套发展废铝再生产业。收集周边地区的废铝,并从国外购买废铝,依托包铝集团的原铝和技术优势,发展再生铝工业,开发利用废铝资源。年再生利用废铝量在近期内达到 5 万 t 的规模。

根据园区规划,到 2005 年,园区逐步实施以下项目。①年产 12 万 t 配套炭阳极建设项目。②年产 1 万 t 精铝建设项目。③年产 20 万 t 铸造用铝合金项目。④三期 3.5 万 t/a 自焙槽改为 10 万 t/a 预焙槽改造项目。⑤电工圆铝杆项目。⑥年产 3 万 t 铝型材项目。⑦年产 5 万 t 热连轧、铸轧铝板带、箔项目。⑧PS、CTP 版铝基板材项目。⑨年产 100 万件汽车铝合金轮毂项目。⑩废铝再生项目等。

这些项目的建设,共需投资 35.54 亿元。建成后,年销售收入可达 48.74 亿元。

中期包铝集团适度发展原铝规模,使原铝

年产能达到40万t。同时,根据市场需要,进一步加大产品结构调整力度,大力发展附加值高的中间合金及下游延伸产品,特别是稀土铝合金产品,进一步提高精铝及其制品的产品比例,使包铝集团的竞争力得到进一步加强。

2)电力行业:包铝集团近期规划原铝年产能30万t,预计年用电量达45亿kW·h左右。电价偏高是制约包铝集团发展的主要因素,而包头市附近煤炭资源丰富,包铝集团的发展必须充分利用地区资源优势,进行铝电联营,建设电厂,为包铝集团提供廉价的电力供应。

园区规划近期新建2×200 MW机组电厂,中期再建设2×300 MW机组电厂。工程投产后,不仅可为东河区城区提供集中供热,而且可为包铝集团和整个园区提供充足地价的电力供应,并为园区内企业生产、办公、居民生活提供充足的热源。

新建2×200 MW机组电厂的建设,投资15亿元;建成后,年销售收入可达12.4亿元。中期建设2×300 MW机组电厂的建设,投资30亿元;建成后,年销售收入可达20亿元。

3)建材行业:一方面,我国耕地有限,人均只有0.1 hm²的可耕面积。以前,我国的墙体材料生产以黏土砖为主,砖瓦生产造成大量良田被毁。有鉴于此,国家已经明令在我国主要城市限期禁止生产和使用实心黏土砖,包头市也在2005年以前淘汰实心黏土砖。另一方面,电厂煤粉灰的排放大量占用农田,使我国本来就紧张的耕地日益严重化。利用粉煤灰生产建筑材料,不仅有助于改善人民的居住条件,还可以保护土地资源。

生态工业园区中,电厂产生的煤粉灰可以取代黏土,成为建材的生产原料,根据园区的预期目标,需开发和引进以粉煤灰为原料的建材,尤其是高附加值的建材产品。要充分利用电厂产生的粉煤灰,发展建材行业,尤其适应市场的需要,发展高附加值的建材产品,例如陶瓷、含镁的防火建材等。园区建材产品的生产不仅满足东河区旧城改造需要的大量建材,同时可为内蒙古自治区及我国其他地区提供环保、高科技和高附加值的建筑和民用建材。

规划近期建设年产40万t水泥项目和年产40万m³高附加值建材项目。预计建材行业需投资2.4亿元。建成后,预计年销售收入将达到2.24亿元。其中年产40万t水泥项目固定资产投资1.2亿元,年销售收入1.12亿元;年产40万m³高附加值建材项目固定资产投资1.2亿元,年销售收入1.12亿元。

规划中期,随着电厂扩建2×300 MW机组,需要新增相应的粉煤灰综合利用生产线。

4)铸造行业。东河区正在进行旧城改造,依托园区的电力资源优势和铝工业优势,吸引东河区原有铸造机械加工企业和国内外先进的铸造企业到园区来安家落户,生产内燃机、发动机配件等产品。

园区规划近期预计铸造行业总投资为1亿元,预计年销售收入将达3亿元。

5)稀土高新产业。稀土是金属铝的良好的净化剂和变质剂,一般只要加入千分之几,就能起到消除有害杂质影响,细化晶粒并产生合金化的作用,从而提高材料的加工和使用性能。

依托园区的电力优势、铝行业优势和包头市的稀土资源优势,大力发展稀土铝电缆、稀土铸造铝合金、稀土建筑铝型材等稀土铝制品高新产业,重点发展高载能、低污染的产业。

2. 园区工业代谢分析

(1)园区代谢过程

包头国家生态工业(铝业)示范园区中,以铝电联营系统为核心,形成铝深加工系统、铝合金铸件系统、建材系统和稀土高新产业系统等子系统。

主要的工业生产链和代谢过程如下。

1)煤—发电—电解铝—铝的深加工—铝的再生—铝的深加工。利用包头周边地区丰富的煤资源,进行发电,电厂产生的电力用于电解铝的生产。以原铝为原料,进行铝的深加工,铝产品使用过程中产生的废铝返回铝的深加工系统。

2)煤—发电—高附加值建材生产。电厂发电过程中产生的粉煤灰,用作生产高附加值建材的原料。

3)煤—发电—供暖供热。电厂热电联产产生的热水、蒸汽,用于工业、农业和居民供暖和供汽。

4)煤—发电—稀土铝合金生产。利用电能和包头市丰富的稀土材料,将稀土材料掺入铝中,生产稀土铝合金。

5)煤—发电—稀土铝合金铸件生产—铝的再生—铝的深加工。利用电能和包头市丰富的稀土材料,将稀土材料掺入铝中,生产稀土铝铸件,铝铸件使用后产生的废物进行再生,回用于铝的深加工系统。

园区的代谢过程见图2-3-18。

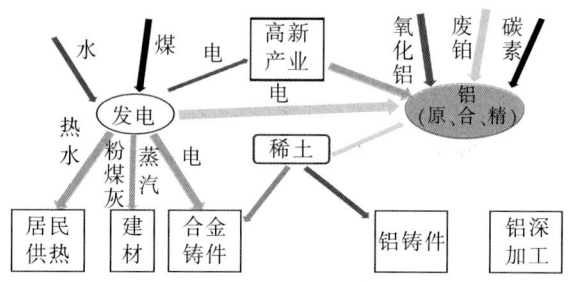

图2-3-18 园区的代谢过程

(2)园区的工业代谢特点

园区的物料循环、能量利用充分体现了生态工业的以下3个特点。

1)横向耦合。包头国家生态工业(铝业)示范园区中,主要有发电和铝两大产业系统。在发电系统中,延伸出粉煤灰制建材、居民供热、电厂蒸汽用于加气混凝土的高压蒸汽养护等产业系统。在铝系统中,主要有碳素、电解铝、铝的深加工、铝合金铸造、精铝等上、下游的产业系统,形成铝的产业链。两大系统之间通过电力和废水(中水回用)形成了横向耦合的关系,使园区形成了以铝电联营系统为中心的网状结构。由于铝电之间形成的横向耦合,电厂有了自己的稳定用户,输电成本和电力损耗降低;铝厂解决了电价过高的问题,为铝业的持续发展奠定了基础,从而实现了"双赢"。

2)区域整合。园区的区域整合性主要表现在区域经济整合和环境综合治理2个方面。在区域经济发展方面:第一,通过园区建设,可以做大做强包铝集团这样的传统法龙头企业,为包头市的经济发展注入新的活力;第二,利用电厂产生的废物——粉煤灰来制水泥和砌块,不但可以变废为宝,而且能够救活面临经济困境和社会压力的与包铝集团临近的长征建材厂;第三,随着园区的建设,可吸引东河区的部分高载能和铝的下游产品制造企业(如铸造企业)入园,可以促进东河地区的旧城改造,也有利于地方经济的结构调整。在环境综合治理方面:第一,由于热电厂向东河区实施集中供热,可全部拆除东河区10 t/h及以下的采暖小锅炉,并替代包铝集团现有的小型采暖锅炉,从而根本改善东河区旧城和包铝集团地区的冬季大气环境状况;第二,结合园区的建设,包铝集团也更有能力对能耗高、污染严重的自焙槽进行彻底改造,从而使当地已经恶化的大气环境质量得到根本改变;第三,按照生态工业的思路,园区的生活污水和部分工业废水经过集中污水处理厂处理后回用于电厂,作为冷却水使用,不但可大量节水,而且能降低区域的水环境污染。

3)区域的柔性结构。在园区内,热电联产、铝电联营使得电厂具有稳定的热、电用户。同时,同种资源用来生产不同的产品,多种铝制品可使园区的产品能够适应市场的变化,其产品种类、生产规模可根据市场需求调整,对市场需求以及外界环境波动可以随时做出反应,及时调整生产结构。园区内的生态工业链形成网状结构,这种结构使园区产品的种类、生产规模等对资源供应、市场需求以及外界环境的随机波动具有较大的弹性,整体上抵御市场风险的能力大大加强,从而使园区表现出较强的柔韧性。

(3)园区发展目标

包头国家生态工业(铝业)示范园区位于包头市东河区东部,范围包括西起北村,东至毛其来村,北至110国道,南邻黄河二道坝堤,总面积19.8 km²。根据园区建设的阶段安排及园区产业链密集和松散程度,该园区又分为核心区、拓展区和辐射区。

1)总体目标。以循环经济和生态工业理论为指导,以包铝集团为主要依托,用8年左右的时间,建成以"铝电联营"为核心、电解铝及铝深加工为主线,具有高载能、高技术、低污染、环境优美特征,结构优化、布局合理、配套完整的生态工业(铝业)园区,打造亚洲最大的铝合金生产基地,提供东河区实现"退二进三"战略的载体,形成包头市经济跨越式发展的新亮点,并为我国铝业和其他高载能、高污染产业的发展提供新的发展模式。

2)发展模式。

A.近期目标。到 2005 年,园区预计投资 89 亿元,主要完成核心区铝电系统以及园区基础设施,如道路、管网、绿化、污水处理设施、行政管理设施及专家公寓等的建设,实现:

a.原铝生产能力达到 30 万 t/a,碳素制品达到 20 万 t/a,精铝达到 1 万 t/a,铝深加工系列产品达到 25 万 t/a 以上。

b.新建电厂装机容量达到 2×200 MW。

c.建成 40 万 t/a 水泥生产能力、20 万 m^3/a 混凝土砌块和板材以及 20 万 m^3/a 粉煤灰砖的生产能力。

d.大幅度削减氟化物、沥青气等特征污染物,吨铝排氟量降至 1.13 kg;吨铝综合电耗降至 145 00 kW·h;吨铝氧化铝消耗量降至 1 930 kg,氟化盐消耗降至 32 kg。

e.园区空气质量达到国家 3 级标准;园区废水循环利用率达到 80%以上;包铝集团污水排放量小于 0.035 m^3/(人·班)。

f.新增就业机会 5 000 个。

B.中期目标。到 2010 年,园区预计投资 75 亿元,主要用于核心区的完善和拓展区的开发,建材、稀土高新技术和铝深加工为这一期的建设重点。实现:

a.原铝生产能力达到 40 万 t/a,其中合金产品比例达到 90%,建成铝合金中试基地。

b.在近期 2×200 MW 发电机组基础上,扩建 2×300 MW 发电机组。

c.扩大煤粉灰做原料生产建材的能力,保持煤粉灰综合利用率达到 100%。

d.园区废水循环利用率 90%以上。

e.园区空气质量保持 3 级。

f.绿化覆盖率大于 40%。

g.新增就业机会 8 000 个。

h.建成完善的信息系统和设施共享制度。

3.政策支持与保障措施

(1)管理机构与机制

1)园区规划管理机构。为加强包头国家生态工业(铝业)示范园区规划编制工作,履行相关的申报工作,园区规划阶段成立了以包头市发展计划委员会主任为主任,由环保局、规划局、东河区人民政府、包铝集团、包头东恒热电公司参与的园区项目规划办公室(见附件)。同时,有中共包头市东河区委员会牵头,东河区人民政府有关职能部门、包铝集团、包头东恒热电公司组成规划项目实施办公室。该办公室下设园区规划协调组、园区项目开发实施组和园区电力建设组。以上 2 个办公室负责和协调园区规划的编制和实施工作。

2)园区开发和建设管理机构。包铝集团、东恒热电公司及其他社会法人和自然人共 4~5 个投资主体组成园区股份制度的开发公司,建立以市场机制为主的园区管理和运行模式。向园区注入先期启动资金,按照园区的总体规划进行开发建设,对园区进行绿化、美化、亮化、硬化、净化,负责园区的招商引资、基础设施建设以及物业管理等。公司通过对园区的开发、管理及对客户的服务,为投资者创建投资平台,并通过此平台系统延伸到各政府部门、海关、工商、外经、税务、财务、银行、人事局、教育局等政府职能机构,形成完善的投资体系,为投资者营造一个高科技、高品质、高回报的投资环境。

开发公司下设以下职能部门:综合协调办公室、区域规划办公室、开发建设办公室、招商引资办公室、物业管理办公室和计划财务办公室。其组织结构图见图 2-3-19。

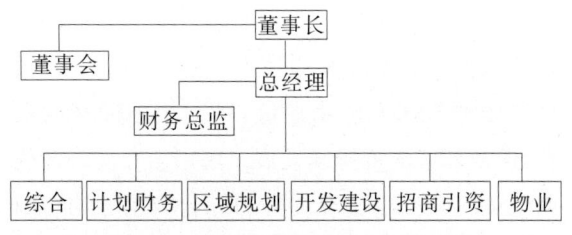

图 2-3-19 园区开发公司组织机构图

由东河区政府有关部分抽调人员组成包头国家生态工业(铝业)示范园区建设协调与行政服务办公室,代表政府行使职能和权力,做好协调服务工作。园区实施以下管理体系。

园区投资开发公司在园区建设协调与行政服务办公室的行政官协和领导下,独立开展工作,市场化运作,企业化经营。

园区投资开发建设公司的开发建设方案、重大决策需要报园区建设协调与行政服务办公室审定后实施。

入园企业、项目需经园区建设协调与行政服务办公室审批同意后,办理入园的相关手续。

入园企业享受园区的有关优惠政策,需经园区建设协调与行政服务办公室审核认定后兑现。

园区建设协调与行政服务办公室负责园区开发建设的综合协调和服务工作。

(2)园区企业的准入条件

1)具有高载能特点,符合国家的产业政策和环保政策。

2)符合园区产业规划的产业发展方向。

3)满足园区发展的补链需要。

4)利用当地优势资源和能源,属于国家鼓励发展的高新技术产业。

(3)园区优惠政策

1)国家优惠政策。园区的规划和建设是区域可持续发展的新模式,国家和地方政策对其有着很强的引导和影响,更需要国家和地方优惠政策的扶持。

包头国家生态工业(铝业)示范园区地处我国的大西北,西北地区工业结构调整和西部大开发优惠政策中有关的铝工业政策、外商投资政策、外商税收政策、信贷倾斜政策、投资倾斜政策等可直接应用于园区的招商引资。

为逐步实现生态工业模式和循环经济,包头国家生态工业(铝业)示范园区大力提倡和开发资源再生和循环利用技术,透过科研开发巩固和延伸园区生态工业链(网),增强园区的柔性,保证园区的可持续发展。国家出台的许多优惠政策,如粉煤灰、废铝等的综合利用等均与园区的生产和发展紧密相关。

作为第三代工业园区的生态工业园区,在园区的建设过程中要执行国家关于高新技术产业园区的优惠政策。如各种减免税政策、设备折旧政策、土地价格优惠政策、外贸经营权申请政策等。

2)地区优惠政策。为了增强招商引资的力度、高效率开发和建设园区,创造有利于企业发展的宽松环境,促进企业的发展壮大,推动高新技术产业发展,吸引国内外企业入驻园区,参照西部大开发、高新技术开发区及国家环保方面的优惠政策,在自治区或包头市相关优惠政策的基础上补充和形成符合园区建设和发展的、具有针对性的优惠政策或规定,拟定包头国家生态工业(铝业)示范园区的优惠政策。优惠政策的制定范围包括园区投资公司的优惠政策、税收优惠政策、土地使用优惠政策、服务管理优惠政策、投资优惠政策和其他方面的措施。

(4)环境管理

1)环境管理组织机构。

A.园区环境管理机构:东河区人民政府应该在区环保局中设立专门的编制和职能,负责园区的环境管理。同时设立园区环境监测站,该监测站属于四级站,未尝设机构,接受东河区环保局的直接领导,负责园区环境监测和监理工作。

B.入园企业的环境管理机构:入园企业要将环境保护融入企业经营管理的全过程,使环境保护成为企业的重要决策因素。入园企业必须设环保处(科)作为企业日常环境管理的常设机构,该机构2人以上。

2)园区环境管理制度。

A.加强对入园项目的环境管理,严格控制污染物总量。

B.加强区域环境综合治理。

C.强化环境监理,加强环境执法队伍的能力建设。

D.建立园区企业环境绩效评估体系。

3)园区主要达标措施。

A.废气:严格控制园区大气污染物的排放总量,制定有关规定,要求入园企业通过采用清洁技术、清洁工艺和加强管理等途径,从生产的源头控制大气污染物的产生,保证企业的大气污染物达标排放。

增加对园区大气特征污染物和污染源的常规检测频率,定期检查企业环保设施的正常运转情况,及时发现问题并要求企业整改,对整改效果不好或不进行整改的企业,包头市或东河区政府将下限期治理令。

加强对申请入园企业的环保审批力度,严格执行环境影响评价和"三同时"制度。严格控制园区大气污染物,尤其是园区大气特征污染物的增加量。

B.废水:要求入园企业采用节水技术和措施,根据其行业的用水特点,限定企业的新鲜用水额度,对超标用水的企业给予相应的经济处罚。

入园企业工业废水的循环使用或梯级利用率须达到95%以上。

严格控制排放一类污染物的企业入园,若入园企业中有一类污染物排放,根据《污水综合排放标准》(GB8978-1996)的要求,应在车间或处理设施排放口采样控制。

园区企业严格执行"清污分流",企业的生活污水和循环使用之后剩余部分工业废水须经过企业的污水处理达到污水处理厂的接收标准后,排向园区的污水处理厂。

园区污水处理厂须健全污水收费制度,有关部门制定收费标准和条例,经市政府批准后由园区统一管理实施,以保障污水处理工程的正常运行。污水处理厂的收费标准要本着保本微利原则,以污水处理厂建设与运行成本估算结果为依据。

规划部门须对拟定的污水处理厂厂址范围进行严格控制,确保污水处理厂建设用地及中期污水处理厂建设用地的需求。

逐步完善园区排水系统,排水管网工程建设应同污水处理厂建设同步进行,以保障污水处理厂建成后,排水系统有能力将污水送入污水处理厂处理。避免出现污水处理厂达不到设计水量,不能充分发挥其应有功能的现象。

园区监测站要对有代表性的污水排放口水质及水量进行长期的取样化验及测量,为污水处理厂下阶段的设计提供更加准确、翔实的水质资料。

C.固体废物:园区内企业产生的固体废物要实现减量和回收循环使用,企业需从原材料的使用开始控制,降低五号和减少固体废物的产生。企业工业固体废物分类存放,分类处置,对于有回收价值和途径的要做到回收循环利用。

建立园区废物回收交换系统,向区内外发布区内企业的副产品和废物产生、原辅材料需求信息,为园区内外企业固体废物的交换搭建平台。

园区生活垃圾全部袋装、密闭容器存放,收集率达到100%,垃圾实行分类收集。

4)企业环境管理。为了保护生态工业园区的正常运行和可持续发展,须在入园的企业中引入先进的环境管理工具,如清洁生产、ISO14000环境管理体系等。这些环境管理工具从不同角度对加强企业的生态管理起到了积极的作用。

A.清洁生产。清洁生产着眼于消除造成污染的根源,而不是消除污染引起的后果,将污染预防战略持续地应用于生产的全过程,以节约能量、降低原材料消耗、减少污染物的产生为目标,以科学管理、技术进步为手段,目的是提高污染预防的效果,降低治理费用,消除或减少工业生产对人类健康和环境的影响。实现无废少废的清洁工艺不是单纯从技术、经济角度出发来改造生产活动,而是从生态经济角度出发,根据合理利用资源、保护生态环境的原则考察工业产品从研究、设计到消费的全过程,以期协调社会和自然的相互关系,实现经济效益和环境效益的统一。

B. ISO14000环境管理体系。依据ISO14000系列标准建立和运行的环境管理体系,是以法律为准绳,以企业环境方针为方向,以实现企业制定的确实可行的目标和指标为目的,旨在减少生产全过程中产生的环境污染、节约资源和能源的运行控制程序。该程序运用自我监督、自我完善和持续改进的机制,实现污染的预防和控制,保持环境与经济协调发展,提高企业的环境管理水平，从而有效地提高整个园区的整体抗环境风险能力。

5）其他配套措施。

A.强化环境管理、促进循环经济的措施。

B.人才的吸引、使用和培养措施。

C.加强国际交流合作。

D.园区生态工业孵化器。

（四）园区投资和效益

1. 投资

（1）近期投资项目

根据园区发展总体目标、园区产业链网的布局、园区相关产业国内外市场需求的预测以及园区上下游系统输入和输出的平衡，近期园区投资约为89亿元，包括包铝集团现有资产30亿元，东河区"退二进三"企业现有资产1亿元，以及15个入园项目投资总额约58亿元（见表2-3-6）。除包铝集团现有的经济总量之外，园区建设的投资主要来源于招商引资、故事筹措、银行贷款、BOT经营及土地置换。近期园区的投资主要分布在铝电解、铝深加工和电力行业，分别占总投资额45.9%、27.7%和16.9%，基础设施（包括污水处理厂）的建设投资占总投资额5.6%。

（2）中期项目投资

2005—2010年，园区投资约为75亿元，主要完成核心区的完善和拓展区的建设。充分利用园区近期建设奠定的基础通过扩大近期企业生产规模、招商引资等多种形式，根据市场需求的导向，延伸园区的产业链网，进一步稳定园区经济增长点并不断培育新的经济增长点，提升

表2-3-6 入园项目

行业	近期入园项目	投资/万元
电力行业	2×200 MW 供热机组新建工程	150 000
电解铝业	三期电解技术升级10万t/a电解铝项目	48 280
	年产12万t碳阳极块建设项目	60 400
铝深加工业	年产1万t精铝项目	10 000
	年产20万t铸造用铝合金项目	14 000
	年产3万t铝型材项目	30 000
	年产5万t热连轧、铸轧铝板带、箔项目	80 000
	PS、CTP版铝基板材生产项目	60 000
	电工圆铝杆项目	1 500
	铝合金铸造加工产品项目	25 000
	年产100万件汽车铝合金轮毂项目	26 198
建材行业	年产40万t水泥生产线	12 000
	年产40万m³粉煤灰加气混凝土制品生产线	12 000
污水处理厂		2 100
基础设施		48 040
合计		579 518

园区经济增长点，提升园区经济增长质量，形成稳定和持续发展的生产能力。

2. 经济效益

根据规划，到2005年（规划近期）核心区已初具规模，入园企业形成约79.7亿元/a的产值，其中包括包铝集团现有生产能力产值13.3亿元、东河区"退二进三"企业的产值约为3亿元、新入园项目的产值约为63.4亿元。产值较大的行业为电解铝、铝深加工和电力，占园区总产值的比例分别为39.45%、38.37%、15.56%。

园区建设以铝电联营、热电联产为基础，由铝厂和电厂派生出铝的深加工、铝合金铸造、粉煤灰制建材厂、城市和园区供热等产业链。一方面，可以解决包铝集团发展中电力成本过高这

一瓶颈问题,达到做强做大传统企业、振兴包头市传统产业的目标。另一方面,能够充分发挥包铝集团在地方经济发展中的龙头作用,为东恒热电公司找到稳定的电力用户,盘活东河区面临困境的长征建材厂,向东河区旧城改造中需搬迁企业提供新的发展和提升机遇,并利用园区提供的电价、土地等方面的优惠条件吸引国内外厂商来园区进行高载能产业投资,从而形成包头市经济发展的一个新的经济增长点。

园区生态工业上、下游系统存在的各种物质代谢关系和物料的综合利用,减少了园区内企业部分原材料的投入,节省了生产成本。规划近期包铝集团达到30万t/a产能,电价每降低0.01元/(kW·h),电解铝年总成本减少4 826.5万元;粉煤灰制水泥和建材,符合国家产业发展政策,降低生产成本的同时,作为废物综合利用项目,可享受国家规定的税收优惠政策;粉煤灰加气混凝土制品和粉煤灰砖均是建筑节能产品,可享受国家规定的各种税收优惠;电厂冷却水采用东河区和园区城市污染处理厂节省生产过程中水资源的成本,按每吨水水费2.5元、中水供水量1.92万t/d计,每年可节省费用1 440万元。

3.生态效益

(1)实现园区物质利用最大化和废物产生最小化

园区利用氧化铝电解产生的电解铝液(或原铝铝锭)生产变形铝合金和铸造铝合金,变形铝合金进一步加工成铝型材和铝板带箔,铸造铝合金用来生产铝铸件;电解铝液可进一步提纯得到精铝,精铝中掺入其他合金元素,生产精铝合金箔和精铝电容器;废铝掺入原铝,可以生产铝的合金,使废铝得以再用;电厂粉煤灰可以作为生料或混合材料生产硅酸盐水泥,或生产粉煤灰砖等。在园区中,上游系统企业输出的规模与下游系统企业需要的输入相匹配,最大限度减少工业固体废物的产生和排放。同时,园区各系统的工业废水经过净化处理后95%回用,通过兴建日处理15 000 m³(近期处理规模为10 000 m³)的园区污水处理厂,对园区生活污水包括东兴地区的现有居民生活用水进行全部处理,并回用作为电厂的冷却水等,大幅度减少了园区新鲜水的用量。

(2)提高能源使用效率,实现能源的梯级利用

热电联产是能源梯级利用、节能的范例之一,其热电联产的节能效果是显而易见的。

(3)实现东河区旧城冬季大气环境质量根本改变

在园区建设中,东恒热电公司2×200 MW机组的投产,东河区实现集中供热,为此可全部拆除东河区现有的采暖小锅炉(10 t/h及以下)295台。这样,每年可节约10万t以上标准煤,节水,减少占地面积,减排烟尘1 000 t以上;减排二氧化碳3 000 t以上,减排氮氧化合物1 000 t以上,减少灰渣600 000 t以上,改善了东河区大气环境质量。

(4)促进和加速包铝集团对其自身现有环境问题的整治

园区的规划和建设,突出和强调了应用先进的和生态的科学技术,同时以生命周期分析的理论为指导,对园区及其入园企业加强环境管理。其中对能耗物耗高、污染严重的自焙铝电解槽的改造和淘汰,大幅度减少氟和沥青烟的排放。包铝集团在规划近期完成预焙槽对自焙铝电解槽的替代,形成30万t/a电解铝的规模后使氟和沥青烟的年排放总量分别由677 t和1 601 t削减为336 t和60 t,吨铝生产的氟和沥青烟的排放量从5.9 kg和13.9 kg分别降至1.12 kg和0.18 kg左右,吨铝综合电耗由15 600 kW·h降至14 500 kW·h,氧化铝消耗由1 950 kg降至1 930 kg,氟化盐消耗由38 kg降至32 kg。鄂尔多斯乌审旗天然气正式送气后,20万t/a碳素生产全部使用优质天然气替代煤气,沥青烟的排放量削减95%以上。

(5)减少电厂粉煤灰占地和保护有限的土地资源

园区2×200 MW机组完全采用干法排灰,使电厂产生的33万t粉煤灰可全部用于生产建材,一方面减少了粉煤灰堆场的占地约42 900 m²;另

一方面,将粉煤灰用于生产20万 m³ 的空心砖,在符合国家产业政策的同时,减少了对有限土地资源的掘取,据测算,每生产200万块黏土砖耗用土地 0.22 hm²,20万 m³ 空心砖的生产可替代2亿块黏土砖,每年减少对土地的消耗约 22 hm²。

4. 社会效益

(1) 提高东河地区人民的生活水平和生活质量

大量的入园项目和企业为东河地区提供了上万个就业机会,促进了社会的安定和人民生活水平的提高。随着园区的建设和发展,公众对生态工业认识和了解不断深入,环境意识不断提高,因此极大地提升了公众的生存和生活质量。

(2) 加快生态工业在全国范围的推广

生态工业园区的建设,在创造良好经济效益的同时,也产生了良好的生态效益,实现了经济和环境的双赢,以其自身的表现向其他地区展示了实现循环经济、发展生态工业的美好前景,为全国、全社会重视物质的循环使用和资源、能源的梯级利用起到了良好的示范作用,推动了生态工业的发展。

(3) 为高载能产业的发展探索可持续和绿色发展道路

包头国家生态工业(铝业)示范园区的规划和建设,依据工业生态学的原理,将"铝电联营""热电联产"、能源梯级利用及工业固体废物的综合利用系统地和有机地整合,并以先进的科学技术为核心,以现代化的信息网络为支撑,以规范的环境管理为手段,以高质量提升园区乃至整个包头市经济为动力,改变了我国发展高载能产业的传统思路,减少和降低了高载能产业发展过程中对环境产生的污染、对资源和能源无序的消耗,为高载能产业可持续和绿色发展探索和开拓了新的道路。

三、案例②:天津经济技术开发区国家生态工业示范园区

(一) 园区概况

天津经济技术开发区,英文缩写为 TEDA,所以也被称为泰达,属于国家级的工业园区。2003年12月,《天津经济技术开发区国家生态工业示范园区建设规划》专家评审获得通过。

截至2002年年底,泰达已累计批准外资企业3 518家、内资企业1万多家。一大批国际著名跨国公司(如美国摩托罗拉、日本丰田汽车、德国大众、瑞士雀巢、法国阿尔卡特、英国葛兰素史克、荷兰阿克苏诺贝尔、丹麦诺和诺德、韩国三星等)已经成为天津开发区的投资主体,逐渐形成电子通信、机械制造、医药化工、食品饮料等四大行业,并分别在天津武清区、西青区和汉沽区建立了逸仙科学工业园、微电子工业区和化学工业区等3个小区。产业集聚效应明显,工业共生网络初现。2003年,经天津市政府批准,泰达增扩西区,为开发区的进一步发展奠定了基础。2008年3月31日,天津经济技术开发区正式通过国家生态工业园区验收工作,成为国家级生态工业园区。

为了追求经济与环境的协调发展,泰达先后建设了市政府污水处理厂,日可处理污水10万 t;电镀废水处理中心,车载处理设备可直接开到企业现场收集和处理电镀废水;新水源厂,日产中水3万 t;空气自动检测系统,可以连续24 h 采集样本的日空气质量数据,向全区公布;全区实行集中供热,并开始利用清洁能源作为热源;建立了公共交通轨道网,从泰达到周边各区和京、津两地有多条高速和公路、铁路,从天津市区直通泰达的津滨轻轨于2003年正式通车。泰达还探索在盐碱地上植绿种树,截至2002年底,园区绿地面积已经达到439.74万 m²,人均绿地面积 81.60 m²,盐滩绿化科研成果得到国家和国际有关机构的认可与推广。泰达于2000年取得 ISO14000 环境管理体系认证,进而成为国家级 ISO14000 环境管理示范区,并开始制定规划,把未来目标定为建设一个我国最新型的工业可持续发展模式——生态工业园区。在环境保护领域,泰达不断扩大对外合作与交流,吸引更多前沿科学技术,以期强化园区环境保护。2003年,泰达与欧盟合作建设"泰达可持续固体废物管理体系"的合作项目正在开展,同时为生态工

业建设提供了有益的尝试和实践。

1. 社会经济现状

建区以来，天津开发区通过不断改善投资环境，成为外商在中国投资回报率最高的地区之一，也使自身的经济始终保持持续、快速、健康地增长。2002年，天津开发区实现国内生产总值380亿元（其中母区约占70%），其中第二产业增加值完成300亿元，占生产总值的78.9%；第三产业增加值完成80亿元，占生产总值的21.1%；人均国内生产总值达到18万元，主要经济指标在全国开发区中继续名列前茅。

2002年，开发区电子通信、机械制造、医药化工、食品饮料四大行业共完成工业产值942.85亿元，占全区工业总产值的91.4%。高新技术产业成为推动全区工业经济发展的重要支撑，2002年全区实现高新技术产品产值616.64亿元，占全区工业总产值的59.8%，以电子通信、生物医药为代表的高新技术产业群日益发展壮大。

2. 生态环境现状

天津开发区在保持经济高速发展的同时，始终把环境保护事业作为区域发展的重中之重，并取得了一定成果，形成较为完整的环境保护管理体系，区域环境质量总体水平明显优于周边地区和天津市区。

(1) 生态环境

截至2001年底，开发区绿地面积达到407万 m^2，建成区绿地率达到31%，绿化覆盖率为33%，人均绿地面积为41 m^2。

(2) 水环境

开发区原址是盐碱荒滩，基本没有地表水，工业及生活用水均为滦河水，原有的地面水是人工开发的盐田和一条运盐河道。伴随着土地开发和利用，盐田基本被填平，并建成用于排放区内雨水、污水的市政管网和北排明渠。

开发区饮用水水源水质均能达到国家规定的水质标准，生产和生活污水经企业自身及市政污水处理厂处理后能够实现达标排放。主要污染物为有机污染物，食品生产行业的生产污水及劳动密集型企业的生活污水是有机污染物的主要来源。

由于水资源相对匮乏，开发区开展了区域中水回用的研究工作。2002年建成日产微滤膜处理出水3万t、反渗透再生水1万t的中水回用工程，海水淡化产业化工作也在积极进行。

(3) 空气环境

天津开发区通过制定并严格落实环境规划，致力于"黑白污染"（即港口煤炭运输贮存造成的煤尘污染及天津碱厂的碱渣污染）的治理，重视绿化建设，加强环境管理与监督，环境空气质量持续改善。受沙尘天气及燃煤污染等不利因素的影响，环境空气质量在春季和采暖期相对较差。可吸入颗粒物是开发区环境空气中的首要污染因子。

(4) 声环境

天津开发区噪声达标区覆盖率达到100%，2002年开发区区域噪声平均值为53.4dB(A)。影响开发区声环境质量的主要噪声源为交通噪声和工业噪声，随着开发区生活区建设的不断完善，社会噪声也逐渐成为影响人们生活的污染因素。

(5) 固体废物

开发区通过不同方式实现了固体废物的资源化处理，资源化利用量约占固体废物产生总量的46%。

(二) 生态工业发展的雏形

1. 第二产业生态工业发展的雏形

(1) 电子信息业生态工业发展的雏形

以天津开发区为地理边界，以天津市为虚拟边界，形成了以摩托罗拉(中国)电子有限公司为核心的生态共生关系，主要体现在产品和废物层面的物质流动。

1) 产品代谢。在天津开发区，摩托罗拉公司的中游产品企业有20余家，包括元器件、辅助单元产品的生产企业，如：摩托罗拉电池厂提供电池；摩托罗拉芯片厂提供芯片；英国伯克比欧西气体公司提供各种高纯氧气和氮气；唐山第一包装厂提供多种包装材料，该厂建立在天津开发区。摩托罗拉公司已经同这些公司建立了稳定的产品交换关系，形成了类似于自然种群的工业种群。

由于摩托罗拉公司已经通过了ISO14001环境管理体系认证，根据其程序文件中对相关方的有关规定，其中游企业应该在环境管理方面满足摩托罗拉公司的有关要求。这就是说，环境理念和环境管理同产品一样，在摩托罗拉公司及其中游企业之间是同步交换的。

摩托罗拉公司的中游企业也在天津开发区形成了自己的共生群体，如国际上知名的OEM生产商鹏斯特公司，主要生产PCB和PCBA，已经同摩托罗拉公司维系着稳定的产品共生关系。而它在天津开发区内形成的共生企业进而成为摩托罗拉公司的上游企业，并再度形成一个规模更为庞大的工业种群。

在以摩托罗拉公司为核心的工业种群中，各种物质的大量流动形成了手机生产的产品代谢。在产品代谢过程中，由于主要工厂共同坐落在天津开发区和天津市范围内，产品运输距离短，信息传递速度快，实现了成本降低，减少了能源消耗和废弃物排放。同时，企业与企业之间以产品为媒介，形成了稳定的横向耦合关系，进而形成了综合竞争优势，也是摩托罗拉公司成为手机行业佼佼者的重要原因。

2) 废物代谢。摩托罗拉公司在手机生产过程中，工业用水趋于零排放，生产过程中的废物主要表现为工业固体废物，如焊锡膏、包装材料、焊接工艺产生的工业粉尘、生产过程中的不合格产品等。统计表明，尽管该工厂单位产品的废弃物产生率低，但由于产品的数量大，产生的废物绝对量仍非常可观。为了贯彻3R原则，摩托罗拉公司不断优化设计和管理，提高环境绩效。

摩托罗拉公司在产品开发阶段实施生态化设计的同时，在手机生产厂还成功地开展了包装材料的减量化设计。如将废纸箱进行加工，作为包装填充物来取代泡沫塑料；缩小包装尺寸提高包装的利用率，收集清洗价格较为昂贵的防静电包装袋，经检验合格后返回给中游企业，帮助相关方开展固体废物减量化实践。

在资源化方面，摩托罗拉公司通过多种渠道，与瑞星公司合作，找到了废焊锡膏高效利用的方式，直接进入市场交易，从而实现高品质焊锡膏废品的资源化目标，也为摩托罗拉公司带来了经济效益。

更具特点的是摩托罗拉公司包装材料采购与回收利用的闭路循环。唐山第一包装厂在天津开发区成立了领先环保公司（含制浆工艺），为摩托罗拉公司提供各种纸(含再生纸)包装产品。在摩托罗拉公司贯彻3R原则的项目中，双方达成共识，唐山第一包装厂在供货的同时也负责回收摩托罗拉公司包装材料，再通过领先环保公司在区内制浆，制成手机包装的纸模具，再卖给摩托罗拉公司包装使用。2个企业之间由最初的单向供货关系进化成双向的共生关系，两者之间匹配程度和稳定程度均得到提高。

(2) 生物制药业生态工业发展的雏形

形成了以诺维信公司为核心的生态工业雏形，诺维信公司是丹麦最大的生物工程公司，是世界上最大的工业酶生产厂家之一，设在天津开发区的工厂是该公司在亚洲最大的工厂，从事工业酶和胰岛素的生产。该公司在能源和原材料消耗的最小化方面开展了大量工作，组织完成多项工艺改造、能源梯级利用和热交换系统优化的实践，形成了以诺维信公司为核心的生态链，主要体现在以水和固体废物为媒介的生态链上。

1) 以水为媒介的生态链。诺维信公司建有自己的污水处理厂，设计能力为2 000 t/d，采用活性污泥处理方法，出水水质符合国家农田灌溉用水标准。

从1999年开始，诺维信公司在尝试使用中水进行厂区绿化后，又开始逐步同开发区园林绿化公司建立了合作关系，免费提供中水供公共绿地绿化使用，并同步完善了公司中水储存设施，增加2 000 m³的中水蓄水池一座。

2003年，开发区环卫公司自发地同诺维信公司进行合作，由诺维信公司免费提供中水供市政公司用于工业区道路的日常冲洗，夏季高峰期仅此一项日用中水量就达到了120 t。诺维信公司的中水回用量也由1999年的零起步逐年增加至1.1万t/a、1.16万t/a、6.4万t/a。由此，该公司在2002年废水排放量减少了21%，主要污染物指标在低于国家污水排放标准的基础上，排放总量大幅削减。

2）以固体废物为媒介的生态链。诺维信公司在生产中产生的固体废物经过加工后成为优质肥料，即诺沃肥。

诺沃肥的主要成分是诺维信公司的生物发酵残渣、活性污泥以及为了固化而加入的熟石灰。

2002年，诺维信公司与天津开发区绿化公司签订了为期5年的散装诺沃肥供应协议，约定今后5年80%产量的诺沃肥将用来与绿肥混配，开发生产一种十分有利于土壤的有机肥料，同时诺维信公司将保留20%的袋装诺沃肥，继续免费提供给当地农户。

诺沃肥农用覆盖的地区很广，包括塘沽区、汉沽区、东丽区、宁河区及河北省的部分农村，形成了稳定的市场供求关系。

(3) 汽车制造业生态工业发展的雏形

形成了以统一工业公司为核心的生态工业代谢。天津统一工业有限公司成立于1992年，由台湾省统一工业公司投资4 000万美元兴建。产品系列有汽车电池、摩托车电池、小型密闭式电池和中型密闭式电池等。铅作为铅酸蓄电池的主要原料，对环境具有较大的影响。统一工业公司运行产品生命周期管理方法，对蓄电池进行了跟踪研究，对工艺废物及废旧产品采取回收分解的方式，提取再生铅、再生硫酸以及再生包装材料等，作为原料重新输送到蓄电池生产过程中。

1）产品代谢。统一公司每年生产铅蓄电池1400万kV，所需的原料铅2.4万t来自两个供货渠道：一种是从开发区外的金属冶炼厂采购，另一种是由负责处理含铅废物的富强金属有限公司提供的再生铅。使用再生铅每年为公司节约约788.4万元，带来了显著的经济效益。原料铅经过加工处理后，转化为合成铅和电解铅输送到蓄电池中，蓄电池生命周期为3年，之后回收的废旧电池，在杰士兴亚公司经过去液、还原、电解、熔化等过程，还原成生产蓄电池所需要的合金铅、电解铅，输送到统一公司，进而形成了原料铅—电解铅、合金铅—铅酸蓄电池—再生铅的闭合循环。

2）废物代谢。依据国家危险废物分类标准，生产蓄电池的过程中产生的含铅废物属于危险固体废物，而且处理处置过程中会对环境产生严重影响。统一工业自建厂以来，一直秉承污染排放最小化的原则，将每年产生的3 000 t含铅废物进行回收处理。随着技术水平的不断提高，回收能力逐渐增强，到2003年平均回收率达到60%，每年生产再生铅约1 800 t，全部提供给统一工业公司，作为原料使用，形成了良性循环的废物代谢。不仅减少了危险物处置排放带来的环境压力，同时为统一工业公司赢得了环境与经济的"双赢"。

(4) 食品饮料业生态工业的雏形

形成了以"康师傅"方便面生产为核心的生态工业雏形，该公司隶属于顶新国际集团。集团根据方便面这一产品生产附加值低的特点，采取了中心企业与上游卫星企业群簇发展的模式，以减少运输成本。

天津开发区的油脂、印刷、包装、机械等公司分别为"康师傅"方便面提供了棕榈油、内外包装以及机械维修等上游产品及服务。这种模式经过近10年的发展，形成了方便面生产上下游物质流动的稳定关系，进而减弱了对园区外的依赖性，提高了抵御外部干扰的能力。

在方便面生产的主要原料面粉的生产、废面和其他有机食品废物、废水的处理和综合应用过程中，物质在各组成企业间稳定循环，在很大程度上实现了横向耦合、纵向闭合以及区域整合的跨产业的生态共生关系。

优质精良的面粉是制造方便面的重要基础，顶益公司每年根据方便面的产量采购面粉约6万t，价值约8 000万元，其中大部分由天津面粉厂提供，而制面粉所需的小麦则由天津市郊小麦生产基地种植。顶益公司每年约有4 000 t废方便面面渣产生，价值约300万元，作为天津开发区周边渔业养殖场的饲料，进行综合利用。养殖鱼的水体营养丰富，可以输送到鱼塘边的农田用作灌溉水，从而形成小麦种植—面粉加工—

方便面制造—渔业养殖—农田灌溉工业链，实现了以农业种植为源头的纵向闭合。方便面制造工业排放的工业废水经处理后，输送到天津开发区新水源厂生产再生水，再生水经过市政管网灌溉园林绿地，形成第一产业小麦种植—第二产业方便面制造—第三产业园区污水再生服务—第一产业园林绿地种植的跨产业生态链。

2. 再生产业生态工业发展的雏形

(1) 废水生态工业发展的雏形

天津开发区地处缺水严重的华北东部地区，辖区范围内无天然河流和湖泊，为缓解水资源短缺，预防未来"瓶颈"问题，开发区开始大力发展水资源再生产业，具有一定规模的区域水循环模式。

天津开发区中水回用系统单元由用户单元、水务企业单元、保障支持单元3个部分组成。用户单元既是废水的产生者，也是中水的使用者；水务企业单元扮演的是园区分解者的角色，通过不同企业的组合处理，将用户排放的废水变为可供用户使用的符合标准的再生水；在保障支持单元的配套下，建立起用户群—水务企业—用户群的循环模式。

在中水回用模式中，水务企业单元是核心，是形成中水再生产业的充分条件，主要包括污水处理厂和泰达新水源一场两个单位；保障支持单元指为适应市场机制的要求，从基础设施、中水价格、水质标准等各个方面进行相关配套服务的机构，为水再生产业创造发展空间和氛围。用户单元涵盖了对水质使用要求不同的群体，低端水质主要应用在景观和市政杂用，高端水质则应用在工业生产方面。

中水回用形成了开发区在"循环经济"发展中的3个创新点。

1) 在我国第一次完全打破了传统的污水深度处理工艺，采用膜技术进行了深度处理和脱盐处理，其关键技术的应用大幅度提高了再生水的水质标准。

2) 将再生水回用到工业高端用户，彻底改变了传统回用水在冲洗厕所、园林绿化、工业冷却等低端、小规模的应用局面，使再生水真正成为城市基础设施的重要组成，水尽其用，实现了循环经济理念。

3) 在新建区域规划范围内，在水循环工程实施的同时，完成了区域水资源综合利用的规划方案，建立了包括价格、用户在内的配套政策体系，极大地促进了园区水循环工作的健康与快速发展。

(2) 固体废物生态工业发展的雏形

1) 粉煤灰和炉渣的利用。天津开发区实现区域100%集中供热，在已建成的5个热源厂中，除了热源三厂以天然气作为燃料外，其他4座工厂全部以煤炭为主要原料。据统计，由于煤炭的灰分和溶解度等物理指标的不同，炉渣和粉煤灰的产生率约为30%，占全区固体废物产生量的37.8%，是全区最大宗的工业固体废物。

截至2003年，开发区已经实现炉渣和粉煤灰的综合利用率100%，并形成了3条稳定的再生产业链，分别是粉煤灰—新土源—绿化、炉渣—垫底和炉渣Ⅰ—煤炭燃烧添加成分—炉渣Ⅱ—建筑材料。天津开发区最大宗的固体废物不仅没有污染周边环境，而且由于进入绿化和基础设施建设领域，形成了较为完整的纵向闭合的生态工业雏形。

2) 新土源。天津开发区立足于滨海新区，充分利用滨海新区的废弃物资源，从可持续发展的角度出发，探索利用本地储量很大的海底淤泥、粉煤灰和碱渣土替代种植"客土"。天津开发区在深入揭示海湾泥、粉煤灰和碱渣土理化性质的基础上，通过科学配方、培肥等技术措施将3种废弃物合理配伍，使之成为适宜植物生长的新型种植基质——"新土源"，并已经成功地在滨海地区广泛应用。

新土源不仅消纳了大量废弃物，废弃物消纳后腾出的大量空地又可重新服务社会，消除了城市间由废弃物造成的区域阻隔，而且避免了绿化和基建"客土"对周围土地资源和生态平衡的破坏，消除了运输"客土"给周围环境造成的污染及对道路的损坏等。

(三) 规划设计

1. 总体设计

天津开发区生态工业园建设，在发展定位上

做到"四个结合"：与发挥区域比较优势、提高市场竞争力相结合，与引进高新技术、提高经济增长质量相结合，与区域改造和产业结构调整相结合，与生态保护和区域环境综合整治相结合。在建设目标上强调对生态环境质量的保护和改善，在建设内容上体现"减量化、再利用、资源化"原则，在建设策略上追求高起点、高科技、高效益。

主要从第二产业和静脉产业2个方面进行规划建设，同时强调软件和硬件建设，支持第二产业和静脉产业的生态化建设，力争通过10~15年的建设，将天津开发区建设成以工业共生、物质循环为特征的新兴高新技术产品生产基地，为使之成为我国北方的加工制造中心、科技成果转化基地和现代化国际港口大都市的标志区，而向其提供生态经济保障。

通过产业链、产品链和废物链的构建与完善，资源和废物的减量化等措施，大力发展生态工业。通过全面的设计和规划，以电子信息业、生物制造业、汽车制造业和食品饮料业四大支柱产业为重点，根据生态工业系统建设需求和市场机制有选择地进行主题招商和绿色招商，重点发展补链企业，形成多产品、多链条的生态工业网状结构，提高上下游企业对原料产品供需信息的完备性，增强系统的柔性和效率。推行企业清洁生产和生态效率，通过节水、节能等措施，减少生产过程中的资源消耗，提高能源效率，降低水污染物、大气污染物和固体废物的产生和排放。

在企业层次和区域层次，实施节约用水、水分质利用、中水回用和海水利用。推行工业废物和生活垃圾的再生循环，构建完善的废物分类、回收、再利用和循环链，促进社会层次的废物循环。

从组织、管理、政策等方面，建立、健全天津开发区建设生态工业园的保障体系。

2．第二产业生态工业的发展规划

(1)电子信息业

1)建设思路。根据循环经济和生态工业的原理，加强企业源头生态化管理，广泛开展企业间的工业共生合作，完善和优化产品代谢链与废物代谢链，减少污染排放，提高生态经济效益。将电子信息业生态化建设与技术升级和产业结构调整相结合，巩固无线通信、显示器和基础元器件3个已有的优势产业，培植芯片和汽车电子2个新兴主导产业，跟进光通信和软件2个朝阳产业，重点培育电子信息研发中心以及若干具有自主知识产权、核心能力强的大型企业或企业集团，形成以大企业为龙头，中小企业聚集发展的柔性工业网络，打造世界级高端电子信息产品制造基地。

2)产品代谢链条的构建与完善。电子元器件产品链：扩大电子元器件、光元器件、芯片、半导体等元器件市场空间，拓展国内配套市场和国际配套市场，构建天津开发区元器件制造基地。

无线通信产品链：继续发展以手机为核心的无线通信产品，扶持三星通信和三洋通信等无线通信整机产品企业，改善无线通信领域上下游企业间"多对一"的刚性结构。

显示器产品链：逐步转变显示器制造上下游企业间，集团与集团内部配套的合作方式，开拓区外配套市场，整合天津乃至环渤海地区的资源优势，构建灵活的显示器代谢网络。

光通信产品链：以园区为基地，以天津和北京为科研和技术后盾，整合科研、资金、市场等各种资源和要素，走产、学、研相结合的道路，掌握光产业核心技术，建设一条集研究开发、生产制造和人才培养为一体的光电子产业带。

汽车电子产品链：继续发展以汽车音响和汽车线束为代表的汽车电子产品，围绕丰田汽车二期项目，加大对汽车电子配套企业的招商力度，巩固开发区在国内汽车电子产品制造基地的地位。

软件产品链：逐步培育软件产业基地，形成规模效应，发展比较优势，开展资源优势互补，加快成果转化，鼓励多元发展，提高园区软件产业标准化程度，实现大规模生产，达到跨越式发展的目的。

3)废物代谢链条的构建与完善。通过开展手机等电子产品回收项目，启动电子产品反向物流渠道建设,整合全球范围内的技术资源,建设跨国际的电子废物代谢网络,实现资源循环利用。

(2)生物制药业

1)建设思路。根据循环经济和生态工业原理,深入开展清洁生产,通过"产业引进"扩大企业规模,通过企业技术改造与产业升级形成完备的产业结构,促进产品群合理布局。通过企业间共生合作及行业间的横向耦合,构建和发展废水以及固体废物代谢链条,形成完善的生物制药业生态工业群落,提高生物制药业废物原位再生和资源化的能力。

2)产品代谢链条的构建与完善。中药产品链:引进国内外大型植物药制造企业,鼓励生物技术、制剂技术在中药现代化过程中的应用,建立中药现代化生产基地。

化学制剂产品链:促进药品辅料等相关产业发展,吸引相关企业到区内发展,为制剂行业提供配套;加快新型制剂产品、新型释药系统等的研究开发和产业化进程;发展新型药用辅料。

高端医药中间体和化学原料药产品链:重点鼓励面向国外专利产品市场的高附加值、低污染的原料药生产,与国内科研单位合作开展科技攻关,通过工艺革新开发新药,实现批量生产。

现代生物技术产品链:跟踪国内研究进展,选择市场前景良好、技术领先的科研成果,高起点建设生物技术产业化基地。

医疗器械产品链:重点支持快速、精密、安全、有效、可靠、实用的新型诊断和治疗设备的研发和制造,鼓励企业提高生产技术水平和产品质量,引进大型跨国公司的投资和国外先进技术。

3)废物代谢链条的构建与完善。废水代谢链:与园林绿化公司和市政公司合作,利用企业中水进行绿地浇灌及道路冲洗。

固体废物代谢链:借鉴诺沃肥开发思路,开展有机工业固体废物资源化回收利用。以有机肥为媒介,形成第一产业、第二产业和自然环境有机结合的复合生态工业系统。

具有柔性结构的废物代谢链:结合产业发展规划,前瞻性地开展生态工业网络的多样性建设,以支持未来多样化固体废物及其他副产品的资源化和代谢过程。

(3)汽车制造业

1)建设思路。以循环经济和生态工业理论为指导,结合丰田项目开展战略招商,重点吸引丰田一级配套企业落户天津开发区,补充环渤海地区的配套资源,带动二级、三级配套企业的发展;鼓励通过合资、合作等多种形式推动零部件配套企业的技术升级,建设天津开发区汽车零部件配套基地。广泛开展与分解企业间的战略协作和共生合作,建设汽车行业反向物流渠道,完善开发区汽车制造业废物代谢网络。加强产业间的横向耦合,充分发挥汽车制造业产业集群优势,以整车生产带动开发区汽车零部件企业、大学、研究机构、工程设计公司、中介机构以及其他相关产业的同步发展,形成稳定、和谐、高效的汽车制造产业群落。

2)产品代谢链条的构建与完善。发展与环渤海地区互补的零部件配套领域,开展战略招商,重点发展环渤海地区不能配套的一些零部件。

重点发展"丰田"体系内的一级供应商,并利用一级供应商与"丰田"之间相对稳定、成熟的协作关系以及相对稳定的采购渠道,为二级、三级供应商顺利进入"丰田"体系"牵线搭桥"。

培育二级、三级配套企业,努力营造低成本的经营环境,吸引国内有实力的配套企业进入。

3)废物代谢链条的构建与完善。建立与整车拆解、破碎、回收及处理企业间的共生合作关系,构建汽车回收的反向物流渠道,逐渐形成较为完善的汽车制造业废物代谢体系。

4)跨行业生态工业链条的构建与完善。进一步发展汽车电子产品,利用电子信息业与汽车制造业之间的产业互动,形成稳定的跨行业产品代谢链条,形成完善的汽车制造业生态工业网络。

(4)食品饮料业

1)建设思路。以工业共生合作及"减量化、再利用、资源化"为原则,扩大企业间的共生合作，完善与机械制造及包装材料印刷企业之间的产品代谢链条，以骨干企业如雀巢、可口可乐、百事可乐、顶新集团（康师傅）、嘉年华（乖乖）等为支撑，构建稳定的产品代谢关系和产业链。完善废物代谢链条，引入高效能的分解者企业，拓展废物资源化途径，提高废物综合利用水平。扩展行业间的横向耦合，以水、能源和有机物为媒介，构建食品饮料行业生态工业网络，力求达到资源利用和环境增效的峰值。

2）产品代谢链条的构建与完善。包装材料代谢链：开展包装材料绿色采购，将环境标准纳入对包装材料供应商的选择标准体系，促进包装材料的生态设计，从而将包装材料的减量化管理和循环利用延伸至包装材料的生产企业，推动园区包装制造业的生态化建设。

与第一产业间的产品供应链条：重点发展与若干农产品及畜肉初级加工等大型供应企业间的稳定供应关系；逐步建立与农作物种植及畜类饲养等初级生产者之间的沟通协作关系，积极推动周边地区绿色农业和绿色养殖业的发展，确保产品的高品质和稳定性。

3）废物代谢链条的构建与完善。废水代谢链：积极开展与汽车制造业、园林绿化公司、环卫公司以及污水处理厂之间的共生合作，构建废水代谢链条。

有机废物代谢链：积极培育高效能的分解者企业，通过深度加工，将有机废物制成精饲料，提高废面、废食品、废油等回收利用水平和市场价值。

4）能源梯级利用。将行业余热本着"就近安全"的原则提供给周边工厂进行梯级利用，形成以热电公司为核心的能源梯级利用关系。

3. 静脉产业生态工业的发展规划设计

(1) 水生态工业的发展规划

水生态工业发展的总体目标是：通过水资源的一体化管理，全面提升园区水资源利用效率，使水造成的环境负面影响最小化，适时调整园区的水资源管理策略，最终形成以外部淡水资源为主要水源，以污水再生利用为重要支撑，苦咸水和海水淡化为补充的供水结构，削减污染物排放，改善区域水环境质量，做到增产不增污。

1) 水分质利用。将现有可饮用水系统作为城市主体供水系统，将低品质水、回用水或海水等非饮用水源另设管网供应。重点开展园区管道系统、设备系统和运行管理3方面的工作。

A. 管道系统规划。园区主干管道系统规划：借鉴国内外在分质供水管理模式建设方面的经验，在进行分质供水主干管道的规划时，以原自来水供水管道（饮用水管道）为基础，平行建设低质回用水（中水、海水和雨水等非饮用水）管道系统，为实现园区内各种水资源的有效利用奠定基础。

终端管道系统规划：综合考虑用户水质要求、低质用水管道材料等问题，针对居民生活饮用水，实施建筑与居住小区饮用水集中分质供应，即在小区的端口以自来水为原水进行深度进化后进入用户饮用水管道。针对产业部门的低质用水，使用符合要求的中水或海水等水资源来代替自来水，但考虑予以保留原自来水端口，以解决用户的后顾之忧。

B. 设备系统规划。优质饮用水设备：根据原水水质状况，选择微滤、超滤和纳滤技术生产优质饮用水，当原水电导率较高时采用一级反渗透亦可获得含有一定量矿物质的优质饮用水。在小型和中型饮水处理系统中，可选用的预处理系统包括微絮凝过滤、砂滤或锰砂过滤、活性炭吸附、软化、精滤和pH值控制等工序。

变频恒压供水设备：采用全自动恒压变频供水装置直接提升供水，卫生、安全、可靠，用户随时都能引用新鲜水，避免了二次污染，且设备占地小、性能稳定、能耗低。

管网水循环消毒设备：在管网上设置管网水定时循环消毒设置，此管网消毒装置不仅要有很强的瞬间杀菌能力，而且要有持续杀菌作用，确保管网水的卫生安全，有效防止二次污染。

C. 运行管理模式。开发区结合自身实际，灵活选用分质供水的运行管理模式——自管或房产物业管理公司管理、专业性水业管理公司管理、商业饮水供应公司管理。这3种管理模式各有利弊。

自管或房产物业管理公司管理模式的好处是用户可直接对运行管理进行监督，业主产权得到保护，减少矛盾。但也对物业管理单位提出了更高的要求，且房产物业管理公司一般不具备符合分质供水要求进行水质检验的仪器设备。

专业性水业管理公司管理模式在国外已被看作是小型给排水设备、处理设施运行和管理的主流方向，技术与设备条件较好，安全可靠性较高，且当生产具有一定规模时，规模效应就可体现，管理的自动化程度可以提高，运行成本也较低。

商业饮水供应公司管理模式非常有利于集中式分质供水，但这类公司的审批应严格控制，其规模也应有一定的要求，以保证规模效应和完善的水质保障体系。

2) 中水回用。经过处理的不同品质的中水供给电子工业、锅炉补贴、生活杂用、绿化等从高端到低端的各类用户用水。中水回用的用途具体包括绿化用水、生活和市政杂用水、企业冷却用水、一般生产过程用水、地下回灌用水、景观湖面用水等。

另外，从开发区实际情况来看，企业的用水量和排水量均较大，且水质较为稳定、水量连续，综合考虑处理成本和易于推广等因素，应鼓励以企业为主体，开展无水源为再生利用，用于水质要求较低的绿化用水。

为可持续中水回用战略的实施制订相应的行动计划，包括制定回用指南和标准、提供技术支持与培训、加强宣传、提高对中水回用的了解、对关键领域与技术的研究提供支持、建立多渠道的投融资机制。

3) 海水利用。

A. 直接利用。海水直接利用途径主要是用于工业生产和部分生活用水。海水在工业生产中的用途，除作为溶剂、除尘外，主要是用于工业冷却，占海水总利用量的90%左右。其中以间接换热冷却方式居多，包括用于制冷装置、发电冷凝、纯碱生产冷却、石油精炼、动力设备冷却等用途。直接洗涤冷却指的是使海水直接与物料接触，用于化工蒸发过程或者直喷海水降温。

B. 海水淡化。结合实际情况进行综合分析，在热电结合蒸馏法海水淡化、利用核能进行海水淡化等海水淡化技术中选择综合效益最好的技术方案。

4) 节水。

A. 生活用水。大力推广建筑节水技术，居民小区、学校、企事业单位、公共设施等场所内安装接水器具，努力实现所有新建建筑内安装节水器具，逐渐把已安装的普通器具更换为节水型用具，提高管道附件和器具的用水效率，减少居民生活对自来水的消耗量；向全区居民宣传节约用水，在公共场所和居民小区制作宣传栏并张贴醒目的宣传标语，提高市民的节水意识；从市场入手，制定严格的节水标准，淘汰耗水量大的用水器具，推广经检验合格并得到认证的节水器具。

B. 工业用水。首先实施水审计，制订详细且执行有效的节水计划。重点开展工业用水设备和过程的工程改进，采用清洁生产技术降低水耗，例如优化和循环冷却水、连续在利用、改善控制系统以及改进过程等。其他措施包括替换或翻新管道附件（特别是安装减少冲洗量的便池和小便池）、改善水流控制系统、给水管安装自动关闭阀以及改善维护程序等。同时加强末端治理措施，提高出水水质，减少污染物的排放量。

C. 雨水利用。开展雨水收集、储存和利用的可行性研究，充分利用已经建成的雨水管网，设计建筑物屋檐雨水收集利用系统及配套管网，扩大对雨水的收集渠道，确定雨水储藏地点，保障可收集利用的雨水总量达到规模，并制定相应的规范及标准，将雨水作为开发区的工业替代用水。

(2) 固体废物生态工业的发展规划

天津开发区从源头管理、培育资源化能力、加强末端控制3方面实现废物减量化的目标，核心是培育开发区固体废物源头减少和资源化能力。其中，工业固体废物首先通过源头管理减少产生量，然后通过过程控制实现资源化，最后通过末端治理实现正确处置。生活垃圾主要是通过过程控制实现资源化，最后通过垃圾发电和卫生填埋实现正确处置。具体从建立区域固体废物管理模式、开展企业的生态管理、推行生活垃圾的有序管理、培育资源回收企业4个层面,建立天津市开发区一体化固体废物资源管理系统。

1) 工业固体废物减量化方案。

A. 源头管理。重点开展企业生态化管理,加强企业清洁生产审核,推行生态设计,促进环境管理体系建设;完善企业生态化管理,推行绿色供应量管理。

B. 过程控制。重点开展源头分拣和企业内、企业间副产品的交换;建立工业固体废物数据库,完善物资分类回收系统和企业间副产品的交换。

2) 生活垃圾减量化方案。

A. 过程控制。重点开展生活垃圾源头分拣,近期内主要开展集中分拣回收可利用的生活垃圾,同时启动源头分拣示范,最终实现源头分拣。

B. 末端治理。主要通过绿化公司堆肥和双港垃圾发电厂垃圾发电。短期内,绿化公司在对枯枝树叶堆肥的基础上开始对部分生活有机垃圾进行堆肥;部分生活垃圾可以送到双港垃圾发电厂,生活垃圾进入垃圾填卖场的数量减少75%。中长期内,最终实现绿化公司对所有生活垃圾进行堆肥资源化,全部生活垃圾送到双港垃圾发电厂,生活垃圾进入垃圾填埋场的数量减少86%。

3) 一体化固体废物的管理方案。天津开发区一体化固体废物管理方案考虑固体废物的种类和组成特点以及未来固体废物的增长趋势,同时结合天津危险废物处理中心、双港垃圾发电厂、汉沽垃圾填埋场和绿化公司堆肥等条件,并借鉴加拿大的经验对各类固体废物进行分类回收和循环处理,最终实现从以下4个方面提高开发区的环境绩效和经济绩效。

危险废物:占天津开发区固体废物总量的1%,全部由具有合格资质的运输公司(天津危险废物中心、勤泰公司以及开发区自来水公司等)运到天津危险废物处理中心进行分类安全处置,确保开发区危险废物运输和处理的安全性。

可回收利用的一般固体废物:如废金属、废塑料等,占天津开发区固体废物总量的60%,利用天津开发区物资分类回收系统实现资源化。

有机废物:占天津开发区固体废物总量的9%,对其进行堆肥处理。

剩余生活垃圾:在对生活垃圾进行分类回收、循环利用后,其余的固体垃圾(约占固体废物总量的10%)运至双港垃圾发电厂进行垃圾发电。经焚烧后还要对占垃圾总量1.5%~3%的底灰进行填埋处置。

最终进入垃圾填埋场的废物约占固体废物总流量的23%,废物处置率为30%,即10%进入焚烧炉,20%直接进入垃圾填埋场。

(四) 建设成果

2004年4月,经过原国家环境保护总局正式批准,天津市开发区生态工业园开展国家生态工业示范园区建设工作。经过近4年的努力,天津开发区按照"减量化、再利用、资源化"的原则,通过发展生态工业,在区内企业生产规模不断优化、经济迅猛发展的同时,区域环境质量明显改善、产业结构渐趋合理、企业间共生关系初步形成、静脉产业有序发展,探索出一条资源利用最优化、环境污染最小化、经济效益最大化的生态工业园区发展之路。2008年,该园通过国家原环保部、科技部和商务部组织的"生态工业示范园区"验收评审,正式挂牌成为首批全国3个"生态工业示范园区"之一。

1. 第二产业生态化建设成果

天津开发区作为国家级经济技术开发区,工业行业的生产活动是天津开发区持续发展的核心,因此第二产业的生态工业建设是天津开发区生态工业园区建设的核心内容。

经过4年的建设,天津开发区围绕电子通信、机械制造、医药化工和食品饮料四大支柱产业,初步形成了企业类型多样、产品链接关系紧密、资源闭合流动、高效利用的产业链网。此外,开发区的重点、核心企业,通过运用生态设计、绿色供应链管理、物流管理、ISO14001环境管理体系、清洁生产等手段,在减少自身产品的原材料和能源消耗的同时,还带动上下游企业开展环保和节能、节水工作，改进工艺，降低污染物的排放量，取得了经济、社会、环境等多重效益。

(1) 电子信息业

在企业内部，通过改进技术，开展节材、节能、节水项目，推行生态设计，实施ISO14001管理和绿色采购制度，大大提高了资源利用效率，减少了物质排放。在企业间，通过产品、废物、能量和水的链接，提高产品的代谢治理，加强废物代谢，形成工业生态群落。其中摩托罗拉(中国)电子有限公司、天津三星通信技术有限公司等电子信息业龙头企业与开发区数十家相关企业，建立了以手机产品为核心的横向耦合关系，同时引进了多家从事废物资源化的补链企业，实现了废焊锡膏和废包装纸的再生利用。

(2) 生物医药业

规划以诺沃肥和中水回用为核心，包含第一产业和第二产业的生态产业链。诺维信公司将生产中产生的固体废物生物发酵残渣和污水处理活性污泥加工改造成优质有机肥料"诺沃肥"，应用于天津开发区及其周边的农田和绿地。将废水处理后用于开发区的绿化灌溉和道路冲洗。

(3) 汽车制造业

包括日本、韩国企业在内的一大批汽车零部件配套企业落户开发区，建立了以汽车整车装配为核心的零部件生产基地，汽车产业链日趋完整和成熟。引进了天津虹冈铸钢有限公司和天津丰通资源再生利用有限公司，使丰田汽车整车生产中产生的废物得到资源化利用，形成了汽车行业中"资源—产品—废物—再生资源"的闭环循环流动。统一工业公司对其生产的铅酸蓄电池进行跟踪研究，从工艺废物及废旧产品中提取再生铅、再生硫酸以及再生包装材料等，并将其回收利用。

(4) 食品饮料业

顶新集团采取了中心企业"康师傅"方便面与上游卫星企业群簇发展的模式，形成了方便面生产上下游产品的稳定代谢。同时从面粉生产到废面、其他有机食品废物、废水的处理和综合利用过程中，物质在各组成企业间稳定循环，在很大程度上实现了横向耦合、纵向闭合以及区域整合的跨行业生态共生关系。

2. 静脉产业生态化的建设成果

静脉产业是天津市开发区生态工业园区创建工作的一个重要支撑环节。通过项目引进，针对支柱产业有重点、有步骤地完善区域水循环利用系统和固体废物循环利用系统，形成了以污水处理与资源化、电子废弃物处理与资源化、废钢和废铅再生利用等企业为代表的静脉产业。另外，通过拓展循环经济外延，发展了具有自身特点的新能源产业，加快了开发区产业结构的调整步伐。

(1) 水循环利用

通过科学规划，做大、做强水务产业，通过建设一批水务工程、加强产业技术研发与转化等多种途径，形成较为完整的区域水资源处理—再生—利用模式。

现已建成3座污水处理厂，处理能力达到11.45万t/d，污水水质保持平稳。完成新水源一场扩建工程，再生水生产能力达到4万t/d，再生水主干网络已经覆盖全区，建成全国首个以再生水为补充水源的人工湿地和人工湖，形成稳定的再生水用户群，再生水生产、销售、适用、收集的市场化运行模式初步获得成功。建成国家高新技术产业化示范项目——万吨级海水淡化示范工程一期，采用蒸馏法制备的高纯水就近用作5号热源厂锅炉用水，同时5号热源厂低成本的蒸汽用于海水淡化处理过程中，形成稳定的生态产业链。启动凝结水回用项目，以滨能电力公司、丰田汽车公司为代表的蒸汽生产、使用大户正在进行管网改造和设备采购。

(2) 固体废物回收和循环利用

开发区立足天津市，开展并延续国际合作项目，整合固体废物资源化系统。

在生活垃圾资源化方面，率先建成双港垃圾发电厂，形成日处理垃圾1 200 t，发电装机容量24 MW，年上网电量1.2亿kW·h的能力，并配备了完善的尾气处理，废弃在线监测等污染防治环保设施；建成日处理垃圾1 000 t的贯庄垃圾处理厂；开展了垃圾渗滤液处理和零排放技术、焚烧垃圾产生的飞灰和残渣综合利用技术。

在工业固体废物资源化方面，以战略管理为重点，依托中欧环境合作项目，完成《天津开发区工业废物管理系统战略研究》，建立泰达废物最小化俱乐部、固体废物网络交换系统、泰达生态管理标识等项目，立足于企业层面，实施废物的"减量化、再利用、资源化"。截至2008年，参加废物最小化俱乐部的单位达到20家，参加泰达生态管理标识的单位达到54家，既包括生产型企业，也包括废物资源化单位，同时邀请了各行业企业开展一系列的培训、交流、现场诊断等活动，引导企业的废物资源化进程。

(3) 能源节约和循环利用

在基础设施节能建设中，大力推动节能降耗工作，确定了一系列基础设施节能环保重点工程，并已完成能耗普查工作，提出了包括无水源热泵、太阳能空调系统、精细化管理系统、需求侧管理等解决方案，启动了能源审计工作。

在工业节能中，奥的斯公司在天津市建成首个绿色工厂，在追加投资不超过7%的条件下，综合能耗降低25%。诺维信公司加强能源管理，对生产中各个环节采取措施节约能源，削减二氧化碳排放。矢崎天津工厂开展了用能审计，每年可实现节能受益150万元。

强化能源管理和信息公开，主管部门已经对能耗在1 000 t标准煤以上的企业进行节能统计，开展能源监测。有关单位对关系到全区能耗问题的主要指标进行细化和考核，提出了一系列参考项目，积极开展工业节能挖潜，逐步建立节能和环保长效机制。

(五) 园区建设展望

生态工业园区建设兼顾社会、经济和环境等各个方面，是一个庞大而系统的工作。泰达园区的建设目标是：2005年建成生态工业园区的运行机制和框架，2010年进一步完善运行机制和框架，用10~15年成为以工业共生、物质循环为特征的新型高新技术产品生产基地。为此，泰达从各个层面分阶段、有侧重地深入探讨、开展下去。

1. 准确切入理论与实践的结合点

泰达工业园区不仅涵盖企业间的合作、资源的最优化利用的理念，还要建立园区内不同系统的交融，找到系统地使园区总体资源增值、生态效益提高的途径。在现阶段的后工业社会中，工业园区需要研究如何将末端治理、清洁生产等不同技术方法加以整合，融入现代管理技术和金融运行机制。园区管委会进一步明确自己的责任及潜在角色，利用生态工业园区规划和战略环评，制定有利于园区发展的政策、措施，进一步发挥导向作用。

2. 大力发展新能源和"静脉产业"

推广市政污水处理和新水源公司的管理模式和技术优势，在滨海新区建设更多集中污水处理设施，发展中水回用产业化、雨水的收集与初级利用，开源节流；进一步开发清洁能源项目。利用低温核供热，一个200 MW的核供热工程每年大约可以替代13×10^4 t燃煤。推出我国第一座利用核反应堆进行海水淡化的项目。探索利用太阳能、风能项目，深化绿化工作。更加突出立体和平面绿化相结合，提高土地利用率；引进源水、昆虫、鸟类，使小环境实现自给和平衡；利用地形设计，收集雨水；实现绿化垃圾堆肥规模化。依托各种环保基础设施，提高固体废物资源的产出效率。

3. 推进环境管理信息化

利用区域现有的信息基础设施和管理工具，整合各种基础数据库，实现内部的数据管理共享以及与外部的信息交换；同时，加载专家系统，使管理和决策更加科学。利用地理信息系统，构建模拟园区环境要素变动的数学模型，进行规划与设计、环评分析，能流与物流及副产品交换的管理与服务。利用遥感等技术，监控环境质量和环保绩效，为园区循环经济的发展提供一体化的环境管理。

4. 扶持企业深化循环经济实践

尽管泰达园区的企业已经从劳动密集型转向资本密集型和知识密集型，但环境、资源问题依然存在。因此，如何帮助企业发展循环经济将是一个长期的课题。为此，园区以签署联合国环境规划署《国际清洁生产宣言》的单位为重点，进行典型企业的清洁生产审计,同时,有选择地扶持企业开展生态设计活动,寻找循环经济和零排放的拓展机会。

5. 加强公众参与

园区管委会借鉴先进经验,通过制定政策保障公众参与环保行动的权利、义务和机会,改善环保信息的不对称现象,激发公众参与环保行动的热情。例如,园区的学校在课程中都包括环境教育部分;社区组建环保志愿者队伍,开展环保公益活动;对企业开展包括节能降耗、促进废物回收和无污染产品消费等内容的宣传活动;与新闻媒体、广告界等一起参与对环境质量的监督,普及环保知识;发挥环保协会的作用,创建环境产业孵化器等。

6. 制订新的融资方案

生态工业园区的建设需要多渠道的资金支持,因此,泰达园区需要探索新的融资机会,制订新的融资方案。从理论上讲,园区建设既然可以为企业和公众带来利益,那么它就可以争取到来自政府、企业以及其他方面的投资、贷款和捐助。

第四节 西北资源环境与生态工业系统的案例

一、资源环境

西北地区包括陕西省、甘肃省、青海省、宁夏回族自治区和新疆维吾尔自治区5个省区。耕地数量少,但是宜农荒地广,是中国重点垦区之一。草场辽阔,兼有干草原、荒漠与高寒草甸等不同类型草场,牲畜种类多,是中国重要畜牧业生产基地。林区星散分布,就面积论居全国第5位,而木材蓄积量则居全国第4位。能源种类齐全,蕴藏量丰富,除青海省以外,其他4省区均为富煤省,其中又以新疆维吾尔自治区储量居第1。水力资源占全国的10%,黄河上游的青、甘、宁三省区水力资源尤为丰富。内陆盆地则是油田所在。阿尔泰山与祁连山有多种金属矿产。柴达木盆地的盐湖矿种多,数量大。

二、案例:石河子市国家生态(造纸)工业示范园区

石河子市区内植被单一,自然环境十分脆弱。由于垦区北部地处古尔班通古特沙漠边缘,生态环境恶化,干燥的大陆气候常引起的狂风暴沙、土地的风蚀,致使风沙不断由沙漠中心向南推进,2000年已沙化的耕地约为2 004 hm²,共有2万 hm²的耕地受到沙化侵蚀。平均每年有15%左右的播种面积因盐碱危害而缺苗减产。

为了遏制黄沙的侵袭、盐碱的蔓延,石河子垦区广大干部群众努力探索采用生态治沙治碱的途径。从1996年起,石河子造纸厂和石河子大学联手开发人工培育芨芨草技术,积累了丰富的种植经验。石河子市人民政府认真总结造纸厂在荒漠、盐碱地上种植芨芨草的成功经验,决定利用处理后的城市废水种植芨芨草,建设6.67万 hm²芨芨草生态工程,这样既解决了土地沙漠化和盐渍化问题,又为城市废水提供了出路,同时还可建成草类造纸原料及畜牧业饲料基地。这个思路引起了原国家环境保护总局的注意。经过实地考察后,原国家环境保护总局提出了建设石河子市国家生态(造纸)工业示范园区的思路,并将此项目提上日程,实施了示范园区规划纲要的编制工作和实际活动。如果园区建成,入园企业可实现销售收入28亿元左右,提供就业岗位13 000多个,年新增利税5亿元以上,还可增加农工农民收入,彻底解决水污染问题,节约资源,改善生态环境,实现经济和社会效益最大化。石河子市一直在为建设成为国家生态工业园区而不断实践和努力着,希望尽快完成园区的建设工作,走以有效利用资源和保护环境为基础的循环经济之路,实现可持续

发展。

(一) 园区简介

石河子垦区地处天山山脉哈比尔乃山麓中段，准噶尔盆地南缘，行政区划面积为7 529 km²，耕地20.3万hm²，牧草地6.7万hm²，城镇及工矿用地1.4万hm²，交通用地0.6万hm²，水域4.8万hm²，未利用土地39.8万hm²。

石河子市是新疆维吾尔自治区直辖的对外开放城市，为中国的农垦名城，是新疆生产建设兵团的经济、科技、教育、文化、卫生、医疗的重要基地。垦区总人口59.4万人，其中少数民族3.21万人，占总人口的5.4%。市区人口28.48万人。

2000年，全垦区实现国内生产总值46.2亿元，比上年增长13%，"九五"时期平均增长12%。其中第一产业15.34亿元，第二产业15.21亿元，第三产业15.66亿元。经济总量比改革开放初期的1978年增长4.45倍，年平均增速为8.1%。石河子市第一、二、三产业结构比重由1978年的36.22:47.96:15.82变化为33.20:32.92:33.88。2000年人均国内生产总值8 111元。

石河子垦区地表有河水、泉水，区内有玛纳斯河、宁家河、金沟河、大难沟河、巴音沟河等5条河流，河水年径流量15.3亿m³。区内地下水资源量为8.96亿m³，泉水资源量为1.8亿m³，2000年地下水可采量为3亿m³。

石河子市平均海拔300~500 m，全年晴多雨少，年日照时数为2 643.75 h，年平均日照率一般为59%，年总太阳辐射值为5 421 MJ/m²。石河子市最大冻土深度为122 cm，最大积雪厚度为35 cm，无霜期160~170 d。年平均降雨量199.1 mm，年蒸发量是年降水量的7~16倍。

石河子市2000年工业废水排放量为1 820.7万m³，生活污水排放量2 851万m³，废水中的主要有害物质为化学需氧量、生物需氧量和硫化物，其化学需氧量年排放量38 084 t，生物需氧量8 323 t，硫化物74.2 t，主要污染物形式为有机物污染。石河子市的空气环境为煤烟混合型污染，采暖季节以烟尘和二氧化碳污染为主，非采暖季节以沙尘污染为主。

(二) 园区建设的有利条件

1. 西部大开发为园区建设提供了政策保障

西部大开发战略为我国西部建设、缩小东西部差距和促使西部走向世界提供了契机。石河子市处于我国西部大开发的重要地区——新疆，享有各项优惠政策和资金支持的机会。生态工业园区建设中芨芨草的种植可以享受西部大开发中"退耕还林、退耕还草"的优惠政策。同时，依据西部大开发战略，西部地区应结合当地自然条件，在保护生态环境的前提下发展特色经济。园区建设利用石河子广袤的沙地、盐碱地种植芨芨草，并以芨芨草做原料造纸和发展养殖业，符合西部大开发总体战略要求。要利用国家对西部大开发的优惠政策和资金支持，因地制宜地发展生态经济。

在西部大开发中，新疆维吾尔自治区除享受《国务院关于实施西部大开发若干政策措施的通知》制定的统一政策和其他相关政策外，还可根据自治区实际，制定更为优惠的政策。例如，可以根据产业导向需要，降低所得税率，甚至实行零税率。这些政策的落实，可为园区建设创造更优越的政策环境。

2. 天山北坡经济带建设为园区发展指明了方向

石河子市已经被自治区确定为西部大开发中优先推出、加快发展的天山北坡经济带的重点地区，成为向西开放的"桥头堡"。

建设天山北坡经济带是新疆维吾尔自治区提出的带动大开发全局的突破口。该经济带坐落于天山以北的国道312线和北疆铁路沿线，东起哈密市，西至伊宁市，其交通、能源、工业、农业、商业、通信、城市建设等基础设施较为发达，投资环境优越于其他地区，劳动者素质较高，各项产业发展速度较快，已经成为新疆经济的龙头和一条特色鲜明的经济带，是全新疆经济最为发达的地区，集中了新疆83%的重工业和62%的轻工业，历年国内生产总值占到新疆的40%以上。

根据自治区的总体部署，要充分利用该经济带的现有基础，千方百计创造条件，发展具有新疆特色的产业、产品，让区域经济率先发展得更快、更好;要突出重点、扶优扶强,加大开放力度,打破区域分割、兵地分割,加快融合发展,吸引区内外、国内外方方面面参与天山北坡经济带的开发建设。这为石河子生态工业园区的建设指明了发展方向。

3. 芨芨草人工种植试验成功为园区建设提供了技术保障

1996年以来,新疆天宏纸业集团和石河子大学在盐碱地和沙漠上分别进行人工栽培芨芨草实验研究。在盐碱地上,针对不同的土质、季节,分别进行人工播种、机械播种、干播湿出、湿播干出、育苗移栽等方式的试验。历经5年的潜心研究和反复实践,出苗率达75%以上,成活率达85%以上。至2001年底,完成开荒2 500 hm²。2001年实现芨芨草产出1 000 t。

1998年5月底起,开展了利用工业废水(包括造纸工业废水)、城市生活污水等种植芨芨草的小型试验,并获得成功。1999年,针对石河子市城市污水和垦区周边沙漠状况,选定农八师147团以北、莫索湾垦区以西沙漠边沿地带(147团22连)作为试验基地。试验基地已种植芨芨草,长势茂盛。

芨芨草生态适应幅度宽广,须根粗而坚韧,秆丛生而坚硬,耐盐碱、耐旱、耐土壤瘠薄,不依赖大气降水而生长,在含盐量3%以上的盐碱地上,不仅能够成活,还具有改良土壤、降低盐碱的作用。在盐碱地中种植芨芨草两三年后,土壤中的pH值和总盐量明显降低,有机质含量增高。监测表明,在pH值为9.2的盐碱地种植芨芨草,两年后pH值降低到8.4;含盐量由2.1%降低至0.7%,第三年降低至0.3%。这意味着经芨芨草种植后的土地可以种植棉花、甜菜。

经中国制浆造纸工业研究所对芨芨草茎秆的化学成分以及纤维形态分析测试,芨芨草木素含量低,总纤维素含量高,是一种优质的造纸原料。新疆生产建设兵团科学技术委员会组织专家进行的成果鉴定表明,芨芨草用于造纸,吨浆省碱22%,吨浆省氯30%,细浆得率提高12%。

根据农业部食品质量监督检验测试中心对芨芨草叶的测试分析,在新疆石河子市的沙漠和盐碱地区,芨芨草叶是一种比较理想的牲畜粗饲料,饲用评价为良等牧草,可用于奶牛、肉牛、细毛羊和肉羊的养殖。

4. 具有充足的土地资源、水资源和电力资源

石河子垦区的大部分农场周边都是沙漠,有用之不尽的沙漠土地。芨芨草种植以年均每公顷需水量1 500 m³计,园区内种植6.67万 hm²芨芨草年需水量为10 000万 m³,林网年需水量为2 200万 m³;玉米种植年蓄水量为3 800万 m³,年需水总量达1 600万 m³。到2005年,石河子市城市污水排放量预计达5 000万 m³;安集海、下野地灌区农田排碱水年总量为4 000万 m³;玛纳斯河流域水资源丰富,每年8、9月份冰雪融化形成的洪水通过扬水泵扬入蓄水库,水量可达1 500万 m³。2002年,石河子市实施节水灌溉工程的节水灌溉面积已达8万 hm²,平均节水量以2 250 m³/hm²计,仅此一项节水可达1.8亿 m³。以上水源均可经处理达标后或直接用于芨芨草种植,满足其需水要求。

石河子电力工业公司下辖红山嘴电厂、热电厂、东热电厂、供电公司等,是新疆唯一一家水、火、电并举,发、供、调一体化的地方电网,也是兵团发电能力最大、供电范围最广、调度水平最高的2A企业,经济效益名列新疆电力行业排行榜第一名。公司现有总资产10.29亿元,拥有变电站21座,供电半径160 km,变电总容量31.76万 kVA。2001年实际供电8亿 kW·h。其电力设施可提供充足的园区发展用电。

5. 骨干企业有较强的筹资能力

园区内骨干企业新疆天宏纸业集团(前身为石河子造纸厂)始建于1958年,是西北地区集制浆、造纸、印刷、机械加工、原料开发等为一体的大型造纸骨干企业。2000年,公司通过了ISO9002质量体系认证,2001年6月28日,"新疆天宏"股票在上海证券交易所上市。企业有较强的融资能力,是生态工业园区建设的重要资金渠道。

6. 芨芨草种植的物种安全性

芨芨草是多年生草本禾本科植物,秆密丛生,直立或斜叶,坚硬,高80~200 cm。叶片坚韧,微粗糙。开花时呈金字塔形；小穗披针形，呈灰绿色、紫色或草黄色。花果期6~9个月。芨芨草为高大的密丛型耐盐草本植物，广泛分布在欧亚大陆干旱及半干旱区盐化草甸。不论在草原区或荒漠区，芨芨草大多生长于低湿的环境。其生长往往有地下水的补给，或能够接受地表径流的补充。

一般地，芨芨草自然生长在盐化低地、湖盆边缘、丘间谷地、干河床、阶地、侵蚀洼地等盐化草甸环境中。芨芨草在不同的草原和荒漠地带往往和完全不同的半生植物组成不同的群落类型。芨芨草是土生土长的本地物种，非外来物种，石河子垦区内就生长着许多野生的芨芨草，石河子生态工业园区在6.67万hm²盐碱地和沙漠边缘地带人工种植芨芨草的草种就是以当地的野生芨芨草为母本，经多年培育优选而成；同时，芨芨草的病虫害很少，不会影响附近农作物的生长，也不会造成局地生态系统的恶化。相反，可以改良盐碱地；用经过二级处理的城市污水灌溉沙漠、种植芨芨草，还可增加土壤的养分和腐殖质，改善土壤的团粒结构和微生物环境。因此，大规模种植芨芨草，不会对局地物种安全形成不良影响。

7. 芨芨草浇灌用水的生物安全性

石河子的废水主要由工业废水和城市生活污水组成，生活污水为居民日常生活排放的生活污水和城市公共设施排放的生活污水，污水主要以有机污染物为主，同时含有一定的氮、磷物质，可生化降解性较好。向市政总排放口排放废水的行业主要有制糖、造纸、纺织、印染、食品加工等，其中排放含铬、砷、镍、氰等有毒、有害废水的生产企业按国家规定已经进行了关停，个别企业已经在厂内对其排放的废水进行了处理，达到国家和地方有关规定的排放标准后排入市政排污总管。另外，医院排放的医疗废水全部采用次氯酸钠二级消毒处理，达标后排放。因此，石河子市城市污水中含有的有毒、有害物质极少，其主要污染物是有机物，不含重金属等有毒、有害物质。新建的制浆系统将采用国际先进的无氯漂白工艺，不产生AOX等有害物质。石河子大学分析测试中心的检测结果表明，经污水浇灌的芨芨草中，汞、砷、铅、镉等的含量均不超过我国食品中有害元素允许量标准。因此，使用处理后的城市污水浇灌芨芨草，对牲畜是安全的，不影响牲畜食用。

8. 芨芨草浇灌用水对地下水的影响

在种植芨芨草的沙漠中通过观测井进行积水观测，水在沙漠中的下渗深度为40~50 cm，最多不超过1 m，沙漠中的降水以及用喷灌浇灌芨芨草积水状况都不会达到积水试验达到的积水量。另外，沙漠中的地下水往往都在距地表4~5 m深处。因此，采用处理后的城市污水浇灌芨芨草，浅层地下水不会受到污染。

(三) 园区建设的意义

1. 保护天山广袤草场，实施畜牧业战略转移

1996年，新疆草场面积由20世纪50年代的0.507亿hm²减少到0.36亿hm²，由于草场过度放牧，优质牧草较少，有毒、有害和营养价值低劣的草类比例加大，草原退化日趋严重，沙化和荒漠化速度加快。天山草场严重退化沙化的重要原因之一是过度放牧。新疆维吾尔自治区70%的牛羊集中在天山一带，牧民多年沿用散养习性。自治区内绝大部分属于西北部干旱地带，缺水和不良的自然条件使得该地区的植被恢复十分困难、缓慢。

以芨芨草种植为源头的生态工业园建设后，形成沿石河子垦区5 km宽、6.67万hm²的芨芨草带，可提供数量巨大、营养丰富的牲畜饲料原材料。在石河子市大力发展饲料工业，鼓励企业和居民养牛、养羊，改散养为圈养、舍养。有计划、有措施地实现新疆畜牧业由天山地带向石河子垦区的战略转移，逐步开辟全自治区畜牧业分布的"倒三七"格局。即改变现在畜牧业70%在山区、30%在平原的分布，变为70%在平原、30%在山区的格局。这是天山草场得到较多年份自然恢复时和大面积休牧、轮牧的重要出路之一。

20世纪50年代，石河子市大小湖泊星罗棋布，天然芦苇连天接地，狐獾狼兔出没其间，燕

鹤雉鹰时有所见。易得的水资源促进了工农业的发展，大量的芦苇为当地造纸工业提供了优质廉价的原材料。

经过几十年开发建设，石河子市在取得经济较快发展的同时，其生态环境状况明显恶化。水资源严重短缺，昔日遍布各地的芦苇已不复存在，野生动植物的种群数量明显降低，地下水位上升造成的土地盐碱化触目惊心，沙漠化面积迅速扩展。石河子市支柱产业之一的造纸业，传统上一直以芦苇为原料，现在已经到了不得不寻找新型原材料的状况。

只有遵循循环经济理念，以生态工业理论为指导，因地制宜、因时制宜，大力恢复和开发当地特色资源，与遏制生态环境恶化的努力紧密结合，才能有效控制石河子市生态环境的恶化趋势，使该地区逐步走上良性循环、渐次恢复的正确轨道。

2. 遏制生态生态环境恶化，恢复和开发特色资源

石河子市地域辽阔，人口密度小，有其独特的自然条件和资源，但石河子市在生态建设方面面临着耕地质量下降、沙漠化和盐碱化日益严重、数量不断减少、蘑菇湖污染严重、当地污水需要处理和经济发展缺少足够的水资源等问题，这一切直接制约着当地经济的快速发展。

世界经济发展的实践表明，在经济起点低的地区实现长足的发展，必须在突出区域特色方面下功夫，西部地区绝不能沿袭东部地区已经走过的道路，应因地制宜，立足自身条件，探索发挥自身比较优势的特色之路。为了在石河子地区建立新的生态平衡，区域开发建设应顺应本地区的特点，立足本地区的优势。大面积种植和优化培育十分适宜在盐碱和沙地地带生长的芨芨草，不仅能够解决该地区造纸工业发展所需的原材料，而且能够发挥芨芨草制碱固沙的优势，改造区域内土壤质量，扩大耕地面积，阻止沙漠化的发展，促使区域生态稳定持续，在生态建设和恢复的同时获得巨大的经济和环境效益，实现环境与经济的协调发展。

3. 打造大型产业群，实现跨越式发展

石河子市的产业结构中，三层产业结构不合理。"九五"期间，第二、三产业的增长速度相对较低，产业内部发展不平衡：第一产业过于依赖种植业，畜牧、林果业仍然是"短腿"，而种植业又过分依赖棉花；第二产业中，初加工产品多而高技术产品比重小；第三产业中，旅游业、信息服务业、咨询业发展缓慢，产业结构具有工业化初期经济结构的脆弱性特点。同时，石河子垦区的资源转换能力弱，未形成特色经济和支柱产业；经济增长方式粗放，主要依靠数量的扩张，产品科技含量及附加值低，工艺、设备落后；投资效益和利用外资水平相对低。投资率长期徘徊在30%左右，且投资结构不合理，非生产性投资比重大，生产性投资特别是工业投资不足；企业创新、技术改造、产品升级力度不够，经济发展缺乏活力；信息闭塞、人才短缺、资源不足等严重制约了经济、社会的发展。

石河子市国家生态（造纸）工业示范园区的规划和建设，按照物质集成、技术集成、信息共享、公用信息共享原则，参照国内外生态工业园区建设经验，发展由种植、造纸、养殖、畜产品加工、生态旅游和污水处理等六大系统组成的生态工业联网。在这一网络中，实现高新技术的引进，主要原材料的梯次利用，做大做强每一产业，使每一个产业具有若干种低成本、高效益、具有市场竞争力的特色产品，形成一个增长质量好、抗风险能力强的大型产业群体。

4. 增加就业机会，提高人民生活质量

增加就业机会是提高人民生活质量的途径之一。就业机会的增加依赖于经济的发展。

芨芨草种植属于劳动密集型产业，6.67万hm²芨芨草生态种植基地建设，需要大量的人力投入；造纸生产能力的扩张更需要新的技术力量支撑；养殖、畜产品加工和生态旅游的不断发展也带来更多的就业机会。生态工业园区的建设为活跃人才供需市场、增加就业机会、提高人均收入、改善人民生活质量拓宽了道路。

（四）园区规划

园区规划以农八师辖区内6.67万hm²芨芨草

种植为核心,依托天宏纸业集团,以种植、造纸、养殖、畜产品加工、污水处理、生态旅游六大系统为主进行园区建设。

1. 园区总体设计

石河子国家生态工业(造纸)示范园区立足于当地的土地资源优势,以城市生活污水和工业废水的资源化利用为基础,以 6.67 万 hm^2 芨芨草种植为核心,以对芨芨草的综合利用构建生态产业链,以生态产业链为主线建立园区的主导产业,利用主导产业的强大辐射力带动相关产业的发展,通过一批重点工程的建设和产业节点的科学设置,不断充实和完善生态工业的框架,努力打造一批拉动石河子市经济跳跃式发展的大型企业共生群体,促进旅游业、信息业、咨询业的发展。随着园区建设的深入,不断延伸产业链条、补充链条节点,形成一个以种植业、造纸业、畜牧养殖业、畜产品加工业、生态旅游业为主的产业平台,搭建与其他多门类工业相结合的高效、安全、稳定的生态工业园区。园区分为三大功能区(核心功能区、扩展功能区和支持功能区),由六大系统(种植系统、造纸系统、养殖系统、畜产品加工系统、生态旅游系统和污水处理系统)组成。

(1)核心功能区

核心功能区由种植系统、造纸系统和养殖系统组成,它们是构成园区的最基础单元,也是园区发展的必备单元。

(2)功能扩展区

畜产品加工系统和生态旅游系统,是促进园区持续发展,实现园区产品增值的重要单元。

(3)支持功能区

污水处理系统作为生态工业链中污染者的分解者,是生态工业链不可或缺的组成部分。

2. 园区各系统代谢过程和特点

(1)种植系统

石河子市现有盐碱地约 8.5 万 hm^2,沙地 11.7 万 hm^2。计划在盐碱地的基础上种植芨芨草 4 万 hm^2,沙地上种植 2.67 万 hm^2。尚有 4.47 万 hm^2 的盐碱地和 9.04 万 hm^2 的沙地未被利用。根据当地水资源分布状况,将芨芨草种植区域分为三大片。

莫索湾灌区:种植芨芨草 2.67 万 hm^2,配套林带建设 0.33 万 hm^2。具体方案为沿 147 团、148 团、149 团、150 团场靠沙漠边缘种植宽 5.35 km(共 5 道 1 km 宽的芨芨草种植带,种植带间种 50 m 宽的防护林带,靠近沙漠端为 100 m)、50 km 长的芨芨草防风固沙带。

下野地灌区:种植芨芨草 2.67 万 hm^2,配套林带建设 0.33 万 hm^2。位于 121 团、135 团以北靠近沙漠边缘的盐碱地。

安集海灌区:种植芨芨草 1.33 万 hm^2,配套林带建设 0.13 万 hm^2。主要分布在 142 团场区域内的盐碱地。该地已经建立良种基地 0.07 万 hm^2。

(2)造纸系统

造纸系统由制浆、瓦楞原纸、涂布白板纸、轻量涂布纸等 4 个子系统组成,制浆系统配套碱回收,涂布白板纸、轻量涂布纸配套白水回收。造纸系统的输入主要是制浆造纸需要的清水、化学药品、芨芨草秆、各类纸浆和涂料,输出为漂白芨芨草浆、轻量涂布纸、涂布白板纸、瓦楞原纸。

(3)养殖系统

养殖系统主要以芨芨草和玉米种植提供的大量精粗饲料发展奶牛养殖项目、肉乳兼用型牛养殖项目、羊养殖项目。

(4)畜产品加工系统

畜产品加工业主要由奶制品加工、牛屠宰业、羊屠宰业等行业组成。

(5)生态旅游系统

生态工业园的建设可延长石河子市的旅游线路,为石河子市旅游业增添新的内容。综合石河子市旅游景点的分布和生态工业园区所处地理位置,生态工业园区内的旅游区域划分为:①严格保护区域;②严格限制使用区域,该区域仅允许步行进入;③中度开发利用区域,建有配套的、少量的且负面影响小的服务;④旅游开放区域,设施齐备,可批量接待客人。莫索湾沙漠旅游区周边的园区种植系统纳入沙漠旅游区范围,与其形成沙漠生态工业园景区。该景区范围包括玛纳斯河下游以北的 147 团、149 团和 150

团等地区,以及驼铃梦坡、147团沙丘、烽火台3个景点。该景区内的烽火台为严格保护的景点,芨芨草种植区域内为严格限制使用区,周边沙漠、林带等为中度开发区,石河子市区范围为旅游开放区。位于石河子市区内园区的造纸系统、养殖系统、畜产品加工系统,与市区内的其他景区一起组成石城风景区。

(6)污水处理系统

石河子市城市污水处理厂主要接纳石河子市城区内排放的生活污水以及石河子市辖区内部分工业企业和生态工业园区内企业排放的工业废水。城市污水处理厂分2期建成,2期的日处理能力均为10万 m^3/d,一期建成后可处理石河子市70%以上的污水。二期投入运行后,石河子市100%的污水得到处理。城市污水处理厂处理后的污水经管道直接供莫索湾芨芨草种植基地灌溉用,剩余部分排入蘑菇湖水库。城市污水处理厂产生的污泥的主要成分是有机质,经过处理后可作为肥料用于种植系统。

3. 园区工业代谢过程和特点

(1)园区的工业代谢过程

1)种植系统—造纸系统—污水处理系统—种植系统。整个园区的物质传递均由种植系统开始,种植系统产生的产品为芨芨草和饲料,芨芨草秆作为造纸系统的原料,输入造纸系统;造纸系统产生的废水经厂内污水处理设施处理,达到国家规定的城市污水处理厂入水标准后排入城市污水处理厂,污水处理厂处理后的水输送到种植系统,用于浇灌芨芨草。废水中的污染物主要是有机物,通过微生物的分解,转化为肥料;水分被芨芨草吸收利用,通过蒸发作用进入自然界水循环,水最终得到净化并被利用。

2)种植系统—养殖系统—种植系统。种植系统产出的芨芨草叶和精饲料全部输入养殖系统,作为养殖系统中牲畜的饲料,是养殖系统物流、能流、价值流的主要输入点。养殖系统是整个园区唯一的有机肥生产系统,该系统中牲畜的排泄物经必要的处理产生的有机肥回用于种植系统,养殖系统中牲畜消耗的水除少数部分随产品输入畜产品加工系统外,大部分回用于种植系统,形成系统间的物质循环。

3)种植系统—养殖系统—畜产品加工系统—污水处理系统—种植系统。种植系统经过养殖系统以牛、牛奶、羊、羊毛等产品的形式输出到下一个系统——畜产品加工系统。畜产品加工系统将养殖系统输入的原料经过加工生产出产品,产品输出园区,进入市场流通,物质和能量也伴随着产品输出园区,是园区的另一个重要的输出口。

畜产品加工系统在生产过程中产生的污水由于其特殊性,需经过单独处理,达到国家规定的标准要求后回用于种植系统,废水中的污染物通过分解作用被植物吸收利用,污染物最终得到净化。

4)种植系统—生态旅游系统—种植系统。在沙漠和盐碱地中,成片种植6.67万 hm^2 芨芨草形成非常壮丽的景观,石河子垦区周边几十千米的芨芨草种植带连绵不绝,为石河子市增添新的旅游资源。生态旅游系统依据石河子市已有的旅游资源,利用生态工业的环境延长原有的旅游线路,为旅客提供服务。生态旅游系统与种植系统之间物质和能量的交换是通过游客消耗畜产品加工系统生产的产品间接进行的。游客在消费过程中产生的生活废水经过集中处理后回用于浇灌芨芨草,是园区内部向种植系统输入肥料的又一个组成部分。

(2)园区的工业代谢特点

1)横向耦合性。"种植系统—畜牧养殖系统—畜产品加工系统"和"种植系统—生态旅游系统"相互间通过芨芨草与水肥的物质流动和循环利用构成了园区内部系统之间的横向耦合性关系,并在一定程度上形成了以种植系统为中心的网状结构。同时,造纸系统生产的纸产品为畜产品加工系统提供包装材料,畜产品加工系统生产的产品可以直接供生态旅游系统的游客消费。各系统之间并不是孤立的,彼此之间都有直接或间接的联系。园区内整个物质流中没有废物的概念,只有资源和再生资源的概念,园区输出的只有产品,各环节实现了充分的资源共享,特别是水资源的共享,由原来的污染负效益转变为资源正效益。

2）纵向闭合性。以芨芨草种植为基础，园区内有3条产业链，分别是造纸产业链（种植系统—造纸系统—废水处理系统—种植系统）、养殖产业链（种植系统—养殖系统—畜产品加工系统—废水处理系统—种植系统）和生态旅游产业链（种植系统—生态旅游系统—种植系统）。园区内这3条主要生态链，体现出园区"从源到汇再到源"的纵向闭合。

3）区域整合性。通过采用先进技术，提高科技含量，改造传统产业的芨芨草产业，最大限度地利用芨芨草资源和可再生的废物资源，从而改善当地的种植结构、经济结构和环境状况，实现园区乃至石河子地区的经济及环境的区域整合。造纸系统改造、建设采用国际先进技术，配套碱回收设备和中水回用设施，以改变天宏纸业集团在当地污染大户的形象，大大降低水的使用量和排放量。造纸系统生产的纸浆不仅可以自给，满足石河子地区纸的需要，而且可以有2/3左右外销，实现制浆行业的规模效益，在很大程度上解决了石河子市以及新疆维吾尔自治区造纸业的区域污染问题。更为重要的是，园区内的污水经过处理后用作芨芨草灌溉的主要水源，实现了污水资源化。畜牧养殖业和畜产品加工系统改变当地的经济结构，使工业向绿色、生态、可持续的方向发展。种植系统包括6.67万hm^2芨芨草和玉米、大豆等精饲料的种植。这些作物的种植对石河子地区的种植结构产生深远影响，种植业生产的产品在体系内部直接消耗、增值，受外界市场波动的影响很小，种植业抵御风险的能力增强。

4）区域的柔性结构。种植系统是园区的核心，依靠当地的土地资源优势，受市场冲击很弱。后续的造纸系统、畜牧养殖系统、畜产品加工系统和生态旅游系统均以种植系统为依托，从根本上解决了原材料的供给，从而能够避免市场波动造成的冲击。各系统生产的产品多为鲜奶、牛、羊、皮、毛、牛肉、羊肉等中间产品，市场需求稳定，在此基础上发展起来的后续加工生产的产品种类多、生产规模可以根据市场需求调整，对市场需求以及外界环境波动可以随时做出反应，及时调整生产结构。园区内的生态工业链形成网状结构，这种结构使园区产品的种类、生产规模等对资源供应、市场需求以及外界环境的随机波动具有较大的弹性，整体上抵御市场风险的能力大大加强，园区表现出较强的柔韧性。

4. 园区目标和指标

（1）总体目标

"十五"期间，治理石河子市范围内大部分盐碱地和部分沙漠，明显改善石河子市的生态环境。改组、改善传统产业结构和布局，优化资源配置，初步形成一批立足国内面向世界的产业群和产品群。创立1~2个高效益、高技术、辐射面大、产品链长的知名品牌。再用10~20年时间，形成结构优化的石河子市生态格局，带动、促进新疆维吾尔自治区畜牧业战略转移，恢复和发展天山广袤的优美生态环境。达到高科技、高质量、高效益、低污染、配套化、生态化的建设目标，建成国际知名的生态工业园区，形成工业与自然和谐优美的生态景观，实现石河子市社会、生态、经济的可持续发展。

（2）具体指标

在"十五"期末，在解决石河子市的结构性污染方面有坚实的进展，实现资源有效利用最大化，废物排放最小化。工业废水处理率达到100%，城市污水集中处理率达到70%以上，废水处理达标率达到95%，处理后的废水综合利用率达到100%。

明显改善石河子市产业结构，进区企业实现总产值29.16亿元，利税5.87亿元，提供就业岗位18 000个。形成年产23万t浆、18万t纸、50万t粗饲料、20万t精饲料、34万t青贮饲料、18万t牛奶、0.3万t优质牛肉、0.356万t羊肉、17.8万张羊皮、2万张牛皮、741 t羊毛、奶牛存栏3万头、肉牛存栏1万头、羊存栏27万头的生产规模。

建设6.67万hm^2芨芨草种植基地和0.73万hm^2林网，建成新疆维吾尔自治区最大的造纸原料基地、饲料基地和芨芨草种子基地。

减少新鲜水用量，23万t漂白芨芨草浆项

目投产后,吨浆耗水降至 70 m³,吨纸耗水降至 40 m³,低于国家标准 190 m³/t。

改良盐碱地 4 万 hm²,占石河子市现有盐碱地的 47%。

减少沙尘暴的出现频率,使石河子市空气质量达到 2 级。

到 2004 年,消减化学需氧量 52 万 t/a,蘑菇湖水库水质由现在的 5 类恢复到 4 类。

到 2005 年,形成 8 万 t 的制浆造纸生产规模,吨浆化学需氧量产生量由 650 kg 下降到 133 kg。

园区骨干企业实行清洁生产,建立环境管理体系。采用先进的清洁生产技术,实施环境管理体系规划和方案,建立起比较完善的环境管理机制和运行机制。到 2005 年,入园骨干企业(集团)全部建立环境管理体系,实现技术、产品、能耗、原材料消耗、单位产值污染、排污量等在同行业进入国内先进水平。

5. 园区的建设进度

考虑园区项目建设的周期和各系统相互间的依存关系、资金状况和园区的基础设施建设,保证原材料与加工能力的配套,避免资源浪费。在园区建设中须遵循以下原则。

1)芨芨草的种植坚持先易后难,先分散后集中,先盐碱地或中低产田后沙漠边缘的原则。

2)造纸业的发展坚持先满足自给,再满足外需的原则。

3)畜牧养殖业的发展坚持先高利润后低利润,精粗饲料齐头并进的原则。

4)畜产品加工业的建设和发展坚持与养殖业发展相配套的原则。

5)生态旅游业的发展坚持先周边后国际的原则。

6. 编制园区规划的指导原则

1)夯实生态建设基础,用生态建设推动、改善石河子市生态环境资源问题和产业结构调整。

2)抢占生态经济制高点,以生态工业理论改造和壮大石河子市经济。

3)坚持强化政府服务功能,推动生态园区建设,提高人民生活水平。

4)壮大龙头企业,应对市场挑战。

(五)园区投资和效益

1. 投资

项目建设分 2 期实施:近期(2002—2005 年)主要完成园区生态产业链的构建和部分基础设施的建设,远期(2005—2020 年)实现园区的进一步完善。

2. 经济效益

所有项目启动后实现产值 29 亿元,项目创造的产值使石河子市人均产值提高 4 800 元。同时,主导产业带动印刷、运输、服务、销售等相关产业的发展,相关产业的发展给石河子市经济、社会发展注入新的活力,成为石河子市乃至新疆新的经济增长点。

6.67 万 hm² 芨芨草种植业预计年产值为 3.49 亿元,其中 6.67 万 hm² 芨芨草产值 3.3 亿元,1.27 万 hm² 玉米产值 0.19 亿元。芨芨草秆用作造纸原料,叶用作粗饲料。6.67 万 hm² 芨芨草年产秆、叶各 50 万 t,叶产值 1 亿元,秆产值 2.3 亿元。

造纸行业新增产品产值 12.840 2 亿元,其中 23 万 t 漂白芨芨草浆外销的产值 6.267 5 亿元、10 万 t 涂布白纸板的产值 3.400 亿元、5 万 t 轻量涂布纸的产值 2.778 0 亿元、3 万 t 瓦楞原纸的产值 0.394 7 亿元。

养殖业新增产品产值 5.3 亿元,纯收入 0.46 亿元。其中 3 万头奶牛养殖项目实现产值 3.2 亿元,1 万头肉乳兼用牛项目实现产值 1.1 亿元,27.4 万只肉毛兼用羊养殖项目实现产值 1 亿元。

畜产品加工行业新增产值 1.05 亿元,新增利润近 0.12 亿元,新增各项税金 0.107 2 亿元。其中奶制品新增产品产值 5.9 亿元,新增利润近 0.83 亿元,新增各项税金 0.12 亿元。

旅游业新增收入 0.3 亿元(按 2005 年收入计算)。

3. 生态效益

(1)防风固沙,治理盐碱,恢复、改善生态环境

在沙漠中种植 2.67 万 hm² 芨芨草,林带 0.33 万 hm²,使 3 万 hm² 沙漠得到治理。更为重要的是,芨芨草的种植使沙漠治理从经济消耗转变为地区的资源优势,成为地区新的经济增

长点,将被动、消极的沙漠治理转变为主动、积极地向沙漠进军。在沙漠中种植芨芨草,可防风固沙、防治耕地沙化,保护并逐步恢复沙漠中的植被。芨芨草叶为牲畜提供了充足的饲料,使牧民下山出漠,实现了天山草场的恢复,保护了沙漠中的植被和动物,抑制了草场超载造成的沙化和荒漠化,实现了天山自然生态结构的重建。盐碱地上种植芨芨草,使盐碱地的盐碱程度降低,改善了土壤结构,恢复了土地的种植功能。特别是芨芨草种植形成规模后,为野兔、狼、獾等野生动物提供了栖息场所,使当地自然生态得到改善。计划种植的 6.67 万 hm² 芨芨草中,盐碱地占 4 万 hm²,可为石河子市新增耕地 4 万 hm²,占现有耕地的19.5%,相当于石河子市人均新增耕地约 666.7 m²。经污水处理厂处理后的污水不再蓄积在蘑菇湖水库,而是用于芨芨草浇灌,蘑菇湖水库的功能逐步得以恢复,成为野生水生动物和鸟类的生存环境。同时,绿洲面积的扩大对改良当地气候、防治扬尘、治理沙尘暴、改善空气质量和居住环境也具有重要作用。

(2)综合利用,节约资源

6.67 万 hm² 芨芨草的种植每年可以为造纸业提供 50 万 t 原料,可以避免 100 万~120 万 m³/a 木材的消耗,这对于当地森林资源的保护以及生态环境的保护意义重大。多次实验证明,芨芨草吨浆省碱 22%、吨浆省氯 30%、细浆得率提高 12%,23 万 t 浆的生产规模节省的资源是非常可观的。沙漠和盐碱地中种植芨芨草在改善生态环境的同时,节省了大量的土地资源。更为重要的是以处理后的污水作为灌溉水源,相当于新增税源 5 000 万 m³,解决了当地经济发展水资源紧缺的瓶颈问题,防治了地下水的过度开发。在沙漠和盐碱地中种植芨芨草,以及芨芨草作为原料发展生态工业,直接把当地资源优势转变为经济优势。

(3)发展生态工业,实现可持续发展

生态工业园区的建设使当地的产业结构向生态、有机的生产方式转换,减少不可再生资源的消耗,控制和减少农村资源污染的产生,优化种植结构,保护和恢复生态环境,促进当地经济的可持续发展。整个园区物流入口为芨芨草,属于可再生资源,后向产业在此基础上依靠高新技术发展,产生的废水,如有机废水、牲畜粪便等,经过处理回用于浇灌芨芨草,形成一个由芨芨草到芨芨草的闭合循环。整个生态工业园区的物流输出是建立在可再生资源——芨芨草的基础上,经济的发展依靠可再生资源和环境友好技术。

3. 社会效益

(1)为全国造纸工业发展探索绿色经济发展道路

园区以生态工业理念为指导思想进行产业结构调整和资源优化配置,大力发展芨芨草种植业,形成国内最大的造纸原料基地之一,从根本上解决了当地造纸原料短缺的问题,使城市污水资源化,为中国造纸行业发展开创了一种新模式,使造纸业的发展有了一条新的"绿色通道"。

(2)提高石河子市在新疆乃至全国的科技和经济地位

进区企业基本上都是新建或者待改造企业,在发展中适应国内和国际市场的需要,采用国内和国际高新技术和先进适用技术,生产出高附加值产品。进区企业的整体技术水平提高了石河子市经济发展中的科技贡献率,使石河子市成为以高新技术为龙头的新兴城市,成为新疆甚至全国经济发展和投资的黄金地带。

(3)提升石河子市经济发展和人民生活水平

石河子国家生态工业(造纸)示范园区的建设带动相关第一、二、三产业的发展,三类产业之间以种植业为核心,形成一个紧密的经济网络,加强了产业间的联系,实现产业间的协调、全面发展,并不断催生出新的行业和机遇。经济的发展给当地人民提供更多的就业机会,吸引更多的人才,配套设施得到完善,保证社会稳定。经济长期、稳定的发展给当地人民带来最大利益,对全市人民生活水平的提高和迈向现代化小康生活步伐的加快发挥极大的作用。

(4)为西部大开发战略的实施提供经验

"西部开发,环保先行"是国家西部大开发

坚持的政策。石河子国家生态(造纸)工业示范园区的建设为西部地区解决经济发展与环境保护之间的矛盾，如何将西部地区的资源优势转化为经济优势提供了经验，对西部地区经济发展具有指导或借鉴意义。转变"环保就是投钱"的思想观念，使防风固沙、退耕还林还草、生态恢复等工作与经济发展"共生"。地方政府和人民积极主动投身于生态恢复和环境保护工作中，对西部大开发过程中积极、主动进行环境保护工作的意义重大。

(六)管理机构与机制

1. 园区建设管理机构

石河子国家生态(造纸)工业示范园的建设牵涉到产业结构的调整、区域环境综合整治、土地利用与开发等诸多方面，根据农八师和石河子市经济和环境等方面管理机制，在园区的建设、开发和运行过程中，政府的引导和扶持十分重要。园区的建设、开发采用市政府宏观管理、企业具体实施的模式，园区建设领导小组由市常委书记、农八师政委和师长作为组长，成员由市计委、市经贸委、市建委、市环保局、市科委、市土地局、市水利局、市农林牧局、市旅游局、市农业开发办公室和新疆天宏纸业股份有限公司的主管领导组成。

2. 园区建成后的管理机构

成立石河子国家生态(造纸)工业示范园区管理委员会(以下简称"管委会")，在农八师石河子市党委、石河子市人民政府领导下开展工作。管委会为自收自支事业单位，实行企业化管理。下设四部一室，即科技开发部、项目投资部、原料部、畜牧综合开发部和办公室。管委会的主要职能如下。

1) 制订园区计划、园区招商引资和园区建设的优惠政策。

2) 负责招商引资，引进项目，招聘人才，负责园区基础设施建设。

3) 负责园区的环境管理和生态安全措施的制定和实施。

4) 协助进入园区的企事业单位办理入院审批手续，组织好园区各类项目、产品的示范和展示。

5) 负责园区各类人才的培养和培训，组织专家咨询和学术交流，建设良种繁育基地，组成技术服务网络。

6) 对园区企业进行宏观指导、管理、组织和协调，并提供全方位的服务。

7) 搞好园区精神文明建设，完成国家和市人民政府交给的任务。

(七)园区建设绿色招商、优惠政策以及企业环境管理

1. 园区的绿色招商

园区以可持续发展理论和生态工业理论为指导，坚持正确的决策原则，全面充分地结合园区经济、社会和环境的要求，使园区各项重大决策既符合经济效益的需求，又不危害环境。实现经济发展和环境保护的互动。实现园区发展的环境损害最小化，经济、环境和社会的综合效益最大化。为此综合考虑园区的特点和生态工业发展的需求，计划入园的企业应满足以下条件。

1) 符合国家的产业政策和环保政策。

2) 符合园区产业规划的产业发展方向。

3) 满足园区发展的补链需要。

4) 能够可持续地利用当地优势资源和能源，属于国家鼓励发展的高新技术产业。

2. 园区优惠政策

(1) 国家优惠政策

园区的规划和建设是区域可持续发展的新模式，国家和地方政策对其有着很强的引导和影响，更需要国家和地方优惠政策的扶持。

石河子国家生态(造纸)工业示范园区地处我国的大西北地区，西北地区工业结构调整和西部大开发优惠政策中有关的产业政策、外商投资政策、外商税收政策、信贷倾斜政策、投资倾斜政策、土地优惠政策可直接应用于园区的招商引资。

为逐步实现生态工业模式和循环经济，石河子国家生态(造纸)工业示范园区大力提倡和开发资源再生和循环利用技术，通过科研开发巩固和延伸园区生态工业链(网)，增强园区的

柔性,保证园区的可持续发展。国家为了鼓励资源的综合利用和退耕还林,出台了许多优惠政策,其中部分政策与园区的生产和发展紧密相关,如芨芨草的种植等。

作为第三代工业园区的生态工业园区,在园区的建设过程中要执行国家关于高新技术产业园区的优惠政策。如各种减免税政策、设备折旧政策、土地价格优惠政策、外贸经营权申请政策等。

(2) 地区优惠政策

依照国家和新疆维吾尔自治区有关的法律、法规和政策条款,充分结合石河子市自身的实际,以促进和加速园区的建设和发展为出发点,形成符合园区建设和发展的优惠政策。优惠政策的制定范围包括税收、土地使用和其他方面。

(3) 企业环境管理

为了保证园区的正常运行和可持续发展,须在入园的企业中引入先进的环境管理工具,如清洁生产、ISO14000 环境管理体系等。这些环境管理工具从不同角度对加强企业的生态管理起到积极作用。

1) 清洁生产。清洁生产着眼于消除造成污染的根源,而不是消除污染引起的后果,将污染预防战略持续地应用于生产的全过程,以节约能量、降低原材料消耗、减少污染物的产生为目标,以科学管理、技术进步为手段提高污染预防的效果,降低治理费用,消除或减少工业生产对人类健康和环境的影响。实现无废少废的清洁工艺不是单纯从技术、经济角度出发来改造生产活动,而是从生态经济的角度出发,根据合理利用资源、保护生态环境的原则考察工业产品从研究、设计到消费的全过程,以期协调社会和自然的相互关系,实现经济效益和环境效益的统一。

2) ISO14000 环境管理体系。依据 ISO14000 系列标准建立和运行的环境管理体系,是以法律为准绳,以企业环境方针为方向,以实现企业制定的确实可行的目标和指标为目的,旨在减少生产全过程产生的环境污染、节约资源和能源的运行控制程序。该程序运用自我监督、自我完善和持续改进的机制,实现污染的预防和控制,保持环境与经济协调发展,提高企业的环境管理水平,从而有效提高整个园区的整体抗环境风险能力。

第四章 天津滨海新区资源环境与生态工业系统

天津滨海新区位于天津市东部的临海地区，面积 2 270 km²，海岸线 153 km²，常住人口 263.52 万。天津滨海新区地处环渤海经济带和京津冀城市群的交汇点，内陆腹地广阔，是亚欧大陆桥最近的东部起点，直接面向东北亚和迅速崛起的亚太经济圈。拥有世界吞吐量第五的综合性港口，通达全球 400 多个港湾，是东、中亚内陆国家的重要出海口；拥有北方最大的航空货运机场，连接国内外 30 多个世界名城；四通八达的立体交通和信息通信网络，使之成为连接国内外、联系南北方、沟通东西部的重要枢纽。天津滨海新区拥有良好的发展环境，是我国华北、东北、西北三大区域的主要出海口，对于天津市的整体发展起着至关重要的作用。天津滨海新区的地理位置优越，地处华北平原北部，位于山东半岛与辽东半岛交汇点上、海河流域下游、天津市中心区的东面，渤海湾顶端，濒临渤海，北与河北省唐山市丰南区为邻，南与河北省黄骅市为界，紧紧依托北京、天津两大直辖市，拥有中国最大的人工港、最具潜力的消费市场和最完善的城市配套设施。以新区为中心，方圆500 km 范围内还分布着 11 座 100 万人口以上的大城市。对外，滨海新区雄踞环渤海经济圈的核心位置，与日本和朝鲜半岛隔海相望，直接面向东北亚和迅速崛起的亚太经济圈，置身于世界经济的整体之中，拥有无限的发展机遇。

天津滨海新区资源丰富，拥有良好的生态环境，拥有水面、湿地超过 700 km²，拥有1 214 km²可供开发利用的盐滩碱地，已探明的渤海海域石油资源总量超过 100 亿 t，天然气储量达 1 937 亿 m³，北京、天津两大直辖市集中了全国27%的科技资源，蕴藏了巨大的发展潜能。鉴于滨海新区的发展现状和自然禀赋，发展生态工业系统是实现循环经济的必由之路。生态工业园（eco-industrial park，EIP）是生态工业系统的体现，也是工业生态学理论的具体实践之一。在我国，生态工业园被认为是继经济技术开发区、高新技术开发区之后的第三代产业园区。生态工业园是依据循环经济理念、工业生态学原理和清洁生产要求而设计建立的一种新型工业园区。它通过物流或能流传递等方式把不同工厂或企业连接起来，形成资源共享和互换副产品的产业共生组合，建立"生产者—消费者—分解者"的物质循环方式，使一家工厂的废物或副产品成为另一家工厂的原材料或能源，寻求物质闭环循环、能量多级利用和废物产生最小化。天津滨海新区产业发展之所以要选择生态工业园模式，是由天津滨海新区的发展目标和定位决定的，同时也是由产业发展与资源环境约束的矛盾决定的。进入 21 世纪，滨海新区作为国家重要发展战略，在推进京津冀和环渤海区域经济振兴、促进东中西互动和全国经济协调发展中发挥更大作用，努力成为我国带动区域经济发展的"第三增长极"。国务院对滨海新区的开发、开放做出了全面部署，明确了功能定位：依托京津冀、服务环渤海、辐射"三北"、面向东北亚，努力建设成为我国北方对外开放的门户、高水平的现代制造业和研发转化基地、北方国际航运中心和国际物流中心，逐步成为经济繁荣、社会和谐、环境优美的宜居生态型新城区。由此可见，滨海新区的功能定位和发展目标直接决定了滨海新区的产业发展，必须要走循环发展、生态工业、环境友好的道路,必须选择生态工业园区的发展模式。相信在不远的未来,天津滨海新区能够在丰富的自然资源和有利的地理环境的基础上,建设更加完善的生态产业体系,实现生产与生态的平衡、发展与环境的和谐,进而实现经济的高效、可持续发展。

第一节　南港工业区

南港工业区是天津市"双城双港"城市空间发展战略规划的南港,位于天津滨海新区的东南部,规划形成"一区、一带、五园"的总体发展结构,交通便利,地理环境优越,提供生产服务和部分生活服务,包括园区管理、专业化市场、市政公用工程、生产技术支撑、商业餐饮、医疗等职能。南港工业区以发展石油化工、冶金装备制造为主导,以承接重大产业项目为重点,以与产业发展相适应的港口物流业为支撑,以"强化港工互动,打造大规模、大基地;搭建公共平台,支持技术创新;对接区域通道,推进外部带动;创新发展模式,构筑循环经济"为发展战略,努力建成综合性、一体化的现代工业港区,力争成为世界级重、化产业和港口综合体。天津南港工业区具有极为重要的战略意义,是《天津市空间发展战略研究》确定的"双城双港"战略的核心部署。南港工业区给滨海新区的发展带来新的机遇,对破解天津现有空间矛盾、优化全市产业布局具有重大作用,也是未来提升区域竞争力、实现国家赋予目标的重要支撑。

一、南港工业区概况

(一)南港工业区地理位置

南港工业区位于天津市东南部,紧邻渤海湾,距离天津市区 45 km,距离天津机场 40 km,距离天津港 20 km。南港工业区是天津市"双城双港"空间发展战略的重要组成部分,是泰达品牌下开发建设的专业化工业园区。自2009年建立以来,一直秉承着泰达精神,借助成熟的区域开发和企业服务经验,着力打造世界级能源化工产业基地。见图 2-4-1。

图 2-4-1　南港工业区产业基地鸟瞰图

南港工业区规划西起津歧公路，向东围海造陆至-4 m等深线，南至青静黄河右治导线，北至独流减河左治导线，规划面积200 km²，其中陆域面积162 km²、海域面积38 km²。南港工业区具有32.1 km岸线，建设东、西两个港区，西港池为石化专用港区，东港区为综合性港区，未来通航能力达到10万~15万t。

（二）南港工业区产业布局

南港工业区布局原则是落实科学发展观，贯彻循环经济理念，把握"一区、一带、五园"的总体原则，实施"远近结合""分步建设"的方案。南港工业区全力打造以炼油乙烯为龙头的石化产业链，形成国内炼油乙烯生产的重要聚集区，同时推动产业向下游延伸，实现石化上中下游联动发展、规模聚集。南港工业区空间结构呈"一区、一带、五园"布局，"一区"指南港工业区世界级重化产业基地，国家循环经济示范区；"一带"指在南港工业区西侧，沿津歧公路建设宽约1 km的生态绿化防护隔离带；"五园"指石化产业园、冶金装备制造园、综合产业园、港口物流园和公用工程园。南港工业区重点发展以石化、冶金钢铁、装备制造、港口物流四大主导功能，同时互补发展海洋产业、新能源、环保产业。现代石化产业园位于津歧公路以东至围海等深线-3 m，面积为70 km²。依托中石油、中海油、中石化等大型国家石化集团，发展石油化工、海洋化工产业链，建设1 500万t炼油、120万t乙烯、70万t精对苯二甲酸（PTA）、100万t聚酯化纤、120万t高档溶剂油、30万t聚醚等石化项目。装备制造园位于滨海高架路以东至围海等深线-4 m，面积为70 km²。由西向东发展冷轧薄板、石化及电力产业专用无缝钢、新型建筑用钢、船舶管线专用钢等高精冶金项目。由南向北发展环保设备制造、建筑材料制造、化工生产装备、石油开采装备等项目。为适应围海造陆工程进度和满足近期落地项目的需要，以滨海高架路东侧为起点，向东延伸，规划建设10 km²的循环经济公用工程园。建设包括IGCC热电、海水淡化、大型空气分离和污水处理等项目的"水、电、气、汽、污"多联产一体化公用工程园，为工业区提供高效、节能、环保的服务保障。按照天津市建设南港的战略要求，发挥临海、临港的综合优势，建设满足大型企业落地项目需要的企业码头。结合港池码头的形成，以"物流传输一体化"为发展目标，在工业区临海航道沿岸建设30 km²的现代物流园。为入区企业原料、产品实现方便、快捷的物流运输提供最佳条件。根据大港油田原油开采和远期围海造陆区域内原油勘探及采油需要，在工业区陆域和海上分别隔离一定区域的采油带，总面积30 km²。在石化产业方面，利用港口条件和油气资源，依托中石化、中石油等大企业，以乙烯炼化一体化项目为龙头，发展原油深加工、化工深加工及精细化工为一体的石化产业集群，建成港化联动、生态安全的国家级石化产业基地。利用原油资源，发展成品油和基本有机化工原料石油综合加工产品。利用化工轻油为原料，发展乙烯、丙烯和聚丙烯烃等塑料产品。利用芳烃为原料，发展甲苯、二甲苯和聚酯化纤等轻纺产品。以石化基础产品为原料，发展聚碳酸酯、环氧树脂、聚氨酯为代表的化工新材料。在装备制造产业方面，充分发挥沿海优势，以国家钢铁产业政策为导向，以转变发展方式为主导，以钢铁生产加工企业为依托，以渤海湾采油市场为向导，发展精品钢材加工业、采油装备制造业和化工设备制造业，建成国家级装备制造和研发转化基地。利用渤海湾物流的区位优势，发展高档次钢材精品产业链，重点发展不锈钢、船舶和管线用钢、石油和电力行业用钢等产品。以环渤海石油开采市场为依托，发展石油钻采设备制造产业链，重点发展石油工具、井口装置、油气输送设备等的研发制造。利用石化加工的市场，发展石化工艺设备制造产业链，重点发展加氢裂化、加氢精制装置、乙烯裂解炉、聚丙烯反应器等设备的研制。以市场需求为导向，发展环保机械制造业，重点发展城市污水处理设备、工业废水处理设备、固体废物处理设备和海水淡化设备。以汽车、船舶和航空制造业为依托，重点发展零部件加工业，制造汽车、船舶和航空制造业所需的加工工具。在物流产业方面，充分利用滨海新区作为国家综合改革配套试验区的政策优势和京津冀区域发展的经济优势，立足于南港工业区的港口区位优势，依托石化、冶金和装备制造三大产业，发展第三方物流，借助南港工业区开发建设的有利条件，通过建立"三个平台"、构建"三大体系"、实现"七种功能"，建设成为现代国际海运散货物流中心。"三个平台"是指由海港(大港企业港)、综合交通运输系统以及物流基地构成的物流基础设施平台，能提供信息服务的物流公共信息平台和由支持物流业发展、为国际物流发展创造良好环境的产业政策组成的物流政策平台。"三大体系"是指由物流基地内保税区组成的具有保税功能的物流运作体系，由口岸通关、中介代理、金融保险、航运服务等组成的物流配套服务体系和由政府职能部门形成的物流市场监管体系。"七大功能"是指国际运输、保税仓储、流通加工、国际中转、物流交易、物流信息服务、物流金融保险。南港工业区的产业发展战略是以石化、冶金装备制造和港口物流为主导产业，以综合产业和现代服务业为辅助配套产业。在石化产业方面，预测到2020年，南港工业区建设2套1 500 t核心炼化及相关乙烯装置，发展各类原材料共享的石化下游产业，建设石油储备基地，形成大型石化产业集群。在冶金装备制造产业方面，预测到2020年，南港工业区接纳天津市的部分新增钢铁产量1 000万~1 500万t，并大力发展钢铁精深加工和利用钢铁冶金产品为原材料的装备制造业，形成上下游产业链结合的冶金装备制造业产业集群。在港口物流产业方面，预测到2020年，南港工业区港口吞吐量达到2亿t，形成以大宗散货物流、保税物流和业主码头为主的港口物流体系。在综合产业方面，应对产业发展的不确定性，设立综合产业园，适应新产业链培育的要求，并可以作为主导产业的扩展用地。在现代服务业方面，提供生产服务和部分生活服务，包括园区管理、专业化市场、市政公用工程、生产技术支撑、商业餐饮、医疗等职能。南港工业区要形成"多组团"的空间格局，园区由多个职能不同的组团组成。石化产业园包括基础炼化组团、石油战略储备组团、有机新材料组团、精细化工组团、石化弹性产业组团和公用工程及配套组团。冶金装备制造园包括钢铁冶金组团、装备制造组团。港口物流园包括大宗散杂货物流组团、保税物流组团和综合物流组团。综合产业园包括生产服务支撑组团和综合产业组团。公用工程及配套组团和生产服务支撑组团轴状延伸，服务配套并支撑工业区的产业发展。公用工程配套组团发展以市政公用工程、仓储物流和专业市场为主的职能；生产服务支撑组团发展公共服务配套、生产技术支撑产业、蓝领公寓居住等职能。南港工业区定位于世界级重化产业和港口综合功能区，以发展石油化工、冶金装备制造为主导，以承接重大产业项目为重点，以与产业发展相适应的港口物流业为支撑，致力于建设一流的综合性、一体化的现代工业港区。

(三) 南港工业区产业基础

天津市是中国现代化学工业的发源地，化学工业已有近百年的历史，是国内重要的石油和化工产业基地之一。天津市石化产业门类齐全，特色鲜明，已形成了石油、石化、化工三大行业齐头并进、健康发展的局面，在石油天然气勘探及开采、原油加工、乙烯、有机化工原料、合成树脂、合成纤维、橡胶及塑料加工、化学建材、盐化工、化学试剂及助剂、染料、涂料等多个领域拥有雄厚的基础。见图2-4-2。

天津市石化产业依托大乙烯、大炼油等重大龙头项目，加快了产业结构优化调整步伐，新建了一批大型现代石油化工项目，有效推动了传统产业优化升级和整体竞争力的提升，多种产品的产能产量居于国内领先地位。中石化天津炼油、乙烯是国内规模领先的炼化一体化项目，渤海化工集团是国内最大的PVC生产企业，原盐、低盐重质纯碱、顺酐、苯乙烯、丁辛醇等产品生产规模也居于国内前列。天津市的石化产业相对集中在滨海新区，区内拥有中石油大港石化、中石化天津石化、中海油天津分公司、中化天津分公司、天津渤海化工集团等一批大型石化企业，已形成了石油天然气勘探与开采、石化、化工三大产业，原油深加工、有机化工原料、

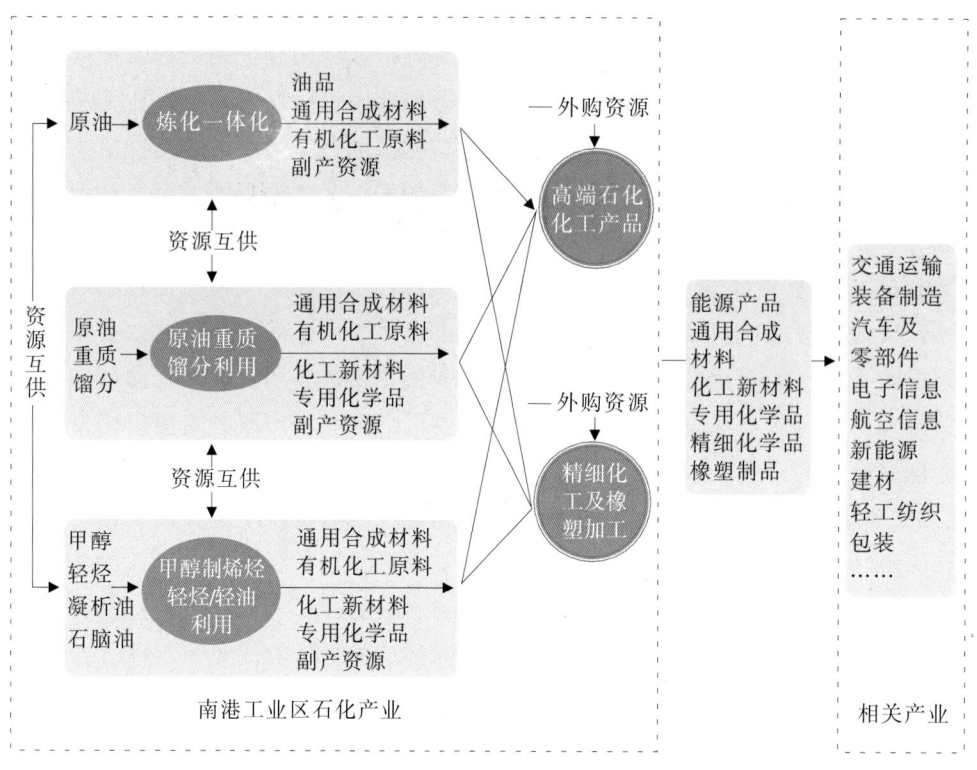

图 2-4-2　南港工业区石化产业园总体结构示意图

合成树脂、合成纤维、染料、涂料、化学试剂和助剂、化学医药、橡胶及塑料加工、化学建材等重点行业。渤海湾探明石油储量 40 亿 t，天然气储量 1 300 亿 m³，原油开采突破 3 500 万 t。天津炼油能力 2 200 万 t，乙烯产能 120 万 t，十大合成树脂中有 7 种达到世界级规模，国家级石化产业基地初具规模。南港工业区化工生态园区设计规模为炼油生产能力 2 000 万 t/a，乙烯生产能力 150 万 t/a，聚乙烯生产能力 16 万 t/a，聚丙烯生产能力 6 万 t/a，环氧乙烯/乙二醇生产能力 3.3 万~6.3 万 t/a，对苯二甲酸生产能力 30 万 t/a，聚碳酸酯工程塑料（PC）生产能力 20 万 t/a。化工生态园区要达到的目标是实现各工艺步骤的高效利用，减少对周围环境的影响，尽可能地达到节能降耗减排、原子经济性以及零排放的目标。

天津市加快了石化产业布局调整，逐步引导城区内化工企业往南港工业区等专业化园区集聚转移。除对已初具规模且产业基础较好的临港工业区及大港存量石化产业聚集区进行以优化完善、结构提升为目标的适度延伸外，集中优势资源和力量，重点打造南港工业区石化产业园作为承载天津市石化产业大发展的平台，并为城区存量石化产业发展预留出足够的接续发展空间。通过将南港工业区石化产业园打造成为世界级的生态型临港石化产业基地，实现天津市石化产业的集约化、集聚化发展。见图 2-4-3。

（四）南港工业区区位交通

南港工业区位于环渤海经济带中部，距北京 165 km，距天津港 20 km，距天津滨海国际机场 40 km。30 min 内可以到达天津市区、滨海新区核心区、滨海国际机场和天津港；1 h 可以到达滨海新区全境、黄骅市；2 h 内可以到达北京市、廊坊市、唐山市、沧州市、黄骅港，已形成运输便捷、成本低廉的综合交通体系。南港工业区已建成 3 条对外高速公路通道，分别为海滨大道、津石高速和南港高速，形成"两横一纵"的对外集疏运公路格局。城市道路系统由快速路、主干路和次干路三级构成，形成"四横四纵"为主的干路系统，"四横"为创业路、红旗路、创新路和南堤路；"四纵"为汉港快速路、西中环延长线、海防路、海港路。次干路承担联系

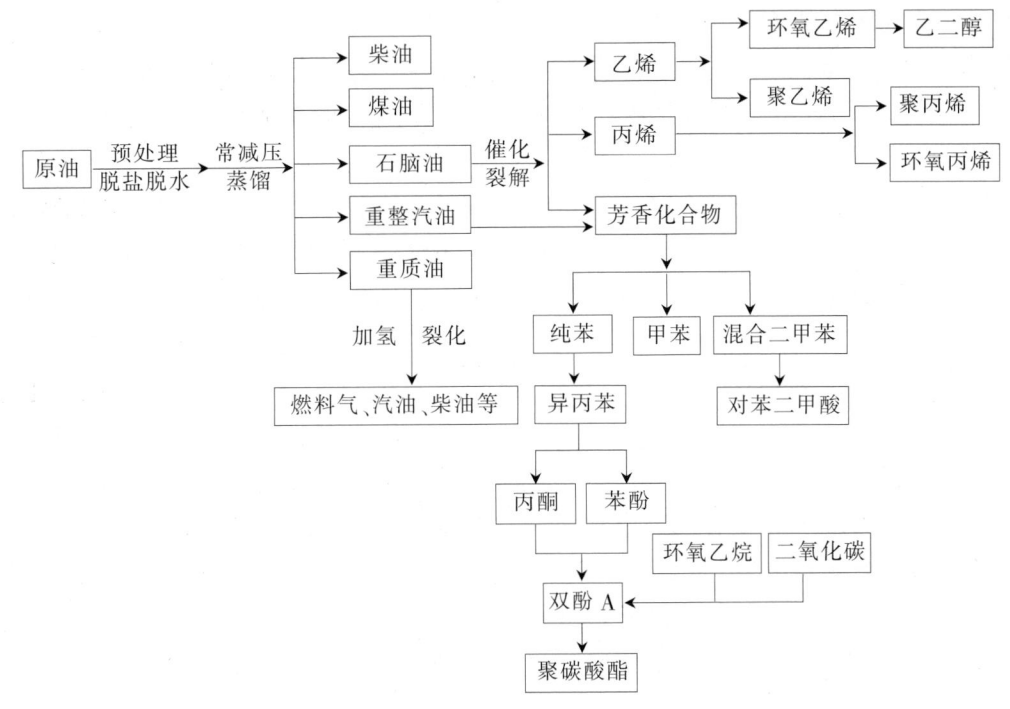

图 2-4-3　南港工业区石化产业园工业设计示意图

内部各产业功能组团之间的交通联系功能。南港工业区高速公路和城市道路共同构成"六横五纵"的综合道路系统。

南港工业区具有便利的交通运输。在港口方面，南港工业区拥有 32.1 km 海岸线，规划建设东、西两港池，西港池建设服务石化产业的专业港区，东港池与天津港集团合作开发，建设服务大宗散货物流的综合港区，近期具备 5 万~10 万 t 通航能力，远期具备 10 万~15 万 t 通航能力。2015 年，南港工业区建成 10 万吨级航道和45 个泊位，港口年吞吐量达到 5 000 万 t。在铁路方面，通过南港一线、南港二线及货运编组站组织铁路，并且结合各企业货运需求，从编组站引出相应铁路专用线。在公路方面，南港高速、滨石高速、海滨大道 3 条高速公路把南港工业区连入全国高速公路网，实现南港工业区快捷迅速的公路运输。在空运方面，南港工业区距天津滨海国际机场 40 km，可以实现与空港人流、物流的双向互动。

此外，南港工业区还规划 2 条铁路线路，分别为北部南港一线和南部南港二线，与地方铁路网和国家铁路网相连接。南港一线从万码站引线进入南港工业区，并设分线向北跨海与临港工业区相连接。南港二线和南部南港高速并线进入工业区。同时，南港工业区所处的京津冀区域具有广阔的市场空间。该区域人口逾9 500 万人，占全国的 7.3%，生产总值占全国的11.3%，社会消费品零售总额占全国的10.5%。这一区域拥有轻工、汽车、石化、纺织、家电、医药等众多重化工关联产业，发展潜力巨大。见图2-4-4。

图 2-4-4　南港工业区港口景观鸟瞰图

(五)南港工业区港口资源

南港港区位于南港工业区北侧,独流减河口南侧,海岸线总长 32.1 km,分为东、西两个部分。西港池为主要服务于石化产业的专业性工业港区,分为石化码头、通用泊位、港口支持系统作业区,未来通航能力达到 10 万~15 万 t。石化码头区由南港奥德费尔·泰奥建设运营,可以为南港工业区内外企业提供液体化工品码头储运服务。通用泊位满足南港工业区起步阶段建筑材料的运输等功能,已经建成投入使用。港口支持系统作业区为工作船靠泊码头,并布置港口管理指挥系统的办公场所、雷达站、通信局等设施。东港池与天津港集团合作开发,建设服务大宗散货物流的综合性港区。至 2014 年,南港工业区实现口岸开放和"三检一关"现地服务,并且规划建设综合保税区。

集装箱服务依托天津港。天津港处于京津城市带和环渤海经济圈的交汇点上,是首都北京市的海上门户、我国北方重要的对外贸易口岸,是连接东北亚与中西亚的纽带。天津港是世界等级最高的人工深水港,主航道水深已达 −21.0 m,30 万吨级船舶可乘潮进出港。天津港是中国北方最大的综合性港口,现有水陆域面积 336 km²,陆域面积 131 km²,拥有各类泊位总数 159 个,其中万吨级以上泊位 102 个。2012 年,天津港完成货物吞吐量 4.77 亿 t,世界排名第 4 位;完成集装箱吞吐量 1 230 万标准箱,世界排名第 11 位。天津港对外联系广泛,同世界上 180 多个国家和地区的 500 多个港口有贸易往来,每月航班近 500 班,直达世界各地港口。天津港对内辐射力强,腹地面积近 500 万 km²,占全国总面积的 52%。全港 70% 左右的货物吞吐量和 50% 以上的口岸进出口货值来自天津市以外的各省区。

(六)南港工业区能源配套

南港工业区具有充足的电力、水源、天然气等能源供应,提供完善的基础设施,以满足园区的发展需求。见图 2-4-5。

基础设置配套——集中供应、综合利用

供电
提供 220 kV、110 kV、35 kV、10 kV 供电

供水
40 万 t/d

南港工业区提供完善的基础设施足以满足客户的需求

供热
2 800 t/h

天然气
520 万 m³/d

危废处理
100 t/d

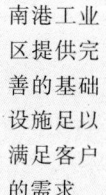
污水处理
12 万 t/d

管廊
85.6 km

图 2-4-5 南港工业区基础设施一览图

(七) 南港工业区服务体系

借助天津经济技术开发区成熟的服务体系,秉承"投资者是帝王,项目是生命线"的理念,南港工业区提供优质、高效的"一站式"服务体系和健全的政策支持体系。见图2-4-6。

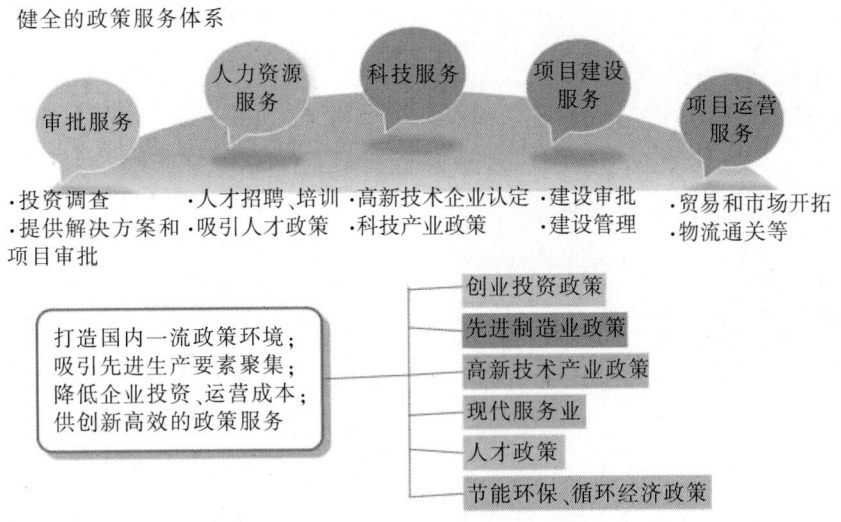

图 2-4-6 南港工业区服务体系示意图

二、南港工业区的资源环境优势和发展战略选择

(一) 南港工业区的资源环境优势

南港工业区具有独特优势的产业投资环境。南港工业区拥有丰富的自然资源。目前,探明石油地质储量40亿t,天然气储量1 300亿m³,优质海盐产量250万t/a,年产1 200万t原油的两大油田。南港工业区基础设施和生活配套设施齐全。南港工业区建设公用工程岛,实现热电、海水淡化、工业制盐、工业气体、污水处理、中水回用等装置集中摆放,实现能量的集中供应和循环综合利用,项目于2013年建成并投入使用。南港新城配套生活区,距离工业区18 km,可以满足57万人的舒适、方便、快捷的生活、娱乐等需求。南港工业区具有日趋完善的产业优势。南港工业区周边工业基础雄厚,产业集聚明显,有中石油大港油田公司、中石油大港石化公司、中石化集团天津分公司、中国蓝星集团等大型石油化工企业。南港工业区毗邻天津港、天津经济技术开发区、空港经济区、海河下游工业区、临港经济区、轻纺经济区等产业聚集区域,形成了电子、汽车、冶金、装备、食品、医药、航空航天、轻工纺织、新能源新材料的产业集群与产业链条,是石化产品重要的消化应用集中区。南港工业区具有雄厚的科技研发和人才优势。天津工业历史悠久,科技进步综合水平居全国第3位,拥有大量的科技人才和训练有素的产业工人队伍,其中包括国家和市属科研院所159家、国家级工程技术中心10个、市级工程技术中心15个、市级新型研究中心8个、企业博士后工作站43个、各类专业技术人员50万人、石油及化工行业从业人员达22万人、装备制造行业从业人员达60万人、港口物流行业从业人员达45万人。同时,南港工业区拥有全方位的政府服务。天津经济技术开发区作为中央政府"特殊经济区",拥有27年专业工业园区开发建设和企业服务的经验,拥有一支高素质的专业团队,拥有良好的国内外品牌影响力和丰富的战略资源,拥有国家赋予的各类改革创新功能和产业政策优势。

(二) 南港工业区的发展战略选择

1. 南港工业区的发展现状

现阶段,主要规划全面编制完成,填海造陆和能源基础设施建设日夜兼程,已整理出项目用地50 km²。港口、铁路、公用工程岛规划建设全面启动。招商引资取得重大突破,已有21个项目签约落地。特别是中俄炼油项目的奠基,成为南港开发的一个里程碑。见图2-4-7。

图2-4-7 南港工业区生产设备一隅

2. 总体目标

用15年左右时间(2009—2023年),建成集聚效应好、经济规模大、国际化水平高、带动能力强、园区化和规模化特征突出、主导产业优势明显的世界级重化工业基地;构建资源集约、布局有序、运营高效、配套完整、持续发展能力强的现代制造业循环经济产业体系,成为国家级循环经济示范区;发挥临港产业的拉动作用和港区联动优势,打造我国北方重要的国际航运节点,形成重化产业与港口的复合体。

3. 阶段目标

按照"整体规划,分步实施,远近结合,应急应需"的原则,南港工业区分为3个发展阶段。第一阶段(2009—2013年):完成160 km²建港造陆,开挖5万吨级航道,建设15~20座1万~5万 t业主码头和供水、供电、公路、铁路、管廊等基础设施,原油、成品油国家战略储备库及商业储备库、中俄合资炼化一体化等项目基本建成,蓝星化工新材料产业园项目初具规模。第二阶段(2014—2018年):基础设施基本建成,码头航道达到10万吨级,形成主导产业聚集、产业链衔接紧密、内部驱动与对外拉动效应明显的工业区。第三阶段(2019—2023年):石化、冶金及装备制造产业区项目基本建成,航道码头达到10万吨级以上,港口吞吐量达到2亿t以上,形成港区联动优势产业明显、上下游产品关联紧密的现代制造业循环经济示范区。同时,统筹考虑独流减河北岸的开发利用,与周边区域统筹协调发展,启动了南港新兴产业区、南港新城的规划建设,使南港工业区发展成为南港产业带。

4. 南港工业区发展远景

南港工业区坚持大规模、大基地;走差异化发展道路;创新发展模式,形成强大的基础产业生产力,基础产业高度集聚,产业服务全面提升;以高端化的工业中间产品和通畅的港口服务,提升天津市(环渤海)的整体产业竞争力。南港工业区规划发展成为石油化工、装备制造、钢铁冶金、港口物流、新能源新材料等产业门类高度集聚的综合性工业园区。同时,建立南港工业区内部物质与能量的循环关联系统,形成"资源—产品—再生资源"的循环经济流程,节约资源能源,努力降低能耗,重点产品能耗总体达到或接近21世纪国际先进水平。南港工业区全部建成后,累计总投资预计达8 000亿元,可实现产值1万亿元,工业增加值3 500亿元,利税2 000亿元,创造直接就业岗位约20万个。

依托大型枢纽机场的综合优势,发展具有明显航空枢纽指向性的产业集群而在空港周边形成的空港经济区,其核心特征表现为传统港区与经济开发区双重功能的统一。空港经济区是后工业时代全球自由贸易潮流的最新表现,也是世界发达国家经济发展的最新成果。一方面,空港经济区仍以机场业务为核心,发展航空客运、货运、物流、机场购物、休闲度假、商务旅游等传统港区产业;另一方面,空港经济区作为开发区,依托中枢机场的区位优势发展具有临空经济特色的产业集群,起到区域经济"发动机"的作用。空港经济区两重功能相互支撑、相互促进、高度统一。空港经济区是依托机场优势以及机场对周边地区产生直接或间接的经济影响,促使资本、技术、人力等生产要素在机场周边集聚的一种新型经济形态。

第二节 空港经济区

一、空港经济区概况

天津保税区是滨海新区的重要经济功能区，面积 80 km²，包括天津港保税区、天津空港经济区两个区域。多年来，保税区发挥海空两港优势，依托京津冀、服务中西部、辐射东北亚、面向全世界，累计注册企业近万家，经济保持持续健康发展。天津港保税区面积 8 km²，分布于天津港区和天津临空产业区内，重点发展国际贸易、现代物流、保税加工等产业；天津空港经济区面积 75 km²，毗邻天津滨海国际机场，距天津市区 3 km，距北京 110 km，是以航空产业为特色、功能复合、产业多元、宜商宜居的综合经济新区。天津保税区认真贯彻落实科学发展观，全面实施现代化新城区和科技园、工业园、物流园"一城三园"的区域规划，城市雏形已基本形成。

二、天津港保税区发展战略

(一) 聚焦招商引资，高端产业加速聚集

天津港保税区始终把招商引资作为区域发展的生命线，举全区之力聚焦招商、服务招商，高端产业加速聚集。天津港保税区注册企业 8 000 多家，世界 500 强投资项目超过 160 个，形成了航空航天、装备制造、电子信息、生物医药、总部经济等高端产业集群，高端产业产值超过全区 40%。以中国民航科技产业化基地为载体，以空中客车、中航直升机为龙头，美国古德里奇、联合技术航空部件、法国泰雷兹、左迪雅戈、西飞机翼、罗克韦尔柯林斯、庞巴迪等 50 多家国内外知名航空企业落户，航空产业迅速成长为天津的优势产业。美国 CSC（计算机科学公司）、沃尔沃信息技术、大唐电信、华旗资讯、威盛电子、科大讯飞等龙头项目聚集，使通信信息产业能级迅速提升。展讯通信、东软、中兴、软通动力、中科院工业生物所、华大基因、瑞普生物、和泽生物、百若克、生化制药、中恩营养品等一大批国内领先，具有世界水准的科技企业入区发展，软件、研发设计等知识密集型产业年增加值超过 30 亿元。美国卡特彼勒、豪士卡、通用电气医疗、麦格纳、久益环球、法国阿尔斯通、道达尔、瑞典利乐、瑞士百超、芬兰伊宁、柳工新疆特变电工、天汽模等 30 多个骨干企业落户，装备制造的研发实力和技术含量不断提升。依托空港经济区的区位优势和良好环境，搭建发展平台，总部经济发展取得明显成效，聚集了中航直升机、中铁十三局、大众中国、中金再生资源、中节能投资、中远控股、中冶天工、鞍钢、宝钢、华硕等 60 多个企业的区域和中国总部。庞大欧力士、民生金融租赁、渤海租赁、贵金属交易所、央视未来电视、康捷空、百合网、书生电子、优胜教育等一批金融、文化产业项目落户，新兴金融业年增加值超过 40 亿元。

(二) 优化投资环境，核心竞争力不断增强

天津港保税区管理委员会是天津市政府充分授权的派出机构，奉行"企业第一、服务第一、效率第一"的理念，实行"一站式"审批和"一条龙"服务，集中审批、现场审批、联合审批，把企业的需求作为第一需要，精简行政审批，提高服务效率，不断完善企业服务网络，为企业提供全程跟踪、保姆式服务，形成了高效率、低成本、国际化的投资环境，成为中外投资者创业发展的沃土。

(三) 实施发展新战略，打造生态宜居新城区

天津港保税区认真贯彻落实科学发展观，全面实施现代化新城区和科技园、工业园、物流园"一城三园"的区域规划，城市雏形基本形成。现代化城区占地 14.3 km²，包括商务区、商业区、生活区；研发科技园占地 11.5 km²，包括软

件园、电信园、生物谷、光电谷;高新工业园占地 37 km²,重点发展健康产业、装备制造、航空航天、大众消费品、新能源新材料;现代物流园占地 4.5 km²,依托空港保税区、空港国际物流区和滨海国际机场,发展空港物流。生活配套设施日趋完善,空港国际医院、空港学校、滨海第一中学、双语幼儿园、文化中心、体育中心、空港湖滨社区服务中心、住宅、星级酒店、高尔夫球场等为投资者和群众提供高品质的生活环境。

(四)未来发展目标

天津港保税区将围绕建设持续增长的经济大区和科学发展的模范新区两大目标,以改革、创新、转变为突出特色,进一步优化发展环境,做经济总量,做强优势产业,深化功能拓展,加快建设经济充满活力、城市面貌靓丽、社会人文和谐、文化氛围浓郁、生态环境宜居、民主法制健全的开放区域,为滨海新区开发开放和全市发展做出更大贡献。在新的发展阶段,保税区深入贯彻党中央、国务院和市委市政府的要求和部署,坚持国际化、人文化、生态化、有效益的标准,追求好中求快,致力海空港联动,集中建设现代服务业示范区、综合保税区、科技创新园、航空产业园、空港物流园,主要经济指标保持 40% 以上增长速度,形成产业特色鲜明、主题功能突出、国际化程度高的全国一流开放区域。

天津港保税区包括天津港海港保税区和天津港空港保税区。天津港海港保税区于 1991 年 5 月 12 日经国务院批准设立,位于天津港港区之内,开发面积 5 km²,是我国华北、西北地区唯一的,也是中国北方规模最大的保税区。作为高度开放的特殊经济区域,天津港保税区具有国际贸易、现代物流、临港加工和商品展销四大功能,享有海关、税收、外汇等优惠政策。经过多年的探索实践,天津港保税区以保税为特色,以临港为依托,形成了国际贸易、现代物流和出口加工三大主导产业,成为天津市对外开放的重要窗口和新的经济增长点,在环渤海区域乃至中国北方经济发展中发挥重要的服务、辐射和带动作用。天津港保税区发挥了以下几方面的作用。一是发挥了连接国际、国内 2 个市场的窗口和桥梁作用。区内 3 000 多家贸易公司,与世界 100 多个国家和地区保持贸易往来,进出口总额每年以 50% 以上的速度增长。二是发挥了作为国际货物大进大出的绿色通道作用。天津港保税区已成为国际商品的重要集散地,先后吸引了美国 UPS(联合包裹速递服务公司)、德国大众、德国奔驰、瑞士名门、瑞士地中海、丹麦马士基、新加坡叶水福、日本丰田通商等 500 多家跨国物流企业,分拨配送货物达 2 000 多个品种。三是发挥了吸引国内外投资的聚集效应。天津港保税区努力营造国际化的投资环境,加快通关速度,提高办事效率,降低企业成本,吸引了众多世界 500 强、跨国公司和国内外知名企业,其中世界 500 强投资项目 130 多个。四是发挥了改革开放先行先试试验区的作用。在全国保税区中,把国家要求与天津实际紧密结合起来,率先实现地方立法,形成了海空两港一体化运作的物流体系。天津港空港保税区于 2005 年 5 月 19 日通过验收正式投入运营,是国家批准的全国第一家空港保税区,实现了保税政策功能由海港向空港的延伸。天津港保税区管委会充分发挥独特的政策功能优势,延伸保税政策功能,在这个区域内大力吸引跨国公司和知名企业,重点发展出口加工和高新技术产业。区内有国内外知名企业 20 多家。加拿大麦格纳汽车零部件主要生产汽车覆盖件模具和车身冲压件。美国卡特彼勒为挖掘机、履带式推土机行业用户提供高质量的底盘系统。新加坡叶水福物流园、美国普洛斯物流配送中心、丰田汽车部件分拨中心和意大利扎努西压缩机项目也设在这里。中辰番茄制品由新疆生产建设兵团所属中基公司投资,是保税区把自身功能优势与腹地资源优势紧密结合,服务"三北"地区的重要项目。

空港经济区于 2002 年 10 月设立,地处天津滨海国际机场东北侧,距市区 3 km,距港口 30 km,距北京 110 km,是天津临空产业区(航空城)的核心组成部分。天津空港国际物流区域与天津空港经济区紧密相连,滨海新区综合保税区位于空港经济区内,对于空港经济区的经济发展产生重要影响。天津空港国际物流区于

2000年10月25日，经天津市人民政府和民航华北管理局批准设立，由天津港保税区管委会和天津滨海国际机场共同规划、开发、建设和管理。天津空港国际物流区依托的滨海国际机场地处东北亚的中心，背靠中国北方广大腹地，面向太平洋，是国家民航总局重点培育的两大航空货运基地和航空快件集散中心之一，并与北京首都机场等单位组建中国民航第一个机场集团"航母"。按照总体规划方案，空港物流区分为六大功能区，即物流分拨区、仓储服务区、加工增值区、展览展销区、配套服务区和管理办公区。保税区管委会对区域实施行政管理，区内注册企业适用保税区管委会《鼓励扶持企业发展的若干规定》，享受保税区的税收、财政及外汇等优惠政策。机场海关运用EDI（电子数据交换）等现代技术，采取简便的"一次报关、预约报关、24小时验放"等通关模式，对进出区域的国际货物和快件实施有效监管。天津空港国际物流区已经建成一流的保税库、海关监管库和企业服务中心，已经开始北京空港货物直接通关，已有27家物流企业入区经营。天津空港国际物流区将充分发挥天津发展物流业的综合优势，积极发展航空物流业务，成为面向东北亚，辐射中国北方的航空物流中心。滨海新区综合保税区于2008年3月10日经国务院批准设立，位于天津空港经济区内，规划面积195.63 hm²，由天津港保税区管理委员会统一管理。滨海新区综合保税区与保税港区享受同样的政策，集保税区、保税物流园区和出口加工区功能于一身，是我国政策最优惠、功能最齐全、开放度最高的海关特殊监管区域。国务院批复同意设立天津滨海新区综合保税区，是支持滨海新区开发、开放的又一重要举措，不仅可以有效地保证空客A320系列飞机总装线项目的顺利实施，而且对于聚集航空产业项目将起到重要的促进作用。同时，综合保税区还将重点发展具有保税特色的航空研发、加工制造、维修改装、物流配送、商贸展示等功能，形成以保税功能为特色、以航空产业为依托，具有国际先进水平的民航产业聚集区。随着天津滨海新区开发开放进一步加快，空客A320总装线项目的带动效应日益显现。西飞机翼、古德里奇等国内外知名航空项目在区内运营。从国际经验看，具有保税政策是航空产业项目投资的重要条件，综合保税区为承接国际先进航空制造产业，打造滨海新区临空产业区核心区提供了政策支持和保障。空港经济区以国际化、人文化、生态化为发展标准，努力建设生态型现代工业园区。区域划分为现代化新城区和科技园、工业园、物流园"一城三园"。现代化城区占地13 km²，包括总部基地、大型商业、公建住宅；研发科技园占地9.4 km²，重点发展电信、生物、光电、服务外包；高新工业园占地29.1 km²，重点发展民用航空、新能源新材料、先进制造业；现代物流园占地2.5 km²，依托空港保税区和滨海国际机场，发展空港物流。空港经济区以其优越的地理位置和独特的功能优势，吸引了1 000多家企业落户，成为国内外企业的集聚区，优势产业成长壮大，在五大领域聚集了一批龙头项目。航空产业有空客、古德里奇、泰雷兹、左迪雅戈、英德拉、中航直升机、西飞机翼、海特、航新、金鹰直升机、亚联公务机、中航产业基金等项目。电信产业有中兴通讯、大唐电信、展讯通信、中国移动、中国联通、华旗资讯、NXP（恩智浦半导体公司）、紫光测控、中国RFID（射频识别）产业联盟等项目。软件和服务外包方面有东软、软通动力、神州通数码、美国CSC、沃尔沃信息技术、以色列安道思、威盛电子等项目。装备制造方面有阿尔斯通、加拿大铝业、卡特彼勒、久益、麦格纳、捷尔杰、柳工、特变电工、天汽模、西子集团、中核科技等项目。在总部经济方面有中航直升机、中远控股、大众中国、海航集团、中冶天工、鞍钢、宝钢、大唐渤图、华旗资讯、东软、中储粮、中金再生资源、中节能投资、德龙控股、领先集团、众兴集团、晋铝等项目。

天津空港经济区作为天津滨海新区的重要经济功能区，具有良好的区位优势和地理交通环境，政策优势明显，商务商业配套设施完善，成为国内外投资者最为关注的热点区域之一。注册企业已达7 500多家，其中国家500强投资项目130多个，形成了民用航空、通信信息、装备制造、研发转化、国际物流等优势产业。在此基础上，空港经济区大力发展总部经济，全力打造全新理念的商务公园，吸引了大批世界500强、行业领军企业设立全国性、区域型总部，聚集了中航直升机、东软、华旗资讯、安道思、中铁十二局、中铁十三局、中远控股、大众中国、海航集团、中冶天工、鞍钢、宝钢等60多个企业的区域和中国总部，总部经济发展取得明显成效。2010年，空港经济区商务公园和目的地消费商圈建设全面启动，全球最大的单体购物中心——SM滨海第一城、意大利风格主题公园广场——国际时尚品牌城、独具特色的法式风情街相继开工，形成占地 1 km² 的高端现代商圈，与国际医院、中小学、托幼园、文化中心、健身中心、住宅、星级酒店、高尔夫球场等构成了较为完备的生活配套设施体系，为投资者和群众提供高品质的生活环境。

空港经济区处于天津中心城区与滨海新区核心区之间，距市区 8 km，距滨海新区核心区 30 km，距天津滨海国际机场只有 10 min 车程，区域周边京津塘高速、京津高速、津滨高速可快速往返京津两地和滨海新区，城市地铁接驳入区，交通十分便利。区内商业配套完善，现有四星级以上酒店 5 家和天津第一家 18 洞国际标准高尔夫球场，以及精装限价房、白领公寓、高档商品房等。空港东方剑桥双语幼儿园、九年一贯制学校现已招生开学，空港健身中心已全面开放，图书馆及档案馆已竣工，天津医科大学空港国际医院已于 2012 年投入使用。同时，融合广场、汇津广场、金融中心、远航商务中心、瑞航广场等各具特色的商务办公楼宇，满足了不同规模企业的多层次办公需求。区域坚持"企业第一、服务第一、效率第一"的服务理念，为广大投资者提供保姆式全程服务。同时，从办公楼宇购置租赁、资金扶持、职工住房等各方面为入驻企业提供个性化专案服务，助推企业发展，为企业腾飞搭建优质平台。

空港商务园作为空港经济区总部和服务外包基地的重要载体，总建筑面积 84 万 m²，是集总部经济、研发办公、外包服务等为一体的综合商务功能区。已有近 50 家企业签订购房和租赁协议，租售率 45%，国家数字出版基地、华大基因、科大讯飞、中国金融投资、中金再生资源、龙源期刊、同方科技、大唐渤图视联网、稀有金属交易市场、中节能投资、德龙控股、领先基团、众兴集团、书生电子、佛罗伦融资租赁、欧力士金融等一批优质项目入驻，涉及金融、服务外包、中介咨询、文化创意等产业，为区域的经济发展带来了巨大活力，预计未来 2~3 年将带动区域税收增长 15 亿~20 亿元。随着总部经济的聚集和发展，总部经济的"乘数效益"将逐步显现，产业聚集度将进一步提高，空港经济区将成为滨海新区总部经济的领军区域，为企业的发展创造更加完美、优越的环境。

天津空港经济区位于滨海国际机场东北侧，是滨海新区距离市区最近的经济功能区，是临空产业区的核心组成部分，连接市区与港口的生态工业园区。空客 A320 天津总装线就坐落在区内，重点发展航空制造、电子信息、精密机械等为特色的先进制造业，高新技术科技研发，总部经济和商贸文化会展业。天津空港保税区位于空港经济区内，2005 年 5 月通过国家验收封关运营，为国内第一家空港保税区，重点发展保税加工制造业和现代物流业。空港经济区建设机场航空物流园区，依托机场的基础设施条件和经济区的功能政策优势，重点发展航空产业物流、特色航空物流以及快递物流，构建我国北方最便捷的航空物流综合平台，为京津冀协同发展创建良好平台。空港经济区已经启动建设机场航空物流园区的项目，重点发展航空产业物流、特色航空物流以及快递物流，构建我国北方最便捷的航空物流综合平台，为京津冀协同发展搭建良好平台。根据规划，物流园区规划面积 6.4 km²，主要包括货机坪、货站和快件中心、机场货运区、空港国际物流区、仓储物流扩展区及管理办公区。作为国际航空物流中心，园区建成后，天津滨海国际机场将依托航空航天、石油化工、装备制造、电子信息等与航空物流联系密切的支柱产业，有力推进滨海新区、环渤海经济区的航空物流一体化进程，每年实现货邮吞吐量400 万 t，真正成为滨海新区、环渤海区域、北方经济中心发展的航空引擎。经过多年发展，空港经济区在航空、电信、装备制造、软件服务外包、总部经济五大产业初步形成的基础上，正在着力打造"三区九组团"，包括高新产业区，内有航空产业、先进制造业、空港物流3个组团；研发转化区，内有电信、生物、光电3个组团；商贸服务区，内有商务、商业和生活配套3个组团。空港经济区内还设有保税区、综合保税区等国家级特殊经济区，区位和政策功能优势突出。天津空港经济区的主要产业链是以航空产业为特色的先进制造，以电子信息、生物技术为重点的科技研发转化和以总部经济为主体的现代服务三大产业。空港经济区的主要产业类型主要有电子、生物制药、机械制造等，入区企业数量为556家，聚集了欧洲空客、美国卡特彼勒、加拿大铝业、麦格纳、法国阿尔斯通、泰雷兹、中国直升机、中兴通讯、大唐电信等世界500强和知名公司投资的项目，成为滨海新区重要经济功能区和重要的发展引擎。随着区域规划的实施，一个产业聚集、功能复合、生态宜居、充满活力的综合经济功能区和一座现代化新城将迅速崛起。

空港经济区以国际化、人文化、生态化为发展标准，努力建设生态型现代工业园区。区域划分为现代化新城区和科技园、工业园、物流园"一城三园"。现代化城区占地13 km²，包括总部基地、大型商业、公建住宅；研发科技园占地9.4 km²，重点发展发展电信、生物、光电、服务外包；高新工业园占地29.1 km²，重点发展民用航空、新能源新材料、先进制造业；现代物流园占地2.5 km²，依托空港保税区和滨海国际机场，发展空港物流。见图2-4-8、图2-4-9、图2-4-10、图2-4-11。

图2-4-9　天津空港物流区

图2-4-10　天津空港——东方"西雅图"

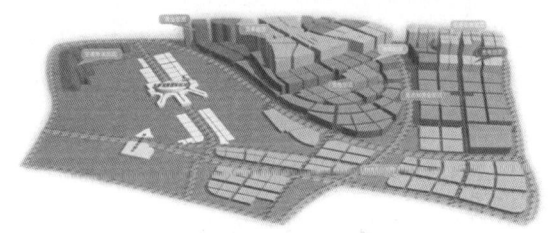

图2-4-11　空港经济区"一城三园"布局

三、天津空港经济区八大亮点

(一)城市空间

空港经济区城市空间具有有序的天际线，涵盖城市主轴的天际线设计，一体化景观构成，创造崭新的视线通道和视觉焦点。塑造津汉路、中心大道等区域边界、主干道路的连续空间界面，形成有序、律动、富有生机的天际轮廓。形成以中环西路、中心大道为序曲，经三路为高潮的天际线乐章。一期航空限高43 m，城市天际线相对均质；二期限高143 m，赋予天际线更多的活力和空间。见图2-4-12。

空港经济区城市空间具有宜人的尺度。整体城市空间尺度的塑造是通过道路与建筑物的相互关系构成，主干道(中心大道、经三路)、次

图2-4-8　天津空港国际汽车园

图 2-4-12　空港经济区城市空间概念图

干道（三道、四道等）道路和两侧界面建筑形成；采取最佳空间比例关系，创造了优质的城市尺度、最佳的欣赏视角和和谐的视觉走廊，形成了独具魅力的街道美学；加强对城市家具、雕塑小品的精心塑造，以增加宜人的人性尺度。

空港经济区城市空间具有清新靓丽的风格，创造出一种清新靓丽、大气典雅的城市印象。商业生活区创造以暖色为主的建筑色彩，烘托城市温馨的生活氛围（图 2-4-13）；商务研发工业区打造亮灰色系的基调，形成现代、简洁的高技风格。进一步把握建筑物外部细节的塑造及材质选择。统一中变化、变化中和谐，通过多种立面处理手法、体量刻画技巧，创造城市的节奏与律动。充分利用实与虚的空间对比、凹与凸的对比、建筑与构架的虚实对比。通过一种或几种要素有组织地重复、连续使用，形成限高下的独特建筑体量，表现出连续、起伏的韵律篇章。见图 2-4-14。

图 2-4-13　空港经济区生活园区

（二）生态节能

空港经济区生态节能，绿色宜居，突出绿

图 2-4-14　空港经济区特色建筑

色、宜居主题，融合繁华与宁静，构建"一轴一环"绿化生态体系（图 2-4-15）。打造以蓟汕联络线、环河为主体的绿色景观廊道及生态水系系统。建立绿色评价体系，推动编制空港经济区《绿色建筑评价标准》。

图 2-4-15　空港经济区生态景观

空港经济区生态节能，低碳环保。积极推动传统能源清洁高效利用，同时加快新能源和可再生能源的使用（图 2-4-16）。优先利用地源热泵为建筑供热，力争不小于全部采暖供热量的 5%；鼓励部分企业最大限度利用太阳能；大力提倡 LED（发光二极管）清洁光源的使用。循环利用可再生资源，注重垃圾回收、雨水回用、中水利用，减少资源消耗。

图 2-4-16　空港经济区节能环保装备

空港经济区生态节能,具有生态示范作用。塑造生态低密度的商务办公环境,绿色高品质的居住生活环境。以湖滨广场住宅项目为示范,将整体区域建设成绿色能源、绿色建筑的低碳城市。空间布局显现出低密度、低高度的空间形态。交通组织形成步行、自行车交通系统和公共交通复合交通网络。见图2-4-17。

空港经济区生态节能,建设智慧城市。通过多种模式数据整合,实现交通系统运行管理与设施管理实时智能监控。设置户外信息显示屏、停车诱导系统、公交运行实时信息系统,有效诱导交通流,均衡交通流量,实现智慧交通建设。实现商务区"无线网络"全覆盖,做好规划与空间安排;实现社区内部通信、娱乐、购物、医疗、教育、安全保障以及家庭生活辅助等方面的数字化、信息化、智能化、自动化,实现智慧社区建设。见图2-4-18。

图2-4-17 空港经济区生活环境鸟瞰图

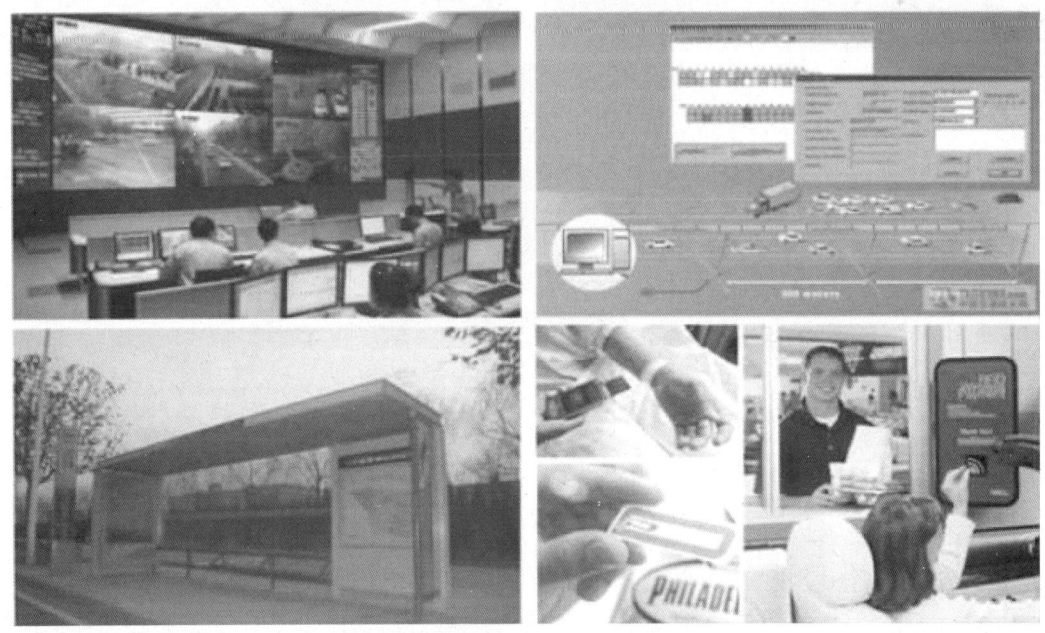

图2-4-18 空港经济区构建智慧城市

(三)夜色景观

空港经济区夜色景观祥和雅致。空港经济区打造城市夜晚的流光溢彩,形成雅致、温馨的夜景特色,重点突出中心大道两侧和生态湖沿岸,营造商务区祥和、生活区静谧的夜景氛围。见图 2-4-19。

图 2-4-19 空港经济区祥和夜景

(四) 商务公园

空港经济区建设商务公园,将 A、B、C、D、E 地块打造为绿色的总部集合体,营造全新理念的高端"商务公园";突出生态理念,为企业提供一个效率高、环境优、密度低、规模大、业态全、交通便、成本低的商务公园办公环境。见图 2-4-20。

图 2-4-20 空港工业区商务公园

(五) 百万商圈

空港经济区营造百万商圈,打造奥特莱斯、湖滨广场、SM 滨海第一城集成的百万平方米目的消费商圈。沿津汉路方向发展,建设集精品购物、时尚消费、文化娱乐、休闲餐饮、高档住宅于一体,辐射环渤海的购物港湾。见图 2-4-21。

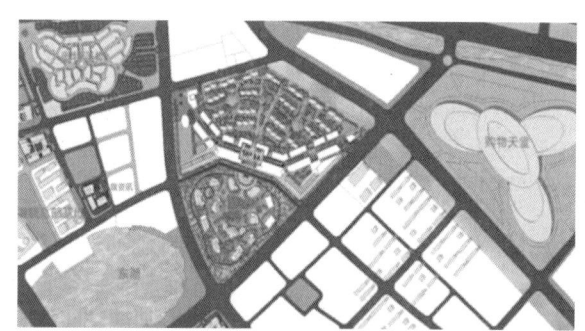

图 2-4-21 空港经济区百万商圈

(六) 湖心景观

空港经济区的湖心景观优美,精心雕琢东西湖核心景观区,成为城市"绿肺"、城市"明珠"。打造湖滨景观通廊,将滨水空间与周边地块内部的街道、广场空间实现互相渗透和交融。沿岸空间建设步行廊道、咖啡馆等休闲场所,凸显区域的生活品质和居民的归属感。见图 2-4-22。

图 2-4-22 空港经济区湖心景

(七)文化广场

空港经济区的文化广场文化气息浓厚,主题元素鲜明,使用灯光、雕塑、喷泉、绿化等设施作为载体,将商务园区、居住社区中间的16处景观绿地打造成系列主题广场、休闲空间,展示区内科技、文化发展的勃勃生机。其中在生活区有10处:打造体现时代精神、时尚生活、红色经典、历史文化等的主题广场,重点展现文化、生活氛围。在产业区有6处打造体现机械制造、航空电信、生物光电等的主题广场,重点展现科技、产业氛围。见图2-4-23。

图 2-4-23 空港经济区文化广场

(八)市民客厅

空港经济区充分发挥公共设施的功能性、形象性,以东四道为发展轴,建设图书馆、健身中心、博物馆、演艺中心等集社交、休闲、观景、娱乐于一体的高品质"市民客厅",建筑高度从湖滨向外围依次升高,保证沿湖景观资源的有效利用,创造凹凸有序、优美多变的城市景观。见图2-4-24。

图 2-4-24 空港经济区城市景观

第三节 临港经济区

当今在经济全球化和区域经济快速发展中,港口在资源配置和物资流通中发挥着越来越重要的作用。近半个世纪以来,依托港口和大型船舶运输,临港经济迅速崛起并持续高速发展,充分利用临近港口的优势,大力发展临港经济,拓展城市发展空间,成为世界大型港口城市发展的一个重要趋势。临港经济属于区域经济范畴，是依托港口和港口城市发展相关产业（如石化产业、钢铁产业、装备制造业、粮油加工业、海洋运输业、现代物流业、金融保险业和高新技术产业等）形成的沿海区域经济增长极。天津市位于太平洋西岸、环渤海湾边，处于环渤海经济带和京津冀城市群的交汇点，是连接华北、东北、西北地区的交通枢纽和对外贸易口岸，中国北方连接欧亚大陆桥最近的东部起点，东北亚经济圈进入太平洋的最便捷的海上门户，拥有中国北方最大的综合性港口——天津港，其地理区位优势显著，战略地位十分重要。临港经济区作为天津港新增的港区，对于发展临港经济具有非常重要的意义。

一、临港经济区简介

天津临港经济区是中国北方重装制造基地。天津临港经济区（原临港工业区）始建于2003年6月。2009年，为落实"双城双港"战略，原临港工业区和原临港产业区整合为一个功能区，统称"临港经济区"。天津临港经济区位于京畿门户的海河入海口南侧滩涂浅海区，是通过围海造地而形成的港口工业一体化的海上工业新城，是滨海新区重要功能区之一，也是国家循环经济示范区和国家新型工业化产业示范基地，定位为建设中国北方以装备制造为主导的生态型临港经济区，致力于发展装备制造、粮油加工、口岸物流三大支柱产业。天津临港经济区北与天津港隔大沽沙航道相望，南接南港工业区和轻纺工业区，西为滨海新区中部新城，东临渤海，处于环渤海经济区的中心地带。临港经济区横跨两河、纵对大海、背靠三北、面向世界，直接经济腹地包括京津2个直辖市和华北、西北地区10个省区，总面积超过200万 km^2、人口2亿多，同时还可辐射日本、韩国、朝鲜、蒙古等东北亚国家。临港经济区作为通过围海造地而形成的港口与工业一体化产业区，规划用海205 km^2，总成陆面积200 km^2，建设"大机车""大吊车""大矿机"为代表的重型装备制造业基地，建设"大船坞"的造修船基地，建设"大粮油"的产业集群。此次规划的时间为2009—2050年，其中近期为2009—2012年，中远期至2020年，远景展望至2050年。临港经济区位于海河入海口南侧滩涂浅海区，处于滨海新区核心区，东依渤海湾、北靠海河口、西连海滨大道、南接津晋高速，距塘沽中心城区15 km、距天津市区50 km、距北京160 km，有着优越的交通网络，与天津港隔海河相望，距中国最大的航空货运中心天津滨海国际机场仅38 km。临港经济区的功能定位为国家级重型装备制造基地、生态型临港工业区。临港经济区是滨海新区的重要功能区和国家循环经济示范区，是国家发展改革委规划的国家级石化基地。按照规划，临港经济区形成"一带三区"的空间布局。"一带"为集区域交通、市政廊道、配套设施和生态绿地于一体的沿海滨大道综合功能带。"三区"为成套装备区（占地面积80 km^2）、关键设备区（占地面积50 km^2）、配套产品区（占地面积70 km^2）。产业发展的总体方向为以重型、成套装备制造为龙头，带动关键设备和配套产品制造，完善装备研发转化和现代物流，形成重型装备优势产业集群。

天津临港经济区位于的天津市，位于北纬38°34′至40°15′，东经116°43′至118°04′之间，地处太平洋西岸环渤海湾边。天津市处于国际时区的东八区。天津市位于海河下游，地跨海河两岸，境内有海河、子牙新河、独流减河、永定新河、潮白新河和蓟运河等穿流入海。市中心距海岸50 km，离首都北京120 km，是海上通往北京市的咽喉要道，自古就是京师门户、畿辅重镇。天津市又是连接三北（华北、东北、西北）地区的交通枢纽，从天津市到东北的沈阳市、西北的包头市，南下到徐州市、郑州市等地，其直线距离均不超过600 km。天津还是北方十几个省市通往海上的交通要道，拥有北方最大的人工港——天津港，有30多条海上航线通往300多个国际港口，是从太平洋彼岸到欧亚内陆的主要通道和欧亚大陆桥的主要出海口。其地理区位具显著优势，战略地位十分重要。天津位于中纬度欧亚大陆东岸,面对太平洋,季风环流影响显著,冬季受蒙古冷高气压控制,盛行偏北风;夏季受西太平洋副热带高气压左右,多偏南风。天津气候属暖温带半湿润大陆季风型气候,有明显由陆到海的过渡特点:四季明显,长短不一;降水不多,分配不均;季风显著,日照较足;地处滨海,大陆性强。年平均气温12.3 ℃。7月最热,月平均气温可达26 ℃;1月最冷,月平均气温为−4 ℃。年平均降水量为 550~680 mm,夏季降水量约占全年降水量的80%。天津临港经济区是岩石风化形成的薄层残积土,其余地区是第四纪沉积物发育而成的土壤,在农业生产上具有较高肥力。全市农业用地67.17 万 hm²,非农业用地45.9 万 hm²。在海河下游滨海地区尚有待开发的荒地滩涂约 120 km²。天津临港经济区已发现具有开采价值的矿藏资源有 20 多种,主要有锰、锰硼石、金、钨、钼、铜、铝、锌、石灰岩、大理石、麦饭石、重晶石、天然油石等多种金属和非金属,燃料矿主要有石油和天然气,埋藏在平原地下和渤海大陆架等。天津地跨海河两岸,而海河是华北最大的河流,上游长度在 10 km 以上的支流有300 多条,在中游附近汇合于北运河、永定河、大清河、子牙河和南运河,五河又在天津金钢桥附近的三岔口汇合成海河干流,由大沽口入海。干流全长 72 km,平均河宽 100 m,水深 3~5 m,历史上河通航 3 000 t 海轮。引滦入津输水工程是天津 20 世纪 80 年代兴修的大型水利工程,每年向天津输水 10 亿 m³。天津地下水蕴藏量丰富,山区多岩溶裂隙水,水质最好,矿化度低,泉水流量一般在 7.2~14.6 t/h,雨季最大可达 720~800 t/h。全市有大型水库 3 座,总库容量 3.4 亿 m³。天津临港经济区滨海地带多耐盐碱植物,有白蜡、槐、椿、柳、杨、泡桐等树木;梨、枣、杏、葡萄、苹果等林果。积水洼地生长有芦苇、菖蒲及人工栽培的菱、藕。北部山地盛产油松、侧柏、核桃、板栗、红果、柿子。野生动物多属平原草原型,如野山羊、獐子、刺猬、松鼠和鸟类。陆上的坑塘、水库有淡水鱼类约 30 种,产量较多的有鲤、青、草、鲢、梭等鱼种。

天津临港经济区是国家发展改革委规划的国家级石化基地,是天津市及天津滨海新区"十一五"规划重点发展区域之一,是天津滨海新区化学工业区、临港产业区的核心组成部分。天津临港经济区位于京畿门户的海河入海口南侧滩涂浅海区,是通过围海造陆而形成的港口工业一体化的海上工业新城。其发展目标是建设国家重要的化工基地、造修船基地、装备制造业基地,同时,成为港口物流基地、研发转化基地,最终发展成为海上工业新城。临港经济区累计完成建设规模 40 亿元,围海造地 18 km²,招商引资突破 1 200 亿元。液化空气公司(法国)、天津碱厂、大沽化工厂、中化工等项目已入区建设,中石油、中船重工等项目已经达到投资意向。临港经济区已成为中外客商竞相投资的热土,成为天津滨海新区开发开放的亮点、热点、重点,国家重要的化工基地已显现雏形,一个天津崭新的经济增长极正在崛起。

在天津滨海新区乃至整个环渤海地区,临港经济区具有无可比拟的竞争优势,正在成为有识之士投资置业的首选之地。临港经济区具有优越的地理位置。临港经济区位于塘沽区海河入海口南侧滩涂区,毗邻天津港、天津经济技术开发和天津港保税区,处于天津滨海新区核心区和环渤海经济圈的中心地带,投资环境良好。临港经济区拥有牢固的土地载体。通过围海造地,一期已经围合了 22 km² 陆域,形成了 18 km² 陆地,其中 16 km² 达到了"六通一平",在寸土寸金的天津滨海新区显得尤为珍贵。临港经济区拥有四通八达的立体交通网络。天津临港经济区拥有发达的海、陆、空立体交通网络。海运方面,不仅北依世界第五大港——天津港,还具备大沽沙、高沙岭、独流减河三条航道,将建设 300 余个万吨级以上码头,实现了入港物流无缝对接。陆运方面,京津塘、津晋、海滨大道等 9 条高速纵横交错,贯通临港,区内三横五纵骨干路网已经形成,入区铁路正式通车。空运方面,距我国重要的干线机场和北方航空货运中心天津滨海国际机场仅38 km。临港经济区区位得天独厚，交通便捷顺畅、地域广阔平整，具有发展前景好、可塑性强的特点，尤其适合大进大出项目建设需要，完全可以建成大装备、大制造、大粮油、大物流集中发展的区域。临港经济区与中国北方最大的国际贸易港口天津港隔海河相望，可与170多个国家和地区的300多个港口相连。临港工业港区作为天津港五大港区之一，可利用岸线超过20 km，将自主建设30 km深水航道和33个1万~25万吨级码头。临港经济区具有完善的基础配套，稳定的电力保障，淡水供应园区绿化风景及排水设施、污水处理、工业气体、公共管廊、消防、通信等的规划建设，可为入区企业提供全方位的安全、稳定、高效的服务。临港经济区具有优良的生态环境。总面积202万m³的绿化和景观带建设，作为经济区的品牌、亮点和标志，将成为经济区开发的绿色屏障，成为滨海新区一道靓丽的风景线。临港经济区提供优惠的投资政策，入区企业可以享受国家级开发区、保税区的政策优惠；技术先进型企业可以得到工业区特殊扶持；国家鼓励类基础设施项目可以享受"免五减五"政策优惠；国家赋予天津滨海新区的其他特殊优惠政策也均可在临港经济区内实行。

几年来，临港经济区围绕这一功能定位进行开发建设，开展招商引资，不断健全完善临港经济区产业结构布局。中石油、蓝星、天碱、大沽化等项目的引进，使临港经济区具备了石油化工、氯碱化工、煤化工的龙头。路博润、凯威化工、仁泰化学等数十家化工企业的引进，进一步拉长了三大化工产业链条，将形成高附加值精细化工产业集群。中船重工新港船厂的引进，为临港经济区发展修造船产业奠定了坚实的基础，随着新河船厂等项目的引进，临港经济区修造船产业的实力将更加雄厚，第二大产业板块也将迅速形成。中海油、中远等项目的引进，使临港经济区建设装备制造业基地有了依托，第三大产业板块也已显现雏形。随着码头泊位数量、等级的不断提高以及思多而特、北方石油等物流企业的引进，临港工业区正向建设港口物流基地不断迈进。

在天津滨海新区乃至整个环渤海地区，临港经济区具有无可比拟的竞争优势。临港经济区规划发展的现代船舶装备制造业主要包括船舶制造（集装箱船、液化石油气船、大型不锈钢化学品船、滚装船、超大型油船、大型矿砂船等）、船舶修理及拆船、船用配套设备制造（船用设备、船舶自动化设备）、海洋工程装备（海上油田浮式生产储油船、石油钻井平台等）。临港经济区规划发展的大型机械装备制造业主要包括石油和石化装备制造业（钻井设备、采油采气设备、井下作业设备、油气集疏运设备等）、重型机械设备制造业（冶金机械、重型锻压机械、矿山机械、起重运输机械）、工程机械装备制造业（各种建筑工程中进行综合机械与维护修理所必需的设备）。临港经济区三期规划发展与一期的现有的石油化工、煤化工、海洋化工产业链相衔接的精细化工产业，以形成上下游的关系。

临港经济区与天津大学达成合作协议，共同建设占地30万 m²的滨海（临港）工业研究院，促使大学最具优势的科技力量进入工业生产的前沿，支撑有自主知识产权的核心技术研发，推动临港经济区和周边地区科研水平的提高，有利于将临港经济区建成研发转化工业区。

二、临港经济区发展现状

天津临港经济区是滨海新区化学工业区和临港产业区的核心组成部分，是规划建设中的国家级石化基地。临港经济区自2003年6月正式动工建设，围海已达22 km²，其中18 km²已完成造陆，招商引资已突破1 200亿元，其中百亿元以上项目达到5个。中石油、中化工2个300亿元以上项目的引进，将奠定临港经济区世界级化工区的地位；中船重工项目的引进，使临港经济区向建设全国重要的造修船基地迈出了坚实的一步。

临港经济区规划总面积约 80 km²，一期规划面积约 22 km²。在产业结构上，临港经济区最终要形成全国重要的化工基地、造修船基地、装备制造业基地，同时发展成为港口物流基地和研发转化基地。一期开发主要是建设世界级的现代化学工业区，发展思路是以中石油、中化工、渤化集团等为重点，建设全国重要的化工基地。以渤化集团、韩国 LG 公司建设大型氯乙烯单体和聚氯乙烯等中下游产业项目为契机，建设百万吨级聚氯乙烯生产基地，逐步向上游石化龙头产业延伸。以中石油为依托，建设百万吨级乙烯及千万吨重质原油炼油装备，建设国家原油储备基地、成品油储备基地。最终形成以乙烯为龙头的石油化工，以盐化工、氯碱化工为代表的海洋化工及其下游衍生品的材料化工、精细化工共同联合形成的化工产业集群。在化工产业链条上，重点发展石油化工、海洋化工、一碳化工、能量综合利用 4 条循环经济产业链，形成从炼油、石脑油、乙烯等上游产品，到异氰酸酯、聚碳酸酯等中游产品，到精细化工、合成材料等下游产品的一个完整的上下游产业链，建成以石油化工、海洋化工、一碳化工紧密结合为特色，港化一体化的绿色生态循环经济的临港经济区。

在开发建设过程中，临港经济区始终坚持发展循环经济的理念。在围海造地中，将建设大坝、围海造地、开挖航道与防洪、清淤、海河口整治相结合，取得了综合的经济效益、社会效益和环境效益；利用天津碱厂、大沽化工厂产生的工业废料皂化渣与吹填泥拌和造地，既解决了皂化渣污染、占地问题，又加快了围海造地的进度；将天津市区的拆房渣土作为工业区主次干道的路基原料，解决了城区拆房渣土污染、占地、填埋的难题。在招商引资中，注重上中下游产业的有机衔接、合理布局，形成完整的产业链条，使各个入区企业之间互为产品原料供应商，同时将"三废"处理与公用工程建设有机结合，从而达到"吃干榨尽"的目标，将污染降低到最低程度。在区域发展上，结合中心城区建设，全力配合老企业搬迁改造升级，既降低了地区污染物排放总量，又促进了滨海新区中心商务商业区等功能区的建设，为整个地区发展循环经济做出了贡献。

工业区内已有 3 家企业投产运营，分别是见龙集团、LG 集团和液化空气集团。其中见龙集团是世界上最大的发泡塑料生产商，法国液化空气是世界最大的工业气体生产商。在生产过程中，这 3 家企业全部采用了先进的生产工艺，并且积极开展清洁生产与资源的综合利用，配备先进的环保治理措施，对产生的污染处理后达标排放。

三、临港经济区的发展优势和制约因素

(一) 临港经济区经济发展优势

1. 优越的地理位置，便捷的交通运输

临港经济区处于天津滨海新区核心区和环渤海经济圈中地带，具有经济腹地辽阔、市场辐射宽广的独特区位优势。经济区的公路、铁路、航空、海运等交通运输都十分便利。天津市是中国重要的铁路枢纽和航空港，公路交通四通八达；海运方面，与工业区紧邻的天津港已经发展成为我国北方最大的国际贸易口岸，作为天津港五大港区之一的临港经济区已初具规模。

2. 丰富的自然资源，雄厚的产业基础

天津市拥有渤海、大港两大油田，蕴藏着丰富的油气资源，石油地质储量 39 亿 t，天然气地质储量 1 300 亿 m³，年产量近 3 000 万 t。滨海新区同时具有盐、碱、石油、天然气四大类化工资源，是国内少有如此齐全的资源来源地，其中海盐的产量占全国的 1/4。

天津石油、石化及化学工业具有悠久的历史和较强的实力，已经形成油气开采、海洋石油化工及精细化工三大板块，氯碱、纯碱等行业总体规模在国内外处于领先地位。新区聚集了中石化、中石油、中海油和中化工四大国家石化企业。

3. 优惠的区域政策，广阔的发展前景

滨海新区已经纳入全国发展战略，成为综

合配套改革试验区,在临港经济区投资的企业可以享受国家赋予滨海新区的各项优惠政策,并享受经济区的其他优惠政策。

滨海新区的开发开放,必将带动临港经济区的发展,促进临港经济区二期、三期、四期加速开发,促进经济区外围配套的完善,使临港经济区在短期内发展成为海上工业新城。

(二)临港经济区发展制约因素

1. 水资源短缺

滨海地区淡水资源天然不足,人均水资源量仅为 180 m³,不到全国平均水平的 1/13、世界平均水平的 1/50,远低于世界公认的人均占有量 1 000 m³ 的缺水警戒线,属重度缺水地区。而全市的十大用水大户就有 5 家在滨海新区,水资源严重不足,供需矛盾突出。规划的临港经济区属重化工行业,对水资源的需求较大,如何保证临港经济区的水资源需求,尽量不占用滨海新区宝贵的新鲜地表水资源是临港经济区发展的主要制约因素。

2. 有限的环境容量

大气环境方面,影响滨海新区大气环境质量的因素主要是浮微粒、二氧化硫、氮氧化合物,污染负荷最大的为总悬浮颗粒物。水环境方面,滨海新区范围内河流、水库、海域均受到不同程度的污染,水环境问题复杂。上游淡水资源被截流,致使下游主要河流全年大部分时间无自来水补充,形成河道式水库,航运功能完全丧失,河湖水系水环境容量和自净能力大幅度下降,上游及本地区大量污水排放又使污染加剧,多数水体水质指标已超过 5 类水体,水体功能不断下降。根据渤海近岸海域的环境质量情况,大部分超出相应的功能区标准。因此,滨海新区的地表水环境已基本无环境容量。

石化行业既是国民经济的支柱性产业,又是一个受资源与环境严重制约的行业,其对资源与环境的最主要影响表现在生产过程中大量废水、废气和固体废料的排放。石化企业的污染治理一直是个难题,即使是在世界最好的石化企业中,污染也仍是严重的。临港经济区今后将大力发展石化、化工产业,将不可避免地排放大量污染物,而滨海新区是否还具有相应的环境容量,同时根据国家政策,应增产不增污,因此如何能合理解决临港经济区的污染物排放总量指标将成为规划实施的主要环境限制因素。

(三)国内外化工园区先进经验

1. 国外经验

发达国家建立化工园区已有几十年历史,积累了丰富的经验,其主要特点归纳如下。

1)依托主要消费区或资源来源地,交通运输便利,配套设施完善,关联产业发达,大多具备良好的发展基础条件。

2)装备大型化,炼化一体化,大公司集聚,产业集中度高,土地利用率高,单位面积产出高,规模效应明显。例如,美国墨西哥湾沿岸地区聚集了上百家来自世界各地的大型石油石化公司,销售收入占美国石化工业的 25%,炼油能力和乙烯产能分别占美国总能力的 44% 和 95%。

3)全方位一体化的建设和生产运行理念,该理念的主要内容如下。一是项目设计一体化。利用化工产品上下游关联的特点,形成化工项目链。二是公用工程一体化。对园区能源供应进行统一规划、集中建设,形成一体化的"公用工程岛"。三是物流传输一体化。通过输送管网、仓库、码头、铁路和道路等,形成园区内一体化的物流运输系统。四是环境保护一体化。园区内设立环保中心,统一处理废水、废气、废渣。五是园区管理服务一体化。为驻园业主提供一站式服务,寓管理于服务之中。"一体化"是国外著名化工园区建设的核心理念,实行产品项目一体化、公用辅助一体化、物流运输一体化、环境保护一体化、管理服务一体化,以产业链和产品链维系在一起,形成较为完善的运行体系。

德国路德维希化工园区位于莱茵河畔,由巴斯夫公司独资建设,是一个"一体化"的特大型生产基地。按照"一体化"的要求,化工园区的产业链是根据不同的龙头装置预先规划好的,招商项目需严格按照产业链的要求,不属于产业链一环的企业无论规模多大都不能进入化工园区。通过将各个工厂用管道相互连接,增值链应运而生;同时由于原材料能够迅捷、可靠地抵达目的地,从而大幅度削减了生产成本,为巴斯夫提供了强劲的竞争优势。工厂中化学工艺流程产生的能量可立即转换为蒸汽,并源源不断地流入巴斯夫蒸汽网络,而其他工厂则以这些蒸汽为能源,为其生产流程提供能量,追求生产、能源、废物流通、物流以及基础设施的一体化,从而实现社会、经济、环境效益的最优。

4)管理规范高效,投资主体间以产业链和产业关系为纽带,建立长期稳定的协作关系。

世界知名化工园区大多设有专门的管理公司,负责日常管理工作。有的管理公司还为园区提供公用工程、环保、后勤支持、设施管理等多元化服务,使入园公司得以将主要精力集中到业务运营上。

虽然化工园区内的生产界区模糊,但不同投资主体产权清晰,责权利分明。生产企业以产业链和产业关系为纽带相互投资参股,或建立长期合作联盟,合理分工,避免恶性竞争,合理配套发展产品链和价值链;采用经济合同管理模式,实行准入制生产,物流、资金流和交易流"三流合一",信息共享。在经由园区内的管网输送保证下游生产企业原料供应的同时,实现装备原料的零库存。园区内产业链上的各家生产公司和公共服务类公司依靠规范的运作机制,建立长期稳定的协作关系,共同营造互利的效益环境。

5)充分发挥自身优势,重视园区的特色化建设。

2. 国内经验

上海化学工业园区是中国改革开放以来第一个以石油和精细化工为主的专业开发区,自开工建设以来,从科学规划入手,在提高技术起点、引进先进项目、全面推行清洁生产和全过程污染控制的同时,充分借鉴世界级大型化工区的成功经验,并结合自身特点实施"一体化"开发理念,通过"产品项目、公用辅助、物流运输、环境保护、管理服务"的整合,实现物质闭路循环、能量多级利用的模式。园区内每平方千米吸引的投资高达13.18亿美元;而园区内万元产值能耗只有112 t标准煤,水消耗量只有33 t,只占同行业平均水平的1/2和1/5,与企业自建公用工程相比,投资成本降低近半,能耗下降约30%。循环的有机链推动能源消耗产业向资源集约目标转型,传统污染企业向绿色环保方向转变。

上海化工区的第二个做法是按照循环经济的要求,建立化工园区的三圈循环经济体系。一是企业内部循环圈;二是园区内部循环圈,使园区内的资源得到了优化配置,废弃物得到了有效利用,排放污染减少到最低水平;三是化工园区与周边地区的循环圈,即通过管道、铁路等主要运输方式,化工园区与上海石化、吴淞化工基地实现物料的连接,构建更大区域的循环经济圈。

(四) 临港经济区发展建议

1. 努力突破水资源瓶颈

可供滨海新区利用的水资源有地表水、地下水、外调水、海水淡化或直接利用、再生水等。针对滨海新区水资源短缺的问题,建议临港经济区采取如下对策。①积极推行节水措施,减少区域水资源使用量。所有企业都要贯彻节约用水原则。入区企业要建设中水回用系统,选用节水设备,提高水的重复利用率。供水部门要制定中水利用优惠措施,鼓励使用中水,逐步提高中水回用率。建立海水、淡化水、再生水、循环水等多级循环、梯级利用的水循环体系。积极推广成套节水、蒸汽冷凝水回收利用、水网络集成等先进技术,提高水资源的重复利用率,实现万元产值耗水量不超过11 t的节水型园区。②积极推进海水淡化、中水回用等非常规水资源的开发利用。

把海水作为临港经济区的第一水源,在临港经济区建设海水淡化厂和海水直接利用设施。扩大海水和亚海水直接用于生产装置冷却。利用热电厂的电或热进行海水淡化,将浓缩后的海水用于工业制盐。同时根据各区污水处理厂的规模,建设相应的深度处理装置,实现中水回用。

2. 合理解决污染问题

临港经济区的开发建设，将新增大气污染物、水污染物排放总量。应按照国家有关污染物排放总量控制的要求，在天津市层次对现有的滨海新区主要大气污染源制订污染物排放总量消减控制计划，在整个滨海积极建设城市污水处理厂，降低化学需氧量、氨氮等污染入海排放总量。利用老污染源治理腾出的环境容量，为临港经济区的发展提供总量指标。对于产生的一般固体废物，应按照循环经济的原则。一方面要在化工区内形成产业链，实现废物的循环利用；另一方面采取卫生填埋的方式进行处理。对于危险废物，应送入天津市现有的危险废物处理中心进行无害化处置。对现有化工企业的搬迁，应根据产业需要确定升级换代的要求。建议在化工产业发展上按国际先进水平设定环境准入门槛，应按照《天津临港工业区产业总体规划》确定的循环经济产业链选择入区项目，从清洁生产工艺上对入园项目严格要求，严格控制环境风险大、污染严重的产业和项目进入临港经济区。

3. 强化"一体化"发展举措

临港经济区应借鉴国内外经验，用"一体化"理念作为指导，严格按照产业总体规划来建设工业区。此外，化工产业的主要特点之一是大部分非终端性产品互为原料，相互之间的关联性和配套性比较强，不但一个园区内部可以相互利用和阶梯利用，而且园区之间也可以互为补充，形成不同特色的产品链。因此，应加强园区之间的竞争与协作。作为天津滨海新区化学工业区和天津临港产业区的重要组成部分，临港经济区应该与天津大港石化产业园区以及周边相关企业和园区建立联系，构建环渤海地区最完善的石化循环经济产业带。

（五）临港经济区四大特点

1. 前景广阔

招商引资项目 66 个，总投资额超过 1 300 亿元，其中 500 强企业 8 家，百亿元以上项目 4 个，已投产项目 11 个，开工建设项目 22 个，已签约筹建和在谈项目 33 个。再经过 10 年左右的开发建设，一个年工业产值 8 000 亿元以上的工业新城、一条承载 25 万吨级的黄金航道、一个年吞吐量超过 1 亿 t 的新兴港区，将傲然屹立在渤海之滨。

2. 设施齐备

天津临港经济区立足世界一流工业区的标准，将建成"五位一体"的立体交通网络，形成"十二通一平"的完善配套保障，实现人流、物流、资金流、信息流、商务流的顺畅与便捷，成为功能齐备的工业新城。临港经济区主要建设内容是"一港、一带、一园、六个基地"。"一港"即天津市第二深水港区。航道已经达到 5 万吨级，水深 -12.5 m，到 2011 年达到 10 万吨级，水深 -15 m，进而形成融航路、铁路、公路、管路为一体的立体交通网络，最大限度降低成本，减少排放。"一带"即生态绿化隔离带。临港规划了一条宽 1 000 m、长 8 km 的生态绿化隔离带，其中一期宽 500 m、长 4 km 区域已经建成。对经济区自身及 3 km 外的生活区、10 km 外的中心城区形成了的生态屏障。"一园"即公用工程园。建设了集水、电、燃气、蒸汽、工业气体、污水处理、海水淡化于一体的公用工程园，集中供应，规模生产，为入区企业提供完整配套服务。"六个基地"分别为以海陆运输设备制造板块、海上工程设备制造板块、矿山机械和起重吊装设备制造板块、新能源设备制造板块等四大板块为支撑的造修船、海上工程设备和重型装备制造基地，以中粮油等项目为代表的中国最大的粮油基地，以天碱、大沽化等项目为代表的生态型化工基地，以航道码头和立体交通网络为依托的港口物流基地，以建设蓝领公寓、邻里中心等为依托的配套生活服务基地，以清华大学、天津大学、中国地质大学及入区企业研发中心为依托的研发转化基地。

3. 循环发展

临港经济区发展循环经济取得的成效，得益于对两大契机的牢牢把握：一是对新建型园区进行高水平规划，以全面提升区域未来的发展层次；二是对毗邻海港的工业区，通过港工联动模式提高产业系统的运行效率。临港经济区循环经济发展模式可概括为：通过科学围海,实现用海护海"双赢"、经济环保并举;通过科学规划,实现产业链条紧密相连,上中下游循环利用,企业之间无缝链接,形成企业之间能源、原材料、废弃物的有效循环利用体系;通过港工一体、缩短距离、减少周转、降低能耗、减少排污,形成生产清洁、产业循环、能耗节约、排放环保、周边宜居、投资节省的多赢模式,成为以循环经济理念规划建设园区的典型示范。临港经济区循环经济的主要内容主要包括以下4个方面。

(1) 规划先行,以循环经济理念指导园区建设

针对临港经济区为新建工业园区的特点,把循环经济发展理念纳入临港经济区总体发展规划,坚持高起点规划、高标准设计的原则,在对临港经济区产业发展、基础设施建设、生活配套建设进行科学规划和生态化合理布局的基础上,组织招商,减少或者避免"短途运输"造成的资源消耗和经济成本,使临港经济区的发展、建设和管理有法可依。对入驻园区的企业在土地、能源、水资源利用及废弃物排放等方面制定严格门槛准入,精选项目,发挥产业聚集和生态共生效应,实现产业发展的生态化布局;科学规划建设园区水、电、能、路、治污、绿化等基础设施和企业孵化、技术研发等科技服务体系,实现资源能源的循环利用、梯级利用和污染减排,推进新建产业园区的循环经济发展。

临港经济区是在"围海造陆"基础上拓展的新区域,在开发建设过程中,坚持因地制宜,将海河口及近海淤泥作为主要造陆土源,避免了对现有荒地特别是耕地的破坏,同时开挖了深水航道,减少了河口淤积,取得了经济、社会和环境的综合效益。此外,在造陆过程中将工业废渣、城市建筑垃圾作为填充物进行综合利用,开拓了固体废物资源化利用的有效途径。"围海造陆"模式在避免淤泥对海洋污染的同时,为海口的可持续发展创造了新的发展空间,是具有临港特色的循环经济发展新模式。

(2) 合理布局,搭建循环经济产业平台

天津临港经济区依托现有产业基础,产业链设计立足于原盐、原煤优势资源和交通运输优势,围绕已建成投产和正在建设的化工项目,化工循环经济产业共生体;发挥大港口、大土地优势,充分体现国家重型装备制造基地的区域定位,选择技术和资金密集的高端产品,选择经济和技术实力较强的中央企业和民营企业为主要的投资主体,形成成套、配套设备、通用设备协调发展的重型装备制造业循环经济产业体系;凭借天津临港经济区5万吨级大沽沙航道及11个码头泊位,构建物流业循环经济产业共生体;以中粮油储备加工业为依托,采用清洁生产工艺与设备,注重节能降耗和水资源循环利用,重点开展副产品的综合利用,促进经济效益和环境效益相统一。形成多个完整的产业链,达到资源高效利用和废弃物综合利用,从而实现可持续发展。

(3) 统筹全局,构筑循环经济体系

通过物质集成、能量集成、信息集成实现工业区内外物流、能流、信息流的优化组合,实现工业区内及与周边区域的高效物质交换和资源梯级利用,提高资源和能源利用率。临港经济区通过产业整合,集中建设热电联供、工业气体、污水处理、海水淡化等公用工程,不仅能实现生产配套、废物处理等设施的资源共享,更可实现污水、海水、废热等资源的综合利用。

(4) 制度保障,防范和鼓励并举

实行安全、环保一票否决制,要求入区项目必须采用国际领先、国内先进的清洁生产技术,要求项目环保排放指标符合国家相关标准,严格控制存在安全、环保隐患的项目入区,防范在先。经济区也制定了鼓励循环经济发展的招商引资政策,充分利用价格、税收等手段进行调节,鼓励各企业发展循环经济。

(5) 安全环保

天津临港经济区努力健全安全、环保、生态三大屏障。在企业引进上,实行安全、环保一票否决制,优先发展高科技、高投入、低污染项目。在安全保障上,委托国家权威部门,与清华大学合作开展国家"863"计划,努力建成全国应急救援体系示范工业园区。在环保建设上,建成了污

水处理厂、景观河和以 2 km² 集中绿化景观带为代表的生态环保系统,将临港经济区建造成环境优美的新型生态工业园区。

"十二五"期间,临港经济区本着适度超前的原则,继续加快围海造陆和基础设施配套步伐,累计完成 135 km² 海域开发,满足项目建设需求。继续发展壮大装备制造、现代粮油、港口物流三大主导产业和造修船、海上工程设备、重型装备、粮油加工、新型能源、现代化工六大产业集群,基本形成生活配套服务区。到2015年,实现年工业总产值 2 000 亿元,港口吞吐量 4 000 万 t,地区人口 10 万人。"十三五"期间,全面完成 200 km² 围海造陆和基础配套,进一步做大做强支柱产业和产业集群。到2020年,实现年工业产值 8 000 亿元以上,港区吞量 1 亿 t,就业 20 万人以上,真正成为高端产业的聚集区、科技创新的领航区、生态文明的示范区、改革开放的先行区、和谐社会的首善区。

在开发开放的滨海新区,临港经济区牢牢抓住大发展的历史性机遇,始终遵循"拼搏领先、诚信共赢"的开发理念,牢固树立"国内领先、世界一流"的工作标准,始终坚持循环经济的科学发展思路,创天津之新,引滨海之先,迅速成为天津加快发展的强大引擎,成为全国乃至全世界聚焦的渤海明珠。见图 2-4-25。

图 2-4-25　临港经济区港口鸟瞰图

第四节　化工生态园区

生态工业园是工业生态系统的体现,也是现代工业生态学理论的具体实践之一。在我国,生态工业园被认为是继经济技术开发区、高新技术开发区之后的第三代产业园区。生态工业园区是依据循环经济理念、工业生态学原理和清洁生产的要求而设计建立的一种新型工业园区。它通过物流或能流传递等方式把不同工厂或企业连接起来,形成共享资源和互换副产品的产业共生组合,建立"生产者—消费者—分解者"的物质循环方式,使一家工厂的废物或副产品成为另一家工厂的原料或能源,寻求物质闭环循环方式、能量多级利用和废物产生最小化。行业类生态工业园区是以某一类工业行业的一个或几个企业为核心,通过物质和能量的集成,在更多同类企业或相关行业企业间建立共生关系而形成的生态工业园区。

一、大港石化产业园区简介

天津大港石化产业园区行政区域上属于天津市滨海新区大港街,位于天津滨海新区东南部,毗邻天津石化、中沙石化、大港油田及大港电厂。滨海新区有两个生态工业区:其一是开发区生态工业园区,重点建设电子、生物制药、食品、机械等循环经济产业链,已初具雏形;其二是大港石化产业园区,目的是整合大港的火电、海水淡化、石油化工、建材等行业,通过物质能量流形成共享资源和互换平台的不同组成模块有机地集成在一起,是技术方案需解决的关键问题。

大港街是滨海新区的重要组成部分,位于天津市东南部,下辖五街三镇,总面积 1 113.83 km²,占滨海新区总面积近一半,人口

50余万,其中户籍人口40.3万。大港是因油田开发而形成的典型城区,其区位和资源优势十分明显,是天津工业战略东移的重要区域。大港域内坐落着天津石化公司、大港油田、大港发电厂、中石化四公司等国有大型企业,具有良好的参与国际分工合作的条件,在发展石化产业方面具有得天独厚的优势,是国家重点发展的特大型石油化工基地。大港本着高起点规划、高水平建设、高效能管理的原则,建设成为设施完善、功能齐全、环境友好、适宜人居的海滨城市。

大港经济发展的基础优势包括6个方面。

(一)优越的区位条件

大港毗邻国内第三大港口——新港。加工进口原油是石化发展的必然趋势,新港为原油和成品油的进出口提供了顺畅的通道,成为石化基地建设发展中不可或缺的一部分。大港地处环渤海经济圈,临近京津大都市,距天津港25 km,距北京首都国际机场38 km,距滨海核心城区20 km,距轻纺经济区1 km,距南港工业区10 km,距黄骅港60 km;交通快捷,区域内205国道、海滨大道、荣乌高速等10余条道路贯通内外,津港高速的开通使市区与大港的通行时间缩短为15分钟;轻轨交通即将建设,大学城至于家堡的地铁交通正在规划之中。日臻完善的立体交运网络,可以充分保证人流、物流在这里方便快捷地转输和集散。

(二)丰富的自然资源

大港地下蕴藏着丰富的石油、天然气和地热资源,原油年加工量1 726万t;天然气年生产能力4.5亿m^3;地热分布面积62 km^2;拥有大面积的湿地自然保护区和华北最大的平原水库——大港水库,总库容5亿m^3,是南水北调的重要中转站。大港区拥有34 km的海岸线,区内有市级大港湿地自然保护区和大量的沿海滩涂,人为破坏较少,湿地环境的自净化能力比较强。大港区拥有大量成片的荒地和盐碱滩,为大型石化企业建设创造了不可多得的优越条件。

(三)完备的配套基础

工业领域,园区经济快速发展,其中大港经济开发区、石化产业园区、中塘示范工业区三大市级工业园区占地近30 km^2,入驻企业400余家,有效推动了地区产业集群化、规模化。古林工业园区、港西工业园区、小王庄镇工业园区、太平工业区逐步发展壮大,现已初具规模。总投资330亿元的百万吨乙烯炼化一体化及千万吨炼油等大项目的建成投产,带动和形成了一批中下游产业集群。由此,大港形成了以石油开采、油品加工、乙烯生产为代表的石油化工产业,以此为依托,形成了大型合成橡胶、精细化工为主导的石化下游产业链以及海水淡化、生物技术、现代医药、新能源、新型建材、现代制造业和现代物流等为支撑的产业体系。农业领域中,冬枣产业、蔬菜基地、畜牧养殖、蕈菌培育等现代农业蓬勃发展,农民生活水平日渐提高。商业领域中,油田地区幸福广场商业中心已投入使用,投资16亿元的港东新天地项目现已开工建设,于2015年正式开业。

(四)优良的人文优势

坚持经济建设、政治建设、文化建设、社会建设和生态建设相统一,努力推进人口、资源、环境协调发展,大港先后获得中国园林绿化先进城区、全国环境保护模范城区、全国文化工作先进区、国家级可持续发展实验区、全国社会治安综合治理先进集体、国家卫生区和全国创建文明城市工作先进城区等荣誉称号。

(五)完善的政策优势

天津滨海新区是国家综合配套改革试验区。大港作为滨海新区重要组成部分,享有国家、天津市、滨海新区给予的一切优惠政策。大港在落实市、新区优惠政策的同时,结合自身实际,先后出台了《关于印发滨海新区大港关于扶持楼宇经济发展暂行办法的通知》、《关于印发滨海新区大港关于扶持企业发展暂行办法的通知》等优惠政策,致力于为投资者创造优先、优惠、规范、宽松的政策环境。

(六)良好的生活环境

在文化教育事业方面,拥有图书馆、文化馆、大剧院、博物馆、文化广场等各类高水平的文化娱乐设施,作为东亚运动会分赛区的大港体育馆已改造完成，贝壳博物馆提升工程正在抓紧施工；拥有强大的信息覆盖网络，城区光纤入户率达到86%，进度名列全市前茅；区域内共有中小学、托幼园所130余家，并且拥有占地6 km²的高教生态园区，已有8所大学入住，可以充分满足子女的教育需求。在医疗卫生系统方面，区域内拥有大港医院、油田总医院、大港中医院以及遍布各乡镇的社区卫生院等医疗卫生机构24家，其中，二级医院5家、一级医院19家。大港医院及新扩建的油田总医院正积极申报三甲医院，完备的医疗设施、高素质的医疗队伍，可以充分满足居民的就医需求。在生态环境方面，大港作为宜居城市，却保持相对周边地区较低的房价。大港始终坚持"发展为要，环保为先"的发展理念，注重生态环境建设。区域绿化覆盖达到39.6%，人均公共绿地面积10.7 m²；区域内坐落的占地300 km²的大港水库生态湿地，被列为市级自然保护区，是候鸟的迁徙地和"国际生物多样性保育生态廊道"；占地12.8 km²的天津官港郊野森林公园体现出明显的平原森林特点和滨海新区海陆特点。

大港充分发挥海洋石化园区的石油化工产业的资源优势，做足石化产业大文章，大力发展石化下游产品加工和相关配套产业，不断完善石化产业链，石化下游产品产业链凸显，基本形成了三大产业链。一是石油焦和船舶燃料油产品。鑫泰石油化工有限公司是该区龙头企业，生产石油焦和船舶燃料油，原材料为炼油厂的渣油。二是石油仪表行业。天津大港仪表有限公司是一家20多年从事流量仪表制造业的企业。由于地处大港油田产油区中心，在石油仪表上具有得天独厚的工艺试验条件，现有30%的流量仪表在本区销售。该企业为把产品做大做强，成立专题技术小组，研究大乙烯、大炼油配套产品的开发，研制的气流量监测装置是华北地区最大的先进检测设备，成为天津市技术监督局指定的计量检测站。三是C5、C9、C10产品链条。大港兴源油品化工有限公司主要生产190#、200#、240#、270# 芳烃溶剂、导热油、均四甲苯等，具有较强的石油树脂生产能力。石油和石油化工、化工产业是天津重点发展的支柱产业。随着滨海新区的开发开放和中国石化天津100万t乙烯项目的开工建设，天津石化产业正进入一个快速发展的新时刻。滨海化工生态园区发展规划将围绕石油、天然气、原盐三大资源，建设石油化工、海洋化工、精细化工和能量综合利用4条循环经济产业链，延伸塑料、化纤、橡胶和精细化工等50条产品链，建设260多个重点项目，构建起从石油勘探开发到炼油、乙烯、化工完整的产业链，实现石油化工、海洋化工、煤化工、精细化工的有机结合，最终发展成为全市第一支柱产业，为建设国家级乃至世界级石化产业基地奠定坚实基础。

大港的石油石化、地热和国有荒地资源十分丰富，驻有中国石油大港油田公司、大港油田集团有限责任公司、大港油田石化公司、中国石化天津石化公司、中国石化第四建设公司、华北电网大港发电厂等一批中央大企业，拥有从石油开采、石油加工、化工、化纤到电力配套、建筑安装等成套的工业体系。经过多年的开发建设，大港已成为国家级石油和发电的资源和能源基地，已探明石油储量8.96亿t，天然气780亿m³；年开采原油531万t，天然气3.3亿m³；原油加工能力1 000万t，乙烯生产能力24万t；大港电厂共有4台燃煤机组，总装机容量1 314 MW，年发电量86.6亿kW·h。

二、天津滨海新区化工产业生态园发展的必然性

大港是天津市滨海新区的重要组成部分，随着天津市经济发展战略东移，中石化、中石油、中化工、神华集团等中国工业航母在大港集中投入上千亿资金，建设石油、化工、电力等一大批大项目，投资周期之短、密度之大，在建区史上是前所未有的，为大港提供了加快发展的独特优势和经济腾飞的重大机遇，但同时也给生态环境带来严峻的挑战。因此，为了实现经济建设和环境保护的双赢，必须建设生态型的石化基地。天津滨海新区化工产业的发展之所以

要选择生态工业园区模式,是由天津滨海新区发展的目标与定位决定的,同时,也是由化工产业发展与资源环境约束的矛盾决定的。

(一)天津滨海新区发展的功能定位和发展目标

滨海新区已列入国家重点发展规划项目,滨海新区建设以天津开发区为核心,将成为继深圳、上海浦东之后,中国经济增长的第三增长极、国家发展的又一次战略启动点。作为国家级的综合改革试验区,天津滨海新区发展的功能定位是依托京津冀、服务环渤海、辐射"三北"、面向东北亚,努力建设成为我国北方对外开放的门户、高水平的现代制造业和研发转化基地、北方国际航运中心和国际物流中心,逐步成为经济繁荣、社会和谐、环境优美的宜居生态型新城区。为此,包括石油化工、海洋化工以及精细化工在内的石化产业的发展必须要走循环发展、生态工业、环境友好的道路,必须选择生态工业园区的发展模式,对原有和新建的化工企业进行搬迁、改造和科学规划,统筹现有资源,建设环境友好型企业。

(二)化工产业发展与资源环境约束的矛盾

一方面,化工产业是国民经济基础产业之一,与国民经济各领域及人民生活密切相关。现阶段,人们的"衣、食、住、行"离不开化工产品,而且化工产品广泛应用于农业、医学、国防、轻工、纺织、建筑、制造等行业,并成为发展国防工业和尖端科学技术不可缺少的原料。另一方面,天津滨海新区地处渤海湾中部,拥有盐、石油、天然气等丰富的化工原料,石油化工和海洋化工发展的历史悠久,产业基础雄厚,为高水平、高起点发展化学工业奠定了坚实的基础。然而,化工产业又是一个公认的受资源与环境严重制约的产业。石化产业对资源与环境的最主要影响不仅表现在其对土地、资金、水、电、人才、信息等生产要素的巨大需求上,而且表现在生产过程中大量废水、废气和固体废物的排放方面。同时,传统工业园存在的一个严重问题是园区的企业彼此独立经营,缺乏资源和能源在企业之间的有效流动和企业之间的相互合作机制,

资源利用效率低下而且环境污染严重。因此,生态工业园就成为取代一般化学工业园的首选模式。因为与一般的化学工业园区不同,生态工业园区由若干个企业、自然生态和居民区共同构成,通过模拟自然生态系统建立产业系统中"生产者—消费者—分解者"的循环途径,建立园区内物质流动和能量流动的"食物链"和"食物网"关系,形成互利共生网络,高效分享资源,从而实现资源和能源消耗的最小化,废物产生的最小化,努力建设可持续发展的经济、生态和社会关系。

三、生态工业园区基本特征

生态工业园区是继经济技术开发区、技术产业园后的第三代园区建设模式,是区域经济顺应绿色经济潮流的必然趋势,对工业的进一步发展促进工业高新技术环境优化技术的集成和转化、加速工业现代化进程有重要的指导意义和现实意义。生态工业园区具有与传统工业区不同的特征,主要表现在如下方面。

(一)企业清洁生产

清洁生产是指不断采取改进设计、使用清洁的能源和原料、采用先进的工艺技术与设备、改善管理、综合利用等措施,从源头削减污染,提高资源利用效率,减少或者避免生产、服务和产品使用过程中污染物的产生和排放,以减轻或者消除对人类健康和环境的危害。我国是国际公认的开展清洁生产比较早的国家,并建立了一系列关于推进清洁生产的法律法规。现代清洁生产理论已经超越单纯的生产领域,而是对资源采集、产品生产、消费、环境吸纳和转化的整个生命周期进行有效设计,对生产过程和产品持续运用整体预防的环境战略,以期降低人类和环境的风险。发展循环经济要求改变传统的发展观念,从生态经济大系统的整体优化出发,对物质转化的全过程不断采取战略性、综合性、预防性措施,以提高物料和能源的利用率,减少以至消除废料的生成和排放,降低生产活动对资源的过度使用以及对人类与

环境造成的风险,实现社会的可持续发展。生态工业园区是循环经济在工业生产领域的实现模式,企业实行清洁生产是园区实现循环经济的最基本要求。

(二) 资源生态利用

资源生态化利用包括各种矿产资源的重复利用和能源的梯级利用。人类社会的发展是无限增长的,但其基本支持系统——自然资源在特定时期内却是一定的,更为严重的是,当今人类经济的快速发展是通过对许多一次性能源和矿产资源的高强度利用来实现的。已经有专家预言,当人类对自然资源的利用超过地球原储量的一半时,人类经济将开始出现衰退。在循环经济理论指导下的生态工业是生产领域实现可持续发展的必然选择,而资源的生态化利用是其显著。

(三) 经济运营高效

经济高效是生态工业具有强的生命力的基本保证。生态工业高的经济效益的取得,来源于系统的一体化回报,即通过资源深度利用、重复利用、能源梯级利用和产品多样化、废品回收利用等途径实现生产成本的降低。当前工业生产面临越来越严重的资源短缺困扰,以资源的生态化利用为重要特征的生态工业应该具有经济上的比较优势。总体来说,生态工业园区的实践在全球还处于试验阶段,但像丹麦的卡伦堡工业生态系统和我国鲁北生态工业园的成功实践表明,较高的经济效益是可以在生态工业园区的运行中取得的。

(四) 减缓环境污染

生态工业园区一般处于环境污染的易发地区。在进行工业生态化改造之前,企业各自以线性模式进行生产,高强度的废物排放造成持续的环境破坏,而生态工业在不违背经济发展原则的前提下,通过综合规划、产业主体和环境协调发展,实现生态工业园区的环境改善,从根本上解决了发展经济与保护环境的矛盾。生态工业园区的优良环境不是靠末端治理实现,而是运用清洁生产工艺和零排放技术,在保持园区优良环境的基础上降低成本、增加效益。末端治理是指采用适当的处理设施和手段,对生产过程或社会生活中产生的污染物进行处理。末端治理不追求零排放,而以实现达标排放为最终目标,在基建和处理过程中均需花费大量资金,经济效益有限。生态工业园区要求应用清洁生产、物质循环和生态工程等技术,实现对天然资源的完全循环利用,而很少给大气、水和土壤等遗留废弃物。从环境角度看,物质的完全循环利用意味着环境问题的彻底解决,从经济角度看,循环经济使企业更加关心原材料的生产效率,即用最小的投入获得最大的产出,这样的结果必然会提高企业的竞争力,对于整个园区,企业间通过产业链建立的这种共生关系有助于实现一体化经济效益回报。总的来说,生态工业园区优良环境的实现不仅和经济效益不矛盾,而且是互相促进、相辅相成的。

(五) 园区发展分段

生态工业园区有改造型和新建型2种类型,但其建设发展都有阶段性特征,基本上是从企业技术改造、清洁生产开始,实现企业内部资源和能源使用的生态化,再经过企业间和区域的产品和功能整合,最终形成一个有相对固定的区域界限,又有物质和信息开放性的工业生态系统。总而言之,同传统的工业园区相比,生态工业园区有本质特征在于企业间的相互作用以及企业与自然环境间的作用。用于描述生态工业园区的主要关键词是系统、合作、互相作用、效率、资源和环境,这些显然是传统工业园区难以同时具备的。

四、构建绿色生态型化工园区

天津滨海化工生态园区是市委、市政府确定的推进滨海新区开发开放的8个功能区之一,重点建设大港化工区、临港经济区和研发孵化转化基地,规划面积80 km^2,其中一期规划50 km^2,远期将建成具有世界级水平的石化产业基地——21世纪中国的休斯敦化工区。作为天津滨海新区循环经济和综合配套改革的试点之一,滨海化工生态园区兼顾园区开发与资源节约,经济发展与环境保护的相互关系，以科学发展观引领开发建设，走新型工业化道路，突破制约化工产业可持续发展的瓶颈，借鉴世界著名化工生态园区的成功经验与先进理念，创造性地提出了"产品项目、公用辅助、物流传输、环境保护与管理服务五个一体化"的开发理念，构建绿色生态型化工园区的基础框架，实现生产与生态的平衡，发展与环境的平衡。

（一）产品项目一体化

围绕四大循环经济产业链，滨海化工区上游规划建设千万吨级原油及成品油战略储备库、千万吨级大炼油、百万吨级大乙烯等10个龙头项目；中游规划建设聚乙烯、聚氯乙烯、环氧丙烷、对苯二甲酸等50个大型项目；下游规划建设化工新材料、化工建材、精细化工等200多个项目。建立以石油炼制为源头、乙烯裂解为核心的炼化一体化产业链、氯碱石化一体化产业链、联碱石化一体化产业链。建立环氧丙烷—聚醚—聚氨酯一体化产品链，服务于100万辆汽车、300万t造船及空客A320项目。实施全面、系统的产业链接、工艺优化和产品整合，实现上、中、下游企业间资源优化配置和产品有机衔接的关联组织体系，将有效降低生产成本和环境成本，实现园区内资源最佳配置与有效利用最大化。

（二）公用辅助一体化

通过与新加坡胜科、法国液化空气集团、荷兰孚宝、美国通用电气等国际专业公用工程企业以及中国华能、大唐国际等国内企业的全面合作，滨海化工生态园区引入先进的工艺技术、管理模式与成功经验，按照一体化、系统化、国际化的全新理念，建设"水电汽气盐"多联产公用工程，实行能源统一供给，梯级利用，使主体工程投资成本回落，能源消耗降低，占地面积缩小，实现资源的合理配置和有效利用。与单独分建公用工程相比，可直接节省投资约30%，节约用地40%，降低能耗30%，削减60%的二氧化硫和化学需氧量排放，总体运行成本下降20%。

（三）物流传输一体化

通过建设化工品液体码头、大件码头、仓储罐区、保税仓库、公共管廊和铁路公路等区内专用储运设施，配套连接区外的铁路、公路和原料管道。引进国内外专业物流企业负责建设、运营、运作和管理，形成高效率的物流集散和交换系统，确保区域内的原料、能源和中间体的经济、安全、快捷传递与输送。

（四）环境保护一体化

滨海化工生态园区坚持走"节约、集约、环保"的可持续发展之路，利用盐碱滩涂，优化配置土地资源，不占用一亩良田，优先使用淡化海水，实施污水深度处理，提高中水回用比例和重复利用率，力争不增加1 t新鲜水；环境容量不扩大，环保排放总量不增加，实现废弃物固体资源化、液体减量化、气体无害化；引进天然气为主的清洁能源，推行清洁生产，实行集中供热，热电联供。采用清洁的环保处理设施，使用高效先进的"三废"处理装置。建立空气质量常规检测点和环境自动检测系统。建设应急预案与人工湿地相结合的系统工程，提高突发性灾害的快速高效应急处理能力，并实现化工区废水零排放。启动余热发电系统，综合利用热能资源。

（五）管理服务一体化

通过实施公安、海关、海事、工商、税务、检验、检疫等行政管理部门"一门式"办公，人才服务中心、化工品交易市场、检维修基地、检验中心等一条龙服务，化工区建立起全面、优质、高效、便利的公共服务平台。设立化工区应急响应中心，集公共安全、防灾减灾、环境保护、市政抢险等功能于一体，为区内企业安全、健康、有序的生产经营创造良好环境。

五、天津滨海新区化工产业生态园发展的政策建议

（一）以循环经济理念为指导，对化工产业生态园进行科学规划

循环经济，是对物质闭环流动型经济的简称，是以物质、能量梯次和闭路循环使用为特征的新的经济形态。它倡导清洁生产和废弃物的综合利用相结合，要求用生态学的规律来指导

人类的经济活动，按照自然生态系统物质循环和能量排放规律建立经济系统，使经济系统和谐的纳入自然生态系统。所以，发展循环经济需要遵循3R原则，即"减量化原则、再利用原则、再循环原则"三大原则。

(二) 以提升产业竞争力为核心，突出化工产业生态园的特色

天津滨海新区的化工产业已有近百年历史，被誉为中国现代化学工业的发源地。天津滨海新区是全国重要的石化化工基地之一，已形成石油、石化、盐化工三大产业。其原油开采、聚酯、化纤、聚氯乙烯、苯酐、有机涂料、重质纯碱、烧碱、环氧丙烷、环氧氯丙烷等的规模及技术水平在国内位居前列。而且，天津是全国唯一集中中石化、中石油、中海油和中化工四大国家石化企业于一地的城市。天津渤海化工集团是全国最大的以氯碱化工为核心的盐化工企业。天津化工产业利税居天津六大支柱产业第一位。这是天津滨海新区化工生态园区建设和发展的坚实基础。

天津地处环渤海经济区域的中心地带，具有临海、临港的天然优势。对内是华北、西北地区的主要出海通道；对外面向东北亚，具有联结内外、承东启西、沟通南北的区位优势。以此为依托，天津滨海新区的化工产业生态园的未来发展准确定位于炼化一体的国家级石化产业基地，并且以中石化(天津)100万t乙烯炼化一体化项目为龙头，紧密衔接，纵横耦合，以高起点、大项目的招商引资，来突出高水平、高起点世界级生态化的特色。因为乙烯是石油化学工业中的"龙头"，以乙烯为原材料，可繁衍一系列关联度密切的工业企业。中石化(天津)100万t乙烯炼化一体化项目是中华人民共和国成立以来国内最大的石化工业项目、天津市有史以来大的工业项目，将产生强大带动力和聚集效益，拉动辐射上下游1 000多亿元产业链，对于进一步提升天津滨海新区化工产业的整体市场竞争力具有重大意义。

东部沿海地区仍然是经济发展的活跃区，尤其是环渤海地区，其前期发展相对滞后，恰恰给今天的发展留下了广阔的空间。如今东三省的工业正在复苏，对石化产品的要求必然增加。大港区域内的中石油、中石化等大型国有企业已经在石化产业中探索了几十年，不论是生产经验还是人员技术，都为基础建设奠定了坚实的基础。同时，这些行业已经形成了石油开采—炼制—化工—化纤以及生产多种下游产品的基础产业链。同时，领导意识比较超前，发展经济绝不以牺牲环境为代价，"高水平是财富，低水平是包袱"的理念，"政府创造环境，企业发展经济"的工作思路非常适用于石化基地建设。

大港区已探明石油地质储量8.78亿t，天然气360.5亿m^3、地热资源面积63 km^2，为发展石化工业提供了资源保障。区内驻有大港油田、天津石化公司、中石化、中海油4家公司和天津大港发电厂等多家国有特大型企业，形成了从石油开采、油品加工到化工生产、石化建筑安装、电力生产的成套工业体系。原油加工能力超过800万t，聚酯年生产能力30万t，乙烯年生产能力20万t，化纤年生产能力25万t，已初步形成炼油—化工—化纤生产的一体化产业链条。大港区同时拥有港口、土地、石油、石化、资源和工业基础等条件，又同时成为中石化、中石油、中海油三大集团竞相投资的区域，大港石化产业园区的发展值得期待。

大港区的发展目标是以"炼油—乙烯"一体化项目为龙头，以石油化工、石化下游产品加工、医药制造及精细化工为主体，逐步建成具有国际竞争优势，可持续发展的国家级生态型石油化工基地，一方面规划约80 km^2的石油化工产业园区，按照一体化理念建立起完整的生态工业链；另一方面推进循环经济示范企业建设，加快形成节约型经济。

第五节　其他生态工业园区

一、茶淀工业园区

(一)茶淀工业园区概况

茶淀工业园区位于天津市滨海新区汉沽区茶淀镇，总规划用地面积为 189.5 hm²。茶淀工业园区东至茶西村及农田，南至汉沽国家粮食储备库及水渠，西至京山铁路，北至茶西园地及大辛村。茶淀工业园区于 2003 年被正式批准设立为市级开发区，重点发展服装、机械制造、包装等行业。茶淀工业园区位于环渤海经济发展带之要冲，地处天津滨海新区核心地带，与天津经济技术开发区仅一河之隔，毗邻中新天津生态城；园区距天津中心城区 50 km，距北京 120 km，距天津滨海国际机场 40 km，距天津港 21 km，距曹妃甸港 35 km，周边交通便利，京津城际铁路、京秦客运专线、津滨轻轨和京津塘高速、京津高速、唐津高速、海滨大道、津滨高速等十余条高速公路环城而过，特别是津汉快速路、塘汉快速路和京山铁路直达园区，使园区内外沟通快捷方便。茶淀工业园区大力发展机械、葡萄深加工、肉类加工、服装和物流仓储等五大类支柱产业。茶淀工业园区产业规划为"三块一带四港五区"，即现代制造业板块、创意商务板块、生活服务板块；高新技术产业带；总部港、数码港、外包港、双创港；金融区、商业区、服务区、公寓区、住宅区。园区重点引进新能源、新材料、生物、信息、软件、动漫、飞行器部件的设计制造等项目以及配套的服务业项目。茶淀工业园区主要产业包括包装行业、服装加工行业和机械加工行业。茶淀工业园区坚持以加快发展为宗旨，以高科技为依托，以招商引资为重点，努力建成经济发展促进区、现代化产业带动区、高科技产业培育区、城镇化建设示范区。茶淀工业园区规划分为 8 个工业区，即机械加工区、葡萄深加工区、包装纸箱加工区、汽车配件加工区、塑料制品加工区、服装加工区、化工产品加工区及服务设施保障区。园区内将重点培植和发展生态环保、高科技、现代制造业等产业，最终形成以高新技术产业为主导，集生产制造、科技研发、商业居住、仓储物流等多种功能为一体的综合性产业园区。

(二)茶淀葡萄科技产业园

茶淀镇位于汉沽区西部，地处天津滨海新区和京津冀的连接点，千年蓟运河贯穿全境。茶淀镇经济、社会事业发展态势良好，一个以法国著名葡萄酒产业区卢瓦河谷为建设风格的新型城镇正在蓟运河的滋养与激荡下迅速成长。茶淀中心镇的规划注重发扬水的文化，体现建筑的依水情怀，充分发挥水的变化性，将蓟运河引入景观带，以生态模式运作，利用自然水位及流通活水造景，利用风能提高区间水位，利用水位高低差形成叠水效果，充分展示葡萄名镇的文化特色。茶淀中心镇的建设突出强调以葡萄为核心主题，充分挖掘茶淀地域、文化和资源优势，整合镇村布局，优化土地资源，力图打造"中国的卢瓦河谷"，建设交通便捷、设施完善、景观优美、特色突出、生态宜居的葡萄名镇。茶淀镇区划面积 36 km²，栽种葡萄面积 1 800 hm²，年产量 6.5 万 t，以其平均20°以上的高含糖量傲视全国。茶淀镇也成为全国最大的玫瑰香葡萄连片产区、中国玫瑰香葡萄标准化示范区，被国家林业局认定为"中国玫瑰香葡萄之乡"。以茶淀葡萄为原料酿制的葡萄酒先后在国际评酒会上获得 13 块金牌，正是茶淀玫瑰香葡萄的独特品质和浓郁香气，造就了著名的王朝干白。绿色品质的自然禀赋带来绿色高质的现代产业，以与葡萄相关的食品加工业和旅游业正在茶淀镇蓬勃兴起，以"玫瑰香葡萄系列品种观光旅游园区""通汇生态旅游休闲度假园区""茶淀万亩玫瑰香葡萄生态旅游观光带"为主要内容的"三元一带"项目正在实施开发。茶淀镇，一个社会主义新农村建设背景下的新型城镇正在迅速崛起。挖掘自身资源禀赋，抢抓历史最好机遇，以葡萄产业为依托，以蓟运河为特色，加快形成以镇带村、以工促农的城乡一体化格局。

茶淀葡萄科技产业园建设的必要性如下。

(1) 建设茶淀葡萄科技产业园是天津滨海新区发展的需要

建设滨海茶淀葡萄科技产业园区，立足汉沽区葡萄产业链接建设，探索沿海都市型农业发展的新途径，进行一系列科技创新、制度创新、组织创新、理念创新和经营方式创新，兼顾观光型农业、设施型农业和特色型农业3类主体产业形态，率先实现用现代物质条件装备农业，用现代经营形式改造农业，用现代发展理念引领农业，用新型农民发展农业，发挥园区对现代农业的引擎、示范、辐射带动作用，成为滨海新区发展沿海都市型现代农业的典范。

(2) 建设茶淀葡萄科技产业园是实现玫瑰香葡萄高效农业的需要

建设茶淀葡萄科技园区，以葡萄产业为主导，以精品生产为基础，延伸农产品的生产、加工、流通、消费、服务产业链条，培育龙头组织，拓宽农民增收渠道。通过土地的合理转换，产业园使葡萄种植户"离地不离土，各个成为庄园主"，实现农民增收的目标，提升园区技术转化、生态保护、安全生产、就业增收、观光休闲、机制创新等多种功能，推进沿海都市型现代农业功能拓展，构建现代葡萄产业体系。

(3) 建设茶淀葡萄科技产业园是带动环渤海湾区域葡萄产业发展的需要

汉沽区是环渤海湾葡萄产区的核心区域，"茶淀牌"玫瑰香葡萄是天津农业名牌产品，具有鲜明的地域特色，已获得无公害产地和绿色食品认证，并多次在全国鲜食葡萄评比中获奖，产品在国内享有较高的声誉，市场需求良好。汉沽地处京津城市带和环渤海经济圈的交汇点上，海陆空交通发达，具备打造环渤海葡萄流通集散基地的优越区位、交通条件和产业基础。

建设茶淀葡萄科技产业园区，引进资金、技术和人才，聚集葡萄生产、加工企业，建立全国葡萄技术信息服务中心，搭建物流集散平台，形成多方位、多渠道的葡萄产加销一体化格局，满足日益增长的国际和国内市场需要，是发挥葡萄产业的服务、辐射和带动作用，带动环渤海区域葡萄产业发展的必然需求。

(三) 茶淀葡萄科技产业园区建设内容

茶淀葡萄科技产业园区建设总体目标：充分利用汉沽区的产业和区位优势，以科技为支撑，以节源降耗、生态环境友好为原则，以经济高效的市场为导向，以"公司+农户"的企业经营模式为主体，实现葡萄产业在雨养种植节水、葡萄新技术、新品种、新产品等领域的科技创新与推广；推行标准化生产，建立农产品可追溯制度；按照产业化的理念，延长葡萄产业链；积极培育自我经营、自我管理、自我服务的新型农民合作组织；培养有文化、懂技术、会经营的新型农民园主；用现代经营手段，努力开拓国内外市场。

茶淀葡萄科技产业园区建设的主要内容如下。

(1) 绿色、安全、优质玫瑰香葡萄生产标准化技术集成

建设全国最大的绿色安全优质玫瑰香葡萄生产示范区，主要实施5项关键技术。①茶淀玫瑰香葡萄优系改良技术。在品种性状表现一致的基础上，实施标准的栽培管理技术，实现生产优质玫瑰香葡萄的目的，提高葡萄质量，达到品牌精品的目标，显著提高农民的经济效益。②茶淀玫瑰香葡萄无核化技术。通过茶淀玫瑰香葡萄无核化技术，无核率达100%，实现安全、优质、高效。③玫瑰香葡萄优质标准化栽培管理技术。针对玫瑰香葡萄生产中长期追求产量、忽视质量的问题，实施玫瑰香葡萄定向栽培：有明确的品质要求，注意商品性；确定适度的丰产指标，不盲目追求高产；采用规范化、标准化的栽培技术。④玫瑰香葡萄科学施肥技术。针对各果园土壤成分的共性和差异，结合玫瑰香葡萄果实发

育不同时期营养需求特点,提出合理施肥建议。⑤建立实施以产地标识为基础的现代葡萄营销体系。在农产品产销体系中,首先抓住农产品的生产源头,实施产地标识,严格的制度和健全的体系是引导农民进入诚信的必要措施。

(2)发展以葡萄为主题的休闲观光农业

在传统葡萄生产中引入现代葡萄种植理念,提高茶淀玫瑰香葡萄休闲观光的功能,引进新品种、实施新架型改造,结合微型酒庄和葡萄籽功能保健食品深加工展示,融入葡萄、葡萄酒与葡萄养生文化。将葡萄精品生产和休闲观光有机结合。发展集葡萄生产、葡萄酒庄、葡萄采摘于一体的观光葡萄园,可以亲手采摘新鲜的葡萄,品尝精心酿制的葡萄酒,陶醉于神话般的葡萄酒文化,尽情享受田园风光。

二、大港太平工业区

大港太平工业区坐落于大港区太平镇,位于天津市正南方向,距市区40 km,距天津机场50 km,距天津港40 km,距天津南港工业区20 km,紧邻津汕高速和205国道,南侧的港中快速路自东向西联系大港城区和南港工业区。规划建设的穿港高速、海滨大道近在咫尺。黄万铁路从工业区中部通过,在工业区内设置货运车站。大港太平工业区规划面积10 km²。东部工业区规划面积1 km²,以发展空间网架为主。中部工业区规划6 km²,以发展原料药、食品等行业为主。星河工业区规划1 km²,以发展制管业、造纸业为主。远景工业区规划面积1 km²,以焊条附料、玻璃制管为主。大苏庄工业区规划面积1 km²,以发展农产品深加工行业为主。大港太平工业区以服务南港工业区及大港区国家级石化产业基地为主要方向,紧密围绕国家的产业政策导向和市场需求,结合自身优势,建设成为石油装备制造业和海水淡化设备制造业工业区。重点发展石油装备制造业和海水淡化设备制造业、石油专用仪表配套设备、石油石化专用变压器设备、石油钻采设备、石油机械配件和海水淡化相关设备制造。

大港太平工业园区交通发达,处于天津市公路、海运、航空运输主体交通网络之中。公路方面,工业园西侧10 km为205国道,东侧通过大港油田幸福路与津歧路相连,距外环线70 km,距丹拉高速公路、津晋高速公路60 km,距京津塘高速公路70 km,驱车2.5 h可到达首都北京。铁路方面,工业园北30 km为李港铁路,与京山、京沪两大铁路动脉相接。空运方面,距工业园区70 km的天津滨海国际机场是中国最大的航空货运中心,也是中国北方重要的客运空港,有直达航班通往日本、韩国、蒙古、俄罗斯等国家和地区。海运方面,位于工业园以东70 km处的天津新港,是中国北方最大的综合性国际贸易港,可通航和停靠5万~7万吨级的船舶,天津港集装箱码头是中国最大的集装箱码头,距新建黄骅港50 km。

三、大港中塘工业区

大港中塘工业区坐落于大港区中塘镇,总规划面积11.25 km²,其中起步区3.73 km²,地处津港公路、津汕高速、津淄公路相交形成的金三角区域内,距天津市区27 km,距天津机场40 km,距天津港30 km,距北京160 km,丹拉高速、唐津高速毗邻而过,李港铁路、黄万铁路横贯其间。2007年,中塘镇相继建立了河东工业园和日嘉工业园,2009年建立了中塘工业区并成为全市31个示范工业区之一,形成了"两园一区"的工业布局。其中,河东工业园位于中塘镇大安村,南临石化工业基地,北侧紧靠大港开发区安达园区,交通便捷,地理位置得天独厚。园区规划面积1.1 km²,部分基础设施建设达到"七通一平"。主导产业为石化下游产品。日嘉工业园坐落于中塘镇西侧,初具规模,发展速度快。园区紧邻205国道、黄万铁路、唐津高速、津汕高速公路,交通便利。园区规划面积3.6 km²,起步区1.8 km²,部分基础设施建设达到"七通一平"。园区现有企业20余家,主导产业为精细化工,是该镇四大骨干行业之一的化工产业聚集地,拥有从事石化产业研发、生产的技术优势。

大港中塘工业区的功能定位与园区优势是

以服务大港石化基地和滨海新区先进制造业基地产业发展为方向,构建合成橡胶、塑料、金属制品三大产业链条,建设了研发、物流、商贸、信息四大平台。中塘工业区依托大港区石化基地丰富的石化上游产品资源,充分利用现有的产业基础和研发优势,以打造华北重要的橡塑产业基地为核心,以服务大港石化基地和滨海新区先进制造业基地产业发展为方向,构建合成橡胶、塑料、金属制品三大产业链条,建设了研发、物流、商贸、信息四大平台,产品覆盖汽车零配件、电子通信零配件、机械零配件、建筑材料和包装材料五大板块,形成"一个核心、两大方向、三大链条、四大平台、五大板块"的产业格局。

大港中塘工业区以"国家星火技术密集区"为基础,产业基础雄厚、研发能力突出、区位优势明显、石化资源丰富。中塘工业区是全国最大的汽车胶管生产、研发基地,拥有雄厚的汽车零部件产业基础。工业区内聚集着天津鹏翎胶管股份有限公司、天津市大港胶管股份有限公司、天津顺达汽车零部件有限公司和天津大港汽车配件弹簧厂等具有一定汽车零部件生产实力的企业,并形成了汽车橡塑零部件及金属零部件的研发、制造、销售与服务体系,拥有多家企业技术中心,各类技术人才1 000余人。中石化百万吨炼化一体化项目的落成投产,将最大限度地满足工业区产业发展,也将为石化配套产业提供充足资源。中塘工业区的发展方向是建设成为华北地区重要的橡塑产业基地。中塘工业园区内聚集了鹏翎胶管、大港胶管、顺达汽车配件等100多家科技含量高、生产能力强的企业,汽车胶管国内市场占有率高达60%。作为园区内知名公司,鹏翎胶管股份有限公司、大港胶管有限公司被认定为国家级高新技术企业,年均开发新产品100余种,现已申请专利20多项,科研创新能力突出,成果显著。

四、东丽航空产业区

(一)东丽航空产业区概况

东丽航空产业区坐落于天津滨海新区临空产业区内,紧邻市区,距北京130 km,距天津港30 km,紧邻天津滨海国际机场。东丽航空产业区规划面积18.25 km²,其中起步区面积4 km²。东丽航空产业区作为临空产业区的重要组成部分,充分发挥其区位及产业优势,建设成为航空研发制造产业基地。重点发展飞机总装、机载设备、发动机、零部件和航空材料的制造以及航空维修领域。该产业区已引进贵州航空精工、普洛斯、冠联航空救援设备等航空产业项目。东丽航空产业区的功能定位是立足建设航空城核心区,重点发展航空器总装和零部件研发制造、临空高新技术产业,建设成为国家级航空航天产业基地,打造"中国航空城——天津东丽"城市品牌。

(二)东丽航空产业区的优势因素

1. 区位优势明显

天津市地处环渤海的地理中心,位于华东、东北和华中三大区域的接合部,是东北地区通往华东、华南地区的重要交通枢纽,是华北和西北两大地区的出海口。滨海国际机场是国内主要干线机场、国际定期航班机场、中国北方航空货运中心及东北亚航空货运中心。天津机场与天津港相距30 km,有2条专用的运输通道相连,可以为航空产业提供方便快捷的运输通道。天津市还有9条高速公路、6条国际级公路与全国公路联通。因此,天津市已经形成了海、路、空、铁多式联运的交通体系。天津东丽航空产业区坐落于天津滨海新区临空产业区内,距天津站10 km,距天津港30 km,距北京130 km,紧邻天津滨海国际机场,毗邻京津塘高速公路,区域内有津北公路、津滨快速路、东津路和规划的津汕快速联络线、机场大道;轨道交通也进入产业区,区位和交通优势明显。

2. 产业基础雄厚

东丽航空产业区初步形成了机械装备制造、汽车部件、现代冶金、电子信息、新能源新材料、生物医药6个优势产业和航空航天产业,规模效益和产业集聚效应逐渐显现。丰田部件、电装电机、住友减速机、科莱恩染料、史克制药、ITT通信、三星电子等一批国际著名企业在东丽发展壮大,新近落户的空客 A320、大推力火箭、直升机、中国一重等一批重点项目正全力加快建设。同时,产业园区北侧紧邻空港物流加工区,西侧紧邻空客 A320 总装线,东侧与大推力火箭项目相邻,且紧邻天津滨海国际机场、中国民航大学,周边良好的发展环境更进一步推动了园区内航空配套产业的发展。

3. 政策环境优越

东丽航空产业区于 2009 年被市政府批准为天津市重点示范工业区,作为国家综合配套改革试验区,从财政、税收、土地、人才等各个方面为企业和项目提供支持。认真落实经济发展的各项优惠政策和奖励办法,提供优质高效的服务,不断优化投资环境,努力营造企业投资的优良环境。

4. 人力资源充足

航空产业区依托新市镇,形成互动,使经济和社会得到和谐发展。新立新市镇已纳入区政府提升中心城区整体功能规划范围,规划总用地 4.7 km²,规划人口 810 万人;军粮城新市镇规划总人口为 15 万人,总占地面积 19.38 km²。一方面,新市镇的规划发展为产业区提供了丰富的劳动力和良好的环境基础,同时,产业区的发展与新市镇形成协调互动,反过来有利于扩大农业人口就业渠道,提高农民的生活水平,实现农民享有薪金、租金、股金、保障金,从而实现全区人民安居乐业、有保障的和谐发展局面。另一方面,中国民航大学也必将为园区的发展不断输送高素质人才。

(三)东丽航空产业区的发展思路和发展原则

1. 东丽航空产业区发展思路

考虑产业区区位及产业优势,结合空客 A320 总装项目发展情况,产业区产业发展应以空客 A320 项目为起点,在政府引导培育下,由外商和大型国企投资驱动引进配套项目落户投产,在大项目的示范带动下,逐渐发展以内源品牌为主的中小企业群落形成二次配套承包商,在技术溢出效应和聚集效应带动下,细化专业分工,加强合作研发,形成面向全球产业链的制造产业。产业区产业发展的最终目标是通过溢出效应,实现对东丽区高新技术产业及相关服务业的技术促进和带动。

2. 东丽航空产业区发展原则

(1)以空客 A320 项目配套为起点,依托全球产业链形成企业集群

空客 A320 系列飞机总装线落户天津市,为天津市发展航空产业带来了机遇,但是由于航空产业属于量少价高的行业,空客(天津)项目年产 44 架,数量很少,仅占全球产量的几十分之一。因此,产业区的产业选择方向应面向全球,逐渐参与到全球航空产业链中,形成既面向空客 A320 系列飞机和我国大飞机项目,又面向国际大市场的企业群落。

(2)以航空制造业为核心,紧密产业关联性,延长产业价值链

从航空产业的发展来看,一条完整的航空产业链应该包括航空研发设计、航空制造生产、整体装配以及航空维修 4 个方面,并且在这整个过程中又始终贯穿航空物流配送及人员培训。而在这一体系中,最为重要的就是航空制造产业,它是航空产业的核心。充分考虑产业区的比较优势,产业区产业发展应以航空制造业为核心,通过引进空客 A320 的配套厂商和二次配套承包商的示范带动作用,逐渐实现"中心卫星型"企业群落布局,在产业链上的任一个价值创造单元都由一个企业逐渐延伸到上游和下游,最终形成一个新的产业,从而加强产业链条的紧密性,提高资源的配置效率。

(3)以承接国际产业转移为基础,加强合作研发,打造自主品牌

随着发展中国家经济的成长、自身资本实力与技术水平的提高,加速对发展中国家的国际转移,以充分利用相对较低的生产要素、分享其快速扩张的航空市场,成为国际航空强国的不二选择。虽然我国尚处在航空产业链的低端,但在世界航空产业的飞机制造、发动机制造、机载设备制造以及航空维修等方面,我国已经沿着由转包生产到风险合作再到联合研制的路径,逐步向航空产业链的高端升级。广泛的国际合作必然会在提高我国航空产业技术水平、增

加研发及制造经验的同时,逐步增强我国航空产业的自主研发能力,逐步实现我国航空产业的优化升级,为我国航空产业的腾飞发展、成为国际航空强国奠定坚实的基础。

五、中新天津生态城

中新天津生态城是中国和新加坡两国政府从应对全球气候变化、节约资源能源、保护生态环境的要求出发,做出的一项重大战略决策。中新天津生态城在滨海新区占地约30 km²,其中1/3是废弃盐田,1/3是盐碱荒地,还有1/3是有污染的水面,土地盐渍化严重,环境质量不容乐观。面对艰巨的建设任务,生态城以"人与人和谐共存、人与环境和谐共存、人与经济活动和谐共存"为目标,采取"能实行、能推广、能复制"的建设方式,探索资源环境约束下的新型城市化、产业化之路,力求成为可借鉴的城市可持续发展模式。中新天津生态城循环经济发展模式的主要内容主要包括以下5个方面。

1.宜居、生态的社区模式

按照均衡布局、分级配置、平等共享的原则,结合城区中心建设全方位、多层次、功能完善的公共服务体系和社区中心;按照人口规模,配建文化教育、医疗保健以及其他生活配套设施,保证居民在500 m范围内获得各类日常服务;借鉴新加坡"邻里单元"的理念,构筑"生态社区模式",居住用地内绿地率不低于40%,政策性住房比例不低于20%。

2.循环、低碳的新型产业体系

生态城根据发展定位,努力转变经济发展方式,探索低碳城市建设模式,重点发展节能环保、科技研发、总部经济、服务外包、文化创意、教育培训、会展旅游等现代服务业,形成节能环保型产业集聚区,努力构筑低投入、高产出、低消耗、少排放、能循环、可持续的产业体系,形成"一带(生态城的发展备用地)、三园(国家动漫产业综合示范园、生态科技园和生态产业园)、四心(城市主中心、南部中心、北部中心和特色中心)"的产业布局,为生态城发展提供有力的经济支撑。

3.循环、高效的资源能源利用体系

生态城以节水为核心,建立循环利用体系,建立污水处理、中水回用、雨水收集系统,多渠道开发利用再生水和淡化海水等非常规水源,实行分质供水,非传统水源利用率要达到50%。建设城市直饮水工程,人均生活用水指标控制在120 L/d。

生态城注重产业节能、建筑节能和交通节能,积极开发应用风能、太阳能、地热能、生物质能等可再生资源,优化能源结构,提高利用效率,形成可再生能源与常规清洁能源相互衔接、相互补充的能源供应模式,构建清洁、安全、高效、可持续的能源供应系统和服务体系,建设节能型城市。预计到2020年,生态城要全部采用清洁能源,可再生能源利用率达20%,达到世界先进国家的同期水平;绿色建筑大面积推广,覆盖率达100%;人均能耗比国内城市人均能耗水平要降低20%以上。

4.安全、健康的生态环境

生态城坚持生态保护与修复相结合,充分尊重自然本底,划定生态保育区及候鸟栖息地为限制建设区,对蓟运河沿岸和永定河口湿地实施严格保护,确保自然湿地净损失为零。

启动污水库的底泥、水体及蓟运河、蓟运河故道水体(一泥三水)的治理工作,使生态城地表水质达到国家Ⅳ类环境水体标准,变污水库为清净湖;通过水系连通,加强水体循环,提高自然净化功能;采用生物技术对盐碱土地进行处理,逐步降低土壤盐碱度,修复自然水系、湿地和植被,建立以本地植物为主的植物群落。

建立统一、高效、协调的环保长效机制,逐步实现生态城空气质量全面达标、水环境质量明显改善。预计到规划中期,水质达标率100%、噪声达标区覆盖率100%、垃圾无害化处理率达到100%,生活垃圾回收利用率不低于60%。

5.方便、快捷的绿色交通体系

贯彻城市可持续发展的理念,建设以绿色交通系统为主导的交通发展模式;以津滨轻轨延长线串接生态城主次中心和各片区,形成生态城对外大运量快速公交走廊。

在生态城内部，构建以轨道交通为骨干、以清洁能源公交为主体的公共交通系统，轨道站点与公交线路无缝衔接，轨道站点周边1 km服务范围覆盖80%的片区用地。

结合社区建设和滨水地区改造，建立覆盖全城的慢行交通网络，采用无障碍设计，创造安全、舒适的慢行空间环境，引导居民的绿色出行，实现人车分离、机非分离。结合公共交通站点建设城市公共设施，使居民在适宜的步行范围内解决生活基本需求，减少对小汽车的依赖。80%的各类出行可在3 km范围内完成。

六、天津子牙环保产业园

天津子牙环保产业园是我国北方最大的再生资源及有色金属集散地，专门经营第七类废旧物资拆解加工，通过再利用、再制造和再循环的手段，实现对工业固体废物的无害化处理和资源回收。园区远景规划面积为140 km^2，中期规划面积为50 km^2，近期开发为30 km^2，逐步开发建设综合服务区、拆解加工区、精深加工区、污染处理区、仓储物流区、科技研发区、生活服务区和居住社区等"八大区域"。打造融资平台、商贸平台、物流平台和科技平台。重点发展废机电产品、废旧电子信息产品、报废汽车、塑料制品、橡胶制品、玻璃制品等废旧物资回收加工利用，全力打造中国北方城市矿山，形成以子牙园区为龙头的中国北方静脉产业经济带，促进和反哺滨海新区动脉产业的快速发展，使园区成为行业技术装备的创新基地、人才培养教育基地、再生资源升值基地、信息调控和交易基地。最终把园区真正建设成为整体布局科学、产业结构合理、产品结构优化、精深加工主导、高新技术支撑的现代化、生态型国家级循环经济示范区。产业园区已初步形成设施完善、功能齐全、保障有力、物流畅通、环境优良的静脉产业园区，成为滨海新区强大的资源后盾，带动和反哺滨海新区的开发开放，有力促进了天津废弃物资源回收体系建设和价值延伸产业链条的形成。园区先后被原国家工信部批准为"国家级废旧电子信息产品回收拆解处理示范基地"，被原国家环保部批准为"国家进口废物'圈区管理'园区"，并被国家发展改革委列为我国第二批循环经济试点单位。天津子牙环保产业园循环经济模式的成功形成，主要得益于以下几个方面的工作。

1. 科学规划，构筑腾飞平台

建设子牙环保产业园是实现建设生态城市和中国北方经济中心发展目标的重要举措。产业园以"一心、两带、三轴、三区"着力构建"多点支撑、多元发展、多级增长"的产业空间布局。南北贯通的林下经济发展带和子牙河生态保护带将产业园划分为产业功能区、科研服务功能区、居住功能区3个主要功能区，产业园以高标准的科研服务中心为产业园发展核心，在上述3个区域的发展轴线上实现协调互动发展。

产业园按照环保要求建设的林下经济带东西横跨2 km、南北延伸10 km，兼具景观、环保、经济等多方面功能，是黑龙港河两岸自然生态景观的纵深延展，更是隔离与科研居住区的人工生态屏障。整个产业园规划体现出循环、生态、便捷、宜居的鲜明特色。

2. 围绕五大主导产业，构造循环产业链

围绕废旧家电及电子信息产品拆解加工、废旧汽车综合利用、废旧橡胶加工处理、废旧机电产品精深加工与再制造、新能源和节能环保产业等，形成相关产业链网，并根据其关联程度，合理安排各产业功能的空间关系，从而促进产业链条转化过程中再生资源的"零损耗"，以及整个循环过程中再生资源在园内的"自消化"。

废旧家电及电子信息产品拆解加工业包括对拆解后再生设备、原材料的利用，对最终废弃物进行无害化处理。废旧家电及电子信息产品的拆解处理，先是对其进行回收，接着是使设备再生，对废旧家电及电子信息产品设备拆解处理，最后产出再生原材料。

废旧汽车综合利用业主要以京津冀及周边城市群为依托，建立报废汽车回收体系，在园区建立北方最具实力的现代化、规模化的汽车拆解与再制造基地。

废旧橡胶加工处理业建设年回收处理旧轮

胎能力达到 120 万 t 的废旧轮胎及橡塑回收利用基地,重点发展旧轮胎及橡塑再制造业、再生胶生产业。

废旧机电产品精深加工与再制造业是以废旧机电产品为对象,通过现代技术与工艺加工,最大限度地开发利用其中蕴含的材料和能源,以达到节能、节材、保护环境的目的,从而支持社会的可持续发展。废气机电产品精深加工与再制造业的基本途径是再利用、再制造和再循环,项目目标是使再利用、再制造、再循环的部分最大化,使报废处理的部分最小化。

新能源和节能环保产业主要发展锂电、风电、太阳能发电设备等产业,开发废气、废水、废物处理和检测的节能环保设备,形成与静脉产业相结合的新型产业链。

3. 夯实基础,完善配套设施

产业园以高起点、高标准搞好基础设施建设,实现了水、电、路、通信等"七通一平"标准。七类拆解加工区按照相关要求进行了配套建设,包括污水处理厂扩建、废弃物处理处置中心建设、废弃物储存库建设等基础设施配套工程,并建成了面积 18 万 m² 的绿化带;产业园设有进口废物监管区和海关、检验检疫验放中心,形成了海关、检验检疫、环保、园区"四位一体"的联合监管体制,对产业园内的废气机电产品从拆解、加工,到拆解后各种成分的去向实行全程监管;区内企业均建有防雨、防风、防渗等功能的专门贮存场地和符合设计规范的厂房车间及生产设施,基本避免了产业流程对环境的污染。

4. 创新机制,提供优质高效服务

天津子牙环保产业园管理委员会是产业园统一的行政管理机构,管委会下设办公室、企管部、项目部、财务部、科技部、信息部等"七部一室",以及环保、税务、民警、工商、海关、检验检疫等派驻机构。对入园企业,在核准备案、工商登记、土地出让、工程报建、环境评价、污染防治等方面实行全方位"一条龙"式服务。

产业园设置中心能源岛,实行垃圾焚烧、沼气发电,积极推广清洁能源、清洁技术以及环保材料等方面的应用,以实现区内人与环境和谐共生的人工生态循环;逐步开发建设综合服务区、拆解加工区、精深加工区、污染处理区、仓储物流区、科技研发区、生活服务区和居住社区"八大区域",打造融资平台、商贸平台、物流平台和科技平台;建立再生资源回收体系、科技研发体系、物流服务体系、信息服务体系、商贸市场体系和基础配套体系。

参考文献

[1] 张文艺,赵兴青,毛林强,等.化工环境保护概论[M].北京:清华大学出版社,2017.

[2] 霍翠花.生态工业系统结构演化的理论分析与模拟[D].天津:天津大学,2007.

[3] 冯久田.基于循环经济的生态工业理论研究与实证分析[D].武汉:武汉理工大学,2005.

[4] 陶阳.区域生态工业系统运行机制与生态效率评价研究[D].哈尔滨:哈尔滨工业大学,2009.

[5] 李鹏梅.我国工业生态化路径研究[D].天津:南开大学,2012.

[6] 孙琛.产业生态化建设研究[D].广州:华南理工大学,2010.

[7] 张伟.产业集群与循环经济的关系研究[D].北京:北京交通大学,2010.

[8] 王欢芳.我国产业集群低碳发展水平及升级模式研究[D].长沙:中南大学,2013.

[9] 高昂.循环经济物质流特征与流动规律研究[D].西安:西北大学,2010.

[10] 郭而郛.城市工业生态化评价研究及应用[D].天津:南开大学,2013.

[11] 付丽娜.工业园的生态化转型及生态效率研究[D].长沙:中南大学,2014.

[12] 刘凯.生态脆弱型人地系统演变与可持续发展模式选择研究[D].济南:山东师范大学,2017.

[13] 刘冠凤.聊城市地表水环境问题及对策研究[D].武汉:武汉理工大学,2012.

[14] 冯琳.中国西部干旱区工业循环经济建设研究[D].乌鲁木齐:新疆大学,2010.

[15] 袁磊.基于循环经济理念的黑龙江省土地可持续利用研究[D].哈尔滨:东北农业大学,2010.

[16] 陈海燕.转变经济发展方式背景下土地集约利用机理研究[D].南京:南京农业大学,2011.

[17] 段士中.气候变化下的四川省自然生态系统脆弱性分析[D].成都:成都理工大学,2013.

[18] 钟锦.基于演化博弈的淮河流域水环境管理研究[D].合肥:合肥工业大学,2008.

[19] 李贵奇.基于生命周期思想的环境评估模型及其在铝工业中的应用[D].长沙:中南大学,2011.

[20] 邱跃华.科学发展观视域下我国产业生态化发展研究[D].长沙:湖南大学,2013.

[21] 王晶.鄱阳湖生态经济区产业生态化研究[D].南昌:江西财经大学,2013.

[22] 王昱.区域生态补偿的基础理论与实践问题研究[D].长春:东北师范大学,2009.

[23] 卢艳丽.生态脆弱地区的区域外部性研究[D].长春:东北师范大学,2012.

[24] 沈丽娜.基于物能代谢的城市生态化建设研究[D].西安:西北大学,2013.

[25] 王建军.钢铁企业物质流、能理流及其相互关系研究与应用[D].沈阳:东北大学,2008.

[26] 张大勇.土地资源有效利用与生态平衡发展研究:以北京密云县为例[D].北京:中国地质大学,2009.

[27] 杜静.产业集群发展的绿色创新模式研究:以武汉城市圈为例[D].长沙:中南大学,2010.

[28] 邱宇.生态工业园区的分析与集成[D].福

州：福建师范大学，2006.
[29] 满莹莹.干旱区生态工业园评价指标体系研究及应用[D].乌鲁木齐：新疆大学，2006.
[30] 李春花.水资源约束下资源型城市生态工业发展研究[D].兰州：兰州大学，2008.
[31] 王莉静.我国企业生态化系统及发展模式研究[D].哈尔滨：哈尔滨工程大学，2010.
[32] 贾卫平.循环经济模式下的新疆氯碱化工产业生态效率评价研究：以新疆天业化工为例[D].石河子：石河子大学，2016.
[33] 张海峰，刘峰贵，王小梅.柴达木盆地工业循环经济发展战略研究[J].工业技术经济，2009，28(9):14-18.
[34] 李相然.城市化环境效应与环境保护[M].北京：中国建材工业出版社，2004.
[35] 黄美元，徐华英，王庚辰.大气环境学[M].北京：气象出版社，2005.
[36] 谢华生，包景岭，温娟.生态工业园的理论与实践[M].北京：中国环境科学出版社，2011.
[37] 全国人大环境与资源保护委员会法案室.中华人民共和国环境影响评价法释义[M].北京：中国法制出版社，2003.
[38] 国家环境保护总局.开发区区域环境影响评价技术导则：HJ/T131-2003[S].北京：中国环境科学出版社，2003.
[39] 王静，戴明忠.规划环评和区域开发环评的比较研究[J].污染防治技术.2007,(2):37-38,52.
[40] 赵由才.危险废物处理技术[M].北京：化学工业出版社，2003.
[41] 李友鹏.石化园区规划大气环境影响评价研究[D].兰州：兰州大学，2012.
[42] 丁峰，李时蓓.规划项目大气环境影响评价要点及案例研究[J].长江流域资源与环境，2010,19(5):572-577.
[43] 周鹏.煤炭矿区总体规划环评中环境空气影响评价专题评价思路探讨[J].能源环境保护，2008,22(6):52-54,61.
[44] 丁峰，蔡芳，李时蓓.应用AERMOD计算卫生防护距离方法探讨[J].环境保护科学，2008,34(5):56-59.
[45] 韩会娟，马蔚纯，朱俊，等.省域公路网规划大气环境评价方法研究[J].复旦学报(自然科学版)，2008,47(4):441-448.
[46] 李时蓓，戴文楠，杜蕴慧.对环境空气质量预测中不利气象条件的研究[J].环境科学研究，2007,20(5):26-30.
[47] 司继涛，李冬，刘晋文，等.危险废物处理处置技术评价方法研究[J].环境科学研究，2005,18(z1):39-42.
[48] 梁学功，刘娟.中国实施规划环评可能出现的问题及其解决方法[J].环境科学，2004,25(6):163-166.
[49] 张忠民，石雪松.电镀污泥的形成及处置[J].科技情报开发与经济，2003,13(5):91-92.
[50] 吴少林，李娜，万诗贵.电镀铬泥稳定化处理的研究[J].南昌大学学报(工科版)，2002,24(04):53-55.
[51] AHAMMED A K M R,NIXON B M. Environmental impact monitoring in the EIA process of South Australia [J]. Environmental Impact Assessment Review,2006,26(5):426-447.
[52] 张秀宝.大气环境污染概论[M].北京：中国环境科学出版社，1989.
[53] 石磊.恶臭污染测试与控制技术[M].北京：化学工业出版社，2004.
[54] 徐荣臻.区域规划环评中大气环境监测点位布设探究[J].江西化工，2017,(6):161-163.
[55] 刘张强，马民涛，朴锦泉.灰色理论模型在河北省大气环境质量预测中的应用[J].四川环境，2016,35(1):50-54.
[56] 李友鹏，潘峰，黄娴，等.石化工业园区恶臭环境影响评价工作程序探讨[J].环境工程，2012(2):101-103.
[57] 任重，马海涛，王丽，等.CALPUFF在大气预测及环境容量核算中的应用[J].环境科学

与技术,2011,34(6):201-205.

[58] 吴官胜.石油化工基地发展规划环境影响评价理论、方法及案例研究[D].兰州:兰州大学,2011.

[59] 侯雅楠,仝纪龙,袁九毅,等.油库大气环境风险评价中的安全防护距离[J].环境科学与技术,2010,33(12):200-205.

[60] 徐鹤,丁洁,冯晓飞.基于ADMS-Urban的城市区域大气环境容量测算与规划[J].南开大学学报(自然科学版),2010,(4):67-72.

[61] 李莉,程水源,陈东升,等.基于CMAQ的大气环境容量计算方法及控制策略[J].环境科学与技术,2010,33(8):162-166.

[62] 于泊蕖,吕树芳,赵丰.煤炭城市工业区大气环境容量分析[J].煤炭技术,2010,29(4):207-209.

[63] 王栋成,王静,曹洁,等.大气环境防护距离与卫生防护距离确定技术方法对比研究[J].气象与环境学报,2009,25(4):66-71.

[64] 丁峰,李时蓓,赵晓宏.大气环境影响预测与评价编写及技术复核要点分析[J].环境监测管理与技术,2008,20(6):65-68.

[65] 肖杨,毛显强,马根慧,等.基于ADMS和线性规划的区域大气环境容量测算[J].环境科学研究,2008,21(3):13-16.

[66] 王格.铁岭市各类大气污染源浓度贡献分析[J].环境保护科学,2008,34(2):7-9.

[67] 丁峰,李时蓓,蔡芳.AERMOD在国内环境影响评价中的实例验证与应用[J].环境污染与防治,2007,29(12):953-957.

[68] 胡刚,王里奥,张军,等.ADMS模型在复杂地形地区的应用[J].重庆大学学报(自然科学版),2007,30(12):42-46.

[69] 江磊,黄国忠,吴文军,等.美国AERMOD模型与中国大气导则推荐模型点源比较[J].环境科学研究,2007,20(3):44-51.

[70] 迟妍妍,张惠远.大气污染物扩散模式的应用研究综述[J].环境污染与防治,2007,29(5):376-381.

[71] 杨洪斌,张云海,邹旭东,等.AERMOD空气扩散模型在沈阳的应用和验证[J].气象与环境学报,2006,22(1):58-60.

[72] 田秀华.恶臭污染物的排放与监测[J].城市环境与城市生态,2005,(5):35-37.

[73] 王淑兰,张远航,钟流举,等.珠江三角洲城市间空气污染的相互影响[J].中国环境科学,2005,25(2):133-137.

[74] 任亚杰,胡仪元,黄新民,等.局部大气污染对温室效应影响的理论分析[J].宝鸡文理学院学报(自然科学版),2003,23(4):284-287,317.

[75] 于连生,王晓华,房春生,等.环境价值核算对环境影响评价有效性的影响[J].环境科学,1997,18(2):70-73,95-96.

[76] 钟世坚.区域资源环境与经济协调发展研究[D].长春:吉林大学,2013.

[77] 张秀梅.区域生态环境与经济协调发展评价研究[D].南京:南京大学,2011.

[78] 朱翔,朱云,翟云波,等.长株潭地区水环境生态安全评价[J].湖南大学学报(自然科学版),2011,38(1):72-77.

[79] 王笑峰.矸石废弃地生态恢复机制及优化模式研究[D].哈尔滨:东北林业大学,2009.

[80] 郭少锋.城市工业废弃地生态修复与更新思路初探[D].天津:天津大学,2007.

[81] 史贵涛,陈振楼,李海雯,等.城市土壤重金属污染研究现状与趋势[J].环境监测管理与技术,2006,18(6):9-12,24.

[82] 全海.山区小流域生态恢复研究进展[J].中国水土保持科学,2006,4(4):103-108.

[83] 李天星.国内外可持续发展指标体系研究进展[J].生态环境学报,2013(6):1085-1092.

[84] 胡斌.两型社会视角下工业园区建设评价研究[D].长沙:中南大学,2012.

[85] 陶晓燕,章仁俊,徐辉,等.基于改进熵值法的城市可持续发展能力的评价[J].干旱区资源与环境,2006,20(5):38-41.

[86] 李世龙.循环经济运行模式及其制度保障

研究[D].重庆:重庆大学,2006.

[87] 边均兴.面向可持续发展的生态工业园建设理论与方法研究[D].天津:天津大学,2005.

[88] 薛东辉.从可持续发展到循环经济[J].特区经济,2005,(5):207-208.

[89] 张卫民.基于熵值法的城市可持续发展评价模型[J].厦门大学学报(哲学社会科学版),2004,(2):109-115.

[90] 张卫民,安景文,韩朝.熵值法在城市可持续发展评价问题中的应用[J].数量经济技术经济研究,2003,20(6):115-118.

[91] 乔家君,许萍,王宜晓.区域可持续发展指标体系研究综述[J].河南大学学报(自然科学版),2002,32(4):71-75.

[92] 张帆.可持续发展指标和指标体系研究现状述评:兼论中国可持续发展指标构建[J].内蒙古环境保护,2000,(2):11-16.

[93] 李赶顺,张玉柯,长谷川达也.循环经济与和谐生态城市[M].北京:中国环境科学出版社,2006.

[94] 关新宇,陈英葵.中国生态工业园区评价指标体系研究述评[J].工业经济论坛,2017,4(5):19-26,47.

[95] 朱宁峰.论绍兴传统集群产业升级的循环经济模式取向——兼论绍兴县滨海工业园与丹麦卡伦堡工业园的比较[J].绍兴文理学院学报,2014,34(7):56-62.

[96] 李伟.我国循环经济的发展模式研究[D].西安:西北大学,2009.

[97] 陈振华,袁九毅,潘峰,等.静脉产业类生态工业园区标准研究[J].安徽农业科学,2009,37(8):3728-3730,3742.

[98] 周强,高妍.生态工业园区评价指标体系构建的研究[J].商业经济,2007,(8):3-4,47.

[99] 商华.工业园生态效率测度与评价[D].大连:大连理工大学,2007.

[100] 徐贵林.西柏坡电厂基于技术进步的循环经济绩效研究[D].天津:天津大学,2007.

[101] 焦均志.生态工业园评价指标体系及产业链设计:以湖南岳阳为例[D].长沙:长沙理工大学,2007.

[102] 程达军.产业集群与循环经济工业园模式[J].商业时代,2006,(11):49-51.

[103] 王舒,黄贤金,陈逸.区域循环经济发展评价的应用研究:以江苏省为例[J].江西农业大学学报(社会科学版),2006,5(1):110-113.

[104] 黄海凤,张宏华,蔡文祥,等.基于灰色聚类法的生态工业园区评价[J].浙江工业大学学报,2005,33(4):379-382,402.

[105] 马春明,李宏伟,赵文凯.清洁生产、生态工业和循环经济[J].辽宁城乡环境科技,2005,25(2):51,53.

[106] 牛文元.循环经济:实现可持续发展的理想经济模式[J].中国科学院院刊,2004,19(6):408-411.

[107] 解振华.关于循环经济理论与政策的几点思考[J].环境保护,2004,(1):3-8.

[108] 元炯亮.生态工业园区评价指标体系研究[J].环境保护,2003,(3):38-40.

[109] 钟书华.工业生态学与生态工业园区[J].科技管理研究,2003,23(1):58-60.

[110] 王虹.生态工业园区运行机制与评价体系研究[M].北京:中国环境科学出版社,2008.

[111] 张楠.轻工业生态园区工业共生企业集群研究[D].天津:天津大学,2009.

[112] 吴松毅.中国生态工业园区研究[D].南京:南京农业大学,2005.

[113] 李有润,胡山鹰,沈静珠,等.工业生态学及生态工业的研究现状及展望[J].中国科学基金,2003,17(4):208-210.

[114] 覃朝晖.欧洲工业园区发展经验借鉴及启示[J].商业时代,2010,(23):131-132,116.

[115] 谭丹.基于"两型社会"建设的湖南文化产业集群模式分析[J].湖南社会科学,2010,(3):134-136.

[116] 乔琼."两型社会"建设的理论与体制机制创新研究[D].武汉:武汉大学,2010.

[117] 李金保.湖南长株潭城市群产业集群建设研究:基于构建两型社会的视角[J].商业文化(学术版),2010(2):172-173.

[118] 谭峥嵘."两型社会"建设中环境执法研究[J].改革与开放,2009,(16):26-28.

[119] 易晓波,曾英武."两型社会"建设与我国产业集群发展[J].中国高校科技与产业化,2008,(6):68-71.

[120] 洪艳."两型社会"视角下湖南产业集群探析[J].湖南社会科学,2008,(3):107-112.

[121] 杜涛,陶良虎.基于两型社会要求的武汉绿色物流发展研究[J].商品储运与养护,2008,30(5):10-14.

[122] 骆建华.日本工业园区建设的经验及启示[J].今日浙江,2003,(22):36-38.

[123] 李文华,王如松.生态安全与生态建设[M].北京:气象出版社,2002.

[124] 王依军.中国资源环境现状:统计数据的呈现[J].中国统计,2011,(7):15-16.

[125] 张宇.中国模式:改革开放三十年以来的中国经济[M].北京:中国经济出版社,2008.

[126] 潘岳.直面中国资源环境危机:呼唤以新的生态工业文明取代旧工业文明[J].环境教育,2004,(3):5-7.

[127] 朱坦,高帅.生态文明建设与再生资源产业[J].再生资源与循环经济,2014,7(1):9-11.

[128] 金涌,李有润,冯久田.生态工业:原理与应用[M].北京:清华大学出版社,2003.

[129] 于秀娟.工业与生态[M].北京:化学工业出版社,2003.

[130] 刘艳娇,栾秀云.我国天然气资源开发现状及未来发展趋势展望[J].当代化工,2014,(10):2140-2142.

[131] 冯相昭.中国天然气开发的环境监管制度[J].环境保护与循环经济,2014,34(8):4-8.

[132] 郑得文,张光武,杨冬,等.国内外天然气资源现状与发展趋势[J].天然气工业,2008,28(1):47-49.

[133] 黄平辉,张淑英,秦启荣,等.中国天然气资源现状、需求展望及对策[J].新疆石油地质,2005,26(1):105-107.

[134] 敬宪科.石油资源开发中的环境污染问题[J].环境研究与监测,1996,(2):27-29.

[135] 付霄.海上石油开采对海洋生态环境的影响及对策研究[J].科技创业家,2013,(24):190.

[136] 任晓荣,赵福宇.中国石油工业可持续发展的战略选择[J].系统工程理论与实践,2005,25(10):131-137.

[137] 王基铭.生态文明建设与石油石化产业升级[J].化工学报,2014,65(2):369-373.

[138] 赵树魁,谭淑梅,王继珍.大庆市生态城市建设的影响因素与对策[J].生态学杂志,2008,27(5):847-852.

[139] 宋会霞.我国海洋资源开发中存在的主要问题及对策[J].快乐学习报(信息教研周刊),2014,(7):32.

[140] 郑苗壮,刘岩,李明杰,等.我国海洋资源开发利用现状及趋势[J].海洋开发与管理,2013,30(12):13-16.

[141] 张宇.浅析海洋环境保护与海洋污染防治[J].商品与质量(消费研究),2014,5(2):248.

[142] 马凤媛.浅论海洋环境保护对我国构建海洋强国战略的重要意义[J].法制与社会,2014,(12):152-154.

[143] 孙松.我国海洋资源的合理开发与保护[J].中国科学院院刊,2013,(2):264-268.

[144] 史兆光,单新静.海洋资源可持续开发与环境保护的低碳发展模式[J].南京林业大学学报(人文社会科学版),2011,11(1):51-55.

[145] 陈婷,张琳琳,杨荣升.海洋经济发展与生态文明[J].人民之声,2013,(7):29-32.

[146] 刘致捷.加强海洋生态保护的思考[J].学理论,2012,(2):35-36.

[147] 李萌羽.深生态学视域下海洋资源开发与保护实现机制研究[J].中国海洋大学学

报(社会科学版),2014,(6):25-30.
[148] 郭文彬.人海关系和谐发展海洋循环经济[J].海洋开发与管理,2007,24(1):76-79.
[149] 陈毓川.解析矿产资源[J].科学中国人,2014,(1):28-33.
[150] 罗小强.矿产资源现状与对策研究[J].地球,2015(1):122,282.
[151] 中国科学院.中国至2050年矿产资源科技发展路线图[M].北京:科学出版社,2009.
[152] 金涌,ARONS J D S.资源·能源·环境·社会:循环经济科学工程原理[M].北京:化学工业出版社,2009.
[153] 岑文.矿产资源开发对环境的影响及对策[J].中国高新技术企业,2014,(23):128-129.
[154] 孙涛.矿区生态工业共生途径研究[J].内蒙古煤炭经济,2008,(3):99-100.
[155] 王永生,张延东.以工业共生方式促进矿区循环经济的发展[J].煤炭工程,2008,(4):89-91.
[156] 谢雄标,严良.西部矿产资源产业的现状、问题及升级路径选择[J].中国矿业,2011,20(11):17-20.
[157] 舒文.基于环保视角研讨可再生资源的开发与利用[J].地球,2015(1):325.
[158] 程会强.我国再生资源产业园区的发展战略[J].资源再生,2014(6):13-16.
[159] 再协.加强再生资源回收利用的污染防治[J].中国资源综合利用,2014,(8):10-11.
[160] 杨履榕,祝圣训.我国再生资源循环经济的策略研究[J].资源开发与市场,2003,19(5):304-306.
[161] 钱俊生.循环经济与资源再生产业战略[J].环境保护与循环经济,2012(7):17-20.
[162] 李建雪,李艺纹.天津滨海新区生态建设战略思考[J].山西财经大学学报,2010,32(2):67.
[163] 江曼琦.天津滨海新区成长的机理与发展战略选择[M].北京:经济科学出版社,2012.
[164] 周宇.关于天津滨海新区战略地位与发展规划的思考[J].特区经济,2011(11):68-69.
[165] 石玲玲.关于滨海新区发展循环经济的研究[J].科技创新与应用,2014(27):273.
[166] 薄文广,欧阳伟军.天津滨海新区发展经验及制约因素[J].开放导报,2013(2):34-37.
[167] 佳图文化.总部科技园[M].天津:天津大学出版社,2010.
[168] 赵烁,王永强.南港东部港区规划布局研究[J].港工技术,2014(1):15-17.
[169] 杨鸿彬.南港工业区现浇箱梁支架软基处理研究[D].天津:天津大学,2012.
[170] 徐征祥,袁立文.试论南港在天津港口开发建设中的重要地位和作用[J].港工技术,2014(2):46-47.
[171] 吴晓波.天津滨海新区南港工业区石油化工区环境风险评估[D].天津:南开大学,2011.
[172] 王欣,项铁丽,杜书田.天津滨海新区石化产业发展资源环境与产业转型路径研究[J].中国科技成果,2013(4):11-13.
[173] 孙洪磊,邹兰.天津南港重化工发展之路[J].瞭望,2010(11):61-62.
[174] 路露.以天津开发区南港工业区东部港区为例谈港区建设的投融资问题研究[J].吉林画报(教育百家),2013(4):117-119.
[175] 李娅莉,付金emble.南港工业区绿化工作初探[J].绿色科技,2012(3):117-118.
[176] 李旭彬.天津南港工业区造陆工程施工管理及成本控制[D].天津:天津大学,2011.
[177] 李鑫,郑厅厅.天津南港工业区防潮及高程设计[J].港工技术,2014(2):18-20.
[178] 董锐.打造现代港区构建重工旗舰:天津南港工业区发展建设纪实[J].时代经贸旬刊,2010,(11):16-23.
[179] 踪家峰.天津空港国际物流区的功能和发展模式研究[J].中国民航大学学报,2002,20(2):7-10.
[180] 张向东.天津空港口岸旅检的放射性监测

与分析[J].口岸卫生控制,2013,18(4): 5-8.
[181] 张建,冯珣.天津空港务园的设计与建造策略[J].城市环境设计,2013(Z2): 306-311.
[182] 许夏鑫.天津空港物流园区战略发展思路[J].科技与企业,2012(12): 10.
[183] 许来军.天津空港国际物流区发展策略[J].港口经济,2009(5): 21-23.
[184] 许来军,拓展天津空港物流区功能 促进区域快速发展[J].港口经济,2013(10): 23-24.
[185] 武岱.放大用足天津海港空港比较优势支撑带动京津冀交通运输协同发展[J].中国水运,2014(7): 15-17.
[186] 王珂.天津空港国际物流区发展对策思考[J].港口经济,2003(1): 45-46.
[187] 王珂.天津空港国际物流区经营策略研究[J].环渤海经济瞭望,2006,5(7): 19-21.
[188] 王剑.工业园区生态化的产业共生体系研究:以天津空港经济区为例[J].再生资源与循环经济,2012,5(10): 6-9.
[189] 王海峰,王宏,范昌福,等.天津空港牡蛎礁:中全新世环境恶化与新构造控礁作用[J].地质通报,2012,31(9): 1387-1393.
[190] 王桂玲,孙超,祁军.对天津空港口岸15例梅毒感染者的分析[J].口岸卫生控制,1998,(1): 30-32.
[191] 钱方,赵菲菲,全新晴.天津空港物流加工区城市设计[J].城市建筑,2007,(2): 64-66.
[192] 刘雪飞.天津空港经济区循环经济发展研究[D].天津:天津大学:2010.
[193] 黄燕杰,张虹.天津空港物流园区规划初探[J].山西建筑,2009,35(21): 37-38.
[194] 洪再生,丁灵鸽.大型空港物流园区的规划要素分析及设计实践:以天津空港国际物流园区为例 [J].城市规划学刊,2009,(4): 46-52.
[195] 董维忠.天津空港物流加工区简介[J].港口经济,2003(1): 22.
[196] 崔培培,李慧明,崔晓莹.天津空港经济区发展循环经济的SWOT分析[C].中国环境科学学会,2011: 74-78.
[197] 赵群.关于天津临港产业区总体规划的构想[J].港工技术,2007(5): 14-16.
[198] 余厚新.临港产业区产业选择及发展布局研究[D].天津:天津大学,2011.
[199] 于建.天津临港经济区港口物流业的发展研究[D].天津:天津大学,2011.
[200] 杨丽.天津临港经济区科技产业发展战略及其评价模型研究[D].天津:天津大学,2011.
[201] 王媛媛.借鉴发达国家经验发展天津临港经济[J].港口经济,2013(10): 28-31.
[202] 王磊,李慧明.天津临港工业区循环经济发展思路 [J].再生资源与循环经济,2009,2(12): 11-14.
[203] 王磊.天津临港经济区南部区域发展工业地产探讨[J].港口经济,2014(9): 27-29.
[204] 王克勤.天津临港工业港务有限公司发展战略研究[D].天津:天津大学,2010.
[205] 王海平.天津滨海新区临港产业功能区发展的新特征[J].港口经济,2012(7): 1.
[206] 路立,谭春蕾.构建低碳模式下的循环经济产业:以天津临港工业区分区规划环评为例[J].城市,2013(1): 49-53.
[207] 刘雷.围海造陆在天津临港工业区的应用[D].天津:天津大学,2012.
[208] 刘大禹.天津临港产业集群发展战略研究[D].大连:大连海事大学,2008.
[209] 李瑞莎.拓展临港产业链 推动滨海新区临港产业发展[J].港口经济,2011(8): 35-38.
[210] 胡军,朱坦,尹琪.发展循环经济建设生态临港:天津临港工业区循环经济发展现状与对策[J].环境保护,2010,439(5): 60-62.
[211] 董承赞. 天津临港工业区发展战略研究[D].天津:天津大学,2006.
[212] 赵贵全.循环经济下的氯碱工业化工生态园区的建设及绿色营销策略研究[D].天津:南开大学,2010.
[213] 张东升.构建绿色生态型化工园区[J].中

国城市经济,2008(4):70-71.

[214] 王永萍,寇小萱.天津滨海新区化工产业生态园发展的政策导向研究[J].集团经济研究,2007(09Z):208-209.

[215] 王学俊.天津大港石化产业园区发展战略研究[D].天津:天津大学,2013.

[216] 田锋. 发展循环经济建设生态化工园区[J].化学工业,2006,24(4):16-21.

[217] 刘凤,董鑫.化学工业区生态建设模式构想[J].当代化工,2010,39(3):323-325,328.

[218] 康永.生态工业园区的内涵和特征[J].乙醛醋酸化工,2013(3):22-28.

[219] 程磊.化工生态工业园区规划设计与可持续发展评价[D].大连:大连理工大学,2007.

[220] 耿庆辉.社会管理创新:天津市滨海新区中塘镇之案例研究[D].天津:天津大学,2012.

[221] 李小玲.天津经济布局的特点及其发展潜力研究[D].天津:天津工业大学,2007.

[222] 贾春秀.调整产业结构 打造环保产业的航空母舰:天津市东丽区环保产业的现状及发展对策 [J].科技视界,2014(22):259,313.

[223] 黄伟.天津市东丽区市政工程项目管理研究[D].长春:吉林大学,2011.

第三篇

生态工业系统中的企业

第一章 概 述

第一节 生态工业系统在国家发展战略中的定位

一、可持续发展与生态工业革命

1972年，罗马俱乐部发表了《增长的极限》[①]，引发人们对危及人类未来可持续发展的一系列全球性问题进行深刻反思。1992年，在里约热内卢世界环境与发展大会上，人类的可持续发展问题正式在全球范围达成广泛共识。此后，有关什么是可持续发展、如何评价可持续发展以及采用哪些评价指标体系等理论问题引起了学术界广泛深入的讨论。可持续发展的概念也从生态环境、资源利用扩展到历史文化、社会制度等诸多方面。

在各种理论探讨不断深入的同时，更为迫切的实践工作也在逐步展开。近年来，发达国家不少有识之士已经认识到工业化引发的危机，必然要从工业本身入手，来实现发展的可持续性。对现有的工业体系不能仅仅进行局部的修修补补，诸如制订越来越严格的"三废"排放标准、增加各式各样的末端处理装置（小到汽车尾气净化装置、大到填埋处理核废料的庞大设施），以及在原有模式下改变设计以达到有限提高能源使用效率的目的等，已无根本性意义。必须从整体上重新规划工业体系，对其进行一场革命性的调整和再造，才可称为生态工业革命。而着手进行重新规划的参照样本就是已经经历了数十亿年发展历程，目前依然欣欣向荣的地球生态系统。生态工业革命已经在经济理论研究、社会政策研究和专业工程技术研究领域，乃至更广阔的社会范围形成广泛的共识，为可持续发展理念走向实践指出了一个充满希望的方向。

然而直到目前，对许多发展中国家和地区来说，利用廉价的劳动力和土地成本优势，模仿复制发达国家现有工业体系似乎仍然是实现现代化的唯一途径。一方面，全球范围内的市场自由化浪潮，使跨国资本更加方便地攫取这些低成本资源，继续维持其高额收益；另一方面，落后国家和地区在推行出口导向的发展政策时，却面临越来越复杂的各种非关税壁垒，包括环境保护标准、劳动标准等，在自由市场的竞争中处于不利地位。如果不能深刻理解发达国家内部酝酿的这一生态工业革命，那么我们可能不仅会在日益深入的全球化进程中付出高昂的发展代价，而且将再次错失发展的良机。

(一) 生态工业的理论与实践

苏伦·埃尔克曼在《工业生态学》一书中回顾了20多年来生态工业的理论发展，指出可

[①]《增长的极限》是2013年机械工业出版社出版的图书，作者是美国的德内拉·梅多斯、乔根·兰德斯、丹尼斯·梅多斯。该书挑战现有思维模式和行为模式，向读者展示低碳经济、生态足迹等话题，是系统思考方面的典范之作。

持续发展工业必须实现从末端治理的被动环保主义向物质能量循环一体化的工业体系转变。这种工业体系"完全可以像一个生物生态系统那样循环运行:植物吸取养分,合成枝叶,供食草动物食用,食草动物本身又为食肉动物所捕食,而它们的排泄物和尸体又成为其他生物的食物"。

该书总结了工业生态学的3个基本要素:"①工业生态学是一种关于工业体系的所有组成部分及其同生物圈关系问题的全面的、一体化的分析视角;②工业生态学体系的生物、物理学基础,即与人类活动相关的物质和能量流动与储存,是工业生态学研究的范围,与目前常见的学说不同,工业生态学的观点主要运用非物质化的价值单位来考察经济指标;③科技的动力,即关键技术种类的长期发展进化,是工业的一个决定性(但不是唯一)因素,有利于从生物系统中获得知识,把现有体系转换为可持续发展的体系。"

生态工业革命在价值观上对传统经济理论提出了挑战,这一理念付诸实践将对社会产生深远影响。从表面上看,至少有两点非常明显。

首先是对发达国家社会生活方式的影响。在提交罗马俱乐部的报告《四倍跃进》中,我们可以看到,生态工业将影响到人们衣食住行的各个方面,而重要的是,所有这些改变都有现有的技术作为保证。该报告的作者不遗余力地对所有的技术和方法改进进行价格成本分析和生态成本分析,力图告诉读者,采用新技术、新方法使生活方式更加符合生态可持续性要求,不但没有额外的成本负担,反而有利可图。这种在维持消费水平不降低的基础上谋求生态可持续发展的立场,显然比依靠单纯说教让已经习惯于舒适生活的人们采用降低生活标准的方法节约物质、能量消耗,要有吸引力得多。

其次是对生产组织形式的改变。这一点主要体现在生态工业园区的建设和日渐风靡上。事实上,工业生态学本身的发展是与生态工业园区的自发性实践过程密不可分的。其中有关工业生态系统的一个经典案例——卡伦堡工业共生体系是从20世纪50年代以来逐渐自发形成的,到80年代以后才开始为世人所关注。在这个人口不足2万的丹麦小城,几家工厂通过互相连接的管道,实现废物和热能的循环利用,从而减少了本地工业对环境的干扰,提高了资源利用效率。随着可持续发展引起世人关注,生态工业园区的价值开始受到重视,许多国家纷纷规划筹建自己的生态工业园区。截至2005年,美国已有16个生态工业园区项目,包括以沿海工业为特色的弗吉尼亚查尔斯港工业区,以老工业区改造为特色的巴尔的摩费尔菲尔德工业区、查坦努加工业区,专门从事工业废物交易的得克萨斯布朗斯维尔市场,以及各种绿色产品和环保技术产业园区。加拿大有9个主要的生态工业区计划,主要工作尚处在试验阶段。同时还有相当数量规划建设中的工业区在部分借鉴生态工业的思想。欧洲、日本在生态工业园区建设方面也各具特色。各种专门从事生态工业研究的机构应运而生,如国际联系与发展研究会、美国总统可持续发展委员会等。许多大学还开办了相应的课程,研究推广相关技术的思想。

(二) 生态工业革命的社会背景

如果我们把上面所说的生态工业革命仅仅看作环境保护主义的进一步发展,或者新一轮基于环保时尚的生产生活方式改变,以为只要通过引进先进的环保技术,我们就能够像模仿传统工业模式一样把发达国家的生态工业园区样板连同时尚的生活方式一起复制过来,恐怕太简单了。透过表面现象,考察更深层次的推动这一变革的社会基础就会发现,除了环保观念以外,生态工业革命还涉及其他社会背景。

20世纪60年代以来,科技进步与世界市场自由化趋势推动了新一轮的经济活动全球化浪潮。一些发展中国家和地区抓住这一机遇,利用廉价的土地和劳动力资源,以及发达国家开放的广大市场,实现了经济腾飞。这一发展奇迹的示范效应带动了众多的发展中国家纷纷采取出口导向型发展战略,力图快速实现工业化和现代化。而对于发达国家的传统工业区域来说,经济活动全球化给地方产业发展带来了更加激烈的竞争和不确定的市场环境。生产活动随着资本转移到世界的其他地区,导致了地方劳动就业率下降、生产条件恶化、经济发展停滞等问题。发达国家引以为豪的社会福利体系也面临入不敷出的困境。许多关于地方产业区的研究开始关注在全球低成本竞争日趋激烈的背景下,发达国家内部仍然能够保持繁荣的区域,以及这一类区域的地方竞争优势所在。人们在硅谷发展了高科技,在日本、意大利发展了高度一体化的本地企业网络;人们从技术创新追溯到制度创新,乃至社会文化基础创新。究其根本,区域需要在一种社会共识的整合下形成一种合力,这种合力是一种社会资本,可以促进有利于实现社会共同目标的竞争与合作,优化市场的功能,提高创新能力。这种社会共识可以内化到法律、制度、传统,甚至地方文化与大众心态中,从而使本地的经济活动得以在当地扎根,进而在全球竞争中获得更为长期的优势。其中,可持续发展理念已在各种层次的社会共识中脱颖而出,成为当今最具广泛号召力的人类目标。在这一理念指引下的生态工业革命事实上是针对所有上述社会问题而展开的,当然其对社会的影响也不会仅仅局限于发达国家内部,而有可能对全球贸易和生产活动都产生深远影响。

(三) 生态工业革命对全球贸易和生产活动格局可能产生的影响

1. 物质产品出口市场压缩,生态环境保护壁垒将成为强有力的贸易非关税壁垒

按照"生态脚印"的理论,我们每个人、每个城市所消耗的能源物质远远超过本身占据的空间所能提供的,这些负担将由更大范围的地球生态系统来承载。这种负担被形象地比喻为"生态脚印"。不同的生活方式产生的"生态脚印"大小是不一样的,纽约的城市居民与非洲土著部落相比,可能相差几十倍甚至上百倍。采取可持续的生活方式,就必须减小"生态脚印",在不降低生活水平的前提下,尽量就地取材,提高能源物质使用效率,回收利用各种废弃物。为了鼓励这种生态化的生活方式,就必须对市场机制进行调整,把生态负担计算到消费品价格中去,很多办法已经在尝试之中。比如,德国就采用生态认证的办法,对不同来源的产品的生态负担进行量化,并公之于众,让有环保意识的公众自己选择。其结果,最直接的就是使需要长途运输的产品丧失竞争力(因为运输行为本身的"生态脚印"就大得惊人)。此外,减少废弃物的要求被仔细地纳入立法当中,产品的耐用性重新受到重视,这必将压缩物质产品制造业的规模,而出租、维修、翻新等典型的本地化服务活动将会受到市场青睐。美国著名的陶氏化学公司甚至想出了出租有机溶剂的高招,用户用完了以后,由公司负责回收再利用,防止因废弃有机溶剂惹来官司。毫无疑问,这种在降低生态负担的同时,又可扩大本地就业的思路对于发达国家内部的普通大众是十分有吸引力的。而资本雄厚的跨国公司即使不情愿,也不得不顾及公司自身的形象,采取合作的姿态。这种倾向已经发展成为一种新贸易保护主义,蒂姆·朗和科林·海兹在《新贸易保护主义》一书中就写道:"自力更生应该成为国家内部以及一个地区的国家之间的一个共同目标,这样可以使它们在力所能及的范围内最大限度地满足需要和提供服务。如果经济活动是为自力更生提供服务,那么,它们对国际贸易的依赖程度就会降低,经济增长受无情竞争的影响也会减少。当生产和就业必须一致为了满足地方需要而服务时,就应该重新将经济活动定位,使其摆脱出口导向模式。"

同时,发达国家产品的生态标准越来越严格。以冰箱耗能为例,按每升容量计,1972年美国出售的机型平均消耗 $3.36\ kW\cdot h/a$;1987年当加利福尼亚州能源适用标准生效后,降到 $1.87\ kW\cdot h/a$;1990年颁布了一项新的联邦标准,禁止出售比 $1.52\ kW\cdot h/a$ 更高的产品;1993年,联邦标准的限制值又降到 $1.16\ kW\cdot h/a$;而美国主要的生产厂家在1997年允诺到1998年可以将该标准减到低于 $0.86\ kW\cdot h/a$。至于汽车、空调、食品等各种产品的绿色标准更是层出不穷。这些基于高新技术的产品的绿色标准构成了一道无形的屏障,把依靠引进模仿推动技术改进的落后生产者排斥在市场之外。以降低贸易壁垒,促进国家

间贸易为宗旨的关税及贸易总协定(GATT)也在协定中为环境保护目标提供了例外条款,允许为保护人、动物和植物的生命和健康而采取贸易限制措施。尽管如此,发达国家的环境保护势力仍然不满世界贸易组织(WTO,前身为"关贸总协定"组织)对此条款采用的狭义的解释,认为其为促进国际贸易而牺牲了生态环境。针对西雅图世贸会的一些抗议活动的起因就是人们发现世贸组织做出的有些裁决违背了美国旨在保护生物多样性和治理大气污染的法律。

2. 生态工业园区将加强发达国家工业生产活动的本地植根性

过去几十年中,经济活动全球化加速了新旧产业空间的兴衰更迭,加剧了彼此之间的竞争。在现代信息技术和交通技术的帮助下,跨国公司控制的生产链把位于世界各地的产业区连成全球生产网络,国际贸易已经从最终产品交易向不同阶段产品的空间流动(既包括物质流动,也包括信息流动)转变,生产活动的区位选择自由度大大增加了。发展中国家的低成本优势在这种全球化的工业面前具有较强的竞争力。但是基于生态工业革命的生产组织形式变革,将打击发展中国家利用低成本优势模仿发达国家传统工业区的努力。生态工业园区的发展目标就是要尽可能实现本地生产过程中的物质能量循环,通过本地生产生活系统的有机结合,减少系统内外的物质能量交换。也就是说,这种发展模式最终会使产业区从物质产品输出为主,转向技术、服务等非物质形态产品输出为主。而目前发展中国家和地区的传统工业区大多依靠向发达国家市场大规模输出产品来维持高速增长。之前无果而终的西雅图世贸组织会议上,有关发达国家提议开放全球服务贸易市场的倡议,成为南北双方分歧的焦点之一,其中的缘由也就不难理解了。

生态工业园区通过企业间的网络化联系实现相互之间的物质、能量交换,这种关系反过来又加强了本地企业之间的相互依赖。很多生态化改进建立在企业之间长期合作的基础之上,从而大大增加了企业的本地植根性。尽管早先的生态工业园区存在为了环境利益而使居民牺牲经济利益的情况,如前面提到的卡伦堡工业共生体系为了让居民使用热电厂的余热取暖,而拒绝引入相对廉价得多的天然气;但近年来,越来越多的生态工业园区开始研究并注重发掘本地企业的网络化联系来降低地方整体生产成本和提高生产效率方面的潜力。理论上讲,成功设计的生态工业园区,应当不仅能把企业的生产活动留住,而且能为它们提供更加持久的竞争优势,既包括成本上,也包括技术创新、企业形象等方面。如果把绿色屏障作为一种贸易保护手段还会受到市场自由化势力的阻挠,那么这种立足于地方竞争优势的变革更能博取广泛的认同。

(四) 我国应采取的应对之策

由于环境保护主义兴起还不到50年,生态工业思想的提出更是最近10~20年的事,其对国际贸易、全球生产活动的实际影响,还有待实证检验,但从人类社会可持续发展的角度来说,对原有工业体系进行结构性的改革却是势在必行。很显然,利用全球市场自由化迅速实现工业化的机会一去不复返了,即使有,也要担负巨大的生态环境成本,乃至生态灾难的风险。积极面对生态工业革命,未尝不是抓住了一个新的发展机遇。我国在环境保护方面虽然一向态度积极,但是生态工业强调的3个基本点(改革一体化、引入非物质的价值评判标准和技术的长期演进性)却应当引起足够重视。

首先,要把可持续发展目标引入市场机制,确定非物质的价值评判标准。迈克尔·波特曾经指出,提高环境标准,有利于激发这方面的技术创新,但是具体的环保政策如何制定却很复杂,关键在于可持续发展目标涉及大量的非物质的价值评判标准。目前通行的经济发展指标GDP并不能反映可持续发展的要求,也不见得能全面反映人民生活质量的提高。比如在环境优美、安全宁静的街道上骑自行车是一种有利身心健康、对环境也没有破坏的活动,但是这种快乐无法反映在GDP的增长上;而汽车工业的产值无疑在拉动国民生产总值提高方面具有重要意义,于是我们不得不花费巨大的成本保护国内低效率的汽车工业，在城市里让自行车、行人统统给汽车让路，把大量的城市土地用于修建高标准的道路、停车场，再花更多的钱给汽车安装尾气净化装置。短短几年时间，在中国的大城市里，汽车数量激增已经成为许多令人头疼的问题的根源，为解决这些问题而额外投入的人力、物力都可以转化到 GDP 的增长中，但这些与改善广大人民生活质量没有多大关系。再看看国外的情况，自行车工业一直是德国长盛不衰的制造业部门之一，目前的表现甚至比飞机工业还要好；美国是世界上年消耗自行车最多的国家，若按人均消费量算，日本和欧洲国家更高。如果城市规划、产业规划和市场调控手段运用合理，不一定需要巨大的投入，就可以使自行车产业成为国民经济的一个重要增长点。这要求我们在设计环保政策的时候，有一种一体化的眼光，合理地运用市场机制反映我们真正的需要。

其次，在引进和推广生态工业园区的设计思想时，研究国外已有的生态工业园区的成功案例固然重要，但更要深入分析、了解自身的实际。正如前面所介绍的，生态工业园区必须建立在地方企业之间相互信任、长期合作的基础上。很多技术本身并不复杂，但是没有系统的配套合作，就无法采用，这也是技术的长期演进性所决定的。目前我国企业之间、部门之间条块分割、相互隔绝、相互封闭的状态，对于推广这一社会性较强的生产组织形式十分不利。但是不能因为困难而放弃，一个比较现实的办法是从较小规模的区域层次做起，从新工业区做起，或者在工业区的规划改造过程中部分引入生态工业的思想。这里，我们不愿意使用"示范"一词，就是因为生态工业园区的建设必须结合地方实际。地方企业网络的形成是一个复杂的动态过程，不恰当的人为干预可能会事与愿违，起不到促进地方经济可持续发展的作用。

我国目前要力争保持一个较快的经济增长速度，快速的工业化和城市化的过程是无法避免的，但其中也面临着道路选择的问题。从发达国家的经验看来，人们对自身生活环境的关注会随着生活水平的提高而提高。因此，按照我国的发展目标，在 21 世纪环境问题将更加受到社会的普遍重视。生态工业所倡导的一体化的思想和自力更生的发展方向对我们这个世界第一的人口大国如何规划未来是有重大借鉴意义的。

二、生态工业是 21 世纪我国工业发展的必然选择

(一)传统工业发展模式的反思

工业化是 18 世纪工业革命以来人类社会主导的物质资料生产方式和经济发展模式。它曾极大地促进了人类的发展，创造了以巨大物质财富为特征的现代工业文明，但是全球生态危机的出现证明了传统工业化模式的种种弊病及其发展的不可持续性。从生产与环境的关系角度看，传统工业生产方式有以下几个特征和弊病。

1）传统工业生产方式是一种以消耗不可再生资源为主的工业化生产方式，煤、石油、天然气和其他矿产资源一直是工业各部门（特别是重工业部门）的能源和原材料的主要来源。

2）传统工业生产方式是一种高资源耗费的工业生产方式，与低投入、低产出的传统农业相比，传统工业化的生产依赖于大量的自然资源投入，能源和原材料的耗费量十分巨大。

3）传统工业生产方式是一种高污染的工业生产方式。传统工业生产在对自然资源的开采和加工生产的过程中、在工业品的使用过程中，都可能产生废气、废液、废渣等污染物质。工业"三废"一直是造成环境污染的主要污染源。

4）传统工业生产方式采用的基本上是一种单向非循环的工业生产流程。这个过程可以简单表示为：资源→加工转换→产品。对必要的资源环境利用流程的忽视，在相当程度上加深了资源的耗费和环境的污染。传统工业生产方式正变得越来越难以为继。

(二)生态农业的启示

如何寻找一种新的工业生产方式呢？生态

农业的实践给了我们积极的启示。生态农业就是将生态学的基本理论运用于农业生产实践的一种农业模式。生态农业有以下几方面的特点。

1）农业生产活动是生态圈（也称生物圈）中生态运动的一个有机过程，是生态再生产与经济再生产的有机结合。因而运用生态学理论指导农业生产不仅是必要的，而且是可行的。

2）在历史继承方面，生态农业吸取了传统有机农业的精华和工业化农业对现代科学技术的合理运用成果，同时又避免了传统农业产出低和工业化农业高消耗、高污染的缺点。

3）在技术设计思想上，强调运用生态学理论指导设计农业生态系统。

4）在产业结构上，强调建立种植业、养殖业和农产品加工业协调平衡的大生态农业结构。

5）在效益问题上，注重经济、生态和社会效益三者的统一。

6）在发展问题上，主张通过生态农业推动农村社会的持续全面发展。

总之，生态农业的核心思想是：①保护和改善农业生态环境；②在生态学理论指导下，有效、持续地促进农业生态系统的物质循环和能量转化，以积极提高农业生态系统的生产力。发展生态农业已被确定为中国农业发展的基本方针和政策。

（三）生态工业是我国的必然选择

变革传统工业发展模式，建立生态与经济相协调的生态经济效益型现代工业发展模式，既是历史的必然，更是现实的呼唤。这就是说，我国工业发展的严峻现实迫切要求我们必须重构与现代市场经济相适应的现代工业发展模式。20世纪80年代以来，随着我国经济改革的进程，工业发展战略发生了重大转变，这在客观上要求推进工业发展模式的转变。可是，现实总不尽如人意，这种转换的进程十分艰难，它突出表现在：在工业生产建设中，片面地追求产值产量，不讲质量、品种；盲目追求高速增长，只管自己能够生产什么，不管产品销路和市场需求；只着眼于扩大生产规模，不讲求优化经济结构；只顾争投资、铺摊子、上项目，不顾国力、财力、物力能否承受；只讲经济效益，不管生态效益，这个项目能获利就上，管它生态被不被破坏，怎么排污对自己单位有利就怎么排，管它环境被不被污染。所有这些，使工业发展基本上是继续沿用多年来在产品经济思想指导下的传统计划经济体制所形成的传统的工业发展模式，因而，目前我国工业生产建设普遍存在着生产消耗高、产品质量低、建设浪费大、生态环境破坏严重等问题，极大困扰着我国社会主义市场经济的运行和发展。

现实的情况表明，就目前工业发展的总体而言，传统工业发展模式仍然处于主导地位，工业经济增长还是主要依靠资源、资金和劳动力的大量投入与消耗，在低技术水平、结构水平和管理水平的基础上，不得不消耗高于发达国家几倍的资源、能源来维持落后的工业发展模式和庞大的国民经济体系。据统计，1991年我国每万美元国民生产总值耗能是世界平均水平的3.9倍，比日本高4倍多，甚至比印度还要高出65%；能源投入产出效益，先进国家比我国高出3~6倍。长期以来，我国工业生产的物耗水平居高不下，1989年和1985年相比，在全国重点企业的考核指标中，有52%的企业消耗指标上升。据农业、工业、建筑业、运输业4个行业的统计，1991年同1978年相比，除建筑业外，物耗率都是上升的。而发达国家，因大量应用先进技术，使能耗、物耗较大幅度下降，如日本在1984年每单位工业产品的原材料使用量仅为1973年的60%。据世界银行的分析计算，20世纪90年代初，世界工业单位产品所需原材料量只有20世纪80年代初的40%，而且这种情况还有加快的趋势。所以，在发达国家里，传统的工业发展模式正在从人们的观念中和实际发展中逐渐淘汰；而我国工业发展仍然是"吃"得多、转化少、"拉"得多，其结果是符合社会需要的优质产品少，返回自然的废弃物多，变成污染源，导致生态恶化。这就是说，目前我国工业发展的经济效率低、生态经济效益差的状况并没有根本改变。随着社会主义市场经济的发展，现代工业企业制度的建立，现在到了应该彻底醒悟的时候了，应该把工业发展的重点转到推进工业发展模式上来了。

历史和现实都表明，我国工业发展已经被传统模式逼进了一个必须做出历史抉择的重要关头。是坚持传统工业发展模式，继续采取以高投入、高消耗、高污染来支撑工业高速增长，还是采取技术进步、优化结构、节约资源、保护生态环境的可持续性工业发展模式，这是摆在我们面前的两种选择，是关系工业发展命运的问题。既然传统工业发展模式已难以为继，我们就应当认真地吸取历史的教训和清醒地正视现实的困难，在建设现代市场经济体制的过程中，推进工业发展模式的转换，建立生态与经济相协调的生态经济效益型工业发展模式，即生态与经济相协调的、可持续性的生态工业模式，这是一种现代工业发展的最佳模式。所谓生态工业，是指合理地、充分地、节约地利用资源，工业产品在生产和消费过程中对生态环境和人体健康的损害最小以及废弃物多层次综合再生利用的工业发展模式，是一种现代工业的生产方式。这种模式与传统模式最显著的区别在于，它力求把工业生产过程纳入生物圈的物质循环系统，把生态环境优化作为发展的重要内容，作为衡量工业发展质量、水平和程度的基本标志，而纳入工业发展过程中，实现工业发展的生态化。所以，发展生态工业，是工业现代化建设从单纯注重工业经济增长到注重工业经济社会全面发展的一个重要的里程碑，是实现我国工业发展战略和发展模式的根本转变。它体现了工业生产技术体系和工业经济发展现代化的实质与方向，因而成为现代工业发展的理想模式和最佳形态。

(四) 全球生态工业发展现状及我国生态工业发展策略

长期以来，世界各国的工业界对防治工业污染普遍采取一种消极和抵制的态度。但是，自20世纪90年代以来，由于工业生产与发展正在发生深刻的变革，因此不少国家工业界的态度发生了重大变化：一方面，他们看到工业污染既破坏自然资源，又损害了人体健康，从而危及人类的生存和工业发展的生态基础；另一方面，认识到工业污染对生态环境质量的损害，不仅严重影响企业的名声，损害了企业的社会形象，而且不利于市场竞争，成为影响企业生存和工业发展的一个重要条件。因此，在绿色运动和市场竞争的压力下，人们对单纯追求利润为目的、忽视生态环境保护的传统企业经营思想和传统工业发展模式产生了怀疑。为了树立绿色企业的良好形象，增强企业的竞争力，发达国家开始兴起一股企业环保热，变革传统工业发展模式，使工业朝着生态化的方向发展，工业的绿化（即工业生态化运动）已成为现代工业发展的正确方向。联合国环境规划署称这种变化是工业与环境对抗的冰雪消融时代。那种只追求利润，不顾生态环境污染与破坏的时代将要结束了。正如美国《企业与环境》一书的作者乔格·温特所说："总经理可以不理会环境影响的时代已经过去了。将来，公司必须善于管理生态环境，才能赚钱。"这一工作应该是有利可图的，为这一计划而进行的投资很快会得到回报。世界第一大芯片公司——英特尔公司也将废料减少了一半，并且禁止使用对臭氧层有害的物质。新一代索尼电视机耗电量也减少了60%，电视机装配耗能减少了9%。

人类历史发展进入20世纪90年代以后，世界各国实行可持续发展战略在工业领域里的具体表现，就是实行工业可持续发展战略。因而，工业发展的持续性问题，即探索工业经济与生态环境相协调的可持续发展的现代工业新模式问题，已成为国际社会、各国政府、环境保护界和工业界共同关注的迫切问题。1991年，"世界工业环境管理大会"审议了《工业可持续发展宪章》；同年，联合国工业与发展组织"生态可持续性工业发展"的构想，明确指出："生态可持续性工业发展"，就是"在不破坏基本生态进程的前提下，促进工业长期为社会和经济利益做出贡献的工业化模式"，这就把生态发展的要求当作了工业发展模式的基本内容，并将"生态可持续性工业发展"当作了一种对环境无害或生态系统可以长期承受的工业发展模式,这是现代工业发展中历史性的重大转变。这个组织还在丹麦哥本哈根召开了"生态可承受的工业发展部长级会议",讨论了工业应当采取的发展模式和达到"生态可承受的工业发展"所采取的行动与措施,从而推动工业生态化运动的发展。所以,当今世界(尤其是发达国家)出现了工业的绿化浪潮,也就是现代工业发展生态化趋势。发达国家工业生产的各种各样的"绿色产品"越来越多;从"绿色食品"到"绿色用品",从"生态玩具"到"生态文具",从"生态时装"到"生态住宅",从"绿色汽车"到"绿色飞机",从"绿色产业"到"绿色市场"等,都在迅速崛起,这必将改变现代工业发展的产品结构、产业结构和技术结构,使现代工业发展进入一个新的阶段。

目前,我国生态工业还处于初建阶段,因此,改变传统工业发展模式,推行清洁生产,建立现代工业新文明,应从以下两个方面采取相应的策略。

1)必须把推行清洁生产同建立生态工业企业有机结合起来,推动生态工业的发展。所谓生态工业企业,是指在一个工业企业内按照总体的生态工业规划要求,运用生态经济学原理设计、创造工厂的工艺流程,使其形成一个无废料工艺或少废料工艺,使进入工厂的各种自然资源和原料得到最优利用,实现物质的良性循环和能量的充分利用,提高企业投入产出链(工业生物链)各环节上的物质、能量转换率,从而使企业形成一个少投入、少消耗、少污染而又多产出的现代企业生态经济有机整体。它是生态工业的基础单元和细胞。国内外大量工业企业的事实证明,要建设生态工业企业,必须在建厂时就要严格按照生态经济规律。自觉地采用综合利用资源的无废料工艺的现代化企业是有的;但更多的工业企业的原有生产流程和技术水平比较落后,生产过程中废料产出环节多、污染严重、产品质量差,但后来通过一系列技术改造,企业运行过程中的物质流、能量流、信息流和价值流从不合理逐步趋向合理,企业逐步走向无废料工艺生产的轨道,这就是清洁生产的轨道。

因此,更大量的生态工业企业只有推行清洁生产,进行技术改造,依靠技术进步,才能建设成为生态经济效益高的生态工业企业。

2)必须把建设生态工业企业同深入开展"清洁文明工厂""环境保护先进企业"的活动和向"花园式企业"进军紧密结合起来,推动工业的绿化。创建"清洁文明工厂",开展"环境保护先进企业"活动,向"花园式企业"进军,这是工业企业现代文明建设的战略任务,也是建设生态工业企业的重要途径。只要我们把它们紧密结合起来,就一定会不断涌现生态工业企业,有效地推进工业发展模式的转换,走出一条中国特色生态工业发展的绿色道路。这是生态时代赋予我们的神圣使命,是中国现代工业走向21世纪的历史任务。

三、清洁生产工艺战略

20世纪末,许多工业企业在对付环境问题的方式上,逐步放弃传统的对工业废弃物进行终端处理的做法,转而致力于减少各种废料的产生。工业企业应大力实施清洁生产战略。这一战略的目的是使人类社会避免不断增加的"三废"的危害。如传统的做法往往是厂商将工业固体废弃物倾倒在他们的"后院",这些日益增加的固体废弃物,不但反映了原材料的极大浪费,而且造成环境污染和生态破坏。然而进入21世纪后,工业企业大量实施清洁生产发展战略,它既可降低生产成本,又可达到环境保护效果,而且还能消除现行的固体废弃物埋填法所产生的种种长期存在的弊端。这种举措的主要特点,就是不待废弃物和污染产生以后再去处理,而是在设计和生产产品时就充分考虑如何控制废物产生和环境污染的问题。为了实施这种举措,生产者将不再仅仅关注生产过程中物质的使用和产出,而是要对产品的整个使用周期加以分析综合利用,尤其要考虑产品使用期结束后会产生的后果。

目前,工业企业正在大力实施清洁生产工艺,清洁生产在我国称为工业污染的全过程控制,它是以节能、降耗、减污为目标,以管理、技术为手段,实施工业生产全过程的控制污染,使污染物的产生量、排放量最小化的一种综合性措施,目的是提高污染防治效果,降低污染防治费用,清除或减少工业生产对人类健康和环境污染的影响。因此,实行清洁生产是防治工业污染,促进企业生产和环境相协调持续发展的根本出路,也是为实现21世纪的生态工业而必须采取的发展战略。

(一) 环境污染的来源和特征

环境污染是指人类活动所引起的环境质量下降而有害于人类及其他生物的正常生存和发展的现象。造成环境污染的原因有多种,但主要包括以下3个方面:化学的、物理的、生物的。化学方面的原因是指生产各种产品直接排放有毒的化学物质,或者是由于化学反应的结果在环境中生成有害的产物。物理原因是指放射性物质的辐射、振动、噪声、废热等物理作用对环境的污染。生物原因则是指各种有害细菌、致病霉菌、病毒、寄生虫卵等对人体危害和环境的污染。对于那些进入环境后使环境的正常组成和性质发生直接或间接有害于人类的变化的物质,均称其为污染物。而污染源则是指向环境排放有毒有害的物质或在生产环境产生有害影响的场所、设置和装置。污染源一般按人类社会活动功能分为工业污染源、农业污染源、交通污染源和生活污染源等。

污染物的特征主要有以下几点。

1. 种类繁多,工作机制复杂

人类环境中的污染物既可以单独作用于人体,也可以多种物质联合作用于人体。多种物质联合作用,有时会协同增强其毒害效果,有时也会产生拮抗作用,减轻其毒害效果。

2. 污染物影响范围广

大量文献表明,许多污染物在相当短的时间内可以遍布全球,因污染具有远距离传输的特性,这就使环境污染成为涉及全球的社会性问题。

3. 污染物作用的持久性

一些污染物具有不易被降解的特性,就使它们长期存在于环境之中,加上被污染的空气、水体等的治理需要较长的时间,这就使受害者不得不长时间地持续暴露在被污染的环境中,受污染物毒害。

4. 污染物的传递性

由于污染物具有生物富集的作用,因此污染物可以沿着生态系统食物链网的传递,最后使人类受害。

(二) 开发综合利用,实现工业污染"三废"资源化

工业"三废"污染的形式多样化,但主要形式为两种:一是物料(资源)流失;二是能源浪费。工业生产过程中产生和排放的污染物的多少与原料、燃料的有效利用成反比。譬如我国工业规模比日本小许多,但工业"三废"的排放量高于日本。如烟尘排放总量高8倍,二氧化硫排放高2倍。以能源利用率而言,国外每吨钢的综合能耗在0.8 t标准燃料左右,我国平均为1.5 t左右标准燃料;火电厂的热效率国外为40%以上,我国仅有27%,整个能源利用不足30%,比日本、美国低20%还多,仅此一项就等于每年把一亿几千万吨的燃料变成"三废"排入环境。另外,我国单位工业产品用水量也与国外有很大差距。如每吨钢的用水量国外为约100 t,我国则需200~300 t,其中新水补给量,国外为3~5 t,我国约为6~8 t。因此,要减少污染,必须充分利用资(能)源,提高资(能)源的利用率,还有赖于深入而又广泛地开展工业污染物的综合利用活动。随着现代科技的发展,利用废物,变废为宝,化害为利,使"三废"资源化的新技术已有长足的进步,许多国家的专家认为:"污染+技术=潜在的资源和新的利润"。我国在这方面主要采取了综合利用、回收利用、循环利用和充分利用等有效措施。

(三) 为实现21世纪的生态工业,必须开展清洁生产工艺战略

1. 实行清洁生产工艺战略的现实意义

清洁生产工艺的概念最早出现在1976年欧洲共同体在巴黎举行的"无废工艺和无废生产的国际研究会"上。1979年4月,欧共体理事

会宣布推行清洁生产的政策。其后,许多国家和地区纷纷响应,形成了一股新的浪潮。1990年10月,美国国会通过的《污染预防法案》明确提出"源头削减污染与以往的废物管理在污染控制上的不同,它更符合保护环境的要求"。这是美国首次从法律上确认污染首先应在其产生之前清除或削减,肯定了以污染预防取代曾长期采用的末端处理为主的被动污染控制政策。

20世纪70年代,我国曾明确地提出"预防为主,防治结合"的方针,强调要通过合理布局,调整不合理的、浪费资源、污染环境的产业结构、能源结构,进行技术改造,实现"三废"综合利用,强化环境管理等手段以防治工业污染。但由于没有形成与"预防为主"的方针相配套的完整的法律、法规、制度、措施等,执行贯彻一直不得力,工作仍存在着偏重末端处理的问题。我国传统的工业污染控制战略,是着重于生产过程的末端处理,即力图将生产过程中排放的污染物做无害化处理,使其满足一定的排放要求后,再排放环境才不致对人体健康造成危害。

传统的工业污染控制战略不足之处表现为:末端处理往往不能从根本上消除污染,还会造成二次污染。如废渣的堆放可能造成新的大气和水体污染,焚烧排放的废气又会污染大气等;末端处理一般投资大,建设周期长,运转费用高,经济效益低,因而常常成为企业的负担,企业积极性不高;末端处理往往因资源和能源得不到充分利用,造成资源能源的浪费和环境的严重污染;环境管理也往往停留于微观的末端处理措施,缺乏宏观的调控决策。

实行清洁生产工艺战略的现实指导意义有以下几点:①通过节能、降耗、减污、降低生产成本,提高企业的经济效益;②有效保护工人安全和公众健康,保护生态环境;③有利于产业结构的优化和合理布局;④可推动企业产品升级换代,增强市场竞争力;⑤能保证经济持续发展和经济与环境的良性循环。

2. 实行清洁生产工艺战略有利于引导企业开发"绿色产品",积极参与国际竞争

由于人们环境意识的不断提高,"以保护环境,崇尚自然"为核心的绿色消费运动在世界各国蓬勃兴起。所谓"绿色产品",是指既没有受到污染,又不会污染环境和破坏生态的产品。实质上,环境质量越来越成为社会消费价值的一种心理因素,人们也决不情愿购买危害自身健康的商品。因此,我们应把握这一机遇,引导企业开发绿色产品,促进污染防治工作的深入进行。

3. 实施清洁生产工艺战略的内容

清洁生产工艺在我国称为工业污染的全过程控制。它是以节能、降耗、减污为目标,以管理、技术为手段,实施工业生产全过程污染控制,使污染物的产生量、排放量最小化的一种综合性措施。其目的是提高污染防治效果,降低污染防治费用,消除或减少工业生产对人类健康和环境的影响。清洁生产工艺战略可归纳为"三清",即清洁的能源、清洁的生产工艺过程、清洁的产品。

(1)清洁的能源战略

主要包括常规能源的清洁利用,可再生能源的利用,新能源的开发和各种节能技术等。

(2)清洁的生产工艺过程战略

它包括尽量少用、不用有毒、有害的原料;选择无毒、无害的中间产品;减少生产过程的各种危险性因素;采用少废、无废的工艺和高效的设备;做到物料的再循环;运用简便、可靠的操作和控制;实施完善的管理手段等。

(3)清洁的产品战略

产品在运输、储存和使用过程中以及使用后不含危害人体健康和破坏生态环境的因素;易于回收、复用和再生;合理的使用功能和使用寿命等。在设计和生产产品时,就充分考虑如何控制废料产生和环境污染的问题。生产者不只是关心生产过程中物质的使用和产出,而是要对产品的整个使用周期加以关注,尤其要考虑产品使用周期结束后会产生的后果。有关专家认为,如果将工业视作一个由生产体系和消费体系交织而成的整体,并将它与自然生态系统相类比,我们可从中获得极大的启示,即发展"工业生态学",并逐步应用于消除工业污染。

环境污染与生态破坏是由人类经济活动带来的。经济的发展与稳定的环境保护是同一计划中互为补充的。没有充分的环境保护,发展就会遭到破坏,而不发展经济,环境保护也就难以维持。同时,经济发展应力求避免造成环境污染,或尽可能使环境污染减少到最低程度。目前,为培植和发展 21 世纪的生态工业,工业界应大力实施清洁生产工艺战略。实行清洁生产工艺可以使资源得到比较充分合理的利用,不但最后排放环境的污染物会大力减少,而且还能给企业带来较好的经济效益,调动企业治理污染的积极性。所以,清洁生产工艺是防治工业污染,促进企业生产和环境保护相协调的可持续发展的根本战略途径。

第二节　企业在生态工业系统中的要求

一、生态企业的基本内涵

可持续发展应当是现代企业首要追求的目标。在市场经济条件下,现代企业作为经济社会运行的核心主体,不仅是现代市场经济发展的微观主体,而且是可持续发展的微观主体,是两者有机统一体。"经济生态化"是现代经济发展的客观要求与必然趋势。很多发达国家企业正在大力开发节约能源、节约资源、无污染或污染很少、可再生的生态(绿色)产品。《中国 21 世纪议程》[①]指出:"对人体和环境无害的绿色产品亦将随着可持续发展进程的深入,日益成为今后产品生产的主导方向。"据有关专家预测,生态需求将成为 21 世纪的主要需求,生态产品将占据 21 世纪产品的主导地位,生态文明是一种追求人类与环境和谐生存和发展的新型文明。

运用生态系统高效、和谐优化理论,生态经济理论和生态工程手段,建立和完善生态企业,实现生态经济复合大系统(EEECS)生产等经济活动生态化,以减轻对自然资源和生态环境的压力,促使企业由资源高耗型向集约利用资源、能源,综合回收和利用废弃资源的节约型转变,朝着集约化和生态化有机结合方向发展,建立起低耗、高产、优质、无污染、高效益的生态与经济相协调的发展模式,是实现我国 EEECS 可持续发展的主要对策之一。生态企业是我国 EEECS 转变经济增长方式、实现可持续发展的最佳选择和理想模式。

生态企业是依据生态经济规律和生态系统的高效、和谐优化原理,综合运用生态工程手段和一切有利于企业可持续发展的现代化科学技术,设计和改造企业的工艺流程,组织企业内部生产过程的合理循环,提高企业投入产出链各环节上的物质和能量转换效率,建立和运营的以节约资源、物质和废物循环再生、能量多重利用并对生态环境污染破坏轻为特征的一种现代工业企业。生态企业是一个少投入、少耗资源和能源、少或无污染而又高产出符合环境标准产品的现代化生态经济有机整体和生态工业的基础单元。

生态企业的主要特征是把生态过程的特点引申到企业中来,从生态与经济综合的角度出发,考察工业产品从设计、制造到消费的全过程,以期协调企业生态与企业经济之间的关系。主要着眼点和目标不是消除污染造成的后果,而是从根本上消除造成污染的根源,实现集约、高效的无废、无害、无污染的工业生产,提高 EEECS 的生态经济效益,而非单纯的生产效率。

生态企业在经济运行上要求具有高度的开

---

① 1994 年 3 月 25 日,国务院第十六次常务会议通过。

放性特点,即其资金、技术、设备、原材料和半成品的来源、工艺流程改造和管理、产品销售等方面都要对外开放;但生态企业在其生态运行上要求具有高度的内部封闭性,采取少废和无废料工艺流程,减少各个生产环节上物质和能量的跑、冒、滴、漏,使废物最小化并回收利用,在厂内实现闭路循环。

当前,我国EEECS综合效益较低的一个主要原因是未建成生态企业。以水为例,水资源短缺和水环境污染是一对严重影响我国EEECS可持续发展的尖锐矛盾,其根本原因在于水是从"源"到"汇"的单向流动而未遵循生态工艺原理实现循环使用。建立生态企业可以取得巨大的生态经济效益。例如,某金属材料厂未采用生态工艺前,投入产出链很不合理,排放大量含有汞、铬、铅等多种有毒有害物质的废水、废气,既大量地浪费了资源和能源又严重地污染和破坏了周围的生态环境,危害居民健康。该厂每年需支付大量的污染治理费和赔偿费。该厂依据生态优化原理和生态经济理论等,综合运用生态工程手段,设计和改造陈旧的生产工艺,建立闭路循环的生态工艺流程,实现了物质的循环再生和能量的多重综合利用,工业硅实收率可提高到88%,高纯度金属实收率可达到99%,由实施生态工艺回收或回用创造的价值约占该厂工业总产值的23%;建立了污染废弃物再资源化系统,将大量污染废弃物转变为有用的资源,既减少了资源浪费,又减轻了生态环境污染。

二、生态企业的基本要求

当前,企业的环境技术从整体上看有两个重要特点:第一,它是针对点源污染的,只装置在某一个污染源并起作用,对于非固定的污染源,即面源污染这一新的、更严重的污染问题,它不起作用;第二,它仅对排放的污染物进行净化处理(即"后处理技术"或"管道末端法")。因为这种方法是在生产过程的末端进行的,在实践中已表现出了严重的局限性。一是净化装置的建设需要巨大投资。二是它不能最终控制污染,因为采用净化处理方法,在实验室条件下能除去有害物质70%~80%,但在生产条件下去除率只有约25%;而且随着生产发展,又不断出现新的污染物质或新的污染形式,净化设施很难跟得上形势的发展,因而它不能从根本上解决控制污染的问题。三是净化工程设施的运转需要耗费大量能源,这造成第二次污染,或者净化过程只是使污染物质从一种形式转变为另一种形式,或者从一种介质转移到另一种介质。四是被净化的物质从根本上来说是有用资源,可以在回收后找到它的有效用途,因而建设昂贵的装置去净化有用物质,是非常不经济的。

当代环境和资源问题的直接根源,在于企业的资源技术在整体上仍然是在人统治自然的思想指导下,遵循人类中心主义,以耗费资源和损害环境为代价谋求经济增长,具有"反自然"的性质。中国目前大多数企业还处于传统生产方式下,传统生产方式的组织路线和技术路线是线性的和非循环的。如果用简单的模式表示,它是"原料—产品—废料",以排放大量废料为特征。这种生产方式为了经济高速增长,向自然界索取或掠夺过多,过度开发自然资源,滥用或不合理地利用自然资源,导致资源危机。它排放的过多废弃物,也损害自然界的自然净化能力,导致环境问题。

这种粗放型或浪费型的生产方式产生了其不合理性。第一,它是不公正的,表现为一种滥用资源和污染环境的行为。一是外部不经济性,损害了他人的利益;二是对后代不公正,危及后代的资源开发利用;三是对其他生物和自然界不公正,破坏了生命和自然生态系统的持续生存。第二,它是不能长期维持的,自然条件和自然资源没有能力支持这种生产过程的发展。第三,它也损害了人类自身,在一定程度上破坏了文明持续发展的自然基础,使人类的生存和发展处于危险之中。

企业生产经营活动的目的就是以本求利,实现盈利最大化。为追求经济高速增长,生产者往往只顾企业利益和局部利益,不顾社会利益,不承担社会责任,实际上是常常以牺牲社会利益为代价谋取企业利益。其中一个突出的表现是以牺牲生态环境为代价来谋求企业发展。而解决问题的途径只能是进行企业生态化，建立生态企业。

企业生态化可以理解为企业生存和发展的主要经营思想，它要求企业家应具有把本厂、本企业建成生态企业的意识和谋略。具体地说，这种思想的基本特征为：①理解和执行政府制定的产业生态化的政策，将企业对利润的追求和为社会做贡献结合起来，在企业层次上推进产业的可持续发展；②运用生态学思想设立企业远景目标，追求企业生态经济效益的发展而不是只追求利润；③促进企业生产经营活动与生态环境的协调，提高资源的利用率，减少有毒物的排放，将清洁生产工艺作为生产的中心环节。

企业的生态效益，可以定义为一种广义的性能比，它衡量企业家在生产经营活动中获得经济价值最大化的同时，为使生态负担最小化所做的努力。从这个意义上说，企业生态化不仅包括企业意识和企业谋略中应渗透有生态学思想，还体现为一种新型的企业管理模式，一种新型的企业效率观和企业发展观，是生态学向企业的全方位的整体意义上的渗透。

企业生态化的主体是企业的决策管理层。企业生态化的内容包括资源的生态化、产品的生态化、工艺生态化和管理方式的生态化。这几方面相互联系着形成一个整体，必须用系统论的观点去综合考虑，仅仅在某条生产经营线上或某个环节实现了闭路循环，还不能说是已实现了企业的生态化。

生态企业是进行生态化的企业。生态企业的基本要求是要实现企业生态经济管理优化，表现为以下几方面。

（一）正确处理企业个体和社会整体、眼前利益和长远利益的关系

在市场经济条件下，企业生产经营活动与各种不同经济利益载体的关联程度很不相同，可能使企业为了从生态系统中谋取更多的经济利益，忽视社会生态利益（即整体利益）。企业掠夺性经营和大量消耗环境资源来发展经济，任意排放废弃物，污染环境，谋取自身的经济利益，造成的生态损失，主要不是落在企业身上，而是转嫁给社会和公众，使企业的经济性转变为社会的不经济性，但最终也会变为企业的不经济性，导致企业经济利益和社会生态利益的矛盾尖锐化，所造成的对生态的破坏，往往是长远的、根本性的、难以恢复的破坏。生态企业必须遵循生态整体性原则，强调整体效益最高，将这种矛盾性转化为一致性。

（二）改变企业外部不经济的生产经营方式

企业的直接生产经营目的是追求企业内部经济性，也即利润的最大化。由于企业的经济效益与外部影响或生态环境密切相关，而且在一定条件下，经济资源与生态资源有替代关系，企业为了取得最高的利润，就会在其掌握的范围内，尽可能利用不计成本的社会生态资源，来替代其货币成本，或将其污染的液体、固体、气体等有害物质不加处理地向外排放，从而节约治理费用，减少货币成本，以增加利润。这是外部不经济的生产经营管理方式，它追求和实现企业内部经济性，使企业成本外在化，即生态成本外在化，将其费用转嫁由社会来承担和补偿，即构成了社会成本。直接责任者企业只分摊了成本中很小的一部分，而那些不这样做的企业却要分担这些企业外部不经济生产经营管理方式所产生的社会成本。这样，它们在竞争中就处于不利的地位。它们为了避免这种不利的后果，也只有采取同样的外部不经济生产经营管理方式，从而在更广泛的范围内形成了生态经济的恶性循环。这种微观生态经济管理方式导致的恶果，必然导致宏观经济的崩溃，反过来又必然损害企业的发展。

（三）实现企业生产工艺的生态化

企业的发展模式应模仿自然生态系统的物质和能量循环。技术工艺不仅应遵守物理、化学规律，还必须考虑到不能违反生物学、生态学的原理和规律；要考虑到节约资源、减少废物和有毒物排放，不造成环境污染，从而实现经济和生态环境之间的协调。生态企业的生产工艺经过缜密的布局，使每一种自然物的价值都得到体现，

将污染物吸收在生产过程中,减少资源消耗,提高资源综合利用效率。现代企业正在开发、利用绿色技术,建立对原料的循环利用链,将一个生产程序的废物变成另一个生产程序的原料,使污染物吸纳在生产过程中。如日本丰田汽车公司已回收每部报废汽车75%的零部件,将回收利用纳入设计工艺;加拿大用造纸废液生产甾族化合物;芬兰利用造纸废弃物生产拟青霉素蛋白。绿色技术不仅产生了很高的环境效益,而且具有很高的经济效益。既然每一种自然物都有其生态价值,企业使其生态价值得到充分发挥,既树立了企业的环境保护形象,又强化了企业在市场中的经济竞争力。目前,中国企业缺乏的是生产工艺的生态化技术,发展生态工艺技术是中国企业技术改造的一个关键问题。

三、创建生态企业发展模式的基本措施

根据生态企业的基本要求,我们可以确定其建设目标:一是要通过制定正确的产业政策,调整产业结构;二是依靠科技进步,有效解决污染问题;三是要注重加强生态化生产工艺的研究开发,促进合理利用自然资源;四是采用有效的经济调节手段,制定兼顾环境效益和经济效益的经济政策,提高企业采取环保措施的积极性;五是提高环保投资在企业建设中的比例。在生态企业基本要求和发展目标的规定下,我们提出以下生态企业的建设措施。

1)走市场配置资源的道路,立足于现有基础,对企业进行联合改组和技术改造。科学规划和组织协调不同生产部门的生产经营布局和工艺流程,优化生产经营诸环节,由单纯的末端污染控制转变为生产全过程的污染控制,交叉利用可再生资源,减少单位经济产出的废物排放量,达到提高资源使用效率、防治环境污染的目的,把企业素质提高到所要求的新水平,促进经济和生态环境的协调发展。

2)引进新的生产经营技术,淘汰技术工艺落后、资金消耗高、严重污染环境、产品质量低劣的落后生产设备,强化技术改造资金的投入,把高新技术发展与传统技术改造结合起来,建立和完善生态工艺,综合利用资源,实行物料闭路循环和多极利用的方法,对产品从设计、制造直至销售的全过程实施生态化管理。围绕生产技术和装备现代化问题,组织好科研和生产攻关,以及成熟科技成果的应用。

3)改造能源的利用方法,应用先进的节能技术,提高能源利用率。煤炭是中国的主要能源物质,改善煤炭燃烧工艺,探索和建造新的燃烧工艺在生态工艺建造过程中具有重要的意义。

4)建立"三废"资源化工程,装备污染物的净化设施。企业可以采用增加新工艺环节,将企业排放的有价值的"废物"回收,变为新的资源重新利用。对生态工艺不能利用或不能完全利用的废弃物,有必要采用资源回收性的净化工艺进行净化或无害化处理。

5)对企业环境进行绿化建设,建立环境监测设施。绿色植物是生态企业的组成部分,也是污染物质的净化器和监测者,发挥着绿化、美化等社会效益。在生态企业的建设中,要对企业"三废"以及大气、水、土、噪声、植物、气象进行制度化监测,为企业生态化提供相关材料。

理论和实践都表明,最优的社会生态经济效益,是包括企业在内的整个社会的生态经济效益的最优化。从社会生态经济效益来讲,只有当企业的内部效益增加不足以抵销外部效益的减少时,社会或政府才应该加以制止;而当企业的内部效益增加,外部效益减少,但前者所得大于后者所失时,社会或政府应当通过实行生态经济政策,给企业补偿外部效益的减少。这两者之间就是既能保持企业利益,又能保持社会利益两者之间紧密结合的最佳平衡点。我们需要建立生态化的企业机制来寻求这个平衡点。要强调的是,随着生态环境资源在现代经济中日益短缺,它的价值化和经济化的趋势日益增强。这种趋势必然使生态环境资源日益成本化,使生态成本的企业内部化程度不断提高,与生态环境资源有关的成本耗费占企业总成本的比重将不断上升。目前,中国企业的生态成本绝大部

分是由社会承担。建立现代企业制度要求企业不仅要承担国有资产保值增值的责任,而且还要承担社会生态财富保值增值的责任。在企业承受能力不断提高的条件下,逐步提高生态成本内部化的程度,使生态环境保护与建设费用占企业总成本的比重逐渐增加,这是必然趋势。因此,建立现代企业制度也必须建立生态化的企业机制。

(一)建立生态化的企业外向机制

实现企业生态化管理,必须使企业既具有追求内部经济性的动力和能力,又具有追求外部经济性的动力和能力,从而有效地克服生态成本的外在化。

1. 制定和实施生态环境补偿制度

制定和实施生态环境补偿制度对生态环境的补偿,是人们为了防止降低和失去生态环境的使用价值,而必须对被耗费和破坏的生态环境进行维护和修复,以保持和恢复其原来具有的剩余价值和正常功能所采取的经济措施。生态环境补偿制度包括社会和企业两个层次的制度,它是企业外部不经济性内部化的保证。实行企业生态环境补偿制度,首先要建立生态环境保护标准和超标处罚的政策。目前,中国企业生态环境补偿费种类主要有:根据国家"三废"排放标准支出缴纳的生态环境保护费,"三废"超标排放的生态环境补偿费,修复遭破坏生态环境的生态环境补偿费和所必需的企业生态环境建设费等。随着企业外部不经济内部化的程度提高,这些费用占企业总费用的比重将会不断增大。其次是要规范企业的生态经济行为,调节其投资结构。企业要遵循国家建立的生态环境保护标准和政策,增强环境意识和生态道德,将外部不经济性内部化,并结合经济因素(如治污效用、技术、副产品的效益、企业市场形象,对企业生产条件的影响)和社会因素(如社会舆论、公众抗议等)对其产生的作用,增加企业环保投资。再次是要加强生态环境补偿政策的调控能力,督促企业自觉缴纳生态环境补偿费。生态环境补偿费是社会收取用于补偿生产和生活消费的生态环境资源,或对生态环境资源进行保护、管理的费用。它能使企业自觉地建立和实行内部生态环境补偿制度,政府加强发挥生态环境补偿政策的调控能力,可以保证这一制度的落实。

2. 推行企业生态化标准和标志管理

企业生态化宏观管理,是融生态环境保护的观念于企业的经营管理之中的一种管理方式。实施企业生态化宏观管理,要建立企业生态环境管理新体系。如何将强制企业搞好环境保护工作变成企业自觉搞好环保工作,已成为当前重要的环保课题,推行企业生态化标准和标志管理,有利于这个转变的实现。一是推行"环境标志"产品,以表明该产品有无毒无害(或少毒少害)、节约资源等环境优势,并引导消费者选购和使用,有利于企业生态化的实施。二是推行 ISO14000《环境管理系列标准》,以规范企业等组织的生态经济行为,达到节省资源,减少环境污染,改善环境质量,促进经济可持续、健康发展的目的。ISO14000 系列标准包括 6 个子系统,即环境管理体系(EMS)、环境审核与环境监测(EA)、环境标志(EL)、环境行为评价(EPE)、产品寿命周期环境评估(LCA)、产品标准中的环境指标(EAPS)等,共给出 100 个标准号,即从 ISO14001—ISO14100,几乎规范了包含政府、各类组织、企业的全部环境行为。ISO14000 对企业提出了更高要求,遵守其规定并取得其认证,将成为企业产品进入国际市场的"绿色通行证"。

3. 企业经济行为的生态合理化

企业生态经济行为是实现内部经济性和外部经济性双重目标的活动,即实现企业利益和影响社会利益的过程。合理化的企业生态经济行为,是企业以最小的耗费获得最大的经济、社会和生态效益,达到企业利益和社会利益的结合与协调统一。在现代市场经济条件下,作为市场主体的企业,追求自身利益的最大化与生态环境治理和保护是存在矛盾的,本质上是企业利益和社会利益矛盾的反映。因此企业生态经济行为必须尽可能兼顾二者,至少要不损害社会、生态的健康发展,必须符合社会利益,履行企业对社会应尽的责任和义务。政府要通过政策和措施来调节企业的生态经济行为,通过企业外部不经济性内部化的过程，实现企业利益和社会利益的有机结合。企业追求自身利益最大化的生产经营活动，只能在国家和社会所规定的范围内进行，不得违反国家有关政策法规；政府应尽力约束企业外部不经济行为，又不过多影响企业发展和企业活力，以达到最佳的社会利益。

4. 以法规范企业的生态化

制定和执行各种生态环境法规，运用法律手段，实行强制性管理。调整生态环境所引起的社会关系的有关法律大体可以分为6类：①综合性的生态环境保护法；②污染或其他公害的防治法；③自然资源保护法；④文化环境保护法；⑤环境标准法，包括环境质量标准和污染物排放标准；⑥其他部门法（如行政法、民法、刑法、经济法等）中的生态环境法律规范。中国已经制定和实施了《中华人民共和国环境保护法》等4部法律，20多种法规和160多项环境标准，生态环境法律体系还有待完善，一些环境标准和处罚力度还有待提高。企业是生态环境法律的主要承担者，以法规范企业的生态化，首先要加强企业的生态环境法制教育，增强生产经营者的生态环境法制观念，明确严格执法的目的。其次，企业必须以生态环境法规标准为依据，制定符合企业实际情况的生态环境管理法规条例，使企业生态环境法治管理具体化，并采取有效措施严格执行。

（二）建立生态化的企业内部机制

建立与现代企业制度相适应的生态化的企业内部机制，至少包括以下5个方面的内容。

1. 建立和完善企业生态化的管理组织

目前，中国大多数企业没有建立或没有健全生态化管理组织，当然就不能很好地发展企业的生态化，以达到可持续发展的目的。总结一些先进的经验，我们概括了以下几种组织形式。一是成立企业生态化委员会。这种组织形式实行集体决策，决定和解决企业生态化建设、管理等重大问题。二是企业内部分级生态化管理，层层抓生态化建设。三是建立企业各级专职生态化职能部门，充实专职干部或人员，形成一支专业生态化管理队伍。四是在充分发挥专职生态化管理队伍作用的同时，利用企业各个职能队伍的力量，共同抓好生态化工作。企业生态化管理组织的建立，要充分利用企业原有的环境保护组织和人员的基础，通过学习培训，建立并提高企业生态化的意识和知识技能，以适应发展的要求。

2. 加强企业生态化管理制度建设

加强企业生态化管理，必须实行以生态化目标责任制为核心的生态化管理制度。总结国内外的经验，主要有以下几种做法。一是实行企业生态化目标责任制，作为考核企业生产经营管理状况的重要内容，并作为厂长经理考核业绩的一项内容。二是在企业经营机制的转换过程中，把企业生态化目标达到的水平作为企业上等级、评选先进单位的主要内容和重要条件。三是在改革企业制度过程中，把企业的生态化责任和生产经营责任有机结合起来，将生态化指标同生产经营指标一同纳入目标责任制和经济承包合同，实行统一考核。四是建立和健全生态化管理经济责任制，与企业管理者的经济利益直接挂钩，设立生态化奖励基金。五是建立和完善企业生态环境考核制，作为企业生态化管理的重要手段。

3. 建立健全企业生态化管理机制

由单纯经济管理发展到生态化管理，将生态化管理和生产经营管理紧密结合起来，关键在于建立完善的企业生态化管理机制，形成推动力，把生态化管理渗透到企业生产经营管理的各个环节，不仅纳入企业的综合管理，而且纳入企业各项专业管理，这样才能真正实现生产经营管理和生态化管理的有机统一。一是要把企业生态化与管理纳入企业管理的全过程，实施全方位的生态化管理。二是建立全方位的生态化管理机制，形成一个内在的推动力，促进企业生态化的实现。三是要建立生态化监督机制，切实保证生产经营管理和生态化管理的有机统一。

4. 建立企业生态化经理制

发达国家的大公司、大企业为了确保绿色

管理的推行，顺利履行生态环境责任，大多改革企业领导体制，实行企业生态化经理制。实行生态化经理制，必须培养和造就适应现代市场经济发展的生态化经济企业家。现代企业家是高层次的、通晓现代市场经济运作规律的生产经营管理领导者，其职责除准确决策外，还应通过完善组织、健全制度、明确责任，实施科学而有效的管理。而生态化经济企业家，是在一般企业家的基础上，通晓现代生态化经济运作规律的生产经营管理领导者，能够带领全体职工走出一条低耗、高产、优质、无污、高效的企业发展的生态化道路。生态化经理应具备丰富的技术经济知识，是管理人才，经济学家或法律人员，其权限应该跨越企业中所有职位，具有足够的能力和权力确保生产经营不与生态化发展相冲突。

5. 注重企业员工生态化的培训和教育

生态化教育是企业进行生态化、实现可持续发展的基础。实施企业生态化，涉及企业生产经营活动过程的每一方面，需要企业全体人员，包括财务、人事、环境专家、工程师及其他专业人员及生产工人的积极参与，统筹兼顾社会生态利益与企业经济效益。如何合理利用自然资源和控制环境污染应成为企业教育的一部分。创造一个清洁的可持续发展的环境是每个公民和企业职工应尽的责任，要提高公众和职工对生态化的认识，培养企业员工的高度责任感和企业精神，增强企业员工的生产经营和生态化的技术素质，在生产经营和选择技术时牢记生态化的概念和基本要求，不忘记清洁生产和污染预防，对企业可持续发展做出贡献。

第三节　生态工业系统中企业的定位与作用

一、生态工业系统的概念与组成

(一) 生态工业系统的概念

目前，理论界关于生态工业系统的定义非常繁多且基于诸多观点，我们将生态工业系统(industrial ecosystem)定义为：在一定空间范围内，由产业群落与其他非产业因素(如有机或无机物质、能量、经济机制、环保政策、人文观念等)构成的一个互相作用、互相依存的生态型产业功能单元。在这种功能单元中，物质流、能量流、价值流等均处于一种自我调节的、有序的稳定状态。

(二) 生态工业系统的子系统

从生态工业系统功能分类，一个完整的生态工业系统由3个子系统构成。

1. 工业剩余物制造系统

在整个生态工业系统中，工业剩余物制造系统负责将原料加工、组合成有一定经济价值的产品，并且排放生产过程中的剩余物。从生态的角度考察，工业食物制造系统的主要功能是生产有用产品的同时，生产用于链接其他子系统的物质，诸如废物、能量、信息等。

从这一功能分析，所有工业产业都具有生产工业废物的能力。因此，从现有工业生产技术水平分析，生态工业系统中的工业剩余物制造系统发育十分成熟，这是在没有引入生态工业系统之前经济机制的产物。

2. 工业剩余物加工系统

工业剩余物加工系统将工业剩余物重新回收、再利用，赋予其正常的经济价值，通俗地说，这是一个工业物质的二次加工系统。这一系统存在的主要目的在于减少工业排放物对环境造成的损害，进一步提高资源的使用效率，并由此延伸工业生产的技术路径。

相比工业剩余物制造系统，现阶段工业剩余物加工系统的培植十分落后，由此造成大量的生产剩余物不能有效地转化为经济产物而直接排放到外部环境。由于这一环节所生产的工业废物具有较高的价值，因而依靠自然界的同化作用很难有效地将其还原,造成外部环境的负荷过大。

3. 工业剩余物还原系统

工业剩余物还原系统将连续工业生产中所形成的较高价值的剩余物分解、还原成低价值的物质,将复杂的物质逐步分解为更为简单的物质,最终以分子的形式重新回归外部环境。

3个子系统在生态工业系统中具有两个基本功能:经济物质的生成和自然物质的还原。经济系统与自然生态系统通过这种功能化的定位有机地连接在一起,由此形成一个类似封闭的物质循环路径。这种物质循环在更大的外部系统内部形成生态工业系统自我有序的调控能力,从而减少大系统的负荷。

(三)生态工业系统的产业构成

在生态工业系统中,有些产业的影响较大,而其他产业的影响则相对较小。按照影响力的大小,可以将生态工业系统中的产业分为关键产业和辅助产业。

1. 关键产业

关键产业是指由于产业本身独特的性质和产业的规模,对一个生态系统中其他产业具有关键性影响的产业,这类产业在维护系统内产业多样性和整个生态工业系统的稳定性上处于核心地位。换句话说,如果这类产业一旦削弱或消失,整个生态工业系统就可能发生根本性的变化甚至崩溃。

一般而言,关键产业必须具有较强的资源辐射能力,以此影响着其他产业。工业生态系统中的关键产业有:能源业、冶金业、制造业等。

2. 辅助产业

相对关键产业,辅助产业则在生态系统中不具备较大影响力,表面上对整个生态工业系统可有可无,但实际上对整个生态工业系统发挥着完善、稳定、清洁的作用。大部分的被动产业都属于辅助产业类。

(四)生态工业系统的组成成员

自然生态系统中存在3类基本组成成员,即生产者、消费者和分解者。对于生态工业系统,我们可以按自然生态学的基本原则对其成员进行划分,如表3-1-1所示。

按生态学或进化论观点,生态系统内部组

表3-1-1 自然生态系统与生态工业系统的组成成员

组成成员	自然生态系统	生态工业系统
生产者	利用太阳能或化学能将无机物转化成有机物,或把太阳能转化为化学能,供自身生长发育需要的同时,为其他生物种群(包括人类)提供食物和能源。如绿色植物、单细胞藻类、化能自养微生物等	初级生产者:利用基本环境要素(空气、水、土壤、岩石、矿物质等自然资源)生产出初级产品,如采矿厂、冶炼厂、热电厂等 高级生产者:初级产品的深度加工和高级产品生产,如化工、肥料制造、服装和食品加工、机械、电子产业等
消费者	利用生产者提供的有机物和能源,供自身生长发育,同时也进行有机物的次级生产,并产生代谢物,供分解者使用。如动物(草食、肉食等)、人类	不直接生产物质化产品,但利用生产者提供的产品,供自身运动发展,同时产生生产力和服务功能等,如行政、商业、金融业、娱乐及服务业等
分解者	把动植物排泄物、残体分解成简单化合物,再生以供生产者利用。如分解性微生物、细菌、真菌及微型动物等	把工业企业产生的副产品和废物进行处置、转化、再利用等,如废物回收公司、资源再生公司等

成成员之间是优胜劣汰、适者生存的竞争关系，但同时又有协作和共生关系。对于工业系统而言，生态工业强调了协作和共生关系，尤其是原料和能量流动的网络共享和废物利用。这样就打破了企业轻视废物资源化的思想和将废物管理、处置和环境问题交由次要部门处理的低级陈旧运作方式。按生态工业的观点，各工业企业应给予废物资源化增值和产品生产与市场营销以同样重要的地位。那些原来附属于企业内部的次要的部门应该被其他同样重要而且独立的组成部分替代。从实现高效物质和能量循环流动的角度看，这些组成部分显得格外重要。因此，在生态工业系统的中常常有资源回收再生公司或环境技术公司。

(五) 生态工业系统的基本特征

一个完备的生态工业系统应该具备下列基本特征。

1. 系统整合性

生态工业系统通常依据一定的空间范围，以工业产业为主体，将不同功能、不同规模的产业整合在有限的区域内，使一个系统在产业种类、生产工艺、运行机制、产品模式等方面呈现复杂多样的形式，而各产业之间稳定的网状链接保证了系统的整体性。

2. 系统开放性

一个生态工业系统的开放性体现在该系统与系统外界之间各种要素的流动。从经济学意义上考虑，一个开放的生态工业系统，其进出的障碍很少，系统的产业能够自由进出该系统。与此同时，系统与外界环境之间存在着连续不断的熵交换。

3. 复杂、有序的层级特征

生态工业系统由于自身所拥有的要素很多、产业种类极为复杂，因此维持系统的稳定所面临的各种变动因素很多。为了维持系统必需的稳定性，从系统的角度考察，一个生态工业系统具备十分科学、合理的层级结构。生态工业系统通过层级结构的编排，形成大小不一的各类子系统，形成控制与被控制的关系。

4. 系统自我调整能力

生态工业系统中的产业与周边环境的适应是经过长期进化、不断调整实现的。生态工业系统的自我调整能力主要表现在3个方面：一是同一类型产业在数量、规模上的自我调整，以适应更大系统的整体规范；二是不同种类产业之间通过工业食物链（网）调整着产业规模和数量；三是生态工业系统自我形成的复杂的网状物质流动结构。系统的自我调整能力意味着生态工业系统整体上具有一定可塑性、弹性和变动性。

5. 系统具有成长、发育的生命特性

如同生物生态系统一样，生态工业系统也有产生、形成和发展的过程。生态工业系统同样具有生命周期，在生命周期的不同阶段表现出不同的特征。

6. 系统双重性

生态工业系统的双重性是指生态工业系统不仅受到生态学规律的约束，同时还要受到市场经济规律的制约。一个生态学上合理而经济学上不合理的工业生态系统是无法生存的，市场调节对生态系统工业中的企业荣衰与成败以及整个系统的稳定性起着决定性的作用。所以，一个稳定运行的生态工业系统必然具有经济学原理和生态学原理相结合的完美性。我们应当在追求经济利益的同时，充分考虑到系统的整体利益，而不应当只为追求经济利益而损害系统的整体利益。

二、生态工业系统与其他相关概念的比较

1. 生态工业

根据联合国工业发展组织的定义，生态工业是指在不破坏基本生态进程的前提下，促进工业长期为社会和经济利益做出贡献的工业化模式。但也有学者将生态工业定义为：模拟生态系统的功能，建立起相当于生态系统的生产者、消费者、还原者的生态工业链，以低消耗、低污染、可持续发展与生态协调为目标的工业。

2. 生态工业链

生态工业链是指一系列企业，它们试图相互利用对方的副产品（能量、水和物质），而不是把这些副产品当作废物来处理。构建生态工业链是工业生态学原理最为普遍的实施战略之一。从供给的角度讲，企业有希望借此从副产品和减少废物最终处置成本中获益；从需求的角度讲，顾客从当地购进原料降低了成本。对于那些希望提高资源使用效率和改善环境效益的企业来说，加入生态工业链是一个简单易行的途径。

3. 生态工业园区

生态工业园区（EIP）在20世纪90年代初提出后，成为当前可持续发展理念走向实践的重要方向之一，关于EIP的探讨和实践已在许多国家展开。关于EIP的定义尚无定论，但本质上均强调EIP的环境成本的削减和内部成员的合作。1990年10月，美国总统可持续发展委员会主办了专题讨论会，并同时提出了两个颇受关注的EIP定义。

1）为了高效地分享资源（信息、物资、水、能源、基础设施和自然居留地）而彼此合作且与地方社区合作的产业共同体，它促进经济和环境质量的改善，并为产业与地方社区所用的人类资源的增加做出贡献。

2）计划型物质和能量交换的工业系统，寻求能源和原材料消耗的最小化、废物产生的最小化，并力图形成可持续的经济、生态和社会共同发展。

如上述定义所述，EIP不同于传统的工业园区仅仅强调经济利润的最大化，EIP强调的是经济、环境和社会功能的协调和共进。

4. 循环经济

循环经济是一种生态型经济，倡导的是人类社会、经济发展与生态环境和谐统一的发展模式。即效仿生态系统原理，将社会、经济系统组成一个具有多重物质多次利用和再生循环的网、链结构，使之形成"资源—产品—再生资源"的闭环反馈流程和具有自适应、自调节功能，适应生态循环的需要，与生态环境系统的结构和功能相结合的高效的生态型社会经济系统。循环经济发展模式的内涵，包括3个层次的基本含义：第一，实现社会经济系统对物质资源在时间、空间、数量上的最佳运用，包括资源的合理利用和减量化；第二，环境资源的开发利用方式和程度与生态环境友好，对环境影响尽可能小，至少与生态环境承载力相适应；第三，在发展的同时建立与生态环境的互动关系，即既是环境资源的享用者，又是生态环境建设者的关系，实现二者的相互促进共同发展。

循环经济的本质体现为两个方面。一是遵循生态学的原则，实现人类经济系统与自然生态系统的和谐统一。即经济发展应该与自然生态环境相互促进、协调高效发展，子系统内部高效、协调、平衡发展。二是资源最优利用，即实现资源在时间、空间、数量上的最佳利用，体现在资源的减量化、再利用和再循环。

第四节 我国生态工业系统中的企业现状

一、成都高新区西部园区生态工业建设

（一）成都高新区西部园区自然环境概况

1. 地理位置及交通

成都高新区西部园区规划面积为 22.0 km²，位于成都平原中部、成都市西北近郊的郫县境内，涉及犀浦镇、红光镇和合作镇三镇。规划区沿羊市街西延线（以下简称羊西线）轴向分布，外环路以东地区紧临犀浦镇，北望成灌公路（213国道）、南临清水河河边生态绿地、东与成都市金牛区接壤，与金牛乡工业园和金牛区高科技园区毗邻；外环路以西地区紧邻红光镇，依

托现有的西部软件园,主要在羊西线(即成灌高速公路)以北发展。规划区地处成都市西北方向出入口之一,位于进出成都的两条交通走廊(成灌公路和羊西线)之间。通过此两条交通干线可与成都方便联系往来。成都高新区西部园区东距成都市二环 4.6 km,距成都火车站 6 km,距西南航空港 20 km,交通十分便利。

2. 地质地貌

成都高新区西部园区地势走向由西北到东南逐步下降,相对高差 1~2 m,平均海拔为 508 m。成都高新区西部园区一带比较平坦。外露的地貌属典型的冲积扇平原所具有的黑色土壤,地质为中硬性土壤。覆盖土层天然地基的地耐力可承载 0.2~0.5 MPa,基岩天然承载力 0.5~2.4 MPa。地质结构(地层)由下至上分为侏罗系、白垩系、第三系、第四系 4 层。地表为新生界第四系全新统沉积,厚度为 93 m。成都平原第四系堆积层下东西两侧白垩系基岩内平行分布着北东向的压性、扭压性断裂带。这两条断裂带将平原基底自西向东分为 3 个地质构造单元。成都高新区西部园区属于成都断凹地质构造单元。成都高新区西部园区周边的地下震动源一般较深。

成都高新区西部园区内地底基岩以白垩系灌口组地层为主,其上部堆积大量第四系松散物质,以冲积、洪积亚黏土、亚沙土沙卵石层为主,为该区域内唯一含水层。地下水属承压潜水型,水质为重碳酸钙镁型。

3. 气候

成都高新区西部园区属亚热带湿润季风气候,受盆地地形及大气环境的影响,季风气候明显,冬无严寒;夏无酷暑,四季分明,秋短夏长;全年风速小,阴天多,日照少,气压低,湿度大。春季气温回升快,但不够稳定;夏季雨水集中,常有局部洪涝;秋季降温快,阴雨天气偏多;冬季霜冻较少,干冻现象较普遍;静风频率高,逆温活动频繁,不利于大气污染物的扩散稀释;区域内降水较丰富;常年主导风向为东风、北风和北东风。

成都高新区西部园区主要气象条件为:年平均气温 16.2 ℃;年极端最高气温 37.3 ℃;年极端最低气温-5.9 ℃;年平均气压 956.3 hPa;年平均相对湿度 82%;年平均降水量 997.6~1 300 mm;年主导风向 NNE;夏季主导风向 NNE;冬季主导风向 NNE;年平均风速 1.2 m/s;年平均静风频率 42%;全年无霜期 277 天;年平均日照数 1 307.2 h;日照率 27%。

4. 水文

成都高新区西部园区地表水属于岷江水系,区内毛渠和排灌沟较多,主要有马河(下游为摸底河)、金牛支渠、清水河等,连同毛渠共同形成排灌体系。因西部园区建设开发,区内原有斗渠、毛渠已经丧失农灌功能。成都高新区西部园区污水处理厂出水排入清水河。清水河属岷江水系的灌区人工河流,清水河的主要功能为灌溉,灌溉面积为 175 km^2,河宽 35~50 m,清水河最枯月平均流量为零(岁修时),最大月平均流量约 50 m^3/s,枯水期最枯月流量小于 3.0 m^3/s,平均坡降 0.2%。

成都高新区西部园区地下水属松散堆积孔隙水,基础为下陷盆地构造,主要含水层为第四系全新统河流冲积层和上更新统冰水堆积层叠加组成的混合含水层。储水条件好,埋藏浅,丰水期 1~3 m,枯水期 2~4 m,年变幅 1~3 m。地下水位西北高,东南低,坡降 0.2%左右。地下水水化学类型以重碳酸钙型水为主。

5. 土壤及植被

成都高新区西部园区土壤类型为平原水稻土、潮土区。土质多为粉沙壤土。经多年耕作影响,已经熟化为高产稳产的水稻土。土层深层,质地疏松而单一,水力动态稳定,呈中性反应,保土保肥供肥能力强。主要农作物为水稻、小麦、油菜等,一年二至三熟,水旱轮作。本区自然植被较少,林木以两旁植树为主,主要有桉树、桤木、枫树、喜树等。农家宅基地周围多栽种竹林,系人工植被。此外,大面积为农业栽培植物。

(二)成都高新区西部园区社会环境概况

成都高新区西部园区规划面积为 22.0 km^2,主要辖合作、红光、犀浦 3 镇,西部园区规划总人口 2.2 万人。

1. 工业企业状况

自成都高新区西部园区建设以来,区内引

进了一批高科技项目,协议资金80亿元,到位资金10亿元。进区企业已经实现产值约10亿元,创税收达5 000万元,创汇2 000万美元以上。园区内的企业基本情况见表3-1-2。

2. 文化教育状况

目前,成都高新区西部园区已经有电子科技大学、成都中医药大学等知名IT、中医药大学。电子科技大学国腾软件学院、成都中医药大学药学院已经开始招生。园区内还有成都外国语学校、南洋国际学校。另外,园区还预留有3.8 km² 土地用作学用地。

3. 土地利用状况

成都高新区西部园区外环路以东地区,原为郫县工业港用地,现已有一些企业进驻,主要有深蓝空调、大唐电信、迪康制药、国腾科技等。企业沿羊西线两侧分布,其中北侧更为集中、突出,征用地已占北侧约60%的土地。除已用地企业外,该区域内主要为耕地、林盘和农宅。外环路以西地区除托普软件园用地外,其余皆为农用地及少量的征占地。成都高新技术产业开发区西部园区土地利用统计见表3-1-3。

(三)成都高新区西部园区环境质量现状

1. 大气、水、声环境质量

成都高新区西部园区环境监测站2000年对成都高新区的大气环境质量监测结果表明:大气环境质量三项主要指标0.023~0.067 mg/m³,氮氧化物(五日平均)为0.026~0.076 mg/m³,总悬浮颗粒数(日平均)为0.257~0.452 mg/m³。按照单项污染指数法进行评价,大气质量级别为二级,大气质量为良。

表3-1-2 成都高新科技产业开发区西部园区内企业基本情况表

序号	企业名称	总投资/万元	主要产品(建设内容)
1	托普集团科技发展有限公司	141 899	电脑、开关电源、显示器
2	四川奇力制药有限公司	7 000	乳酸环丙沙星注射液
3	四川省中药研究所	800	药材实验等
4	四川迪康科技药业股份公司	3 500	医学生物材料研发、生产
5	成都中药医大学药学院	8 000	教学、科研等
6	四川美大康佳尔药业公司	7 000	氯化钠、葡萄糖注射液
7	四川希望深蓝空调制造公司	6 100	冷热水机组、中央空调
8	四川百事可乐饮料有限公司	19 000	百事可乐、七喜、美年达
9	成都华宇制药有限责任公司	12 000	合成原料药、中药制剂
10	成都前锋集团公司	5 000	10 kV 箱式变电器、中置式开关柜
11	成都前锋集团公司	16 000	电子电器产品、精密仪器
12	四川汇源科技产业有限公司	6 500	光通信产品、特种光缆
13	大唐电信科技股份有限公司	8 000	通信光缆
14	西安森源电气成都制造公司	4 000	高低压开关柜
15	国腾通讯公司	16 000	软件学院、IC 研发
16	迈普数据科技公司	20 000	信息安全产品车间
17	摩托罗拉公司	2 700	软件设计
18	奥晶科技公司	20 200	LED(岁光二极管)及非球面光电产品
19	银河磁体公司	12 000	研发综合大楼
20	四威电子公司	48 000	四威科技产业园
21	恒瑞药业公司	8 000	异地改造药业项目
22	东盛药业公司	22 000	医药包装等
23	英特尔公司	200 000	电脑芯片封装测试

表 3-1-3　成都高新技术产业开发区西部园区土地利用统计表

类别名称	面积/km²	所占比例/%
一类工业用地	13.02	4.14
二类工业用地	49.60	15.77
三类工业用地	13.31	4.23
科研设计用地	69.51	22.1
医疗卫生用地	1.96	0.62
供电用地	2.89	0.92
道路用地	38.42	12.21
村镇居民住用地	73.06	23.23
村镇企业用地	2.37	0.75
贸易咨询用地	47.43	15.08
公园用地	2.98	0.95
西部园区建设总用地	314.55	100
水域和其他用地	1 035.45	—

成都高新区西部园区工业和生活用水为成都市自来水管网提供的自来水，水源品质达到和超过《生活饮用水卫生检验标准》(GB5749-1985)中各项水质指标。

西部园区环境监测站 2000 年对成都高新区区域环境噪声监测结果表明，高新区西部园区环境噪声平均等效声级为白天 56 dB（A）、夜间 47 dB（A），达到《城市区域环境噪声标准》(GB3096-1993)2 类区标准。

2. 固体废物状况

成都高新区西部园区的固体废物主要为生物医药类企业产生的中药渣，电子信息类企业产生的废塑料、金属边角料，以及两类企业共同产生的食堂下脚料、废包装材料、生活垃圾等。废包装材料、金属边角料属可回收物，可以进行回收；食堂下脚料、生活垃圾目前均由市政环卫部门清运至市政垃圾场处理；其他固体废物由产污企业按国家和地方的有关法规做资源化和无害化处理。对于区内企业所产生的有毒（包括剧毒）有害及放射性废物，企业自身无力处理的，分别委托成都市固体废物研究治理站和四川省辐射管理监测中心站处理。

(四) 成都高新区西部园区配套设施情况

成都高新区西部园区的基础设施管网与城市管网连为一体，主要情况如下。

1) 电力：成都高新区西部园区目前拥有变电站 220 kW 1 座、110 kW 2 座、35 kW 5 座，对企业实行不间断供电。

2) 自来水：成都市自来水日生产能力为 152 万 t，可以满足西部园区内企业生产需要。

3) 天然气：成都市日供应天然气 300 万 m³，可以满足西部园区内企业生产需要。

4) 程控电话：通信直接并入成都市网，全市电话总容量超过 205 万门，已进入国际电话自动网，区内还有四川国信通信有限公司、联通寻呼、聚友网络、成都宽带网络等通信服务企业。

5) 污水处理：成都高新区西部园区污水处理厂规划日处理污水能力 8 万~10 万 t（已建成日处理污水能力 2 万 t 的污水厂）。

6) 排污控制：收费按《四川省环境保护部门行政事业性收费管理规定》执行。标准有《污水综合排放标准》《大气污染物综合排放标准》《工业企业厂界噪声标准》《中华人民共和国固体废物污染防治法》等。

7) 道路：三环路、成灌高速路（成都到都江堰）横贯成都高新区西部园区，区间道路网已经形成。

(五) 成都高新区西部园区现有产业结构

成都高新区西部园区已经形成了以生物医药、电子信息为主体的现代化产业结构。成都高新区西部园区重点发展现代中药和电子信息产业。国家软件成都基地、国家信息安全产业化基地、国家现代中药产业化基地均位于区内。成都前峰电子电器有限责任公司、英特尔公司、摩托罗拉成都软件中心、布鲁克西部基地、大唐电信、银河磁体、托普软件、汇源电子、通达电子、广越射频等一大批电子信息重点企业进区发展，产业聚集效应初步显现。迪康药业、华宇制药、蓝剑药业等一批重点现代中药产业化项目发展势头良好，产业规模不断壮大。成都高新区西部园区的发展目标是：建成国内一流、西部第一的IC研发生产基地、软件研发生产基地、光通信研发生产基地、无线电子信息产品研发生产基地、电子信息材料与元器件研发生产基地和现代中药研发生产基地。

（六）园区规划技术

1. 物质集成

物质集成主要是根据园区的总体产业规划，确定园区内企业的上下游关系，同时根据物质需求方的需要，对物质流动方向、数量和质量进行调整，以完成生态工业链的构建。

依照生态工业理论，成都高新区西部园区的物质集成可以从3个层次来实现。

（1）企业内部，注重清洁生产

成都高新区西部园区的产业结构是以生物医药、电子信息为主体的，均不是重污染产业。成都高新区西部园区的生物医药类企业多为中药制剂类企业，生产原料多为无毒、无害、无臭的天然植物，产品属于无毒药剂。企业规划全部按国际标准生产质量管理规范建设标准生产线，实行规范化管理。在中药制剂生产工艺中，容易产生污染的主要为前处理、原料制备、后处理等工序，生物医药类企业在企业内部进行清洁生产应着重从这3个工序进行技术改造，采用新技术，减少废弃物排放，循环利用原材料。成都高新区西部园区内电子信息类企业多为装配加工类企业，在生产过程中会产生一些污染。因此对于电子信息类企业，要加强工艺改进，使用高效低能的设备进行生产。对于企业产生的废弃物优先考虑企业内部循环利用。对于无法循环利用的废弃物应按国家有关标准进行治理，从而保证企业内部清洁生产的进行。

（2）企业之间，建立生态工业链

根据循环经济理论和工业生态学的基本原理，当园区内无法找到龙头企业时，园区考虑了如下一种建链模式：根据每个企业自身的生产特点及物质流动情况，以该企业为中心，周边的社区为辅助，将该企业视为这一小区域内的龙头企业，根据该企业的具体情况，对这一小区域进行生态工业链的建设，形成一个小的生态工业链；当园区内多数企业均完成这种小范围的生态工业链建设后，根据各个小区域的生态工业链的特点及需求，将若干个小的生态工业连接起来，由此组成一个大型的、复杂的生态工业链。由于各个企业均有自身的小循环，其他企业出现问题，对该企业的生产不会造成太大的冲击，这样可有效地保证整个生态工业链的稳定性。同时，由于这种模式加长了生态工业链的长度，从而可提高整个园区内的物质和能量的利用率。

结合成都高新区西部园区已经形成的以生物医药、电子信息为支柱的产业结构，先考虑分别对这两类企业建立生态工业链，然后将这两类企业的生态工业链连接。

成都高新区西部园区的生物医药类企业，主要以天然中草药为原料，经过处理、提取、制成各种片剂、胶囊、口服液等。中药生产总工艺流程图见图3-1-1。由图中可见，中医药企业产生的主要废弃物为中药渣。

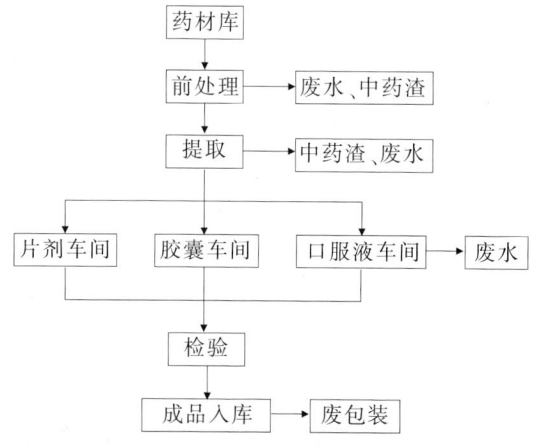

图3-1-1 中药生产总工艺流程图

对于中药渣的综合利用，国内外很多学者

正在进行研究。技术上可行、经济上也可行的方法有两种。一种方法是利用中药渣造纸。中药渣中含有大量的纤维，可以利用中药渣中所含纤维造纸。日本已经建立了利用中药渣进行造纸的造纸厂。利用中药渣造纸，一方面减少了废弃物的排放，变废为宝；另一方面，利用中药渣造的纸具有耐虫蛀的特点。另一种方法是利用中药渣制造饲料和有机肥。中药生产的原料多为植物类药材，中药渣中一般含有大量的粗蛋白、粗多糖、氨基酸等物质，可以利用这些物质制造饲料和有机肥。

成都高新区西部园区可根据全区的情况，从两种方法中选取一种方法，实现对中药渣的综合利用。

成都高新区西部园区内电子信息类企业较多，产品也很丰富。根据调查，园区内电子信息类企业产生的废弃物主要是废塑料。

对于废塑料的综合利用，国内外已经有很多技术。较常用的方法是利用废塑料焚烧发电及利用废塑料制取涂料、燃油等产品。从经济、技术角度考虑，以上方法中最简单、最经济可行的是利用废塑料制造涂料的技术，该技术主要生产工艺见图3-1-2。成都高新区西部园区采用该技术时，可建立一个涂料加工厂，对废塑料进行回收利用。

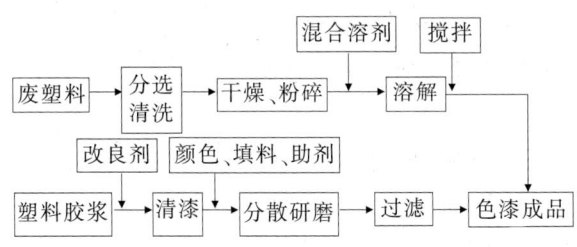

图3-1-2　废塑料生产涂料工艺流程图

根据生物医药、电子信息类企业产生的废弃物，考虑建立废弃物综合利用生态工业链。调查表明，生物医药、电子信息类企业其他废弃物主要有废包装材料、金属废边角料、食堂下脚料等。建议成都高新区西部园区建立一个废品回收中心，对废包装材料、金属废边角料进行回收利用；建立一个包装材料加工厂，利用造纸厂生产的纸张、回收的废包装材料进行

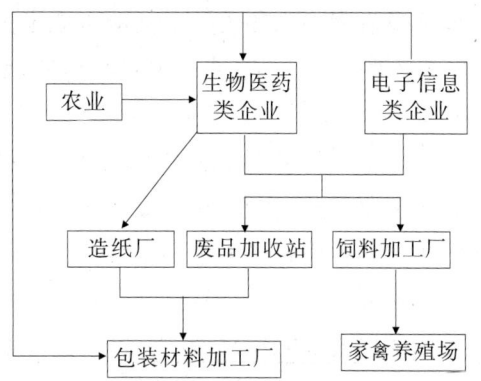

图3-1-3　废弃物综合利用生态工业链

生产，满足园区内企业的需要；建立一个饲料加工厂，利用产生的食堂下脚料进行饲料加工；建立一个家禽养殖场，利用饲料加工厂生产的饲料进行家禽养殖，满足园区及周围社区的需要，家禽产生的粪便加工成有机肥，用于农业用肥。同时，由于生物医药类企业的原材料多为药用植物，可以鼓励西部园区附近区、县适合药用植物种植的农村进行药用植物种植，为生物医药类企业提供原材料。从而建立成都高新区西部园区废弃物综合利用的生态工业链(图3-1-3)。建立这样一个良性的生态工业链，不仅减少了企业废弃物的排放，同时为企业提供了一定的原材料，提高了企业和周围社区的经济效益、环境效益。

(3)园区与园区之间，建立虚拟生态工业园

园区内的企业由于数量和种类的限制，想建成一个较完善的生态工业链是较为困难的，必须着眼于园区外去寻找合适的企业，实现物质集成。园区应充分利用各种需求信息，拓展园区的物质和能量循环范围。

2. 能量集成

能量集成就是要实现工业系统内能量的有效利用。能量集成首先要求企业内部各个生产过程对能量有效利用，采用节能技术、节能工艺以及使用再生能源，避免能量数量和质量上的损耗；其次，按照企业之间能级需求的高低不同，构成能量的梯级利用，使各个企业满足其生产用能的需要，而不增加能量消耗，从而有效地提高能量的利用率；最后，园区应尽量利用清洁能源，实行集中供热和热电冷联产。成都高新区

西部园区没有集中供热，在今后应考虑集中供热和热电冷联产。

3. 水集成

水集成主要采用节水工艺、废水循环利用、中水回用以及水分配网络综合等方式来减少新鲜水的用量和废水的产生量。水集成在企业内部要求企业节约用水，改革生产工艺，减少新鲜水的使用量和废水的排放量；对排放的废水进行循环利用，对无法循环利用的废水处理后再利用。尽量减少废水排放量，提高水的循环利用率。水集成在企业之间要根据企业对水质的不同需要，将各企业排放的废水分别供给其他企业使用，从而减少新鲜水的用量和废水排放量，提高水的利用率。水集成在园区角度实现，要求园区采用雨污分流，对收集的雨水尽量利用。同时调整园区的产业结构来减少水污染的产生和水资源的消耗，从宏观上提高水的利用率。成都高新区西部园区已经实现了雨污分流，建立了污水厂。同时，应加强对雨水利用的力度，建立适当的中水回用体系，从而达到节约水资源、减少污水排放量的目的。

4. 信息集成

生态工业的建设是一个长期的、复杂的过程，在这个过程中需要大量的信息支持，如园区内企业的原材料信息、生产信息、排污信息、经营状况等。这就需要利用先进的信息技术对园区内的各种信息进行系统整理，建立完善的信息数据库、计算机网络和电子商务系统。同时，对信息要进行有效的集成，使信息在园区的规划、管理上发挥有效的作用，为园区的发展、决策、管理和维护提供支持。

（七）园区的管理

为了保证成都高新区西部园区生态工业的正常运行和持续发展，必须充分发挥政府的领导、监督作用。在入园的企业中引进先进的环境管理工具，如ISO14000为环境管理体系等，保证园区的可持续发展。

1. 园区企业的准入条件

成都高新区西部园区管理部门应以循环经济理论和工业生态学原理为指导，全面、充分地考虑园区的经济、社会和环境的要求。保证园区的决策在符合经济效益需求的同时，对环境不产生危害或尽量少产生危害，从而实现经济发展和环境改善的"双赢"，实现园区发展的环境损害最小化，经济、环境和社会的综合效益最大化。为实现上述目的，选择正确的入园企业是保障园区健康发展、完善和补充生态工业链的有效措施，也是逐步构建良性、稳定的生态工业框架的前提条件。综合考虑园区的特点和生态工业发展的需求，计划入园的企业应满足以下条件。

1）符合国家的产业政策和环保政策。

2）符合成都高新区西部园区的产业规划。

3）可以对成都高新区西部园区的生态工业链进行补充和完善。

2. 园区环境管理机构

生态工业建设是一项长期和艰巨的工作，为了保证生态工业持续有效的运行，实现减少废弃物的排放、对废弃物进行回收处理及循环利用的目标，园区必须设置环境管理机构。该机构主要职责应包括如下几项。

1）区域环保管理机构除执行主管领导有关环保工作的指令外，还应接受上级环境管理部门下达的各项环境管理工作，如统计报表、检查监督。定期与不定期地上报各项管理工作执行情况以及各项有关环境参数，为区域整体环境污染控制服务。

2）督促、检查企业执行国家环境保护方针、政策、法规。

3）编制并组织实施区域环境保护规划，协助市（区）领导努力实现区域环境综合整治定量考核目标。

4）按照国家、政府规定，制定企业污染物控制指标和环境管理办法。

5）组织环境监测，检查企业环境质量状况及发展趋势，监督企业环境保护设施的运行与污染物达标排放。

6）组织环保专业的法规、技术培训，提高各级环保人员的素质和水平。

7）及时推广、应用环境保护的先进技术和经验。

8) 开展环境教育活动,普及环境科学知识,提高企业员工环境意识。

9) 依据引进企业的行业类别及"三废"排放特征,合理安排项目在西部园区内选址。

10) 协助和监督进区企业"环境影响评价""三同时"的实施。

11) 开展西部园区"ISO14000环境管理体系"认证工作。

(八) 园区的信息系统

生态工业的建设离不开信息的支持,这些信息包括企业的经营状况、原材料种类、产生的废弃物等。这些信息的有序组织需要建立信息管理系统。

建立信息系统,可以为企业建立废弃物交换平台。企业通过咨询,可以得到自身所需要的原材料供给信息及自身产生的废弃物的需求信息,从而实现物质集成。可以为企业能源、水、资源或废物查询到最佳的流动渠道和最佳利用技术。

建立成都高新区西部园区信息系统,可以为园区设计人员和管理人员提供丰富、可靠的信息来源,包括相关政策、入园项目指南、园区工业网络设计、物质流集成设计、清洁生产技术、各主要行业关键先进技术、园区环境管理手段、参考著作等主要内容。

成都高新区西部园区信息系统,可以使企业受到更好的生态工业教育,并向它们提供有关企业实现废物最少化和污染预防等方面的信息。企业通过各种信息接触(例如:实例研究、废物最少化实践、有关废物的削减、重复利用、再循环及法律和规定等),更深层次地体会到生态工业的理念。

(九) 园区的环境监测

污染物总量控制是生态工业园区环境管理的重要制度与手段,环境监测数据是污染物总量控制制度实施的依据。企业要配合生态工业园区和地方环境保护主管部门做好本企业的污染物达标排放工作以及当地的污染物总量控制工作。根据有关规定,具有一定规模的企业应该建立企业自己的环境监测系统,对生产区环境质量进行例行监测工作,控制污染防治措施的贯彻落实;同时,对可能发生的污染事故有基本的预测、报警能力。

二、对国内外生态工业发展模式的借鉴

(一) 企业层面生态工业发展模式

生态工业型的企业一般都是大型企业,因为大型企业在资金、经营规模、技术创新等方面具有先天优势,能够在企业内部进行生态工业的实践,容易形成内部循环产业链,而中小企业引入生态工业机制则会受到规模和工艺技术的限制。

生态工业型的企业的主要任务是将生态工业理念引入工业企业生产经营的过程中,从原材料的选择,到废弃物的排放与再循环利用,把保护、改善生态环境作为工业企业发展战略的中心之一,通过降低消耗、提高资源利用率、节约生产经营成本等手段实现经济效益和生态效益并举。因此,生态工业型的企业必须具有生态效率、再循环两个关键要素。要实现这两个要素,企业要在环境管理、发展战略、组织机构、技术支持及企业文化等方面进行变革。其构建主要有两种模式:一是企业在现有的基础上通过技术改造、创新来实现企业内部资源的有效循环利用;二是企业在发展现有的主营业务的基础上,根据副产品或者废弃物的性质来实现多元化经营,可在企业内部延长产业链。

国外实践案例——杜邦化学公司。杜邦化学公司是将生态工业的理念融入企业发展的典范,其产品涉及食品与营养、服装、保健、家居、建筑、交通以及电子领域。杜邦公司于20世纪80年代就开始了相关生态工业的实践,在实践过程中创造性地把3R原则和化学工业的实际情况相结合成为3R制造法。杜邦公司通过开展一系列的资源利用、废物减量化、清洁生产相关工作,放弃、减少使用某些对环境有害的化学物质,发明回收本公司产品的新工艺,彻底改变了只关注资源投入而轻视废弃物排放的传统的生产理念。另外,杜邦公司通过对废弃牛奶盒、废

塑料、一次性塑料容器的回收，开发出了具备较长使用寿命的乙烯材料等新产品。杜邦公司于1997年重新制订了《地毯回收计划》，全美有80个杜邦的零售商参与了这一计划，大约每年回收10 000 t废弃地毯。此类做法使杜邦公司产生的塑料废弃物减少25%，空气污染物排放量减少75%。而通过使用生产全过程控制法与热解法等技术，杜邦公司减少了相当于6 100万t的二氧化碳的排放，2002年温室气体的排放相较于1990年减少了68%。杜邦公司依靠自身的技术使废弃物在企业内部得到充分的利用，并且达到了生态工业发展所需要有的完整的闭合生产链条这一标准。

国内实践案例——山东鲁北企业集团。山东鲁北企业集团是我国国内生态工业型企业的典范。鲁北的工业产业共生实践实现了磷铵生产、盐碱电、海水3条产业链的联产，逐步发展出石油化工、煤化工，实现了盐化工、煤化工、石油化工的有机结合。其中，热电厂会利用海水产业链中的海水代替淡水冷却，这样既利用了余热蒸发海水，又节约了淡水资源。而磷铵、水泥、硫酸产业链中的液体二氧化硫将用于海水产业链中的溴素提溴，硫元素将转化成盐石膏返回用来生产水泥、硫酸；热电厂的煤渣将用作水泥的原料，生产的电和蒸汽将用于各产业链的生产过程中；氯碱厂生产的氢气将用于硫酸、磷铵、水泥产业链中的合成氨生产，钾盐产品则用于复合肥生产。在鲁北，各产业链内部与产业链之间的共生关系达到了17个，其中包括5个互利共生关系和2个偏利共生关系。鲁北的生态工业系统的产品成本由于资源的循环利用而比传统行业降低30%~50%。若将鲁北所开发的磷石膏分解制硫酸联产水泥的技术推广到全国范围内，全国磷石膏排放总量以2 000万t计，将每年节省磷石膏堆场建设费6亿元、水泥800万t与600万t硫酸生产所需的石灰石矿山和硫酸铁矿矿山建设费10亿元，且同时消除了水泥生产中二氧化碳温室气体的巨量排放及硫酸制造所造成的环境污染。

（二）园区层面生态工业发展模式

生态工业园是发展生态工业最常用的实践模式，是生态工业的相关理论应用最广泛的实践实体形式。生态工业园主要以3种形式存在发展：一是通过改建现有的工业园，即现有改造型；二是通过新产业园的开发，即全新规划性；三是建立虚拟型生态工业园。而这3种形式在实践中往往是相互结合存在的。

1. 实体生态工业园

实体生态工业园是相对于虚拟生态工业园来说的，主要是指园区以实体的形式存在，有确定的边界与管辖范围，包括现有改造型和全新规划型两类。

实体生态工业园的要素主要有3类：一类是支持生态工业园中企业发展的公共设施，即直接支持服务系统，主要包括园区内的直接服务中心和基础设施；二类是企业群落，这是园区内的主体，它们会按生产者、消费者、分解者的角色进行着人才、信息、资金的流动；三类是间接支持服务系统，即与系统间接相关的服务。

2. 虚拟生态工业园

虚拟生态工业园主要是针对那些已经存在的、大量的、分散的中小企业。若对其进行重新规划建设，则一方面迁址工作比较困难，另一方面迁址建工业园的费用非常巨大。所以各中小企业突破地理界线，共同通过"废物资源"这一纽带把众多产业链上存在联系的中小企业用现代信息技术的手段连接起来，建立虚拟生态工业园区，园区内企业相互合作而形成互利的网络共生关系。这种因合作建立的虚拟生态工业园灵活性非常高，其具体运作模式可以根据自身特点、企业类型等多种因素选择，它们的产生几乎完全是由于市场力量推动的结果。

虚拟生态工业园的中心是信息集成共享系统，主要由3大系统组成：园区核心系统、基本信息系统、园区支持系统。

在虚拟生态工业园中，企业间的相互信任是园区内强有力的"软治理工具"，也是成员企业在对园区网络秩序、其他成员企业承担一定义务与责任及它们自己所拥有的技术、废弃物资源期望值的基础上形成的一种肯定的团队式的信任，这种信任在经济增长与交易中起着积极作用。

实体生态工业园实践案例——卡伦堡生态工业园。实体生态工业园模式的先驱是丹麦的卡伦堡生态工业区。该生态工业园主要由5家大型企业、10余家小型企业通过废物资源联系在一起(截至2000年)，从而形成了一个大型的生态工业共生系统。参与其中的大型企业有阿斯内斯火力发电厂（它是丹麦最大的煤火力发电厂，具备发电150万kW的发电能力）、斯塔托伊尔炼油厂(是丹麦最大的炼油厂，具备年加工350万t原油的能力)、吉普洛克石膏墙板厂(具有年加工1 400万 m² 石膏墙板的能力)、诺和诺德(是一家国际型制药公司，年销售收入20亿美元)等重化工业企业以及一个土壤修复公司，主要负责改善重化工业企业污染造成的土壤环境。卡伦堡生态工业园区内以火力炼油厂、制药厂、发电厂、石膏制板厂4个厂为核心，其中的火力发电厂和炼油厂形成了"热电联厂"，它们通过贸易的方式相互交换废料、蒸汽、水以及各种副产品，把其他企业的废弃物、副产品作为该企业的生产原料，以建立工业共生的生态链关系，从而最终实现园区的污染"零排放"。

卡伦堡生态工业园内的能量、物质流动基本达到了闭合回路的要求和废物的零排放，是世界上生态工业发展成功的典范。卡伦堡生态工业园的建设是在一系列推进生态工业发展的相关法律法规中得以成功的。丹麦于1991年就颁布了《丹麦环境保护法》；1992年就开始制定《废弃物排放与循环利用规划》，还要求地方政府同步制定地区性规划且公示于众；1997年起便规定所有可燃性的废弃物必须回收利用而禁止填埋；丹麦环保部又颁布了《丹麦2005—2008年废弃物战略规划》并已付诸实施。强制性法律使一些大型企业寻找新的出路，或改善生产工艺或寻求新的组织方式，这是避免企业受到相关法律约束的主要的手段。而通过建设生态工业园，企业不但可以有效地避免政府的法律约束，还能在获得较高经济效益的同时带来一定的社会效益与生态效益。

虚拟生态工业园实践案例——布朗斯维尔生态工业园。虚拟生态工业园在国外发展得较好，以20世纪90年代美国布朗斯维尔生态工业园为代表。该工业园位于美国布朗斯维尔市和墨西哥的马塔莫罗斯市交界。在该工业园内，各成员企业借助现代化信息技术的手段，建立起成员企业间物质、能量的交换关联，能够共享物质、能源的各企业不必搬迁即可参与园区的运作，这样使不靠在一起的企业也能通过废物交换联系起来。布朗斯维尔生态工业网络主要通过增加废油回收厂、废溶剂回收厂、电热厂、再生塑料制品厂等来担当生态工业网链的"补网角色"。

(三) 区域层面生态工业发展模式

区域层面生态工业是园区层面的进一步拓展与延伸。区域是一个相对的概念，指能形成生态工业系统的一定地域范围，可以是县、市、省，甚至于国家。区域层面的生态工业发展的目标是保证本区域内生态、经济与社会可持续发展，并尽量带动周边区域的可持续发展。

区域层面的生态工业是一项多领域的系统工程，涉及经济管理体系、生产服务体系、生活消费观念等多方面的转变。它要求以产业结构的战略性调整为重点，以资源利用效率的提高为核心，以循环性企业、生态产业园、城市资源循环型社会为重要载体，通过政策引导、制定规划、教育宣传、科技发展等手段，依靠政府、企业公众的公共参与，全方位推进生态工业发展。

生态工业区域内主要包括4大要素：工业产业体系、基础设施、社会消费、人文生态。区域层面生态工业的一般模式是：首先必须构建以工业共生、物质循环为特征的生态工业产业体系；其次，必须建设发展生态工业的相关基础设施，包括水循环利用基础设施、绿色交通体系、清洁能源体系等；再次，生态工业区域必须包括规划绿色化、景观绿色化以及建筑绿色化的人文生态建设；最后，必须努力宣传倡导实施绿色消费。要顺利形成这些要素，可以通过建立综合决策和协商机制、加强政策引导、完善相关法律法规、制定合理的规划、激励科技创新、加强教育宣传等路径实现。

国外实践案例——日本循环经济。日本为了解决废弃物的高产生量和处理设施的布局困难、非法丢弃的增加等一系列问题,以及满足进一步推进资源循环利用的要求,于 2000 年做出摆脱"大量生产、大量消费、大量废弃"型的社会,通过从生产到流通、消费、废弃各环节都对物质进行有效的利用与循环、控制资源的消费量、建立环境负荷较小的"循环型社会"的决定。循环型社会的生活形态是指珍惜使用优质产品的"慢节奏"生活,生产倡导长寿命化和租赁。日本《推进循环型社会形成基本计划纲要》明确了 5 个主要措施:国家要建立和各主体间的合作关系,率先展开促进循环型社会形成的措施;国民应重新审视生活方式等;非政府组织与非营利组织为循环型社会形成而开展活动等;地方公共团体负责法律的执行与协调。其物质流量的目标是:2010 年度的资源生产率达到每吨 39 万日元,比 2000 年度相比提高 40%;2010 年的循环利用率达到约 14%,比 2000 年度提高 40%;2010 年最终处理量达到约为 2 800 万 t,与 2000 相比减少一半。

国内实践案例——资源县生态经济。资源县位于广西壮族自治区东北部,有 12 个少数民族,是自治区贫困县,但生态环境好,动植物种类繁多,自然资源丰富,水资源丰富,中草药材质量好,药用可种植植物达 200 多种,森林覆盖率达到 78.4%。

在"十一五"规划提出要"把经济社会可持续发展切实转入全面协调可持续发展的轨道"这种大氛围下,资源县结合当地的资源等优势,树立了"保住青山绿水求发展"的发展观,确立"生态立县、旅游兴县"的科学发展思路,推行循环经济的发展模式,重点优化产业结构、推进生态城镇建设,发展生态农业,走出一条"生态农业,带动生态工业,并促进生态旅游业及其他第三产业"的生态型县域经济发展之路。

第二章 生态工业系统中的企业分类

生态工业系统是指通过物流或能流传递等方式把不同工厂或企业连接起来,形成共享资源和互换副产品的产业共生组合。生态工业系统使一家工厂的废弃物或副产品成为另一家工厂的原料或能源,实现在传统非链接模式下无法获得的收益,即原材料使用减少、能源效率提高、废弃物减少,以及有价值输出物数量和种类增加。

自然生态系统中存在3类有行为的基本组成成员,即生产者、消费者和分解者。模拟自然生态系统,可将一个完整的生态工业系统中的工厂和企业划分为"资源生产"型企业、"加工生产"型企业以及"还原生产"型企业3类,在产业系统中建立 "生产者—消费者—分解者"的物质循环方式。3类企业在生态工业系统中具有两个基本功能:经济物质的生成和自然物质的还原。通过这种功能化的定位,经济系统与自然生态系统有机地连接在一起,由此形成一个类似封闭的物质闭路循环路径,实现能量多级利用和废物产生最小化,最终达到工业可持续发展的目标,实现经济发展和环境保护"双赢"。

第一节 生态工业系统中的各类型企业简介

一、"资源生产"企业

在整个生态工业系统中,"资源生产" 企业负责将无机物质加工、组合成有一定经济价值的产品,并且排放生产过程中的剩余物。从生态的角度考察,"资源生产" 企业的主要功能是生产有用产品的同时,生产用于链接其他下游企业的物质,诸如废物、能量、信息等。"资源生产"企业包括:利用基本环境要素(空气、水、土壤岩石、矿物质等自然资源)生产初级产品的初级生产企业(如采矿厂、冶炼厂、热电厂等)以及负责初级产品的深度加工和高级产品生产的高级生产企业(如化工、肥料制造、服装和食品加工、电子产业等)。

二、"加工生产"企业

"加工生产" 企业将工业剩余物重新回收、再利用,赋予其正常的经济价值。通俗地说,这是一个工业物质的"二次加工系统",它不直接生产"物质化" 产品,但利用生产者提供的产品,供自身运动发展,同时产生生产力的服务功能等。这一系统存在的主要目的在于减少工业排放物对环境造成的损害,进一步提高资源的使用效率,并由此延伸工业生产的技术路径。这类企业包括行政、商业、金融业、娱乐以及服务业等。

三、"还原生产"企业

随着社会或周围社区对环境保护的重视，企业对自己的生产废物处理标准也越来越严格，处理成本也相对增加。特别是对于一些化工、机械、能源生产企业，它们的生产副产品一般都占生产很大的比例，废物处理费在成本中占的比例也非常高。毕竟园区内垃圾填埋场的能力是有限的，把废物运送到填埋场要花费运输成本，同时还要支付一定处理费用。特别是一些化学废物，处理过程本身就会产生污染。因此，为满足环保要求，这些企业急需与相关下游企业建立生态工业链，使得许多副产品成为该类下游企业的生产原料，降低企业处理这部分副产品的费用，甚至给企业带来一定的收入。这些所谓的下游企业，即为"还原生产"企业，该类企业把工业企业产生的副产品和"废物"进行处置、转化、再利用等，将连续工业生产中所形成的较高熵价值的剩余物分解、还原成低熵的物质，将复杂的无机物逐步分解为更为简单的无机物，最终以原子、分子的形式重新回归外部环境。"还原企业"包括废物回收公司、资源再生公司等。

第二节 产业链中企业之间的关系分析

按生态学或进化论观点，生态系统内部组成成员之间是优胜劣汰、适者生存的竞争关系；但同时又有协作和共生关系。对于工业系统而言，生态工业强调了协作和共生关系，尤其是原料和能量流动的网络共享和废物利用。这样就打破了传统意义上企业轻视废物资源化的思想和将废物管理、处置和环境问题交由次要部门处理的低级陈旧运作方式。按生态工业的观点，各工业、企业应给予废物资源化增值和产品生产与市场营销以同样重要的地位。生态工业系统可以看成由多个企业组成的自适应复杂系统，系统中各企业之间存在着共生。按生态工业系统中各企业间的作用关系不同，生态工业系统分为共生型生态工业系统、寄生型生态工业系统以及异生型生态工业系统3种结构。

一、共生型生态工业系统

共生型生态工业系统中的产业多为主动产业，由主动产业和被动产业构成的共生关系很少。在这类生态工业系统中，主动产业本着"平等互利、互通有无、优势互补"的基本原则达到经济、生态的协同进化，两者共存于一个环境之中，实现经济和环境等各方面的共生或双赢。如图3-2-1为一个共生型生态工业系统的例子。

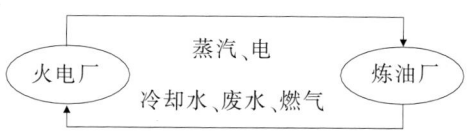

图3-2-1 共生型生态工业系统

共生型生态工业系统呈现的基本特征如下。

1）系统中没有明显的主动、被动之分。
2）产业地位平等，共同生存，缺一不可。
3）产业间的链接稳定。
4）物质在这种共生关系中形成近似封闭的循环系统。

工业共生是一个更大空间的合作网络。它由企业间生产过程中的副产品合作，跨越到企业之间全方位合作，以及由企业之间扩大到企业、社区与政府公共部门之间更广泛的合作，通过这种合作，提高企业的经济效益与生态效益。

二、寄生型生态工业系统

与共生型生态工业系统相比，寄生型生态工

业系统中有明显的主动产业和被动产业(寄生产业)之分。寄生产业通常从主动产业(被寄生产业/寄主)处获取自身生产所需的各种原材料,并且以此减轻被寄生产业的环境污染压力。但在工业上,这种寄生关系由于不存在对工业寄主生存上的威胁,不会像自然生态系统中的寄生关系一样最终造成寄主的死亡。如图3-2-2为一个寄生型生态工业系统的例子。

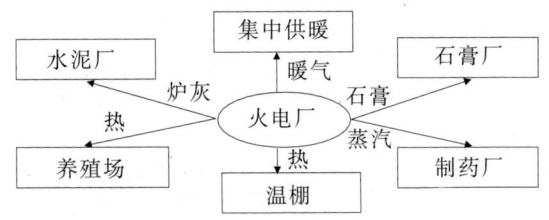

图 3-2-2　寄生型生态工业系统

受生产技术水平所限,现代工业在生产中所产生的工业废物非常大。从而寄生型生态工业系统将成为一种极为普遍的模式。这一模式具有如下基本特征。

1)产业具有明显的主动、被动之分,由此造成这类生态工业系统中的产业地位不平等。

2)核心主动产业在资源使用、生产工艺、流程设计、产品设计等方面具有十分明显的优势,而且必须拥有一定数量规模的剩余物。

3)产业间对应关系复杂,一个主动产业可以带动多个被动产业。

4)寄生系统中由于主动产业提供稳定的"工业食物",从而使产业之间的寄生关系比较稳定。

三、异生型生态工业系统

异生型生态工业系统是通过一连串前后关联的产业构成的一个连续"链状"的多个厂商生态协同的生态工业系统稳定模式。如图3-2-3为一个异生型生态工业系统的例子。

图 3-2-3　异生型生态工业系统

异生型生态工业系统的基本特征如下。

1)系统形状多样,有直线、环状、放射状等。

2)系统较脆弱,当某一关键环节出现断裂,整个生态系统面临崩溃。

3)系统中产业关系相对不稳定。

现实中,生态工业系统没有明显的结构种类划分,而是由以上3种最基本的结构形态组合而成的复杂的生态系统。

卡伦堡工业园区可谓生态工业系统的先驱。它的生态工业网络是由石膏板材厂、生物技术土壤修复公司、E2能源公司的阿斯内斯电厂、挪威国家石油公司炼油厂、国际科技制药厂与化学制剂厂、污废水综合处理厂和垃圾处理厂构成的。如图3-2-4。卡伦堡生态工业系统

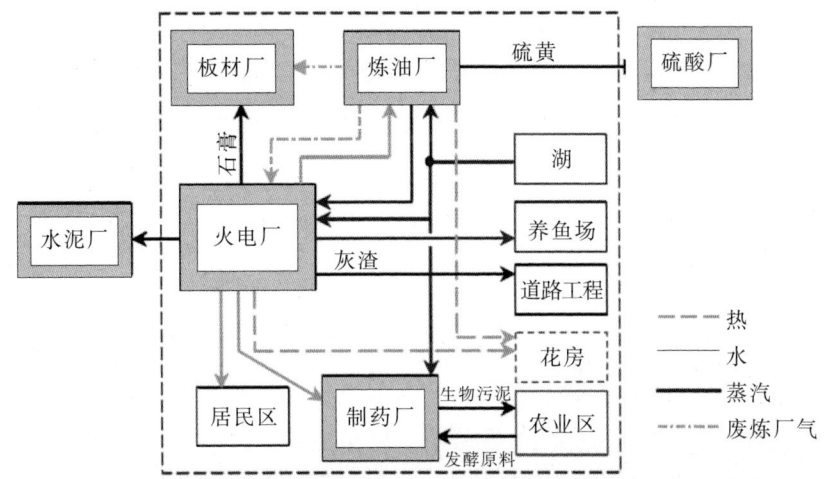

图 3-2-4　卡伦堡 EIP 生态工业网络

有效地实现了园区的物质循环利用和能量的梯级利用。物质循环利用:发电厂的飞尘可被水泥厂利用,直接脱硫单元可被石膏板材厂用作制造建材,精炼厂的直接脱硫单元可生产纯硫黄,硫黄又可作为生产硫酸的原料,制药过程以及养鱼场所产生的软泥可直接送至附近农场施肥,制药厂生产剩余的酵母可用来制作饲料。能量梯级利用:发电厂向制药厂、卡伦堡城市供热,向精炼厂送电,发电厂通过使用煤和煤气向卡伦堡镇提供电、蒸汽和区域加热器(代替5 000个家用加热器),发电站剩余能量在低温下被养鱼场使用,精炼厂提供剩余煤气给石膏板材工厂,精炼厂组建硫黄回收单元,发电厂利用清洁煤气做增补燃料。从企业在网络中的角色看,卡伦堡生态工业系统兼具生产者、加工者和分解者,角色齐全,互补性强,空间距离近,相互了解信任,网络中的链条能够保持稳定。这一网络是企业之间通过探寻副产品利用关系而自发形成的。但卡伦堡生态工业系统是以几个高污染、高耗能企业为核心构建而成的,随着环境问题的加剧,高耗能企业必将逐渐被淘汰,如何革新生产技术、重新确定核心企业和引入相关互补链企业成为卡伦堡生态工业系统发展中亟待解决的问题。

天津泰达生态工业园内的汽车产业生态化现象也是一个非常成功的案例。围绕天津一汽丰田汽车制造公司而建立的生态工业链包括:一汽丰田公司、丰田通商公司、虹冈铸钢公司、矢崎汽车配件公司。通过充分利用生产过程中产生的废弃物,一汽丰田公司将汽车模具的采购成本降低近30%。这4家公司的物质流分析和经济效益分析如图3-2-5所示。

再如20世纪90年代中期,天津市号称压着三座山——钢渣山、碱渣山、粉煤灰山。1996年以前,天津碱渣山占地3.6 km²,重达620万t。天津钢厂每年排放钢渣40万t,到1993年钢渣堆集存放300万t,形成了高约20 m、占地5.3万m²的小山。天津电厂粉煤灰每年排放150万t,粉煤灰山占地达5.87 km²。三座山曾给天津环境带来巨大压力,处理三座山不仅让政府和企业费尽心

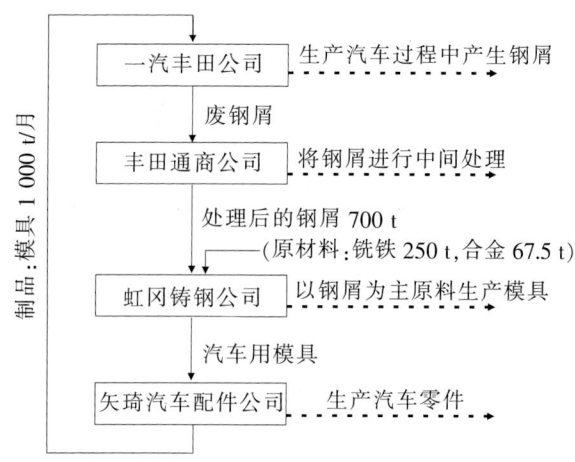

图3-2-5 一汽丰田生态工业链及废弃物综合利用

机,而且承受了沉重的资金压力。但时过境迁,这3种生产废弃物都得到了很好的利用。天津用钢尾渣做工程垫土,不仅减少对土地的破坏,而且使天津钢厂有了额外的效益。碱渣用来生产水泥,十分抢手,减少了山体开挖对环境的破坏。电厂粉煤灰用于生产建筑砌块、水泥、烧砖,供不应求。这些物资不但没有再给当地政府和企业造成巨大的经济压力;相反,通过综合利用,这些物资还产生了较好的经济效益。

工业共生是现代工业企业模仿自然生态系统的组织创新模式。它模仿自然界生物种群的共生关系交互作用原理,在企业之间建立起"生产者—消费者—消解者"生态产业链,彼此之间通过废弃物交换而达到资源循环利用和物质使用的减量化与污染低排放甚至零排放。工业共生是指企业之间的竞合关系。它不仅包含合作,同时包括竞争和优胜劣汰;企业之间不仅包含物质流、能量流之间的副产品利用,而且包括信息流、人才流、技术流和创新流等方面的全面合作;共生企业可以共生生产技术,提高资源的利用效率,减少污染物的产生;也可以化对方企业的污染物为更廉价的资源,把污染物处理到生产过程中。工业共生是一个更大空间的合作网络。它由企业间生产过程中的副产品合作,跨越到企业之间全方位合作,以及由企业之间扩大到企业、社区与政府公共部门之间更广泛的合作。通过这种合作,企业的经济效益与生态效益得到共同提高。

第三章 国外生态工业系统与化工企业

第一节 美国化工生态园区

1989年9月,美国通用汽车公司的研究部副总裁罗伯特·福布什(Robert Frosch)和负责发动机研究的尼古拉斯·加罗布劳斯(Nicolas Gallopoulos)在《科学美国人》杂志上发表的题为《可持续工业发展战略》的文章,正式提出了"工业生态学"的概念。作者在该文中指出:"传统工业活动中,各个制造工艺摄入原材料并生产出要销售的产品和要处理的废物的简单工业模式应该转变为一种更加一体化的模式:那就是工业生态系统。在这样的一种系统中,能量和物质的消耗是优化的,而且一种过程的排出物,无论是石油炼制过程的催化剂、发电过程产生飞灰和底灰,还是消费产品后的废塑料容器,都可以用作另一种过程的原材料。"生态工业的逐步完善为工业园的发展指明了方向。学者们通过对卡伦堡工业共生体的大量研究,发现工业共生不仅能够为企业带来经济效益,还可以实现环境质量的改善,与工业生态学的原理相吻合。

在以类似卡伦堡工业共生体模式实施产业生态学时,人们使用了多个词汇来称谓这些运作实体或模式,使用较多的有"生态工业园区(EIP)""工业发展(ED)""生态工业网络(EIN)""工业共生体""副产品协作"和"统一链管理"等,其中以"生态工业园区"使用最为广泛。

美国英迪哥(Indigo)发展研究所欧内斯特·洛伊(Ernest Lowe)教授,将生态工业园定义为:一个由制造业和服务业组成的企业生物群落,它通过包括能源、水、原材料这些基本要素在内的环境与资源方面的合作和管理,来实现生态环境与经济的双重优化和协调发展。

目前,文献中引用最多的定义是由美国总统可持续发展委员会在1996年10月提出的两个定义。

1)为了有效地共享资源(信息、物资、水、能源、基础设施和天然生境)而彼此合并与地方社区合作的产业共同体,能够实现经济效益和环境质量的改善,为产业与地方社区带来可平衡的人类资源。

2)有计划的物质和能量交换的工业系统,寻求能源和原材料消耗的最小化、废物产生的最小化,并力图建立可持续的经济、生态和社会关系。

自1993年起,在美国已经有了生态工业园的实验基地,美国总统可持续发展委员会还专门设立了一个"生态工业园区特别工作组"。从1993年开始,有20多个城市市政当局与大公司共同规划建设生态工业园,其目的是提高低收入地区的经济发展水平,在美国形成了一个庞大的关于生态工业的咨询体系。创建生态工业园区的构想得到了政府和工业界支持。同年10月,美国国家科学基金和朗讯科技基金筹集了

10项基金，共计120万美元来资助工业生态学研究。1994年美国总统可持续发展委员会计划建设马里兰州的费尔菲尔德、弗吉尼亚州的开普查尔斯、得克萨斯州/墨西哥交界处的布郎斯维尔、田纳西州的查塔努加等4个生态工业园区示范区。其中，开普查尔斯可持续发展生态工业园区被认为是美国的第一个生态工业园区，1996年正式投入运行。园区位于弗吉尼亚州，占地500 hm^2，区内包括工业区、海岸沙丘生境保护区，还有一些废水处理湿地。1996年8月，美国总统可持续发展委员会召集的专业组提出，生态工业园区是商务（企业）群体，商业企业之间在相互合作的同时，也与当地社区合作，以有效地共享资源（信息、材料、水、能源、基础设施和天然环境），产生经济效益和环境质量效益，给企业和当地社会带来资源、财富。

美国已有17个左右的项目宣布是生态工业园区。在一系列规划和示范园区的带动下，1999年美国环境署（EPA）又制订资助2个生态工业园区计划。截至2005年，全美约有16个生态工业园区，并各具特色，大致可以分为3类，即老工业园区改造型、全新规划型和虚拟工业园区。

老工业园区改造型：典型的例子是查塔努加生态工业园区。查塔努加作为全美钢铁制造业的中心，是20世纪60年代美国污染最严重的城市。为了治理城市污染，该市市政委员会运用"工业生态学"原理，将旧的钢铁企业改造成"以太阳能为动力的水晶宫，使之成为一台用来处理污水的有生命力的机器"，用于处理相邻的一家肥皂厂产生的污水，肥皂厂生产过程中产生的副产品恰好是相邻的另一家企业生产的原材料。上述企业利用共生关系相互依存，共同发展，巧妙地达到了减少和消除废物和污染的目的，成为世界上第一个零排放的工业园区。查塔努加这个昔日工业污染的反面典型，因其在可持续发展方面的"最佳实践"而受到联合国的赞誉，成为传统产业工业污染综合治理的典范。

分析美国查塔努加工业园的案例，我们可以总结出政府规制下的企业链的一些特点和规律：所有参与合作的企业同属于一家集团公司之下；集团公司的决策对其共生联合体企业是否合作起决定作用；各共生企业一般无权决定是否拓展共生业务或中断与其他企业的共生关系；这种合作关系是依据政府的发展战略而定的，有时并不是以营利为目的的。王兆华等于2002年指出，由于复合实体共生系统中的各企业都是"一家人"，它们在合作过程中对于基础设施或共用设备的投资、利益的分配以及企业秘密等一些对自主实体共生企业来说敏感的问题，通过集团公司的协调或行政命令轻而易举地就可以解决，这就避免了像自主实体共生系统中那样漫长的谈判或协商过程。在集团公司的支持下，共生系统内关键环节上的企业一般是不会轻易关闭的，这保证了系统的可靠性和安全性，但是这种自上而下的运作方式很难保证集团公司不犯错误。一旦集团公司决策失误，将会损害各公司的利益，并有可能损失掉整个共生体。

除老工业园区改造型，美国还有全新规划型园区。美国俄克拉荷马州的乔克托生态产业园区，是一个典型的全新规划型园区。该地区具有大量的废轮胎资源，采用高温分解技术将废轮胎资源化可以得到炭黑、塑化剂和废热等产品，进一步可以衍生出不同的产品链。这些产品链与辅助的废水处理系统一起构成了工业生态系统的食物网。乔克托生态产业园的特点是基于园区所在地丰富的特定资源，采用"绿色"的废物资源化技术建设出系统核心工业生态链，围绕核心工业生态链进一步扩展成工业生态网，乔克托生态产业园区情况见图3-3-1。

此外，虚拟型园区也是美国近几年发展的一种新型的工业园区。如布郎斯维尔生态工业园区就是虚拟的，工业园区中的各企业不一定要通过废物交换方式联系在一起，能够相互共享物质与能源的各企业就不必进行搬迁而同样参与工业园区的运作，包括招募新的工业企业与现有企业互补和增强废物交换，如溶剂回收厂、热电厂的引入。布郎斯维尔生态工业园区见图3-3-2。

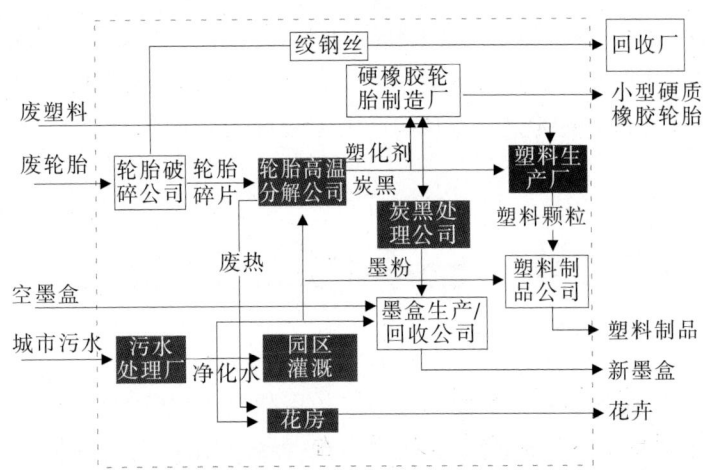

图 3-3-1　乔克托生态产业园区

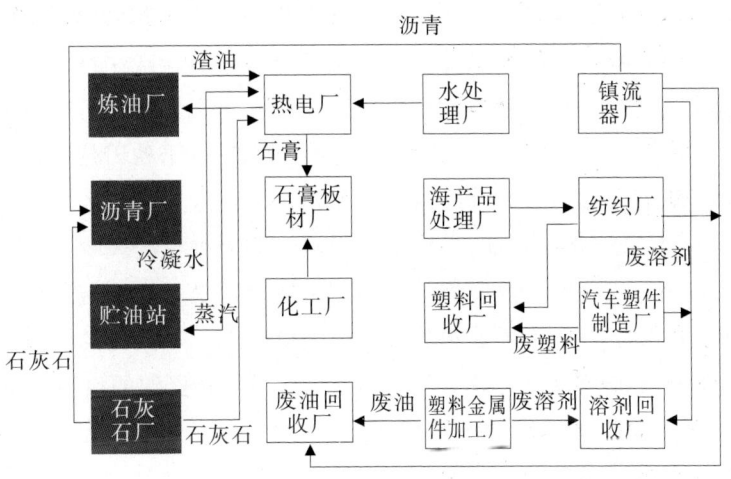

图 3-3-2　布郎斯维尔生态工业园区

在这些工业生态园区的发展过程中，人们可以看出，工业生态园区的概念不再仅限于工业园区，而是扩展到社区、城市的更大范围中，并且超越了学科的界限，综合了环境、经济区、域规划等不同领域的研究内容，进行不同层次、不同方向的实践活动。

这里将详细介绍美国马里兰州巴尔的摩市的费尔菲尔德工业生态园区。费尔菲尔德工业生态园区有超过 1 300 hm² 的区域用于重工业发展，在工业生态园区的基础区域内已有60家企业在运作。费尔菲尔德以石油和化学品为基础，被称为"碳基经济"，这样的安排为有机化学物的进一步循环创造了很大机会。按照总体规划，费尔菲尔德主要招募的也都是一些适合于"碳基经济"、有优异环境记录、符合工业生态系统要求的企业，其中包括与之配套可以互补共生的制造业，最新的环境技术公司以及能够实现再循环利用和废弃物交易的公司。费尔菲尔德发展工业生态园区的优势在于：它地理位置优越，便利的港口、铁路和州际交通条件可以用于原材料和废物的交换和流通，并且有利于形成工业"闭环"生产过程。费尔菲尔德努力证明将环境和工业结合在一起的优越性，具体措施有：开拓污染防治项目，力争使新的环境技术早日付诸实施；致力于褐色土地再开发；争取加快州和地方政府的环境政策批准过程；广泛执行总体规划；园区内建立信息网络来扩大合作和物质再利用的机会。它的初步成功包括：获取足够的资金，以拯救工业区中受危害最严重的 30 hm² 土地；进行新的公路和铁路建设，并通过这些基础建设和工业再发展计划来重新利用一系列废弃的土地；得到州政府赞助启动污染治理项目，从而保护了主要地区的环境，降低了废料的排放，并改善了周围居民的居住质量,在将来的 5~10 年内,将持续创造 2 500 个新的就业机会;另外,最重要的是在费尔菲尔德工业生态园区中以环境为导向的企业实现了高效生产,而高效率的实现是因为直接和间接营运成本在环境条件改善的前提下得到了一定程度的降低。

第二节 日本化工生态园区

面对近几十年的经济高速增长已导致的环境恶化和资源耗竭,特别是日本经济泡沫破灭,日本社会各界一直试图改变靠大量生产、大量消费来实现经济繁荣的传统发展模式,并逐渐认识到生态产业作为一种全新的经济增长模式,是改变现状、建设循环型社会、实现可持续发展的有效途径。在日本政府的大力倡导下,在发挥地区产业优势的基础上,全国上下大力培育和引进环保产业,严格控制废弃物排放,强化循环再生,在全国范围内开展了各种类型的生态产业项目。据统计,自 1997 年开始规划和建立了生态产业园区,截至 2006 年 1 月,日本先后批准建设 26 个国家级生态产业园区。经过 10 余年的发展,日本生态产业园区呈现出以下几个特点。

1) 以静脉产业为主体是日本生态工业园区建设的最大特点。现有的生态产业园区都以废弃物再生利用为主要内容,相关设施有 40 多个,所回收和循环利用的废弃物多达几十种。这些废弃物包括量大面广的生活垃圾和工业废弃物,如聚乙烯对苯二甲酸酯瓶、废木材、废塑料、废旧家电、办公设备、报废汽车、荧光灯管、废旧纸张、废轮胎和橡胶、建筑混合废物、泡沫聚苯乙烯等。生态产业园区开展产业与产业、产业与居民之间资源能源的循环利用,开发环境友好产品和发展环境服务产业。

2) 生态工业园区内利用的废弃物大部分属于个别再生法规定的范围。正是由于有了相关法律的支持,日本生态工业园区的废弃物再生利用产业才能够有序、规范地发展。

3) 在园区内开辟专门的实验研究区域,企业、学校、政府共同研究废弃物处理技术和环境污染物质合理控制技术,为企业开展废弃物再生、循环利用提供了技术支持。

4) 生态工业园区建设重点突出、特色分明。日本生态工业园区以废弃物再生利用为主,但是各个园区都有自己的主体方向。另外,同一类型的废弃物再生时也可能在不同生态工业园区进行,例如,位于秋田县、宫城县、北海道和北九州市 4 个生态工业园区均布局了家电再生利用设施。后一种情况表明,日本所规划、建设的生态工业园区是具有地域性的,既考虑了不同地区建设生态工业园区的产业技术基础,同时也考虑了废弃物资源的空间分布特征。

5) 生态工业园区是一个多功能载体,除了进行常规的产业活动外,还是一个地区环境事业的窗口。例如,北九州生态工业园区内除了有各项废弃物再生利用设施外,还具有以下功能:举办以市民为对象的环境知识学习活动;举办与环境相关的研修、讲座;接待考察团;支持实验研究活动;园区综合环境管理;展示环境、再生使用技术和再生产品;展示、介绍市内环保产业。

下面详细介绍日本北九州生态工业园区的情况。北九州生态工业园区是日本第一个生态工业园区,位于北九州市响滩地区,占地面积 31 hm²,总投资额 730 亿日元(约合 45 亿元人民币)。该园区始建于 1997 年,它是由通商产业省(经济产业省)和环境省共同创建。《北九州生态工业园区规划》将环保产业和资源再生产业作为园区的支柱产业。该园区是一个典型的静脉产业类生态工业园。

北九州生态工业园由 3 个区构成:分别是综合环境联合体、实验研究区和再生资源加工区。园区通过完善技术研发体系及各企业间的生态产业链，不断提高废物的循环利用率。

1. 综合环境联合体

综合环境联合体是生态园的核心，通过各个企业的相互协作，推进区域内零排放型产业联合企业化，成为资源循环基地。主要的静脉设施有：塑料瓶再生项目、办公设施再生项目、汽车再生项目、家电再生项目、荧光灯管再生项目、医疗器具再生项目、建筑混合废物再生项目、有色金属综合再生项目。

2. 实验研究区

实验研究区内有16个与废物再生处理和利用相关的研发机构，是日本国内最大的静脉产业研发机构群。其建设目的是将政府部门与企业、高校、研究单位联合起来，对废物处理及再生利用新技术进行中试和生成性实验研究，建成环境技术的创新基地。研究机构包括福冈大学资源循环、环境控制系统研究所，新日本制铁株式会社北九州环境技术中心，九州工业大学生态工业园区验证研究中心等，研究内容包括复合金属再生利用验证研究，废物清洗系统验证研究，最终填埋场早期稳定化技术验证研究，印制电路板污染土壤净化技术，有关生物塑料验证研究，高灵敏度光催化剂型泥炭成形研究，有关食品残渣的验证研究，废弃碳纤维增强复合材料在船舶方面的高级利用技术研究。

3. 再生资源加工区

再生资源加工区是市政府开辟的专用土地，长期出租给企业，扶持中小型企业在环保领域内发展，由汽车再生区域和新技术开发区域组成。汽车再生区域是全国首家由分散在城区内的7家汽车拆解工厂集中在一起，并且已取得"全国再生资源化认定"资格，是中小企业基础建设机构的高级化项目。新技术开发区域有食用油再生项目、清洗剂和有机溶剂再生项目、塑料油化再生项目等。

北九州生态工业园主要以可再生废物为生产原料，共投入76 921 t，而投入的自然资源量仅为341 t，共生产再生资源69 669 t，其中19 441 t用于本市的生活生产，49 490 t供给其他城市，同时，对园区产生的不可再利用废物(7 354 t)进行安全处置，保障周边地区的环境安全。北九州生态园内11家资源再利用企业的物质流动情况如图3-3-3所示。

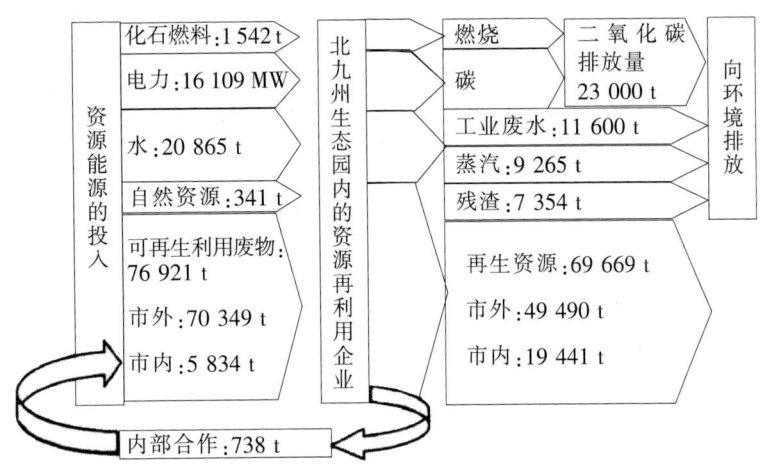

图3-3-3　北九州生态工业园物质流动情况

北九州生态工业园工业区是一个多功能的载体，除了进行常规的产业活动外，还是一个地区环境事业的窗口。除了开展实证研究、废弃物的再生利用外，园区还开展许多社会活动和国际技术交流，组织市民开展环保学习，接受来自世界各地的研修人员，成立北九州国际人才库、派遣专家、举办研讨会和环保讲座，接待考察团、召开国际会议，展示环境、再生技术和再生产品以及展示和介绍北九州市市内环境产业和生态工业园区等。

截至 2004 年年末，该园区累计创造经济效益达 1 678 亿日元，创造就业机会超过 6 470 个；2004 年参观人数达 8 万人，接待游客收入约 7 365 万日元；2005 年园区二氧化碳年产生量同期削减 17.5 万 t，为防止地球温暖化建设做出突出贡献；园区的建设实现了政府、企业、研究机构和市民的有效协作，增强了市民的生态环境保护意识。

从日本生态园区的建设可以看出，生态园区的建设既要依靠政府的主导作用，也要靠企业的积极配合，同时也离不开公众的广泛参与。日本生态工业园区建设和管理主要由环境省和经济产业省共同负责，实行双重管理制。环境省负责废弃物的合理处置工作，而经济产业省主要从产业方面进行管理，负责对可回收资源如铁、废塑料等的管理工作。生态工业园的审批由两省共同负责。各地方自治体围绕某一主题提出生态工业园区建设详细计划，并报送日本环境省和经济产业省。环境省和经济产业省对地方自治体呈报的规划进行联合审查和批准，得到两省认可后才能进入园区建设实施阶段。生态工业园区的补偿金制度，同样由两省执行，个别设施项目由两省共同承担。此外，入园企业的技术水平在同行业中具有领先水平，才能取得国家和地方政府的资金援助。国家的补助经费占企业处建经费的 1/3~1/2。各地方政府对生态工业园也有少量补贴，补贴金额不等。而地方环保部分对生态园区各企业进行严格的监控；为企业合理利用资源提供信息和技术支持；并对符合要求的企业进行审批和给予资助；同时向社会和市民公开信息，公众对生产企业进行监督。

生态园区中的企业是园区的主体，责任重大。日本法律规定，园区中的企业有义务提高产品的耐久性，同时完善维修体制。同时，政府为企业规定了若干年内必须回收的比例指标。这就要求企业从原材料的筹集到产品制造、流通阶段，直至消费和废弃、循环回收阶段，都必须进行以减少环境负荷为目标的环境设计。这无疑对企业提出了更高的要求。

第三节　欧盟化工生态园区

一、丹麦化工生态园区

在众多工业园中，丹麦的卡伦堡生态工业园是最早，也是最为完善的生态工业园，可谓是生态工业园的先驱。卡伦堡是一个仅有 2 万居民的工业小城市，位于北海之滨，距哥本哈根以西 100 km 左右。卡伦堡的好时运主要归功于它的峡湾，在北半球这个纬度上是冬季少数不冻港之一。准确地说，常年通航正是卡伦堡 20 世纪 50 年代以来工业发展的缘由。开始，这里建造了一座火力发电厂和一座炼油厂。随着年代的推移，卡伦堡的主要企业开始相互间交换"废料"：蒸汽、水（不同温度和不同纯净度）以及各种副产品。20 世纪 80 年代以来，当地发展部门意识到，它们逐渐地，也是自发地创造了一种体系，并将其称为"工业共生体系"。卡伦堡共生体系中主要有 6 家企业，相互间的距离不超过数百米，由专门的管道体系连接在一起。阿斯内斯火力发电厂，这是丹麦最大的火力发电厂，发电能力为 150 万 kW，最初用燃油，(第一次石油危机)后改用煤炭，雇佣 600 名职工；阿斯内斯火力发电厂是工业生态系统的中心，对热能进行了多级利用，它为制药厂提供所需的全部蒸汽，为炼油厂提供所需 40% 的蒸汽；其生产的余热供给养鱼场，养鱼场的淤泥作为肥料出售。1993 年，电厂投资 115 万美元安装了除尘脱硫设备，除尘的副产品是工业石膏，年产 8 万 t，全部出售给石膏厂，替代了该厂从西班牙石膏矿进口原料的 50%；粉煤灰出售供筑路和生产水泥之用。斯塔托伊尔(Statoil)炼油厂,同样是丹麦最大的炼油厂,年产量超过350万t,有职工250人;斯塔托伊尔炼油厂向硫酸厂供应其副产品——硫,并向本地温室供热水,炼油厂向石膏厂提供火焰气,用于石膏板生产的干燥,减少常见的火焰气的排空。1992年,炼油厂建了一个车间进行酸气脱硫生产稀硫酸,供给50 km外的一家硫酸厂。诺和诺德(Novo Nordisk)公司,丹麦最大的生物工程公司,是世界上最大的工业酶和胰岛素生产厂家之一。设在卡伦堡的工厂是该公司最大的工厂,员工达1 200人;该厂将制药废渣经热处理杀死微生物后销售给附近1 000多家农户用作肥料。吉普洛克(Gyproc)石膏材料公司是一家瑞典公司,卡伦堡的工厂年产1 400万m^2石膏建筑板材,175名员工。卡伦堡市政府使用热电厂出售的蒸汽给全市远距供暖。最后是1999年加入合作的土壤修复公司,该公司使用民用下水道淤泥生物修复营养剂来分解受污土壤的污染物,这是城市废水的另一条物流的有效再利用。

在这套共生体系的支撑下,卡伦堡每年可以减少资源消耗:每年45 000 t石油,15 000 t煤炭;特别是600 000 m^3的水。这些都是该地区相对稀少的资源。减少造成温室效应的气体排放和污染:每年175 000 t二氧化碳和10 200 t二氧化硫。废料重新利用:每年130 000 t炉灰(用于筑路)、4 500 t硫(用于生产硫酸)、90 000 t石膏、1 440 t氮和600 t的磷。通过对卡伦堡共生系统的分析,我们不难发现以下几点。

1)共生系统的形成是一个自发的过程,是在商业基础上逐步形成的,所有企业都从中得到了好处。每一种"废料"供货都是伙伴之间独立、私下达成的交易。交换服从于市场规律,运用了许多种方式:有直接销售,以货易货,甚至友好的协作交换(比如,接受方企业自费建造管线,作为交换,得到的废料价格相当便宜)。

2)共生体系的成功广泛地建筑在不同伙伴之间的已有信任关系基础上。卡伦堡是个小城市,大家都相互认识。这种亲近关系使有关企业间的各个层次的日常接触都非常容易。

3)卡伦堡共生体系的特征是几个既不同又能互补的大企业相邻。要在其他地方复制这样一个共生系统,需要鼓励某些"企业混合",使之有利于废料和资源的交换。

二、鹿特丹生态工业规划项目

荷兰鹿特丹港口地区是典型的重化工集群,为改善环境问题,4家来自化工、铝加工业和水泥行业的企业由于内部环境管理资源的约束而选择资源外包战略,即将压缩空气生产系统外包给同一家压缩空气系统供应商。这样,生产企业将废弃物处理或循环利用业务通过承包合同交给外部专业组织处理,从而将外部优势资源整合到企业内部的污染防治活动中。

这一模式利用小企业经营较低的进入和退出成本解决了产业生态联系的刚性问题,同时设备共享和废物流集中项目的资本投入也相对较少。但是由于废物处理采用外包的模式,从而无法为外包供应商提供生态效率增长的机会。重要的是,由于废弃物处理或循环利用业务要交由外部专业组织处理,因此这种模式只能在环保产业发展相对较为成熟的地区实现。

对丹麦和鹿特丹生态工业园实例和发展现状进行分析可以看出,工业园区的建设有以下特点。

1)建立和发展的行业多以化工、能源和农业为主体。因这类工业所需的原材料较多,耗能多,而相对应的产品数量和体积较小,所以产生的"废物"多,这有利于其他行业和部门对该体系"排出物"的再次利用,这样易形成工业生态链。

2)企业之间的合作与协调多以市场经济为导向、各自的经济利益为驱动力而形成的,政府和有关部门的协调作用极小。

3)有的生态工业体系相对理想的生态工业园和自然生态系统较为脆弱,经不起系统内外的干扰。

4)政府和部门的宏观调控较微弱,使内部企业仅考虑自身利益,这样并不能保证整个园区系统的最大利益。为此,这样的生态工业园并没有完全真正发挥其最大作用。

总体说来,国外的生态工业园正逐步走向成熟,区内成员愈来愈多,愈来愈复杂,促进了生态工业园的完整性;许多生态工业园的成员和有关部门都意识到自身的不足,并进一步加大对体系的宏观调控,实现真正意义上的经济、社会、环境协调发展的可持续性。国外生态工业园的建立——尤其是发达国家的较为完整的生态工业体系的形成——为现代工业的发展指明了道路。

第四章　中国生态工业系统与化工企业

随着化工门类的逐渐增加与发展，化工企业对资源、能源的需求量日益增大，对环境的不良效应也越来越大。化学工业在原料开采、加工、贮存，生产和辅助生产过程，生产成品的运输和使用的各个过程都会对外界环境带来污染和毒害。20世纪20年代，世界石化工业萌发，早期的石化工业园区雏形逐渐在美国沿海沿江资源丰富的地方形成并迅速被各国发展应用。化学工业园区化可以在一定程度上提高原料的利用率，减少非目标产物的产生，有利于"三废"的综合治理。目前，建立化工园区已成为化学工业发展的必然趋势，是现代化工为适应资源或原料转化、顺应大型化、集约化、最优化、经营国际化和效益最大化发展的产物。

以生态工业和循环经济为基础而发展起来的生态工业园区是工业发展的良好模式，生态工业园是循环经济在区域层面上的一种重要的运作方式，是在生态学、生态经济学、工业生态学和系统工程理论的指导下，将在一定地理区域内的多种具有不同生产目的的产业，按照物质循环、生物和产业共生原理组织起来，构成一个从摇篮到坟墓利用资源的具有完整生命周期的产业链和产业网，以最大限度地降低对生态环境的负面影响，求得多产业综合发展的产业集团。

我国除部分石油、石化企业规模较大外，化工企业普遍规模偏小，不仅对企业延长产业链和提高竞争力不利，也给环境治理造成巨大压力。传统的环保技术主要针对生产过程污染物的末端治理，不能从根本上实现对环境的保护。要彻底解决环境污染问题，必须应用循环经济理论，从源头上进行治理，可以通过化工园区的建设，实现生产要素的合理配置，不仅有助于企业采用先进的生产技术、扩大生产规模来提升竞争力，而且有利于集中治理环境污染，把化工园区建设成为一个生态"大系统"，以便实现化学工业的集约化和可持续发展。

生态工业园区作为工业可持续发展的必然选择，在世界各地如火如荼地建设着。一个成功的生态工业园区不仅减少了污染物排放，而且节约了大量资源，在创造经济效益的同时实现了环境效益，是最具有环保意义和可持续发展的工业园区。生态工业的理念给有效规划设计化工园区指明了方向，化工生态工业园也成了化工园区努力的目标。

生态化工园区是依据循环经济理论和生态工业学原理设计而成的一种新型化工园区。它是生态工业的重要实践形式，同时也是工业园区的高级形式。生态化工园区遵循循环经济的"减量化原则(reduce)、再利用原则(reuse)、再循环原则(recycle)"，即3R原则，通过实施清洁生产和成员之间的副产物与废物交换、能量和废水的逐级利用、基础设施的共享，来实现园区在经济效益、社会效益和环境的协调发展。生态化工园区作为循环经济一个重要的发展形态，通过模拟自然生态系统建立工业系统"生产者—消费者—分解者"的循环途径和食物链网，采用废物交换、清洁生产等手段，使一个企业产生的副产品或废物可以用作另一个企业的投入或原材料，实现物质闭环循环和能量多级开发利用。生态化工园区遵从循环经济的减量化、再利用、再循环、再生、替代、恢复重建原则，强调废物的正确处理和资源回收，促进废物减量化、无害化以及资源化的实现。

目前，国内外化工类的园区大都吸纳了生态工业的部分原理，积极朝生态工业园区转变。但是由于体制、管理、理念等多方面原因，相当一部分化工生态工业园区有名无实，环境效益无从谈起，成功运营的园区屈指可数。

一、国内化工园区现状

20世纪80年代改革开放以来，通过引进国外成套技术，我国的石油化工已发展到较大的规模，建立了较完整的化学工业体系。随着我国经济的快速发展，产业结构的优化，目前正在对现有的大型化工企业进行大规模调整、改造，同时各地纷纷设立诸多的化工园区，兴起了一股化工园区的开发热潮，发展速度很快。

据不完全统计，到20世纪90年代，我国新建的化工园区有60多家。主要有：上海化学工业园区；南京化学工业园区；南通经济技术开发区化工区；常熟国际氟化工园区(氟化工)；苏州经济新区化工区；张家港经济开发区化工区；镇江经济开发区化工区；兴化工区；常州化工开发园区。总体来看，主要类型有如下几种。

1. 大型石油化工型

以生产要素为纽带，打破行业界限，由隶属不同系统的各方，统一规划、统一开发。这类园区规模大，如上海、南京等。

2. 精细化工型

一般为中小型，且各具特色，如南通、常熟、常州、泰兴、张家港等。

3. 城市搬迁型

将原来分散在城区的化工企业集中搬迁而建设的化工园区，如天津、合肥等。

4. 老企业型

该类园区一般在原有企业基础上，以特色产品为核心建设化工园区，特色非常明显。如国家原有的老工业基地，在周围再发展出的园区。通常为内陆园区。

多年来的实践表明，化工产业的园区化发展已经成为我国化工发展的主流模式，化工园区的开发建设将成为中国化学工业的未来发展方向。但当前化工园区仍然存在产品不关联、交易成本高；产业不循环、废物排量大；产品低回收、能源消耗高等突出问题，这与科学发展观的根本思想是不相符合的。化工产业有必要在园区化发展的基础上实现集群化和生态化发展，通过构筑纵向延伸和横向关联的核心产品链、产业链，实现园区内化工生产企业、原辅材料供应企业、技术研发企业、专业化服务和公共基础设施企业以及园区外市场之间的网式互动，达到降低交易成本、提高企业竞争优势；减少污物排放，提高资源利用效率的目的。

当前，随着化工园区的进一步发展壮大，化工产品及其生产过程所产生的有毒副产品对人类和环境的危害也越加严重，人们在看到化工园区发展所带来的短期效益之后，也开始思考其所产生的长远问题。因此，对现有化工园区进行循环经济改造，建设生态型化工园区成为各省、市发展化工产业的必然趋势。一方面，生态园区循环产业链的形成可以带动园区产业链横向和纵向产业链的拉伸；另一方面，环境的改善也有利于形成环保品牌，吸引更多企业进驻。采用"三废"集中治理的手段不仅能有效治理污染，而且低耗、低成本、集中回收了再利用资源。因此，在现有化工园区建设的基础上发展循环经济，建设生态工业园是将来我国以及世界化工产业发展的必然趋势。

二、我国化工园区建设的局限性

1. 园区缺少统一的科学规划

从全国整体角度来看，化工园区的布局和建设缺乏宏观的引导和信息服务，定位不明、盲目布点；从单一园区自身来看，同样缺少统一科学规划，建设的随意性较大，没有很好突出园区的集中优势，基础设施与项目建设不配套，服务与监管不规范，规章制度不健全。

2. 园区低水平重复建设

盲目追求短期利润，导致园区低水平重复建设，园区项目间的关联度不强，不存在相互依存的产业链,也没有优势互补,形不成规模。

3. 园区产业结构趋同

特色不突出,定位不准确,产品雷同,产业结构趋同,各园区缺乏产业特色和区域分工,不利形成产业特色和核心竞争力。

4. 园区环保配套设施建设滞后

单纯追求经济效益,项目筛选不严,环保"三同时"执行不到位,给化工园区的健康发展造成了负面影响。

第一节　万州盐气化工园区

万州地处三峡库区腹心,长江中上游结合部,是长江十大港口之一。全区面积为 3 457 km²,辖 52 个镇乡、街道。万州盐气化工园区是重庆市规划发展的三大化工基地之一,位于三峡库区中心地带,紧临长江深水港区,连接渝宜高速公路和万宜、达万铁路,距万州五桥机场 5 km。规划面积 10 km²。

该化工园区充分利用三峡库区丰富的岩盐、天然气资源优势和交通优势,以重庆宜化化学公司为龙头发展盐化工、以红太阳农用生物化工为龙头发展天然气化工和以大全多晶硅项目为龙头发展太阳能光伏产业。园区开发以国家产业政策为指导,遵循循环经济理念,实施资源开发、投资项目、公用工程、生态环保、管理服务"五个一体化"。

通过 10~15 年的努力,一个科技含量高、经济效益和社会效益好、资源配置合理、充分体现循环经济和生态工业理念、具有持续发展能力、环境友好的盐气化工基地——万州盐气化工园区,必将成为三峡库区一颗闪亮的明珠。

万州盐气化工园区的开发建设,对于三峡库区培育和发展支柱产业,实现库区移民"搬得出、稳得住、逐步能致富",确保三峡库区长治久安,具有重大意义。

第二节　江苏化工园区

江苏地区环境区位敏感。该地区的化工园区在规划和发展中,根据区域和产业的特点,围绕园区的可持续发展以及建设具有柔性的产业共生生态链网,有重点地推进循环经济,以基地内主导优势产业的物质、能量的资源化利用为基础,以生态产业链为主线建立园区的生态工业。其中,主导产业选择是区域经济发展的核心环节,对未来经济发展具有综合性、长远性影响。一般来说,主导产业的选择可以遵循以下 4 个原则:一是比较优势原则;二是产业关联原则;三是收入需求弹性和生产率上升率原则;四是吸引劳动力原则。

江苏扬子江化工园产业的发展具有两大优势:一是园区濒临长,水资源丰富,工业用水有充分保障;二是园区配套功能优越。与化工园相配套的两大载体——保税区化工品交易市场和正在建设的保税物流园是园区提速发展的"助推器"。根据这些优势,并且考虑相关产业的上下游的链接关系,园区选择树脂工业和以丁苯胶乳、环氧树脂为主导的基础化工项目,以生产涂料、助剂为主的精细化工项目和以液体散装产品仓储为主的石油化工物流等四大主导产业。

一个生态型工业园区不可能建立在环境污染严重的企业群体之上。环境表现良好的园区必然得益于环境表现良好的企业。不能因为园区建立起了减污的公用设施,企业就可以不加节制地排放污染。企业层次的清洁生产仍然是生态型工业园区的建设基础。入驻园区的每个企业都必须对废水、固体废弃物和粉尘等进行处理。每个企业不但不能给园区带来环境的负面影响，而且还要为致力于改善环境而努力。因此，园区要求入驻的企业所建设的项目应具有符合清洁生产指标要求的先进生产工艺，同时必须建立起企业层面上的"小循环"。目前，扬子江化工园区内"东海粮油"在废物减量化、原料利用最大化、生产废物资源化上取得了一定成效。已形成较完善的内部生产链。"苏州双狮"硫黄制酸项目引进了世界先进工艺为消化硫酸装置副产的电能优势，建设氯系列产品项目，解决了公司自身对液氯、盐酸、烧碱的需求，同时满足了扬子江化工园区部分企业对液氯、盐酸、烧碱的需求。

南京市地处中国东南沿海地区长江流域下游，是长江三角洲经济核心区的重要城市之一，在全国经济发展战略中处于非常重要的地位。南京化学工业园区所在的六合区，位于南京市的东北角，北与安徽省天长市接壤，东邻扬州仪征市，南临长江"黄金水道"，具有"承南接北"的区位优势，是南京市辐射苏、皖两省长江以北地区的交通门户，起着南京地区都市圈桥头堡的作用。南京化学工业园区东接仪征化纤，西邻扬子石化，北接宁六、雍六高速公路，南与金陵石化公司、南京化工厂现厂区隔江相望，依托长江深水岸线而建（拥有14 km河岸线），自然地理条件优越，区位优势突出。

南京化学工业园区已经形成了以乙烯产业链、碳一产业链、氯碱产业链为主的三大产业链，园区80%以上的总销售都来自于乙烯、碳一、氯碱三大产业链。这三条产业链分别用A、B、C来表示（如图3-4-1）。园区的乙烯产业链A依托扬子石化、扬子巴斯夫一体化工程的上游原料条件，相关企业集聚在一起形成了子网络A，形成了特色产品组团。碳一产业链B是以惠生公司、塞拉尼斯化工公司、美国空气化工公司为主干的产业链（图3-4-2），塞拉尼斯的原料来源于惠生公司的一氧化碳和甲醇，其生产出的产品再供应给园区内的其他企业，如瓦克、德纳、华狮等企业；美国空气化工公司生产的氧气则是惠生公司生产一氧化碳的原料，许多碳一项目相关企业相应的吸附进来，形成了子网络B。氯碱产业链C是围绕金浦锦湖等大型化工企业为上游企业，形成的以生产聚氨酯、氯化胆碱、氯化苯、橡胶助剂以及含氯精细化工产品的产业集群。南京化学工业园区3个主要产业链间的企业也会通过交换副产品、资金、信息和技术等资源建立共生关系，同时又围绕各自产业链的延伸，来扩大生产加工规模。

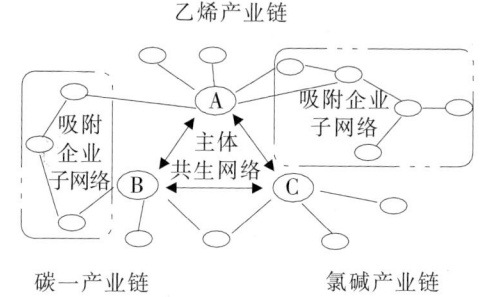

图3-4-1 南京化学工业园区低碳发展模式图

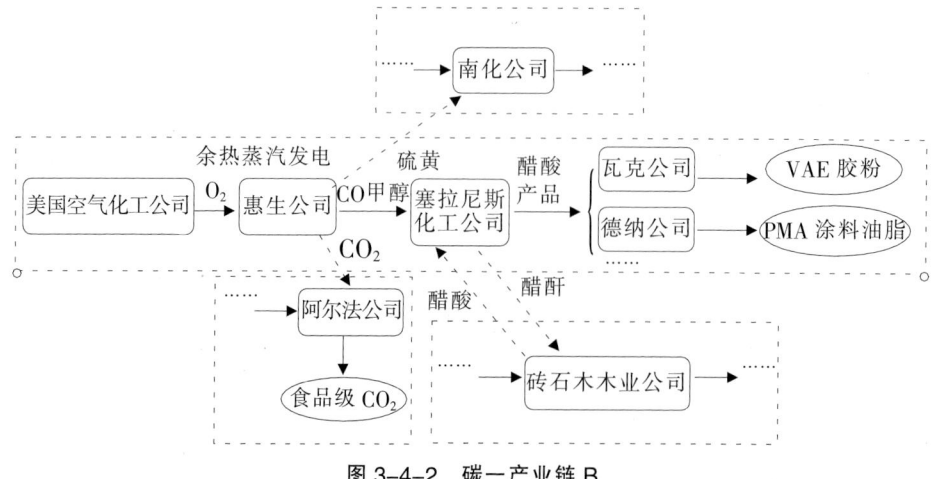

图3-4-2 碳一产业链B

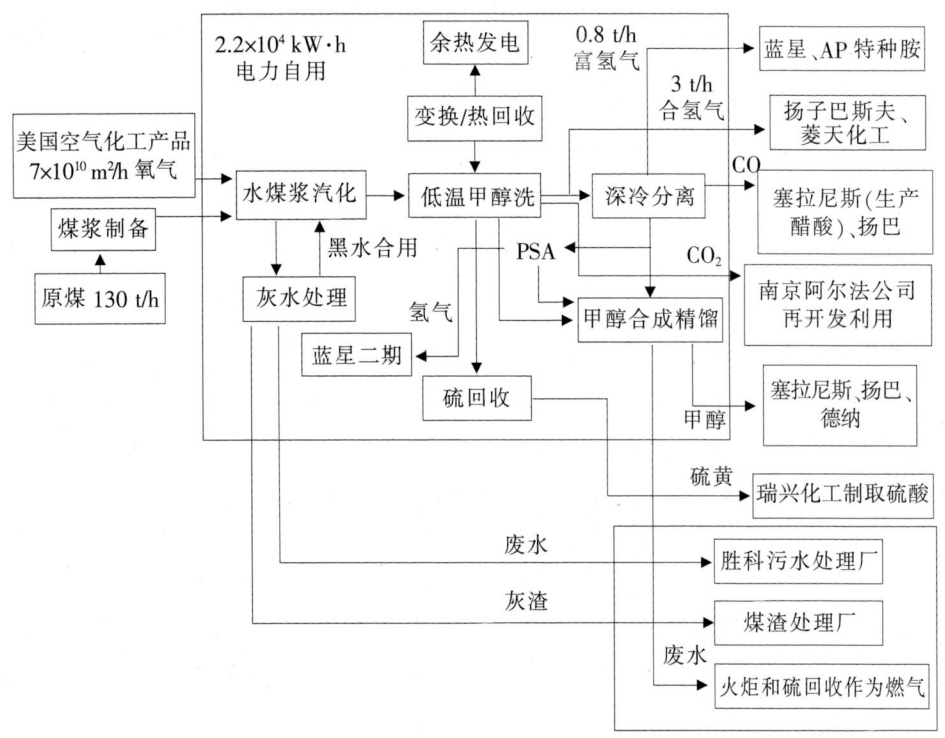

图 3-4-3 惠生公司"三废"利用和治理

以碳一产业链 B 为例，图 3-4-3 介绍了子网络 B 中的惠生公司"三废"利用与治理情况。惠生公司通过不断探索节能减排技术，充分利用原煤中的碳元素，使得二氧化碳排放量每年以 6.5 t 的速度降低，并且还大大增加了水的重复利用率。从该图可以看出塞拉尼斯碳一项目所需的一氧化碳，通过管道惠生公司提供，而塞拉尼斯同样通过管道将产品送到园区内的诸多企业做原料。惠生公司所需的氧气，则由邻居美国空气化工公司管道输送，惠生公司的副产品二氧化碳流向阿尔发公司做原料。经过低温洗的甲醇又成为产业链 A 子网络中的企业扬子巴斯夫的原料，深冷分离的富氢气又成为蓝星等企业的原料。惠生公司生产过程中的废水、废渣分别由胜科污水处理厂、煤渣处理厂处理，废气则被火炬和硫回收作为燃气，同时这 3 个"三废"处理厂也是 B、C 产业链的子网络的合作共生企业。正是由于有许许多多像惠生公司这样的企业，才使得三大产业链编织成纵横交错的多级嵌套复杂的共生网，使得企业生产成本在这张蜘蛛网状的模式化中越来越低，低碳效应做得越来越好。

第三节 南阳化工园区

南阳生态园区位于南阳市中心城区南部，该区域处于城区的下风下水方位，区域内村庄密度不大，预留地充分，地势平坦，交通便捷，物流畅通，水源充足，排水条件良好，无不良地质现象。

2009 年，天冠新型材料公司年产 10 万 t 全降解塑料项目工程在南阳市宛城区栗河天冠生态工业园区开工奠基。这是当时国内最大的用二氧化碳废气合成全降解塑料工程，其工艺技术在生物新材料领域处于国内领先、国际先进水平。该项目的大规模产业化生产，不但完善了天冠集团生物能源、生物化工的产业链条,同时可以减少二氧化碳排放,节约石油资源;聚合成的环保塑料还可完全生物降解,能从根本上解决"白色污染"这一世界性危害,并为环保塑料的大面积推广提供了现实性,其社会效益、经济效益、环境效益显著,是一种典型的循环经济技术模式。

第四节　天津南港工业区

天津滨海新区是国家级别的试验改革区和新区。按照中央"建设高度开放、社会和谐、环境友好的现代化经济新区"的要求,滨海新区将被建为制造、研发基地、生态城区、航运中心。现在的中国总体发展战略中包括对滨海新区开发和搞活,它面对的机遇是前所未有。新的一轮建设热潮正加速形成:百万吨级乙烯工程、空客A320装机总流水线、千万吨级大炼油、北疆电厂、蓝星化工基地等一批重点大型项目也已开始投入建设。

南部石化产业区将承担天津市及天津滨海新区现有石化产业转移及未来石化产业发展的任务,重点发展石化、冶金等产业,主要包括大港城区、大港油田和南港工业区。规划以南港工业区为核心,以大港民营经济园、中欧生态工业园为节点,依托中石油、中石化、中国化工集团、中化集团龙头企业,延伸下游产业链,重点构筑原油加工—基础化工原料—化学中间体—精细化工、海洋化工与石油化工新材料产品产业链,实施"产业延伸、配套均衡、做大做强"的发展策略,推动产业聚集和优化升级,改善新区生态环境,建设生态安全型的石化产业城。

南港工业区重点发展石化、装备制造、钢铁冶炼、港口物流等功能,规划以发展石油化工、冶金装备制造为主导,重点安放重大产业项目,发展配套的港口物流业,建成工业港区。根据国内工业区类比分析,产业类型和功能区划分中,石化制造业集中了主要风险源,约占总数的40.09%。南港工业区正处于工业化快速发展的阶段,未来十年内区域的重点发展产业将是石化产业,包括石化、海洋化工和精细化工,形成以石化为主的产业链,其中包括石油勘探开发、炼油、乙烯、化工等。

南港工业区正处于城市战略空间转型、产业集群经济高度拓展时期,并将装备制造、石油化工等作为重点发展产业,势必带来相应的环境风险问题。由于特殊的地理位置和地形气象气候条件,天津滨海新区南港工业区地处河、海、陆交界地带,是生态环境极为敏感和脆弱的地带,大规模的经济建设将面临较大的环境风险:环境风险源的类型和数量不断增加,导致环境风险源的集聚程度越来越高;工业布局不尽合理,环境敏感区与环境风险源交错;南港工业区地势平坦,平均风速较大,一旦发生环境污染事故,极易在短时间内形成较大的污染面。滨海新区规划明确要求:保障滨海新区安全,建立突发性环境污染事件的应急防范机制;健全对易燃、易爆等危险品的管理要求。

第五节 贵港国家生态产业园区

一、贵港国家生态产业园区

广西贵港国家生态产业园区是我国首家国家级生态产业(制糖)示范园区。该产业园区有我国最大的甘蔗化工企业——上市公司广西贵糖(集团)股份有限公司。目前,该集团拥有我国最大的制糖厂和精炼糖厂,是我国制糖业的龙头。贵港国家生态工业(制糖)示范园区的建设是对贵港市制糖业原有规模和结构的改造和优化,以贵糖股份当前运行的生态工业雏形为基础,从企业局部层面的资源综合利用扩展为贵港市制糖业整体的生态工业格局,通过一批重点工程的建设,不断充实和完善示范园区的骨架,形成全国最大、世界一流水平的制糖、造纸和酒精生产基地。通过配套的一系列政策和措施的落实,保障生态工业持续健康地发展,形成一个比较完整的多门类工业和种植业相结合的生态系统以及高效、安全、稳定的制糖工业生态园区。

目前,贵港国家生态工业(制糖)示范园区由蔗田系统、制糖系统、酒精系统、造纸系统、热电联产系统、环境综合处理系统这6个系统组成。这6个系统内分别有产品产出,各系统之间通过中间产品和废弃物的相互交换、互相衔接,从而形成一个较为完整和闭合的生态工业网络。该产业园区利用甘蔗制糖、蔗渣造纸、制糖滤泥制水泥、糖蜜制酒、酒精废液制复合肥还蔗田,形成了甘蔗—制糖—蔗渣造纸生态链、制糖—废糖蜜制酒精—酒精废液制复合肥生态链及制糖—低聚果糖生态链这3条主要的生态链。因为相互间的耦合关系,物流之间没有废物概念而只有资源概念,各环节实现了充分的资源共享,将污染负效益转化成了资源正效益。园区实现了资源利用最大化,污染排放最小化,经济发展与环境保护双赢。贵港国家生态产业(制糖)示范园区的建设,既促进了贵港市和贵糖优化产业结构,提高经济效益,又能够较好地解决了贵港市工业发展模式仍以传统经济的"资源—产品—废弃物—污染排放"的单向流为主,存在高消耗、高污染、低利用的不可持续发展的问题,并为区域环境污染的整治走出了一条好的路子,见图3-4-4。

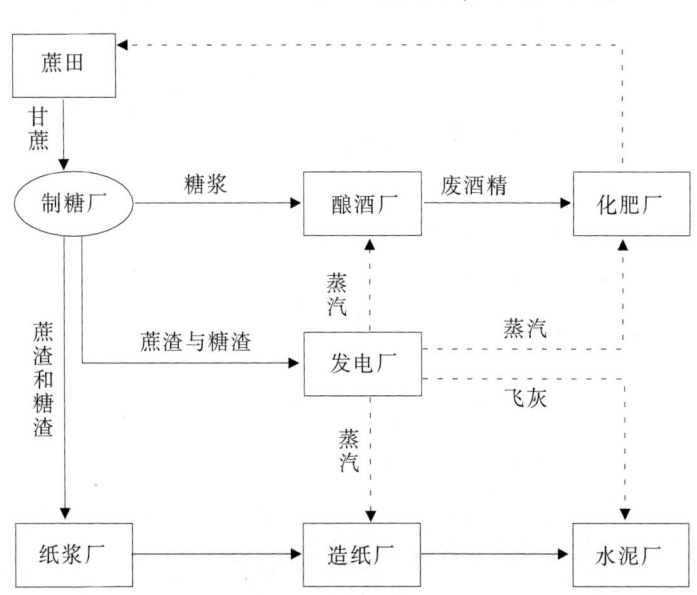

图3-4-4 贵港国家生态工业(制糖)示范园区

第六节 鲁北化工生态产业园区

鲁北化工生态产业园建设以循环经济和生态工业理论为指导，根据鲁北生态产业系统特点和区域可持续发展要求，以稳定农业化工、优化海洋化工、扩充氯碱化工、延伸煤化工、培植精细化工为产业发展方向，提升管理水平。园区通过重点项目的建设，强化系统关联，优化系统结构，提高系统稳定度；通过各系统之间产品或废物交换形成工业生态链(网)，使园区内资源得到合理配置，实现产品结构最优化、总量扩张最大化，达到社会、环境、经济效益的统一，最终成为企业类型的国家生态产业示范园区，见图3-4-5。

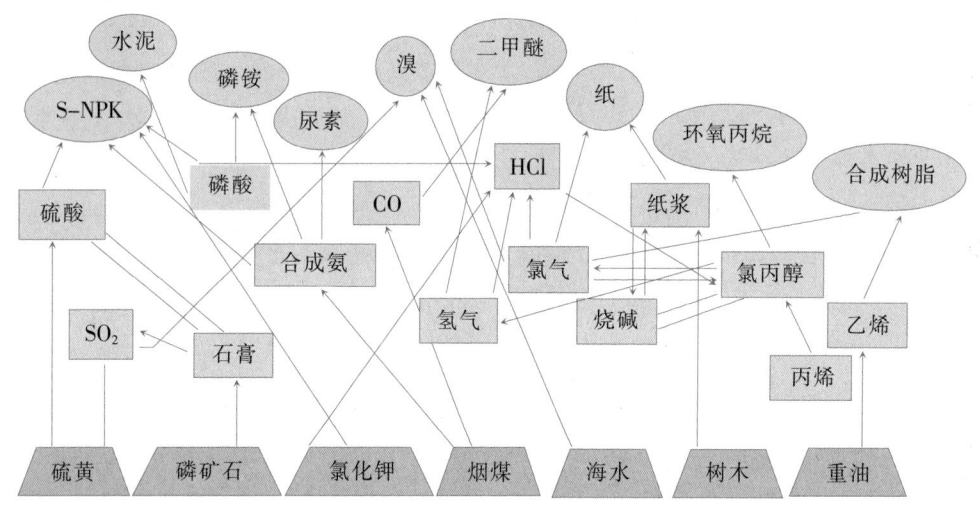

图3-4-5 鲁北化工生态产业园

在鲁北企业集团的共生体系中，热电厂利用海水产业链中的海水替代淡水进行冷却，既利用了余热蒸发海水，又节约了淡水；磷铵、硫酸、水泥产业链中的液体SO_2用于海水产业链中的溴素厂提溴，硫元素转化成盐石膏返回用来生产水泥和硫酸；热电厂的煤渣用作水泥的原料，热电生产的电和蒸汽用于各个产业链的生产过程；海水产业链氯碱厂生产的氢气用于磷铵、硫酸、水泥产业链中的合成氨生产；海水产业链的钾盐产品用于复合肥生产。各个产业链内部和产业链之间建立了良性的共生关系。系统中共生关系总数达17个，包括15个互利共生关系和2个偏利共生关系。这些共生关系产生了占总产值14%的经济效益，同时，系统的资源共享共管模式具有较强的适应不确定因素的柔性。鲁北集团的生态工业发展模式实现了资源的有效整合，主要产品的成本降低了30%~50%，对企业年总产值的增长贡献率达40%。

鲁北化工生态产业园的生态工业系统的成功实践，使有限的资源构成一个多次生成过程，资源、能源利用率和循环利用率特别高。据研究鉴定，磷矿石的原子利用率达97.7%，清洁能源利用率达85.9%。它的创新之处并不在于产品本身，而在于集成思维和集成创新，将不同的产品依照其内在的联系，实施科学有机地排列组合，各系统之间相互关联形成一个完整的工业系统。检测表明，鲁北生态产业园的科技、经济、社会、生态等综合贡献率，高出丹麦卡伦堡生态产业园1倍。

参考文献

[1] 埃尔克曼.工业生态学[M].北京:经济日报出版社,1999.

[2] Lang T,Hines C. The New Protectionism[M]. London:Enrthscan Publications Ltd.,1994,3,126.

[3] Weizsacher E V,Lovins A B,Lovins L H. Factor Four[M].London: Earthscan,1997,34–35.

[4] Kym A.Environmental standards and international trade,annual world bank conference on development economics[M].Washington: World Bank,1996,317–318.

[5] Porter M E,Van Der Linde C.Towards a new conception of the environment competitiveness relationship[J].Journal of Economics Perspectives,1996,(4)9:97–118.

[6] 韩威,孙承泳.公害经济[M].北京:人民出版社,1994.

[7] 张敦富,胡晓林,龚莉.环境经济[M].北京:人民出版社,1994.

[8] 韩威.生态经济[M].北京:人民出版社,1994.

[9] 夏文汇.运用生态经济系统思想,开展城市水环境污染的综合整治[J].四川环境,1995(1):28–31.

[10] 杨信征.环境保护与经济发展[M].南京:河海大学出版社,1992.

[11] 曲格平.环境科学基础知识[M].北京:中国环境科学出版社,1994.

[12] 世界环境与发展委员会. 我们共同的未来[R].北京:世界知识出版社,1989.

[13] Specialreport:Researeh priorities for the 21' Century[J]. Environ Sci Technol,1997,31(1):20.

[14] Cohen–Rosenthal E.设计生态产业园:美国经验[J].产业与环境(UNEP),1997,19(4):14.

[15] 钱学森.系统科学、思维科学和人体科学[J].自然杂志,1981(1):3-9,80.

[16] 诸大建.可持续发展呼唤循环经济[J].科技导报,1998(9):39-42,26.

[17] 王烷尘.可持续发展理论与沿革[J].上海环境科学,1998(1):5-6,9.

[18] 东北师范大学环境科学研究所. 通化市东昌区张家生态工业园环境影响报告书,2002,4.

[19] 韦公元.国外变废为宝新途径.再生资源研究,1999(6):37-38.

[20] 张肇富.国外对垃圾废物的开发利用.再生资源研究,1999(1):42.

[21] 吴纯洁,王一涛,雷佩琳.中药药渣的综合利用与处理[J].中国中药杂志,1998(1):59-60.

[22] 袁桂京,胡晓峰.中药资源开发利用途径分析[J].中国中医药信息杂志,1999(2):30-32.

[23] 陈树斌,黄翔峰、李春鞠.废弃塑料的回收和利用[J].黑龙江环境通报,2001,25(3):32-34.

[24] 唐辉,李星,郑汀宁.市政固体废弃物中塑料的处理[J].现代塑料加工应用,2000,12(3):48-53.

[25] 黄根龙. 塑料发展与环境问题对策研究现状和发展趋势.上海化工,2001,26(3):14-16,31.

[26] 张向和,蒋良伟,江志勇,等.废弃塑料生产涂料的工艺研究[J].环境工程,1998(1):44-46,73.

[27] 王敏.用废塑料生产汽油、柴油[J].安徽化工,2001,27(1):26-27.

[28] 孙向军,冯蒂、顺冰思,等.上海市泔脚垃圾的处理及管理[J].环境卫生工程,2002,10(3):130-133,143.

[29] 任连海,曹栩然.饮食业有机垃圾的产生现状及处理技术研究[J].北京工商大学学报(自然科学版),2003,21(2):14-17.

[30] Nemeow N L Zero pollution for industry: waste minimization through industrial complexes [M],New York: John Wiley & Sons,1995.

[31] Korhonen J.Four ecosystem principles for an industrial ecosystem [J]. Journal of Cleaner Production,2001,9(3):253-259.

[32] Desrochers P. Cities and industrial symbiosis: some historical perspectives and policy implications [J].Journal of Industrial Ecology,2002,5(4):29-44.

[33] 李运帷.生态工业系统构建及模式研究[D].长沙:中南大学,2006.

[34] 劳爱乐,耿勇.工业生态学和生态工业园[M].北京:化学工业出版社,2003.

[35] Ehgberg H.Industrial Symbiosis in Denmark [M].New York: New York Univ.,Stern Seh. Bus. Press,1993:25-26.

[36] 周哲.生态工业复杂适应系统研究[D].北京:清华大学,2005.

[37] 张文红,陈森发.我国现有工业园区发展生态工业的模式及用途[J].管理世界,2003(3):13-17.

[38] 张文红,陈森发.生态工业系统——一个开放的复杂巨系统[J].系统仿真学报,2004,16(3):432-435,440.

[39] 郭一加.生态工业网络的构建研究——以广安经开区生态产业园为例[D].成都:西华大学,2012.

[40] 兰友根.虚拟生态工业园区构建与生态工业链稳定性研究[D].天津:天津理工大学,2005.

[41] 李有润,沈静珠,胡山鹰,等.生态工业及生态工业园区的研究与进展[J].化工学报,2001,52(3):189-192.

[42] 陈浩.生态企业与企业生态化机制的建立[J].管理世界,2003(2):99-104.

[43] 文娱,钟书华.美国生态工业园区建设的特点及发展趋势[J].科技管理研究,2006(1)26:92-94.

[44] 赵越,唐荣智.美国生态工业园区的设计理念与规划[J].北京市政法管理干部学院学报,2002(2):61-64.

[45] 程磊.化工生态工业园区规划设计与可持续发展评价[D].大连:大连理工大学,2007.

[46] 王翠.恒通化工生态工业园构建研究[D].山东:山东师范大学,2007.

[47] 梁瑜.天然气化工生态工业园构建研究——以遂宁市为例[D].成都:西华大学,2010.

[48] 孙凤芹.生态工业园中企业链稳定性的理论与应用研究[D].唐山:河北联合大学;河北理工大学,2005.

[49] 董岚.生态产业系统构建的理论与实证研究[D].武汉:武汉理工大学,2006.

[50] 熊宇.煤化工工业园生态产业链的结构分析及优化设计研究[D].西安:西北大学,2011.

[51] 周丽.煤化工生态工业系统优化与分析[D].北京:清华大学,2009.

[52] 杨博.煤化工生态工业园建设及评价研究[D].天津:天津大学,2007.

[53] 尹百灵.煤炭矿区生态环境管理模式研究[D].天津:天津大学,2007.

[54] 田晓艳.煤炭资源型城市生态工业园规划研究[D].北京:中国地质大学,2012.

[55] 王军花.区域生态产业链规划研究[D].天津:河北工业大学,2007.

[56] 赵涛,杨立宏,尹彦.生态工业园的综合评价[J].中国农机化,2009(1):35-38.

[57] 王国弘.生态工业园中生态产业链的稳定性研究[D].天津:天津大学,2009.

[58] 王倩,邹欣庆,葛晨东,等.生态示范区内生态工业建设模式探讨[J].长江流域资源与环境,2001,10(6):517-522.

[59] 匡瑾璘,杨东红.石油化工园区生态化建设的环境理论准则[J].中外能源,2012,17(6):80-84.

[60] 刘勇.我国生态效率性组织发展的研究[D].乌鲁木齐:新疆大学,2006.

[61] 曾荣.循环经济下高耗能产业群协同发展逆向物流体系构建及对策研究[D].昆明:昆明理工大学,2013.

[62] 张成考.以科学发展观为指导构建生态化企业[J].科学管理研究,2004,22(6):8-11.

[63] 陈敬仁.中小城市建设生态城市的途径与实证研究——以江苏省仪征市为例[D].南京:南京师范大学,2007.

[64] 杨君华.精细化工产业园生态化建设初探:以衡阳松木工业园为例[D].长沙:中南大学,2010.

[65] 邓南圣,吴峰.国外生态工业园研究概况[J].安全与环境学报,2001,1(1):24-27.

[66] 王兆华.生态工业园工业共生网络研究[D].大连:大连理工大学,2002.

[67] 苑清敏,齐二石,李健.绿色供应链与工业生态园[J].天津理工学院学报,2002,18(2):26-29.

[68] 吴一平,段宁,乔琦,等.全新型生态工业园区的工业共生链网结构研究——新疆石河子国家生态工业(造纸)园区的设计分析[J].中国人口.资源与环境,2004,14(2):125-130.

[69] 张楠.轻工业生态园区工业共生企业集群研究[D].天津:天津大学,2007.

[70] 薛晓燕.生态工业园区运行评价研究——以天津泰达生态工业园区为例[D].天津:天津理工大学,2010.

[71] 闫海清.氯碱化工产业共生网络规划与评价研究[D].天津:天津大学,2010.

[72] 赵涛,闫海清,苏青福.基于AHP-FCE的氯碱化工生态工业园综合评价[J].科学技术与工程,2011,11(4):784-790.

[73] 陈郁,刘素玲,张素深,等.化工生态工业园区可持续评价研究[J].现代化工,2010,30(12):86-90.

[74] 李纯军.建设化工生态园促进化工工业科持续发展[J].中国石油和化工论坛,2003(1):54-57.

[75] 周欣华,赵旭.西方工业生态园区的发展对我国的启示[J].城市规划汇刊,2001(2):63-66.

[76] 林晓红.中日静脉产业类生态工业园建设比较研究[D].青岛:青岛理工大学,2008.

[77] 杜凌云.生态工业园区的特征及现实形态分析[D].沈阳:东北大学,2005.

[78] 王崇梅.以静脉产业为主导的日本生态工业园循环经济模式研究[J].科技进步与对策,2010,27(3):12-14.

[79] 文娱,钟书华.日本生态工业园区建设的特点及发展趋势[J].科技与管理,2006,8(1):1-3.

[80] 陈红,郝维昌,王天民.日本生态经济发展现状的启示[J].北京航空航天大学学报,2005,18(1):1-5.

[81] 董立廷,李娜.日本发展生态工业园区模式与经验[J].现代日本经济,2009(6)12-16.

[82] 王金波.资源环境约束下日本产业升级的低碳路径选择——以日本(生态)工业园的发展历程为例[J].亚太经济,2014(1):64-69.

[83] 刘慧宇.日本科学工业园区及其特点,技术经济与管理研究[J].2000(6):70.

[84] 邢明明.日本北九州生态工业园的发展及其对中国的启示[D].天津:天津理工大学,2009.

[85] 王雅楠.日本北九州生态工业园的成功经验及其对廊坊市发展循环经济的启示[J].科技信息,2011(4):13-15.

[86] 林健,吴妍妍.日本生态工业园探析:以北九州生态工业园区为例[J].华东森林经理,2008,22(1):53-57.

[87] 单虹.日本虚拟工业园产业平台的构建[J].中国高新区,2007(1):94-97.

[88] 张西玲.国内外生态产业园区建设典型案例研究[J].科技创新和生产力,2011(3):54-58,62.

[89] 王强.生态工业共生网络利益相关者竞合

机制研究[D].天津:天津理工大学,2012.

[90] 岸本千佳司,彭雪.日本北九州市的环境政策演变:从客服公害到创建环境新都[J].当代经济科学,2010,32(6):89-97.

[91] 杨玲丽.生态工业园工业共生中的政府作用——欧洲与美国的经验[J].生态经济,2010,1:125-128.

[92] 邓金锋.生态工业园区评价指标体系及评价方法研究[D].西安:西安科技大学,2004.

[93] 鲁成秀.生态工业园区规划建设理论与方法研究[D].沈阳:东北师范大学,2003.

[94] 王艳丽.生态工业园的规划设计与评价[D].上海:东华大学,2004.

[95] 赵愈.循环经济模式的生态工业园区建设与评价研究[D].重庆:重庆大学,2011.

[96] 肖慧.基于循环经济的生态工业园建设研究:以重庆市建桥工业园为案例[D].重庆:重庆大学,2012.

[97] 徐潇.生态工业园建设方法及应用研究——以华苑生态工业园建设为例[D].天津:天津大学,2012.

[98] 蓝柳凤,姚姜铭.国内外工业生态学研究概况[J].黑龙江科学,2015,6(3):38-39.

[99] 杨琳茹,徐恒,阮幸,等.企业耦合在生态工业园建设中的应用研究[J].环境工程,2014,32(12):153-156.

[100] 陈平.从工业园区到创新基地:法国索菲亚科技园的启示[J].科技进步与对策,2007,124(9):195-198.

[101] 温威.生态工业园工业共生网络形成机理研究[D].广州:暨南大学,2010.

[102] 邹阳.生态工业园区管理支持系统研究[D].大连:大连理工大学,2005.

[103] 王志宏.实施循环经济与我国可持续发展战略研究[D].成都:西南财经大学,2007.

[104] 杨乐强.基于Petri网的贵港生态工业园建模与仿真研究[D].天津:天津理工大学,2014.

[105] 甘现光.贵港生态工业园区建设的实践与探索[J].南方国土资源,2004(11):116-117.

[106] 王发明.循环经济系统的结构和风险研究——以贵港生态工业园为例[J].财贸研究,2007,18(5):14-18.

[107] 郭素荣.生态工业园建设的物质和能源集成[D].上海:同济大学,2006.

[108] 聂帅.产业园区循环经济发展模式的实证研究:以山东省发展循环经济试点园区为例[D].济南:山东师范大学,2009.

[109] 徐海.生态工业园模式与规划研究[D].上海:上海大学,2008.

[110] 边均兴.面向可持续发展的生态工业园建设理论与方法研究[D].天津:天津大学,2005.

[111] 吕启东.以发展平台化学品为切入点延伸石化产品链[J].石油化工技术经济,2003,19(5):1-4.

[112] 孙勇.循环经济理论与实践[J].学习与探索,2005(2):168-171

[113] 顾宗勤.我国化工园区的建设和发展[J].化工技术经济,2004,22(5):1-5.

[114] 伍桂松.试论我国化学工业的基地化建设[J].化工技术经济,2002,20(4):1-5.

[115] 杨郁梅,陈家祥,朱庆华.我国化工园区发展问题研究[J].科技进步与对策,2004,21(6):100-102.

[116] 何侍昌.三峡库区生态化工产业集群的培育及其发展[J].重庆社会科学,2008(6):80-84.

[117] 房春生,李娟,王菊,等.工业园区循环经济发展规划研究[J].环境科学与技术,2007,30(11):61-63.

[118] 郁晶,黄娟,王惠中,等.循环经济在江苏省化工园区规划发展中的应用[J].中国资源综合利用,2009,27(5):17-19.

[119] 柏娟萍.化工园区低碳发展模式、路径和评价研究:以南京化学工业园区为例[D].南京:工业大学,2013.

[120] 吴晓波.天津滨海新区南港工业区石油化工区环境风险评估[D].天津:南开大学,2011.

[121] 付启敏,刘伟,姚亚萍.生态化工园区建设中的问题与对策分析[J].科技管理研究,2008,28(3):130-132.

第四篇

生态工业园建设与设计

第一章 生态工业园规划

根据环境保护和发展循环经济的需要,我国2007年正式颁布并于2008年正式执行了《生态工业园区建设规划编制指南》(以下简称《指南》),《指南》成为我国生态工业园区规划建设的重要标准。该标准规定了编制生态工业园区建设规划的原则、方法、内容和要求。《指南》指出,生态工业园区建设不仅局限于国家级经济技术开发区、国家级高新技术产业开发区、国家级保税区、国家级进出口加工区和省级各类开发区,还包括工业集中区及以大型企业为核心的工业聚集区域。根据园区的产业和行业结构特点,生态工业园区可分为行业类生态工业园区、综合类生态工业园区和静脉产业类生态工业园区3种类型。本标准适用于指导国家生态工业示范园区建设规划编制工作,省级及其他生态工业园区规划编制工作也可参照本标准执行。

第一节 概 述

主要包括园区发展概况、地理位置、自然地理条件、主要资源条件等内容。

(一) 社会现状

描述园区人口状况,科、教、文、卫状况,基础设施状况(能源供应、给排水等)、道路交通状况以及周围区域内相关的产业结构、专用设施、基础设施、共享设施的建设等情况。

(二) 经济现状

描述园区经济、工业发展水平。从经济发展、物质减量与循环、污染控制等方面评价性描述园区主导行业、重点企业及其发展状况。

(三) 环境现状

1. 水环境现状

描述园区水环境质量现状、污水排放和处理现状和污水基础处理设施现状,分析园区水环境发展趋势,评价园区水环境质量和容量。

2. 大气环境现状

描述园区大气环境质量现状、大气污染物排放和处理现状,分析园区产业结构和能源供给变化,评估园区大气环境质量变化趋势。

3. 固体废物现状

描述园区生活垃圾和工业固体废物的主要类型、产生量、收集、贮运、处理处置和综合利用情况。

4. 生态环境现状

描述园区绿化面积、园区绿化率、生物多样性情况、自然生态系统稳定性、园区生态景观、宜居程度等园区生态环境现状。

第二节　生态工业园区建设必要性分析

一、园区环境影响回顾性分析

收集园区过去 5~10 年的社会、经济、环境资料，应通过资料分析回顾园区社会、经济和生态环境发展历史，评估园区社会经济发展和生态环境保护之间的协调关系，评估园区建设对环境的影响和未来发展趋势。对建设 10 年以上的园区，要进行过去 5~10 年的分析。建设不足 5 年的园区，按实际建设年限进行回顾性分析，主要包括：园区污染源数量和分布的变化、主要污染物特征和产排污量的变化、重点污染源排放达标情况分析、潜在的环境风险和应急方案、主要能源和资源的消耗水平及其国内外的比较、园区建址的环境敏感性分析、区域环境质量的变化、区域环境容量和环境承载力的变化、环境法律法规的贯彻执行、环保投入、环境管理等内容。

二、生态工业园区建设的必要性和意义

结合资料收集和调研分析的结果，重点识别园区面对的制约因素，应从环境质量改善、资源约束改善、产业结构合理调整等方面分析生态工业园区建设对园区的影响和意义。

三、生态工业园区建设的有利条件分析

根据园区自身特点，应从资源、产业基础、基础设施、人才、政策、区位、交通、生态工业雏形等方面分析生态工业园区建设的有利条件。

四、生态工业园区建设的制约因素分析

根据资料收集和调研分析，应从环境承载力、资源承载力、产业结构、环境管理机制等方面分析园区发展的制约因素，找出制约园区可持续发展的突出问题。

第三节　生态工业园区建设总体设计

一、指导思想

生态工业园区建设应坚持贯彻落实科学发展观，以生态文明建设为目标，以循环经济理念为指导，以节能减排工作为重点，结合园区的特点，通过对园区的生态化改造和建设，实现区域的可持续发展。

规划指导思想中要体现与发挥区域比较优势、提高市场竞争力相结合，与引进高新技术、提高经济增长质量相结合，与区域改造和产业结构调整相结合，与环境保护和区域节能减排工作相结合。

1. 与发挥区域比较优势、提高市场竞争力相结合

应有选择地对全国范围内已完成生态工业

园区建设规划的各类园区进行广泛调研和比较研究,发现、辨识和提炼规划区域独特的区域比较优势,以及由此决定的核心竞争力,在此基础上进一步提出提升和扩大这些核心竞争力的措施和途径。

2. 与引进高新技术、提高经济增长质量相结合

应对园区现有主导产业的技术水平、发展趋势进行调研,在保障体系设计、入园项目选择原则确定等规划工作中把引进和开发高新技术作为园区产业结构调整和升级的根本动力,实现生态工业链网中物质、能量和信息高效转化和流动。

3. 与区域改造和产业结构调整相结合

应与区域改造和产业结构调整充分结合,促进区内企业规模化、科技化、高效益和低污染,逐步实现以主导产业为核心,不同产业之间以及与自然生态系统之间的生态耦合和资源共享,物质、能量的多级利用。

4. 与环境保护和区域节能减排工作相结合

应坚持预防为主、防治结合的方针,围绕区域节能减排目标,强化污染物总量控制,基于区域环境容量进行产业结构调整和优化布局,使园区产业布局、经济发展规模和速度与区域环境承载力相适应。

二、基本原则

1. 与自然和谐共存原则

园区应与区域自然生态系统相结合,保持尽可能多的生态功能,最大限度地降低园区对局地景观和水文背景、区域生态系统造成的影响。

2. 生态效率原则

应通过园区各企业、企业生产单元的清洁生产和其之间的副产品交换,降低园区总的物耗、水耗和能耗,尽可能降低资源消耗和废物产生,提高园区生态效率。

3. 生命周期原则

应加强原材料入园前以及产品、废物出园后的生命周期管理,最大限度地降低产品全生命周期的环境影响。

4. 因地制宜原则

应突出园区自身的社会、经济、生态环境以及自然条件等特点。

5. 高科技、高效益原则

应采用现代化生物技术、生态技术、节能技术、节水技术、再循环技术和信息技术,采纳国际上先进的生产过程管理和环境管理标准。

6. 软硬件并重原则

园区建设应突出关键工程项目,突出项目间工业生态链建设。同时必须建立和完善环境管理体系、信息支持系统、优惠政策等软件,使园区健康、持续发展。

7. "3R"原则

应体现"减量化原则、再利用原则、再循环原则",即"3R"原则。

三、规划范围

应明确生态工业园区规划核心区的准确边界,并根据生态工业园区与外界的物质流、能量流等方面的交换关系,提出规划的扩展区和辐射区范围。对于国家批复的各类开发区,核心区和扩展区均不得超过国家批准的范围边界。规划范围的确定应与原有的土地使用功能和用地规划相一致。

四、规划期限

应明确生态工业园区规划的数据基准年,在基准年的基础上,提出规划近期目标和中远期目标的具体年限,通常近期年限为3~5年,中远期年限为8~10年。

五、规划依据

应将对生态工业园区规划和建设具有指导和支撑作用的各项政策、标准和规划作为规划依据逐一进行描述。主要的规划依据如下。

1) 国家和地方环境保护、清洁生产和循环经济方面的相关法律法规。

2) 国家和地方对生态工业园区的管理政策。
3) 国家和地方有关园区的发展政策。
4) 园区所在区域国民经济和社会发展规划（纲要）。
5) 园区控制性规划。
6) 相关行业清洁生产标准。
7) 相关行业中长期发展规划。
8) 园区所在区域循环经济规划。
9) 园区所在区域产业发展规划。
10) 园区所在区域环境保护规划。
11) 园区所在区域土地利用规划。
12) 园区所在区域交通、电力等基础设施规划。
13) 其他。

六、规划目标与指标

1. 规划目标和指标体系

根据园区发展现状和未来发展趋势，提出生态工业园区建设近期（3~5 年）和中远期（5~8 年）的目标和具体指标。①

园区应根据自身特点增加指标类别，以体现园区的产业结构调整，环境质量改善，重点污染物、污染源总量控制，人文特色等内容。

在定量指标的赋值过程中，可以采用趋势外推法、情景分析法、类比分析法和综合平衡法等方法。

2. 指标可达性分析

运用趋势外推、情景分析等方法，根据园区发展趋势，结合生态工业园区建设中重点支撑项目的引进和保障体系的建设，分析主要指标的可达性。

七、总体框架

按照产业循环体系、资源循环利用和污染控制体系及保障体系 3 部分对生态工业园区建设进行总体框架设计，提出生态工业园区总体发展思路，设计并描述生态工业园区总体生态工业链，绘制生态工业总体框架图和园区总体生态工业链图。

产业循环体系包括各主导（核心）行业的产业共生和物质循环。资源循环利用和污染控制体系主要是大气和水污染物的控制、固体废物的处理处置、水资源的循环利用、固体废物的资源化利用和能源的多级利用。保障体系主要是为园区建设和发展提供组织、政策、技术、工具等保障措施。

第四节　园区主导行业生态工业发展规划

一、行业类生态工业园区

1) 分析园区核心行业发展现状、存在问题和发展潜力。
2) 从行业发展、物质代谢与循环、污染控制等方面建立核心行业生态工业发展指标体系。
3) 从产品设计、生产过程工艺改造、原料替代、物料循环使用、资源和能源使用等多个方面，提出行业发展的清洁生产方案。

4) 以核心行业为基础，优化园区的能源与资源利用效率，根据行业自身的特点，构建行业生态工业模式，重点提出核心行业发展方案，内容包括核心行业物质流分析、产品链设计、工业代谢关系图等。

二、综合类生态工业园区

1) 根据园区特点，分析确定园区主导行业的数量和类型，综合考虑此类园区中各主导行业的发展前景。

---

① 国家生态工业示范园区规划指标体系可参照国家生态工业示范园区标准 HJ274-2015。

2）对每个主导行业分别开展规划，分析各主导行业发展现状、存在问题和发展潜力。

3）从行业发展、物质代谢与循环、污染控制等方面建立各主导行业生态工业发展指标体系。

4）从产品设计、生产过程、工艺改造、原料替代、物料循环使用、资源和能源使用等多个方面，提出各主导行业发展的清洁生产方案。

5）根据行业自身的特点，构建各主导行业自身生态工业发展模式，提出各主导行业发展方案，内容包括行业物质流分析、产品链设计、工业代谢关系图等。

6）分析发掘几个主导行业之间的生态工业关系，构建园区内行业间的物质代谢循环模式，提高园区能源与资源的利用效率，优化园区的工业布局，提出园区行业共生网络设计方案。

三、静脉产业类生态工业园区

1）针对静脉产业类生态工业园区的产业结构特点，根据园区内静脉产业企业情况，分析园区发展现状、存在问题和发展潜力，开展废物资源可行性预测。

2）从静脉产业发展、物质代谢与循环、污染控制、二次污染防治等方面建立静脉产业生态工业发展指标体系。

3）根据静脉产业的特点，从废物资源化和再生加工为产品过程中资源能源减量，生产过程中产生的废物再利用以及再次资源化等方面，提出园区静脉产业的减量、再利用和资源化措施。

4）重点关注静脉产业中废物转化为再生资源及将再生资源加工为产品两个过程，提出生态产业链的设计方案，包括静脉产业物质流分析、产品链设计、工业代谢关系图等。

5）提出静脉产业发展方案，通过物质、能源的集约利用、梯级利用以及基础设施和信息的共享，实现区域废物综合利用的最大化和排放最少化，建立以各类废物开展循环经济为主要特征的新的经济增长机制。

第五节　资源循环利用和污染控制规划

一、水循环利用和污染控制规划

1）评估水资源开发利用和水质现状（包括水资源现状、水环境现状、工业废水处理现状、工业废水循环利用现状、污水集中处理现状、重点污染源排放现状），分析水资源开发利用和水环境存在的问题，评估园区对本身区域环境质量的改善及对所在水系下游地区的环境责任。

2）水资源消耗和污水排放预测分析。

3）规划近期和中远期水循环利用和污染控制目标和指标的制订。指标主要包括：单位工业增加值新鲜水耗，单位工业增加值废水排放量，单位工业增加值化学需氧量（COD），园区污水集中处理率，工业废水稳定达标排放率，工业用水循环利用率，间接冷却水循环利用率，区域中水回用率，再生水使用量，再生水与新鲜水供水比例等。

4）水循环利用和污染控制方案。包括水资源管理方案、水减量化方案（工业节水方案、生活节水方案）、水资源供应方案、水资源替代方案、废水循环利用方案和重点污染源水污染控制方案等。

a.水资源管理方案：建立健全并贯彻落实水资源一体化的政策、法规与管理办法，强化法制管理和科学管理，严格用水许可证制度、排水许可证制度、水资源利用监管制度，实行总量监督与监测，污水处理厂企业化管理及运行机制等。

b.水减量化方案：通过推行企业清洁生产，降低单位产值（产品）的耗水量；通过调整工业结构，淘汰或限制耗水量大、水污染物排放量大的行业和产品；通过推行生活节水用具，提高公众节水意识，降低生活用水量。

c.水资源供应方案:设计多源供水方案,提出饮用水、工业用水、工业冷却水、景观用水、绿化用水、中水和生活杂用水等集成与共享的水资源梯级利用模式与方法。

d.水资源替代方案:通过中水回用以及海水的利用、雨水利用等模式,提出水资源的可行性替代方案。

e.废水循环利用方案:提出将排放的废水进行处理后用于某些水单元或将废水直接用于某些水单元的废水循环利用方案,以及水污染物的循环利用方案。根据地理范围将废水的循环利用分为厂域和区域两个层次。循环利用的同时,要注意二次污染的防治。

f.重点污染源水污染控制方案:针对水污染排放重点源,通过清洁生产审核,提高过程控制和末端治理技术水平,提出重点污染源水污染控制方案。

二、大气污染控制和循环利用规划

1)评估园区大气环境质量状况、环境演变历程和趋势、污染排放状况等。分析园区发展过程中面临的主要大气环境问题。

2)根据园区社会经济发展特点、环境空气质量变化综合分析,预测规划近期和中远期主要污染物排放量。

3)规划近期和中远期大气污染控制和循环利用目标和指标的制订。指标主要包括:单位工业增加值废气排放量,单位工业增加值二氧化硫排放量,单位工业增加值氮氧化物排放量,单位工业增加值碳排放量,大气治理设施的有效运行率,主要大气污染物排放达标率,全年空气环境质量达标天数等。

4)根据规划近期和中远期目标,提出相应的大气污染控制战略,包括工程措施、技术措施、管理措施和政策措施等。针对本地区大气特征污染物,提出相应的解决方案。针对废气排放重点源,提出工业废气污染控制和循环利用方案。针对静脉产业类型的企业和项目,建立大气污染源转移和二次污染防治方案。

三、固体废物循环利用和污染控制规划

1)工业固体废物和生活垃圾等的现状和存在问题的分析。

2)工业固体废物和生活垃圾等的产生量及排放量预测。

a.工业固体废物产生量预测,推荐采用产污系数法。

b.居民(包括居民小区、农村、机关事业单位、医院、餐饮服务业)固体废物产生与排放量预测,采用现场调查、排污系数与类比分析法。

3)规划近期和中远期固体废物减量化、资源化和无害化目标和指标的确定。指标主要包括:单位工业增加值工业固体废物排放量,工业固体废物综合利用率,危险废物安全处置率,固体废物回收利用率,生活垃圾处理处置率等。

4)工业固体废物和生活垃圾等的减量和循环利用方案如下。

a.建立健全并贯彻落实固体废物分类收集、减量化排放、资源化利用、无害化处理与处置的一体化管理体系和政策、法规,培育市场化运作模式和网络。

b.调查分析园区固体废物的来源和种类,通过推行清洁生产实现固体废物的减量化。

c.建立固体废物的集中收集、交换利用和资源化的模式与方法。分析园区固体废物的种类与特点,结合园区的发展规划提出固体废物资源化利用模式。

d.构筑企业内部、企业之间和整个园区废物资源化利用的循环网络。通过分析企业生产需求,考虑工业企业特点,培育和建立园区废物资源化利用的网络体系。

e.针对静脉产业类园区和行业类、综合类园区中静脉产业类型的企业和项目,建立防止污染源转移和二次固体废物污染防治方案。

5)工业固体废物和生活垃圾等实现减量化、资源化和无害化的技术手段和项目如下。

a.建立固体废物收集、资源化利用、管理与运行的市场化运行机制与模式,制定相应的政策法规。

b.居民区、机关事业、宾馆及企业的废物资源化利用工程。

c.不同行业固体废物交换利用或有偿使用项目。

d.生活垃圾分类收集与资源化利用、无害化处理项目。

e.危险固体废物的收集、储运及无害化处理项目。

四、能源利用规划

园区通过调查园区能源储量、能源供应的来源和有效性，结合园区经济发展水平和对优质能源的承担能力，制订园区近期和中远期的能源供应规划，园区能量梯级利用与节能规划，以及园区企业内部、企业之间和园区与外部的能量交换规划。

1) 能源消耗预测分析,对能量梯级利用与节能现状和存在的问题进行分析。

2) 规划近期和中远期能源利用目标和指标的制订。

3) 能量供给及供应网络。

在考虑园区经济承受力和能源供应的基础上,制订包括电力纲络、热力网络、天然气网络、加油站网络、加气站网络的能源供应网络优化规划,以及供热与热电厂的热电平衡规划等。规划天然气、太阳能、风能、地热能和生物能等较清洁的能源的比例。

为减少运输业对环境的影响,考虑采用清洁燃料作为运输车辆的燃料,因地制宜地利用工业锅炉或改造中低压凝汽机组为热电联产,向园区和社区供热、供电,依照燃料能值的不同制订园区不同种类的化石燃料,如煤、天然气、石油制品的利用规划。

4) 提出能量梯级利用与节能方案。

a.制定鼓励使用清洁能源的政策。

b.推广节能技术,充分利用园区的光热资源,如节能汽车、节能建筑、太阳能取暖、太阳能热水、日光温室、保温墙体材料使用、工业生产余压回收利用、余热回收利用等。

c.发展热电联产项目,平衡冷量、热量和电量需求等。

d.发展清洁发电项目,如风能、太阳能、天然气和清洁煤利用发电等。

e.优化区域能量供应的网络,特别是电网、热网、天然气管网等的分布及能量供应平衡。

第六节 重点支撑项目及其投资与效益分析

一、重点支撑项目

1. 项目选择条件

综合考虑园区产业结构特点和生态工业园区建设的需求,确定入园项目应满足的条件。

入园项目选择的总体原则是符合国家和园区自身的产业政策和环保政策，同时符合构建产业循环体系、资源循环利用、污染控制体系和保障体系的基本要求，针对园区的产业结构和经济发展现状与未来的发展趋势，引进具有支撑功能的项目。

2. 项目内容

结合生态工业园区建设的实际,分别筛选和提出产业循环体系、资源循环利用和污染控制体系以及保障体系的重点支撑项目,包括产业补链项目、基础设施项目、服务管理项目等。项目内容注意要满足生态工业园区的总体设计理念和环境保护的具体要求。规划文本中应将各专项规划中有关重点工程与投资方案内容进行汇总,并作为规划的重点内容之一加以明确。

重点支撑项目的确定应包括：建设项目名

称、建设位置、主要工艺技术、实施期限、建设内容(包括分年度建设内容)、实施主体等相关内容。要对项目内容、规模、作用和实施时间安排等做详细描述。

参照园区建设重点项目清单和地方性工程预算文件对各建设项目的投资进行科学合理的估算。投资方案要提出具体的投资数量和资金来源,并做出年度投资计划表。

二、投资与效益分析

重点对园区发展生态工业的综合效益进行分析评价,对生态工业园区建设的各项成本及收益进行初步的全面系统的核算,评估园区生态工业建设的成效。

1. 经济效益分析

主要从以下几个方面分析生态工业园区建设带来的经济效益。

1)物质减量、再用、循环带来的直接经济效益。

2)污染减排带来的间接经济效益。

3)是否能促进园区本身经济总量稳定增长,同时带动园区所在地区经济增长。

4)经济增长质量的改善,吸引投资的力度的加强。

2. 生态环境效益

主要从以下几个方面分析生态工业园区建设带来的生态环境效益。

1)对园区及周边地区水、大气和土壤环境质量的改善。

2)降低对自然资源的需求,减少能源消耗。

3)改善生态质量,树立生态景观形象。

3. 社会效益分析

主要从以下几个方面分析生态工业园区建设带来的社会效益。

1)是否能扩大社会就业,提高园区教、科、文、卫软硬件水平。

2)是否能改善人居环境,促进居民生活质量的全面提高。

3)是否能增强园区活力,提高园区综合竞争力。

提出保障规划实施和规划目标实现的组织、政策、技术、管理和其他等各项措施,包括政策保障措施、组织机构建设、技术保障体系、环境管理工具、公众参与、宣传教育与交流以及能够保障生态工业园区建设顺利开展的其他措施。

第七节　生态工业园区建设保障措施

一、政策保障

1) 制定生态工业园区建设管理办法和相关实施细则。其内容要注意与园区现行的法律、法规和政策相衔接,如果同现行法律、法规与政策有矛盾之处,需做及时调整。

2)通过国家和当地政府法律、法规的实施和执行来保障园区的发展。

3) 各级政府及园区要制定相关扶持政策,保障生态工业园区建设的顺利实施。政策应包括产业允许和限制政策、投资和融资政策、信贷和土地使用优先政策、税收政策、财务补贴政策等。鼓励和发展环保产业,扶持生态工业。对通过清洁生产和 ISO14001 环境管理体系审核的企事业单位给予政策上的优惠。

二、组织机构建设

1. 行政管理机构及运行机制

建立生态工业园区建设领导小组和实施小组,成员包括建设、规划、环保、物价、财税、招商、计划发展、国土等部门。根据不同园区的具体行政管理机构特点,分别采用政府主导、政企分管或企业管理等管理模式，负责整个园区的生态工业建设和运行的管理与实施。

2. 领导干部目标考核

制定有关的规定，将生态工业园区的建设内容列入园区管委会或所在区域行政主管部门相关领导干部的考核目标之中。

3. 人才引进和培养

通过制定各种人才政策，积极吸引国内外优秀人才在园区开展短期和长期的工作。在国内外有关大学定向培养人才，在当地建立专业院校，进行专业人才培养和职工培训。这样可加速培养高层次专业技术人才，培养高素质决策管理者，同时不断提高现有技术干部的业务素质。

4. 专家咨询机制

建立以国家、省、市有关领导和科研单位、大专院校相关方面专家组成的专家咨询小组，负责对园区的规划、设计、建设、运行中的全局性、方向性、技术性问题提出咨询意见和建议。

三、技术保障体系

1. 信息交流技术体系

建设具有信息基础设施、信息管理体系和信息交流平台的数字园区，允许园区成员利用该系统进行数据的存储、搜索和分析，充分发挥信息在园区的管理、企业间信息交流、技术支持、环境咨询等作用。信息应网罗国际、国内、区域的经贸信息，生态工业政策和技术信息，资源深加工和综合利用信息，环保技术信息，新材料、新工艺信息，节能、节水、降耗信息，公众参与信息等。建立和完善废物交换信息平台，以满足不同企业间废物交换利用的信息需要。

2. 生态工业技术研发

建立与加强国内外科研机构联系，建立起跨地区的松散型科研联合体；依托国内科研机构，大力推进产、学、研结合，组织实施园区的科研项目。积极引进国内外各种有利于生态工业建设的新技术、新工艺、新材料、新产品，建立和完善科技推广服务体系，建立有效的技术激励和扩散机制，促进科技成果转变和生态产业的发展。探索、试验、扶持区域物料、能源、水资源、环境容量联合调度利用技术和措施。

3. 生态设计

试行或推行产品的生态设计和生命周期评价制度，提升产品生产过程和使用过程的环境友好性。

4. 生态工业孵化器

根据园区特点，建立园区生态工业孵化器，为项目进行工业生态性评估与现有的企业相容性评估，为园区企业的工业生态改造、构筑工业生态链条、维持工业生态系统健康运转提供技术支持，有针对性地提出园区补链企业需求，担负将企业和园区建设成为生态工业系统的任务。

5. 生态工业园区稳定运行风险应急预案

评估园区物质、能量循环代谢的关键节点，分析其出现问题对生态工业园区运行可能产生的影响，制订相应的规避方案和风险发生后的应急措施，以保证园区某一节点出现问题后，仍能够维持正常运转。

6. 园区环境风险应急预案

评估园区重点风险源，分析其环境安全隐患和可能出现的风险事故，制订相应的安全管理方案和风险发生的应急措施。

四、环境管理工具

在园区企业间推行废物生命周期管理、环境管理体系、清洁生产审核、生命周期评价和环境标志等环境管理手段。

五、公众参与

建立公众参与机制，制定公众参与的鼓励政策，形成公众参与的制度。建立园区的监督体系，强化社会监督机制，增强舆论监督能力，实现信息的双向交流。

六、宣传教育与交流

通过对生态工业园区的宣传、产品推介、合作规划等方式，大力开展国际环境科技和生态工业领域的交流与合作，借鉴国际经验提高园区建设发展水平，提高园区的国际知名度。加强宣传教育，提高公众生态工业意识。宣传教育分高级决策层、中级技术管理层、大众和社区3个层次。

七、其他保障措施

根据生态工业园区实际情况，建立其他能够保障生态工业园区建设顺利开展的政策。

第二章 生态工业园建设评价

第一节 经济指标

生态工业园区评价是促进可持续发展的重要途径,对"两型社会"建设具有十分重要的现实意义。建立一套科学化的评价指标体系,有利于从理论上和实践上来指导生态工业园区的建设,并用作生态工业园区验收的依据。国内外很多学者对生态工业园的建设评价原则、指标体系、评价方法进行了研究。本章主要介绍生态工业园建设评价的主要原则以及评价指标体系。

作为政策工具,开展生态工业园区评价,可以为传统工业园区生态化发展提供全面、系统的指导,推进工业园区的升级换代,促进循环经济的发展,对"两型社会"试验区建设具有十分重要的现实意义。

一、生态工业园区评价指标体系的设计原则

1. 3R 原则

生态工业园区建设是发展循环经济的一个重要组成部分,所以构建生态工业园区评价指标体系时,应遵循循环经济的 3R 原则(减量化原则、再利用原则和再循环原则)。3R 原则实施的优先顺序是减量化→再利用→再循环。

2. 系统性原则

生态工业园区建设是一项复杂的系统工程,评价指标体系必须能够全面地反映园区可持续发展的各个方面,具有层次高、涵盖广、系统性强的特点。所以,生态工业园区评价指标体系必须采用系统工程的方法来设计。

3. 动态性原则

生态工业园区建设是一个持续改进的过程,所以设计指标体系时应充分考虑系统的动态变化,要综合地反映建设现状和发展趋势,便于进行预测与管理。

4. 科学性原则

评价指标体系应能够反映事物的主要特征,本身有合理的层次结构。数据来源要准确、处理方法要科学,具体指标能够反映出生态工业园区建设主要目标的实现程度。

5. 可操作性原则

评价指标体系应充分考虑到数据的可获得性和指标量化的难易程度,定量与定性相结合。它应该既能全面反映生态工业园区建设的各种内涵,又能充分利用统计资料和有关规范标准。

二、生态工业园区评价指标

生态工业园区评价指标设定的最终目标是指导、监督和推动生态园区的健康持续发展。因此,每项指标应该是可观、可测、简洁及具有可比性。

2015 年 12 月 24 日,原环境保护部发布了

《国家生态工业示范园区标准》(HJ274-2015)，整合了原有的《综合类生态工业园区标准》《行业类生态工业园区标准(试行)》和《静脉产业类生态工业园区标准(试行)》，这3个标准不再执行。该标准规定了生态工业示范园区的评价方法、评价指标以及数据采集和计算方法等内容，能够用于国家生态工业示范园区的建设和管理，能够作为国家生态工业示范园区的评价依据、建设规划编制、建设成效评价的技术依据，也可作为其他生态工业建设活动的依据。

这一标准的评价指标包括了必选和可选评价指标共计32个，主要分为5类，包括经济发展指标、产业共生指标、资源节约指标、环境保护指标和信息公开指标，如表4-2-1所示。

表4-2-1 国家生态工业示范园区评价指标

分类	序号	指标	单位	要求	备注
经济发展指标	1	高新技术企业工业总产值占园区工业总产值比例	%	≥30	4项指标至少选择1项达标
	2	人均工业增加值	万元/人	≥15	
	3	园区工业增加值三年年均增长率	%	≥15	
	4	资源再生利用产业增加值占园区工业增加值比例	%	≥30	
产业共生指标	5	建设规划实施后新增构建生态工业链项目数量	个	≥6	必选
	6	工业固体废物综合利用率[1]	%	≥70	2项指标至少选择1项达标
	7	再生资源循环利用率[2]	%	≥80	
资源节约指标	8	单位工业用地面积工业增加值	亿元/km²	≥9	2项指标至少选择1项达标
	9	单位工业用地面积工业增加值三年年均增长率	%	≥6	
	10	综合能耗弹性系数	—	当园区工业增加值建设期年均增长率>0，≤0.6；当园区工业增加值建设期年均增长率<0，≥0.6	必选
	11	单位工业增加值综合能耗[1]	t标准煤/万元	≤0.5	2项指标至少选择1项达标
	12	可再生能源使用比例	%	≥9	
	13	新鲜水耗弹性系数	—	当园区工业增加值建设期年均增长率>0，≤0.55；当园区工业增加值建设期年均增长率<0，≥0.55	必选
	14	单位工业增加值新鲜水耗[1]	m³/万元	≤8	3项指标至少选择1项达标
	15	工业用水重复利用率	%	≥75	
	16	再生水(中水)回用率	%	缺水城市达到20%以上，京津冀地区达到30%以上，其他地区达到10%以上	
环境保护指标	17	工业园区重点污染源稳定排放达标情况	%	达标	必选
	18	工业园区国家重点污染物排放总量控制指标及地方特征污染物排放总量控制指标完成情况	—	全部完成	必选
	19	工业园区内企事业单位发生特别重大、重大突发环境事件数量	—	0	必选
	20	环境管理能力完善程度	%	100	必选

续表

分类	序号	指标	单位	要求	备注
环境保护指标	21	工业园区重点企业清洁生产审核实施率	%	100	必选
	22	污水集中处理设施	—	具备	必选
	23	园区环境风险防控体系建设完善度	%	100	必选
	24	工业固体废物(含危险废物)处置利用率	%	100	必选
	25	主要污染物排放弹性系数	—	当园区工业增加值建设期年均增长率>0,≤0.3;当园区工业增加值建设期年均增长率<0,≥0.3	必选
	26	单位工业增加值二氧化碳排放量年均削减率[1]	%	≥3	必选
	27	单位工业增加值废水排放量[1]	t/万元	≤7	2项指标至少选择1项达标
	28	单位工业增加值固体废物产生量[1]	t/万元	≤0.1	
	29	绿化覆盖率	%	≥15	必选
信息公开指标	30	重点企业环境信息公开率	%	100	必选
	31	生态工业信息平台完善程度	%	100	必选
	32	生态工业主题宣传活动	次/年	≥2	必选

注1:园区中某一工业行业产值占园区工业总产值比例大于70%时,第26条指标的值为达到该行业清洁生产评价指标体系一级水平或公认国际先进水平。
注2:第4项指标无法达标的园区不选择第28条指标作为考核指标。

三、生态工业园区评价原则

国家生态工业示范园区应完成表4-2-1内全部必选指标和相应的可选指标,至少23项。园区根据自身发展特点自行选择适合的可选指标。园区管理机构应指定或专门设立职能部门,负责评价指标涉及数据的调查收集、汇总统计工作,并协调各关联单位开展相关工作。测算评价指标所需的相关数据,应尽量从法定统计渠道或统计文件中获取;无法获取的,园区管理机构应建立相应的数据收集统计工作机制。

第二节 生态环境指标

经济发展指标主要包括4个,分别是高新技术企业工业总产值占园区工业总产值比例、人均工业增加值、园区工业增加值3年年均增长率、资源再生利用产业增加值占园区工业增加值比例。

一、高新技术企业工业总产值占园区工业总产值比例

园区内高新技术企业的工业总产值之和与

园区工业总产值的比值，计算公式如下：

$$高新技术企业工业总产值之和与园区工业总产值比值(\%) = \frac{高新技术企业的工业总产值之和(万元)}{工业园区的工业总产值(万元)} \times 100\%$$

高新技术企业是指：在《国家重点支持的高新技术领域》内，持续进行研究开发与技术成果转化，形成企业核心自主知识产权，并以此为基础开展经营活动，在中国境内（不包括港澳台地区）注册的居民企业。依据《高新技术企业认定管理办法》（2016）认定。

《国家重点支持的高新技术领域》中共列出了电子信息、生物与新医药、航空航天、新材料、高新技术服务、新能源与节能、资源与环境、先进制造与自动化共8个大的领域。

认定为高新技术企业须同时满足以下条件：

1）企业申请认定时须已注册成立1年以上。

2）企业通过自主研发、受让、受赠、并购等方式，获得对其主要产品（服务）在技术上发挥核心支持作用的知识产权的所有权。

3）对企业主要产品（服务）发挥核心支持作用的技术属于《国家重点支持的高新技术领域》规定的范围。

4）企业从事研发和相关技术创新活动的科技人员占企业当年职工总数的比例不低于10%。

5）企业近3个会计年度（实际经营期不满3年的按实际经营时间计算，下同）的研究开发费用总额占同期销售收入总额的比例符合如下要求。

a. 最近1年销售收入小于5 000万元（含）的企业，比例不低于5%。

b. 最近1年销售收入在5 000万至2亿元（含）的企业，比例不低于4%。

c. 最近1年销售收入在2亿元以上的企业，比例不低于3%。

其中，企业在中国境内发生的研究开发费用总额占全部研究开发费用总额的比例不低于60%。

6）近1年高新技术产品（服务）收入占企业同期总收入的比例不低于60%。

7）企业创新能力评价应达到相应要求。

8）企业申请认定前1年内未发生重大安全、质量事故或严重环境违法行为。

二、人均工业增加值

人均工业增加值是指园区内工业企业从业人员人均创造的工业增加值。其计算公式如下：

$$人均工业增加值(万元/人) = \frac{园区工业增加值(万元)}{园区年末工业企业从业人数(人)}$$

三、园区工业增加值三年年均增长率

园区工业增加值的三年年均增长率，计算公式如下：

$$园区工业增加值的三年年均增长率(\%) = \left[\left(\frac{当年工业增加值(万元)}{三年工业增加值(万元)}\right)^{\frac{1}{3}} - 1\right] \times 100\%$$

四、资源再生利用产业增加值占园区工业增加值比例

园区内的资源再生利用产业的增加值占园区工业增加值的比值，计算公式如下：

$$资源再生利用产业增加值占园区工业增加值比值(\%) = \frac{资源再生利用产业增加值(万元)}{园区工业增加值(万元)} \times 100\%$$

式中：资源再生利用产业是以保障环境安全为前提，以节约资源、保护环境为目的，运用先进的技术，将生产和消费过程中产生的废物转化为可重新利用的资源和产品，实现各类废物的再利用和资源化的产业，包括废物转化为再生资源及将再生资源加工为产品两个过程。

第三节　生态网络指标

产业共生类指标主要包括三个,分别是建设规划实施后新增构建生态工业链项目数量、工业固体废物综合利用率、再生资源循环利用率。

一、建设规划实施后新增构建生态工业链项目数量

自国家生态工业示范园区建设规划基准年以来(含基准年),园区建设规划范围内新增了以构建生态工业链为目的的基本建设工程项目和设备更新及技术改造工程项目,如资源循环、梯级利用项目,配套基础设施项目和园区工业企业间资源、代谢物梯级利用项目等。项目在验收年应实现稳定运行。

二、工业固体废物综合利用率

工业固体废物综合利用率的计算公式如下:

$$工业固体废物综合利用率(\%) = \frac{工业固体废物综合利用量(t)}{工业固体废物总产生量(t)+综合利用往年贮存量(t)} \times 100\%$$

式中:工业固体废物综合利用量指工业园区内工业企业产生的和园区外运送至园区内的,通过回收、加工、循环、交换等方式转化为可以利用的资源、能源和其他原材料的固体废物量(含危险废物),以及当年利用往年的工业固体废物贮存量,如用作农业肥料、生产建筑材料、筑路等。工业固体废物总产生量包括园区内企业产生的工业固体废物量(含危险废物),以及园区外运送至园区内的工业固体废物量(含危险废物)。

三、再生资源循环利用率

园区内资源再生利用产业企业对再生资源的循环利用率,即园区资源再生产业再生资源循环利用量与园区资源再生产业再生资源收集量的比值的计算公式如下:

$$再生资源循环利用率(\%) = \frac{园区资源再生产业再生资源循环利用量(t)}{园区资源再生产业再生资源收集量(t)} \times 100\%$$

式中:资源再生利用产业是以保障环境安全为前提,以节约资源、保护环境为目的,运用先进的技术,将生产和消费过程中产生的废物转化为可重新利用的资源和产品,实现各类废物的再利用和资源化的产业,包括废物转化为再生资源及将再生资源加工为产品两个过程。

再生资源指废旧金属、报废电子产品、报废机电设备及其零部件、废造纸原料(如废纸、废棉等)、废轻化工原料(如橡胶、塑料、农药包装物、动物杂骨、毛发等)、废玻璃等再生资源。

第四节 管理指标

资源节约类指标共包括9个，主要是单位工业用地面积工业增加值、单位工业用地面积工业增加值三年年均增长率、综合能耗弹性系数、单位工业增加值综合能耗、可再生能源使用比例、新鲜水耗弹性系数、单位工业增加值新鲜水耗、工业用水重复利用率、再生水(中水)回用率。

一、单位工业用地面积工业增加值

园区内工业企业的单位工业用地面积工业增加值的计算公式如下：

$$单位工业用地面积工业增加值(亿元/km^2) = \frac{园区工业增加值(亿元)}{园区工业用地面积(km^2)}$$

式中：园区工业用地面积指园区内工业企业按照土地利用规划作为工业用地并已投入生产的土地面积，包括工矿企业的生产车间、库房及其附属设施等的用地，以及专用的铁路、码头和道路等设施的用地，不包括露天矿用地。

二、单位工业用地面积工业增加值三年年均增长率

园区内工业企业单位工业用地面积产生工业增加值的三年年均增长率的计算公式如下：

$$单位工业用地面积工业增加值三年年均增长率(\%) = \left[\left(\frac{当年单位工业用地面积工业增加值(亿元/km^2)}{三年前单位工业用地面积工业增加值(亿元/km^2)}\right)^{\frac{1}{3}} - 1\right] \times 100\%$$

三、综合能耗弹性系数

园区内工业企业综合能耗总量建设期年均增长率与工业增加值建设期年均增长率的比值。其计算公式如下：

$$综合能耗弹性系数 = \frac{园区工业企业综合能耗总量建设期年均增长率(\%)}{园区工业增加值建设期年均增长率(\%)}$$

$$园区工业企业综合能耗总量建设期年均增长率(\%) = \left[\left(\frac{验收年工业综合能耗总量(t标准煤)}{规划基准年工业综合能耗总量(t标准煤)}\right)^{\frac{1}{验收年-基准年}} - 1\right] \times 100\%$$

$$园区工业增加值建设期年均增长率(\%) = \left[\left(\frac{验收年工业增加值总量(亿元)}{规划基准年工业增加值总量(亿元)}\right)^{\frac{1}{验收年-基准年}} - 1\right] \times 100\%$$

式中：工业综合能耗总量指园区内所有工业企业消耗的能源总和，包括煤、油、电等各种形式能源的消耗量，并按国家统计局规定的系数折算成标准煤进行统计。

四、单位工业增加值综合能耗

园区内工业企业产生的单位工业增加值所消耗的综合能耗量的计算公式如下：

$$单位工业增加值综合能耗(t标准煤/万元) = \frac{园区工业综合能耗总量(t标准煤)}{园区工业增加值总量(万元)}$$

五、可再生能源使用比例

园区内工业企业可再生能源使用量与综合能耗总量的比值的计算公式如下：

$$可再生能源使用比例(\%) = \frac{工业企业可再生能源使用量(t标准煤)}{工业企业综合能耗总量(t标准煤)} \times 100\%$$

式中：可再生能源是指在自然界中可以不断再生并有规律地得到补充或重复利用的一次能源，包括太阳能、水能、生物质能、地热能、氢能、风能、波浪能以及海洋表面与深层之间的热循环等非化石能源，仅包括人们通过一定技术手

段获得的,并作为商品能源使用的部分。

六、新鲜水耗弹性系数

园区内工业企业的工业用新鲜水消耗量建设期年均增长率与工业增加值建设期年均增长率的比值的计算公式如下:

$$新鲜水耗弹性系数 = \frac{园区工业用新鲜水耗量建设期年均增长率(\%)}{园区工业增加值建设期年均增长率(\%)}$$

$$园区工业用新鲜水耗量建设期年均增长率(\%) = \left[\left(\frac{验收年工业用新鲜水耗总量(m^3)}{规划基准年工业用新鲜水耗总量(m^3)}\right)^{\frac{1}{验收年-基准年}} - 1\right] \times 100\%$$

式中:工业用新鲜水耗总量指园区内工业企业的用水单元或系统取自任何水源被该企业第一次用于生产和生活的水量总和,不包括生活用水单独计量和生活污水单独排放(不与工业废水混合)的部分。

七、单位工业增加值新鲜水耗

园区内工业企业产生单位工业增加值所消耗的新鲜水资源量的计算公式如下:

$$单位工业增加值新鲜水耗(m^3/万元) = \frac{园区工业用新鲜水耗总量(m^3)}{园区工业增加值总量(万元)}$$

八、工业用水重复利用率

园区内工业企业在生产过程中使用的工业重复用水量与工业用水总量的比值的计算公式如下:

$$工业用水重复利用率(\%) = \frac{园区工业重复用水量(m^3)}{园区工业用水总量(m^3)} \times 100\%$$

式中:园区工业重复用水量指园区内工业企业在确定的用水单元或系统内,使用的所有未经处理和处理后重复使用的水量的总和,即循环水量和串联水量的总和。循环水量指在确定的用水单元或系统内,生产过程中已用过的水,再循环用于同一过程的水量。串联水量指在确定的用水单元或系统,生产过程中产生的或使用后的水,在用于另一单元或系统的水量。

园区工业用水总量指园区工业企业在确定的用水单元或系统内,使用的各种水量的总和,即工业用新鲜水量和工业重复用水量之和。

九、再生水(中水)回用率

园区内再生水(中水)的回用量与污水处理厂排放总量的比值的计算公式如下:

$$再生水(中水)回用率(\%) = \frac{园区再生水(中水)回用量(m^3)}{园区污水处理厂排放总量(m^3)} \times 100\%$$

式中:再生水(中水)指对经过或未经过污水处理厂处理的集纳雨水、工业排水、生活排水进行适当处理,达到规定水质标准,可以被再次利用的水。在此指经过园区内污水处理厂处理,再经再生工艺净化处理后,达到再生水水质标准的水。回用指用于地下水回灌,工业、农业、林业、牧业、城市非饮用水,景观环境用水等用途。

环境保护类指标共包括 13 个,分别是:工业园区重点污染源稳定排放达标情况,工业园区国家重点污染物排放总量控制指标及地方特征污染物排放总量控制指标完成情况,工业园区内企事业单位发生特别重大、重大突发环境事件数量,环境管理能力完善度,工业园区重点企业清洁生产审核实施率,污水集中处理设施,园区环境风险防控体系建设完善度,工业固体废物(含危险废物)处置利用率,主要污染物排放弹性系数,单位工业增加值二氧化碳排放量年均削减率,单位工业增加值废水排放量,单位工业增加值固体废物产生量,绿化覆盖率。

第五节　环境保护指标

一、工业园区重点污染源稳定排放达标情况

工业园区重点污染源稳定排放达标情况指园区内重点污染源的污染物稳定达标排放的情况。其中,重点污染源是指环境统计中的"重点调查工业企业"。按"环境统计报表制度说明"的解释界定,污染物排放稳定达标是指主要污染物及特征污染物稳定达到排放标准。

二、工业园区国家重点污染物排放总量控制指标及地方特征污染物排放总量控制指标完成情况

园区内国家重点污染物排放总量及地方特征污染物排放总量,应均不超过国家或地方的总量控制指标要求。

其中,重点污染物以从建设规划基准年到验收年国家总量控制要求的污染物种类为准。

三、工业园区内企事业单位发生特别重大、重大突发环境事件数量

工业园区内企事业单位发生特别重大、重大突发环境事件数量指园区从建设规划基准年以来(含基准年),发生特别重大或重大突发环境事件的次数。

其中,特别重大、重大突发环境事件是根据《国家突发环境事件应急预案》中规定的特别重大和重大突发环境事件的分级标准。

四、环境管理能力完善度

环境管理能力完善度指园区环境管理能力的完善程度。以下4项内容每完成一项完善度为25%,4项均达标则完善度为100%。①园区设有环境保护职能部门;②园区具备明确的环境管理职能;③园区将环境保护工作纳入园区行政管理机构领导班子的政绩考核内容,并建立相应的考核机制;④园区具备专门的机构或专人负责国家生态工业示范园区建设工作。

五、工业园区重点企业清洁生产审核实施率

工业园区重点企业清洁生产审核实施率指园区内重点企业依法开展清洁生产审核并通过评估的总数占重点企业总数的比例。

其中,重点企业是指《清洁生产审核暂行办法》中规定的,由省级环境保护行政主管部门每年发布的强制性清洁生产审核名单的企业(包括园区从建设规划基准年到验收年公布的重点企业清洁生产审核名单中的全部企业)。

计算公式如下:

$$\text{重点企业清洁生产审核实施率}(\%) = \frac{\text{通过清洁生产审核评估的重点企业数}(个)}{\text{园区重点企业总数}(个)} \times 100\%$$

六、污水集中处理设施

污水集中处理设施指园区内所有工业企业废水都经预处理达到集中处理要求后进入安装有自动在线监控装置的污水集中处理设施(区内或区外)。

七、园区环境风险防控体系建设完善度

园区环境风险防控体系建设完善度指园区环境风险防控体系建设完善程度。以下4项内容每完成一项完善度为25%,4项均达标则完善度为100%。园区管理机构应:①开展园区环境风险评估;②编制较完善的园区环境风险应急预案;③整合园区应急资源,建立综合性或者专业环境应急救援队伍,储备必要的环境应急物资和装备;④组织对环境应急预案进行专项培训,定期组织开展跨行业、综合性的应急演练。

化工、电镀、印染等园区或者上述企业较为集中的园区应在上述4项的基础上,增加⑤建立环境风险监测预警平台,每项20%,5项均达标则完善度为100%。

八、工业固体废物(含危险废物)处置利用率

工业固体废物(含危险废物)处置利用率指园区范围内各工业企业安全处置、综合利用及安全贮存的工业固体废物量(含危险废物)之和与当年工业固体废物总产生量的比值。其计算公式如下:

$$工业固体废物(含危险废物)处置利用率(\%)$$
$$=\frac{园区当年工业固体废物处置利用量(含危险废物)(t)}{园区当年工业固体废物总产生量(t)}$$
$$\times 100\%$$

式中:园区当年工业固体废处置利用量(含危险废物)包括园区内以及运送至园区外进行安全处置、综合利用及安全贮存的废物量。工业固体废物总产生量包括园区内企业产生的工业固体废物量(含危险废物),以及园区外运送至园区内的工业固体废物量(含危险废物)。

九、主要污染物排放弹性系数

主要污染物排放弹性系数指园区内工业企业排放的各类主要污染物排放弹性系数的算术平均值。其计算公式如下:

$$某种污染物排放量建设期年均增长率(\%)$$
$$=\left[\left(\frac{验收年某种污染物排放量(t)}{规划基准年某种污染物排放量(t)}\right)^{\frac{1}{验收年-基准年}}-1\right]$$
$$\times 100\%$$

$$某种污染物排放弹性系数$$
$$=\frac{某种污染物排放量建设期年均增长率(\%)}{园区工业增加值建设期年均增长率(\%)}$$

$$主要污染物排放弹性系数$$
$$=\left(\sum_{1}^{n}某种污染物排放弹性系数\right)/n$$

式中:主要污染物指从建设规划基准年到验收年,国家政策明确要求总量减排和控制的污染物,包括二氧化硫、氨氮、氮氧化物等。

某种主要污染物排放弹性系数,指园区内工业企业排放的某种污染物排放量建设期年均增长率与工业增加值建设期年均增长率的比值。

十、单位工业增加值二氧化碳排放量年均削减率

单位工业增加值二氧化碳排放量年均削减率指园区内工业企业产生单位工业增加值所排放的二氧化碳量的建设期年均削减率。此处二氧化碳排放量主要包括园区内化石能源燃烧、生物质能源燃烧排放的二氧化碳量,以及电力调入调出间接排放二氧化碳量。其计算公式如下:

$$单位工业增加值二氧化碳排放量年均削减率(\%)$$
$$=\left[1-\left(\frac{验收年单位工业增加值二氧化碳排放量(t/万元)}{规划基准年单位工业增加值二氧化碳排放量(t/万元)}\right)^{\frac{1}{验收年-基准年}}\right]$$
$$\times 100\%$$

$$单位工业增加值碳排放量(t/万元)$$
$$=\frac{园区工业企业二氧化碳排放总量(t)}{园区工业增加值总量(万元)}$$

二氧化碳排放量核算方法如下:

园区工业企业二氧化碳排放总量(t)
=化石能源燃烧二氧化碳量(t)
+生物质能源燃烧排放二氧化碳量(t)
+电力调入调出二氧化碳间接排放量(t)

(1) 化石能源燃烧二氧化碳排放量

化石能源燃烧二氧化碳排放量
= [燃料消费量(热量单位)×
单位热值燃料含碳量-固碳量]×
燃料燃烧过程中的碳氧化率

式中：

燃料消费量=生产量+进口量-出口量-国际航海(航空)加油量-库存变化；

燃料消费量(热量单位)=燃料消费量×换算系数(燃料单位热值)；

燃料含碳量=燃料消费量(热量单位)×单位燃料含碳量(燃料的单位热值含碳量)；

固碳量=固碳产品产量×单位产品含碳量×固碳率。

固碳率是指各种化石燃料在作为非能源使用过程中,被固定下来的碳的比率。由于这部分碳没有被释放,所以需要在排放量的计算中予以扣除；碳氧化率是指各种化石燃料在燃烧过程中被氧化的碳的比率,表征燃料的燃烧充分性。燃料单位热值换算系数见《综合能耗计算通则》(GB/T 2589-2008),单位热值含碳量和碳氧化率参数见表 4-2-2。

(2) 生物质能源燃烧二氧化碳排放量

生物质能源二氧化碳排放量(g)
= 燃料消费量(kg)×
生物质燃料燃烧二氧化碳排放因子

式中：燃料消费量为秸秆、薪柴、木炭、动物粪便等生物质燃料的燃烧量；生物质燃料燃烧的二氧化碳排放因子见表 4-2-3。

表 4-2-2 单位燃料含碳量和碳氧化率参数

类别	名称	单位热值含碳量/(t 碳/TJ)	碳氧化率
固体燃料	无烟煤	27.4	0.94
	烟煤	26.1	0.93
	褐煤	28.0	0.96
	炼焦煤	25.4	0.98
	型煤	33.6	0.90
	焦炭	29.5	0.93
	其他焦化产品	29.5	0.93
液体燃料	原油	20.1	0.98
	燃料	21.1	0.98
	汽油	18.9	0.98
	柴油	20.2	0.98
	喷气煤油	19.5	0.98
	一般煤油	19.6	0.98
	NGL	17.2	0.98
	LPG	17.2	0.98
	炼厂干气	18.2	0.98
	石脑油	20.0	0.98
	沥青	22.0	0.98
	润滑润	20.0	0.98
	石油焦	27.5	0.98
	石化原料油	20.0	0.98
	其他油品	20.0	0.98
气体燃料	天然气	15.3	0.99

表4-2-3 生物质燃料燃烧的二氧化碳排放因子

生物质种类	二氧化碳排放因子/(g/kg)			
	省柴灶	传统灶	火盆火锅等	牧区灶具
秸秆	14.3	7.7		
薪柴	7.4	6.6		
木炭			16.5	
动物粪便				9.9

(3)电力调入(出)二氧化碳间接排放量

园区由于电力调入或调出所带来的间接二氧化碳排放量的核算方法:

电力调入(出)二氧化碳间接排放量(kg)
=调入(出)电量(kW·h)×
区域电网供电平均二氧化碳排放因子

式中:调入电量为园区内所有工业企业消耗电量之和,调出电量为园区内火力发电厂发电的上网电量,以千瓦时为单位;其中电力调入排放量为正值,调出排放量为负值。区域电网供电平均排放因子可由东北、华北、华东、华中、西北和南方电网内各省区市发电厂的化石燃料排放量除以电网总供电量获得,并以千克二氧化碳/千瓦时为单位。2010年我国区域电网单位供电平均二氧化碳排放因子见表4-2-4,园区核算该指标应以国家应对气候变化战略研究和国际合作中心公开发布的区域电网供电平均排放因子的最新数据为准。

十一、单位工业增加值废水排放量

单位工业增加值废水排放量指园区工业企业产生单位工业增加值排放的工业废水量,不包括企业梯级利用的废水和园区内居民排放的生活废水。其计算公式如下:

单位工业增加值废水排放量(t/万元)
$$=\frac{园区工业废水排放总量(t)}{园区工业增加值总量(万元)}$$

十二、单位工业增加值固体废物产生量

单位工业增加值固体废物产生量指园区内工业企业产生单位工业增加值所产生的工业固体废物量。其计算公式如下:

单位工业增加值固体废物产生量(t/万元)
$$=\frac{园区工业固体废物区内产生量(t)}{园区工业增加值总量(万元)}\times100\%$$

式中:园区工业固体废物区内产生量指园区内企业产生的工业固体废物量,不包括园区外运送至园区内的工业固体废物量。

十三、绿化覆盖率

绿化覆盖率指园区内各类绿地的总面积和园区内用地总面积的比值。

绿化覆盖率(%)
$$=\frac{园区各类绿地的面积(m^2)}{园区内用地总面积(m^2)}\times100\%$$

表4-2-4 2010年我国区域电网单位供电平均二氧化碳排放因子

电网名称	覆盖省区市	二氧化碳排放因子/[kg/(kW·h)]
华北区域电网	北京市、天津市、河北省、山西省、山东省、蒙西地区(除赤峰、通辽、呼伦贝尔和兴安盟外的内蒙古其他地区)	0.884 5
东北区域电网	辽宁省、吉林省、黑龙江省、蒙东地区(赤峰、通辽、呼伦贝尔和兴安盟)	0.804 5
华东区域电网	上海市、江苏省、浙江省、安徽省、福建省	0.718 2
华中区域电网	河南省、湖北省、湖南省、江西省、四川省、重庆市	0.567 6
西北区域电网	陕西省、甘肃省、青海省、宁夏回族自治区、新疆维吾尔自治区	0.695 8
南方区域电网	广东省、广西壮族自治区、云南省、贵州省、海南省	0.596 0

第六节　信息公开指标

一、重点企业环境信息公开率

重点企业环境信息公开率指园区内，按照《企业事业单位环境信息公开办法》要求，公开环境信息的企业事业单位数量，占园区内纳入该办法要求的重点排污单位名录的企业事业单位数量的比例。各企业环境信息应当通过园区统一的平台予以公开。其计算公式如下：

$$重点企业环境信息公开率(\%) = \frac{园区内按要求公开环境信息的企业事业单位数量(个)}{园区内纳入重点排污单位名录的企业事业单位数量(个)} \times 100\%$$

二、生态工业信息平台完善度

生态工业信息平台完善度指园区在园区管委会网站创建生态工业园区信息专栏或建立园区专门生态工业信息网站，以及该信息平台建设的完善程度。其中，生态工业信息平台是指依托于互联网技术用于发布生态工业园区建设相关信息的网络信息平台。以下5项内容每完成一项完善度为20%，5项均达标则完善度为100%。

1) 定期发布生态工业园区推进和管理的各项工作信息，以及年度评价报告等。

2) 每年发布生态工业园区创建各项指标数据和达标情况。

3) 发布工业园区内企业在生态工业、清洁生产方面的先进技术、经验总结(主要指资源、能源高效利用等方面)。

4) 园区内废物或剩余能量产生、供需和流向信息。

5) 定期公开园区内重点排污单位的相关信息，公开信息的内容和要求见《企业事业单位环境信息公开办法》。

三、生态工业主题宣传活动

生态工业主题宣传活动指园区管理机构应对建设生态工业园区的理念进行宣传，组织开展的以生态工业园区建设为主题（包括生态工业、节能减排、循环经济、低碳环保等）的宣传活动，活动形式多样(包括讲座、发放宣传手册、宣传单、展板海报等)，宣传活动每次参与人数不少于园区从业人数的千分之一。园区管理机构应把每次活动的相关材料、照片进行存档保留。

第三章 生态工业园建设展望

20世纪后半期,世界各地环境状况逐渐恶化,环保形势日益严峻。在环境保护的实践中,末端治理成本高、收效少的弊端逐渐显现,清洁生产偏重于局部工艺而非整个系统的局限性也愈发突出。层出不穷的问题日益彰显出环境保护所遭遇的困境:以分散式污染防治为特征的末端治理与清洁生产,已无法继续适应日益多样化、复杂化的全球环境问题。为化解这一矛盾,工业生态学于20世纪80年代末应运而生。随着该理论的快速发展,以生态工业园区(EIP)的建设发展为代表的工业生态实践研究也日渐蓬勃。丹麦卡伦堡"工业共生体"便是最早将工业共生理念付诸实践的典范。在这里,工业共生体被定义为企业之间相互利用副产品的合作关系,这便是生态工业园区的雏形。20世纪90年代初,卡伦堡工业共生体的经验受到广泛关注,受其启发,各国的工业共生实践项目纷纷蓄势待发。其中,日本的生态城镇项目、韩国的生态工业园区项目、美国总统可持续发展委员会主导的生态工业园区等工业生态项目均受到了世界各国的广泛关注。

一般而言,规划合理、功效卓著的工业生态园区不仅应有益于其本身,且应对邻近地区的经济、环境可持续发展均有助益。在工业生态园区的定义上,各国学者对生态工业园区都有着不同的诠释,1995年,研究者认为:"生态工业园区是由制造企业和服务企业组成的社区,成员企业通过在环境管理和资源重复利用上的精诚合作,以实现经济效益和环境效益的双利双收。成员企业通过合作产生的总体效益,要远高于他们孤立运作时单个绩效的总和。"也有学者指出:"生态工业园区是一个工业系统,该系统同时拥有自然资源和经济资源,园区的合理运作不仅可以减少物质和能量的损耗、降低企业环境责任风险以及废弃物排放处理的负担;同时可以提高园区内企业的运作效率,提升其产品质量、员工健康和企业形象,从而进一步促进园区内工业废弃物的使用、交易,实现互利共赢。"究其核心,生态工业园区的定义与生态工业、工业生态系统、清洁生产、循环经济等概念紧密相连的。

后来的学者将全球生态工业园区建设的成功要素总结为以下几点:商业关系的共栖、经济价值的增益、认知与信息的共享、政策与规章制度的构建、组织与制度安排技术要素、各方能力的平衡,具体情况如表4-3-1所示。

表 4-3-1 生态工业园成功要素

主要角度		成功因素	限制因素
商业关系的共栖	领军企业	·参与到项目中的各公司关键交易关系的确立 ·商业网络的形成与合作 ·领军企业充当各个公司之间交流的平台,并且为各公司的管理层和员工提供重要的联系 ·既有的社会网络有助于通过信息促进环境网络形成 ·相信其他公司的竞争力 ·其他公司的善意	·考虑到物理能源、水、材料与副产品的交易是生态工业园最重要的特征 ·公司缺少兴趣 ·公司之间的合作不能通过政府的强制手段来实现 ·缺少利益相关者的参与 ·缺少领军企业
经济价值的增益	领军企业:传播潜在经济收益的信息 政府:提供激励与部分融资 高校与咨询机构:评估经济可行性	·参与各方获得额外的经济价值 ·愿意为生态工业园的发展投入时间、金钱和其他资源	·交易可能在经济效益上不可行,或者从公司的角度来看是高风险的 ·缺少融资 ·生态工业园的规划成本完全由政府承担
认识与信息共享	领军企业 高校 咨询机构 政府 园区管理者	·为了促进发展,建立低成本高收益的设备共享项目以及"简单"的交易模式是很重要的 ·使各公司了解到通过建立生态工业园能够获得潜在的收益 ·持续提供技术支持辅助的有效结构 ·透明而高效的信息交换系统	·不了解生态工业园的原则与收益 ·即使是在参与了生态工业园的宣传活动之后,企业也不参与 ·合适的人员没有在适宜的时间具备所需的信息
政策与规章制度的构建	政府:规定,实施与执行政策与规章 高校与咨询机构:为政府制定能够促进生态工业园区实施的规章机制提供指导	·政策的介入在创造机会、创造公司内部网络方面扮演着催化剂的角色 ·政府机构有效地实施严格的环境法律	·从公司的角度来看,过多的政府直接参与使得该类项目缺少吸引力 ·既有的规章并不支持生态工业园的法则 ·预想的交易模式可能并不适合当前的企业组织架构 ·组织之间的合作遭受抵制
组织与制度安排	领军企业 高校和咨询机构:致力于提升公司采纳企业社会责任系统或者 EMS 的意识与动力	·双边交换适用于内部的企业组织结构以及整个园区的管理系统、区域内高度协作的企业文化 ·完善的企业、社会责任	·认为合作对于竞争关系来说是有风险的 ·有限的决策能力 ·缺少内部可接受的生态工业园区标准
技术因素	高校,咨询机构,以往的生态工业园以及标准化体系;设置标准,指导,进行案例研究以及技术可行性研究	·已经存在了一些不同公司之间的能源,废弃物以及材料交换 ·使用当地的专用技术	
能力的平衡	所有参与方	·强调不同能力之间的平衡,比如经济,价值	·主导一种类型的能力

第一节　欧盟生态工业园区发展趋势

一、欧盟生态工业园区发展背景及现状

2000年，为加快经济改革、促进就业，欧盟15国领导人在葡萄牙首都里斯本签署《里斯本条约》，用于规划今后十年的经济发展。其中，生态工业发展被视作欧盟经济新崛起的重要力量。作为工业生态园区的发源地，欧盟在生态工业园发展建设历程中树立了诸多业界典范。其中最广为人知的便是丹麦卡伦堡自发演变而成的生态工业共生体。丹麦卡伦堡体系的成功极大地激励了欧盟各国发展生态工业，各国政府均在本国内积极建设卡伦堡式的生态工业园区。截至2012年，在欧盟各国中，知名的生态工业园区已有202个。

欧盟民众本就具有较高的环保意识，各国之间又有着迥异的生活习惯与语言文化，因此工业生态园区发展在欧盟呈现出了独有的特点。除了自发演化而成的丹麦卡伦堡生态工业共生体，其他各国则多采用了规划建设的方式来发展生态工业。除了德国、英国、荷兰等国基于不同模式的规划发展，意大利布西化学基地(Bussi Chemical Site, BCS)，通过运用工业生态发展的相关原则，对本已历史悠久工业园区进行了生态改造，收效甚佳(如：Raffaella Taddeo等)。2011年，研究者将国际生态工业园区成功案例加以总结后，提出了以下6点关键要素，作为决定生态工业园区成功与否的关键：共生的商业关系、经济利益增值、意识塑造与信息分享、政策与条例框架、组织和机构设置以及技术要素。而丹麦、荷兰、法国、德国等国的工业生态园区案例，均是上述要素贯彻落实的佳例。

二、典型案例——丹麦卡伦堡工业共生体

有研究者曾经将工业系统内的物质流动称作一个经济体的工业新陈代谢。现有的优化工业生态的模型提出了工业生态设计的简要原则，例如封闭的物质环、避免对自然系统新陈代谢的负影响(隔离有毒物质和避免污染)、物质分解以及动态有效的能源利用等。工业共生体被定义为集传统相互独立的工业集团于一体，通过物质、能量、水及副产品的交换利用而形成新的竞争优势的模式。从线性的生产线转向封闭循环的物质和能源利用，成了工业生态中的核心主题，而地理位置的临近则是工业共生的标志。卡伦堡生态工业共生体很好地诠释了上述原则，成为当今国际生态工业园区建设的教科书。这一高度演化的工业共生系统坐落在丹麦工业城市卡伦堡的海边，一个物理连锁组成了卡伦堡工业共生体的大部分有形的部分。

该生态共生体的4个主要工业：阿斯内斯火力发电厂(Asnaes Power Station)，丹麦最大的燃煤火力发电厂，发电能力为137.2 kW；斯塔托伊尔炼油厂(Statoil)，即挪威国家石油公司炼油厂；诺和诺德(Novo Nordisk)，世界著名制药厂，主要生产胰岛素、青霉素等产品；吉普洛克(Gyproc)，石膏板制造厂。在此基础之上，该工业共生体还建有诸多利用废水、废能源、工业副产品制成原材料的小型制造企业。这一生态工业共生体完全自发形成发展，没有任何前期规划，所有的企业在自发选择经济利用各自的副产品的同时，也将不断推陈出新的苛刻环保规定下的损耗降至最低。其发展历程如表4-3-2所示。

表 4-3-2　丹麦卡伦堡生态工业共生体发展历程

年份	事件
1959	Asnaes 发电厂投入使用
1961	Statoil 投入使用,并开始从 Tissa(蒂萨湖)中引水
1972	Gyproc 石膏板厂建成;Statoil 煤气管道开通
1973	Asnaes 扩建,开始管道汲水
1976	Novo Nordisk 开始向农民销售泥巴
1979	Asnaes 开始向水泥生产商销售粉煤灰
1981	Asnaes 开始为卡伦堡公众供热
1982	Asnaes 为 Statoil 和 Novo Nordisk 供热
1987	Statioil 开始向 Asnacs 供应冷却水
1989	Novo Nordisk 从利用 Tissa 湖水改为泉水
1990	Statoil 开始向日德兰半岛的 Kemire 公司销售熔融硫
1991	Statoil 开始向 Asnaes 输送已处理的污水做再次利用
1992	Statoil 开始向 Asnaes 输送去硫废气
1993	Asnaes 开始向 Gyproc 提供石膏肥料

这一生态系统的中心是 Asnaes 煤炭火力发电厂——丹麦最大的能源生产源。该发电厂的供电量不仅能够满足当地的用电所需,还担负着丹麦东部高压电网供电的重任,供电量占该电网的 1/2。通过将过去浪费的部分能源输出,该电厂将原本的能源浪费率降低了 80%。自 1981 年起,卡伦堡开始采用地下供热管道输送热量,淘汰了原有的 3 500 余个居民用燃油炉。与此同时,发电厂还为养鱼场提供温水,使养鱼场的繁殖率大大提升,而鱼塘的淤泥则被用作肥料销售。

与此同时,发电厂还向制药厂和炼油厂提供生产用蒸汽。炼油厂生产所需的 40%蒸汽以及制药厂生产所需的全部蒸汽均来自发电厂。发电厂还向墙板制造厂提供了含石膏的原料,扬尘和熔渣等煤炭燃烧残留物则被卖作道路建造和水泥生产原料。

与阿斯内斯发电厂隔路相望的斯塔托伊尔炼油厂,隶属挪威国家石油公司,主要生产从灯用煤气到重燃油等一系列石油产品。自 1972 年起,炼油厂开始向石膏板厂输气,实现了将炼油生产废气用作板材干燥炉燃料的举措。这样输送的燃气满足了石膏板厂的全部燃气需求。随后几年,石膏板厂装备了丁烷后备系统,以在炼油厂停休检查时实现自给自足。1990 年,炼油厂建造了一个酸性气体脱硫设备用于生产液态硫,并能将其迅速运至 50 km 外的科米尔(Kemire)用于生产硫酸。经过脱硫处理的燃气也已达到了发电厂燃油所需的环保要求,能够被电厂用作燃料。

净水资源的短缺也使卡伦堡进入了水资源重复利用的模式。自 1987 年起,炼油厂每年向发电厂输送近 900 000 m³ 的水,其中 700 000 m³ 为净化冷却水,用作锅炉给水;另外 200 000 m³ 则用作清洁用水。这种共生模式使当地的用水需求量降低了近 25%。

在发电厂和炼油厂的几千米之外,是诺和诺德制药厂。该厂有员工 1 000 余人,相当于卡伦堡当地人数的 10%。制药厂的主要生产工艺为发酵,即通过微生物将各种农作物变为更有价值的产品,在产品制成之后会留下营养极其丰富的泥巴。自 1976 年起,制药厂将这些泥巴分发给周边的千余个农场用作肥料。值得一提的是,这些可用作肥料的泥巴是赠送的,而不需要购买,制药厂雇用了 3 名全职员工专门协调泥巴的配送和分法。因政府不许制药厂将泥巴倾倒入大海,因此将泥巴用作肥料是履行该条例成本最低的方式。

卡伦堡工业共生体中的所有合作关系均经由协商建立,所有的合作都开始于提高利益、降低成本最原始的经营需要。卡伦堡生态共生体成功的精髓在于:企业领导们在追求合理的商业效益时做出了对环境有益的事。在卡伦堡生态共生体的发展中签订了一系列复杂的合同,构建了交错纵横的联盟,却鲜有政府的干涉。在工业生态园区的创建和发展中,合作伙伴间的信任、良好的人际关系以及企业间的精诚合作才是成功的关键。见图4-3-1和表4-3-3。

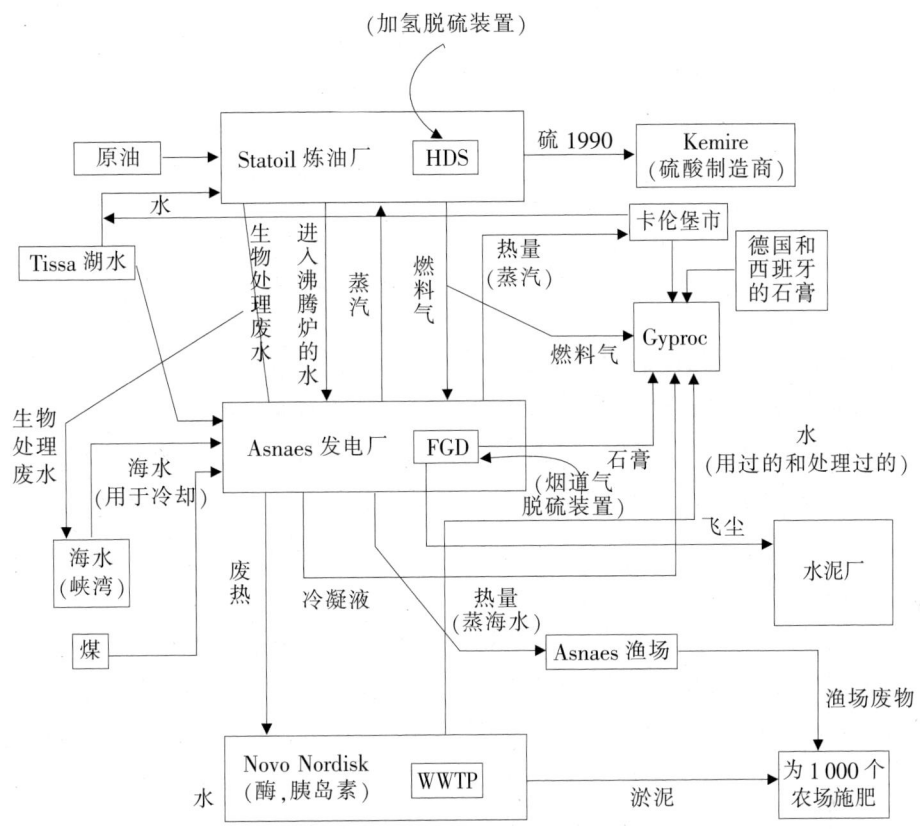

图 4-3-1　丹麦卡伦堡生态工业共生系统

表 4-3-3　卡伦堡的资源节约情况

每年通过交换节省的资源	水资源节约 Statoil 炼油厂——通过 Asnaes 发电厂节约近 1.2×10^6 m³ (Novo Nordisk 制药厂目前产生 90×10^4 m³ 净化水,水质能满足净水供应要求) 燃料节约 Asnaes 发电厂——通过 Statoil 炼油厂节约近 3 万 t 燃料 Novo Nordisk 制药厂的锅炉及 Gyptoc 石膏板厂的干燥机所需的近 19 000 t 燃油均通过 Statoil 的燃油供应 Asnaes 发电厂为整个社区供热 化学物质输入 Novo Nordisk 制药厂的废泥实现了附近的肥料供应(近 800 t 氮和 400 t 磷) 2 800 t 硫黄 80 000 t 石膏
通过交换减少的消费	Asnaes 发电厂的 200 000 t 粉煤灰及熔渣(原本填埋处理) Asnaes 发电厂的 80 000 t 洗涤器淤渣(原本填埋处理) Statoil 炼油厂通过硫氧化物排放 2 800 t 硫(原本废气排放) Novo Nordisk 制药厂通过污泥处理得到 100 m³ 水(原填埋处理或排放大海) 1 500~2 500 t 的二氧化硫排放被燃料及燃油的替代使用所避免(原本废气排放) 130 000 t 的二氧化碳排放被燃料及燃油的替代使用所避免(原本填埋处理)

三、欧盟生态工业园区发展趋势

1. 社会大众鼎力支持

通过收集相关案例，我们可以发现，欧盟公众（欧盟、慈善团体、公私营单位）以及政府部门对工业生态园区的建设发展给予了越来越多支持与参与。虽然就目前情形而言，政府主导型的工业生态园区建设已成主流，但已有一些地方尝试重演丹麦卡伦堡的示范，意图通过自发组织的形式，形成和谐互惠的生态工业共生体。已有很多研究指出，政府部门出面规划的生态工业园区对市场的反应灵敏性不高，因此，在欧盟生态工业园区当前发展趋势中，民间自主规划比例的上升对于其整体的生态工业发展而言极为有利。

欧盟各国民众本就具有极强的环保意识。近年来，随着全球气候变暖、海平面上升、资源紧缺等诸多环境问题的日益凸显，各国的环保呼声也此起彼伏。欧盟生态工业发展的喜人态势，不得不归功于民众强烈的环保意识与行动。荷兰的生态工业园区项目比美国同类型项目的发展更为成功。究其原因，美国的项目大多由地方政府发起，是政府提升区域经济的手段，而企业本身却没有足够的动力和兴趣参与其中。但荷兰却迥然不同，荷兰的生态工业园区项目大多由企业自行发起，而后收到来自当地政府、高校及社会各界的资金及顾问支持，其全民环保的良好氛围是促成这一有利形势的关键。

2. 管理机构日趋多元

原有的丹麦卡伦堡生态工业共生体来源于企业间自发形成的合作机制，诸如此类生态园区的管理机构，一般多由各企业派出的代表组成。而随着生态工业园区的日益增多，政府越来越多地参与到生态工业园区的建设指导之中，从而形成了与传统模式不同的中立协调角色。在欧盟，因为其融资单位的多元化，还出现了新型的管理机构，即由融资方组成的园区管理机构。与此同时，这里的生态工业园区趋于向社区发展，因此当地的居民也逐渐参与到了园区的建设与管理之中。

3. 生态工业不拘一格

传统的生态工业生产集中在石油化工、能源制造等重工业生产部门，这使得生态工业园区的建设主题单一，既不能实现直接的就业激励与民生改善，也在一定程度上严重束缚了生态工业的发展思路。随着科学技术的发展与环境政策的相继出台，生态工业生产的主题开始向生物科技、电子产业、废物循环等轻型产业，甚至旅游业与服务业发展。欧盟各国的高等教育机构也相继开设了与生态工业生产相关的专业与课程，用以不断创新技术与思维，让生态工业的开启引导科技的新纪元。

4. 财政支持日渐增强

在欧盟，生态工业的发展资金来源广泛，从非政府机构到经济部门，从国有企业到私营业主，社会各界都日益表现出对生态工业的关注与支持。与此同时，随着政府在生态工业园区建设中的干预日益增多，有许多生态工业园区项目已获得了欧盟的财政支持。在欧盟第六研发框架计划（FP6）中，环境保护占据了重要位置，其环保经费高达23.3亿欧元。财政支持的日益增强也使得欧盟越来越多的国家和地区有力量新建与发展生态工业园区于生态工业共生体，为绿色工业发展扫清了障碍。

第二节 日本生态工业园区建设现状及展望

一、日本生态工业园区发展背景及现状

20世纪90年代，泡沫经济给日本造成了经济增长的停滞，伴随而来的还有日本日益严峻的资源和环境问题。众所周知，20世纪震惊世界的八大公害事件有四起就发生在日本。生态环境灾害的接连发生让日本民不聊生，也让日本政府开始认识到"大量生产、大量消费、大量废弃"的传统发展模式不再可取，转而提出循环经济的发展模式，以求从发展战略思路突破，开始带领日本走向可持续发展的新阶段。1995年后，日本循环经济开始快速发展。2000年，日本正式通过了《循环型社会形成推进基本法》，2001年初，环境厅更名为环境省，法律、行政等方面的保障措施的相继出台，逐步催生了独具日本特色的经济发展模式。1997年，日本在"零排放工业园"的基础上开始规划并建设发展生态工业园区，并将其作为发展循环经济的载体。日本生态工业园区以静脉产业为主导。所谓静脉产业，即回收利用生产和消费活动中的废弃物，将其加工转化为再生资源，其涵盖了垃圾收集、搬运、处理、燃烧再资源化等技术。在循环经济发展模式被大力推广的国家背景下，着眼于区域生态改进的生态工业园区也应运而生。

截至目前，日本已先后批准并构建生态工业园区26个。日本生态工业园区建设工程自1997年开始，结束于2006年。由日本经济产业省发布的2005年度相关成果显示，在《容器和包装材料循环利用法》和《家用电器循环利用法》颁布之后，生态工业园区建设工程内的资源循环利用率有明显的提升。其中，园区内塑料饮用瓶的循环利用数占全国范围的10%，家用电器循环利用数的全国占比则高达16%，资源的循环利用在生态工业园区内得到良好的运用。此外，截至2004年底，生态工业园区迎来的来访人数突破35万，这极大地促进了生态工业和循环社会理念在市民中的宣传和普及。日本环境省也公布了生态工业园区在环境保护方面取得的相关成果，以2007年为例，生态工业园区产生的循环资源中91%得到了利用，资源的循环利用率始终保持在较高水平。同时，自2003年以来，废弃物总排放量呈现每年递减的趋势，其中2008年废弃物排放量相比上一年减少了171万余t，可见园区内废弃物的循环利用也日见成效。

二、典型案例——北九州生态工业园区

下文以日本北九州生态工业园区为典型案例介绍日本生态工业园区的发展情况。

北九州生态城是日本第一个生态工业园区项目，也是日本成功发展生态工业园区的典型代表。然而，在20世纪中叶，北九州市曾是一座深受环境污染困扰的"七色烟城"。北九州市位于日本九州岛的最北部，是日本的四大工业基地之一。然而，片面化地追求工业的迅猛发展导致一系列环境问题在北九州市接连爆发。1968年，骇人听闻的米糠油事件就发生在北九州市、爱知县一带，受害者达1万多人。环境公害的爆发给北九州市的政府和人民敲响了警钟，他们加快了变革传统经济发展模式的步伐。之后，北九州市将保护环境放在首位，摒弃先前只顾经济利益不顾环境保护的错误做法。经过20多年的不懈努力，北九州市渐渐摆脱了日本污染最严重城市的标签，在1987年被日本环境厅（现日本环境省）评为"星空城市"，在日后的发展中

成了世界各国争相效仿的环境治理范本。北九州生态工业园区的建成投产也成为该市进一步发展循环社会经济的重要举措。

1997年,北九州生态工业园区项目由当时的日本国通商产业省(现日本经济产业省)和环境厅(现日本环境省)率先批准创建。其创建目的是尽量减少园区废物,将园区内某工厂或企业产生的副产品用作另一个工厂的投入,通过物质交换、循环利用、清洁生产等手段,最终实现园区的污染物"零排放"。北九州生态园区占地面积为31 hm²,总投资额为730亿日元(约合45亿元人民币)。北九州生态工业园区在实现静脉产业汇集发展、工业环保协调并进的第一阶段目标后,已于2002年进入第二发展阶段。该阶段进一步吸引废物再利用企业入园,同时重点发展新能源技术和纳米技术,从而推动下一代环境产业的蓬勃发展。

1. 物质流动情况

北九州生态工业园区的能源投入中,可再生利用废物达76 921 t,占总资源投入的比例非常高,这归功于园区内综合环境联合企业区、实证研究区和响滩循环利用区三大功能部分的共同作用。

综合环境联合企业区是整个生态城的核心部分,主要通过建立工厂以构建废物和能源的循环利用系统,把环境联合企业发展成为废物零排放的资源循环基地。实证研究区涵盖了静脉产业的诸多研发机构和测试机构,这里进行着最尖端的废物处理技术和循环利用技术研究,是环境相关技术的研究基地。实证研究区不仅为构建生态工业园区提供科学指导,也负责生态工业的对外宣传与交流,是生态工业园区的第二大支柱。响滩循环利用区则是租赁地,由市政府将修缮完毕的土地长期租给外来企业以支援中小企业在环境领域发展。该区域促进实现生态工业园区内的废弃物循环处理及再利用,从而达到减排的目的。

资源和能源通过输入端投入园区,随后用于供应生态工业园区内各企业的生产和加工作业。而在物质流动的输出端,二氧化碳及残渣等废弃物将经过进一步排放处理,净化后的再生资源可供市内、市外的进一步循环使用,从而实现生态工业园区废弃物排放"减量化"的目标。园区外再生资源的比重在投入和产出中都占据很高的比例。由此可知,稳定的外界资源供给和市场需求是北九州生态工业园区稳定发展的重要保障。这是北九州生态工业园区研究、实践和商业化三位一体环境产业振兴战略的成功实践。当然,这离不开日本政府的正确引导和公民的自觉配合。

2. 发展模式

北九州生态园区的构建是政府主导、重工业生存发展、科研机构协作和民众积极参与的综合成果,形成了日本生态工业园区典型的产-学-官-民紧密合作的管理和运作模式。详见图4-3-2所示。

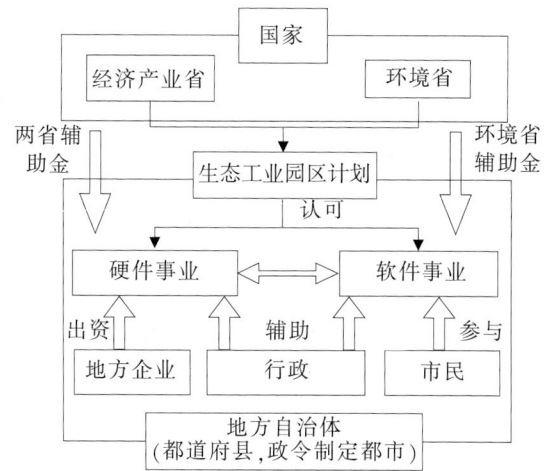

图4-3-2 北九州生态工业园区管理模式图

生态工业园区的建设与管理实行经济产业省和环境省的双重管理制,园区的构建需通过两省的共同批准。其中,作为日本环境保护主管部门的环境省分设废弃物管理和循环利用司,主要负责废弃物的处理再生工作和推进相关计划和法律的实施。环境省在日本循环型社会的过程中,制定了《循环型社会推进基本法》,带头制定并实施《食品循环利用法》《家用电器循环利用法》及《废弃物处理法》等法律法规,全面推动生态工业园区建设。而经济产业省作为日本产业发展管理部门,制定扶持产业振兴的相关政策,通过在生态工业园区中利用废弃物再生技术推进地区产业振兴和发展,做好环境与经济协调发展的工作。

环境省和经济产业省两者既分工明确,各司其职,又共同对生态工业园区进行受理、审批、筛选、评估等工作。经济产业省和环境省不仅对生态工业园区发挥指导作用,也是园区内静脉产业企业的经费来源。其中,经济产业省资金支持约占经费总额的20%,环境省占30%,其余部分主要由地方政府、民间投入构成。在北九州生态园区建设过程中,北九州市政府对入园企业的补助费用占企业建设初期总投资的25%。正是基于日本中央和地方政府的正确领导以及技术资金各方面的支持,北九州市生态工业园区的发展才得以稳步前进,其环境整治措施在国内外享有良好的声誉。

重工业中的私营企业在生态工业园区构建过程中发挥了重要作用。在生态工业园区项目开始前,北九州市内企业的业务就已亟须变革。以生态工业园区中的新日铁公司为例,政府为应对广场协议而做出的扶持日元价值的举措,为该公司带来了企业竞争力减弱的困境。为应对土地和生产力过剩的难题,该企业将其业务由重工业向多产业结构转变,召开会议研究环境产业,并和市内回收企业进行密切合作。诸如此类的私营企业,其所面临的传统业务发展困境使其不得不改变方向,也使得新的经济发展模式随之孵化。纵观现有的生态工业园区,它们大多以静脉产业为主体,主要着眼于废弃物的处理与再生利用。无论在产品的生产、使用还是排放过程中,企业都尽可能地利用循环经济,采用可再生的资源和能源,并制定和实施环境管理制度,以实现自身和社会的可持续发展。产业调整的需要是催生日本生态工业园区蓬勃发展的直接动力。

科研机构也是生态工业园区构建过程中的一大要素。园区内专门开辟的实验研究区域为各部门共同研究废弃物处理和循环利用技术提供了硬件支持。福冈大学1993年成立了资源循环和环境控制系统研究所,以开展教育部的科学与研究前沿项目,其参与方包括九州大学、九州理工学院、佐贺大学等高校以及若干家私营企业。该研究所的目标是通过将产业、学术研究和政府相结合,对废弃物管理、回收和污染控制技术进行研究和实施。其中,福冈大学在1966年就已开展了对废弃物的研究工作,具有一定的科研基础。该项目以就地研究为主,而非只着重于理论探索,研究所拥有能容纳100 t废弃物的处理设备供现场试验所用,为研究机构及私营企业在内的其他众多实体间的合作研究创造了条件。目前,北九州生态工业园区内的实验项目包括废纸再利用、填埋再生系统开发、废弃物无毒化处理、零排放处理等多项研究。

北九州生态工业园区内的所有企业都向市民开放,园区在软件建设上也强调了信息披露的重要性。2001年,园区建立了会展中心,主要用于开展环境产业的宣传工作,中心可举办相关环境论坛和培训、开展实验研究活动,并供来访者进行参观访问。生态工业园区成为民众了解生态工业的重要窗口。截至2004年,园区中心参观人数逾20万人次,其中既有海外来宾,也有日本国内其他地区的人员,参观群体包括市民、企业、教育机关和行政会议团体等,园区每年接待的考察者数量呈现稳步递增的趋势。生态工业园区的开放促进了市民与园区之间的双向交流,加深了双方的相互理解和信赖,从而更有利于风险管理方案的制订和决策。

3. 振兴环境产业战略

北九州生态工业园区充分利用它作为重工业城市发展以来所积累的技术、人才、设备等优势,将保护环境与产业振兴策略相结合,实施具有区域特色的工业园区建设。为有效地全方位发展环境产业,北九州工业生态园区贯彻教育和基础研究、技术和验证研究、产业化三位一体的振兴环境产业战略。在教育和基础研究模块,园区拥有专门的学术研究区域,涵盖九州工业大学等各高校和FAIS机器人技术研究所、JST研究所等机构,企业和研究机构均可作为技术研发的试点。同时,北九州学术研究区域也是人才输送的主要渠道,是后期技术研究和产业发展的重要保障。技术和验证研究模块主要负责提供验证试验的设备,为实证研究提供各项支撑。生态工业园中心、废弃物再生处理事业以及各领域的具体实验研究均包含在此模块范围内。产业化是生态工业园的核心模块,包括综合环境联合企业、响滩循环利用团地、洞海湾等范围内的工厂开展各种循环利用事业和环境事业,是生态工业园区基础研究和验证研究的最终实践。未来生态工业园区的发展将进一步在以上三方面实现有机统一,将研究应用于商业实践,从实践中归纳科学,真正实现废弃物零排放。

三、日本生态工业园区发展趋势

1. 政府作用日渐加强

在日本全国上下大力开展生态工业建设的形势下,政府介入作用的加强是未来的发展趋势。在实现循环型社会建设、推进生态工业园区项目的过程中,除了环境省和经济产业省两大主管部门外,日本其他机构和部门也越来越多地参与其中。例如《食品循环利用法》的颁布就是环境省、厚生省和经济产业省通力合作的成果。随着各地生态工业园区的陆续构建和推进,生态工业园区涉及的产业不断增多,影响范围也由地区逐步拓展到全国乃至国外,这对政府部门的协调管理工作提出了更高的要求。与此同时,生态工业园区的中小企业生存能力相对薄弱,也需要政府给予正确的引导和响应的扶持。在高新技术的研发和应用实践层面,国家的技术和资金支持也不可或缺。生态工业园区的兴起距今也仅仅十几年,相关法律法规尚未成体系,政府及相关部门有待进一步完善法律法规,切实实现生态工业园区发展有法可依、有章可循。

除此之外,想要民众的环保意识不断地深入,政府就需要充分发挥其公共管理职能,逐步营造全民环保的风尚。由于日本生态工业园区建设采取的是以地方自治体为主体,国家和地方政府共同辅助和管理的模式,因而除却中央政府及机关的努力外,各地方自治体也需要发挥主力军作用,将政策渗透到生态工业园区的方方面面。在生态工业园区涉及人员、部门和区域日渐扩大的形势下,各地方自治体将贯彻中央政府的方针政策,结合自身的实际发展情况,进一步采取有针对性的举措,以引导日本生态工业园区的健康发展。

2. 法律日渐完善

日本生态工业园区的构建以废弃物零排放为目标。其中,企业的清洁生产和居民的环保行为均离不开相关法律法规的制约和保障。为进一步促进循环经济的发展,贯彻环境保护和产业振兴的双重策略,日本政府陆续出台了多部法律法规保驾护航。1997年,日本对《废弃物处理法》进行了修订,特别针对违法丢弃行为出台了对策。1998年通过的《家用电器循环利用法》,2000年通过的《建筑资材循环利用法》《推进循环型社会基本法》《再生资源利用促进法》《食品循环利用法》等各项法律条例,以及2000年之后通过的《PCB特别促使法》《报废汽车循环利用法》等,均是日本政府在资源利用和废弃物处理等方面进行的法律明文约束。这些法律法规不仅明确了政府、企业和居民在推进循环经济发展中的各项责任和义务,也促进了生态工业园区的健康有序发展。

随着日本生态工业的全面推进,旨在降低环境负荷的相关法律法规将渗透到产业发展和日常生活的各个层面,法律体系的不断健全将促进企业积极自觉地开展清洁生产、发展循环经济。

3. 规模逐步扩大,向外渗透

日本生态工业园区的构建最初旨在实现区域范围内废弃物的减排。因而将生态工业园区的发展局限在一个封闭的区域内,藤泽生态工业园区就是企业内部物质交换的例子。随着生态工业园区的发展,其涉及的产业内容逐渐丰富,规模日益增大,生态工业园区开始逐步向外界渗透,产业范围开始涉及全国乃至世界。生态工业园区规模的增大有利于提高园区整体的稳定性,与外界结合形成一个更全面、复杂的生态工业网络。生态工业园区的思想除了在工业方面予以应用,在农业方面也逐渐显现出潜在的利用价值。为响应绿色农业的号召,满足国内乃至全球对于有机蔬果日益增长的需求,日本的农业发展也将走上生态园区的道路。无论是工业生态园区还是预期将推出的农业生态园区,日本在全面推进循环型社会和可持续发展经济上的步伐将稳步向前。

表4-3-4介绍了日本部分生态工业园区情况。

表4-3-4 日本部分生态工业园区详情

园区	位置	状态	资助	开发者	目标	绿色项目	特别
藤泽工业生态园区	东京	20世纪80年代开始转化,改造型生态工业园区	民间投资	民间企业	废弃物零排放	废弃物转化新技术	由公司转变面来,集工业、商业、农业、生活和娱乐等为一体的闭合经济系统
北九州生态工业园区	北九州市,响滩东部地区	1997年批准,建于2001年	日本政府投资30%~50%,地方政府投资10%,其余为民间投资	公共机构	推进绿色工业	聚酯瓶回收,荧光灯再生循环使用,报废车辆清除等;举办北九州博览节	综合环境联合企业区、实证研究区和响滩循环利用区协同发展,在传统钢铁工业基地基础上建设成为国际化的绿色商业中心
川崎生态工业园区	川崎沿海地区	1997年批准,1998年开始建设	日本政府和川崎市政府,民间投资	公共机构	推进绿色工业	难再生废纸循环再生使用,用废塑料生产塑料	对原先的重工业港口基地实施振兴产业计划,将住宅、商业和工业废弃物为城市中的钢铁厂等有效利用
水俣生态工业园区	水俣市	2001年批准	日本政府和水俣市政府,民间投资	公共机构	社区发展	塑料瓶回收,废塑料复合树脂回收;家用电器回收;举办"生态园区节"	树立了以市民为中心的垃圾分离和回收的典范,改善工业污染最严重的情况

第三节 美国生态工业园区建设现状及展望

一、美国生态工业园区发展背景及现状

工业生态学相关的研究在美国此起彼伏,生态工业园区作为新兴的工业生产理念引起了政府、科研机构及工商企业的高度重视。经过多年实践及调研,美国学者提出了生态工业园区的定义:生态工业园区是一个由制造业企业和服务业企业组成的群落,它通过管理包括能源、水和原材料这些基本要素在内的环境与资源方面的合作来实现生态环境和经济的双重优化和协调发展,最终使该企业群落寻求一种比每个公司优化个体表现所实现的个体效益的总和还要大得多的群体效益。

为促进生态工业园区的建设,美国政府制定了一系列措施。美国总统可持续发展委员会(President's Council on Sustainable Development, PCSD)为建立可持续发展经济召开生态工业园区研讨会,设立了一个有关生态工业园区的特别工作小组,开始研究建设生态工业园区的项目,美国环保署(EPA)和能源部(DOE)也在生态工业园区发展方向探索相关建议(经济与环保)的可行性。

1994年，美国总统可持续发展委员会（PCSD）建立了4个生态工业园区示范点：马里兰州的巴尔的摩，弗吉尼亚州的查尔斯角港，得克萨斯州的布朗斯维尔以及田纳西州的查塔诺加。该委员会致力于研究生态原则在工业活动及社区相关方面的实际运用，其管辖下的4个示范区对生态工业园区的发展有着不同的愿景：

马里兰州的巴尔的摩：改进现有公司的生态原则，帮助企业更好地发展壮大，广泛招募符合低碳经济、拥有良好环境记录的企业。招募条件有：适应当前生态学的制造业（电影、图像企业、化工企业）；环保技术较好；能够实现回收和废物利用。

弗吉尼亚州的查尔斯角港：位于弗吉尼亚州的北安普顿县，曾是最贫困的城镇之一。为敦促经济发展，该县监事会开始推行可持续发展策略，建立大约 2.3 km² 的可持续技术工业园区，用于沿海沙丘栖息地的保护和湿地的污水处理。

得克萨斯州的布朗斯维尔：遭受贫困和失业的典型区域。规划者考虑建立一个虚拟的生态工业园区，以期不需企业的实地入驻也可以实现废物交换利用的目标。

田纳西州的查塔诺加：是美国落实可持续发展的优秀范例，近年来得到了广泛的赞誉。查塔诺加在 1969 年曾被冠以"美国污染最为严重的城市"之称；30 年后，查塔诺加尝试通过飞跃发展实现振兴，进而寻求发展生态工业园区的可能性。

至1996年，美国已有17个项目被宣布为生态工业园区建设项目。在一系列规划和示范园区的带动下，1999 年，美国环境署（EPA）又制订资助2个生态工业园区计划。截至目前，美国的生态工业园区已超过20个。

总的来看，美国的生态工业园区还处于初级发展阶段。在 20 余个生态工业园区中，除了美国总统可持续发展委员会示范项目外，还有一些社区正在通过生态工业项目来寻找可持续发展的助益。美国生态工业园区地域分布较均衡，东部有弗吉尼亚州的查尔斯角港、马里兰州的费尔菲尔德，南部有得克萨斯州的布朗斯维尔，西部有华盛顿的雷蒙、加利福尼亚的奥克兰，中部有田纳西州的查塔诺加，等等。各地区根据当地特点，在建设生态工业园区时因地制宜。根据建设要求，各生态工业园区均制订了相应的发展目标：有些强调治理环境污染，如查塔诺加；有的则注重加快经济发展、增加就业机会，如查尔斯角港等。

但是美国生态工业园区的发展并不是非常理想的。由于多方面的原因，其中 16 个生态工业园区项目停滞不前，另有将近 20 个生态工业园区项目仍处在规划试验阶段。每一个生态工业园区在创建之初都会有自己的发展目标，然而付诸实践时却屡遭困境，如何选择并吸引合适的企业入驻工业园也成为亟待解决的问题。

在一个生态工业园区中往往有许多工业企业，也包含农业、居民区等区域系统。园区内，各个企业内部都要事先推行清洁生产以减少废物源，在各个企业之间实现废物、能量和信息的交换，以尽可能达到完善的资源利用、物质循环以及能量消耗，使园区对外界的废物排放趋于零。总体来看，美国生态工业园区大致可分为三大类。

一是现有改造型，如马里兰州的费尔菲尔德生态工业园区。这类园区利用生态原则及可持续发展理念，对已存在的工业企业进行适当的技术改造，实现区域内废物和材料的交换。园区内企业以取得经济及环境保护双重效益为共同目标来实现生态工业园区的可持续发展。

二是虚拟生态工业园区，如得克萨斯州的布朗斯维尔生态工业园区。这类园区并不严格要求其成员企业入驻工业园区。它通过建立计算机模型和数据库，在计算机网络上建立起成员间的物料或能量联系。虚拟生态工业园区可以省去建立园区所需的土地及设备购置费用，避免大量的企业迁址工作，具有很大的灵活性。其缺点是需要承担较高的运输费用。

三是全新创建型，如美国弗吉尼亚州的查尔斯角港工业园区。这类园区主要吸引那些具有"绿色制造技术"的企业入园,并创建一些基础设施使得这些企业可以实现废水、废热等的交换。其缺点是投资较大,对其成员的要求较高。

二、典型案例——弗吉尼亚州查尔斯角港园区

下面以弗吉尼亚州的查尔斯角港园区为例。根据美国总统可持续发展委员会(PCSD)的指定,查尔斯角港可持续技术工业园区成为国家企业社区和弗吉尼亚州经济开发区。与此同时,该地区也在联合国世界生物圈保护区和国家海洋和大气管理局(NOAA)特殊管理的区域。弗吉尼亚大学的建筑学院院长威廉·麦克唐纳也参与该计划,帮助当地社区和政府机构举办专家研讨会议,来设计当地生态工业园区的发展规划。

查尔斯角港工业园区作为四大示范园区之一,有着典型的特征。园区有六大发展任务:提供一个能够促进人、经济、环境、自然与文化资源协调发展的国家发展模式;提供就业与培训机会;保护自然与文化资源,高效利用资源,开发和利用工业生态学原则;支持私营企业振兴当地经济;开发一套能够结合利润资源、效率、工业生态学和污染预防四位一体的新一代工业设施;在不增加税率的情况下提高税收。

北安普顿县主要有针对性地发展六大重点行业(农业、水产业、文化遗产、艺术与当地工艺、科研与教育以及新兴产业),以期最大化地维持其资产,包括多产的土地、干净的水、自然和文化资源。规划者希望园区建设尽快开始,第一家入住的企业是一家瑞士的太阳能企业,生产将太阳能转化为光能的太阳能光伏板,以此来吸引太阳能建筑系统的企业,从而降低废物排放。

查尔斯角港工业园区依据可持续的理念和工业生态学的原则,降低了废物排放,实现了绿化环境和促进经济的目的。但由于经验的缺乏和技术的限制,该园区并没有充分实现工业生态学的原则,最大的缺点就是没有实现废物的循环利用,可持续发展的理念落实得不够完善。

三、美国生态工业园区发展趋势

随着科学技术的进步及社会的发展,美国对生态工业园区的研究会逐渐深入。同时,环境越来越受到人们的关注,资源会变得愈发稀缺,对工业产品质量的需求与成本的考虑也在日益增长。这些挑战会让每一个社区、企业、管理者更加明智地对资源加以利用,美国生态工业园区的发展也会呈现相应的变化。

(一)生态工业园区发展模式逐渐完善

相比20世纪末,美国当前的生态工业园区的发展发生了巨大的变化。虽然最初美国有四大示范园区,但与同时期丹麦、荷兰等国的生态工业园区相比并不成功。一方面,美国初次探索生态工业园区理念不够完善、经验不足;另一方面政策落后、政企协调不够充分、园区成员企业间协调不灵活等问题均实际存在。随着生态工业园区的不断发展以及对国外成功案例的不断借鉴,美国生态工业园区的建设也日趋完善。从最初仅有的改造型生态工业园区,到现在主流的三大类型的生态工业园区,美国生态工业的发展已逐步走向多元并驱的新时期。考虑到现阶段美国生态工业园区仍然在初步试验阶段,未来资源会变得愈发稀缺,挑战越来越大,美国生态工业园区的发展模式应紧随时代的要求,不断推陈出新。

(二)虚拟生态工业园区蓬勃发展

虚拟生态工业园区有不受地域限制的优势,相关企业不需要入驻工业园区就可以进行物质、能源的交换,从而实现园区的可持续发展,其优势及特点有三。首先,利用发达的信息技术,在电脑终端建立生态工业园区成员企业的交换关系,使地域模糊化,增强了成员企业之间的联系。其次,美国企业众多,企业搬迁难度大且搬迁成本高,搬迁成本要远远高于虚拟园区成员企业之间相互联系发生的运输费用,虚拟生态工业园区即是低成本生态化的最优途

径。第三,在信息时代的影响下,企业的合作更趋多元化,相对于传统工业园区而言,进一步降低了因合作企业变化而带来的风险。美国现在典型的虚拟园区是布朗斯维尔(Brownsville)生态工业园区。在原有成员的基础上,该园区不断增加新成员来充当工业生态网的"补网"角色,如引入的热电站、废物回收厂等,使园区的发展逐步趋于稳定、繁荣。

(三)政企之间的协调日益加强

通过企业和政府之间的交流,以及对生态工业园区开发商和管理者面临问题的研究,政府会制定相关政策来扶持园区的发展。与此同时,生态工业园区开发商也需适应政策变化来改善对园区的管理,以确保环境保护和经济发展的相互协调。在美国生态工业园区建设的初级阶段,政府的介入和调控显得尤为必要,做好生态工业园区建设的宣传工作,弘扬生态文化,激励生态创新,引导和扶持企业进行技术革新,加快建立法规、规章和政策体系,改善和提高园区管理水平等,都需要政府在未来的生态工业发展中予以着力改进。

美国部分生态工业园区详情见表 4-3-5。

表 4-3-5 美国部分生态工业园区详情

工业园	特征	状态	资金支持	开发者	目标	特点
德文斯计划社区,马萨诸塞州	前陆军基地,农村地区	1996年设立	公有(包括联邦)	公立机构	平衡经济发展、环境性能	生态之星计划,绿色建筑激励
菲莉普生态企业中心,明尼苏达州	市区	1999年设立	私人,公有(县、州、联邦)	社区非营利组织	清洁行业	建筑,绿色租户
查尔斯角港可持续科技园,弗吉尼亚州	经济衰退的偏远农村	2000年建立	公有(县、州、联邦)	公立机构	创造就业条件	建筑,积分系统
墨西哥湾沿岸副产品协同项目,佛里波特,得克萨斯州	大型复合石油化工产品	第一阶段2003年;第二阶段2004年	私有,公有(联邦)	私人企业	减少消费和成本	废物处理设施,公用事业,副产品协同
伦敦德里生态工业园区,新罕布什尔州	毗邻波士顿机场和高速公路的小社区	建设中	私有	私有部门	加强地方经济,降低对环境的不良影响	契约,建筑,燃气电厂租户,水
红山复杂生态区,密西西比州	紧邻褐煤和矿井的乡村,高失业区	建设中	公有(州)	公立机构	创造就业条件	电厂租户
达拉斯生态工业园区,得克萨斯州	得克萨斯州南部	建设中	公有(联邦、城镇)	当地政府	创造就业条件,改善环境	环境教育
计算机和电子设备,奥斯汀,得克萨斯州	奥斯汀郊区主要垃圾填埋场	已计划	公有(联邦)	公共部门联盟	减少浪费,创造就业条件	计算机,电子设备
前皇家生态办公园区,弗吉尼亚州	华盛顿通勤居民区	已计划	公有(联邦)	公立机构	为居民提供服务,减少通勤	建筑,网络互联
巴塞特溪,明尼苏达州	明尼阿波利斯市区北部	已计划	公有(城镇)	顾问,当地政府	创建劳动强化型企业	材料,人员

第四节　韩国生态工业园区建设现状及展望

一、韩国生态工业园区发展背景及现状

韩国工业园区企业密集、环境污染突出、能源消耗较高,与大多数的工业化国家相似。韩国的工业园区在发展历程中也经历了"先污染后治理"的过程。为了减少经济发展的环境代价,实现工业发展向生态化转型,2003年10月,韩国政府基于《促进环境友好工业结构法案(APE-FIS)》第4.2条,出台了国家级生态工业园区示范项目计划,旨在通过发展资源循环网络建立起生态工业园区,减少工业园区内环境污染,使能源效率最大化。

韩国生态工业园区示范项目分为3个阶段。第一阶段(2005—2009),选定浦项、丽水、蔚山、半月和清州等作为示范园区,投入1 700万美元,在示范园区内各自建立起产业共生体系,发起和推动一些产业共生项目。据研究,这几个工业园区具备很强的生态化可能性,其中涉及的核心工业有造纸、蒸汽发生器、化学工业、发电、石油提炼、水泥厂等多种组合。这几个工业示范园区的详细内容见表4-3-6。第一阶段的主要工作是从现有的工业园区中挖掘工业共生行为和工业共生网络,进而确定建立共生网络所需的技术,并在园区中进行清洁生产评价。其次,支持商业处理专家、环境管理体系、生态工业园区信息系统的建设。最后,由园区股份有限公司开展教育、培训及生态工业生产宣传。

表4-3-6　韩国生态工业示范园区

示范园区	面积/hm²	公司数量	涉及行业
蔚山	22.26	700	有色金属、钢铁、金属制造、汽车轮船制造、石油化工、冶炼厂、焚化炉等
浦项	3.24	220	水泥、钢铁业、精细化工、废物处理等
清州	1.62	200	造纸厂、发电、有色金属、金属加工、食品加工、石油化工等
丽水	12.55	149	石油化工、冶炼厂等
半月	12.95	5 400	纺织、化学加工、焚化炉、造纸厂等

第二阶段(2010—2014),继续维持8个示范区,将产业共生经验进行推广,并希望有产业共生的商业化行为。此阶段的投资力度最大,是第一阶段的4倍之多,资金并不采取在8个生态工业园示范项目中均分的形式,而是根据其促成的产业共生业绩进行评级分配,由此引入了竞争机制。另外,项目经费不使用在不直接参与共生的企业,而是用于支持区域生态工业园中心。每个工业园区都建有生态工业园中心,这些中心由韩国知识经济部下设的韩国产业园区股份公司进行统一管理,其组织框架和管理流程如图4-3-3所示。

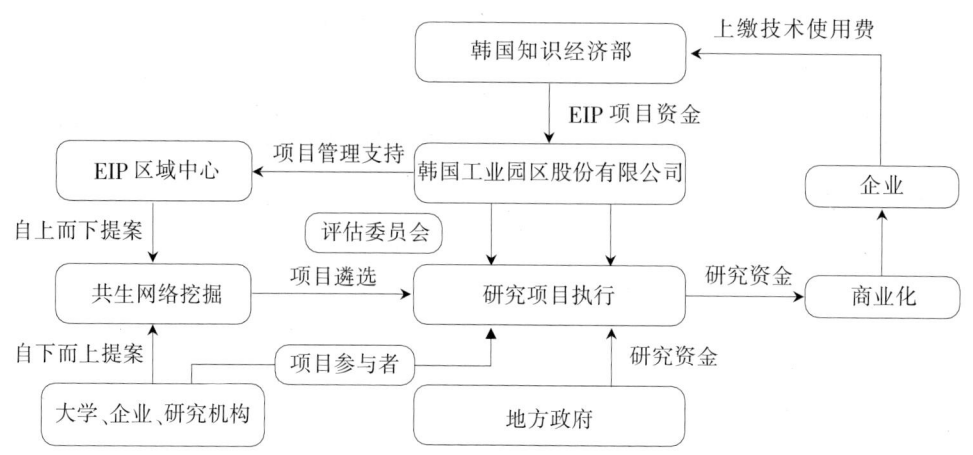

图 4-3-3 韩国生态工业园区示范项目的组织框架和管理流程

第三阶段(2015—2019)投入 680 万美元，主要目标是发掘 2~3 个成功的生态工业园区模式，并建立全国性的产业共生体系。

二、典型案例——蔚山生态工业园

在韩国生态工业园区示范项目第一阶段的 5 个园区中，进展最为顺利的是蔚山生态工业园区。自 1962 年被指定为特别工业园，到目前成为韩国的工业首都，蔚山工业园已发展为包括机械、汽车、石化和造船的龙头企业在内的工业园区。但随之而来的便是严峻的环境问题，如空气污染和水污染。该工业园区在过去几十年的发展过程中消耗了大量的化石能源，这也使之在 2006 年成为世界上第三大能源消耗城市。为了解决这些问题，蔚山工业园在 2004 年开启了"生态化蔚山"这一项目来改善周边环境，同时出台了《中长期的全面环境管理计划》这一区域生态政策以指导能源保护。另外，蔚山工业园在 2005 年当选全国工业生态园区示范点也在很大程度上促进了工业产品和周边环境的协调。该项目在工业共生体系的基础上利用"废物-能源"焚化炉余热生产蒸汽，来供应周边那些能源成本高的化工厂。

蔚山工业园区自引进生态工业园区项目以来，吸引了包括市政府、公司管理者以及周边市民的广泛关注。据统计，在 2010 年，蔚山工业园区的产业共生体已有 34 个之多。其中，能量交换占主导地位的共生体有 20 个，燃气交换共生体有 4 个，废物交换共生体有 5 个，水交换共生体有 5 个。部分企业间的物料交换以及他们的经济效益见表 4-3-7。蔚山工业园区的 7 家主体合伙企业工业的概况如下：

表 4-3-7 蔚山工业园区部分企业间的物料交换及经济效益

材料	来源	目标	销售/免费	投资/万美元	税收/万美元
纯净水	SK Corp (SK 能源集团)	Koentec	—		
水蒸气	Koentec (科恩特克有限公司)	SK Corp Ulsan Pacific Taeyoung Ind (蔚山太平洋化工厂)	销售	209	411
水蒸气	SK Corp	Corp	—		
锌回收	LS-Nikko (日高集团)	Koreazinc	销售	696	461
铜回收	Koreazinc	LS-Nikko	销售	—	1 739
水蒸气	LS-Nikko	Hankuk Paper (韩国造纸)	销售		300
沼气		SK chemical (SK 化工集团)	销售		26
废弃的甲醇	Samsung(三星)		免费	—	130

Koentec(科恩特克有限公司)：Koentec是一家专门从事废物焚烧与填埋的环境管理公司，拥有39种不同类型的废物处理技术，平均每天能够分别焚烧与填埋300 t与224.5万 m^3 的废物。它的焚化设施包括两个带有空气质量控制功能的回转炉，其空气质量控制由静电除尘器、湿洗涤塔以及选择性催化还原系统等设备实现。另外，该公司内还有一个平均每天能够处理441.5 m^3 废水（包括废物填埋场的渗透液）的工厂。该公司的环保意识已经为它取得了ISO14001认证，其研究机构也取得了多项专利，其所发明的渗透液泄露检测系统收到了业内广泛好评。

SK能源集团：SK集团是一家具有30多年国际石油经营经验的世界级公司，其年度销售总额为2.12亿桶，其中有6 000万桶出口国际市场，其余占国内市场份额的34%。此外，其旗下的ZIC润滑油在近6年的韩国工业实力品牌调查中均蝉联第一。由该集团供往国内市场的沥青产品多达620 000 t。韩国第一个石脑油裂解装置（每年能够生产100 000 t乙烯）便是于1973年在SK集团最先投产运营的，该生产线每年产生甲基叔丁基醚（MTBE）200 000 t、乙烯730 000 t、丙烯480 000 t以及丁二烯100 000 t，为国际石油化工产业做出了巨大的贡献。

SK化工集团：SK化工集团主营生产专用的化学品和生命科学产品生产。其产品可应用到环境、工业以及信息技术领域，同时也可作为生命科学领域的天然药物合成发展的重要原料。产品包括：热绝缘物质、杀菌剂、阻燃剂、聚酯芯材料、冷却剂、防冻剂、水处理化学品、碳纤维复合材料、液态光敏聚合物、抗癌剂等。该集团在2004年被评选为最佳节能及合作节能公司。

LS-Nikko：LS-Nikko的主要技术是利用电解提纯过程，在阳极提取99.5%纯度的铜，从而在阴极获得纯度高达99.99%的铜。另外，在混合有铁、硫、金和银等杂质的原料中，通过冶炼和高纯度贵重金属检测等工艺生产提纯金属。该公司每年可生产510 000 t的电解铜，其冶炼和提纯厂是世界上唯一一家能够在铜生产过程中将二氧化硫生成纯硫酸的公司。

Koreazinc（朝鲜半岛集团）：Koreazinc的主要产品为金、银、钯、铂、铜、镉、硫酸和铋锭等。旗下的冶炼厂的冶炼设施主要利用锌和铅为原料，运行过程中采用锌渣处理技术，实现了贵重金属回收的最大化并改变了残渣的环境友好性。与此同时，该公司的生产模式也促进了协同效应的生成，如贵金属的高回收率、原材料多样化和废物低排放等。凭借卓越的环境保护与工业生产协同发展的能力，该公司于2002年荣获环保新技术奖。

蔚山市：蔚山生态工业园区的成功离不开蔚山市政府的组织与支持。该政府不仅在执行标准、排放限制方面提出了不间断的审查方式，同时还通过评估和分析当地大气环境的容纳量来控制废物的排放总量。通过全国保护研讨会和宣传活动，蔚山市政府获得了环境管理的ISO14001国际认证。此外，该市还扩大了现有的排水处理设施，加强了对不同来源水的质量检测，提高水净化工厂的技术水平，极大地改善了海岸和海域的水质量。同时，蔚山市还实行垃圾处理分段收费，大幅度地减少了生活垃圾，垃圾回收效率与清洁预算也得到很大改善。

KOW ACO（韩国水资源公司）：韩国水资源公司是一家专注于水资源利用和防洪控制的集成水资源管理企业。该公司确保了水资源管理、水供应系统、水质分析和水处理设备等可持续发展技术的运用及发展。在2005年，韩国水资源公司被授予了韩国国家级环境奖。

上述公司及园区内的其他中小型企业在短时间内迅速自发形成了一系列双边合作协定。在这里，虽然仅仅是一对一的交易，却已经为双方带来了不可小觑的经济和环境效益。

案例一：造纸企业和金属冶炼企业之间的二氧化碳、水蒸气交换网络。造纸企业（Hankuk Paper）和金属铜冶炼厂（LS-Nikko）间的二氧化碳、水蒸气交换网络在2004年建成并投入使用。冶炼厂排放的高浓度二氧化碳被输送到造纸厂用作产品加工用料，冶炼厂排放的热蒸汽被输送到造纸厂用作热源。此举每年可带来收益300万美元,不足3年便可收回成本,经济效益可观。

案例二:金属冶炼企业间锌的回收网络。金属铜冶炼厂(LS-Nikko)电解提纯铜后剩余的锌残渣被输送到了锌冶炼厂(Koreazinc)用作回收其他贵重金属的中介物质,该项目的实施免除了铜冶炼厂的锌残渣处理费用,并且提高了产品的附加价值,每年可增加461万美元收入。

案例三:3个企业间的蒸汽交换网络。Koentec公司焚烧废物产生的废热蒸汽经过回收用于SK集团的石油加工。SK集团产生的蒸汽又可为下游的化工厂所用。在此过程中,SK集团降低了运行蒸汽锅炉所需的煤炭消耗,最大限度地减少了环境污染。同时SK集团以低价从Koentec公司购买蒸汽,随后以高价将生产过程中产生的蒸汽卖出,实现了经济效益的最大化。此举每年可增加411万美元的收入,能够在1年内收回本金。

蔚山生态工业园区的发展体现出了诸多典型特征,例如园区中绝大部分的合作均是在双方协商的基础上达成的,每个合作项目对其参与公司都具有经济吸引力,即合作项目对参与者均具备极高的经济效益。与此同时,产业虽彼此相异却能相互共生,发展皆源于自愿,并能始终保持与政府部门的密切合作。

然而,蔚山生态工业园区也涌现出了诸多潜在的危险和障碍。首先,当该园区中某个环节上的公司出故障或停止运营后,与其处于同一循环链上下游的大批企业将无法运转,严重时可能导致整个园区的瘫痪。同时,在实际生产中,一家公司的废物并不能全部为另一家公司所用,为了生产废料能够成为可用资源,废料首先需保证数量上的充足,且必须具有可分离性和相应的利用价值。可想而知,工厂的生产线要使得其废料全部达到上述要求,谈何容易。再者,可用资源的非灵活性也是园区潜在的问题。因要将一家企业的生产废物作为另一家企业的原料,故下游企业的产量必须依靠上游企业的废物产量来决定,由此将很容易受产量波动影响,甚至产生"牛鞭效应"。为解决此问题,下游公司有时必须建立一套能确保连续生产的安全机制,诸如安装原材料后备系统等,但如此必然产生额外费用。

三、韩国生态工业园区发展趋势

迄今,韩国已经基本上实现第一、二阶段的目标,通过其过去的发展资料以及当前建设情况,可将其发展趋势总结为以下两点。

1.复合共生模式应运而生

蔚山工业园的发展主要采用自主共生的发展原则,即在双方协商的基础上进行合作,合作开始后再进行的调整或规划均面临很大的实施难度。因此,蔚山生态工业发展模式中逐渐催生出"复合共生"这一独一无二的新模式。复合共生要求所有参与合作的企业同属于一家集团旗下,集团的决策对共生体企业间的相互合作起决定作用,这极有利于共生活动在各企业间顺利畅通的开展。但是,该模式也存在缺陷。这种自上而下的运行方式很难保证集团公司不出现决策失误,一旦出错,不良影响将带来公司上下的连锁反应,可能广泛损害各子公司的利益。因此,在未来的发展中,蔚山生态工业园区以及韩国上下所有的生态工业发展项目都应权衡利弊,因地制宜地将自主共生与复合共生的模式协调运用发展,从而产生最适应韩国工业生产与生态环境发展的个性化模式,实现生态工业的可持续发展。

2.中介体蓬勃发展

中介体是保证工业共生网络良好运转的催化剂。由于工业共生网络的发展和运行是一系列影响因素共同作用所产生的结果,中介体能通过其协调与管理改变工业共生的影响要素,从而促进及推动工业共生网络的发展和运行。在韩国蔚山生态园案例中,韩国工业园区股份有限公司是所谓的中介体。在蔚山生态工业园区发展历程中,韩国工业园区股份有限公司搭建了政府与企业沟通的平台,使得政策制定者能够直接而客观地了解各企业的需求,从而明确政策的制定方向。同时,该公司通过对园区的管理和评估向政府提出有效的政策建议,使得政策的出台更有利于生态工业共生体整体的发展。由此成功案例可知,大力发展中介体对于生态工业项目的发展具有极大的促进作用,能够有效地保障工业共生网络的实施落实与商业效益。

第五节 中国生态工业园区的发展趋势及展望

改革开放以来,我国的经济发展进入了全新的历史时期,产业园区的发展也与整个经济社会的发展密切相关,经历了三代园区的演变。

我国第一代产业园区是经济技术开发区,主要以劳动密集型的三来一补型企业为主,技术含量低,环境污染严重,其基本功能是坚持以工业为主,以吸引外资为主,以拓展出口为主。1979年7月,国务院批准在广东的深圳、珠海、汕头和福建的厦门四市试办经济特区。1984年4月,在经济特区取得一定经验的基础上,经国务院批准,在14个对外开放的沿海城市创办我国第一批14个经济技术开发区。截至2007年5月,全国共有54个国家级经济技术开发区。

第二代产业园区是高新技术产业开发区,以高新技术的支撑为特色,较第一代园区有了进步,但没有从根本上改变资源消耗和环境污染问题,其功能是发展我国的高新技术产业。为了迎接世界范围内新技术革命的挑战,1983年,国家对发展我国高技术产业做出了新的战略决策,确定了高技术产业发展的指导思想、主要方针和战略框架。1985年7月,原国家科委根据中央关于科技体制改革决定的精神,作为试点,与中国科学院和深圳市人民政府合作创办了深圳高新区,从此启动了第二代工业园区的建设。到1988年5月,批准设立了第一个国家级高新技术产业开发区——中关村科技园区。截至2007年5月,经国务院批准的国家级高新区有55个。

第三代产业园区是生态产业园,其基本功能是解决经济、环境和社会三者协调发展的问题。在国外生态产业园成功运行的实践经验的启发下,我国自1999年开始启动生态产业示范园区建设试点工作,并在"十五"期间确立了一批国家级的生态产业示范园区,起到了一定的示范和带动作用。随后,原国家环保总局又先后在企业相对集中的地区创建生态产业园区,对传统工业区进行生态化改造。截至2009年1月,全国已有30个国家生态产业示范园。如果包括省级和地市级的生态产业园区,我国目前所建立的园区数以百计。总之,在国家政策的引导下,我国生态产业园的发展呈现出欣欣向荣的发展态势。

中国生态工业园区应将清洁生产、循环经济、生态工业等理念贯穿于生态工业园区的规划和建设中,必须注意生态环境的保护与建设。

一、园区建设应坚持五个"一体化"理念

一是项目设计一体化。利用工业产品上下游关联的特点,形成项目链。二是公用工程一体化。对园区能源供应进行统一规划、集中建设,形成一体化的"公用工程岛"。三是物流传输一体化。通过输送管网、仓库、码头、铁路和道路等,形成园区内一体化的物流运输系统。四是环境保护一体化。园区内设立环保中心,统一处理废水、废气、废渣。五是园区管理服务一体化。为驻园业主提供一站式服务,寓管理于服务之中。

二、园区建设应满足必备的条件

工业园区的建设要遵循其自身发展的内在要求,不可盲目集聚,一般应满足3个条件。一是

要有足够的可满足工业生产需要的水源。水是工业的生命之源,工业园区通常要有足够的淡水水源。二是要有便捷的交通运输条件。国外一般是将工业园区建在沿江或沿海、附近有深水港的地区。三是要有可供工业生产适度排放的环保容量和较强的自净纳污水域。尽管工业园区强调环境保护,但工业生产不可避免地会有一定量的"三废"排放,要求当地必须要有一定的自净能力。另外,工业园区的建设要有相对开阔的土地。

三、园区建设应科学规划

新建园区的总体发展规划必须由有专业资质的规划设计单位编制,规划内容应包括园区的产业定位、产业链构成、公用工程、港口、道路、物流、通信、环保等基础设施以及园区组织和管理机构。园区规划要强调科学性、可操作性和前瞻性。科学性,就是要对国家的产业政策、行业的发展方向、园区的准确定位进行总体把握。规划应思路清晰,措施得当,扬长避短,远近结合,既要有近期建设目标,也要有远期发展空间。可操作性,就是规划要规范可行。规划要遵循园区发展的规律,根据对优劣势的分析,科学定位,分步实施;对园区的各个发展阶段都要有具体的目标和切实的措施,要选中切入点,方案要落实,切不可不负责任地泛泛空谈。前瞻性,就是规划要起点高,视野宽,纵深长,有超前性。园区的建设和发展应与国际接轨,把国际和国内的发展情况结合起来,统筹考虑。当然,规划也要与时俱进,针对不断出现的新情况及时进行修改、补充和完善。

四、园区建设要合理布局

要强化园区布点和总体规划的论证,避免资源浪费和无序竞争。工业园区的布局应与我国工业的结构调整相结合,有利于改善现有的产品结构,培育和扶持我国的优势产业。园区的布局应与招商引资相结合,有利于大项目的进入和吸引有实力的国内外投资者投资,有利于把建设资金落到实处。园区的布局应与当地资源、市场相结合,与城市总体规划、企业搬迁相结合。靠近主城区并对城市布局和环境有一定不良影响的企业,应迁出城区集中发展。

五、园区建设要特色鲜明、规模适度

园区定位清晰、特色鲜明,有利于形成核心竞争力,增强对国内外厂商的吸引力。园区在发展的起始阶段就应强调特色化、个性化。特别是精细化工产品,虽有附加值高的特点,但市场狭小,风险也大,各园区如果没有分工,一哄而上,必然导致重复建设,造成投资浪费。各地应根据本地区资源、市场和基础设施条件等特点,建设各具特色的工业园区,避免园区间产品和项目的雷同。

参考文献

[1] Cote R P, Cohen-Rosenthal E. Designing ecoindustrial parks: a synthesis of some experiences[J]. Journal of cleaner production, 1998, 6(3):181-188.

[2] Lowe E, Moran S, Holmes D. A field-book for the development of eco-industrial parks [R]. Oakland (CA): Indigo development international, 1995.

[3] Sakr D, Baas L, El-Haggar S, Huisingh D. Critical success and limiting factors for ecoindustrial parks: global trends and Egyptian context[J]. Journal of cleaner production, 2011, 19(11):1158-1169.

[4] Chertow M R. "Uncovering" industrial symbiosis [J]. Journal of industrial ecology, 2007, 11(1):11-30.

[5] Ehrenfeld J, Gertler N. Industrial ecology in Kalundborg practice: the evolution of interdependence at Kalundborg.[J]. Journal of cleaner production, 1997, 33:22-29.

[6] Gibbs D, Deutz P, Proctor A. Industrial ecology and eco-industrial development: A potential paradigm for local and regional development[J]. Regional Studies, 2005, 39(2):171-183.

[7] Gibbs D, Deutz P. Reflections on implementing industrial ecology through eco-industrial park development [J]. Journal of cleaner production, 2007, 15(17):1683-1695.

[8] Heeres R R, Vermeulen W J, De Walle F B. Eco-industrial park initiatives in the USA and the Netherlands: first lessons [J]. Journal of cleaner production, 2004, 12(8):985-995.

[9] 崔兆杰, 谢锋. 生态工业园区理论与实践教程[D]. 中国环境科学出版社, 2012.

[10] 文娱, 钟书华. 欧盟生态工业园区的建设特点及发展趋势 [J]. 科技进步与对策, 2006, 23(7):127-128.

[11] Rene V B, Tsuyoshi F, Shizuka H, et al. Industrial and urban symbiosis in Japan:analysisof the eco-town program 1997-2006[J]. Journal of environmental management, 2009, 90:1544-1556.

[12] Xudong C, Tsuyoshi F, Satoshi O, et al. The Impact of scale, recyling boundary, and type of waste on symbiosis and recycling—A Empirical study of japanese ecotowns[J]. Journal of industrial ecology, 2012.16 (1):129-141.

[13] 岳思羽, 王军, 刘赞, 等. 北九州生态园对我国静脉产业园建设的启示[J]. 环境科技, 2009, 22(5):71-74.

[14] Morris L. Eco-cities in Japan:past and future [J]. Journal of urban technology, 2013, 20(1):7-22.

[15] 林健, 吴妍妍. 日本生态工业园区探析——以北九州生态工业园区为例[J]. 华东森林经理, 2008, 22(1):53-57.

[16] 片冈直树. 日本生态工业园区建设的经验[J]. 山东科技大学学报:社会科学版, 2011, 13(6):61-68.

[17] 文娱, 钟书华. 美国生态工业园区建设的特点及发展趋势[J]. 科技管理研究, 2006, 26(1):92-94.

[18] Gibbs D, Deutz P. Implementing industrial ecology? Planning for eco-industrial parksin the USA[J]. Geoforum, 2005, 36(4): 452–464.

[19] Heeres R R, Vermeulen W J V, De Walle F B. Eco-industrial park initiatives in the USA and the Netherlands: first lessons[J]. Journal of cleaner production, 2004, 12(8): 985–995.

[20] Cohen-Rosenthal E, McGalliard T, Bell M. Designing eco-industrial parks: the North American experience[J]. Industry and enoironment, 1996.

[21] 石磊, 刘果果, 郭思平. 中国产业共生发展模式的国际比较及对策[J]. 生态学报, 2012, 32(12): 3950–3957.

[22] Shishir K B, Jung-Hoon K. Evolution of 'designed' industrial symbiosis networks in the Ulsan eco-industrial park: 'research and development into business' as the enabling framework[J]. Journal of cleaner production. 29–30.2012(29): 103–112.

[23] Hung-suck P, Eldon R R. Strategies for sustainable development of industrial park in Ulsan, South Korea–From spontaneous evolution to systematic expansion of industrial symbiosis[J]. Journal of environmental management, 2008(87): 1–13.

[24] Joo Young P, Hung-suck P. Securing a Competitive advantage through industrial symbiosis development, the case of steam networking practices in Ulsan[J]. Journal of industrial ecology, 2014, 18(5): 677–683.

[25] Terry T, Emma A, Margaret B. Drivers and limitations for the successful development and functioning of EIPs (eco-industrial parks): A Literature review[J]. Ecological economics, 2007, 61(2): 199–207.

[26] 石磊, 郭思平. 韩国的生态工业园区[J]. 世界环境, 2011(5): 56–58.

[27] 罗宏, 孟伟, 冉圣宏. 生态工业园区: 理论与实证[D]. 北京: 化学工业出版社, 2004.

第五篇

绿色化学科学与工程类生态工业园区规划系统工程

第一章 概　　述

一、现代过程工程

21世纪，人类面临着资源、能源及环境的严峻挑战，为了全球的可持续发展，必须大力发展循环经济，建设节约型的社会。必须发展资源、能源节约型及环境友好型的现代制造业。

现代制造业包括离散型与过程工程型制造业。广义的化工过程工程概括了我国俗称的化工、轻工、食品加工、功能制品加工及制药等多种工业领域的过程，图5-1-1给出了在20世纪末国际大化工涵盖的主要部分及各部分GDP的百分比，这充分显示了过程工程在国民经济产业发展中的重要地位。化工过程是上述工业群复杂系统的核心部分。由图亦可见，在现代化学工业中的"产品工程"发展迅速。所谓"产品工程"，就是研究、设计并制造各种精细化、个性化及功能化的产品，这类产品在GDP中已占据重要地位。据统计，在20世纪末，各种精细化、个性化及功能化的产品的GDP已占美国大化工业GDP的79%，欧共体也有同样的发展趋势。

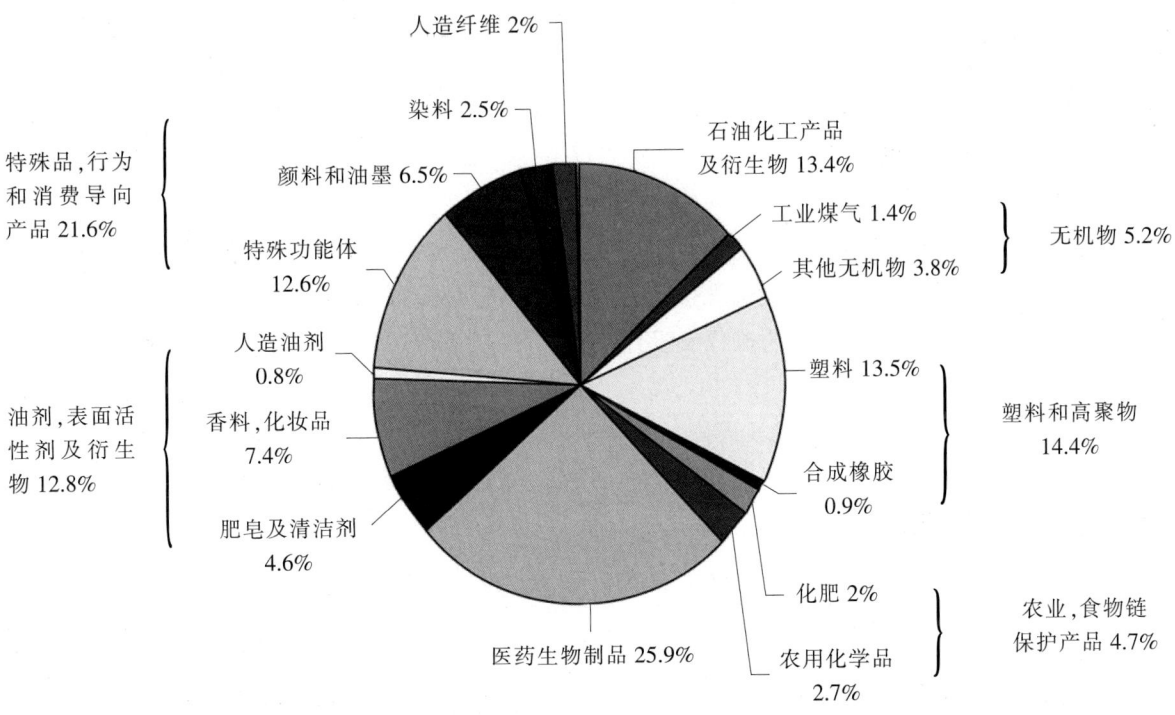

图 5-1-1　20 世纪末国际大化工涵盖的主要部分及各部分 GDP 的百分比

作为核心的过程工程产业，化学工业在21世纪仍是全球经济中强大的基础制造产业之一：发达国家1990—1999年化学工业GDP平均增长率是其全部工业GDP平均增长率的2.69

倍。化学工业在2002年年收益增长率仍高于全球(GDP)增长率。根据英国化工协会对全球化学品的统计,2010年达到2.04万亿美元(是2000年的1.42倍),仍将一直保持较高的平均增长率。美国化学过程工业持续保持占世界化工总值的30%左右,它是美国少数具有贸易顺差的制造工业之一,它获得的附加值占美国全部制造业的1/3。根据美国政府统计,在近6年中,对于化工研发的投入,每1美元可获得2美元的收益,即税后年收益率大于17%。中国国民经济GDP已居全球的第二位,大化学工业也一直以较高速度发展,但目前化工业人均年GDP仍低于世界人均水平,不能满足我国经济发展需求,仍需化工界人士为我国化工工业的发展发奋图强,开拓创新。

化工过程工程发展的方向是绿色过程工程,以及实现过程工程与产品工程的结合。过程工程概括了建立和定量地分析整个工厂的工艺过程流程的全部工作内容,而且要求所建立的过程流程必须是技术上可行、经济上合理、符合安全条例、环境友好、易于操作的实体。一般来说,过程工程包括过程开发、过程设计和过程改善3个部分。过程工程的发展与化工过程系统工程的发展是密不可分的。

1.过程开发

是将实验室研究成果实现工业化的必要步骤,是指过程的概念设计及研究的定向评价。其主要目的是找出尽可能优化的工艺流程及设计条件,其内容可分为如下几个方面。

1)研究部门所研究的过程开发及评价。

2)引进技术的过程评价。

3)新过程的基准规模开发及评价。

实践证明,运用现代过程系统工程设计方法可以更有效及高效率地完成过程开发概念设计。

2.过程工程设计

一般包括两方面内容:初步过程设计与最终过程设计。最终过程设计可提供建立过程所需的全部文件与图纸。过程设计一直是过程系统工程的主要应用领域,包括工艺流程的选择、物料及热量平衡、设备尺寸计算、投资与成本估算等。采用过程系统工程这一工具有助于以较高的效率做出优化设计。目前计算机辅助设计已日趋成熟,但仍有待于进一步开发多功能、高精度、智能化的过程系统工程应用软件。

3.过程改善(或优化)

是面对已经建成的化工过程,对它进行过程分析,寻找瓶颈,优化操作策略,改革工程设施等,以实现优化挖潜的目的。

生产过程优化的技术亦称为调优技术,有离线与在线调优技术两种。离线调优技术主要有统计调优法,模式识别法,操作模拟分析法及装置模拟与优化法;20世纪20年代在线优化技术已形成一些商业化应用软件,并在炼油与乙烯等工业中取得了较显著的效益。

简言之,过程工程包括全新过程的建立和老过程的改造两大部分内容。

应该强调指出的是,指导过程工程发展与设计工作的基本方针是资源、能源节约法则、环境友好法则和经济法则。也就是说,按照全球可持续发展的战略需求,必须发展循环经济;按照绿色化学科学与工程原则,实现多目标优化,完成过程工程的设计、分析与评价。

二、绿色化学科学与工程准则

绿色化学科学与工程被定义为减少与消除有害物质对人类健康与环境的威胁所做的化学过程与产品的设计、开发和生产。绿色化学化工作为应对21世纪挑战,发展循环经济,保持社会可持续发展的关键技术与基础,已成为21世纪世界科技前沿热点。1995年,美国总统克林顿宣布设立"总统绿色化学挑战奖";日本政府规划了在21世纪重建绿色地球的"新阳光计划";英国皇家化学会主办的国际性杂志《绿色化学》于1999年1月创刊;澳大利亚也创建了绿色化学期刊;美国于2003年公布的21世纪化学化工发展战略,再次强调了绿色化学科学与工程的重要性。

绿色化工过程工程是以"减量化、再利用与资源化"为原则,旨在减少或消除有毒有害物质使用与生成；减少废弃物并使废弃物最大限度转化为再生资源；尽可能延长产品使用周期的化工生产过程设计策略与方法。鉴于生产化工产品的合成路线多种多样，设计工艺流程需要对反应原料、溶剂、反应路径和反应条件进行筛选，产业化方案的选择对化工过程的总体环境性能有显著影响。理想的化学反应要具备下列特点：操作简便，安全，高收率和高选择性，节能，使用可再生和可循环利用的试剂与原料。通常，化工过程设计难以同时满足所有的目标，按照多目标寻求优化与平衡化工过程恰是化学家和化学工程师的任务。目前已建立了关于绿色化学的广泛知识体系，并涌现了一批定性和定量的设计软件工具可供参考。

国际上，美、英等国在20世纪绿色产业发展过程中，已经历了3个阶段。

第一个阶级（1970—1980）：这时的主要驱动力是环保法规。解决方案是末端处理；企业"三废"处理成本愈来愈高。例如，日本在此时期，为了满足环境的清洁化措施占生产总成本由5%提高到18%。第二个阶段（1980—1990）：这时的主要驱动力是预防污染及清洁生产，解决方案已转向从生产源头减少污染的产生。第三个阶段（1990至今）：依据可持续发展原则，将环境性能进一步集成到公司的业务策略方针中去。据美国环保部门KPMG对1 100家公司的调查，每年公司有环境报告的，由1993的13%，提高到1999年的化工公司达59%，实现了全系统优化。21世纪至今，美英等国化工规划已向生态化产业园区目标迈进。中国也必须加速绿色化工产业建设，与国际接轨，由末端治理向绿色过程源头防治生产工艺转变，才能保证我国实现循环经济目标，保证社会可持续发展。

三、过程工程源头设计的基本内容

过程源头设计是过程工程中极有意义的一个阶段，通常是指继过程开发研究之后直至完成课题全部设计图纸的阶段。过程设计阶段是总结过程开发阶段的全部信息，进而完成全部过程的合成（或过程的改善）方案。因而，从事过程设计的设计者必须全面掌握过程开发的工作内容，分清所开发的内容哪些是属于成熟的、有操作经验的技术；哪些是没有经验的、不具备工业实践条件的技术。对于后者要慎重地对待，应在使用传统的设计方法及常用的数学模型前提下，做进一步考查之后再下结论。

在确定现代过程设计中，一个重要概念就是，寻找过程的最优设计方案。这一点在过去是难以设想的，20世纪四五十年代逐级放大的试验过程，方案有限，谈不到多方案的比较；到了20世纪五六十年代，虽然出现了台式计算器和计算尺，但也无法应付工作量庞大的多方案寻优计算。20世纪70年代以来，大容量计算机的问世以及化工过程系统工程的进展及其模拟与优化软件的出现，才为过程工程发展提供了现代的工具，使过程工程过程设计有了实现优化的可能性。过程工程设计的优化过程，就是应用过程的数学模型在计算机上进行迭代计算，以求最终寻得优化设计方案的历程。优化的目标函数通常是多目标函数，其中包括经济指标和能耗资源利用率以及环境指标。

现代化工过程优化发展，在于化工过程的集成，区别于20世纪的一个显著特点还在于，既重视每一产品的单一过程（子系统），还特别重视整个大系统不同子系统之间的系统集成，即大系统的能量集成、质量集成，其中也包括公用工程的集成，如水的集成优化等。系统集成的优化目标在于最小化能量与资源的消耗及保证生产过程与环境的安全。

建设化工过程的源头的化工设计如图5-1-2所示。

图5-1-2给出了国外现代化工过程优化源头设计的主要步骤。在数字计算机问世之前，模型常指物理模型，而把用来设计和模拟过程操作的数学模型称为"方法"，它可能是变量间的图形关系，也可能是用于逐个求解的方程。如图5-1-2所示，在连稳态化工过程的设计中可能包括许多迭代和积分计算，以适应单元操作数学

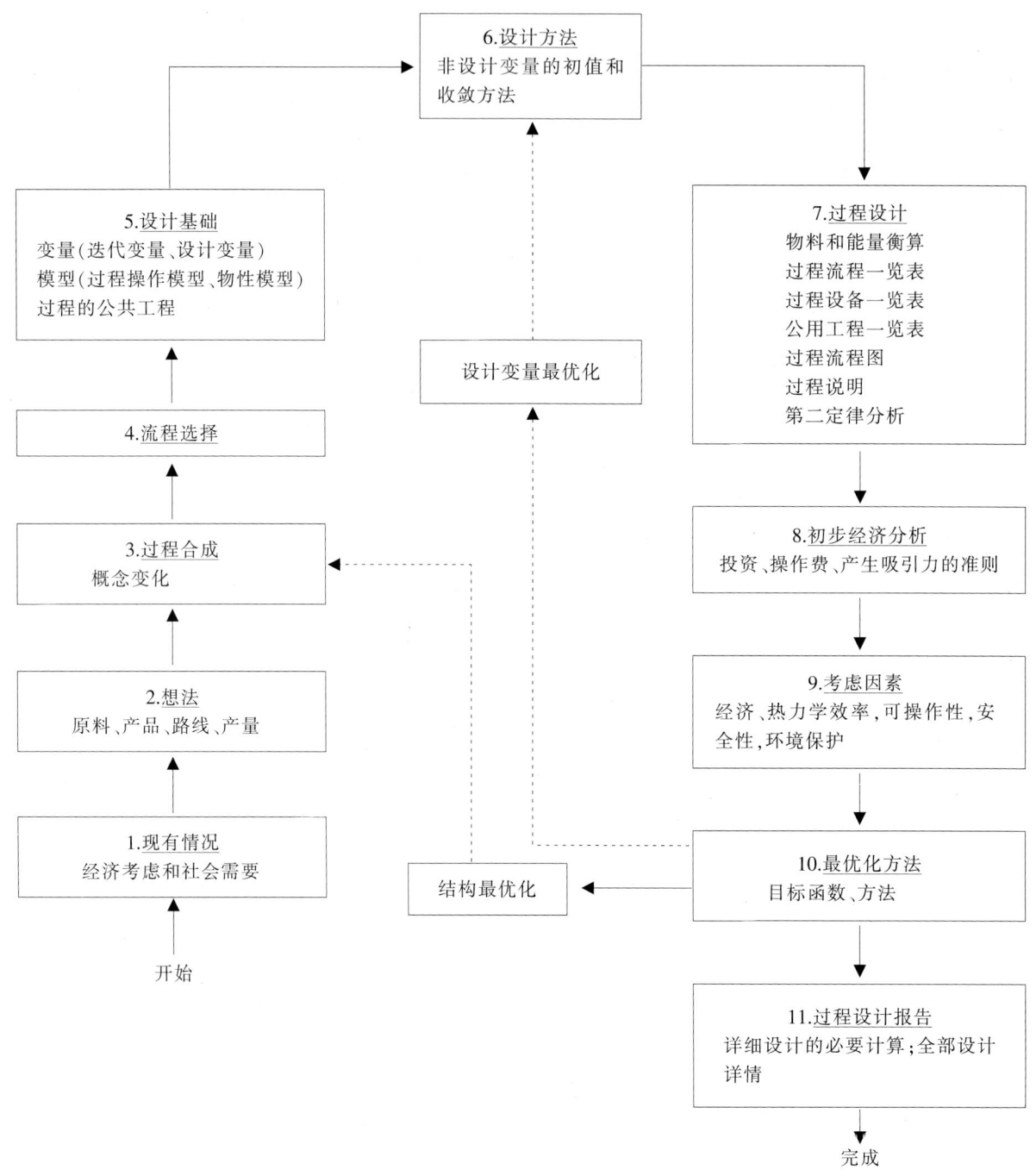

图 5-1-2　国外现代化工过程优化源头设计的主要步骤

模型求解的需要。通过对观状(社会、经济、技术)的分析,确定了所采用的原料和为得到所需产品应采用的化学路线,这就是图中所示的第 1 步和第 2 步。第 3 步为过程合成,可产生一系列的概念流程,第 4 步通过定量比较(包括经济方面因素)选出最佳过程流程。第 5 步建立设计基础,包括确定设计变量和迭代变量;选择单元操作及所需物性的数学模型,选定公用工程设施。第 6 步确定设计方法,包括迭代变量初值的选择及收敛方法的确定。第 7 步通过物料和能量衡算列出过程流的一览表、公用工程一览表,绘制过程流程图。第 8 步对于以上的设计结果进行详细的经济分析,估计设备投资和操作费,且按一定的评价准则进行经济吸引力评估。第 9 步进一步考察经济可行性、资源与能源利用热力学效率、可操作性、安全性、环境影响和保护等情况。第 10 步选用适宜的目标函数用最优化方法对结构参数及操作条件进行优化。优化计算包括两层迭代循环,选用的迭代方法要同时使结构及设计变量得到优化,在过程优化的同时又使衡算式收敛。提交过程设计结果时,必须完成过程设计的报告,它包括过程设计所产生的项目,设备设计的详情,如反应器结构的详情、精馏塔板结构详情、蒸发和冷凝器设计所需的加热和冷却曲线等。

现代化工过程优化的源头,始于对于该化工产业源头设计的考察,其设计本身是否实现了绿色学则的要点。

1.过程的选择

用标准的单元操作实现过程合成是关键的一步。在过程开发阶段,化学家们大多关心化学路线和反应器形式的选择,对于纯化工产品的分离步骤及反应试剂的再循环常常考虑得不多。纵使有所考虑,也大多限于实验室的需要,很少顾及工业实践的需要。例如在小型实验中,分离手段常选择溶剂萃取操作(对溶剂的易燃性、毒性或成本考虑得很少);而在工业实践中,往往是精馏、结晶等分离方法用得更多些。所以在过程设计中应认真考虑全过程的优化合成策略问题。

此外,对于过程开发中提出的多种方案,在过程设计阶段应予以认真的评比,以择出最佳方案。

2.生产能力的选择

工厂的生产能力必须在设计的早期阶段予以固定,因为很多工作必须在确定它的前提下才能进行。但是确定生产能力却不是一个简单的问题,因为要涉及对未来市场及竞争对手日后情况的预测。而这种预测常常有一定的不确定性,因而增加了问题的复杂性。

3.过程结构的选择

过程合成完毕,过程所需的单元操作已定,该如何把这些单元操作联系在一起,组成最佳的过程网络呢?这是过程结构问题。由于这个问题的复杂性,目前还常常使用半经验、半数模的"事例研究"的优化方法求解。另外,动态规划、整数规划、数学规划法、人工智能法、直观推断法、多目标进化算法等方法亦已开始用于这个系统的优化问题上。

4.过程条件的选择

继过程合成、生产能力选择以及过程结构的选择之后,还应选择最佳的过程条件——温度、压力、浓度、停留时间等。它对过程的经济合理性与环境友好以及安全性均有较大的影响。

5.其他条件的选择

设备的初估尺寸、备用件选定、可操作性、安全性、过程控制、外围设施配置等也都应尽可能地按最优化的方案予以确定。

综合上面 5 个要点可见,过程设计源头的核心目标是:要确定出一个综合优化的方案,使其各个方面皆能处于优化状态。正如美国国家顾问团在他们的著作《化学工程的新领域》中指出的那样,"过程设计的基本目标是:确定最佳流程与设备单元及其间的最佳组合;寻找最佳操作条件,在此条件下,能使产品以最低成本,达到所希望的产量。同时还必须考虑安全与环境保护的必要约束条件,过程设计是一个复杂的问题,不但要进行定量计算,而且还要处理大量的信息,进行严密的逻辑推理,引用专家的经验。"现有许多类型的过程合成,还处于半定量半经验的阶段,确实需要参照专家的经验求解。

四、化工过程源头设计的深化改革

如我们所知,工程设计是需多个专业合作完成的,其中又是以工艺专业为核心进行的。随着工厂设计的大型化及我国自主创新设计要求的提出以及与国际工程设计的深入接轨,近年来国内部分大型工程公司已将原来的工艺专业深化改革为"工艺"及"工艺系统"两个专业部。我国最早的工艺专业部的设计任务涵盖了从确定工艺方案、设计流程一直到全部工艺配管图的完成。随着20世纪80年代开始引进国外化工技术及与国外工程公司接触,我国才将原工艺设计工作中的配管设计(主要为机械设计内容)从工艺中分离出来成为一个独立的专业部。近年来,我国又进一步将"工艺"专业部分成"工艺"和"工艺系统"两个专业部,其目的在于使两个专业部的人员更加专业化,以期提高设计质量和设计的劳动生产率。它要求"工艺"专业人员更集中精力于工艺流程的改进及技术创新,要求"工艺系统"专业人员更专注于"工程化"的能力的提升,以共同完成不断改进的工艺设计任务。

(一)工艺专业

工艺专业在设计中主要要求完成工艺流程的模拟计算,工艺流程图的绘制以及和工艺过程密切相关的公用物料流程图,提出初步的设备平面布置图和主要设备条件。总体来说,工艺专业应承担以下4方面的工作。

1)承担本设计项目各阶段工艺专业设计工作。

2)参加有关项目的合同谈判等设计前期工作中工艺专业的工作。

3)参加工艺技术的开发,按合同规定,完成科研成果的工艺设计工作。

4)其他任务:尚包括为了提高工作效率对引进的计算机应用软件的二次开发,以提高CAD(计算机辅助设计)的应用水平;承担工艺专业的基础性工作,如编辑设计、技术数据手册、工程的统一规定等;及时收集了解国内外在相关的工艺技术领域的技术新进展,并不断提出所从事工艺的改进和创新等。

(二)工艺系统专业部

一般是将前面工艺部完成的工艺流程设计进一步完善,以达到"工程化"要求。首先要完成各设备的结构尺寸计算,完成工艺管道及仪表流程图(PID)和公用物料管道和仪表流程图(UID),并给各专业提出设计条件。这些PID和UID的设计分为6个版次来完成。总体来说其工作内容如下。

1)作为基础工程设计阶段的主导专业,负责将化工工艺设计转化为工程设计成品,在仪表专业参与下编制PID及UID,作为配管专业进行配管研究和详细工程设计的主要依据。

2)通过对工艺流程系统的安全、经济分析和各项计算,在工艺流程中完成正确合理地配置管道、阀门、管件、隔热及伴热、仪表及安全、泄放及气封系统的设计,以满足正常生产、开停车及事故情况下的安全要求。

3)根据工程物料的特性和工艺流程的特点,在整个生产过程中采取切实可行的安全和工业卫生的防护措施,以符合国家颁发的对人身安全和环境保护的各项指标要求。

4)为满足各专业开展工程设计及为他们提供订货所需的资料,而编制出必要的设计条件和基础数据。

至于工艺及工艺系统专业,在设计前期工作(项目建议书及可行性研究报告)及工程设计阶段(基础工程设计及详细工程设计,有时接受邀请参加研究开发预编写工艺包等)的详细分工及任务分配,请参见参考资料,在此不再详述。实践已证明,将传统的工艺专业深化改革为"工艺"及"工艺系统"两个专业的这种改革是完全正确的,这一经验应进一步推广,将对我国的化工设计工作的创新发展起到极大的促进作用。

五、计算机辅助化工过程设计的基础——化工过程系统工程

21世纪以来,大型过程设计已进入以计算机辅助化工过程设计为主的阶段,以下简单介绍一下计算机辅助化工过程设计的硬件与化工过程系统工程软件的发展史。

(一)计算机硬件发展

从1946年第一台电子计算机(UNIVAC)出现以来,计算机的发展共经历了四代,如表5-1-1所示。从存贮、速度和费用观点来看,现代的大型机(Mainframo)已能适应化工过程设计及模拟分析的需要。后来出现的32位或较大字长的超小型机(如VAX11/735和Prime750),尽管其功能略低于IBM(国际商业机器公司)大型机,但其价格低廉,主存储器已达200万字节,且有虚拟贮存,已在计算机辅助化工程设计中得到广泛应用。近期,已出现新一代计算机,它有平行处理的结构,计算速度达到每秒10 000亿次以上,

表 5-1-1　前四代计算机的发展

型号(IBM)	代	时间	电路类型	主贮存容量(字节)	CPU循环时间(μs)	相对功能	相对运算费用	特点
701	1	1953	电子管	4 096	12	1	1	批处理，比UNIVAC快
704	1	1955	电子管	32 768	12			FORTRAN编辑，自动处理子程序
7090	2	1960	晶体管	32 768	2.2	20	0.13	生产者的操作系统，维修大大减少
360-75	3	1960	混合集成电路	262 144	0.08	108	0.04	大大增加内存，分时操作即可用于商业又可用于科学计算
370-168	4	1973	整体集成电路	2 097 152	0.054	405	0.02	高速贮存，多环节错误检查和校正
3033U	4	1978	大规模集成电路	6 291 456	0.057	838	0.008	双处理器，诊断系统
3031K	4	1981	大规模集成电路	8 388 608	0.026	1698	0.007 6	四处理器，可靠性大大增加，虚拟贮存

且装入具有IF—THEN知识基底(knowledge-based)的人工智能系统或专家系统，从而可具有机器图像、机器说话、机器理解语言等更有效的交互作用功能，为计算机辅助化工过程设计提供服务。

微型计算机的出现对计算机辅助化工过程设计产生巨大的影响。据统计，在1983年，每月出售的IBM-PC(国际商业机器公司个人电脑)达45 000台。正如Frank所述，微型机被用作大型机的终端，可将数据和程序传送到大型机中，此外还提供了分布数据处理的环境。微型机对计算机辅助过程设计的影响有好、坏两个方面。好的影响是具有图像和扩展式微型机的大量涌现，使化学工程师思考问题的方式发生了改变，使许多设计者更多地熟悉计算机的功能，且能对计算机系统的开发者提出更多的要求，随着这种要求的实现，设计工程师将更进一步认识到计算机辅助化工过程的潜力，可以说微型计算机起着计算机科学与工程设计之间的催化剂作用。所谓坏的影响是：①年轻的工程师过多地相信计算结果，使其对设计改进的预计可能会高于实际得到的效果；②如果所使用的模型及计算方法过于简化，会使所得的计算结果不是最佳条件，而与专家经验的判断有出入。但20世纪80年代中期以来，计算机硬件与软件急速发展，这些缺陷正在逐步被消除。对于所有类型的计算机，它们的硬件能力已提高了两个数量级，预期还将以这个速度发展下去(见图5-1-3)。

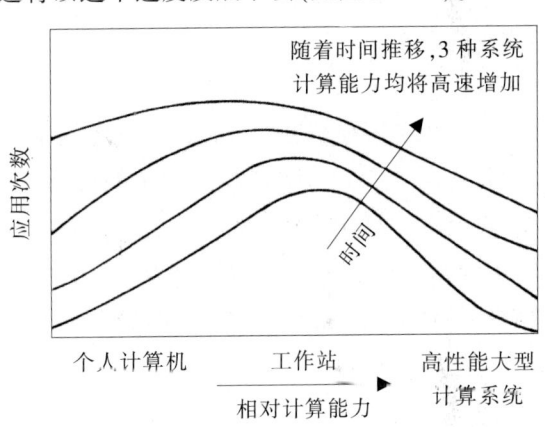

图 5-1-3　计算机硬件能力的发展趋势

目前，科学界与工程界主要在3种计算机系统中完成他们的计算，即高功能大型计算机、计算机工作站及个人计算机系统。高功能大型计算机系统可以进行平行与矢量过程处理，所包括的机型有类似CRYC90型的超级计算机，CM-5型联想机，或是类似Silicon Graphics VGX型(硅图VGX型)的工作站，或是类似Compaq(康柏)的多通道的个人计算机群组。计算机工作站具有多用户的能力，它的主机一般是Sun Sparcstatins(阳光小型机)，IBM RS/6000s(国际商业机器公司RS/6000s)或HP 9000s(惠普9000s)等。对于单用户系统的个人计算机，其主要类型是Apple Macintosh(苹果电脑)，IBM-PC或者是不同种但彼此相容的PC机等。超小型机的产生以及小型机微型化工作站的增多，促进了将它们联系成区域网络的发展，计算机联网已经实现，它的显著效果是不但可提高计算速度,而且可以实现内部通信,共享不同计算库的资源,显著地提高了处理能力与资源处理能力。广大工程师们在自己办公桌的微型计算机上即可完成向不同计算站的通信,程序软件的调用,进行过去只有在大型计算站才能完成的计算,从而加快了计算机辅助化工过程设计的推广速度,提高了设计能力。现已出现 64 位微型计算机以及即将开发成功的新型网络系统——变形计算机系统(metacomputer),将有能力处理所有的计算机辅助设计问题。目前小型计算机已进入至强酷睿阶段,个人计算机得到日益广泛地应用,在工程计算中起主导作用。

(二)化工过程系统工程——计算机辅助设计软件的进展

过程系统工程又称为化工系统工程,是系统工程与化学工程结合的产物,也是系统工程在以化学工业为代表的过程工业中的应用,它是工程技术与管理技术的结合,它以处理物料流—能量流—信息流的过程系统为对象,核心功能是过程系统的设计图、控制和组织、计划和管理,目的是在总体上达到技术和经济上的最优化,并符合社会可持续发展的要求。过程系统工程的基本方法是过程模拟,即过程的模型化与求解。传统的过程模拟包括过程单元模拟和过程系统模拟这两个中观级系统层次,经过几十年的努力,在过程模拟上已从中观系统向微观和宏观系统两头扩展并取得较大进展。

在过程单元模拟方面,对那些只处理流体的过程单元如吸收、简单精馏、液液萃取等模拟技术已基本成熟。早在 20 世纪 50 年代在一些先进的西方企业中,化学工程工程师首先在老式的计算机(穿孔或卡片式)上完成了闪蒸和精馏的计算机辅助计算(Computer-aided Caculations),随后又应用 FORTRAN 语言进行不同单元操作的计算。目前除了传统的平衡级的模型外,已出现了直接利用速率方程及传递物性的非平衡模型,如 Aspen Tech(艾斯本技术)1990 年推出的 RATEFRAC 软件等。此外,由于流体力学的进展,许多过去要用冷模研究解决的问题,现在应用计算机模拟技术即可解决,如在反应单元,基于反应动力学的均相与非均相反应器的模拟也趋向成熟,例如乙烯工业裂解炉和炼油工业的催化裂化和加氢反应器等。20 世纪 90 年代,在复杂的聚合反应器模拟上也取得了较好的进展。表 5-1-2 给出了近年来化工工程模块进展情况。对于那些处理固体或固体-流体的单元,由于多相传质传热复杂性较高,尚有许多问题有待解决,例如晶体粒子集合体的表征,固液或固液气体系的流变性能、相平衡和反应平衡等。至于生物化工过程单元的模型化与模拟技术尚还很不成熟,它将成为今后研究开发的重点之一。

表 5-1-2 近年来化工工程模块进展

开发程序	是否达应用水平
单元操作模块	
1.包括反应的多相平衡	是
2.精馏	
理想	是
三相	是
反应	是
带反应的三相	否
多塔	是
非均相共沸	否
间歇	是
反应速度	否
3.含固定操作	是
4.电解系统	是
5.聚合系统	是
6.生化系统	否
7.设备尺寸集成及速率	否
8.反应模型库	是
物理性质模块	
1.状态方程	是
2.高极性系统状态方程	否
3.严密的电解热力学	是
4.模型床	否
5.特殊性质模型库	否
6.物理性质集成模块	是

在过程系统的模拟方面,使用序贯模块法的模拟系统已经历了三代发展。1958 年,M. W. Kellogg 开发出了第一个过程模拟软件,同时期一些大公司如 Union Carbide Corp.(联合碳公司)和 Stamdard Oil Co.(斯坦德石油公司)也推出了序贯连续法的过程模拟程序。20 世纪 60 年代中

叶开始出现了软件公司,专门从事软件开发,如 Simulation Sciences(模拟科学公司)和 ChemShare (化工共享公司)等。20 世纪 60 年代末期,在一些大型企业中试厂将控制计算机用于石油化工、炼钢等方面;相应地产生了一些过程控制软件。20 世纪 70 年代后期以及 20 世纪 80 年代,计算机辅助化工设计应用软件的开发和应用发展极为迅速,新的软件公司不断涌现,并产生了大量的新模拟系统,例如美国 ChemShare 公司的 DESIGN/2000,美国 MIT(麻省理工学院)开发的 ASPEN Plus,模拟科学公司的 PROCESS,用于热交换及其网络设计的 Profimatics(普罗菲特斯公司)的 HEXNET/HEXTOP,传热研究公司的 HTRI,辛辛那提大学的 UCAN-II、ICI(英国帝国化学工业公司)的 ELOWPARCK-II,牛津大学 CAD 研究中心的 CONCEPT,英国帝国理工大学的 SPEEDUP,匈牙利科学院的 SIMUL 等,至今已日趋成熟。表 5-1-3 列出了化工模拟软件发展的三代流程模拟系统的特征。计算机辅助化工设计软件主要包括物性数据库,稳态过程模拟软件,动态过程模拟软件。经济分析与评价软件,绘图(各种工程图,如流程、设备、施工管道图等)软件等。但随着过程系统的增大、循环回路的增多以及非线性化特征的增强,采用联立方程法的过程模拟系统近年来发展较快,例如动态模拟软件 ASCAND、SPEEDUP 和 Star(星公司)的 HYSYS 等已被工业界广泛应用。20 世纪 90 年代以来,已出现将稳态模拟与动态模拟结合的趋势,如 Hyprotech(海伯技术公司)开发的 HYSYS 软件已被工业界应用于在线优化操作。

表 5-1-3 三代流程模拟系统特征

	第一代	第二代	第三代
年代	1958—1965	1966—1975	1976 至今
开发成本,美元	20 万	100 万	>600 万
规模(FORTRAN 语句条数)	1 000~5 000	2~6 万	12 万
处理最大流股数	数千	(1~5)万	>20 万
最多模块数	<50	<100	依机器容量而定
最多组分数	<20	<50	依机器容量而定
物性数据	≤20	<30	依机器容量而定
流股类型	无数据库	180~500 种化合物物性	700 余种化合物物性
典型代表	气、液	气、液	气、液、固及电解质
	GIFS	FLOWTRAN	ASPEN
	PACER	CONCEPT	DESIGN/2000
	SP-05	PROCESS	PROCESS(新版)

近年来,化工过程系统工程发展较快,为化工过程设计的集成与优化提供了新的思路与应用软件(关于这方面还将在以后章节予以介绍)。在过程合成领域中,目前已有能量网络集成(如夹点技术等),质量交换网络集成(如节水减排网络,氢夹点技术等)软件,在国外过程设计广泛应用,已取得较大幅度节能降耗及资源节约等的显著效果。

值得注意的是,20 世纪末期发展起来的大系统计算机集成制造系统 CIMS,可能形成一个过程控制与管理一体化的高柔性的智能系统,它由三大模块组成:过程控制,管理信息系统 MIS 及决策支持系统 DSS,和介于以上两者之间的计算器机辅助工厂运行系统 CAPO。在 21 世纪,国际制造业应用效果证明:合理地应用它,可以在不同程度上达到提高产品质、增强企业对市场变化响应灵敏度;降低成本、提高生产安全性以及市场竞争力的目的。

在化工过程系统工程用于过程设计方面,应继续进一步开发与提高的软件内容是:高精确度的全流程大系统集成与整体模拟的方法;热物理性质模型;包括大系统过程控制与管理在内的过程合成;过程设计中的可操作性与安全性分析;绿色过程集成分析评价方法;专家系统与大系统的优化等等。因为 21 世纪化学工程已进入了过程工程与产品工程并重的阶段,批处理过程将持续与连续过程同时发展,所以还应特别重视过程工程与产品工程结合的模拟、分析与评估;多产品、多目的批处理工厂的设计优化策略等问题。

由于化工过程所包括单元操作的多样性与传热、传质的复杂性,应指出至今尚没有全部清晰的物理模型,即使是灰箱模型也存在很多偏微分方程与非线性关系,找不到分析解,这些特点皆赋予化工应用软件独有的复杂性,只能在一定简化条件下求取近似解。所以计算机辅助化工过程设计的另一个发展动向是人工智能和专家系统的优化应用软件进一步开发。在过程设计中,常常不能从有效的方法中选择最好的数值方法及模型,而专家系统能很好地完成这个任务。一种新的程序化技术,它可将人类的经验变成有效的机器码,起着专家咨询的作用,这种码或程序称为专家系统。最早的专家系统曾被用作棋类比赛。后来此技术在医药和化学中得到应用。现有的专家系统大致可分成两类:①分析系统,它以仪表所接受的数据作为输入,并产生一个解释,再以对此数据的诊断结果作为输出。②合成系统,它为满足某一目标而创造一个计划和设计,它比前一类系统的开发又要难一些。表 5-1-4 给出了一些化工过程设计中的专家系统。

近年来,国内亦开始重视化工系统工程应用软件的开发、研究与应用。自 1985 年国内第一次化工系统工程学术会议以来。不但在各大设计院"ASPEN"与"PROCESS"等应用软件已应用于计算机辅助化工过程设计,而且近年来在大型石化一体化的"中石化"产业中,计算机集成制造系统也被广泛应用;并已独立开发成功一些稳态与动态化工过程模拟软件以及化工过程与供应链管理软件等,并取得了工业有效利用的效果。此外,上述有关内容亦已进入高等教育工科教学规划中,正在为我国加速培养相关科技领域高层次人才做出贡献。

表 5-1-4 化工过程设计中的专家系统

名称	年份	开发单位	用途	备注
HEATEX	1982	美国卡内基·梅隆大学	换热器网络的合成	RI 型
CONPFYDE	1983	美国卡内基·梅隆大学	选择 V-L-E 模型	PROSPEC-TOR 型
PICON	1984	美国卡内基·梅隆大学	过程控制的实时专家系统	LISP 语言

六、工程伦理学与责任关怀准则

(一)工程伦理学

21 世纪以来,我国国民经济持续高速发展,GDP(国民生产总值)已居世界前列,与此同时,我国亦在加速进行先进的社会主义文化即精神文明的建设。产业部门职工道德规范的建立,不但已是我国道德文化建设中的主题之一,而且已经日益受到政府与人民的重视,很多大企业已建立起自己优秀的企业文化,都值得推广。化学工程师具有维护化学过程安全性的责任、环境保护的责任,但工程师的责任不仅仅在于维护生产过程的安全和保护环境,工程师对其委托人,同事和所从事的职业也负有责任。在国际上,自 20 世纪 80 年代起就开始探索化学工程师职业道德理念的建立,提出了责任关怀的法则。

以下将美国化学工程师协会制定的产品责任法规及对其会员职业道德方面的要求简单介绍如下,仅供我国有关规范的制定者参考(表 5-1-5)。

表 5-1-5 美国化学工程师协会制定的产品责任法规及对其会员职业道德方面的要求

产品管理法规的目的是将健康、安全和环境保护的意识融入我们的产品设计、制造、销售、使用、循环和弃置等各环节中。该法规提供了产品管理实践中持续改进的监测方法和指南
该法规涉及产品生命周期的各个环节,有赖于各个环节承担相应责任才能成功实施。设计产品的每个人都有义务致力于环境健康和产品的安全使用。所有的雇主都有责任提供安全的工作场所,使用或加工产品的所有人员都必须遵守安全和环境友好的操作规则

续表

该法规要求每个企业必须独立申报对其产品、客户和业务往来实施法规要求细则的认证
执行法规的过程中,相关的责任归属的指导性原则: * 在规划已有产品和新产品的过程中,优先考虑健康、安全和环境影响; * 研制并生产能够安全制造、运输、使用和处理的化学品; * 进行或支持与产品、过程和废物料在健康、安全、环境中影响的有关研究; * 向客户咨询化工产品安全使用、运输和处理的信息; * 及时向官方、雇员、客户和公众报告与化学品相关的健康或环境危害,并建议保护措施; * 完善并与他人分享法规管理细则,而且向其他生产、加工、使用、运输或处理化学品的企业提供支持

(二)责任关怀

近年来,国内各化工系统企业已在推行 ISO14000 等一系列 HSE(职业健康、安全与环保)的取证工作,直到 2005 年冬季发生由于工厂爆炸污染松花江流域影响较大的环保事故后,"责任关怀"被国内更加重视。HSE 是强制的要求,而责任关怀应是企业自愿的行为,两者进一步配合才能较大幅度地逐步扭转全国的化工企业环保方面潜在的安全与环保问题。为此,对于国际于 20 世纪 80 年代提倡的"责任关怀"理念,并由国际化学品制造商协会(简称 AICM,为非营利性的行业协会)在国际推广的这一准则,介绍如下。

责任关怀是 20 世纪 80 年代国际上升始推行的一种企业理念,其宗旨是在全球石油和化工企业自愿改善健康、安全和环境质量,目前已在 52 个国家和地区实施。责任关怀理念的推行,对促进全球石油和化工行业的可持续发展具有十分重要的意义。企业通过改善健康、安全和环境质量,可带来巨大的经济效益和社会效益。

责任关怀只是针对化工行业的特殊性而自发的一种企业及其职工自律行为,主要包括在环保、安全与健康三方面不断改善其表现,它对于化工行业的可持续发展非常重要。目前,在全球已经有 52 个国家和地区的代表着几乎所有世界大型跨国化工企业的行业协会加入到责任关怀这一体系中来。在中国,也已有 42 个"国际化学制造商协会"的成员承诺将共同努力在中国推进责任关怀。

1. 责任关怀主要原则

1)不断提高化工企业在技术、生产工艺和产品中对环境、健康和安全的认知度和行动意识,从而避免产品周期中对人类和环境造成的损害。

2)充分地使用能源并使废弃物达到最小化。

3)公开报告有关的行动、成绩和缺陷。

4)倾听、鼓励并与大众共同努力以达到他们关注和期望的内容。

5)与政府和相关组织在相关规则和标准的发展和实施中进行合作,来更好地制定和协助实现这些规则和标准。

6)在生产链中给所有管理和使用"化学品责任管理"的人提供帮助和建议。

2. 责任关怀管理准则

1)社区责任与紧急预案:推动紧急情况反应计划和与当地社区的联络。

2)预防污染:减少排污。

3)工艺安全:预防大灾、爆炸以及化学品泄漏事故。

4)储运安全:减少化学品装运中出现的危险情况并适用于化学品的运输、储存、处理,以及二次包装。

5)职业健康与安全:在保护环境以及保证工人和公众健康的前提下进行生产。

6)产品的使用与安全:使健康、安全和环保融入产品的设计、生产、销售、运输、使用以及回收处理等各个环节。

7)工厂安保:不断改进工厂的安保状况来保证工厂业务的正常运营。

在责任关怀理念的倡议下,全球化学工业已经承诺要在改善健康、安全和环境质量等各个方面不断努力,并通过对这三方面活动及其成果进行评估、公告、对话来树立现代化学工业在全社会中的新形象,从而推动全球化学工业的可持续发展。20 年来,几乎所有的世界大型跨国化工企业都已经把实践责任关怀作为自身可持续发展的重要发展战略之一。经过20多年的推广和实践,责任关怀已不仅仅是一系列规则,而是通过信息分享,严格的检测体系,运行指标和认证程序,使化学工业向世人展示其在健康、安全和环境质量方面乃至推动工业发展等方面所取得的成就。事实也充分证明,责任关怀的实施,不但可使生产过程更为安全可靠,从而为企业带来了巨大的经济利益,而且为企业带来了不可估量的无形利益。更为重要的是,推行责任关怀,既可为企业树立良好的形象,也可为石油和化学工业在公众中树立良好的行业形象,也为树立全球化学工业在社会、社区和公众心目中的形象和推动全球化学工业可持续发展做出了巨大贡献。

七、生态工业园区

21世纪人类的进步,已进入了可持续发展的阶段,生态工业园区的建立是今后世界工业社区发展的理想模式。那种以牺牲环境、破坏生态和对资源进行掠夺性开发而取得高速度发展的做法将被彻底抛弃。这对人类的科学活动和技术发展将提出更高的要求。必须快速发展更加绿色(环境和生态友好)和更加高效(原子经济性)的分子科学与过程工程学。绿色化学科学与工程是具有重大社会需求和明确科学内涵的新兴交叉学科,是当今国际化学与化工科学研发的前沿。它吸收了当代化学、物理、生物、材料、信息等科学的最新理论和技术,面向国家在能源、资源有效利用,环境保护等方面的紧迫需求而发展环境友好新工艺,是通过高科技手段实现绿色合成与高效转化的过程工程。生态工业园区是绿色化工产业区域建设的体现,是实现世界可持续发展的园区模式,是生态社会建设的理想境界。我们的研发工作紧密围绕国际研究热点,开拓创新,必将为我国国民经济建设和社会可持续发展做出重大贡献。

第二章 绿色化学科学与工程进程

一、可持续发展的历史沿革

整个20世纪的100年,全球的"发展观"经历了重大变革。从"增长理论"到"发展理论"再到"可持续发展理论",人类的认识在逐渐深化。

近年来,人类不断遭遇到世界性的人口膨胀、能源危机、环境污染、全球变暖、荒漠化、生物多样性锐减以及失业、贫困、疾病、南北差异、信息鸿沟等问题,引发了全球科学家、政治家、社会人士的极大忧虑。

世界大力倡导"可持续发展科学"(Sustainability Science):

1987年,联合国世界环境与发展委员会(WCED)发布可持续发展纲领性文本——《我们共同的未来》,提出了可持续发展定义、任务、行动原则等,立即成了全球共识。

经过一些年的行动,发现对于可持续发展严重欠缺某种机理性解析。于是"可持续发展科学"应运而生。

2001年是"可持续发展科学"首创年。国际科学协会理事会(ICSU)、国际地球—生态园计划(IGBP)、国际全球环境变化人文因素(IHDP)、世界气候研究计划(WCRP)共同在阿姆斯特丹世界大会上,首倡"可持续发展科学"并发布诞生宣言(Birth Statement),宣称"可持续发展科学是自然科学、社会科学、工程技术和医学的高度综合与充分交叉,并全力推进各领域、各层次、各系统以问题为导向的全方位深化"。

2001年,卡坦斯等在《科学》杂志上发表标题为"可持续发展科学"论文。

2006年,世界首份《可持续发展科学》杂志创刊。

2007年,牛文元(中国科学院院士)明确提出可持续发展科学的4个方向。

2009年,佩尔坎等在《自然》杂志发表对"可持续发展科学"全方位评述。

2014年,哈佛大学肯尼迪学院创设"可持续发展科学计划"。

2014年,米勒等在《可持续发展科学》杂志发表《可持续发展科学的未来》。

2015年,美国国家科学院院刊(PNAS)推出专刊,全面强调"可持续发展科学"是自然系统与社会系统互相作用下的复杂融合。

自1987年布伦特莱报告提出到现在,可持续发展已经总结出世界范围中的三大共识:

1)如何坚持以科技创新克服增长的边际效益递减(提供发展动力)。

2)如何保持财富的增加不以牺牲生态环境为代价(维系发展质量)。

3)如何保障制度建设能增加社会管理的理性有序(寻求发展公平)。

二、可持续发展的时代标志——循环经济与生态工业园区

当今世界已进入"生态产业"时代。所谓"生态产业",是指仿照自然界生态过程的物质循环方式来规划工业生产系统的一种模式。其经济形式应为循环经济。

循环经济是仿照自然生态系统,在生产、流通和消费等全社会范围内,通过物质循环、废物最小化、工艺替代和产品共生等方式,组织成一

个"资源—产品—再生资源"的物质反复循环流动的过程,达到资源、能源的高效利用。对环境影响最小的可持续发展的经济模式,本质上是一种生态经济。

21世纪可持续发展的绿色化工系统与园区的模式是生态工业系统与生态工业园区。应用系统工程的方法,去分析、研究、设计与规划化工园区大系统中的基本流(物流、能量流、资金流与信息流),以达到环境友好、资源、能源与资金最优化利用目标。

目标:实现大系统(物流—生产过程—产业链—产业园区—循环利用的大系统控制与管理)多目标优化与调控。

(一)生态工业园区(图5-2-1)

目的:可持续发展。

长远目标:原子经济性、零排放(资源节约型——循环经济;环境友好型)。

科学技术依托:现代绿色化学与化工(高效、无毒、环境保护……)。

可持续发展GDP评估指标:如绿色GDP等。

美国总统可持续发展委员会定义:生态工业园为一个有计划的物质和能量交换的工业系统,寻求能源和原材料消耗的最小化、废物产生的最小化,并力图建立可持续的经济、生态和社会关系。

(二)可持续发展的评价体系

可持续发展的理念已被社会各界所接受,逐步渗入到社会发展计划和政策制定过程,并被付诸很多相应的实践行动。但仍有很多的理论问题需要进一步探讨,可持续发展的评价就是其中之一。

1992年联合国环境与发展大会以来,可持续发展评价研究备受关注,形成了单指标与指标体系两类评价方法。

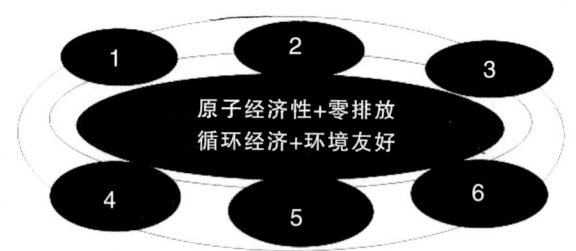

园区为大系统(网),生态工业群(链)为工业园区的一级子系统,企业为二级子系统(点)
1.生态工业园区与现代化工过程系统工程:强调宏观调控,周密总体规划,大系统优化。
2.工业园区大系统优化:网络式多目标优化。
3.物流:企业内、企业间、全园区;物料流—产品流、链网式组合优化(含交通网)。
4.能量流:企业内、企业间、全园区能量流交换网络组合优化。
5.资金流:企业内、企业间、全园区的链网式组合优化。
6.信息流:上游与下游信息分析,指导统一规划与调度(含上下水网,电站电网,"三废"处理,公用工程等)。

图5-2-1 生态工业园区模式

1.单指标评价法

1)原国民经济核算体系(system of national accounting)的修正。

2)真实储蓄和绿色财富。

3)生命周期评价。

1990年美国环境毒理学与化学学会(SETAC)定义生命周期评价(life cycle assessment)。

4)生态足迹评价方法。

5)其他的单指标评价方法。

绿色GDP:绿色GDP评估标准=GDP-(浪费的资源相应损失额+浪费的能耗相应损失额+治理环境污染相应的资金额+操作者安全的劳动保护费用)。

*上述损失额是指产品全部生命周期中造成的损失额,包括产品废旧后处理所需要的损失额。

目前的问题是如何界定和计算资源、能源和环境污染的损失额,目前还有不同的计算方法,但国际科技界认为绿色GDP才是真正的价值标准。

2.指标体系评价法

指标体系评价法,以社会经济统计指标和资源、环境指标为核心,试图从社会、经济、环境、人口、资源等各个方面或描述或解释或预测发展的可持续性。目前,可持续发展指标体系框架模式可以归为5种,它们是压力—响应模式(stress response model)、基于经济的模式(economics based model)、社会—经济—环境三分量模式或主题模式(three component or theme model)、人类—生态系统福利模式(linked human ecosystem well being model)、多种资本模式(multiple capital model)等。

(1) 目前较有影响的指标体系评价法以环境评价框架体系(PSR)为基本框架的指标体系

根据PSR理论框架,联合国可持续发展委员会(UNCSD)依据《21世纪议程》建立了包括经济、社会、环境和制度4个方面共150多个指标的指标体系。该指标体系有较强的科学理论依据,是目前较有影响且得到较广泛应用的可持续发展评价工具。但指标体系过于庞大,指标之间可能存在着大量的重复信息,UNCSD也承认需要科学界对指标的科学内涵以及社会、经济、资源、环境制度之间和指标之间的内在关系和联系进一步深入研究并尽可能根据地方特点进行多方面的提炼和修改。

(2) 其他指标体系评价法

其他指标体系评价法还有基于复合生态系统理论、系统动力学理论、多目标决策技术、环境—经济系统协调度模型等理论构建的可持续发展评价指标体系。此外,还有信息金字塔(information pyramid)、Daly三角形、瑞士洛桑国际管理开发学院国际竞争力评估指标体系、经济合作与发展组织(OECD)环境指标工作计划等可持续发展指标体系。

目前关于可持续发展的评价体系仍是国际学术界与产业界研究与关注的前沿热点。

三、21世纪是绿色世纪

世界银行报告:在20世纪的100年中,人类共消耗了下列资源。

石油、天然气	2 650 亿 t
煤炭	1 420 亿 t
钢	380 亿 t
铝	7.6 亿 t
铜	4.8 亿 t

世界自然基金会(WWF)从全球范围来看,人类的"生态足迹"已经超出了全球承载力的20%,人类在加速耗竭自然资源的存量,问题严重。

中国的现况与世界平均水平比较如下。

1.中国的现况

65%的国土面积为山地丘陵。

33%的国土面积为干旱区荒漠区。

70%的国土面积每年受东亚季风强烈影响。

55%的国土面积不适宜人类的生活和生产。

35%的国土面积经受土壤侵蚀和荒漠化。

30%的耕地为pH值小于5的酸性土壤。

20%耕地面积存在不同程度盐渍化或海水入侵。

17%的国土面积构成了世界屋脊。

中国大陆平均高度是世界平均高度的1.83倍。

2.中国基础设施的成本

世界平均发展成本	=1.00
中国平均发展成本	=1.25
牧业活动成本(中国:世界)	1.02:1
农业活动成本(中国:世界)	1.08:1
林业活动成本(中国:世界)	1.10:1
采矿业活动成本(中国:世界)	1.31:1
基础设施建设成本(中国:世界)	1.32:1
区域开发成本(中国:世界)	1.25:1
可持续能力培育成本(中国:世界)	1.20:1
土壤侵蚀速率(中国:世界)	1.40:1
自然灾害发生频率(中国:世界)	1.17:1

中国亦面临着可持续发展的挑战。

四、可持续发展的主题与内涵：充分认识可持续发展的历史文明价值

1. 主题

1）以可持续发展的"发展红利"抵消掠夺式增长的边际效益递减。

2）以可持续发展的"发展内涵"抵消贫富差异引起的心理落差。

3）以可持续发展的"发展方式"抵消粗放式生产引发的外部成本。

4）以可持续发展的"制度创新"，达到社会文明的公序良俗。

2. 可持续发展的哲学内涵

1）可持续发展揭示了"发展、协调、持续"的系统本质。

2）可持续发展反映了"动力、质量、公平"的有机统一。

3）可持续发展创建了"和谐、稳定、安全"的人文环境。

4）可持续发展体现了"数量、质量、速度"的绿色运行。

五、可持续发展的主线和方向

（一）可持续发展的两大主线

1）处理好人与自然关系：人类对自然的索取必须与人类向自然的回馈相平衡。

2）处理好人与人关系：人际关系、代际关系、区际关系、利益集团之间关系应获得互利和谐与共建共享。

（二）可持续发展的四大方向

1. 经济学方向

代表：世界银行、莱·布朗等。

核心：科技进步贡献率能否抵销或克服投资边际效益递减率。

内容：区域开发、经济全球化、信息革命、结构调整等。

2. 社会学方向

代表：联合国开发计划署。

核心：经济效益与社会公平之间取得合理的平衡。

内容：社会发展、社会分配、社会公平机会等。

3. 生态学方向

代表：联合国环境规划署、挪威前首相布伦特莱夫人等。

核心：环境质量与经济发展之间取得合理的平衡。

内容：生态平衡、自然保护、资源永续利用。

4. 系统学方向

代表：中国科学院可持续发展战略组。

核心：寻求可持续发展系统"发展度、协调度、持续度"的逻辑自洽。

内容："人与自然"和"人与人"关系的协同进化与平衡和谐、追求可持续发展系统整体效益的最大化。

六、可持续发展在推动全球进步中的价值

世界权威学者认为，可持续发展既从经济增长、社会治理和环境安全的功利性要求出发，也从哲学观念、人类进化、文明形态的理性化总结落地，全方位涵盖"自然、经济、社会"复杂巨大系统的行为规则和"人口、资源、环境、发展"四位一体的辩证关系，从而彰显可持续发展这个庞大交叉科学系统在推动全球进步中的价值与意义。

在可持续发展观念下，寻求其动力、质量、公平三者的整体优化，必然带来全新的世界发展愿景。

1）将能以可持续发展的"发展红利"，抵消掠夺式增长的边际效益递减。

2）将能以可持续发展的"发展质量"，抵消粗放式生产引发的外部成本、资源的过度消耗和生态环境的退化。

3）将能以可持续发展的"发展公平"，抵消贫富差异引起的心理落差。

4）将能以可持续发展的"治理结构"，建立

社会文明整体推进下的公序良俗。

七、联合国可持续发展理念最新进展

2015年9月由世界各国领导人在联合国通过的大刀阔斧、颇具变革性的《2030年可持续发展议程》已于2016年1月1日正式启动。新议程呼吁各国现在就采取行动,为今后15年实现17项可持续发展目标而努力。

联合国前秘书长潘基文指出："这17项可持续发展目标是人类的共同愿景,也是世界各国领导人与各国人民之间达成的社会契约。它们既是一份造福人类和地球的行动清单,也是谋求取得成功的一幅蓝图。"

联合国193个会员国在2015年9月举行的历史性首脑会议上一致通过了可持续发展目标,这些目标涉及发达国家和发展中国家人民的需求并强调不会落下任何一个人。新议程范围广泛且雄心勃勃,涉及可持续发展的3个层面(社会、经济和环境)以及与和平、正义和高效机构相关的重要方面。该议程还确认调动执行手段,包括财政资源、技术开发和转让以及能力建设,伙伴关系的作用至关重要。

很多人认为,巴黎气候变化大会是对执行该议程的政治意愿的第一次考验。联合国秘书长指出："《巴黎协定》对于人类、地球和多边主义而言是一次胜利。世界各国均承诺控制排放、加强适应能力,并在国际和国内层面上采取行动应对气候变化,这是有史以来第一次。解决气候变化问题也包含在推进2030年可持续发展议程。"

虽然将这一愿景变为现实的主要责任在各国,但也需要建立新的伙伴关系和国际团结。这关系每个人的利益,人人可为此贡献自己的力量。每个国家需定期审查进度,并让民间、社会、商界和各利益团体的代表参与审查。在区域层面上,各国将共享经验,处理共同面临的问题。而每年在联合国举行的可持续发展问题高级别政治论坛将评估全球层面上取得的进展,确定差距和新出现的问题,并提出补救行动。

联合国还将利用一整套全球性指标监测和审查新议程中的17项可持续发展目标和169项具体目标,并把这些目标编入《年度可持续发展目标进度报告》。

2016年1月19日,潘基文秘书长宣布任命17名世界知名人士为推动实现可持续发展目标运动的倡导者,其中包括国家和政府首脑、政治和经济界领袖、学术界以及艺术界知名人士。来自中国阿里巴巴集团的创始人和执行董事长马云是其中之一。

潘基文在为此所发表的一项公告中表示,这些新被任命的"可持续发展倡导者"的使命是为联合国在营造势头、获取承诺、推动在2030年前实现可持续发展目标方面所做的努力提供支持。具体任务是宣传具有普遍意义的可持续发展议程,提高对可持续发展目标整体性的认识,以及在落实可持续发展目标的过程中培育新的利益相关者的参与。公告表示,这些倡导者将利用自己的独特地位和领导力,将可持续发展目标作为雄心勃勃和具有变革性的全球发展议程的一部分加以推动。他们将鼓励同政府、公民社会和私营部门建立伙伴关系,以分享知识和资源。

知名人士小组两位共同主席为加纳总统马哈马和挪威首相索尔贝格。除此之外还包括:比利时王后玛蒂尔德、瑞典王储维多利亚公主、"卡塔尔基金会"共同创始人莫扎王妃、南非前总统曼德拉的夫人格拉萨·马谢尔、儿童基金会亲善大使和世界足球明星梅西以及跨国公司联合利华的全球首席执行官伯尔曼等。

2015年8月2日晚,联合国193个会员国的代表就2015年后发展议程达成一致,这份题为"变革我们的世界——2030年可持续发展议程"的文件,标志着人类社会第一次就发展的概念达成了共识,具有划时代的意义。世界各国领导人于2015年9月召开的联合国峰会上正式通过《变革我们的世界:2030年可持续发展议程》,联合国成员国将迎来一个历史性的机遇,共同通过一整套旨在消除贫困、保护地球、确保所有人共享繁荣的全球性目标。

变革我们的世界:2030年可持续发展议程

目标1.在全世界消除一切形式的贫困

到2030年,在全球所有人口中消除极端贫困,极端贫困目前的衡量标准是每人每日生活费不足1.25美元;到2030年,按各国标准界定的陷入各种形式贫困的各年龄段男女和儿童至少减半;执行适合本国国情的全民社会保障制度和措施,包括最低标准,到2030年在较大程度上覆盖穷人和弱势群体;到2030年,确保所有男女,特别是穷人和弱势群体,享有平等获取经济资源的权利,享有基本服务,获得对土地和其他形式财产的所有权和控制权,继承遗产,获取自然资源、适当的新技术和包括小额信贷在内的金融服务;到2030年,增强穷人和弱势群体的抵御灾害能力,降低其遭受极端天气事件和其他经济、社会、环境冲击和灾害的概率和易受影响程度;确保从各种来源,包括通过加强发展合作充分调集资源,为发展中国家、特别是最不发达国家提供充足、可预见的手段以执行相关计划和政策,消除一切形式的贫困;根据惠及贫困人口和顾及性别平等问题的发展战略,在国家、区域和国际层面制定合理的政策框架,支持加快对消贫行动的投资。

目标2.消除饥饿,实现粮食安全,改善营养状况和促进可持续农业

到2030年,消除饥饿,确保所有人,特别是穷人和弱势群体,包括婴儿,全年都有安全、营养和充足的食物;到2030年,消除一切形式的营养不良,包括到2025年实现5岁以下儿童发育迟缓和消瘦问题相关国际目标,解决青春期少女、孕妇、哺乳期妇女和老年人的营养需求;到2030年,实现农业生产力翻倍和小规模粮食生产者,特别是妇女、土著居民、农户、牧民和渔民的收入翻番,具体做法包括确保平等获得土地、其他生产资源和要素、知识、金融服务、市场以及增值和非农就业机会;到2030年,确保建立可持续粮食生产体系并执行具有抗灾能力的农作方法,以提高生产力和产量,帮助维护生态系统,加强适应气候变化、极端天气、干旱、洪涝和其他灾害的能力,逐步改善土地和土壤质量;到2020年,通过在国家、区域和国际层面建立管理得当、多样化的种子和植物库,保持种子、种植作物、养殖和驯养的动物及与之相关的野生物种的基因多样性;根据国际商定原则获取及公正、公平地分享利用基因资源和相关传统知识产生的惠益;通过加强国际合作等方式,增加对农村基础设施、农业研究和推广服务、技术开发、植物和牲畜基因库的投资,以增强发展中国家,特别是最不发达国家的农业生产能力;根据多哈发展回合授权,纠正和防止世界农业市场上的贸易限制和扭曲,包括同时取消一切形式的农业出口补贴和具有相同作用的所有出口措施;采取措施,确保粮食商品市场及其衍生工具正常发挥作用,确保及时获取包括粮食储备量在内的市场信息,限制粮价剧烈波动。

目标3.确保健康的生活方式,促进各年龄段人群的福祉

到2030年,全球孕产妇每10万例活产的死亡率降至70人以下;到2030年,消除新生儿和5岁以下儿童可预防的死亡,各国争取将新生儿每1 000例活产的死亡率至少降至12例,5岁以下儿童每1 000例活产的死亡率至少降至25例;到2030年,消除艾滋病、结核病、疟疾和被忽视的热带疾病等流行病,抗击肝炎、水传播疾病和其他传染病;到2030年,通过预防、治疗及促进身心健康,将非传染性疾病导致的过早死亡减少1/3;加强对滥用药物包括滥用麻醉药品和有害使用酒精的预防和治疗;到2020年,全球公路交通事故造成的死伤人数减半;到2030年,确保普及性健康和生殖健康保健服务,包括计划生育、信息获取和教育,将生殖健康纳入国家战略和方案;实现全民健康保障,包括提供金融风险保护,人人享有优质的基本保健服务,人人获得安全、有效、优质和负担得起的基本药品和疫苗;到2030年,大幅减少危险化学品以及空气、水和土壤污染导致的死亡和患病人数;酌情在所有国家加强执行《世界卫生组织烟草控制框架公约》;支持研发主要影响发展中国家的传染和非传染性疾病的疫苗和药品,根据《关于与贸易有关的知识产权协议与公共健康的多哈宣言》的规定，提供负担得起的基本药品和疫苗，《多哈宣言》确认发展中国家有权充分利用《与贸易有关的知识产权协议》中关于采用变通办法保护公众健康，尤其是让所有人获得药品的条款；大幅加强发展中国家，尤其是最不发达国家和小岛屿发展中国家的卫生筹资，增加其卫生工作者的招聘、培养、培训和留用；加强各国，特别是发展中国家早期预警、减少风险，以及管理国家和全球健康风险的能力。

目标4.确保包容和公平的优质教育，让全民终身享有学习机会

到2030年，确保所有男女童完成免费、公平和优质的中小学教育，并取得相关和有效的学习成果；到2030年，确保所有男女童获得优质幼儿发展、看护和学前教育，为他们接受初级教育做好准备；到2030年，确保所有男女平等获得负担得起的优质技术、职业和高等教育，包括大学教育；到2030年，大幅增加掌握就业、体面工作和创业所需相关技能，包括技术性和职业性技能的青年和成年人数；到2030年，消除教育中的性别差距，确保残疾人、土著居民和处境脆弱儿童等弱势群体平等获得各级教育和职业培训；到2030年，确保所有青年和大部分成年男女具有识字和计算能力；到2030年，确保所有进行学习的人都掌握可持续发展所需的知识和技能，具体做法包括开展可持续发展、可持续生活方式、人权和性别平等方面的教育、弘扬和平和非暴力文化、提升全球公民意识，以及肯定文化多样性和文化对可持续发展的贡献；建立和改善兼顾儿童、残疾和性别平等的教育设施，为所有人提供安全、非暴力、包容和有效的学习环境；到2020年，在全球范围内大幅增加发达国家和部分发展中国家为发展中国家，特别是最不发达国家、小岛屿发展中国家和非洲国家提供的高等教育奖学金数量，包括职业培训和信息通信技术、技术、工程、科学项目的奖学金；到2030年，大幅增加合格教师人数，具体做法包括在发展中国家，特别是最不发达国家和小岛屿发展中国家开展师资培训方面的国际合作。

目标5.实现性别平等，增强所有妇女和女童的权能

在全球消除对妇女和女童一切形式的歧视；消除公共和私营部门针对妇女和女童一切形式的暴力行为，包括贩卖、性剥削及其他形式的剥削；消除童婚、早婚、逼婚及割礼等一切伤害行为；认可和尊重无偿护理和家务，各国可视本国情况提供公共服务、基础设施和社会保护政策，在家庭内部提倡责任共担；确保妇女全面有效参与各级政治、经济和公共生活的决策，并享有进入以上各级决策领导层的平等机会；根据《国际人口与发展会议行动纲领》、《北京行动纲领》及其历次审查会议的成果文件，确保普遍享有性和生殖健康以及生殖权利；根据各国法律进行改革，给予妇女平等获取经济资源的权利，以及享有对土地和其他形式财产的所有权和控制权，获取金融服务、遗产和自然资源；加强技术特别是信息和通信技术的应用，以增强妇女权能；采用和加强合理的政策和有执行力的立法，促进性别平等，在各级增强妇女和女童权能。

目标6.为所有人提供水和环境卫生并对其进行可持续管理

到2030年，人人普遍和公平获得安全和负担得起的饮用水；到2030年，人人享有适当和公平的环境卫生和个人卫生，杜绝露天排便，特别注意满足妇女、女童和弱势群体在此方面的需求；到2030年，通过以下方式改善水质：减少污染，消除倾倒废物现象，把危险化学品和材料的排放减少到最低限度，将未经处理废水比例减半，大幅增加全球废物回收和安全再利用；到2030年，所有行业大幅提高用水效率，确保可持续取用和供应淡水，以解决缺水问题，大幅减少缺水人数；到2030年，在各级进行水资源综合管理，包括酌情开展跨境合作；到2020年，保护和恢复与水有关的生态系统，包括山地、森林、湿地、河流、地下含水层和湖泊；到2030年，扩大向发展中国家提供的国际合作和能力建设支持，帮助它们开展与水和卫生有关的活动和方

案,包括雨水采集、海水淡化、提高用水效率、废水处理、水回收和再利用技术;支持和加强地方社区参与改进水和环境卫生管理。

目标 7.确保人人获得负担得起的、可靠和可持续的现代能源

到2030年,确保人人都能获得负担得起的、可靠的现代能源服务;到2030年,大幅增加可再生能源在全球能源结构中的比例;到2030年,全球能效改善率提高一倍;到2030年,加强国际合作,促进获取清洁能源的研究和技术,包括可再生能源、能效,以及先进和更清洁的化石燃料技术,并促进对能源基础设施和清洁能源技术的投资;到2030年,增建基础设施并进行技术升级,以便根据发展中国家,特别是最不发达国家、小岛屿发展中国家和内陆发展中国家各自的支持方案,为所有人提供可持续的现代能源服务。

目标 8.促进持久、包容和可持续经济增长,促进充分的生产性就业和人人获得体面工作

根据各国国情维持人均经济增长,特别是将最不发达国家国内生产总值年增长率至少维持在7%;通过多样化经营、技术升级和创新,包括重点发展高附加值和劳动密集型行业,实现更高水平的经济生产力;推行以发展为导向的政策,支持生产性活动、体面就业、创业精神、创造力和创新;鼓励微型和中小型企业通过获取金融服务等方式实现正规化并成长壮大;到2030年,逐步改善全球消费和生产的资源使用效率,按照《可持续消费和生产模式方案十年框架》,努力使经济增长和环境退化脱钩,发达国家应在上述工作中做出表率;到2030年,所有男女,包括青年和残疾人实现充分和生产性就业,有体面工作,并做到同工同酬;到2020年,大幅减少未就业和未受教育或培训的青年人比例;立即采取有效措施,根除强制劳动、现代奴隶制和贩卖人口,禁止和消除最恶劣形式的童工,包括招募和利用童兵,到2025年终止一切形式的童工;保护劳工权利,推动为所有工人,包括移民工人,特别是女性移民和没有稳定工作的人创造安全和有保障的工作环境;到2030年,制定和执行推广可持续旅游的政策,以创造就业机会,促进地方文化和产品;加强国内金融机构的能力,鼓励并扩大全民获得银行、保险和金融服务的机会;增加向发展中国家,特别是最不发达国家提供的促贸援助支持,包括通过《为最不发达国家提供贸易技术援助的强化综合框架》提供上述支持;到2020年,拟定和实施青年就业全球战略,并执行国际劳工组织的《全球就业契约》。

目标 9.建造具备抵御灾害能力的基础设施,促进具有包容性的可持续工业化,推动创新

发展优质、可靠、可持续和有抵御灾害能力的基础设施,包括区域和跨境基础设施,以支持经济发展和提升人类福祉,重点是人人可负担得起并公平利用上述基础设施;促进包容可持续工业化,到2030年,根据各国国情,大幅提高工业在就业和国内生产总值中的比例,使最不发达国家的这一比例翻番;增加小型工业和其他企业,特别是发展中国家的这些企业获得金融服务、包括负担得起的信贷的机会,将上述企业纳入价值链和市场;到2030年,所有国家根据自身能力采取行动,升级基础设施,改进工业以提升其可持续性,提高资源使用效率,更多采用清洁和环保技术及产业流程;在所有国家,特别是发展中国家,加强科学研究,提升工业部门的技术能力,包括到2030年,鼓励创新,大幅增加每100万人口中的研发人员数量,并增加公共和私人研发支出;向非洲国家、最不发达国家、内陆发展中国家和小岛屿发展中国家提供更多的财政、技术和技能支持,以促进其开发有抵御灾害能力的可持续基础设施;支持发展中国家的国内技术开发、研究与创新,包括提供有利的政策环境,以实现工业多样化,增加商品附加值;大幅提升信息和通信技术的普及度,力争到2020年在最不发达国家以低廉的价格普遍提供因特网服务。

目标 10.减少国家内部和国家之间的不平等

到2030年,逐步实现和维持最底层40%人口的收入增长,并确保其增长率高于全国平均水平;到2030年,增强所有人的权能,促进他们融入社会、经济和政治生活,而不论其年龄、性别、残疾与否、种族、族裔、出身、宗教信仰、经济地位或其他任何区别;确保机会均等,减少结果不平等现象,包括取消歧视性法律、政策和做法,推动与上述努力相关的适当立法、政策和行动;采取政策,特别是财政、薪资和社会保障政策,逐步实现更大的平等;改善对全球金融市场和金融机构的监管和监测,并加强上述监管措施的执行;确保发展中国家在国际经济和金融机构决策过程中有更大的代表性和发言权,以建立更加有效、可信、负责和合法的机构;促进有序、安全、正常和负责的移民和人口流动,包括执行合理规划和管理完善的移民政策;根据世界贸易组织的各项协议,落实对发展中国家、特别是最不发达国家的特殊和区别待遇原则;鼓励根据最需要帮助的国家,特别是最不发达国家、非洲国家、小岛屿发展中国家和内陆发展中国家的国家计划和方案,向其提供官方发展援助和资金,包括外国直接投资;到2030年,将移民汇款手续费减至3%以下,取消费用高于5%的侨汇渠道。

目标11.建设包容、安全、有抵御灾害能力和可持续的城市和人类住区

到2030年,确保人人获得适当、安全和负担得起的住房和基本服务,并改造贫民窟;到2030年,向所有人提供安全、负担得起的、易于利用、可持续的交通运输系统,改善道路安全,特别是扩大公共交通,要特别关注处境脆弱者、妇女、儿童、残疾人和老年人的需要;到2030年,在所有国家加强包容和可持续的城市建设,加强参与性、综合性、可持续的人类住区规划和管理能力;进一步努力保护和捍卫世界文化和自然遗产;到2030年,大幅减少包括水灾在内的各种灾害造成的死亡人数和受灾人数,大幅减少上述灾害造成的与全球国内生产总值有关的直接经济损失,重点保护穷人和处境脆弱群体;到2030年,减少城市的人均负面环境影响,包括特别关注空气质量,以及城市废物管理等;到2030年,向所有人,特别是妇女、儿童、老年人和残疾人,普遍提供安全、包容、无障碍、绿色的公共空间;通过加强国家和区域发展规划,支持在城市、近郊和农村地区之间建立积极的经济、社会和环境联系;到2020年,大幅增加采取和实施综合政策和计划以构建包容、资源使用效率高、减缓和适应气候变化、具有抵御灾害能力的城市和人类住区数量,并根据《2015—2030年仙台减少灾害风险框架》在各级建立和实施全面的灾害风险管理;通过财政和技术援助等方式,支持最不发达国家就地取材,建造可持续的、有抵御灾害能力的建筑。

目标12.采用可持续的消费和生产模式

各国在照顾发展中国家发展水平和能力的基础上,落实《可持续消费和生产模式十年方案框架》,发达国家在此方面要做出表率;到2030年,实现自然资源的可持续管理和高效利用;到2030年,将零售和消费环节的全球人均粮食浪费减半,减少生产和供应环节的粮食损失,包括收获后的损失;到2020年,根据商定的国际框架,实现化学品和所有废物在整个存在周期的无害环境管理,并大幅减少它们排入大气以及渗漏到水和土壤的概率,尽可能降低它们对人类健康和环境造成的负面影响;到2030年,通过预防、减排、回收和再利用,大幅减少废物的产生;鼓励各个公司,特别是大公司和跨国公司,采用可持续的做法,并将可持续性信息纳入各自报告周期;根据国家政策和优先事项,推行可持续的公共采购做法;到2030年,确保各国人民都能获取关于可持续发展以及与自然和谐的生活方式的信息并具有上述意识;支持发展中国家加强科学和技术能力,采用更可持续的生产和消费模式;开发和利用各种工具,监测能创造就业机会、促进地方文化和产品的可持续旅游业对促进可持续发展产生的影响;对鼓励浪费性消费的低效化石燃料补贴进行合理化调整,为此,应根据各国国情消除市场扭曲,包括调整税收结构,逐步取消有害补贴以反映其环境影响,同时充分考虑发展中国家的特殊需求和情况,尽可能减少对其发展可能产生的不利影响并注意保护穷人和受影响社区。

目标13．采取紧急行动应对气候变化及其影响

加强各国抵御和适应气候相关的灾害和自然灾害的能力；将应对气候变化的举措纳入国家政策、战略和规划；加强气候变化方面的教育和宣传，加强人员和机构在此方面的能力；发达国家履行在《联合国气候变化框架公约》下的承诺，即到2020年每年从各种渠道共同筹资1 000亿美元，满足发展中国家的需求，帮助其切实开展减缓行动，提高履约的透明度，并尽快向绿色气候基金注资，使其全面投入运行；促进在最不发达国家和小岛屿发展中国家建立增强能力的机制，帮助其进行与气候变化有关的有效规划和管理，包括重点关注妇女、青年、地方社区和边缘化社区。

目标14．保护和可持续利用海洋和海洋资源以促进可持续发展

到2025年，预防和大幅减少各类海洋污染，特别是陆上活动造成的污染，包括海洋废弃物污染和营养盐污染；到2020年，通过加强抵御灾害能力等方式，可持续管理和保护海洋和沿海生态系统，以免产生重大负面影响，并采取行动帮助它们恢复原状，使海洋保持健康，物产丰富；通过在各层级加强科学合作等方式，减少和应对海洋酸化的影响；到2020年，有效规范捕捞活动，终止过度捕捞、非法、未报告和无管制的捕捞活动以及破坏性捕捞做法，执行科学的管理计划，以便在尽可能短的时间内使鱼群量至少恢复到其生态特征允许的能产生最高可持续产量的水平；到2020年，根据国内和国际法，并基于现有的最佳科学资料，保护至少10%的沿海和海洋区域；到2020年，禁止某些助长过剩产能和过度捕捞的渔业补贴，取消助长非法、未报告和无管制捕捞活动的补贴，避免出台新的这类补贴，同时承认给予发展中国家和最不发达国家合理、有效的特殊和差别待遇应是世界贸易组织渔业补贴谈判的一个不可或缺的组成部分；到2030年，增加小岛屿发展中国家和最不发达国家通过可持续利用海洋资源获得的经济收益，包括可持续地管理渔业、水产养殖业和旅游业；根据政府间海洋学委员会《海洋技术转让标准和准则》，增加科学知识，培养研究能力和转让海洋技术，以便改善海洋的健康，增加海洋生物多样性对发展中国家，特别是小岛屿发展中国家和最不发达国家发展的贡献；向小规模个体渔民提供获取海洋资源和市场准入机会；按照《我们希望的未来》第158段所述，根据《联合国海洋法公约》所规定的保护和可持续利用海洋及其资源的国际法律框架，加强海洋和海洋资源的保护和可持续利用。

目标15．保护、恢复和促进可持续利用陆地生态系统，可持续管理森林，防治荒漠化，制止和扭转土地退化，遏制生物多样性的丧失

到2020年，根据国际协议规定的义务，保护、恢复和可持续利用陆地和内陆的淡水生态系统及其服务，特别是森林、湿地、山麓和旱地；到2020年，推动对所有类型森林进行可持续管理，停止毁林，恢复退化的森林，大幅增加全球植树造林和重新造林；到2030年，防治荒漠化，恢复退化的土地和土壤，包括受荒漠化、干旱和洪涝影响的土地，努力建立一个不再出现土地退化的世界；到2030年，保护山地生态系统，包括其生物多样性，以便加强山地生态系统的能力，使其能够带来对可持续发展必不可少的益处；采取紧急重大行动来减少自然栖息地的退化，遏制生物多样性的丧失，到2020年，保护受威胁物种，防止其灭绝；根据国际共识，公正和公平地分享利用遗传资源产生的利益，促进适当获取这类资源；采取紧急行动，终止偷猎和贩卖受保护的动植物物种，处理非法野生动植物产品的供求问题；到2020年，采取措施防止引入外来入侵物种并大幅减少其对土地和水域生态系统的影响，控制或消灭其中的重点物种；到2020年，把生态系统和生物多样性价值观纳入国家和地方规划、发展进程、减贫战略和核算；从各种渠道动员并大幅增加财政资源，以保护和可持续利用生物多样性和生态系统；从各种渠道大幅动员资源，从各个层级为可持续森林管理提供资金支持，并为发展中国家推进可持

续森林管理,包括保护森林和重新造林,提供充足的激励措施;在全球加大支持力度,打击偷猎和贩卖受保护物种,包括增加地方社区实现可持续生计的机会。

目标16.创建和平、包容的社会以促进可持续发展,让所有人都能诉诸司法,在各级建立有效、负责和包容的机构

在全球大幅减少一切形式的暴力和相关的死亡率;制止对儿童进行虐待、剥削、贩卖以及一切形式的暴力和酷刑;在国家和国际层面促进法治,确保所有人都有平等诉诸司法的机会;到2030年,大幅减少非法资金和武器流动,加强追赃和被盗资产返还力度,打击一切形式的有组织犯罪;大幅减少一切形式的腐败和贿赂行为;在各级建立有效、负责和透明的机构;确保各级的决策反应迅速,具有包容性、参与性和代表性;扩大和加强发展中国家对全球治理机构的参与;到2030年,为所有人提供法律身份,包括出生登记;根据国家立法和国际协议,确保公众获得各种信息,保障基本自由;通过开展国际合作等方式加强相关国家机制,在各层级提高各国尤其是发展中国家的能力建设,以预防暴力,打击恐怖主义和犯罪行为;推动和实施非歧视性法律和政策以促进可持续发展。

目标17.加强执行手段,重振可持续发展全球伙伴关系

筹资:通过向发展中国家提供国际支持等方式,以改善国内征税和提高财政收入的能力,加强筹集国内资源;发达国家全面履行官方发展援助承诺,包括许多发达国家向发展中国家提供占发达国家国民总收入0.7%的官方发展援助,以及向最不发达国家提供占比0.15%至0.2%援助的承诺;鼓励官方发展援助方设定目标,将占国民总收入至少0.2%的官方发展援助提供给最不发达国家;多渠道筹集额外财政资源用于发展中国家;通过政策协调,酌情推动债务融资、债务减免和债务重组,以帮助发展中国家实现长期债务可持续性,处理重债穷国的外债问题以减轻其债务压力;采用和实施对最不发达国家的投资促进制度。

技术:加强在科学、技术和创新领域的南北、南南、三方区域合作和国际合作,加强获取渠道,加强按相互商定的条件共享知识,包括加强现有机制间的协调,特别是在联合国层面加强协调,以及通过一个全球技术促进机制加强协调;以优惠条件,包括彼此商定的减让和特惠条件,促进发展中国家开发以及向其转让、传播和推广环境友好型的技术;促成最不发达国家的技术库和科学、技术和创新能力建设机制到2017年全面投入运行,加强促成科技特别是信息和通信技术的使用。

能力建设:加强国际社会对在发展中国家开展高效的、有针对性的能力建设活动的支持力度,以支持各国落实各项可持续发展目标的国家计划,包括通过开展南北合作、南南合作和三方合作。

贸易:通过完成多哈发展回合谈判等方式,推动在世界贸易组织下建立一个普遍、以规则为基础、开放、非歧视和公平的多边贸易体系;大幅增加发展中国家的出口,尤其是到2020年使最不发达国家在全球出口中的比例翻番;按照世界贸易组织的各项决定,及时实现所有最不发达国家的产品永久免关税和免配额进入市场,包括确保对从最不发达国家进口产品的原产地优惠规则是简单、透明和有利于市场准入的。

系统性问题:

政策和机制的一致性:加强全球宏观经济稳定,包括为此加强政策协调和政策一致性;加强可持续发展政策的一致性;尊重每个国家制定和执行消除贫困和可持续发展政策的政策空间和领导作用。

多利益攸关方伙伴关系:加强全球可持续发展伙伴关系,以多利益攸关方伙伴关系作为补充,调动和分享知识、专长、技术和财政资源,以支持所有国家,尤其是发展中国家实现可持续发展目标;借鉴伙伴关系的经验和筹资战略,鼓励和推动建立有效的公共、公私和民间社会伙伴关系。

数据、监测和问责:到2020年,加强向发展

中国家,包括最不发达国家和小岛屿发展中国家提供的能力建设支持,大幅增加获得按收入、性别、年龄、种族、民族、移徙情况、残疾情况、地理位置和各国国情有关的其他特征分类的高质量、及时和可靠的数据;到2030年,借鉴现有各项倡议,制定衡量可持续发展进展的计量方法,作为对国内生产总值的补充,协助发展中国家加强统计能力建设。

八、可持续发展的中国与世界

可持续发展是世界共同的目标,是人类共同的未来,是文明共同的追求。中国作为世界人口第一大国、世界第二大经济体,其可持续发展战略的执行,将对全世界产生巨大的影响。

中国可持续发展能力建设的实施,是政府发动、立法规范、社会参与、公众响应的共同事业。中国在全球最先编制《21世纪议程》:1992年7月,国务院环境委员会组织了国家52个部门共300余名科学家参加不同的工作小组,编制了《中国21世纪议程——中国21世纪人口、环境与发展白皮书》。编制的第五稿即现在由国务院公布的《中国21世纪议程》(中英两种文本)。

1992年8月,中共中央和国务院批准的指导中国环境与发展的纲领性文件《中国环境与发展十大对策》第一条就是"实行持续发展战略"。

1994年3月,国务院批准《中国21世纪议程》,这是全球第一部国家级的《21世纪议程》,它把可持续发展原则贯穿到国家管理的所有领域。

1996年3月5日,第八届全国人民代表大会第四次会议审议通过:将可持续发展作为国家基本战略。

2015年5月,国务院印发《关于加快推进生态文明建设的意见》。

2018年10月,国务院修订《中华人民共和国国家安全法》。

2017年7月,国务院印发《生态环境监测网络建设方案》。

2018年10月,《中华人民共和国大气污染防治法》,由中华人民共和国第十三届全国人民代表大会常务委员会第十六次会议于2018年10月26日修订通过。这部被称为"史上最严"的大气污染防治法。

2016年,国务院印发《国家创新驱动发展战略纲要》。

2016年5月30日,外交部与联合国驻华系统在西藏自治区林芝共同举办"2030年可持续发展议程国际研讨会"。

由上可见,中国一直在积极推进世界与中国的可持续发展能力建设。

九、近年来我国制定的部分关于"可持续发展"的法律法规等

(1)《国民经济和社会发展第十三个五年规划纲要》(2016年3月17日)。

(2)《京津冀协同发展规划纲要》(2015年11月25日)。

(3)《国家创新驱动发展战略纲要》(2016年国务院印发)。

(4)《中华人民共和国安全生产法》(2014年8月31日修订版)。

(5)《关于加快推进生态文明建设的意见》(2015年5月国务院印发)。

(6)《中华人民共和国大气污染防治法》(2018年10月26日通过的修订版)。

(7)《生态环境监测网络建设方案》(2017年7月26日)。

(8)《河北雄安新区规划纲要》(2018年4月14日)。

(9)《中华人民共和国清洁生产促进法》(2002年6月29日通过)。

详见附录。

第三章 绿色化学科学与工程类生态工业园区发展动态

21世纪人类的进步已进入了可持续发展的阶段,其科学与技术基础是绿色化学科学与工程(以下简称"绿色化学化工"),生态工业园区的建立是今后世界工业社区发展的理想模式。那种以牺牲环境、破坏生态和对资源进行掠夺性开发而取得高速度发展的做法将被彻底抛弃。这对人类的科学活动和技术发展将提出更高的要求。化学化工作为为人类提供物质基础的科学必须更加关注自然、环境和生态效应,必须快速发展更加绿色(环境和生态友好)和更加高效(原子经济性)的分子科学与过程工程学。

图 5-3-1 列出了绿色制造产业与社会可持续发展的关联示意图。

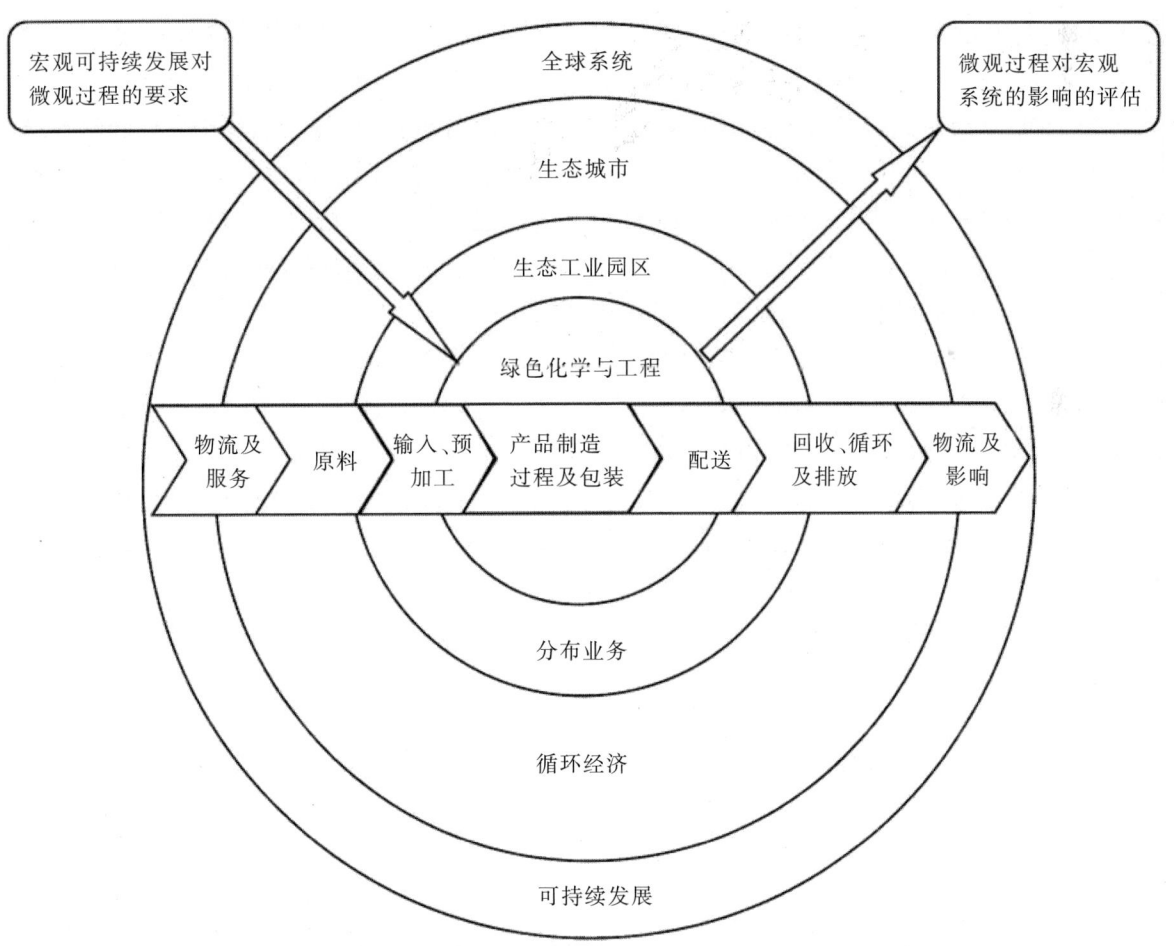

图 5-3-1 绿色制造业与社会可持续发展的关联示意图

一、国际绿色化学科学与工程发展动态

绿色化学化工是具有重大社会需求和明确科学内涵的新兴交叉学科,是当今国际化学与化工产业发展及科技研发的前沿。它的定义为减少与消除有害物质对人类健康与环境的威胁所做的化学过程与产品的设计、开发和生产。

绿色化学与生态化工技术代表着现代化学工业的发展方向,因此受到各国政府、企业和学术界的关注,被列为 21 世纪化学与化工中的核心问题。自 1995 年起,美国总统克林顿宣布设立"总统绿色化学挑战奖";日本政府规划了在 21 世纪重建绿色地球的"新阳光计划";由英国皇家化学会主办的国际性杂志《绿色化学》于 1999 年 1 月创刊;国际性学术活动中,如近几年美国化学学会年会上,"绿色化学与生态化工"均作为重要的主题。而在 2003 年发布的美国科学委员会的咨询报告《超越分子前沿:化学与化学工程面临的挑战》中,也把绿色合成与转化列为 21 世纪化学与化工中的核心问题。

在高等教育方面,1997 年,美国化工部(CEB)、经济、暴露和技术部(EETD),以及污染和有毒物质防治办公室(OPPT)即开始构思将"绿色工程"引入教材的建议,因此,1998 年初,OPPT 就启动了绿色工程的计划,其最初的目的是编写一本适用于化学工程教学,关于"绿色"设计方法的教科书。

经过数年的工作,以及与化学工程的教育家和美国环保署之间的大量交流,美国于 2001 年开始出版了有关"绿色"工程方法专著,并开始用于化学工艺设计以及供高年级化学工程的教学使用。

在国际上,绿色工程的计划也融入了环境法规,如美国重视环境法律法规的建设,近 20 年来,对于流程工业已由末端治理向源头上根除污染的绿色管理目标发展。绿色工程在废物治理方面已由传统的先污染、后治理的末端处理方案,转为源头根除与防治,即由设计开始必须强调进行符合生态需求的产业化设计。这项策略的基本前提是必须考虑在整个产品生命周期内,防止废物或污染物的产生。这种策略比在污染物产生后再对它进行控制或处理的方法更加有效,是真正符合保证人类社会的可持续发展的基本法则。

美国要求化学工程师的职业行为必须遵从相关的法规,其中一组重要的法规是由议会颁布的环境法,它指定由权威管理机构制定条例。环境法规条例产生于立法机关、行政机构和法院,该法规具有法律效力。如法令要求新型化学品制造商必须呈交预生产报告(PMN)才可将产品投入市场。全美关于环境问题约有 20 个主要的联邦法令,该领域在过去的 30 年里发展迅速,如联邦环境法规及其修正案数量的增长,由 1980 年的 60 余项增至 2000 年的 120 多项。有数百个州和地区法规,数千个联邦和州管理条例,以及更多的联邦和州法庭案例和行政规则等,它们汇总在一起形成环境法规体系,以下以《污染防治法》[①]为例说明,《污染防治法》有如下定义。

* 污染防治是指《污染防治法》中定义的有关"废物源头削减"以及通过以下方法减少或消除污染物质产生的措施。

* 原料、能量、水及其他资源使用效率的提高。

* 自然资源的有效保护。

《污染防治法》提出了"副产物管理层次",并以此作为美国的国家政策。副产物管理层次定义如下。

污染应尽可能在源头消除或减少;如果不能预防则应尽可能以环境安全的方式进行循环使用;不能预防和循环的应尽可能采用环境安全的方式处理,废物弃置或向环境排放只能作为最后的选择方法,且必须以环境安全的方式进行。

根据以上定义及循环方式的界定,按递降的

---

① 1990 年提出。

顺序列出废物管理层次,从最优至最差选择方式排列:

①源头削减;②过程内部循环;③在线循环;④远距离循环;⑤副产物处理;⑥安全弃置;⑦直接排放至环境中。

随着向单一环境介质中排放量的减少,还特别强调了要防止污染物由一种环境介质向另一环境介质的转移。例如,某些污染物是由液体转到气体,如含有挥发性有机物的废水与空气接触,使污染物通过挥发进入气体中。更不易察觉的介质转化形式是污染物在处理过程中经反应转化为毒性较小的化学品。以上这些转化过程都是能量密集型的,能量的耗费也会导致污染。由此可见,减少排放到所有环境介质中的工业废物的总量和毒性需要综合治理的策略。该策略还必须考虑降低废物处理的总量。美国实践证明这个策略的实现,主要依靠绿色化工理念,研发并实现最有效的过程集成。

以美国石油协会的污染防治工作组根据"污染防治"更广义的定义,即包括环境友好的循环利用,以及向空气、水和土壤介质中排放副产物减少的案例(图5-3-2)所示,以有两个反应器的工艺路线变化为例,第1个反应器将原料A和B转化为产品C和副产物D,第2个反应器将原料D和E转化为产品F。两个反应集成过程实现了"过程内部循环利用"。

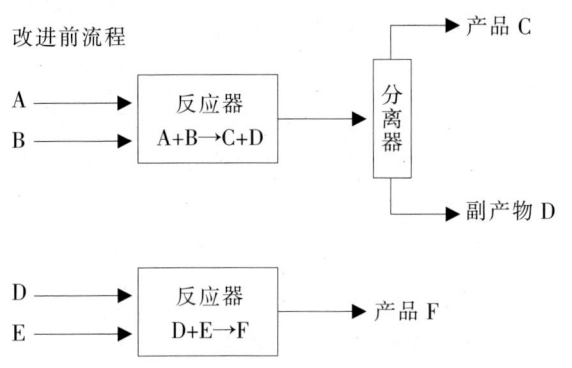 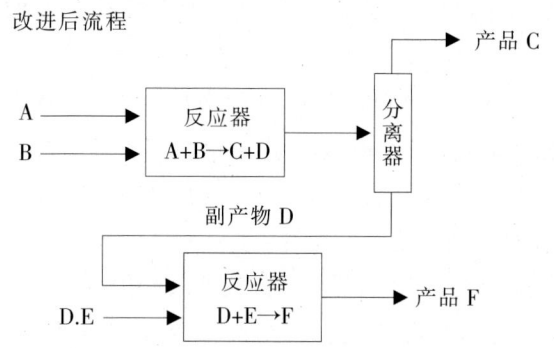

图5-3-2 有两个反应器的工艺路线

污染防治的广义定义。以污染防治为目的的工艺路线设计改进包括废物管理层次的前四项内容:副产物源头削减、过程内部循环、在线循环和远距离循环利用。根据这个广义定义,许多实例都是通过循环系统改进来实现污染防治,诸如提高原材料的转化效率,减少能量消耗以及水和其他资源的使用等。

这些法规的实施不但有效地恢复并维护了相应的环境介质,也常常同时达到了节能及省资源的目的。20世纪80年代中后期,排放到环境中的多种有毒物绝对量开始降低。如果以TRI为参考,"有毒物"的排放量由1986年的1 542 214.06 t减少到1998年的907 184.74 t。另外,环境中多种污染物的浓度也在持续下降,诸如臭氧、铅、挥发性有机物和一氧化物。其他的指标也表明了治理的有效性,例如,每单位国民生产总值(美元)所消耗的能量值在过去10年中由15 825.84 kJ降至11 605.62 kJ。

副产物源头削减的一些实例,应用了"编目控制"方法。"编目控制"的目的是减少已淘汰或过时的原材料或产品所产生的副产物。"编目控制"的有效方法包括根据生产线规模按需定购原材料,或审查原材料的购买程序以减少有害化学品,选择环境友好的替代品。编目控制的其他技术更具挑战性,例如采纳最新的生产工艺,改进生产路线可减少副产物产生并提高利润,杜邦/EPA联合进行的污染防治研究发现某精细化学品间歇生产中所使用的清洗剂废液可完全清除一项废物,利用源头削减工程在生产下游处安装排放管道从中回收前一工序中的化学物质,获得净利润值2 212 000美元。更多关于废物源头削减的实例可参考相关文献。

此外,在绿色化学化工技术基础上,国外进而建设了一批卓有成效的生态工业园区及生态化城市,为全球社会经济的可持续发展做出了贡献。

二、国际生态工业园区建设概况

生态工业是依据生态经济学原理,以节约资源、清洁生产和废弃物多层次循环利用等为特征,以现代科学技术为依托,运用生态规律、经济规律和系统工程的方法经营和管理的一种综合工业发展模式。工业生态学的核心是如何实现循环经济与环境友好理念,实现再生资源的利用,即用化学方法改变和回收利用废物,将废物转化为原料,进而达到资源与能源高效利用的目标。

按照循环经济的基本框架,工业生态系统应在3个层面,分别运用3R原则实现3个层面的物流、能流、信息流与资金流流动与管理。

在化工产业层面上:①应根据生态效率的理念,推行清洁生产,减少产品生产和服务中的物料和能源使用量;②减少有毒物质的排放;③加强物质循环使用的能力;④最大限度地利用可再生资源;⑤实现污染物排放的最小化。

在区域层面上:应按照工业生态学原理,通过企业间的物质集成、能量集成和信息集成,形成企业间的工业代谢和共生关系,建立工业生态园区。

这样才能在社会层面上实现消费过程中和消费过程后的物质和能量的循环,以达到可持续发展的目标。

由上可见,社会发展对化工过程设计工作提出了更严格的要求:不但要善于设计单一的符合3R要求的化工过程;而且要设计不同层次的工业生态系统。要求过程制造工程师们放宽眼界,不但要研究与实现化工系统内部的工业生态过程集成,而且应该要研究与进行大系统(如整个工业园区系统内外范围)过程集成网络的设计,例如工业区内电厂与炼油厂之间的热集成,不同产品制造厂的原料与别厂的副产品或废料之间的生产线的集成,或功能产品与原料生产线之间溶剂或水的集成循环使用等。

以下分两个层次介绍工业生态系统,即化工内部工业生态系统(产业内部子系统过程集成网络)与高级工业生态系统(即生态工业园区不同产业间的大系统)集成网络的建立的案例与基本方法。

(一)安全工程与生态工业系统

化学工业不但是国民经济的基础产业,而且是高新技术产业的支撑。化学工程师的核心任务就是设计并操作化工过程,以生产化学品,满足社会发展的需求,并且获得盈利;另一个重要任务就是使操作人员和在工厂附近的居民处在安全环境中,用循环经济的准则进行设计,不损害下一代的生存。化工过程设计应对环境和人类健康有保护性。应该特别重视的问题是:环境问题不仅在化学品生产的过程中要考虑,还要在化学品生命周期的其他阶段,比如运输、消费者使用、循环利用和最后的处理过程等环节中均需考虑。也就是说,化学工程师具有维护化学过程安全性的责任,环境保护的责任。

1.安全工程

21世纪化工过程设计安全工程的目标,不仅是维护生产,使有毒化学品的意外排放以及火灾和爆炸事故的发生最小化,以保证生产过程的安全、生产者的安全以及环境影响的最小化;而且要关注实现环境友好以保证长远的大环境安全,如大气环境、地球水体的安全以及资源与能源损耗等。我国重视安全生产工作,不但下达了关于《建设项目(工程)劳动安全卫生监察规定》及有关国家规定的标准,而且明确规定建设项目中的劳动安全卫生设施必须与主体工程"同时设计,同时投产和使用"的"三同时"原则。化工生产过程中不安全的职业危险及危害因素主要包括6部分:①火灾、爆炸危险;②毒性物质危险;③腐蚀性物料的危害;④噪声危害;⑤其他危害,如雷击、电击、放射性危害,设备、管道气液固物料泄漏等灾害因素;⑥原料、中间品及产品贮存及运输过程的危险性,此外还关注"三废"对大气、水体及对生态系统的危害性等。

(1)重大安全事故的分析

40多年以来,世界发生了几起大的化工厂安全事故,说明化工过程整体安全性设计的重要性。这些事故直接导致人员伤亡、残疾、工厂设备及周围住宅的破坏以及环境影响。曾震惊世界的安全事故有发生在英国弗利克斯伯勒(Flixborough,1974)和印度的博帕(1984)以及中国吉林石化双苯厂爆炸事件(2005),等等。

Flixborough事件:捷普有限公司(Nypro)Flixborough车间年产70 000 t己内酰胺(生产尼龙的原材料)。该反应以环己烷为原料,在空气存在的条件下经过6个反应器逐步把环己烷氧化成环己醇。在过程操作中,环己烷在降压时迅速蒸发,形成可燃烧的混有空气的环己烷气团。5号反应器的无缝钢铁设备结构上发现有微小裂纹而被去除,4号反应器经50.8 cm的管道与最后一个反应器相连,但通常情况下应选用71.12 cm管道连接反应器。正是由于这段管线使用不合适,高压将管线压破,泄漏出大约30 t环己烷并形成一个大蒸气团。未知的火源引发蒸气团爆炸,把整个工厂夷为平地。在这起事故中,共有28人死亡,36人受伤,其危害波及附近的房屋、商店和工厂。工厂爆炸引起的大火持续了10多天。其实,采用后文讲述的适当安全设计和操作程序(包括减少现场可燃液体的使用),可以完全避免这起事故。

博帕事件:博帕位于印度中心,1984年12月3日,发生了甲基异氰酸酯(MIC)的意外泄漏事件,导致附近居民死亡2 500人,200 000多人受伤。这家工厂是由联合碳化学公司和当地投资商共同经营,用于生产农药,MIC就是生产这种农药的中间体之一。在大气环境下,MIC是液态的,沸点39.1 ℃,蒸气密度大于空气密度,在极低浓度下毒性就很强,工人在8 h工作期间所能承受的MIC最大允许暴露浓度极少,为0.02 mg/L。吸入大剂量MIC会导致死亡。MIC与水的反应是一个速度慢的放热反应,如果没有冷却,释放出的热量会使MIC沸腾。就在事发当天,由于劳动纠纷使MIC的操作设备没有开启,未知原因使MIC储罐中混入了水,水和MIC发生反应导致温度升高达到MIC的沸点,产生的蒸气从容器上的压力调节阀逸出,转向专门设计用于控制MIC排放的洗涤—燃烧系统。不幸的是,控制排放系统那天正巧没有启用,结果大约25 t MIC蒸气泄漏到环境中造成巨大的灾难。

我国近些年在某些亚麻厂、石油化工厂、化工厂等企业曾发生几起特大恶性安全事故,也给人民生命和国家财产造成重大损失,例如中国石油吉林石化公司双苯厂爆炸事件:2005年11月13日下午1时45分左右,位于吉林省吉林市东北方向龙潭区的中国石油吉林石化公司双苯厂,因为苯胺装置T-102塔发生堵塞,循环不畅,处理不当,发生着火爆炸事故。吉林石化公司爆炸事故共造成5人死亡、1人失踪、60多人受伤。事故造成新苯胺装置、1个硝基苯储罐、2个苯储罐报废,导致苯酚,老苯胺装置,苯酐装置,2,6-二乙基苯胺等四套装置停产。爆炸还造成约100 t苯类物质流入松花江,造成了江水严重污染,沿岸数百万居民的生活受到影响。此外,我国也曾发生京沪高速车祸液氯泄漏事故、黄浦区气罐车侧翻事故、重庆仓库爆炸事故以及多起煤矿塌陷爆炸事故、2015年天津的"8·12"事件等。

据美国政府公布的统计数字,美国1979年全年因各类事故造成的损失,死亡103 500人,10万人因此丧失劳动力,损失费用达37 574亿美元。1995年美国因各事故造成的经济损失约200亿美元,其中石油化工行业的事故经济损失高达100亿美元。

(2)安全工程

为什么近代化工安全事故仍陆续发生且有增无减呢?这是因为在现代工业生产中,随着新技术、新能源和新材料的不断涌现,生产过程的大规模化和复杂化,以及各种危险物质的品种和处理量的增长,生产中防止灾害和损失的范围日益广泛,安全保障和技术难度也相应增大;随着现代科学技术的使用,出现了种类繁多难于识别的工程事故的"隐患",又需要用新的科学的方法和技术去识别、防止与控制;而且一些已经投入运行的生产装置和设备,由于陈旧和老化,它们的潜在危险也日益暴露出来。由此可见,更加重视化工安全问题已是当务之急。因此,近年来在工程技术领域中出现了这一门专门的工程技术——安全工程。安全工程是涉及各种技术领域的一种综合性和交叉性的专门技术。

(3)化学工业安全设计——实现安全工程的首要措施

化学工业与炼钢、造船、机械、电气设备制造等工业相比,前者是过程制造业,后者是离散型制造业。在制造过程中,使用不同性质化学品种类多,其中包括可燃性或有毒性的物质,所以由这些物质引起的火灾、爆炸或中毒的危险性较大。另外,随着装置及设备的大型化,处理量明显增大,其操作也涉及危险的反应和高温、高压等苛刻操作条件,苛刻的操作条件也增加了装置本身损伤、破坏的危险性,其灾害的波及面也就较大,亦增加了消防灭火的困难,最坏的情况是造成企业本身的致命损伤以及对周边环境的污染与污染的扩大。解决这些导致灾害的问题,必须强调的原则是源头防治为本,也就是说,解决前述严重安全问题,最根本的方法是进行新的内在更安全的设计,即通过工艺设计减小固有危害性,而不是仅考虑选用对危害进行防护方案;需进行环境影响最小化的新过程设计,而不是仅仅通过处理废料来实现环境友好。

1)在安全设计中必须考虑的基本项目。

A.工艺的安全性。工艺必须以下列3项作为达到工艺安全的目标进行研究,即在设计条件下能够安全运转;即使多少有些偏离设计条件也能将其安全处理并恢复到原来的条件;确立安全的起动或停车办法。

因此,必须评价化工工艺所具有的各种潜在危险性,例如原料、化学反应、操作条件的不同、偏离正常运转的变化、工艺设备本身的危险性,研究排除这些危险性,或者用其他适当办法对这些危险性加以限制的方法。石化装置一般是多个工艺过程高度集中构成的,所以有时各工艺过程的每个阶段也影响其他阶段的操作。一开始就考虑全部工艺过程的安全问题是比较复杂的,所以有必要将工艺过程进行分类,考虑每类工艺过程对其他工艺过程的影响,以求达到整个工艺过程的安全化。

B.防止运转中的事故。应尽力防止由运转中所发生的事故而引起的次生灾害。事故的对象有废物的处理、停止供给动力、混入杂质、误操作、发生异常状态、外因等。

C.防止扩大受灾范围。万一发生灾害时,应防止灾害扩大,把灾害局限在某一范围内。

以上是安全设计的基本事项,但考虑到工厂厂址、化工装置的特殊性、企业内组织的不同及其他情况,还必须具体问题具体分析。

2)在进行设计或重新设计(过程改造)时必须要首先考虑与解决的问题。

A.最小化:尽量使用最小量的危害性物质。

* 是否已经将储罐中与过程相关的危险品存量压缩到最小。

* 是否已尽可能减少危险品的储罐数量。

* 其他类型的单元操作或设备能够缩减化学品的使用限额吗?(例如,用连续在线混合器代替混合容器)

B.替代工艺或替代品:尽量使用危害性小的工艺和物质代替危害性大的工艺和物质。

* 有无可能通过采用替代工艺而彻底消除危害性原料、过程中间体或副产物。

* 能否将原料替换为毒性更小的物质,或能否将易燃或有毒的溶剂替换为非易燃或无毒的溶剂。

C.优化操作条件或设施:选用危害性更小的操作条件或设施,使排放物质或能量的危害性最小。

* 原料的进料压力能否被限制到容器的操作压力。

* 能否通过使用更优良的催化剂尽可能使反应条件(温度,压力)变得不那么苛刻。

D.简化:尽可能简化设计以消除不必要的复杂性,以避免因操作繁复而导致的操作失误的发生。

* 设计的容器能否承受最坏的情况发生下可能产生的最大压力。

* 能否实现过程单元的耦合,简化高温高压设备与减少储罐的个数。

其中,选择安全的、经济的和环境友好的工艺路线,是一件非常重要也是较难的工作,因为必须考虑到整个化学品供应链优化。例如,在甲醇生产中,甲醇用一氧化碳制得。一氧化碳由另一过程的现有废物部分氧化制得。另一方面,把一氧化碳转变成甲醇需要能量密集型原料氢气。评价一个化学品生产的环境特征应当考察整个化学品的原料供应链,但是实际检验这些供应链,需要用化学生产工业物质流与能量流的综合、集成模型,目前已有些可供参考的模型,但仍在继续研发中。研究者已经建立了与200多种化学品生产相互关联的超过400个化工过程的基本的物质流和能量流模型,描述了化学品生产过程的复杂生产过程集成的网络。一旦确定了目标化学品的消费者和生产者,就可以用物料流和能量流模型构建网络。网络的构建取决于要优化的目标特性,通过分析鉴别能耗最小的,毒性中间体利用最少和原料使用最少的安全的生产网络。当然同时还要进行其他分析,如网络对能量供应波动和有毒物质应用限制的响应。总之,化学品生产网络的物流模型可以提供判别和优化过程网络的基本必要信息,供设计者参考。

(4)安全设计的分工

关于安全设计,需在设计的各阶段,事前充分审查与各专业设计有关的安全性,并制定必要的安全措施。另外,在通常的设计阶段中,各技术专业也要同时进行研究,对安全设计一定要进行特别慎重的审查,消除考虑不周和缺陷之处。安全设计的分工因进行设计的专业或工程公司归属关系及行业侧重点不同,分工也不尽一致,主要内容见表5-3-1。

表5-3-1 安全措施项目和分工

项目	目的	安全措施的内容	承担的专业
工艺过程的安全	评价物料、反应、操作条件的危险性,研究安全措施	1.分析由物料特性引起的危害性 　(1)燃烧危险;(2)有毒有害危险;(3)腐蚀危害 2.反应危险 3.控制反应的失控 4.设定数据测定点 5.判断引起火灾、爆炸的条件 6.分析操作条件产生的危险性 7.材质分析 　(1)耐应力性;(2)高低温耐应力性;(3)耐腐蚀性;(4)耐疲劳性;(5)耐电化学性;(6)隔音;(7)耐火、耐热性 8.填充材料 9.其他危害分析 10.提出有关专业安全设计的条件或要求	工艺
	选择机器、设备的形式、结构,并研究承受负荷的措施	1.材质 2.结构 3.强度 4.标准等级	机械设备(包括配管、贮罐、加热炉、电气、仪表、建筑)
	研究设备机器偏离正常的操作条件及泄漏时的安全措施	1.选择泄压设施的性能、结构、位置 　(1)安全阀;(2)爆破片;(3)密封垫;(4)过流量防止器;(5)阻火器 2.惰性气体注入设备 3.爆炸抑制设施 4.其他控制设施(包括程序控制等) 5.测量仪表 6.可燃、有毒气体监测报警设施 7.通风装置(厂房) 8.确定危险区和决定电气设备防爆结构 9.防静电措施(包括防杂散电流的措施) 10.避雷设备 11.装置内的动火管理	工艺 工艺 工艺 工艺、仪表 仪表 仪表 建筑、暖通 电气 电气 电气 工程管理

续表

项目	目的	安全措施的内容	承担的专业
防止发生运转中的事故	研究防止由运转中所发生事故引起的灾害的措施	1.紧急输送设备 2.放空系统 3.排水、排油设备(包括室外装置的地面) 4.动力的紧急停供措施 　(1)保安用电力；(2)保安用蒸汽；(3)保安用冷却水 5.防止误操作措施 　(1)阀等的连锁；(2)其他 6.安全仪表 7.防止混入杂质等的措施 8.防止因外因产生断裂的措施	工艺 工艺 给排水 电气、热工 机械、仪表 配管 仪表 机械 机械
防止扩大受害范围的措施	防止发生灾害时扩大受害范围，研究将受害范围限制在最小限度内的措施	1.总图布置、设备布置 2.耐火结构 3.防油、防液堤 4.紧急断流装置 5.防火、防爆墙 6.防火、灭火设备 7.紧急通话设备 8.安全避难设备 9.防爆结构 10.其他	总图、配管 建筑、机械 建筑 工艺、仪表 建筑 消防 电信 项目安全 建工 项目安全

(5) 系统安全工程

系统安全工程可定义为：用系统工程方法创造系统可以接受的条件，使系统可能发生的事故减少到最低限度，并达到最佳安全状态。系统安全工程的方法可概括为：①系统安全分析；⑦危险性评价(包括对物质、工艺、人机关系、环境等的评价)；②比较；④综合评价；⑤最佳化计划的决策。其中系统分析和评价是系统安全工程的核心。

系统安全的分析方法现在已发展到许多种，其中最常用的则有25种，它们各有特点。如果按照从初级到高级的不同程度分，则有安全检查表(CL)、初步危险性分析(PHA)、故障类型影响分析(FMEA)、致命度分析(CA)、事件树分析(ETA)、事故树分析(RA)。如果按照分析的数理方法划分，则有定性及定量分析；如果从逻辑的观点看，则有归纳分析和演绎分析。

系统安全的评价方法，当前主要的有两种：其一为对系统的可靠性、安全性进行评价；其二为利用生产所需原料，所谓物质系数法，进行评价。美国的陶氏化学公司的火灾爆炸指数评价法，经过不断修改，现已发展为第七版。日本的冈山法、芷田法都源于此。最近英国帝国化学公司发展的蒙德法，较大幅度地改善了道化学公司的方法，使评价结果更接近实际。日本1976年发表的化工联合企业评价六步骤标准，简单易行，易于掌握，有很多可取之处。

系统安全工程的方法，不仅适用于工程，而且适用于管理，实际上现在已形成安全管理系统，两者结合才能确保安全。安全工程和系统安全管理两个分支，应用范围可归纳为以下方面：①发现事故隐患；②预测由故障引起的危险；③设计和选用安全措施方案；④组织实现安全措施；⑤对措施效果做出总结评价；⑥不断进行改善。在化工设计及企业安全领域里引进系统安全工程的方法优越性很多，它可以使安全工作从过去的凭直观、经验的传统方法改变成定性定量的方法，它亦属于应用信息化手段完成安全性分析评估，进而指导安全性设计的近代新方法，目前仍处在需要进一步研究、发展与深化的阶段。

2. 单元操作的绿色环保化措施

在构建一个生产化学品的过程流程时，希望在设计中及时考察每个单元操作的环境影响，这种环境友好的设计方法形成的过程更为经济，因为设计中要求减少废物以及环境治理成本,从而有更多的原材料转化为可销售的产品。

在制定污染预防决策时,即对物料、单元操作技术、操作条件和能耗等进行筛选时,着重要考虑的是健康和环境风险因子,同时还要兼顾成本和安全问题。同时也要考虑到防止"风险转移"。例如,化工厂常采用冷却塔储存水源,用于冷却的过程水可以多次循环再利用。然而,对于工人而言,他们暴露于冷却水回路中用于抑制微生物生长的杀虫剂的风险就增加了;另外,某些冷却过程中会因固体物蓄积而产生有毒废物——比如,防腐剂六价铬(致癌剂)的使用。降低挥发性排放的一种策略是通过清除回路和备用的设备而减少阀、泵等的数量,这样可以减少常规的大气排放,但却增加了灾难性排放或其他安全事故的概率。简而言之,污染预防的目的在于减少所有可能的风险而不是将风险从一种形式转移为另一种。

(1)单元操作物料选择的环境污染预防

设计和改进单元操作以实现污染预防的一个非常重要的因素就是化工生产中物料的选择。这些物质被用作原料、溶剂、反应物、质量分离试剂、稀释剂和燃料等。应避免使用持久性的、易生物积累或有毒的物料,随着相关法规的日趋严格,许多生产者不再选用这类物料。有关物料选择的问题如下。

1)什么是物料的环境、毒物学和安全特性?
2)与其他替代品相比较,这些特性有何优劣?
3)这些物料导致废物产生或排放的贡献程度多大?
4)在维持或提高目标产物总产率的前提下,是否存在其他的可选择方案使产生的废物或排放量更少?

如果能找到产生废物更少或毒性更小的物料,并且废弃物的危害性不显著,那么化学过程的污染防治方面将取得重大进展。

毒性较小的物质(例如空气和水)在使用时,会产生废物流,因此也需考虑其对环境的影响。化学反应中经常用空气作为稀释剂或氧气的来源。对温度较高的反应,空气中的氮和氧分子会反应生成氮氧化物。一旦排放,在较低的大气压下氮氧化物会参与光化学烟雾反应。因此,很有必要考虑其他可选择的氧化剂(如富集空气或纯氧),以及稀释剂(如二氧化碳或其他惰性副产物)。水在化工中应用很多,可作为沸腾剂、冷却介质、反应物或质量分离剂。下面的例子说明进料中水的质量对精炼厂中有害废物的产生会有深刻的影响。

<例1>

图 5-3-3 显示了精炼厂中过程用水的多种用途。水和原油同时进入的目的是,除去其中可能破坏下游设备操作的盐和其他固态污染物。

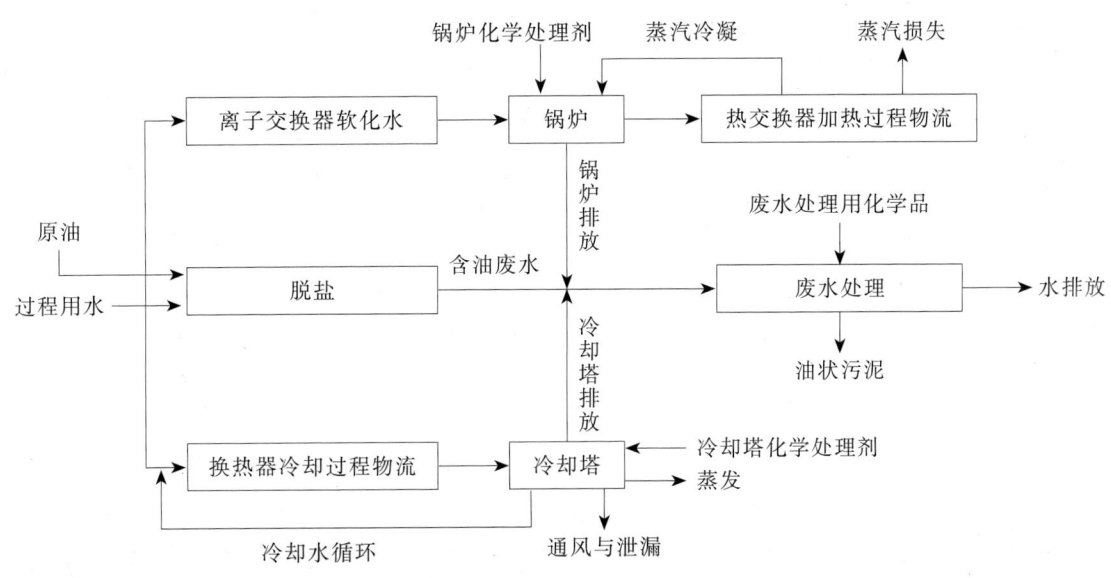

图 5-3-3 精炼厂中生产用水的示意图

此操作中用过的水进入废水处理装置以回收残留的油并且脱去有毒物质。锅炉用水经离子交换器软化,锅炉产生的蒸汽用于过程的加热,一小部分冷凝返回锅炉。

问题:锅炉中固态物质的累积和超标的固态悬浮物会导致传热壁面产生污垢,降低传热效率。需要定期停工检查和清理壁面,以恢复正常操作。为了控制固态物质的累积,当溶解的固态物质达到饱和状态时,需将锅炉中的物质引入废水处理装置,术语称作"锅炉排水"。同样,在精炼厂的冷却系统中,由于冷却塔的冷却机制是蒸发,容易截留固体物使溶解的固态物质发生累积。冷却塔排出的高钙固体碰到碱性高的锅炉排水时,会产生沉淀。这种沉淀会堵塞废水处理设备,并与脱盐设备排出的废水混合形成油状污泥。已确定含油废水中每磅固体沉积物会产生 4.54 kg 左右的油状污泥。这种污泥被 RCRA(美国资源保护与恢复法)列为有害废物,并且因其处理费用昂贵及造成的过程原油的浪费,导致成本增高。

污染防治解决方案:美国西北部的某石油精炼厂,解决上述废水处理问题的方法是,对生产过程用水经反渗透的预处理以除去进料水中溶解的固体,从而消除油状污泥中固体的来源。这种解决方法能有效地降低成本,仅节约出的处理费用就足以支付预处理装置的投资和操作费用。额外的节省表现在所需的处理锅炉和冷却塔的化学试剂更少了(减少了 90%)。维修成本也降低了,因为热交换表面损坏的比例减小了。

表 5-3-2 对单元操作、物料选择和风险因素进行了总结。

表 5-3-2 化工生产中单元操作、物料选择和风险因素一览表

单元操作	物料	风险和环境影响问题
锅炉	燃料类型	标准污染物的排放 高效和低排放锅炉
反应器	进料,反应物,产物,副产物,稀释剂,氧化剂,溶剂,催化剂	环境和毒理性质 反应收率转化率和选择性 废物产生和排放机理 催化剂再利用或处理
分离器	质量分离剂,萃取溶剂,固体吸附剂	环境和毒理性质 操作性质(相对挥发性等) 能量消耗 固体吸附剂的再生
储罐	进料,产物,溶剂	环境和毒理性质 空气排放 液体的蒸汽压
挥发源	进料,产物,溶剂	同储罐
冷却塔	水,生物抑制剂	生物抑制剂的环境/毒理性质 溶解固体的废物产生
换热器	热交换流体	环境和毒理性质

(2)化学反应器的环境污染预防

从环境的角度来看,反应器是化工生产中最重要的设备。

为了预防污染,在设计化学反应器时,需要慎重考虑许多因素。应选择对环境影响较小的原材料、产物和副产物。目标产物的产率和选择性要尽可能的高。最后,反应能耗应该很低。另外,是反应物、产物和副产物的生命周期影响应相对较低。例如,原材料的累积排放和影响应相对较低,消费者使用后对环境影响应较小,如果可能应将反应产物回收再利用。工程师应平衡所有的考虑因素。基于本章讨论,反应器需要考

虑的因素分类为：
* 物料使用和选择。
* 反应类型和反应器的选择。
* 反应器操作。

接下来，从共性到特殊性，展开对化学反应器污染防治问题的讨论。

1) 反应器中物料的使用和选择。

化学反应器中物料的使用包括选择反应器的进料、催化剂(如果需要)、溶剂或稀释剂。这些物质的选择大多已在前述的流程设计中被确定了。然而，这里强调的物料选择，对降低化工生产中反应器对环境的影响是十分重要的。

A.原料和进料：化学反应中使用的原料可能是高毒性的或者会形成副产物。

一种原料的消除或更友好的替代品的使用促使采用新的化学工艺。例如，全球范围内光气被大量应用于聚碳酸酯和氨基甲酸酯的生产。光气($-COCl_2$)是有强毒的，如果大量排放，会对工厂中的工人和周围的人群造成危害。在用光气制备聚碳酸酯的生产中，通过将双酚单体和光气溶解在两种溶剂，氯仿和水中合成聚碳酸酯。已实现的新合成方法是在不选用光气和氯仿(同样有毒)的情况下，采用碳酸二苯酯(DPC)和苯酚替代物，通过固态聚合合成聚碳酸酯。类似的，不用光气的氨基甲酸酯的合成路线在最近也取得了进展。

烃部分氧化合成醇或其他有机物的氧化反应中，空气是传统的氧来源，空气中的氮气充当稀释剂来控制放热反应中的温升。反应中会产生二氧化碳、水，由于氮气的存在，还会生成氮氧化物。氮氧化物是城市大气中形成光雾的前驱物，它的排放受到清洁空气法的限制。减少或消除部分氧化反应中形成的氮氧化物的一种方法是采用纯氧或富氧空气作为氧化剂，防止生成氮氧化物，从反应器出料或水蒸气中回收的二氧化碳可以代替氮气作稀释剂。另一种方法是在最初的工艺过程中安装氮氧化物控制设备。

B.溶剂：化学反应器中另一类重要的原料是溶剂。在美国产量最大的聚合物是低密度聚乙烯(LDPE)，高密度聚乙烯(HDPE)，聚氯乙烯(PVC)，聚丙烯和聚苯乙烯，分别约占总产量的20%、15%、15%、13%和8%。制备这些大宗聚合物所用的溶剂包括二甲苯、甲醇、润滑油、己烷、庚烷和水等。由于溶剂有高挥发性，并会导致大气烟雾反应中形成地表臭氧，因此需要关注。它们还对工厂的工人和附近居民有健康影响。具有相似溶解性参数的替代溶剂，可以在标准参考资料和手册中查找。另外，还有关于替代溶剂评估的在线资源。可以用前面介绍的方法，对替代溶剂的溶解性、毒性、成本和环境性质与最初的溶剂相比较。

超临界二氧化碳正被研究作为许多反应体系的替代溶剂。在均相和分散相聚合反应中，超临界二氧化碳代替传统的易挥发性有机化合物和氟氯烃作为溶剂。

C.催化剂。催化剂允许对环境更友好的化学品作为原料，可以提高目标产物的选择性，且避免不需要的副产品(废物)生成，可以将废物转化为原材料，同时可以通过反应生产出环境更为友好的产品。

从原油中生产重整汽油(RFG)和柴油燃料就是一则由改进的催化剂生产对环境更友好的化学品的例子。由于最近石油炼制业的趋势，改进的催化剂已用于现代炼厂的若干反应过程中。调和汽油和柴油生产中传统催化剂和改进催化剂见表5-3-3。

表5-3-3 调和汽油和柴油生产中传统催化剂和改进催化剂一览表

生产	目的	传统催化剂	改进催化剂	改进催化剂的收益
调和汽油 FCC	重油转化为汽油	沸石 REY 沸石	USY 沸石 USY+ZSM-5 USY/模式 GSR	提高汽油的产率 减少焦化 提高轻烯烃/选择性 减少汽油中的硫含量

续表

生产	目的	传统催化剂	改进催化剂	改进催化剂的收益
重整	提高汽油辛烷值	Pt/Al_2O_3	$Pt-Ir/Al_2O_3$ $Pt-Re/Al_2O_3$ $Pt-Re/Al_2O_3$+沸石 $Pt-Sn/Al_2O_3$	低压操作 减少结焦 提高辛烷值 提高催化剂稳定性
烷基化	生产支链烷烃以提高汽油辛烷值	H_2SO_4 HF	负载的 BF_3 改性的 SbF_3 固载的液体酸催化剂	较低的腐蚀性 安全操作 更少的环境问题
异构化	使 C5/C6 烷烃转化为高辛烷值的支链异构体	Pt/Al_2O_3 $Pt/SiO_2-Al_2O_3$ 沸石	固体超强酸催化剂（如磺化氧化锆）	低温 提高转化率 更少裂解
柴油生产加氢处理的中间馏分	柴油脱硫	$Co-Mo/Al_2O_3$	高金属含量 $Co-Mo/Al_2O_3$ 与改进的多孔载体结构	脱硫达到小于 500 mg/L
芳烃加氢的中间馏分	生产低芳烃柴油	$Ni-Mo/Al_2O_3$	$Ni-Mo/Al_2O_3$ 贵金属-沸石二级反应	使柴油中的芳烃含量达到允许的水平
VGO 加氢处理	FCC 物料预处理以减少硫和氮含量	$Co-Mo/Al_2O_3$	$Co-Mo/Al_2O_3$ 改进配方,结合多孔结构	提高 S 和 N 脱除率
			$Ni-Mo$/沸石 + 无定型 $SiO_2-Al_2O_3$	提高循环周期 增加产量 温和的氢化裂解 提高中间馏分选择性
粗柴油裂解	重油转化为轻燃料（汽油和柴油）	$Ni-Mo/Al_2O_3$ $Ni-W/Al_2O_3$	$Ni-W$/改性 Al_2O_3 $Ni-Mo/SiO_2-Al_2O_3$ $Ni-W$/沸石 + 无定型 $SiO_2-Al_2O_3$	提高中间馏分选择性 提高中间馏分的质量 提高催化剂寿命

注:FCC:流态催化裂解,GSR:汽油脱硫,RE:稀土,US:极稳定,VGO:真空粗柴油,Y&ZSM-5:晶态 Y 型沸石催化剂。

2)反应类型和反应器的选择。

化学反应机理包括反应级数,串联反应还是平行反应,反应是否可逆等,影响着化学反应器污染防治的可能及策略。这些细节将决定最优的反应器温度,停留时间以及混合方式。另外,反应器的操作会影响反应物转化的程度、选择性、目标产物的产率、副产物的形成以及废物的产生。接下来我们将说明串联反应中,选择性受反应器内停留时间的影响,因此在化学反应器的污染预防必须考虑这些参数。

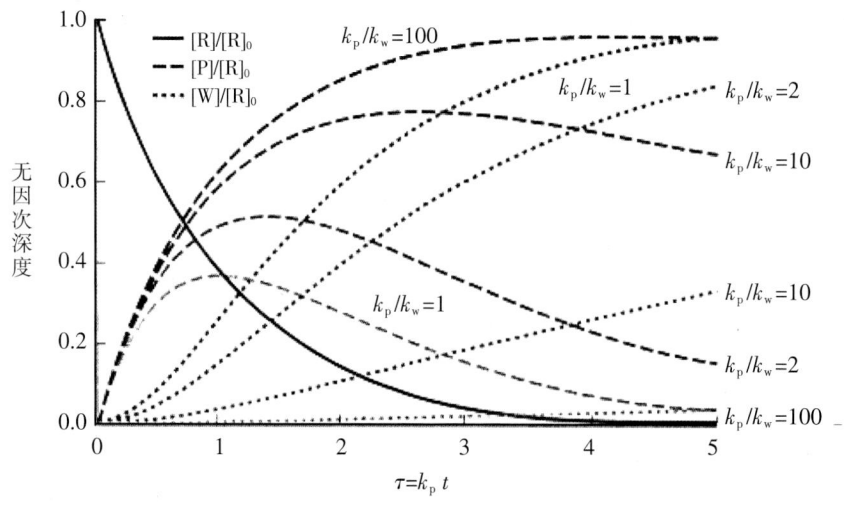

图 5-3-4　反应停留时间已经用产物的反应速率常数进行了无因次处理

一级不可逆串联反应中,产物和废物的反应速率常数对产物和废物浓度的影响

在串联反应中,副产物(废物)的产生速率取决于产物的生成速率,见下面的一级不可逆串联反应。

$$R \xrightarrow{k_p} P \xrightarrow{k_W} W$$

较长的反应器停留时间不仅会产生更多的产物,也会产生更多的副产物。串联反应的副产物产生量取决于产物生成速率常数(k_p)与副产物生成速率常数(k_W)的比值,以及反应器的停留时间。图 5-3-4 显示了不同反应速率常数之比(k_p/k_W)下,反应器停留时间对反应物、产物和副产物浓度的影响。每一个比值存在一个最优反应时间,使产物浓度最大。图 5-3-5 显示了不同的反应速率比值对应的反应器停留时间,对产物收率($[P]/[R]_0$)和修正选择性($[P]/([P]+[W])$)的影响。对于不可逆串联反应,修正选择性随时间增长而持续降低。当停留时间较长时,废物的产生速率远大于产物生成速率。为了使串联反应中产生的副产物最少,一项重要措施就是操作反应器尽可能增大 k_p/k_W 值,并控制反应器停留时间。另一种方法是当产物形成时,就将它移出反应器以降低反应器内产物浓度,使副产物的含量最小化。我们将在本章后面深入讨论分离型反应器。

可逆反应是另一类重要的化学反应。图 5-3-6 展示了不同反应速率常数下,平行和串联可逆反应中反应物、产物、副产物浓度的变化趋势。很明显,可逆反应中反应物不会完全转化为产物。同时,反应器停留时间是可逆反应中一个关键的操作参数。通过平衡条件下未反应物的不断循环利用可以提高可逆反应的选择性。作为举例,考虑以甲烷水蒸气重整产生制备甲醇用的合成气($CO+H_2$)。

$$CH_4 + H_2O \longleftrightarrow CO + 3H_2$$
$$CO + H_2O \longleftrightarrow CO_2 + H_2$$

两个反应均是可逆平衡反应。若二氧化碳在反应器内循环,其生成的同时也在发生分解,因此最终没有甲烷转化为二氧化碳。这需要额外增加操作成本,但不会损失反应物的选择性,此工艺更加清洁,而且总体费用最低。

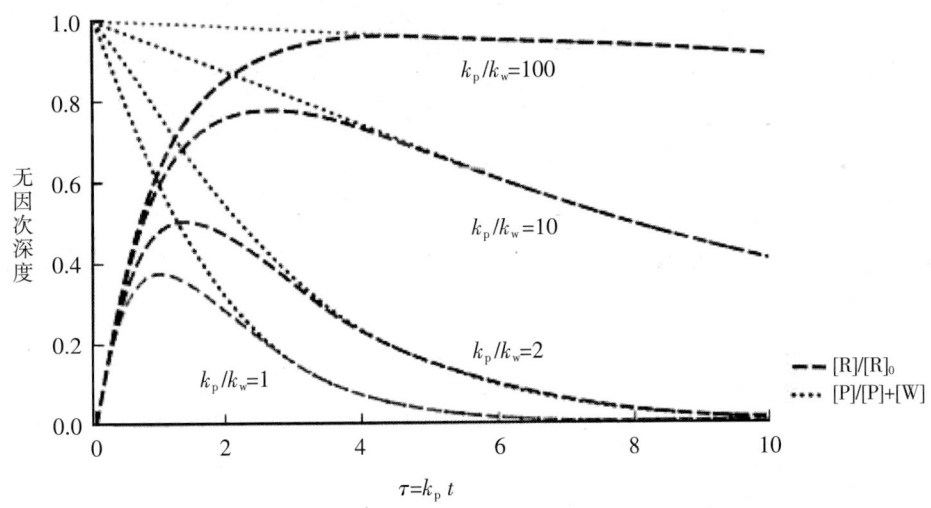

图 5-3-5 不同的产物和副产物的反应速率常数对产物收率($[P]/[R]_0$)以及修正选择性($[P]/([P]+[W])$)的影响反应的停留时间用产物的反应速率常数进行了无因次处理

图 5-3-7 所示的流程图中反应器与分离器相连,可以使得反应物和副产物循环返回反应器中。这种操作能使进入反应器的反应物完全转化为产物,没有废物的净产生。在后面的讨论中可以看到使用分离型反应器可以提高可逆反应的选择性。

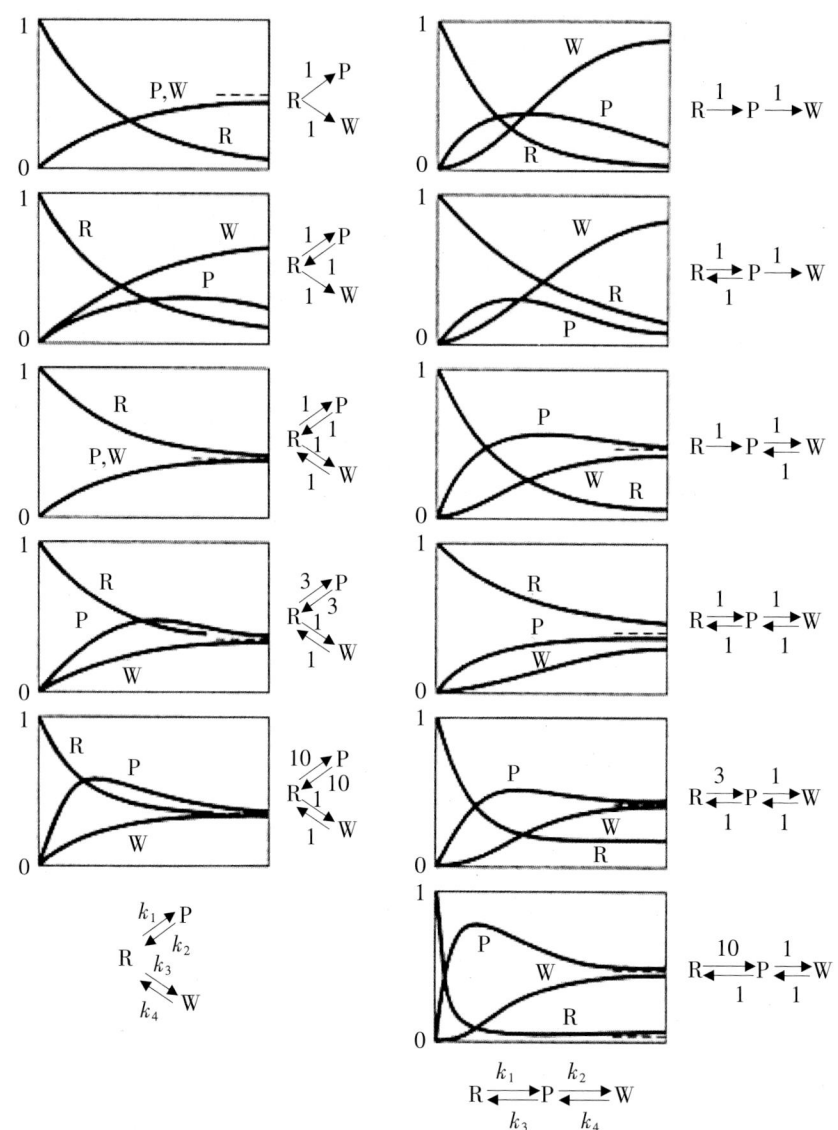

图 5-3-6　不同反应速率常数下可逆平行反应和串联反应中反应物、产物和副产物的变化趋势
(R=反应物,P=产物,W=副产物)

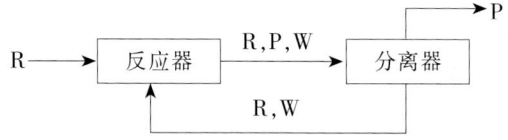

图 5-3-7　可逆反应中未反应物反复循环利用的
生产流程图(R=反应物,P=产物,W=副产物)

化学反应器类型的选择也是过程设计和污染预防中一个很重要的问题。全混流反应器(CSTR)并不总是最好的选择。活塞流反应器有很多优势，它可以进行多级串联，而每一级都可以在不同的条件下操作以使污染最小化。在活塞流反应器的新应用中，杜邦研发了一种管式反应器，在线生产甲烷异氰酸酯(MIC)的催化反应路径，使过程中生成的 MIC 量很少。这种策略使 MIC 灾难性排放的可能降低到最小，防止发生类似 1984 年在印度的博帕发生的事故。

固定床催化反应器中进行高放热反应会出现局部过热的问题，流化床催化反应器就很可能避免温度剧增。良好的温度控制对于减少副产物的形成，以及高温敏感型反应非常关键。一个成功地用流化床反应器来减少废物形成的例子是，减少生产二氯乙烯[合成聚氯乙烯(PVC)的中间体]的过程废物。固定床设定的操作温度范围是 230~300 ℃，而新的流化床温度可以在 220~235 ℃运行。

3)反应器操作。

A.反应温度。反应温度会影响反应物向产的转化程度,产物的收率以及产物的选择性。我们通过以下简单的一级不可逆平行反应机理来说明温度对反应选择性的影响。

$$R \xrightarrow{k_p} P$$
$$R \xrightarrow{k_w} W$$

式中:R 是反应物;

P 是产物;

W 是副产物;

k_p 和 k_w 分别是生成产物和副产物的一级反应速率常数(t^{-1})。

生成产物和副产物的反应速率常数的比值是反应选择性的重要指示剂。

$$\frac{k_p}{k_w} = \frac{A_p e^{-(E_p/RT)}}{A_w e^{-(E_w/RT)}}$$

式中:A_p 和 A_w 是频率因子(t^{-1});

E_p 和 E_w 分别是产物和废物的活化能(kJ/mol);

R 是气体常数[8.32 kJ/(mol·K)];

T 是绝对温度。

因为反应速率常数 k_p 和 k_w 是温度的函数,其比值亦为温度的函数,为便于说明,我们计算该比值随温度改变(从 T_0 到 T_1)的变化量($\Delta(k_p/k_w)$)。

$$\Delta\frac{k_p}{k_w} = \frac{e^{-(E_p/RT_1)}/e^{-(E_w/RT_1)}}{e^{-(E_p/RT_0)}/e^{-(E_w/RT_0)}} = \frac{e^{-(E_p-E_w)/RT_1}}{e^{-(E_p-E_w)/RT_0}}$$

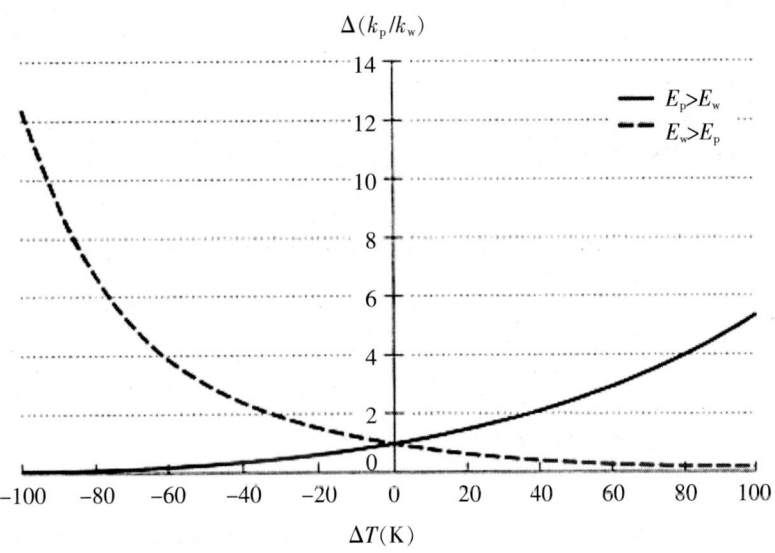

$E_p>E_w$ 时,E_p 设为 84.72 kJ/mol,E_w 设为 41.86 kJ/mol,$E_p<E_w$ 时,E_p 设为 41.86 kJ/mol,E_w 设为 84.72 kJ/mol

图 5-3-8 不同反应温度下一级平行反应的反应速率常数比值的变化

图 5-3-8 表示当温度高于或低于 $T_0(\Delta T)$ 时,产物/副产物反应速率常数比值的变化。当 $E_p>E_w$ 时,比值随温度的升高而升高,随温度降低而降低。因此,对于平行反应(或串联)反应,当 $E_p>E_w$ 时,可以通过提高反应温度预防污染。$E_p>E_w$ 时,则相反。同样,当 E_p 和 E_w 差异增大时,温度对反应速率常数的变化有更显著的影响。

B.混合程度。当进料物流中的一种反应物与反应器(充分均匀)中另一反应物混合时,复杂的多重反应历程将会与容器中混合强度有关。对于不可逆反应,与反应物快速混合达到分子水平的情况相比,反应的收率和选择性会有所改变。这会导致更多的副产物生成。另外,由于反应混合物不同微元间的扩散限制,反应速率会将降低。由不完全混合引起的复杂性对于快速反应体系特别明显。在这些情况下,充分混合之前,大部分反应物就已转化为产物和副产物。为了说明混合程度的效应,考察全混流反应器(CSTR)中的竞争-连串反应,反应机理如下。

$$A+B \xrightarrow{k_1} R$$
$$R+B \xrightarrow{k_2} S$$

式中:A 是反应物;

B 是溶液;

R 是目标产物;

S 是副产物。

这个反应有时称作串联—平行反应。这种反应在它的许多工业应用中,有代表性的是很好的烃类硝化和卤化反应以及聚酯的皂化反应的动力学特性。反应物 A 是最初注入反应器中的反应物,溶液 B 通过进料管连续加入,直至达到化学计量比。R 是目标产物,S 是副产物。如果反应是一级的,混合程度将不会影响选择性。然而,如果反应是二级的,局部的 B 过量会导致 R 通过第二级反应形成 S。这种混合的影响对于均相和非均相反应体系,以及间歇式或半间歇式反应器(如上所述 B 加入到最初充入的反应物 A 中)都是存在的。

进行关于均匀液相二级竞争—连串反应的详细实验研究,以确定在全混流反应器中,混合程度对由反应物 A 和 B 生成产物 R 的收率的影响。如图 5-3-9 所示,涉及反应是溶液中 L-酪氨酸(A)的碘化反应。

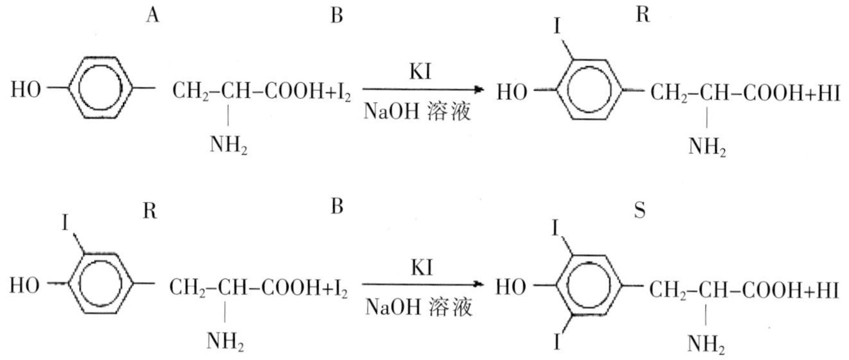

图 5-3-9 溶液中 L-酪氨酸(A)的碘化反应

作者研究了反应器内反应温度、反应物 A 的初始浓度(A_0)、B 的加入速率、容器叶轮的搅拌速率以及是否存在挡板等因素的影响,获得一个所有这些参数的关联方程式,描述了实测产率与理想产率的比值(Y/Y_{exp})与无因次量$(k_1 B_0 \tau)(A_0/B_0)$间的关系,其中

k_1=产物生成速率常数[L/(g·mol·s)];
k_2=副产物生成速率常数[L/(g·mol·s)];
A_0=反应物 A 的初始浓度[L/(g·mol·s)];
B_0=进料中 B 的初始浓度(g·mol/L);
τ=对于纯液体 B 的涡旋混合微时间尺度(s);
Y=反应收率;
$(k_1 B_0 \tau)$=A 和 B 在部分混合条件下的转化程度;
Y_{exp}=预期产率(完全混合)
$= \dfrac{R}{A_0} = \dfrac{1}{(k_2/k_1 - 1)}\left[\dfrac{A}{A_0} - \left(\dfrac{A}{A_0}\right)^{k_2/k_1}\right]$;

A/A_0=反应结束时剩余 A 所占的分数。

为了给出实验中测量收率的范围,测定了 Y/Y_{exp} 值在 0.66 到 0.98 时,与混合强度和其他参数的关系,数据关联拟合见图 5-3-10。发现当 $(k_1 B_0 \tau)(A_0/B_0)$ 小于或等于 10^{-5} 时,$Y \approx Y_{exp}$。这有助于我们设定任何二级竞争-连串反应的混合强度。

$$10^{-5} = (k_1 B_0 \tau)(A_0/B_0) = (k_1 \tau A_0)$$

重整上述方程式得到 τ 的表达式,结合涡流的通用平衡理论得到:

$$\tau = \dfrac{10^{-5}}{A_0 k_1} = \dfrac{0.882 v^{3/4} L_f^{3/4}}{(u')^{7/4}}$$

式中:L_f 为容器的特征长度值(ft);
u' 为湍流速度(m/s);
v 为动力学黏度(m²/s)

在高速搅拌($u' = 0.45 \pi DN$),进料下,可以重新调整上式中的 u',且结合搅拌式 CSTR 中的湍流脉动速度,得到:

$$u' = \left[\dfrac{0.882 v^{3/4} L_f^{3/4}}{\left(\dfrac{10^{-5}}{A_0 k_1}\right)}\right]^{4/7} = 0.45 \pi DN$$

因而,给定 k_1, v, L_f 以及叶轮直径 D(ft),由此式可确定所需的叶轮搅拌速度(N,每秒转数),以实现混合程度不对收率产生负面影响。

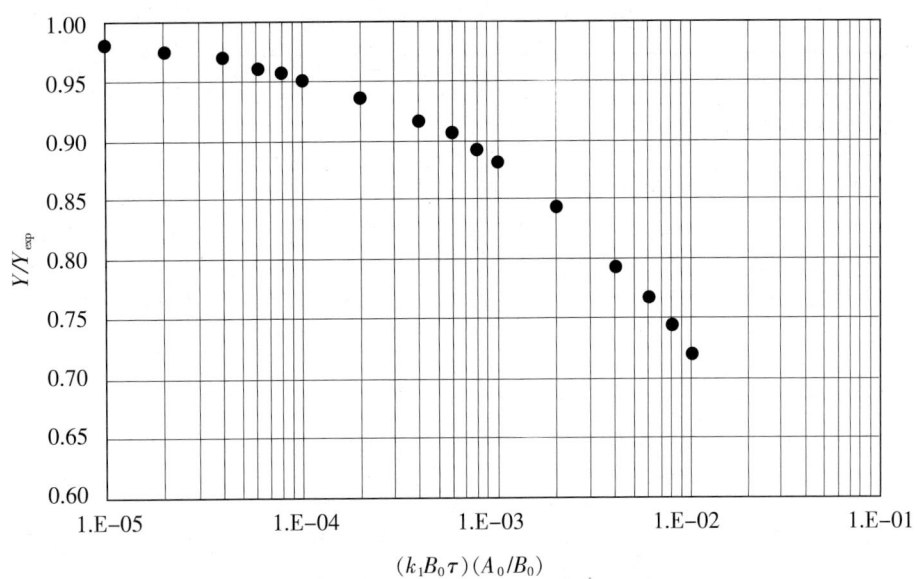

图 5-3-10 二级不可逆竞争-连串反应中，反应收率效率与混合参数的关系

<例 2> CSTR 中收率最大化的混合器设计

工业反应器中进行二级竞争-连串反应，利用基于 Paul 和 Treybal 导出的关联式，确定需要的搅拌转速(N)以评价混合效果，并达到预期的收率。

数据：$k_1=35 [L/(g·mol·s)]$

$L_f=0.46$ m

$V=$混合物的动力学黏度性质$=1.08$ cs
$=1.06×10^{-4}$ m²/s

$A_0=$CSTR 中 A 的最初浓度
$=0.1$ g·mol/L

$D=$叶轮的直径$=0.15$ m

解：$N=\dfrac{1}{0.45\pi D}\left[\dfrac{0.882v^{3/4}L_f^{3/4}}{\left(\dfrac{10^{-5}}{A_0k_1}\right)}\right]^{4/7}$

$=\dfrac{1}{0.45\pi(0.5)}\left[\dfrac{0.882(1.16×10^{-5})^{3/4}(1.5)^{3/4}}{\left[\dfrac{10^{-5}}{(0.5)(35)}\right]}\right]^{4/7}$

$N=17.69$ rps$=1\ 062$ rpm

<例 3> 评估混合效果对反应收率的影响程度

CSTR 反应器中进行二级竞争-连串反应。容器中反应物 A 的初始浓度是 0.2 g·mol/L，含有反应物 B 的进料在搅拌下加入反应器内。容器的体积为 100 L，叶轮直径为 0.15 m，$k_1=35$ L/(g·mol·s)，叶轮的速度为 200 rpm。其他数据如下所示。求反应收率与预期收率的比值。

其他数据：$L_f=0.45$ m；$\gamma=$混合物的动力学黏度$=1.08$ cs$=1.06×10^{-4}$ m²/s

解：图 5-3-11 中 x 轴需要计算 τ，因而需要计算 u'。

$u'=0.45\pi DN=0.45\pi(0.5)(200/60)=0.72$ m/s

$\tau=\dfrac{0.882v^{3/4}L_f^{3/4}}{(u')^{7/4}}$

$=0.882×\dfrac{(1.16×10^{-5})^{3/4}(1.5)^{3/4}}{(2.36)^{3/4}}$

$=5.29×10^{-5}$ s

$(k_1B_0\tau)(A_0/B_0)=(k_1\tau A_0)=3.70×10^{-4}$

由图 5-3-10 可以近似得出 Y/Y_{exp} 的值约为 0.92。因而，反应的混合程度足以得到期望的收率。副产物的生成与 CSTR 反应器中混合效果关系不大，但通过搅拌会稍有改善。

C. 反应浓度的影响。串联反应和平行反应的选择性对于初始浓度很敏感，因为产物的形成速率和副产物的生成速率与浓度有关。表 5-3-4 总结了一些重要的改进措施，同时对于每一类问题简述其改进和有效的收益。

(3) 分离设备中的环境污染预防措施

分离技术是化学生产中最普遍和最重要的单元操作。因为进料通常是复杂的混合物而化学反应不可能达到 100%的效率，总是需要在后续生产步骤之前分离化合物。分离操作会产生废物，因为分离操作本身就不是 100%高效的，而且需要消耗额外的能量，以及废物治理来处理不

表 5-3-4　重要改进措施一览表

改善反应物加料 问题：不理想的加料方式导致离析和过多副产物的形成 解决方法：在液体反应物和固体催化剂进入反应器之前用在线的静态混合器进行预混合 收益：使反应物充分混合，对于二级或更高级数的竞争-连串反应，可减少副反应生成的废物 解决方法：改进反应器中进料管和分布器的设计。不要在釜式反应器中的液相表面加入低密度物质。控制气相加入液相反应混合物中的停留时间 收益：改进了底喷式进液管的设计，优化了反应停留时间；控制措施的应用使有害废物的产生减少 88%，每年节约费用 200 000 美元
催化剂 问题：均相催化剂会导致水和固体废物流中的重金属污染 解决方法：考虑使用非均相催化剂，金属可以覆着在固相载体上 问题：旧的催化剂设计强调反应物的转化率，忽视选择性 解决方法：考虑采用以更高选择性和更优物理性质（尺寸，形状，多孔性）为特色的新型催化剂工艺 收益：下游分离和副产物的废物处理费用较低。例如，制备光气（$COCl_2$）的新型催化剂使四氯化碳和一氯甲烷的生成最小化，节约费用 1 000 000 美元，同时可以削除末端管治理设备
固定床反应器中的流动分布 问题：进入到固定床反应器中的反应物分布不均匀。物料优先进入反应器中心的下部。流体在中心处的停留时间太短，而在反应器壁处又太长。收率和选择性低 解决方法：在反应器的入口处安装液体分布器，以确保反应器截面上的均匀流动
控制反应器加热/冷却 问题：传统的热交换设计不是控制反应温度的最优设计 解决方法：对于高放热反应，从管式反应器入口处的外（此处反应速率和热产生速率最高）表面采用并流冷却，在反应器出口处（此处反应速率和热产生速率最低）采用逆流冷却 问题：气相反应中的稀释剂，通常是氮气或空气，能够移出反应热，但是会导致废物的产生，例如部分氧化反应产生的氮氧化物 解决方法：采用无反应活性的稀释剂，例如，部分氧化反应中的二氧化碳甚至水蒸气。二氧化碳需要从产物中有效地分离出来，冷却并循环返回反应器。如果采用水蒸气，它可以被冷凝，但是在某些反应中会产生废水
其他的反应器操作问题： ·改进测量方法并控制反应参数以达到最优状态 ·供给循环流的提供独立的反应器 ·常规标定仪器 ·考虑使用连续的而不是间歇式反应器，以避免清洁废物

合格的产品。首先介绍分离步骤中物料（质量分离剂）选择的重要性。然后介绍化工生产中分离技术的启发式设计。最后，举例说明在生产中，如何从废物流股中分离有用物质，以实现有用物质的回收再利用。

1）质量分离剂的选择：正确选择分离技术中的质量分离剂是污染预防中一个很重要的问题。不好的选择不仅对于工厂的工人而且对使用最终产品的消费者都会带来有毒物质的暴露。这在食品生产中尤为重要，残留剂会直接通过口服的方式进入人体。例如，用氯化溶剂萃取咖啡豆和速溶咖啡以脱去咖啡因，虽然这种溶剂可以有效地从咖啡豆中提取咖啡因，最终产品中的残留物却会引起消费者明显的健康风险。现在用超临界二氧化碳（友好型试剂）提取咖啡因，它的残留物不会引起健康危害。食用油是用挥发性溶剂从植物中提取，当溶剂返回操作系统时，可以通过精馏分离出油，溶剂循环使用，但残留物也会出现在最终产品中。因而，在这些应用中采用毒性最低的质量分离剂是很重要的。除这些毒理学问题之外，质量分离剂的不良选择会导致过多的能耗，排放出的标准污染物（一氧化碳,二氧化碳,氮氧化物,硫氧化物,颗粒物)会损害健康。

吸附过程中质量分离剂的选择可以用一个简单的例子来说明。吸附指溶解在气相或液相中的化学物质吸附在固体基底(吸附剂)表面。从水流中分离和回收有毒的金属离子是吸附操作的一个重要应用。活性炭(GAC)是一种很常见的吸附剂,但是对于金属的回收,已证实用浓的阳离子交换树脂吸附铜离子的容量是活性的近20倍。金属必须用强酸从再生吸附剂中回收。这种情况下,使用活性需要消耗更多的能量,而且相对于阳离子交换树脂会产生更多的废酸。

2) 分离技术的工艺设计和操作层次:典型的生产工艺过程如图5-3-11所示,其中反应器将原料转化为产物和副产物,必须通过输入额外的能量来分离它们。废物流将离开生产过程进入空气、水及土壤中。评价所有的废物流是很困难的,也是不可能的,但可通过明智的选择质量分离剂,正确选择分离技术及分离顺序,并谨慎的控制操作过程中的系统参数使废物的产生最小化。

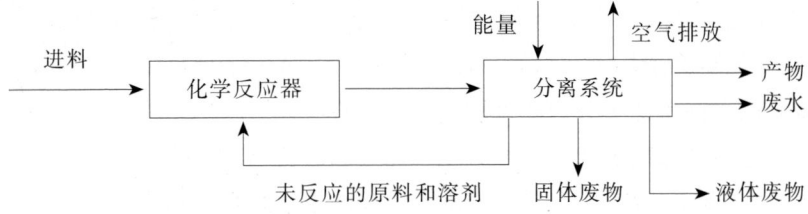

图 5-3-11 典型的生产工艺过程

实现分离系统产生废物最小化的第一步是选择恰当的分离技术。根据被分离物质的物理和化学性质,做出正确的选择会使每个单元操作中的能耗较小,废物较少。分离操作对产品物流和废物流都适用。表5-3-5列出了可选的分离操作及其所分离混合物中各组分的性质差异。

表 5-3-5 可选的分离操作及其特性

单元操作	特性
吸附	表面吸附
色谱法	取决于固定相
结晶	熔点或溶解性
渗析	扩散性
精馏	蒸气压
电渗析	电荷和离子迁移性
电泳	电荷和离子迁移性
凝胶过滤	分子直径和形状
离子交换	化学反应平衡
液-液萃取	溶液相间的分配系数
液膜	扩散性和化学平衡
膜气体分离	扩散性和溶解性
反渗透	分子尺寸
微滤和超滤	分子尺寸

在选择了最恰当的分离技术之后,重新推断其他污染预防措施来指导流程图和单元操作的设计是很有价值的。表5-3-6列出了一些新

表 5-3-6 新型的分离工艺

1. 合并相似的物流以使分离单元的数目最小
2. 较早的移除腐蚀性和不稳定的物质
3. 最先分离体积分数最高的化合物
4. 最后进行最难的分离操作
5. 最后进行纯度要求高的分离
6. 采用产品出现次数最少的分离顺序
7. 尽量避免在分离顺序中添加新的组分
8. 如果采用了质量分离剂,应在下一步进行回收
9. 不要用第二种质量分离剂来回收第一种
10. 避免极端的操作条件

型的分离工艺的设计和操作方法。为了减少单元操作的数目和相应的成本,成分极为相似的物流可被合为一股。预先去除生产中体积最大的组分可以减小下游的设备投资、能耗费用,加工物料量增大也是一种废物源。如果各组分的性质相当接近(难以分离),或对分离产物的浓度要求很高,则可以减少分离的组分数以简化分离操作,因而,这些问题应放在分离顺序的最后解决。原材料和产物会增加过程的价值,而质量分离剂只会增加投资、操作费用和废物负荷。因此,尽可能避免添加质量分离剂,如果必须添加,则在下一步操作中应将质量分离剂除去(更好的是采用循环利用)。生产中应避免在远离周

围环境的温度及压力范围内进行分离操作;如果必要,则高于比低于环境条件更经济。

在美国,精馏占化工生产中分离应用的90%。因为它的重要性,我们将介绍一些精馏中的典型污染预防技术。精馏塔中废物产生的四大途径如下:

* 允许杂质残存在产物中。
* 塔自身产生的废物。
* 塔顶产品的提纯不够。
* 过多的能量消耗。

精馏操作中提高产品纯度的最常用的方法是提高回流比。然而这会加大塔内的压降、再沸器的温度及其负荷。但是对于稳定的物质,这是提纯产品、减少废物的最简单的方法。如果塔的操作条件接近于液泛(不能选用提高回流比),则增加一塔节可得到纯度更高的产品。使用更高效的塔内件(塔板或填料)会使塔的分离效果更好,而且压降和再沸器的温度会降低。选用最佳进料位置可以提高产品的纯度,而不需要改变体系的其他参数。在一个存档案例中,将进料位置调整至最佳,可使产品的损失由 13.61 kg/h 降到 0.45 kg/h,塔生产能力提高 20%,冷凝器的冷却介质用量降低 10%。这个简单的步骤带来年均的净收益高于 9 000 000 美元。提高塔分离效率的其他方法包括使塔绝热及减少热损耗,提高进料、回流和液体分布,预热塔进料,物流间的能量交换等。最后,如果塔顶产品中含轻组分杂质,则可以在塔顶部侧线采出产品。从顶端冷凝器中排出的废蒸气可以在生产中循环利用,以除掉塔中的轻组分。

<例4>乙醇—水精馏操作中节能:侧线出料

如果一种精馏产品的组成要求在馏出液(X_D)和釜液之间,从精馏塔的侧线采出获取此产品,比将塔顶和塔底产物混合得到产品更节约能量。如图5-3-12所示,考虑从精馏塔的侧线采出组分为 x_S,流速为 $S(\text{mol/hr})$ 的产品。利用McCabe-Thiele分析,验证使用侧线采出可节约能量。物质的量分数是指乙醇的。

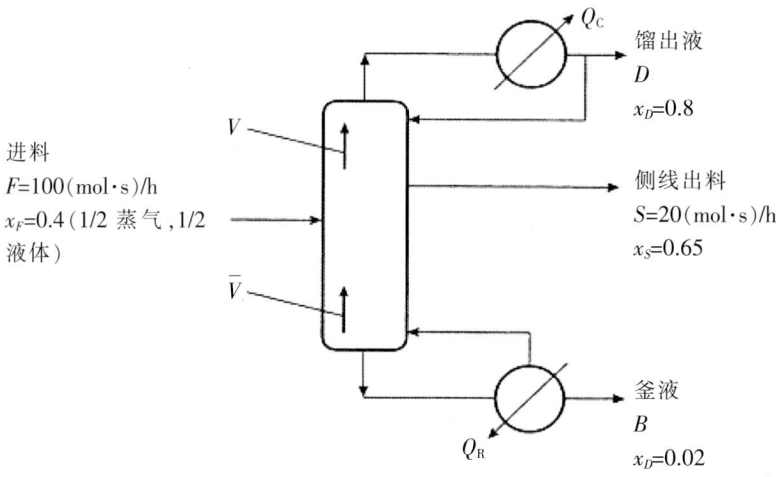

F:进料流速;x_F:进料浓度;x_D:馏出液浓度;x_S:侧线出料浓度;S:侧线出料流速;D:馏出液流速;B:釜液流速;V:顶部流速;$\bar{V}$:底部流速;Q_C:塔顶能耗;Q_R:塔底能耗

图 5-3-12 存在侧线采出的精馏塔示意图

解:利用任何一本标准教科书中的图解法可以很容易得到精馏塔所需的分离条件,进料状况,完成分离任务,需要的理论平衡级为12、回流比 $L/D=2.5$。从塔顶起第5块平衡级处开设侧线出料口。类似地,对于无侧线的12级精馏塔来说,完成分离任务的回流比仅为2.0。虽然如此,由表5-3-7可以清楚地看到,采用侧线可以有效地节约能量。

计算得应用侧线采出节能33.5%。能量的节

表 5-3-7 侧线与无侧线能量消耗对比

塔设计	L/D	D/(mol·s/h)	V/(kmol/h)	Q_r/(J/h)
有侧线采出	2.5	32.56	63.96	2.67×10^7
无侧线	2.0	48.72	96.16	4.02×10^7

约会减少全球变暖和酸雨。

注：$D=F\dfrac{x_F-x_B}{x_D-x_B}$；$Q_R=\overline{V}\lambda_W$；

$$\overline{V}=D\left(\dfrac{L}{D}+1\right)-F(1-q)$$

此例中，进料值 q 选为 1/2（1/2 蒸气和 1/2 的液体），λ_W 是水的蒸发潜热为 4.18×10^4 J/mol。

一些方法可以用来减轻精馏塔中再沸器内的结焦现象。一种方法是降低塔的压力以使再沸器的温度降低。此操作必须要谨慎进行，因为这会影响冷凝器的温度和效率。它应该与降低物料温度联合使用，如果顶端冷凝器与塔的蒸汽负荷相比不够大，它可以用处理量大的单元代替。这样会减少因塔操作条件的波动而导致热蒸汽从塔出口排出的可能性。另一种减少精馏塔的排放和废物产生的方法是改进过程控制技术，以确保产品纯度达到标准，并减少不合格产品生成的可能性。

3）分离中污染预防案例：分离工艺可以将废物流中的有用物质回收或循环再利用，从而有效地防治污染。通常，将良好的分离技术与废物流中回收物质的市场销售相结合，不仅会带来经济效益，而且能防止环境污染。表 5-3-8 列举了许多分离技术在污染防治方面的成功应用。

表 5-3-8　分离工艺中污染防治实例

分离技术	物料类型	说明	参考文献
精馏	液体	从废水中回收溶剂。由聚合生产而来的废水中含 RCRA 规定的有机溶剂。以往废水被焚烧处理。重新评估发现精馏后再萃取可以回收 4 535.92 t/a 溶剂同时减少焚烧负荷为 18 143.69 t/a，投资回收期仅为两年	Mulholland 和 Dyer，1999
精馏	液体	墨和溶剂的再循环。报纸印刷的废墨中含有有机溶剂（20%）、水（15%）和墨（65%）。可以用闪蒸精馏来分离溶剂/水中的高沸点组分墨，用二元精馏从水中分离溶剂。溶剂和墨可在生产中循环使用	Palepu 等，1995
精馏	液体	用过的防冻剂的间歇精馏。纯的乙二醇被回收，再与水混合并加入其他添加剂，可得到新的防冻剂	Palepu 等，1995
精馏	液体	从用过的废酸流股中回收酸。电镀工业中，来自蚀刻槽，清洗槽和酸浸槽中的废酸，通过精馏可以回收纯酸（盐酸、硝酸等）	Jones，1990
精馏	液体	气体喷漆操作中溶剂的回收和再利用。已经建立溶剂循环利用体系，用于清洗切换颜色时的管线。收集的漆料和溶剂混合物被送往中心处理车间，固体先被分离，纯溶剂通过精馏被回收，可在汽车喷漆中重新使用	Gage Products Inc
萃取	液体	间歇萃取残留物。间歇生产中很难使用精馏，从而导致近 1/3 的产品因焚烧而损失。从间歇残留物中回收的一种低沸点物质，可用于萃取残留物中更多的产品	Mulholland 和 Dyer，1999
萃取	污泥	从精炼厂废水和污泥中回收烃。三乙胺被用作从精炼厂废水和污泥中回收烃的溶剂。烃可在生产中循环利用	Tucker 和 Carson，1985
反渗透	液体	电镀加工过程的闭路循环洗涤水。反渗透能够循环回收纯水，并将金属浓缩液返回电镀浴。有 200 多种工业应用实例	Werschulz，1985
反渗透	液体	均相金属催化剂的回收。利用反渗透替代其他沉积方法，每年可节约资金 300 000 美元	Radecki 等，1999
超滤	液体	废水中聚合物的回收。清洗聚合反应器形成的物流中含有的聚合物（如橡胶等）可以被回收。同样，生产纱线所用的聚乙烯乙醇也可被回收	Bansal，1976

续表

分离技术	物料类型	说明	参考文献
吸附	气体	天然气脱水。分子筛吸附剂已经被用于天然气的脱水,从而消除了溶剂(三甘醇)的使用	Mulholland 和 Dyer,1999
吸附	液体	代替共沸精馏。共沸溶剂如苯和环己胺可以被取代,将共沸物(乙醇/水或异丙醇/水)用分子筛吸附剂处理	Radecki 等,1999
膜	气体	高挥发性有机化合物的回收和循环利用。例如,聚烯烃生产中的烯烃单体回收,贮储设备中汽油蒸气的回收,PVC 反应器通风口处乙烯氯的回收,过程通风口和运输操作中含氟氯烃(CFCS)的回收。也包括应急措施	Radecki 等,1999
膜	液体	废水物流中有机化合物的回收。渗透蒸发是用于回收低流速(38~378 L/min)和中等浓度(0.02%~5%)废水中有机化合物的膜技术	Radecki 等,1999
膜(RO,NF,UF,MF,ED)	液体	废物流中金属离子的回收	Radecki 等,1999

注:RO-反渗透,NF-纳滤,UF-超滤,MF-微滤,ED-电渗析

4) 分离反应器的污染防治应用:分离器可以与反应器相结合,以减少反应器中副产物的产生并提高由反应物向产物的转化率。分离器和反应器的结合可以是不同单元之间的组合,也可以是集成为一个单元。

分离型反应器是一种诱人的,可有效减少污染产生的新型反应器类型。这些复合系统是将反应过程与分离过程集合于一个单元操作。当反应和分离过程同时发生时,减少了下游生产加工单元的要求,从而降低了成本。为防止产生污染物质并使产率达到最大,与传统的设计相比,其关键特征是能够准确控制反应物的加入和产物的移出。可以通过改变化学平衡来使反应物的转化率和产物的收率最大化。连串反应中在二级反应快速进行之前,及时地移出反应区域的目标产物可以使不希望的副产物生成最小化。

和反应相结合的分离操作包括反应精馏、膜分离和吸收。最近已出现介绍运用膜和固体吸附剂的分离型反应来预防污染的研究综述。

一个反应与吸附相结合的典型例子是甲烷的氧化偶联(OCM)。甲烷与氧气在金属氧化物催化剂存在下反应,温度约为 1 000 K,生成乙烷和乙烯。

$$2CH_4+\frac{1}{2}O_2 \longrightarrow C_2H_6+H_2O$$

$$2CH_4+O_2 \longrightarrow C_2H_4+2H_2O$$

其中的平行副反应是甲烷的完全氧化,如下所示:

$$CH_4+2O_2 \longrightarrow CO_2+2H_2O$$

同样需要注意的是乙烯产物会氧化为二氧化碳,从而会减少产物的收率,增加废物的生成。OCM 在工业上的成功应用,使得大量难以运输的甲烷转化为重要的聚合反应中间体——乙烯。

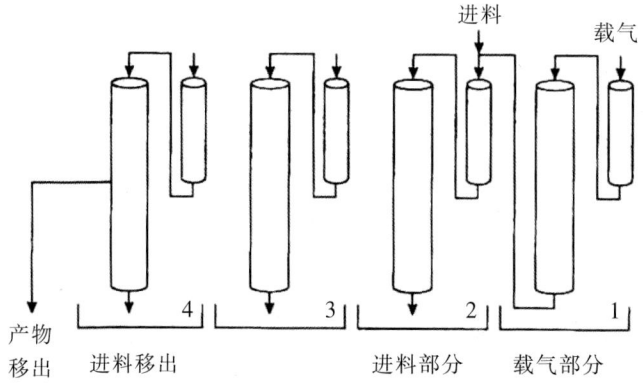

图 5-3-13 甲烷氧化四段式模拟逆流移动床色谱反应器(SCMCR)

传统的 OCM 在固定床或流化床反应器中应用的困难在于，甲烷或氧气的进料比必须保持在 50 或更大值，以防止发生完全氧化反应。这会导致相对较高的选择性(80%~90%)，但是会限制甲烷的收率(小于 20%)。一种由一反应/吸附操作串联组成的分离型反应器可以充分提高 C_2 的收率(50%~65%)。每一部分包含一个在高温(1 000 K)下操作的固定床催化反应器，然后立即进入冷却吸附床。图 5-3-13 显示了四段式的模拟逆流移动床色谱反应器(SCMCR)的装置，其中较小的塔是固定床催化反应器，而较大的塔是起吸附作用的。在第 1 段中，载气(N_2)吹扫未反应的被吸附的甲烷至下一段(2 段进料)。按化学计量(反应中的消耗量)，补入含有甲烷和氧气的一小股进料流，与 1 段中的载气流混合，后进入进料段的反应器中。反应产物(C_2)和未反应的甲烷会在第 2 段中较大的塔中被吸附，C_2 的产物会留在上部，而甲烷则会留在底部。3 段在流程中是相对独立的，然而它的吸附塔也含有未反应的甲烷。4 段是产物的解吸段，其中 C_2 产品被吸附床吹扫，并经位于塔中间处的侧线采出。保持这种 SCMCR 结构运行一段时间之后，流动的结构各向左侧移动一段，即第 1 段为产品移除段，2 为载气段，3 为进料段，而 4 为相对独立段。

部分氧化反应中膜分离反应器的应用已经显示出令人鼓舞的结果。乙烷氧化脱氢制乙烯的实验反应，显示单程产率可由 12% 提高为 52%。同样膜分离反应器应用于乙苯脱氢制苯乙烯的反应中也得到积极的结果，实验测得的转化率高达 70%，比传统方法高将近 15%，并将苯乙烯的选择性提高了 2%~5%。

在实现膜分离反应器的商业应用之前仍然存在一些挑战，包括：

1）经济的制备大表面积的且无缺陷的选择性分层膜层。

2）高温密封的反应体系。

3）去除或减少稀释产物流的吹扫气。

4）提高膜和催化性能，包括抗淤塞和失活。

(4) 贮罐和挥发源的污染预防措施

1）贮罐的污染预防：贮罐是一些工业部门中常见的单元操作，包括石油的生产和精炼，石化产品和化学品制造，存储和运输，以及其他应用或生产有机液体化合物的行业。有 6 种主要的储罐类型，这些储罐类型、简要说明、排放结构以及污染减少的测定均列于表 5-3-9。

表 5-3-9 储罐类型和减少污染的策略

储罐类型	说明	损耗机制	污染减少
固定顶	有固定顶(平的，锥形或圆顶)的圆柱形壳体。自由通风口或加压/真空排气口	工作损耗——液相顶部空间的 VOCs 在储罐装料时被排出，静置损耗——顶部气体因环境大气压力或温度的昼夜变化膨胀/压缩	加压/真空排气口会减少静置损耗，加热储罐减少标准损耗，通风口的污染控制设备(吸附，吸收，冷却)减少排放 90%~98%。蒸气平衡方法
外部浮动顶	圆柱形壳体没有固定顶，一个盖板浮在液体表面并随液面的高低上升或下降，盖板与内壁有灵活密封装置使流体脱离壁面	工作损耗——液位下降时，壳壁或塔中的蒸发损耗。静置损失——壳壁和浮顶间的环形区域是此项损失的来源	无法控制或防止来自壳壁的风驱动造成的排放。排放要大于固定顶板的贮罐
内部浮动顶	同外部浮顶相同，在上部有固定顶，由塔或由自身支撑	同外部浮动顶，固定不变的顶板能挡风而减少工作损耗	与固定顶板相比，可将排放减少 60%~99%
圆顶外部浮动顶	与内部浮动顶相类似，但有自身支撑的圆顶板	同自身支撑的固定顶	与固定顶板相比，可将排放减少 60%~99%
可变蒸气空间	缩进顶部以接受排出的蒸气，隔膜用于接受排出蒸气	当液面升高时发生工作损耗，消除了静置损失	无可利用的数据来证明排放的减少
压力储罐	低压和高压	高压储罐无损耗。低压储罐供料时会产生工作损耗，无静置损失	无可利用的数据来证明排放的减少

注：蒸气平衡包括由一个储罐向另一个储罐注入流体时排除蒸气的路径。

接下来的例子将说明工艺设计中用固定顶储罐代替浮动顶储罐时,可以减少排放。

<例5>贮罐的排放

底特律附近的一家工厂,来自气体废物流的VOCs(众多挥发性有机物)回收过程的甲苯产物流(1 953.27 m³/a)。利用TANKS软件,计算并比较各新型贮罐的不可控制的年排放量,各贮罐的直径等条件如下:

固定顶贮罐:高度6 m,直径3.7 m,工作容积57.64 m³,最高液位5.53 m,平均液位3 m,无加热,圆顶高度为0.6 m,而直径为3.7 m,真空压强设为-0.21 kPa,而压力设定为206.8 Pa。

内部浮动顶贮罐:高度6 m,直径3.66 m,工作容积57.64 m³,自撑式的顶,内壳有轻度铁锈,浮动顶类型为浮筒,初级机械密封,二级是垫片式密封,盖为标准焊接式。

圆顶外部浮动顶储罐:同内部浮动顶储罐。

解:TANKS 程序可以帮助使用者很快的计算出三种贮罐每年的排放量。结果如下:

固定顶储罐:153.13 kg/a。

内部浮动顶储罐:66.2 kg/a。

圆顶外部浮动顶储罐:19.41 kg/a。

减少程度是很明显的,可以帮助工厂达到地方、州和美国联邦法规的排放减少目标。浮动顶的储罐要比固定顶的储罐贵,任何一种设计决策都需要考虑到这点。固定顶贮罐的出口处进行污染控制会达到更高的排放减少量(90%~98%),但每年会增加操作费用。

2)减少挥发性源的排放:化学生产中挥发性排放源包括阀、泵、连接管、减压阀、取样口连接、压缩密封以及敞口管路。在典型的合成有机化学品生产(SOCMI)工厂中可能有成千种这样的挥发源,而在大的石油炼制厂中会有成千上万种这样的挥发源。SOCMI工厂的这些排放源是空气污染的主要贡献者,通过估算得知它们的排放量占总空气排放的1/3。

A.挥发性排放总览。

同一工厂中不同类型挥发性有机化合物的平均排放速率是不同的。为了验证这一点,我们估算了某精炼厂中两个加工单元(裂解单元和加氢车间)所有挥发源的排放速率。将用到平均排放因子,并结合指定类型挥发源的数目及流股中VOC(挥发性有机物)的质量分数。各组分排放速率计算方程式为:

$$E = m_{VOC} f_{av}$$

式中:E 为排放速率(kg/a);

m_{VOC} 为物料中 VOC 的质量分数;

f_{av} 为平均排放因子。

挥发性源的数目及其在加工单元排放中所占比例见表5-3-10。所有设备中的阀是这些加

表 5-3-10 精炼厂中裂解单元和加氢车间的挥发源和排放速率

构件	工作流体 a	裂解单元				加氢车间 b		
		构件数目	m_{VOC}	排放量/(kg/h)	占比/%	构件数目	排放量/(kg/h)	占比/%
泵密封	LL	6	0.75	0.51	4.0	2	0.22	1.9
	HL	9	0.55	0.1	0.81	2	0.042	0.36
压缩机密封	HC气	4	1.0	2.60	20	0	0	0
	H₂气	0		0	0	6	0.30	2.6
阀	HC气	200	1.0	5.3	42	70	1.9	16
	H₂气	0		0	0	80	0.66	5.7
	LL	196	0.75	1.6	13	427	4.7	41
	HL	294	0.55	0.037	0.29	427	0.85	0.73
连接器	所有	2 277	0.75	0.42	3.3	3 313	0.83	7.2
减压阀	气体	11	1.0	1.8	14	15	2.4	21
	液体	15	0.63	0.066	0.52	2	0.014	0.12
敞口管	所有	32	0.75	0.054	0.43	42	0.084	0.72
取样口	所有	17	0.75	0.19	1.5	24	0.36	3.1
总数	—	—	—	13	100	—	12	100

注:HL:重液体,LL:轻液体,HC:烃类。

工单元中最大的排放源,分别占裂解单元和加氢车间总量的55.3%和63.4%。排放量与生产中阀的数目(在裂解单元和加氢车间中分别是22.5%和22.8%)是成反比。所有设备中数目最多的构件是连接器,在裂解单元和加氢车间中分别占74.4%和75.1%。缓冲阀、泵和压缩机的封口也是重要的排放源。

B.减少挥发性排放的方法。

有两种减少或防止挥发源的排放和泄漏的方法,它们是:

* 对泄漏设备的泄漏检测和修补(LDAR)。
* 用无排放技术改进或替换设备。

两种方法都可以有效减少过程流体的低级或瞬间的大量泄漏。

监测越频繁则费用越高,但能更有效地减少排放。例如,对轻流体设备中的阀进行每月一次的监测和维修所减少的排放比每季度一次多1/3,是每半年一次的3倍。

为了减少挥发性排放的设备改进可能会重新设计生产过程,使其拥有较少的部件及连接处,用新的无泄漏设备来替代泄漏设备,也包含用新的减少排放技术及密封剂的注射。这里的讨论,我们只关注主要挥发性排放源的减少,诸如阀、连接管/法兰、压缩机和泵等。要得到更完整的处理方法,读者可以参考有关的其他教科书。我们讨论易发生泄漏的设备类型,及如何改进设备以减少或消除排放。

活动部件(如阀、泵和压缩机)的密封处常发生挥发性泄漏。泵的密封通常在旋转轴与固定外壳连接的地方在过去的10~20年中,泵的机械密封已经有了很大的改进,在许多应用中作为无泄漏泵使用。压缩机在输送流体方面与泵类似,但是对于流体为气体的情况。压缩密封和机械密封都可用,但是压缩密封只能用于往复泵。在泵的设计中,不一定要用机械密封(还可采用碳环、曲径环式和油膜式密封)。

表征各种挥发源及其排放量缺省值的关联见表5-3-11。无泄漏技术能够完全消除某些运行设备的排放,但购置和维护却非常昂贵。例如,具有双机械密封的泵,估计每年的折旧费用约是每季度或每月LDAR的10倍。与没有排放减少规划的工厂相比较,如表5-3-12所示,效率最高的排放减少技术可以使一个中等规模的石油炼制厂的挥发性排放量减少近70%。类似的,对SOCMI设备,挥发性排放的减少60%~70%。

表5-3-11 挥发源及其排放量缺省值的关联

设备	工作流体	关联的泄漏速率/(kg/h) SOCMI	关联的泄漏速率/(kg/h) 精炼	排放量缺省值/(kg/h)
阀	气体	1.87×10^{-6}	2.18×10^{-7}	6.56×10^{-7}
	轻液体	6.41×10^{-6}	1.44×10^{-5}	4.85×10^{-7}
泵密封	轻液体	1.9×10^{-5}	8.27×10^{-5}	7.49×10^{-6}
	重液体		8.79×10^{-6}	
压缩机密封	气体		8.27×10^{-5}	
减压阀	气体		8.27×10^{-5}	
法兰/其他连接器	所有	3.05×10^{-6}	5.78×10^{-6}	6.12×10^{-7}

注:这些值可应用于所有的排放源类型;这种关联/缺省值可以应用在压缩机密封、减压阀、搅拌器密封和重液体泵;这种关联可用于搅拌器密封。

表5-3-12 各种挥发性排放削减技术的效率

设备	控制技术	控制效率/% SOCMI	控制效率/% 石油炼制厂
泵,轻液体	双机械密封	100	100
	每月泄漏检测和维修	60	80
	每季度泄漏检测和维修	30	70

续表

设备	控制技术	控制效率/%	
		SOCMI	石油炼制厂
阀,气/轻液体	每月泄漏检测和维修	60	70
	每季度泄漏检测和维修	50	60
减压装置	连接火炬,防爆膜	100	100
	每月泄漏检测和维修	50	50
	每季度泄漏检测和维修	40	40
敞口管线	封闭盖、塞子、盲端	100	100
压缩机	机械密封,连接脱气池的排气口	100	100
取样口连接	封闭吹扫取样体系	100	100

(5) 污染防治评估与 HAZ-OP(危险性和可操作性)分析的集成

危害和操作性研究 HAZ-OP 研究法的目的是为过程设计提供一系列指导性评语。设计任务与生产中某一环节或单元的使用意图有关。过程的任务,例如:①流经反应器或精馏塔冷凝器的冷却水;②反应器、分离器或贮罐内的惰性物系;③气动阀的空气供给。

<例 6>贮罐污染防治的安全性

为了减少不可控制的挥发性有机化合物的排放,一个工厂计划用内部浮动顶储罐来代替现有的外部浮动顶储罐。用 TANKS 软件计算贮罐类型中甲苯排放量的减少。对每种储罐类型进行有限的 HAZ-OP 分析,以评价每一个贮罐中聚积的蒸汽可能爆炸的危害性。进口泵和出口泵的用途是装满继而排空贮罐以达到要求的液位。内部浮动顶储罐中惰性物系的用途是保持介于浮动顶上部和贮罐顶下部的空间为无氧环境。

解:

排放分析:TANKS 程序允许使用者快速的计算出每个储罐类型的年排放量。结果如下:

外部浮动顶储罐:500.18 kg/a。

内部浮动顶储罐:30.03 kg/a。

可见,内部浮动顶储罐会减少近 20 倍的甲苯排放量。

HAZ-OP 分析(有限的):

对两种贮罐结构的 HAZ-OP 分析结果见表 5-3-13。与泵和每个罐的输入、输出物流相关的危害性相同。内部浮顶罐还存在额外风险——需要在罐的顶部维持一层惰性气体以防止燃烧。甲苯的闪点只有 4.44 ℃,因而,浮动顶上部空间杜绝空气是十分必需的。浮顶的移动和顶部密封缺陷都会使空气中的蒸气蓄积引起燃烧。

表 5-3-13 贮罐污染防治的有限 HAZ-OP 分析

指导评语	偏差	EFRT	IFRT	可能的原因	后果
NO	进口泵不能停止,或出口泵不能启动	√	√	1.液位测量计故障 2.泵故障	1.甲苯从顶部溢出 2.土壤和地下水污染 3.现场工人暴露
NO	浮动顶不能移动	√	√	1.密封连在罐壁上 2.浮筒故障	1.浮动顶失控 2.液位控制系统可能失效 3.甲苯从顶部溢出
NO	惰性 N_2 停止		√	1.压力控制失效 2.N_2 供给中断	1.储罐顶部引入空气 2.甲苯和空气混合物可能会燃烧
MORE	惰性 N_2 不能停止		√	1.压力控制失控	1.储罐超压,储罐顶失控 2.储罐爆破及甲苯泄漏

续表

指导评语	偏差	EFRT	IFRT	可能的原因	后果
LESS	惰性 N_2 不足		√	1.覆盖"NO"的原因	1.覆盖"NO"的后果
AS WELL AS	水进入储罐	√	√	1.EFRT 的浮动顶泄漏 2.IFRT 的外部顶泄漏	1.甲苯产物的污染和附加废物的产生 2.包含"LESS"的后果
PART OF	惰性 N_2 不足		√	1. 含"LESS"的操作	1. 含"LESS"的操作
REVERSE	泵倒转	√	√	1.不可能	1.液面控制失败及甲苯溢出
REVERSE	惰性系统抽真空		√	1.惰性系统误连入真空系统	1.贮罐破坏,甲苯溢出
OTHER THAN	混入非甲苯的其他的液体	√	√	1.储罐装料时与其他物料混合	1.甲苯产物的污染 2.储罐内物料再加工 3.储罐内物料被废弃
OTHER THAN	其他惰性气体混入		√	1.使用其他的气体	1.如果误使用了 O_2,将产生易燃的混合物

注:EFRT-外部浮动顶储罐;IFRT-内部浮动顶储罐

上面的贮罐污染防治实例说明内部浮动顶贮罐比外部浮动顶贮罐的危险性更高。内部浮动顶贮罐的复杂性会导致更易发生的失败。避免安全危害性的经验规则是"简化流程"。许多污染预防应用中的附加复杂性使安全性评估成为化工过程设计中减少废物与风险性的一个重要环节。

3.产品生命周期分析与评价

对于产品来说,生命周期开始于原材料的提取或获得,经过许多的生产步骤直到产品到达消费者手中,产品被使用,然后弃置或者回收。产品生命周期的各个阶段正如图 5-3-14 所示。在这个图上,能源被消耗,同时每一步都会产生废弃物和排放物。

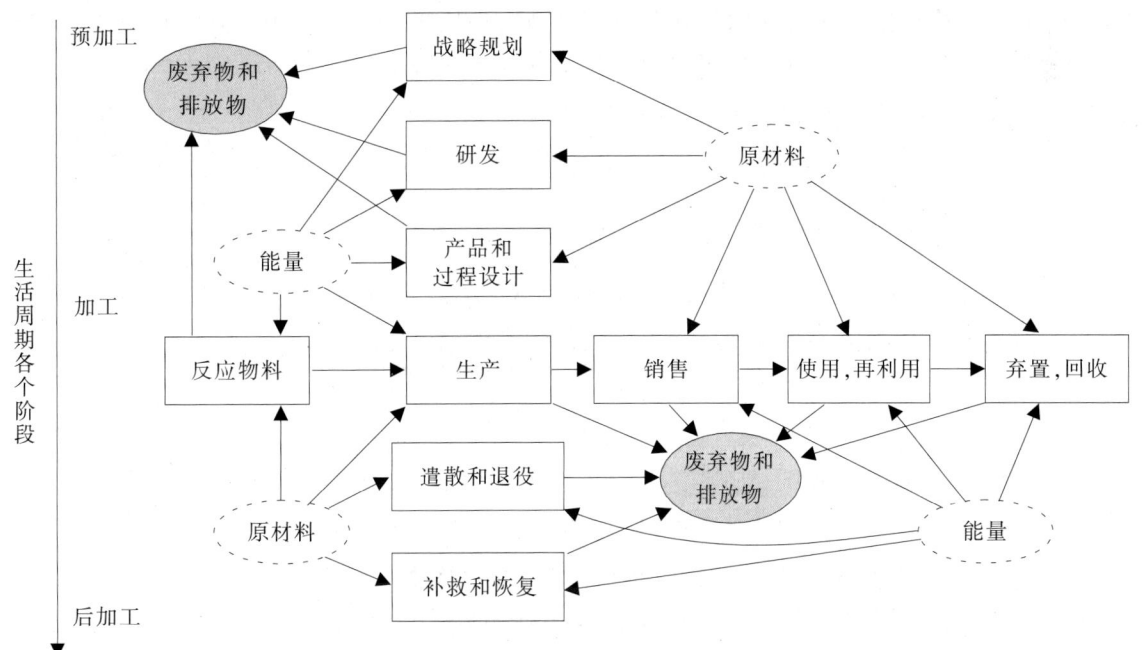

产品的生命周期包括原材料的精制,材料加工,使用,弃置各个阶段,这些在水平轴线上表示出来了。垂直线上表示的是过程的生命周期,包括规划、研发、设计、生产、退役各阶段,在这两个生命周期钟,都消耗了资源和能量,同时产生了废弃物和排放物

图 5-3-14 产品的生命周期

生产过程也有生命周期。它的生命周期开始于对生产过程的计划、研究和发展,然后设计产品和生产流程。生产过程有一定的运行寿命,然后进入退役阶段,如果需要的话还有可能被改造。在图 5-3-14 的垂直方向上,标明了生产过程的生命周期的主要内容。同样,其生命周期的每一步都包括了能耗、废弃物和排放物的产生。

传统上,产品使用者往往只关心开始使用到报废阶段,产品和生产过程的设计者主要关注于生命周期中原料的提取到生产这一阶段,21 世纪循环经济的发展要求,化学产品设计者还必须考虑消费者如何使用他们的产品,及废弃后的污染和再生利用,如何循环利用他们的产品问题,也就是说设计者必须对产品和加工过程的整个生命周期负责,要进行产品生命周期的分析与评价研究。

(1) 生命周期的分析评价

生命周期的研究包括对能量的使用、原材料的使用、废弃物的环境影响进行具体的定量的分析和表征,也包括定性地确认并分析生命周期中可能产生的主要影响类型。下面,我们要介绍高度定量的生命周期的评价方法。

生命周期评价(LCA)是生命周期研究的最完整、最详细的形式,它由四步组成。

第一步:确定产品要评价的内容范围和系统界限,简单地说,系统界限就是为了我们的研究进行数据采集的范围。

第二步:列出整个生命周期中的输入与输出清单——输入的清单包括如原料和能量,输出方面比如产品、副产品、废物和排放物等。如图 5-3-15 所示,这一步叫作生命周期清单。生命周期清单是一组数据和物料流与能量流计算结果的集合,以对产品生命周期的输入输出进行量化,其中一些数据的获得是基于能量守恒和质量守恒定律。

第三步:评估清单中所列的输入和输出物料对环境的影响,这一步叫作生命周期影响评估。

第四步:这一步是阐述评估结果,给出建议。如果生命周期评价是用来比较产品的,那么这一步可能包括推荐环保的产品的优劣。换句话说,如果是分析单个产品,可以给出提高环境质量的改进方案。这一步叫作分析改进或者评估结果的解释说明。

在 20 世纪 90 年代,美国的环境保护署(EPA)开始了一项绿色照明计划,鼓励人们用荧光灯代替白炽灯。这样做的动机在于荧光灯的节能。同其他产品一样,荧光灯并不是对环境完全无害,在绿色照明计划推行过程中,人们开始关注荧光灯中水银的使用。荧光灯是利用灯管中水银汽化后发光的,当灯管报废时,灯管中的水银会被

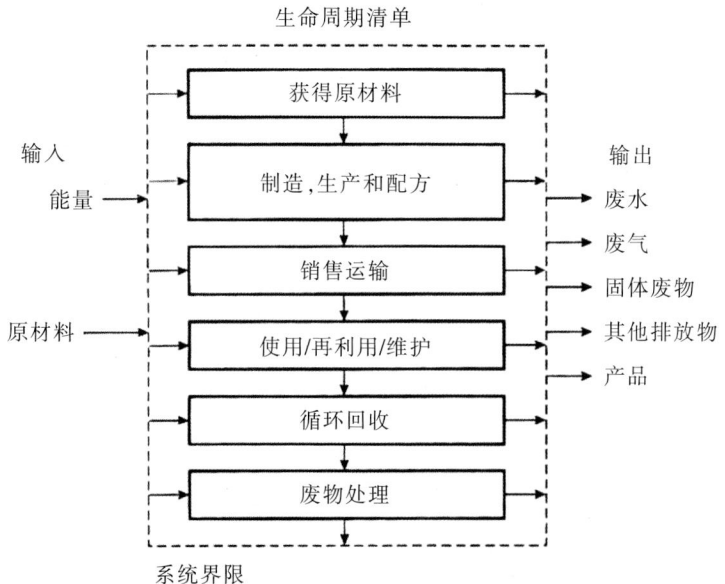

生命周期清单涉及生命周期的各个阶段,包括材料的使用、能量的使用、废物和排放物、副产物等

图 5-3-15 生命周期清单

排放到环境中。这种做法(产品废弃时水银的排放)对环境的影响相较于白炽光灯来说是微不足道的吗？如果我们把系统界限变一下，不只看产品的报废，如图5-3-15第一部分所示，而是考虑一下整个产品的生命周期，在对荧光灯和白炽灯两个系统进行比较的过程中，系统界限不但包括产品的废弃还包括发电厂部分，分析结果就不同了。尽管煤中的水银是痕量污染物，但煤的燃烧是大气中汞污染的源头。白炽灯需要更多的电能，所以使用白炽灯会造成更多的水银污染(与荧光灯报废所排放的水银相比，在白炽灯的整个使用过程中，由于煤的燃烧，会有更多的水银排放到大气中)。因此，在汞污染方面，决定选用哪种灯主要取决于系统界限的选择。

正如这个简单的例子所示，系统界限的选择会影响生命周期评价的结果。一个小的系统需要采集的信息较少，但往往会忽略系统的许多重要特征；另一方面，对于一个系统，从实际意义来讲，我们不可能面面俱到。在我们举的简单例子中，我们不只要考虑开矿的影响，还要考虑灯管中所用玻璃的制造方面的影响。通常我们可以不去考虑这些影响甚微的因素。而对于一些特殊问题，比如水银的排放，辅助过程对环境的影响就十分显著了。哪些因素需要考虑，哪些可以不考虑往往取决于工程师的判断和对系统细致研究的愿望。

在用生命周期的方法对产品进行比较时，要仔细地计算不同产品的使用期。比如一个布制的包装袋可能和一个塑料袋承载货物一样多，但它使用时间往往较长，这在进行生命周期评价(LCA)时必须考虑到。在本章末尾的例子中可以看到，操作单元的选择对结果的影响并不总是很直接，但却有着深远的影响。

为了做一个全面的生命周期清单，需要在整个生命周期中跟踪物质的流向。即使是对一个简单的产品，它由原材料经一两步生产步骤完成，收集数据时仍需付出很大的努力。表5-3-14列出了一个相对简单的产品——1 kg乙烯产品的输入、输出清单。分析表中的每一个元素。

表 5-3-14　1 kg 乙烯产品的输入、输出清单数据

种类	输入或输出	平均值
供能燃料/MJ	煤	0.94
	石油	1.8
	天然气	6.1
	水电力	0.12
	核能	0.32
	其他	<0.01
	总计	9.2
原材料/MJ	煤	<0.01
	石油	31
	天然气	29
	总计	60
原材料/mg	铁矿	200
	石灰石	100
	水	1 900 000
	矾土	300
	氯化钠	5 400
	黏土	20
	锰铁	<1
空气排放/mg	粉尘	1 000
	一氧化碳	600
	二氧化碳	530 000
	二氧化硫	4 000
	氮氧化物	6 000
	硫化氢	10
	氯化氢	20
	碳氢化合物	7 000
	其他有机物	1
	金属	1
水体排放/mg	化学需氧量(COD)	200
	生物耗氧	40
	酸(以氢离子计)	60
	金属	300
	氯离子	50
	溶解有机物	20
	悬浮固体	200
	油	200
	苯酚	1
	溶解固体	500
	其他的氮	10
固体废物/mg	工业废物	1 400
	矿山废物	8 000
	矿渣和炉灰	3 000
	无毒化学品	400
	有毒化学品	1

表中的第一组数据是所需的能量。这些是生产乙烯的原材料提取和乙烯制造过程中需要的碳水化合物燃料和电能。下一组数据是和进料相关的能量,乙烯生产所用的主要原材料(油和气)同样是燃料。乙烯产品中原料所用的能量是以能量为单位的,所以它可以和产品处理所用的能量放在一起。

当生产中有副产品时,生命周期清单会更复杂。为了说明副产品分配的情况,看表 5-3-14 中的输入、输出过程,左边的情况是一个输入生成两个产品输出同时产生一种排放物。如果我们就两个产品中的一种列清单,那么输入和排放物必须在两种产物间进行分配。以乙烯为例,乙烯的一部分是由液态烃,如石脑油制成。石脑油在炼油厂中制造出来,炼油厂生产多种产品,包括天然气、汽油、其他燃料油、沥青和石脑油等,石脑油(可用来生产乙烯)。通常可以将排放物和使用的原油数据看成一个整体,用于石脑油生产的那一部分可以通过一定方法分配。一个常用的分配方法是按质量分配。如表 5-3-14 所示,1 kg 乙烯产品的输入和排放可以基于产品的质量来分配。在石脑油炼油厂的例子中,原油的用量及其排放物的量可以通过下面的方法分配:

石脑油生产中所分配的原油量=(整个炼油厂的原油用量/炼油厂生产的产品总质量)×炼油厂生产的石脑油的质量。

表中的第一组数据是所需的能量。这些是生产乙烯的原材料提取和乙烯制造过程中需要的碳水化合物燃料和电能。下一组数据是和进料相关的能量,乙烯生产所用的主要原材料(油和气)同样是燃料。乙烯产品中原料所用的能量是以能量为单位的,而不是质量,所以它可以和产品处理所用的能量放在一起。

表中的第二组数据是非燃料类原材料。它包括铁矿、碳石、水、铁矾土、氯化钠、黏土、锰铁。如表 5-3-14 所示,这些数据在生命周期中作为一个整体,并且报告的是总数。因此,用水包括油品用水,也包括乙烯裂解的蒸汽用水。有些输入看起来很模糊,仅用来指出产品的生命周期的复杂属性。比如,石灰石是用来消除生产过程中的酸性气体的。

最后一组是废弃物,在这里决定报告哪种物质具有主观性。比如,一些清单中不报道二氧化碳或者水的排放。忽略这些元素表明它们不重要。更微妙的是决定什么是,什么不是废弃物。比如造纸厂的木材外层。这些不用在造纸上的木头全部烧掉为造纸工序提供能量,有些学者们把它们当作燃料的废弃物。其他学者认为这是内部物料的流动。这两种计算方法得到的环境效应是相同的,但对于生命周期清单来说采用一种计算方法比另一种方法会产生更多的固体废物。

在大多数生命周期清单中,原材料、能量的排放物在几种产物之间的分配取决于质量,有时另一个产品是副产品,那么根据价值来分配更合适,举一个形象的例子,比如养牛,牛产生牛肉和牛粪,养牛者的目的是生产牛肉,而不是牛粪。如果将输入和排放物按质量在牛肉和牛粪之间分配,大多数会被分配给牛粪。很显然,在一些情况下,按质量分配是不合适的。在这种情况下,按价值分配。

生命周期清单本身不能表征产品、服务或者生产过程对环境的影响,因为废物和排放物、原材料和能量的需求,必须联合考虑来分析对环境的影响。简单地说,1 kg 铅排放到大气中与 1 kg 铁排放到地表水中产生的环境影响是不同的。为了表征整个生命周期中产品或过程的环境性能,需要将生命周期清单中的数据转化为对环境影响的评估。

(2)生命周期影响评价的过程

一般分为如下 3 个步骤。

分类:根据列清单过程中确定的输入、输出数据,将其对环境的影响分成几类,比如甲烷、二氧化碳和氟氯碳被归类为温室气体。

表征:确定输入、输出对环境影响的程度;比如甲烷,二氧化碳和氟氯碳的相对温室效应潜能。

评估:确定环境影响的相对重要性,以便计算出表示环境性能的单一指标。

需要注意的是分类和表征这两步通常基于

科学数据或模型。数据可能不完整或者具有不确定性,但分类和表征的过程是客观的,相反,评价过程具有内在的主观性,依赖于社会对环境影响类型的分级。

在生命周期评价的第一步,根据列清单过程中确定的输入、输出数据,将其对环境的影响分成几类。表5-3-15列出的是环境影响分类的举例。注意一些影响类别可能是地区性的(例如,某特定生态系统内有机体的水体毒性),而另外一些则是全球性的(例如,平流层臭氧损耗和全球变暖)。

表 5-3-15　环境影响分类举例

温室气体
平流层臭氧损耗
光化学烟雾
人体致癌
大气酸化
水体毒性
陆地土壤毒性
栖息地破坏
不可再生资源的消耗
超营养作用

举一个分类的例子,分析聚乙烯生产中排放的空气污染物,如表5-3-16所示,氮氧化物会被归类为产生光化学烟雾前驱物、温室气体、酸雨沉降和酸沉积前驱物。一氧化碳归为产生烟雾的前驱体。

表 5-3-16　生产每千克聚乙烯所产生的空气污染物

	每千克聚乙烯产生的污染物/kg
氮氧化物	0.001 2
二氧化碳	0.009
一氧化碳	0.000 9

评价的第二步就是通过综合考虑清单排量和产生影响的潜能(潜能因子),对清单各项所产生的影响进行表征、量化。比如:如果影响类别是全球变暖,相应的产生温室效应的潜能可以用来衡量不同温室气体所产生的影响。一旦这些潜能因子确定,就可以把其数值和潜能因子相结合得到影响评分。

生命周期评价不会考虑能源、物资和排放的时间和空间分布,整个生命周期中的能耗、材料的使用和废物的排放会被加起来,然后对清单中加和的各项赋予权重或潜能因子。这意味着在进行汽车生命周期影响评价时,要将十多年间世界各地产生的二氧化碳量加和吗?显然答案取决于我们所研究的项目范围以及影响所发生的时间和空间尺度。比如:我们可以在生命周期研究中,将全世界的温室气体排放加和起来,但不能将类似的加和处理应用于一个局部地区性问题。再比如:当土壤有很好的缓冲能力时,产生酸雨的化合物可能就不会引起环境问题。类似的,在一个地方硝酸盐的排放可能会导致营养富集,而在另一个地方磷酸盐的排放可能造成营养富集。

表 5-3-17　生命周期评价中常见的影响分类

影响类别	空间尺度	时间尺度
温室气体	全球	数十年/上百年
平流层臭氧损耗	全球	数十年/上百年
光化学烟雾形成	地区/局部	几小时/几天
人体致癌物作用	局部	几小时(急性)—数十年(慢性)
大气酸化	洲际的/地区	几年
水体毒性	地区	几年
土壤毒性	局部	几小时(急性)—数十年(慢性)
栖息地破坏	地区/局部	几年/数十年
不可再生资源的破坏	全球	数十年/上百年
富营养化	地区/局部	几年

空间范围是从局部到全球,时间范围是从几小时到数十年;这些影响的时间和空间特性应该与生命周期研究所收集的时间和空间分布数据作比较

表 5-3-17 中对生命周期中常见的影响分类进行了总结。近期一些新的生命周期评价方法已经尝试来考察潜能因子在时间和空间上的变化，但这些研究在生命周期影响评价中有待进一步深入开展。大多数的研究仍然假定清单中的数据可以是整个生命周期中的加和，而不必考虑时间和空间上的分布。

<例7>聚乙烯生产中的影响评估绩效

生产 1 kg 聚乙烯的清单表明其空气排放物包含的二氧化碳、一氧化碳、氮氧化物和二氧化硫分别是 1.3 kg、0.000 9 kg、0.012 kg 和 0.009 kg。一般的影响评价方法中，将排放量乘以潜能因子以得到影响评分。如果指定用二氧化碳进行全球变暖的评分，计算聚乙烯的全球变暖总记分。假设其他排放物没有全球变暖潜能。如果指定一氧化碳、氮氧化物和二氧化硫的人体致毒记分依次为 0.012、0.78 和 1.2，计算各化合物的影响评分以及每种影响类型的总评分，并且计算人体致毒的总评分。尽管将 4 种化合物的排放量加在一起是不对的，但它们的影响评分是可以联合使用的。将全球变暖总评分和人体致毒总评分相加，以得到单一的影响评分，这样做正确与否。

解：全球变暖影响评价记分为：

$1.3 \times 1 = 1.3$

二氧化碳的人体致毒记分为 0，而一氧化碳的为

$0.000\ 9 \times 0.012 = 0.000\ 011$

对于氮氧化物：$0.012 \times 0.78 = 0.009\ 4$

对于二氧化硫：$0.009 \times 1.2 = 0.011$

这组化学物质的全球变暖总评分为 1.3，人体致毒总评分为：

$0 + 0.000\ 011 + 0.009\ 41 + 0.011 = 0.020$

将这组化合物的全球变暖评分与其人体致毒评分相加是不合适的。

影响评价涉及的另一个问题是对潜能因子的选择。实际应用中有许多可用的影响评分系统，其中多数是由生命周期的研究人员建立的。还有许多不是针对生命周期评价开发的衡量环境排放影响的方法，它们可以用于生命周期表征。有时，不同生命周期影响系统会得出不同的结果。用 3 种不同的人体和生态毒性影响的潜能因子对清单中数据进行排序，结果如表 5-3-18 所示。理想情况下，每种潜能因子应该产生同

表 5-3-18　采用不同的潜能体系对 1993 年大湖地区排放的有机氯化物影响排序
（化合物是按排放量递减的顺序排列）

化合物	EPA 人体风险性[1]	Dutch 人体毒性[2]	Dutch 水体毒性[2]	EPA 生态风险性[1]	MPCA 毒性记分[3]	Dutch 土壤毒性[2]
四氯乙烯	8	4	5	10	6	3
三氯甲烷	13	5	8	10	2	9
三氯乙烯	8	12	12	10	10	10
1,1,1-三氯乙烷	8	1	6	10	7	4
氯仿	6	8	4	6	1	6
1,2-二氯乙烷	8	6	7	8	4	7
PCBs	1	2	2	1	5	1
硫丹	2	7	1	2	11	2
四氯化碳	3	10	10	2	3	11
氯乙烯	6	9	13	4	9	13
氯苯	8	14	14	8	13	14
苄基氯	13	15	15	10	14	15
六氯丁二烯	3	13	11	4	12	8
2,4-二氯苯酚	13	11	9	10	15	12
2,3,7,8-TCDD	3	3	3	4	8	5

注：1.EPA：废物最小化优先顺序法，用来对污染物排序。2.Dutch：考虑环境转变和传输，专门为生命周期评价而建立的。3.MPCA：明尼苏达州污染控制局对大气污染物的排序，主要基于人体和动物的受影响程度。

样的结果；然而，数据表明，不同的潜能因子体系产生了某些化合物不同的排序结果。对于三氯乙烯、1,2-二氯乙烷、PCB 三种排序相同，而二氯甲烷、硫丹(杀虫剂)、六氯丁二烯的排序则不同。注意表中所列表征系统的目的不都是用于生命周期影响评价的，有些是用来评价排放物的。另一个需要注意的是根据排放量的排序(表中所列化合物的顺序)与根据潜能影响的排序差异会很大。可见，虽然不同的潜能因子所得结果不一致，但若忽略潜能影响，只考虑排放量，则会导致对那些相对无害而排放量大的化合物的过分关注。

为什么不同的潜能因子会导致不同的结果呢？答案很简单，因为各种方法通常是基于不同的标准。常用的潜能因子是基于环境法规的数据。在这些系统中，排放物的表征是根据将排放物稀释到法规允许的浓度所需的空气和水的体积。比如：空气质量法令规定空气中某种化合物的体积浓度为百万分之一，那么需要 1×10^9 mol 的空气(标准温度和压力下的空气 22.4×10^9 L)才能将 1 mol 的此化合物稀释到允许的标准。这种每单位质量或摩尔排放物需要的体积叫作临界稀释体积(根据国家不同而有所差异)。其他的一些潜能因子是基于相对风险性，但相对风险性的建立需要对排放的环境介质进行假设，这些假设在不同的影响评价系统中可能是不同的。

(3) 评价

评价是整个生命周期影响评价的最后一步，它主要是对表征的结果进行权重分析，以使最重要的环境影响类型受到更多的关注。现在还没有一个被普遍接受的方法能够将不同影响类型的评价数据结合为一个环境影响评分。表 5-3-19 中列出了一些可使用的方法，某些方法根据影响的程度和不可逆性将影响类型分为高、中、低三档，所以平流层的臭氧损耗的评分高，而水的使用评分低。

表 5-3-19 评价生命周期影响的策略

生命周期影响评价方法	描述
临界体积	按照法规要求的限值衡量排放物，并对各环境介质(空气、水、土壤)中的数据综合评价
环境优先系统	对每项清单内容进行表征和评价时采用一致的权重因子(见下面的例子)，根据自愿支付额调查进行评价
生态缺陷	对清单中各项内容进行表征和评价时采用一致的权重因子，根据环境承受废物的能力以及可用资源的量，评价排放和资源利用情况
目标差距法	根据荷兰国家环境规划要求的排放目标值进行评价

根据输入和输出特点推荐不同评价方法。评价过程中，必须通过表征量化决定输入和输出的空气、水、土地以及其他资源的量。然后根据每种可用资源的量进行归一化(可以针对局部的或全球性)，最后加入资源清单中。标准化值最高的资源是受影响最严重的。实际上，在生命周期研究中，将容纳输入和输出所需的各种地球资源综合为一个数值。

公众愿意支付在环境健康上的全额调查数据也应用于评价过程中。然而，实际上这方面(人们支付的费用仅仅为了改善环境)的数据很少，大多数自愿付费的数据是通过调查得来的。

下面的这个例子将说明如何使用环境优先策略系统(EPS)，它建立于瑞典，可将表征和评价的结果综合为一个值。这个系统的影响类别包括生物多样性、人体健康、生态健康、资源和美学，化合物的环境指标要基于以下 6 点考虑：

* 范围：环境影响的总体印象。
* 分布：影响区域的大小。
* 频率或强度：在影响地区问题产生的频率和强度。
* 持续性：影响的时间长短。
* 贡献：1 kg 排放物相对于总体环境影响的显著性。
* 补救：减少 1 kg 排放物所需的成本。

从自愿付费研究中得到的数据也可用来

建立影响指标。需要注意的是,体系中的影响是综合的,环境值的判断和优先性也综合在指数中。

<例8>环境优先策略系统中选择环境指标

在EPS系统中,环境指标与所用原材料或排放物的量相乘,可得到环境负荷单元(ELU),在生命周期研究中可将ELU加和起来得到总的ELU。表5-3-20列出了EPS系统中所选的环境权重因子。根据生产1 kg乙烯所对应的空气排放量,计算环境负荷单元。排放物含有的二氧化碳、氮氧化物、一氧化碳和氧化硫分别为0.53 kg、0.006 kg、0.000 6 kg和0.004 kg。

表5-3-20 EPS系统中所用的环境权重因子(环境负荷单元/kg)

原材料		空气排放		水体排放	
钴	76	一氧化碳	0.27	氮	0.1
铁	0.09	二氧化碳	0.09	磷	0.3
铑	1 800 000	氮氧化物	0.22		
		氧化硫	0.10		

解:空气排放总的ELUs为

$0.53 \text{ kg}(CO_2) \times 0.09 \text{ELU/kg}(CO_2) +$
$0.006 \text{ kg}(NO_x) \times 0.22 \text{ELU/kg}(NO_x) +$
$0.0006 \text{ kg}(CO) \times 0.27 \text{ELU/kg}(CO) +$
$0.004 \text{ kg}(SO_x) \times 0.10 \text{ELU/kg}(SO_x)$
$= 0.05 \text{ELU}$

注意:如果原材料和水体排放的量给定,则这些输入的ELU也应与空气排放的ELU相加。

任何一个生命周期研究中都隐含有评价过程,因为所选择的清单特性,诸如大气排放、能量消耗,都反映了资助这项研究的组织和研究者的评价观点。同样在分类和表征阶段选择待评估类型时也需要评价。比如,气味一般不作为一个影响类别,这意味着它对环境影响(诸如生态毒性和人体毒性)的程度很小。

当没有一个普遍接受的方法综合不同影响分类的影响评分时,通常可以在每种影响类型内部综合。因为评价过程是主观的,许多研究者仅进行到表征阶段。如果生命周期研究是比较两个产品,其中一个产品的各项影响分类的影响评分均高于另一个,则不需要评价指出哪种对环境更有利。然而这种情况很少;我们比较的产品和设计往往有利有弊。每种方案都会对环境造成独特的影响,这意味着任何设计的选择都要在各类影响之间权衡考虑。

(4)生命周期分析应用

根据进行生命周期研究的组织所做的调查,其最重要的目标是使污染最小化。其他目标还包括保护不可再生资源和能源;确保维护生态系统,尤其是受某些关键物种的平衡支配的地区生态平衡;开发新方法以增大资源和废物的循环再利用;施行较合适的污染防治法或减轻污染技术。正如本章所讨论的,生命周期分析已应用于许多行业,包括政府和私营部门,对产品的开发、改进和比较过程中。

1)产品的比较:采用生命周期分析来比较产品是最为常用的一种方法。例如对尿布和一次性尿布进行比较、塑料杯和纸杯的比较、包装三明治用的聚苯乙烯材料和纸制材料的生命周期分析都是公众所关注的(见本章结尾提出的问题)。产品的比较研究都是那些在结果中有既得利益的组织发起的,由于生命周期研究理论的持续性,所以对制定的假设和研究过程中所收集的数据总存在许多值得批判的地方。由于周期研究得出的产品对比结果已经引起了诸多争议,人们开始对生命周期研究产生了怀疑。这导致了人们将注意力转向少有争议的应用方面(比如改进产品的研究)。

2)战略规划:对于制造商来说,生命周期研究的最大用处是为产品设计和原料供应的长期战略策划提供指导。基于此,生命周期研究包括环境影响,既包括公司外部成本(如栖息地的破坏),又包括公司内部成本(例如,废物产生的成本)。评价这些外部成本是战略性策划的关键,因为法则趋向于将目前的公司外部成本进行内部化管理。

3) 公共部门的应用：生命周期研究也应用于公共部门。政策制定者报道的生命周期研究最重要的应用有：①考虑总体物料的利用，资源的保护，并减少产品生命周期中物料和加工过程中对环境的影响和风险性，而制定长期政策；②评估与资源减少和废物管理技术相关的影响；③向公众提供产品或原料的特性。

生命周期研究最显著的应用是环境或生态标志的使用，图5-3-16给出了世界范围内的生态环境保护标志。除了在环保标志上的应用，公共部门根据生命周期研究制定法则和做出决策。

图 5-3-16　世界各国的生态环保标志

例如，美国环保署参照生命周期信息制定了工业洗衣用水的有关法规。由于他们洗的是含油渍的破旧衣服，这些废水就是一个污染问题。但是这些法规制定的越严格，工业洗衣的成本越高，这会导致布料店的旧布向一次性布料转变。这是否对环境有利呢？生命周期概念提供一些深入的看法，收集了上述信息以及生命周期研究在政策制定中的其他应用。

4) 产品设计和改进：产品的比较已受到了媒体的广泛关注，但是在一个调查中，制造商声明生命周期研究的最主要应用是：①确定对环境影响最大的工艺过程、原料成分和体系；②比较在特定的工艺过程中不同的选择对环境的影响以使影响，以实现环境影响最小化的目标。

制造商比产品的任何其他生命周期阶段的"所属者"更有可能使产品对环境造成影响，这是因为他们所选用的原料会对环境产生影响，还因为生产工艺过程中产生的废物占美国境内总排放废物的一大部分，并且制造商在一定程度上决定了其制造的产品的使用和废弃处理。

以改进产品为目的的生命周期研究的结果列于表5-3-21中，该表显示了生产1 kg聚乙烯所需的能量清单。生产聚乙烯所需的最大能量不是燃料燃烧的能量，而是有机物转化为产品过程中的能量，实际上"进料能量"约占全部所需能量的75%。该清单表明降低生命周期的能

表 5-3-21　生产 1 kg 聚乙烯需要的平均总能量

燃料类型	燃料生产能量/MJ	输送能量/MJ	进料能量/MJ	总能量/MJ
电	5.31	2.58	0.00	7.89
燃油	0.53	2.05	32.76	35.34
其他	0.47	8.54	33.59	42.60
总计	6.31	13.17	66.35	85.83

耗要把重点放在减轻产品聚乙烯的重量上(使其尽可能的轻)。

另一项改进产品的生命周期研究表明,聚酯衬衫使用过程中所需能量占到整个产品周期所需能量的82%。因此,减少所需能量的最可行方法是用冷水洗涤并自然干燥以取代热水洗涤和在干燥器中干燥的方法。这种转变可以将使用过程中所用能量减少90%。因此,在一件衣服上最好的改善环境的方法是使其可以冷水洗涤。

在产品改进的另一个生命周期研究中,对计算机工作站中组件的评估揭示了影响原材料的使用、废弃物、排放物和能耗的主要因素。所研究的部件包括半导体、半导体组件、印刷线路板和计算机集成器,还有显示监控器。研究结果之一是发现工作周期内能量主要消耗在显示监控器上。因此,要减少计算机工作站总能耗,最好是通过减少监控器的能耗。半导体生产是主要的有毒物质产生环节,是影响原材料使用的主要因素。尽管从重量来说,半导体是工作站中所占比例很小的一部分。

欧洲的一个光开关生产者进行了另一项生命周期研究,其目的是通过声称制造无镉开关来扩大市场份额。生命周期清单表明,两种制造方法中开关接触器的含镉量与生产过程中电镀操作所用的镉相比是微不足道的。生产中,只有一家制造商生产含镉开关,但没有一种开关是真正"不含镉"的。同时,生命周期研究表明,最大的环境收益是在十年使用期内减少开关的耗电量。结果是令人惊奇的,因为每次耗电量是很少的,只有在整个生命周期内计算其总量时才显出其重要性。

5)产品设计初期阶段使用生命周期概念:传统观念中,性能、成本、文化需求和法律规定界定了产品设计的范围。逐渐地,环境方面的考虑也被包括在设计标准的核心部分,生命周期研究可用来评价环境性能。在设计过程开始阶段优化环境性能可获取最大收益,但它随市场、技术以及对影响的科学理解的加深而变化。但是正如前文所讲,产品环境成本中约80%是在设计阶段决定的,在以后的阶段对产品的改进也许仅有适度的影响,因此在早期设计阶段提高产品环境性能的生命周期研究是最有用的。

摩托罗拉建立了一种改良的生命周期评价矩阵,旨在应用于早期设计阶段。该矩阵如表5-3-22所示,在矩阵中有五个生命周期阶段和三个影响评价分类(其中一个又分为两个次类别),摩托罗拉打算在三个连续定量阶段使用该矩阵:最初概念设计阶段、具体设计阶段和最终产品说明阶段。在最初设计阶段,矩阵元素可以通常回答一系列是否问题来填写,把肯定回答的分数相加得到总评分,总分可转化为说明产品环境特征的分数。此例代表了产品设计中出现的应用趋势。

表 5-3-22　摩托罗拉的生命周期矩阵

影响		部分资源	制造	输运	使用	寿命终止
持续性	资源使用					
	能源使用					
人类健康						
生态健康						

6)过程设计:工业过程的改变应该赋予战略思想,因为它们通常会经历几十年,而且其改进费用昂贵且很艰难。尽管过程的生命周期阶段与产品的生命周期阶段不同,其输入、输出和影响类型是相同的。通常,过程选择(包括过程原材料的选择)在过程的生命周期中的影响比生产设备本身更大。

杰格布(Jacobs)工程已经开发了一个应用于过程的生命周期矩阵(不同于产品的),如表5-3-23所示。该方法在两个空间尺度(车间范围和全球区域)确定五种清单分类和七个环境影响类型。针对过程的基本选择情况,矩阵的元素根据所选方案是改进的、等价的或较差的(与基本选择相比),分别设定为+1,0或-1。值得注意的是在此表格中并不是所有的生命周期阶段都清晰地鉴别了。

生命周期评价过程从原理上看起来很简单,实际上它会受到许多实际情况的限制。生命周期清单的局限进而影响到评价阶段,并且影响评价方法自身也存在不确定性。这并不是说

表 5-3-23　Jacobs 工程开发的评价可选过程影响的生命周期分析矩阵

风险区域	影响参数											
	车间范围						全球范围					
	材料输入	能量输入	大气排放	废水	固体废物	总计	材料输入	能量输入	大气排放	废水	固体废物	总计
全球变暖												
臭氧损耗												
不可再生资源使用												
空气质量												
水体质量												
土地处理												
传输影响												
合计												

生命周期评价没有价值。相反，尽管存在不确定性因素，但这些评价为决策制定和产品管理提供了宝贵的信息。它们可以对产品的整个生命周期涉及的环境问题进行策略性评价。根据进行生命周期研究的组织所做的调查，其最重要的目标是使污染最小化。其他目标还包括保护不可再生资源和能源；确保维护生态系统，尤其是受某些关键物种的平衡支配的地区生态平衡；开发新方法以增大资源和废物的循环再利用；施行较合适的污染防治法或减轻污染技术。正如本节所讨论的，生命周期分析已应用于许多行业，包括政府和私营部门，对产品的开发、改进和比较过程中。目前这种产品生命周期分析与评价法，受到世界科技界高度重视。鉴于工业制造界产品数量巨大，而且在不断增新，制造过程亦不断在提升，无论是产品还是工艺均个性极强，随着现代数学与计算机计算能力的发展，生命周期分析与评价法也仍处于不断发展与继续创新改进过程中。

(二) 生态工业园

生态工业园是依据循环经济理念和工业生态学原理而设计建立的一种区域型新型工业组织形式，通过模拟自然系统建立产业系统中"生产者—消费者—分解者"的循环途径，尽可能实现物质闭路循环和能量多级利用。即生态园内企业模拟自然界生态系统，相互之间存在协同和共生关系，将最大限度地充分利用资源和减少负面环境影响，最后达到工业可持续发展的目标。

化工过程网络是仅限于化工生产。然而，化工生产中的物料和能量流广泛用于各个工业部门。因此，用工业生态学的观念去研究与设计，在工业园区内包括各种工业部门的工业网络，可以达到更高层次循环经济的目标，是更为合理的。

以下对丹麦的卡伦堡(Kalunborg)生态工业园区——典型生态工业园区进行简介。

迄今为止，在世界上发展较为成熟的生态工业园区是丹麦的卡伦堡生态工业园区，该园区以一个炼油厂、一个硫酸厂、一个制药厂、一个火力发电厂、一个渔场和一个石膏板厂组成了一个工业网为核心，其他成员包括农场、大棚养殖、养鱼场，通过贸易方式把其他企业的废弃物或副产品作为本企业的生产原料，建立工业园区和代谢生态链关系，它们彼此交换能量和物质流。如图 5-3-17 所示，燃煤电厂位于这个工业生态系统的中心，对热能进行了多级使用，对副产品和废物进行了综合利用。电厂向炼油厂和制药厂供应发电过程中产生的蒸汽，使炼油厂和制药厂获得了生产所需的热能；通过地下管道向卡伦堡全镇居民供热、加热温室并给养鱼厂供暖，由此关闭了镇上 3 500 个燃烧油

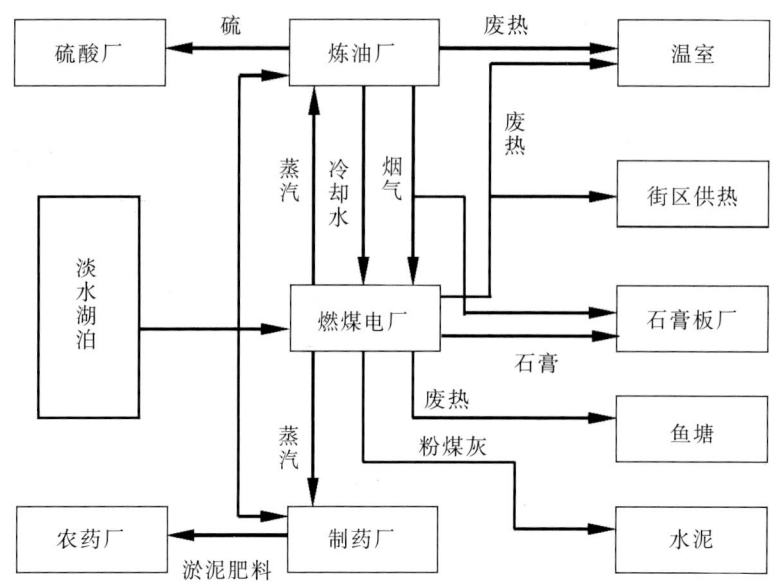

图 5-3-17 丹麦卡伦堡的工业网络图

渣的炉子,减少了大量的烟尘排放;将除尘脱硫的副产品工业石膏,全部供应给附近的一家石膏板厂做原料。同时,还将粉煤灰出售,供铺路和生产水泥之用。炼油厂和制药厂也进行了综合利用。药厂处理的淤泥被送到附近的农场作为肥料。炼油厂产生的火焰气通过管道供石膏厂用于石膏板生产的干燥使用,又减少了火焰气的排空。一座车间进行酸气脱硫,生产的稀硫酸供给附近的一家硫酸厂;炼油厂的脱硫气则供给电厂燃烧。卡伦堡生态工业园还进行了水资源的循环利用。炼油厂的废水通过生物净化处理,通过管道向发电厂输送,每年输送电厂 $70×10^6$ m³ 的冷却水。整个工业园区由于进行水的循环使用,每年减少 25% 的需水量。

最终实现了园区的"污染零排放"。通过各个成员间的物质和能量交换,实现了物质的部分循环和能源的逐级利用,获得了良好的经济和环境效益。

深入分析卡伦堡的物质和能量的交换,还发现更多有趣的特征。

(1) 这种交换有更显著的能效

例如:电厂发电过程产生的废热和蒸汽,可送往炼油厂、温室、渔场及居民区供热系统进行利用。如果能找到废蒸汽的利用市场,那么 90% 以上的从工厂燃煤产生的热量能够被利用,唯一的损失便是烟囱排气所损失的能量。与此相比,典型的美国煤—火力发电厂利用燃煤产生的热量效率约仅为 40%。

(2) 物料和能量交换能为参与者提供经济效益

在某些情况下,例如电厂把硫酸钙卖给石膏板生产厂,直接的经济效益并不能完全收回成本;此时的交换是由相应的法规驱动的(比如需要净化电厂烟囱尾气以除去 SO_2)。这些交换可避免废物掩埋或处理洗涤器废物的其他方式,故而使成本降低。而在其他情况下,例如炼油厂使用电厂的废热,这些交换是自给自足的。

这个案例研究显示了生态园的基本规则——集成不同工业单元操作中的能量和物料流,可以提高质量和能量利用效率。通过对美国能量流股进行简单的调查可以得出一个工业物料和能量交换的潜力评价。美国年耗能 $80×10^{15}$~$100×10^{15}$ kJ,其中约 1/3 的能量是用于发电消耗,而这些用于发电的能量中约有 2/3 是以废热形式损失的。这就意味着美国需求的总能量中,约 1/4 可以由废热利用来满足。在全国范围内联合供热和发电系统具有明显优势,但尚需做进一步的研发工作。这说明世界的节能潜力还是极大的。

第二是关于水(普遍存在的物质)的物质交换。水实际上应用于所有工业生产过程,有很多方式对其回收利用,通常只有少量水被消耗。大部分的工业用水是用作冷却、加热或加工原料,而不是作为反应物。此外,不同的工业过程或工业部门的需水量相差悬殊。例如需要高纯水的半导体生产设备的废水可以被用于许多其他的工业过程。这亦说明世界的节约资源与水潜力也还是极大的。

到目前为止,鉴于生态工业园具有突出的环境保护及显著的社会经济效益,已受到世界先进国家的广泛重视。

美国自20世纪70年代开始建设生态工业园区,至少有40个社区建立了生态工业园区项目,涉及生物能源的开发、废物处理、清洁工业、固体和液体废物的再循环等多种行业,形成了各自的特色。美国布朗斯维尔生态工业园区采用"虚拟"生态工业园区的模式,依托现有企业进行能量与物质的共享,并招募新的工业企业与现有企业互补和增强废物交换。自1995年以来,加拿大开始建设生态工业园区,现有40多个工业园区中有9个被认为具备生态工业发展的可能性,其中涉及的核心工业组合有造纸厂、包装业、副产蒸汽;聚氯乙烯、苯乙烯、发电、生物燃料;钢铁厂、造纸厂、刨花板厂、发电;炼油、化工、热电联产、水泥厂等。表5-3-24和表5-3-25是美国、加拿大部分生态工业园区。

表5-3-24 美国部分生态工业园区

序号	EIP项目	地址	涉及行业特点
1	查尔斯角	弗吉尼亚	农业、海产品及海水养殖、旅游、艺术品,高新技术产品
2	费尔菲尔德	马里兰	石化、有机化学品、废物再利用、环境技术
3	布朗斯维尔	得克萨斯	炼油、沥青、化工、纺织、车罩部件、热电、污水处理、溶剂回收
4	河岸	佛蒙特	生态农业,生物能源,废物处理
5	绿色协会	明尼苏达	绿色产业孵化器、废物再利用
6	普拉兹堡	纽约	军事设施再开发、资源和废物管理
7	东海岸	加利福尼亚	资源再生、自然美化、提高能源效率
8	特灵顿	新泽西	现有工业区的再开发,清洁工业
9	西瓦诺	亚利桑那	商业一体化开发;环境,自然特色
10	富兰克林	卡罗莱纳	可更新能源与环境技术的商贸联合体

表5-3-25 加拿大部分生态工业园区

序号	园址	主要生产企业
1	佛贾斯凯特宛,贾克(Fort Saskatchewan,Sask)	化学品,聚氯乙烯、苯乙烯。电力、生物燃料等
2	康沃尔,安大略(Cornwall,Ontario)	热电联产、造纸、化工、电力设备和水泥等
3	比堪克,魁北克(Becancou E,Quebec)	氯碱、盐酸、过氧化氢、烷基苯磺酸盐等化工
4	东曼炊来,魁北克(Montreal East,Quebec)	炼油、石化、工业气体、石膏板、冶金等
5	绥姜,新布朗斯维克(Saint John,New Brunswick)	电力、造纸、炼油、酿酒、制糖等

近年亚洲生态工业园区发展迅速,日本先后建成了藤泽生态工业园区和卡克博(Kokubo)生态工业园区及札幌市(循环再利用工业园区)、北海道(循环再利用和促进副产品交换)、千叶县(能源中心,零排放园)、岐阜市(循环再利用工业联合体)、大牟田市(循环再利用工业园区)、秋田辖区(电子产品循环利用)、莺池市(循环再利用矿业工业园)、北九州城(生态工业园区)和川崎市(循环再利用工业园区)等10个生态工业城项目。泰国正在对28个工业园区进行绿色工业园区试验,并将其中5个建成生态工业园区。印度已在不同工业系统进行了4个

工业代谢研究,包括位于日坡(Tirupur)的棉织品生产中心、位于傲尔(Haora)的铸造厂、位于泰米尔的内迪(Nadu)皮革工业和塞萨哈依州利(Seshasayee)造纸/制糖联合体。

三、生态工业园区的国内外实践

(一)国内生态工业园创建进展

1999年以来,在中国经济快速增长带来的资源环境压力及国际环保新思潮的影响下,原国家环境保护总局将建设生态工业园区作为改变经济增长模式,实现经济和环境"双赢"的一个重要举措,在全国范围内,在不同的行业和工业园区进行了生态工业园区建设的试点。至2007年5月,原国家环境保护总局批准创建了26家国家生态工业示范园区(见表5-3-26)。

目前,我国生态工业园区创建工作有以下几个特点。

表5-3-26 批准建设的国家生态工业示范园区名单

序号	名称	批准时间
1	贵港国家生态工业(制糖)建设示范园区	2001年8月14日
2	南海国家生态工业建设示范园区暨华南环保科技产业园	2001年11月29日
3	包头国家生态工业(铝业)建设示范园区	2003年4月18日
4	长沙黄兴国家生态工业建设示范园区	2003年4月29日
5	鲁北国家生态工业建设示范园区	2003年11月18日
6	天津经济技术开发区国家生态工业建设示范园区	2004年4月26日
7	抚顺矿业集团国家生态工业建设示范园区	2004年4月26日
8	大连经济技术开发区国家生态工业建设示范园区	2004年4月26日
9	苏州高新区国家生态工业建设示范园区	2004年4月26日
10	苏州工业园区国家生态工业建设示范园区	2004年4月26日
11	烟台经济技术开发区国家生态工业示范园区	2004年11月22日
12	贵阳市开阳磷煤化工国家生态工业示范基地	2004年11月29日
13	潍坊海洋化工高新技术产业开发区国家生态工业示范园区	2005年3月31日
14	郑州市上街区国家生态工业示范园区	2005年4月21日
15	包头钢铁国家生态工业示范园区	2005年12月8日
16	山西安泰国家生态工业示范园区	2006年5月18日
17	青岛新天地工业园(静脉产业类)国家生态工业示范园区	2006年9月11日
18	张家港保税区暨扬子江国际化学工业园国家生态工业示范园区	2006年10月24日
19	昆山经济技术开发区国家生态工业示范园区	2006年10月24日
20	福州经济技术开发区国家生态工业示范园区	2006年10月24日
21	无锡新区国家生态工业示范园区	2006年11月22日
22	绍兴袍江工业区国家生态工业示范园区	2006年12月4日
23	日照经济开发区国家生态工业示范园区	2006年12月29日
24	上海市莘庄工业区国家生态工业示范园区	2007年1月19日
25	青岛高新区市北新产业园国家生态工业示范园区	2007年5月16日
26	扬州经济开发区国家生态工业示范园区	2007年5月16日

一是现有各类工业园区生态化改造的需求凸显。我国第一代和第二代工业园区,在经过资金的原始积累之后,特别是在其发展受到越来越大的资源和环境制约的情况下,部分基础条件较好的工业园区已从注重经济增长总量逐步转向提高经济增长质量。作为一种新的发展理念,园区的生态化改造已被越来越多的工业园区所接受,这些园区通过启动生态工业园区的建设开始二次创业。生态工业园区创建情况表明,园区的生态化改造和生态工业示范园区的建设将成为解决我国工业园区和工业集中区经济发展与资源环境制约之间矛盾的一个重要途径。

二是静脉产业类生态工业园区的建设开始启动。2006年,青岛新天地生态工业园区的创建标志着以废物再利用和资源化为主导产业的静脉产业第一次以产业园区的形式在我国开展起来。集群化发展是我国资源回收和综合利用产业即静脉产业未来发展的方向青岛新天地生态工业园区的建立,为我国静脉产业集群化、生态化发展探索了道路,具有十分重要的意义。

三是生态工业园区的建设及其管理逐步走上科学化和规范化的轨道。2015年,中华人民共和国环境保护部发布了《国家生态工业示范园区标准》(HJ 274-2015),标准的发布不仅对各类生态工业园区的建设起到了引导作用,也为生态工业园区的管理提供了依据,为工业园区资源利用效率提高和环境质量持续改善提供了发展目标和具体指标。

虽然我国生态工业园区发展速度很快,但仍处于起步阶段,与发达国家还存在很大差距。管理部门在协调企业利益和企业与社区利益方面的能力有限,企业有时会隐瞒自己的原料来源、数量、性质,能源的种类和消耗量以及排放物的种类和数量,信息的不对称严重影响了生态园能流与物流的优化。我国在生态技术方面明显落后于西方发达国家,因此我国生态园的发展面临严峻的技术挑战。另外,生态园建设的标准不完备,也制约了生态园的健康发展。

(二)国外生态工业园发展

发达国家从20世纪90年代就开始了生态工业园区建设的探讨和实践,最早的生态工业园区是丹麦的卡伦堡共生体系,至今仍被作为范例广为引用。从1993年起,生态工业园在美国遍地开花,美国总统可持续发展委员会还专门设立了一个"生态工业园特别工作组"。截至2001年上半年,美国至少有40个社区建立了生态工业园项目。在除美国以外的其他地方,如亚洲、欧洲、南美洲、澳大利亚、南非和纳米比亚等地也建立了许多生态工业园,据初步统计,至少有60个。

1)丹麦:生态工业园区最早也是最著名的雏形是丹麦的卡伦堡工业园区,其主体企业是发电厂、炼油厂、制药厂、石膏板生产厂。以这4个企业为核心,通过贸易方式利用对方生产过程中产生的废弃物和副产品,不仅减少了废物产生量和处理的费用,还产生了较好的经济效益,形成了经济发展与环境保护的良性循环。

2)美国:美国生态工业园区的发展也较早。20世纪70年代初,在美国环境保护署和可持续发展总统委员会的支持下,就开始研究EIP的概念、设计原则、方法等。在1994年,总统可持续发展理事会指定了4个社区作为生态工业园区的示范点,即马里兰州的费尔菲尔德、弗吉尼亚州的查尔斯角、得克萨斯州的布郎斯维尔和田纳西州的恰塔努加。这4个示范点对生态工业园区的设想和侧重点各不相同。美国政府大力支持EIP的发展,美国环境保护局和能源部一直探讨建立生态工业园区的可能性。总统可持续发展理事会还成立了一个特别工作组,专门研究如何将生态工业园区从理论的模型引入到具体的实践中去。到目前,美国已经有近20个生态工业园区。

3)加拿大:目前加拿大有40多个生态工业园区,其中9个被认为具有很强的生态工业发展的可能性,其中涉及的核心工业有蒸汽发生器、造纸厂、包装业、化学工业、发电、苯乙烯、聚氯乙烯、生物燃料;发电、钢铁、造纸厂、刨花板厂等多种组合。

4）日本：日本生态工业园区是以建设资源循环型社会为目标，在发挥地区产业优势的基础上，大力培育和引进环保产业，严格控制废物排放，强化循环再生。日本从1997年就开始规划和建设生态工业园区，并把它作为建设循环型社会的重要举措。截至2004年10月，先后批准建设23个生态工业园区。北九州生态工业园区是其中做得较好的一个生态工业园区，其定义为：充分利用作为工业城市积累起来的技术和人才、工业基础设施以及企业、研究机构、政府、市民建立的网络，将"产业振兴"和"环境保护"两大政策有机结合在一起，实施独具特色的地区政策的工业园区。

以静脉产业为主体是日本生态工业园区建设的最大特点。现有的23个生态工业园区都以废弃物再生利用为主要内容，相关设施有40多个，所回收、循环利用的废弃物多达几十种。这些废弃物中包括了量大面广的一般废弃物和产业废弃物，如PET瓶、废木材、废塑料、废旧家电、办公设备、报废汽、荧光灯管、废旧纸张、废轮胎和橡胶、建筑混合废物、泡沫聚苯乙烯等。

发达国家生态园建设中，政府起到了重要的组织和管理作用。①政府重视生态园的建设，成立专门的研究机构，比如美国总统可持续发展理事(PcsD)专门成立了研究生态工业园的特别工作组，及早预见生态园建设中的各种问题。②政府认识到生态园建设中的资金问题，政府提供了资金支持，比如美国政府给予财政支持，加拿大政府帮助生态园内企业进行融资，日本在生态城镇建设中由中央政府给地方政府提供资金上的支持。③政府重视生态园建设中的支撑技术，鼓励园区建设项目采取产学研合作的方式，帮助企业开展物流和能流的优化工作，促进企业之间的副产品交换及其他合作。

第四章 国内绿色化学科学与工程类生态工业园区建设进展

国内化工界已开始绿色化学科学与工程生态工业园区研发工作。绿色化学与生态化工技术以生态学原理为指导，遵循生态平衡的物质循环再生原理，通过绿色合成与转化，在生产人类需要的环境友好的物质产品的同时，促进生态系统的良性循环，确保全球可持续发展。生态化工是以生态系统和化工系统相交叉、耦合而形成的复合系统作为自己的研究对象，以物质循环、能量流动、信息传递和价值增值为纽带的一种现代化工模式。这种化工模式的建立从根本上避免了传统化工过程对物质能量的需求与生态系统物质、能量供给之间的矛盾，减少或杜绝那些对人类健康、社区安全、生态环境有害的原料、催化剂、溶剂和试剂、产物、副产物等的使用和产生，从源头上阻止环境污染。目前，绿色化学化工已编入高校教材，开始进入化学与化工专业本科生及研究生的教育内容，与国际接轨。

在我国不但已陆续制定了一系列有关环保法律法规，而且我国从1999年已开始循环经济和生态工业园区的试点工作。2001年8月广西贵港正式被原国家环境保护总局确认为第一个国家生态工业（制糖）建设区；此后，原国家环境保护总局按照循环经济理念，在全国率先创建生态工业示范园区，并不断探索以循环经济为特色的生态城市建设模式。

一、产业网络

(一) 食品、制药产业网络

图5-4-1的循环网络是以葡萄酒和药品以及其他食品等作为该企业群落的输出物的，并伴以各种副产品和能量的交换、利用，形成了一个有序的工业共生网络。

(二) 新材料生产产业网络

湖南省长沙市黄兴国家工业示范园区根据长沙市特点，规划抗菌材料、抗静电阻燃材料、智能金属材料及其附属企业，并和园区的远大空调、汽车制造企业以及远程企业等组成新材料产业链（如图5-4-2所示）。

(三) 电子工业产业网络

湖南省长沙市黄兴国家工业示范园区既是我国第一个多产业的生态工业园区，也是我国中部地区的第一个生态工业园区。黄兴工业区内的电子类企业以家电生产企业、集成电路制造企业、远大空调、液晶显示器生产厂等为核心企业，大力发展高新技术产业和信息产业，为全地区的电器企业服务。根据规划设计的电子工业链网见图5-4-3。通过建立工业产品链，充分利用当地原料，可以大大降低原料运输费用和造成的污染，从而使经济和环境共同获益。

(四) 纺织产品产业链

纺织产业可以将产业链延伸至新型材料，时尚产品，秀场展示，汽车、建筑、医药等产业用纺织品，如图5-4-4所示。

(五) 纺织工业网络

图5-4-5是上海纺织工业规划的循环型产业体系。

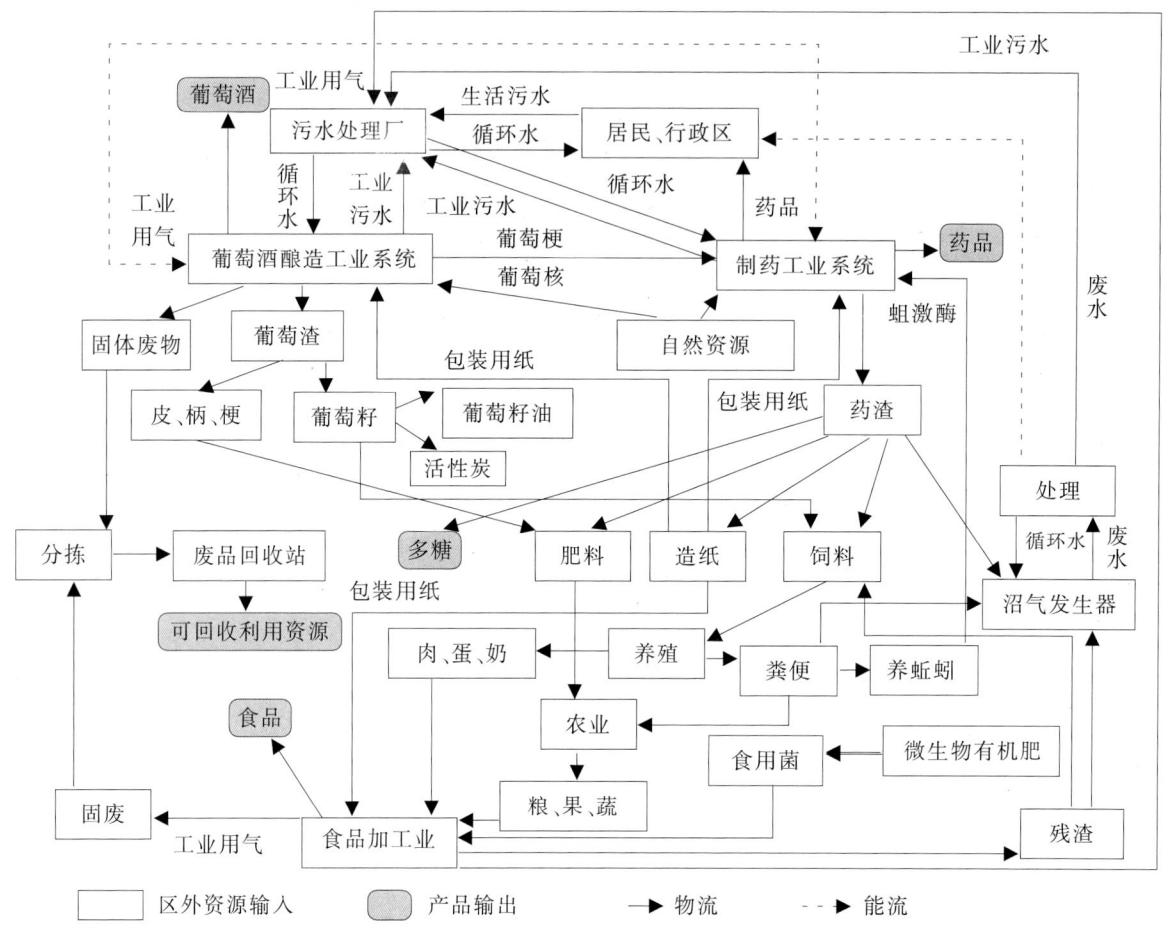

图 5-4-1 食品、制药产业网络

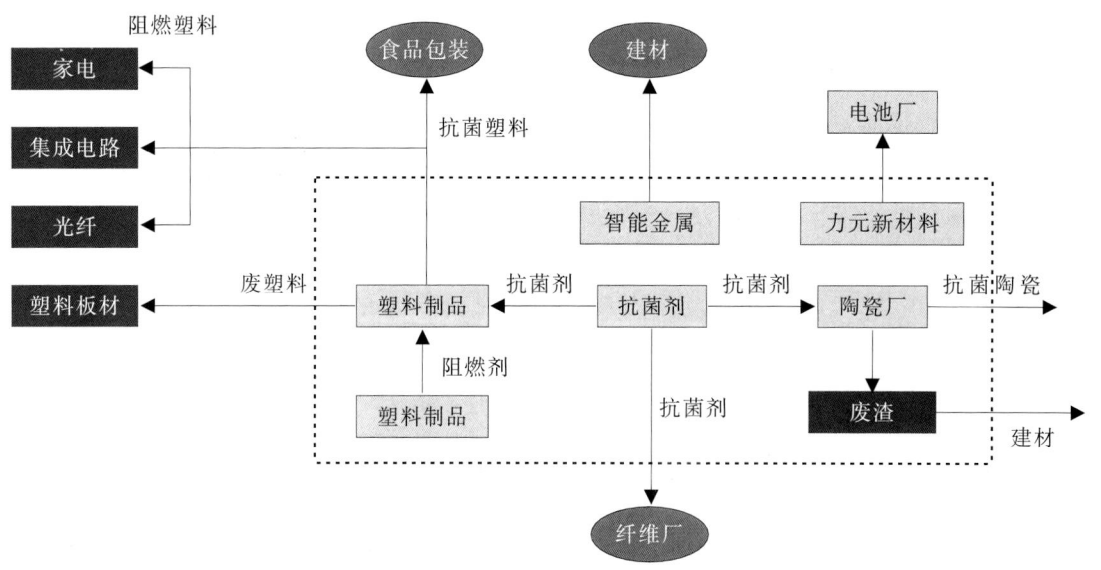

图 5-4-2 新材料生产产业网络

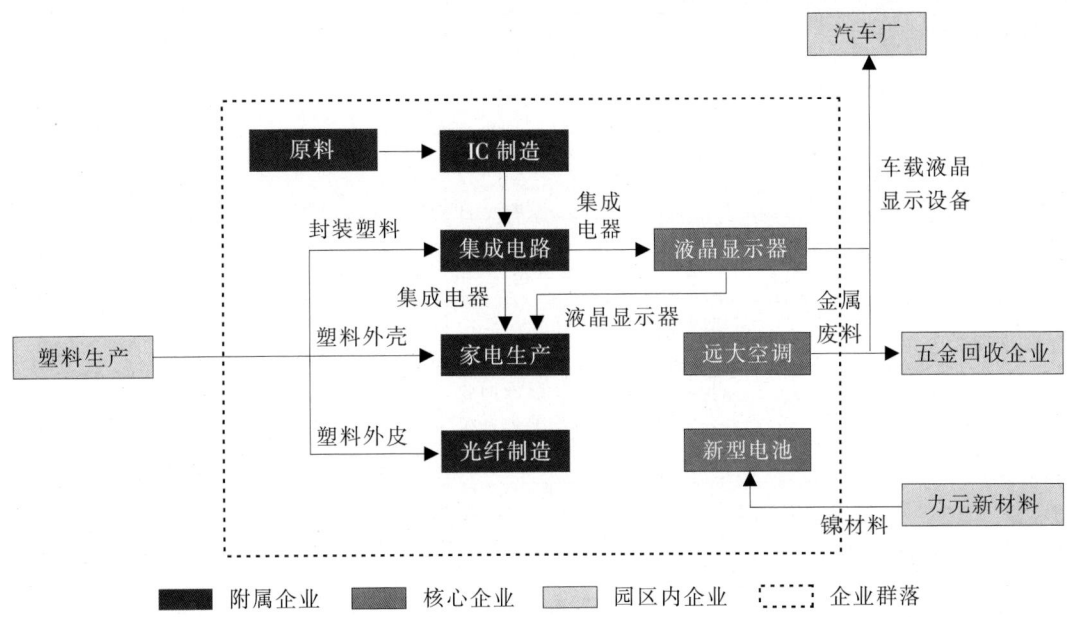

图 5-4-3 电子工业产业网络

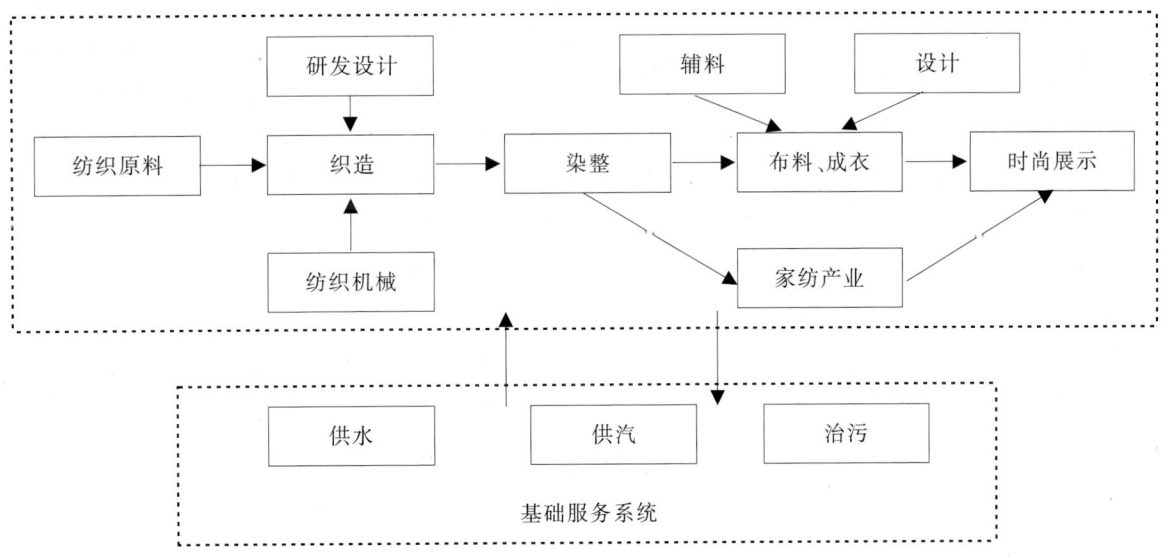

图 5-4-4 纺织产品产业链

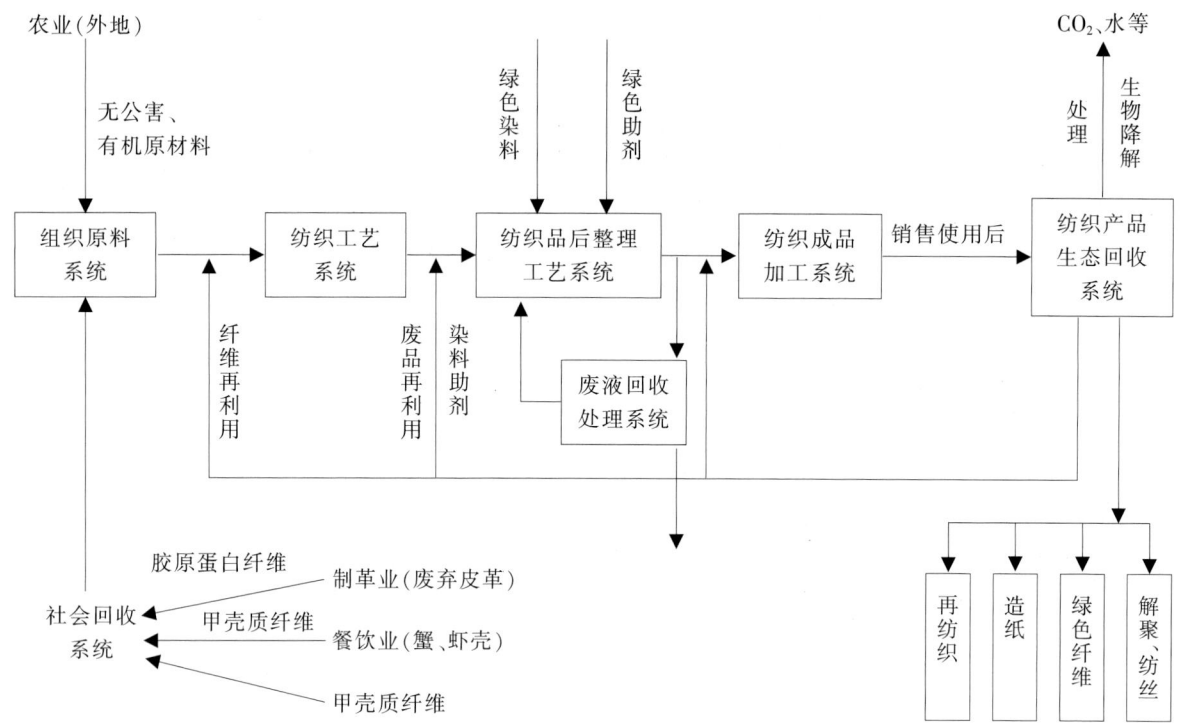

图 5-4-5　上海纺织工业规划的循环型产业体系

二、山东聊城

(一) 鲁西集团简介

鲁西集团组建于 1992 年,是在原鲁西化肥厂(1976 年建厂)的基础上逐步发展起来的国有控股企业集团,1998 年 5 月发起设立鲁西化工集团股份有限公司,在深圳证券交易所上市。集团目前总资产 258 亿元,职工 13 000 余人,已建设具有鲁西特色的化工新材料产业园。下设煤化工、氟硅盐、新材料、化肥、设计研发、化工装备、化工工程、新能源装备、催化剂、金融等产业板块,拥有国家级企业技术中心、院士工作站、博士后工作站、欧洲研发中心、省级工程实验室等技术研发机构,拥有国家级化工职业技能鉴定站、鲁西化工工程学院、员工培训中心等培训培养机构。鲁西集团曾荣获"全国五一劳动奖状""中国化工行业技术创新示范企业""中国化工园区 20 强""全国石油和化工行业责任关怀最佳实践单位""山东省省长质量奖""山东工业突出贡献表彰奖""聊城市金奖企业"等荣誉称号。

近年来,集团积极响应国家"调结构、转方式"的号召,充分发挥集设计研发、制造安装、运行管理、创新提升于一体的发展优势,抢抓发展机遇,注重创新,不断调整产品结构,形成了较为完善的"煤、盐、氟、硅和石化"相互关联的产品链条,走出了一条"一体化、集约化、园区化、智能化"的科学健康发展之路。集团坚持"创鲁西品牌、做百年企业"的企业愿景,秉承"忠诚 敬业 勤奋 严谨 责任 创新 诚信 感恩"的企业核心价值观,形成了独具特色的企业文化,具有强大的凝聚力、执行力和战斗力。

未来几年,继续坚持安全发展、绿色发展、循环发展,走可持续发展之路。全力建设鲁西特色的化工新材料产业园;将制造业、服务业和资本运作相互融合,发展壮大相关产业板块;加快国际化进程,打造现代化、国际化的综合型企业集团;坚定不移地把"LUXI"做成世界著名品牌。

(二) 鲁西科研

鲁西科技拥有国家发展和改革委员会等单位认定的国家级企业技术中心,该技术中心属于独立科研机构,设有专家委员会和技术委员会;并下设有研究院、设计院、中试基地、博士后科研工作站、欧洲研发中心等业务职能部门。技术中心拥有有机合成、高压设备制造等专业所需的具有国际先进水平的试验仪器和检测设备。

鲁西设计院现有设计、研究人员近200人，其中高级工程师12人，硕士20人，各类注册工程师24人，拥有化工石化医药行业甲级设计资质、化工工程专业甲级设计资质、压力管道（GB、GC）和压力容器（A1、A2、A3）设计、化工造价咨询资质、制造、安装资质及海外承包资质；2010年通过了ISO9001质量管理体系认证。

鲁西化工（欧洲）技术研发有限责任公司主要立足于服务集团公司技术开发与引进战略，与欧洲化工技术研究机构和化工企业开展技术交流与合作、引进先进的化工技术和设备、兼顾精细化工产品销售、设备与原材料采购、工程总承包和金融运作等。该公司现为德国化工协会、德国北威州投资属、中德企业协会成员企业。

鲁西工程研发实验室主要承担新产品研发、新材料改性研究、培养研发人才与科研机构的合作、污水处理研究以及解决生产装置实际运行问题等。下设高分子实验室、环保实验室、基础实验室以及硅橡胶等实验室。

另外，鲁西集团以服务地方经济和社会发展为己任，充分发挥自主办学的体制和机制优势，2011年鲁西集团与聊城大学进一步深度合作，联合成立聊城大学鲁西化工工程学院，在化学化工、理工、材料、建工等专业培养技术人员1 000余人，为鲁西化工的快速发展提供了人才保障，实现了高校人才培养与企业需求的无缝对接。

（三）鲁西化工园区

2016年5月12日，由中国石油和化学工业联合会主办的《2016中国化工园区与产业发展论坛》在湖北武汉顺利召开。论坛现场发布了"2016中国化工园区20强"名单，包括中国化工新材料（聊城）产业园、上海化学工业经济技术开发区等20家国内大型先进化工园区在列。鲁西集团副总经理焦延滨荣获"十二五"中国化工园区优秀管理者称号。鲁西集团已连续两年获得"中国化工园区20强"荣誉称号。

全国人大常委会原副委员长顾秀莲、工信部原材料工业司潘爱华等相关领导参会并致辞。此次论坛吸引了BASF、默克、三菱化学等20家跨国企业以及全国上百家化工园区参加。中国石化联合会会长李寿生指出，化工园区是产业转型的重要抓手，行业鼓励先进，树立典型，也是为科学决策、合理规划和定量管理提供依据。会议上评出的"2016中国化工园区20强"，是园区发展的突出典型，在一定程度上反映出国内化工园区的发展趋势。这20家化工园区在原料产品项目一体化、物流信息传输一体化、公用工程环保一体化、安全消防应急一体化、管理服务金融一体化等五个"一体化"的建设发展理念引领下，化工园区显示出了集群化的发展优势，是我国石油和化学工业今后发展的一个战略方向。同时也指出，进一步推进"智慧园区"建设，加快现代信息技术与网络的应用，通过完善园区规范和标准体系建设，形成一套科学合理的评价体系，促进园区提高发展质量和水平。

以鲁西集团为主体的中国化工新材料（聊城）产业园正在从数字化、智能化的打造迈向智慧化工园区建设。鲁西集团进一步利用大数据、物联网、云计算等技术构建安全、环保、节能和应急于一体化的智慧应用服务平台，带动园区本质安全环保和经济效益的提升。近年来，鲁西集团坚持安全发展、绿色发展、循环发展，形成了一体化、集约化、园区化和智能化的化工园区特色。

三、广东佛山

佛山作为中国制造业大市，近年来在生态文明建设方面走出了具有鲜明自身特色的发展道路。在保证经济的同时，着力解决生态环境问题以及生态经济融合发展难题，为广东省，乃至全国提供了宝贵的实践经验。

生态环境保护是功在当代、利在千秋的事业。以对人民群众、对子孙后代高度负责的态度和责任，真正下决心把环境污染治理好、把生态环境建设好，努力走向社会主义生态文明新时代，为人民创造良好生产生活环境。坚持节约资源和保护环境的基本国策，形成节约资源和保护环境的空间格局、产业结构、生产方式、生活方式。

(一) 着力产业结构转型升级，城市绿化造福市民生活

佛山新城滨河景观带是佛山市"三年城市升级计划"的重点项目。以"水绿香"为理念，以"生态轴、景观轴、文化轴"三轴融合为手段，力争把滨河片区建成为"文化主题鲜明、岭南特色突出"的城市公园，使之成为广大市民享受"高效率、慢生活"的体验区。佛山因历史、产业等原因，形成了"自下而上"、组团式的城建模式，造成城市形象、城市环境、城市内涵、城市品质等方面与经济发展水平、区域地位的不相匹配，成为制约经济社会发展的主要矛盾。从 2012 年起，佛山率先在珠三角启动制造业城市转型升级探索，在以往城市建设成果的基础上，深入实施"产城人"融合发展战略，以城市升级三年行动计划为主要抓手，着力推进组团中心提升、交通基础设施、绿化和景观提升及城乡环境整治，完成投资 1 709 亿元。

佛山市近年来深入推进产业转型升级，促进经济质量效益与生态文明水平同步提升，加快传统产业转型升级步伐，改进传统产业生产流程和模式，淘汰低效落后产能，推动制造业绿色化、高端化发展。加大重点行业整治提升力度。比如，陶瓷行业从清洁能源、清洁生产、清洁运输等方面开展治理，企业由 300 多家减少到 63 家，但产值、税收均增长 1/3，能耗下降 1/4。

与此同时，佛山市全面推进新一轮绿化大行动。以创建国家森林城市和生态文明示范城市为引领，提升城市绿化水平，筑牢生态安全屏障，增强资源环境承载力。据统计，"十二五"期间，佛山市建设沿高速、铁路、江河长达 380 km 的生态景观林带，城市对外出入口形成多层次、多色彩的绿色长廊。

据统计，2013 年以来，佛山市新建各类森林绿地面积 4 983.47 hm^2，累计新增种植绿化乔木超 400 万株，推动建成区绿化覆盖率由 38.09% 提高到 40.42%，人均公园绿地面积由 11.33 m^2 提高到 14.36 m^2。

2015 年，佛山市进一步实施城市升级两年延伸计划，计划投资 752 亿元建设 128 个重点项目，推动社会治理、城市空间、生态环境、城市文化、交通出行和公共设施全面升级，促进"城市升级"向"城市升值"转变。

数据显示，至 2015 年底，佛山市域森林覆盖率已提高到 34.81%，与国家森林城市 35% 的指标要求已较为接近。

(二) 落实环境治理责任制度，推动清洁生产提质升级

近年来，佛山市将环境保护工作放在与经济发展、社会稳定同等重要的高度，作为改善民生的第一要务来推动。市委、市政府每年开年召开的首个重要会议就是环保工作会议，"让人民群众对生态环境满意"成为佛山打造满意政府的重要内涵。先后推行"一岗双责"考核、100 项环保民生实事、首件地方立法、有偿使用排污权和交易试点等制度。建立环保责任制考核体系，确定各区政府和 37 个市直部门的环境保护职责，通过下达年度重点任务、建立环保考核金及奖励金、挂牌督办等制度，对各区及市直部门领导开展环保"一岗双责"考核。

不仅如此，对于企业转方式、调结构、推动清洁生产方面，佛山也做了更多的实践。

"十二五"期间，市财政一共拨出约 2 600 万元专项资金用于节能方面的扶持，共支持各种循环经济、节能减排项目、清洁生产企业、表彰奖励节能考核先进地区和企业近 400 个(次)，充分发挥了财政资金的引导作用，提高各区以及企业开展节能与循环经济工作的积极性。据统计，共有 30 多个项目共获得国家、省节能专项资金约 1.7 亿元。

"十三五"期间，佛山市将继续引导绿色清洁生产；实施能源消费强度与消费总量"双控"制度，推广分布式光伏发电和可再生能源，全面推进工业、建筑、交通、公共机构、农业农村等重点领域节能，加快淘汰落后产能；加强企业生产全过程资源节约和高效管理，大力发展循环经济和"绿色企业"，构建循环型产业体系。

走向生态文明新时代，建设美丽中国，是实现中华民族伟大复兴的中国梦的重要内容。

(三)建设美丽佛山,从工业大城到绿色产业新城

坚持生态优先、转型为重、民生至上,佛山走出了一条以生态文明建设促转型升级、以转型升级保生态文明建设的有效路径。这座城市正在蜕变成一座美丽的绿色宜居城市。

(四)全球化2.0,欧美企业的佛山股东

几年前,以资源扩张为导向的佛山企业率先"出海"探路,佛山企业华顺投资在柬埔寨收购开发森林木业资源,广东吉瑞科技集团在印尼投资开发镍铁矿石。而现在,以技术合作为导向的佛山企业正在迈开全球化的新脚步。

美的集团是佛山企业参与全球产业整合的典型代表。2016年3月,美的率先入主日本家电品牌东芝,获得40年东芝品牌的全球授权及超过5 000项与白色家电相关的专利。

"除了日本东芝外,接下来我们还要去欧洲、美国,在这两个市场上实施并购。"美的集团董事长兼总裁方洪波说,公司还在机器人领域加码布局。除了要约收购德国库卡,美的早在2015年就联手日本安川电机在佛山成立合资公司,研发生产工业机器人、服务机器人。

从日本、德国到意大利、瑞士,佛山民营企业全球扩张的版图正向更多的制造业强国延伸。

2013年起,东方精工先后收购意大利两家先进智能装备企业,成为掌控智能包装装备全产业链的国际领先企业。2016年5月19日,东方精工发布公告称,拟以自筹资金945万欧元收购意大利EDF EUROPE S. R. L. 100%股份。"我们还在国内和欧洲设立研发机构,建立全球化的研发体系。"东方精工董事会秘书杨雅莉说。

佛山知名小家电出口企业德奥通航通过收购瑞士、德国和俄罗斯的航空设备企业,深入高端通用航空研发制造领域,成功推动了企业由单一电器设备行业向电器设备、通用航空双主业转型。

(五)"知本时代",佛山中小企的新机遇

以并购、合资等为形式的新一轮全球化,让佛山民企的转型升级植根于全球创新链之上。

在位于佛山高新区的东方精工工厂里,完整的纸板箱正从新设备口中不间断地"吐出",一条完整的生产线上仅有三四个工人,负责监视着机器的运行。这是该企业与欧洲团队共同研发、制造的自动化连线产品。"我们鼓励佛山优势龙头企业'走出去',积极参与全球资源整合配置。"佛山高新区管委会主任、南海区委副书记刘涛根说。

"我们得到一大批HPM的设计图纸和资料。"谈起收购美国公司HPM的收获时,甄荣辉表示,伊之密找到了HPM多位老工程师"复活"技术材料,进而得以按图纸技术标准制造机器。而2016年4月的收购,同样让伊之密获得日本川口铁工株式会社的技术支持。

从东方精工到伊之密,两家佛山企业的成长路线背后凸显着新的趋势——佛山制造的全球化正上演从重资产到轻知本的扩张。

此前,多数佛山企业与海外市场的交易关系建立在工厂、设备等有形资产上。而现在,在并购等资本运作下,全球范围内的人才、知识等轻资本成了企业追逐的新宠,也为中小企业的创新成长注入了新动能。

在硅谷腹地圣何塞,美乐迪半导体公司实验室内,美国波特兰州立大学电子与计算机工程博士宋宁正在指导一位印度裔员工检测FPGA芯片。这家半导体企业,其母公司正是位于大洋彼岸的广东高云半导体科技股份有限公司,规模不过百人。

就是这家并不起眼的佛企,打破了美国对现场可编程逻辑器件(FPGA)的技术垄断。"FPGA芯片是可用在机器人、传感器等设备上的万能芯片。"陈同兴说。

他介绍,美乐迪为高云提供前沿技术支持,是研发的窗口。"我们最看中美乐迪的团队潜力,其中不乏来自美国名牌大学的博士和硅谷半导体业资深人士。"

"中小企业可担当新一轮全球化主角。"2016年3月,原国家外经贸部副部长龙永图在佛山参加活动时给出的这一判断,恰好成为佛企全球化新趋势的一个注解。

(六)工业会展,走向信息交互中心

以创新协作为导向的跨国合作新浪潮,推动着全球化从产品和服务一体化,走向了知识与信息一体化。而去国外参展,则为佛企连接国际创新资源打开了新通道。

2016年的德国汉诺威工业博览会上,作为中国智造的代表,佛山首次组团集体亮相。嘉腾、利迅达、科达洁能等10家企业首次参展便成功跻身核心展区,与国际机器人巨头同台竞技。其中,广东嘉腾机器人自动化有限公司展出的AGV机器人"大黄蜂"和"小白豚"刚刚斩获全球工业设计界最权威的奖项——德国红点奖,其采用的陀螺仪定位惯性导航技术更是世界独创。

为融入全球创新一体化,越来越多的佛山民企主动出击,登陆海外会展大舞台。

美的、格兰仕等家电龙头均进驻德国柏林国际家电及电子消费品展览会品牌展馆。2015年,在全球影响力最大的意大利博洛尼亚陶瓷展上,中国参展企业增至7家,其中5家来自佛山。

据不完全统计,在外贸下行的形势下,佛山依旧保持大概1 000家次企业到国外参展;截至目前,仅顺德区就有共103家次企业赴海外参展,涵盖家电、照明等各个优势产业领域。

而随着佛山加快布局工业会展,更多佛山企业在家门口就能直接对接全球创新要素。

一座工业城市的生态"蝶变"佛山探索工业文明+生态文明协调发展

10年前,从广佛高速驶入佛山段,立即可见烟囱林立、灰霾蔽日。如今,这一现象已成历史。2015年佛山空气质量优良天数307天,无重度污染或严重污染天数。佛山作为规模以上工业总产值全国排第五的制造业大市,主要污染物排放总量却明显减少。

(七)问题导向,铁腕治污+科学治污

诞生了中国第一家新式缫丝厂的佛山是我国近代民族工业的发源地之一。改革开放更使这座传统的岭南重镇制造业蓬勃发展,"佛山制造"享誉海内外。然而,大量粗放式低端产业企业多、分布散、违法排污突出,也给佛山打上污染重灾区的标签。

早在20世纪,佛山就提出口号"宁愿牺牲GDP也要把污染干掉",打响了铁腕治污"第一枪":对污染最为严重的陶瓷行业通过"扶持壮大一批、调整改造一批、淘汰转移一批"进行全面整治,400多家陶瓷企业只剩下63家,能耗下降25%,二氧化硫减排60%,产值和税收却不降反升了30%。

近年来,佛山市持续推进环保治理的体制机制创新,通过推行"一岗双责"考核、100项环保民生实事、有偿使用排污权和交易试点等,大力探索科学治污新模式。

佛山市副市长王玲介绍,"大气、水污染的源头在哪里,我们自己分析不透,就请国家级的机构来调研分析,理出了一系列问题源头,并有针对性地施措,科学治理。"如率先启动大气污染物源解析研究,在全市建成大气环境监控站点45个,通过源解析发现扬尘对当地PM2.5的增强明显高于其他城市,随即出台相应措施,使扬尘污染大为下降。

梳理"十二五"期间佛山经济发展和环境变化曲线可见,伴随GDP年均10%的持续增长,佛山大气、水、土壤等主要环境载体质量明显改善,四项主要污染物排放总量年均减排5%,以二氧化硫为代表的工业污染大幅改善,年均浓度下降约50%,主要江河水质总体优良。

1. 环境倒逼转型 存量优化 增量优质

摆脱"先污染后治理"束缚,不仅需要对大气、水、土壤的"末端治理",更根本的还在于改变产业结构和布局。为此,佛山从源头出发,革新理念,由"环保优先一点"转变为"以环境引领",倒逼制造业转型,重塑产业格局。

陶瓷企业蒙娜丽莎的薄板车间令人眼前一亮:全自动化生产线整洁干净,只有五六名工人在操作,一改以往陶瓷厂给人粉尘飞扬、污水横流的印象。集团董事张旗康介绍,公司以远高于国家标准的方式进行污染物治理,主要污染物排放低于国家标准一半,最新研发的面积大一倍、厚度不到传统瓷砖一半的薄板瓷砖,可大大减少能源消耗和污染物排放,二氧化碳、二氧化硫、烟尘、废渣等均下降了60%以上。"公司每年

投入1 000万元用于环保,既是社会责任的需要,也是产业倒逼、企业自身发展的需要"。

蒙娜丽莎集团是佛山传统企业转型的一个缩影,近年来佛山大力推动制造向"智造"转型,鼓励新一轮技术改造,2015年全市有896家规模以上工业企业实施技改,完成技改投资386亿元,增长38.6%,技改投资位居广东省第一。

为推动产业绿色升级,佛山在全国率先实行环境保护"三单"管理:负面清单、准许清单和监管清单,构建空间准入、总量准入和项目准入"三位一体"的环境准入体系。高标准推动陶瓷、铝型材、玻璃、印染、家具等传统产业向先进制造、智能制造转型延伸,促进企业开展成套装备和自动化生产线改造。

在促进存量优化,推动传统制造业绿色发展的同时,佛山以自身雄厚的产业基础为依托,抓住全球产业链调整机遇,利用"互联网+"、信息化、新材料等技术,推动产业链向高端延伸。2015年佛山先进制造业工业总产值已占"半壁江山",且增速达15.2%,远超传统产业,特别是装备制造业发展迅猛,正在成为珠三角重要的先进装备制造业产业基地。

2.生态既是幸福感,也是竞争力

良好的生态为佛山人民带来幸福感,也同时反作用于经济发展:一大批新兴产业落户佛山,形成未来发展的智慧中心和新兴产业集聚区。

作为佛山陶瓷大镇的南庄镇,陶瓷厂从80家锐减到10家,产业却没有"空心化"。针对生态建设和产业升级需要,南庄镇打造了废弃资源综合利用和技术装备循环产业基地,并整合荒弃的湿地资源建设生态优美的绿岛湖片区。

绿岛湖中心岛有一个"鸟进人退"的故事。南庄镇委委员温冬说,当时建好岛种上树后,岛上酒店的图纸还没出来,成群的鹭鸟就来了,最后经过商量取消了原来的建设项目,使这里成了真正的鸟岛。

如今的绿岛湖中心岛吸引了上千只白鹭筑巢,这一景观加上旁边的湿地公园成为市民运动休闲的首选。而绿岛湖城市生态区也形成了陶瓷研发与商贸、通信设备、生命健康等现代服务业布局,实现了生态促产业的良性循环。

在佛山,处处"出门见绿"的社区公园和生态廊道正在把森林城市建设成果转化为最普惠的民生福祉,让市民在快节奏城市生活中满足休闲需求。佛山人均新增公园绿地面积从2010年的10.24 m^2 提升到2015年的14.36 m^2,市域森林覆盖率也达到了34.8%。

作为"三年城市升级计划"的重要项目,佛山在中心城区打造了长达30 km的佛山新城滨河景观廊道,以自然生态装点一河两岸。与此同时,佛山高标准打造产城融合的佛山新城和中德工业服务区,成为珠三角首个牵手欧洲的科技合作平台,吸引了大批高新技术企业、高端生产性服务业落户。新城管委会副主任何小坚说:"环境就是竞争力,以供水来说,我们达到了欧洲标准,对于喜欢直接从水龙头喝水的外国投资者来说,就会加分。"

四、天津

(一)天津滨海新区蜕变:从工业园区到生态城市

上升为国家战略十年来,滨海新区全方位推进绿色城市、绿色经济和生态环境建设,着力打造绿色经济、循环经济、低碳经济的示范之城,资源高效利用、生态环境良好、人与自然和谐相处的宜居之城,成为创新要素汇集、创新活力迸发的创造之城。

在渤海之滨,蓟运河畔,有一座新城,它从一片盐碱滩涂发展为生态城市,荒芜之地变成了安居乐业的乐土,这里便是中新天津生态城。

生态城的发展之路,正是滨海新区绿色发展的缩影。

如今的滨海新区,绿色发展产业基础雄厚,政策体系完善。一个从现代工业园区正华丽转身为生态宜居的现代化新城区正款款走来。

1.绿色城市,示范生态宜居建设

在滨海新区的绿色发展中,生态城的发展之路无疑为生态宜居城市建设起到良好的示范作用。

走近生态城,干净整洁以及满眼的绿色,是大部分人对生态城留下的最初也是最深刻的印象。而这一切,却是在原本极为恶劣的自然条件下发展而来。

三分之一的盐碱荒地、三分之一的废弃盐田,还有三分之一的污染水面,如果回溯到2008年9月生态城奠基动工的开端,可以看到,从一开始,滨海新区就选择了"hard"模式。时任国家发展改革委副主任解振华在接受媒体采访时表示,选址在一片荒滩盐碱地建一座新城,而且这个新城是能够体现绿色、低碳及循环发展,能够体现生态文明的理念,在这样的城区搞这样的示范有很大的典型意义。

如今,生活在生态城的人们,已经开始享受着绿色生活:不出楼门甚至楼道即可通过气力垃圾输送系统分类投放一般生活垃圾;在家里,太阳能热水器是家庭生活热水的重要来源之一;步行10 min左右就能到达社区中心,在500 m半径之内就可以解决孩子上学以及购物、就医等问题。上班、购物等,都可乘坐区内的免费公交车,茶余饭后还可以选择生态谷、慧风溪等公园漫步。

支撑这一切的,是"生态细胞—生态社区—生态片区"的三级居住模式,国内首套绿色指标体系以及产业低碳化理念等。目前,生态城8 km²南部片区基本建成,年生产总值135亿元,累计吸引固定资产投资超1 000亿元,引进企业3 400余家,注册资金近1 400亿元,就业及居住近5万人。

在生态城市建设的指标体系、绿色产业发展、居住模式、节能减排等方面,中新天津生态城都做出了探索,并取得初步成效。

经过多年的努力,生态城彻底治理了积存40多年工业污染的污水库,污染底泥治理技术获得多项国家专利,完成了330×10^6 m²的景观绿化,探索了一条综合开发利用盐碱荒滩的路径。

作为滨海新区绿色发展的缩影,从海绵城市、社会管理再到生态指标体系,生态城的一系列成型经验具备了在全国推广的基础。被称为世界"生态城之父"的艾洛·帕罗海墨教授也曾表示:"不是说一个生态城就能拯救全球,但中新天津生态城会带来更多的生态城市。"

2014年,《中国—新加坡天津生态城建设国家绿色发展示范区实施方案》正式获批,《方案》指出,到2020年,生态城将建设成为国家绿色发展示范区,成为生态文明建设的示范区、绿色发展体制机制的创新区和绿色思想文化的策源地。通过积累经验,生态城将为推动全国绿色发展提供借鉴和示范。

2.绿色经济,彰显产业发展蓬勃生机

保护生态环境就是保护生产力,改善生态环境就是发展生产力。绿水青山就是金山银山。滨海新区在发展经济的同时,始终坚持把可持续发展摆在重要位置。早在2001年,天津开发区即通过参加"中国工业园区环境管理试点项目",着手循环经济建设;2008年,新区即发布了《加快发展循环经济的指导意见》,大力推动节能降耗和治污减排,实现人与自然、经济社会与生态环境的和谐发展;2013年,滨海新区提出要集中打造20条循环经济产业链。

走进泰鼎(天津)环保科技有限公司,分类、拆解、处理、回收车间里忙忙碌碌。在该公司工程师张晓承眼中,区内企业产生的电路板等电子废物都是放错了地方的资源。"贵金属、铁、铜、塑料经过拆解处理后,可全部进入下游企业实现循环,一丁点都不浪费。"这家专业从事电子废弃物处理的公司于2008年投产,年处理量在3×10^6 t以上,实现了区内电子废物"零排放"和"资源化"。

在天津开发区,类似泰鼎这样的企业还有很多。2006年,天津开发区被国家发展改革委确定为"全国首批循环经济试点园区"。以此为契机,天津开发区全力推进循环经济发展,招商理念也由早期的招商引资、选商引资发展为绿色招商,当一汽丰田落户泰达之时,便带动了多家丰田系下游企业"抱团"进驻,直接实现了废钢、废铝等资源的循环利用。天津开发区循环经济的探索为滨海新区循环经济发展奠定了坚实的基础。

国投北疆电厂是滨海新区另一家全国循环

经济试点园区。采用"发电—海水淡化—浓海水制盐—土地节约整理—废物资源化再利用"新途径，形成了废水废渣废热"吃干榨净"的循环经济新模式，其绿色效应影响深远。

滨海新区陆续出台加快发展循环经济的相关政策措施，各功能区也出台了相关政策，转变经济增长方式，全力推动循环经济、节能环保产业、现代服务业等发展。以风力发电的维斯塔斯、东气、风电、阿尔斯通等项目为标志，滨海新区已成为世界最大的风电设备生产商、生产基地之一。

围绕节能环保产品的推广应用，滨海新区构筑一系列平台。泰达低碳经济促进中心目前已成为新区低碳经济信息交流、促进节能环保领域商业对接、拓展低碳产业国际合作的重要平台；天津节能环保技术超市搭建供需双方对接平台。滨海新区每年举办的国际生态城市论坛暨博览会，已成为具有国际影响力的先进节能环保技术交流和引进平台。滨海新区绿色产业和金融业等现代服务业碰撞出日益夺目的火花，天津排放权交易所是国家首批备案的温室气体自愿减排交易机构，目前已成为国内重要的利用市场化手段和金融创新方式促进节能减排的国际化交易平台。

在滨海新区现代制造业和研发转化基地的产业版图上，新能源、节能环保等绿色产业早已成为重要支柱。根据此前的一项统计，到2014年底，新区共有32家规模以上企业从事新能源产业，实现工业产值329.69亿元。2015年，新区节能环保产业同比增长32%，集聚了西门子电气传动、霍尼韦尔环境自控、诺卫环境安全、威立雅水务等一批在节能环保领域具有较强竞争力的国际知名企业，以及特变电工、膜天膜、龙净环保、泰达环保等众多在国内节能环保领域处于领先水平的知名企业。截至"十二五"末，滨海新区单位GDP能耗0.51 t标准煤/万元，下降25.46%，主要工业固体废弃物资源综合利用率保持在98%以上。产值技术含量高，科技创新成为支撑绿色发展的不竭动力。

滨海新区以政策做保障，以高端产业为支撑，发展低碳经济，走循环经济发展道路，有力地推动了新区经济转型发展，实现了经济的可持续发展。

3.绿色环境，生态环境普惠民生

良好的生态环境是最公平的公共产品，是最普惠的民生福祉。在绿色发展中，生态环境和生活环境密切关系每一位居民，良的环境将成为人民生活质量的增长点。

滨海新区规划先行，实施环境保护与生态建设规划，着力打造南北两大生态"绿核"，全面强化滩涂、湿地、盐田生态系统的保护和修复，推进城市绿地、郊野公园、路网水系绿色廊道以及示范小城镇和示范工业园区绿化，开展蓟运河等河道沿岸绿化提升和景观改造，推进垂直绿化、屋顶绿化、高架绿化等建筑物立体绿化，用更多绿色元素扮靓美丽滨海。

自上升为国家战略以来，新区的城市建设发展到哪儿，绿化便跟进到哪儿，重点实施道路绿化工程、河道绿化工程，新建和提升城市公园，建设郊野公园。为了加快推动全区生态环境明显改善，2013年，滨海新区启动了"美丽滨海·一号工程"，围绕成为美丽天津先行区目标，重点实施"四清一绿"行动，坚决不上"两高一低"项目，加快重点污染企业搬迁，加大重点行业节能改造力度，积极发展循环、绿色、低碳经济。2015年，《京津冀协同发展规划纲要》通过，提出要在京津冀交通一体化、生态环境保护、产业升级转移等重点领域率先取得突破。污染治理和生态修复是京津冀协同发展的重要保障，在协同发展的战略机遇下，滨海新区面临新的要求，承担着新的责任。

多年来，滨海新区围绕入区主要通道和新区的重点道路，绿化建设以大绿为主，体现层次感、厚重感、景观感。随着城市绿化的不断推进，新区城市绿化工作逐渐向公园绿化和河道绿化推进。每年都新建或提升一批公园，使居民乐享绿色生活；小桥流水，芳草萋萋，鱼翔浅底，鸟飞丛林，在蓟运河故道、慧风溪等河道，利用现有河道，建设亲水平台，打造亲水环境，成为市民休闲的好场所。北三河郊野公园、官港森林公园等郊野公园,也犹如明珠一般,镶嵌在新区的大地上。其中,临港生态湿地公园,采用了国际先进的生态技术手段,引种栽植大量可用于修复水质、水体的水生及陆生植物并结合现有绿化带,构建起有效的湿地生态链,实现工业区水资源的高效循环利用;滨海新区还探索区域经济、生态环境协同发展道路,引来民营资本投入绿化建设,在天津临海盐碱地治理及生态建设示范园区这一片原本寸草不生的"光板地"上,开辟出一片"农林复合"生态试验田。截至2015年底,滨海新区建成区绿化覆盖面积 1.22×10^9 m^2,绿化覆盖率 35.39%;绿地面积 1.14×10^9 m^2,绿地率 33.19%,公园绿地面积 3.2×10^9 m^2,人均公园绿地面积达到 11.2 m^2。2016年,滨海新区继续拆乱建绿、拆建建绿,见缝插针修建街心公园。区环境局园林处相关负责人表示:"把公园建在居民的'楼底下',越来越多的新区人在家门口就能享受到绿色生活。"

在滨海新区的南北两翼,有数块新区生态之宝:它们是北大港湿地自然保护区、蓟运河营城段芦苇湿地、黄港一库、黄港二库、北塘水库等湿地,滨海新区出台相关方案,计划建设科学规范的湿地和野保监测预警体系、生物多样性保护体系、湿地资源保护恢复体系和湿地管理政策法规体系。而作为世界东部迁徙路线的关键鸟类迁徙通道,北大港湿地将建成国内首个国家公园和国际重要湿地。每到候鸟迁徙季节,北大港湿地迎来包括白腹鸫、白鹭、东方白鹳等在内的各类候鸟数万只,成为"候鸟天堂"。

在污染防治方面,滨海新区也做足了文章,抓住大气污染的"牛鼻子",围绕"控煤、控尘、控污、控车、控新建项目"五项重点任务,全面深化清新空气行动;2016年,《滨海新区水污染防治行动实施方案》正式出台,根据该方案,到2017年底前,滨海新区将基本消除建成区黑臭水体;到2020年,考核断面达到天津市考核要求,城市集中式饮用水水源水质全部达到或优于Ⅲ类。

"环境就是民生""青山就是美丽""蓝天也是幸福"。多年来,滨海新区大力推进循环经济发展和低碳新区建设,大力推进美丽滨海建设,形成了具有特色的生态城市建设经验,为建设资源节约型、环境友好型社会提供了良好示范,走出了一条具有滨海特色的绿色发展之路。

而围绕本市建设"绿色宜居之都"的目标,滨海新区将充分发挥龙头带动作用,建设高端产业高地、自主创新高地和生态宜居高地,以创新思路和招法加快绿色发展。坚持以科学规划引领发展,以高端产业支撑发展,以科技创新带动发展,以政策环境保障发展。一个地更绿、水更清、天更蓝的美丽滨海新区正徐徐展现在我们面前。

(二)天津滨海新区龙头效应:140余家世界500强落户

滨海新区对外开放程度不断提升,产业集群效应日臻完善,进出口通关环境逐渐优化,越来越多的外资行业龙头企业加大了在滨海新区的投资力度。目前,新区累计吸引了140余家世界500强企业落户,年实际利用外资超百亿美元。

在已落户滨海新区的世界500强企业中,龙头项目空客、一汽丰田、沙特基础工业公司、霍尼韦尔、加拿大铝业、爱信精机、艾默生电气、三井物产、荷兰皇家壳牌、三星电子等数十家企业增加投资,扩大生产。2016年3月,空客二期合作项目A330宽体客机的完成和交付中心在空港经济区开工建设。

此外,由于实行了准入前国民待遇加负面清单的外商投资管理模式,外企进入滨海新区发展更加踊跃。统计数字显示,2015年全年,天津自贸区新设外资企业657家,占全市的55%,其中95%通过备案方式设立;2016年第一季度,新设外资企业196家,注册资本536.3亿元。

(三)天津滨海新区:从开放前沿到争当排头兵

目前,滨海新区已累计吸引了140余家世界500强企业落户,新区年实际利用外资超百亿美元。2015年4月21日,天津正式接下自由贸易试验区的"火炬",也接下了国家赋予的"特殊使命"——在新形势下全面深化改革、扩大开放和加快推进京津冀协同发展战略,滨海新区这片中国发展最具活力之一的区域，正以更加开放的视野和胸怀拥抱新一轮开放发展的"黄金期"。

坐拥区位优势的滨海新区，产业基础雄厚，增长潜力巨大，是我国参与经济全球化和区域经济一体化的重要窗口。在滨海新区开发开放上升为国家战略伊始，党中央、国务院就明确提出滨海新区要从实际出发，可先行试验一些重大的改革开放措施。站在国家战略的风口，标志着从此新区对外开放的深度、广度和力度，都将按照国家战略的功能定位要求，不断地深化和拓展。

"用对外开放赢得发展的主动权"，10年来，滨海新区在改革创新与开发开放中不断前行，努力建设适应国际化、市场化、法治化要求和贸易投资便利化需求的服务体系。

1. 深化综合配套改革，提升涉外经济水平

滨海新区位于京津城市带和环渤海湾城市带的交汇点，这里拥有我国北方最大的综合性港口天津港，具有"三北"辽阔的辐射空间；地处东北亚中心，是亚欧大陆桥最近的起点，也是中国和蒙古国签约的出海口岸，还是哈萨克斯坦等内陆国家可利用的出海口，是区域对外开放的窗口和桥梁。改革开放以来，以天津开发区、天津港保税区、天津滨海高新区为代表的国家政策先导区，充分利用区位优势，大力吸引外资，发展制造业，吸引了众多世界500强企业纷纷落户，对外贸易高速增长，不仅为新区经济发展奠定了坚实基础，也由此形成了开放的理念与思维。

在2006年出台的《国务院关于推进天津滨海新区开发开放有关问题的意见》中，明确提出了滨海新区的定位，即"依托京津冀、服务环渤海、辐射'三北'、面向东北亚，努力建设成为我国北方对外开放的门户、北方国际航运中心和国际物流中心"。同时也指出，在批准滨海新区成为全国综合配套改革试验区后，要按照党中央、国务院的部署，并从天津滨海新区的实际出发，先行试验一些重大的改革开放措施。如批准滨海新区为推动天津滨海新区进一步扩大开放，设立天津东疆保税港区。

肩负国家战略使命，滨海新区再次发力，按照国家战略的功能定位要求，在更广的领域、更深的程度扩大对外开放，从开放"窗口"变为"门户"，从航运"口岸"变身"中心"，对外开放的水平和程度均显著提高。

贸易便利化水平是吸引越来越多的国内外商品在天津口岸集聚的关键。滨海新区从实际出发，以探索建设高效便捷的口岸体系为目标，实施口岸"大通关"；构筑了"多点报关、口岸放行""集中审单、集中查验、集中转检""一次申报、一次查验、一次放行"等全新监管模式，同时也将港口和口岸功能不断向腹地省市延伸，最大限度减少了企业通关时间，降低了通关成本。同时，天津口岸也与内陆省市持续推进"属地报关、口岸验放"的区域通关模式，推进无水港、区域营销中心建设，不断推动港口功能、口岸功能、保税功能向腹地延伸，创建国际一流的口岸运行体制，为内陆地区走向海洋搭建"黄金通道"。

开放空间决定发展空间。在经济全球化的新形势下，滨海新区在开发开放的进程中，也不断用改革创新注入活力和动力。在国务院批复的《天津北方国际航运中心核心功能区建设方案》先行先试的政策支持下，滨海新区以东疆保税港区为载体平台，在国际船舶登记制度、国际航运税收政策、航运金融业务和租赁业务等领域创新探索，将政策优势变为区域优势，不断推进涉外经济体制改革，不断"破题"，吸引了船舶、资本、人流、物流迅速聚集，加快与国际航运中心接轨的步伐。

除了国际贸易外，滨海新区也不断完善机制，扩大对外合作，呈现出深入和多元的特点。中新两国政府合作建设的中新天津生态城便是代表，这项合作旨在共同打造世界人居示范项目。经过多年的发展，目前生态城已经成为贯彻绿色发展理念、转变经济发展方式、建设生态文明的实践载体，成为我国新型城市化和产业化道路的创新试验基地。中新两国合作探讨人类生活方式的世界性命题，彰显出滨海新区开发开放的深度。

这些年来,作为我国对外开放的前沿,滨海新区充分发挥了在贸易与投资自由化、便利化改革上先行先试的作用,有效地提升了对外开放水平,更好地融入国际经济,释放潜能,增强了竞争力。

2. 以开放聚合全球资源,建设新一轮改革开放"试验田"

"改革将释放巨大的制度红利",在当前经济新常态下,一个更加开放的时代到来,这也需要更高层次地探索发展模式、解决开发开放的前沿问题、实施更复杂的体制创新。凭借着良好的区位、产业发展基础,新区涉外经济体制改革取得了一个个重大突破。2015年4月21日,天津自由贸易试验区正式挂牌,令这片被誉为中国发展最具活力的区域,迎来了开放发展全新的"黄金期"。这里以改革激发内生动力,以开放聚合全球资源,努力建设新一轮改革开放"试验田"。

平均每半小时就有一家企业在天津自贸区注册,每一秒钟就有1.7万元的资本聚集在这里。来自京津冀乃至全国全球的企业纷至沓来,天津自贸区呈现出令人感到惊艳的聚集效应。聚集效应的背后,显性层面是新区的商机吸引人,更诱人的内因是改革创新,简政放权、提升效率,让阻碍开放发展的条条框框黯然逝去,最大限度地让营商环境逐步与国际接轨。

"现在在自贸区注册,只需先在网上填写外商企业备案登记表,然后到天津自贸区网上办事大厅直接申报、提交材料,当天就能拿到备案证明书,完成企业登记注册,真是太方便了。而以前外资企业设立时,需要进行审批,办理时间较长。"国渝国际融资租赁有限公司相关负责人兴奋地对记者说,这家注册在天津自贸区天津港东疆片区的外资企业,深深地感受到自贸区"负面清单"改革带来的便利。

据了解,由于实行了准入前国民待遇加负面清单的外商投资管理模式,外企进入滨海新区发展更加踊跃。统计数字显示,2015年全年,天津自贸区新设外资企业657家,占全市的55%,其中95%通过备案方式设立;2016年第一季度,新设外资企业196家,增长89%,注册资本536.3亿元,增长118%。

这仅仅是天津自贸区投资贸易便利化改革的冰山一角。自贸区设立以来形成的175项创新制度给区内企业带来了发展契机,让海内外的资本、技术等要素向这里汇聚。"与其他类型的试验区不同,自贸区是政府在经济新常态下主动、全方位参与国际竞争的对外开放新策略,天津自贸区所要面对的是新常态下进行的新一轮体制创新的先行先试。"天津自贸区管委会专职副主任蒋光建表示,天津自贸区将着力成为区域协同新平台、制度创新新高地、开放经济新动力、转型升级新引擎,在新一轮改革开放中争当领军者、排头兵。

在众多投资者眼中,自贸区绽放的绝非一米阳光,而是一片艳阳天。机场片区古德里奇航空结构服务(中国)有限公司业务主管涂向峥告诉记者,天津自贸区挂牌以来,随着"批次进出、集中申报"等海关创新监管举措的实施,现在航空周转件清关已从过去的1~2天缩短到2h,企业航空维修业务量大幅增长,自贸区贸易便利化监管制度创新使企业享受到了改革开放的红利。而在天津滨海世盛商贸集团常务副总裁王勇眼中,天津自贸区让平行进口车商真正获得了合法身份,是改革开放的巨大突破,未来将会有更多的平行进口车抵达天津口岸。

据悉,自天津自贸区挂牌运营以来,天津海关先后出台了三批29项通关便利化措施,天津检验检疫局出台了三批40项检验检疫便利化措施;天津获批全国跨境电商试点城市和综合试验区,综合信息服务平台已完成测试。进口商品保税展示交易和直营中心达到25家。汽车平行进口试点在30家试点企业、5家试点平台全面展开,自2015年年初第一批汽车平行进口业务落地以来,截至2015年年底,共平行进口汽车3 484辆,进口额1.38亿美元,进口量和进口额分别占全国的72.8%和74.3%。2016年第一季度,进口汽车5 994辆,进口额2.89亿美元,分别占全国进口数量的85%和87%。

3. 发挥开放高地优势,服务京津冀协同发展

作为我国综合配套改革示范区,滨海新区被

赋予最为开放的政策优势，在提升地区开发开放发展水平的同时，也要充分发挥其辐射带动效应，有效地服务并带动京津冀和环渤海地区的对外开放水平，使这一地区更好地融入国际经济，释放潜能，增强竞争力。

在《京津冀协同发展规划纲要》中确定的天津"一基地三区"定位，主要承载地都在滨海新区。滨海新区也正抢抓京津冀协同发展机遇，主动服务非首都功能疏解，利用天津自贸区政策平台优势，在对外开放上积极作为，充分发挥开放高地的综合优势，引领推动京津冀地区实施更加积极的开放战略，打造资金、技术、产品、服务大进大出的双向通道，构建全方位、多层次、宽领域的区域对外开放新格局，成为推动京津冀协同发展的制度"兴奋剂"。

北京首都农业集团是北京最大的农业国企，滨海新区的区位、政策等便利条件促使其在这里布局。首农集团相关负责人刘泉表示，天津自贸区运营后，集团果断放手布局天津港口，开拓畜牧业国际贸易，实现了从生产加工到进出口贸易的全方位发展。在这里，京津冀进出口货物可以享受便捷的通报、通检、通放，还大大简化了检验检疫流程，他们的进出口通关速度更快，成本更低了。

据了解，天津自贸区挂牌后，服务京津冀协同发展、构筑区域对外开放新格局举措进一步细化。在京冀地区设立了10个无水港，实施京津冀海关区域通关一体化改革，整体通关物流成本减少近30%；实行京津冀跨区域检验检疫"通报、通检、通放"和"进口直通、出口直放"一体化模式，通关时间平均每批货物节省0.5天，每标准箱为企业节约物流成本120元，口岸快速放行率达88%，口岸通关效率大幅提升；建立了跨省市税收征管纳税统一服务平台，三省市国税、地税部门建立了统一联网办税平台，实现资质互认、征管互助、信息互通。自贸区服务京津冀协同发展的效应看得见摸得着，也助推了整个区域对外开放新格局的形成。据统计，2015年全年，天津自贸区引进的内资中有43%来自北京和河北。

而作为我国综合配套改革试验区，滨海新区对外开放的深度、广度和力度，也与国家重大发展战略布局密切相关。随着"一带一路"倡议的实施，滨海新区也正努力打造"一带一路"倡议新支点。目前，以天津港为桥头堡、以后方过境班列的铁路通道为依托，通往亚欧大陆腹地的国际运输通道正成为助推经贸交流的"大动脉"；新区利用政策平台优势，"输出"成功的新区管理经验模式，打造综合性经济区，吸引了各国企业在当地集群发展；新区龙头企业利用产业发展优势，纷纷走出国门，开拓沿线新市场，全面提升了竞争力。滨海新区的这些重大举措，促进了生产要素在辽阔"丝路"上的流动，为推动沿线国家及地区融入全球产业价值链做出了自己的贡献。

好风凭借力，站在中国对外开放的最前沿，靠改革创新注入活力与动力的滨海新区，在开发开放进程中，正用排头兵的标准和作为诠释开放发展理念的真谛。

（四）天津滨海新区：楼在景中，厂在绿中

天津滨海新区开发开放纳入国家战略的十余年间，抓住京津冀协同发展、自贸区建设、国家自主创新示范区建设、"一带一路"倡议等机遇，"十二五"时期，地区生产总值年均增长17.9%，2015年达到9 300亿元，而单位GDP能耗0.51 t标准煤/万元，5年间下降25.46%；主要工业固体废弃物综合利用率保持在98%以上，工业固体废物综合利用率达到99%。

我们不仅要成为经济新引擎，还要成为绿色增长极。天津滨海新区主要负责人说，"环境就是资源，没有环境，就没有持久的发展效益和质量。"

滨海新区地处九河下梢，水污染的压力很大。滨海新区推行河长负责制，整治河道，截污治污，确保流经水体水质达标。土地盐碱化，树草成活率低，植绿成本高，滨海新区每年投入约20亿元植树种花，绿化覆盖率达到37.26%，实现"三季有花、四季常绿"。

天津开发区是滨海新区七大功能区之一，生产总值年均增长18%，同期万元GDP能耗、水耗及污染物排放均呈现下降趋势，连续十年在国家级开发区综合评价中居首。2008年，处理量在3万t以上的电子废弃物处理企业投产，实现了区内电子废物"零排放"和"资源化"，贵金属、铁、铜、塑料经过拆解处理后，可全部进入下游企业实现循环，成为污染基本零排放的生态工业园区。

既要环境污染最小化，又要资源利用最大化，位于滨海新区中心商务区的于家堡金融区，是亚太经合组织（APEC）批准建设的首个低碳试点示范城镇，同时也是亚太经合组织绿色供应链合作网络在天津的示范项目之一，2015年6月建设全面展开，组织了国内首次区域绿色建材采购，在建筑设计、现场施工、运营管理等环节全面引入绿色机制。

绿色发展离不开体制机制的创新。中新天津生态城在盐碱荒地、废弃盐田、污水库各占1/3的"家底"上，探索全方位改革，建设生态宜居城市，制定国内首套绿色指标体系，对生态城市的标准进行量化，形成700多项具体指标，包括区域绿色建筑需达到100%；人均日生活耗水量不超过120 L等。目前，生态城居住建筑节能率均大于75%，全年太阳能热水供应量占总生活热水量的80%，建起国内首座获得认证的再生水厂，使非传统水资源使用率达50%；实施国内首个智能电网示范工程。生态城也因此成为国内首个、也是唯一一个绿色发展示范区。

天津市委市政府主要负责人说，"十三五"时期，滨海新区机遇叠加、政策叠加，辐射和带动作用将进一步显现，要坚持绿色发展，加强生态环境保护，努力建设美丽滨海、宜居滨海、繁荣滨海。

（五）天津高新区创新发展三年行动计划（2015—2017年）

创新体系建设是高新区提升产业创新能力、推动创新驱动战略的重要举措，特别是天津高新区目前正处在建设国家自主创新示范区和京津冀协同创新发展叠加机遇下，要充分发挥国家自主创新的示范引领作用，集高新区两委之力在三年内使天津高新区创新指标得到大幅提升，力争进入全国高新区排位前5名，区域创新生态环境更加优化，特制定本计划。

1. 发展现状

（1）基础与优势

近年来，高新区坚持实施创新驱动发展战略，推动以科技创新为核心的全面创新，坚持需求导向和产业化方向，坚持科技型企业在创新中的主体地位，充分发挥市场在资源配置中的重要作用，探索推动产学研相结合的技术创新模式，初步形成了具有高新区特色的创新体系，具备了实现跨越发展的基础和优势。

一是产业组织能力较强，具备集聚创新资源的组织优势。新能源产业领跑全国，形成了从研发、创新、制造、应用到服务的自循环产业链条，建有国家级新能源高新技术产业基地和风力发电高新技术产业化基地，绿色储能综合竞争力保持全国领先水平，风电设备产能占全国的近三分之一；新一代信息技术产业高端发展，在高端服务器制造、数据库管理及数据处理、数字安防、软件服务外包、物联网等特色细分领域带跑全国；高端装备制造产业优势突出，建设有国家级能源装备制造产业基地，形成了六大装备制造产业集群；海洋产业保持良好发展势头，拥有国内最强大的海上石油服务装备群；现代服务业实现突破性发展，一批国家级高端研发机构、金融服务机构以及以卡梅隆—佩斯集团为代表的文化创意优质企业汇聚高新区。

二是科技型中小企业数量庞大、质量较强，具备创新驱动发展的主体优势。截止到2014年底，高新区科技型中小企业已突破10 000家，占全市总数的1/5；企业承担"863""973"等国家重点计划项目超过100项，年省部级以上科技立项超过300项；国家级重点实验室、国家工程技术研究中心、国家级企业技术中心和市级研发机构占全市的40%以上。同时北大新一代信息技术研究院、中科深圳先进技术研究院等新型创新机构陆续落户高新区。

三是科技金融资源丰富，具备营造创新环境的资金优势。近年来，天津高新区共聚集各类金融及相关非银行金融机构300余家，其中股权投资基金150多家、天使投资基金12家、小额贷款公司60余家,近20家投资机构在区内发展业务。搭建科技金融服务中心、科技金融大厦等平台。创新性地探索出"担保换期权"融资模式,推出"天使贷""纳税贷""智权贷"等30多项特色融资业务,有效破解了企业融资难题。

四是园区发展各有侧重,具备协同发展、创新突破的支撑优势。华苑科技园依托规模庞大的孵化器群,源源不断地为全市输送企业"孵化"成果。塘沽海洋科技园引领天津科技兴海建设。滨海科技园、未来科技城拓展区形成创新资源的集聚效应,逐步成为引驻高端创新资源的主体。北辰科技园积极探索老工业基地创新发展路径。南开科技园构建了面向全市的科技服务体系与服务平台。武清科技园"京津走廊"区位优势突出,成为天津承接北京高新技术企业转移和科技成果转化的产业新城。

五是拓展开放合作空间,具备京津冀与国际化合作的战略优势。重点建设滨海—中关村科技园、清华工研院科技新城等创新载体承接北京高端资源,推动形成创新生态环境;积极与北大、军科院、中海油、中航天等国际先进水平的研发机构和中央企业对接,相继引入建设了北大新一代信息技术研究院、军科院天津分院、中海油新能源等一批高端研发机构和产业化项目。建立了"以色列天津项目推动办公室""中德产业园"等创新载体与合作渠道。

(2)问题与不足

对照先进科技园区和建设国家自主创新示范区的要求,天津高新区要实现赶超和跨越发展,还着力解决制约发展的瓶颈和问题。

一是财政科技投入亟待加强。财政科技投入是科技创新发展的必要条件,由于市场失灵、市场主体发育不健全、科技创新环境不完善等问题的存在,政府需要主动作为,加大财政科技投入。天津高新区财政科技投入存在较大的不足。

二是新型创新组织有待完善。新型创新组织发育不足不利于市场化配置资源,不利于创新生态系统形成,不利于产业集群效应发挥。天津高新区新型创新组织数量不足,能把握产业主导权的龙头企业较少,具有打通产业链上下游关系能力的平台型企业欠缺,"创业苗圃—孵化器—加速器"培育链条还没有形成,产业技术联盟影响较弱。

三是区域联动机制尚需完善。目前高新区已经形成"一区七园"的空间发展格局,但在协调机制上还有待完善,还未建立起紧密地联动发展机制。从建设国家自主创新示范区的要求来看,目前高新区的空间布局仅覆盖至个别区县,空间范围有待进一步扩展。

四是体制机制有待创新发展。在产业资源集成方面,还没有形成战略新兴产业高端创新资源有效聚集;在产学研合作方面,引导性的政策措施效果不明显,促进技术转移的专业性机构作用发挥不强;在产业投资方面,推动产业发展的引导基金作用不明显,机制上有待进一步完善。

2.建设思路与目标

紧抓创新全球化和京津冀一体化双重机遇,按照建设国家自主创新示范区的要求,以创新驱动、战略提升为导向,以体制机制创新为支撑,立足"一区多园",促进整体发展,注重建立与政策辐射区的联动发展机制,把天津高新区建设成为创新主体实力更强、创新创业环境更美、创新经济价值更高、产业发展效益更好,具有国际竞争力的产业创新中心。

围绕知识创造和技术创新能力水平,产业升级和结构优化能力,国际化和参与全球竞争能力以及高新区可持续发展能力等指标,设立重点聚焦、快速突破、稳步推进的目标,着力实施"737提升行动",有步骤、有重点地推进实施7大任务、37项工作大幅提升天津高新区创新驱动发展能力,2017年进入国家高新区排名前五,高新区企业总收入达2万亿元。

3.重点任务

围绕天津高新区创新发展未来三年目标,重点推动7大任务、37项工作。

(1)打造创新型产业集群

围绕天津高新区主导产业定位,聚焦于软件及高端信息、装备制造、绿色能源、生物医药、现代服务业等重点产业领域,加快推进专业科技园和国家级产业集群、基地试点建设,大力引进总部经济,积极培育新兴业态,加快建设产业技术联盟,打造一批高产出、高水平、具有影响力的产业集群,提升经济增量、支撑园区可持续发展。

1)推进产业技术联盟建设:发挥资源聚合和行业引领作用,在现代服务业、新能源、可穿戴设备、文化创意等领域建立一批产业技术联盟;促进联盟有效开展相关技术创新活动;加大对联盟的支持力度,支持联盟成立法人机构,提高市场化运作能力;研究建立联盟年度评价考核机制,制定科学完善的指标体系;推动联盟国际化发展,吸纳全球相关领域企业和国际组织,积极开展国际交流,推进国际技术创新合作。

2)推进国家级产业集群、基地试点工作:加强新能源、科技与文化融合等产业集群试点建设;加快推进国家新型工业化产业示范基地、国家电子商务示范基地等建设;推动塘沽海洋高新区积极打造海洋产业示范基地;同时协助推动北辰、武清根据园区龙头产业申报国家级产业基地;加快研究促进产业集群和产业基地发展的突破性政策。

3)推进专业科技园建设:围绕高新区产业发展方向,依托高新区核心区、未来科技城及其拓展区、塘沽海洋高新区,协调北辰、武清等政策辐射区,坚持推动产业集群发展,重点打造主导产业以及新兴产业专业园;加快软件园以及智慧山文化创意产业园建设,引进高精尖企业入驻;优先启动建设海洋产业园、航空航天产业园、物联网专业园、科技服务示范园、高端服务产业园等专业园区;推动园区建设产业技术研究院等公共技术服务平台,对接大学科研院所,完善专业科技园服务。

4)培育新兴业态:加强顶层设计,组织围绕各个园区的新兴产业开展产业研究,探索新兴产业发展规律和模式;依托高新区科技与文化融合基地和新一代信息产业基础,选择3D打印机、可穿戴设备、互联网金融等新兴产业领域作为切入点和突破口,集中优势资源,突破关键技术;引导移动互联网、大数据及云计算等信息技术产业与传统行业及大众生活深度融合,推动商业模式创新和业态创新,促进新兴业态生成,形成高新区新的经济增长点。

5)引进总部经济:重点依托渤龙湖总部经济区以及高银117大厦,围绕高新区重点发展的产业领域,采用高端与优质项目相结合的带动战略,进一步吸引优质高端企业总部的聚集,吸引国内外著名的研发机构、企业总部设置在高新区;渤龙湖重点关注科技研发、高端商务企业总部入驻,打造成集商务、研发为一体的总部经济区;高银117大厦重点关注高档商场、写字楼、商务公寓和六星级酒店等商贸业态,打造成为天津市集聚总部经济发展的标志性建筑。

(2)营造创新生态环境

聚焦企业创新创业需求,从加强技术研发、完善科技服务、推动产学研合作以及提升创新创业文化等多个方面着力,为企业营造创新生态环境,把天津高新区建设成为环境一流、充满活力的创新生态城。

1)支持企业知识产权创造和应用:加快建设天津高新区国家知识产权示范园区,提高企业知识产权创制、运用和保护能力,打造国内领先的知识产权特区;支持企业首次申请或取得专利、注册商标,同时开展知识产权优势培育行动,引导区内企业积极实施知识产权战略,打造重点产业"专利创造高成长企业"。

2)支持企业开展各级标准创制:联合政策辐射区共同设立高新区标准制定专项工作小组,打造建立全面系统的政策体系,建立科学配套的服务体系,健全多元立体的标准化人才体系;建立对参与国内国际标准制定的激励机制,充分发挥企业、行业协会和产业技术联盟的作用。

3)引进高水平、应用型的科研机构:围绕高新区重点产业,整合各园区相关资源,对接国内相关领域的国家重点实验室、大学、研究院所,采取"政府启动、多元投资、需求导向、市场运作"的运行模式,依据产业发展实际需求,在各园区内建设布局一批高水平、应用型的科研机构。依托京津冀一体化国家战略,鼓励京津两地开放重点实验室、工程技术研究中心等科技条件平台,推动京津两地科研资源为高新区企业服务。

4）搭建公共技术服务平台：支持天津高新区行业龙头企业与科研院所合作，建设不同形态的产学研企合作平台；支持建设一批技术信息、检验检测、中试孵化等公共技术平台，完善高新区现有公共技术平台服务体系；借鉴中关村开放实验室经验，强化已有公共技术服务平台的使用效率；利用核心区已有资源和经验，支持北辰、武清等科技搭建公共技术服务平台。

5）支持科技中介服务机构发展：加快推进全国高校成果转化中心、国家863成果转化及交易中心建设，健全完善区域技术转移和科技成果转化服务体系；以中关村—滨海科技园建设为契机，积极对接中关村国际技术转移集聚区内的技术转移、科技咨询等服务机构，引进一批机构来高新区发展；制定出台支持科技中介服务机构发展的政策，培育高新区技术服务产业集群。

6）推动以企业为主体的产学研合作：支持企业通过多种方式与高校、科研院所展开产学研合作；推动各分园区与南开科技园内高校开展需求对接工作，鼓励各园区企业与南开大学、天津大学等高校、科研院所展开联合研发，对于联合研发合作项目给予资金、项目支持；支持企业与高校、科研院所联合共建实验室，对共性技术展开技术攻关；支持高校、科研院所创办延伸企业，促进技术成果转化。

7）提升创新创业文化：定期组织创业培训活动，面向大学生、创业者开展全程化创业培训，提高创业成功率，培养更多的创业者；举办创新创业大讲堂，营造良好的创新创业氛围；积极筹划组织各类国际、国内创业大赛的天津分赛区工作，筹划打造具有国际影响力的中国国际（天津）创业大赛；打造一批创业科普广场，营造良好的创业宣传氛围；组织策划每年一度的创业宣传周活动，宣传近年来天津高新区的典型创业案例。

(3) 促进企业创新发展

围绕企业创新创业的各个环节，建立促进企业创新创业发展服务机制，建设创业苗圃、孵化器、加速器等各类载体，完善政府服务、降低创业门槛，加强培育一批科技型中小企业，培育一批小巨人企业，培育一批领军企业。

1）降低企业创业门槛：放宽新型企业组织、新兴产业和新兴业态企业注册登记，按照"非禁即入"原则办理注册登记；放宽科技创业企业出资条件、企业名称、经营范围限制和企业集团注册等注册登记条件；对在高新区登记注册的科技型民营企业，注册资本在100万元以下的，允许注册资本"零首付"；优化注册流程，企业登记注册实行"零收费"；符合条件的创业人员可按有关规定享受创业小额担保贷款和房租减免等各项优惠政策。

2）加强苗圃与孵化器建设：新建一批创业苗圃和孵化器，建立初创企业到小微型科技企业完整的科技创业体系；用联合管理、业务指导等方式，鼓励社会机构、民营资本兴办科技企业孵化器，按照运行机制市场化、服务内容专业化、服务模式多元化的方式为民营科技企业提供孵化和培育服务；安排孵化专项资金，重点依托高新区现有的国家级孵化器，引进国内外知名中介服务机构，建立公共技术服务平台体系，聚集各类创新创业要素。

3）加强科技型中小企业认定：建立完善高新区科技型中小企业的发现、筛选和认定工作机制，加强认定工作，对园区初创或新引进的中小企业进行注册信息和企业概况整理，建设企业数据库；优先选择一批潜力突出、成长迅速的初创企业，制定系统性发展促进方案，引导申报科技型中小企业；开展为传统中小企业制定转型发展战略，专项提升计划工作，推动传统企业向科技中小型企业提升；定期开展科技型中小企业认定培训活动，召开专题讲座，在初创型企业中宣传科技型中小企业认定程序，组织申报材料。

4）建设科技企业加速器：围绕新一代信息技术、新能源等产业领域，新建一批科技企业加速器，满足高新区孵化器毕业企业落地需求；鼓励社会资本参与加速器建设，推动加速器向服务领域专业化和服务差异化的方向建设；加快建设一批标准厂房、主题楼宇、定制空间,为高成长性科技企业提供优良的发展环境。

5) 支持"小巨人"企业发展:深入实施"小巨人"成长计划,选取具有一定规模、创新型强、处在行业龙头地位的骨干企业,纳入科技"小巨人"企业数据库,加大资金政策扶持力度;建立管委会领导联系帮扶企业制度,定期召开调度会,为"小巨人"企业制定发展对策和帮扶方案,为企业提供市场拓展咨询、研发外包、VC/PE、公司治理等发展服务以及财务法律、定制信息化服务等延伸服务;建立年度考核制度,对重点培育企业进行考核;在申报程序、申报材料上予以帮助,重点支持"小巨人"企业申报国家高新技术类企业。

6) 培育领军企业:围绕高新区重点产业细分领域培育一批具有国际影响力的领军企业,带动形成具有全球影响力的创新型产业集群;支持领军企业通过并购获得核心技术和市场渠道、进入新兴业务领域;鼓励企业设立海外分支机构,开拓国际市场;引导领军企业制定世界一流品牌培育方案;建立领军企业动态监测与服务机制,建立高新区领军企业服务"直通车"。

(4) 加快建设人才高地

搭建好人才发展平台,引进一批国内外高层次人才、高技能人才和创业人才,把天津高新区建设成为"具有全新运行机制的国际人才特区"。

1) 引进一批海外高层次人才:成立海外人才引进办公室,每年到发达国家创新高地组织宣讲会,引进一批留学生;支持龙头企业、跨国公司在园区内建立海外人才实习基地,吸引海外人才来津实习、工作;创新人才评价机制,探索建立高层次人才择优资助机制,提高政策支持效果。

2) 培养或引进一批科技领军人才:积极发挥企业的引才主体作用,鼓励支持行业领军企业以及产业技术联盟实施人才战略,对其引来或培育的领军人才优先推荐纳入国家"千人计划"、天津市"千人计划"等人才专项;围绕新兴业态,加强人才储备;加快研究制定针对领军人才在落户、住房补贴、子女就学等方面的政策,并协助企业积极落实;与市场化引才中介机构开展合作,完善领军人才推荐机制。

3) 引进与培育一批创新创业人才:依托国内外各类创业大赛,国家、省、市重点人才培养计划以及园区重点产业项目,筛选一批目标团队或人才,采用"一事一议"方式,引进与培育一批创业人才及团队;鼓励园区高新技术企业设立博士后流动站、人才实习基地,吸引与培育一批创新人才落户企业;积极推动《天津市"高校科技创新工程"实施意见》有效落实,鼓励支持高校科技人员到企业担任科技特派员。

4) 培养一批高技能人才:围绕园区主导产业,组织实施"华苑杯"信息技术技能大赛、"海泰杯"高端装备技能大赛等比赛,激发园区企业员工提升自身技能;与相关高等院校级培训机构合作,创办相应产业技术创新学院,推荐企业优秀员工到高校深造;创新人才职称评级考核机制,每年组织2次职称评定工作,并对在各类技能大赛中成绩优秀的人员,可直接给予中高级职称认定。

5) 引进外籍人员入区工作:研究制定针对外籍专家、人员的引进政策,如优先解决子女入学问题,给予住房补贴、回国休假路费补贴等;争取开展外籍高端人才绿卡制度试点,发放"天津绿卡";定期举办国际性高端学术会议、短期培训等活动,吸引外籍专家到园区交流;支持龙头企业与国际知名高校、研究机构开展研发合作,吸引外籍专家、研究人员来园区工作;创办国际幼儿园、国际中小学、国际公寓等基础设施,营造良好国际化环境。

6) 搭建人才发展平台:与北京各类国际学校对接,鼓励其在高新区创办国际幼儿园、国际中小学;积极推进人才公寓的修建速度,并将部分限价房改为人才公寓;与美国硅谷、以色列等地区的人才服务机构对接,支持其来高新区创办分支机构,给予税收减免、房租补贴等优惠政策;出台针对高端人才服务机构的优惠政策,吸引中智等一批高端人才服务机构来高新区落户。

(5) 深化科技与金融结合

进一步发挥天津高新区科技金融优势,围绕创新链完善资本链,推动科技与金融相结合,深入推进股权激励先行先试,鼓励传统金融机构业务创新,进一步推进中小企业信用体系建设,支持企业上市,把天津高新区建立成为北方科技金融示范中心。

1)鼓励传统金融机构业务创新:设立政府担保基金,引导金融机构联合开发新产品,支持银行开展股权质押融资、信托融资、信用贷款等业务创新;引入商业银行在区内设立科技支行,支持有条件的民间资本依法发起设立中小型银行等金融机构;支持担保机构发展,支持天津高新区担保行业协会发展,搭建交流平台;支持保险公司开展贷款保证保险及其他新险种、新业务;对接北辰、武清科技金融发展需求,由核心区利用已有经验优势,协助其余分园区相关部门开展科技金融工作。

2)深入推进股权激励先行先试:深入推进股权激励先行先试,设立股权激励专项资金对企业的支持力度;建立工作组,聚焦工作重点,成立多部门组成的股权激励试点工作组,形成多部门联动的高效工作机制;加强政策梳理研究,形成促进股权激励试点工作较为完整的政策体系和操作程序;积极宣传,深入服务,开展广泛的政策宣讲与培训,不断推动试点进展。

3)进一步推进中小企业信用体系建设:加快天津高新区中小企业信用体系试验区建设,制定企业信用制度、信用报告规范、信用评级规范;支持天津高新区信用促进会,支持中小企业信用体系建设,搭建企业信用信息公共服务平台,推动银企合作,促进信用报告推广;设立信用体系建设补贴专项资金,制定信用报告购买补贴机制;引进资信评级公司、征信服务机构和认证公司,推进中小企业电子信用档案体系建设。

4)支持企业上市:发掘、培育上市后备资源,完善上市良性梯度体系;建立天津高新区上市指导平台,加强企业上市辅导;与专业服务机构建立合作关系,协助企业上市前股份制改造;推动有条件的企业境外上市,鼓励上市企业利用资本市场再融资;落实新三板申报、挂牌奖励政策,组织新三板对接和动员会,支持科技型中小企业与券商签订推荐协议;支持企业向高层次市场过渡,对转板成功企业给予奖励。

(6)支持企业国际化发展

紧抓创新全球化机遇,深入开展全球链接和区域合作,搭建平台促进企业国际化发展。开展与全球尖峰区域高端链接,树立区域国际化合作示范,把天津高新区建设成为开放发展、协同创新特征鲜明的国际化高科技园区。

1)支持企业开拓国际市场:出台天津高新区《促进企业国际化发展行动计划》,设立专门资金用于支持企业开拓国际市场;组织企业到国(境)外参加展会,积极开拓新兴市场,深度拓展传统市场,推动国际市场多元化;支持行业领军企业以工程整包等方式拓展海外市场,以带领产业链上下游企业一起走出国门;加强对高新技术企业跨境贸易的信贷支持,支持其开拓国际市场。

2)支持企业建立海外分支机构:支持企业通过自建、并购、合资、参股、租赁等多种方式建立海外研发中心、实验室等,开展关键核心技术研发和产业化应用研究;支持国际创业中心等有实力的孵化器在海外设立孵化中心;支持装备制造、新能源等制造业企业在海外设立生产基地;支持企业在海外设立销售中心,建立国际化销售网络。

3)支持企业开展跨国技术交易和并购:加强对企业跨国技术交易和境外并购的综合金融服务。加强企业开展跨国技术交易和并购的政策支持,对企业境外并购时发生的法律、财务等中介服务费用,根据并购类型、交易额给予资金支持;加强对企业开展跨国技术交易和并购的服务支持,建立中介机构与企业的长效沟通机制,与一批境内外知名机构建立合作伙伴关系,为企业提供并购咨询、培训和辅导;建立企业境外并购项目信息数据库,为企业提供项目来源等信息。

4)搭建企业国际化发展平台:研究制定与重点区域之间互动的策略,搭建国际科技商务平台,加强与硅谷等全球创新尖峰地区在技术、人才、资本等方面对接合作;对接有世界影响力的交流大会,承办相应活动的天津分会场,为企业搭建与海外企业对接交流平台;加强与国际科技园区协会合作,拓展海外合作园的合作渠道。

5)开展与全球尖峰区域的高端链接:绘制新一代信息技术、新能源等产业的全球产业创新尖峰区域图,掌握产业发展创新态势,与对外联络机构、华人商会、国外产业协会等机构建立友好关系,建立区内与国外知名大学、研究机构、跨国企业的合作平台;加强与美国硅谷、以色列等科技园区交流互动。

(7)推动跨区域协调联动

对接国家自主创新示范区建设需求,积极探索建立"一区多园"联动发展模式,发挥高新区对天津市的示范引领作用;贯彻落实京津冀协同发展国家战略,深入开展与北京、河北的合作,充分发挥高新区的示范引领作用。

1)开展"一区多园"试点工作:出台"一区多园"试点办法,建立"一区多园"管理机制,争取市级层面资源支持;探索建立"一区多园"合作共赢机制,通过"一区多园"方式,加强高新区与合作区域在产业、企业、政策等方面的协作,实现共同创新发展。

2)加快京津冀园区合作:积极推进落实《共建滨海—中关村科技园合作框架协议》,加快建设滨海—中关村科技园,创新京津冀共建产业园合作模式,促进京津冀在园区开发、园区建设层面开展全方位合作;加强与中关村、石家庄高新区、河北廊坊、曹妃甸工业新区等园区以及保定市的合作,立足产业和企业需求,促进人才、技术、资金等创新要素的区域流动。

3)推进京津冀产业合作:围绕新一代信息技术、高端装备制造、新材料、新能源、生物医药、现代服务业、海洋产业等领域,发挥北京科技资源和技术研发优势、天津制造优势、河北原材料资源优势,建立产业合作机制,促进产业协同发展;在以上重点产业领域成立一批跨区域产业技术联盟,加强京津冀产业技术合作。

4)促进京津冀企业合作:承接北京高新技术企业和技术成果在津转移转化;鼓励区内企业根据自身发展需要,到河北设立生产基地、销售中心等分支机构;鼓励区内企业根据自身需求联合北京、河北企业共同承担国家重大专项,并开通京津冀合作重大项目入驻园区的"绿色通道"。

4.组织实施

(1)加强领导

成立工作小组,两委领导督办。成立天津高新区创新体系建设三年行动计划推进工作小组,高新区管委会主任担任组长,有关分管副主任担任副组长,小组成员单位由高新区管委会各职能部门联合组成,领导小组下设办公室,办公室设在科技局,形成联动服务机制,共同推进工作开展。

实施步骤分解,推进工作落实。领导小组成员制定工作实施计划,分类推进工作开展,有侧重点的将工作列入年度工作计划,实施梯度执行方案,加强工作落实。

做好目标分解、实施动态考核。按照行动计划任务要求,落实各项工作责任主体,建立动态考核机制,监测工作进程和指标完成情况。

(2)加大资金支持

加大政府科技投入。设立稳定的科技投入机制,将科技创新投入提升到当年可支配收入的35%,加大高新区政府对科技的投入额。

设立各类专项资金。为支撑行动计划的实施,设立创新型产业集群、人才发展、支持企业国际化发展、推动京津冀合作等专项资金。

(3)创新体制机制

创新一区多园管理机制。建立天津高新区"一区多园"工作领导小组,负责"一区多园"管理、协调、统筹工作。

开展体制机制改革试点。在科技成果转化、股权激励、高新技术企业认定、科技金融、税收优惠等方面开展一系列试点,争取国家和市级层面支持。

(4)完善政策支撑

加强现有政策,重在贯彻落实。贯彻落实国家、天津市、滨海新区等各级政策;落实天津高新区产业支持、科技创新支持和人才引进和聚集等现有政策；落实国家自主创新示范区"6+4"试点政策。

完善政策体系，加强政策突破。制订出台天津高新区各类主导产业发展规划，从顶层设计规划引领产业发展，分阶段有步骤地实施规划。针对高新区现实需求，加强政策顶层设计和相关突破性政策研究，完善产业发展、创新创业环境建设、企业发展、人才引进培育、科技金融、国际化发展、生态文明建设等方面的政策支持体系。出台相关突破性政策，加大对孵化器建设的支持力度，把民营孵化器纳入支持范围；出台《天津高新区支持企业国际化发展行动计划》，加大对企业国际化的支持力度；实施人才计划，加大对创业人才、高层次人才引进的支持；加强京津冀合作的支持，加紧研究出台京津冀合作的相关支持政策。

(5) 强化环境建设

加快公共设施完善。完善高新区公寓、餐饮、医疗、公共交通等基础设施配置；完善商业、教育、文化、体育、休闲娱乐等公共服务设施；优化生活居住空间，建设专家楼、人才公寓，配套完善市政公园、社区公园，推行绿色交通、绿色建筑，建设低碳环保新城。

推进数字社区建设。采用光通信、无线通信、云计算等信息化技术，建设接入到园区所有大厦、小区的园区光网，覆盖到园区所有角落的无线园区网络和高速互联、吞吐量大、可承载各种信息化应用的园区数据中心。

推动数字政务应用。建设办公业务资源网、电子信息资料库，实现系统办公业务的资源共享和各类信息资料查询；建设中小企业的风险预警系统，完善中小企业风险预警指标体系，为中小企业财务风险评估、分析提供基础；推动数字化园区管理系统建设，在交通、医疗、环保、家居等领域实施一批智慧生活应用示范工程。

(6) 汇聚京津冀创客，创客总部天津基地滨海新区揭牌

为加快推进滨海新区建设国家自主创新示范区，营造大众创业、万众创新的环境，由滨海新区政府与北京创客帮科技孵化器有限公司共建的创客总部天津基地在滨海新区揭牌成立。今后，这里将汇聚京津冀创客，吸纳创业服务资源，为新区打造创新创业热土增添活力。

创客总部天津基地致力于促进移动互联网、智能硬件等产业领域项目的快速聚集和发展，将通过引入核心管理团队，为早期高科技和创新型创业者提供深度孵化服务，整合并提供创业者必需的能力要素，通过持续有效的创业培训和服务、早期投资与资源导入，催生更多优秀的创业者；同时采用"载体服务平台+创业培训平台+资源导入平台+投资基金平台"四位一体的创新型孵化模式，帮助创业者缔造卓越的企业。据介绍，该基地还将定期举办主题短训班、主题创业沙龙和创业讲座，针对创业企业或有转型需求的传统企业，提供有针对性的免费培训，包括电子商务、移动互联网、微信运营、互联网思维等。

(六) 调结构转方式·天津企业创新调研行

"天津制造"曾创造无数辉煌。新中国第一台电视机、第一台拖拉机、第一块手表、第一辆自行车、第一台缝纫机……诸多"第一"奠定了天津制造在中国工业史上的重要地位。

如今，天津制造正在书写新的篇章。根据国家对天津"一基地三区"的新定位，天津正在借力京津冀协同发展、自由贸易试验区建设、国家自主创新示范区建设、"一带一路"倡议、滨海新区开发开放叠加机遇，以创新为驱动，把天津制造推向一个新的高度——全国先进制造研发基地。

1.迈向高端高质高新

川铁电气是全国高铁和城市轨道交通装备制造业中的领军者。尤其是其"拳头"产品——户内外隔离开关类系列产品，技术指标达到甚至超过国际先进水平，与ABB、西门子、施耐德等知名跨国公司产品形成强有力的抗衡。

在天津，有一大批像川铁电气一样的"小巨人"科技型领军企业，它们正在制造业各细分行业默默坚守、积极创新，紧盯世界一流技术，打造着"人无我有、人有我优"的"高特专新精"产品和技术，为天津制造积蓄着新动能。

2016年5月初，津产大火箭——"长征七号"火箭从天津港启程，世界目光聚集天津滨海新区。作为地区生产总值占天津全市半壁江山、天津先进制造研发基地最重要的承载地，天津滨海新区以大项目好项目为抓手，不断推进高新技术产业化，提升自主创新能力，高端高质高新的先进制造业基地已然初步形成。2015年，航空航天、汽车、装备制造、新材料、生物医药等八大优势产业占滨海新区规模以上工业总产值比重达到87%。

智能制造是制造业迈向高端高质高新的重要途径，是提升改造传统制造业的主攻方向。天津深入实施"互联网+"协同制造，推进信息化与工业化深度融合，天津制造正在转向"天津智造"。

老牌的天津制造也在积极转型，产品创新向柔性化、智能化、个性化转变。飞鸽自行车发力"现代骑行"，把传统自行车升级为智能自行车，价格翻了10倍，一次订单超过40万辆；海鸥手表增加了北斗导航等新功能，成为智能终端，价格提高2~3倍。依托技术创新，传统产业重新焕发市场活力。

作为我国重要制造业基地，天津正在努力实现由传统要素投入驱动向创新驱动转变，制造业整体水平跃升，成为地方经济稳增长的新引擎。五大机遇叠加更是为天津制造业转型升级注入了强劲动力。未来几年，天津将从打造科技"小巨人"升级版、培育产业技术创新联盟、高水平建设国家自主创新示范区等方面，加快培育新动能，增强天津经济发展后劲。

根据《天津市建设全国先进制造研发基地实施方案(2015—2020年)》，"十三五"期间，天津将着力培育航空、航天、集成电路、高性能服务器、海洋工程、特高压输变电、大型工程机械、高速轨道交通、高档数控机床、自动变速器等十大国内领先的高端装备，力争到2020年，全市工业总产值达到4万亿元以上；先进制造业产值占制造业的比重达到70%以上，高技术制造业产值占制造业比重达到21%以上；科技"小巨人"企业达到5 000家，尽快形成先进制造与研发转化相结合的制造业创新体系。

2. 构建协同创新体系

建设全国先进制造研发基地，需要有强大的自主创新和科技转化能力，需要有一大批科技创新平台作为支撑。近年来，天津加快集聚创新要素资源，突出企业创新主体地位，构建和完善先进制造业创新体系。而这个创新体系也被赋予鲜明的"天津特色"，那就是：突出发挥科技小巨人的领军作用，突出提升自主创新示范区载体功能，突出利用京津冀协同发展战略优势。

2016年4月，天津正式启动"百家领军企业创新联盟511工程"，即力争"用5年时间，建设100个领军企业联盟，形成10个超千亿的创新型产业集群"。"创新联盟511工程"以行业领军企业为主导，打造"领军企业+高校院所创新团队+科技型中小企业"的科技创新、科研转化的新模式。

天津红日药业股份有限公司是首批入选的领军企业之一。以自主研发的创新药品牢牢站稳市场后，红日药业目前已经步入高端医疗器械、可穿戴医用产品、互联网医疗等新领域。坚持自主创新、坚持协同创新、建立产学研联盟，是红日药业的成长"法宝"。创新联盟是企业做强创新团队的主要模式，通过创新联盟，红日与清华大学、南开大学等科研院所开展合作，目前已经储备了几十个自主研发的专利新药，市场开发前景广阔。

与此同时，天津充分利用京津冀协同发展战略优势，积极借力"国家智库"。比如，依托清华大学天津高端装备研究院，探索新模式和新机制，打造制造业发展新型高端创新平台。

被誉为"'清津号'科技创新航母"的清华大学天津高端装备研究院落户天津市东丽区。这个研究院从2014年筹备伊始，就得到了天津市各级政府和清华大学的全力支持，成为天津与清华大学重点合作项目，并将建设成为服务京津冀区域的高端制造协同创新中心。

不同层面的科技创新平台的广泛建立，为天津建设全国先进制造研发基地储备雄厚技术的同时，也吸引了优秀创新人才和创新团队的不断加入。这一切，都为天津制造积攒了后劲，让天津制造未来可期。

3.切实服务产业升级

先进制造业是天津的当家产业，要谋划好、规划好、布局好、服务好。这是天津市委、市政府对于打造先进制造研发基地建设的明确方向。

为此，2016年5月底天津发布《推进供给侧结构性改革加快建设全国先进制造研发基地的实施意见》，明确提出，天津将在降成本、增活力、培育发展新动能等方面进一步拿出切实有效的措施，以确保到2020年将基本形成与供给侧结构性改革要求相适应的先进制造业发展体制机制，基本建成全国先进制造研发基地。

降低制造成本，减轻企业负担，是未来几年天津将着力做好的工作重点。《实施意见》提出，到2020年，天津全市工业企业平均税费负担将降低5个百分点左右，企业社会保险和住房公积金缴费占工资总额比例阶段性下降6个百分点左右，规模以上工业企业财务费用占主营业务成本比重控制在1%以下，规模以上制造业企业管理费用占主营业务成本的比重降至3%左右，销售费用占主营业务成本的比重降至2%左右。

实现这个目标采取的措施包括全面落实"营改增"改革任务和小微企业减税政策，引导企业向自贸试验区和自主创新示范区聚集，享受相关税收优惠政策；将支持商业银行灵活采取调整贷款期限和还款方式、变更担保等措施，降低企业贷款中间环节成本等。

同时，天津将继续加快制造企业设备更新改造，开展支持企业通过融资租赁方式加快设备更新和技术改造专项行动，安排30亿元财政资金，对中小企业、科技型企业和科研院所通过融资租赁购置的先进研发生产设备，经认定后给予租赁额综合费率中5个百分点的补贴，支持1000家左右企业开展技术装备改造。

天津还将高水平建设自贸试验区，服务制造业发展。天津将进一步加大各项制度创新力度，探索建立对外投资合作"一站式"服务平台、"走出去"服务联盟及信息共享平台，为企业"走出去"提供全方位服务；完善国际贸易"单一窗口"和服务功能，为制造业产品出口和技术装备引进提供更大便利。

此外，天津还将继续深化行政管理体制改革，协同推进简政放权、放管结合、优化服务，实行标准化审批服务升级等，以充分释放制度红利，更大力度激发企业和市场活力。

借助天津市融资租赁政策获得了7000万元设备更新资金的天津奥瑞克电梯有限公司，当下正在筹备新的机器人自动生产线。

（七）天津市战略性新兴产业"十三五"发展规划

天津滨海新区被国家选定为环渤海经济圈中的国家级现代制造中心与物流中心，是21世纪国家发展的新的战略举措。天津成立了"天津绿色化学化工实验室"作为科技支撑。还希望全体中国过程系统工程学会专家与科技界予以支持，将滨海新区建成生态工业园区。

目前天津市也在为制定《战略性新兴产业"十三五"发展规划》运行中。

（八）落实"三个着力"重要要求，加快建设全国先进制造研发基地

2017今年以来，天津工业以习近平新时代中国特色社会主义思想为引领，认真落实习近平总书记对天津工作的"三个着力"重要要求，全面推进《中国制造2025》，积极发展先进制造业，加快建设全国先进制造研发基地。

1.步伐坚定的2017年

(1)贯彻《中国制造2025》迈出新步伐

印发了《关于进一步加快建设全国先进制造研发基地的实施意见》，制定了27个产业行动方案，发展壮大新一代信息技术、高端装备、新材料等十大产业集群。形成了全种类、全产业链的新能源汽车产业体系，培育了"中国天眼"望远镜液压促动器、"长征五号""长征七号"新一代运载火箭等一批高端产品，打造了滨海新区机器人产业聚集区、中欧先进制造产业园等一批新型产业示范基地。

(2)供给侧结构性改革取得新成效

全年压减炼钢180×10^6 t、炼铁175×10^6 t。

重拳打击"地条钢",拆除了7家"地条钢"企业的相关装备,形成了三级联防机制,确保"地条钢"全面归零。认真落实与原环保部签署的《天津市大气污染防治目标责任书》,再压减钢铁产能 $200×10^6$ t,市域内钢铁产能控制在 $2\,000×10^6$ t 以内。落实四批近百项降成本政策措施,为企业减负近1 000亿元。

(3)制造业创新能力得到新提升

抓好技术创新体系建设,新引进20家国家级院所和分支机构,先进制造业产业技术研究院正式成立,现代中药、智能网联汽车两个市级制造业创新中心获批建立,国家企业技术中心达到56家,居全国大中城市第二位。

抓好创新型领军企业培育,科技型企业达到9.6万家,国家高新技术企业突破4 000家,新认定科技领军企业20家、产学研用创新联盟20家。

抓好关键核心技术研发。新认定支持"撒手锏"产品和重点产品214项,高速铁路轨道板、重型自航绞吸挖泥船、乙肝体外诊断试剂等一批关键核心技术取得重大进展。

(4)两化深度融合再上新台阶

智能科技产业加快培育。充分发挥国家发展改革委等六部委共同主办的优势,以"迈向大智能时代"为主题,成功举办了首届世界智能大会,推进《中国制造2025》在天津试点示范,率先扛起了中国发展智能科技产业的旗帜。

大数据、云计算、物联网产业进一步壮大,京津冀大数据协同处理中心正式启动;滨海工业云2.0版正式上线,成为工业和信息化部支持的两家工业云之一;成立了国内第一个省级窄带物联网开放实验室;量子保密通信产业落户天津,研发了全球首款基于量子通信的云安全一体机。

安全可控产业链条进一步完善,打造了曙光服务器、飞腾CPU、麒麟操作系统、南大通用和神舟通用数据库等知名品牌,成为全国第二个拥有完整自主安全信息产业链的城市。

(5)军民深度融合实现新发展

编制了《天津市委军民融合委员会近期工作要点》和《关于加快军民融合龙头工程、精品工程和重要项目建设的意见》等一系列配套文件,完成了改革专项小组组建工作。世界最大的航天器AIT中心建成使用,惯性导航产品、卫星太阳翼结构机构件成功应用于多型卫星,北斗导航接收机应用于直-20等。

2.寻求突破的2018年

习近平总书记在党的十九大后首次调研时,明确指出:必须始终高度重视发展壮大实体经济,抓实体经济一定要抓好制造业,坚定了我们发展先进制造业的决心。中央经济工作会议,首次提出习近平新时代中国特色社会主义经济思想,强调要以稳中求进为总基调,以供给侧结构性改革为主线,加快实现中国制造向中国创造、中国速度向中国质量、制造大国向制造强国的转变。我们必须把思想认识行动统一到习近平新时代中国特色社会主义经济思想上来,认真落实《中国制造2025》1+X体系,积极推进制造业质量变革、效率变革、动力变革,促进工业经济持续健康发展。

(1)在落实《中国制造2025》上实现新突破

深入实施27个产业三年行动计划,加快发展高档数控机床、机器人、新能源汽车等新兴产业,壮大生物医药、集成电路、新型元器件等比较优势产业,改造提升石化、钢铁、轻纺等传统产业,培育一批具有国际竞争力的先进制造业集群。

深入开展"中国制造2025"示范区建设,开展市级示范区创建工作,率先形成"中国制造2025"标志性成果。

壮大一批龙头企业和单项冠军。推进国有企业改革,大力发展民营经济,加快科技型中小企业发展,培育一批"专精特新"中小企业。加快构建新型企业生产组织方式,壮大一批"瞪羚企业"和"独角兽企业"。

(2)在推进供给侧结构性改革上实现新突破

去产能,把处置"僵尸企业"作为重要抓手,大力破除无效供给,进一步压减炼钢、炼铁产能。坚决打击流窜作案的"地条钢"企业,严防

"地条钢"死灰复燃。

降成本，进一步清理和规范涉企收费，不断降低制度性交易成本。扩大电力直接交易试点范围，降低用电成本。

补短板，继续实施重大短板装备专项工程，实施标准化提升工程，推动消费品工业"品质革命"。

（3）在打造全国产业创新中心上实现新突破

发挥先进制造业产业技术研究院的平台作用，探索解决成果转化最后一公里瓶颈问题，打造全国先进制造研发基地重要技术的策源地。

发挥制造业创新中心的引领作用，突破产业发展的共性技术供给瓶颈，力争在创建国家制造业创新中心、国家企业技术中心上实现新提升。

发挥创新型领军企业的主体作用，大力培育科技型中小企业、科技"小巨人"企业、国家高新技术企业，壮大一批具有创新能力的排头兵企业，推动一批重大新产品开发。

（4）在"互联网+"先进制造业上实现新突破

全面推进工业互联网建设，提升大型企业工业互联网创新和应用水平，加快中小企业工业互联网应用普及。

全面推进智能制造，培育一批智能制造关键装备、新模式项目、标杆企业，打造一批智能工厂和数字化车间。

全面推进大数据、云计算产业发展，拓展天津工业云、滨海工业云2.0版等一批公共云功能，健全一批行业云平台，推进卓朗科技云等一批企业云应用。

全面推进服务型制造，开展创新设计、定制化服务、供应链管理等行动，发展工业设计产业，加快创建"北方设计之都"。

（5）在抢占智能科技产业制高点上实现新突破

高水平办好第二届世界智能大会，坚持"高起点、入主流、国际化、有特色"定位，打造引领智能时代发展潮流的全球盛会。

高水平建设新一代人工智能发展战略研究院，以小实体、大联合、网络化的模式，开展前沿技术和产业趋势研判，发布重大科技方向成果，建立智能化评价体系，打造智能领域的高端智库。

高水平打造智能科技产业新高地。深入贯彻工业和信息化部《促进新一代人工智能产业发展三年行动计划（2018—2020年）》和天津市委、市政府《关于大力发展智能科技产业推动智能经济发展建设智能社会的实施意见》，推进产业引领、科技支撑等五大工程，实施智能医疗与健康、智能农业等十大专项行动，发展智能经济，建设智能社会，打造智能科技产业领航区。

（6）在优化企业发展环境上实现新突破

培育"企业家"和工匠精神，认真贯彻天津市企业家工作会议"津八条"精神，实施企业家队伍建设工程和创新型企业家培育工程，培育一批优秀企业家队伍。弘扬"工匠"精神，提高精品意识，打造百年老店。

推进依法行政。一方面做好"减法"，重点清理涉及企业生产经营活动的审批事项，减少工业领域的审批、核准、备案事项；另一方面做好"加法"，持续推进立法框架建设和综合执法，进一步提高行政执法效能。

进一步减轻企业负担，按照清费立税原则逐步减少收费项目，从源头规范涉企收费。

（九）中国工程科技发展战略天津研究院

为深入贯彻落实党的十九大精神，推进创新驱动发展战略实施，推动京津冀协同发展国家战略"一基地三区"建设，积极建设全国先进制造研发基地，中国工程院和天津市人民政府经友好协商，决定共同推进科技合作。2017年首届世界智能大会期间，中国工程院和天津市人民政府签署了《中国工程院、天津市人民政府科技合作协议》和《共建中国新一代人工智能发展战略研究院协议》，中国工程院领导和天津市领导为人工智能战略研究院揭牌，标志着人工智能高端智库正式落地天津。天津市科学技术委员会积极推动人工智能战略研究院建设，充分利用工程院在全国的院士资源,聚集一批院士团队形成高端智库平台,成功邀请百度、阿里巴巴、腾讯、科大讯飞、京东和华为等智能科技龙头企业深度参与,加入领导小组。工程院以"中国工程院院士科技咨询研究项目"形式、天津市以战略发展研究课题形式每年给予人工智能发展战略研究院经费支持。

2017年,在中国工程院的指导下,人工智能战略研究院顺利开展相关研究工作,编制《新一代人工智能技术和产业发展白皮书(含区域发展竞争力评价指数)》,在2018年第二届世界智能大会上发布,提高了社会影响力;成功举办"海洋信息系统高峰论坛"等三场院士津门行活动;组建5家智能科技领域院士专家工作站。中国工程院和天津市科技合作取得了明显成效,双方进一步深化合作,共建中国工程科技发展战略天津研究院。2018年4月2日,中国工程院与天津市签署共建"中国工程科技发展战略天津研究院"协议,中国工程院和天津市领导出席相关活动见证签约。工程科技发展战略研究院将依托工程院国家工程科技思想库优势,发挥工程院院士及相关领域专家的决策咨询作用,支持天津市建设工程科技智库,解决天津市重大战略需求,服务我市经济社会发展。

中国工程科技发展战略天津研究院是中国工程院和天津市共建的学术研究机构与区域性工程科技智库,将充分发挥院士作用,组织开展咨询调研、学术交流、院士津门行、人才培养等活动,加快实施创新驱动发展战略,深化产学研用深度融合,促进工程科技服务于天津市经济社会发展。

五、雄安新区

2017年4月1日,中共中央、国务院决定在雄安设立国家级新区。

雄安新区定位为二类大城市。设立雄安新区,对于集中疏解北京非首都功能,探索人口经济密集地区优化开发新模式,调整优化京津冀城市布局和空间结构,培育创新驱动发展新引擎,具有重大现实意义和深远历史意义。党中央、国务院通知要求,各地区各部门按照党中央、国务院决策部署,统一思想、提高认识,切实增强"四个意识",共同推进河北雄安新区规划建设发展各项工作,用最先进的理念和国际一流的水准进行城市设计,建设标杆工程,打造城市建设的典范。

设立河北雄安新区,是以习近平同志为核心的党中央做出的一项重大的历史性战略选择,是继深圳经济特区和上海浦东新区之后又一具有全国意义的新区,是千年大计、国家大事。对于集中疏解北京非首都功能,探索人口经济密集地区优化开发新模式,调整优化京津冀城市布局和空间结构,培育创新驱动发展新引擎,具有重大现实意义和深远历史意义。

第五章 结 论

绿色化学科学与工程是具有重大社会需求和明确科学内涵的新兴交叉学科，是当今国际化学与化工科学研发的前沿。它吸收了当代化学、物理、生物、材料、信息等科学的最新理论和技术，是面向国家在能源、资源有效利用、环境保护等方面的紧迫需求而发展环境友好的新工艺，是通过高科技手段实现绿色合成与高效转化的过程工程。

生态工业园区是绿色化工产业区域建设的基础，是实现世界可持续发展的园区模式，是生态社会建设的理想境界。我们的研发工作紧密围绕国际研究热点，开拓创新，必将为我国国民经济建设和社会可持续发展做出重大贡献。

参考文献

[1] 王静康,鲍颖. 绿色化学科学与工程及生态工业园区建设进展[J]. 现代化工, 2007, 27(1): 2-6,8.

[2] 王静康. 绿色化学化工发展前景与人才培养[J]. 中国大学教学, 2013, (1):9-12.

附　录

附录一
中华人民共和国国民经济和社会发展第十三个五年规划纲要

目录

第一篇 指导思想、主要目标和发展理念
 第一章 发展环境
 第二章 指导思想
 第三章 主要目标
 第四章 发展理念
 第五章 发展主线

第二篇 实施创新驱动发展战略
 第六章 强化科技创新引领作用
 第七章 深入推进大众创业万众创新
 第八章 构建激励创新的体制机制
 第九章 实施人才优先发展战略
 第十章 拓展发展动力新空间

第三篇 构建发展新体制
 第十一章 坚持和完善基本经济制度
 第十二章 建立现代产权制度
 第十三章 健全现代市场体系
 第十四章 深化行政管理体制改革
 第十五章 加快财税体制改革
 第十六章 加快金融体制改革
 第十七章 创新和完善宏观调控

第四篇 推进农业现代化
 第十八章 增强农产品安全保障能力
 第十九章 构建现代农业经营体系
 第二十章 提高农业技术装备和信息化水平
 第二十一章 完善农业支持保护制度

第五篇 优化现代产业体系
 第二十二章 实施制造强国战略
 第二十三章 支持战略性新兴产业发展
 第二十四章 加快推动服务业优质高效发展

第六篇 拓展网络经济空间
 第二十五章 构建泛在高效的信息网络
 第二十六章 发展现代互联网产业体系
 第二十七章 实施国家大数据战略
 第二十八章 强化信息安全保障

第七篇 构筑现代基础设施网络
 第二十九章 完善现代综合交通运输体系
 第三十章 建设现代能源体系
 第三十一章 强化水安全保障

第八篇 推进新型城镇化
 第三十二章 加快农业转移人口市民化
 第三十三章 优化城镇化布局和形态
 第三十四章 建设和谐宜居城市
 第三十五章 健全住房供应体系
 第三十六章 推动城乡协调发展

第九篇 推动区域协调发展
 第三十七章 深入实施区域发展总体战略
 第三十八章 推动京津冀协同发展
 第三十九章 推进长江经济带发展
 第四十章 扶持特殊类型地区发展
 第四十一章 拓展蓝色经济空间

第十篇 加快改善生态环境
 第四十二章 加快建设主体功能区
 第四十三章 推进资源节约集约利用
 第四十四章 加大环境综合治理力度
 第四十五章 加强生态保护修复
 第四十六章 积极应对全球气候变化
 第四十七章 健全生态安全保障机制
 第四十八章 发展绿色环保产业

第十一篇 构建全方位开放新格局
 第四十九章 完善对外开放战略布局

第五十章　健全对外开放新体制
第五十一章　推进"一带一路"建设
第五十二章　积极参与全球经济治理
第五十三章　积极承担国际责任和义务

第十二篇　深化内地和港澳、大陆和台湾地区合作发展
第五十四章　支持香港澳门长期繁荣稳定发展
第五十五章　推进两岸关系和平发展和祖国统一进程

第十三篇　全力实施脱贫攻坚
第五十六章　推进精准扶贫精准脱贫
第五十七章　支持贫困地区加快发展
第五十八章　完善脱贫攻坚支撑体系

第十四篇　提升全民教育和健康水平
第五十九章　推进教育现代化
第六十章　推进健康中国建设

第十五篇　提高民生保障水平
第六十一章　增加公共服务供给
第六十二章　实施就业优先战略
第六十三章　缩小收入差距
第六十四章　改革完善社会保障制度
第六十五章　积极应对人口老龄化
第六十六章　保障妇女未成年人和残疾人基本权益

第十六篇　加强社会主义精神文明建设
第六十七章　提升国民文明素质
第六十八章　丰富文化产品和服务
第六十九章　提高文化开放水平

第十七篇　加强和创新社会治理
第七十章　完善社会治理体系
第七十一章　完善社会信用体系
第七十二章　健全公共安全体系
第七十三章　建立国家安全体系

第十八篇　加强社会主义民主法治建设
第七十四章　发展社会主义民主政治
第七十五章　全面推进法治中国建设
第七十六章　加强党风廉政建设和反腐败斗争

第十九篇　统筹经济建设和国防建设
第七十七章　全面推进国防和军队建设
第七十八章　推进军民深度融合发展

第二十篇　强化规划实施保障
第七十九章　发挥党的领导核心作用
第八十章　形成规划实施合力

中华人民共和国国民经济和社会发展第十三个五年(2016—2020年)规划纲要,根据《中共中央关于制定国民经济和社会发展第十三个五年规划的建议》编制,主要阐明国家战略意图,明确经济社会发展宏伟目标、主要任务和重大举措,是市场主体的行为导向,是政府履行职责的重要依据,是全国各族人民的共同愿景。

第一篇　指导思想、主要目标和发展理念

"十三五"时期是全面建成小康社会决胜阶段。必须认真贯彻党中央战略决策和部署,准确把握国内外发展环境和条件的深刻变化,积极适应把握引领经济发展新常态,全面推进创新发展、协调发展、绿色发展、开放发展、共享发展,确保全面建成小康社会。

第一章　发展环境

"十二五"时期是我国发展很不平凡的五年。面对错综复杂的国际环境和艰巨繁重的国内改革发展稳定任务,党中央、国务院团结带领全国各族人民顽强拼搏、开拓创新,经济社会发展取得显著成就,胜利完成"十二五"规划确定的主要目标和任务。

积极应对国际金融危机持续影响等一系列重大风险挑战,适应经济发展新常态,不断创新和完善宏观调控,推动形成经济结构优化、发展动力转换、发展方式转变加快的良好态势。经济保持持续较快发展,经济总量稳居世界第二位,人均国内生产总值增至49 351元(折合7 924美元)。经济结构调整取得重大进展,农业稳定增长,第三产业增加值占国内生产总值比重超过第二产业,居民消费率不断提高,城乡区域差距趋于缩小,常住人口城镇化率达到56.1%,基础设施水平全面跃升,高技术产业、战略性新兴产业加快发展,一批重大科技成果达到世界先进

水平。公共服务体系基本建立、覆盖面持续扩大，教育水平明显提升，全民健康状况明显改善，新增就业持续增加，贫困人口大幅减少，人民生活水平和质量进一步提高。生态文明建设取得新进展，主体功能区制度逐步健全，主要污染物排放持续减少，节能环保水平明显提升。全面深化改革有力推进，经济体制继续完善，人民民主不断扩大，依法治国开启新征程。全方位外交取得重大进展，国际地位显著提高，对外开放不断深入，成为全球第一货物贸易大国和主要对外投资大国，人民币纳入国际货币基金组织特别提款权货币篮子。中华民族伟大复兴的中国梦和社会主义核心价值观深入人心，国家文化软实力不断增强。中国特色军事变革成就显著，强军兴军迈出新步伐。全面从严治党开创新局面，党风廉政建设成效显著。我国经济实力、科技实力、国防实力、国际影响力又上了一个大台阶。

尤为重要的是，党的十八大以来，以习近平同志为总书记的党中央毫不动摇坚持和发展中国特色社会主义，勇于实践、善于创新，深化对共产党执政规律、社会主义建设规律、人类社会发展规律的认识，形成一系列治国理政新理念新思想新战略，为在新的历史条件下深化改革开放、加快推进社会主义现代化提供了科学理论指导和行动指南。

"十三五"时期，国内外发展环境更加错综复杂。从国际看，和平与发展的时代主题没有变，世界多极化、经济全球化、文化多样化、社会信息化深入发展。国际金融危机冲击和深层次影响在相当长时期依然存在，世界经济在深度调整中曲折复苏、增长乏力。主要经济体走势和宏观政策取向分化，金融市场动荡不稳，大宗商品价格大幅波动，全球贸易持续低迷，贸易保护主义强化，新兴经济体困难和风险明显加大。新一轮科技革命和产业变革蓄势待发，国际能源格局发生重大调整。全球治理体系深刻变革，发展中国家群体力量继续增强，国际力量对比逐步趋向平衡，国际投资贸易规则体系加快重构，多边贸易体制受到区域性高标准自由贸易体制挑战。局部地区地缘博弈更加激烈，传统安全威胁和非传统安全威胁交织，国际关系复杂程度前所未有。外部环境不稳定不确定因素明显增多，我国发展面临的风险挑战加大。

从国内看，经济长期向好的基本面没有改变，发展前景依然广阔，但提质增效、转型升级的要求更加紧迫。经济发展进入新常态，向形态更高级、分工更优化、结构更合理阶段演化的趋势更加明显。消费升级加快，市场空间广阔，物质基础雄厚，产业体系完备，资金供给充裕，人力资本丰富，创新累积效应正在显现，综合优势依然显著。新型工业化、信息化、城镇化、农业现代化深入发展，新的增长动力正在孕育形成，新的增长点、增长极、增长带不断成长壮大。全面深化改革和全面推进依法治国正释放新的动力、激发新的活力。同时，必须清醒认识到，发展方式粗放，不平衡、不协调、不可持续问题仍然突出，经济增速换挡、结构调整阵痛、动能转换困难相互交织，面临稳增长、调结构、防风险、惠民生等多重挑战。有效需求乏力和有效供给不足并存，结构性矛盾更加凸显，传统比较优势减弱，创新能力不强，经济下行压力加大，财政收支矛盾更加突出，金融风险隐患增大。农业基础依然薄弱，部分行业产能过剩严重，商品房库存过高，企业效益下滑，债务水平持续上升。城乡区域发展不平衡，空间开发粗放低效，资源约束趋紧，生态环境恶化趋势尚未得到根本扭转。基本公共服务供给仍然不足，收入差距较大，人口老龄化加快，消除贫困任务艰巨。重大安全事故频发，影响社会稳定因素增多，国民文明素质和社会文明程度有待提高，法治建设有待加强，维护社会和谐稳定难度加大。

综合判断，我国发展仍处于可以大有作为的重要战略机遇期，也面临诸多矛盾叠加、风险隐患增多的严峻挑战。必须准确把握战略机遇期内涵和条件的深刻变化，增强忧患意识、责任意识，强化底线思维，尊重规律与国情，积极适应把握引领新常态，坚持中国特色社会主义政治经济学的重要原则，坚持解放和发展社会生产力、

专栏1 "十二五"规划主要指标实现情况

指 标	规划目标 2015年	规划目标 年均增速[累计]	实现情况 2015年	实现情况 年均增速[累计]
● 经济发展				
(1)国内生产总值(GDP)(万亿元)	—	7%	67.7	7.8%
(2)服务业增加值比重(%)	47	—	50.5	—
(3)常住人口城镇化率(%)	51.5	—	56.1	—
● 科技教育				
(4)九年义务教育巩固率(%)	93	—	93	—
(5)高中阶段教育毛入学率(%)	87	—	87	—
(6)研究与试验发展经费支出占GDP比重(%)	2.2	—	2.1	—
(7)每万人口发明专利拥有量(件)	3.3	—	6.3	—
● 资源环境				
(8)耕地保有量(亿hm^2)	1.21	—	1.21	—
(9)单位工业增加值用水量降低(%)	—	[30]	—	[35]
(10)农业灌溉用水有效利用系数	0.53	—	0.532	—
(11)非化石能源占一次能源消费比重(%)	11.4	—	12	—
(12)单位GDP能源消耗降低(%)	—	[16]	—	[18.2]
(13)单位GDP二氧化碳排放降低(%)	—	[17]	—	[20]
(14)主要污染物排放总量减少(%) 化学需氧量(COD) SO_2 氨氮 NO_x	—	[8] [8] [10] [10]	—	[12.9] [18.0] [13.0] [18.6]
(15)森林增长 森林覆盖率(%) 森林蓄积量(亿立方米)	21.66 143	—	21.66 151	—
● 人民生活				
(16)城镇居民人均可支配收入(元)	—	>7%	—	7.7%
(17)农村居民人均纯收入(元)	—	>7%	—	9.6%
(18)城镇登记失业率(%)	<5	—	4.05	—
(19)城镇新增就业人数(万人)	—	—	—	—
(20)城镇参加基本养老保险人数(亿人)	3.57	—	3.77	—
(21)城乡三项基本医疗保险参保率(%)	—	[3]	—	[>3]
(22)城镇保障性安居工程建设(万套)	—	[3 600]	—	[4 013]
(23)全国总人口(亿人)	<13.90	—	13.75	—
(24)人均预期寿命(岁)	74.5	—	76.34	—

注：①GDP、居民收入增速按可比价计算，绝对数按当年价计算。②2015年耕地保有量根据第二次全国土地调查数据更新。③[ ]内为5年累计数。

坚持社会主义市场经济改革方向、坚持调动各方面积极性，坚定信心，迎难而上，继续集中力量办好自己的事情，着力在优化结构、增强动力、化解矛盾、补齐短板上取得突破，切实转变发展方式，提高发展质量和效益，努力跨越"中等收入陷阱"，不断开拓发展新境界。

第二章　指导思想

高举中国特色社会主义伟大旗帜，全面贯彻党的十八大和十八届三中、四中、五中全会精神，以马克思列宁主义、毛泽东思想、邓小平理论、"三个代表"重要思想、科学发展观为指导，深入贯彻习近平总书记系列重要讲话精神，坚持全面建成小康社会、全面深化改革、全面依法治国、全面从严治党的战略布局，坚持发展是第一要务，牢固树立和贯彻落实创新、协调、绿色、开放、共享的发展理念，以提高发展质量和效益为中心，以供给侧结构性改革为主线，扩大有效供给，满足有效需求，加快形成引领经济发展新常态的体制机制和发展方式，保持战略定力，坚持稳中求进，统筹推进经济建设、政治建设、文化建设、社会建设、生态文明建设和党的建设，确保如期全面建成小康社会，为实现第二个百年奋斗目标、实现中华民族伟大复兴的中国梦奠定更加坚实的基础。

必须遵循以下原则：

——坚持人民主体地位。人民是推动发展的根本力量，实现好、维护好、发展好最广大人民根本利益是发展的根本目的。必须坚持以人民为中心的发展思想，把增进人民福祉、促进人的全面发展作为发展的出发点和落脚点，发展人民民主，维护社会公平正义，保障人民平等参与、平等发展权利，充分调动人民积极性、主动性、创造性。

——坚持科学发展。发展是硬道理，发展必须是科学发展。我国仍处于并将长期处于社会主义初级阶段，基本国情和社会主要矛盾没有变，这是谋划发展的基本依据。必须坚持以经济建设为中心，从实际出发，把握发展新特征，加大结构性改革力度，加快转变经济发展方式，实现更高质量、更有效率、更加公平、更可持续的发展。

——坚持深化改革。改革是发展的强大动力。必须按照完善和发展中国特色社会主义制度、推进国家治理体系和治理能力现代化的总目标，健全使市场在资源配置中起决定性作用和更好发挥政府作用的制度体系，以经济体制改革为重点，加快完善各方面体制机制，破除一切不利于科学发展的体制机制障碍，为发展提供持续动力。

——坚持依法治国。法治是发展的可靠保障。必须坚定不移走中国特色社会主义法治道路，加快建设中国特色社会主义法治体系，建设社会主义法治国家，推进科学立法、严格执法、公正司法、全民守法，加快建设法治经济和法治社会，把经济社会发展纳入法制轨道。

——坚持统筹国内国际两个大局。全方位对外开放是发展的必然要求。必须坚持打开国门搞建设，既立足国内，充分运用我国资源、市场、制度等优势，又重视国内国际经济联动效应，积极应对外部环境变化，更好利用两个市场、两种资源，推动互利共赢、共同发展。

——坚持党的领导。党的领导是中国特色社会主义制度的最大优势，是实现经济社会持续健康发展的根本政治保证。必须贯彻全面从严治党要求，不断增强党的创造力、凝聚力、战斗力，不断提高党的执政能力和执政水平，确保我国发展航船沿着正确航道破浪前进。

第三章　主要目标

按照全面建成小康社会新的目标要求，今后五年经济社会发展的主要目标是：

——经济保持中高速增长。在提高发展平衡性、包容性、可持续性基础上，到2020年国内生产总值和城乡居民人均收入比2010年翻一番，主要经济指标平衡协调，发展质量和效益明显提高。产业迈向中高端水平，农业现代化进展明显，工业化和信息化融合发展水平进一步提高，先进制造业和战略性新兴产业加快发展，新产业新业态不断成长，服务业比重进一步提高。

——创新驱动发展成效显著。创新驱动发展战略深入实施，创业创新蓬勃发展，全要素生产率明显提高。科技与经济深度融合，创新要素配置更加高效，重点领域和关键环节核心技术取得重大突破，自主创新能力全面增强，迈进创新型国家和人才强国行列。

——发展协调性明显增强。消费对经济增

长贡献继续加大,投资效率和企业效率明显上升。城镇化质量明显改善,户籍人口城镇化率加快提高。区域协调发展新格局基本形成,发展空间布局得到优化。对外开放深度广度不断提高,全球配置资源能力进一步增强,进出口结构不断优化,国际收支基本平衡。

——人民生活水平和质量普遍提高。就业、教育、文化体育、社保、医疗、住房等公共服务体

专栏2 "十三五"时期经济社会发展主要指标

指标		2015年	2020年	年均增速[累计]	属性
● 经济发展					
(1)国内生产总值(GDP)(万亿元)		67.7	>92.7	>6.5%	预期性
(2)全员劳动生产率(万元/人)		8.7	>12	>6.6%	预期性
(3)城镇化率	常住人口城镇化率(%)	56.1	60	[3.9]	预期性
	户籍人口城镇化率(%)	39.9	45	[5.1]	
(4)服务业增加值比重(%)		50.5	56	[5.5]	预期性
● 创新驱动					
(5)研究与试验发展经费投入强度(%)		2.1	2.5	[0.4]	预期性
(6)每万人口发明专利拥有量(件)		6.3	12	[5.7]	预期性
(7)科技进步贡献率(%)		55.3	60	[4.7]	预期性
(8)互联网普及率	固定宽带家庭普及率(%)	40	70	[30]	预期性
	移动宽带用户普及率(%)	57	85	[28]	
● 民生福祉					
(9)居民人均可支配收入增长(%)		—	—	>6.5	预期性
(10)劳动年龄人口平均受教育年限(年)		10.23	10.8	[0.57]	约束性
(11)城镇新增就业人数(万人)		—	—	[>5 000]	预期性
(12)农村贫困人口脱贫(万人)		—	—	[5 575]	约束性
(13)基本养老保险参保率(%)		82	90	[8]	预期性
(14)城镇棚户区住房改造(万套)		—	—	[2 000]	约束性
(15)人均预期寿命(岁)		—	—	[1]	预期性
● 资源环境					
(16)耕地保有量(亿 hm^2)		1.24	1.24	[0]	约束性
(17)新增建设用地规模(万 hm^2)		—	—	[<3 256]	约束性
(18)万元GDP用水量下降(%)		—	—	[23]	约束性
(19)单位GDP能源消耗降低(%)		—	—	[15]	约束性
(20)非化石能源占一次能源消费比重(%)		12	15	[3]	约束性
(21)单位GDP CO_2 排放降低(%)		—	—	[18]	约束性
(22)森林发展	森林覆盖率(%)	21.66	23.04	[13.8]	约束性
	森林蓄积量(亿 m^3)	151	165	[14]	
(23)空气质量	地级及以上城市空气质量优良天数比率(%)	76.7	>80	—	约束性
	细颗粒物(PM2.5)未达标地级及以上城市浓度下降(%)	—	—	[18]	
(24)地表水质量	达到或好于Ⅲ类水体比例(%)	66	>70	—	约束性
	劣Ⅴ类水体比例(%)	9.7	<5	—	
(25)主要污染物排放总量减少(%)	化学需氧量(COD)			[10]	约束性
	氨氮			[10]	
	SO_2			[15]	
	NO_x			[15]	

注:①GDP、全员劳动生产率增速按可比价计算,绝对数按2015年不变价计算。②[ ]内为5年累计数。③PM2.5未达标指年均值超过35 $\mu g/m^3$。

系更加健全，基本公共服务均等化水平稳步提高。教育现代化取得重要进展，劳动年龄人口受教育年限明显增加。就业比较充分，收入差距缩小，中等收入人口比重上升。我国现行标准下农村贫困人口实现脱贫，贫困县全部摘帽，解决区域性整体贫困。

——国民素质和社会文明程度显著提高。中国梦和社会主义核心价值观更加深入人心，爱国主义、集体主义、社会主义思想广泛弘扬，向上向善、诚信互助的社会风尚更加浓厚，国民思想道德素质、科学文化素质、健康素质明显提高，全社会法治意识不断增强。公共文化服务体系基本建成，文化产业成为国民经济支柱性产业。中华文化影响持续扩大。

——生态环境质量总体改善。生产方式和生活方式绿色、低碳水平上升。能源资源开发利用效率大幅提高，能源和水资源消耗、建设用地、碳排放总量得到有效控制，主要污染物排放总量大幅减少。主体功能区布局和生态安全屏障基本形成。

——各方面制度更加成熟更加定型。国家治理体系和治理能力现代化取得重大进展，各领域基础性制度体系基本形成。人民民主更加健全，法治政府基本建成，司法公信力明显提高。人权得到切实保障，产权得到有效保护。开放型经济新体制基本形成。中国特色现代军事体系更加完善。党的建设制度化水平显著提高。

第四章 发展理念

实现发展目标，破解发展难题，厚植发展优势，必须牢固树立和贯彻落实创新、协调、绿色、开放、共享的新发展理念。

创新是引领发展的第一动力。必须把创新摆在国家发展全局的核心位置，不断推进理论创新、制度创新、科技创新、文化创新等各方面创新，让创新贯穿党和国家一切工作，让创新在全社会蔚然成风。

协调是持续健康发展的内在要求。必须牢牢把握中国特色社会主义事业总体布局，正确处理发展中的重大关系，重点促进城乡区域协调发展，促进经济社会协调发展，促进新型工业化、信息化、城镇化、农业现代化同步发展，在增强国家硬实力的同时注重提升国家软实力，不断增强发展整体性。

绿色是永续发展的必要条件和人民对美好生活追求的重要体现。必须坚持节约资源和保护环境的基本国策，坚持可持续发展，坚定走生产发展、生活富裕、生态良好的文明发展道路，加快建设资源节约型、环境友好型社会，形成人与自然和谐发展现代化建设新格局，推进美丽中国建设，为全球生态安全做出新贡献。

开放是国家繁荣发展的必由之路。必须顺应我国经济深度融入世界经济的趋势，奉行互利共赢的开放战略，坚持内外需协调、进出口平衡、引进来和走出去并重、引资和引技引智并举，发展更高层次的开放型经济，积极参与全球经济治理和公共产品供给，提高我国在全球经济治理中的制度性话语权，构建广泛的利益共同体。

共享是中国特色社会主义的本质要求。必须坚持发展为了人民、发展依靠人民、发展成果由人民共享，做出更有效的制度安排，使全体人民在共建共享发展中有更多获得感，增强发展动力，增进人民团结，朝着共同富裕方向稳步前进。

坚持创新发展、协调发展、绿色发展、开放发展、共享发展，是关系我国发展全局的一场深刻变革。创新、协调、绿色、开放、共享的新发展理念是具有内在联系的集合体，是"十三五"乃至更长时期我国发展思路、发展方向、发展着力点的集中体现，必须贯穿于"十三五"经济社会发展的各领域各环节。

第五章 发展主线

贯彻落实新发展理念、适应把握引领经济发展新常态，必须在适度扩大总需求的同时，着力推进供给侧结构性改革，使供给能力满足广大人民日益增长、不断升级和个性化的物质文化和生态环境需要。必须用改革的办法推进结构调整，加大重点领域关键环节市场化改革力度，调整各类扭曲的政策和制度安排，完善公平竞争、优胜劣汰的市场环境和机制，最大限度激发微观活力，优化要素配置，推动产业结构升级，扩大有效和中高端供给，增强供给结构适应性和灵活性,提高全要素生产率。必须以提高供给体系的质量和效率为目标,实施宏观政策要稳、产业政策要准、微观政策要活、改革政策要实、社会政策要托底的政策支柱,去产能、去库存、去杠杆、降成本、补短板,加快培育新的发展动能,改造提升传统比较优势,夯实实体经济根基,推动社会生产力水平整体改善。

第二篇　实施创新驱动发展战略

把发展基点放在创新上,以科技创新为核心,以人才发展为支撑,推动科技创新与大众创业万众创新有机结合,塑造更多依靠创新驱动、更多发挥先发优势的引领型发展。

第六章　强化科技创新引领作用

发挥科技创新在全面创新中的引领作用,加强基础研究,强化原始创新、集成创新和引进消化吸收再创新,着力增强自主创新能力,为经济社会发展提供持久动力。

第一节　推动战略前沿领域创新突破

坚持战略和前沿导向,集中支持事关发展全局的基础研究和共性关键技术研究,更加重视原始创新和颠覆性技术创新。聚焦目标、突出重点,加快实施已有国家重大科技专项,部署启动一批新的重大科技项目。加快突破新一代信息通信、新能源、新材料、航空航天、生物医药、智能制造等领域核心技术。加强深海、深地、深空、深蓝等领域的战略高技术部署。围绕现代农业、城镇化、环境治理、健康养老、公共服务等领域的瓶颈制约,制定系统性技术解决方案。强化宇宙演化、物质结构、生命起源、脑与认知等基础前沿科学研究。积极提出并牵头组织国际大科学计划和大科学工程,建设若干国际创新合作平台。

第二节　优化创新组织体系

明确各类创新主体功能定位,构建政产学研用一体的创新网络。强化企业创新主体地位和主导作用,鼓励企业开展基础性前沿性创新研究,深入实施创新企业百强工程,形成一批有国际竞争力的创新型领军企业,支持科技型中小企业发展。推进科教融合发展,促进高等学校、职业院校和科研院所全面参与国家创新体系建设,支持一批高水平大学和科研院所组建跨学科、综合交叉的科研团队。在重大关键项目上发挥市场经济条件下新型举国体制优势。实施国家技术创新工程,构建产业技术创新联盟,发展市场导向的新型研发机构,推动跨领域跨行业协同创新。

第三节　提升创新基础能力

瞄准国际科技前沿,以国家目标和战略需求为导向,布局一批高水平国家实验室。加快能源、生命、地球系统与环境、材料、粒子物理和核物理、空间和天文、工程技术等科学领域和部分多学科交叉领域国家重大科技基础设施建设,依托现有先进设施组建综合性国家科学中心。依托企业、高校、科研院所建设一批国家技术创新中心,支持企业技术中心建设。推动高校、科研院所开放科研基础设施和创新资源。

第四节　打造区域创新高地

引导创新要素聚集流动,构建跨区域创新网络。充分发挥高校和科研院所密集的中心城市、国家自主创新示范区、国家高新技术产业开发区作用,形成一批带动力强的创新型省份、城市和区域创新中心。系统推进全面创新改革试验。支持北京、上海建设具有全球影响力的科技创新中心。

专栏3　科技创新2030—重大项目
重大科技项目:①航空发动机及燃气轮机;②深海空间站;③量子通信与量子计算机;④脑科学与类脑研究;⑤国家网络空间安全;⑥深空探测及空间飞行器在轨服务与维护系统。
重大工程:①种业自主创新;②煤炭清洁高效利用;③智能电网;④天地一体化信息网络;⑤大数据;⑥智能制造和机器人;⑦重点新材料研发及应用;⑧京津冀环境综合治理;⑨健康保障。

第七章　深入推进大众创业万众创新

把大众创业万众创新融入发展各领域各环节,鼓励各类主体开发新技术、新产品、新业态、新模式,打造发展新引擎。

第一节　建设创业创新公共服务平台

实施"双创"行动计划,鼓励发展面向大众、服务中小微企业的低成本、便利化、开放式服务平台,打造一批"双创"示范基地和城市。加强信息资源整合，向企业开放专利信息资源和科研基地。鼓励大型企业建立技术转移和服务平台，向创业者提供技术支撑服务。完善创业培育服务，打造创业服务与创业投资结合、线上与线下结合的开放式服务载体。更好发挥政府创业投资引导基金作用。

第二节　全面推进众创众包众扶众筹

依托互联网拓宽市场资源、社会需求与创业创新对接通道。推进专业空间、网络平台和企业内部众创，加强创新资源共享。推广研发创意、制造运维、知识内容和生活服务众包，推动大众参与线上生产流通分工。发展公众众扶、分享众扶和互助众扶。完善监管制度，规范发展实物众筹、股权众筹和网络借贷。

第八章　构建激励创新的体制机制

破除束缚创新和成果转化的制度障碍，优化创新政策供给，形成创新活力竞相迸发、创新成果高效转化、创新价值充分体现的体制机制。

第一节　深化科技管理体制改革

尊重科学研究规律，推动政府职能从研发管理向创新服务转变。改革科研经费管理制度，深化中央财政科技计划管理改革，完善计划项目生成机制和实施机制。建立统一的科技管理平台，健全科技报告、创新调查、资源开放共享机制。完善国家科技决策咨询制度，增强企业家在国家创新决策体系中的话语权。市场导向的科技项目主要由企业牵头。扩大高校和科研院所自主权，实行中长期目标导向的考核评价机制，更加注重研究质量、原创价值和实际贡献。赋予创新领军人才更大人财物支配权、技术路线决策权。支持自主探索，包容非共识创新。深化知识产权领域改革，强化知识产权司法保护。

第二节　完善科技成果转化和收益分配机制

实施科技成果转化行动，全面下放创新成果处置权、使用权和收益权，提高科研人员成果转化收益分享比例，支持科研人员兼职和离岗转化科技成果。建立从实验研究、中试到生产的全过程科技创新融资模式，促进科技成果资本化产业化。实行以增加知识价值为导向的分配政策，加强对创新人才的股权、期权、分红激励。

第三节　构建普惠性创新支持政策体系

营造激励创新的市场竞争环境，清理妨碍创新的制度规定和行业标准，加快创新薄弱环节和领域立法，强化产业技术政策和标准的执行监管。增加财政科技投入，重点支持基础前沿、社会公益和共性关键技术研究。落实企业研发费用加计扣除和扩大固定资产加速折旧实施范围政策，强化对创新产品的首购、订购支持，激励企业增加研发投入。强化金融支持，大力发展风险投资。更好发挥企业家作用，包容创新对传统利益格局的挑战，依法保护企业家财产权和创新收益。

第九章　实施人才优先发展战略

把人才作为支撑发展的第一资源，加快推进人才发展体制和政策创新，构建有国际竞争力的人才制度优势，提高人才质量，优化人才结构，加快建设人才强国。

第一节　建设规模宏大的人才队伍

推动人才结构战略性调整，突出"高精尖缺"导向，实施重大人才工程，着力发现、培养、集聚战略科学家、科技领军人才、社科人才、企业家人才和高技能人才队伍。培养一批讲政治、懂专业、善管理、有国际视野的党政人才。善于发现、重点支持、放手使用青年优秀人才。改革院校创新型人才培养模式，引导推动人才培养链与产业链、创新链有机衔接。

第二节　促进人才优化配置

建立健全人才流动机制，提高社会横向和纵向流动性，促进人才在不同性质单位和不同地域间有序自由流动。完善工资、医疗待遇、职称评定、养老保障等激励政策，激励人才向基层一线、中西部、艰苦边远地区流动。开展东部沿海地区与中西部地区、东北等老工业基地人才交流和对口支援，继续实施东部城市对口支持西部地区人才培训工程。

第三节　营造良好的人才发展环境

完善人才评价激励机制和服务保障体系，营造有利于人人皆可成才和青年人才脱颖而出的社会环境。发挥政府投入引导作用，鼓励人才资源开发和人才引进。完善业绩和贡献导向的人才评价标准。保障人才以知识、技能、管理等创新要素参与利益分配，以市场价值回报人才价值，强化对人才的物质和精神激励。鼓励人才弘扬奉献精神。营造崇尚专业的社会氛围，大力弘扬新时期工匠精神。实施更积极、更开放、更有效的人才引进政策，完善外国人永久居留制度，放宽技术技能型人才取得永久居留权的条件。加快完善高效便捷的海外人才来华工作、出入境、居留管理服务。扩大来华留学规模，优化留学生结构，完善培养支持机制。培养推荐优秀人才到国际组织任职，完善配套政策，畅通回国任职通道。

专栏 4　重大人才工程

(一) 创新人才推进计划

在优势科研领域设立一批科学家工作室，重点支持和培养一批中青年科技创新领军人才；建设一批重点领域创新团队；重点扶持一批科技创新创业人才，建设一批创新人才培养示范基地。

(二) 青年英才开发计划

在重点学科领域培养扶持一批青年拔尖人才；在高水平研究型大学和科研院所优势基础学科建设一批国家青年英才培养基地，选拔一批拔尖大学生进行培养；每年从应届高中、大学毕业生中筛选优秀人才到国外一流大学深造，进行定向跟踪培养。

(三) 企业经营管理人才素质提升工程

培养一批具有世界眼光、战略思维、创新精神的企业家；培养 1 万名精通战略规划、资本运作、质量管理、人力资源管理、财会法律等专业知识的企业经营管理人才。

(四) "千人计划""万人计划"提升工程

引进能够从事原始创新、突破关键技术、发展高新产业、带动新兴学科的战略科学家和科技领军人才，引进 10 000 名左右海外高层次人才回国(来华)创新创业，遴选支持 10 000 名左右急需紧缺的国内高层次人才。

(五) 专业技术人才知识更新工程

每年培训百万名高层次、急需紧缺和骨干专业技术人才。依托高等学校、科研院所和大型企业现有施教机构，建设一批国家级继续教育基地。

(六) 国家高技能人才振兴计划

在全国建成一批技能大师工作室，1 200 个高技能人才培训基地，培养 1 000 万名高技能人。

第十章　拓展发展动力新空间

坚持需求引领、供给创新，提高供给质量和效率，激活和释放有效需求，形成消费与投资良性互动、需求升级与供给升级协调共进的高效循环，增强发展新动能。

第一节　促进消费升级

适应消费加快升级，以消费环境改善释放消费潜力，以供给改善和创新更好满足、创造消费需求，不断增强消费拉动经济的基础作用。增强消费能力，改善大众消费预期，挖掘农村消费潜力，着力扩大居民消费。以扩大服务消费为重点带动消费结构升级，支持信息、绿色、时尚、品质等新型消费，稳步促进住房、汽车和健康养老等大宗消费。推动线上线下融合等消费新模式发展。实施消费品质量提升工程，强化消费者权益保护，充分发挥消费者协会作用，营造放心便利的消费环境。积极引导海外消费回流。以重要旅游目的地城市为依托，优化免税店布局，培育发展国际消费中心。

第二节　扩大有效投资

围绕有效需求扩大有效投资，优化供给结构，提高投资效率，发挥投资对稳增长、调结构的关键作用。更好发挥社会投资主力军作用，营造宽松公平的投资经营环境，鼓励民间资本和企业投资，激发民间资本活力和潜能。充分发挥政府投资的杠杆撬动作用，加大对公共产品和公共服务的投资力度，加大人力资本投资，增加有利于供给结构升级、弥补小康短板、城乡区域协调、增强发展后劲的投资，启动实施一批全局性、战略性、基础性重大投资工程。

第三节　培育出口新优势

适应国际市场需求变化，加快转变外贸发

展方式,优化贸易结构,发挥出口对增长的促进作用。加快培育以技术、标准、品牌、质量、服务为核心的对外经济新优势,推动高端装备出口,提高出口产品科技含量和附加值。扩大服务出口,健全售后保养维修等服务体系,促进在岸、离岸服务外包协调发展。加大对中小微企业出口支持力度。

第三篇　构建发展新体制

发挥经济体制改革牵引作用,正确处理政府和市场关系,在重点领域和关键环节改革上取得突破性进展,形成有利于引领经济发展新常态的体制机制。

第十一章　坚持和完善基本经济制度

坚持公有制为主体、多种所有制经济共同发展。毫不动摇巩固和发展公有制经济,毫不动摇鼓励、支持、引导非公有制经济发展。依法监管各种所有制经济。

第一节　大力推进国有企业改革

坚定不移把国有企业做强做优做大,培育一批具有自主创新能力和国际竞争力的国有骨干企业,增强国有经济活力、控制力、影响力、抗风险能力,更好地服务于国家战略目标。商业类国有企业以增强国有经济活力、放大国有资本功能、实现国有资产保值增值为主要目标,依法独立自主开展生产经营活动,实现优胜劣汰、有序进退。公益类国有企业以保障民生、服务社会、提供公共产品和服务为主要目标,引入市场机制,加强成本控制、产品服务质量、运营效率和保障能力考核。加快国有企业公司制股份制改革,完善现代企业制度、公司法人治理结构。建立国有企业职业经理人制度,完善差异化薪酬制度和创新激励。加快剥离企业办社会职能和解决历史遗留问题。着力推进农垦改革发展。

第二节　完善各类国有资产管理体制

以管资本为主加强国有资产监管,提高资本回报,防止国有资产流失。改组组建国有资本投资、运营公司,提高国有资本配置和运行效率,形成国有资本流动重组、布局调整的有效平台。健全国有资本合理流动机制,推进国有资本布局战略性调整,引导国有资本更多投向关系国家安全、国民经济命脉的重要行业和关键领域。建立国有资产出资人监管权力清单和责任清单,稳步推进经营性国有资产集中统一监管,建立覆盖全部国有企业、分级管理的国有资本经营预算管理制度。对国有企业国有资本和企业领导人员履行经济责任情况实行审计全覆盖。

第三节　积极稳妥发展混合所有制经济

支持国有资本、集体资本、非公有资本等交叉持股、相互融合。推进公有制经济之间股权多元化改革。稳妥推动国有企业发展混合所有制经济,开展混合所有制改革试点示范。引入非国有资本参与国有企业改革,鼓励发展非公有资本控股的混合所有制企业。鼓励国有资本以多种方式入股非国有企业。

第四节　支持非公有制经济发展

坚持权利平等、机会平等、规则平等,更好激发非公有制经济活力和创造力。废除对非公有制经济各种形式的不合理规定,消除各种隐性壁垒,保证依法平等使用生产要素、公平参与市场竞争、同等受到法律保护、共同履行社会责任。鼓励民营企业依法进入更多领域。

第十二章　建立现代产权制度

健全归属清晰、权责明确、保护严格、流转顺畅的现代产权制度。推进产权保护法治化,依法保护各种所有制经济权益。依法合规界定企业财产权归属,保障国有资本收益权和企业自主经营权,健全规则、过程、结果公开的国有资产产权交易制度。完善农村集体产权权能,全面完成农村承包经营地、宅基地、农房、集体建设用地确权登记颁证。完善集体经济组织成员认定办法和集体经济资产所有权实现形式,将经营性资产折股量化到本集体经济组织成员。规范农村产权流转交易,完善农村集体资产处置决策程序。全面落实不动产统一登记制度。加快构建自然资源资产产权制度,确定产权主体,创新产权实现形式。保护自然资源资产所有者权益,公平分享自然资源资产收益。深化矿业权制度改革。建立健全生态环境性权益交易制度和平台。实施严格的知识产权保护制度,完善有利于激励创新的知识产权归属制度,建设知识产权运营交易和服务平台,建设知识产权强国。

第十三章 健全现代市场体系

加快形成统一开放、竞争有序的市场体系,建立公平竞争保障机制,打破地域分割和行业垄断,着力清除市场壁垒,促进商品和要素自由有序流动、平等交换。

第一节 健全要素市场体系

加快建立城乡统一的建设用地市场,在符合规划、用途管制和依法取得前提下,推进农村集体经营性建设用地与国有建设用地同等入市、同权同价。健全集体土地征收制度,缩小征地范围,规范征收程序,完善被征地农民权益保障机制。开展宅基地融资抵押、适度流转、自愿有偿退出试点。完善工业用地市场化配置制度。统筹人力资源市场,实行平等就业制度。加强各类技术交易平台建设,健全技术市场交易规则,鼓励技术中介服务机构发展。

第二节 推进价格形成机制改革

减少政府对价格形成的干预,全面放开竞争性领域商品和服务价格,放开电力、石油、天然气、交通运输、电信等领域竞争性环节价格。理顺医疗服务价格。完善水价形成机制。完善居民阶梯电价,全面推行居民阶梯水价、气价。健全物价补贴联动机制。建立健全公用事业和公益性服务政府投入与价格调整相协调机制。规范定价程序,加强成本监审,推进成本公开。

第三节 维护公平竞争

清理废除妨碍统一市场和公平竞争的各种规定和做法。健全竞争政策,完善市场竞争规则,实施公平竞争审查制度。放宽市场准入,健全市场退出机制。健全统一规范、权责明确、公正高效、法治保障的市场监管和反垄断执法体系。严格产品质量、安全生产、能源消耗、环境损害的强制性标准,建立健全市场主体行为规则和监管办法。健全社会化监管机制,畅通投诉举报渠道。强化互联网交易监管。严厉打击制假售假行为。

第十四章 深化行政管理体制改革

加快政府职能转变,持续推进简政放权、放管结合、优化服务,提高行政效能,激发市场活力和社会创造力。

第一节 深入推进简政放权

建立健全权力清单、责任清单、负面清单管理模式,划定政府与市场、社会的权责边界。深化行政审批制度改革,最大限度减少政府对企业经营的干预,最大限度缩减政府审批范围。增强简政放权的针对性、协同性。深化商事制度改革,提供便捷便利服务。深化承担行政职能事业单位改革,大力推进政事分开。

第二节 提高政府监管效能

转变监管理念,加强事中事后监管。制定科学有效的市场监管规则、流程和标准,健全监管责任制,推进监管现代化。创新监管机制和监管方式,推进综合执法和大数据监管,运用市场、信用、法治等手段协同监管。全面实行随机抽取检查对象、随机抽取执法人员、检查结果公开。强化社会监督。

第三节 优化政府服务

创新政府服务方式,提供公开透明、高效便捷、公平可及的政务服务和公共服务。加快推进行政审批标准化建设,优化直接面向企业和群众服务项目的办事流程和服务标准。加强部门间业务协同。推广"互联网+政务服务",全面推进政务公开。

第十五章 加快财税体制改革

围绕解决中央地方事权和支出责任划分、完善地方税体系、增强地方发展能力、减轻企业负担等关键性问题,深化财税体制改革,建立健全现代财税制度。

第一节 确立合理有序的财力格局

建立事权和支出责任相适应的制度,适度加强中央事权和支出责任。结合税制改革,考虑税种属性,进一步理顺中央和地方收入划分,完善增值税划分办法。完善中央对地方转移支付制度,规范一般性转移支付制度,完善资金分配办法,提高财政转移支付透明度。健全省以下财力分配机制。

第二节 建立全面规范公开透明的预算制度

建立健全预算编制、执行、监督相互制约、

相互协调机制。完善政府预算体系,加大政府性基金预算、国有资本经营预算与一般公共预算的统筹力度,完善社会保险基金预算编制制度。实施跨年度预算平衡机制和中期财政规划管理,加强与经济社会发展规划计划的衔接。全面推进预算绩效管理。建立政府资产报告制度,深化政府债务管理制度改革,建立规范的政府债务管理及风险预警机制。建立权责发生制政府综合财务报告制度和财政库底目标余额管理制度。扩大预算公开范围,细化公开内容。

第三节 改革和完善税费制度

按照优化税制结构、稳定宏观税负、推进依法治税的要求全面落实税收法定原则,建立税种科学、结构优化、法律健全、规范公平、征管高效的现代税收制度,逐步提高直接税比重。全面完成营业税改增值税改革,建立规范的消费型增值税制度。完善消费税制度。实施资源税从价计征改革,逐步扩大征税范围。清理规范相关行政事业性收费和政府性基金。开征环境保护税。完善地方税体系,推进房地产税立法。完善关税制度。加快推进非税收入管理改革,建立科学规范、依法有据、公开透明的非税收入管理制度。深化国税、地税征管体制改革,完善税收征管方式,提高税收征管效能。推行电子发票。

第四节 完善财政可持续发展机制

优化财政支出结构,修正不可持续的支出政策,调整无效和低效支出,腾退重复和错位支出。建立库款管理与转移支付资金调度挂钩机制。创新财政支出方式,引导社会资本参与公共产品提供,使财政支出保持在合理水平,将财政赤字和政府债务控制在可承受范围内,确保财政的可持续性。

第十六章 加快金融体制改革

完善金融机构和市场体系,促进资本市场健康发展,健全货币政策机制,深化金融监管体制改革,健全现代金融体系,提高金融服务实体经济效益和支持经济转型的能力,有效防范和化解金融风险。

第一节 丰富金融机构体系

健全商业性金融、开发性金融、政策性金融、合作性金融分工合理、相互补充的金融机构体系。构建多层次、广覆盖、有差异的银行机构体系,扩大民间资本进入银行业,发展普惠金融和多业态中小微金融组织。规范发展互联网金融。稳妥推进金融机构开展综合经营。推动民间融资阳光化,规范小额贷款、融资担保机构等发展。提高金融机构管理水平和服务质量。

第二节 健全金融市场体系

积极培育公开透明、健康发展的资本市场,提高直接融资比重,降低杠杆率。创造条件实施股票发行注册制,发展多层次股权融资市场,深化创业板、新三板改革,规范发展区域性股权市场,建立健全转板机制和退出机制。完善债券发行注册制和债券市场基础设施,加快债券市场互联互通。开发符合创新需求的金融服务,稳妥推进债券产品创新,推进高收益债券及股债相结合的融资方式,大力发展融资租赁服务。健全利率、汇率市场决定机制,更好发挥国债收益率曲线定价基准作用。推动同业拆借、回购、票据、外汇、黄金等市场发展。积极稳妥推进期货等衍生品市场创新。加快发展保险再保险市场,探索建立保险资产交易机制。建立安全高效的金融基础设施,实施国家金库工程。

第三节 改革金融监管框架

加强金融宏观审慎管理制度建设,加强统筹协调,改革并完善适应现代金融市场发展的金融监管框架,明确监管职责和风险防范处置责任,构建货币政策与审慎管理相协调的金融管理体制。统筹监管系统重要性金融机构、金融控股公司和重要金融基础设施,统筹金融业综合统计,强化综合监管和功能监管。完善中央与地方金融管理体制。健全符合我国国情和国际标准的监管规则,建立针对各类投融资行为的功能监管和切实保护金融消费者合法权益的行为监管框架,实现金融风险监管全覆盖。完善国有金融资本管理制度。加强外汇储备经营管理,优化外汇储备运用。有效运用和发展金融风险管理工具,健全监测预警、压力测试、评估处置和市场稳定机制,防止发生系统性、区域性金融风险。

> **专栏 5　现代金融体系建设**
>
> (一)金融要素供给侧结构性改革
> 建设满足实体经济投融资需要的多层次、多元化、互补型金融市场。促进金融机构混合所有制改革,完善法人治理。支持科技金融、绿色金融、地区性中小金融、普惠型农村金融和特惠型扶贫金融发展。
>
> (二)完善金融调控机制
> 完善利率市场化,创新货币政策调控工具。强化信贷政策定向结构性调整功能。增强人民币汇率弹性,完善参考一篮子货币的人民币指数。建立中央银行前瞻性指引机制,疏通本外币政策传导渠道。
>
> (三)实施金融稳健对外开放
> 构建政策性金融、开发性金融跨境交易平台。建立国家金融安全审查和反金融制裁机制,完善反洗钱、反恐怖融资系统。
>
> (四)建立金融宏观审慎管理框架
> 创设防范系统性金融风险的逆周期政策工具,建立覆盖所有金融机构、金融控股公司、金融基础设施、各类投融资行为、互联网金融和跨境金融交易的综合统计、风险监测与管理体系、应急响应与危机求助机制。构建大数据征信体系和多层次支付体系。
>
> (五)加强金融法治建设
> 健全金融消费者权益保护制度。打破隐性担保和刚性兑付,依法处置信用违约。发挥存款保险制度作用,完善问题金融机构市场化处置和退出机制。探索建立集体诉讼制度,强化金融犯罪处罚,严厉打击非法集资。

第十七章　创新和完善宏观调控

健全宏观调控体系,创新宏观调控方式,增强宏观政策协同性,更加注重扩大就业、稳定物价、调整结构、提高效益、防控风险、保护环境,更加注重引导市场行为和社会预期,为结构性改革营造稳定的宏观经济环境。

第一节　强化规划战略导向作用

依据国家中长期发展规划目标和总供求格局实施宏观调控。发挥国家发展战略和规划的引导约束作用,各类宏观调控政策要服从服务于发展全局需要。完善以财政政策、货币政策为主,产业政策、区域政策、投资政策、消费政策、价格政策协调配合的政策体系,增强财政货币政策协调性。

第二节　改进调控方式和丰富政策工具

坚持总量平衡、优化结构,把保持经济运行在合理区间、提高质量效益作为宏观调控的基本要求和政策取向,在区间调控的基础上加强定向调控、相机调控,采取精准调控措施,适时预调微调。稳定政策基调,改善与市场的沟通,增强可预期性和透明度。更好发挥财政政策对定向调控的支持作用。完善货币政策操作目标、调控框架和传导机制,构建目标利率和利率走廊机制,推动货币政策由数量型为主向价格型为主转变。

第三节　完善政策制定和决策机制

加强经济监测预测预警,提高国际国内形势分析研判水平。强化重大问题研究和政策储备,完善政策分析评估及调整机制。建立健全重大调控政策统筹协调机制,有效形成调控合力。建立现代统计调查体系,推进统计调查制度、机制、方法创新,注重运用互联网、统计云、大数据技术,提高经济运行信息及时性、全面性和准确性。加快推进宏观调控立法工作。

第四节　深化投融资体制改革

建立企业投资项目管理权力清单、责任清单制度,更好落实企业投资自主权。进一步精简投资审批,减少、整合和规范报建审批事项,完善在线审批监管平台,建立企业投资项目并联核准制度。进一步放宽基础设施、公用事业等领域的市场准入限制,采取特许经营、政府购买服务等政府和社会合作模式,鼓励社会资本参与投资建设运营。完善财政资金投资模式,更好发挥产业投资引导基金撬动作用。

第四篇　推进农业现代化

农业是全面建成小康社会和实现现代化的

基础,必须加快转变农业发展方式,着力构建现代农业产业体系、生产体系、经营体系,提高农业质量效益和竞争力,走产出高效、产品安全、资源节约、环境友好的农业现代化道路。

第十八章　增强农产品安全保障能力

确保谷物基本自给、口粮绝对安全,调整优化农业结构,提高农产品综合生产能力和质量安全水平,形成结构更加合理、保障更加有力的农产品有效供给。

第一节　提高粮食生产能力保障水平

坚持最严格的耕地保护制度,全面划定永久基本农田。实施藏粮于地、藏粮于技战略,以粮食等大宗农产品主产区为重点,大规模推进农田水利、土地整治、中低产田改造和高标准农田建设。完善耕地占补平衡制度,研究探索重大建设项目国家统筹补充耕地办法,全面推进建设占用耕地耕作层剥离再利用。建立粮食生产功能区和重要农产品生产保护区,确保稻谷、小麦等口粮种植面积基本稳定。健全粮食主产区利益补偿机制。深入推进粮食绿色高产高效创建。

第二节　加快推进农业结构调整

推动粮经饲统筹、农林牧渔结合、种养加一体发展。积极引导调整农业种植结构,支持优势产区加强棉花、油料、糖料、大豆、林果等生产基地建设。统筹考虑种养规模和资源环境承载力,推广粮改饲和种养结合模式,发展农区畜牧业。分区域推进现代草业和草食畜牧业发展。提高畜禽、水产标准化规模化养殖水平。促进奶业优质安全发展。实施园艺产品提质增效工程。发展特色经济林和林下经济。优化特色农产品生产布局。加快现代农业示范区建设。

第三节　推进农村一二三产业融合发展

推进农业产业链和价值链建设,建立多形式利益联结机制,培育融合主体、创新融合方式,拓宽农民增收渠道,更多分享增值收益。积极发展农产品加工业和农业生产性服务业。拓展农业多种功能,推进农业与旅游休闲、教育文化、健康养生等深度融合,发展观光农业、体验农业、创意农业等新业态。加快发展都市现代农业。激活农村要素资源,增加农民财产性收入。

第四节　确保农产品质量安全

加快完善农业标准,全面推行农业标准化生产。加强农产品质量安全和农业投入品监管,强化产地安全管理,实行产地准出和市场准入制度,建立全程可追溯、互联共享的农产品质量安全信息平台,健全从农田到餐桌的农产品质量安全全过程监管体系。强化农药和兽药残留超标治理。严格食用农产品添加剂控制标准。开展国家农产品质量安全县创建行动。加强动植物疫病防控能力建设,强化进口农产品质量安全监管。创建优质农产品品牌,支持品牌化营销。

第五节　促进农业可持续发展

大力发展生态友好型农业。实施化肥农药使用量零增长行动,全面推广测土配方施肥、农药精准高效施用。实施种养结合循环农业示范工程,推动种养业废弃物资源化利用、无害化处理。开展农业面源污染综合防治。开展耕地质量保护与提升行动,推进农产品主产区深耕深松整地,加强东北黑土地保护。重点在地下水漏斗区、重金属污染区、生态严重退化地区,探索实行耕地轮作休耕制度试点。在重点灌区全面开展规模化高效节水灌溉行动。推广旱作农业。在南疆叶尔羌河、和田河等流域,以及甘肃河西走廊、吉林白城等严重缺水区域,实施专项节水行动计划。加强气象为农服务体系建设。创建农业可持续发展试验示范区。

第六节　开展农业国际合作

健全农产品贸易调控机制,优化进口来源地布局,在确保供给安全条件下,扩大优势农产品出口,适度增加国内紧缺农产品进口。积极开展境外农业合作开发,建立规模化海外生产加工储运基地,培育有国际竞争力的农业跨国公司。拓展农业国际合作领域,支持开展多双边农业技术合作。

第十九章　构建现代农业经营体系

以发展多种形式适度规模经营为引领,创新农业经营组织方式,构建以农户家庭经营为基础、合作与联合为纽带、社会化服务为支撑的现代农业经营体系,提高农业综合效益。

第一节　发展适度规模经营

稳定农村土地承包关系，完善土地所有权、承包权、经营权分置办法，依法推进土地经营权有序流转，通过代耕代种、联耕联种、土地托管、股份合作等方式，推动实现多种形式的农业适度规模经营。

第二节　培育新型农业经营主体

健全有利于新型农业经营主体成长的政策体系，扶持发展种养大户和家庭农场，引导和促进农民合作社规范发展，培育壮大农业产业化龙头企业，大力培养新型职业农民，打造高素质现代农业生产经营者队伍。鼓励和支持工商资本投资现代农业，促进农商联盟等新型经营模式发展。

第三节　健全农业社会化服务体系

实施农业社会化服务支撑工程，培育壮大经营性服务组织。支持科研机构、行业协会、龙头企业和具有资质的经营性服务组织从事农业公益性服务，支持多种类型的新型农业服务主体开展专业化、规模化服务。推进农业生产全程社会化服务创新试点，积极推广合作式、托管式、订单式等服务形式。加强农产品流通设施和市场建设，完善农村配送和综合服务网络，鼓励发展农村电商，实施特色农产品产区预冷工程和"快递下乡"工程。深化供销合作社综合改革。创新农业社会化服务机制。

第二十章　提高农业技术装备和信息化水平

健全现代农业科技创新推广体系，加快推进农业机械化，加强农业与信息技术融合，发展智慧农业，提高农业生产力水平。

第一节　提升农业技术装备水平

加强农业科技自主创新，加快生物育种、农机装备、绿色增产等技术攻关，推广高产优质适宜机械化品种和区域性标准化高产高效栽培模式，改善农业重点实验室创新条件。发展现代种业，开展良种重大科技攻关，实施新一轮品种更新换代行动计划，建设国家级育制种基地，培育壮大育繁推一体化的种业龙头企业。推进主要作物生产全程机械化，促进农机农艺融合。健全和激活基层农业技术推广网络。

第二节　推进农业信息化建设

推动信息技术与农业生产管理、经营管理、市场流通、资源环境等融合。实施农业物联网区域试验工程，推进农业物联网应用，提高农业智能化和精准化水平。推进农业大数据应用，增强农业综合信息服务能力。鼓励互联网企业建立产销衔接的农业服务平台，加快发展涉农电子商务。

第二十一章　完善农业支持保护制度

以保障主要农产品供给、促进农民增收、实现农业可持续发展为重点，完善强农惠农富农政策，提高农业支持保护效能。

第一节　持续增加农业投入

建立农业农村投入稳定增长机制。优化财政支农支出结构，创新涉农资金投入方式和运行机制，推进整合统筹，提高农业补贴政策效能。逐步扩大"绿箱"补贴规模和范围，调整改进"黄箱"政策。将农业"三项补贴"合并为农业支持保护补贴，完善农机具购置补贴政策，向种粮农民、新型经营主体、主产区倾斜。建立耕地保护补偿制度。

第二节　完善农产品价格和收储制度

坚持市场化改革取向和保护农民利益并重，完善农产品市场调控制度和市场体系。继续实施并完善稻谷、小麦最低收购价政策。深化棉花、大豆目标价格改革。探索开展农产品目标价格保险试点。积极稳妥推进玉米价格形成机制和收储制度改革，建立玉米生产者补贴制度。实施粮食收储供应安全保障工程，科学确定粮食等重要农产品储备规模，改革完善粮食储备管理体制和吞吐调节机制，引导流通、加工企业等多元化市场主体参与农产品收储。推进智慧粮库建设和节粮减损。

第三节　创新农村金融服务

发挥各类金融机构支农作用，发展农村普惠金融。完善开发性金融、政策性金融支持农业发展和农村基础设施建设的制度。推进农村信用社改革，增强省级联社服务功能。积极发展村镇银行等多形式农村金融机构。稳妥开展农民合作社内部资金互助试点。建立健全农业政策性信贷担保体系。完善农业保险制度，稳步扩大"保险+期货"试点，扩大保险覆盖面，提高保障水平，完善农业保险大灾风险分散机制。

专栏6　农业现代化重大工程

(一)高标准农田建设

以粮食主产区为重点,优先建设确保口粮安全的高标准农田,开展农田灌排设施、机耕道路、农田林网、输配电设施和土壤改良等田间工程建设,确保建成高标准农田0.53亿 hm^2,力争0.07亿 hm^2,实施耕地质量等级评定与监测工程。

(二)现代种业

建设国家种质资源收集保存和研究体系。重点加强杂种优势利用、分子设计育种、细胞工程与染色体工程、高效制繁种、种子精深加工等关键技术研发。加强种子质量检测等能力建设,建设海南、甘肃、四川等国家级育制种基地和100个区域性良种繁育基地。

(三)节水农业

推广节水灌溉技术,推进工程节水、品种节水、农艺节水、管理节水,加快实施东北节水增粮、西北节水增效、华北节水压采、南方节水减排等区域规模化高效节水灌溉工程。新增高效节水灌溉面积0.067亿 hm^2,农田灌溉水有效利用系数提高到0.55以上。

(四)农业机械化

突破水稻机插、油菜机播机收、棉花及甘蔗机收等瓶颈,推广大马力、高性能农机和轻便、耐用、低耗中小型耕种收及植保机械,建设500个全程机械化示范县,主要农作物耕种收综合机械化率达到70%左右。

(五)智慧农业

实施"互联网+"现代农业,对大田种植、畜禽养殖、渔业生产等进行物联网改造,支持电商、物流、商贸、金融等企业参与涉农电子商务平台建设,建立农业信息监测分析预警体系。

(六)农产品质量安全

大力推进农产品生产农药化肥使用减量化,发展无公害农产品、绿色食品、有机农产品和地理标志农产品。加强疫病虫害监测预警和绿色防控,建立农产品质量安全监管追溯信息系统,实现各类追溯平台互联互通和监管信息共享,实施兽用抗菌药治理行动,农兽药残留量指标基本与国际食品法典标准接轨。

(七)新型农业经营主体培育

创建示范家庭农场、农业合作社示范社、产业化示范基地、示范服务组织。实施现代农业人才支撑计划。开展新型农业经营主体带头人培育行动,实施现代青年农场经营者、农村实用人才和新型职业农民培训工程。

(八)农村一二三产业融合发展

实施"百县千乡万村"农村一二三产业融合发展试点示范工程,形成一批可复制推广的融合发展模式和业态,打造一批农村产业融合领军型企业,培育一批产业融合先导区。

第五篇　优化现代产业体系

围绕结构深度调整、振兴实体经济,推进供给侧结构性改革,培育壮大新兴产业,改造提升传统产业,加快构建创新能力强、品质服务优、协作紧密、环境友好的现代产业新体系。

第二十二章　实施制造强国战略

深入实施《中国制造2025》,以提高制造业创新能力和基础能力为重点,推进信息技术与制造技术深度融合,促进制造业朝高端、智能、绿色、服务方向发展,培育制造业竞争新优势。

第一节　全面提升工业基础能力

实施工业强基工程,重点突破关键基础材料、核心基础零部件(元器件)、先进基础工艺、产业技术基础等"四基"瓶颈。引导整机企业与"四基"企业、高校、科研院所产需对接。支持全产业链协同创新和联合攻关,系统解决"四基"工程化和产业化关键问题。强化基础领域标准、计量、认证认可、检验检测体系建设。实施制造业创新中心建设工程,支持工业设计中心建设。设立国家工业设计研究院。

第二节　加快发展新型制造业

实施高端装备创新发展工程,明显提升自主设计水平和系统集成能力。实施智能制造工程,加快发展智能制造关键技术装备,强化智能制造标准、工业电子设备、核心支撑软件等基础。加强工业互联网设施建设、技术验证和示范推广,推动"中国制造+互联网"取得实质性突破。培育推广新型智能制造模式,推动生产方式向柔性、智能、精细化转变。鼓励建立智能制造产业联盟。实施绿色制造工程,推进产品全生命周期绿色管理,构建绿色制造体系。推动制造业由生产型向生产服务型转变,引导制造企业延伸服务链条、促进服务增值。推进制造业集聚区改造提升,建设一批新型工业化产业示范基地,培育若干先进制造业中心。

第三节 推动传统产业改造升级

实施制造业重大技术改造升级工程,完善政策体系,支持企业瞄准国际同行业标杆全面提高产品技术、工艺装备、能效环保等水平,实现重点领域向中高端的群体性突破。开展改善消费品供给专项行动。鼓励企业并购,形成以大企业集团为核心,集中度高、分工细化、协作高效的产业组织形态。支持专业化中小企业发展。

第四节 加强质量品牌建设

实施质量强国战略,全面强化企业质量管理,开展质量品牌提升行动,解决一批影响产品质量提升的关键共性技术问题,加强商标品牌法律保护,打造一批有竞争力的知名品牌。建立企业产品和服务标准自我声明公开和监督制度,支持企业提高质量在线检测控制和产品全生命周期质量追溯能力。完善质量监管体系,加强国家级检测与评定中心、检验检测认证公共服务平台建设。建立商品质量惩罚性赔偿制度。

第五节 积极稳妥化解产能过剩

综合运用市场机制、经济手段、法治办法和必要的行政手段,加大政策引导力度,实现市场出清。建立以工艺、技术、能耗、环保、质量、安全等为约束条件的推进机制,强化行业规范和准入管理,坚决淘汰落后产能。设立工业企业结构调整专项奖补资金,通过兼并重组、债务重组、破产清算、盘活资产,加快钢铁、煤炭等行业过剩产能退出,分类有序、积极稳妥处置退出企业,妥善做好人员安置等工作。

第六节 降低实体经济企业成本

开展降低实体经济企业成本行动。进一步简政放权,精简规范行政审批前置中介服务,清理规范中介服务收费,降低制度性交易成本。合理确定最低工资标准,精简归并"五险一金",适当降低缴费比例,降低企业人工成本。降低增值税税负和流转税比重,清理规范涉企基金,清理不合理涉企收费,降低企业税费负担。保持合理流动性和利率水平,创新符合企业需要的直接融资产品,设立国家融资担保基金,降低企业财务成本。完善国际国内能源价格联动和煤电价格联动机制,降低企业能源成本。提高物流组织管理水平,规范公路收费行为,降低企业物流成本。鼓励和引导企业创新管理、改进工艺、节能节材。

专栏7 高端装备创新发展工程

(一)航空航天装备

突破航空发动机和燃气轮机核心技术,加快大型飞机研制,推进干支线飞机、直升机、通用飞机和无人机产业化,开发先进机载设备及系统,提高民用飞机配套能力,发展新一代和重型运载火箭、新型卫星等空间平台与有效载荷,实现宇航关键元器件核心技术突破应用。

(二)海洋工程装备及高技术船舶

发展深海探测、大洋钻探、海底资源开发利用、海上作业保障等装备和系统,推动深海空间站、大型浮式结构物开发和工程化,重点突破邮轮等高技术船舶及重点配套设备集成化、智能化、模块化设计制造核心技术。

(三)先进轨道交通装备

研制先进可靠的轨道交通产品和轻量化、模块化、谱系化产品。研发新一代高速、重载轨道交通装备系统,增强向用户提供系统全寿命周期整体解决方案的能力。建设高速列车国家技术创新中心。

(四)高档数控机床

研制精密、高速、柔性数控机床与基础制造装备及集成制造系统。以提升可靠性、精度保持性为重点,开发高档数控系统、轴承、光栅、传感器等主要功能部件及关键应用软件。

续表

(五)机器人装备

大力发展工业机器人、服务机器人、手术机器人和军用机器人,推动高精密减速器、高速高性能控制器、高性能伺服电机及驱动器等关键零部件自主化,推动人工智能技术在各领域商用。

(六)现代农机装备

开发适应各种耕作条件的先进农机产品,重点发展大马力拖拉机及复式作业机具、大型高效谷物联合收获机、精密播种机等粮食作物装备,棉花、甘蔗等经济作物播种、田间管理和收获机械。

(七)高性能医疗器械

重点研制核医学影像设备、超导磁共振成像系统、无创呼吸机等诊疗设备及全自动生化分析仪、高通量基因测序仪等体外诊断设备,开发应用医用加速器等治疗设备及心脏瓣膜和起搏器、介入支架、人工关节等植介入产品。开发应用具有中医药特色优势的医疗器械。

(八)先进化工成套装备

依托现代煤化工升级示范工程,聚焦煤炭分级、煤炭气化、净化合成、能量利用和废水处理等关键领域,推动成套技术装备自主化,加快研制炼油化工一体级及下游石化产品深加工关键设备,提高装置配套能力。

第二十三章 支持战略性新兴产业发展

瞄准技术前沿,把握产业变革方向,围绕重点领域,优化政策组合,拓展新兴产业增长空间,抢占未来竞争制高点,使战略性新兴产业增加值占国内生产总值比重达到15%。

第一节 提升新兴产业支撑作用

支持新一代信息技术、新能源汽车、生物技术、绿色低碳、高端装备与材料、数字创意等领域的产业发展壮大。大力推进先进半导体、机器人、增材制造、智能系统、新一代航空装备、空间技术综合服务系统、智能交通、精准医疗、高效储能与分布式能源系统、智能材料、高效节能环保、虚拟现实与互动影视等新兴前沿领域创新和产业化,形成一批新增长点。

第二节 培育发展战略性产业

加强前瞻布局,在空天海洋、信息网络、生命科学、核技术等领域,培育一批战略性产业。大力发展新型飞行器及航行器、新一代作业平台和空天一体化观测系统,着力构建量子通信和泛在安全物联网,加快发展合成生物和再生医学技术,加速开发新一代核电装备和小型核动力系统、民用核分析与成像,打造未来发展新优势。

第三节 构建新兴产业发展新格局

支持产业创新中心、新技术推广应用中心建设,支持创新资源密集度高的城市发展成为新兴产业创新发展策源地。推动新兴产业链创新链快速发展,加速形成特色新兴产业集群。实施新兴产业全球创新发展网络计划,鼓励企业全球配置创新资源,支持建立一批海外研发中心。

第四节 完善新兴产业发展环境

发挥产业政策导向和促进竞争功能,构建有利于新技术、新产品、新业态、新模式发展的准入条件、监管规则和标准体系。鼓励民生和基础设施重大工程采用创新产品和服务。设立国家战略性产业发展基金,充分发挥新兴产业创业投资引导基金作用,重点支持新兴产业领域初创期创新型企业。

专栏8 战略性新兴产业发展行动

(一)新一代信息技术产业创新

培育集成电路产业体系,培育人工智能、智能硬件、新型显示、移动智能终端、第五代移动通信(5G)、先进传感器和可穿戴设备等成为新增成点。

(二)生物产业倍增

加速推动基因组学等生物技术大规模应用,建设网络化应用示范体系、推进个性化医疗、新型药物、生物育种等新一代生物技术产品和服务的规模化发展。推进基因库、细胞库等基础平台建设。

续表

(三) 空间信息智能感知

加快构建以多模遥感、宽带移动通信、全球北斗导航卫星为核心的国家民用空间基础设施,形成服务于全球通信、减灾防灾、资源调查监管、城市管理、气象与环境监测、位置服务等领域系统性技术支撑和产业化应用能力,加速北斗、遥感卫星商业化应用。

(四) 储能与分布式能源

实现新一代光伏、大功率高效风电、生物质能、氢能与燃料电池、智能电网、新型储能装置等核心关键技术突破和产业化,发展分布式新能源技术综合应用体,促进相关技术装备规模化发展。

(五) 高端材料

大力发展形状记忆合金、自修算材料等智能材料,石墨烯、超材料等纳米功能材料,磷化铟、碳化硅等下一代半导体材料,高性能碳纤维、钒钛、高温合金等新型结构材料,可降解材料和生物合成新材料等。

(六) 新能源汽车

实施新能源汽车推广计划,鼓励城市公交和出租汽车使用新能源汽车。大力发展纯电动汽车和插电式混合动力汽车,重点突破动力电池能量密度、高低温适应性等关键技术,建设标准统一、兼容互通的充电基础设施服务网络,完善持续支持的政策体系,全国新能源汽车累计产销量达到500万辆。加强新能源汽车废旧电池回收处理。

第二十四章　加快推动服务业优质高效发展

开展加快发展现代服务业行动,扩大服务业对外开放,优化服务业发展环境,推动生产性服务业向专业化和价值链高端延伸、生活性服务业向精细和高品质转变。

第一节　促进生产性服务业专业化

以产业升级和提高效率为导向,发展工业设计和创意、工程咨询、商务咨询、法律会计、现代保险、信用评级、售后服务、检验检测认证、人力资源服务等产业。深化流通体制改革,促进流通信息化、标准化、集约化,推动传统商业加速向现代流通转型升级。加强物流基础设施建设,大力发展第三方物流和绿色物流、冷链物流、城乡配送。实施高技术服务业创新工程。引导生产企业加快服务环节专业化分离和外包。建立与国际接轨的生产性服务业标准体系,提高国际化水平。

第二节　提高生活性服务业品质

加快教育培训、健康养老、文化娱乐、体育健身等领域发展。大力发展旅游业,深入实施旅游业提质增效工程,加快海南国际旅游岛建设,支持发展生态旅游、文化旅游、休闲旅游、山地旅游等。积极发展家庭服务业,促进专业化、规模化和网络化发展。推动生活性服务业融合发展,鼓励发展针对个性化需求的定制服务。支持从业人员参加职业培训和技能鉴定考核,推进从业者职业化、专业化。实施生活性服务业放心行动计划,推广优质服务承诺标识与管理制度,培育知名服务品牌。

第三节　完善服务业发展体制和政策

面向社会资本扩大市场准入,加快开放电力、民航、铁路、石油、天然气、邮政、市政公用等行业的竞争性业务,扩大金融、教育、医疗、文化、互联网、商贸物流等领域开放,开展服务业扩大开放综合试点。清理各类歧视性规定,完善各类社会资本公平参与医疗、教育、托幼、养老、体育等领域发展的政策。扩大政府购买服务范围,推动竞争性购买第三方服务。

第六篇　拓展网络经济空间

牢牢把握信息技术变革趋势,实施网络强国战略,加快建设数字中国,推动信息技术与经济社会发展深度融合,加快推动信息经济发展壮大。

第二十五章　构建泛在高效的信息网络

加快构建高速、移动、安全、泛在的新一代信息基础设施,推进信息网络技术广泛运用,形成万物互联、人机交互、天地一体的网络空间。

第一节　完善新一代高速光纤网络

构建现代化通信骨干网络,提升高速传送、

灵活调度和智能适配能力。推进宽带接入光纤化进程,城镇地区实现光网覆盖,提供每秒 1 000 MB 以上接入服务能力,大中城市家庭用户带宽实现 100 兆比特以上灵活选择;98%的行政村实现光纤通达,有条件地区提供每秒 100 MB 以上接入服务能力,半数以上农村家庭用户带宽实现 50 兆比特以上灵活选择。建立畅通的国际通信设施,优化国际通信网络布局,完善跨境陆海缆基础设施。建设中国—阿拉伯国家等网上丝绸之路,加快建设中国-东盟信息港。

第二节　构建先进泛在的无线宽带网

深入普及高速无线宽带。加快第四代移动通信(4G)网络建设,实现乡镇及人口密集的行政村全面深度覆盖,在城镇热点公共区域推广免费高速无线局域网(WLAN)接入。加快边远山区、牧区及岛礁等网络覆盖。优化国家频谱资源配置,加强无线电频谱管理,维护安全有序的电波秩序。合理规划利用卫星频率和轨道资源。加快空间互联网部署,实现空间与地面设施互联互通。

第三节　加快信息网络新技术开发应用

积极推进第五代移动通信(5G)和超宽带关键技术研究,启动 5G 商用。超前布局下一代互联网,全面向互联网协议第 6 版(IPv6)演进升级。布局未来网络架构、技术体系和安全保障体系。重点突破大数据和云计算关键技术、自主可控操作系统、高端工业和大型管理软件、新兴领域人工智能技术。

第四节　推进宽带网络提速降费

开放民间资本进入基础电信领域竞争性业务,形成基础设施共建共享、业务服务相互竞争的市场格局。深入推进"三网融合"。强化普遍服务责任,完善普遍服务机制。开展网络提速降费行动,简化电信资费结构,提高电信业务性价比。完善优化互联网架构及接入技术、计费标准。加强网络资费行为监管。

第二十六章　发展现代互联网产业体系

实施"互联网+"行动计划,促进互联网深度广泛应用,带动生产模式和组织方式变革,形成网络化、智能化、服务化、协同化的产业发展新形态。

第一节　夯实互联网应用基础

积极推进云计算和物联网发展。鼓励互联网骨干企业开放平台资源,加强行业云服务平台建设,支持行业信息系统向云平台迁移。推进物联网感知设施规划布局,发展物联网开环应用。推进信息物理系统关键技术研发和应用。建立"互联网+"标准体系,加快互联网及其融合应用的基础共性标准和关键技术标准研制推广,增强国际标准制定中的话语权。

第二节　加快多领域互联网融合发展

组织实施"互联网+"重大工程,加快推进基于互联网的商业模式、服务模式、管理模式及供应链、物流链等各类创新,培育"互联网+"生态体系,形成网络化协同分工新格局。引导大型互联网企业向小微企业和创业团队开放创新资源,鼓励建立基于互联网的开放式创新联盟。促进"互联网+"新业态创新,鼓励搭建资源开放共享平台,探索建立国家信息经济试点示范区,积极发展分享经济。推动互联网医疗、互联网教育、线上线下结合等新兴业态快速发展。放宽融合性产品和服务的市场准入限制。

第二十七章　实施国家大数据战略

把大数据作为基础性战略资源,全面实施促进大数据发展行动,加快推动数据资源共享开放和开发应用,助力产业转型升级和社会治理创新。

第一节　加快政府数据开放共享

全面推进重点领域大数据高效采集、有效整合,深化政府数据和社会数据关联分析、融合利用,提高宏观调控、市场监管、社会治理和公共服务精准性和有效性。依托政府数据统一共享交换平台,加快推进跨部门数据资源共享共用。加快建设国家政府数据统一开放平台,推动政府信息系统和公共数据互联开放共享。制定政府数据共享开放目录,依法推进数据资源向社会开放。统筹布局建设国家大数据平台、数据中心等基础设施。研究制定数据开放、保护等法律法规,制定政府信息资源管理办法。

第二节　促进大数据产业健康发展

深化大数据在各行业的创新应用,探索与

传统产业协同发展新业态新模式，加快完善大数据产业链。加快海量数据采集、存储、清洗、分析发掘、可视化、安全与隐私保护等领域关键技术攻关。促进大数据软硬件产品发展。完善大数据产业公共服务支撑体系和生态体系，加强标准体系和质量技术基础建设。

第二十八章　强化信息安全保障

统筹网络安全和信息化发展，完善国家网络安全保障体系，强化重要信息系统和数据资源保护，提高网络治理能力，保障国家信息安全。

第一节　加强数据资源安全保护

建立大数据安全管理制度，实行数据资源分类分级管理，保障安全高效可信应用。实施大数据安全保障工程，加强数据资源在采集、存储、应用和开放等环节的安全保护，加强各类公共数据资源在公开共享等环节的安全评估与保护，建立互联网企业数据资源资产化和利用授信机制。加强个人数据保护，严厉打击非法泄露和出卖个人数据行为。

第二节　科学实施网络空间治理

完善网络空间治理，营造安全文明的网络环境。建立网络空间治理基础保障体系，完善网络安全法律法规，完善网络信息有效登记和网络实名认证。建立网络安全审查制度和标准体系，加强精细化网络空间管理，清理违法和不良信息，依法惩治网络违法犯罪行为。健全网络与信息突发安全事件应急机制。推动建立多边、民主、透明的国际互联网治理体系，积极参与国际网络空间安全规则制定、打击网络犯罪、网络安全技术和标准等领域的国际合作。

第三节　全面保障重要信息系统安全

建立关键信息基础设施保护制度，完善涉及国家安全重要信息系统的设计、建设和运行监督机制。集中力量突破信息管理、信息保护、安全审查和基础支撑关键技术，提高自主保障能力。加强关键信息基础设施核心技术装备威胁感知和持续防御能力建设。完善重要信息系统等级保护制度。健全重点行业、重点地区、重要信息系统条块融合的联动安全保障机制。积极发展信息安全产业。

专栏9　信息化重大工程

(一) 宽带中国

建设高速大容量光通信传输系统，实施宽带乡村和中西部地区中小城市基础网络完善工程，扩容互联网国际出入口带宽。部署第四代移动通信(4G)及后续演进技术，在有需求的区域实现全面深度覆盖。

(二) 物联网应用推广

建设物联网应用基础设施和服务平台，推进物联网重大应用示范工程建设。广泛开展物联网技术集成应用和模式创新，丰富物联网应用服务。

(三) 云计算创新发展

支持公共云服务平台建设，布局云计算和大数据中心，提升云计算解决方案提供能力。推动制造、金融、民生、物流、医疗等重点行业云应用服务，不断完善云计算生态体系。

(四) "互联网+"行动

推动"互联网+"创业创新、协同制造、智慧能源、普惠金融、益民服务、高效物流、电子商务、便捷交通、绿色生态、人工智能以及电子税务、便民司法、教育培训、科普、地理信息、信用、文化旅游等行动，不断拓展融合领域。

(五) 大数据应用

建设统一开放平台，逐步实施公共数据集开放，鼓励企业和公众发掘利用。推动政府治理、公共服务、产业发展、技术研发等领域大数据创新应用。推进贵州等大数据综合试验区建设。

(六) 国家政务信息化

加快国家统一电子政务网络建设应用，完善审批监管、信用信息、公共资源交易、价格举报信息等平台，加快国家基础信息资源库建设应用。

> (七)电子商务
> 支持电子商务基础设施建设,促进重点领域电子商务创新和融合应用,推动杭州等跨境电子商务综合试验区建设,打造电子商务国际大通道。
>
> (八)网络安全保障
> 实施国家信息安全专项,提高关键信息基础设施、重要信息系统和涉密信息系统安全保障能力及产业化支撑水平。实施国家网络空间安全重大科技项目,突破核心芯片、基础软件、关键元器件及重点整机系统等关键技术,构建国家网络空间安全和保密技术保障体系。

第七篇 构筑现代基础设施网络

拓展基础设施建设空间,加快完善安全高效、智能绿色、互联互通的现代基础设施网络,更好发挥对经济社会发展的支撑引领作用。

第二十九章 完善现代综合交通运输体系

坚持网络化布局、智能化管理、一体化服务、绿色化发展,建设国内国际通道联通、区域城乡覆盖广泛、枢纽节点功能完善、运输服务一体高效的综合交通运输体系。

第一节 构建内通外联的运输通道网络

构建横贯东西、纵贯南北、内畅外通的综合运输大通道,加强进出疆、出入藏通道建设,构建西北、西南、东北对外交通走廊和海上丝绸之路走廊。打造高品质的快速网络,加快推进高速铁路成网,完善国家高速公路网络,适度建设地方高速公路,增强枢纽机场和干支线机场功能。完善广覆盖的基础网络,加快中西部铁路建设,推进普通国省道提质改造和瓶颈路段建设,提升沿海和内河水运设施专业化水平,加强农村公路、通用机场建设,推进油气管道区域互联。提升邮政网络服务水平,加强快递基础设施建设。

第二节 建设现代高效的城际城市交通

在城镇化地区大力发展城际铁路、市域(郊)铁路,鼓励利用既有铁路开行城际列车,形成多层次轨道交通骨干网络,高效衔接大中小城市和城镇。实行公共交通优先,加快发展城市轨道交通、快速公交等大容量公共交通,鼓励绿色出行。促进网络预约等定制交通发展。强化中心城区与对外干线公路快速联系,畅通城市内外交通。加强城市停车设施建设。加强邮政、快递网络终端建设。

第三节 打造一体衔接的综合交通枢纽

优化枢纽空间布局,建设北京、上海、广州等国际性综合交通枢纽,提升全国性、区域性和地区性综合交通枢纽水平,加强中西部重要枢纽建设,推进沿边重要口岸枢纽建设,提升枢纽内外辐射能力。完善枢纽综合服务功能,优化中转设施和集疏运网络,强化客运零距离换乘和货运无缝化衔接,实现不同运输方式协调高效,发挥综合优势,提升交通物流整体效率。

第四节 推动运输服务低碳智能安全发展

推进交通运输低碳发展,集约节约利用资源,加强标准化、现代化运输装备和节能环保运输工具推广应用。加快智能交通发展,推广先进信息技术和智能技术装备应用,加强联程联运系统、智能管理系统、公共信息系统建设,加快发展多式联运,提高交通运输服务质量和效益。强化交通运输、邮政安全管理,提升安全保障、应急处置和救援能力。推进出租汽车行业改革、铁路市场化改革,加快推进空域管理体制改革。

> **专栏10 交通建设重点工程**
>
> (一)高速铁路
> 加快完善高速铁路网,贯通哈尔滨至北京至香港(澳门)、连云港至乌鲁木齐、上海至昆明、广州至昆明高速铁路通道,建设北京至香港(台北)、呼和浩特至南宁、北京至昆明、包头银川至海口、青岛至银川、兰州(西宁)至广州、北京至兰州、重庆至厦门等高速铁路通道,拓展区域连接线。高速铁路营业里程达到3万km,覆盖80%以上的大城市。

(二) 高速公路

加快推进由 7 条首都放射线、11 条北南纵线、18 条东西横线,以及地区环线、并行线、联络线等组成的国家高速公路网建设,提高长江经济带、京津冀地区高速公路网络密度和服务水平,推进高速公路繁忙拥堵路段扩容改造。新建改建高速公路通车里程约 3 万 km。

(三)"四沿"通道

基本贯通沿海高速铁路、沿海高速公路和沿江高速铁路,加快建设沿边公路,建设和田至若羌铁路、东北沿边铁路和川藏铁路等沿边铁路。推进与周边国家跨境通道和"一带一路"沿线通道建设,建设乌鲁木齐、兰州重要节点城市铁路国际班列物流平台。建设深中通道。

(四)民用机场

打造国际枢纽机场,建成北京新机场,建设京津冀、长三角、珠三角世界级机场群,加快建设哈尔滨、深圳、昆明、成都、重庆、西安、乌鲁木齐等国际航空枢纽,强化区域性枢纽机场功能。实施部分繁忙干线机场新建、迁建和扩能改造工程,建设支线机场和通用机场。建设郑州等以货运功能为主的机场。新增民用运输机场 50 个以上。

(五)港航设施

优化提升环渤海、长三角、珠三角港口群,加快长江、珠江—西江、淮河、闽江等内河高等级航道建设,大力推进上海、天津、大连、厦门等国际航运中心建设,有序推进沿海港口集装箱、原油、液化天然气等专业化泊位建设,稳步推进海南凤凰岛等国际邮轮码头建设,提高港口智能化水平。

(六)城市群交通

建设城市群中心城市间、中心城市与周边节点城市间 1—2 小时交通圈,打造城市群中心城市与周边重要城镇间 1 小时通勤都市圈。基本建成京津冀、长三角、珠三角、长江中游、中原、成渝、山东半岛城市群城际铁路网,建设其他城市群城际铁路网主骨架。实施市域(郊)铁路示范工程。

(七)城市交通

完善优化超大、特大城市轨道交通网络,加快 300 万以上人口城市轨道交通成网,优化城市公共交通系统,建设集约化停车设施。新增城市轨道交通运营里程约 3 000 km,畅通城市道路与对外公路繁忙出入口,具备条件的城市规划建设绕城公路。

(八)农村交通

继续加强农村公路建设,有条件的地区推进联网,加强县乡道提级改造、农村公路安全防护设施建设和危桥改造,加大农村公路养护力度,实现具备条件的建制村通硬化路和班车。完善农村和西部地区邮政、快递基础设施,实现村村直接通邮。

(九)交通枢纽

以高速铁路、城际铁路和机场等为重点,打造一批开放式、立体化综合客运枢纽,推进同台换乘、立体换乘,加强城市内重要客运枢纽间的快速通道建设,减少换乘距离和时间。建设一批多式联运货运枢纽,提升换装效率。鼓励依托交通枢纽建设城市综合体,推进整体开发。

(十)智能交通

推进交通基础设施、运输工具、运行信息等互联网化,加快构建车联网、船联网,完善故障预警、运行维护和智能调度系统,推动驾驶自动化、设施数字化和运行智慧化。推动铁路、民航、道路客运"一站式"票务服务系统建设,建设综合运输公共信息服务平台和交通大数据中心。

第三十章 建设现代能源体系

深入推进能源革命,着力推动能源生产利用方式变革,优化能源供给结构,提高能源利用效率,建设清洁低碳、安全高效的现代能源体系,维护国家能源安全。

第一节 推动能源结构优化升级

统筹水电开发与生态保护,坚持生态优先,以重要流域龙头水电站建设为重点,科学开发西南水电资源。继续推进风电、光伏发电发展,积极支持光热发电。以沿海核电带为重点,安全建设自主核电示范工程和项目。加快发展生物质能、地热能,积极开发沿海潮汐能资源。完善风能、太阳能、生物质能发电扶持政策。优化建设国家综合能源基地,大力推进煤炭清洁高效利用。限制东部、控制中部和东北、优化西部地区煤炭资源开发,推进大型煤炭基地绿色化开采和改造,鼓励采用新技术发展煤电。加强陆上和海上油气勘探开发,有序开放矿业权,积极开发天然气、煤层气、页岩油(气)。推进炼油产业转型升级,开展成品油质量升级行动计划,拓展生物燃料等新的清洁油品来源。

第二节 构建现代能源储运网络

统筹推进煤电油气多种能源输送方式发展,加强能源储备和调峰设施建设,加快构建多能互补、外通内畅、安全可靠的现代能源储运网络。加强跨区域骨干能源输送网络建设,建成蒙西-华中北煤南运战略通道,优化建设电网主网架和跨区域输电通道。加快建设陆路进口油气战略通道。推进油气储备设施建设,提高油气储备和调峰能力。

第三节 积极构建智慧能源系统

加快推进能源全领域、全环节智慧化发展,提高可持续自适应能力。适应分布式能源发展、用户多元化需求,优化电力需求侧管理,加快智能电网建设,提高电网与发电侧、需求侧交互响应能力。推进能源与信息等领域新技术深度融合,统筹能源与通信、交通等基础设施网络建设,建设"源–网–荷–储"协调发展、集成互补的能源互联网。

专栏 11 能源发展重大工程

(一)高标智能电力系统

加快建设抽水蓄能电站、龙头水电站、天然气调峰电站等优质调峰电源,推动储能电站、能效电厂示范工程建设,加强多种电源和储能设施集成互补,提高电力系统的调节能力及运行效率。

(二)煤炭清洁高效利用

实施煤电节能减排升级与改造行动计划,对燃煤机组全面实施超低排放和节能改造,使所有现役电厂每千瓦时平均煤耗低于 310 g,新建电厂平均煤耗低于 300 g。鼓励用背压式热电机组解决供暖,发展热电冷多联供。提高煤炭用于发电消费比重。

(三)可再生能源

以西南水电开发为重点,开工建设常规水电 6 000 万 kW。统筹受端市场和输电通道,有序优化建设"三北"、沿海风电和光伏项目。加快发展中东部及南方地区分散式风电、分布式光伏发电。实施光热发电示范工程。建设宁夏国家新能源综合示范区,积极推进青海、张家口等可再生能源示范区建设。

(四)核电

建成三门、海阳 AP1000 项目。建设福建福清、广西防城港"华龙一号"示范工程。开工建设山东荣成 CAP1400 示范工程。开工建设一批沿海新的核电项目,加快建设田湾核电三期工程。积极开展内陆核电项目前期工作,加快论证并推动大型商用后处理厂建设。核电运行装机容量达到 5 800 万 kW,在建达到 3 000 万 kW 以上。加强核燃料保障体系建设。

(五)非常规油气

建设沁水盆地、鄂尔多斯盆地东缘和贵州毕水兴等煤层气产业化基地,加快四川长宁—威远、重庆涪陵、云南昭通、陕西延安、贵州遵义—铜仁等页岩气勘查开发。推动致密油、油砂、深海石油勘探开发和油页岩综合开发利用。推进天然气水合物资源勘查与商业化试采。

(六)能源输送通道

建设水电基地和大型煤电基地外送电通道,在大气污染防治行动 12 条输电通道基础上,重点新建西南、西北、华北、东北等电力外送通道。加强西北、东北和西南陆路进口油气战略通道和配套干线管网建设。完善以西气东输、陕京线和川气东送为主的天然气骨干管网。

(七)能源储备设施

建成国家石油储备二期工程,启动后续项目前期工作。加强成品油储备库建设。建设天然气储气库,提高储气规模和调峰应急能力。在缺煤地区和煤炭集散地建设中转储运设施,完善煤炭应急储备体系。扩大天然铀储备规模。

(八)能源关键技术装备

加快推进煤炭无人开采、深井灾害防治、非常规油气勘探开发、深海和深层常规油气开发、低阶煤中低温热解分质转化、700 ℃超超临界燃煤发电、第四代核电、海上风电、光热发电、大规模储能、地热能利用、智能电网等技术研发应用。提升第三代核电、百万千瓦级水电机组、高效锅炉和高效电机等装备制造能力。突破大功率电力电子器材、高温超导材料等关键元器件和材料的制造及应用技术。

第三十一章 强化水安全保障

加快完善水利基础设施网络,推进水资源科学开发、合理调配、节约使用、高效利用,全面提升水安全保障能力。

第一节 优化水资源配置格局

科学论证、稳步推进一批重大引调水工程、河湖水系连通骨干工程和重点水源等工程建设,统筹加强中小型水利设施建设,加快构筑多水源互联互调、安全可靠的城乡区域用水保障网。因地制宜实施抗旱水源工程,加强城市应急和备用水源建设。科学开发利用地表水及各类非常规水源,严格控制地下水开采。推进江河流域系统整治,维持基本生态用水需求,增强保水储水能力。科学实施跨界河流开发治理,深化与周边国家跨界水合作。科学开展人工影响天气活动。

第二节 完善综合防洪减灾体系

加强江河湖泊治理骨干工程建设,继续推进大江大河大湖堤防加固、河道治理、控制性枢纽和蓄滞洪区建设。加快中小河流治理、山洪灾害防治、病险水库水闸除险加固,推进重点海堤达标建设。加强气象水文监测和雨情水情预报,强化洪水风险管理,提高防洪减灾水平。

专栏12 水安全保障工程

(一)大型灌区

完成434处大型灌区续建配套和节水改造任务。建设嫩江尼尔基、吉林松原、四川向家坝、湖南涔天河、江西廖坊、海南红岭、河南小浪底南北岸等大型灌区工程。农田有效灌溉面积达到0.667亿 hm² 以上。

(二)引调水

建设吉林中部引松供水和西部河湖联通、引黄入冀补淀、引江济淮、陕西引汉济渭、贵州夹岩、甘肃引洮二期、云南滇中引水、青海引大济湟、内蒙古引绰济辽、福建平潭及闽江口水资源配置、湖北鄂北水资源配置等重大引调水工程。推进南水北调东中线后续工程建设。

(三)重点水源

建设西藏拉洛、浙江朱溪、福建霍口、黑龙江奋斗、湖南莽山、云南阿岗等大型水库。推进安徽江巷、四川李家岩、贵州黄家湾等一批重点水源工程开工建设。实施抗旱应急水源工程,加强中型水库等区域骨干水源建设。

(四)江河湖泊治理

建设西江大藤峡、淮河出山店、新疆阿尔塔什等流域控制性枢纽工程。加强黑龙江、松花江、嫩江干流防洪,长江中下游河势控制,黄河下游堤防建设和上中游河道治理,新一轮治淮和治太骨干水利工程,蓄滞洪区安全建设等,加快叶尔羌河等中小河流治理,基本完成流域面积3 000 km² 及以上的244条重要河流治理。做好黄河古贤水利枢纽、鄱阳湖水利枢纽、黄河黑山峡河段开发工程前期工作。

第八篇 推进新型城镇化

坚持以人的城镇化为核心、以城市群为主体形态、以城市综合承载能力为支撑、以体制机制创新为保障,加快新型城镇化步伐,提高社会主义新农村建设水平,努力缩小城乡发展差距,推进城乡发展一体化。

第三十二章　加快农业转移人口市民化

统筹推进户籍制度改革和基本公共服务均等化，健全常住人口市民化激励机制，推动更多人口融入城镇。

第一节　深化户籍制度改革

推进有能力在城镇稳定就业和生活的农业转移人口举家进城落户，并与城镇居民享有同等权利和义务。优先解决农村学生升学和参军进入城镇的人口、在城镇就业居住5年以上、举家迁徙的农业转移人口、新生代农民工落户问题。省会及以下城市要全面放开对高校毕业生、技术工人、职业院校毕业生、留学归国人员的落户限制。推广专业技术职称、技能等级等同大城市落户挂钩做法。大中城市不得采取购买房屋、投资纳税、积分制等方式设置落户限制。超大城市和特大城市要以具有合法稳定就业和合法稳定住所（含租赁）、参加城镇社会保险年限、连续居住年限等为主要条件，实行差异化的落户政策。强化地方政府推动农业转移人口市民化主体责任。

第二节　实施居住证制度

全面实施居住证暂行条例，推进居住证制度覆盖全部未落户城镇常住人口。保障居住证持有人在居住地享有义务教育、公共就业服务、公共卫生服务等国家规定的基本公共服务。鼓励各级政府不断扩大对居住证持有人的公共服务范围并提高服务标准，缩小与户籍人口的差距。

第三节　健全促进农业转移人口市民化的机制

健全财政转移支付同农业转移人口市民化挂钩机制，建立城镇建设用地增加规模同吸纳农业转移人口落户数量挂钩机制，建立财政性建设资金对城市基础设施补贴数额与城市吸纳农业转移人口落户数量挂钩机制。维护进城落户农民土地承包权、宅基地使用权、集体收益分配权，并支持引导依法自愿有偿转让。深入推进新型城镇化综合试点。

第三十三章　优化城镇化布局和形态

加快构建以陆桥通道、沿长江通道为横轴，以沿海、京哈京广、包昆通道为纵轴，大中小城市和小城镇合理分布、协调发展的"两横三纵"城市化战略格局。

第一节　加快城市群建设发展

优化提升东部地区城市群，建设京津冀、长三角、珠三角世界级城市群，提升山东半岛、海峡西岸城市群开放竞争水平。培育中西部地区城市群，发展壮大东北地区、中原地区、长江中游、成渝地区、关中平原城市群，规划引导北部湾、山西中部、呼包鄂榆、黔中、滇中、兰州-西宁、宁夏沿黄、天山北坡城市群发展，形成更多支撑区域发展的增长极。促进以拉萨为中心、以喀什为中心的城市圈发展。建立健全城市群发展协调机制，推动跨区域城市间产业分工、基础设施、生态保护、环境治理等协调联动，实现城市群一体化高效发展。

第二节　增强中心城市辐射带动功能

发展一批中心城市，强化区域服务功能。超大城市和特大城市要加快提高国际化水平，适当疏解中心城区非核心功能，强化与周边城镇高效通勤和一体发展，促进形成都市圈。大中城市要加快产业转型升级，延伸面向腹地的产业和服务链，形成带动区域发展的增长节点。科学划定中心城区开发边界，推动城市发展由外延扩张式向内涵提升式转变。

第三节　加快发展中小城市和特色镇

以提升质量、增加数量为方向，加快发展中小城市。引导产业项目在中小城市和县城布局，完善市政基础设施和公共服务设施，推动优质教育、医疗等公共服务资源向中小城市和小城镇配置。加快拓展特大镇功能，赋予镇区人口10万以上的特大镇部分县级管理权限，完善设市设区标准，符合条件的县和特大镇可有序改市。因地制宜发展特色鲜明、产城融合、充满魅力的小城镇。提升边境口岸城镇功能。

第三十四章　建设和谐宜居城市

转变城市发展方式，提高城市治理能力，加大"城市病"防治力度，不断提升城市环境质量、居民生活质量和城市竞争力，努力打造和谐宜居、富有活力、各具特色的城市。

第一节　加快新型城市建设

根据资源环境承载力调节城市规模，实行

绿色规划、设计、施工标准,实施生态廊道建设和生态系统修复工程,建设绿色城市。加强现代信息基础设施建设,推进大数据和物联网发展,建设智慧城市。发挥城市创新资源密集优势,打造创业乐园和创新摇篮,建设创新城市。提高城市开放度和包容性,加强文化和自然遗产保护,延续历史文脉,建设人文城市。加强城市空间开发利用管制,建设密度较高、功能融合、公交导向的紧凑城市。

第二节 加强城市基础设施建设

构建布局合理、设施配套、功能完备、安全高效的现代城市基础设施体系。加快城市供水设施改造与建设。加强市政管网等地下基础设施改造与建设。加强城市道路、停车场、交通安全等设施建设,加强城市步行和自行车交通设施建设。全面推进无障碍设施建设。严格执行城市新建居民区配套建设幼儿园、学校的规定。严格执行新建小区停车位、充电桩等配建标准。加强城市防洪防涝与调蓄、公园绿地等生态设施建设,支持海绵城市发展,完善城市公共服务设施。提高城市建筑和基础设施抗灾能力。

第三节 加快城镇棚户区和危房改造

基本完成城镇棚户区和危房改造任务。将棚户区改造与城市更新、产业转型升级更好结合起来,加快推进集中成片棚户区和城中村改造,有序推进旧住宅小区综合整治、危旧住房和非成套住房改造,棚户区改造政策覆盖全国重点镇。完善配套基础设施,加强工程质量监管。

第四节 提升城市治理水平

创新城市治理方式,改革城市管理和执法体制,推进城市精细化、全周期、合作性管理。创新城市规划理念和方法,合理确定城市规模、开发边界、开发强度和保护性空间,加强对城市空间立体性、平面协调性、风貌整体性、文脉延续性的规划管控。全面推行城市科学设计,推进城市有机更新,提倡城市修补改造。发展适用、经济、绿色、美观建筑,提高建筑技术水平、安全标准和工程质量,推广装配式建筑和钢结构建筑。

第三十五章 健全住房供应体系

构建以政府为主提供基本保障、以市场为主满足多层次需求的住房供应体系,优化住房供需结构,稳步提高居民住房水平,更好保障住有所居。

第一节 完善购租并举的住房制度

以解决城镇新居民住房需求为主要出发点,以建立购租并举的住房制度为主要方向,深化住房制度改革。对无力购买住房的居民特别是非户籍人口,支持其租房居住,对其中符合条件的困难家庭给予货币化租金补助。把公租房扩大到非户籍人口,实现公租房货币化。研究完善公务人员住房政策。

第二节 促进房地产市场健康发展

优化住房供给结构,促进市场供需平衡,保持房地产市场平稳运行。在住房供求关系紧张地区适度增加用地规模。在商品房库存较大地区,稳步化解房地产库存,扩大住房有效需求,提高棚户区改造货币化安置比例。积极发展住房租赁市场,鼓励自然人和各类机构投资者购买库存商品房,扩大租赁市场房源,鼓励发展以住房租赁为主营业务的专业化企业。促进房地产业兼并重组,提高产业集中度,开展房地产投资信托基金试点。发展旅游地产、养老地产、文化地产等新业态。加快推进住宅产业现代化,提升住宅综合品质。

第三节 提高住房保障水平

将居住证持有人纳入城镇住房保障范围。统筹规划保障性住房、棚户区改造和配套设施建设,确保建筑质量,方便住户日常生活和出行。完善投资、信贷、土地、税费等支持政策。多渠道筹集公共租赁房房源。实行实物保障与货币补贴并举,逐步加大租赁补贴发放力度。健全保障性住房投资运营和准入退出管理机制。

第三十六章 推动城乡协调发展

推动新型城镇化和新农村建设协调发展,提升县域经济支撑辐射能力,促进公共资源在城乡间均衡配置,拓展农村广阔发展空间,形成城乡共同发展新格局。

第一节 发展特色县域经济

培育发展充满活力、特色化、专业化的县域

经济，提升承接城市功能转移和辐射带动乡村发展能力。依托优势资源，促进农产品精深加工、农村服务业及劳动密集型产业发展，积极探索承接产业转移新模式，融入区域性产业链和生产网络。引导农村二三产业向县城、重点乡镇及产业园区集中。扩大县域发展自主权，提高县级基本财力保障水平。

第二节 加快建设美丽宜居乡村

推进农村改革和制度创新，增强集体经济组织服务功能，激发农村发展活力。全面改善农村生产生活条件。科学规划村镇建设、农田保护、村落分布、生态涵养等空间布局。加快农村宽带、公路、危房、饮水、照明、环卫、消防等设施改造。开展新一轮农网改造升级，农网供电可靠率达到99.8%。实施农村饮水安全巩固提升工程。改善农村办学条件和教师工作生活条件，加强基层医疗卫生机构和乡村医生队伍建设。建立健全农村留守儿童和妇女、老人关爱服务体系。加强和改善农村社会治理，完善农村治安防控体系，深入推进平安乡村建设。加强农村文化建设，深入开展"星级文明户""五好文明家庭"等创建活动，培育文明乡风、优良家风、新乡贤文化。开展农村不良风气专项治理，整治农村非法宗教活动等突出问题。开展生态文明示范村镇建设行动和农村人居环境综合整治行动，加大传统村落和民居、民族特色村镇保护力度，传承乡村文明，建设田园牧歌、秀山丽水、和谐幸福的美丽宜居乡村。

第三节 促进城乡公共资源均衡配置

统筹规划城乡基础设施网络，健全农村基础设施投入长效机制，促进水电路气信等基础设施城乡联网、生态环保设施城乡统一布局建设。把社会事业发展重点放在农村和接纳农业转移人口较多的城镇，推动城镇公共服务向农村延伸，逐步实现城乡基本公共服务制度并轨、标准统一。

专栏13　新型城镇化建设重大工程

(一)"三个1亿人"城镇化

推进1亿左右农业转移人口和其他常住人口在城镇落户，加快推进约1亿人居住的棚户区和城中村改造。依托中西部地区城市群，以中小城市为重点，以县城和重点镇为支撑，引导约1亿人在中西部地区就近城镇化。

(二)新生中小城市

以镇区常住人口规模，人口密度和经济规模等为基准，加快一批符合条件的县城和特大镇综合功能提升，培育形成一批功能完善、特色鲜明的新生中小城市。

(三)特色小城镇

发展具有特色资源、区位优势和文化底蕴的小城镇，通过扩权增能、加大投入和扶持力度，培育成为休闲旅游、商贸物流、信息产业、智能制造、科技教育、民俗文化传承等专业特色镇。

(四)智慧城市

以基础设施智能化、公共服务便利化、社会治理精细化为重点，充分运用现代信息技术和大数据，建设一批新型示范性智慧城市。

(五)绿色、森林城市

推广绿色建筑，普及绿色交通，推广分布式能源，浅层地热能等新型能源供应体系，加快推进公共交通电动化，开展绿色新生活行动，实施城市园林绿化工程，提高城市绿地和森林面积，建成一批示范性绿色城市、生态园林城市、森林城市。

(六)海绵城市

采取渗、滞、蓄、净、用、排等措施，完善城市排水防涝与调蓄设施，支持海绵型建筑与小区、道路与广场、公园和绿地等建设。

(七)地下管廊(网)

以城市新区、各类园区、成片开发区域为重点，结合旧城更新和地下空间开发等，推进干线、支线综合管廊建设。实施城市供水、污水、雨水、燃气、供热等地下管网建设改造和城市电网、通信网络等架空线入地工程。

续表

（八）美丽乡村

推进新型农村社区集中供水，农村自来水普及率达到80%。因地制宜发展可再生能源，建设清洁能源示范村镇。推进农村危房改造，统筹开展农房抗震改造，基本完成存量危房改造任务。因地制宜开展农村厕所革命，实施农村生活垃圾治理专项行动，推进13万个行政村环境综合整治、实施农业废弃物资源化利用示范工程，建设污水垃圾收集处理设施，梯次推进农村生活污水治理，实现90%的行政村生活垃圾得到治理，推进农村河塘整治。

第九篇 推动区域协调发展

以区域发展总体战略为基础，以"一带一路"建设、京津冀协同发展、长江经济带发展为引领，形成沿海沿江沿线经济带为主的纵向横向经济轴带，塑造要素有序自由流动、主体功能约束有效、基本公共服务均等、资源环境可承载的区域协调发展新格局。

第三十七章 深入实施区域发展总体战略

深入实施西部开发、东北振兴、中部崛起和东部率先的区域发展总体战略，创新区域发展政策，完善区域发展机制，促进区域协调、协同、共同发展，努力缩小区域发展差距。

第一节 深入推进西部大开发

把深入实施西部大开发战略放在优先位置，更好发挥"一带一路"建设对西部大开发的带动作用。加快内外联通通道和区域性枢纽建设，进一步提高基础设施水平，明显改善落后边远地区对外通行条件。大力发展绿色农产品加工、文化旅游等特色优势产业。设立一批国家级产业转移示范区，发展产业集群。依托资源环境承载力较强地区，提高资源就地加工转化比重。加强水资源科学开发和高效利用。强化生态环境保护，提升生态安全屏障功能。健全长期稳定资金渠道，继续加大转移支付和政府投资力度。加快基本公共服务均等化。加大门户城市开放力度，提升开放型经济水平。

第二节 大力推动东北地区等老工业基地振兴

加快市场取向的体制机制改革，积极推动结构调整，加大支持力度，提升东北地区等老工业基地发展活力、内生动力和整体竞争力。加快服务型政府建设，改善营商环境，加快发展民营经济。大力开展和积极鼓励创业创新，支持建设技术和产业创新中心，吸引人才等各类创新要素集聚，使创新真正成为东北地区发展的强大动力。加快发展现代化大农业，促进传统优势产业提质增效，建设产业转型升级示范区，推进先进装备制造业基地和重大技术装备战略基地建设。支持资源型城市转型发展，组织实施好老旧城区改造、沉陷区治理等重大民生工程。加快建设快速铁路网和电力外送通道。深入推进国资国企改革，加快解决厂办大集体等问题。支持建设面向俄日韩等国家的合作平台。

第三节 促进中部地区崛起

制定实施新时期促进中部地区崛起规划，完善支持政策体系，推动城镇化与产业支撑、人口集聚有机结合，形成重要战略支撑区。支持中部地区加快建设贯通南北、连接东西的现代立体交通体系和现代物流体系，培育壮大沿江沿线城市群和都市圈增长极。有序承接产业转移，加快发展现代农业和先进制造业，支持能源产业转型发展，建设一批战略性新兴产业和高技术产业基地，培育一批产业集群。加强水环境保护和治理，推进鄱阳湖、洞庭湖生态经济区和汉江、淮河生态经济带建设。加快郑州航空港经济综合实验区建设。支持发展内陆开放型经济。

第四节 支持东部地区率先发展

支持东部地区更好发挥对全国发展的支撑引领作用，增强辐射带动能力。加快实现创新驱动发展转型，打造具有国际影响力的创新高地。加快推动产业升级，引领新兴产业和现代服务业发展，打造全球先进制造业基地。加快建立全方位开放型经济体系，更高层次参与国际合作与竞争。在公共服务均等化、社会文明程度提高、生态环境质量改善等方面走在前列。推进环渤海地区合作协调发展。支持珠三角地区建设开放创新转型升级新高地，加快深圳科技、产业创新中心建设。深化泛珠三角区域合作，促进珠江-西江经济带加快发展。

第五节　健全区域协调发展机制

创新区域合作机制，加强区域间、全流域的协调协作。完善对口支援制度和措施，通过发展"飞地经济"、共建园区等合作平台，建立互利共赢、共同发展的互助机制。建立健全生态保护补偿、资源开发补偿等区际利益平衡机制。鼓励国家级新区、国家级综合配套改革试验区、重点开发开放试验区等平台体制机制和运营模式创新。

第三十八章　推动京津冀协同发展

坚持优势互补、互利共赢、区域一体，调整优化经济结构和空间结构，探索人口经济密集地区优化开发新模式，建设以首都为核心的世界级城市群，辐射带动环渤海地区和北方腹地发展。

第一节　有序疏解北京非首都功能

积极稳妥推进北京非首都功能疏解，降低主城区人口密度。重点疏解高耗能高耗水企业、区域性物流基地和专业市场、部分教育医疗和培训机构、部分行政事业性服务机构和企业总部等。高水平建设北京市行政副中心。规划建设集中承载地和"微中心"。

第二节　优化空间格局和功能定位

构建"一核双城三轴四区多节点"的空间格局。优化产业布局，推进建设京津冀协同创新共同体。北京重点发展知识经济、服务经济、绿色经济，加快构建高精尖产业结构。天津优化发展先进制造业、战略性新兴产业和现代服务业，建设全国先进制造研发基地和金融创新运营示范区。河北积极承接北京非首都功能转移和京津科技成果转化，重点建设全国现代商贸物流重要基地、新型工业化基地和产业转型升级试验区。

第三节　构建一体化现代交通网络

建设高效密集轨道交通网，强化干线铁路建设，加快建设城际铁路、市域（郊）铁路并逐步成网，充分利用现有能力开行城际、市域（郊）列车，客运专线覆盖所有地级及以上城市。完善高速公路网络，提升国省干线技术等级。构建分工协作的港口群，完善港口集疏运体系，建立海事统筹监管新模式。打造国际一流航空枢纽，构建航空运输协作机制。

第四节　扩大环境容量和生态空间

构建区域生态环境监测网络、预警体系和协调联动机制，削减区域污染物排放总量。加强大气污染联防联控，实施大气污染防治重点地区气化工程，细颗粒物浓度下降25%以上。加强饮用水源地保护，联合开展河流、湖泊、海域污染治理。划定生态保护红线，实施分区管理，建设永定河等生态廊道。加大京津保地区营造林和白洋淀、衡水湖等湖泊湿地恢复力度，共建坝上高原生态防护区、燕山-太行山生态涵养区。

第五节　推动公共服务共建共享

建设区域人力资源信息共享与服务平台，衔接区域间劳动用工和人才政策。优化教育资源布局，鼓励高等学校学科共建、资源共享，推动职业教育统筹发展。建立健全区域内双向转诊和检查结果互认制度，支持开展合作办医试点。实现养老保险关系在三省市间的顺利衔接，推动社会保险协同发展。

第三十九章　推进长江经济带发展

坚持生态优先、绿色发展的战略定位，把修复长江生态环境放在首要位置，推动长江上中下游协同发展、东中西部互动合作，建设成为我国生态文明建设的先行示范带、创新驱动带、协调发展带。

第一节　建设沿江绿色生态廊道

推进全流域水资源保护和水污染治理，长江干流水质达到或好于Ⅲ类水平。基本实现干支流沿线城镇污水垃圾全收集全处理。妥善处理好江河湖泊关系，提升调蓄能力，加强生态保护。统筹规划沿江工业与港口岸线、过江通道岸线、取排水口岸线。推进长江上中游水库群联合调度。加强流域磷矿及磷化工污染治理。实施长江防护林体系建设等重大生态修复工程，增强水源涵养、水土保持等生态功能。加强长江流域地质灾害预防和治理。加强流域重点生态功能区保护和修复。设立长江湿地保护基金。创新跨区域生态保护与环境治理联动机制，建立生态保护和补偿机制。建设三峡生态经济合作区。

第二节 构建高质量综合立体交通走廊

依托长江黄金水道，统筹发展多种交通方式。建设南京以下12.5米深水航道，开展宜昌至安庆航道整治，推进三峡枢纽水运新通道建设，完善三峡综合交通运输体系。优化港口布局，加快建设武汉、重庆长江中上游航运中心和南京区域性航运物流中心，加强集疏运体系建设，大力发展江海联运、水铁联运，建设舟山江海联运服务中心。推进长江船型标准化，健全智能安全保障系统。加快高速铁路和高等级公路建设。强化航空枢纽功能，完善支线机场布局。建设沿江油气主干管道，推动管道互联互通。

第三节 优化沿江城镇和产业布局

提升长三角、长江中游、成渝三大城市群功能，发挥上海"四个中心"引领作用，发挥重庆战略支点和连接点的重要作用，构建中心城市带动、中小城市支撑的网络化、组团式格局。根据资源环境承载力，引导产业合理布局和有序转移，打造特色优势产业集群，培育壮大战略性新兴产业，建设集聚度高、竞争力强、绿色低碳的现代产业走廊。加快建设国际黄金旅游带。培育特色农业区。

第四十章 扶持特殊类型地区发展

加大对革命老区、民族地区、边疆地区和困难地区的支持力度，实施边远贫困地区、边疆民族地区和革命老区人才支持计划，推动经济加快发展、人民生活明显改善。

第一节 支持革命老区开发建设

完善革命老区振兴发展支持政策，大力推动赣闽粤原中央苏区、陕甘宁、大别山、左右江、川陕等重点贫困革命老区振兴发展，积极支持沂蒙、湘鄂赣、太行、海陆丰等欠发达革命老区加快发展。加快交通、水利、能源、通信等基础设施建设，大幅提升基本公共服务水平，加大生态建设和保护力度。着力培育特色农林业等对群众增收带动性强的优势产业，大力发展红色旅游，积极有序推进能源资源开发。加快推进革命老区劳动力转移就业。

第二节 推动民族地区健康发展

把加快少数民族和民族地区发展摆到更加突出的战略位置，加大财政投入和金融支持，改善基础设施条件，提高基本公共服务能力。支持民族地区发展优势产业和特色经济。加强跨省区对口支援和对口帮扶工作。加大对西藏和四省藏区支持力度。支持新疆南疆四地州加快发展。促进少数民族事业发展，大力扶持人口较少民族发展，支持民族特需商品生产发展，保护和传承少数民族传统文化。深入开展民族团结进步示范区创建活动，促进各民族交往交流交融。

第三节 推进边疆地区开发开放

推进边境城市和重点开发开放试验区等建设。加强基础设施互联互通，加快建设对外骨干通道。推进新疆建成向西开放的重要窗口、西藏建成面向南亚开放的重要通道、云南建成面向南亚东南亚的辐射中心、广西建成面向东盟的国际大通道。支持黑龙江、吉林、辽宁、内蒙古建成向北开放的重要窗口和东北亚区域合作的中心枢纽。加快建设面向东北亚的长吉图开发开放先导区。大力推进兴边富民行动，加大边民扶持力度。

第四节 促进困难地区转型发展

加强政策支持，促进资源枯竭、产业衰退、生态严重退化等困难地区发展接续替代产业，促进资源型地区转型创新，形成多点支撑、多业并举、多元发展新格局。全面推进老工业区、独立工矿区、采煤沉陷区改造转型。支持产业衰退的老工业城市加快转型，健全过剩产能行业集中地区过剩产能退出机制。加大生态严重退化地区修复治理力度，有序推进生态移民。加快国有林场和林区改革，基本完成重点国有林区深山远山林业职工搬迁和国有林场撤并整合任务。

> **专栏14 特殊类型地区发展重大工程**
>
> (一)革命老区振兴发展行动
>
> 规划建设一批铁路、高速公路、支线机场、水利枢纽、能源、信息基础设施工程,大力实施天然林保护、石漠化综合治理、退耕还林还草等生态工程,支持风电、水电等清洁能源开发,建设一批红色旅游精品线路。
>
> (二)民族地区奔小康行动
>
> 推进人口较少民族整族整村精准脱贫。对陆地边境抵边一线乡镇因守土戍边不宜易地扶贫搬迁的边民,采取就近就地脱贫措施。实施少数民族特色村镇保护与发展工程,重点建设一批少数民族特色村寨和民族风情小镇。支持少数民族传统手工艺品保护与发展。
>
> (三)沿边地区开发开放行动
>
> 实施沿边地区交通基础设施改造提升工程;实施产业兴边工程,建设跨境旅游合作区和边境旅游试验区;实施民生安边工程,实行动态边民补助机制。
>
> (四)资源枯竭地区转型
>
> 支持资源枯竭城市重点发展一批接续替代产业,吸纳失业矿工、棚户区改造回迁居民再就业。加大力度实施独立工矿区改造搬迁工程,支持矿区基础设施,公共服务设施和接续替代产业平台改造和建设,对地处偏远、资源枯竭、不适人居的部分独立工矿区实施搬迁安置,基本完成100个左右独立工矿区改造搬迁任务。
>
> (五)产业衰退地区振兴发展
>
> 在具备条件的老工业城市建设一批产业转型升级示范区和示范园区,全面开展城区老工业区搬迁改造工程,统筹推进企业搬迁改造和新兴产业培育,支持工业污染土地和废弃地治理,加强工业遗产保护再利用,基本完成100个以上城区老工业区搬迁改造任务。
>
> (六)生态严重退化地区转型发展
>
> 加快解决历史遗留的重点矿山地质环境治理问题,完成50万 hm^2 历史遗留矿山地质环境恢复治理任务。支持重点采煤沉陷区综合治理,有序实施居民避险安置,推进土地复垦、环境整治和生态修复,完成30万 hm^2 采煤沉陷区综合治理任务。

第四十一章 拓展蓝色经济空间

坚持陆海统筹,发展海洋经济,科学开发海洋资源,保护海洋生态环境,维护海洋权益,建设海洋强国。

第一节 壮大海洋经济

优化海洋产业结构,发展远洋渔业,推动海水淡化规模化应用,扶持海洋生物医药、海洋装备制造等产业发展,加快发展海洋服务业。发展海洋科学技术,重点在深水、绿色、安全的海洋高技术领域取得突破。推进智慧海洋工程建设。创新海域海岛资源市场化配置方式。深入推进山东、浙江、广东、福建、天津等全国海洋经济发展试点区建设,支持海南利用南海资源优势发展特色海洋经济,建设青岛蓝谷等海洋经济发展示范区。

第二节 加强海洋资源环境保护

深入实施以海洋生态系统为基础的综合管理,推进海洋主体功能区建设,优化近岸海域空间布局,科学控制开发强度。严格控制围填海规模,加强海岸带保护与修复,自然岸线保有率不低于35%。严格控制捕捞强度,实施休渔制度。加强海洋资源勘探与开发,深入开展极地大洋科学考察。实施陆源污染物达标排海和排污总量控制制度,建立海洋资源环境承载力预警机制。建立海洋生态红线制度,实施"南红北柳"湿地修复工程和"生态岛礁"工程,加强海洋珍稀物种保护。加强海洋气候变化研究,提高海洋灾害监测、风险评估和防灾减灾能力,加强海上救灾战略预置,提升海上突发环境事故应急能力。实施海洋督察制度,开展常态化海洋督察。

第三节 维护海洋权益

有效维护领土主权和海洋权益。加强海上执法机构能力建设,深化涉海问题历史和法理研究,统筹运用各种手段维护和拓展国家海洋权益,妥善应对海上侵权行为,维护好我管辖海域的海上航行自由和海洋通道安全。积极参与国际和地区海洋秩序的建立和维护，完善与周边国家涉海对话合作机制，推进海上务实合作。进一步完善涉海事务协调机制，加强海洋战略顶层设计，制定海洋基本法。

专栏15　海洋重大工程

(一)蓝色海湾整治

在胶州湾、辽东湾、渤海湾、杭州湾、厦门湾、北部湾等开展水质污染治理和环境综合整治，增加人造沙质岸线，恢复自然岸线、海岸原生风貌景观，在辽东湾、渤海湾等围填海区域开展补偿性环境整治和人工湿地建设。

(二)蛟龙探海

突破"龙宫一号"深海实验平台建造关键技术，建造深海移动式和坐底式实验平台。研发集深海环境监测和活动探测于一体的深海探测系统。推进深海装备应用共享平台建设。

(三)雪龙探极

在北极合作新建岸基观测站，在南极新建科考站、新建先进破冰船，提升南极航空能力，初步构建极地区域的陆—海—空观测平台。研发适用于极地环境的探测技术及装备，建立极地环境与资源潜力信息和业务化应用服务平台。

(四)全球海洋立体观测网

统筹规划国家海洋观(监)测网布局，推进国家海洋环境实时在线监控系统和海外观(监)测站点建设，逐步形成全球海洋立体观(监)测系统，加强对海洋生态、洋流、海洋气象等观测研究。

第十篇　加快改善生态环境

以提高环境质量为核心，以解决生态环境领域突出问题为重点，加大生态环境保护力度，提高资源利用效率，为人民提供更多优质生态产品，协同推进人民富裕、国家富强、中国美丽。

第四十二章　加快建设主体功能区

强化主体功能区作为国土空间开发保护基础制度的作用，加快完善主体功能区政策体系，推动各地区依据主体功能定位发展。

第一节　推动主体功能区布局基本形成

有度有序利用自然，调整优化空间结构，推动形成以"两横三纵"为主体的城市化战略格局、以"七区二十三带"为主体的农业战略格局、以"两屏三带"为主体的生态安全战略格局，以及可持续的海洋空间开发格局。合理控制国土空间开发强度，增加生态空间。推动优化开发区域产业结构向高端高效发展，优化空间开发结构，逐年减少建设用地增量，提高土地利用效率。推动重点开发区域集聚产业和人口，培育若干带动区域协同发展的增长极。划定农业空间和生态空间保护红线，拓展重点生态功能区覆盖范围，加大禁止开发区域保护力度。

第二节　健全主体功能区配套政策体系

根据不同主体功能区定位要求，健全差别化的财政、产业、投资、人口流动、土地、资源开发、环境保护等政策，实行分类考核的绩效评价办法。重点生态功能区实行产业准入负面清单。加大对农产品主产区和重点生态功能区的转移支付力度，建立健全区域流域横向生态补偿机制。设立统一规范的国家生态文明试验区。建立国家公园体制，整合设立一批国家公园。

第三节　建立空间治理体系

以市县级行政区为单元，建立由空间规划、用途管制、差异化绩效考核等构成的空间治理体系。建立国家空间规划体系，以主体功能区规划为基础统筹各类空间性规划，推进"多规合一"。完善国土空间开发许可制度。建立资源环境承载能力监测预警机制，对接近或达到警戒线的地区实行限制性措施。实施土地、矿产等国土资源调查评价和监测工程。提升测绘地理信息服务保障能力，开展地理国情常态化监测，推进全球地理信息资源开发。

第四十三章　推进资源节约集约利用

树立节约集约循环利用的资源观，推动资源利用方式根本转变，加强全过程节约管理，大幅提高资源利用综合效益。

第一节　全面推动能源节约

推进能源消费革命。实施全民节能行动计划，全面推进工业、建筑、交通运输、公共机构等领域节能，实施锅炉（窑炉）、照明、电机系统升级改造及余热暖民等重点工程。大力开发、推广节能技术和产品，开展重大技术示范。实施重点用能单位"百千万"行动和节能自愿活动，推动能源管理体系、计量体系和能耗在线监测系统建设，开展能源评审和绩效评价。实施建筑能效提升和绿色建筑全产业链发展计划。推行节能低碳电力调度。推进能源综合梯级利用。能源消费总量控制在 50 亿 t 标准煤以内。

第二节　全面推进节水型社会建设

落实最严格的水资源管理制度，实施全民节水行动计划。坚持以水定产、以水定城，对水资源短缺地区实行更严格的产业准入、取用水定额控制。加快农业、工业、城镇节水改造，扎实推进农业综合水价改革，开展节水综合改造示范。加强重点用水单位监管，鼓励一水多用、优水优用、分质利用。建立水效标识制度，推广节水技术和产品。加快非常规水资源利用，实施雨洪资源利用、再生水利用等工程。用水总量控制在 6 700 亿 m^3 以内。

第三节　强化土地节约集约利用

严控新增建设用地，有效管控新城新区和开发区无序扩张。有序推进城镇低效用地再开发和低丘缓坡土地开发利用，推进建设用地多功能开发、地上地下立体综合开发利用，促进空置楼宇、厂房等存量资源再利用。严控农村集体建设用地规模，探索建立收储制度，盘活农村闲置建设用地。开展建设用地节约集约利用调查评价。单位国内生产总值建设用地使用面积下降 20%。

第四节　加强矿产资源节约和管理

强化矿产资源规划管控，严格分区管理、总量控制和开采准入制度，加强复合矿区开发的统筹协调。支持矿山企业技术和工艺改造，引导小型矿山兼并重组，关闭技术落后、破坏环境的矿山。大力推进绿色矿山和绿色矿业发展示范区建设，实施矿产资源节约与综合利用示范工程、矿产资源保护和储备工程，提高矿产资源开采率、选矿回收率和综合利用率。完善优势矿产限产保值机制。建立矿产资源国家权益金制度，健全矿产资源税费制度。开展找矿突破行动。

第五节　大力发展循环经济

实施循环发展引领计划，推进生产和生活系统循环链接，加快废弃物资源化利用。按照物质流和关联度统筹产业布局，推进园区循环化改造，建设工农复合型循环经济示范区，促进企业间、园区内、产业间耦合共生。推进城市矿山开发利用，做好工业固废等大宗废弃物资源化利用，加快建设城市餐厨废弃物、建筑垃圾和废旧纺织品等资源化利用和无害化处理系统，规范发展再制造。实行生产者责任延伸制度。健全再生资源回收利用网络，加强生活垃圾分类回收与再生资源回收的衔接。

第六节　倡导勤俭节约的生活方式

倡导合理消费，力戒奢侈消费，制止奢靡之风。在生产、流通、仓储、消费各环节落实全面节约要求。管住公款消费，深入开展反过度包装、反食品浪费、反过度消费行动，推动形成勤俭节约的社会风尚。推广城市自行车和公共交通等绿色出行服务系统。限制一次性用品使用。

第七节　建立健全资源高效利用机制

实施能源和水资源消耗、建设用地等总量和强度双控行动，强化目标责任，完善市场调节、标准控制和考核监管。建立健全用能权、用水权、碳排放权初始分配制度，创新有偿使用、预算管理、投融资机制，培育和发展交易市场。健全节能、节水、节地、节材、节矿标准体系，提高建筑节能标准，实现重点行业、设备节能标准全覆盖。强化节能评估审查和节能监察。建立健全中央对地方节能环保考核和奖励机制，进一步扩大节能减排财政政策综合示范。建立统一规范的国有自然资源资产出让平台。组织实施能效、水效领跑者引领行动。

> 专栏 16　资源节约集约循环利用重大工程
>
> （一）全民节能行动
>
> 推进节能产品和服务进企业、进家庭。以六大高耗能行业为重点实施工业能效赶超计划，支持 500 家重点用能单位开展能效综合提升示范。组织能量系统优化、电机系统节能改造、节能技术产业化示范、煤炭消费减量替代、绿色照明等重点工程。
>
> （二）全民节水行动
>
> 开展节水型社会综合示范。在 100 个城市开展分区计量、漏损节水改造，鼓励中水替代、废水深度处理和回用、推进五大高耗水行业和园区节水改造。实施 100 个合同节水管理示范试点。推广节水器具，鼓励居民更换不符合节水标准用水器具，实施海岛海水淡化示范工程。实施重点用水单位监控工程。
>
> （三）建设用地节约集约利用
>
> 健全调查评价技术体系，建立涵盖城市、开发区、高校、村镇的建设用地节约集约利用评价国家级数据库，推广应用节地技术和节地模式。
>
> （四）绿色矿山与绿色矿业发展示范区建设
>
> 加快推进绿色矿山建设，着力推进技术，产业和管理模式创新，引领传统矿业转型升级。在资源富集、管理创新能力强的地区，选择 50 个重点地区开展绿色矿业发展示范区建设。
>
> （五）循环发展引领
>
> 推动 75% 的国家级园区和 50% 的省级园区开展循环化改造。建设 50 个工业废弃物综合利用产业基地。在 100 个地级及以上城市布局资源循环利用示范基地。建设城市废弃物在线回收，园区资源管理、废弃物交易等平台。

第四十四章　加大环境综合治理力度

创新环境治理理念和方式，实行最严格的环境保护制度，强化排污者主体责任，形成政府、企业、公众共治的环境治理体系，实现环境质量总体改善。

第一节　深入实施污染防治行动计划

制定城市空气质量达标计划，严格落实约束性指标，地级及以上城市重污染天数减少 25%，加大重点地区细颗粒物污染治理力度。构建机动车船和燃料油环保达标监管体系。提高城市燃气化率。强化道路、施工等扬尘监管，禁止秸秆露天焚烧。加强重点流域、海域综合治理，严格保护良好水体和饮用水水源，加强水质较差湖泊综合治理与改善。推进水功能区分区管理，主要江河湖泊水功能区水质达标率达到 80% 以上。开展地下水污染调查和综合防治。实施土壤污染分类分级防治，优先保护农用地土壤环境质量安全，切实加强建设用地土壤环境监管。

第二节　大力推进污染物达标排放和总量减排

实施工业污染源全面达标排放计划。完善污染物排放标准体系，加强工业污染源监督性监测，公布未达标企业名单，实施限期整改。城市建成区内污染严重企业实施有序搬迁改造或依法关闭。开展全国第二次污染源普查。改革主要污染物总量控制制度，扩大污染物总量控制范围。在重点区域、重点行业推进挥发性有机物排放总量控制，全国排放总量下降 10% 以上。对中小型燃煤设施、城中村和城乡结合区域等实施清洁能源替代工程。沿海和汇入富营养化湖库的河流沿线所有地级及以上城市实施总氮排放总量控制。实施重点行业清洁生产改造。

第三节　严密防控环境风险

实施环境风险全过程管理。加强危险废物污染防治，开展危险废物专项整治。加大重点区域、有色等重点行业重金属污染防治力度。加强有毒有害化学物质环境和健康风险评估能力建设。推进核设施安全改进和放射性污染防治，强化核与辐射安全监管体系和能力建设。

第四节　加强环境基础设施建设

加快城镇垃圾处理设施建设，完善收运系统，提高垃圾焚烧处理率，做好垃圾渗滤液处理处置；加快城镇污水处理设施和管网建设改造，推进污泥无害化处理和资源化利用，实现城镇生活污水、垃圾处理设施全覆盖和稳定达标运行,城市、县城污水集中处理率分别达到95%和85%。建立全国统一、全面覆盖的实时在线环境监测监控系统,推进环境保护大数据建设。

第五节 改革环境治理基础制度

切实落实地方政府环境责任,开展环保督察巡视,建立环境质量目标责任制和评价考核机制。实行省以下环保机构监测监察执法垂直管理制度,探索建立跨地区环保机构,推行全流域、跨区域联防联控和城乡协同治理模式。推进多污染物综合防治和统一监管,建立覆盖所有固定污染源的企业排放许可制,实行排污许可"一证式"管理。建立健全排污权有偿使用和交易制度。严格环保执法,开展跨区域联合执法,强化执法监督和责任追究。建立企业环境信用记录和违法排污黑名单制度,强化企业污染物排放自行监测和环境信息公开,畅通公众参与渠道,完善环境公益诉讼制度。实行领导干部环境保护责任离任审计。

专栏17 环境治理保护重点工程

(一)工业污染源全面达标排放

对钢铁、水泥、平板玻璃、造纸、印染、氮肥、制糖等行业不能稳定达标的企业进行改造,取缔不符合国家产业政策污染严重的项目,限期改造工业园区污水处理设施,全国地级及以上城市建成区落本淘汰 10 t/h 以下燃煤锅炉,完成 35 t/h 及以上燃煤锅炉脱硫脱硝除尘改造、钢铁行业烧结机脱硫脱硝改造、水泥行业脱硝改造,淘汰高汞催化剂乙炔法生产聚氯乙烯工艺。

(二)大气环境治理

以京津冀及周边地区、长三角、珠三角、东北地区为重点,控制区域煤炭消费总量,推进重点城市"煤改气"工程,新增用气 450 亿 m³,替代燃煤锅炉 18.9 万 t/h。开展石化及化工企业、加油站挥发性有机物综合整治,加快淘汰黄标车和老旧车辆,实施国Ⅵ排放标准和相应油品标准,推进油罐车、储油库油气回收治理。

(三)水环境治理

对江河源头及 378 个水质达到或优于Ⅲ类的江河湖库实施严格保护,实施重要江河湖库入河排污口整治工程,完成重要饮用水源地达标建设,实施太湖、洞庭湖、滇池、巢湖、邵阳湖、白洋淀、乌梁素海、呼伦湖、艾比湖等重点湖泊水污染综合治理和长江中下游、珠三角等河湖内源治理,推进长江、黄河、珠江、松花江、淮河、海河、辽河等七大重点流域综合治理,基本消除劣Ⅴ类水体。加大黑臭水体整治力度,地级及以上城市建成区黑臭水体控制在 10% 以内。开展京津冀晋等区域地下水修复试点,整治主要河口海湾污染。

(四)土壤环境治理

开展土壤污染加密调查,完成 100 个农用地和 100 个建设用地污染治理试点。建设 6 个土壤污染防治先行示范区,做好化工企业安全环保搬迁后的土壤污染治理工作。开展 66.67 万 hm² 受污染耕地治理修复和 266.67 万 hm² 受污染耕地风险管控,深入推进以湘江流域为重点的重金属污染综合治理。

(五)危险废物污染防治

开展全国危险废物普查,加强含铬、铅、汞、锡、砷等重金属废物以及生活垃圾焚烧飞灰、抗生素菌渣、高毒持久性废物等的综合整治,建设危险废物处置设施。

(六)核与辐射安全保障能力提升

建成核与辐射安全监管技术研发基地,加快建设早期核设施退役及历史遗留放射性废物处理处置工程,建设 5 座中低放射性废物处置场和 1 个高放射性废物处理地下实验室,建设高风险放射源实时监控系统,废旧放源100%安全收贮,加强国家核事故应急救援队伍建设。

第四十五章 加强生态保护修复

坚持保护优先、自然恢复为主,推进自然生态系统保护与修复,构建生态廊道和生物多样性保护网络,全面提升各类自然生态系统稳定性和生态服务功能,筑牢生态安全屏障。

第一节 全面提升生态系统功能

开展大规模国土绿化行动,加强林业重点工程建设,完善天然林保护制度,全面停止天然林商业性采伐,保护培育森林生态系统。发挥国有林区林场在绿化国土中的带动作用。创新产权模式,引导社会资金投入植树造林。严禁移植天然大树进城。扩大退耕还林还草,保护治理草原生态系统,推进禁牧休牧轮牧和天然草原退牧还草,加强"三化"草原治理,草原植被综合盖度达到56%。保护修复荒漠生态系统,加快风沙源区治理,遏制沙化扩展。保障重要河湖湿地及河口生态水位,保护修复湿地与河湖生态系统,建立湿地保护制度。

第二节 推进重点区域生态修复

坚持源头保护、系统恢复、综合施策,推进荒漠化、石漠化、水土流失综合治理。继续实施京津风沙源治理二期工程。强化三江源等江河源头和水源涵养区生态保护。加大南水北调水源地及沿线生态走廊、三峡库区等区域生态保护力度,推进沿黄生态经济带建设。支持甘肃生态安全屏障综合示范区建设。开展典型受损生态系统恢复和修复示范。完善国家地下水监测系统,开展地下水超采区综合治理。建立沙化土地封禁保护制度。有步骤对居住在自然保护区核心区与缓冲区的居民实施生态移民。

第三节 扩大生态产品供给

丰富生态产品,优化生态服务空间配置,提升生态公共服务供给能力。加大风景名胜区、森林公园、湿地公园、沙漠公园等保护力度,加强林区道路等基础设施建设,适度开发公众休闲、旅游观光、生态康养服务和产品。加快城乡绿道、郊野公园等城乡生态基础设施建设,发展森林城市,建设森林小镇。打造生态体验精品线路,拓展绿色宜人的生态空间。

第四节 维护生物多样性

实施生物多样性保护重大工程。强化自然保护区建设和管理,加大典型生态系统、物种、基因和景观多样性保护力度。开展生物多样性本底调查与评估,完善观测体系。科学规划和建设生物资源保护库圃,建设野生动植物人工种群保育基地和基因库。严防并治理外来物种入侵和遗传资源丧失。强化野生动植物进出口管理,严厉打击象牙等野生动植物制品非法交易。

专栏18 山水林田湖生态工程

(一)国家生态安全屏障保护修复

推进青藏高原、黄土高原、云贵高原、秦巴山脉、祁连山脉、大小兴安岭和长白山、南岭山地地区、京津冀水源涵养区、内蒙古高原、河西走廊、塔里木河流逑、澳桂黔喀斯特地区等关系国家生态安全核心地区生态修复治理。

(二)国土绿化行动

开展大规模植树增绿活动,集中连片建设森林,加强"三北"、沿海、长江和珠江流域等防护林体系建设,加快国家储备林及用材林基地建设,推进退化防护林修复,建设大尺度绿色生态保护空间和连接各生态空间的绿色廊道,形成国土绿化网络。

(三)国土综合整治

开展重点流域、海岸带和海岛综合整治,加强矿产资源开发集中地区地质环境治理和生态修复。推进损毁土地、工矿废弃地复垦,修复受自然灾害、大型建设项目破坏的山体、矿山废弃地。加大京杭大运河、黄河明清故道沿线综合治理。推进边疆地区国土综合开发、防护与整治。

(四)天然林资源保护

将天然林和可以培育成为天然林的未成林封育地、疏林地、灌木林地等全部划入天然林保护范围,对难以自然更新的林地通过人工造林恢复森林植被。

(五)新一轮退耕退牧还林还草

实施具备条件的25°以上坡耕地、严重沙化耕地和重要水源地15°~25°坡耕地退耕还林还草。稳定扩大退牧还草范围,合理布局草原围栏和退化草原补播改良,恢复天然草原生态和生物多样性。开展毒害草、黑土滩和农牧交错带已垦草原治理。

(六)防沙治沙和水土流失综合治理

实施北方防沙带、黄土高原区、东北黑土区、西南岩溶区等重点区域水土流失综合防治,加强坡耕地综合治理、侵蚀沟整治和生态清洁小流域建设。新增水土流失治理面积27万 km^2。

> (七)湿地保护与恢复
>
> 加强长江中上游、黄河沿线及贵州草海等自然湿地保护,对功能降低、生物多样性减少的湿地进行综合治理,开展湿地可持续利用示范。全国湿地面积不低于 0.53 亿 hm^2。
>
> (八)濒危野生动植物抢救性保护
>
> 保护改善大熊猫、朱鹮、虎、豹、亚洲象等珍稀濒危野生动物栖息地,建设救护繁育中心和基因库,开展拯救繁育和野化放归。加强兰科植物等珍稀濒危植物及极小种群野生植物生境恢复和人工拯救。

第四十六章 积极应对全球气候变化

坚持减缓与适应并重,主动控制碳排放,落实减排承诺,增强适应气候变化能力,深度参与全球气候治理,为应对全球气候变化做出贡献。

第一节 有效控制温室气体排放

有效控制电力、钢铁、建材、化工等重点行业碳排放,推进工业、能源、建筑、交通等重点领域低碳发展。支持优化开发区域率先实现碳排放达到峰值。深化各类低碳试点,实施近零碳排放区示范工程。控制非 CO_2 温室气体排放。推动建设全国统一的碳排放交易市场,实行重点单位碳排放报告、核查、核证和配额管理制度。健全统计核算、评价考核和责任追究制度,完善碳排放标准体系。加大低碳技术和产品推广应用力度。

第二节 主动适应气候变化

在城乡规划、基础设施建设、生产力布局等经济社会活动中充分考虑气候变化因素,适时制定和调整相关技术规范标准,实施适应气候变化行动计划。加强气候变化系统观测和科学研究,健全预测预警体系,提高应对极端天气和气候事件能力。

第三节 广泛开展国际合作

坚持共同但有区别的责任原则、公平原则、各自能力原则,积极承担与我国基本国情、发展阶段和实际能力相符的国际义务,落实强化应对气候变化行动的国家自主贡献。积极参与应对全球气候变化谈判,推动建立公平合理、合作共赢的全球气候治理体系。深化气候变化多双边对话交流与务实合作。充分发挥气候变化南南合作基金作用,支持其他发展中国家加强应对气候变化能力。

第四十七章 健全生态安全保障机制

加强生态文明制度建设,建立健全生态风险防控体系,提升突发生态环境事件应对能力,保障国家生态安全。

第一节 完善生态环境保护制度

落实生态空间用途管制,划定并严守生态保护红线,确保生态功能不降低、面积不减少、性质不改变。建立森林、草原、湿地总量管理制度。加快建立多元化生态补偿机制,完善财政支持与生态保护成效挂钩机制。建立覆盖资源开采、消耗、污染排放及资源性产品进出口等环节的绿色税收体系。研究建立生态价值评估制度,探索编制自然资源资产负债表,建立实物量核算账户。实行领导干部自然资源资产离任审计。建立健全生态环境损害评估和赔偿制度,落实损害责任终身追究制度。

第二节 加强生态环境风险监测预警和应急响应

建立健全国家生态安全动态监测预警体系,定期对生态风险开展全面调查评估。健全国家、省、市、县四级联动的生态环境事件应急网络,完善突发生态环境事件信息报告和公开机制。严格环境损害赔偿,在高风险行业推行环境污染强制责任保险。

第四十八章 发展绿色环保产业

培育服务主体,推广节能环保产品,支持技术装备和服务模式创新,完善政策机制,促进节能环保产业发展壮大。

第一节 扩大环保产品和服务供给

完善企业资质管理制度,鼓励发展节能环保技术咨询、系统设计、设备制造、工程施工、运营管理等专业化服务。推行合同能源管理、合同节水管理和环境污染第三方治理。鼓励社会资本进入环境基础设施领域,开展小城镇、园区环境综合治理托管服务试点。发展一批具有国际竞争力的大型节能环保企业,推动先进适用节能环保技术产品走出去。统筹推行绿色标识、认证和政府绿色采购制度。建立绿色金融体系,发展绿色信贷、绿色债券,设立绿色发展基金。完善煤矸石、余热余压、垃圾和沼气等发电上网政策。加快构建绿色供应链产业体系。

第二节　发展环保技术装备

增强节能环保工程技术和设备制造能力,研发、示范、推广一批节能环保先进技术装备。加快低品位余热发电、小型燃气轮机、细颗粒物治理、汽车尾气净化、垃圾渗滤液处理、污泥资源化、多污染协同处理、土壤修复治理等新型技术装备研发和产业化。推广高效烟气除尘和余热回收一体化、高效热泵、半导体照明、废弃物循环利用等成熟适用技术。

第十一篇　构建全方位开放新格局

以"一带一路"建设为统领,丰富对外开放内涵,提高对外开放水平,协同推进战略互信、投资经贸合作、人文交流,努力形成深度融合的互利合作格局,开创对外开放新局面。

第四十九章　完善对外开放战略布局

全面推进双向开放,促进国内国际要素有序流动、资源高效配置、市场深度融合,加快培育国际竞争新优势。

第一节　完善对外开放区域布局

加强内陆沿边地区口岸和基础设施建设,开辟跨境多式联运交通走廊。发展外向型产业集群,形成各有侧重的对外开放基地。加快海关特殊监管区域整合优化升级,提高边境经济合作区、跨境经济合作区发展水平。提升经济技术开发区的对外合作水平。以内陆中心城市和城市群为依托,建设内陆开放战略支撑带。支持沿海地区全面参与全球经济合作和竞争,发挥环渤海、长三角、珠三角地区的对外开放门户作用,率先对接国际高标准投资和贸易规则体系,培育具有全球竞争力的经济区。支持宁夏等内陆开放型经济试验区建设。支持中新(重庆)战略性互联互通示范项目。推进双边国际合作产业园建设。探索建立舟山自由贸易港区。

第二节　深入推进国际产能和装备制造合作

以钢铁、有色、建材、铁路、电力、化工、轻纺、汽车、通信、工程机械、航空航天、船舶和海洋工程等行业为重点,采用境外投资、工程承包、技术合作、装备出口等方式,开展国际产能和装备制造合作,推动装备、技术、标准、服务走出去。建立产能合作项目库,推动重大示范项目建设。引导企业集群式走出去,因地制宜建设境外产业集聚区。加快拓展多双边产能合作机制,积极与发达国家合作共同开拓第三方市场。建立企业、金融机构、地方政府、商协会等共同参与的统筹协调和对接机制。完善财税、金融、保险、投融资平台、风险评估等服务支撑体系。

第三节　加快对外贸易优化升级

实施优进优出战略,推动外贸向优质优价、优进优出转变,加快建设贸易强国。促进货物贸易和服务贸易融合发展,大力发展生产性服务贸易,服务贸易占对外贸易比重达到16%以上。巩固提升传统出口优势,促进加工贸易创新发展。优化对外贸易布局,推动出口市场多元化,提高新兴市场比重,巩固传统市场份额。鼓励发展新型贸易方式。发展出口信用保险。积极扩大进口,优化进口结构,更多进口先进技术装备和优质消费品。积极应对国外技术性贸易措施,强化贸易摩擦预警,化解贸易摩擦和争端。

第四节　提升利用外资和对外投资水平

扩大开放领域,放宽准入限制,积极有效引进境外资金和先进技术,提升利用外资综合质量。放开育幼、建筑设计、会计审计等服务领域外资准入限制,扩大银行、保险、证券、养老等市场准入。鼓励外资更多投向先进制造、高新技术、节能环保、现代服务业等领域和中西部及东北地区,支持设立研发中心。鼓励金融机构和企业在境外融资。支持企业扩大对外投资,深度融入全球产业链、价值链、物流链。建设一批大宗商品境外生产基地及合作园区。积极搭建对外投资金融和信息服务平台。

第五十章　健全对外开放新体制

完善法治化、国际化、便利化的营商环境,健全有利于合作共赢、同国际投资贸易规则相适应的体制机制。

第一节　营造优良营商环境

营造公平竞争的市场环境、高效廉洁的政务环境、公正透明的法律政策环境和开放包容的人文环境。统一内外资法律法规，制定外资基础性法律，保护外资企业合法权益。提高自由贸易试验区建设质量，深化在服务业开放、金融开放和创新、投资贸易便利化、事中事后监管等方面的先行先试，在更大范围推广复制成功经验。对外资全面实行准入前国民待遇加负面清单管理制度。完善外商投资国家安全审查制度。创新外资监管服务方式。建立便利跨境电子商务等新型贸易方式的体制，全面推进国际贸易单一窗口、一站式作业、一体化通关和政府信息共享共用、口岸风险联防联控。健全服务贸易促进体系，发挥贸易投资促进机构、行业协会商会等的作用。加强知识产权保护和反垄断执法，深化执法国际合作。

第二节　完善境外投资管理体制

完善境外投资发展规划和重点领域、区域、国别规划体系。健全备案为主、核准为辅的对外投资管理体制，健全对外投资促进政策和服务体系，提高便利化水平。推动个人境外投资，健全合格境内个人投资者制度。建立国有资本、国有企业境外投资审计制度，健全境外经营业绩考核和责任追究制度。

第三节　扩大金融业双向开放

有序实现人民币资本项目可兑换，提高可兑换、可自由使用程度，稳步推进人民币国际化，推进人民币资本走出去。逐步建立外汇管理负面清单制度。放宽境外投资汇兑限制，改进企业和个人外汇管理。放宽跨国公司资金境外运作限制，逐步提高境外放款比例。支持保险业走出去，拓展保险资金境外投资范围。统一内外资企业及金融机构外债管理，稳步推进企业外债登记制管理改革，健全本外币全口径外债和资本流动审慎管理框架体系。加强国际收支监测。推进资本市场双向开放，提高股票、债券市场对外开放程度，放宽境内机构境外发行债券，以及境外机构境内发行、投资和交易人民币债券。提高金融机构国际化水平，加强海外网点布局，完善全球服务网络，提高国内金融市场对境外机构开放水平。

第四节　强化对外开放服务保障

推动同更多国家签署高标准双边投资协定、司法协助协定、税收协定，争取同更多国家互免或简化签证手续。构建高效有力的海外利益保护体系，维护我国公民和法人海外合法权益。健全反走私综合治理机制，完善反洗钱、反恐怖融资、反逃税监管措施，完善风险防范体制机制。提高海外安全保障能力和水平，完善领事保护制度，提供风险预警、投资促进、权益保障等便利服务。强化涉外法律服务，建立知识产权跨境维权援助机制。

第五十一章　推进"一带一路"建设

秉持亲诚惠容，坚持共商共建共享原则，开展与有关国家和地区多领域互利共赢的务实合作，打造陆海内外联动、东西双向开放的全面开放新格局。

第一节　健全"一带一路"合作机制

围绕政策沟通、设施联通、贸易畅通、资金融通、民心相通，健全"一带一路"双边和多边合作机制。推动与沿线国家发展规划、技术标准体系对接，推进沿线国家间的运输便利化安排，开展沿线大通关合作。建立以企业为主体、以项目为基础、各类基金引导、企业和机构参与的多元化融资模式。加强同国际组织和金融组织机构合作，积极推进亚洲基础设施投资银行、金砖国家新开发银行建设，发挥丝路基金作用，吸引国际资金共建开放多元共赢的金融合作平台。充分发挥广大海外侨胞和归侨侨眷的桥梁纽带作用。

第二节　畅通"一带一路"经济走廊

推动中蒙俄、中国-中亚-西亚、中国-中南半岛、新亚欧大陆桥、中巴、孟中印缅等国际经济合作走廊建设，推进与周边国家基础设施互联互通，共同构建连接亚洲各次区域以及亚欧非之间的基础设施网络。加强能源资源和产业链合作，提高就地加工转化率。支持中欧等国际集装箱运输和邮政班列发展。建设上合组织国际物流园和中哈物流合作基地。积极推进"21世纪海上丝绸之路"战略支点建设，参与沿线重要港口建设与经营，推动共建临港产业集聚区，畅通海上贸易通道。推进公铁水及航空多式联运，构建国际物流大通道，加强重要通道、口岸基础设施建设。建设新疆丝绸之路经济带核心区、福建"21世纪海上丝绸之路"核心区。打造具有国际航运影响力的海上丝绸之路指数。

第三节　共创开放包容的人文交流新局面

办好"一带一路"国际高峰论坛，发挥丝绸之路（敦煌）国际文化博览会等作用。广泛开展教育、科技、文化、体育、旅游、环保、卫生及中医药等领域合作。构建官民并举、多方参与的人文交流机制，互办文化年、艺术节、电影节、博览会等活动，鼓励丰富多样的民间文化交流，发挥妈祖文化等民间文化的积极作用。联合开发特色旅游产品，提高旅游便利化。加强卫生防疫领域交流合作，提高合作处理突发公共卫生事件能力。推动建立智库联盟。

第五十二章　积极参与全球经济治理

推动国际经济治理体系改革完善，积极引导全球经济议程，维护和加强多边贸易体制，促进国际经济秩序朝着平等公正、合作共赢的方向发展，共同应对全球性挑战。

第一节　维护多边贸易体制主渠道地位

坚持互利共赢原则，促进全球贸易投资的自由化和便利化，坚定反对各种形式的贸易保护主义。维护世界贸易组织在全球贸易投资中的主渠道地位，推动多边贸易谈判进程，促进多边贸易体制均衡、共赢、包容发展，形成公正、合理、透明的国际经贸规则体系。

第二节　强化区域和双边自由贸易体制建设

加快实施自由贸易区战略，逐步构筑高标准自由贸易区网络。积极同"一带一路"沿线国家和地区商建自由贸易区，加快区域全面经济伙伴关系协定、中国-海合会、中日韩自贸区等谈判，推动与以色列、加拿大、欧亚经济联盟和欧盟等建立自贸关系以及亚太自贸区相关工作。全面落实中韩等自由贸易协定和中国-东盟自贸区升级议定书。继续推进中美、中欧投资协定谈判。

第三节　推动完善国际经济治理体系

积极参与全球经济治理机制合作，支持主要全球治理平台和区域合作平台更好发挥作用，推动全球治理体制更加公平合理。支持发展中国家平等参与全球经济治理，促进国际货币体系和国际金融监管改革。加强宏观经济政策国际协调，促进全球经济平衡、金融安全、稳定增长。积极参与网络、深海、极地、空天等领域国际规则制定。积极参与国际标准制定。办好二十国集团杭州峰会。

第五十三章　积极承担国际责任和义务

扩大对外援助规模，完善对外援助方式，为发展中国家提供更多免费的人力资源、发展规划、经济政策等方面咨询培训，扩大科技教育、医疗卫生、防灾减灾、环境治理、野生动植物保护、减贫等领域对外合作和援助，加大人道主义援助力度。积极落实2030年可持续发展议程。推动形成多元化开发性融资格局。维护国际公共安全，反对一切形式的恐怖主义，积极支持并参与联合国维和行动，加强防扩散国际合作，参与管控热点敏感问题，共同维护国际通道安全。加强多边和双边协调，参与国际网络空间治理，维护全球网络安全。推动反腐败国际合作。

第十二篇　深化内地和港澳、大陆和台湾地区合作发展

支持港澳巩固传统优势、培育发展新优势，拓宽两岸关系和平发展道路，更好实现经济互补互利、共同发展。

第五十四章　支持香港澳门长期繁荣稳定发展

全面准确贯彻"一国两制""港人治港""澳人治澳"、高度自治的方针，严格依照宪法和基本法办事，发挥港澳独特优势，提升港澳在国家经济发展和对外开放中的地位和功能，支持港澳发展经济、改善民生、推进民主、促进和谐。

第一节　支持港澳提升经济竞争力

支持香港巩固和提升国际金融、航运、贸易三大中心地位，强化全球离岸人民币业务枢纽

地位和国际资产管理中心功能，推动融资、商贸、物流、专业服务等向高端高增值方向发展。支持香港发展创新及科技事业，培育新兴产业。支持香港建设亚太区国际法律及解决争议服务中心。支持澳门建设世界旅游休闲中心、中国与葡语国家商贸合作服务平台，积极发展会展商贸等产业，促进经济适度多元可持续发展。

第二节 深化内地与港澳合作

支持港澳参与国家双向开放、"一带一路"建设，鼓励内地与港澳企业发挥各自优势，通过多种方式合作走出去。加大内地对港澳开放力度，推动内地与港澳关于建立更紧密经贸关系安排升级。深化内地与香港金融合作，加快两地市场互联互通。加深内地同港澳在社会、民生、文化、教育、环保等领域交流合作，支持内地与港澳开展创新及科技合作，支持港澳中小微企业和青年人在内地发展创业。支持共建大珠三角优质生活圈，加快前海、南沙、横琴等粤港澳合作平台建设。支持港澳在泛珠三角区域合作中发挥重要作用，推动粤港澳大湾区和跨省区重大合作平台建设。

第五十五章 推进两岸关系和平发展和祖国统一进程

坚持"九二共识"和一个中国原则，坚决反对"台独"。在坚持原则立场基础上，以互利共赢方式深化两岸经济合作，扩大两岸合作领域，增进两岸同胞福祉，巩固和推进两岸关系和平发展。

第一节 促进两岸经济融合发展

加强两岸宏观政策交流，拓展经济合作空间和共同利益。推动两岸产业优势互补、融合发展，鼓励两岸企业相互持股、合作创新、共创品牌、共拓市场。深化两岸金融合作，支持两岸资本市场开展多层次合作。推动两岸贸易投资扩大规模、提升层次。扩大对台湾服务业开放，加强两岸在农渔业、中小企业、电子商务等领域合作。推进海峡西岸经济区、中国(福建)自由贸易试验区建设，打造台商投资区、平潭综合实验区、福州新区、昆山深化两岸产业合作试验区等对台合作平台，深化厦门对台合作支点建设。鼓励长三角、珠三角、环渤海等台资企业聚集区发挥优势，支持台资企业转型升级，引导向中西部地区梯度转移。

第二节 加强两岸人文社会交流

扩大两岸人员往来，完善台湾同胞待遇政策措施，为台湾居民在大陆工作、学习、生活提供更多便利。加强两岸文化交流合作，共同弘扬中华文化，增进两岸同胞文化、民族认同。深化两岸教育交流合作，扩大两岸高校学历互认范围，推进闽台职业教育交流合作试验区建设。鼓励两岸联合开展科技研发合作，深化两岸学术交流。加强两岸基层和青少年交流，让更多台湾普通民众、青少年和中小企业在交流合作中受益。

第十三篇 全力实施脱贫攻坚

充分发挥政治优势和制度优势，贯彻精准扶贫、精准脱贫基本方略，创新扶贫工作机制和模式，采取超常规措施，加大扶贫攻坚力度，坚决打赢脱贫攻坚战。

第五十六章 推进精准扶贫精准脱贫

按照扶贫对象精准、项目安排精准、资金使用精准、措施到户精准、因村派人精准、脱贫成效精准的要求，切实提高扶贫实效，稳定实现农村贫困人口不愁吃、不愁穿，义务教育、基本医疗和住房安全有保障。

第一节 创新扶贫开发方式

根据致贫原因和脱贫需求，对贫困人口实行分类精准扶持。通过发展特色产业、转移就业、易地扶贫搬迁、生态保护扶贫、教育培训、开展医疗保险和医疗救助等措施，实现约5 000万建档立卡贫困人口脱贫；通过实行社保政策兜底，实现其余完全或部分丧失劳动能力的贫困人口脱贫。探索资产收益扶持制度，通过土地托管、扶持资金折股量化、农村土地经营权入股等方式，让贫困人口分享更多资产收益。

第二节 健全精准扶贫工作机制

全面做好精准识别、建档立卡工作。加强贫困人口动态统计监测，建立精准扶贫台账，加强定期核查和有进有出动态管理。建立贫困户脱贫认定机制，制定严格规范透明的贫困县退出标准、程序、核查办法。建立扶贫工作绩效社会监督机制，开展贫困地区群众扶贫满意度调查，建立扶贫政策落实情况跟踪审计和扶贫成效第三方评估机制。

第五十七章 支持贫困地区加快发展

把革命老区、民族地区、边疆地区、集中连片贫困地区作为脱贫攻坚重点，持续加大对集中连片特殊困难地区的扶贫投入力度，增强造血能力，实现贫困地区农民人均可支配收入增长幅度高于全国平均水平，基本公共服务主要领域指标接近全国平均水平。

第一节 加强贫困地区基础设施建设

因地制宜解决贫困地区通路、通水、通电、通网络等问题。构建贫困地区外通内联的交通运输通道。建设 15.2 万 km 通建制村沥青(水泥)路。加强贫困地区水利建设，全面解决贫困人口饮水安全问题，大力扶持贫困地区农村水电开发。加大贫困地区农网改造力度。宽带网络覆盖90%以上的贫困村。加大以工代赈投入力度，支持贫困地区中小型公益性基础设施建设。继续实施整村推进，加快改善贫困村生产生活条件。

第二节 提高贫困地区公共服务水平

把建档立卡贫困户放在优先位置，全面完成危房改造，切实保障贫困户住房安全。改善贫困地区基本公共服务，提高教育质量和医疗服务水平。集中实施一批文化惠民扶贫项目，推动贫困地区县级公共文化体育设施达到国家标准。

第五十八章 完善脱贫攻坚支撑体系

完善扶贫脱贫扶持政策，健全扶贫工作机制，创新各类扶贫模式及其考评体系，为脱贫攻坚提供强有力支撑。

第一节 强化政策保障

加大中央和省级财政扶贫投入，发挥政策性金融、开发性金融、商业性金融和合作性金融的互补作用，整合各类扶贫资源，拓宽资金来源渠道。优先保证扶贫开发用地需要，专项安排贫困县年度新增建设用地计划指标。加大贫困地区土地整治支持力度，允许贫困县将城乡建设用地增减挂钩指标在省域范围内使用。对在贫困地区开发水电、矿产资源占用集体土地的，试行给原住居民集体股权方式进行补偿。完善资源开发收益分享机制，使贫困地区更多分享开发收益。加大科技扶贫力度。实施贫困地区人才支持计划和本土人才培养计划。

第二节 健全广泛参与机制

健全东西扶贫协作和党政机关、部队、人民团体、国有企业定点扶贫机制。鼓励支持民营企业、社会组织、个人参与扶贫开发，引导社会扶贫重心下移，实现社会帮扶资源和精准扶贫有效对接。创新参与模式，鼓励设立产业投资基金和公益信托基金，实施扶贫志愿者行动计划和社会工作专业人才服务贫困地区计划。着力打造扶贫公益品牌。

第三节 落实脱贫工作责任制

进一步完善中央统筹、省(自治区、直辖市)负总责、市(地)县抓落实的工作机制。强化脱贫工作责任考核，全面落实扶贫开发工作成效考核办法，对贫困县重点考核脱贫成效。建立扶贫工作督查制度，强化责任追究。

专栏19 脱贫攻坚重点工程

(一)特色产业扶贫

重点支持贫困村、贫困户发展种养业和传统手工业，实施贫困村"一村一品"产业推动行动和"互联网+"产业扶贫，实施电商扶贫、光伏扶贫、乡村旅游扶贫工程，实现 3 000 万以上贫困人口脱贫。

(二)劳务输出扶贫

加大职业技能提升计划和贫困户教育培训工程实施力度，确保贫困家庭劳动力至少掌握一门致富技能。实施劳务对接工程，加强就业指导与服务，通过与区外劳务需求对接引导青壮年劳动力输出，实现 1 000 万人转移就业脱贫。

(三)易地扶贫搬迁

对"一方水土养不活一方人"地区约 1 000 万贫困人口实施易地搬迁，支持新建住房及配套基础设施、公共服务设施，依托小城镇、工业园区提供更多就业机会，提高贫困人口自我发展能力，实现有业可就，稳定脱贫。

（四）交通扶贫

实施"双百"工程，改造建设百万公里农村公路，加强贫困地区旅游路、资源路、产业园区路建设；推动国家干线交通网连接贫困地区的百个重大交通项目建设。

（五）生态保护扶贫

针对生态敏感和脆弱地区（流域）的贫困人口，重点采取加大生态补偿力度、实施生态保护修复工程等措施，提高收入水平，创造更多就业岗位。

（六）教育扶贫

全面改善贫困地区义务教育薄弱学校基本办学条件，加强乡村教师培训，实施好农村义务教育学生营养改善计划，加大对贫困家庭子女学前教育、特殊教育、高中阶段教育、高等教育资助救助力度。继续实施"雨露计划"，让未能升学的贫困家庭初高中毕业生都能接受职业教育。

（七）健康扶贫与社保兜底脱贫

对因病致贫人口提供医疗救助保障，明显改善贫困地区医疗服务能力，推进全国二级以上医疗卫生机构加强对贫困县的对口帮扶。对无法依靠产业扶持和就业帮助脱贫的家庭实行政策性保障兜底，将所有符合条件的贫困家庭纳入低保范围，做到应保尽保。

（八）金融扶贫

发行政策性金融债券和专项债券筹集资金，支持扶贫开发。设立扶贫再贷款，引导金融机构重点支持贫困地区发展特色产业和贫困人口就业创业。面向建档立卡贫困户，发展财政贴息、免抵押免担保的扶贫小额信贷。健全保险服务网络，完善融资担保和风险补偿机制。

第十四篇　提升全民教育和健康水平

把提升人的发展能力放在突出重要位置，全面提高教育、医疗卫生水平，着力增强人民科学文化和健康素质，加快建设人力资本强国。

第五十九章　推进教育现代化

全面贯彻党的教育方针，坚持教育优先发展，加快完善现代教育体系，全面提高教育质量，促进教育公平，培养德智体美全面发展的社会主义建设者和接班人。

第一节　加快基本公共教育均衡发展

建立城乡统一、重在农村的义务教育经费保障机制，加大公共教育投入向中西部和民族边远贫困地区的倾斜力度。科学推进城乡义务教育公办学校标准化建设，改善薄弱学校和寄宿制学校办学条件，优化教育布局，努力消除城镇学校"大班额"，基本实现县域校际资源均衡配置，义务教育巩固率提高到95%。加强教师队伍特别是乡村教师队伍建设，落实乡村教师支持计划，通过政府购买岗位等方式，解决结构性、阶段性、区域性教师短缺问题。改善乡村教学环境。鼓励普惠性幼儿园发展，加强农村普惠性学前教育，实施学前教育三年行动计划，学前三年毛入园率提高到85%。普及高中阶段教育，率先从建档立卡的家庭经济困难学生实施普通高中免除学杂费，高中阶段教育毛入学率达到90%以上。提升残疾人群特殊教育普及水平、条件保障和教育质量。积极推进民族教育发展，科学稳妥推行双语教育，加大双语教师培训力度。

第二节　推进职业教育产教融合

完善现代职业教育体系，加强职业教育基础能力建设。推动具备条件的普通本科高校向应用型转变。推行产教融合、校企合作的应用型人才和技术技能人才培养模式，促进职业学校教师和企业技术人才双向交流。推动专业设置、课程内容、教学方式与生产实践对接。促进职业教育与普通教育双向互认、纵向流动。逐步分类推进中等职业教育免除学杂费，实行国家基本职业培训包制度。

第三节　提升大学创新人才培养能力

推进现代大学制度建设，完善学校内部治理结构。建设一流师资队伍，用新理论、新知识、新技术更新教学内容。完善高等教育质量保障体系。推进高等教育分类管理和高等学校综合改革，优化学科专业布局，改革人才培养机制，实行学术人才和应用人才分类、通识教育和专业教育相结合的培养制度,强化实践教学,着力培养学生创意创新创业能力。深入实施中西部高等教育振兴计划,扩大重点高校对中西部和农村地区招生规模。全面提高高校创新能力,统筹推进世界一流大学和一流学科建设。

第四节 加快学习型社会建设

大力发展继续教育,构建惠及全民的终身教育培训体系。推动各类学习资源开放共享,办好开放大学,发展在线教育和远程教育,整合各类数字教育资源向全社会提供服务。建立个人学习账号和学分累计制度,畅通继续教育、终身学习通道,制定国家资历框架,推进非学历教育学习成果、职业技能等级学分转换互认。发展老年教育。

第五节 增强教育改革发展活力

深化教育改革,增强学生社会责任感、法治意识、创新精神、实践能力,全面加强体育卫生、心理健康、艺术审美教育,培养创新兴趣和科学素养。深化考试招生制度和教育教学改革。推行初高中学业水平考试和综合素质评价。全面推开中小学教师职称制度改革,改善教师待遇。推动现代信息技术与教育教学深度融合。依法保障教育投入。实行管办评分离,扩大学校办学自主权,完善教育督导,加强社会监督。建立分类管理、差异化扶持的政策体系,鼓励社会力量和民间资本提供多样化教育服务。完善资助体系,实现家庭经济困难学生资助全覆盖。

专栏20　教育现代化重大工程

(一)义务教育学校标准化

实施加快中西部教育发展行动计划,逐步实现未达标城乡义务教育公办学校的师资标准化配置和校舍、场地标准化。

(二)高中阶段教育普及攻坚计划

增加中西部贫困地区尤其是集中连片特殊困难地区高中阶段教育资源,使中西部贫困地区未升入普通高中的初中毕业生基本进入中等职业学校就读。

(三)普惠性幼儿园建设

加强普惠性幼儿园建设,重点保障中西部农村适龄儿童和实施全面两孩政策城镇新增适龄儿童入园需求。

(四)产教融合发展

支持百所高职院校和千所中职学校加强校企合作,共建职业教育实习实训设施;支持本科高校改善教学实验实训设施等基本办学条件;建设一批高水平应用型本科高校。支持校企合作方式建设服务现代产业的新兴学科专业集群。

(五)世界一流大学和一流学科建设

重点支持若干所高校和一批学科进入世界一流行列,若干学科进入世界一流学科前列。继续推进高等学校创新能力提升计划。

(六)发展继续教育

支持高等学校和职业院校为进城定居农民工、现代职业农民、现代产业工人和退役军人提供继续教育培训。建立个人学习账号和学分认证平台。

(七)教师队伍建设

支持师范教育发展,实施高素质教育人才培养工程。补充民族地区双语教师和贫困地区中职教师。每年安排农村教师"特岗计划",逐步扩大到10万人。建设乡村教师周转宿舍。实施中西部中小学首席教师岗位计划和高校高水平教师引进计划。加大特教教师培养力度。

(八)教育信息化

加快实施"三通两平台"建设工程,继续支持农村中小学信息化基础设施建设。通过购买服务建设国家级优质教育资源平台。以职业教育和应用型高等教育为重点,发展现代远程教育和在线教育。

(九)教育国际交流合作

推进共建"一带一路"教育行动。实施留学行动计划。继续办好孔子学院。

第六十章 推进健康中国建设

深化医药卫生体制改革,坚持预防为主的方针,建立健全基本医疗卫生制度,实现人人享有基本医疗卫生服务,推广全民健身,提高人民健康水平。

第一节 全面深化医药卫生体制改革

实行医疗、医保、医药联动,推进医药分开,建立健全覆盖城乡居民的基本医疗卫生制度。全面推进公立医院综合改革,坚持公益属性,破除逐利机制,降低运行成本,逐步取消药品加成,推进医疗服务价格改革,完善公立医院补偿机制。建立现代医院管理制度,落实公立医院独立法人地位,建立符合医疗卫生行业特点的人事薪酬制度。完善基本药物制度,深化药品、耗材流通体制改革,健全药品供应保障机制。鼓励研究和创制新药,将已上市创新药和通过一致性评价的药品优先列入医保目录。鼓励社会力量兴办健康服务业,推进非营利性民营医院和公立医院同等待遇。强化全行业监管,提高医疗服务质量,保障医疗安全。优化从医环境,完善纠纷调解机制,构建和谐医患关系。

第二节 健全全民医疗保障体系

健全医疗保险稳定可持续筹资和报销比例调整机制,完善医保缴费参保政策。全面实施城乡居民大病保险制度,健全重特大疾病救助和疾病应急救助制度。降低大病慢性病医疗费用。改革医保管理和支付方式,合理控制医疗费用,实现医保基金可持续平衡。改进个人账户,开展门诊费用统筹。城乡医保参保率稳定在95%以上。加快推进基本医保异地就医结算,实现跨省异地安置退休人员住院医疗费用直接结算。整合城乡居民医保政策和经办管理。鼓励商业保险机构参与医保经办。将生育保险和基本医疗保险合并实施。鼓励发展补充医疗保险和商业健康保险。探索建立长期护理保险制度,开展长期护理保险试点。完善医疗责任险制度。

第三节 加强重大疾病防治和基本公共卫生服务

完善国家基本公共卫生服务项目和重大公共卫生服务项目,提高服务质量效率和均等化水平。提升基层公共卫生服务能力。加强妇幼健康、公共卫生、肿瘤、精神疾病防控、儿科等薄弱环节能力建设。实施慢性病综合防控战略,有效防控心脑血管疾病、糖尿病、恶性肿瘤、呼吸系统疾病等慢性病和精神疾病。加强重大传染病防控,降低全人群乙肝病毒感染率,艾滋病疫情控制在低流行水平,肺结核发病率降至58/10万,基本消除血吸虫病危害,消除疟疾、麻风病危害。做好重点地方病防控工作。加强口岸卫生检疫能力建设,严防外来重大传染病传入。开展职业病危害普查和防控。增加艾滋病防治等特殊药物免费供给。加强全民健康教育,提升健康素养。大力推进公共场所禁烟。深入开展爱国卫生运动和健康城市建设。加强国民营养计划和心理健康服务。

第四节 加强妇幼卫生保健及生育服务

全面推行住院分娩补助制度,向孕产妇免费提供生育全过程的基本医疗保健服务。加强出生缺陷综合防治,建立覆盖城乡居民,涵盖孕前、孕期、新生儿各阶段的出生缺陷防治免费服务制度。全面提高妇幼保健服务能力,加大妇女儿童重点疾病防治力度,提高妇女常见病筛查率和早诊早治率,加强儿童疾病防治和预防伤害。全面实施贫困地区儿童营养改善和新生儿疾病筛查项目。婴儿死亡率、5岁以下儿童死亡率、孕产妇死亡率分别降为7.5‰、9.5‰、18/10万。

第五节 完善医疗服务体系

优化医疗机构布局,推动功能整合和服务模式创新。加强专业公共卫生机构、基层医疗卫生机构和医院之间的分工协作,健全上下联动、衔接互补的医疗服务体系,完善基层医疗服务模式,推进全科医生(家庭医生)能力提高及电子健康档案等工作,实施家庭签约医生模式。全面建立分级诊疗制度,以提高基层医疗服务能力为重点,完善服务网络、运行机制和激励机制,实行差别化的医保支付和价格政策,形成科学合理就医秩序,基本实现基层首诊、双向转诊、上下联动、急慢分治。加强医疗卫生队伍建设,实施全民健康卫生人才保障工程和全科医生、儿科医生培养使用计划,健全住院医师规范化培训制度。通过改善从业环境和薪酬待遇,促进医疗资源向中西部地区倾斜、向基层和农村流动。完善医师多点执业制度。全面实施临床路径。提升健康信息服务和大数据应用能力,发展远程医疗和智慧医疗。每千人口执业(助理)医师数达到2.5名。

第六节 促进中医药传承与发展

健全中医医疗保健服务体系,创新中医药服务模式,提升基层服务能力。加强中医临床研究基地和科研机构建设。发展中医药健康服务。开展中药资源普查,加强中药资源保护,建立中医古籍数据库和知识库。加快中药标准化建设,提升中药产业水平。建立大宗、道地和濒危药材种苗繁育基地,促进中药材种植业绿色发展。支持民族医药发展。推广中医药适宜技术,推动中医药服务走出去。

第七节 广泛开展全民健身运动

实施全民健身战略。发展体育事业,加强群众健身活动场地和设施建设,推行公共体育设施免费或低收费开放。实施青少年体育活动促进计划,培育青少年体育爱好和运动技能,推广普及足球、篮球、排球、冰雪等运动,完善青少年体质健康监测体系。发展群众健身休闲项目,鼓励实行工间健身制度,实行科学健身指导。促进群众体育与竞技体育全面协调发展。鼓励社会力量发展体育产业。做好北京2022年冬季奥运会筹办工作。

第八节 保障食品药品安全

实施食品安全战略。完善食品安全法规制度,提高食品安全标准,强化源头治理,全面落实企业主体责任,实施网格化监管,提高监督检查频次和抽检监测覆盖面,实行全产业链可追溯管理。开展国家食品安全城市创建行动。深化药品医疗器械审评审批制度改革,探索按照独立法人治理模式改革审评机构。推行药品经营企业分级分类管理。加快完善食品监管制度,健全严密高效、社会共治的食品药品安全治理体系。加大农村食品药品安全治理力度,完善对网络销售食品药品的监管。加强食品药品进口监管。

专栏21 健康中国行动计划

(一)疾病防治和基本公共卫生服务

逐步扩大向全体城乡居民免费提供基本公共卫生服务的范围,提高心脑血管疾病、癌症、慢性呼吸系统疾病等重病、疑难杂症防治能力,重大慢性病过早死亡率降低10%。加强卫生应急、疾病预防控制、精神卫生、血站、卫生监督能力建设,支持儿科、肿瘤、心脑血管、糖尿病、精神病、传染病、职业病等重点薄弱领域建设。

(二)妇幼健康保障

免费建立母婴健康手册,全面实施免费孕前优生健康检查,免费为儿童接种国家免疫规划疫苗,免费提供孕产期保健和儿童保健服务。扩大妇女"两癌"检查项目覆盖范围。强化孕产妇和新生儿危急重症救治能力建设,实施妇幼健康和计划生育服务保障工程,新增产床8.9万张,力争增加产科医生和助产士14万名。

(三)出生缺陷防治

将唐氏综合征、耳聋、地中海贫血等20种疾病及先天性心脏病检测列入出生缺陷综合防控方案,力争提高范围内可知、可干预,有效降低出生缺陷发生率。

(四)基层医疗卫生服务能力提升

以中西部贫困地区为重点,每县重点办好1~2所县级公立医院(含县中医院),基层医疗卫生机构标准化达标率达到95%以上;打造30 min基层医疗服务圈;加强并规范化培养住院医师50万人,每万人口全科医生数达到2名。

(五)中医药传承与创新

改善中医医院基础设施条件。支持中医重点学科和重点专科(专病)建设,加强中医药人才培养。实施中药民族药标准化行动计划。

(六)智慧医疗

全面实施"互联网+"健康医疗益民服务,建设区域人口健康信息平台,推行电子健康档案。推进健康医疗大数据应用,建设一批区域临床医学健康数据示范中心。

续表

（七）全民健身

加强体质测试与健身指导服务，推动城市社区 15 min 健身圈建设，实现公共体育服务乡镇常住人口全覆盖和农民体育健身工程全覆盖。加强足球场地、健身活动中心等公共体育服务设施建设和后备人才培养。

（八）食药安全

健全检验检测等技术支撑体系和信息化监管系统，建立食品药品职业化检查员队伍，实现各级监管队伍装备配备标准化，全面提升治理能力。

第十五篇 提高民生保障水平

按照人人参与、人人尽力、人人享有的要求，坚守底线、突出重点、完善制度、引导预期，注重机会公平，保障基本民生，不断提高人民生活水平，实现全体人民共同迈入全面小康社会。

第六十一章 增加公共服务供给

坚持普惠性、保基本、均等化、可持续方向，从解决人民最关心最直接最现实的利益问题入手，增强政府职责，提高公共服务共建能力和共享水平。

第一节 促进基本公共服务均等化

围绕标准化、均等化、法制化，加快健全国家基本公共服务制度，完善基本公共服务体系。建立国家基本公共服务清单，动态调整服务项目和标准，促进城乡区域间服务项目和标准有机衔接。合理增加中央和省级政府基本公共服务事权和支出责任。健全基层服务网络，加强资源整合，提高管理效率，推动服务项目、服务流程、审核监管公开透明。

第二节 满足多样化公共服务需求

开放市场并完善监管，努力增加非基本公共服务和产品供给。积极推动医疗、养老、文化、体育等领域非基本公共服务加快发展，丰富服务产品，提高服务质量，提供个性化服务方案。积极应用新技术、发展新业态，促进线上线下服务衔接，让人民群众享受高效便捷优质服务。

第三节 创新公共服务提供方式

推动供给方式多元化，能由政府购买服务提供的，政府不再直接承办；能由政府和社会资本合作提供的，广泛吸引社会资本参与。制定发布购买公共服务目录，推行特许经营、定向委托、战略合作、竞争性评审等方式，引入竞争机制。创新从事公益服务事业单位体制机制，健全法人治理结构，推动从事生产经营活动事业单位转制为企业。

专栏 22　基本公共服务项目清单

（一）公共教育

免费义务教育、农村义务教育学生营养改善、寄宿生生活补助、普惠性学前教育资助、中职国家助学金、中职免学费、普通高中助学金、家庭经济困难普通高中学生免学费、个人学习账号和学分累计等。

（二）劳动就业

基本公共就业服务、创业服务、就业援助、就业见习服务、大中城市联合招聘服务、职业技能培训和技能鉴定、农民工培训、12333电话咨询服务、劳动关系协调、劳动人事争议调解仲裁等。

（三）社会保险

职工基本养老保险、居民基本养老保险、职工基本医保、居民基本医保、失业保险、工伤保险、生育保险服务等。

（四）卫生计生

居民健康档案、健康教育、预防接种、传染病及突发公共卫生事件处理、儿童健康管理、孕产妇健康管理、老年人健康管理、残疾人健康管理和社区康复、慢性病管理、严重精神障碍患者管理、卫生监督协管、结核病患者健康管理服务、中医药健康管理、艾滋病病毒感染者和病人随访管理、社区艾滋病高危行为人群干预、免费孕前优生健康检查、疾病应急救助、基本药物制度、计划生育技术指导咨询、农村部分计划生育家庭奖励扶助、计划生育家庭特别扶助、药品安全保障等。

续表

（五）社会服务

最低生活保障、特困人员供养、医疗救助、临时救助、受灾人员救助、养老救助、老年人福利补贴、困境儿童分类保障、留守儿童关爱保护服务、未成年人社会保护、基本殡葬服务、优待抚恤、退役军人安置、重点优抚对象集中供养等。

（六）住房保障

公共租赁住房、棚户区改造、农村危房改造、农房抗震改造、游牧民定居等。

（七）文化体育

公共文化设施免费开放、公益性流动文化服务、收听广播、观看电视、农村数字电影放映、读书看报、应急广播、少数民族文化服务、数字文化服务、参观文化遗产、公共体育场馆开放、全民健身服务等。

（八）残疾人基本公共服务

困难残疾人生活补贴和重度残疾人护理补贴、重度无业残疾人最低生活保障、贫困残疾人基本型辅助器具补贴、贫困残疾人家庭无障碍改造补贴、基本社会保险个人缴费资助和保险待遇、基本住房保障、残疾人托养服务、残疾人康复、残疾人教育、残疾人职业培训和就业服务、残疾人文化体育、无障碍环境支持等。

第六十二章　实施就业优先战略

实施更加积极的就业政策，创造更多就业岗位，着力解决结构性就业矛盾，鼓励以创业带就业，实现比较充分和高质量就业。

第一节　推动实现更高质量的就业

把促进充分就业作为经济社会发展优先目标、放在更加突出位置，坚持分类施策，提高劳动参与率，稳定并扩大城镇就业规模。落实高校毕业生就业促进和创业引领计划，搭建创新创业平台，健全高校毕业生自主创业、到基层就业的激励政策。促进农村富余劳动力转移就业和外出务工人员返乡创业。加强对灵活就业、新就业形态的扶持，促进劳动者自主就业。做好退役军人就业安置工作。加强就业援助，对就业困难人员实行实名制动态管理和分类帮扶，做好"零就业"家庭帮扶工作。加大再就业支持力度。不断改善劳动条件，规范劳动用工制度，落实职工带薪年休假制度。严禁各种形式的就业歧视。规范就业中介服务。健全劳动关系协调机制，加强劳动保障监察和争议调解仲裁，维护职工合法权益，保障非正规就业劳动者权益，全面治理拖欠农民工工资问题，建立和谐劳动关系。

第二节　提高公共就业创业服务能力

完善就业创业服务体系，推行终身职业技能培训制度。开展贫困家庭子女、未升学初高中毕业生、农民工、失业人员和转岗职工、退役军人和残疾人免费接受职业培训行动。完善高技能人才职称评定、技术等级认定等政策。完善就业失业统计指标体系，健全失业监测预警机制，发布城镇调查失业率数据，强化对部分地区、行业规模性失业的监测和应对。提高公共就业创业服务信息化水平，推进各类就业信息共享开放。

专栏23　促进就业行动计划

（一）劳动者素质提升行动

实施高技能人才工程和新成长劳动力技能提升、在岗职工技能提升、企业新型学徒制培训、战略性新兴产业紧缺劳动力技能提升等计划。

（二）高校毕业生就业促进和创业引领

健全未就业毕业生实名制数据库，为高校毕业生提供就业信息、职业指导和就业见习等就业服务。普及创业教育，加强创业培训。实施高校毕业生基层培养计划。

（三）农民工职业技能培训

通过订单、定向和定岗式培训，对农村未升学初高中毕业生等新生代农民工开展就业技能培训，为有创业意愿的农民工提供创业培训，累计开展农民工培训4 000万人次。

(四)特殊就业人群职业培训

加大贫困家庭子女、大龄失业人员、转岗职工、退役军人和残疾人等劳动者职业技能和创业培训力度,按规定提供培训补贴,对农村贫困家庭学员和城市居民最低生活保障家庭学员给予生活补贴。

(五)公共就业创业服务体系建设

加强公共就业创业服务设施建设,支持设立返乡创业示范基地,建设区域性公共实训基地,实现县级就业创业服务设施全覆盖,加快部门间数据共享。健全流动人员人事档案基本公共服务体系。

第六十三章 缩小收入差距

正确处理公平和效率关系,坚持居民收入增长和经济增长同步、劳动报酬提高和劳动生产率提高同步,持续增加城乡居民收入,规范初次分配,加大再分配调节力度,调整优化国民收入分配格局,努力缩小全社会收入差距。

第一节 完善初次分配制度

完善市场评价要素贡献并按贡献分配的机制。健全科学的工资水平决定机制、正常增长机制、支付保障机制,推行企业工资集体协商制度,完善最低工资增长机制。健全高技能人才薪酬体系,提高技术工人待遇。完善适应机关事业单位特点的工资制度。加强对国有企业薪酬分配的分类监管。注重发挥收入分配政策激励作用,扩展知识、技术和管理要素参与分配途径。多渠道增加城乡居民财产性收入。

第二节 健全再分配调节机制

实行有利于缩小收入差距的政策,明显增加低收入劳动者收入,扩大中等收入者比重。加快建立综合和分类相结合的个人所得税制度。将一些高档消费品和高消费行为纳入消费税征收范围。完善鼓励回馈社会、扶贫济困的税收政策。健全针对困难群体的动态社会保障兜底机制。增加财政民生支出,公共资源出让收益更多用于民生保障,逐步提高国有资本收益上缴公共财政比例。

第三节 规范收入分配秩序

保护合法收入,规范隐性收入,遏制以权力、行政垄断等非市场因素获取收入,取缔非法收入。严格规范工资外收入和非货币性福利。全面推行非现金结算,建立健全自然人收入和财产信息系统,完善收入统计调查和监测体系。

第六十四章 改革完善社会保障制度

坚持全民覆盖、保障适度、权责清晰、运行高效,稳步提高社会保障统筹层次和水平,建立健全更加公平、更可持续的社会保障制度。

第一节 完善社会保险体系

实施全民参保计划,基本实现法定人员全覆盖。坚持精算平衡,完善筹资机制,分清政府、企业、个人等的责任。适当降低社会保险费率。完善统账结合的城镇职工基本养老保险制度,构建包括职业年金、企业年金和商业保险的多层次养老保险体系,持续扩大覆盖面。实现职工基础养老金全国统筹。完善职工养老保险个人账户制度,健全参保缴费激励约束机制,建立基本养老金合理调整机制。推出税收递延型养老保险。更好发挥失业、工伤保险作用,增强费率确定的灵活性,优化调整适用范围。建立更加便捷的社会保险转移接续机制。划转部分国有资本充实社保基金,拓宽社会保险基金投资渠道,加强风险管理,提高投资回报率。大幅提升灵活就业人员、农民工等群体参加社会保险比例。加强公共服务设施和信息化平台建设,实施社会保障卡工程,持卡人口覆盖率达到90%。

第二节 健全社会救助体系

统筹推进城乡社会救助体系建设,完善最低生活保障制度,强化政策衔接,推进制度整合,确保困难群众基本生活。加强社会救助制度与其他社会保障制度、专项救助与低保救助统筹衔接。构建综合救助工作格局,丰富救助服务内容,合理提高救助标准,实现社会救助"一门受理、协同办理"。建立健全社会救助家庭经济状况核对机制,努力做到应救尽救、应退尽退。开展"救急难"综合试点,加强基层流浪乞讨救助服务设施建设。

第三节　支持社会福利和慈善事业发展

健全以扶老、助残、爱幼、济困为重点的社会福利制度。建立家庭养老支持政策,提增家庭养老扶幼功能。做好困境儿童福利保障工作。完善儿童收养制度。加强优抚安置工作。发展公益性基本殡葬服务,支持公共殡仪馆、公益性骨灰安放(葬)设施和墓地建设。加快公办福利机构改革,加强福利设施建设,优化布局和资源共享。大力支持专业社会工作和慈善事业发展,健全经常性社会捐助机制。广泛动员社会力量开展社会救济和社会互助、志愿服务活动。

第六十五章　积极应对人口老龄化

开展应对人口老龄化行动,加强顶层设计,构建以人口战略、生育政策、就业制度、养老服务、社保体系、健康保障、人才培养、环境支持、社会参与等为支撑的人口老龄化应对体系。

第一节　促进人口均衡发展

坚持计划生育的基本国策,全面实施一对夫妇可生育两个孩子政策。改革完善计划生育服务管理,完善生育登记服务制度。提高生殖健康、妇幼保健、托幼等公共服务水平。做好相关经济社会政策与全面两孩政策的有效衔接。完善农村计划生育家庭奖励扶助和特别扶助制度,加强对失独家庭的关爱和帮助。做好优生优育的全程服务。注重家庭发展。综合治理出生人口性别比偏高问题。全国总人口14.2亿人左右。

完善人口发展战略,建立健全人口与发展综合决策机制。综合应对劳动年龄人口下降,实施渐进式延迟退休年龄政策,加强老年人力资源开发,增强大龄劳动力就业能力。开展重大经济社会政策人口影响评估,健全人口动态监测机制。

第二节　健全养老服务体系

建立以居家为基础、社区为依托、机构为补充的多层次养老服务体系。统筹规划建设公益性养老服务设施,支持面向失能老年人的老年养护院、社区日间照料中心等设施建设。全面建立针对经济困难高龄、失能老年人的补贴制度。加强老龄科学研究。实施养老护理人员培训计划,加强专业化养老服务护理人员和管理人才队伍建设。推动医疗卫生和养老服务相结合。完善与老龄化相适应的福利慈善体系。推进老年宜居环境建设。全面放开养老服务市场,通过购买服务、股权合作等方式支持各类市场主体增加养老服务和产品供给。加强老年人权益保护,弘扬敬老、养老、助老社会风尚。

第六十六章　保障妇女未成年人和残疾人基本权益

坚持男女平等基本国策和儿童优先,切实加强妇女、未成年人、残疾人等社会群体权益保护,公平参与并更多分享发展成果。

第一节　促进妇女全面发展

实施妇女发展纲要。保障妇女平等获得就学、就业、婚姻财产和参与社会事务等权利和机会,保障农村妇女土地权益,提高妇女参与决策管理水平。加强妇女扶贫减贫、劳动保护、卫生保健、生育关怀、社会福利、法律援助等工作。严厉打击拐卖妇女儿童、暴力侵害妇女等违法犯罪行为。消除对妇女的歧视和偏见,改善妇女发展环境。

第二节　关爱未成年人健康成长

实施儿童发展纲要。强化对未成年人生存权、发展权、受保护权、参与权的依法保障和社会责任。完善未成年人监护制度,构建未成年人关爱社会网络,健全社区未成年人保护与服务体系。消除童工现象。制定实施青年发展规划,营造良好成长成才环境,促进学校教育、家庭教育、社会教育协调互动,培养青少年勤学、修德、明辨、笃实的良好品质,激发青少年活力和创造力。加强学校及周边社会治安综合治理,严厉打击危害未成年人身心健康的违法犯罪行为。加强未成年人心理健康引导。有效预防未成年人犯罪。鼓励青少年更多参与志愿服务和社会公益活动。

第三节　提升残疾人服务保障水平

支持残疾人事业发展,建立健全残疾人基本福利制度,实现残疾人基本民生兜底保障。完善重度残疾人医疗报销制度。优先保障残疾人基本住房。完善残疾人就业创业扶持政策,健全公共机构为残疾人提供就业岗位制度。加强残疾人康复和托养设施建设，鼓励社会力量提供服务。加强残疾人无障碍设施建设和维护。实施0-6岁残疾儿童康复、贫困残疾人基本型辅助器具适配等重点康复工程。建设康复大学，培养康复专业技术人才。

专栏24　社会关爱行动计划
（一）关爱儿童健康发展 　　为困境儿童提供生活照料、心理辅导等服务。提供农村留守儿童特殊关爱，加强儿童福利、未成年人保护等设施建设，"儿童之家"覆盖90%以上的城乡社区。帮助农村贫困家庭幼儿接受学前教育。 （二）青少年发展 　　深入开展青少年群众体育活动，青年体质达标率达到95%以上；加强服务青年发展的阵地建设。加强学校结核病、艾滋病防治。 （三）扶残助残 　　全面实施困难残疾人生活补贴和重度残疾人护理补贴；有条件的地方对贫困残疾人基本型辅助器具配置和贫困残疾人家庭实施无障碍改造给予补贴；支持日间照料机构和专业托养服务机构为残疾人提供护理照料；实施重点康复项目，为贫困残疾人、重度残疾人提供基本康复服务。 （四）敬老养老 　　加强老年养护院、医养结合、社区日间照料中心等养老服务设施建设和康复辅具配备。建设社区居家养老服务信息平台，推进养老智慧社区建设，推进长期照护体系嵌入社区，推动养老服务覆盖所有居家老年人。开展适老化设施改造试点。实施老龄互助关爱工程。

第十六篇　加强社会主义精神文明建设

坚持社会主义先进文化前进方向，坚持以人民为中心的工作导向，坚持把社会效益放在首位、社会效益和经济效益相统一，加快文化改革发展，推动物质文明和精神文明协调发展，建设社会主义文化强国。

第六十七章　提升国民文明素质

以社会主义核心价值观为引领，加强思想道德建设和社会诚信建设，弘扬中华传统美德和时代新风，倡导科学精神和人文精神，全面提高国民素质和社会文明程度。

第一节　培育和践行社会主义核心价值观

用"中国梦"和社会主义核心价值观凝聚共识、汇聚力量，增强国家意识、法治意识、道德意识、社会责任意识、生态文明意识。加强理想信念教育，深化中国特色社会主义理论体系的学习研究宣传，把社会主义核心价值观贯穿融入经济社会发展各领域和社会生活各方面。通过教育引导、舆论宣传、文化熏陶、行为实践、制度保障，使社会主义核心价值观内化为人们的坚定信念，外化为人们的自觉行动，增强全社会的道路自信、理论自信、制度自信。加强和改进基层宣传思想文化工作。推进公民道德建设，培育正确的道德判断和道德责任。

第二节　推进哲学社会科学创新

实施哲学社会科学创新工程，构建哲学社会科学创新体系。加强思想理论工作平台和学科建设，深入实施马克思主义理论研究和建设工程。深化治国理政新理念新思想新战略的研究阐释。发展中国特色社会主义政治经济学。重点建设50~100家国家高端智库。

第三节　传承发展优秀传统文化

构建中华优秀传统文化传承体系，实现传统文化创造性转化和创新性发展。广泛开展优秀传统文化普及活动并纳入国民教育，继承"五四运动"以来的革命文化传统。大力推行和规范使用国家语言文字。加强文物保护利用，杜绝破坏性开发和不当经营。加强非物质文化遗产保护与传承，振兴传统工艺，传承发展传统戏曲。发展民族民间文化，扶持民间文化社团组织发展。

第四节　深化群众性精神文明创建活动

广泛开展文明城市、文明村镇、文明单位、文明家庭、文明校园等群众性精神文明创建活动、深化学雷锋志愿服务活动。发挥重要传统节日、重大礼仪活动、公益广告的思想熏陶和文化教育功能。普及科学知识，推动全民阅读，公民具备科学素质的比例超过10%。深入开展惠民演出、艺术普及等活动。培育良好家风、乡风、校风、行风，营造现代文明风尚。

第六十八章 丰富文化产品和服务

推进文化事业和文化产业双轮驱动，实施重大文化工程和文化名家工程，为全体人民提供昂扬向上、多姿多彩、怡养情怀的精神食粮。

第一节 繁荣发展社会主义文艺

扶持优秀文化作品创作生产，推出更多传播当代中国价值观念、体现中华文化精神、反映中国人审美追求的精品力作。更好发挥政府投入和各类基金作用，鼓励内容和形式创新，支持文艺院团发展，加强排演场所建设。加强文艺理论和评论工作。建设德艺双馨的文艺队伍。

第二节 构建现代公共文化服务体系

推进基本公共文化服务标准化、均等化。完善公共文化设施网络，加强基层文化服务能力建设。加大对老少边穷地区文化建设帮扶力度。加快公共数字文化建设。加强文化产品、惠民服务与群众文化需求对接。鼓励社会力量参与公共文化服务。继续推进公共文化设施免费开放。繁荣发展文学艺术、新闻出版、广播影视和体育事业。加强老年人、未成年人、农民工、残疾人等群体的文化权益保障。

第三节 加快发展现代文化产业

加快发展网络视听、移动多媒体、数字出版、动漫游戏等新兴产业，推动出版发行、影视制作、工艺美术等传统产业转型升级。推进业态创新，大力发展创意文化产业，促进文化与科技、信息、旅游、体育、金融等产业融合发展。推动文化企业兼并重组，扶持中小微文化企业发展。加快全国有线电视网络整合和智能化建设。扩大和引导文化消费。

第四节 建设现代传媒体系

加强主流媒体建设，提高舆论引导水平，增强传播力公信力影响力。以先进技术为支撑、内容建设为根本，推动传统媒体和新兴媒体在内容、渠道、平台、经营、管理等方面深度融合，建设"内容+平台+终端"的新型传播体系，打造一批新型主流媒体和传播载体。优化媒体结构，规范传播秩序。

第五节 加强网络文化建设

实施网络内容建设工程，丰富网络文化内涵，鼓励推出优秀网络原创作品，大力发展网络文艺，发展积极向上的网络文化。创新符合网络传播规律的网上宣传方式，提升网络舆情分析和引导能力。加强互联网分类管理，强化运营主体的社会责任。推进文明办网、文明上网，引导广大青年争当"中国好网民"，倡导网络公益活动，净化网络环境。

第六节 深化文化体制改革

健全党委领导、政府管理、行业自律、社会监督、企事业单位依法运营的文化管理体制。深化公益性文化单位改革。推动文化企业建立有文化特色的现代企业制度。健全国有文化资产管理体制。降低社会资本进入门槛，鼓励非公有制文化企业发展。开展新闻出版传媒企业特殊管理股试点。健全现代文化市场体系，落实完善文化经济政策。深入开展"扫黄打非"，加强市场监管，提升综合执法能力。

第六十九章 提高文化开放水平

加大中外人文交流力度，创新对外传播、文化交流、文化贸易方式，在交流互鉴中展示中华文化独特魅力，推动中华文化走向世界。

第一节 拓展文化交流与合作空间

推动政府合作和民间交流互促共进，增进文化互信和人文交流。推进国际汉学交流。完善海外中国文化中心建设运营机制。支持海外侨胞开展中外人文交流。鼓励文化企业对外投资合作，推进文化产品和服务出口，努力开拓国际文化市场。积极吸收借鉴国外优秀文化成果、先进文化经营管理理念，鼓励外资企业在华进行文化科技研发和服务外包。维护国家文化安全。

第二节 加强国际传播能力建设

拓展海外传播网络，丰富传播渠道和手段。打造旗舰媒体，推进合作传播，加强与国际大型传媒集团的合资合作，发挥各类信息网络设施的文化传播作用。打造符合国际惯例和国别特征、具有我国文化特色的话语体系，运用生动多样的表达方式，增强文化传播亲和力。

专栏 25　文化重大工程

（一）公民道德建设

扎实开展道德模范评选表彰和宣传学习，实施诚信社会、诚信中国建设行动，开展节俭养德全民行动，修订完善乡规民约、学生守则等社会规范。

（二）文化精品创作

组织实施精神文明建设"五个一"工程、国家舞台艺术精品创作工程、国家重大出版工程、国家影视精品工程、中国当代文学艺术创作工程、优秀剧本扶持工程、国家美术发展和收藏工程等，加大对原创精品扶持力度。

（三）公共文化设施建设

改善市县公共文化馆、图书馆、博物馆设施条件。提高村级综合文化中心功能和使用效率。贫困地区县县配有流动文化车。加快推进广播电视户户通，加强中央广播电视节目无线数字化覆盖，重点加强边疆少数民族地区广播电视覆盖和译制能力建设，完善应急广播体系。实施少数民族新闻出版东风工程、少数民族电影工程。推进国家美术馆、中国工艺美术馆、"平安故宫"及国家文献战略储备库等国家级重大文化设施建设。完善档案馆库设施。

（四）传统文化和自然遗产保护传承

加强国家重大文化和自然遗产地、全国重点文物保护单位、中国历史文化名城名镇名村、国家级非物质文化遗产等遗产资源的保护利用，建设国家文化公园，完善相关保护利用设施。实施国家记忆工程。推进山东曲阜优秀传统文化传承发展示范区、甘肃华夏文明传承创新区建设。加强考古工作，推进二里头夏朝遗址博物馆、景德镇御窑厂遗址等重要文化遗产保护项目。

（五）传统戏曲传承和传统工艺振兴

开展戏曲剧种普查，资助数字化影像化保存，扶持京剧、昆曲、地方戏等开展"名家传戏"，建设区域性演艺中心，加强戏曲专业人才培养。制定实施中国传统工艺振兴计划，扶持传统工艺项目，推动形成一批具有民族特色的知名品牌。

（六）中华典籍整理

实施中华古籍保护计划。基本完成古籍普查工作，推动古籍原生性和再生性保护，推出 300 种国家重点古籍整理出版项目，建设国家古籍资源数据库。支持《中华续道藏》《大藏经》等宗教典籍整理抢修。加强修史修志。实施民国时期文献保护计划。系统整理出版近代以来重要典籍文献。

（七）传播能力建设

加强重点新闻媒体建设，打造融媒体运行平台。加强重要网站内容建设，发展政务新媒体。加快文化资源数字化建设，推动中华优秀文化网上传播。统筹对外传播资源，扩大高端覆盖、本土化覆盖、口岸覆盖。建设讲好中国故事队伍。

（八）全民阅读

举办"书香中国"系列活动，在充分利用现有设施基础上，统筹建设社区阅读中心、数字农家书屋、公共数字阅读终端等设施，实施儿童阅读书报发放计划、市民阅读发放计划、盲文出版工程，支持实体书店发展。

第十七篇　加强和创新社会治理

加强社会治理基础制度建设，构建全民共建共享的社会治理格局，提高社会治理能力和水平，实现社会充满活力、安定和谐。

第七十章　完善社会治理体系

完善党委领导、政府主导、社会协同、公众参与、法治保障的社会治理体制，实现政府治理和社会调节、居民自治良性互动。

第一节　提升政府治理能力和水平

创新政府治理理念，强化法治意识和服务意识，寓管理于服务，以服务促管理。改进政府治理方式，充分运用现代科技改进社会治理手段，推进社会治理精细化，加强源头治理、动态管理、应急处置和标本兼治。健全政府信息发布制度。加强基层政府服务能力建设。建立国家人口基础信息库,加强人口管理、实名登记、信用体系、危机预警干预等制度建设。完善政府社会治理考核问责机制。

第二节 增强社区服务功能

完善城乡社区治理体制,依法厘清基层政府和社区组织权责边界,建立社区、社会组织、社会工作者联动机制。健全城乡社区综合服务管理平台,促进公共服务、便民利民服务、志愿服务有机衔接,实现一站式服务。实现城市社区综合服务设施全覆盖,推进农村社区综合服务设施建设。提升社区工作者队伍职业素质。注册志愿者人数占居民人口比例达到13%。

第三节 发挥社会组织作用

健全社会组织管理制度,形成政社分开、权责明确、依法自治的现代社会组织体制。推动登记制度改革,实行分类登记制度。支持行业协会商会类、科技类、公益慈善类、社区服务类社会组织发展。加快行业协会商会与行政机关脱钩,健全法人治理结构。推进有条件的事业单位转为社会组织,推动社会组织承接政府转移职能。加强综合监督和诚信建设,更好发挥自律、他律、互律作用。

第四节 增强社会自我调节功能

引导公众用社会公德、职业道德、家庭美德、个人品德等道德规范修身律己,自觉履行法定义务、社会责任和家庭责任,自觉遵守和维护社会秩序。加强行业规范、社会组织章程、村规民约、社区公约等社会规范建设,充分发挥社会规范在协调社会关系、约束社会行为等方面的积极作用。

第五节 完善公众参与机制

依法保障居民知情权、参与权、决策权和监督权,完善公众参与治理的制度化渠道。对关系公众切身利益的重大决策,以居民会议、议事协商、民主听证等形式,广泛征求公众意见建议。完善村务公开、居务公开、民主评议等途径,加强公众监督评估。

第六节 健全权益保障和矛盾化解机制

健全利益表达、协调机制,引导群众依法行使权利、表达诉求、解决纠纷。完善行政复议、仲裁、诉讼等法定诉求表达机制,发挥人大代表、政协委员、人民团体、社会组织等的诉求表达功能。全面推行阳光信访,落实及时就地化解责任,完善涉法涉诉信访依法终结制度。落实重大决策社会稳定风险评估制度,完善调解、仲裁、行政裁决、行政复议、诉讼等有机衔接、相互协调的多元化纠纷解决机制。健全利益保护机制,保障群众权利得到公平对待、有效维护。健全社会心理服务体系,加强对特殊人群的心理疏导和矫治。

第七十一章 完善社会信用体系

加快推进政务诚信、商务诚信、社会诚信和司法公信等重点领域信用建设,推进信用信息共享,健全激励惩戒机制,提高全社会诚信水平。

第一节 健全信用信息管理制度

全面实施统一社会信用代码制度。制定全国统一的信用信息采集和管理标准。依法推进信用信息在采集、共享、使用、公开等环节的分类管理,加强涉及个人隐私和商业秘密的信用信息保护。加快推动信用立法。

第二节 强化信用信息共建共享

建立信息披露和诚信档案制度,加快完善各类市场主体和社会成员信用记录。加强部门、行业和地方信用信息整合,建立企业信用信息归集机制,完善全国信用信息共享平台,建设国家企业信用信息公示系统。依法推进全社会信用信息资源开放共享。

第三节 健全守信激励和失信惩戒机制

建立守信奖励激励机制。在市场监管和公共服务过程中,对诚实守信者实行提供便利化服务等激励政策。健全多部门、跨地区、跨行业联动响应和联合惩戒机制,强化企业信用依法公示和监管,建立各行业失信黑名单制度和市场退出机制。

第四节 培育规范信用服务市场

建立公共和社会信用服务机构互为补充、信用信息基础服务和增值服务相辅相成的多层次信用服务组织体系。推动信用服务产品开发创新和广泛运用。支持征信、信用评级机构规范发展,提高服务质量和国际竞争力。健全征信和信用服务市场监管体系。

第七十二章 健全公共安全体系

牢固树立安全发展观念,坚持人民利益至上,加强全民安全意识教育,健全公共安全体系,为人民安居乐业、社会安定有序、国家长治久安编织全方位、立体化的公共安全网,建设平安中国。

第一节 全面提高安全生产水平

建立责任全覆盖、管理全方位、监管全过程的安全生产综合治理体系,构建安全生产长效机制。完善和落实安全生产责任、考核机制和管理制度,实行党政同责、一岗双责、失职追责,严格落实企业主体责任。加快安全生产法律法规和标准的制定修订。改革安全评审制度,健全多方参与、风险管控、隐患排查化解和预警应急机制,强化安全生产和职业健康监管执法,遏制重特大安全事故频发势头。加强隐患排查治理和预防控制体系、安全生产监管信息化和应急救援、监察监管能力等建设。实施危险化学品和化工企业生产、仓储安全环保搬迁工程。加强交通安全防控网络等安全生产基础能力建设,强化电信、电网、路桥、供水、油气等重要基础设施安全监控保卫。实施全民安全素质提升工程。有效遏制重特大安全事故,单位国内生产总值生产安全事故死亡率下降30%。

第二节 提升防灾减灾救灾能力

坚持以防为主、防抗救相结合,全面提高抵御气象、水旱、地震、地质、海洋等自然灾害综合防范能力。健全防灾减灾救灾体制,完善灾害调查评价、监测预警、防治应急体系。建立城市避难场所。健全救灾物资储备体系,提高资源统筹利用水平。加快建立巨灾保险制度。制定应急救援社会化有偿服务、物资装备征用补偿、救援人员人身安全保险和伤亡抚恤等政策。广泛开展防灾减灾宣传教育和演练。

第三节 创新社会治安防控体系

完善社会治安综合治理体制机制,以信息化为支撑加快建设社会治安立体防控体系,建设基础综合服务管理平台。大力推进基础信息化、警务实战化、执法规范化、队伍正规化建设。构建群防群治、联防联治的社会治安防控网,加快推进网上综合防控体系建设。实施社会治安重点部位、重点领域、重点地区联动管控和排查整治。加强打击违法犯罪、禁毒、防范处理邪教等基础能力建设。

第四节 强化突发事件应急体系建设

建成与公共安全风险相匹配、覆盖应急管理全过程和全社会共同参与的突发事件应急体系。加强应急基础能力建设,健全完善重大危险源、重要基础设施的风险管控体系,增强突发事件预警发布和应急响应能力,提升基层应急管理水平。加强大中城市反恐应变能力建设。强化危险化学品处置、海上溢油、水上搜救打捞、核事故应急、紧急医疗救援等领域核心能力,加强应急资源协同保障能力建设。建立应急征收征用补偿制度,完善应急志愿者管理,实施公众自救互救能力提升工程。提高境外涉我突发事件应对能力。

第七十三章 建立国家安全体系

深入贯彻总体国家安全观,实施国家安全战略,不断提高国家安全能力,切实保障国家安全。

第一节 健全国家安全保障体制机制

制定实施政治、国土、经济、社会、资源、网络等重点领域国家安全政策,明确中长期重点领域安全目标和政策措施,提高应对各种风险挑战的能力。加强国家安全科技和装备建设,建立健全国家安全监测预警体系,强化不同领域监测预警系统的高效整合,提升安全信息搜集分析和处理能力。建立外部风险冲击分类分等级预警制度。加强重大安全风险监测评估,制定国家安全重大风险事件应急处置预案。健全国家安全审查制度和机制。对重要领域、重大改革、重大工程、重大项目、重大政策等进行安全风险评估。建立重点领域维护国家安全工作协调机制,加强国家安全工作组织协调。

第二节 保障国家政权主权安全

建立健全跨部门跨地区联合工作机制,依法严密防范和严厉打击敌对势力渗透颠覆破坏活动、暴力恐怖活动、民族分裂活动、宗教极端活动。加强反恐怖专业力量建设。加强反恐国际合作。加强反间谍工作。加强网上主权空间对敌斗争和网络舆情管控,遏制敌对势力和恐怖势力利用网络空间进行渗透破坏活动。加强边境技防体系建设。高度重视做好意识形态领域工作,切实维护意识形态安全。

第三节 防范化解经济安全风险

坚持底线思维、预防为主,维护战略性资源、关键产业、财政金融、资本跨境流动等领域国家经济安全。加强重要经济指标的动态监测和研判,制定重要经济领域风险应对预案。统筹应对去过剩产能、去商品房库存和去债务杠杆过程中的财政金融风险,以可控方式和节奏主动释放风险。加强对金融市场异常波动、风险传递和金融新业态风险的监管应对。完善全口径政府债务管理,推动地方政府融资平台市场化转型,有效化解地方政府债务风险。拓宽银行业不良资产处置渠道,完善流动性风险管理工具和应急预案,严厉打击非法集资。防范企业债务风险。提高能源、矿产资源、水资源、粮食、生态环保、安全生产、网络等方面风险防控能力。健全国家战略物资储备,构建产品产能产地储备相结合的国家战略资源能源储备体系。

第四节 加强国家安全法治建设

贯彻落实国家安全法,出台相关实施细则。推进国家经济安全、防扩散、国家情报、网络安全、出口管制、外国代理人登记、外资安全审查等涉及国家安全的立法工作,加快健全国家安全法律制度体系,充分运用法律手段维护国家安全。

第十八篇 加强社会主义民主法治建设

坚持中国共产党领导、人民当家做主、依法治国有机统一,加快建设社会主义法治国家,发展社会主义政治文明。

第七十四章 发展社会主义民主政治

坚持和完善人民代表大会制度、中国共产党领导的多党合作和政治协商制度、民族区域自治制度以及基层群众自治制度,扩大公民有序政治参与,充分发挥我国社会主义政治制度优越性。加强协商民主制度建设,构建程序合理、环节完整的协商民主体系,进一步加强政党协商,拓宽国家政权机关、政协组织、党派团体、基层组织、社会组织的协商渠道。完善基层民主制度,畅通民主渠道,健全基层选举、议事、公开、述职、问责等机制。开展形式多样的基层民主协商,推进基层协商制度化。

第七十五章 全面推进法治中国建设

坚持依法治国、依法执政、依法行政共同推进,坚持法治国家、法治政府、法治社会一体建设,建设中国特色社会主义法治体系,建设社会主义法治国家。

第一节 完善以宪法为核心的中国特色社会主义法律体系

维护宪法尊严、权威,健全宪法实施和监督制度。完善立法体制,加强党对立法工作的领导,健全有立法权的人大主导立法工作的体制机制,加强和改进政府立法制度建设,明确立法权力边界。深入推进科学立法、民主立法,加强人大对立法工作的组织协调,健全立法起草、论证、协调、审议机制,健全立法机关主导、社会各方有序参与立法的途径和方式。加快重点领域立法,坚持立改废释并举,完善社会主义市场经济和社会治理法律制度,加快形成完备的法律规范体系。

第二节 加快建设法治政府

全面实施法治政府建设实施纲要,深入推进依法行政,依法设定权力、行使权力、制约权力、监督权力,实现政府活动全面纳入法制轨道。依法全面履行政府职能,完善行政组织和行政程序法律制度,推进机构、职能、权限、程序、责任法定化。完善重大行政决策程序制度,健全依法决策机制。深化行政执法体制改革,推行综合执法,健全行政执法和刑事司法衔接机制。坚持严格规范公正文明执法,最大限度地缩小自由裁量权。健全执法考核评价体系。完善审计制度,保障依法独立行使审计监督权。

第三节 促进司法公正

深化司法体制改革,完善对权利的司法保障、对权力的司法监督,建设公正高效权威的社会主义司法制度。健全司法权力分工负责、互相配合、互相制约机制,完善审级制度、司法组织体系和案件管辖制度。探索设立跨行政区划的人民法院和人民检察院。强化司法人员职业保障,完善确保依法独立公正行使审判权和检察权的制度。全面推进审判公开、检务公开、警务公开、狱务公开,加强人权司法保障。加强对司法活动的监督,健全司法机关内部监督制约机制。完善司法机关办案责任制,落实谁办案谁负责。加强监狱、强制戒毒、社区矫正、安置帮教、司法鉴定等设施建设。

第四节　全面推进法治社会建设

推进多层次多领域依法治理,提高社会治理法治化水平。加强法治文化建设,弘扬社会主义法治精神,增强全社会特别是公职人员尊法学法守法用法观念,在全社会形成良好法治氛围和法治习惯。深入开展"七五"普法,把法治教育纳入国民教育体系,健全公民和组织守法信用记录。完善法律服务体系,加强律师等法律人才和法律服务队伍建设,推进覆盖城乡居民的公共法律服务体系建设,完善法律援助制度,健全司法救助体系。

第七十六章　加强党风廉政建设和反腐败斗争

党风廉政建设和反腐败斗争永远在路上,反腐不能停步、不能放松。坚持全面从严治党,落实"三严三实"要求,严明党的纪律和规矩,落实党风廉政建设主体责任和监督责任,强化责任追究。贯彻中央八项规定精神,坚持不懈纠正"四风",健全改进作风长效机制。坚决整治和纠正侵害群众利益的不正之风和腐败问题,坚持有腐必反、有贪必肃,巩固反腐败成果,构建不敢腐、不能腐、不想腐的有效机制,努力实现干部清正、政府清廉、政治清明,为经济社会发展营造良好政治生态。

把权力关进制度的笼子,强化权力运行制约和监督,坚持用制度管权管事管人,铲除权力腐败的温床,让人民监督权力,保证权力在阳光下运行。规范领导干部职责权限,建立科学的问责程序和制度,强化领导干部经济责任审计。健全政府内部权力制约机制,加强对权力部门的监察和审计监督。

第十九篇　统筹经济建设和国防建设

坚持发展和安全兼顾、富国和强军统一,实施军民融合发展战略,形成全要素、多领域、高效益的军民深度融合发展格局,全面推进国防和军队现代化。

第七十七章　全面推进国防和军队建设

以党在新形势下的强军目标为引领,贯彻新形势下军事战略方针和改革强军战略,全面推进军队革命化、现代化、正规化建设。加强军队党的建设和思想政治建设,深入贯彻落实古田全军政治工作会议精神,培育"四有"新一代革命军人。深入推进依法治军、从严治军,加快军事立法工作,构建与形势任务和新领导指挥体制相适应的军事法规体系。加强各方向各领域军事斗争准备,发挥军事需求牵引作用,优化军事战略布局,积极经略重大安全领域,加强新型作战力量建设,加强国防科技、装备和现代后勤发展建设,扎实开展实战化军事训练,着力提高基于网络信息体系的联合作战能力。基本完成国防和军队改革目标任务,基本实现机械化,信息化取得重大进展,构建能够打赢信息化战争、有效履行使命任务的中国特色现代军事力量体系。加强国际军事交流与合作,积极参加国际维和行动。

第七十八章　推进军民深度融合发展

在经济建设中贯彻国防需求,在国防建设中合理兼顾民用需要。完善军民融合发展体制机制,健全军民融合发展的组织管理、工作运行和政策制度体系。建立国家和各省(自治区、直辖市)军民融合领导机构。推进军民融合发展立法。坚持军地资源优化配置、合理共享、平战结合,促进经济领域和国防领域技术、人才、资金、信息等要素交流,加强军地在基础设施、产业、科技、教育和社会服务等领域的统筹发展。探索建立军民融合项目资金保障机制。深化国防科技工业体制改革,建立国防科技协同创新机制,实施国防科技工业强基工程。改革国防科研生产和武器装备采购体制机制,加快军工体系开放竞争和科技成果转化,引导优势民营企业进入军品科研生产和维修领域。加快军民通用标准化体系建设。实施军民融合发展工程，在海洋、太空、网络空间等领域推出一批重大项目和举措，打造一批军民融合创新示范区，增强先进技术、产业产品、基础设施等军民共用的协调性。加强国防边海防基础设施建设。

深化国防动员领域改革，健全完善国防动员体制机制。加强以爱国主义为核心的全民国防教育，强化全民国防观念。加强后备力量建设，突出海上动员力量建设，增强基于打赢战争和服务国家大局需要的组织动员、快速反应、支援保障能力。加强现代化武装警察部队建设。加强人民防空工程建设和维护管理。加强对退役军人管理保障工作的组织领导，健全服务保障体系和相关政策制度。密切军政军民团结。党政军警民合力强边固防，大力推进政治安边、富民兴边、军事强边、外交睦边、科技控边，提高边境综合管控能力，维护边境地区安全稳定。增强新疆生产建设兵团综合实力和自我发展能力，加快向南发展，充分发挥维稳戍边功能。

第二十篇 强化规划实施保障

保障"十三五"规划有效实施，要在中国共产党的领导下，更好履行各级政府职责，最大限度地激发各类主体的活力和创造力，形成全党全国各族人民全面建成小康社会的强大合力。

第七十九章 发挥党的领导核心作用

坚持党总揽全局、协调各方，发挥各级党委（党组）领导核心作用，提高领导能力和水平，为实现"十三五"规划提供坚强保证。坚持党要管党、从严治党，以改革创新精神全面推进党的建设新的伟大工程，保持和发展党的先进性、纯洁性，提高党的执政能力，确保党始终成为中国特色社会主义事业的坚强领导核心。加强领导班子和干部队伍建设，完善政绩考核评价体系和奖惩机制，调动各级干部干事创业积极性、主动性、创造性。强化基层党组织整体功能，发挥战斗堡垒作用和党员先锋模范作用，更好带领群众全面建成小康社会。

注重发挥工会、共青团、妇联等群团组织的作用，巩固和发展最广泛的爱国统一战线，全面落实党的知识分子、民族、宗教、侨务等政策，充分发挥民主党派、工商联和无党派人士作用，最大限度凝聚全社会共识和力量，推进改革发展，维护社会和谐稳定。

第八十章 形成规划实施合力

明确政府主体责任，科学制定政策和配置公共资源，广泛动员全社会力量，共同推动规划顺利实施。

第一节 加强规划协调管理

加强统筹管理和衔接协调，形成以国民经济和社会发展总体规划为统领，专项规划、区域规划、地方规划、年度计划等为支撑的发展规划体系。国务院有关部门要组织编制一批国家级专项规划特别是重点专项规划，细化落实本规划提出的主要目标任务。地方规划要做好发展战略、主要目标、重点任务、重大工程项目与国家规划的衔接，切实贯彻落实国家规划的统一部署。加快出台发展规划法。

第二节 完善规划实施机制

各地区、各部门要加强对本规划实施的组织、协调和督导。开展规划实施情况动态监测和评估工作，把监测评估结果作为改进政府工作和绩效考核的重要依据，并依法向全国人民代表大会常务委员会报告规划实施情况，自觉接受人大监督。本规划确定的约束性指标以及重大工程、重大项目、重大政策和重要改革任务，要明确责任主体、实施进度要求，确保如期完成。对纳入本规划的重大工程项目，要简化审批核准程序，优先保障规划选址、土地供应和融资安排。发挥审计机关对推进规划实施的审计监督作用。密切关注形势变化和风险演化，坚持守住底线，做好应对困难复杂局面准备。需要对本规划进行调整时，由国务院提出调整方案，报全国人民代表大会常务委员会批准。

第三节 强化财力保障

加强财政预算与规划实施的衔接协调，在明晰各级政府支出责任的基础上，强化各级财政对规划实施的保障作用。中期财政规划和年度预算要结合本规划提出的目标任务和财力可能，合理安排支出规模和结构。加快政府投资立法。

第四节 充分调动全社会积极性

本规划提出的预期性指标和产业发展、结构调整等任务，主要依靠市场主体的自主行为实现。要激发全国各族人民参与规划实施、建设祖国的主人翁意识，充分发挥各级政府、社会各界的积极性、主动性和创造性，尊重基层首创精神，汇聚人民群众的力量和智慧，形成全体人民群策群力、共建共享的生动局面。

实现"十三五"时期发展目标，前景光明，任务繁重。全党全国各族人民要更加紧密地团结在以习近平同志为总书记的党中央周围，高举中国特色社会主义伟大旗帜，坚定不移走中国特色社会主义道路，解放思想、实事求是、与时俱进、改革创新、万众一心、艰苦奋斗，共同夺取全面建成小康社会决胜阶段的伟大胜利！

附录二
京津冀协同发展规划纲要

在京津冀协同规划中,最受瞩目的无疑是京津冀三地功能定位。未来京津冀三省市定位分别为,北京市:"全国政治中心、文化中心、国际交往中心、科技创新中心"。天津市:"全国先进制造研发基地、北方国际航运核心区、金融创新运营示范区、改革开放先行区"。河北省:"全国现代商贸物流重要基地、产业转型升级试验区、新型城镇化与城乡统筹示范区、京津冀生态环境支撑区"。

1. 功能定位

以首都为核心世界级城市群

功能定位是科学推动京津冀协同发展的重要前提和基本遵循。经反复研究论证,京津冀区域整体定位和三省市功能定位各4句话,体现了区域整体和三省市各自特色,符合协同发展、促进融合、增强合力的要求。京津冀整体定位是"以首都为核心的世界级城市群、区域整体协同发展改革引领区、全国创新驱动经济增长新引擎、生态修复环境改善示范区"。

区域整体定位体现了三省市"一盘棋"的思想,突出了功能互补、错位发展、相辅相成;三省市定位服从和服务于区域整体定位,增强整体性,符合京津冀协同发展的战略需要。

北京市:"全国政治中心、文化中心、国际交往中心、科技创新中心";

天津市:"全国先进制造研发基地、北方国际航运核心区、金融创新运营示范区、改革开放先行区";

河北省:"全国现代商贸物流重要基地、产业转型升级试验区、新型城镇化与城乡统筹示范区、京津冀生态环境支撑区"。

2. 发展目标

北京5年后人口在2 300万以内

京津冀协同发展的目标是:近期到2017年,有序疏解北京非首都功能取得明显进展,在符合协同发展目标且现实急需、具备条件、取得共识的交通一体化、生态环境保护、产业升级转移等重点领域率先取得突破,深化改革、创新驱动、试点示范有序推进,协同发展取得显著成效。

中期到2020年,北京市常住人口控制在2 300万人以内,北京"大城市病"等突出问题得到缓解;区域一体化交通网络基本形成,生态环境质量得到有效改善,产业联动发展取得重大进展。公共服务共建共享取得积极成效,协同发展机制有效运转,区域内发展差距趋于缩小,初步形成京津冀协同发展、互利共赢新局面。

远期到2030年,首都核心功能更加优化,京津冀区域一体化格局基本形成,区域经济结构更加合理,生态环境质量总体良好,公共服务水平趋于均衡,成为具有较强国际竞争力和影响力的重要区域,在引领和支撑全国经济社会发展中发挥更大作用。

3. 空间布局

首要任务解决北京"大城市病"

经反复研究论证,京津冀确定了"功能互补、区域联动、轴向集聚、节点支撑"的布局思路,明确了以"一核、双城、三轴、四区、多节点"为骨架,推动有序疏解北京非首都功能,构建以重要城市为支点,以战略性功能区平台为载体,以交通干线、生态廊道为纽带的网络型空间格局。

"一核"即指北京。把有序疏解非首都功能、优化提升首都核心功能、解决北京"大城市病"问题作为京津冀协同发展的首要任务。

"双城"是指北京、天津,这是京津冀协同发展的主要引擎,要进一步强化京津联动,全方位拓展合作广度和深度,加快实现同城化发展,共同发挥高端引领和辐射带动作用。

"三轴"指的是京津、京保石、京唐秦三个产业发展带和城镇聚集轴,这是支撑京津冀协同发展的主体框架。

"四区"分别是中部核心功能区、东部滨海发展区、南部功能拓展区和西北部生态涵养区,每个功能区都有明确的空间范围和发展重点。

"多节点"包括石家庄、唐山、保定、邯郸等区域性中心城市和张家口、承德、廊坊、秦皇岛、沧州、邢台、衡水等节点城市,重点是提高其城市综合承载能力和服务能力,有序推动产业和人口聚集。

4.功能疏解

四类非首都功能将被疏解

当前,北京人口过度膨胀,雾霾天气频现,交通日益拥堵,房价持续高涨,资源环境承载力严重不足,造成这些问题的根本原因是北京集聚了过多的非首都功能。按照习近平总书记重要指示精神,有序疏解北京非首都功能。

从疏解对象讲,重点是疏解一般性产业特别是高消耗产业,区域性物流基地、区域性专业市场等部分第三产业,部分教育、医疗、培训机构等社会公共服务功能,部分行政性、事业性服务机构和企业总部等四类非首都功能。

疏解的原则是:坚持政府引导与市场机制相结合,既充分发挥政府规划、政策的引导作用,又发挥市场的主体作用;坚持集中疏解与分散疏解相结合,考虑疏解功能的不同性质和特点,灵活采取集中疏解或分散疏解方式;坚持严控增量与疏解存量相结合,既把住增量关,明确总量控制目标,也积极推进存量调整,引导不符合首都功能定位的功能向周边地区疏解;坚持统筹谋划与分类施策相结合,结合北京城六区不同发展重点要求和资源环境承载能力统筹谋划,建立健全倒逼机制和激励机制,有序推出改革举措和配套政策,因企施策、因单位施策。

目前,有关方面正在制定疏解北京非首都功能控增量、疏存量相关政策和配套措施。

5.重点领域

交通、环保产业升级先突破

在交通一体化方面,构建以轨道交通为骨干的多节点、网格状、全覆盖的交通网络。重点是建设高效密集轨道交通网,完善便捷通畅公路交通网,打通国家高速公路"断头路",全面消除跨区域国省干线"瓶颈路段",加快构建现代化的津冀港口群,打造国际一流的航空枢纽,加快北京新机场建设,大力发展公交优先的城市交通,提升交通智能化管理水平,提升区域一体化运输服务水平,发展安全绿色可持续交通。

在生态环境保护方面,打破行政区域限制,推动能源生产和消费革命,促进绿色循环低碳发展,加强生态环境保护和治理,扩大区域生态空间。重点是联防联控环境污染,建立一体化的环境准入和退出机制,加强环境污染治理,实施清洁水行动,大力发展循环经济,推进生态保护与建设,谋划建设一批环首都国家公园和森林公园,积极应对气候变化。

在推动产业升级转移方面,加快产业转型升级,打造立足区域、服务全国、辐射全球的优势产业集聚区。重点是明确产业定位和方向,加快产业转型升级,推动产业转移对接,加强三省市产业发展规划衔接,制定京津冀产业指导目录,加快津冀承接平台建设,加强京津冀产业协作等。

官方定调京津冀协同发展:先破要素壁垒

京津冀零敲碎打的改革,未来将会更加系统化。

领导小组办公室将督促协调有关部门和京津冀三省市持续加大改革力度,按照"成熟一项、推出一项"的原则,抓紧出台重大改革措施实施方案,形成一系列可复制、可推广的体制机制改革措施。记者了解到,包括税收分享制度以及通关一体化等改革举措已经落地,但从有意于在京津冀战略中大施拳脚的部分企业反馈中,诸多要素市场的阻隔和壁垒仍然在掣肘三地协同发展。对此,上述负责人表示,推动京津冀协同发展,三方面改革重点已经明确,第一个就是推动要素市场一体化改革,包括推进金融市场一体化、土地要素市场一体化、技术和信息市场一体化等。

三地市场壁垒仍然存在

根据国家统计局北京调查总队发布的数据，2014年京津冀三地GDP总量达到66 474.5亿元，占全国的10.4%。但报告指出，三地经济发展不平衡，仍处于人口红利期。

比较典型的表现是，北京、天津人口高度聚集，人口密度分别为1 311.1 人/km² 和1 289.8 人/km²，均为河北省393.4 人/km² 的3倍以上，是全国平均水平142.1 人/km² 的9倍以上。

而三地协同发展表面上是资本、产业和人口的方向流动，但前述负责人也直言，体制机制改革是有序疏解北京非首都功能、推动京津冀协同发展的制度保障。当前，京津冀统一要素市场发展相对滞后，市场壁垒仍然存在，协同发展还存在诸多体制机制障碍。他说，必须消除隐形壁垒、破解制约协同发展的深层次矛盾和问题，把国家层面的重大举措与京津冀地区实际情况结合起来，创造性地提出推动区域协同发展的改革措施。

中国区域经济学会秘书长陈耀就曾说道，京津冀基础设施的互联互通不仅在于硬件，更在于软件。

三方面改革重点已明确

这在重要经济要素上体现得更为明显。中国土地勘测规划院副总工程师邹晓云告诉记者，京津冀地区是行政割裂最为明显的地区，行政管辖区之间资源交换的共享性和互补性非常低。"目前由于行政界线的割裂，很多企业宁愿挤在地价高昂的北京，也不愿意去只有一条马路之隔的河北。如果一体化能够真正实现，这一现象就不会存在。"

有专家也曾公开表示，区域的协调发展需要一个高效、顺畅的土地要素市场，一方面应立足推进城乡统筹发展，逐步建立城乡统一的建设用地市场；另一方面，应加快构建能够体现土地资源稀缺程度、各行政单元间相互衔接的城乡基准地价体系。

推动京津冀协同发展，三方面改革重点已经明确。一是推动要素市场一体化改革，包括推进金融市场一体化、土地要素市场一体化、技术和信息市场一体化等；二是构建协同发展的体制机制，包括建立行政管理协同机制等；三是加快公共服务一体化改革。

将选一些地区率先试点

目前，重点领域改革已经有所推进。前述负责人列举的一些包括，北京海关、天津海关率先启动京津冀海关通关一体化，并扩大至石家庄海关，新的流程启动以来，通关时间平均缩短41天。

"京津冀区域通关一体化"改革已实施一年多。北京海关副关长冉辉介绍，抽样调查显示，企业选择一体化通关后，天津经北京空运进口货物，北京经天津海运进口货物通关时间和运输成本均节省近三成。

天津一家外贸企业经理张琪告诉记者，通关一体化系统升级后，流程大大简化，货物最快可当日报关当日放行，加速了进出口企业的资金回笼。

前述负责人称，下一步将积极协调有关方面加大创新驱动、公共服务、体制机制等重点领域的改革力度，以点带面、先易后难，进一步激发市场和社会活力，选择有条件的地区和领域率先开展试点示范，按照"成熟一项、推出一项"的原则，研究制定每项改革措施的具体操作方案并加快组织实施，务求每项举措都能落到实处。

京津冀协同发展目标

到2017年

有序疏解北京非首都功能取得明显进展，在符合协同发展目标且现实急需、具备条件、取得共识的交通一体化、生态环境保护、产业升级转移等重点领域率先取得突破，深化改革、创新驱动、试点示范有序推进，协同发展取得显著成效。

到2020年

北京市常住人口控制在2 300万人以内，北京"大城市病"等突出问题得到缓解；区域一体化交通网络基本形成，生态环境质量得到有效改善，产业联动发展取得重大进展。公共服务共建共享取得积极成效，协同发展机制有效运转，区域内发展差距趋于缩小，初步形成京津冀协同发展、互利共赢新局面。

到2030年

首都核心功能更加优化，京津冀区域一体化格局基本形成，区域经济结构更加合理，生态环境质量总体良好，公共服务水平趋于均衡，成为具有较强国际竞争力和影响力的重要区域，在引领和支撑全国经济社会发展中发挥更大作用。

京津冀协同发展路线图明晰

京津冀协同发展领导小组办公室将抓紧出台实施疏解北京非首都功能控增量、疏存量等相关政策和配套措施，高起点、高标准规划北京市行政副中心。持续推进交通、生态环保、产业三个重点领域率先突破，抓紧推动重大项目和重点工作任务，按照在建一批、开工一批、储备一批的要求制定有效投资滚动计划。

布局一核、双城、多节点

"一核"即指北京；"双城"是指北京、天津，这是京津冀协同发展的主要引擎，要进一步强化京津联动，全方位拓展合作广度和深度，加快实现同城化发展，共同发挥高端引领和辐射带动作用；"三轴"指的是京津、京保石、京唐秦三个产业发展带和城镇聚集轴，这是支撑京津冀协同发展的主体框架；"四区"分别是中部核心功能区、东部滨海发展区、南部功能拓展区和西北部生态涵养区，每个功能区都有明确的空间范围和发展重点；"多节点"包括石家庄、唐山、保定、邯郸等区域性中心城市和张家口、承德、廊坊、秦皇岛、沧州、邢台、衡水等节点城市，重点是提高其城市综合承载能力和服务能力，有序推动产业和人口聚集。

"四区"中的中部核心功能区，除包括北京市、天津市以外，还包括河北省的保定市和廊坊市，这些地方将重点承接北京市非首都功能的疏解。其中，京津保地区联动发展将率先启动。

京津冀三省市的定位。北京市为"全国政治中心、文化中心、国际交往中心、科技创新中心"；天津市为"全国先进制造研发基地、北方国际航运核心区、金融创新运营示范区、改革开放先行区"；河北省为"全国现代商贸物流重要基地、产业转型升级试验区、新型城镇化与城乡统筹示范区、京津冀生态环境支撑区"。京津冀整体定位是"以首都为核心的世界级城市群、区域整体协同发展改革引领区、全国创新驱动经济增长新引擎、生态修复环境改善示范区"。

北京和天津集中了大量的高校和研究机构，但由于京津两地发展受资源环境制约，北京和天津需要将自己的研发成果产业化才能产生经济绩效，因此，环绕京津两地的河北便可成为科研成果转化的重要载体和基地。

核心有序疏解北京非首都功能

此前习近平总书记多次做出重要批示，明确指出京津冀协同发展要牵住疏解北京非首都功能这个"牛鼻子"和主要矛盾，降低北京人口密度，实现城市发展与资源环境相适应。

因此，有序疏解北京非首都功能是京津冀协同发展战略的核心，是关键环节和重中之重，对于推动京津冀协同发展具有重要先导作用。

疏解非首都功能的疏解对象，包括一般性产业特别是高消耗产业，区域性物流基地、区域性专业市场等部分第三产业，部分教育、医疗、培训机构等社会公共服务功能，部分行政性、事业性服务机构和企业总部等四类非首都功能。

为此，北京市将出台实施疏解北京非首都功能控增量、疏存量等相关政策和配套措施，先行启动一批疏解示范项目，深入开展相关重大问题研究，稳妥推进相关工作。

与此同时，北京市首次提出将高起点、高标准规划的市行政副中心。将抓紧研究推进市行政副中心规划选址、方案制定等前期工作，加快建设副中心建设，并对重点地区要统一规划，强化土地供应管控，严格城镇开发边界，防止在北京周边地区盲目搞房地产和炒作房价。

值得一提的是，虽然并未明确北京"行政副中心"的归属，但从此前的消息看，通州可能性较大。有媒体报道，北京市已开始着手落实市属单位搬迁至通州后办公设施建设资金，北京地方国企将参与新城建设，未来还将发布《北京城市副中心行动计划》。

据悉，北京首次正式提出将通州打造为城市副中心，是在2012年北京市第十一次党代会上。随后在2013年和2014年北京市政府工作报告中，也都明确要求加快通州这一城市副中心的建设。

落实重点领域率先突破

京津冀协同发展除了要牵住有序疏解北京非首都功能这一"牛鼻子"，还要持续推进交通、生态环保、产业三个重点领域率先突破。京津冀协同发展领导小组办公室负责人表示，下一步抓好京津冀协同发展战略，将抓紧推动重大项目和重点工作任务，按照在建一批、开工一批、储备一批的要求制定有效投资滚动计划，按照每月了解报告工作进度，每两个月调度工作进展的机制，加大调度衔接和检查督导力度，加强和有关方面的沟通衔接，全力抓好推进落实工作。

2014年三个重点领域率先突破方案确定的61项重大项目、重点工作都按进度完成了预定的目标任务。2015年确定的113项重点任务正在全力推进。交通方面，北京新机场加快建设，石家庄机场纳入首都机场集团统一管理；京津城际延长线和津保铁路已于2016年10月底前完成联调联试；张唐铁路年内建成，京张铁路、丰台站改造工程前期工作加快推进，年内开工建设；首都地区环线高速、京秦高速、京台高速等一批"断头路""瓶颈路"段正在打通或扩容。

生态环保方面，支持张承地区生态保护和修复的指导意见印发实施，三省市制定了2015~2017年植树造林实施方案，已将山东、河南毗邻河北部分区域纳入京津冀大气污染防治范围，建立区域联防联控污染机制。

产业方面，北汽集团黄骅整车项目建成投产，北京现代汽车第四工厂25万辆整车项目于2016年4月在沧州动建，曹妃甸千万吨炼油项目已核准；曹妃甸协同发展示范区、张承生态功能区、天津滨海—中关村科技园等重点合作平台加快建设。

领导小组还给出了京津冀协同发展的近、中、远三期目标。根据目标，到2017年，在符合协同发展目标且现实急需、具备条件、取得共识的交通一体化、生态环境保护、产业升级转移等重点领域率先取得突破；到2020年，北京"大城市病"等突出问题将得到缓解；到2030年，京津冀区域一体化格局基本形成。

附录三
国家创新驱动发展战略纲要

党的十八大提出实施创新驱动发展战略，强调科技创新是提高社会生产力和综合国力的战略支撑，必须摆在国家发展全局的核心位置。这是中央在新的发展阶段确立的立足全局、面向全球、聚焦关键、带动整体的国家重大发展战略。为加快实施这一战略，特制定本纲要。

1. 战略背景

创新驱动就是创新成为引领发展的第一动力，科技创新与制度创新、管理创新、商业模式创新、业态创新和文化创新相结合，推动发展方式向依靠持续的知识积累、技术进步和劳动力素质提升转变，促进经济向形态更高级、分工更精细、结构更合理的阶段演进。

创新驱动是国家命运所系。国家力量的核心支撑是科技创新能力。创新强则国运昌，创新弱则国运殆。我国近代落后挨打的重要原因是与历次科技革命失之交臂，导致科技弱、国力弱。实现中华民族伟大复兴的中国梦，必须真正用好科学技术这个最高意义上的革命力量和有力杠杆。

创新驱动是世界大势所趋。全球新一轮科技革命、产业变革和军事变革加速演进，科学探索从微观到宏观各个尺度上向纵深拓展，以智能、绿色、泛在为特征的群体性技术革命将引发国际产业分工重大调整，颠覆性技术不断涌现，正在重塑世界竞争格局、改变国家力量对比，创新驱动成为许多国家谋求竞争优势的核心战略。我国既面临赶超跨越的难得历史机遇，也面临差距拉大的严峻挑战。唯有勇立世界科技创新潮头，才能赢得发展主动权，为人类文明进步做出更大贡献。

创新驱动是发展形势所迫。我国经济发展进入新常态，传统发展动力不断减弱，粗放型增长方式难以为继。必须依靠创新驱动打造发展新引擎，培育新的经济增长点，持续提升我国经济发展的质量和效益，开辟我国发展的新空间，实现经济保持中高速增长和产业迈向中高端水平"双目标"。

当前，我国创新驱动发展已具备发力加速的基础。经过多年努力，科技发展正在进入由量的增长向质的提升的跃升期，科研体系日益完备，人才队伍不断壮大，科学、技术、工程、产业的自主创新能力快速提升。经济转型升级、民生持续改善和国防现代化建设对创新提出了巨大需求。庞大的市场规模、完备的产业体系、多样化的消费需求与互联网时代创新效率的提升相结合，为创新提供了广阔空间。中国特色社会主义制度能够有效结合集中力量办大事和市场配置资源的优势，为实现创新驱动发展提供了根本保障。

同时也要看到，我国许多产业仍处于全球价值链的中低端，一些关键核心技术受制于人，发达国家在科学前沿和高技术领域仍然占据明显领先优势，我国支撑产业升级、引领未来发展的科学技术储备亟待加强。适应创新驱动的体制机制亟待建立健全，企业创新动力不足，创新体系整体效能不高，经济发展尚未真正转到依靠创新的轨道。科技人才队伍大而不强，领军人才和高技能人才缺乏，创新型企业家群体亟须发展壮大。激励创新的市场环境和社会氛围仍需进一步培育和优化。

在我国加快推进社会主义现代化、实现"两个一百年"奋斗目标和中华民族伟大复兴中国梦的关键阶段，必须始终坚持抓创新就是抓发展、谋创新就是谋未来，让创新成为国家意志和全社会的共同行动，走出一条从人才强、科技强到产业强、经济强、国家强的发展新路径，为我国未来十几年乃至更长时间创造一个新的增长周期。

2. 战略要求

(1) 指导思想

以邓小平理论、"三个代表"重要思想、科学发展观为指导，深入贯彻习近平总书记系列重要讲话精神，按照"四个全面"战略布局的要求，坚持走中国特色自主创新道路，解放思想、开放包容，把创新驱动发展作为国家的优先战略，以科技创新为核心带动全面创新，以体制机制改革激发创新活力，以高效率的创新体系支撑高水平的创新型国家建设，推动经济社会发展动力根本转换，为实现中华民族伟大复兴的中国梦提供强大动力。

(2) 基本原则

紧扣发展。坚持问题导向，面向世界科技前沿、面向国家重大需求、面向国民经济主战场，明确我国创新发展的主攻方向，在关键领域尽快实现突破，力争形成更多竞争优势。

深化改革。坚持科技体制改革和经济社会领域改革同步发力，强化科技与经济对接，遵循社会主义市场经济规律和科技创新规律，破除一切制约创新的思想障碍和制度藩篱，构建支撑创新驱动发展的良好环境。

强化激励。坚持创新驱动实质是人才驱动，落实以人为本，尊重创新创造的价值，激发各类人才的积极性和创造性，加快汇聚一支规模宏大、结构合理、素质优良的创新型人才队伍。

扩大开放。坚持以全球视野谋划和推动创新，最大限度用好全球创新资源，全面提升我国在全球创新格局中的位势，力争成为若干重要领域的引领者和重要规则制定的参与者。

(3) 战略目标

分三步走：

第一步，到2020年进入创新型国家行列，基本建成中国特色国家创新体系，有力支撑全面建成小康社会目标的实现。

——创新型经济格局初步形成。若干重点产业进入全球价值链中高端，成长起一批具有国际竞争力的创新型企业和产业集群。科技进步贡献率提高到60%以上，知识密集型服务业增加值占国内生产总值的20%。

——自主创新能力大幅提升。形成面向未来发展、迎接科技革命、促进产业变革的创新布局，突破制约经济社会发展和国家安全的一系列重大瓶颈问题，初步扭转关键核心技术长期受制于人的被动局面，在若干战略必争领域形成独特优势，为国家繁荣发展提供战略储备、拓展战略空间。研究与试验发展(R&D)经费支出占国内生产总值比重达到2.5%。

——创新体系协同高效。科技与经济融合更加顺畅，创新主体充满活力，创新链条有机衔接，创新治理更加科学，创新效率大幅提高。

——创新环境更加优化。激励创新的政策法规更加健全，知识产权保护更加严格，形成崇尚创新创业、勇于创新创业、激励创新创业的价值导向和文化氛围。

第二步，到2030年跻身创新型国家前列，发展驱动力实现根本转换，经济社会发展水平和国际竞争力大幅提升，为建成经济强国和共同富裕社会奠定坚实基础。

——主要产业进入全球价值链中高端。不断创造新技术和新产品、新模式和新业态、新需求和新市场，实现更可持续的发展、更高质量的就业、更高水平的收入、更高品质的生活。

——总体上扭转科技创新以跟踪为主的局面。在若干战略领域由并行走向领跑，形成引领全球学术发展的中国学派，产出对世界科技发展和人类文明进步有重要影响的原创成果。攻克制约国防科技的主要瓶颈问题。研究与试验发展(R&D)经费支出占国内生产总值比重达到2.8%。

——国家创新体系更加完备。实现科技与经济深度融合、相互促进。

——创新文化氛围浓厚，法治保障有力，全社会形成创新活力竞相迸发、创新源泉不断涌流的生动局面。

第三步，到2050年建成世界科技创新强国，成为世界主要科学中心和创新高地,为我国建成富强民主文明和谐的社会主义现代化国家、实现中华民族伟大复兴的中国梦提供强大支撑。

——科技和人才成为国力强盛最重要的战略资源,创新成为政策制定和制度安排的核心因素。

——劳动生产率、社会生产力提高主要依靠科技进步和全面创新,经济发展质量高,能源资源消耗低、产业核心竞争力强。国防科技达到世界领先水平。

——拥有一批世界一流的科研机构、研究型大学和创新型企业,涌现出一批重大原创性科学成果和国际顶尖水平的科学大师,成为全球高端人才创新创业的重要聚集地。

——创新的制度环境、市场环境和文化环境更加优化,尊重知识、崇尚创新、保护产权、包容多元成为全社会的共同理念和价值导向。

3.战略部署

实现创新驱动是一个系统性的变革,要按照"坚持双轮驱动、构建一个体系、推动六大转变"进行布局,构建新的发展动力系统。

双轮驱动就是科技创新和体制机制创新两个轮子相互协调、持续发力。抓创新首先要抓科技创新,补短板首先要补科技创新的短板。科学发现对技术进步有决定性的引领作用,技术进步有力推动发现科学规律。要明确支撑发展的方向和重点,加强科学探索和技术攻关,形成持续创新的系统能力。体制机制创新要调整一切不适应创新驱动发展的生产关系,统筹推进科技、经济和政府治理等三方面体制机制改革,最大限度释放创新活力。

一个体系就是建设国家创新体系。要建设各类创新主体协同互动和创新要素顺畅流动、高效配置的生态系统,形成创新驱动发展的实践载体、制度安排和环境保障。明确企业、科研院所、高校、社会组织等各类创新主体功能定位,构建开放高效的创新网络,建设军民融合的国防科技协同创新平台;改进创新治理,进一步明确政府和市场分工,构建统筹配置创新资源的机制;完善激励创新的政策体系、保护创新的法律制度,构建鼓励创新的社会环境,激发全社会创新活力。

六大转变就是发展方式从以规模扩张为主导的粗放式增长向以质量效益为主导的可持续发展转变;发展要素从传统要素主导发展向创新要素主导发展转变;产业分工从价值链中低端向价值链中高端转变;创新能力从"跟踪、并行、领跑"并存、"跟踪"为主向"并行"、"领跑"为主转变;资源配置从以研发环节为主向产业链、创新链、资金链统筹配置转变;创新群体从以科技人员的小众为主向小众与大众创新创业互动转变。

4.战略任务

紧紧围绕经济竞争力提升的核心关键、社会发展的紧迫需求、国家安全的重大挑战,采取差异化策略和非对称路径,强化重点领域和关键环节的任务部署。

(1)推动产业技术体系创新,创造发展新优势

加快工业化和信息化深度融合,把数字化、网络化、智能化、绿色化作为提升产业竞争力的技术基点,推进各领域新兴技术跨界创新,构建结构合理、先进管用、开放兼容、自主可控、具有国际竞争力的现代产业技术体系,以技术的群体性突破支撑引领新兴产业集群发展,推进产业质量升级。

①发展新一代信息网络技术,增强经济社会发展的信息化基础。加强类人智能、自然交互与虚拟现实、微电子与光电子等技术研究,推动宽带移动互联网、云计算、物联网、大数据、高性能计算、移动智能终端等技术研发和综合应用,加大集成电路、工业控制等自主软硬件产品和网络安全技术攻关和推广力度,为我国经济转型升级和维护国家网络安全提供保障。

②发展智能绿色制造技术,推动制造业向价值链高端攀升。重塑制造业的技术体系、生产模式、产业形态和价值链,推动制造业由大到强转变。发展智能制造装备等技术,加快网络化制造技术、云计算、大数据等在制造业中的深度应用,推动制造业向自动化、智能化、服务化转变。

对传统制造业全面进行绿色改造，由粗放型制造向集约型制造转变。加强产业技术基础能力和试验平台建设，提升基础材料、基础零部件、基础工艺、基础软件等共性关键技术水平。发展大飞机、航空发动机、核电、高铁、海洋工程装备和高技术船舶、特高压输变电等高端装备和产品。

③发展生态绿色高效安全的现代农业技术，确保粮食安全、食品安全。以实现种业自主为核心，转变农业发展方式，突破人多地少水缺的瓶颈约束，走产出高效、产品安全、资源节约、环境友好的现代农业发展道路。系统加强动植物育种和高端农业装备研发，大面积推广粮食丰产、中低产田改造等技术，深入开展节水农业、循环农业、有机农业和生物肥料等技术研发，开发标准化、规模化的现代养殖技术，促进农业提质增效和可持续发展。推广农业面源污染和重金属污染防治的低成本技术和模式，发展全产业链食品安全保障技术、质量安全控制技术和安全溯源技术，建设安全环境、清洁生产、生态储运全覆盖的食品安全技术体系。推动农业向一二三产业融合，实现向全链条增值和品牌化发展转型。

④发展安全清洁高效的现代能源技术，推动能源生产和消费革命。以优化能源结构、提升能源利用效率为重点，推动能源应用向清洁、低碳转型。突破煤炭石油天然气等化石能源的清洁高效利用技术瓶颈，开发深海深地等复杂条件下的油气矿产资源勘探开采技术，开展页岩气等非常规油气勘探开发综合技术示范。加快核能、太阳能、风能、生物质能等清洁能源和新能源技术开发、装备研制及大规模应用，攻克大规模供需互动、储能和并网关键技术。推广节能新技术和节能新产品，加快钢铁、石化、建材、有色金属等高耗能行业的节能技术改造，推动新能源汽车、智能电网等技术的研发应用。

⑤发展资源高效利用和生态环保技术，建设资源节约型和环境友好型社会。采用系统化的技术方案和产业化路径，发展污染治理和资源循环利用的技术与产业。建立大气重污染天气预警分析技术体系，发展高精度监控预测技术。建立现代水资源综合利用体系，开展地球深部矿产资源勘探开发与综合利用，发展绿色再制造和资源循环利用产业，建立城镇生活垃圾资源化利用、再生资源回收利用、工业固体废物综合利用等技术体系。完善环境技术管理体系，加强水、大气和土壤污染防治及危险废物处理处置、环境检测与环境应急技术研发应用，提高环境承载能力。

⑥发展海洋和空间先进适用技术，培育海洋经济和空间经济。开发海洋资源高效可持续利用适用技术，加快发展海洋工程装备，构建立体同步的海洋观测体系，推进我国海洋战略实施和蓝色经济发展。大力提升空间进入、利用的技术能力，完善空间基础设施，推进卫星遥感、卫星通信、导航和位置服务等技术开发应用，完善卫星应用创新链和产业链。

⑦发展智慧城市和数字社会技术，推动以人为本的新型城镇化。依靠新技术和管理创新支撑新型城镇化、现代城市发展和公共服务，创新社会治理方法和手段，加快社会治安综合治理信息化进程，推进平安中国建设。发展交通、电力、通信、地下管网等市政基础设施的标准化、数字化、智能化技术，推动绿色建筑、智慧城市、生态城市等领域关键技术大规模应用。加强重大灾害、公共安全等应急避险领域重大技术和产品攻关。

⑧发展先进有效、安全便捷的健康技术，应对重大疾病和人口老龄化挑战。促进生命科学、中西医药、生物工程等多领域技术融合，提升重大疾病防控、公共卫生、生殖健康等技术保障能力。研发创新药物、新型疫苗、先进医疗装备和生物治疗技术。推进中华传统医药现代化。促进组学和健康医疗大数据研究，发展精准医学，研发遗传基因和慢性病易感基因筛查技术，提高心脑血管疾病、恶性肿瘤、慢性呼吸性疾病、糖尿病等重大疾病的诊疗技术水平。开发数字化医疗、远程医疗技术，推进预防、医疗、康复、保健、养老等社会服务网络化、定制化，发展一体化健康服务新模式，显著提高人口健康保障能力，有力支撑健康中国建设。

⑨发展支撑商业模式创新的现代服务技术,驱动经济形态高级化。以新一代信息和网络技术为支撑,积极发展现代服务业技术基础设施,拓展数字消费、电子商务、现代物流、互联网金融、网络教育等新兴服务业,促进技术创新和商业模式创新融合。加快推进工业设计、文化创意和相关产业融合发展,提升我国重点产业的创新设计能力。

⑩发展引领产业变革的颠覆性技术,不断催生新产业、创造新就业。高度关注可能引起现有投资、人才、技术、产业、规则"归零"的颠覆性技术,前瞻布局新兴产业前沿技术研发,力争实现"弯道超车"。开发移动互联技术、量子信息技术、空天技术,推动增材制造装备、智能机器人、无人驾驶汽车等发展,重视基因组、干细胞、合成生物、再生医学等技术对生命科学、生物育种、工业生物领域的深刻影响,开发氢能、燃料电池等新一代能源技术,发挥纳米、石墨烯等技术对新材料产业发展的引领作用。

(2)强化原始创新,增强源头供给

坚持国家战略需求和科学探索目标相结合,加强对关系全局的科学问题研究部署,增强原始创新能力,提升我国科学发现、技术发明和产品产业创新的整体水平,支撑产业变革和保障国家安全。

①加强面向国家战略需求的基础前沿和高技术研究。围绕涉及长远发展和国家安全的"卡脖子"问题,加强基础研究前瞻布局,加大对空间、海洋、网络、核、材料、能源、信息、生命等领域重大基础研究和战略高技术攻关力度,实现关键核心技术安全、自主、可控。明确阶段性目标,集成跨学科、跨领域的优势力量,加快重点突破,为产业技术进步积累原创资源。

②大力支持自由探索的基础研究。面向科学前沿加强原始创新,力争在更多领域引领世界科学研究方向,提升我国对人类科学探索的贡献。围绕支撑重大技术突破,推进变革性研究,在新思想、新发现、新知识、新原理、新方法上积极进取,强化源头储备。促进学科均衡协调发展,加强学科交叉与融合,重视支持一批非共识项目,培育新兴学科和特色学科。

③建设一批支撑高水平创新的基础设施和平台。适应大科学时代创新活动的特点,针对国家重大战略需求,建设一批具有国际水平、突出学科交叉和协同创新的国家实验室。加快建设大型共用实验装置、数据资源、生物资源、知识和专利信息服务等科技基础条件平台。研发高端科研仪器设备,提高科研装备自给水平。建设超算中心和云计算平台等数字化基础设施,形成基于大数据的先进信息网络支撑体系。

(3)优化区域创新布局,打造区域经济增长极

聚焦国家区域发展战略,以创新要素的集聚与流动促进产业合理分工,推动区域创新能力和竞争力整体提升。

①构建各具特色的区域创新发展格局。东部地区注重提高原始创新和集成创新能力,全面加快向创新驱动发展转型,培育具有国际竞争力的产业集群和区域经济。中西部地区走差异化和跨越式发展道路,柔性汇聚创新资源,加快先进适用技术推广和应用,在重点领域实现创新牵引,培育壮大区域特色经济和新兴产业。

②跨区域整合创新资源。构建跨区域创新网络,推动区域间共同设计创新议题、互联互通创新要素、联合组织技术攻关。提升京津冀、长江经济带等国家战略区域科技创新能力,打造区域协同创新共同体,统筹和引领区域一体化发展。推动北京、上海等优势地区建成具有全球影响力的科技创新中心。

③打造区域创新示范引领高地。优化国家自主创新示范区布局,推进国家高新区按照发展高科技、培育新产业的方向转型升级,开展区域全面创新改革试验,建设创新型省份和创新型城市,培育新兴产业发展增长极,增强创新发展的辐射带动功能。

(4)深化军民融合,促进创新互动

按照军民融合发展战略总体要求,发挥国防科技创新重要作用,加快建立健全军民融合的创新体系,形成全要素、多领域、高效益的军民科技深度融合发展新格局。

①健全宏观统筹机制。遵循经济建设和国防建设的规律，构建统一领导、需求对接、资源共享的军民融合管理体制，统筹协调军民科技战略规划、方针政策、资源条件、成果应用，推动军民科技协调发展、平衡发展、兼容发展。

②开展军民协同创新。建立军民融合重大科研任务形成机制，从基础研究到关键技术研发、集成应用等创新链一体化设计，构建军民共用技术项目联合论证和实施模式，建立产学研相结合的军民科技创新体系。

③推进军民科技基础要素融合。推进军民基础共性技术一体化、基础原材料和零部件通用化。推进海洋、太空、网络等新型领域军民融合深度发展。开展军民通用标准制定和整合，推动军民标准双向转化，促进军民标准体系融合。统筹军民共用重大科研基地和基础设施建设，推动双向开放、信息交互、资源共享。

④促进军民技术双向转移转化。推动先进民用技术在军事领域的应用，健全国防知识产权制度、完善国防知识产权归属与利益分配机制，积极引导国防科技成果加速向民用领域转化应用。放宽国防科技领域市场准入，扩大军品研发和服务市场的开放竞争，引导优势民营企业进入军品科研生产和维修领域。完善军民两用物项和技术进出口管制机制。

(5)壮大创新主体，引领创新发展

明确各类创新主体在创新链不同环节的功能定位，激发主体活力，系统提升各类主体创新能力，夯实创新发展的基础。

①培育世界一流创新型企业。鼓励行业领军企业构建高水平研发机构，形成完善的研发组织体系，集聚高端创新人才。引导领军企业联合中小企业和科研单位系统布局创新链，提供产业技术创新整体解决方案。培育一批核心技术能力突出、集成创新能力强、引领重要产业发展的创新型企业，力争有一批企业进入全球百强创新型企业。

②建设世界一流大学和一流学科。加快中国特色现代大学制度建设，深入推进管、办、评分离，扩大学校办学自主权，完善学校内部治理结构。引导大学加强基础研究和追求学术卓越，组建跨学科、综合交叉的科研团队，形成一批优势学科集群和高水平科技创新基地，建立创新能力评估基础上的绩效拨款制度，系统提升人才培养、学科建设、科技研发三位一体创新水平。增强原始创新能力和服务经济社会发展能力，推动一批高水平大学和学科进入世界一流行列或前列。

③建设世界一流科研院所。明晰科研院所功能定位，增强在基础前沿和行业共性关键技术研发中的骨干引领作用。健全现代科研院所制度，形成符合创新规律、体现领域特色、实施分类管理的法人治理结构。围绕国家重大任务，有效整合优势科研资源，建设综合性、高水平的国际化科技创新基地，在若干优势领域形成一批具有鲜明特色的世界级科学研究中心。

④发展面向市场的新型研发机构。围绕区域性、行业性重大技术需求，实行多元化投资、多样化模式、市场化运作，发展多种形式的先进技术研发、成果转化和产业孵化机构。

⑤构建专业化技术转移服务体系。发展研发设计、中试熟化、创业孵化、检验检测认证、知识产权等各类科技服务。完善全国技术交易市场体系，发展规范化、专业化、市场化、网络化的技术和知识产权交易平台。科研院所和高校建立专业化技术转移机构和职业化技术转移人才队伍，畅通技术转移通道。

(6)实施重大科技项目和工程，实现重点跨越

在关系国家安全和长远发展的重点领域，部署一批重大科技项目和工程。

面向2020年，继续加快实施已部署的国家科技重大专项，聚焦目标、突出重点，攻克高端通用芯片、高档数控机床、集成电路装备、宽带移动通信、油气田、核电站、水污染治理、转基因生物新品种、新药创制、传染病防治等方面的关键核心技术，形成若干战略性技术和战略性产品，培育新兴产业。

面向2030年，坚持有所为有所不为，尽快启动航空发动机及燃气轮机重大项目，在量子通

信、信息网络、智能制造和机器人、深空深海探测、重点新材料和新能源、脑科学、健康医疗等领域，充分论证，把准方向，明确重点，再部署一批体现国家战略意图的重大科技项目和工程。

面向2020年的重大专项与面向2030年的重大科技项目和工程，形成梯次接续的系统布局，并根据国际科技发展的新进展和我国经济社会发展的新需求，及时进行滚动调整和优化。要发挥社会主义市场经济条件下的新型举国体制优势，集中力量，协同攻关，持久发力，久久为功，加快突破重大核心技术，开发重大战略性产品，在国家战略优先领域率先实现跨越。

(7) 建设高水平人才队伍，筑牢创新根基

加快建设科技创新领军人才和高技能人才队伍。围绕重要学科领域和创新方向造就一批世界水平的科学家、科技领军人才、工程师和高水平创新团队，注重培养一线创新人才和青年科技人才，对青年人才开辟特殊支持渠道，支持高校、科研院所、企业面向全球招聘人才。倡导崇尚技能、精益求精的职业精神，在各行各业大规模培养高级技师、技术工人等高技能人才。优化人才成长环境，实施更加积极的创新创业人才激励和吸引政策，推行科技成果处置收益和股权期权激励制度，让各类主体、不同岗位的创新人才都能在科技成果产业化过程中得到合理回报。

发挥企业家在创新创业中的重要作用，大力倡导企业家精神，树立创新光荣、创新致富的社会导向，依法保护企业家的创新收益和财产权，培养造就一大批勇于创新、敢于冒险的创新型企业家，建设专业化、市场化、国际化的职业经理人队伍。

推动教育创新，改革人才培养模式，把科学精神、创新思维、创造能力和社会责任感的培养贯穿教育全过程。完善高端创新人才和产业技能人才"二元支撑"的人才培养体系，加强普通教育与职业教育衔接。

(8) 推动创新创业，激发全社会创造活力

建设和完善创新创业载体，发展创客经济，形成大众创业、万众创新的生动局面。

①发展众创空间。依托移动互联网、大数据、云计算等现代信息技术，发展新型创业服务模式，建立一批低成本、便利化、开放式众创空间和虚拟创新社区，建设多种形式的孵化机构，构建"孵化+创投"的创业模式，为创业者提供工作空间、网络空间、社交空间、共享空间，降低大众参与创新创业的成本和门槛。

②孵化培育创新型小微企业。适应小型化、智能化、专业化的产业组织新特征，推动分布式、网络化的创新，鼓励企业开展商业模式创新，引导社会资本参与建设面向小微企业的社会化技术创新公共服务平台，推动小微企业向"专精特新"发展，让大批创新活力旺盛的小微企业不断涌现。

③鼓励人人创新。推动创客文化进学校，设立创新创业课程，开展品牌性创客活动，鼓励学生动手、实践、创业。支持企业员工参与工艺改进和产品设计，鼓励一切有益的微创新、微创业和水发明、小改进，将奇思妙想、创新创意转化为实实在在的创业活动。

5. 战略保障

实施创新驱动发展战略，必须从体制改革、环境营造、资源投入、扩大开放等方面加大保障力度。

(1) 改革创新治理体系

顺应创新主体多元、活动多样、路径多变的新趋势，推动政府管理创新，形成多元参与、协同高效的创新治理格局。

建立国家高层次创新决策咨询机制，定期向党中央、国务院报告国内外科技创新动态，提出重大政策建议。转变政府创新管理职能，合理定位政府和市场功能。强化政府战略规划、政策制定、环境营造、公共服务、监督评估和重大任务实施等职能。对于竞争性的新技术、新产品、新业态开发，应交由市场和企业来决定。建立创新治理的社会参与机制，发挥各类行业协会、基金会、科技社团等在推动创新驱动发展中的作用。

合理确定中央各部门功能性分工，发挥行业主管部门在创新需求凝炼、任务组织实施、成果推广应用等方面的作用。科学划分中央和地方科技管理事权，中央政府职能侧重全局性、基

础性、长远性工作,地方政府职能侧重推动技术开发和转化应用。

构建国家科技管理基础制度。再造科技计划管理体系,改进和优化国家科技计划管理流程,建设国家科技计划管理信息系统,构建覆盖全过程的监督和评估制度。完善国家科技报告制度,建立国家重大科研基础设施和科技基础条件平台开放共享制度,推动科技资源向各类创新主体开放。建立国家创新调查制度,引导各地树立创新发展导向。

(2) 多渠道增加创新投入

切实加大对基础性、战略性和公益性研究稳定支持力度,完善稳定支持和竞争性支持相协调的机制。改革中央财政科技计划和资金管理,提高资金使用效益。完善激励企业研发的普惠性政策,引导企业成为技术创新投入主体。

探索建立符合中国国情、适合科技创业企业发展的金融服务模式。鼓励银行业金融机构创新金融产品,搭展多层次资本市场支持创新的功能,积极发展天使投资,壮大创业投资规模,运用互联网金融支持创新。充分发挥科技成果转化、中小企业创新、新兴产业培育等方面基金的作用,引导带动社会资本投入创新。

(3) 全方位推进开放创新

抓住全球创新资源加速流动和我国经济地位上升的历史机遇,提高我国全球配置创新资源能力。支持企业面向全球布局创新网络,鼓励建立海外研发中心,按照国际规则并购、合资、参股国外创新型企业和研发机构,提高海外知识产权运营能力。以卫星、高铁、核能、超级计算机等为重点,推动我国先进技术和装备走出去。鼓励外商投资战略性新兴产业、高新技术产业、现代服务业,支持跨国公司在中国设立研发中心,实现引资、引智、引技相结合。

深入参与全球科技创新治理,主动设置全球性创新议题,积极参与重大国际科技合作规则制定,共同应对粮食安全、能源安全、环境污染、气候变化以及公共卫生等全球性挑战。丰富和深化创新对话,围绕落实"一带一路"战略构想和亚太互联互通蓝图,合作建设面向沿线国家的科技创

新基地。积极参与和主导国际大科学计划和工程,提高国家科技计划对外开放水平。

(4) 完善突出创新导向的评价制度

根据不同创新活动的规律和特点,建立健全科学分类的创新评价制度体系。推进高校和科研院所分类评价,实施绩效评价,把技术转移和科研成果对经济社会的影响纳入评价指标,将评价结果作为财政科技经费支持的重要依据。完善人才评价制度,进一步改革完善职称评审制度,增加用人单位评价自主权。推行第三方评价,探索建立政府、社会组织、公众等多方参与的评价机制,拓展社会化、专业化、国际化评价渠道。改革国家科技奖励制度,优化结构、减少数量、提高质量,逐步由申报制改为提名制,强化对人的激励。发展具有品牌和公信力的社会奖项。完善国民经济核算体系,逐步探索将反映创新活动的研发支出纳入投资统计,反映无形资产对经济的贡献,突出创新活动的投入和成效。改革完善国有企业评价机制,把研发投入和创新绩效作为重要考核指标。

(5) 实施知识产权、标准、质量和品牌战略

加快建设知识产权强国。深化知识产权领域改革,深入实施知识产权战略行动计划,提高知识产权的创造、运用、保护和管理能力。引导支持市场主体创造和运用知识产权,以知识产权利益分享机制为纽带,促进创新成果知识产权化。充分发挥知识产权司法保护的主导作用,增强全民知识产权保护意识,强化知识产权制度对创新的基本保障作用。健全防止滥用知识产权的反垄断审查制度,建立知识产权侵权国际调查和海外维权机制。

提升中国标准水平。强化基础通用标准研制,健全技术创新、专利保护与标准化互动支撑机制,及时将先进技术转化为标准。推动我国产业采用国际先进标准,强化强制性标准制定与实施,形成支撑产业升级的标准群,全面提高行业技术标准和产业准入水平。支持我国企业、联盟和社团参与或主导国际标准研制,推动我国优势技术与标准成为国际标准。

推动质量强国和中国品牌建设。完善质量

诚信体系,形成一批品牌形象突出、服务平台完备、质量水平一流的优势企业和产业集群。制定品牌评价国际标准,建立国际互认的品牌评价体系,推动中国优质品牌国际化。

(6)培育创新友好的社会环境

健全保护创新的法治环境。加快创新薄弱环节和领域的立法进程,修改不符合创新导向的法规文件,废除制约创新的制度规定,构建综合配套精细化的法治保障体系。

培育开放公平的市场环境。加快突破行业垄断和市场分割。强化需求侧创新政策的引导作用,建立符合国际规则的政府采购制度,利用首台套订购、普惠性财税和保险等政策手段,降低企业创新成本,扩大创新产品和服务的市场空间。推进要素价格形成机制的市场化改革,强化能源资源、生态环境等方面的刚性约束,提高科技和人才等创新要素在产品价格中的权重,让善于创新者获得更大的竞争优势。

营造崇尚创新的文化环境。大力宣传广大科技工作者爱国奉献、勇攀高峰的感人事迹和崇高精神,在全社会形成鼓励创造、追求卓越的创新文化,推动创新成为民族精神的重要内涵。倡导百家争鸣、尊重科学家个性的学术文化,增强敢为人先、勇于冒尖、大胆质疑的创新自信。重视科研试错探索价值,建立鼓励创新、宽容失败的容错纠错机制。营造宽松的科研氛围,保障科技人员的学术自由。加强科研诚信建设,引导广大科技工作者恪守学术道德,坚守社会责任。加强科学教育,丰富科学教育教学内容和形式,激发青少年的科技兴趣。加强科学技术普及,提高全民科学素养,在全社会塑造科学理性精神。

6.组织实施

实施创新驱动发展战略是我们党在新时期的重大历史使命。全党全国必须统一思想,各级党委和政府必须切实增强责任感和紧迫感,统筹谋划,系统部署,精心组织,扎实推进。

加强领导。按照党中央、国务院统一部署,国家科技体制改革和创新体系建设领导小组负责本纲要的具体组织实施工作,加强对创新驱动发展重大战略问题的研究和审议,指导推动纲要落实。

分工协作。国务院和军队各有关部门、各省(自治区、直辖市)要根据本纲要制定具体实施方案,强化大局意识、责任意识,加强协同、形成合力。

开展试点。加强任务分解,明确责任单位和进度安排,制订年度和阶段性实施计划。对重大改革任务和重点政策措施,要制定具体方案,开展试点。

监测评价。完善以创新发展为导向的考核机制,将创新驱动发展成效作为重要考核指标,引导广大干部树立正确政绩观。加强创新调查,建立定期监测评估和滚动调整机制。

加强宣传。做好舆论宣传,及时宣传报道创新驱动发展的新进展、新成效,让创新驱动发展理念成为全社会共识,调动全社会参与支持创新积极性。

全党全社会要紧密团结在以习近平同志为总书记的党中央周围,把各方面力量凝聚到创新驱动发展上来,为全面建成创新型国家、实现中华民族伟大复兴的中国梦而努力奋斗。

附录四
中华人民共和国安全生产法

(2002年6月29日第九届全国人民代表大会常务委员会第二十八次会议通过,根据2009年8月27日第十一届全国人民代表大会常务委员会第十次会议关于《关于修改部分法律的决定》第一次修正,根据2014年8月31日第十二届全国人民代表大会常务委员会第十次会议《关于修改〈中华人民共和国安全生产法〉的决定》第二次修正)

目 录

第一章 总 则
第二章 生产经营单位的安全生产保障
第三章 从业人员的安全生产权利义务
第四章 安全生产的监督管理
第五章 生产安全事故的应急救援与调查处理
第六章 法律责任
第七章 附 则

第一章 总 则

第一条 为了加强安全生产工作,防止和减少生产安全事故,保障人民群众生命和财产安全,促进经济社会持续健康发展,制定本法。

第二条 在中华人民共和国领域内从事生产经营活动的单位(以下统称生产经营单位)的安全生产,适用本法;有关法律、行政法规对消防安全和道路交通安全、铁路交通安全、水上交通安全、民用航空安全以及核与辐射安全、特种设备安全另有规定的,适用其规定。

第三条 安全生产工作应当以人为本,坚持安全发展,坚持安全第一、预防为主、综合治理的方针,强化和落实生产经营单位的主体责任,建立生产经营单位负责、职工参与、政府监管、行业自律和社会监督的机制。

第四条 生产经营单位必须遵守本法和其他有关安全生产的法律、法规,加强安全生产管理,建立、健全安全生产责任制和安全生产规章制度,改善安全生产条件,推进安全生产标准化建设,提高安全生产水平,确保安全生产。

第五条 生产经营单位的主要负责人对本单位的安全生产工作全面负责。

第六条 生产经营单位的从业人员有依法获得安全生产保障的权利,并应当依法履行安全生产方面的义务。

第七条 工会依法对安全生产工作进行监督。

生产经营单位的工会依法组织职工参加本单位安全生产工作的民主管理和民主监督,维护职工在安全生产方面的合法权益。生产经营单位制定或者修改有关安全生产的规章制度,应当听取工会的意见。

第八条 国务院和县级以上地方各级人民政府应当根据国民经济和社会发展规划制定安全生产规划,并组织实施。安全生产规划应当与城乡规划相衔接。

国务院和县级以上地方各级人民政府应当加强对安全生产工作的领导,支持、督促各有关部门依法履行安全生产监督管理职责,建立健全安全生产工作协调机制,及时协调、解决安全生产监督管理中存在的重大问题。

乡、镇人民政府以及街道办事处、开发区管理机构等地方人民政府的派出机关应当按照职责,加强对本行政区域内生产经营单位安全生产状况的监督检查,协助上级人民政府有关部门依法履行安全生产监督管理职责。

第九条　国务院安全生产监督管理部门依照本法,对全国安全生产工作实施综合监督管理;县级以上地方各级人民政府安全生产监督管理部门依照本法,对本行政区域内安全生产工作实施综合监督管理。

国务院有关部门依照本法和其他有关法律、行政法规的规定,在各自的职责范围内对有关行业、领域的安全生产工作实施监督管理;县级以上地方各级人民政府有关部门依照本法和其他有关法律、法规的规定,在各自的职责范围内对有关行业、领域的安全生产工作实施监督管理。

安全生产监督管理部门和对有关行业、领域的安全生产工作实施监督管理的部门,统称负有安全生产监督管理职责的部门。

第十条　国务院有关部门应当按照保障安全生产的要求,依法及时制定有关的国家标准或者行业标准,并根据科技进步和经济发展适时修订。

生产经营单位必须执行依法制定的保障安全生产的国家标准或者行业标准。

第十一条　各级人民政府及其有关部门应当采取多种形式,加强对有关安全生产的法律、法规和安全生产知识的宣传,增强全社会的安全生产意识。

第十二条　有关协会组织依照法律、行政法规和章程,为生产经营单位提供安全生产方面的信息、培训等服务,发挥自律作用,促进生产经营单位加强安全生产管理。

第十三条　依法设立的为安全生产提供技术、管理服务的机构,依照法律、行政法规和执业准则,接受生产经营单位的委托为其安全生产工作提供技术、管理服务。

生产经营单位委托前款规定的机构提供安全生产技术、管理服务的,保证安全生产的责任仍由本单位负责。

第十四条　国家实行生产安全事故责任追究制度,依照本法和有关法律、法规的规定,追究生产安全事故责任人员的法律责任。

第十五条　国家鼓励和支持安全生产科学技术研究和安全生产先进技术的推广应用,提高安全生产水平。

第十六条　国家对在改善安全生产条件、防止生产安全事故、参加抢险救护等方面取得显著成绩的单位和个人,给予奖励。

第二章　生产经营单位的安全生产保障

第十七条　生产经营单位应当具备本法和有关法律、行政法规和国家标准或者行业标准规定的安全生产条件;不具备安全生产条件的,不得从事生产经营活动。

第十八条　生产经营单位的主要负责人对本单位安全生产工作负有下列职责:

(一)建立、健全本单位安全生产责任制;

(二)组织制定本单位安全生产规章制度和操作规程;

(三)组织制定并实施本单位案例生产教育和培训计划;

(四)保证本单位安全生产投入的有效实施;

(五)督促、检查本单位的安全生产工作,及时消除生产安全事故隐患;

(六)组织制定并实施本单位的生产安全事故应急救援预案;

(七)及时、如实报告生产安全事故。

第十九条　生产经营单位的安全生产责任制应当明确各岗位的责任人员、责任范围和考核标准等内容。

生产经营单位应当建立相应的机制,加强对安全生产责任制落实情况的监督考核,保证安全生产责任制的落实。

第二十条　生产经营单位应当具备的安全生产条件所必需的资金投入,由生产经营单位的决策机构、主要负责人或者个人经营的投资人予以保证,并对由于安全生产所必需的资金投入不足导致的后果承担责任。

有关生产经营单位应当按照规定提取和使用安全生产费用,专门用于改善安全生产条件。安全生产费用在成本中据实列支。安全生产费用提取、使用和监督管理的具体办法由国务院财政部门会同国务院安全生产监督管理部门征求国务院有关部门意见后制定。

第二十一条 矿山、金属冶炼、建筑施工、道路运输单位和危险物品的生产、经营、储存单位，应当设置安全生产管理机构或者配备专职安全生产管理人员。

前款规定以外的其他生产经营单位，从业人员超过一百人的，应当设置安全生产管理机构或者配备专职安全生产管理人员；从业人员在一百人以下的，应当配备专职或者兼职的安全生产管理人员。

第二十二条 生产经营单位的安全生产管理机构以及安全生产管理人员履行下列职责：

（一）组织或者参与拟订本单位安全生产规章制度、操作规程和生产安全事故应急救援预案；

（二）组织或者参与本单位安全生产教育和培训，如实记录安全生产教育和培训情况；

（三）督促落实本单位重大危险源的安全管理措施；

（四）组织或者参与本单位应急救援演练；

（五）检查本单位的安全生产状况，及时排查生产安全事故隐患，提出改进安全生产管理的建议；

（六）制止和纠正违章指挥、强令冒险作业、违反操作规程的行为；

（七）督促落实本单位安全生产整改措施。

第二十三条 生产经营单位的安全生产管理机构以及安全生产管理人员应当恪尽职守，依法履行职责。

生产经营单位做出涉及安全生产的经营决策，应当听取安全生产管理机构以及安全生产管理人员的意见。

生产经营单位不得因安全生产管理人员依法履行职责而降低其工资、福利等待遇或者解除与其订立的劳动合同。

危险物品的生产、储存单位以及矿山、金属冶炼单位的安全生产管理人员的任免，应当告知主管的负有安全生产监督管理职责的部门。

第二十四条 生产经营单位的主要负责人和安全生产管理人员必须具备与本单位所从事的生产经营活动相应的安全生产知识和管理能力。

危险物品的生产、经营、储存单位以及矿山、金属冶炼、建筑施工、道路运输单位的主要负责人和安全生产管理人员，应当由主管的负有安全生产监督管理职责的部门对其安全生产知识和管理能力考核合格。考核不得收费。

危险物品的生产、储存单位以及矿山、金属冶炼单位应当有注册安全工程师从事安全生产管理工作。鼓励其他生产经营单位聘用注册安全工程师从事安全生产管理工作。注册安全工程师按专业分类管理，具体办法由国务院人力资源和社会保障部门、国务院安全生产监督管理部门会同国务院有关部门制定。

第二十五条 生产经营单位应当对从业人员进行安全生产教育和培训，保证从业人员具备必要的安全生产知识，熟悉有关的安全生产规章制度和安全操作规程，掌握本岗位的安全操作技能，了解事故应急处理措施，知悉自身在安全生产方面的权利和义务。未经安全生产教育和培训合格的从业人员，不得上岗作业。

生产经营单位使用被派遣劳动者的，应当将被派遣劳动者纳入本单位从业人员统一管理，对被派遣劳动者进行岗位安全操作规程和安全操作技能的教育和培训。劳务派遣单位应当对被派遣劳动者进行必要的安全生产教育和培训。

生产经营单位接收中等职业学校、高等学校学生实习的，应当对实习学生进行相应的安全生产教育和培训，提供必要的劳动防护用品。学校应当协助生产经营单位对实习学生进行安全生产教育和培训。

生产经营单位应当建立安全生产教育和培训档案，如实记录安全生产教育和培训的时间、内容、参加人员以及考核结果等情况。

第二十六条 生产经营单位采用新工艺、新技术、新材料或者使用新设备，必须了解、掌握其安全技术特性，采取有效的安全防护措施，并对从业人员进行专门的安全生产教育和培训。

第二十七条 生产经营单位的特种作业人

员必须按照国家有关规定经专门的安全作业培训,取得相应资格,方可上岗作业。

特种作业人员的范围由国务院安全生产监督管理部门会同国务院有关部门确定。

第二十八条 生产经营单位新建、改建、扩建工程项目(以下统称建设项目)的安全设施,必须与主体工程同时设计、同时施工、同时投入生产和使用。安全设施投资应当纳入建设项目概算。

第二十九条 矿山、金属冶炼建设项目和用于生产、储存、装卸危险物品的建设项目,应当按照国家有关规定进行安全评价。

第三十条 建设项目安全设施的设计人、设计单位应当对安全设施设计负责。

矿山、金属冶炼建设项目和用于生产、储存、装卸危险物品的建设项目的安全设施设计应当按照国家有关规定报经有关部门审查,审查部门及其负责审查的人员对审查结果负责。

第三十一条 矿山、金属冶炼建设项目和用于生产、储存、装卸危险物品的建设项目的施工单位必须按照批准的安全设施设计施工,并对安全设施的工程质量负责。

矿山、金属冶炼建设项目和用于生产、储存危险物品的建设项目竣工投入生产或者使用前,应当由建设单位负责组织对安全设施进行验收;验收合格后,方可投入生产和使用。安全生产监督管理部门应当加强对建设单位验收活动和验收结果的监督核查。

第三十二条 生产经营单位应当在有较大危险因素的生产经营场所和有关设施、设备上,设置明显的安全警示标志。

第三十三条 安全设备的设计、制造、安装、使用、检测、维修、改造和报废,应当符合国家标准或者行业标准。

生产经营单位必须对安全设备进行经常性维护、保养,并定期检测,保证正常运转。维护、保养、检测应当做好记录,并由有关人员签字。

第三十四条 生产经营单位使用的危险物品的容器、运输工具,以及涉及人身安全、危险性较大的海洋石油开采特种设备和矿山井下特种设备,必须按照国家有关规定,由专业生产单位生产,并经具有专业资质的检测、检验机构检测、检验合格,取得安全使用证或者安全标志,方可投入使用。检测、检验机构对检测、检验结果负责。

第三十五条 国家对严重危及生产安全的工艺、设备实行淘汰制度,具体目录由国务院安全生产监督管理部门会同国务院有关部门制定并公布。法律、行政法规对目录的制定另有规定的,适用其规定。

省、自治区、直辖市人民政府可以根据本地区实际情况制定并公布具体目录,对前款规定以外的危及生产安全的工艺、设备予以淘汰。

生产经营单位不得使用应当淘汰的危及生产安全的工艺、设备。

第三十六条 生产、经营、运输、储存、使用危险物品或者处置废弃危险物品的,由有关主管部门依照有关法律、法规的规定和国家标准或者行业标准审批并实施监督管理。

生产经营单位生产、经营、运输、储存、使用危险物品或者处置废弃危险物品,必须执行有关法律、法规和国家标准或者行业标准,建立专门的安全管理制度,采取可靠的安全措施,接受有关主管部门依法实施的监督管理。

第三十七条 生产经营单位对重大危险源应当登记建档,进行定期检测、评估、监控,并制定应急预案,告知从业人员和相关人员在紧急情况下应当采取的应急措施。

生产经营单位应当按照国家有关规定将本单位重大危险源及有关安全措施、应急措施报有关地方人民政府安全生产监督管理部门和有关部门备案。

第三十八条 生产经营单位应当建立健全生产安全事故隐患排查治理制度,采取技术、管理措施,及时发现并消除事故隐患。事故隐患排查治理情况应当如实记录,并向从业人员通报。

县级以上地方各级人民政府负有安全生产监督管理职责的部门应当建立健全重大事故隐患治理督办制度,督促生产经营单位消除重大事故隐患。

第三十九条　生产、经营、储存、使用危险物品的车间、商店、仓库不得与员工宿舍在同一座建筑物内，并应当与员工宿舍保持安全距离。

生产经营场所和员工宿舍应当设有符合紧急疏散要求、标志明显、保持畅通的出口。禁止锁闭、封堵生产经营场所或者员工宿舍的出口。

第四十条　生产经营单位进行爆破、吊装以及国务院安全生产监督管理部门会同国务院有关部门规定的其他危险作业，应当安排专门人员进行现场安全管理，确保操作规程的遵守和安全措施的落实。

第四十一条　生产经营单位应当教育和督促从业人员严格执行本单位的安全生产规章制度和安全操作规程；并向从业人员如实告知作业场所和工作岗位存在的危险因素、防范措施以及事故应急措施。

第四十二条　生产经营单位必须为从业人员提供符合国家标准或者行业标准的劳动防护用品，并监督、教育从业人员按照使用规则佩戴、使用。

第四十三条　生产经营单位的安全生产管理人员应当根据本单位的生产经营特点，对安全生产状况进行经常性检查；对检查中发现的安全问题，应当立即处理；不能处理的，应当及时报告本单位有关负责人，有关负责人应当及时处理。检查及处理情况应当如实记录在案。

生产经营单位的安全生产管理人员在检查中发现重大事故隐患，依照前款规定向本单位有关负责人报告，有关负责人不及时处理的，安全生产管理人员可以向主管的负有安全生产监督管理职责的部门报告，接到报告的部门应当依法及时处理。

第四十四条　生产经营单位应当安排用于配备劳动防护用品、进行安全生产培训的经费。

第四十五条　两个以上生产经营单位在同一作业区域内进行生产经营活动，可能危及对方生产安全的，应当签订安全生产管理协议，明确各自的安全生产管理职责和应当采取的安全措施，并指定专职安全生产管理人员进行安全检查与协调。

第四十六条　生产经营单位不得将生产经营项目、场所、设备发包或者出租给不具备安全生产条件或者相应资质的单位或者个人。

生产经营项目、场所发包或者出租给其他单位的，生产经营单位应当与承包单位、承租单位签订专门的安全生产管理协议，或者在承包合同、租赁合同中约定各自的安全生产管理职责；生产经营单位对承包单位、承租单位的安全生产工作统一协调、管理，定期进行安全检查，发现安全问题的，应当及时督促整改。

第四十七条　生产经营单位发生生产安全事故时，单位的主要负责人应当立即组织抢救，并不得在事故调查处理期间擅离职守。

第四十八条　生产经营单位必须依法参加工伤保险，为从业人员缴纳保险费。

国家鼓励生产经营单位投保安全生产责任保险。

第三章　从业人员的安全生产权利义务

第四十九条　生产经营单位与从业人员订立的劳动合同，应当载明有关保障从业人员劳动安全、防止职业危害的事项，以及依法为从业人员办理工伤保险的事项。

生产经营单位不得以任何形式与从业人员订立协议，免除或者减轻其对从业人员因生产安全事故伤亡依法应承担的责任。

第五十条　生产经营单位的从业人员有权了解其作业场所和工作岗位存在的危险因素、防范措施及事故应急措施，有权对本单位的安全生产工作提出建议。

第五十一条　从业人员有权对本单位安全生产工作中存在的问题提出批评、检举、控告；有权拒绝违章指挥和强令冒险作业。

生产经营单位不得因从业人员对本单位安全生产工作提出批评、检举、控告或者拒绝违章指挥、强令冒险作业而降低其工资、福利等待遇或者解除与其订立的劳动合同。

第五十二条　从业人员发现直接危及人身安全的紧急情况时，有权停止作业或者在采取可能的应急措施后撤离作业场所。

生产经营单位不得因从业人员在前款紧急

情况下停止作业或者采取紧急撤离措施而降低其工资、福利等待遇或者解除与其订立的劳动合同。

第五十三条　因生产安全事故受到损害的从业人员，除依法享有工伤保险外，依照有关民事法律尚有获得赔偿的权利的，有权向本单位提出赔偿要求。

第五十四条　从业人员在作业过程中，应当严格遵守本单位的安全生产规章制度和操作规程，服从管理，正确佩戴和使用劳动防护用品。

第五十五条　从业人员应当接受安全生产教育和培训，掌握本职工作所需的安全生产知识，提高安全生产技能，增强事故预防和应急处理能力。

第五十六条　从业人员发现事故隐患或者其他不安全因素，应当立即向现场安全生产管理人员或者本单位负责人报告；接到报告的人员应当及时予以处理。

第五十七条　工会有权对建设项目的安全设施与主体工程同时设计、同时施工、同时投入生产和使用进行监督，提出意见。

工会对生产经营单位违反安全生产法律、法规，侵犯从业人员合法权益的行为，有权要求纠正；发现生产经营单位违章指挥、强令冒险作业或者发现事故隐患时，有权提出解决的建议，生产经营单位应当及时研究答复；发现危及从业人员生命安全的情况时，有权向生产经营单位建议组织从业人员撤离危险场所，生产经营单位必须立即做出处理。

工会有权依法参加事故调查，向有关部门提出处理意见，并要求追究有关人员的责任。

第五十八条　生产经营单位使用被派遣劳动者的，被派遣劳动者享有本法规定的从业人员的权利，并应当履行本法规定的从业人员的义务。

第四章　安全生产的监督管理

第五十九条　县级以上地方各级人民政府应当根据本行政区域内的安全生产状况，组织有关部门按照职责分工，对本行政区域内容易发生重大生产安全事故的生产经营单位进行严格检查。

安全生产监督管理部门应当按照分类分级监督管理的要求，制定安全生产年度监督检查计划，并按照年度监督检查计划进行监督检查，发现事故隐患，应当及时处理。

第六十条　负有安全生产监督管理职责的部门依照有关法律、法规的规定，对涉及安全生产的事项需要审查批准(包括批准、核准、许可、注册、认证、颁发证照等，下同)或者验收的，必须严格依照有关法律、法规和国家标准或者行业标准规定的安全生产条件和程序进行审查；不符合有关法律、法规和国家标准或者行业标准规定的安全生产条件的，不得批准或者验收通过。对未依法取得批准或者验收合格的单位擅自从事有关活动的，负责行政审批的部门发现或者接到举报后应当立即予以取缔，并依法予以处理。对已经依法取得批准的单位，负责行政审批的部门发现其不再具备安全生产条件的，应当撤销原批准。

第六十一条　负有安全生产监督管理职责的部门对涉及安全生产的事项进行审查、验收，不得收取费用；不得要求接受审查、验收的单位购买其指定品牌或者指定生产、销售单位的安全设备、器材或者其他产品。

第六十二条　安全生产监督管理部门和其他负有安全生产监督管理职责的部门依法开展安全生产行政执法工作，对生产经营单位执行有关安全生产的法律、法规和国家标准或者行业标准的情况进行监督检查，行使以下职权：

(一)进入生产经营单位进行检查，调阅有关资料，向有关单位和人员了解情况；

(二)对检查中发现的安全生产违法行为，当场予以纠正或者要求限期改正；对依法应当给予行政处罚的行为，依照本法和其他有关法律、行政法规的规定作出行政处罚决定；

(三)对检查中发现的事故隐患，应当责令立即排除；重大事故隐患排除前或者排除过程中无法保证安全的，应当责令从危险区域内撤出作业人员，责令暂时停产停业或者停止使用相关设施、设备；重大事故隐患排除后，经审查同意，方可恢复生产经营和使用；

(四)对有根据认为不符合保障安全生产的国家标准或者行业标准的设施、设备、器材以及违法生产、储存、使用、经营、运输的危险物品予以查封或者扣押,对违法生产、储存、使用、经营危险物品的作业场所予以查封,并依法做出处理决定。

监督检查不得影响被检查单位的正常生产经营活动。

第六十三条 生产经营单位对负有安全生产监督管理职责的部门的监督检查人员(以下统称安全生产监督检查人员)依法履行监督检查职责,应当予以配合,不得拒绝、阻挠。

第六十四条 安全生产监督检查人员应当忠于职守,坚持原则,秉公执法。

安全生产监督检查人员执行监督检查任务时,必须出示有效的监督执法证件;对涉及被检查单位的技术秘密和业务秘密,应当为其保密。

第六十五条 安全生产监督检查人员应当将检查的时间、地点、内容、发现的问题及其处理情况,做出书面记录,并由检查人员和被检查单位的负责人签字;被检查单位的负责人拒绝签字的,检查人员应当将情况记录在案,并向负有安全生产监督管理职责的部门报告。

第六十六条 负有安全生产监督管理职责的部门在监督检查中,应当互相配合,实行联合检查;确需分别进行检查的,应当互通情况,发现存在的安全问题应当由其他有关部门进行处理的,应当及时移送其他有关部门并形成记录备查,接受移送的部门应当及时进行处理。

第六十七条 负有安全生产监督管理职责的部门依法对存在重大事故隐患的生产经营单位做出停产停业、停止施工、停止使用相关设施或者设备的决定,生产经营单位应当依法执行,及时消除事故隐患。生产经营单位拒不执行,有发生生产安全事故的现实危险的,在保证安全的前提下,经本部门主要负责人批准,负有安全生产监督管理职责的部门可以采取通知有关单位停止供电、停止供应民用爆炸物品等措施,强制生产经营单位履行决定。通知应当采用书面形式,有关单位应当予以配合。

负有安全生产监督管理职责的部门依照前款规定采取停止供电措施,除有危及生产安全的紧急情形外,应当提前二十四小时通知生产经营单位。生产经营单位依法履行行政决定、采取相应措施消除事故隐患的,负有安全生产监督管理职责的部门应当及时解除前款规定的措施。

第六十八条 监察机关依照行政监察法的规定,对负有安全生产监督管理职责的部门及其工作人员履行安全生产监督管理职责实施监察。

第六十九条 承担安全评价、认证、检测、检验的机构应当具备国家规定的资质条件,并对其做出的安全评价、认证、检测、检验的结果负责。

第七十条 负有安全生产监督管理职责的部门应当建立举报制度,公开举报电话、信箱或者电子邮件地址,受理有关安全生产的举报;受理的举报事项经调查核实后,应当形成书面材料;需要落实整改措施的,报经有关负责人签字并督促落实。

第七十一条 任何单位或者个人对事故隐患或者安全生产违法行为,均有权向负有安全生产监督管理职责的部门报告或者举报。

第七十二条 居民委员会、村民委员会发现其所在区域内的生产经营单位存在事故隐患或者安全生产违法行为时,应当向当地人民政府或者有关部门报告。

第七十三条 县级以上各级人民政府及其有关部门对报告重大事故隐患或者举报安全生产违法行为的有功人员,给予奖励。具体奖励办法由国务院安全生产监督管理部门会同国务院财政部门制定。

第七十四条 新闻、出版、广播、电影、电视等单位有进行安全生产公益宣传教育的义务,有对违反安全生产法律、法规的行为进行舆论监督的权利。

第七十五条 负有安全生产监督管理职责的部门应当建立安全生产违法行为信息库,如实记录生产经营单位的安全生产违法行为信息;对违法行为情节严重的生产经营单位,应当向社会公告,并通报行业主管部门、投资主管部门、国土资源主管部门、证券监督管理机构以及有关金融机构。

第五章　生产安全事故的应急救援与调查处理

第七十六条　国家加强生产安全事故应急能力建设,在重点行业、领域建立应急救援基地和应急救援队伍,鼓励生产经营单位和其他社会力量建立应急救援队伍,配备相应的应急救援装备和物资,提高应急救援的专业化水平。

国务院安全生产监督管理部门建立全国统一的生产安全事故应急救援信息系统,国务院有关部门建立健全相关行业、领域的生产安全事故应急救援信息系统。

第七十七条　县级以上地方各级人民政府应当组织有关部门制定本行政区域内特大生产安全事故应急救援预案,建立应急救援体系。

第七十八条　生产经营单位应当制定本单位生产安全事故应急救援预案,与所在地县级以上地方人民政府组织制定的生产安全事故应急救援预案相衔接,并定期组织演练。

第七十九条　危险物品的生产、经营、储存单位以及矿山、金属冶炼、城市轨道交通运营、建筑施工单位应当建立应急救援组织;生产经营规模较小的,可以不建立应急救援组织,但应当指定兼职的应急救援人员。

危险物品的生产、经营、储存、运输单位以及矿山、金属冶炼、城市轨道交通运营、建筑施工单位应当配备必要的应急救援器材、设备和物资,并进行经常性维护、保养,保证正常运转。

第八十条　生产经营单位发生生产安全事故后,事故现场有关人员应当立即报告本单位负责人。

单位负责人接到事故报告后,应当迅速采取有效措施,组织抢救,防止事故扩大,减少人员伤亡和财产损失,并按照国家有关规定立即如实报告当地负有安全生产监督管理职责的部门,不得隐瞒不报、谎报或者迟报,不得故意破坏事故现场、毁灭有关证据。

第八十一条　负有安全生产监督管理职责的部门接到事故报告后,应当立即按照国家有关规定上报事故情况。负有安全生产监督管理职责的部门和有关地方人民政府对事故情况不得隐瞒不报、谎报或者迟报。

第八十二条　有关地方人民政府和负有安全生产监督管理职责的部门的负责人接到生产安全事故报告后,应当按照生产安全事故应急救援预案的要求立即赶到事故现场,组织事故抢救。

参与事故抢救的部门和单位应当服从统一指挥,加强协同联动,采取有效的应急救援措施,并根据事故救援的需要采取警戒、疏散等措施,防止事故扩大和次生灾害的发生,减少人员伤亡和财产损失。

事故抢救过程中应当采取必要措施,避免或者减少对环境造成的危害。

任何单位和个人都应当支持、配合事故抢救,并提供一切便利条件。

第八十三条　事故调查处理应当按照科学严谨、依法依规、实事求是、注重实效的原则,及时、准确地查清事故原因,查明事故性质和责任,总结事故教训,提出整改措施,并对事故责任者提出处理意见。事故调查报告应当依法及时向社会公布。事故调查和处理的具体办法由国务院制定。

事故发生单位应当及时全面落实整改措施,负有安全生产监督管理职责的部门应当加强监督检查。

第八十四条　生产经营单位发生生产安全事故,经调查确定为责任事故的,除了应当查明事故单位的责任并依法予以追究外,还应当查明对安全生产的有关事项负有审查批准和监督职责的行政部门的责任,对有失职、渎职行为的,依照本法第七十七条的规定追究法律责任。

第八十五条　任何单位和个人不得阻挠和干涉对事故的依法调查处理。

第八十六条　县级以上地方各级人民政府安全生产监督管理部门应当定期统计分析本行政区域内发生生产安全事故的情况,并定期向社会公布。

第六章　法律责任

第八十七条　负有安全生产监督管理职责

的部门的工作人员,有下列行为之一的,给予降级或者撤职的处分;构成犯罪的,依照刑法有关规定追究刑事责任:

(一)对不符合法定安全生产条件的涉及安全生产的事项予以批准或者验收通过的;

(二)发现未依法取得批准、验收的单位擅自从事有关活动或者接到举报后不予取缔或者不依法予以处理的;

(三)对已经依法取得批准的单位不履行监督管理职责,发现其不再具备安全生产条件而不撤销原批准或者发现安全生产违法行为不予查处的;

(四)在监督检查中发现重大事故隐患,不依法及时处理的。

负有安全生产监督管理职责的部门的工作人员有前款规定以外的滥用职权、玩忽职守、徇私舞弊行为的,依法给予处分;构成犯罪的,依照刑法有关规定追究刑事责任。

第八十八条 负有安全生产监督管理职责的部门,要求被审查、验收的单位购买其指定的安全设备、器材或者其他产品的,在对安全生产事项的审查、验收中收取费用的,由其上级机关或者监察机关责令改正,责令退还收取的费用;情节严重的,对直接负责的主管人员和其他直接责任人员依法给予处分。

第八十九条 承担安全评价、认证、检测、检验工作的机构,出具虚假证明的,没收违法所得;违法所得在十万元以上的,并处违法所得二倍以上五倍以下的罚款;没有违法所得或者违法所得不足十万元的,单处或者并处十万元以上二十万元以下的罚款;对其直接负责的主管人员和其他直接责任人员处二万元以上五万元以下的罚款;给他人造成损害的,与生产经营单位承担连带赔偿责任;构成犯罪的,依照刑法有关规定追究刑事责任。

对有前款违法行为的机构,吊销其相应资质。

第九十条 生产经营单位的决策机构、主要负责人或者个人经营的投资人不依照本法规定保证安全生产所必需的资金投入,致使生产经营单位不具备安全生产条件的,责令限期改正,提供必需的资金;逾期未改正的,责令生产经营单位停产停业整顿。

有前款违法行为,导致发生生产安全事故的,对生产经营单位的主要负责人给予撤职处分,对个人经营的投资人处二万元以上二十万元以下的罚款;构成犯罪的,依照刑法有关规定追究刑事责任。

第九十一条 生产经营单位的主要负责人未履行本法规定的安全生产管理职责的,责令限期改正;逾期未改正的,处二万元以上五万元以下的罚款,责令生产经营单位停产停业整顿。

生产经营单位的主要负责人有前款违法行为,导致发生生产安全事故的,给予撤职处分;构成犯罪的,依照刑法有关规定追究刑事责任。

生产经营单位的主要负责人依照前款规定受刑事处罚或者撤职处分的,自刑罚执行完毕或者受处分之日起,五年内不得担任任何生产经营单位的主要负责人;对重大、特别重大生产安全事故负有责任的,终身不得担任本行业生产经营单位的主要负责人。

第九十二条 生产经营单位的主要负责人未履行本法规定的安全生产管理职责,导致发生生产安全事故的,由安全生产监督管理部门依照下列规定处以罚款:

(一)发生一般事故的,处上一年年收入百分之三十的罚款;

(二)发生较大事故的,处上一年年收入百分之四十的罚款;

(三)发生重大事故的,处上一年年收入百分之六十的罚款;

(四)发生特别重大事故的,处上一年年收入百分之八十的罚款。

第九十三条 生产经营单位的安全生产管理人员未履行本法规定的安全生产管理职责的,责令限期改正;导致发生生产安全事故的,暂停或者撤销其与安全生产有关的资格;构成犯罪的,依照刑法有关规定追究刑事责任。

第九十四条 生产经营单位有下列行为之一的,责令限期改正,可以处五万元以下的罚款;逾期未改正的,责令停产停业整顿,并处五万元以上十万元以下的罚款，对其直接负责的主管人员和其他直接责任人员处一万元以上二万元以下的罚款：

（一）未按照规定设置安全生产管理机构或者配备安全生产管理人员的；

（二）危险物品的生产、经营、储存单位以及矿山、金属冶炼、建筑施工、道路运输单位的主要负责人和安全生产管理人员未按照规定经考核合格的；

（三）未按照规定对从业人员、被派遣劳动者、实习学生进行安全生产教育和培训，或者未按照规定如实告知有关的安全生产事项的；

（四）未如实记录安全生产教育和培训情况的；

（五）未将事故隐患排查治理情况如实记录或者未向从业人员通报的；

（六）未按照规定制定生产安全事故应急救援预案或者未定期组织演练的；

（七）特种作业人员未按照规定经专门的安全作业培训并取得相应资格，上岗作业的。

第九十五条　生产经营单位有下列行为之一的，责令停止建设或者停产停业整顿，限期改正；逾期未改正的，处五十万元以上一百万元以下的罚款，对其直接负责的主管人员和其他直接责任人员处二万元以上五万元以下的罚款；构成犯罪的，依照刑法有关规定追究刑事责任：

（一）未按照规定对矿山、金属冶炼建设项目或者用于生产、储存、装卸危险物品的建设项目进行安全评价的；

（二）矿山、金属冶炼建设项目或者用于生产、储存、装卸危险物品的建设项目没有安全设施设计或者安全设施设计未按照规定报经有关部门审查同意的；

（三）矿山、金属冶炼建设项目或者用于生产、储存、装卸危险物品的建设项目的施工单位未按照批准的安全设施设计施工的；

（四）矿山、金属冶炼建设项目或者用于生产、储存危险物品的建设项目竣工投入生产或者使用前，安全设施未经验收合格的。

第九十六条　生产经营单位有下列行为之一的，责令限期改正，可以处五万元以下的罚款；逾期未改正的，处五万元以上二十万元以下的罚款，对其直接负责的主管人员和其他直接责任人员处一万元以上二万元以下的罚款；情节严重的，责令停产停业整顿；构成犯罪的，依照刑法有关规定追究刑事责任：

（一）未在有较大危险因素的生产经营场所和有关设施、设备上设置明显的安全警示标志的；

（二）安全设备的安装、使用、检测、改造和报废不符合国家标准或者行业标准的；

（三）未对安全设备进行经常性维护、保养和定期检测的；

（四）未为从业人员提供符合国家标准或者行业标准的劳动防护用品的；

（五）危险物品的容器、运输工具，以及涉及人身安全、危险性较大的海洋石油开采特种设备和矿山井下特种设备未经具有专业资质的机构检测、检验合格，取得安全使用证或者安全标志，投入使用的；

（六）使用应当淘汰的危及生产安全的工艺、设备的。

第九十七条　未经依法批准，擅自生产、经营、运输、储存、使用危险物品或者处置废弃危险物品的，依照有关危险物品安全管理的法律、行政法规的规定予以处罚；构成犯罪的，依照刑法有关规定追究刑事责任。

第九十八条　生产经营单位有下列行为之一的，责令限期改正，可以处十万元以下的罚款；逾期未改正的，责令停产停业整顿，并处十万元以上二十万元以下的罚款，对其直接负责的主管人员和其他直接责任人员处二万元以上五万元以下的罚款；构成犯罪的，依照刑法有关规定追究刑事责任：

（一）生产、经营、运输、储存、使用危险物品或者处置废弃危险物品，未建立专门安全管理制度、未采取可靠的安全措施的；

（二）对重大危险源未登记建档，或者未进行评估、监控，或者未制定应急预案的；

（三）进行爆破、吊装以及国务院安全生产监督管理部门会同国务院有关部门规定的其他危险作业，未安排专门人员进行现场安全管理的；

(四)未建立事故隐患排查治理制度的。

第九十九条 生产经营单位未采取措施消除事故隐患的,责令立即消除或者限期消除;生产经营单位拒不执行的,责令停产停业整顿,并处十万元以上五十万元以下的罚款,对其直接负责的主管人员和其他直接责任人员处二万元以上五万元以下的罚款。

第一百条 生产经营单位将生产经营项目、场所、设备发包或者出租给不具备安全生产条件或者相应资质的单位或者个人的,责令限期改正,没收违法所得;违法所得十万元以上的,并处违法所得二倍以上五倍以下的罚款;没有违法所得或者违法所得不足十万元的,单处或者并处十万元以上二十万元以下的罚款;对其直接负责的主管人员和其他直接责任人员处一万元以上二万元以下的罚款;导致发生生产安全事故给他人造成损害的,与承包方、承租方承担连带赔偿责任。

生产经营单位未与承包单位、承租单位签订专门的安全生产管理协议或者未在承包合同、租赁合同中明确各自的安全生产管理职责,或者未对承包单位、承租单位的安全生产统一协调、管理的,责令限期改正,可以处五万元以下的罚款,对其直接负责的主管人员和其他直接责任人员可以处一万元以下的罚款;逾期未改正的,责令停产停业整顿。

第一百零一条 两个以上生产经营单位在同一作业区域内进行可能危及对方安全生产的生产经营活动,未签订安全生产管理协议或者未指定专职安全生产管理人员进行安全检查与协调的,责令限期改正,可以处五万元以下的罚款,对其直接负责的主管人员和其他直接责任人员可以处一万元以下的罚款;逾期未改正的,责令停产停业。

第一百零二条 生产经营单位有下列行为之一的,责令限期改正,可以处五万元以下的罚款,对其直接负责的主管人员和其他直接责任人员可以处一万元以下的罚款;逾期未改正的,责令停产停业整顿;构成犯罪的,依照刑法有关规定追究刑事责任:

(一)生产、经营、储存、使用危险物品的车间、商店、仓库与员工宿舍在同一座建筑内,或者与员工宿舍的距离不符合安全要求的;

(二)生产经营场所和员工宿舍未设有符合紧急疏散需要、标志明显、保持畅通的出口,或者锁闭、封堵生产经营场所或者员工宿舍出口的。

第一百零三条 生产经营单位与从业人员订立协议,免除或者减轻其对从业人员因生产安全事故伤亡依法应承担的责任的,该协议无效;对生产经营单位的主要负责人、个人经营的投资人处二万元以上十万元以下的罚款。

第一百零四条 生产经营单位的从业人员不服从管理,违反安全生产规章制度或者操作规程的,由生产经营单位给予批评教育,依照有关规章制度给予处分;构成犯罪的,依照刑法有关规定追究刑事责任。

第一百零五条 违反本法规定,生产经营单位拒绝、阻碍负有安全生产监督管理职责的部门依法实施监督检查的,责令改正;拒不改正的,处二万元以上二十万元以下的罚款;对其直接负责的主管人员和其他直接责任人员处一万元以上二万元以下的罚款;构成犯罪的,依照刑法有关规定追究刑事责任。

第一百零六条 生产经营单位的主要负责人在本单位发生生产安全事故时,不立即组织抢救或者在事故调查处理期间擅离职守或者逃匿的,给予降级、撤职的处分,并由安全生产监督管理部门处上一年年收入百分之六十至百分之一百的罚款;对逃匿的处十五日以下拘留;构成犯罪的,依照刑法有关规定追究刑事责任。

生产经营单位的主要负责人对生产安全事故隐瞒不报、谎报或者迟报的,依照前款规定处罚。

第一百零七条 有关地方人民政府、负有安全生产监督管理职责的部门,对生产安全事故隐瞒不报、谎报或者迟报的,对直接负责的主管人员和其他直接责任人员依法给予处分;构成犯罪的,依照刑法有关规定追究刑事责任。

第一百零八条 生产经营单位不具备本法和其他有关法律、行政法规和国家标准或者行业标准规定的安全生产条件,经停产停业整顿仍不具备安全生产条件的,予以关闭;有关部门应当依法吊销其有关证照。

第一百零九条 发生生产安全事故,对负有责任的生产经营单位除要求其依法承担相应的赔偿等责任外,由安全生产监督管理部门依照下列规定处以罚款:

(一)发生一般事故的,处二十万元以上五十万元以下的罚款;

(二)发生较大事故的,处五十万元以上一百万元以下的罚款;

(三)发生重大事故的,处一百万元以上五百万元以下的罚款;

(四)发生特别重大事故的,处五百万元以上一千万元以下的罚款;情节特别严重的,处一千万元以上二千万元以下的罚款。

第一百一十条 本法规定的行政处罚,由安全生产监督管理部门和其他负有安全生产监督管理职责的部门按照职责分工决定。予以关闭的行政处罚由负有安全生产监督管理职责的部门报请县级以上人民政府按照国务院规定的权限决定;给予拘留的行政处罚由公安机关依照治安管理处罚法的规定决定。

第一百一十一条 生产经营单位发生生产安全事故造成人员伤亡、他人财产损失的,应当依法承担赔偿责任;拒不承担或者其负责人逃匿的,由人民法院依法强制执行。

生产安全事故的责任人未依法承担赔偿责任,经人民法院依法采取执行措施后,仍不能对受害人给予足额赔偿的,应当继续履行赔偿义务;受害人发现责任人有其他财产的,可以随时请求人民法院执行。

第七章 附 则

第一百一十二条 本法下列用语的含义:

危险物品,是指易燃易爆物品、危险化学品、放射性物品等能够危及人身安全和财产安全的物品。

重大危险源,是指长期地或者临时地生产、搬运、使用或者储存危险物品,且危险物品的数量等于或者超过临界量的单元(包括场所和设施)。

第一百一十三条 本法规定的生产安全一般事故、较大事故、重大事故、特别重大事故的划分标准由国务院规定。

国务院安全生产监督管理部门和其他负有安全生产监督管理职责的部门应当根据各自的职责分工,制定相关行业、领域重大事故隐患的判定标准。

第一百一十四条 本法自2002年11月1日起施行。

《中华人民共和国安全生产法》全文(2016最新版本)

目 录

第一章 总 则
第二章 生产经营单位的安全生产保障
第三章 从业人员的安全生产权利义务
第四章 安全生产的监督管理
第五章 生产安全事故的应急救援与调查处理
第六章 法律责任
第七章 附 则

第一章 总 则

第一条 为了加强安全生产工作,防止和减少生产安全事故,保障人民群众生命和财产安全,促进经济社会持续健康发展,制定本法。

第二条 在中华人民共和国领域内从事生产经营活动的单位(以下统称生产经营单位)的安全生产,适用本法;有关法律、行政法规对消防安全和道路交通安全、铁路交通安全、水上交通安全、民用航空安全以及核与辐射安全、特种设备安全另有规定的,适用其规定。

第三条 安全生产工作应当以人为本,坚持安全发展,坚持安全第一、预防为主、综合治理的方针,强化和落实生产经营单位的主体责任,建立生产经营单位负责、职工参与、政府监管、行业自律和社会监督的机制。

第四条 生产经营单位必须遵守本法和其

他有关安全生产的法律、法规,加强安全生产管理,建立、健全安全生产责任制和安全生产规章制度,改善安全生产条件,推进安全生产标准化建设,提高安全生产水平,确保安全生产。

第五条　生产经营单位的主要负责人对本单位的安全生产工作全面负责。

第六条　生产经营单位的从业人员有依法获得安全生产保障的权利,并应当依法履行安全生产方面的义务。

第七条　工会依法对安全生产工作进行监督。

生产经营单位的工会依法组织职工参加本单位安全生产工作的民主管理和民主监督,维护职工在安全生产方面的合法权益。生产经营单位制定或者修改有关安全生产的规章制度,应当听取工会的意见。

第八条　国务院和县级以上地方各级人民政府应当根据国民经济和社会发展规划制定安全生产规划,并组织实施。安全生产规划应当与城乡规划相衔接。

国务院和县级以上地方各级人民政府应当加强对安全生产工作的领导,支持、督促各有关部门依法履行安全生产监督管理职责,建立健全安全生产工作协调机制,及时协调、解决安全生产监督管理中存在的重大问题。

乡、镇人民政府以及街道办事处、开发区管理机构等地方人民政府的派出机关应当按照职责,加强对本行政区域内生产经营单位安全生产状况的监督检查,协助上级人民政府有关部门依法履行安全生产监督管理职责。

第九条　国务院安全生产监督管理部门依照本法,对全国安全生产工作实施综合监督管理;县级以上地方各级人民政府安全生产监督管理部门依照本法,对本行政区域内安全生产工作实施综合监督管理。

国务院有关部门依照本法和其他有关法律、行政法规的规定,在各自的职责范围内对有关行业、领域的安全生产工作实施监督管理;县级以上地方各级人民政府有关部门依照本法和其他有关法律、法规的规定,在各自的职责范围内对有关行业、领域的安全生产工作实施监督管理。

安全生产监督管理部门和对有关行业、领域的安全生产工作实施监督管理的部门,统称负有安全生产监督管理职责的部门。

第十条　国务院有关部门应当按照保障安全生产的要求,依法及时制定有关的国家标准或者行业标准,并根据科技进步和经济发展适时修订。

生产经营单位必须执行依法制定的保障安全生产的国家标准或者行业标准。

第十一条　各级人民政府及其有关部门应当采取多种形式,加强对有关安全生产的法律、法规和安全生产知识的宣传,增强全社会的安全生产意识。

第十二条　有关协会组织依照法律、行政法规和章程,为生产经营单位提供安全生产方面的信息、培训等服务,发挥自律作用,促进生产经营单位加强安全生产管理。

第十三条　依法设立的为安全生产提供技术、管理服务的机构,依照法律、行政法规和执业准则,接受生产经营单位的委托为其安全生产工作提供技术、管理服务。

生产经营单位委托前款规定的机构提供安全生产技术、管理服务的,保证安全生产的责任仍由本单位负责。

第十四条　国家实行生产安全事故责任追究制度,依照本法和有关法律、法规的规定,追究生产安全事故责任人员的法律责任。

第十五条　国家鼓励和支持安全生产科学技术研究和安全生产先进技术的推广应用,提高安全生产水平。

第十六条　国家对在改善安全生产条件、防止生产安全事故、参加抢险救护等方面取得显著成绩的单位和个人,给予奖励。

第二章　生产经营单位的安全生产保障

第十七条　生产经营单位应当具备本法和有关法律、行政法规和国家标准或者行业标准规定的安全生产条件;不具备安全生产条件的,不得从事生产经营活动。

第十八条　生产经营单位的主要负责人对

本单位安全生产工作负有下列职责：

（一）建立、健全本单位安全生产责任制；

（二）组织制定本单位安全生产规章制度和操作规程；

（三）组织制定并实施本单位安全生产教育和培训计划；

（四）保证本单位安全生产投入的有效实施；

（五）督促、检查本单位的安全生产工作，及时消除生产安全事故隐患；

（六）组织制定并实施本单位的生产安全事故应急救援预案；

（七）及时、如实报告生产安全事故。

第十九条　生产经营单位的安全生产责任制应当明确各岗位的责任人员、责任范围和考核标准等内容。

生产经营单位应当建立相应的机制，加强对安全生产责任制落实情况的监督考核，保证安全生产责任制的落实。

第二十条　生产经营单位应当具备的安全生产条件所必需的资金投入，由生产经营单位的决策机构、主要负责人或者个人经营的投资人予以保证，并对由于安全生产所必需的资金投入不足导致的后果承担责任。

有关生产经营单位应当按照规定提取和使用安全生产费用，专门用于改善安全生产条件。安全生产费用在成本中据实列支。安全生产费用提取、使用和监督管理的具体办法由国务院财政部门会同国务院安全生产监督管理部门征求国务院有关部门意见后制定。

第二十一条　矿山、金属冶炼、建筑施工、道路运输单位和危险物品的生产、经营、储存单位，应当设置安全生产管理机构或者配备专职安全生产管理人员。

前款规定以外的其他生产经营单位，从业人员超过一百人的，应当设置安全生产管理机构或者配备专职安全生产管理人员；从业人员在一百人以下的，应当配备专职或者兼职的安全生产管理人员。

第二十二条　生产经营单位的安全生产管理机构以及安全生产管理人员履行下列职责：

（一）组织或者参与拟订本单位安全生产规章制度、操作规程和生产安全事故应急救援预案；

（二）组织或者参与本单位安全生产教育和培训，如实记录安全生产教育和培训情况；

（三）督促落实本单位重大危险源的安全管理措施；

（四）组织或者参与本单位应急救援演练；

（五）检查本单位的安全生产状况，及时排查生产安全事故隐患，提出改进安全生产管理的建议；

（六）制止和纠正违章指挥、强令冒险作业、违反操作规程的行为；

（七）督促落实本单位安全生产整改措施。

第二十三条　生产经营单位的安全生产管理机构以及安全生产管理人员应当恪尽职守，依法履行职责。

生产经营单位做出涉及安全生产的经营决策，应当听取安全生产管理机构以及安全生产管理人员的意见。

生产经营单位不得因安全生产管理人员依法履行职责而降低其工资、福利等待遇或者解除与其订立的劳动合同。

危险物品的生产、储存单位以及矿山、金属冶炼单位的安全生产管理人员的任免，应当告知主管的负有安全生产监督管理职责的部门。

第二十四条　生产经营单位的主要负责人和安全生产管理人员必须具备与本单位所从事的生产经营活动相应的安全生产知识和管理能力。

危险物品的生产、经营、储存单位以及矿山、金属冶炼、建筑施工、道路运输单位的主要负责人和安全生产管理人员，应当由主管的负有安全生产监督管理职责的部门对其安全生产知识和管理能力考核合格。考核不得收费。

危险物品的生产、储存单位以及矿山、金属冶炼单位应当有注册安全工程师从事安全生产管理工作。鼓励其他生产经营单位聘用注册安全工程师从事安全生产管理工作。注册安全工程师按专业分类管理，具体办法由国务院人力资源和社会保障部门、国务院安全生产监督管理部门会同国务院有关部门制定。

第二十五条　生产经营单位应当对从业人员进行安全生产教育和培训，保证从业人员具备必要的安全生产知识，熟悉有关的安全生产规章制度和安全操作规程，掌握本岗位的安全操作技能，了解事故应急处理措施，知悉自身在安全生产方面的权利和义务。未经安全生产教育和培训合格的从业人员，不得上岗作业。

生产经营单位使用被派遣劳动者的，应当将被派遣劳动者纳入本单位从业人员统一管理，对被派遣劳动者进行岗位安全操作规程和安全操作技能的教育和培训。劳务派遣单位应当对被派遣劳动者进行必要的安全生产教育和培训。

生产经营单位接收中等职业学校、高等学校学生实习的，应当对实习学生进行相应的安全生产教育和培训，提供必要的劳动防护用品。学校应当协助生产经营单位对实习学生进行安全生产教育和培训。

生产经营单位应当建立安全生产教育和培训档案，如实记录安全生产教育和培训的时间、内容、参加人员以及考核结果等情况。

第二十六条　生产经营单位采用新工艺、新技术、新材料或者使用新设备，必须了解、掌握其安全技术特性，采取有效的安全防护措施，并对从业人员进行专门的安全生产教育和培训。

第二十七条　生产经营单位的特种作业人员必须按照国家有关规定经专门的安全作业培训，取得相应资格，方可上岗作业。

特种作业人员的范围由国务院安全生产监督管理部门会同国务院有关部门确定。

第二十八条　生产经营单位新建、改建、扩建工程项目（以下统称建设项目）的安全设施，必须与主体工程同时设计、同时施工、同时投入生产和使用。安全设施投资应当纳入建设项目概算。

第二十九条　矿山、金属冶炼建设项目和用于生产、储存、装卸危险物品的建设项目，应当按照国家有关规定进行安全评价。

第三十条　建设项目安全设施的设计人、设计单位应当对安全设施设计负责。

矿山、金属冶炼建设项目和用于生产、储存、装卸危险物品的建设项目的安全设施设计应当按照国家有关规定报经有关部门审查，审查部门及其负责审查的人员对审查结果负责。

第三十一条　矿山、金属冶炼建设项目和用于生产、储存、装卸危险物品的建设项目的施工单位必须按照批准的安全设施设计施工，并对安全设施的工程质量负责。

矿山、金属冶炼建设项目和用于生产、储存危险物品的建设项目竣工投入生产或者使用前，应当由建设单位负责组织对安全设施进行验收；验收合格后，方可投入生产和使用。安全生产监督管理部门应当加强对建设单位验收活动和验收结果的监督核查。

第三十二条　生产经营单位应当在有较大危险因素的生产经营场所和有关设施、设备上，设置明显的安全警示标志。

第三十三条　安全设备的设计、制造、安装、使用、检测、维修、改造和报废，应当符合国家标准或者行业标准。

生产经营单位必须对安全设备进行经常性维护、保养，并定期检测，保证正常运转。维护、保养、检测应当做好记录，并由有关人员签字。

第三十四条　生产经营单位使用的危险物品的容器、运输工具，以及涉及人身安全、危险性较大的海洋石油开采特种设备和矿山井下特种设备，必须按照国家有关规定，由专业生产单位生产，并经具有专业资质的检测、检验机构检测、检验合格，取得安全使用证或者安全标志，方可投入使用。检测、检验机构对检测、检验结果负责。

第三十五条　国家对严重危及生产安全的工艺、设备实行淘汰制度，具体目录由国务院安全生产监督管理部门会同国务院有关部门制定并公布。法律、行政法规对目录的制定另有规定的，适用其规定。

省、自治区、直辖市人民政府可以根据本地区实际情况制定并公布具体目录，对前款规定以外的危及生产安全的工艺、设备予以淘汰。

生产经营单位不得使用应当淘汰的危及生产安全的工艺、设备。

第三十六条　生产、经营、运输、储存、使用危险物品或者处置废弃危险物品的，由有关主管部门依照有关法律、法规的规定和国家标准或者行业标准审批并实施监督管理。

生产经营单位生产、经营、运输、储存、使用危险物品或者处置废弃危险物品，必须执行有关法律、法规和国家标准或者行业标准，建立专门的安全管理制度，采取可靠的安全措施，接受有关主管部门依法实施的监督管理。

第三十七条　生产经营单位对重大危险源应当登记建档，进行定期检测、评估、监控，并制定应急预案，告知从业人员和相关人员在紧急情况下应当采取的应急措施。

生产经营单位应当按照国家有关规定将本单位重大危险源及有关安全措施、应急措施报有关地方人民政府安全生产监督管理部门和有关部门备案。

第三十八条　生产经营单位应当建立健全生产安全事故隐患排查治理制度，采取技术、管理措施，及时发现并消除事故隐患。事故隐患排查治理情况应当如实记录，并向从业人员通报。

县级以上地方各级人民政府负有安全生产监督管理职责的部门应当建立健全重大事故隐患治理督办制度，督促生产经营单位消除重大事故隐患。

第三十九条　生产、经营、储存、使用危险物品的车间、商店、仓库不得与员工宿舍在同一座建筑物内，并应当与员工宿舍保持安全距离。

生产经营场所和员工宿舍应当设有符合紧急疏散要求、标志明显、保持畅通的出口。禁止锁闭、封堵生产经营场所或者员工宿舍的出口。

第四十条　生产经营单位进行爆破、吊装以及国务院安全生产监督管理部门会同国务院有关部门规定的其他危险作业，应当安排专门人员进行现场安全管理，确保操作规程的遵守和安全措施的落实。

第四十一条　生产经营单位应当教育和督促从业人员严格执行本单位的安全生产规章制度和安全操作规程；并向从业人员如实告知作业场所和工作岗位存在的危险因素、防范措施以及事故应急措施。

第四十二条　生产经营单位必须为从业人员提供符合国家标准或者行业标准的劳动防护用品，并监督、教育从业人员按照使用规则佩戴、使用。

第四十三条　生产经营单位的安全生产管理人员应当根据本单位的生产经营特点，对安全生产状况进行经常性检查；对检查中发现的安全问题，应当立即处理；不能处理的，应当及时报告本单位有关负责人，有关负责人应当及时处理。检查及处理情况应当如实记录在案。

生产经营单位的安全生产管理人员在检查中发现重大事故隐患，依照前款规定向本单位有关负责人报告，有关负责人不及时处理的，安全生产管理人员可以向主管的负有安全生产监督管理职责的部门报告，接到报告的部门应当依法及时处理。

第四十四条　生产经营单位应当安排用于配备劳动防护用品、进行安全生产培训的经费。

第四十五条　两个以上生产经营单位在同一作业区域内进行生产经营活动，可能危及对方生产安全的，应当签订安全生产管理协议，明确各自的安全生产管理职责和应当采取的安全措施，并指定专职安全生产管理人员进行安全检查与协调。

第四十六条　生产经营单位不得将生产经营项目、场所、设备发包或者出租给不具备安全生产条件或者相应资质的单位或者个人。

生产经营项目、场所发包或者出租给其他单位的，生产经营单位应当与承包单位、承租单位签订专门的安全生产管理协议，或者在承包合同、租赁合同中约定各自的安全生产管理职责；生产经营单位对承包单位、承租单位的安全生产工作统一协调、管理，定期进行安全检查，发现安全问题的，应当及时督促整改。

第四十七条　生产经营单位发生生产安全事故时，单位的主要负责人应当立即组织抢救，并不得在事故调查处理期间擅离职守。

第四十八条　生产经营单位必须依法参加工伤保险，为从业人员缴纳保险费。

国家鼓励生产经营单位投保安全生产责任

保险。

第三章 从业人员的安全生产权利义务

第四十九条 生产经营单位与从业人员订立的劳动合同，应当载明有关保障从业人员劳动安全、防止职业危害的事项，以及依法为从业人员办理工伤保险的事项。

生产经营单位不得以任何形式与从业人员订立协议，免除或者减轻其对从业人员因生产安全事故伤亡依法应承担的责任。

第五十条 生产经营单位的从业人员有权了解其作业场所和工作岗位存在的危险因素、防范措施及事故应急措施，有权对本单位的安全生产工作提出建议。

第五十一条 从业人员有权对本单位安全生产工作中存在的问题提出批评、检举、控告；有权拒绝违章指挥和强令冒险作业。

生产经营单位不得因从业人员对本单位安全生产工作提出批评、检举、控告或者拒绝违章指挥、强令冒险作业而降低其工资、福利等待遇或者解除与其订立的劳动合同。

第五十二条 从业人员发现直接危及人身安全的紧急情况时，有权停止作业或者在采取可能的应急措施后撤离作业场所。

生产经营单位不得因从业人员在前款紧急情况下停止作业或者采取紧急撤离措施而降低其工资、福利等待遇或者解除与其订立的劳动合同。

第五十三条 因生产安全事故受到损害的从业人员，除依法享有工伤保险外，依照有关民事法律尚有获得赔偿的权利的，有权向本单位提出赔偿要求。

第五十四条 从业人员在作业过程中，应当严格遵守本单位的安全生产规章制度和操作规程，服从管理，正确佩戴和使用劳动防护用品。

第五十五条 从业人员应当接受安全生产教育和培训，掌握本职工作所需的安全生产知识，提高安全生产技能，增强事故预防和应急处理能力。

第五十六条 从业人员发现事故隐患或者其他不安全因素，应当立即向现场安全生产管理人员或者本单位负责人报告；接到报告的人员应当及时予以处理。

第五十七条 工会有权对建设项目的安全设施与主体工程同时设计、同时施工、同时投入生产和使用进行监督，提出意见。

工会对生产经营单位违反安全生产法律、法规，侵犯从业人员合法权益的行为，有权要求纠正；发现生产经营单位违章指挥、强令冒险作业或者发现事故隐患时，有权提出解决的建议，生产经营单位应当及时研究答复；发现危及从业人员生命安全的情况时，有权向生产经营单位建议组织从业人员撤离危险场所，生产经营单位必须立即做出处理。

工会有权依法参加事故调查，向有关部门提出处理意见，并要求追究有关人员的责任。

第五十八条 生产经营单位使用被派遣劳动者的，被派遣劳动者享有本法规定的从业人员的权利，并应当履行本法规定的从业人员的义务。

第四章 安全生产的监督管理

第五十九条 县级以上地方各级人民政府应当根据本行政区域内的安全生产状况，组织有关部门按照职责分工，对本行政区域内容易发生重大生产安全事故的生产经营单位进行严格检查。

安全生产监督管理部门应当按照分类分级监督管理的要求，制定安全生产年度监督检查计划，并按照年度监督检查计划进行监督检查，发现事故隐患，应当及时处理。

第六十条 负有安全生产监督管理职责的部门依照有关法律、法规的规定，对涉及安全生产的事项需要审查批准（包括批准、核准、许可、注册、认证、颁发证照等，下同）或者验收的，必须严格依照有关法律、法规和国家标准或者行业标准规定的安全生产条件和程序进行审查；不符合有关法律、法规和国家标准或者行业标准规定的安全生产条件的，不得批准或者验收通过。对未依法取得批准或者验收合格的单位擅自从事有关活动的，负责行政审批的部门发现或者接到举报后应当立即予以取缔，并依法予以处理。对已经依法取得批准的单位，负责行政审批的部门发现其不再具备安全生产条件的,应当撤销原批准。

第六十一条 负有安全生产监督管理职责的部门对涉及安全生产的事项进行审查、验收,不得收取费用;不得要求接受审查、验收的单位购买其指定品牌或者指定生产、销售单位的安全设备、器材或者其他产品。

第六十二条 安全生产监督管理部门和其他负有安全生产监督管理职责的部门依法开展安全生产行政执法工作,对生产经营单位执行有关安全生产的法律、法规和国家标准或者行业标准的情况进行监督检查,行使以下职权:

(一)进入生产经营单位进行检查,调阅有关资料,向有关单位和人员了解情况;

(二)对检查中发现的安全生产违法行为,当场予以纠正或者要求限期改正;对依法应当给予行政处罚的行为,依照本法和其他有关法律、行政法规的规定作出行政处罚决定;

(三)对检查中发现的事故隐患,应当责令立即排除;重大事故隐患排除前或者排除过程中无法保证安全的,应当责令从危险区域内撤出作业人员,责令暂时停产停业或者停止使用相关设施、设备;重大事故隐患排除后,经审查同意,方可恢复生产经营和使用;

(四)对有根据认为不符合保障安全生产的国家标准或者行业标准的设施、设备、器材以及违法生产、储存、使用、经营、运输的危险物品予以查封或者扣押,对违法生产、储存、使用、经营危险物品的作业场所予以查封,并依法做出处理决定。

监督检查不得影响被检查单位的正常生产经营活动。

第六十三条 生产经营单位对负有安全生产监督管理职责的部门的监督检查人员(以下统称安全生产监督检查人员)依法履行监督检查职责,应当予以配合,不得拒绝、阻挠。

第六十四条 安全生产监督检查人员应当忠于职守,坚持原则,秉公执法。

安全生产监督检查人员执行监督检查任务时,必须出示有效的监督执法证件;对涉及被检查单位的技术秘密和业务秘密,应当为其保密。

第六十五条 安全生产监督检查人员应当将检查的时间、地点、内容、发现的问题及其处理情况,做出书面记录,并由检查人员和被检查单位的负责人签字;被检查单位的负责人拒绝签字的,检查人员应当将情况记录在案,并向负有安全生产监督管理职责的部门报告。

第六十六条 负有安全生产监督管理职责的部门在监督检查中,应当互相配合,实行联合检查;确需分别进行检查的,应当互通情况,发现存在的安全问题应当由其他有关部门进行处理的,应当及时移送其他有关部门并形成记录备查,接受移送的部门应当及时进行处理。

第六十七条 负有安全生产监督管理职责的部门依法对存在重大事故隐患的生产经营单位做出停产停业、停止施工、停止使用相关设施或者设备的决定,生产经营单位应当依法执行,及时消除事故隐患。生产经营单位拒不执行,有发生生产安全事故的现实危险的,在保证安全的前提下,经本部门主要负责人批准,负有安全生产监督管理职责的部门可以采取通知有关单位停止供电、停止供应民用爆炸物品等措施,强制生产经营单位履行决定。通知应当采用书面形式,有关单位应当予以配合。

负有安全生产监督管理职责的部门依照前款规定采取停止供电措施,除有危及生产安全的紧急情形外,应当提前二十四小时通知生产经营单位。生产经营单位依法履行行政决定、采取相应措施消除事故隐患的,负有安全生产监督管理职责的部门应当及时解除前款规定的措施。

第六十八条 监察机关依照行政监察法的规定,对负有安全生产监督管理职责的部门及其工作人员履行安全生产监督管理职责实施监察。

第六十九条 承担安全评价、认证、检测、检验的机构应当具备国家规定的资质条件,并对其做出的安全评价、认证、检测、检验的结果负责。

第七十条 负有安全生产监督管理职责的部门应当建立举报制度,公开举报电话、信箱或者电子邮件地址,受理有关安全生产的举报;受理的举报事项经调查核实后,应当形成书面材料;需要落实整改措施的,报经有关负责人签字并督促落实。

第七十一条 任何单位或者个人对事故隐患或者安全生产违法行为，均有权向负有安全生产监督管理职责的部门报告或者举报。

第七十二条 居民委员会、村民委员会发现其所在区域内的生产经营单位存在事故隐患或者安全生产违法行为时，应当向当地人民政府或者有关部门报告。

第七十三条 县级以上各级人民政府及其有关部门对报告重大事故隐患或者举报安全生产违法行为的有功人员，给予奖励。具体奖励办法由国务院安全生产监督管理部门会同国务院财政部门制定。

第七十四条 新闻、出版、广播、电影、电视等单位有进行安全生产公益宣传教育的义务，有对违反安全生产法律、法规的行为进行舆论监督的权利。

第七十五条 负有安全生产监督管理职责的部门应当建立安全生产违法行为信息库，如实记录生产经营单位的安全生产违法行为信息；对违法行为情节严重的生产经营单位，应当向社会公告，并通报行业主管部门、投资主管部门、国土资源主管部门、证券监督管理机构以及有关金融机构。

第五章 生产安全事故的应急救援与调查处理

第七十六条 国家加强生产安全事故应急能力建设，在重点行业、领域建立应急救援基地和应急救援队伍，鼓励生产经营单位和其他社会力量建立应急救援队伍，配备相应的应急救援装备和物资，提高应急救援的专业化水平。

国务院安全生产监督管理部门建立全国统一的生产安全事故应急救援信息系统，国务院有关部门建立健全相关行业、领域的生产安全事故应急救援信息系统。

第七十七条 县级以上地方各级人民政府应当组织有关部门制定本行政区域内生产安全事故应急救援预案，建立应急救援体系。

第七十八条 生产经营单位应当制定本单位生产安全事故应急救援预案，与所在地县级以上地方人民政府组织制定的生产安全事故应急救援预案相衔接，并定期组织演练。

第七十九条 危险物品的生产、经营、储存单位以及矿山、金属冶炼、城市轨道交通运营、建筑施工单位应当建立应急救援组织；生产经营规模较小的，可以不建立应急救援组织，但应当指定兼职的应急救援人员。

危险物品的生产、经营、储存、运输单位以及矿山、金属冶炼、城市轨道交通运营、建筑施工单位应当配备必要的应急救援器材、设备和物资，并进行经常性维护、保养，保证正常运转。

第八十条 生产经营单位发生生产安全事故后，事故现场有关人员应当立即报告本单位负责人。

单位负责人接到事故报告后，应当迅速采取有效措施，组织抢救，防止事故扩大，减少人员伤亡和财产损失，并按照国家有关规定立即如实报告当地负有安全生产监督管理职责的部门，不得隐瞒不报、谎报或者迟报，不得故意破坏事故现场、毁灭有关证据。

第八十一条 负有安全生产监督管理职责的部门接到事故报告后，应当立即按照国家有关规定上报事故情况。负有安全生产监督管理职责的部门和有关地方人民政府对事故情况不得隐瞒不报、谎报或者迟报。

第八十二条 有关地方人民政府和负有安全生产监督管理职责的部门的负责人接到生产安全事故报告后，应当按照生产安全事故应急救援预案的要求立即赶到事故现场，组织事故抢救。

参与事故抢救的部门和单位应当服从统一指挥，加强协同联动，采取有效的应急救援措施，并根据事故救援的需要采取警戒、疏散等措施，防止事故扩大和次生灾害的发生，减少人员伤亡和财产损失。

事故抢救过程中应当采取必要措施，避免或者减少对环境造成的危害。

任何单位和个人都应当支持、配合事故抢救，并提供一切便利条件。

第八十三条 事故调查处理应当按照科学严谨、依法依规、实事求是、注重实效的原则，及时、准确地查清事故原因,查明事故性质和责任,总结事故教训,提出整改措施,并对事故责任者提出处理意见。事故调查报告应当依法及时向社会公布。事故调查和处理的具体办法由国务院制定。

事故发生单位应当及时全面落实整改措施,负有安全生产监督管理职责的部门应当加强监督检查。

第八十四条 生产经营单位发生生产安全事故,经调查确定为责任事故的,除了应当查明事故单位的责任并依法予以追究外,还应当查明对安全生产的有关事项负有审查批准和监督职责的行政部门的责任,对有失职、渎职行为的,依照本法第八十七条的规定追究法律责任。

第八十五条 任何单位和个人不得阻挠和干涉对事故的依法调查处理。

第八十六条 县级以上地方各级人民政府安全生产监督管理部门应当定期统计分析本行政区域内发生生产安全事故的情况,并定期向社会公布。

第六章 法律责任

第八十七条 负有安全生产监督管理职责的部门的工作人员,有下列行为之一的,给予降级或者撤职的处分;构成犯罪的,依照刑法有关规定追究刑事责任:

(一)对不符合法定安全生产条件的涉及安全生产的事项予以批准或者验收通过的;

(二)发现未依法取得批准、验收的单位擅自从事有关活动或者接到举报后不予取缔或者不依法予以处理的;

(三)对已经依法取得批准的单位不履行监督管理职责,发现其不再具备安全生产条件而不撤销原批准或者发现安全生产违法行为不予查处的;

(四)在监督检查中发现重大事故隐患,不依法及时处理的。

负有安全生产监督管理职责的部门的工作人员有前款规定以外的滥用职权、玩忽职守、徇私舞弊行为的,依法给予处分;构成犯罪的,依照刑法有关规定追究刑事责任。

第八十八条 负有安全生产监督管理职责的部门,要求被审查、验收的单位购买其指定的安全设备、器材或者其他产品的,在对安全生产事项的审查、验收中收取费用的,由其上级机关或者监察机关责令改正,责令退还收取的费用;情节严重的,对直接负责的主管人员和其他直接责任人员依法给予处分。

第八十九条 承担安全评价、认证、检测、检验工作的机构,出具虚假证明的,没收违法所得;违法所得在十万元以上的,并处违法所得二倍以上五倍以下的罚款;没有违法所得或者违法所得不足十万元的,单处或者并处十万元以上二十万元以下的罚款;对其直接负责的主管人员和其他直接责任人员处二万元以上五万元以下的罚款;给他人造成损害的,与生产经营单位承担连带赔偿责任;构成犯罪的,依照刑法有关规定追究刑事责任。

对有前款违法行为的机构,吊销其相应资质。

第九十条 生产经营单位的决策机构、主要负责人或者个人经营的投资人不依照本法规定保证安全生产所必需的资金投入,致使生产经营单位不具备安全生产条件的,责令限期改正,提供必需的资金;逾期未改正的,责令生产经营单位停产停业整顿。

有前款违法行为,导致发生生产安全事故的,对生产经营单位的主要负责人给予撤职处分,对个人经营的投资人处二万元以上二十万元以下的罚款;构成犯罪的,依照刑法有关规定追究刑事责任。

第九十一条 生产经营单位的主要负责人未履行本法规定的安全生产管理职责的,责令限期改正;逾期未改正的,处二万元以上五万元以下的罚款,责令生产经营单位停产停业整顿。

生产经营单位的主要负责人有前款违法行为,导致发生生产安全事故的,给予撤职处分;构成犯罪的,依照刑法有关规定追究刑事责任。

生产经营单位的主要负责人依照前款规定受刑事处罚或者撤职处分的,自刑罚执行完毕或者受处分之日起,五年内不得担任任何生产经营单位的主要负责人;对重大、特别重大生产安全事故负有责任的,终身不得担任本行业生产经营单位的主要负责人。

第九十二条 生产经营单位的主要负责人未履行本法规定的安全生产管理职责，导致发生生产安全事故的，由安全生产监督管理部门依照下列规定处以罚款：

（一）发生一般事故的，处上一年年收入百分之三十的罚款；

（二）发生较大事故的，处上一年年收入百分之四十的罚款；

（三）发生重大事故的，处上一年年收入百分之六十的罚款；

（四）发生特别重大事故的，处上一年年收入百分之八十的罚款。

第九十三条 生产经营单位的安全生产管理人员未履行本法规定的安全生产管理职责的，责令限期改正；导致发生生产安全事故的，暂停或者撤销其与安全生产有关的资格；构成犯罪的，依照刑法有关规定追究刑事责任。

第九十四条 生产经营单位有下列行为之一的，责令限期改正，可以处五万元以下的罚款；逾期未改正的，责令停产停业整顿，并处五万元以上十万元以下的罚款，对其直接负责的主管人员和其他直接责任人员处一万元以上二万元以下的罚款：

（一）未按照规定设置安全生产管理机构或者配备安全生产管理人员的；

（二）危险物品的生产、经营、储存单位以及矿山、金属冶炼、建筑施工、道路运输单位的主要负责人和安全生产管理人员未按照规定经考核合格的；

（三）未按照规定对从业人员、被派遣劳动者、实习学生进行安全生产教育和培训，或者未按照规定如实告知有关的安全生产事项的；

（四）未如实记录安全生产教育和培训情况的；

（五）未将事故隐患排查治理情况如实记录或者未向从业人员通报的；

（六）未按照规定制定生产安全事故应急救援预案或者未定期组织演练的；

（七）特种作业人员未按照规定经专门的安全作业培训并取得相应资格，上岗作业的。

第九十五条 生产经营单位有下列行为之一的，责令停止建设或者停产停业整顿，限期改正；逾期未改正的，处五十万元以上一百万元以下的罚款，对其直接负责的主管人员和其他直接责任人员处二万元以上五万元以下的罚款；构成犯罪的，依照刑法有关规定追究刑事责任：

（一）未按照规定对矿山、金属冶炼建设项目或者用于生产、储存、装卸危险物品的建设项目进行安全评价的；

（二）矿山、金属冶炼建设项目或者用于生产、储存、装卸危险物品的建设项目没有安全设施设计或者安全设施设计未按照规定报经有关部门审查同意的；

（三）矿山、金属冶炼建设项目或者用于生产、储存、装卸危险物品的建设项目的施工单位未按照批准的安全设施设计施工的；

（四）矿山、金属冶炼建设项目或者用于生产、储存危险物品的建设项目竣工投入生产或者使用前，安全设施未经验收合格的。

第九十六条 生产经营单位有下列行为之一的，责令限期改正，可以处五万元以下的罚款；逾期未改正的，处五万元以上二十万元以下的罚款，其直接负责的主管人员和其他直接责任人员处一万元以上二万元以下的罚款；情节严重的，责令停产停业整顿；构成犯罪的，依照刑法有关规定追究刑事责任：

（一）未在有较大危险因素的生产经营场所和有关设施、设备上设置明显的安全警示标志的；

（二）安全设备的安装、使用、检测、改造和报废不符合国家标准或者行业标准的；

（三）未对安全设备进行经常性维护、保养和定期检测的；

（四）未为从业人员提供符合国家标准或者行业标准的劳动防护用品的；

（五）危险物品的容器、运输工具，以及涉及人身安全、危险性较大的海洋石油开采特种设备和矿山井下特种设备未经具有专业资质的机构检测、检验合格，取得安全使用证或者安全标

志,投入使用的;

(六)使用应当淘汰的危及生产安全的工艺、设备的。

第九十七条 未经依法批准,擅自生产、经营、运输、储存、使用危险物品或者处置废弃危险物品的,依照有关危险物品安全管理的法律、行政法规的规定予以处罚;构成犯罪的,依照刑法有关规定追究刑事责任。

第九十八条 生产经营单位有下列行为之一的,责令限期改正,可以处十万元以下的罚款;逾期未改正的,责令停产停业整顿,并处十万元以上二十万元以下的罚款,对其直接负责的主管人员和其他直接责任人员处二万元以上五万元以下的罚款;构成犯罪的,依照刑法有关规定追究刑事责任:

(一)生产、经营、运输、储存、使用危险物品或者处置废弃危险物品,未建立专门安全管理制度、未采取可靠的安全措施的;

(二)对重大危险源未登记建档,或者未进行评估、监控,或者未制定应急预案的;

(三)进行爆破、吊装以及国务院安全生产监督管理部门会同国务院有关部门规定的其他危险作业,未安排专门人员进行现场安全管理的;

(四)未建立事故隐患排查治理制度的。

第九十九条 生产经营单位未采取措施消除事故隐患的,责令立即消除或者限期消除;生产经营单位拒不执行的,责令停产停业整顿,并处十万元以上五十万元以下的罚款,对其直接负责的主管人员和其他直接责任人员处二万元以上五万元以下的罚款。

第一百条 生产经营单位将生产经营项目、场所、设备发包或者出租给不具备安全生产条件或者相应资质的单位或者个人的,责令限期改正,没收违法所得;违法所得十万元以上的,并处违法所得二倍以上五倍以下的罚款;没有违法所得或者违法所得不足十万元的,单处或者并处十万元以上二十万元以下的罚款;对其直接负责的主管人员和其他直接责任人员处一万元以上二万元以下的罚款;导致发生生产安全事故给他人造成损害的,与承包方、承租方承担连带赔偿责任。

生产经营单位未与承包单位、承租单位签订专门的安全生产管理协议或者未在承包合同、租赁合同中明确各自的安全生产管理职责,或者未对承包单位、承租单位的安全生产统一协调、管理的,责令限期改正,可以处五万元以下的罚款,对其直接负责的主管人员和其他直接责任人员可以处一万元以下的罚款;逾期未改正的,责令停产停业整顿。

第一百零一条 两个以上生产经营单位在同一作业区域内进行可能危及对方安全生产的生产经营活动,未签订安全生产管理协议或者未指定专职安全生产管理人员进行安全检查与协调的,责令限期改正,可以处五万元以下的罚款,对其直接负责的主管人员和其他直接责任人员可以处一万元以下的罚款;逾期未改正的,责令停产停业。

第一百零二条 生产经营单位有下列行为之一的,责令限期改正,可以处五万元以下的罚款,对其直接负责的主管人员和其他直接责任人员可以处一万元以下的罚款;逾期未改正的,责令停产停业整顿;构成犯罪的,依照刑法有关规定追究刑事责任:

(一)生产、经营、储存、使用危险物品的车间、商店、仓库与员工宿舍在同一座建筑内,或者与员工宿舍的距离不符合安全要求的;

(二)生产经营场所和员工宿舍未设有符合紧急疏散需要、标志明显、保持畅通的出口,或者锁闭、封堵生产经营场所或者员工宿舍出口的。

第一百零三条 生产经营单位与从业人员订立协议,免除或者减轻其对从业人员因生产安全事故伤亡依法应承担的责任的,该协议无效;对生产经营单位的主要负责人、个人经营的投资人处二万元以上十万元以下的罚款。

第一百零四条 生产经营单位的从业人员不服从管理,违反安全生产规章制度或者操作规程的,由生产经营单位给予批评教育,依照有关规章制度给予处分;构成犯罪的,依照刑法有关规定追究刑事责任。

第一百零五条 违反本法规定,生产经营单位拒绝、阻碍负有安全生产监督管理职责的部门依法实施监督检查的,责令改正;拒不改正的,处二万元以上二十万元以下的罚款;对其直接负责的主管人员其他直接责任人员处一万元以上二万元以下的罚款;构成犯罪的,依照刑法有关规定追究刑事责任。

第一百零六条 生产经营单位的主要负责人在本单位发生生产安全事故时,不立即组织抢救或者在事故调查处理期间擅离职守或者逃匿的,给予降级、撤职的处分,并由安全生产监督管理部门处上一年年收入百分之六十至百分之一百的罚款;对逃匿的处十五日以下拘留;构成犯罪的,依照刑法有关规定追究刑事责任。

生产经营单位的主要负责人对生产安全事故隐瞒不报、谎报或者迟报的,依照前款规定处罚。

第一百零七条 有关地方人民政府、负有安全生产监督管理职责的部门,对生产安全事故隐瞒不报、谎报或者迟报的,对直接负责的主管人员和其他直接责任人员依法给予处分;构成犯罪的,依照刑法有关规定追究刑事责任。

第一百零八条 生产经营单位不具备本法和其他有关法律、行政法规和国家标准或者行业标准规定的安全生产条件,经停产停业整顿仍不具备安全生产条件的,予以关闭;有关部门应当依法吊销其有关证照。

第一百零九条 发生生产安全事故,对负有责任的生产经营单位除要求其依法承担相应的赔偿等责任外,由安全生产监督管理部门依照下列规定处以罚款:

(一)发生一般事故的,处二十万元以上五十万元以下的罚款;

(二)发生较大事故的,处五十万元以上一百万元以下的罚款;

(三)发生重大事故的,处一百万元以上五百万元以下的罚款;

(四)发生特别重大事故的,处五百万元以上一千万元以下的罚款;情节特别严重的,处一千万元以上二千万元以下的罚款。

第一百一十条 本法规定的行政处罚,由安全生产监督管理部门和其他负有安全生产监督管理职责的部门按照职责分工决定。予以关闭的行政处罚由负有安全生产监督管理职责的部门报请县级以上人民政府按照国务院规定的权限决定;给予拘留的行政处罚由公安机关依照治安管理处罚法的规定决定。

第一百一十一条 生产经营单位发生生产安全事故造成人员伤亡、他人财产损失的,应当依法承担赔偿责任;拒不承担或者其负责人逃匿的,由人民法院依法强制执行。

生产安全事故的责任人未依法承担赔偿责任,经人民法院依法采取执行措施后,仍不能对受害人给予足额赔偿的,应当继续履行赔偿义务;受害人发现责任人有其他财产的,可以随时请求人民法院执行。

第七章 附 则

第一百一十二条 本法下列用语的含义:

危险物品,是指易燃易爆物品、危险化学品、放射性物品等能够危及人身安全和财产安全的物品。

重大危险源,是指长期地或者临时地生产、搬运、使用或者储存危险物品,且危险物品的数量等于或者超过临界量的单元(包括场所和设施)。

第一百一十三条 本法规定的生产安全一般事故、较大事故、重大事故、特别重大事故的划分标准由国务院规定。

国务院安全生产监督管理部门和其他负有安全生产监督管理职责的部门应当根据各自的职责分工,制定相关行业、领域重大事故隐患的判定标准。

第一百一十四条 本法自 2014 年 12 月 1 日起施行。

附录五
关于加快推进生态文明建设的意见

生态文明建设是中国特色社会主义事业的重要内容,关系人民福祉,关乎民族未来,事关"两个一百年"奋斗目标和中华民族伟大复兴中国梦的实现。党中央、国务院高度重视生态文明建设,先后出台了一系列重大决策部署,推动生态文明建设取得了重大进展和积极成效。但总体上看我国生态文明建设水平仍滞后于经济社会发展,资源约束趋紧,环境污染严重,生态系统退化,发展与人口资源环境之间的矛盾日益突出,已成为经济社会可持续发展的重大瓶颈制约。

加快推进生态文明建设是加快转变经济发展方式、提高发展质量和效益的内在要求,是坚持以人为本、促进社会和谐的必然选择,是全面建成小康社会、实现中华民族伟大复兴"中国梦"的时代抉择,是积极应对气候变化、维护全球生态安全的重大举措。要充分认识加快推进生态文明建设的极端重要性和紧迫性,切实增强责任感和使命感,牢固树立尊重自然、顺应自然、保护自然的理念,坚持"绿水青山就是金山银山",动员全党、全社会积极行动、深入持久地推进生态文明建设,加快形成人与自然和谐发展的现代化建设新格局,开创社会主义生态文明新时代。

一、总体要求

(一)指导思想

以邓小平理论、"三个代表"重要思想、科学发展观为指导,全面贯彻党的十八大和十八届二中、三中、四中全会精神,深入贯彻习近平总书记系列重要讲话精神,认真落实党中央、国务院的决策部署,坚持以人为本、依法推进,坚持节约资源和保护环境的基本国策,把生态文明建设放在突出的战略位置,融入经济建设、政治建设、文化建设、社会建设各方面和全过程,协同推进新型工业化、信息化、城镇化、农业现代化和绿色化,以健全生态文明制度体系为重点,优化国土空间开发格局,全面促进资源节约利用,加大自然生态系统和环境保护力度,大力推进绿色发展、循环发展、低碳发展,弘扬生态文化,倡导绿色生活,加快建设美丽中国,使蓝天常在、青山常在、绿水常在,实现中华民族永续发展。

(二)基本原则

坚持把节约优先、保护优先、自然恢复为主作为基本方针。在资源开发与节约中,把节约放在优先位置,以最少的资源消耗支撑经济社会持续发展;在环境保护与发展中,把保护放在优先位置,在发展中保护、在保护中发展;在生态建设与修复中,以自然恢复为主,与人工修复相结合。

坚持把绿色发展、循环发展、低碳发展作为基本途径。经济社会发展必须建立在资源得到高效循环利用、生态环境受到严格保护的基础上,与生态文明建设相协调,形成节约资源和保护环境的空间格局、产业结构、生产方式。

坚持把深化改革和创新驱动作为基本动力。充分发挥市场配置资源的决定性作用和更好发挥政府作用,不断深化制度改革和科技创新,建立系统完整的生态文明制度体系,强化科技创新引领作用,为生态文明建设注入强大动力。

坚持把培育生态文化作为重要支撑。将生态文明纳入社会主义核心价值体系,加强生态文化的宣传教育,倡导勤俭节约、绿色低碳、文明健康的生活方式和消费模式,提高全社会生态文明意识。

坚持把重点突破和整体推进作为工作方式。既立足当前,着力解决对经济社会可持续发展制约性强、群众反映强烈的突出问题,打好生态文明建设攻坚战;又着眼长远,加强顶层设计与鼓励基层探索相结合,持之以恒全面推进生态文明建设。

(三) 主要目标

到 2020 年,资源节约型和环境友好型社会建设取得重大进展,主体功能区布局基本形成,经济发展质量和效益显著提高,生态文明主流价值观在全社会得到推行,生态文明建设水平与全面建成小康社会目标相适应。

——国土空间开发格局进一步优化。经济、人口布局向均衡方向发展,陆海空间开发强度、城市空间规模得到有效控制,城乡结构和空间布局明显优化。

——资源利用更加高效。单位国内生产总值 CO_2 排放强度比 2005 年下降 40%~45%,能源消耗强度持续下降,资源产出率大幅提高,用水总量力争控制在 6 700 亿 m^3 以内,万元工业增加值用水量降低到 65 m^3 以下,农田灌溉水有效利用系数提高到 0.55 以上,非化石能源占一次能源消费比重达到 15% 左右。

——生态环境质量总体改善。主要污染物排放总量继续减少,大气环境质量、重点流域和近岸海域水环境质量得到改善,重要江河湖泊水功能区水质达标率提高到 80% 以上,饮用水安全保障水平持续提升,土壤环境质量总体保持稳定,环境风险得到有效控制。森林覆盖率达到 23% 以上,草原综合植被覆盖度达到 56%,湿地面积不低于 0.533 亿 hm^2,50% 以上可治理沙化土地得到治理,自然岸线保有率不低于 35%,生物多样性丧失速度得到基本控制,全国生态系统稳定性明显增强。

——生态文明重大制度基本确立。基本形成源头预防、过程控制、损害赔偿、责任追究的生态文明制度体系,自然资源资产产权和用途管制、生态保护红线、生态保护补偿、生态环境保护管理体制等关键制度建设取得决定性成果。

二、强化主体功能定位,优化国土空间开发格局

国土是生态文明建设的空间载体。要坚定不移地实施主体功能区战略,健全空间规划体系,科学合理布局和整治生产空间、生活空间、生态空间。

(四) 积极实施主体功能区战略

全面落实主体功能区规划,健全财政、投资、产业、土地、人口、环境等配套政策和各有侧重的绩效考核评价体系。推进市县落实主体功能定位,推动经济社会发展、城乡、土地利用、生态环境保护等规划"多规合一",形成一个市县一本规划、一张蓝图。区域规划编制、重大项目布局必须符合主体功能定位。对不同主体功能区的产业项目实行差别化市场准入政策,明确禁止开发区域、限制开发区域准入事项,明确优化开发区域、重点开发区域禁止和限制发展的产业。编制实施全国国土规划纲要,加快推进国土综合整治。构建平衡适宜的城乡建设空间体系,适当增加生活空间、生态用地,保护和扩大绿地、水域、湿地等生态空间。

(五) 大力推进绿色城镇化

认真落实《国家新型城镇化规划(2014—2020 年)》,根据资源环境承载能力,构建科学合理的城镇化宏观布局,严格控制特大城市规模,增强中小城市承载能力,促进大中小城市和小城镇协调发展。尊重自然格局,依托现有山水脉络、气象条件等,合理布局城镇各类空间,尽量减少对自然的干扰和损害。保护自然景观,传承历史文化,提倡城镇形态多样性,保持特色风貌,防止"千城一面"。科学确定城镇开发强度,提高城镇土地利用效率、建成区人口密度,划定城镇开发边界,从严供给城市建设用地,推动城镇化发展由外延扩张式向内涵提升式转变。严格新城、新区设立条件和程序。强化城镇化过程中的节能理念,大力发展绿色建筑和低碳、便捷的交通体系,推进绿色生态城区建设,提高城镇供排水、防涝、雨水收集利用、供热、供气、环境

等基础设施建设水平。所有县城和重点镇都要具备污水、垃圾处理能力,提高建设、运行、管理水平。加强城乡规划"三区四线"(禁建区、限建区和适建区,绿线、蓝线、紫线和黄线)管理,维护城乡规划的权威性、严肃性,杜绝大拆大建。

(六) 加快美丽乡村建设

完善县域村庄规划,强化规划的科学性和约束力。加强农村基础设施建设,强化山水林田路综合治理,加快农村危旧房改造,支持农村环境集中连片整治,开展农村垃圾专项治理,加大农村污水处理和改厕力度。加快转变农业发展方式,推进农业结构调整,大力发展农业循环经济,治理农业污染,提升农产品质量安全水平。依托乡村生态资源,在保护生态环境的前提下,加快发展乡村旅游休闲业。引导农民在房前屋后、道路两旁植树护绿。加强农村精神文明建设,以环境整治和民风建设为重点,扎实推进文明村镇创建。

(七) 加强海洋资源科学开发和生态环境保护

根据海洋资源环境承载力,科学编制海洋功能区划,确定不同海域主体功能。坚持"点上开发、面上保护",控制海洋开发强度,在适宜开发的海洋区域,加快调整经济结构和产业布局,积极发展海洋战略性新兴产业,严格生态环境评价,提高资源集约节约利用和综合开发水平,最大程度减少对海域生态环境的影响。严格控制陆源污染物排海总量,建立并实施重点海域排污总量控制制度,加强海洋环境治理、海域海岛综合整治、生态保护修复,有效保护重要、敏感和脆弱海洋生态系统。加强船舶港口污染控制,积极治理船舶污染,增强港口码头污染防治能力。控制发展海水养殖,科学养护海洋渔业资源。开展海洋资源和生态环境综合评估。实施严格的围填海总量控制制度、自然岸线控制制度,建立陆海统筹、区域联动的海洋生态环境保护修复机制。

三、推动技术创新和结构调整,提高发展质量和效益

从根本上缓解经济发展与资源环境之间的矛盾,必须构建科技含量高、资源消耗低、环境污染少的产业结构,加快推动生产方式绿色化,大幅提高经济绿色化程度,有效降低发展的资源环境代价。

(八) 推动科技创新

结合深化科技体制改革,建立符合生态文明建设领域科研活动特点的管理制度和运行机制。加强重大科学技术问题研究,开展能源节约、资源循环利用、新能源开发、污染治理、生态修复等领域关键技术攻关,在基础研究和前沿技术研发方面取得突破。强化企业技术创新主体地位,充分发挥市场对绿色产业发展方向和技术路线选择的决定性作用。完善技术创新体系,提高综合集成创新能力,加强工艺创新与试验。支持生态文明领域工程技术类研究中心、实验室和实验基地建设,完善科技创新成果转化机制,形成一批成果转化平台、中介服务机构,加快成熟适用技术的示范和推广。加强生态文明基础研究、试验研发、工程应用和市场服务等科技人才队伍建设。

(九) 调整优化产业结构

推动战略性新兴产业和先进制造业健康发展,采用先进适用节能低碳环保技术改造提升传统产业,发展壮大服务业,合理布局建设基础设施和基础产业。积极化解产能严重过剩矛盾,加强预警调控,适时调整产能严重过剩行业名单,严禁核准产能严重过剩行业新增产能项目。加快淘汰落后产能,逐步提高淘汰标准,禁止落后产能向中西部地区转移。做好化解产能过剩和淘汰落后产能企业职工安置工作。推动要素资源全球配置,鼓励优势产业走出去,提高参与国际分工的水平。调整能源结构,推动传统能源安全绿色开发和清洁低碳利用,发展清洁能源、可再生能源,不断提高非化石能源在能源消费结构中的比重。

(十) 发展绿色产业

大力发展节能环保产业,以推广节能环保产品拉动消费需求,以增强节能环保工程技术能力拉动投资增长,以完善政策机制释放市场潜在需求,推动节能环保技术、装备和服务水平显著提

升,加快培育新的经济增长点。实施节能环保产业重大技术装备产业化工程,规划建设产业化示范基地,规范节能环保市场发展,多渠道引导社会资金投入,形成新的支柱产业。加快核电、风电、太阳能光伏发电等新材料、新装备的研发和推广,推进生物质发电、生物质能源、沼气、地热、浅层地温能、海洋能等应用,发展分布式能源,建设智能电网,完善运行管理体系。大力发展节能与新能源汽车,提高创新能力和产业化水平,加强配套基础设施建设,加大推广普及力度。发展有机农业、生态农业,以及特色经济林、林下经济、森林旅游等林产业。

四、全面促进资源节约循环高效使用,推动利用方式根本转变

节约资源是破解资源瓶颈约束、保护生态环境的首要之策。要深入推进全社会节能减排,在生产、流通、消费各环节大力发展循环经济,实现各类资源节约高效利用。

(十一)推进节能减排

发挥节能与减排的协同促进作用,全面推动重点领域节能减排。开展重点用能单位节能低碳行动,实施重点产业能效提升计划。严格执行建筑节能标准,加快推进既有建筑节能和供热计量改造,从标准、设计、建设等方面大力推广可再生能源在建筑上的应用,鼓励建筑工业化等建设模式。优先发展公共交通,优化运输方式,推广节能与新能源交通运输装备,发展甩挂运输。鼓励使用高效节能农业生产设备。开展节约型公共机构示范创建活动。强化结构、工程、管理减排,继续削减主要污染物排放总量。

(十二)发展循环经济

按照减量化、再利用、资源化的原则,加快建立循环型工业、农业、服务业体系,提高全社会资源产出率。完善再生资源回收体系,实行垃圾分类回收,开发利用"城市矿产",推进秸秆等农林废弃物以及建筑垃圾、餐厨废弃物资源化利用,发展再制造和再生利用产品,鼓励纺织品、汽车轮胎等废旧物品回收利用。推进煤矸石、矿渣等大宗固体废弃物综合利用。组织开展循环经济示范行动,大力推广循环经济典型模式。推进产业循环式组合,促进生产和生活系统的循环链接,构建覆盖全社会的资源循环利用体系。

(十三)加强资源节约

节约集约利用水、土地、矿产等资源,加强全过程管理,大幅降低资源消耗强度。加强用水需求管理,以水定需、量水而行,抑制不合理用水需求,促进人口、经济等与水资源相均衡,建设节水型社会。推广高效节水技术和产品,发展节水农业,加强城市节水,推进企业节水改造。积极开发利用再生水、矿井水、空中云水、海水等非常规水源,严控无序调水和人造水景工程,提高水资源安全保障水平。按照严控增量、盘活存量、优化结构、提高效率的原则,加强土地利用的规划管控、市场调节、标准控制和考核监管,严格土地用途管制,推广应用节地技术和模式。发展绿色矿业,加快推进绿色矿山建设,促进矿产资源高效利用,提高矿产资源开采回采率、选矿回收率和综合利用率。

五、加大自然生态系统和环境保护力度,切实改善生态环境质量

良好生态环境是最公平的公共产品,是最普惠的民生福祉。要严格源头预防、不欠新账,加快治理突出生态环境问题、多还旧账,让人民群众呼吸新鲜的空气,喝上干净的水,在良好的环境中生产生活。

(十四)保护和修复自然生态系统

加快生态安全屏障建设,形成以青藏高原、黄土高原-川滇、东北森林带、北方防沙带、南方丘陵山地带、近岸近海生态区以及大江大河重要水系为骨架,以其他重点生态功能区为重要支撑,以禁止开发区域为重要组成的生态安全战略格局。实施重大生态修复工程,扩大森林、湖泊、湿地面积,提高沙区、草原植被覆盖率,有序实现休养生息。加强森林保护,将天然林资源保护范围扩大到全国;大力开展植树造林和森

林经营,稳定和扩大退耕还林范围,加快重点防护林体系建设;完善国有林场和国有林区经营管理体制,深化集体林权制度改革。严格落实禁牧休牧和草畜平衡制度,加快推进基本草原划定和保护工作;加大退牧还草力度,继续实行草原生态保护补助奖励政策;稳定和完善草原承包经营制度。启动湿地生态效益补偿和退耕还湿。加强水生生物保护,开展重要水域增殖放流活动。继续推进京津风沙源治理、黄土高原地区综合治理、石漠化综合治理,开展沙化土地封禁保护试点。加强水土保持,因地制宜推进小流域综合治理。实施地下水保护和超采漏斗区综合治理,逐步实现地下水采补平衡。强化农田生态保护,实施耕地质量保护与提升行动,加大退化、污染、损毁农田改良和修复力度,加强耕地质量调查监测与评价。实施生物多样性保护重大工程,建立监测评估与预警体系,健全国门生物安全查验机制,有效防范物种资源丧失和外来物种入侵,积极参加生物多样性国际公约谈判和履约工作。加强自然保护区建设与管理,对重要生态系统和物种资源实施强制性保护,切实保护珍稀濒危野生动植物、古树名木及自然生境。建立国家公园体制,实行分级、统一管理,保护自然生态和自然文化遗产原真性、完整性。研究建立江河湖泊生态水量保障机制。加快灾害调查评价、监测预警、防治和应急等防灾减灾体系建设。

(十五)全面推进污染防治

按照以人为本、防治结合、标本兼治、综合施策的原则,建立以保障人体健康为核心、以改善环境质量为目标、以防控环境风险为基线的环境管理体系,健全跨区域污染防治协调机制,加快解决人民群众反映强烈的大气、水、土壤污染等突出环境问题。继续落实大气污染防治行动计划,逐渐消除重污染天气,切实改善大气环境质量。实施水污染防治行动计划,严格饮用水源保护,全面推进涵养区、源头区等水源地环境整治,加强供水全过程管理,确保饮用水安全;加强重点流域、区域、近岸海域水污染防治和良好湖泊生态环境保护,控制和规范淡水养殖,严格入河(湖、海)排污管理;推进地下水污染防治。制定实施土壤污染防治行动计划,优先保护耕地土壤环境,强化工业污染场地治理,开展土壤污染治理与修复试点。加强农业面源污染防治,加大种养业特别是规模化畜禽养殖污染防治力度,科学施用化肥、农药,推广节能环保型炉灶,净化农产品产地和农村居民生活环境。加大城乡环境综合整治力度。推进重金属污染治理。开展矿山地质环境恢复和综合治理,推进尾矿安全、环保存放,妥善处理处置矿渣等大宗固体废物。建立健全化学品、持久性有机污染物、危险废物等环境风险防范与应急管理工作机制。切实加强核设施运行监管,确保核安全万无一失。

(十六)积极应对气候变化

坚持当前长远相互兼顾、减缓适应全面推进,通过节约能源和提高能效,优化能源结构,增加森林、草原、湿地、海洋碳汇等手段,有效控制 CO_2、甲烷、氢氟碳化物、全氟化碳、六氟化硫等温室气体排放。提高适应气候变化特别是应对极端天气和气候事件能力,加强监测、预警和预防,提高农业、林业、水资源等重点领域和生态脆弱地区适应气候变化的水平。扎实推进低碳省区、城市、城镇、产业园区、社区试点。坚持共同但有区别的责任原则、公平原则、各自能力原则,积极建设性地参与应对气候变化国际谈判,推动建立公平合理的全球应对气候变化格局。

六、健全生态文明制度体系

加快建立系统完整的生态文明制度体系,引导、规范和约束各类开发、利用、保护自然资源的行为,用制度保护生态环境。

(十七)健全法律法规

全面清理现行法律法规中与加快推进生态文明建设不相适应的内容,加强法律法规间的衔接。研究制定节能评估审查、节水、应对气候变化、生态补偿、湿地保护、生物多样性保护、土壤环境保护等方面的法律法规,修订土地管理法、大气污染防治法、水污染防治法、节约能源法、循环经济促进法、矿产资源法、森林法、草原法、野生动物保护法等。

(十八) 完善标准体系

加快制定修订一批能耗、水耗、地耗、污染物排放、环境质量等方面的标准，实施能效和排污强度"领跑者"制度，加快标准升级步伐。提高建筑物、道路、桥梁等建设标准。环境容量较小、生态环境脆弱、环境风险高的地区要执行污染物特别排放限值。鼓励各地区依法制定更加严格的地方标准。建立与国际接轨、适应我国国情的能效和环保标识认证制度。

(十九) 健全自然资源资产产权制度和用途管制制度

对水流、森林、山岭、草原、荒地、滩涂等自然生态空间进行统一确权登记，明确国土空间的自然资源资产所有者、监管者及其责任。完善自然资源资产用途管制制度，明确各类国土空间开发、利用、保护边界，实现能源、水资源、矿产资源按质量分级、梯级利用。严格节能评估审查、水资源论证和取水许可制度。坚持并完善最严格的耕地保护和节约用地制度，强化土地利用总体规划和年度计划管控，加强土地用途转用许可管理。完善矿产资源规划制度，强化矿产开发准入管理。有序推进国家自然资源资产管理体制改革。

(二十) 完善生态环境监管制度

建立严格监管所有污染物排放的环境保护管理制度。完善污染物排放许可证制度，禁止无证排污和超标准、超总量排污。违法排放污染物、造成或可能造成严重污染的，要依法查封扣押排放污染物的设施设备。对严重污染环境的工艺、设备和产品实行淘汰制度。实行企事业单位污染物排放总量控制制度，适时调整主要污染物指标种类，纳入约束性指标。健全环境影响评价、清洁生产审核、环境信息公开等制度。建立生态保护修复和污染防治区域联动机制。

(二十一) 严守资源环境生态红线

树立底线思维，设定并严守资源消耗上限、环境质量底线、生态保护红线，将各类开发活动限制在资源环境承载能力之内。合理设定资源消耗"天花板"，加强能源、水、土地等战略性资源管控，强化能源消耗强度控制，做好能源消费总量管理。继续实施水资源开发利用控制、用水效率控制、水功能区限制纳污三条红线管理。划定永久基本农田，严格实施永久保护，对新增建设用地占用耕地规模实行总量控制，落实耕地占补平衡，确保耕地数量不下降、质量不降低。严守环境质量底线，将大气、水、土壤等环境质量"只能更好、不能变坏"作为地方各级政府环保责任红线，相应确定污染物排放总量限值和环境风险防控措施。在重点生态功能区、生态环境敏感区和脆弱区等区域划定生态红线，确保生态功能不降低、面积不减少、性质不改变；科学划定森林、草原、湿地、海洋等领域生态红线，严格自然生态空间征(占)用管理，有效遏制生态系统退化的趋势。探索建立资源环境承载能力监测预警机制，对资源消耗和环境容量接近或超过承载能力的地区，及时采取区域限批等限制性措施。

(二十二) 完善经济政策

健全价格、财税、金融等政策，激励、引导各类主体积极投身生态文明建设。深化自然资源及其产品价格改革，凡是能由市场形成价格的都交给市场，政府定价要体现基本需求与非基本需求以及资源利用效率高低的差异，体现生态环境损害成本和修复效益。进一步深化矿产资源有偿使用制度改革，调整矿业权使用费征收标准。加大财政资金投入，统筹有关资金，对资源节约和循环利用、新能源和可再生能源开发利用、环境基础设施建设、生态修复与建设、先进适用技术研发示范等给予支持。将高耗能、高污染产品纳入消费税征收范围。推动环境保护费改税。加快资源税从价计征改革，清理取消相关收费基金，逐步将资源税征收范围扩展到占用各种自然生态空间。完善节能环保、新能源、生态建设的税收优惠政策。推广绿色信贷，支持符合条件的项目通过资本市场融资。探索排污权抵押等融资模式。深化环境污染责任保险试点，研究建立巨灾保险制度。

(二十三) 推行市场化机制

加快推行合同能源管理、节能低碳产品和有机产品认证、能效标识管理等机制。推进节能发电调度,优先调度可再生能源发电资源,按机组能耗和污染物排放水平依次调用化石类能源发电资源。建立节能量、碳排放权交易制度,深化交易试点,推动建立全国碳排放权交易市场。加快水权交易试点,培育和规范水权市场。全面推进矿业权市场建设。扩大排污权有偿使用和交易试点范围,发展排污权交易市场。积极推进环境污染第三方治理,引入社会力量投入环境污染治理。

(二十四) 健全生态保护补偿机制

科学界定生态保护者与受益者权利义务,加快形成生态损害者赔偿、受益者付费、保护者得到合理补偿的运行机制。结合深化财税体制改革,完善转移支付制度,归并和规范现有生态保护补偿渠道,加大对重点生态功能区的转移支付力度,逐步提高其基本公共服务水平。建立地区间横向生态保护补偿机制,引导生态受益地区与保护地区之间、流域上游与下游之间,通过资金补助、产业转移、人才培训、共建园区等方式实施补偿。建立独立公正的生态环境损害评估制度。

(二十五) 健全政绩考核制度

建立体现生态文明要求的目标体系、考核办法、奖惩机制。把资源消耗、环境损害、生态效益等指标纳入经济社会发展综合评价体系,大幅增加考核权重,强化指标约束,不唯经济增长论英雄。完善政绩考核办法,根据区域主体功能定位,实行差别化的考核制度。对限制开发区域、禁止开发区域和生态脆弱的国家扶贫开发工作重点县,取消地区生产总值考核;对农产品主产区和重点生态功能区,分别实行农业优先和生态保护优先的绩效评价;对禁止开发的重点生态功能区,重点评价其自然文化资源的原真性、完整性。根据考核评价结果,对生态文明建设成绩突出的地区、单位和个人给予表彰奖励。探索编制自然资源资产负债表,对领导干部实行自然资源资产和环境责任离任审计。

(二十六) 完善责任追究制度

建立领导干部任期生态文明建设责任制,完善节能减排目标责任考核及问责制度。严格责任追究,对违背科学发展要求、造成资源环境生态严重破坏的要记录在案,实行终身追责,不得转任重要职务或提拔使用,已经调离的也要问责。对推动生态文明建设工作不力的,要及时诫勉谈话;对不顾资源和生态环境盲目决策、造成严重后果的,要严肃追究有关人员的领导责任;对履职不力、监管不严、失职渎职的,要依纪依法追究有关人员的监管责任。

七、加强生态文明建设统计监测和执法监督

坚持问题导向,针对薄弱环节,加强统计监测、执法监督,为推进生态文明建设提供有力保障。

(二十七) 加强统计监测

建立生态文明综合评价指标体系。加快推进对能源、矿产资源、水、大气、森林、草原、湿地、海洋和水土流失、沙化土地、土壤环境、地质环境、温室气体等的统计监测核算能力建设,提升信息化水平,提高准确性、及时性,实现信息共享。加快重点用能单位能源消耗在线监测体系建设。建立循环经济统计指标体系、矿产资源合理开发利用评价指标体系。利用卫星遥感等技术手段,对自然资源和生态环境保护状况开展全天候监测,健全覆盖所有资源环境要素的监测网络体系。提高环境风险防控和突发环境事件应急能力,健全环境与健康调查、监测和风险评估制度。定期开展全国生态状况调查和评估。加大各级政府预算内投资等财政性资金对统计监测等基础能力建设的支持力度。

(二十八) 强化执法监督

加强法律监督、行政监察,对各类环境违法违规行为实行"零容忍",加大查处力度,严厉惩处违法违规行为。强化对浪费能源资源、违法排污、破坏生态环境等行为的执法监察和专

项督察。资源环境监管机构独立开展行政执法，禁止领导干部违法违规干预执法活动。健全行政执法与刑事司法的衔接机制，加强基层执法队伍、环境应急处置救援队伍建设。强化对资源开发和交通建设、旅游开发等活动的生态环境监管。

八、加快形成推进生态文明建设的良好社会风尚

生态文明建设关系各行各业、千家万户。要充分发挥人民群众的积极性、主动性、创造性，凝聚民心、集中民智、汇集民力，实现生活方式绿色化。

(二十九) 提高全民生态文明意识

积极培育生态文化、生态道德，使生态文明成为社会主流价值观，成为社会主义核心价值观的重要内容。从娃娃和青少年抓起，从家庭、学校教育抓起，引导全社会树立生态文明意识。把生态文明教育作为素质教育的重要内容，纳入国民教育体系和干部教育培训体系。将生态文化作为现代公共文化服务体系建设的重要内容，挖掘优秀传统生态文化思想和资源，创作一批文化作品，创建一批教育基地，满足广大人民群众对生态文化的需求。通过典型示范、展览展示、岗位创建等形式，广泛动员全民参与生态文明建设。组织好世界地球日、世界环境日、世界森林日、世界水日、世界海洋日和全国节能宣传周等主题宣传活动。充分发挥新闻媒体作用，树立理性、积极的舆论导向，加强资源环境国情宣传，普及生态文明法律法规、科学知识等，报道先进典型，曝光反面事例，提高公众节约意识、环保意识、生态意识，形成人人、事事、时时崇尚生态文明的社会氛围。

(三十) 培育绿色生活方式

倡导勤俭节约的消费观。广泛开展绿色生活行动，推动全民在衣、食、住、行、游等方面加快向勤俭节约、绿色低碳、文明健康的方式转变，坚决抵制和反对各种形式的奢侈浪费、不合理消费。积极引导消费者购买节能与新能源汽车、高能效家电、节水型器具等节能环保低碳产品，减少一次性用品的使用，限制过度包装。大力推广绿色低碳出行，倡导绿色生活和休闲模式，严格限制发展高耗能、高耗水服务业。在餐饮企业、单位食堂、家庭全方位开展反食品浪费行动。党政机关、国有企业要带头厉行勤俭节约。

(三十一) 鼓励公众积极参与

完善公众参与制度，及时准确披露各类环境信息，扩大公开范围，保障公众知情权，维护公众环境权益。健全举报、听证、舆论和公众监督等制度，构建全民参与的社会行动体系。建立环境公益诉讼制度，对污染环境、破坏生态的行为，有关组织可提起公益诉讼。在建设项目立项、实施、后评价等环节，有序增强公众参与程度。引导生态文明建设领域各类社会组织健康有序发展，发挥民间组织和志愿者的积极作用。

九、切实加强组织领导

健全生态文明建设领导体制和工作机制，勇于探索和创新，推动生态文明建设蓝图逐步成为现实。

(三十二) 强化统筹协调

各级党委和政府对本地区生态文明建设负总责，要建立协调机制，形成有利于推进生态文明建设的工作格局。各有关部门要按照职责分工，密切协调配合，形成生态文明建设的强大合力。

(三十三) 探索有效模式

抓紧制定生态文明体制改革总体方案，深入开展生态文明先行示范区建设，研究不同发展阶段、资源环境禀赋、主体功能定位地区生态文明建设的有效模式。各地区要抓住制约本地区生态文明建设的瓶颈，在生态文明制度创新方面积极实践，力争取得重大突破。及时总结有效做法和成功经验，完善政策措施，形成有效模式，加大推广力度。

(三十四) 广泛开展国际合作

统筹国内国际两个大局，以全球视野加快推进生态文明建设，树立负责任大国形象，把绿色

发展转化为新的综合国力、综合影响力和国际竞争新优势。发扬包容互鉴、合作共赢的精神,加强与世界各国在生态文明领域的对话交流和务实合作,引进先进技术装备和管理经验,促进全球生态安全。加强南南合作,开展绿色援助,对其他发展中国家提供支持和帮助。

(三十五)抓好贯彻落实

各级党委和政府及中央有关部门要按照本意见要求,抓紧提出实施方案,研究制定与本意见相衔接的区域性、行业性和专题性规划,明确目标任务、责任分工和时间要求,确保各项政策措施落到实处。各地区各部门贯彻落实情况要及时向党中央、国务院报告,同时抄送国家发展改革委。中央就贯彻落实情况适时组织开展专项监督检查。

附录六
中华人民共和国大气污染防治法

(1987年9月5日第六届全国人民代表大会常务委员会第二十二次会议通过，根据1995年8月29日第八届全国人民代表大会常务委员会第十五次会议《关于修改〈中华人民共和国大气污染防治法〉的决定》第一次修正，2000年4月29日第九届全国人民代表大会常务委员会第十五次会议第一次修订，2015年8月29日第十二届全国人民代表大会常务委员会第十六次会议第二次修订，根据2018年10月26日第十三届全国人民代表大会常务委员会第六次会议《关于修改〈中华人民共和国野生动物保护法〉等十五部法律的决定》第二次修正)

目 录

第一章 总 则
第二章 大气污染防治标准和限期达标规划
第三章 大气污染防治的监督管理
第四章 大气污染防治措施
 第一节 燃煤和其他能源污染防治
 第二节 工业污染防治
 第三节 机动车船等污染防治
 第四节 扬尘污染防治
 第五节 农业和其他污染防治
第五章 重点区域大气污染联合防治
第六章 重污染天气应对
第七章 法律责任
第八章 附 则

第一章 总 则

第一条 为保护和改善环境，防治大气污染，保障公众健康，推进生态文明建设，促进经济社会可持续发展，制定本法。

第二条 防治大气污染，应当以改善大气环境质量为目标，坚持源头治理，规划先行，转变经济发展方式，优化产业结构和布局，调整能源结构。

防治大气污染，应当加强对燃煤、工业、机动车船、扬尘、农业等大气污染的综合防治，推行区域大气污染联合防治，对颗粒物、二氧化硫、氮氧化物、挥发性有机物、氨等大气污染物和温室气体实施协同控制。

第三条 县级以上人民政府应当将大气污染防治工作纳入国民经济和社会发展规划，加大对大气污染防治的财政投入。

地方各级人民政府应当对本行政区域的大气环境质量负责，制定规划，采取措施，控制或者逐步削减大气污染物的排放量，使大气环境质量达到规定标准并逐步改善。

第四条 国务院环境保护主管部门会同国务院有关部门，按照国务院的规定，对省、自治区、直辖市大气环境质量改善目标、大气污染防治重点任务完成情况进行考核。省、自治区、直辖市人民政府制定考核办法，对本行政区域内地方大气环境质量改善目标、大气污染防治重点任务完成情况实施考核。考核结果应当向社会公开。

第五条 县级以上人民政府环境保护主管部门对大气污染防治实施统一监督管理。

县级以上人民政府其他有关部门在各自职责范围内对大气污染防治实施监督管理。

第六条 国家鼓励和支持大气污染防治科学技术研究，开展对大气污染来源及其变化趋势的分析，推广先进适用的大气污染防治技术和装备，促进科技成果转化，发挥科学技术在大气污染防治中的支撑作用。

第七条 企业事业单位和其他生产经营者应当采取有效措施，防止、减少大气污染，对所造成的损害依法承担责任。

公民应当增强大气环境保护意识，采取低碳、节俭的生活方式，自觉履行大气环境保护义务。

第二章 大气污染防治标准和限期达标规划

第八条 国务院环境保护主管部门或者省、自治区、直辖市人民政府制定大气环境质量标准，应当以保障公众健康和保护生态环境为宗旨，与经济社会发展相适应，做到科学合理。

第九条 国务院环境保护主管部门或者省、自治区、直辖市人民政府制定大气污染物排放标准，应当以大气环境质量标准和国家经济、技术条件为依据。

第十条 制定大气环境质量标准、大气污染物排放标准，应当组织专家进行审查和论证，并征求有关部门、行业协会、企业事业单位和公众等方面的意见。

第十一条 省级以上人民政府环境保护主管部门应当在其网站上公布大气环境质量标准、大气污染物排放标准，供公众免费查阅、下载。

第十二条 大气环境质量标准、大气污染物排放标准的执行情况应当定期进行评估，根据评估结果对标准适时进行修订。

第十三条 制定燃煤、石油焦、生物质燃料、涂料等含挥发性有机物的产品、烟花爆竹以及锅炉等产品的质量标准，应当明确大气环境保护要求。

制定燃油质量标准，应当符合国家大气污染物控制要求，并与国家机动车船、非道路移动机械大气污染物排放标准相互衔接，同步实施。

前款所称非道路移动机械，是指装配有发动机的移动机械和可运输工业设备。

第十四条 未达到国家大气环境质量标准城市的人民政府应当及时编制大气环境质量限期达标规划，采取措施，按照国务院或者省级人民政府规定的期限达到大气环境质量标准。

编制城市大气环境质量限期达标规划，应当征求有关行业协会、企业事业单位、专家和公众等方面的意见。

第十五条 城市大气环境质量限期达标规划应当向社会公开。直辖市和设区的市的大气环境质量限期达标规划应当报国务院环境保护主管部门备案。

第十六条 城市人民政府每年在向本级人民代表大会或者其常务委员会报告环境状况和环境保护目标完成情况时，应当报告大气环境质量限期达标规划执行情况，并向社会公开。

第十七条 城市大气环境质量限期达标规划应当根据大气污染防治的要求和经济、技术条件适时进行评估、修订。

第三章 大气污染防治的监督管理

第十八条 企业事业单位和其他生产经营者建设对大气环境有影响的项目，应当依法进行环境影响评价、公开环境影响评价文件；向大气排放污染物的，应当符合大气污染物排放标准，遵守重点大气污染物排放总量控制要求。

第十九条 排放工业废气或者本法第七十八条规定名录中所列有毒有害大气污染物的企业事业单位、集中供热设施的燃煤热源生产运营单位以及其他依法实行排污许可管理的单位，应当取得排污许可证。排污许可的具体办法和实施步骤由国务院规定。

第二十条 企业事业单位和其他生产经营者向大气排放污染物的，应当依照法律法规和国务院环境保护主管部门的规定设置大气污染物排放口。

禁止通过偷排、篡改或者伪造监测数据、以逃避现场检查为目的的临时停产、非紧急情况下开启应急排放通道、不正常运行大气污染防治设施等逃避监管的方式排放大气污染物。

第二十一条 国家对重点大气污染物排放实行总量控制。

重点大气污染物排放总量控制目标，由国务院环境保护主管部门在征求国务院有关部门和各省、自治区、直辖市人民政府意见后，会同国务院经济综合主管部门报国务院批准并下达实施。

省、自治区、直辖市人民政府应当按照国务院下达的总量控制目标，控制或者削减本行政区域的重点大气污染物排放总量。

确定总量控制目标和分解总量控制指标的具体办法，由国务院环境保护主管部门会同国务院有关部门规定。省、自治区、直辖市人民政府可以根据本行政区域大气污染防治的需要，对国家重点大气污染物之外的其他大气污染物排放实行总量控制。

国家逐步推行重点大气污染物排污权交易。

第二十二条　对超过国家重点大气污染物排放总量控制指标或者未完成国家下达的大气环境质量改善目标的地区，省级以上人民政府环境保护主管部门应当会同有关部门约谈该地区人民政府的主要负责人，并暂停审批该地区新增重点大气污染物排放总量的建设项目环境影响评价文件。约谈情况应当向社会公开。

第二十三条　国务院环境保护主管部门负责制定大气环境质量和大气污染源的监测和评价规范，组织建设与管理全国大气环境质量和大气污染源监测网，组织开展大气环境质量和大气污染源监测，统一发布全国大气环境质量状况信息。

县级以上地方人民政府环境保护主管部门负责组织建设与管理本行政区域大气环境质量和大气污染源监测网，开展大气环境质量和大气污染源监测，统一发布本行政区域大气环境质量状况信息。

第二十四条　企业事业单位和其他生产经营者应当按照国家有关规定和监测规范，对其排放的工业废气和本法第七十八条规定名录中所列有毒有害大气污染物进行监测，并保存原始监测记录。其中，重点排污单位应当安装、使用大气污染物排放自动监测设备，与环境保护主管部门的监控设备联网，保证监测设备正常运行并依法公开排放信息。监测的具体办法和重点排污单位的条件由国务院环境保护主管部门规定。

重点排污单位名录由设区的市级以上地方人民政府环境保护主管部门按照国务院环境保护主管部门的规定，根据本行政区域的大气环境承载力、重点大气污染物排放总量控制指标的要求以及排污单位排放大气污染物的种类、数量和浓度等因素，商有关部门确定，并向社会公布。

第二十五条　重点排污单位应当对自动监测数据的真实性和准确性负责。环境保护主管部门发现重点排污单位的大气污染物排放自动监测设备传输数据异常，应当及时进行调查。

第二十六条　禁止侵占、损毁或者擅自移动、改变大气环境质量监测设施和大气污染物排放自动监测设备。

第二十七条　国家对严重污染大气环境的工艺、设备和产品实行淘汰制度。

国务院经济综合主管部门会同国务院有关部门确定严重污染大气环境的工艺、设备和产品淘汰期限，并纳入国家综合性产业政策目录。

生产者、进口者、销售者或者使用者应当在规定期限内停止生产、进口、销售或者使用列入前款规定目录中的设备和产品。工艺的采用者应当在规定期限内停止采用列入前款规定目录中的工艺。

被淘汰的设备和产品，不得转让给他人使用。

第二十八条　国务院环境保护主管部门会同有关部门，建立和完善大气污染损害评估制度。

第二十九条　环境保护主管部门及其委托的环境监察机构和其他负有大气环境保护监督管理职责的部门，有权通过现场检查监测、自动监测、遥感监测、远红外摄像等方式，对排放大气污染物的企业事业单位和其他生产经营者进行监督检查。被检查者应当如实反映情况，提供必要的资料。实施检查的部门、机构及其工作人员应当为被检查者保守商业秘密。

第三十条　企业事业单位和其他生产经营者违反法律法规规定排放大气污染物，造成或者可能造成严重大气污染，或者有关证据可能灭失或者被隐匿的，县级以上人民政府环境保护主管部门和其他负有大气环境保护监督管理职责的部门，可以对有关设施、设备、物品采取查封、扣押等行政强制措施。

第三十一条 环境保护主管部门和其他负有大气环境保护监督管理职责的部门应当公布举报电话、电子邮箱等，方便公众举报。

环境保护主管部门和其他负有大气环境保护监督管理职责的部门接到举报的，应当及时处理并对举报人的相关信息予以保密；对实名举报的，应当反馈处理结果等情况，查证属实的，处理结果依法向社会公开，并对举报人给予奖励。

举报人举报所在单位的，该单位不得以解除、变更劳动合同或者其他方式对举报人进行打击报复。

第四章 大气污染防治措施

第一节 燃煤和其他能源污染防治

第三十二条 国务院有关部门和地方各级人民政府应当采取措施，调整能源结构，推广清洁能源的生产和使用；优化煤炭使用方式，推广煤炭清洁高效利用，逐步降低煤炭在一次能源消费中的比重，减少煤炭生产、使用、转化过程中的大气污染物排放。

第三十三条 国家推行煤炭洗选加工，降低煤炭的硫分和灰分，限制高硫分、高灰分煤炭的开采。新建煤矿应当同步建设配套的煤炭洗选设施，使煤炭的硫分、灰分含量达到规定标准；已建成的煤矿除所采煤炭属于低硫分、低灰分或者根据已达标排放的燃煤电厂要求不需要洗选的以外，应当限期建成配套的煤炭洗选设施。

禁止开采含放射性和砷等有毒有害物质超过规定标准的煤炭。

第三十四条 国家采取有利于煤炭清洁高效利用的经济、技术政策和措施，鼓励和支持洁净煤技术的开发和推广。

国家鼓励煤矿企业等采用合理、可行的技术措施，对煤层气进行开采利用，对煤矸石进行综合利用。从事煤层气开采利用的，煤层气排放应当符合有关标准规范。

第三十五条 国家禁止进口、销售和燃用不符合质量标准的煤炭，鼓励燃用优质煤炭。

单位存放煤炭、煤矸石、煤渣、煤灰等物料，应当采取防燃措施，防止大气污染。

第三十六条 地方各级人民政府应当采取措施，加强民用散煤的管理，禁止销售不符合民用散煤质量标准的煤炭，鼓励居民燃用优质煤炭和洁净型煤，推广节能环保型炉灶。

第三十七条 石油炼制企业应当按照燃油质量标准生产燃油。

禁止进口、销售和燃用不符合质量标准的石油焦。

第三十八条 城市人民政府可以划定并公布高污染燃料禁燃区，并根据大气环境质量改善要求，逐步扩大高污染燃料禁燃区范围。高污染燃料的目录由国务院环境保护主管部门确定。

在禁燃区内，禁止销售、燃用高污染燃料；禁止新建、扩建燃用高污染燃料的设施，已建成的，应当在城市人民政府规定的期限内改用天然气、页岩气、液化石油气、电或者其他清洁能源。

第三十九条 城市建设应当统筹规划，在燃煤供热地区，推进热电联产和集中供热。在集中供热管网覆盖地区，禁止新建、扩建分散燃煤供热锅炉；已建成的不能达标排放的燃煤供热锅炉，应当在城市人民政府规定的期限内拆除。

第四十条 县级以上人民政府质量监督部门应当会同环境保护主管部门对锅炉生产、进口、销售和使用环节执行环境保护标准或者要求的情况进行监督检查；不符合环境保护标准或者要求的，不得生产、进口、销售和使用。

第四十一条 燃煤电厂和其他燃煤单位应当采用清洁生产工艺，配套建设除尘、脱硫、脱硝等装置，或者采取技术改造等其他控制大气污染物排放的措施。

国家鼓励燃煤单位采用先进的除尘、脱硫、脱硝、脱汞等大气污染物协同控制的技术和装置，减少大气污染物的排放。

第四十二条 电力调度应当优先安排清洁能源发电上网。

第二节 工业污染防治

第四十三条 钢铁、建材、有色金属、石油、化工等企业生产过程中排放粉尘、硫化物和氮氧化物的，应当采用清洁生产工艺，配套建设除尘、脱硫、脱硝等装置，或者采取技术改造等其他控制大气污染物排放的措施。

第四十四条 生产、进口、销售和使用含挥发性有机物的原材料和产品的,其挥发性有机物含量应当符合质量标准或者要求。

国家鼓励生产、进口、销售和使用低毒、低挥发性有机溶剂。

第四十五条 产生含挥发性有机物废气的生产和服务活动,应当在密闭空间或者设备中进行,并按照规定安装、使用污染防治设施;无法密闭的,应当采取措施减少废气排放。

第四十六条 工业涂装企业应当使用低挥发性有机物含量的涂料,并建立台账,记录生产原料、辅料的使用量、废弃量、去向以及挥发性有机物含量。台账保存期限不得少于三年。

第四十七条 石油、化工以及其他生产和使用有机溶剂的企业,应当采取措施对管道、设备进行日常维护、维修,减少物料泄漏,对泄漏的物料应当及时收集处理。

储油储气库、加油加气站、原油成品油码头、原油成品油运输船舶和油罐车、气罐车等,应当按照国家有关规定安装油气回收装置并保持正常使用。

第四十八条 钢铁、建材、有色金属、石油、化工、制药、矿产开采等企业,应当加强精细化管理,采取集中收集处理等措施,严格控制粉尘和气态污染物的排放。

工业生产企业应当采取密闭、围挡、遮盖、清扫、洒水等措施,减少内部物料的堆存、传输、装卸等环节产生的粉尘和气态污染物的排放。

第四十九条 工业生产、垃圾填埋或者其他活动产生的可燃性气体应当回收利用,不具备回收利用条件的,应当进行污染防治处理。

可燃性气体回收利用装置不能正常作业的,应当及时修复或者更新。在回收利用装置不能正常作业期间确需排放可燃性气体的,应当将排放的可燃性气体充分燃烧或者采取其他控制大气污染物排放的措施,并向当地环境保护主管部门报告,按照要求限期修复或者更新。

第三节 机动车船等污染防治

第五十条 国家倡导低碳、环保出行,根据城市规划合理控制燃油机动车保有量,大力发展城市公共交通,提高公共交通出行比例。

国家采取财政、税收、政府采购等措施推广应用节能环保型和新能源机动车船、非道路移动机械,限制高油耗、高排放机动车船、非道路移动机械的发展,减少化石能源的消耗。

省、自治区、直辖市人民政府可以在条件具备的地区,提前执行国家机动车大气污染物排放标准中相应阶段排放限值,并报国务院环境保护主管部门备案。

城市人民政府应当加强并改善城市交通管理,优化道路设置,保障人行道和非机动车道的连续、畅通。

第五十一条 机动车船、非道路移动机械不得超过标准排放大气污染物。

禁止生产、进口或者销售大气污染物排放超过标准的机动车船、非道路移动机械。

第五十二条 机动车、非道路移动机械生产企业应当对新生产的机动车和非道路移动机械进行排放检验。经检验合格的,方可出厂销售。检验信息应当向社会公开。

省级以上人民政府环境保护主管部门可以通过现场检查、抽样检测等方式,加强对新生产、销售机动车和非道路移动机械大气污染物排放状况的监督检查。工业、质量监督、工商行政管理等有关部门予以配合。

第五十三条 在用机动车应当按照国家或者地方的有关规定,由机动车排放检验机构定期对其进行排放检验。经检验合格的,方可上道路行驶。未经检验合格的,公安机关交通管理部门不得核发安全技术检验合格标志。

县级以上地方人民政府环境保护主管部门可以在机动车集中停放地、维修地对在用机动车的大气污染物排放状况进行监督抽测;在不影响正常通行的情况下,可以通过遥感监测等技术手段对在道路上行驶的机动车的大气污染物排放状况进行监督抽测,公安机关交通管理部门予以配合。

第五十四条 机动车排放检验机构应当依法通过计量认证,使用经依法检定合格的机动车排放检验设备，按照国务院环境保护主管部门制定的规范，对机动车进行排放检验，并与环境保护主管部门联网，实现检验数据实时共享。机动车排放检验机构及其负责人对检验数据的真实性和准确性负责。

环境保护主管部门和认证认可监督管理部门应当对机动车排放检验机构的排放检验情况进行监督检查。

第五十五条 机动车生产、进口企业应当向社会公布其生产、进口机动车车型的排放检验信息、污染控制技术信息和有关维修技术信息。

机动车维修单位应当按照防治大气污染的要求和国家有关技术规范对在用机动车进行维修，使其达到规定的排放标准。交通运输、环境保护主管部门应当依法加强监督管理。

禁止机动车所有人以临时更换机动车污染控制装置等弄虚作假的方式通过机动车排放检验。禁止机动车维修单位提供该类维修服务。禁止破坏机动车车载排放诊断系统。

第五十六条 环境保护主管部门应当会同交通运输、住房城乡建设、农业行政、水行政等有关部门对非道路移动机械的大气污染物排放状况进行监督检查，排放不合格的，不得使用。

第五十七条 国家倡导环保驾驶，鼓励燃油机动车驾驶人在不影响道路通行且需停车三分钟以上的情况下熄灭发动机，减少大气污染物的排放。

第五十八条 国家建立机动车和非道路移动机械环境保护召回制度。

生产、进口企业获知机动车、非道路移动机械排放大气污染物超过标准，属于设计、生产缺陷或者不符合规定的环境保护耐久性要求的，应当召回；未召回的，由国务院质量监督部门会同国务院环境保护主管部门责令其召回。

第五十九条 在用重型柴油车、非道路移动机械未安装污染控制装置或者污染控制装置不符合要求，不能达标排放的，应当加装或者更换符合要求的污染控制装置。

第六十条 在用机动车排放大气污染物超过标准的，应当进行维修；经维修或者采用污染控制技术后，大气污染物排放仍不符合国家在用机动车排放标准的，应当强制报废。其所有人应当将机动车交售给报废机动车回收拆解企业，由报废机动车回收拆解企业按照国家有关规定进行登记、拆解、销毁等处理。

国家鼓励和支持高排放机动车船、非道路移动机械提前报废。

第六十一条 城市人民政府可以根据大气环境质量状况，划定并公布禁止使用高排放非道路移动机械的区域。

第六十二条 船舶检验机构对船舶发动机及有关设备进行排放检验。经检验符合国家排放标准的，船舶方可运营。

第六十三条 内河和江海直达船舶应当使用符合标准的普通柴油。远洋船舶靠港后应当使用符合大气污染物控制要求的船舶用燃油。

新建码头应当规划、设计和建设岸基供电设施；已建成的码头应当逐步实施岸基供电设施改造。船舶靠港后应当优先使用岸电。

第六十四条 国务院交通运输主管部门可以在沿海海域划定船舶大气污染物排放控制区，进入排放控制区的船舶应当符合船舶相关排放要求。

第六十五条 禁止生产、进口、销售不符合标准的机动车船、非道路移动机械用燃料；禁止向汽车和摩托车销售普通柴油以及其他非机动车用燃料；禁止向非道路移动机械、内河和江海直达船舶销售渣油和重油。

第六十六条 发动机油、氮氧化物还原剂、燃料和润滑油添加剂以及其他添加剂的有害物质含量和其他大气环境保护指标，应当符合有关标准的要求，不得损害机动车船污染控制装置效果和耐久性，不得增加新的大气污染物排放。

第六十七条 国家积极推进民用航空器的大气污染防治，鼓励在设计、生产、使用过程中采取有效措施减少大气污染物排放。

民用航空器应当符合国家规定的适航标准中的有关发动机排出物要求。

第四节 扬尘污染防治

第六十八条 地方各级人民政府应当加强

对建设施工和运输的管理,保持道路清洁,控制料堆和渣土堆放,扩大绿地、水面、湿地和地面铺装面积,防治扬尘污染。

住房城乡建设、市容环境卫生、交通运输、国土资源等有关部门,应当根据本级人民政府确定的职责,做好扬尘污染防治工作。

第六十九条 建设单位应当将防治扬尘污染的费用列入工程造价,并在施工承包合同中明确施工单位扬尘污染防治责任。施工单位应当制定具体的施工扬尘污染防治实施方案。

从事房屋建筑、市政基础设施建设、河道整治以及建筑物拆除等施工单位,应当向负责监督管理扬尘污染防治的主管部门备案。

施工单位应当在施工工地设置硬质围挡,并采取覆盖、分段作业、择时施工、洒水抑尘、冲洗地面和车辆等有效防尘降尘措施。建筑土方、工程渣土、建筑垃圾应当及时清运;在场地内堆存的,应当采用密闭式防尘网遮盖。工程渣土、建筑垃圾应当进行资源化处理。

施工单位应当在施工工地公示扬尘污染防治措施、负责人、扬尘监督管理主管部门等信息。

暂时不能开工的建设用地,建设单位应当对裸露地面进行覆盖;超过三个月的,应当进行绿化、铺装或者遮盖。

第七十条 运输煤炭、垃圾、渣土、砂石、土方、灰浆等散装、流体物料的车辆应当采取密闭或者其他措施防止物料遗撒造成扬尘污染,并按照规定路线行驶。

装卸物料应当采取密闭或者喷淋等方式防治扬尘污染。

城市人民政府应当加强道路、广场、停车场和其他公共场所的清扫保洁管理,推行清洁动力机械化清扫等低尘作业方式,防治扬尘污染。

第七十一条 市政河道以及河道沿线、公共用地的裸露地面以及其他城镇裸露地面,有关部门应当按照规划组织实施绿化或者透水铺装。

第七十二条 贮存煤炭、煤矸石、煤渣、煤灰、水泥、石灰、石膏、砂土等易产生扬尘的物料应当密闭;不能密闭的,应当设置不低于堆放物高度的严密围挡,并采取有效覆盖措施防治扬尘污染。

码头、矿山、填埋场和消纳场应当实施分区作业,并采取有效措施防治扬尘污染。

第五节 农业和其他污染防治

第七十三条 地方各级人民政府应当推动转变农业生产方式,发展农业循环经济,加大对废弃物综合处理的支持力度,加强对农业生产经营活动排放大气污染物的控制。

第七十四条 农业生产经营者应当改进施肥方式,科学合理施用化肥并按照国家有关规定使用农药,减少氨、挥发性有机物等大气污染物的排放。

禁止在人口集中地区对树木、花草喷洒剧毒、高毒农药。

第七十五条 畜禽养殖场、养殖小区应当及时对污水、畜禽粪便和尸体等进行收集、贮存、清运和无害化处理,防止排放恶臭气体。

第七十六条 各级人民政府及其农业行政等有关部门应当鼓励和支持采用先进适用技术,对秸秆、落叶等进行肥料化、饲料化、能源化、工业原料化、食用菌基料化等综合利用,加大对秸秆还田、收集一体化农业机械的财政补贴力度。

县级人民政府应当组织建立秸秆收集、贮存、运输和综合利用服务体系,采用财政补贴等措施支持农村集体经济组织、农民专业合作经济组织、企业等开展秸秆收集、贮存、运输和综合利用服务。

第七十七条 省、自治区、直辖市人民政府应当划定区域,禁止露天焚烧秸秆、落叶等产生烟尘污染的物质。

第七十八条 国务院环境保护主管部门应当会同国务院卫生行政部门,根据大气污染物对公众健康和生态环境的危害和影响程度,公布有毒有害大气污染物名录,实行风险管理。

排放前款规定名录中所列有毒有害大气污染物的企业事业单位,应当按照国家有关规定建设环境风险预警体系,对排放口和周边环境进行定期监测,评估环境风险,排查环境安全隐患,并采取有效措施防范环境风险。

第七十九条　向大气排放持久性有机污染物的企业事业单位和其他生产经营者以及废弃物焚烧设施的运营单位，应当按照国家有关规定，采取有利于减少持久性有机污染物排放的技术方法和工艺，配备有效的净化装置，实现达标排放。

第八十条　企业事业单位和其他生产经营者在生产经营活动中产生恶臭气体的，应当科学选址，设置合理的防护距离，并安装净化装置或者采取其他措施，防止排放恶臭气体。

第八十一条　排放油烟的餐饮服务业经营者应当安装油烟净化设施并保持正常使用，或者采取其他油烟净化措施，使油烟达标排放，并防止对附近居民的正常生活环境造成污染。

禁止在居民住宅楼、未配套设立专用烟道的商住综合楼以及商住综合楼内与居住层相邻的商业楼层内新建、改建、扩建产生油烟、异味、废气的餐饮服务项目。

任何单位和个人不得在当地人民政府禁止的区域内露天烧烤食品或者为露天烧烤食品提供场地。

第八十二条　禁止在人口集中地区和其他依法需要特殊保护的区域内焚烧沥青、油毡、橡胶、塑料、皮革、垃圾以及其他产生有毒有害烟尘和恶臭气体的物质。

禁止生产、销售和燃放不符合质量标准的烟花爆竹。任何单位和个人不得在城市人民政府禁止的时段和区域内燃放烟花爆竹。

第八十三条　国家鼓励和倡导文明、绿色祭祀。

火葬场应当设置除尘等污染防治设施并保持正常使用，防止影响周边环境。

第八十四条　从事服装干洗和机动车维修等服务活动的经营者，应当按照国家有关标准或者要求设置异味和废气处理装置等污染防治设施并保持正常使用，防止影响周边环境。

第八十五条　国家鼓励、支持消耗臭氧层物质替代品的生产和使用，逐步减少直至停止消耗臭氧层物质的生产和使用。

国家对消耗臭氧层物质的生产、使用、进出口实行总量控制和配额管理。具体办法由国务院规定。

第五章　重点区域大气污染联合防治

第八十六条　国家建立重点区域大气污染联防联控机制，统筹协调重点区域内大气污染防治工作。国务院环境保护主管部门根据主体功能区划、区域大气环境质量状况和大气污染传输扩散规律，划定国家大气污染防治重点区域，报国务院批准。

重点区域内有关省、自治区、直辖市人民政府应当确定牵头的地方人民政府，定期召开联席会议，按照统一规划、统一标准、统一监测、统一的防治措施的要求，开展大气污染联合防治，落实大气污染防治目标责任。国务院环境保护主管部门应当加强指导、督促。

省、自治区、直辖市可以参照第一款规定划定本行政区域的大气污染防治重点区域。

第八十七条　国务院环境保护主管部门会同国务院有关部门、国家大气污染防治重点区域内有关省、自治区、直辖市人民政府，根据重点区域经济社会发展和大气环境承载力，制定重点区域大气污染联合防治行动计划，明确控制目标，优化区域经济布局，统筹交通管理，发展清洁能源，提出重点防治任务和措施，促进重点区域大气环境质量改善。

第八十八条　国务院经济综合主管部门会同国务院环境保护主管部门，结合国家大气污染防治重点区域产业发展实际和大气环境质量状况，进一步提高环境保护、能耗、安全、质量等要求。

重点区域内有关省、自治区、直辖市人民政府应当实施更严格的机动车大气污染物排放标准，统一在用机动车检验方法和排放限值，并配套供应合格的车用燃油。

第八十九条　编制可能对国家大气污染防治重点区域的大气环境造成严重污染的有关工业园区、开发区、区域产业和发展等规划，应当依法进行环境影响评价。规划编制机关应当与重点区域内有关省、自治区、直辖市人民政府或者有关部门会商。

重点区域内有关省、自治区、直辖市建设可能对相邻省、自治区、直辖市大气环境质量产生重大影响的项目,应当及时通报有关信息,进行会商。

会商意见及其采纳情况作为环境影响评价文件审查或者审批的重要依据。

第九十条 国家大气污染防治重点区域内新建、改建、扩建用煤项目的,应当实行煤炭的等量或者减量替代。

第九十一条 国务院环境保护主管部门应当组织建立国家大气污染防治重点区域的大气环境质量监测、大气污染源监测等相关信息共享机制,利用监测、模拟以及卫星、航测、遥感等新技术分析重点区域内大气污染来源及其变化趋势,并向社会公开。

第九十二条 国务院环境保护主管部门和国家大气污染防治重点区域内有关省、自治区、直辖市人民政府可以组织有关部门开展联合执法、跨区域执法、交叉执法。

第六章 重污染天气应对

第九十三条 国家建立重污染天气监测预警体系。

国务院环境保护主管部门会同国务院气象主管机构等有关部门、国家大气污染防治重点区域内有关省、自治区、直辖市人民政府,建立重点区域重污染天气监测预警机制,统一预警分级标准。可能发生区域重污染天气的,应当及时向重点区域内有关省、自治区、直辖市人民政府通报。

省、自治区、直辖市、设区的市人民政府环境保护主管部门会同气象主管机构等有关部门建立本行政区域重污染天气监测预警机制。

第九十四条 县级以上地方人民政府应当将重污染天气应对纳入突发事件应急管理体系。

省、自治区、直辖市、设区的市人民政府以及可能发生重污染天气的县级人民政府,应当制定重污染天气应急预案,向上一级人民政府环境保护主管部门备案,并向社会公布。

第九十五条 省、自治区、直辖市、设区的市人民政府环境保护主管部门应当会同气象主管机构建立会商机制,进行大气环境质量预报。可能发生重污染天气的,应当及时向本级人民政府报告。省、自治区、直辖市、设区的市人民政府依据重污染天气预报信息,进行综合研判,确定预警等级并及时发出预警。预警等级根据情况变化及时调整。任何单位和个人不得擅自向社会发布重污染天气预报预警信息。

预警信息发布后,人民政府及其有关部门应当通过电视、广播、网络、短信等途径告知公众采取健康防护措施,指导公众出行和调整其他相关社会活动。

第九十六条 县级以上地方人民政府应当依据重污染天气的预警等级,及时启动应急预案,根据应急需要可以采取责令有关企业停产或者限产、限制部分机动车行驶、禁止燃放烟花爆竹、停止工地土石方作业和建筑物拆除施工、停止露天烧烤、停止幼儿园和学校组织的户外活动、组织开展人工影响天气作业等应急措施。

应急响应结束后,人民政府应当及时开展应急预案实施情况的评估,适时修改完善应急预案。

第九十七条 发生造成大气污染的突发环境事件,人民政府及其有关部门和相关企业事业单位,应当依照《中华人民共和国突发事件应对法》《中华人民共和国环境保护法》的规定,做好应急处置工作。环境保护主管部门应当及时对突发环境事件产生的大气污染物进行监测,并向社会公布监测信息。

第七章 法律责任

第九十八条 违反本法规定,以拒绝进入现场等方式拒不接受环境保护主管部门及其委托的环境监察机构或者其他负有大气环境保护监督管理职责的部门的监督检查,或者在接受监督检查时弄虚作假的,由县级以上人民政府环境保护主管部门或者其他负有大气环境保护监督管理职责的部门责令改正,处二万元以上二十万元以下的罚款;构成违反治安管理行为的,由公安机关依法予以处罚。

第九十九条 违反本法规定,有下列行为之一的,由县级以上人民政府环境保护主管部门责令改正或者限制生产、停产整治,并处十万元以上一百万元以下的罚款;情节严重的,报经有批准权的人民政府批准,责令停业、关闭:

(一)未依法取得排污许可证排放大气污染物的;

(二)超过大气污染物排放标准或者超过重点大气污染物排放总量控制指标排放大气污染物的;

(三)通过逃避监管的方式排放大气污染物的。

第一百条 违反本法规定,有下列行为之一的,由县级以上人民政府环境保护主管部门责令改正,处二万元以上二十万元以下的罚款;拒不改正的,责令停产整治:

(一)侵占、损毁或者擅自移动、改变大气环境质量监测设施或者大气污染物排放自动监测设备的;

(二)未按照规定对所排放的工业废气和有毒有害大气污染物进行监测并保存原始监测记录的;

(三)未按照规定安装、使用大气污染物排放自动监测设备或者未按照规定与环境保护主管部门的监控设备联网,并保证监测设备正常运行的;

(四)重点排污单位不公开或者不如实公开自动监测数据的;

(五)未按照规定设置大气污染物排放口的。

第一百零一条 违反本法规定,生产、进口、销售或者使用国家综合性产业政策目录中禁止的设备和产品,采用国家综合性产业政策目录中禁止的工艺,或者将淘汰的设备和产品转让给他人使用的,由县级以上人民政府经济综合主管部门、出入境检验检疫机构按照职责责令改正,没收违法所得,并处货值金额一倍以上三倍以下的罚款;拒不改正的,报经有批准权的人民政府批准,责令停业、关闭。进口行为构成走私的,由海关依法予以处罚。

第一百零二条 违反本法规定,煤矿未按照规定建设配套煤炭洗选设施的,由县级以上人民政府能源主管部门责令改正,处十万元以上一百万元以下的罚款;拒不改正的,报经有批准权的人民政府批准,责令停业、关闭。

违反本法规定,开采含放射性和砷等有毒有害物质超过规定标准的煤炭的,由县级以上人民政府按照国务院规定的权限责令停业、关闭。

第一百零三条 违反本法规定,有下列行为之一的,由县级以上地方人民政府质量监督、工商行政管理部门按照职责责令改正,没收原材料、产品和违法所得,并处货值金额一倍以上三倍以下的罚款:

(一)销售不符合质量标准的煤炭、石油焦的;

(二)生产、销售挥发性有机物含量不符合质量标准或者要求的原材料和产品的;

(三)生产、销售不符合标准的机动车船和非道路移动机械用燃料、发动机油、氮氧化物还原剂、燃料和润滑油添加剂以及其他添加剂的;

(四)在禁燃区内销售高污染燃料的。

第一百零四条 违反本法规定,有下列行为之一的,由出入境检验检疫机构责令改正,没收原材料、产品和违法所得,并处货值金额一倍以上三倍以下的罚款;构成走私的,由海关依法予以处罚:

(一)进口不符合质量标准的煤炭、石油焦的;

(二)进口挥发性有机物含量不符合质量标准或者要求的原材料和产品的;

(三)进口不符合标准的机动车船和非道路移动机械用燃料、发动机油、氮氧化物还原剂、燃料和润滑油添加剂以及其他添加剂的。

第一百零五条 违反本法规定,单位燃用不符合质量标准的煤炭、石油焦的,由县级以上人民政府环境保护主管部门责令改正,处货值金额一倍以上三倍以下的罚款。

第一百零六条 违反本法规定,使用不符合标准或者要求的船舶用燃油的,由海事管理机构、渔业主管部门按照职责处一万元以上十万元以下的罚款。

第一百零七条 违反本法规定,在禁燃区内新建、扩建燃用高污染燃料的设施,或者未按照规定停止燃用高污染燃料,或者在城市集中供热管网覆盖地区新建、扩建分散燃煤供热锅炉,或者未按照规定拆除已建成的不能达标排放的燃煤供热锅炉的,由县级以上地方人民政府环境保护主管部门没收燃用高污染燃料的设施,组织拆除燃煤供热锅炉,并处二万元以上二十万元以下的罚款。

违反本法规定,生产、进口、销售或者使用不符合规定标准或者要求的锅炉,由县级以上人民政府质量监督、环境保护主管部门责令改正,没收违法所得,并处二万元以上二十万元以下的罚款。

第一百零八条 违反本法规定,有下列行为之一的,由县级以上人民政府环境保护主管部门责令改正,处二万元以上二十万元以下的罚款;拒不改正的,责令停产整治:

(一)产生含挥发性有机物废气的生产和服务活动,未在密闭空间或者设备中进行,未按照规定安装、使用污染防治设施,或者未采取减少废气排放措施的;

(二)工业涂装企业未使用低挥发性有机物含量涂料或者未建立、保存台账的;

(三)石油、化工以及其他生产和使用有机溶剂的企业,未采取措施对管道、设备进行日常维护、维修,减少物料泄漏或者对泄漏的物料未及时收集处理的;

(四)储油储气库、加油加气站和油罐车、气罐车等,未按照国家有关规定安装并正常使用油气回收装置的;

(五)钢铁、建材、有色金属、石油、化工、制药、矿产开采等企业,未采取集中收集处理、密闭、围挡、遮盖、清扫、洒水等措施,控制、减少粉尘和气态污染物排放的;

(六)工业生产、垃圾填埋或者其他活动中产生的可燃性气体未回收利用,不具备回收利用条件未进行防治污染处理,或者可燃性气体回收利用装置不能正常作业,未及时修复或者更新的。

第一百零九条 违反本法规定,生产超过污染物排放标准的机动车、非道路移动机械的,由省级以上人民政府环境保护主管部门责令改正,没收违法所得,并处货值金额一倍以上三倍以下的罚款,没收销毁无法达到污染物排放标准的机动车、非道路移动机械;拒不改正的,责令停产整治,并由国务院机动车生产主管部门责令停止生产该车型。

违反本法规定,机动车、非道路移动机械生产企业对发动机、污染控制装置弄虚作假,以次充好,冒充排放检验合格产品出厂销售的,由省级以上人民政府环境保护主管部门责令停产整治,没收违法所得,并处货值金额一倍以上三倍以下的罚款,没收销毁无法达到污染物排放标准的机动车、非道路移动机械,并由国务院机动车生产主管部门责令停止生产该车型。

第一百一十条 违反本法规定,进口、销售超过污染物排放标准的机动车、非道路移动机械的,由县级以上人民政府工商行政管理部门、出入境检验检疫机构按照职责没收违法所得,并处货值金额一倍以上三倍以下的罚款,没收销毁无法达到污染物排放标准的机动车、非道路移动机械;进口行为构成走私的,由海关依法予以处罚。

违反本法规定,销售的机动车、非道路移动机械不符合污染物排放标准的,销售者应当负责修理、更换、退货;给购买者造成损失的,销售者应当赔偿损失。

第一百一十一条 违反本法规定,机动车生产、进口企业未按照规定向社会公布其生产、进口机动车车型的排放检验信息或者污染控制技术信息的,由省级以上人民政府环境保护主管部门责令改正,处五万元以上五十万元以下的罚款。

违反本法规定,机动车生产、进口企业未按照规定向社会公布其生产、进口机动车车型的有关维修技术信息的,由省级以上人民政府交通运输主管部门责令改正,处五万元以上五十万元以下的罚款。

第一百一十二条 违反本法规定,伪造机动车、非道路移动机械排放检验结果或者出具虚假排放检验报告的,由县级以上人民政府环境保护主管部门没收违法所得,并处十万元以上五十万元以下的罚款;情节严重的,由负责资质认定的部门取消其检验资格。

违反本法规定,伪造船舶排放检验结果或者出具虚假排放检验报告的,由海事管理机构依法予以处罚。

违反本法规定,以临时更换机动车污染控制装置等弄虚作假的方式通过机动车排放检验或者破坏机动车车载排放诊断系统的,由县级以上人民政府环境保护主管部门责令改正,对机动车所有人处五千元的罚款;对机动车维修单位处每辆机动车五千元的罚款。

第一百一十三条 违反本法规定,机动车驾驶人驾驶排放检验不合格的机动车上道路行驶的,由公安机关交通管理部门依法予以处罚。

第一百一十四条 违反本法规定,使用排放不合格的非道路移动机械,或者在用重型柴油车、非道路移动机械未按照规定加装、更换污染控制装置的,由县级以上人民政府环境保护等主管部门按照职责责令改正,处五千元的罚款。

违反本法规定,在禁止使用高排放非道路移动机械的区域使用高排放非道路移动机械的,由城市人民政府环境保护等主管部门依法予以处罚。

第一百一十五条 违反本法规定,施工单位有下列行为之一的,由县级以上人民政府住房城乡建设等主管部门按照职责责令改正,处一万元以上十万元以下的罚款;拒不改正的,责令停工整治:

(一)施工工地未设置硬质密闭围挡,或者未采取覆盖、分段作业、择时施工、洒水抑尘、冲洗地面和车辆等有效防尘降尘措施的;

(二)建筑土方、工程渣土、建筑垃圾未及时清运,或者未采用密闭式防尘网遮盖的。

违反本法规定,建设单位未对暂时不能开工的建设用地的裸露地面进行覆盖,或者未对超过三个月不能开工的建设用地的裸露地面进行绿化、铺装或者遮盖的,由县级以上人民政府住房城乡建设等主管部门依照前款规定予以处罚。

第一百一十六条 违反本法规定,运输煤炭、垃圾、渣土、砂石、土方、灰浆等散装、流体物料的车辆,未采取密闭或者其他措施防止物料遗撒的,由县级以上地方人民政府确定的监督管理部门责令改正,处二千元以上二万元以下的罚款;拒不改正的,车辆不得上道路行驶。

第一百一十七条 违反本法规定,有下列行为之一的,由县级以上人民政府环境保护等主管部门按照职责责令改正,处一万元以上十万元以下的罚款;拒不改正的,责令停工整治或者停业整治:

(一)未密闭煤炭、煤矸石、煤渣、煤灰、水泥、石灰、石膏、砂土等易产生扬尘的物料的;

(二)对不能密闭的易产生扬尘的物料,未设置不低于堆放物高度的严密围挡,或者未采取有效覆盖措施防治扬尘污染的;

(三)装卸物料未采取密闭或者喷淋等方式控制扬尘排放的;

(四)存放煤炭、煤矸石、煤渣、煤灰等物料,未采取防燃措施的;

(五)码头、矿山、填埋场和消纳场未采取有效措施防治扬尘污染的;

(六)排放有毒有害大气污染物名录中所列有毒有害大气污染物的企业事业单位,未按照规定建设环境风险预警体系或者对排放口和周边环境进行定期监测、排查环境安全隐患并采取有效措施防范环境风险的;

(七)向大气排放持久性有机污染物的企业事业单位和其他生产经营者以及废弃物焚烧设施的运营单位,未按照国家有关规定采取有利于减少持久性有机污染物排放的技术方法和工艺,配备净化装置的;

(八)未采取措施防止排放恶臭气体的。

第一百一十八条 违反本法规定,排放油烟的餐饮服务业经营者未安装油烟净化设施、不正常使用油烟净化设施或者未采取其他油烟净化措施,超过排放标准排放油烟的,由县级以上地方人民政府确定的监督管理部门责令改正,处五千元以上五万元以下的罚款;拒不改正的,责令停业整治。

违反本法规定,在居民住宅楼、未配套设立专用烟道的商住综合楼、商住综合楼内与居住层相邻的商业楼层内新建、改建、扩建产生油烟、异味、废气的餐饮服务项目的,由县级以上地方人民政府确定的监督管理部门责令改正;拒不改正的,予以关闭,并处一万元以上十万元以下的罚款。

违反本法规定,在当地人民政府禁止的时段和区域内露天烧烤食品或者为露天烧烤食品提供场地的,由县级以上地方人民政府确定的监督管理部门责令改正,没收烧烤工具和违法所得,并处五百元以上二万元以下的罚款。

第一百一十九条 违反本法规定,在人口集中地区对树木、花草喷洒剧毒、高毒农药,或者露天焚烧秸秆、落叶等产生烟尘污染的物质的,由县级以上地方人民政府确定的监督管理部门责令改正,并可以处五百元以上二千元以下的罚款。

违反本法规定,在人口集中地区和其他依法需要特殊保护的区域内,焚烧沥青、油毡、橡胶、塑料、皮革、垃圾以及其他产生有毒有害烟尘和恶臭气体的物质的,由县级人民政府确定的监督管理部门责令改正,对单位处一万元以上十万元以下的罚款,对个人处五百元以上二千元以下的罚款。

违反本法规定,在城市人民政府禁止的时段和区域内燃放烟花爆竹的,由县级以上地方人民政府确定的监督管理部门依法予以处罚。

第一百二十条 违反本法规定,从事服装干洗和机动车维修等服务活动,未设置异味和废气处理装置等污染防治设施并保持正常使用,影响周边环境的,由县级以上地方人民政府环境保护主管部门责令改正,处二千元以上二万元以下的罚款;拒不改正的,责令停业整治。

第一百二十一条 违反本法规定,擅自向社会发布重污染天气预报预警信息,构成违反治安管理行为的,由公安机关依法予以处罚。

违反本法规定,拒不执行停止工地土石方作业或者建筑物拆除施工等重污染天气应急措施的,由县级以上地方人民政府确定的监督管理部门处一万元以上十万元以下的罚款。

第一百二十二条 违反本法规定,造成大气污染事故的,由县级以上人民政府环境保护主管部门依照本条第二款的规定处以罚款;对直接负责的主管人员和其他直接责任人员可以处上一年度从本企业事业单位取得收入百分之五十以下的罚款。

对造成一般或者较大大气污染事故的,按照污染事故造成直接损失的一倍以上三倍以下计算罚款;对造成重大或者特大大气污染事故的,按照污染事故造成的直接损失的三倍以上五倍以下计算罚款。

第一百二十三条 违反本法规定,企业事业单位和其他生产经营者有下列行为之一,受到罚款处罚,被责令改正,拒不改正的,依法做出处罚决定的行政机关可以自责令改正之日的次日起,按照原处罚数额按日连续处罚:

(一)未依法取得排污许可证排放大气污染物的;

(二)超过大气污染物排放标准或者超过重点大气污染物排放总量控制指标排放大气污染物的;

(三)通过逃避监管的方式排放大气污染物的;

(四)建筑施工或者贮存易产生扬尘的物料未采取有效措施防治扬尘污染的。

第一百二十四条 违反本法规定,对举报人以解除、变更劳动合同或者其他方式打击报复的,应当依照有关法律的规定承担责任。

第一百二十五条 排放大气污染物造成损害的,应当依法承担侵权责任。

第一百二十六条 地方各级人民政府、县级以上人民政府环境保护主管部门和其他负有大气环境保护监督管理职责的部门及其工作人员滥用职权、玩忽职守、徇私舞弊、弄虚作假的,依法给予处分。

第一百二十七条 违反本法规定,构成犯罪的,依法追究刑事责任。

第八章 附 则

第一百二十八条 海洋工程的大气污染防治,依照《中华人民共和国海洋环境保护法》的有关规定执行。

第一百二十九条 本法自 2016 年 1 月 1 日起施行。

附录七
生态环境监测网络建设方案

国务院办公厅关于印发
《生态环境监测网络建设方案》的通知
国办发〔2015〕56号

各省、自治区、直辖市人民政府，国务院各部委、各直属机构：

《生态环境监测网络建设方案》已经党中央、国务院同意，现印发给你们，请认真贯彻执行。

国务院办公厅
2015年7月26日
（此件公开发布）

生态环境监测网络建设方案

生态环境监测是生态环境保护的基础，是生态文明建设的重要支撑。目前，我国生态环境监测网络存在范围和要素覆盖不全，建设规划、标准规范与信息发布不统一，信息化水平和共享程度不高，监测与监管结合不紧密，监测数据质量有待提高等突出问题，难以满足生态文明建设需要，影响了监测的科学性、权威性和政府公信力，必须加快推进生态环境监测网络建设。

一、总体要求

（一）指导思想

全面贯彻落实党的十八大和十八届二中、三中、四中全会精神，按照党中央、国务院决策部署，落实《中华人民共和国环境保护法》和《中共中央 国务院关于加快推进生态文明建设的意见》要求，坚持全面设点、全国联网、自动预警、依法追责，形成政府主导、部门协同、社会参与、公众监督的生态环境监测新格局，为加快推进生态文明建设提供有力保障。

（二）基本原则

明晰事权、落实责任。依法明确各方生态环境监测事权，推进部门分工合作，强化监测质量监管，落实政府、企业、社会责任和权利。

健全制度、统筹规划。健全生态环境监测法律法规、标准和技术规范体系，统一规划布局监测网络。

科学监测、创新驱动。依靠科技创新与技术进步，加强监测科研和综合分析，强化卫星遥感等高新技术、先进装备与系统的应用，提高生态环境监测立体化、自动化、智能化水平。

综合集成、测管协同。推进全国生态环境监测数据联网和共享，开展监测大数据分析，实现生态环境监测与监管有效联动。

（三）主要目标

到2020年，全国生态环境监测网络基本实现环境质量、重点污染源、生态状况监测全覆盖，各级各类监测数据系统互联共享，监测预报预警、信息化能力和保障水平明显提升，监测与监管协同联动，初步建成陆海统筹、天地一体、上下协同、信息共享的生态环境监测网络，使生态环境监测能力与生态文明建设要求相适应。

二、全面设点，完善生态环境监测网络

（四）建立统一的环境质量监测网络

环境保护部会同有关部门统一规划、整合优化环境质量监测点位，建设涵盖大气、水、土壤、噪声、辐射等要素，布局合理、功能完善

的全国环境质量监测网络,按照统一的标准规范开展监测和评价,客观、准确反映环境质量状况。

(五)健全重点污染源监测制度

各级环境保护部门确定的重点排污单位必须落实污染物排放自行监测及信息公开的法定责任,严格执行排放标准和相关法律法规的监测要求。国家重点监控排污单位要建设稳定运行的污染物排放在线监测系统。各级环境保护部门要依法开展监督性监测,组织开展面源、移动源等监测与统计工作。

(六)加强生态监测系统建设

建立天地一体化的生态遥感监测系统,研制、发射系列化的大气环境监测卫星和环境卫星后续星并组网运行;加强无人机遥感监测和地面生态监测,实现对重要生态功能区、自然保护区等大范围、全天候监测。

三、全国联网,实现生态环境监测信息集成共享

(七)建立生态环境监测数据集成共享机制

各级环境保护部门以及国土资源、住房城乡建设、交通运输、水利、农业、卫生、林业、气象、海洋等部门和单位获取的环境质量、污染源、生态状况监测数据要实现有效集成、互联共享。国家和地方建立重点污染源监测数据共享与发布机制,重点排污单位要按照环境保护部门要求将自行监测结果及时上传。

(八)构建生态环境监测大数据平台

加快生态环境监测信息传输网络与大数据平台建设,加强生态环境监测数据资源开发与应用,开展大数据关联分析,为生态环境保护决策、管理和执法提供数据支持。

(九)统一发布生态环境监测信息

依法建立统一的生态环境监测信息发布机制,规范发布内容、流程、权限、渠道等,及时准确发布全国环境质量、重点污染源及生态状况监测信息,提高政府环境信息发布的权威性和公信力,保障公众知情权。

四、自动预警,科学引导环境管理与风险防范

(十)加强环境质量监测预报预警

提高空气质量预报和污染预警水平,强化污染源追踪与解析。加强重要水体、水源地、源头区、水源涵养区等水质监测与预报预警。加强土壤中持久性、生物富集性和对人体健康危害大的污染物监测。提高辐射自动监测预警能力。

(十一)严密监控企业污染排放

完善重点排污单位污染排放自动监测与异常报警机制,提高污染物超标排放、在线监测设备运行和重要核设施流出物异常等信息追踪、捕获与报警能力以及企业排污状况智能化监控水平。增强工业园区环境风险预警与处置能力。

(十二)提升生态环境风险监测评估与预警能力

定期开展全国生态状况调查与评估,建立生态保护红线监管平台,对重要生态功能区人类干扰、生态破坏等活动进行监测、评估与预警。开展化学品、持久性有机污染物、新型特征污染物及危险废物等环境健康危害因素监测,提高环境风险防控和突发事件应急监测能力。

五、依法追责,建立生态环境监测与监管联动机制

(十三)为考核问责提供技术支撑

完善生态环境质量监测与评估指标体系,利用监测与评价结果,为考核问责地方政府落实本行政区域环境质量改善、污染防治、主要污染物排放总量控制、生态保护、核与辐射安全监管等职责任务提供科学依据和技术支撑。

(十四)实现生态环境监测与执法同步

各级环境保护部门依法履行对排污单位的环境监管职责,依托污染源监测开展监管执法,建立监测与监管执法联动快速响应机制,根据污染物排放和自动报警信息,实施现场同步监测与执法。

(十五) 加强生态环境监测机构监管

各级相关部门所属生态环境监测机构、环境监测设备运营维护机构、社会环境监测机构及其负责人要严格按照法律法规要求和技术规范开展监测，健全并落实监测数据质量控制与管理制度，对监测数据的真实性和准确性负责。环境保护部依法建立健全对不同类型生态环境监测机构及环境监测设备运营维护机构的监管制度，制定环境监测数据弄虚作假行为处理办法等规定。各级环境保护部门要加大监测质量核查巡查力度，严肃查处故意违反环境监测技术规范，篡改、伪造监测数据的行为。党政领导干部指使篡改、伪造监测数据的，按照《党政领导干部生态环境损害责任追究办法（试行）》等有关规定严肃处理。

六、健全生态环境监测制度与保障体系

(十六) 健全生态环境监测法律法规及标准规范体系

研究制定环境监测条例、生态环境质量监测网络管理办法、生态环境监测信息发布管理规定等法规、规章。统一大气、地表水、地下水、土壤、海洋、生态、污染源、噪声、振动、辐射等监测布点、监测和评价技术标准规范，并根据工作需要及时修订完善。增强各部门生态环境监测数据的可比性，确保排污单位、各类监测机构的监测活动执行统一的技术标准规范。

(十七) 明确生态环境监测事权

各级环境保护部门主要承担生态环境质量监测、重点污染源监督性监测、环境执法监测、环境应急监测与预报预警等职能。环境保护部适度上收生态环境质量监测事权，准确掌握、客观评价全国生态环境质量总体状况。重点污染源监督性监测和监管重心下移，加强对地方重点污染源监督性监测的管理。地方各级环境保护部门相应上收生态环境质量监测事权，逐级承担重点污染源监督性监测及环境应急监测等职能。

(十八) 积极培育生态环境监测市场

开放服务性监测市场，鼓励社会环境监测机构参与排污单位污染源自行监测、污染源自动监测设施运行维护、生态环境损害评估监测、环境影响评价现状监测、清洁生产审核、企事业单位自主调查等环境监测活动。在基础公益性监测领域积极推进政府购买服务，包括环境质量自动监测站运行维护等。环境保护部要制定相关政策和办法，有序推进环境监测服务社会化、制度化、规范化。

(十九) 强化监测科技创新能力

推进环境监测新技术和新方法研究，健全生态环境监测技术体系，促进和鼓励高科技产品与技术手段在环境监测领域的推广应用。鼓励国内科研部门和相关企业研发具有自主知识产权的环境监测仪器设备，推进监测仪器设备国产化；在满足需求的条件下优先使用国产设备，促进国产监测仪器产业发展。积极开展国际合作，借鉴监测科技先进经验，提升我国技术创新能力。

(二十) 提升生态环境监测综合能力

研究制定环境监测机构编制标准，加强环境监测队伍建设。加快实施生态环境保护人才发展相关规划，不断提高监测人员综合素质和能力水平。完善与生态环境监测网络发展需求相适应的财政保障机制，重点加强生态环境质量监测、监测数据质量控制、卫星和无人机遥感监测、环境应急监测、核与辐射监测等能力建设，提高样品采集、实验室测试分析及现场快速分析测试能力。完善环境保护监测岗位津贴政策。根据生态环境监测事权，将所需经费纳入各级财政预算重点保障。

地方各级人民政府要加强对生态环境监测网络建设的组织领导，制定具体工作方案，明确职责分工，落实各项任务。

附录八
河北雄安新区规划纲要

规划目录

前言
第一章 总体要求
第一节 设立背景
第二节 新区概况
第三节 指导思想
第四节 发展定位
第五节 建设目标

第二章 构建科学合理空间布局
第一节 国土空间格局
第二节 城乡空间布局
第三节 起步区空间布局

第三章 塑造新时代城市风貌
第一节 总体城市设计
第二节 城市风貌特色
第三节 历史文化保护

第四章 打造优美自然生态环境
第一节 实施白洋淀生态修复
第二节 加强生态环境建设
第三节 开展环境综合治理

第五章 发展高端高新产业
第一节 承接北京非首都功能疏解
第二节 明确产业发展重点
第三节 打造全球创新高地
第四节 完善产业空间布局

第六章 提供优质共享公共服务
第一节 布局优质公共服务设施
第二节 提升公共服务水平
第三节 建立新型住房保障体系

第七章 构建快捷高效交通网
第一节 完善区域综合交通网络
第二节 构建新区便捷交通体系
第三节 打造绿色智能交通系统

第八章 建设绿色智慧新城
第一节 坚持绿色低碳发展
第二节 构建绿色市政基础设施体系
第三节 合理开发利用地下空间
第四节 同步建设数字城市

第九章 构筑现代化城市安全体系
第一节 构建城市安全和应急防灾体系
第二节 保障新区水安全
第三节 增强城市抗震能力
第四节 保障新区能源供应安全

第十章 保障规划有序有效实施
第一节 完善规划体系
第二节 建立规划实施制度机制
第三节 创新体制机制与政策
第四节 强化区域协同发展

前 言

设立河北雄安新区，是以习近平同志为核心的党中央做出的一项重大历史性战略选择，是千年大计、国家大事。习近平总书记亲自谋划、亲自决策、亲自推动，倾注了大量心血，2017年2月23日亲临实地考察并发表重要讲话，多次主持召开会议研究部署并做出重要指示,为雄安新区规划建设指明了方向。

在党中央坚强领导下,河北省、京津冀协同发展领导小组办公室会同中央和国家机关有关部委、专家咨询委员会等方面,深入学习贯彻习近平新时代中国特色社会主义思想和党的十九大精神,坚持世界眼光、国际标准、中国特色、高点定位,紧紧围绕打造北京非首都功能疏解集中承载地,创造"雄安质量"、成为新时代推动高质量发展的全国样板,培育现代化经济体系新引擎,建设高水平社会主义现代化城市,借鉴国际成功经验,汇聚全球顶尖人才,集思广益、深入论证,编制雄安新区规划。

2018年2月22日,习近平总书记主持召开中央政治局常委会会议,听取雄安新区规划编制情况的汇报并发表重要讲话。李克强总理主持召开国务院常务会议,审议雄安新区规划并提出明确要求。京津冀协同发展领导小组直接领导推动新区规划编制工作。按照党中央要求,进一步修改完善形成了《河北雄安新区规划纲要》。

本纲要是指导雄安新区规划建设的基本依据。规划期限至2035年,并展望21世纪中叶发展远景。

第一章 总体要求

中国特色社会主义进入新时代,以习近平同志为核心的党中央高瞻远瞩、深谋远虑,科学做出了设立雄安新区的重大决策部署,明确了雄安新区规划建设的指导思想、功能定位、建设目标、重点任务和组织保障,为高起点规划、高标准建设雄安新区提供了根本遵循、指明了工作方向。

第一节 设立背景

设立河北雄安新区,是以习近平同志为核心的党中央深入推进京津冀协同发展做出的一项重大决策部署,是继深圳经济特区和上海浦东新区之后又一具有全国意义的新区,是重大的历史性战略选择,是千年大计、国家大事。

党的十八大以来,以习近平同志为核心的党中央着眼党和国家发展全局,运用大历史观,以高超的政治智慧、宏阔的战略格局、强烈的使命担当,提出以疏解北京非首都功能为"牛鼻子"推动京津冀协同发展这一重大国家战略。习近平总书记指出,考虑在河北比较适合的地方规划建设一个适当规模的新城,集中承接北京非首都功能,采用现代信息、环保技术,建成绿色低碳、智能高效、环保宜居且具备优质公共服务的新型城市。在京津冀协同发展领导小组的直接领导下,经过反复论证、多方比选,党中央、国务院决定设立河北雄安新区。

规划建设雄安新区意义重大、影响深远。中国特色社会主义进入新时代,我国经济由高速增长阶段转向高质量发展阶段,一个阶段要有一个阶段的标志,雄安新区要在推动高质量发展方面成为全国的一个样板。雄安新区作为北京非首都功能疏解集中承载地,与北京城市副中心形成北京发展新的两翼,共同承担起解决北京"大城市病"的历史重任,有利于探索人口经济密集地区优化开发新模式;培育建设现代化经济体系的新引擎,与以2022年北京冬奥会和冬残奥会为契机推进张北地区建设形成河北两翼,补齐区域发展短板,提升区域经济社会发展质量和水平,有利于形成新的区域增长极;建设高水平社会主义现代化城市,有利于调整优化京津冀城市布局和空间结构,加快构建京津冀世界级城市群;创造"雄安质量",有利于推动雄安新区实现更高水平、更有效率、更加公平、更可持续发展,打造贯彻落实新发展理念的创新发展示范区,成为新时代高质量发展的全国样板。

第二节 新区概况

雄安新区地处北京、天津、保定腹地,距北京、天津均为105 km,距石家庄155 km,距保定30 km,距北京新机场55 km,区位优势明显,交通便捷通畅,地质条件稳定,生态环境优良,资源环境承载能力较强,现有开发程度较低,发展空间充裕,具备高起点高标准开发建设的基本条件。

本次新区规划范围包括雄县、容城、安新三县行政辖区(含白洋淀水域),任丘市鄚州镇、苟各庄镇、七间房乡和高阳县龙化乡,规划面积 1 770 km²。选择特定区域作为起步区先行开发，在起步区划出一定范围规划建设启动区，条件成熟后再有序稳步推进中期发展区建设，并划定远期控制区为未来发展预留空间。

第三节 指导思想

高举中国特色社会主义伟大旗帜，深入学习贯彻习近平新时代中国特色社会主义思想和党的十九大精神，坚决落实党中央、国务院决策部署，坚持稳中求进工作总基调，牢固树立和贯彻落实新发展理念，紧扣我国社会主要矛盾变化，按照高质量发展的要求，紧紧围绕统筹推进"五位一体"总体布局和协调推进"四个全面"战略布局，着眼建设北京非首都功能疏解集中承载地，创造"雄安质量"，打造推动高质量发展的全国样板，建设现代化经济体系的新引擎，坚持世界眼光、国际标准、中国特色、高点定位，坚持生态优先、绿色发展，坚持以人民为中心，注重保障和改善民生，坚持保护弘扬中华优秀传统文化、延续历史文脉，着力建设绿色智慧新城、打造优美生态环境、发展高端高新产业、提供优质公共服务、构建快捷高效交通网、推进体制机制改革、扩大全方位对外开放，建设绿色生态宜居新城区、创新驱动发展引领区、协调发展示范区、开放发展先行区，努力打造贯彻落实新发展理念的创新发展示范区，建设高水平社会主义现代化城市。

第四节 发展定位

雄安新区作为北京非首都功能疏解集中承载地，要建设成为高水平社会主义现代化城市、京津冀世界级城市群的重要一极、现代化经济体系的新引擎、推动高质量发展的全国样板。

绿色生态宜居新城区。坚持把绿色作为高质量发展的普遍形态，充分体现生态文明建设要求，坚持生态优先、绿色发展，贯彻绿水青山就是金山银山的理念，划定生态保护红线、永久基本农田和城镇开发边界，合理确定新区建设规模，完善生态功能，统筹绿色廊道和景观建设，构建蓝绿交织、清新明亮、水城共融、多组团集约紧凑发展的生态城市布局，创造优良人居环境，实现人与自然和谐共生，建设天蓝、地绿、水秀美丽家园。

创新驱动发展引领区。坚持把创新作为高质量发展的第一动力，实施创新驱动发展战略，推进以科技创新为核心的全面创新，积极吸纳和集聚京津及国内外创新要素资源，发展高端高新产业，推动产学研深度融合，建设创新发展引领区和综合改革试验区，布局一批国家级创新平台，打造体制机制新高地和京津冀协同创新重要平台，建设现代化经济体系。

协调发展示范区。坚持把协调作为高质量发展的内生特点，通过集中承接北京非首都功能疏解，有效缓解北京"大城市病"，发挥对河北省乃至京津冀地区的辐射带动作用，推动城乡、区域、经济社会和资源环境协调发展，提升区域公共服务整体水平，打造要素有序自由流动、主体功能约束有效、基本公共服务均等、资源环境可承载的区域协调发展示范区，为建设京津冀世界级城市群提供支撑。

开放发展先行区。坚持把开放作为高质量发展的必由之路，顺应经济全球化潮流，积极融入"一带一路"建设，加快政府职能转变，促进投资贸易便利化，形成与国际投资贸易通行规则相衔接的制度创新体系；主动服务北京国际交往中心功能，培育区域开放合作竞争新优势，加强与京津、境内其他区域及港澳台地区的合作交流，打造扩大开放新高地和对外合作新平台，为提升京津冀开放型经济水平做出重要贡献。

第五节 建设目标

到 2035 年，基本建成绿色低碳、信息智能、宜居宜业、具有较强竞争力和影响力、人与自然和谐共生的高水平社会主义现代化城市。城市功能趋于完善，新区交通网络便捷高效，现代化基础设施系统完备，高端高新产业引领发展，优质公共服务体系基本形成，白洋淀生态环境根本改善。有效承接北京非首都功能，对外开放水平和国际影响力不断提高，实现城市治理能力和社会管理现代化，"雄安质量"引领全国高质量发展作用明显，成为现代化经济体系的新引擎。

到本世纪中叶，全面建成高质量高水平的社会主义现代化城市，成为京津冀世界级城市群的重要一极。集中承接北京非首都功能成效显著，为解决"大城市病"问题提供中国方案。新区各项经济社会发展指标达到国际领先水平，治理体系和治理能力实现现代化，成为新时代高质量发展的全国样板。彰显中国特色社会主义制度优越性，努力建设人类发展史上的典范城市，为实现中华民族伟大复兴贡献力量。

第二章　构建科学合理空间布局

坚持生态优先、绿色发展，统筹生产、生活、生态三大空间，构建蓝绿交织、和谐自然的国土空间格局，逐步形成城乡统筹、功能完善的组团式城乡空间结构，布局疏密有度、水城共融的城市空间。

第一节　国土空间格局

坚持以资源环境承载能力为刚性约束条件，以承接北京非首都功能疏解为重点，科学确定新区开发边界、人口规模、用地规模和开发强度，形成规模适度、空间有序、用地节约集约的城乡发展新格局。

坚持生态优先。将淀水林田草作为一个生命共同体进行统一保护、统一修复。通过植树造林、退耕还淀、水系疏浚等生态修复治理，强化对白洋淀湖泊湿地、林地以及其他生态空间的保护，确保新区生态系统完整，蓝绿空间占比稳定在70%。

严格控制建设用地规模。推进城乡一体规划建设，不断优化城乡用地结构，严格控制开发强度，新区远景开发强度控制在30%，建设用地总规模约530 km^2。

划定规划控制线。科学划定生态保护红线、永久基本农田、城镇开发边界三条控制线，加强各类规划空间控制线的充分衔接，统筹土地利用、环境保护、文物保护、防洪抗震等专项规划，实现多规合一。

严守生态保护红线。先期划定以白洋淀核心区为主的生态保护红线，远期结合森林斑块和生态廊道建设逐步扩大。

严格保护永久基本农田。耕地占新区总面积18%左右，其中永久基本农田占10%。落实永久基本农田保护目标任务，加快数据库建设和信息化管理，实行全面监测。结合土地整治措施，加大高标准农田建设力度，确保永久基本农田确定后总量不减少、用途不改变、质量有提高。

严控城镇开发边界和人口规模。划定起步区、外围组团、特色小城镇开发边界，实行战略留白，为国家重大发展战略和城市可持续发展预留空间。合理控制人口密度，新区规划建设区按1万人／km^2控制。

第二节　城乡空间布局

综合考虑新区定位、发展目标和现状条件，坚持城乡统筹、均衡发展、宜居宜业，规划形成"一主、五辅、多节点"的新区城乡空间布局。

"一主"即起步区，选择容城、安新两县交界区域作为起步区，是新区的主城区，按组团式布局，先行启动建设。"五辅"即雄县、容城、安新县城及寨里、昝岗五个外围组团，全面提质扩容雄县、容城两个县城，优化调整安新县城，建设寨里、昝岗两个组团，与起步区之间建设生态隔离带。"多节点"即若干特色小城镇和美丽乡村，实行分类特色发展，划定特色小城镇开发边界，严禁大规模开发房地产。

美丽乡村为新区城乡体系的重要组成部分，实施乡村振兴战略，以产业兴旺、生态宜居、乡风文明、治理有效、生活富裕为目标，构建一体化、网络化的城乡体系。保持自然风光、田园风貌，突出历史记忆、地域特色，规划建设特色村落，充分利用清洁能源，建成基础设施完善、服务体系健全、基层治理有效、公共服务水平较高的宜居宜业宜游的美丽乡村。美丽乡村规划建设用地规模约50 km^2。

第三节　起步区空间布局

顺应自然、随形就势，综合考虑地形地貌、水文条件、生态环境等因素，科学布局城市建设组团，形成"北城、中苑、南淀"的总体空间格局。"北城"即充分利用地势较高的北部区域，集中布局五个城市组团，各组团功能相对完整，空间疏密有度，组团之间由绿廊、水系和湿地隔离；"中苑"即利用地势低洼的中部区域，恢复历史上的大溵古淀，结合海绵城市建设，营造湿地与城市和谐共融的特色景观；"南淀"即南部临淀区域，通过对安新县城和淀边村镇改造提升和减量发展，严控临淀建设，利用白洋淀生态资源和燕南长城遗址文化资源，塑造传承文化特色、展现生态景观、保障防洪安全的白洋淀滨水岸线。

先行规划建设启动区。在起步区适当区域规划建设启动区，面积 20~30 km²，重点承接北京非首都功能疏解，突出创新特色，提供优质公共服务，集聚一批互联网、大数据、人工智能、前沿信息技术、生物技术、现代金融、总部经济等创新型、示范性重点项目，发挥引领带动作用；加强生态环境建设，打造韧性安全的城市基础设施，精心塑造城市特色，形成宜居宜业现代化城市风貌。

第三章　塑造新时代城市风貌

坚持中西合璧、以中为主、古今交融，弘扬中华优秀传统文化，保留中华文化基因，彰显地域文化特色；加强城市设计，塑造城市特色，保护历史文化，形成体现历史传承、文明包容、时代创新的新区风貌。

第一节　总体城市设计

统筹各类空间资源，整合生态人文要素，依托白洋淀清新优美的生态环境，利用城镇周边开阔自然的田野风光，随形就势，平原建城，形成疏密有度、水城共融的城镇空间，清新明亮的宜人环境，舒展起伏的天际线，展现新时代城市形象。

起步区城市设计。融合城水林田淀等特色要素，深化"北城、中苑、南淀"的空间结构设计，形成"一方城、两轴线、五组团、十景苑、百花田、千年林、万顷波"的空间意象。传承中华营城理念，构建布局规制对称、街坊尺度宜人的中心"方城"；按照传承历史、开创未来的设计理念，塑造体现中华文明、凝聚城市精神、承载中心功能的城市轴线；按照功能相对完整、空间疏密有度的理念，布局五个尺度适宜、功能混合、职住均衡的紧凑组团；利用水文地貌和历史文化，塑造以大溵古淀为核心的生态苑囿；保留农耕记忆，营造花海景观，形成三季有花、四季有绿的都市田园风光；大规模植树造林，形成起步区外围林带环绕、内部树木葱郁的良好生态；开展白洋淀生态环境修复，展现碧波万顷、荷塘苇海的水域生态景观，实现城淀共生共荣。

规划设计城市轴线。南北中轴线展示历史文化生态特色，突出中轴对称、疏密有致、灵动均衡；东西轴线利用交通廊道串联城市组团，集聚创新要素、事业单位、总部企业、金融机构等。

塑造城市天际线。传承中华文化基因，充分体现对称、天人合一、街坊等中华营城理念，广泛吸收借鉴全球优秀的城市设计成果，塑造轮廓舒展、韵律起伏的城市天际线，形成独具特色的城市空间形态。严格控制建筑高度，不能到处是水泥森林和玻璃幕墙；根据城市功能布局和产业特点，在新区特定范围规划建设高层建筑，集中承载中央商务、金融、企业总部等功能。精心设计建筑顶部，优化美化建筑第五立面，构建形态色彩整体和谐统一的城市空间界面和轮廓线。

启动区城市设计。充分利用区位条件，以淀泊景观为依托规划设计启动区空间布局，形成城淀相望的格局。通过轴带空间设计，实现启动区核心功能与景观环境的有机融合。组团外构建生态湿地网络，组团内串联景观水体，形成内外相连、城水相依的特色景观。注重园林绿化的文化内涵和景观效果，构建城市公园与游憩绿地，实现城中有园、园中有城。

第二节　城市风貌特色

塑造中华风范、淀泊风光、创新风尚的城市风貌。城市空间格局秩序规整、灵动自然，体现中华风范；环境景观城景应和、蓝绿交织，凸显淀泊风光；建筑设计古今融合、中西合璧、多元包容，展示创新风尚。

打造中西合璧、以中为主、古今交融的建筑风貌。传承中华建筑文化基因，吸收世界优秀建筑设计理念和手法，坚持开放、包容、创新、面向未来，形成独具特色的建筑风格。严谨细致做好建筑设计，塑造出既体现我国建筑特色又吸收国外建筑精华，既有古典神韵又具现代气息，融于自然、端正大气的优秀建筑，营造多样化、有活力的城市空间环境。

因地制宜设计丰富多样的环境景观。结合城市组团布局以及城市各级中心、重要公共空间和标志性建筑，打造城市空间景观廊道和景观节点体系；利用城市森林、组团隔离带，营造大尺度绿色空间；依托白洋淀、重要水系、湿地，塑造滨水活动空间，丰富亲水活动类型；保留有价值历史遗存，推广种植乡土植物，形成多层次、多季节、多色彩的植物群落配置，再现林淀环绕的华北水乡、城绿交融的中国画卷。

营造优美、安全、舒适、共享的城市公共空间。提高公共空间覆盖率、连续性，注重城市绿道、公园布局与开放空间的串联融合，实现五分钟步行可达；注重街区、邻里空间设计，形成尺度宜人、亲切自然、全龄友好的社区环境；注重人性化、艺术化设计，提升城市空间品质与文化品位，打造具有文化特色和历史记忆的公共空间。

第三节 历史文化保护

保护与合理利用文物古迹。严格保护省级以上文物保护单位、红色文化以及其他重要文物遗存，重点保护和利用南阳遗址、宋辽边关地道、燕南长城遗址等代表性历史遗存。结合历史遗存保护，建设考古遗址公园、遗址博物馆、陈列馆。

保护与发展历史古城、传统村镇。将标志性历史遗存的保护与城市公共空间的建设有机结合，保护传统村镇内历史空间格局清晰、传统风貌较为完整的核心地段，传承与展示水乡生产习俗和民俗文化活动。

传承与弘扬优秀传统文化。弘扬以雁翎队为代表的红色革命文化，加强圈头村音乐会、安新芦苇画等非物质文化遗产的保护与传承；发掘与保护老地名、老字号、历史名人、民间传说等其他优秀传统文化。开展口述史、民俗、文化典籍的整理、出版、阐释和普及，引导公众自觉保护与传承历史文化。

第四章 打造优美自然生态环境

践行生态文明理念，尊重自然、顺应自然、保护自然，统筹城水林田淀系统治理，做好白洋淀生态环境保护，恢复"华北之肾"功能；大规模植树造林，开展国土绿化，构建宁静、和谐、美丽的自然环境；推动区域流域协同治理，全面提升生态环境质量，建成新时代的生态文明典范城市。

第一节 实施白洋淀生态修复

恢复淀泊水面。实施退耕还淀，淀区逐步恢复至360 km² 左右。建立多水源补水机制，统筹引黄入冀补淀、上游水库及本地非常规水资源，合理调控淀泊生态水文过程，使白洋淀正常水位保持在6.5~7.0 m。建设水系连通工程，联合调度安格庄、西大洋、王快、龙门等上游水库水量，恢复淀泊水动力过程。

实现水质达标。优化流域产业结构，加强水环境治理，坚持流域"控源—截污—治河"系统治理，实施入淀河流水质目标管理，全面治理工业污染源，强化城镇、乡村污水收集处理，有效治理农业面源污染，打造良好河流生态环境，确保入淀河流水质达标。合理划定清淤范围，科学有序实施淀内生态清淤，消除内源污染，修复水体底部水生动物栖息生态环境，提升淀泊水环境质量，将白洋淀水质逐步恢复到Ⅲ~Ⅳ类。

开展生态修复。利用自然本底优势，结合生态清淤，优化淀区生态格局，对现有苇田荷塘进行微地貌改造和调控，修复多元生境，展现白洋淀荷塘苇海自然景观。实施生态过程调控，恢复退化区域的原生水生植被，促进水生动物土著种增殖和种类增加，恢复和保护鸟类栖息地，提高生物多样性，优化生态系统结构，增强白洋淀生态自我修复能力。

远景规划建设白洋淀国家公园。完善生物资源保护策略，保护淀区独特的自然生境和景观，保持淀区湿地生态系统完整性，努力建成人与自然和谐共生的试验区和科普教育基地。

创新生态环境管理。优化完善白洋淀及上游生态环境管理机制，加强生态空间管控体系建设，实施智能生态管控，全面建成与生态文明发展要求相适应的生态环境管理模式。

第二节 加强生态环境建设

构建新区生态安全格局。规划建设"一淀、三带、九片、多廊"，形成林城相融、林水相依的生态城市。"一淀"即开展白洋淀环境治理和生态修复，恢复"华北之肾"功能；"三带"即建设环淀绿化带、环起步区绿化带、环新区绿化带，优化城淀之间、组团之间和新区与周边区域之间的生态空间结构;"九片"即在城市组团间和重要生态涵养区建设九片大型森林斑块,增强碳汇能力和生物多样性保护功能;"多廊"即沿新区主要河流和交通干线两侧建设多条绿色生态廊道,发挥护蓝、增绿、通风、降尘等作用。

开展大规模植树造林。采用近自然绿化及多种混交方式,突出乡土树种和地方特色,在新区绿化带及生态廊道建设生态防护林和景观生态林,形成平原林网体系,实现生态空间的互联互通。开展大规模国土绿化行动,将新区森林覆盖率由现状的11%提高到40%。

塑造高品质城区生态环境。建设城市通风廊道,构造城淀局地气流微循环系统,将白洋淀凉爽空气输送到城市中心。构建由大型郊野生态公园、大型综合公园及社区公园组成的宜人便民公园体系,实现森林环城、湿地入城、3 km进森林,1 km进林带,300 m进公园,街道100%林荫化,绿化覆盖率达到50%。

提升区域生态安全保障。构建衔接"太行山脉—渤海湾"和"京南生态绿楔—拒马河—白洋淀"生态廊道,形成连山通海、南北交融的区域生态安全格局。实施重要生态系统保护和修复工程,优化生态安全屏障体系,提升生态系统质量。

第三节 开展环境综合治理

推动区域环境协同治理。新区及周边和上游地区协同制定产业政策,实行负面清单制度,依法关停、严禁新建高污染、高耗能企业和项目。提升传统产业的清洁生产、节能减排和资源综合利用水平,加强生态保护和环境整治,强化综合监管。集中清理整治散乱污企业、农村生活垃圾和工业固体废弃物。开展地下水环境调查评估,全面开展渗坑、排污沟渠综合整治。

改善大气环境质量。优化能源消费结构,终端能源消费全部为清洁能源。严格控制移动源污染,实行国内最严格的机动车排放标准,严格监管非道路移动源;巩固农村清洁取暖工程效果,实现新区散煤"清零";构建过程全覆盖、管理全方位、责任全链条的建筑施工扬尘治理体系。根据区域大气传输影响规律,在石家庄—保定—北京大气传输带上,系统治理区域大气环境。

严守土壤环境安全底线。落实土壤污染防治行动计划,推进固体废物堆存场所排查整治,加强污染源防控、检测、治理,确保土壤环境安全。

第五章 发展高端高新产业

瞄准世界科技前沿,面向国家重大战略需求,通过承接符合新区定位的北京非首都功能疏解,积极吸纳和集聚创新要素资源,高起点布局高端高新产业,推进军民深度融合发展,加快改造传统产业,建设实体经济、科技创新、现代金融、人力资源协同发展的现代产业体系。

第一节 承接北京非首都功能疏解

明确承接重点。在高等学校和科研机构方面,重点承接著名高校在新区设立分校、分院、研究生院等,承接国家重点实验室、工程研究中心等国家级科研院所、创新平台、创新中心。在医疗健康机构方面,重点承接高端医疗机构在雄安新区设立分院和研究中心,加强与国内知名医学研究机构合作。在金融机构方面,承接银行、保险、证券等金融机构总部及分支机构,鼓励金融骨干企业、分支机构开展金融创新业务。在高端服务业方面,重点承接软件和信息服务、设计、创意、咨询等领域的优势企业,以及现代物流、电子商务等企业总部。在高技术产业方面,重点承接新一代信息技术、生物医药和生命健康、节能环保、高端新材料等领域的央企以及创新型民营企业、高成长性科技企业。支持中关村科技园在雄安新区设立分园区。

营造承接环境。打造一流硬件设施环境,有序推进基础设施建设,完善配套条件,推动疏解对象顺利落地。打造优质公共服务环境,率先建设一批高水平的幼儿园、中小学、医院等公共服务设施,提供租购并举的多元化住房保障,有效吸引北京人口转移。打造便民高效政务服务环境,建立新区政务服务平台,简化审批程序和环节,提供一站式服务。打造创新开放政策环境,在土地、财税、金融、人才、对外开放等方面,制定实施一揽子政策措施,确保疏解对象来得了、留得住、发展好。

第二节　明确产业发展重点

新一代信息技术产业。围绕建设数字城市，重点发展下一代通信网络、物联网、大数据、云计算、人工智能、工业互联网、网络安全等信息技术产业。近期依托5G率先大规模商用、IPv6率先布局，培育带动相关产业快速发展。发展物联网产业，推进智能感知芯片、智能传感器和感知终端研发及产业化。搭建国家新一代人工智能开放创新平台，重点实现无人系统智能技术的突破，建设开放式智能网联车示范区，支撑无人系统应用和产业发展。打造国际领先的工业互联网网络基础设施和平台，形成国际先进的技术与产业体系。推动信息安全技术研发应用，发展规模化自主可控的网络空间安全产业。超前布局区块链、太赫兹、认知计算等技术研发及试验。

现代生命科学和生物技术产业。率先发展脑科学、细胞治疗、基因工程、分子育种、组织工程等前沿技术，培育生物医药和高性能医疗器械产业，加强重大疾病新药创制。实施生物技术药物产业化示范工程、医疗器械创新发展工程、健康大数据与健康服务推广工程，建设世界一流的生物技术与生命科学创新示范中心、高端医疗和健康服务中心、生物产业基地。

新材料产业。聚焦人工智能、宽带通信、新型显示、高端医疗、高效储能等产业发展对新材料的重大需求，在新型能源材料、高技术信息材料、生物医学材料、生物基材料等领域开展应用基础研究和产业化，突破产业化制备瓶颈，培育新区产业发展新增长点。

高端现代服务业。接轨国际，发展金融服务、科创服务、商务服务、智慧物流、现代供应链、数字规划、数字创意、智慧教育、智慧医疗等现代服务业，促进制造业和服务业深度融合。集聚银行、证券、信托、保险、租赁等金融业态，依法合规推进金融创新，推广应用先进金融科技。围绕创新链构建服务链，发展创业孵化、技术转移转化、科技咨询、知识产权、检验检测认证等科技服务业，建设国家质量基础设施研究基地。发展设计、咨询、会展、电子商务等商务服务业，建设具有国际水准的总部商务基地。发展创意设计、高端影视等文化产业，打造国际文化交流重要基地。发展国际仲裁、律师事务所等法律服务业。

绿色生态农业。建设国家农业科技创新中心，发展以生物育种为主体的现代生物科技农业，推动苗木、花卉的育种和栽培研发，建设现代农业设施园区。融入科技、人文等元素，发展创意农业、认养农业、观光农业、都市农业等新业态，建设一二三产业融合发展示范区。

对符合发展方向的传统产业实施现代化改造提升，推进产业向数字化、网络化、智能化、绿色化发展。

第三节　打造全球创新高地

搭建国际一流的科技创新平台。按照国家科技创新基地总体部署，积极布局建设国家实验室、国家重点实验室、工程研究中心等一批国家级创新平台，努力打造全球创新资源聚集地。围绕集聚高端创新要素，加强与国内外知名教育科研机构及企业合作，建立以企业为主体、市场为导向、产学研深度融合的技术创新体系。推动建设一批未来产业研究院。

建设国际一流的科技教育基础设施。加强重大科技基础设施建设，实施一批国家科教创新工程，集中资源建设若干"人无我有、人有我优"的开放型重大科研设施、科技创新平台，布局一批公共大数据、基础研发支撑、技术验证试验等开放式科技创新支撑平台，全面提高创新支撑能力。建设世界一流研究型大学，培育一批优势学科，建设一批特色学院和高精尖研究中心；发挥高校在科技创新体系中的作用，集聚人才、学科、资源和平台优势，与科研院所、企业等合作，面向国家重大战略需求，打造知识溢出效应明显的大学园区；按照产教深度融合、中高职有效衔接的要求，建设具有国际先进水平的现代职业教育体系；整合各类科教资源，集中力量打造国际人才培训基地，为创新发展提供源头支撑。

构建国际一流的创新服务体系。创新国际

科技合作模式,打造国际科技创新合作试验区,率先开展相关政策和机制试点。举办多层次多领域学术交流活动,搭建国际科技合作交流平台。发挥创新型领军企业引领作用,面向产业链上下游中小企业,构建线上线下融合的创新支撑服务体系。加快培育科技型中小企业,构建全链条孵化服务体系。加强知识产权保护及综合运用,形成产权创造、保护、交易、运用及管理的良性循环。

第四节 完善产业空间布局

坚持产城融合、职住均衡和以水定产、以产兴城原则,采取集中与分散相结合的方式,推动形成起步区、外围组团和特色小城镇协同发展的产业格局。

起步区。构建一流的承接平台、基础设施、公共服务,重点承接北京疏解的事业单位、总部企业、金融机构、高等院校、科研院所等功能,重点发展人工智能、信息安全、量子技术、超级计算等尖端技术产业基地,建设国家医疗中心。

五个外围组团。与起步区分工协作,按功能定位承接北京非首都功能疏解,布局电子信息、生命科技、文化创意、军民融合、科技研发等高端高新产业,以及支撑科技创新和产业发展的基础设施。

周边特色小城镇。因镇制宜,有序承接北京非首都功能疏解,布局形成各具特色的产业发展格局。北部小城镇主要以高端服务、网络智能、军民融合等产业为特色。南部小城镇主要以现代农业、生态环保、生物科技、科技金融、文化创意等产业为特色。

第六章 提供优质共享公共服务

坚持以人民为中心、注重保障和改善民生,引入京津优质教育、医疗卫生、文化体育等资源,建设优质共享的公共服务设施,提升公共服务水平,构建多元化的住房保障体系,增强新区承载力、集聚力和吸引力,打造宜居宜业、可持续发展的现代化新城。

第一节 布局优质公共服务设施

构建城市基本公共服务设施网络。建设"城市-组团-社区"三级公共服务设施体系,形成多层次、全覆盖、人性化的基本公共服务网络。城市级大型公共服务设施布局于城市中心地区,主要承担国际交往功能,承办国内大型活动,承接北京区域性公共服务功能疏解;组团级公共服务设施围绕绿地公园和公交枢纽布局,主要承担城市综合服务功能,提供全方位、全时段的综合服务;社区级公共服务设施布局于社区中心,主要承担日常生活服务功能,构建宜居宜业的高品质生活环境。

构建社区、邻里、街坊三级生活圈。社区中心配置中学、医疗服务机构、文化活动中心、社区服务中心、专项运动场地等设施,形成15分钟生活圈。邻里中心配置小学、社区活动中心、综合运动场地、综合商场、便民市场等设施,形成10分钟生活圈。街坊中心配置幼儿园、24小时便利店、街头绿地、社区服务站、文化活动站、社区卫生服务站、小型健身场所、快递货物集散站等设施,形成5分钟生活圈。

构建城乡一体化公共服务设施。城郊农村共享城市教育、医疗、文化等服务配套设施。特色小城镇参照城市社区标准,配置学校、卫生院、敬老院、文化站、运动健身场地等公共服务设施,提高优质公共服务覆盖率,构建乡镇基础生活圈。美丽乡村配置保障性基本公共服务设施、基础性生产服务设施和公共活动场所。大幅提高村镇公共交通服务水平,实现校车、公交等多种方式的绿色便捷出行。

第二节 提升公共服务水平

优先发展现代化教育。按照常住人口规模合理均衡配置教育资源,布局高质量的学前教育、义务教育、高中阶段教育,实现全覆盖。引进优质基础教育资源,创新办学模式,创建一批高水平的幼儿园、中小学校,培育建设一批国际学校、国际交流合作示范学校。支持"双一流"建设高校在新区办学,以新机制、新模式努力建设世界一流的雄安大学,统筹科研平台和设施、产学研用一体化创新中心资源,构建高水平、开放式、国际化高等教育聚集高地。统筹利用国内外教育资源,开展与国际高端职业教育机构的深度合作,规划建设新区职业院校,建设集继续教育、职业培训、老年教育等功能为一体的社区学院。

高标准配置医疗卫生资源。引进京津及国内外优质医疗资源,建设集临床服务、医疗教育、医学科研和成果转化为一体的医疗综合体;加快应急救援、全科、儿科、妇产科等领域建设,建设国际一流、国内领先的区域卫生应急体系和专科医院;全面打造15分钟基层医疗服务圈,基层医疗卫生机构标准化达标率100%;加快新区全民健康信息平台建设,大力发展智能医疗,建设健康医疗大数据应用中心,构建体系完整、分工明确、功能互补、密切协作的医疗卫生服务体系。

建立完备的公共文化服务体系。围绕建设多层次公共文化服务设施,在数字网络环境下,高标准布局建设博物馆、图书馆、美术馆、剧院等,在街道、社区建设综合文化站和文化服务中心。统筹文化要素资源,合理布局文化产业,促进文化产业高质量发展,推动公共文化服务与文化产业融合发展。

构建完善的全民健身体系。建设体育健身设施网络,鼓励体育设施与其他公共服务设施共建共享。开展全民健身活动,促进群众体育、竞技体育、体育产业、体育文化等各领域协调发展;积极承接京津丰富的赛事资源,引进国内外高端体育赛事,形成高水平、品牌化、持续性的系列赛事;充分发挥新区优势,大力发展健身休闲产业;以信息网络为技术支撑,努力创建智能型公共体育服务体系。

提升社会保障基本服务水平。以普惠性、保基本、均等化、可持续为目标,创新社会保障服务体系,建立健全社会保障基本制度,完善服务项目,提高服务标准,加大投入力度。切实保障残障人员、老人、儿童的教育、文化、医疗等基本公共服务,统筹考虑养老服务设施配置,建立健全未成年人关爱保护体系和殡葬公共服务体系。建立劳动就业服务制度,提供多层次公共就业服务,努力提升人民群众的获得感、幸福感、安全感。

第三节　建立新型住房保障体系

优化居住空间布局。统筹居住和就业,促进职住均衡。在轨道车站、大容量公共交通廊道节点周边,优先安排住宅用地;在城市核心区和就业岗位集聚、公共交通便捷、具有较高商业价值的地区,布局混合性居住空间,实现合理公交通勤圈内的职住均衡。

改革创新住房制度。坚持房子是用来住的、不是用来炒的定位,建立多主体供给、多渠道保障、租购并举的住房制度。坚持保障基本、兼顾差异、满足多层次个性化需求,建立多元化住房供应体系。坚持市场主导、政府引导,形成供需匹配、结构合理、流转有序、支出与消费能力基本适应的住房供应格局。完善多层次住房供给政策和市场调控体制,严控房地产开发,建立严禁投机的长效机制。探索房地产金融产品创新。

第七章　构建快捷高效交通网

按照网络化布局、智能化管理、一体化服务要求,加快建立连接雄安新区与京津及周边其他城市、北京新机场之间的轨道交通网络;完善雄安新区与外部连通的高速公路、干线公路网;坚持公交优先,综合布局各类城市交通设施,实现多种交通方式的顺畅换乘和无缝衔接,打造便捷、安全、绿色、智能交通体系。

第一节　完善区域综合交通网络

优化高速铁路网。构建"四纵两横"区域高速铁路交通网络,重点加强雄安新区和北京、天津、石家庄等城市的联系。"四纵"为京广高铁、京港台高铁京雄—雄商段、京雄—石雄城际、新区至北京新机场快线,"两横"为津保铁路、津雄城际—京昆高铁忻雄段,实现新区高效融入"轨道上的京津冀",20 min 到北京新机场,30 min 到北京、天津,60 min 到石家庄。

完善高速公路网。构建"四纵三横"区域高速公路网。"四纵"为京港澳高速、大广高速、京雄高速(含新机场北线高速支线)、新机场至德州高速,"三横"为荣乌高速新线、津雄高速、津石高速,实现新区60 min 到北京、天津,90 min 到石家庄。加强新区与天津港、黄骅港交通联系,畅通新区出海通道。

提升航空服务水平。依托高速铁路、高速公路网络,加强新区与北京新机场、首都国际机场、天津滨海机场、石家庄正定机场之间的快速高效联系。

合理布局综合交通枢纽。依托高铁、城际站,强化路网对接和多种交通方式衔接,构建综合交通枢纽,形成"两主两辅"枢纽格局。"两主"为雄安高铁站、城际站,高铁站枢纽布局在昝岗组团,依托国家高铁网,便捷联系全国;城际站枢纽布局在启动区,站城一体,实现与京津冀核心城市直连直通。"两辅"为白洋淀站、白沟站,依托既有线路,服务新区北部外围组团,兼顾货运物流。

第二节 构建新区便捷交通体系

规划建设运行高效的城市轨道交通。按照网络化、多模式、集约型的原则,以起步区和外围组团为主体布局轨道交通网络,实现起步区与外围组团、城镇的便捷联系。根据新区建设步骤和人口规模、交通出行需求,有序建设轨道交通,对地铁作规划空间预留。加强规划控制并预留市域、区域轨道交通通道走廊空间。规划中低运量轨道交通系统,衔接大运量轨道交通。

构建功能完备的新区骨干道路网。外迁荣乌高速新区段,改造原线位为城市快速路,形成起步区与雄县、昝岗组团及保定市区之间的快速通道。外迁G230、G336、G106等公路,形成新区公路外环,分流过境交通。构建以起步区和雄县、昝岗组团为主体,外围组团和特色小城镇全覆盖、网络化布局的骨干道路网络,建设舒适宜人的环淀景观道路。

构建快速公交专用通道。因地制宜构建网络化、全覆盖、快速高效的公共交通专用通道,兼顾物流配送;充分利用智能交通技术和装备,提高公交系统效率,增强安全、便捷和舒适度,实现高品质、智能化的公共交通和物流配送服务。

科学规划路网密度。起步区外围布局交通性干道,内部按城市街道理念设计,提高路网密度,起步区路网密度达到10~15 km/km²,合理设计道路宽度。

构建内外衔接的绿道网络。布局区域绿道、城市绿道、社区绿道三级网络,由城市绿道串联各综合公园、社区公园,形成城乡一体、区域联动的城市绿道体系。营造独立舒适的绿道环境,设置适宜骑行、步行的慢行系统,与机动车空间隔离,承载市民健身、休闲、娱乐功能。满足群众性文体活动和赛事需求,安排适宜慢行要求的各类设施。

打造集约智能共享的物流体系。构建由分拨中心、社区配送中心组成的两级城乡公共物流配送设施体系,分拨中心与对外交通枢纽一体布局,社区配送中心依托各城乡社区服务中心布局,服务新区生产生活物资及快件集散。

第三节 打造绿色智能交通系统

提高绿色交通和公共交通出行比例。构建"公交+自行车+步行"的出行模式,起步区绿色交通出行比例达到90%。加强交通与用地布局协调,推广交通枢纽与城市功能一体化开发模式,在公共交通廊道、轨道站点周边集中布局公共服务设施。提升公共交通系统覆盖的人口数量,起步区公共交通占机动化出行比例达到80%。

建立服务优质、形式多样的新型公交系统。新区布局"干线+普线"两级城乡公交网络,干线服务起步区与外围组团、城镇,普线连接外围组团与村镇的公交系统。起步区布局"快线+干线+支线"三级城区公交网络,快线服务区内组团间出行,干线服务组团内出行,支线灵活设置线路、站点深入社区,实现地面地下协同调度、各类公交便捷换乘的高品质服务。

搭建智能交通体系框架。以数据流程整合为核心,适应不同应用场景,以物联感应、移动互联、人工智能等技术为支撑,构建实时感知、瞬时响应、智能决策的新型智能交通体系框架。

建设数字化智能交通基础设施。通过交通网、信息网、能源网"三网合一",基于智能驾驶汽车等新型载运工具,实现车车、车路智能协同,提供一体化智能交通服务。

示范应用共享化智能运载工具。推进智能驾驶运载工具的示范应用,发展需求响应型的定制化公共交通系统,智能生成线路,动态响应需求。探索建立智能驾驶和智能物流系统。

打造全局动态的交通管控系统。建立数据驱动的智能化协同管控系统,探索智能驾驶运载工具的联网联控,采用交叉口通行权智能分配,保障系统运行安全,提升系统运行效率。

第八章　建设绿色智慧新城

按照绿色、智能、创新要求,推广绿色低碳的生产生活方式和城市建设运营模式,使用先进环保节能材料和技术工艺标准进行城市建设,营造优质绿色市政环境,加强综合地下管廊建设,同步规划建设数字城市,筑牢绿色智慧城市基础。

第一节　坚持绿色低碳发展

严格控制碳排放。优化能源结构,推进资源节约和循环利用,推广绿色低碳的生产生活方式和城市建设运营模式,保护碳汇空间、提升碳汇能力。

确定用水总量和效率红线。按照以水定城、以水定人的要求,强化用水总量管理。实行最严格水资源管理制度,实施节约用水制度化管理,对城市生活、农业等各类用水强度指标严格管控,全面推进节水型社会建设。

建设海绵城市。尊重自然本底,构建河湖水系生态缓冲带,提升城市生态空间在雨洪调蓄、雨水径流净化、生物多样性等方面的功能,促进生态良性循环。综合采用"雨水花园、下沉式绿地、生态湿地"等低影响开发设施,实现中小降雨100%自然积存、净化,规划城市建设区雨水年径流总量控制率不低于85%。

推广绿色建筑。全面推动绿色建筑设计、施工和运行,开展节能住宅建设和改造。新建政府投资及大型公共建筑全面执行三星级绿色建筑标准。

使用绿色建材。引导选用绿色建材,开发选用当地特色的自然建材、清洁生产和更高环保认证水准的建材、旧物利用和废弃物再生的建材,积极稳妥推广装配式、可循环利用的建筑方式。

第二节　构建绿色市政基础设施体系

建设集约高效的供水系统。划分城镇供水分区,各分区间设施集成共享、互为备用,提高供水效率。因地制宜推进雨水和再生水等各类非常规水资源利用,实现用水分类分质供应,采用管网分区计量管理,提高管网精细化、信息化管理水平,有效节约水资源。

完善雨污分流的雨水排除工程系统。加强城市排水河道、排涝渠、雨水调蓄区、雨水管网和泵站等工程建设,实现建成区雨水系统全覆盖。新建雨水系统全部实行雨水、污水分流制,逐步将容城、雄县、安新县城现有合流系统改造为分流制。

建设循环再生的污水处理系统。统筹考虑污水收集处理和再生利用的便捷性、经济性,建设适度分散的设施。在特色小城镇、村庄推广分散式生态化的污水处理技术。

完善保障有力的供电系统。增强区域电力供应,建设区域特高压供电网络。改造提升现有变电站,新建500 kV和220 kV变电站。积极引入风电、光电等可再生能源,作为新区电力供应的重要来源。新区供电可靠率达到99.999%。

建设安全可靠燃气供应系统。根据新区发展需要,以长输管道天然气为主要气源,LNG为调峰应急气源,新建若干门站、LNG储配站,形成多源多向、互联互通的新区燃气输配工程系统。

建设清洁环保的供热系统。科学利用地热资源,统筹天然气、电力、地热、生物质等能源供给方式,形成多能互补的清洁供热系统。

建设先进专业的垃圾处理系统。按照减量化、资源化、无害化的要求,全面实施垃圾源头分类减量、分类运输、分类中转、分类处置,建设兼具垃圾分类与再生资源回收功能的交投点、中转站、终端处理设施、生态环境园,最终实现原生垃圾零填埋,生活垃圾无害化处理率达到100%,城市生活垃圾回收资源利用率达到45%以上。

第三节　合理开发利用地下空间

有序利用地下空间。按照安全、高效、适度的原则,结合城市功能需求,积极利用浅层、次浅层空间,有条件利用次深层空间,弹性预留深层空间;协调各系统的空间布局,制定相互避让原则,明确各系统平面及竖向层次关系,实施分层管控及引导。

优先布局基础设施。在城市干路、高强度开发和管线密集地区,根据城市发展需要,建设干线、支线和缆线管廊等多级网络衔接的市政综合管廊系统。建设地下综合防灾设施，形成平灾结合、高效利用的地下综合防灾系统。

建立统筹协调机制。坚持统筹规划、整体设计、统一建设、集中管理，健全管理体制和运行机制，完善用地制度和权籍管理，推进地下空间管理信息化建设，保障地下空间有序利用。

第四节　同步建设数字城市

坚持数字城市与现实城市同步规划、同步建设，适度超前布局智能基础设施，推动全域智能化应用服务实时可控，建立健全大数据资产管理体系，打造具有深度学习能力、全球领先的数字城市。

加强智能基础设施建设。与城市基础设施同步建设感知设施系统，形成集约化、多功能监测体系，打造城市全覆盖的数字化标识体系，构建城市物联网统一开放平台，实现感知设备统一接入、集中管理、远程调控和数据共享、发布；打造地上地下全通达、多网协同的泛在无线网络，构建完善的城域骨干网和统一的智能城市专网；搭建云计算、边缘计算等多元普惠计算设施，实现城市数据交换和预警推演的毫秒级响应，打造汇聚城市数据和统筹管理运营的智能城市信息管理中枢，对城市全局实时分析，实现公共资源智能化配置。

构建全域智能化环境。推进数字化、智能化城市规划和建设，建立城市智能运行模式，建设智能能源、交通、物流系统等；构建城市智能治理体系，建设全程在线、高效便捷、精准监测、高效处置、主动发现、智能处置的智能政务、智能环保、数字城管。建立企业与个人数据账户，探索建立全数字化的个人诚信体系。健全城市智能民生服务，搭建普惠精准、定制服务的智能教育医疗系统，打造以人为本、全时空服务的智能社区。

建立数据资产管理体系。构建透明的全量数据资源目录、大数据信用体系和数据资源开放共享管理体系。建设安全可信的网络环境，建立安全态势感知、监测、预警、溯源、处置网络系统，打造全时、全域、全程的网络安全态势感知决策体系，加强网络安全相关制度建设。

第九章　构筑现代化城市安全体系

牢固树立和贯彻落实总体国家安全观，坚持政府主导与社会参与相结合，坚持以防为主、防抗救相结合，坚持常态减灾和非常态救灾相统一，针对自然灾害和城市运行安全、公共安全领域的突发事件，高标准规划建设重大防灾减灾基础设施，全面提升监测预警、预防救援、应急处置、危机管理等综合防范能力，形成全天候、系统性、现代化的城市安全保障体系，建设安全雄安。

第一节　构建城市安全和应急防灾体系

构筑城市安全运行体系。在新区水源保障、流域及城市防洪、能源供应、交通运营等与城市运行密切相关的各领域，运用区域协同、层级设防、智慧防灾、立体防护等防灾策略，抓住规划建设运营关键环节，超前布局、高质量建设、高效率管理，构建安全韧性的保障体系，为新区规划建设提供可靠支撑。

健全灾害预防体系。深化城市地震、气象、地质、生物等领域的灾害风险评估，建立水源、防洪、能源、交通等安全隐患防控体系，加强监测预警。优化城市综合防灾布局，合理确定防灾分区。构建城乡覆盖、区域协同，陆、水、空、地下全方位消防系统，加强"智慧消防"建设，城乡消防安全达到国际先进水平。建立安全可靠、体系完备、平战结合的人防工程系统，实现人防建设与城市建设融合发展。

构建城市公共安全体系。用最严谨的标准、最严格的监管、最严厉的处罚、最严肃的问责，建立科学完善的食品药品安全治理体系。加强城乡公共卫生设施建设和制度建设。开展爱国卫生运动，倡导健康文明生活方式，严防生物灾害与疫病疫情发生。高标准建设智能化社会治安防控体系，加强治安协同防控，提升应对突发公共事件的能力。加强电信网、广播电视网、互联网等基础网络的安全监管与保障，建立城市智能信息容灾备份系统。落实安全生产责任制，坚决防止重特大事故发生。

健全综合应急体系。按照防空防灾一体化、平战结合、平灾结合的原则，完善应急指挥救援系统,建立安全生产、市场监管、应急保障、环境保护、治安防控、消防安全、道路交通等部门公共数据资源共享机制。利用公园绿地、体育场馆、各类学校等旷地及地下空间,布局建设合理的避难场所及避难通道,形成就地避难、就近避难、步行避难的分级分类疏散系统。以干线公路网、城市干道网为主通道,建立安全、可靠、高效的疏散救援通道系统。建设供水、供电、燃气、交通等生命线应急保障系统;加强救灾物资储备,形成完备的救灾物资、生活必需品、医药物资和能源储备物资供应系统。严格相关管理制度,统筹加强各种应急保障设施运行维护、管理和保障。

提升综合防灾水平。利用信息智能等技术,构建全时全域、多维数据融合的城市安全监控体系,形成人机结合的智能研判决策和响应能力,做到响应过程无缝隙切换、指挥决策零延迟、事态进展实时可查可评估。全面提高综合防灾和城市设施安全标准,增强城市综合防灾能力。

第二节 保障新区水安全

构建水源保障体系。依托南水北调、引黄入冀补淀等区域调水工程,合理利用上游水、当地水、再生水,完善新区供水网络,强化水源互联互通,形成多源互补的新区供水格局。

完善大清河流域防洪体系。按照上蓄、中疏、下排、适滞的原则,充分发挥白洋淀上游山区水库的拦蓄作用,疏通白洋淀行洪通道,适当加大下游河道的泄洪能力,加强堤防和蓄滞洪区建设,提升大清河流域防洪能力。

建设新区防洪安全体系。按照分区设防、重点保障原则,结合新区城镇规模及规划布局,确定起步区防洪标准为200年一遇,五个外围组团防洪标准为100年一遇,其他特色小城镇防洪标准原则上为50年一遇;综合采用"蓄、疏、固、垫、架"等措施,确保千年大计万无一失。坚持新区防洪设施建设与生态环境保护、城市建设相结合,顺应自然,实现人水和谐共处。

确保新区防涝安全。起步区内涝防治标准整体为50年一遇,五个外围组团内涝防治标准为30年一遇,其他特色小城镇为20年一遇。统筹用地竖向、排水管网、城市河道、调蓄水面等排水防涝设施,构建生态措施和工程措施相结合的系统化排水防涝体系,确保排水防涝安全。起步区内部建立纵横交织、主次分级的排涝通道,利用城市水系、蓝绿空间以及大溵古淀调蓄涝水,在线实时监测白洋淀水位,适时抽排城市内部雨水,构建"北截、中疏、南蓄、适排"的排水防涝格局。

第三节 增强城市抗震能力

提高城市抗震防灾标准。新区抗震基本设防烈度Ⅷ度,学校、医院、生命线系统等关键设施按基本烈度Ⅷ度半抗震设防,避难建筑、应急指挥中心等城市要害系统按基本烈度Ⅸ度抗震设防。其他重大工程依据地震安全性评价结果进行抗震设防。

第四节 保障新区能源供应安全

落实安全、绿色、高效能源发展战略,突出节约、智能,打造绿色低碳、安全高效、智慧友好、引领未来的现代能源系统,实现电力、燃气、热力等清洁能源稳定安全供应,为新区建设发展夯实基础。

电力。坚持绿色供电,形成以接受区外清洁电力为主、区内分布式可再生能源发电为辅的供电方式。依托现有冀中南特高压电网,完善区域电网系统,充分消纳冀北、内蒙古等北部地区风电、光电,形成跨区域、远距离、大容量的电力输送体系,保障新区电力供应安全稳定、多能互补和清洁能源全额消纳。长远谋划利用沿海核电。与华北电网一体化规划建设区内输配电网,配套相应的储能、应急设施,实现清洁电力多重保障。

燃气。构建多气源、多层级、广覆盖的城乡燃气供应体系。依托国家气源主干通道和气源点,建设新区接入系统,合理布局区内燃气管网,保障新区用气供应;长远谋划利用更为清洁的替代燃料。

热力。科学利用区内地热资源,综合利用城市余热资源,合理利用新区周边热源,规划建设区内清洁热源和高效供热管网,确保供热安全。

节能。坚持节能优先,发展绿色建筑,推行绿色出行,加快开展梯级利用、循环利用,建设集能源开发、输送、转换、服务及终端消费于一体的多能互补区域能源系统,把新区打造成为高效节能示范区。

智能。结合数字城市建设,运用互联网、物联网融合技术,推进能源管理智慧化、能源服务精细化、能源利用高效化,打造新区智能能源系统,进一步提高能源安全保障水平。

第十章 保障规划有序有效实施

雄安新区是留给子孙后代的历史遗产,必须坚持大历史观,保持历史耐心,稳扎稳打,一茬接着一茬干。完善规划体系,制定配套政策法规和技术规范,创新体制机制,强化政策保障,做好与周边区域规划衔接,加强新区及毗邻地区管控,促进协调发展,加强组织领导,保障规划有序有效实施,确保一张蓝图干到底。

第一节 完善规划体系

完善规划编制体系。新区规划纲要是编制新区各级各类规划的准则和指南,是指导新区建设发展的基本依据。坚持以规划纲要为统领、以控制性详细规划为重点、以专项规划为支撑,形成全域覆盖、分层管理、分类指导、多规合一的规划体系。按照把每一寸土地都规划得清清楚楚后再开工建设的要求,结合建设时序,深化细化控制性详细规划、修建性详细规划及各类专项规划,为新区全面建设做好准备。

健全规划管理体制。河北省承担新区各类规划的组织编制、审批、实施、管理等职责,落实多规合一,按法定程序和要求开展建设项目的审批、管理。

建立规划法规体系。依据国家有关法律法规和本规划纲要,研究推进雄安新区规划条例立法,按照创造"雄安质量"的要求,制定雄安新区规划技术标准、雄安新区规划建设管理技术规定等建设标准和技术规范。

畅通公众参与渠道。坚持开门开放编规划,汇众智、聚众力,搭建全过程、全方位的公众参与平台,健全规划公开制度,鼓励引导各领域专家和公众积极参与,在后续规划编制、决策、实施中发挥作用,确保规划反映民意,凝聚起人民群众建设新区的正能量。

统筹安排规划实施时序。根据相关阶段建设目标要求,制定各类规划实施方案和行动计划,适时启动重大项目建设,确保新区建设顺利进行。

第二节 建立规划实施制度机制

加强组织领导。在党中央、国务院领导下,按照京津冀协同发展领导小组部署要求,领导小组办公室加强综合协调,中央和国家机关有关部委、单位,北京市、天津市等方面大力支持,河北省委和省政府履行主体责任,雄安新区管委会负责规划纲要的具体实施。建立新区规划委员会制度,发挥组织协调和咨询审查作用,完善规划实施统筹决策机制。

加强规划监督评估。健全规划实施监管和考核问责制度,强化对规划实施的监督,确保规划有序落地。搭建新区国土空间基础信息平台和数字规划建设管理平台,建立"实施—监测—评估—维护"机制,提升规划的适应性。

强化规划刚性约束。本规划纲要与相关规划经批准后必须严格执行,任何部门和个人不得随意修改、违规变更,坚决维护规划的严肃性和权威性,确保一张蓝图干到底。

建立重大事项报告制度。在规划执行中遇有重大事项,及时向党中央、国务院和京津冀协同发展领导小组请示报告。

第三节 创新体制机制与政策

围绕推进雄安新区规划实施,坚持深化改革、扩大开放,制定出台支持政策,打造体制机制新高地,为新区建设发展创造良好条件,发挥对全国全面深化改革扩大开放的引领示范作用。

深化行政体制改革。推进新区机构和行政管理体制改革,实行大部门制和扁平化管理,新区管理机构工作人员实行聘任制,优化干部培养选拔机制;按照河北省授权,新区行使有关行政审批权限和管理权限,推进行政审批制度改革,全面实行负面清单管理,建立全新的投资项目审批制度,提高行政服务效率;深化事业单位改革,强化公益属性,探索政事分开、管办分离的有效形式。

深化财税金融改革。建立长期稳定的资金筹措机制,中央财政通过设立雄安综合财力补助、统筹安排各类转移支付资金和加大地方政府长期债务支持力度等方式支持新区建设。对符合税制改革和新区发展方向的税收政策，在现行税收制度框架内支持在新区优先实施，对需要先行先试的可依法依规优先试点。支持雄安新区立足本地实际，率先在相关领域开展服务实体经济的金融创新或金融试验试点示范工作，推动国家级交易平台等重大金融项目先行先试，支持金融业对外开放新举措在新区落地。

创新人才人口管理。探索实行有利于激发新区创新活力的人事、薪酬、住房、税收、养老等政策。探索实行个人所得税改革。实行开放便捷的人才引进制度，在技术移民和外籍人才入境、停居留、永久居留等方面制定更加便利的措施，建立人才特区。推进人口管理创新，实施积分落户和居住证制度，建立以居住证为载体的公共服务提供机制。

推进土地管理制度改革。统筹解决新区所需建设用地规模、耕地保有量、永久基本农田保护面积和耕地占补平衡指标。创新土地供应政策，构建出让、划拨、作价出资(或入股)、租赁或先租后让、租让结合的多元化土地利用和土地供应模式。以土地综合整治为平台，统筹推进城水林田淀系统治理。

积极扩大对内对外开放。主动服务北京国际交往中心功能，利用京津冀三地对外开放基础和雄安新区自然环境优势，构筑对外交流平台。吸引国家对外开放平台、"一带一路"国际组织优先在新区布局，在新区举办国际及国内高端论坛。支持以雄安新区为核心设立中国(河北)自由贸易试验区，建设中外政府间合作项目(园区)和综合保税区，大幅度取消或降低外资准入限制，全面实行准入前国民待遇加负面清单管理模式，更好地以开放促改革、以开放促发展。

第四节　强化区域协同发展

加强新区及毗邻地区管控。划定新区周边一定范围为管控区，实施统一规划、严格管控，实行统一负面清单管理。划定城镇开发边界，严格控制城镇建设方向，防止"贴边"发展。建设新区周边绿色生态屏障，加强流域生态修复、水系连通、入淀河流综合治理，开展平原植树造林和大气污染联防联治。加快腾退与生态功能相冲突的用地，防止城乡建设无序发展，抑制人口过度聚集。严格产业准入管制，新区周边严禁高耗水、高耗能及高污染项目进入。

推进新区与周边地区协调发展。加强与国家有关单位、京津两市经常性、制度性协商，解决好涉及区域协同发展的相关规划建设问题。按照科学规划、合理布局的原则，新区着力与北京中心城区、北京城市副中心和天津市在功能上优势互补，实现错位发展、互利共赢；加强新区与保定、廊坊、沧州等周边地区相关规划的衔接，统筹承接北京非首都功能疏解，统筹推进新型城镇化建设，统筹安排教育、医疗、卫生、体育等功能，统筹布局生态、产业、交通和基础设施，实行协同规划、产业联动，努力打造协调发展示范区。

附录九
中华人民共和国清洁生产促进法

（2002年6月29日第九届全国人民代表大会常务委员会第二十八次会议通过）

中华人民共和国主席令第72号

《中华人民共和国清洁生产促进法》已由中华人民共和国第九届全国人民代表大会常务委员会第二十八次会议于2002年6月29日通过，现予公布，自2003年1月1日起施行。

目 录

第一章　总　则
第二章　清洁生产的推行
第三章　清洁生产的实施
第四章　鼓励措施
第五章　法律责任
第六章　附　则

第一章　总　则

第一条 为了促进清洁生产，提高资源利用效率，减少和避免污染物的产生，保护和改善环境，保障人体健康，促进经济与社会可持续发展，制定本法。

第二条 本法所称清洁生产，是指不断采取改进设计、使用清洁的能源和原料、采用先进的工艺技术与设备、改善管理、综合利用等措施，从源头削减污染，提高资源利用效率，减少或者避免生产、服务和产品使用过程中污染物的产生和排放，以减轻或者消除对人类健康和环境的危害。

第三条 在中华人民共和国领域内，从事生产和服务活动的单位以及从事相关管理活动的部门依照本法规定，组织、实施清洁生产。

第四条 国家鼓励和促进清洁生产。国务院和县级以上地方人民政府，应当将清洁生产纳入国民经济和社会发展计划以及环境保护、资源利用、产业发展、区域开发等规划。

第五条 国务院经济贸易行政主管部门负责组织、协调全国的清洁生产促进工作。国务院环境保护、计划、科学技术、农业、建设、水利和质量技术监督等行政主管部门，按照各自的职责，负责有关的清洁生产促进工作。

县级以上地方人民政府负责领导本行政区域内的清洁生产促进工作。县级以上地方人民政府经济贸易行政主管部门负责组织、协调本行政区域内的清洁生产促进工作。县级以上地方人民政府环境保护、计划、科学技术、农业、建设、水利和质量技术监督等行政主管部门，按照各自的职责，负责有关的清洁生产促进工作。

第六条 国家鼓励开展有关清洁生产的科学研究、技术开发和国际合作，组织宣传、普及清洁生产知识，推广清洁生产技术。

国家鼓励社会团体和公众参与清洁生产的宣传、教育、推广、实施及监督。

第二章　清洁生产的推行

第七条 国务院应当制定有利于实施清洁生产的财政税收政策。

国务院及其有关行政主管部门和省、自治区、直辖市人民政府，应当制定有利于实施清洁生产的产业政策、技术开发和推广政策。

第八条 县级以上人民政府经济贸易行政主管部门，应当会同环境保护、计划、科学技术、农业、建设、水利等有关行政主管部门制定清洁生产的推行规划。

第九条 县级以上地方人民政府应当合理规划本行政区域的经济布局，调整产业结构，发展循环经济，促进企业在资源和废物综合利用等领域进行合作，实现资源的高效利用和循环使用。

第十条　国务院和省、自治区、直辖市人民政府的经济贸易、环境保护、计划、科学技术、农业等有关行政主管部门，应当组织和支持建立清洁生产信息系统和技术咨询服务体系，向社会提供有关清洁生产方法和技术、可再生利用的废物供求以及清洁生产政策等方面的信息和服务。

第十一条　国务院经济贸易行政主管部门会同国务院有关行政主管部门定期发布清洁生产技术、工艺、设备和产品导向目录。

国务院和省、自治区、直辖市人民政府的经济贸易行政主管部门和环境保护、农业、建设等有关行政主管部门组织编制有关行业或者地区的清洁生产指南和技术手册，指导实施清洁生产。

第十二条　国家对浪费资源和严重污染环境的落后生产技术、工艺、设备和产品实行限期淘汰制度。国务院经济贸易行政主管部门会同国务院有关行政主管部门制定并发布限期淘汰的生产技术、工艺、设备以及产品的名录。

第十三条　国务院有关行政主管部门可以根据需要批准设立节能、节水、废物再生利用等环境与资源保护方面的产品标志，并按照国家规定制定相应标准。

第十四条　县级以上人民政府科学技术行政主管部门和其他有关行政主管部门，应当指导和支持清洁生产技术和有利于环境与资源保护的产品的研究、开发以及清洁生产技术的示范和推广工作。

第十五条　国务院教育行政主管部门，应当将清洁生产技术和管理课程纳入有关高等教育、职业教育和技术培训体系。

县级以上人民政府有关行政主管部门组织开展清洁生产的宣传和培训，提高国家工作人员、企业经营管理者和公众的清洁生产意识，培养清洁生产管理和技术人员。

新闻出版、广播影视、文化等单位和有关社会团体，应当发挥各自优势做好清洁生产宣传工作。

第十六条　各级人民政府应当优先采购节能、节水、废物再生利用等有利于环境与资源保护的产品。

各级人民政府应当通过宣传、教育等措施，鼓励公众购买和使用节能、节水、废物再生利用等有利于环境与资源保护的产品。

第十七条　省、自治区、直辖市人民政府环境保护行政主管部门，应当加强对清洁生产实施的监督；可以按照促进清洁生产的需要，根据企业污染物的排放情况，在当地主要媒体上定期公布污染物超标排放或者污染物排放总量超过规定限额的污染严重企业的名单，为公众监督企业实施清洁生产提供依据。

第三章　清洁生产的实施

第十八条　新建、改建和扩建项目应当进行环境影响评价，对原料使用、资源消耗、资源综合利用以及污染物产生与处置等进行分析论证，优先采用资源利用率高以及污染物产生量少的清洁生产技术、工艺和设备。

第十九条　企业在进行技术改造过程中，应当采取以下清洁生产措施：

（一）采用无毒、无害或者低毒、低害的原料，替代毒性大、危害严重的原料；

（二）采用资源利用率高、污染物产生量少的工艺和设备，替代资源利用率低、污染物产生量多的工艺和设备；

（三）对生产过程中产生的废物、废水和余热等进行综合利用或者循环使用；

（四）采用能够达到国家或者地方规定的污染物排放标准和污染物排放总量控制指标的污染防治技术。

第二十条　产品和包装物的设计，应当考虑其在生命周期中对人类健康和环境的影响，优先选择无毒、无害、易于降解或者便于回收利用的方案。

企业应当对产品进行合理包装，减少包装材料的过度使用和包装性废物的产生。

第二十一条　生产大型机电设备、机动运

输工具以及国务院经济贸易行政主管部门指定的其他产品的企业,应当按照国务院标准化行政主管部门或者其授权机构制定的技术规范,在产品的主体构件上注明材料成分的标准牌号。

第二十二条　农业生产者应当科学地使用化肥、农药、农用薄膜和饲料添加剂,改进种植和养殖技术,实现农产品的优质、无害和农业生产废物的资源化,防止农业环境污染。

禁止将有毒、有害废物用作肥料或者用于造田。

第二十三条　餐饮、娱乐、宾馆等服务性企业,应当采用节能、节水和其他有利于环境保护的技术和设备,减少使用或者不使用浪费资源、污染环境的消费品。

第二十四条　建筑工程应当采用节能、节水等有利于环境与资源保护的建筑设计方案、建筑和装修材料、建筑构配件及设备。

建筑和装修材料必须符合国家标准。禁止生产、销售和使用有毒、有害物质超过国家标准的建筑和装修材料。

第二十五条　矿产资源的勘查、开采,应当采用有利于合理利用资源、保护环境和防止污染的勘查、开采方法和工艺技术,提高资源利用水平。

第二十六条　企业应当在经济技术可行的条件下对生产和服务过程中产生的废物、余热等自行回收利用或者转让给有条件的其他企业和个人利用。

第二十七条　生产、销售被列入强制回收目录的产品和包装物的企业,必须在产品报废和包装物使用后对该产品和包装物进行回收。强制回收的产品和包装物的目录和具体回收办法,由国务院经济贸易行政主管部门制定。

国家对列入强制回收目录的产品和包装物,实行有利于回收利用的经济措施;县级以上地方人民政府经济贸易行政主管部门应当定期检查强制回收产品和包装物的实施情况,并及时向社会公布检查结果。具体办法由国务院经济贸易行政主管部门制定。

第二十八条　企业应当对生产和服务过程中的资源消耗以及废物的产生情况进行监测,并根据需要对生产和服务实施清洁生产审核。

污染物排放超过国家和地方规定的排放标准或者超过经有关地方人民政府核定的污染物排放总量控制指标的企业,应当实施清洁生产审核。

使用有毒、有害原料进行生产或者在生产中排放有毒、有害物质的企业,应当定期实施清洁生产审核,并将审核结果报告所在地的县级以上地方人民政府环境保护行政主管部门和经济贸易行政主管部门。

清洁生产审核办法,由国务院经济贸易行政主管部门会同国务院环境保护行政主管部门制定。

第二十九条　企业在污染物排放达到国家和地方规定的排放标准的基础上,可以自愿与有管辖权的经济贸易行政主管部门和环境保护行政主管部门签订进一步节约资源、削减污染物排放量的协议。该经济贸易行政主管部门和环境保护行政主管部门应当在当地主要媒体上公布该企业的名称以及节约资源、防治污染的成果。

第三十条　企业可以根据自愿原则,按照国家有关环境管理体系认证的规定,向国家认证认可监督管理部门授权的认证机构提出认证申请,通过环境管理体系认证,提高清洁生产水平。

第三十一条　根据本法第十七条规定,列入污染严重企业名单的企业,应当按照国务院环境保护行政主管部门的规定公布主要污染物的排放情况,接受公众监督。

第四章　鼓励措施

第三十二条　国家建立清洁生产表彰奖励制度。对在清洁生产工作中做出显著成绩的单位和个人,由人民政府给予表彰和奖励。

第三十三条　对从事清洁生产研究、示范和培训,实施国家清洁生产重点技术改造项目和本法第二十九条规定的自愿削减污染物排放协议中载明的技术改造项目,列入国务院和县级以上地方人民政府同级财政安排的有关技术进步专项资金的扶持范围。

第三十四条　在依照国家规定设立的中小企业发展基金中,应当根据需要安排适当数额用于支持中小企业实施清洁生产。

第三十五条　对利用废物生产产品的和从废物中回收原料的,税务机关按照国家有关规定,减征或者免征增值税。

第三十六条　企业用于清洁生产审核和培训的费用,可以列入企业经营成本。

第五章　法律责任

第三十七条　违反本法第二十一条规定,未标注产品材料的成分或者不如实标注的,由县级以上地方人民政府质量技术监督行政主管部门责令限期改正;拒不改正的,处以五万元以下的罚款。

第三十八条　违反本法第二十四条第二款规定,生产、销售有毒、有害物质超过国家标准的建筑和装修材料的,依照产品质量法和有关民事、刑事法律的规定,追究行政、民事、刑事法律责任。

第三十九条　违反本法第二十七条第一款规定,不履行产品或者包装物回收义务的,由县级以上地方人民政府经济贸易行政主管部门责令限期改正;拒不改正的,处以十万元以下的罚款。

第四十条　违反本法第二十八条第三款规定,不实施清洁生产审核或者虽经审核但不如实报告审核结果的,由县级以上地方人民政府环境保护行政主管部门责令限期改正;拒不改正的,处以十万元以下的罚款。

第四十一条　违反本法第三十一条规定,不公布或者未按规定要求公布污染物排放情况的,由县级以上地方人民政府环境保护行政主管部门公布,可以并处十万元以下的罚款。

第六章　附　则

第四十二条　本法自 2003 年 1 月 1 日起施行。